拜占庭帝国大通史
1057—1453

陈志强——总主编
陈志强——主编

BYZANTINE

江苏人民出版社

图书在版编目(CIP)数据

拜占庭帝国大通史.1057-1453/陈志强总主编.—南京:江苏人民出版社,2023.10(2025.9重印)
ISBN 978-7-214-27568-4

Ⅰ.①拜… Ⅱ.①陈… Ⅲ.①拜占庭帝国-历史-1057-1453 Ⅳ.①K134

中国版本图书馆 CIP 数据核字(2022)第 186247 号

书　　　名	拜占庭帝国大通史(1057—1453)
总　主　编	陈志强
本卷主编	陈志强
策　　　划	王保顶
统　　　筹	马晓晓
责 任 编 辑	赵 姥
装 帧 设 计	棱角视觉
责 任 监 制	王 娟
出 版 发 行	江苏人民出版社
地　　　址	南京市湖南路 1 号 A 楼,邮编:210009
照　　　排	江苏凤凰制版有限公司
印　　　刷	南京爱德印刷有限公司
开　　　本	718 毫米×1000 毫米　1/16
印　　　张	55　插页 6
字　　　数	834 千字
版　　　次	2023 年 10 月第 1 版
印　　　次	2025 年 9 月第 3 次印刷
标 准 书 号	ISBN 978-7-214-27568-4
定　　　价	226.00 元

(江苏人民出版社图书凡印装错误可向承印厂调换)

全书总编辑小组：	陈志强	南开大学历史学院教授，希腊亚里士多德大学博士
	庞国庆	南开大学历史学院副教授，希腊雅典大学博士
	疏会玲	华侨大学国际关系学院讲师，南开大学博士
	孙思萌	中国社会科学院世界历史研究所助理研究员，南开大学博士

全书译名校改：	李昭融	南开大学历史学院博士研究生
	吕丹彤	南开大学历史学院博士研究生
	吴滟殊	南开大学历史学院博士研究生
	毕利鹏	南开大学历史学院博士研究生

地图制作翻译： 哈尔顿（John Haldon），普林斯顿大学历史系终身教授

翻　　　译： 罗春梅　中南大学马克思主义学院副教授，南开大学博士

钱币图谱整理： 郭云艳　河北大学历史学院副教授，南开大学博士

目录

上编 皇帝列传

第一章 杜卡斯王朝 007

第一节 009
君士坦丁十世（Constantine X）

第二节 022
罗曼努斯四世（Romanos IV）

第三节 034
米哈伊尔七世（Michael VII）

第四节 047
尼基弗鲁斯三世（Nikephoros III）

第二章 科穆宁王朝 063

第一节 068
伊萨克一世（Isaac I）

第二节 076
阿莱克修斯一世（Alexios I）

第三节 092
约翰二世（John II）

第四节 103
曼努埃尔一世（Manuel I）

第五节 117
阿莱克修斯二世（Alexios II）

第六节 120
安德罗尼库斯一世（Andronikos I）

第三章 安茞鲁斯王朝 126

第一节 128
伊萨克二世（Isaac II）

第二节 141
阿莱克修斯三世（Alexios III）

第三节 153
阿莱克修斯四世（Alexios IV）

第四节 163
阿莱克修斯五世（Alexios V）

第四章 尼西亚王朝 174

第一节 176
塞奥多利一世（Theodore I）

第二节 196
约翰三世（John III）

第三节 216
塞奥多利二世（Theodore II）

第四节 231
约翰四世（John IV）

第五章 帕列奥列格王朝 243

第一节 247
米哈伊尔八世（Michael VIII）

第二节 262
安德罗尼库斯二世（Andronikos II）

第三节 276
米哈伊尔九世（Michael IX）

第四节 288
安德罗尼库斯三世（Andronikos Ⅲ）

第五节 300
约翰五世（John Ⅴ）

第六节 316
约翰六世（John Ⅵ）

第七节 344
安德罗尼库斯四世（Andronikos Ⅳ）

第八节 356
约翰七世（John Ⅶ）

第九节 372
曼努埃尔二世（Manuel Ⅱ）

第十节 393
约翰八世（John Ⅷ）

第十一节 407
君士坦丁十一世（Constantine Ⅺ）

下编 拜占庭帝国的衰亡

第一章 **拜占庭帝国衰败的综合分析** 439

第一节 439
物质基础的瓦解

第二节 455
军事体系的崩坏

第三节 475
帝国统一政治体制的崩溃

第四节 489
精神家园的丧失

第二章 拜占庭帝国的族群政策：以犹太人政策为例 501

第一节 501
族群政策概述

第二节 504
犹太人的法律和社会地位

第三节 523
犹太人的政治妥协与抗争

第四节 534
犹太人与拜占庭经济

第五节 542
帝国犹太人政策分析

第三章 第四次十字军与东地中海世界格局 563

第一节 564
十字军战争与拜占庭帝国

第二节 576
1204年后的东地中海世界

第三节 586
拉丁帝国的统治及其结构

第四节 593
拜占庭人独立政权实体的兴起

第五节 604
第二保加利亚帝国的崛起

第六节 608
拜占庭人无力恢复帝国政治秩序

第四章 拉斯卡利斯王朝的尼西亚帝国 631

第一节 637
尼西亚帝国的政治治理

第二节 654
尼西亚帝国的经济政策

第三节 662
尼西亚帝国的教育和文化发展

第四节 677
尼西亚帝国的军事与外交

第五章 晚期拜占庭帝国的军事与外交 694

第一节 695
拜占庭外交概述

第二节 744
帕列奥列格王朝的军事与外交

第三节 766
拜占庭军队的兴衰

第四节 797
君士坦丁堡的陷落

征引书目 813

重要译名表 850

Part I 上编

上编各章作者：
- 杜卡斯王朝 （李秀玲）
- 科穆宁王朝 （李秀玲）
- 安苴鲁斯王朝 （孙思萌、徐一卯）
- 尼西亚王朝 （孙丽芳）
- 帕列奥列格王朝 （朱子尧、张俊芳、孙广杰）

李秀玲 武警指挥学院政治工作系教授，南开大学博士

孙思萌 中国社会科学院世界历史研究所助理研究员，南开大学博士

徐一卯 天津理工大学马克思主义学院讲师，南开大学博士

孙丽芳 山东大学历史文化学院讲师，南开大学博士

朱子尧 英国伦敦国王学院古典学系博士研究生

张俊芳 天津医科大学马克思主义学院副教授，南开大学博士

孙广杰 天津职业技术师范大学马克思主义学院讲师，南开大学博士

上编

皇帝列传（1057—1453）

The Biographies of Emperors

第一章
杜卡斯王朝

（1059—1081年）

杜卡斯王朝是拜占庭帝国第九个正统王朝，统治时间仅22年，四个皇帝分属于两代人，他们是君士坦丁十世（Constantine X Doukas, 1059—1067年在位）、罗曼努斯四世（Romanos Ⅳ Diogenes, 1068—1071年在位）、米哈伊尔七世（Michael Ⅶ Doukas, 1071—1078年在位）、尼基弗鲁斯三世（Nikephoros Ⅲ Botaneiates, 1078—1081年在位）。该王朝创立者君士坦丁十世出生于大军事贵族杜卡斯家族，父亲安德罗尼库斯·杜卡斯（Andronicus Doukas）是一位声名显赫的军事贵族。马其顿王朝末期，君士坦丁十世因家族卷入宫廷斗争获罪，被释后隐居于自家庄园，暗自结党营私，发展军事力量。1057年，他支持伊萨克一世夺取皇位并在后者在位期间担任其重要廷臣。不久，他领导反对伊萨克一世的强大势力迫使后者下野，自己称帝，建立新王朝。正因为这种和平交接皇帝权力的方式，有学者甚至将两个王朝合称为杜卡斯—科穆宁王朝。事实上，这个时期的军事贵族大家族间的联姻非常普遍，杜卡斯家族最后也将皇权和平移交回科穆宁家族。如果采用部分学者的说法将两个王朝合二为一的话，那么其前半段以杜卡斯家族为主，后半段以科穆宁家族为主，本书为清晰起见，还是将两个王朝分开叙述。

君士坦丁经历了两次婚姻，他的首任妻子是达拉塞娜（Dalassena）家族美女，但没留下子女便病逝了。第二任妻子是君士坦丁堡牧首米哈伊尔·塞鲁拉利乌斯（Michael Cerularius，1043—1058 在位）的外甥女尤多奇亚·马克兰波里提萨（Eudocia Macrembolitissa），两人生育了七个孩子，除了夭折的两个，还有三个儿子米哈伊尔（Michael）、安德罗尼库斯（Andronicus）、君士坦丁（Constantine）和两个女儿塞奥多拉（Theodora）和邹伊（Zoe）长大成人。君士坦丁十世临终前，确认长子米哈伊尔七世顺位继承皇权，弟弟约翰（John Doukas）任凯撒。皇后尤多奇亚虽发誓永不改嫁，但为确保其母子地位，违背誓言嫁给了军事贵族罗曼努斯·狄奥根尼斯（Romanos Diogenes）。后者不久兵败于著名的曼兹科特（Manzikert）战役，引发朝野动荡，被废黜后刺瞎双眼，关入修道院后不久便去世了。米哈伊尔七世于 1071 年主政，娶了格鲁吉亚国王巴格拉特四世（Bagrat Ⅳ，1027—1072 年）的女儿玛丽亚·阿兰（Maria Alan，1050—1103 年），他们生下了儿子君士坦丁·杜卡斯（Constantine Doukas）。米哈伊尔的众多弟弟妹妹和两个堂弟都成为王朝联姻的工具，先后与名门望族子弟成亲，其中最有意义的是嫁入科穆宁家族的邹伊，杜卡斯家族的后人因此也进入皇亲国戚的范围。

1078 年，军事将领尼基弗鲁斯·博塔尼埃蒂兹（Nikephoros Botaneiates）叛乱称帝，米哈伊尔七世被迫退位出家关入修道院。玛丽亚为其母子安全并保住君士坦丁的皇位继承权，下嫁给了新皇帝尼基弗鲁斯三世，再次成为皇后。三年后，因为尼基弗鲁斯三世另立新王朝，玛丽亚转而与科穆宁兄弟结成同盟，认阿莱克修斯·科穆宁（Alexios Comnenus）为养子，她的堂妹则嫁给了伊萨克·科穆宁（Isaac Komnenos）。1081 年，阿莱克修斯兵变成功，登基称帝（1081—1118 年在位）建立新王朝，尼基弗鲁斯退位，进入修道院。当阿莱克修斯一世的儿子约翰·科穆宁（John Komnenos）于 1087 年 9 月出生并被加冕为共治皇帝后，君士坦丁·杜卡斯的继承权便被彻底剥夺,杜卡斯王朝断绝。然而,该家族势力绵延不绝,直到他们在伊庇鲁斯君主国东山再起。

杜卡斯王朝事实上仅有杜卡斯家族父子两个皇帝在位,其他三个皇帝都是外姓家族的军事强人,只不过由于所涉军事贵族家族盘根错节,形成了多重复杂的亲戚关系,因此从和平接管皇权到和平移交皇权,形成了你中有我我中有你的皇族共同体。这种现象反映出大军事贵族持续兴起并压倒了宫廷贵族的事实,也透露出各军事贵族家族间越来越注重相互之间的联姻,他们相互勾结的复杂关系日益错乱并最终导致冲突破裂,这种复杂的政治关系在科穆宁王朝时期得到调整。

第一节

君士坦丁十世（Constantine X）

1059—1067 年在位

君士坦丁十世·杜卡斯（Constantine X Doukas, Κωνσταντίνος Δούκας,生于1006 年,卒于1067 年 5 月,享年 61 岁）是杜卡斯王朝第一位皇帝,也是该王朝创立者,1059 年 11 月在君士坦丁堡加冕称帝,1067 年 5 月病逝于君士坦丁堡,在位七年半。

君士坦丁十世出生于帝国大贵族杜卡斯家族,祖籍在帕夫拉戈尼亚山区,父亲安德罗尼库斯·杜卡斯是一位军事贵族。杜卡斯家族在小亚细亚地区势力显赫,家族中人才辈出。君士坦丁·杜卡斯从童年时代起就已经表现出帝王的潜质,成年后的他没有沉溺于吃喝玩乐,而是专心打理父亲的庄园和地产,后来凭借家族势力,供职于安纳托利亚军区。[①] 他本人还擅长辩论,热衷于与他人争辩哲

---

① Michael Psellus, *Fourteen Byzantine Rulers: The Chronographia of Michael Psellus*, English trans. by E. R. A. Sewter, Harmandsworth: Penguin Books, 1966, p. 333. Michael Psellus, *Chronographie ou histoire d'un siècle de Byzance (976—1077)*, ed. É. Renauld, 2 vols., Paris: Les Belles Lettres, 1926, 1928, Thesaurus Linguae Graecae(希腊语文献数据库,简称 TLG), No. 2702001.

学或神学问题,雄辩的口才也为他赢得了名望。马其顿王朝末期,他因为家族卷入宫廷斗争而被捕入狱,获释后隐居于自家庄园,暗自结党营私,发展军事力量。1057年,他支持伊萨克一世夺取皇位并在后者在位期间担任其重要廷臣。但伊萨克一世的激进改革惹怒了贵族官僚集团和教会,君士坦丁很快站在了他的对立面。君士坦丁一方面大力扩张杜卡斯家族的势力,一方面与反对伊萨克一世的官僚贵族势力暗中结成联盟,组成了反对伊萨克一世改革的强大的联合势力。

君士坦丁经历了两次婚姻,他的首任妻子来自著名的达拉塞娜家族,她虽天生丽质,却没有留下子女,后因病去世。之后,君士坦丁娶了君士坦丁堡牧首米哈伊尔·塞鲁拉利乌斯的侄女尤多奇亚·马克兰波里提萨,由此取得教会支持,在君士坦丁堡的贵族中站稳了脚跟。① 两人生育了五个孩子,包括三子两女,分别取名为米哈伊尔、安德罗尼库斯、君士坦丁、塞奥多拉和邹伊。长子米哈伊尔后来继承皇位,与两个弟弟共治帝国,史称米哈伊尔七世。

1059年,伊萨克一世重病期间,在大学者米哈伊尔·普塞洛斯(Michael Psellus)②的劝说下将皇位传给了君士坦丁·杜卡斯,而没有传给其弟约翰·科穆宁。皇帝之所以听从普塞洛斯的劝说是因为此人非比常人,他于1018年出生于首都的一个破落贵族家庭,1078年去世。也有学者提到他家道殷实。他的父母尤其是母亲特别重视他的教育,他曾师从多位知名学者,思想活跃,学识渊博,教俗知识兼通,涉猎政治学、科学、医学、文法、神学、法学、音乐和历史等,被称为百科全书式的学者。他的演说词、诗歌和小文集被诵读一时,是当时名噪一时的作家、演说家和政治家,被后世学者称为拜占庭历史上最伟大的哲学家和第一位人文主义者。普塞洛斯崇尚古典时代的智慧和文学,并从原始资料入手学习和研究柏拉图,强调人的自然本性,突出人对未知事物的好奇心和求知欲的合理性,主张对基督教神学推演的结论进行理性思考而不是盲目地全盘接受,从而在拜占庭知识分

---

① 陈志强:《拜占廷帝国史》,北京:商务印书馆2003年版,第274页。
② *The Alexiad of Anna Comnena*, trans. from the Greek by E. R. A. Sewter, Harmandsworth: Penguin Books, 1969, Ⅴ, P. 175. Anna Comnène, *Alexiade*, ed. B. Leib, 3 vols., Paris: Les Belles Lettres, 1937, 1943, 1945, TLG, No. 2703001. 徐家玲:《拜占庭的学校与教育》,《经济—社会史评论》2007年第3辑,第73页。[南斯拉夫]乔治·奥斯特洛格尔斯基著,陈志强译:《拜占廷帝国》,西宁:青海人民出版社2006年版,第278页。陈志强:《拜占庭帝国史》,北京:商务出版社2003年,第34页,第491页。

子中掀起了"基督教人文主义"的热潮,推动了新柏拉图主义哲学的长足发展。他曾在君士坦丁堡大学教授哲学,获得"首席哲学家"(Prince of Philosophers)的荣衔。他也是知名的政治家,曾在君士坦丁九世(Constantine Ⅸ,1042—1055年在位)、罗曼努斯四世和米哈伊尔七世等皇帝统治期间,担任国家高级官职,发挥了重要的政治影响,在应对大量危机事件中发挥了决定性的作用,例如,他一手策划伊萨克一世的退位和君士坦丁十世的登基,作为后者的主要顾问及其继承人的老师,影响帝国政策的各个方面。但他晚年失势,在贫穷和失落中去世。他还是一位多产作家,其大量作品涉及历史、散文、札记和书信,其中历史文献资料《编年史》最为知名,主要涉及976—1078年间帝国的政治和军事大事。安娜公主在著作中给予普塞洛斯很高的评价,认为他天资聪慧,思维敏捷,很少求助于指导者,同时得到了上帝的帮助。他的母亲不仅为他请了最好的家庭教师,并在塞奥米特(Theometor)圣像前为他祈祷,长期保持贞洁。他几乎涉猎了一切知识领域,能够准确理解希腊古典文学和占星术(Chaldaean Science),在那个时代因其智慧而闻名,在朝中也举足轻重。

可惜君士坦丁十世即位时已经年逾50岁,且身体一直不好。1067年春夏之际,年过60岁的他因病去世,临终前,为了确保自己17岁的儿子米哈伊尔成为杜卡斯王朝唯一的继承人,他逼迫皇后尤多奇亚发誓永不改嫁。君士坦丁去世后,尤多奇亚担任摄政,但当时的帝国实权实际上落在君士坦丁十世的弟弟约翰·杜卡斯和他生前的顾问米哈伊尔·普塞洛斯手中。1067年,迫于国内外困境,尤多奇亚不顾群臣反对,违背誓言,嫁给了军事贵族罗曼努斯·狄奥根尼斯,后者在1068年1月1日加冕为帝,即罗曼努斯四世。

君士坦丁十世的内政成就乏善可陈。他取消了前任皇帝抑制文职贵族势力的措施,将许多被免职流放的贵族和高级官员官复原职,并对教会进行慷慨馈赠,赋予多项特权。他首先重用官僚贵族。伊萨克一世在位时,军事贵族势力一度强盛,君士坦丁十世登基后,官僚贵族重新夺取了控制权。他任命自己的弟弟担任重要官职,监控教俗两界。君士坦丁十世是在教会和官僚贵族联合势力的支持下上位的,前者以大教长君士坦丁·李克胡德斯(Constantine Leichudes)为代表,后者以米哈伊尔·普塞洛斯为代表。君士坦丁十世曾是著名的文官,代表文职贵族的利益,但他不谙军务,昏庸无能,在位七年半,完全推翻了伊萨克一世的政策。他以大幅度消耗帝国国力为代价,削弱军事贵族的势力,维持甚至扩大官僚贵族和教会的权益,导致帝国丢城失地,国力愈发衰微。普塞洛斯在君士坦丁十世的夺权过程中曾起到了非常重要的作用,曾亲手为他穿上象征皇权的紫色靴子。作为君士坦丁十世的主要顾问及其各位皇子的老师,普塞洛斯在其统治期间权倾朝野,深受皇帝的恩宠和信任。据说,君士坦丁十世尊崇他胜过任何人,对他言听计从,完全听从他的劝告,对他的话奉若神明,如果一天不能看到他几次,就会六神无主,继而怒气冲天。①

另一方面,君士坦丁重用弟弟约翰·杜卡斯,②此人身为凯撒,但唯哲学家米哈伊尔·普塞洛斯马首是瞻。君士坦丁十世赋予约翰·杜卡斯重要的统治权力,对他非常倚重,与他共同治理帝国。这一点不令人吃惊,因为约翰富有智慧,拥有坚定的信念和丰富的治国经验。约翰·杜卡斯是杜卡斯家族的重要人物,普塞洛斯给予他很高的评价,认为他多才多艺,富有智慧,心地善良,文韬武略,既通晓军事外交,又精通行政、经济和司法等事务。君士坦丁十世任命他凯撒头衔,与之共享管理帝国的权力。在侄子米哈伊尔七世的统治时期,他的明智建议和才能得到皇帝的高度赏识,因此继续得到重用,担任凯撒并执掌军权。后来,约翰受到米哈伊尔七世的宠臣,即掌握行政大权的尼基弗利齐斯(Nikephoritzes)的排挤,被迫成为僧侣,隐居庄园,但并没有从此隐退江湖,不问政事。在杜卡斯家族倒台之后,他建议被罢黜的米哈伊尔七世进入修道院,以避免遭遇被杀害的命运。同时,他成功地劝说尼基弗鲁斯三世娶了前皇后玛丽亚·阿兰,试图通过婚姻的方式使米哈伊尔七世尚未成年的儿子(当时只有7岁左右)将来能继承大统。为了维持家族的势力,他将孙女伊琳妮·杜卡斯嫁给了当时年轻有为、前程似锦的军事将领阿莱克修斯,从而与最有潜力问鼎皇权的科穆宁家族联姻。科穆宁兄弟在叛乱之初便积极寻求他的支持充分体现了其政治影响力。事实也证明,约翰凯撒对科穆

---

① [南斯拉夫]乔治·奥斯特洛格尔斯基:《拜占廷帝国》,第286页。
② Michael Psellus, *Fourteen Byzantine Rulers: The Chronographia of Michael Psellus*, p. 342 and 373, pp. 375 – 376.
　The Alexiad of Anna Comnena, II, pp. 88 – 89, 95 – 96 and 100 – 101.

宁家族军事叛乱的成功,尤其是阿莱克修斯的最终登位起到了相当重要的作用。他不仅在其叛乱过程中,给予了一定的财力和军事支持,并且在攻占首都和罢黜尼基弗鲁斯三世的过程中给予了重要的督促和建议。

皇帝在身患重病时,便将皇子公主们委托给约翰照顾,后者成为他们的保护人。后来,他又改变主意,让皇后尤多奇亚担任摄政,由约翰和其他重臣辅佐。君士坦丁十世在1066年10月生病,拖了半年,直到1067年5月去世,临终前,他强迫皇后尤多奇亚宣誓不再婚,要求凯撒约翰和其他密友宣誓只拥戴君士坦丁的儿子们为皇帝。[1] 约翰在侄子米哈伊尔七世统治期间继续执掌帝国的军事大权。君士坦丁十世自诩是自9世纪时便已经非常著名的杜卡斯家族的后裔,试图借此彰显自己家族世系的久远和显赫。在其统治期间,他和担任凯撒的弟弟约翰·杜卡斯进行了亲密合作,从而在执行皇权中融入了一种借助家族势力的观念,这种观念在帝国此前的历史上是不存在的。君士坦丁十世去世之后,约翰·杜卡斯成功地维持了家族的势力和地位,通过把孙女伊琳妮·杜卡娜嫁给年轻贵族阿莱克修斯,使后者成为杜卡斯家族的保护人,并在其成功的军事叛乱中扮演了举足轻重的角色。[2]

君士坦丁九世在位期间,曾把宫廷头衔慷慨地赐予首都的行会领袖和大商人,导致了荣誉头衔的贬值,官僚集团的内部关系因此更为松散。[3] 君士坦丁十世沿袭了这一政策,把元老院的职位向君士坦丁堡的各个社会阶层开放,以此加强元老阶级的地位和势力,导致元老的数量激增。[4] 他这样做的目的就是增加官僚贵族权势,以制衡军事贵族力量。他还下放税收权,甚至出售中央财政官职。[5] 君士坦丁十世推行的政策产生了灾难性的后果,在其统治期间,官僚贵族

---

[1] Michael Psellus, *Fourteen Byzantine Rulers: The Chronographia of Michael Psellus*, p.343.
[2] Michael Angold, *The Byzantine Aristocracy IX to XIII Centuries*, Oxford: British Archaeological Reports, 1984, p.4. *The Alexiad of Anna Comnena*, Ⅱ, pp.88-90.
[3] 李秀玲:《安娜·科穆宁娜及其笔下的拜占庭帝国》,北京:燕山出版社2014年版,第123页。
[4] Michaelis Attaliotae, *Historia*, ed. I. Bekker, [Corpus Scriptorum Historiae Byzantinae 4] Bonn: Weber, 1853, TLG, No. 3079001. p.275.
[5] John Zonaras, *Epitome Historiarum*, Vol.3, ed. by M. Büttner-Wobst, Bonn: Weber, 1897, p.676. Ioannis Zonarae, *Epitome Historiarum*, ed. L. Dindorf, 3 vols., Leipzig: Teubner, 1868, 1869, 1870, TLG, No. 3135001, No. 3135003. Ioannis Zonarae, *Epitomae Historiarum*, libri xviii, ed. T. Büttner-Wobst, vol. 3, [Corpus Scriptorum Historiae Byzantinae 49] Bonn: Weber, 1897, TLG, No. 3135002.

势力的极度发展已经无法遏制。① 甚至连米哈伊尔·普塞洛斯都认为,在君士坦丁十世统治之前,元老院成员和普通民众阶层之间,泾渭分明,存在难以跨越的鸿沟,但君士坦丁消除了他们之间存在的身份差别。② 随着官僚人数的增加,中央财政开支不断增长,导致国库空虚,不得不加大税收力度。由于国家沉重的税收政策,1066 年,希腊北部地区爆发叛乱。

君士坦丁在位期间刻意忽略军队建设,压制军事贵族。为了防止军事贵族叛乱夺取皇位的事情再次出现,君士坦丁十世在位期间,有意忽视军队建设,大幅度缩减军队开支并长期拖欠军饷,以此弥补财政亏空,甚至解散与官僚贵族们发生冲突的将军的部队。愤怒的将军们,尤其是前皇帝伊萨克一世的支持者曾密谋行刺君士坦丁十世,但以失败告终。③ 在这种情况下,军队战斗力急剧下降,帝国的防御力量被进一步削弱。内斗中受害最深的是东部军区部队,尤其是亚美尼亚(Armenia)地区的部队,致使塞尔柱突厥人大军压境的时候,东部边防完全空虚,外敌如入无人之地。

另外,他还取悦教会以扩大王朝统治基础。君士坦丁十世非常虔诚,他全面详实地研究过《圣经》,不仅停留在文本层面,而且关注其深层次的精神理念。君士坦丁十世在位期间,不断增加对教会的赏赐,争取教会对皇权的支持。为了讨好教会,他曾试图将亚美尼亚教会并入东正教会,导致亚美尼亚地区愈发混乱。他在位时,担任牧首职务的是约翰八世·西非林努斯(John Ⅷ Xiphilinus,1064—1075 年在位)。他是继米哈伊尔·塞鲁拉利乌斯之后,④另一位具有较大影响力的教会领袖。约翰八世·西非林努斯与君士坦丁十世首次见面时,不仅拒绝向他行跪拜礼,甚至拒绝与他谈话。当最终被说服与皇帝交谈时,他表示自己只是勉强接受了牧首的职位,并拒绝受皇权的控制。可见,这个时期牧首和皇帝之间的关系处于非常紧张的状态。这位牧首来自君士坦丁堡的显赫家族,被认为是拜占庭历史上意志最顽强,野心最大的大教长。他在位期间实行的强硬政策导致拜占

---

① 陈志强:《拜占庭帝国史》,第 274 页。
② Michael Psellus, *Fourteen Byzantine Rulers: The Chronographia of Michael Psellus*, p. 338.
③ M. Angold, *The Byzantine Empire (1025 -1204): A Political History*, London: Longman, 1984, pp. 16 - 32, 53 - 56, and 61 - 74.
④ 李秀玲:《安娜·科穆宁娜及其笔下的拜占庭帝国》,第 147 页。

庭教会与罗马教会于1054年的最终分裂,并且使教会和国家之间的关系出现重大转变,权力的天平向教会严重倾向。阿莱克修斯一世曾于1080年1月颁布一份黄金诏书,批准了由约翰八世·西非林努斯于1066年颁布的教会对婚姻的一些裁决,它们当时并没有得到君士坦丁十世的批准,原因可能在于,这原本是由民法负责处理的问题,君士坦丁十世试图阻止牧首的权力在婚姻法方面扩展。尽管如此,君士坦丁十世在垂死之时,仍旧请求西非林努斯监督尤多奇亚·马克兰波里提萨皇后不再结婚的宣誓,以确保杜卡斯家族的继承权。他还指示牧首,如果她违背誓言,西非林努斯有权将她开除教籍,但若是为了公众利益,则可以解除誓言对她的约束。[1]

君士坦丁十世在外交方面不仅没有成就,而且加剧了边关压力。塞尔柱突厥人、匈牙利人、帕臣涅格人(Pachenegs)、乌兹人(Uzes)、诺曼人分别从东部、北部和南部入侵帝国,脆弱的国防力量无力抵挡外敌,致使国家边界紧缩。首先,塞尔柱突厥人入侵亚美尼亚地区。塞尔柱突厥人对小亚细亚的进攻开始于1018年,最初仅是试探性的劫掠,并没有对小亚细亚的局势产生重大影响,但从1040年之后转为掠夺式的占领。[2] 前任皇帝统治期间,中央官僚目光短浅,无能皇帝上位,持续削弱军队。例如,君士坦丁九世曾用价值仅有足值金币3/4的贬值货币支付部队将士的军饷,并在大量军区部队长期不服役和本土兵力富余的情况下,使用雇佣军作战,让最精良的军区部队陷入无组织的状态之中,甚至在1053年解散了防守帝国东北边界的亚美尼亚军区的5000人军队。[3] 君士坦丁十世即位后,不顾边防安危,继续削减军队,拖欠军饷,压制军事贵族的势力。帝国内政的虚弱和防务体系的崩溃,意味着通往帝国重要腹地省区的道路洞开。塞尔柱突厥人大军压境的时候,东部边防完全空虚,没有进行任何有效的抵抗。突厥骑兵从阿塞拜疆出发,占领了小亚细亚东部和中部的一些城市。1064—1065年间,在苏丹阿尔普·阿尔斯兰(Alp Arslan)的领导下,塞尔柱突厥人大肆蹂躏亚美尼亚和伊比利

---

[1] M. Angold, *Church and Society in Byzantium Under Comneni, 1081-1261*, Cambridge: Cambridge Univercity Press, 1995, pp.35-36.
[2] 蓝琪:《拜占庭帝国与塞尔柱突厥人在小亚细亚的争夺》,《贵州师范大学学报》1991年第4期,第5—6页。
[3] W. Treadgold, *A Concise History of Byzantium*, New York: Palgrave, 2001, pp.167-168.

亚（Iberia）地区以及幼发拉底河（Euphrates）附近的行省。尤其在1064年，他们攻陷亚美尼亚首府安尼（Ani），使西里西亚变成了一片焦土，[①]这个地区已经连续几个世纪充当帝国抵挡东部游牧民族入侵的缓冲地。1067年，他们又进犯凯撒里亚（Caesarea），不到两年的时间，这些地区全部沦陷。但此时的小亚细亚远未成为塞尔柱人定居的安全地带，拜占庭人在此仍有许多设防城市和要塞，帝国军队不断驱逐入侵者，因此，他们在掠夺之后仍旧撤回老巢。

游牧民族入侵帝国北部后逐渐融入拜占庭社会。首先要说的是阿兰人，他们作为帝国补充兵源，日益发挥重要作用，许多阿兰人在拜占庭宫廷中任职。譬如一个名为约翰的阿兰人曾把尼基弗鲁斯三世及其斯基泰人仆从秘密商谈的话偷偷密告他的阿兰人朋友，安娜公主推断约翰可能是皇帝比较信任的坏人。另一个拥有"宰相"头衔的阿兰人是科穆宁兄弟的朋友，与宦官们为敌，也将宦官要迫害他们的阿兰人朋友的密谋泄露出去。另外，尼基弗鲁斯三世的皇后玛丽亚也是阿兰人。阿兰人不仅在军队中服役，担任军职，而且跻身皇族。阿莱克修斯的哥哥伊萨克的妻子和塞奥多利·加布拉斯的第二任妻子都来自这个民族。[②]

其他游牧民族也是如此，边打仗边定居在拜占庭土地上。达契亚人（Dacian）也被拜占庭作家误称为匈牙利人，他们曾与拜占庭签订和平条约，后来却加入入侵的帕臣涅格人军队，这种反复无常是原始部落民的习惯，他们后来都接受了拜占庭人的文化熏陶。[③] 此外，保加利亚人（Bulgarian）也受到关注。皇后伊琳妮的母亲玛丽亚是一个保加利亚公主，伊萨克一世的妻子也是保加利亚人，她的弟弟艾伦（Aaron）是安尼的总督，那里的碑铭上记载着他建筑城墙和减免税收的政绩，而保加利亚士兵和军官在拜占庭军队中服役已经成为惯例。安娜公主为了确定巴尔干历史的一些日期，提到保加利亚第一个和最后一个国王，值得注意的是，她称保加利亚君主为巴塞鲁斯，这是拜占庭帝国贵族对蛮族统治者使用的称

[①] G. Buckler, *Anna Comnena: A Study*, Oxford: Oxford University Press, 1929, p. 418.
[②] *The Alexiad of Anna Comnena*, Ⅰ, P. 70, Ⅱ, P. 80, ⅩⅢ, P. 411, Ⅱ, P. 76, Ⅱ, P. 74, Ⅷ, P. 265.
[③] *The Alexiad of Anna Comnena*, Ⅲ, P. 122, Ⅶ, P. 217, 安娜的弟弟约翰二世的皇后也是匈牙利人，见 *The Alexiad of Anna Comnena*, ⅩⅢ, P. 434. 后来在十字军时代，最早东征的隐士彼得率领十字军就经过达契亚人的领土到达君士坦丁堡，见 *The Alexiad of Anna Comnena*, Ⅹ, p. 311, 有记载说，汉姆斯山的斜坡上居住着非常富有的达契亚人部落，见 *The Alexiad of Anna Comnena*, ⅩⅣ, p. 465.

呼。① 此外,塞尔维亚人(Serbian)②、达尔马提亚人(Dalmatian)、库曼人和帕臣涅格人都是与拜占庭帝国保持友好或敌对关系的北方民族。君士坦丁十世在位期间,匈牙利人、帕臣涅格人和乌兹人是侵扰帝国北部的主要势力。

帕臣涅格人是来自里海北部的突厥部落,曾长期活动在突厥汗国的西部地区。其风俗极为粗野强悍,崇尚武力。9世纪下半叶,他们在其他突厥部落的攻击下向西迁徙,进入里海和黑海之间高加索山脉的北部地区,并在10世纪上半叶扩张到伏尔加河和顿河下游地区。拜占庭人对帕臣涅格人的了解,首先源于后者对克里米亚地区的入侵和对车绳军区安全的威胁。拜占庭政府利用娴熟的外交手段化解了他们的进攻,尤其重视使用传教方式。10世纪上半叶,传教工作在帕臣涅格人和马扎尔人中间取得了相当大的进展。拜占庭史料对他们的首次记载出现在君士坦丁七世的《论帝国的行政管理》中,③这位皇帝认为,"只要帝国统治者牢记与帕臣涅格人保持和平关系并签订友好协定,每年向他们派遣外交使团,赠予他们喜欢的礼物,就会始终占据优势"④。他的记载表明在拜占庭统治时代,帕臣涅格人已经被视为不可小觑的强大势力,拜占庭皇帝和车绳军区官员都意识到与之结好的重要性,因此给予高度重视。双方的日常贸易或人力支援等事务由当地官员代为安排,重大军事援助和高规格外交活动则由朝廷派出专门使团。⑤ 物质交流促进了帕臣涅格人对拜占庭人的了解,特别是高质量的舒适生活吸引了他们中的许多人每年自愿到君士坦丁堡充当人质。但他们长期处于四处漂泊的部落游牧生活,与拜占庭人的友好关系大多建立在索取物质生活资料的基础上,因此这种关系通常是不稳定的。11世纪初期以后,帕臣涅格人开始大举西迁,不定期地抢劫巴尔干地区。

---

① *The Alexiad of Anna Comnena*，Ⅱ，p. 87，Ⅷ，p. 255，Ⅶ，p. 223.
② 作为达尔马提亚人的邻居被提及,见*The Alexiad of Anna Comnena*，Ⅸ，p. 276.
③ Constantine Porphyrogenitus, *De administrando imperio*, ed. Gy. Moravcsik, trans. into English by R. J. H. Jenkins, Washington, D. C.: Dumbarton Oaks 1967, pp. 49 - 57 and 167 - 175. Constantine Porphyrogenitus, *De Administrando Imperio*, 2nd edn., [Corpus Fontium Historiae Byzantinae 1] Washington, D. C.: Dumbarton Oaks, 1967, TLG, No. 3023008. 转引自 J. W. Birkenmeier, *The Development of the Komnenian Army: 1081 -1180*, Boston: Brill, 2002, p. 45.
④ Constantine Porphyrogenitus, *De administrando imperio*, p. 178. 转引自陈志强:《巴尔干古代史》,北京:中华书局2007年版,第426页。
⑤ 陈志强:《巴尔干古代史》,第426页。

瓦西里二世一度摧毁保加利亚王国，使拜占庭帝国的势力范围延伸至多瑙河，于是帕臣涅格人成为帝国的直接邻居，逐渐成为巴尔干半岛的最大威胁。1034 年，米哈伊尔四世曾采取三项措施加强这一地区的边界防御：增加卫戍军队的数量；在多瑙河南部设立无人居住的荒芜地带；在边界要塞附近开辟市场，提供游牧民族所需要的农产品和制造品，以防止他们采用掠夺的方式得到这些东西。① 上述政策使帝国能够据守多瑙河下游的军事据点。但 1047 年，帕臣涅格人越过多瑙河，袭击了汉姆斯山北部原属于保加利亚的大部分地区，②拜占庭军队开始放弃难以防守的地带，巴尔干半岛东部的防御大门从此洞开。帕臣涅格人开始定期从多布罗加（Dobrudja）地区南下，洗劫色雷斯平原，甚至到达君士坦丁堡近郊。为了抵御他们的进攻，君士坦丁九世曾利用挑拨离间的外交手段，在科根（Kegen）和提拉赫（Tyrach）酋长领导的两大部落之间挑起争端，③企图削弱其势力，但仍旧未能避免与他们的严重冲突。1053 年双方签订 30 年停战协议，帝国允许他们中已经定居的人继续在多瑙河南部居住，拜占庭则维持对多瑙河沿岸城镇的控制。

1064—1065 年间，匈牙利人占领贝尔格莱德（Belgrade），帕臣涅格人和乌兹人跨过多瑙河劫掠巴尔干各省，据说入侵的乌兹人的数量达 60 万。他们打败拜占庭和保加利亚联军，俘获了拜占庭军队的将领瓦西里（Basil Apocapes）和尼基弗鲁斯（Nicephorus Botaneiates），侵入希腊腹地。④ 保加利亚、马其顿和色雷斯，都遭到他们的入侵，以至于"整个欧洲的居民都想迁徙离开"⑤。在错过了有利战机的情况下，君士坦丁十世率领 15 万人大军，御驾亲征，但尚未真正投入战斗，一场灾难性的瘟疫就袭击了帕臣涅格联军中的乌兹人，许多人在驻地病死，其他人则被迫撤到多瑙河以北地区，剩下的军队在帝国定居，转而投靠帝国为皇帝服役。⑥

---

① C. Mango, ed., *The Oxford History of Byzantium*, Oxford: Oxford University Press, 2002, p. 182.
② J. W. Birkenmeier, *The Development of the Komnenian Army: 1081 -1180*, p. 45.
③ 陈志强：《巴尔干古代史》，第 428 页。
④ Ioannis Scylitzae, *Synopsis Historiarum*, ed. J. Thurn, [Corpus Fontium Historiae Byzantinae 5] Berlin: De Gruyter, 1973, TLG, No. 3063001, p. 656.
⑤ Michael Attaleiates, *Historia*, p. 84.
⑥ ［南斯拉夫］乔治·奥斯特洛格尔斯基：《拜占廷帝国》，第 287 页。

君士坦丁生前,诺曼人入侵南意大利。1040 年,拜占庭将军乔治·马尼亚科斯(George Maniakes)在西西里岛(Sicily)的军事远征取得了一系列胜利,夺取了包括墨西拿(Messina)和叙拉古半岛在内的意大利东部和南部地区,但他的战绩受到拜占庭朝廷官僚贵族的猜忌,最终在他们煽动的叛乱中被流矢射死。① 此后,11 世纪早期出现在南意大利边界上的诺曼人冒险者势力开始崛起,②在随后的十余年中逐渐驱逐了拜占庭人和伦巴第人的势力,占领了南意大利和西西里岛,并得到当地宗教机构,甚至是教宗的承认。11 世纪五六十年代,教宗与拜占庭帝国之间的矛盾助长了诺曼人势力的迅速崛起。两者矛盾的焦点主要是争夺意大利的宗教控制权、基督教最高统治权、教义教规和礼拜仪式的争论,这些争论导致了 1054 年基督教东、西方教会的第一次分裂。这一事件的后果之一是教宗转而依靠近邻势力,寻找新的联盟,最后与诺曼人达成协议。在 1059 年的梅尔菲(Melfi)会议上,教宗尼古拉二世(Nicholas Ⅱ, 1059—1061 年在位)赐与诺曼人新首领罗伯特·吉斯卡尔(Robert Guiscard,1015—1085 年)阿普利亚(Apulia)公爵头衔,③正式承认他对阿普利亚和西西里的合法统治权,这些地区从此脱离了拜占庭的控制。④

罗伯特·吉斯卡尔 1015 年出生在诺曼底,根据安娜的记载,他身材高大,体格健美,相貌英俊,有红润健康的肤色,深邃明亮的眼睛,金色的头发,宽阔的肩膀,其外表展现了令人敬慕的协调和优美。他思维敏捷,谈吐机警,平时彬彬有礼,总是谨慎地遵守本族的风俗,对待下属礼貌得体,尤其是那些忠诚于他的人。他拥有强健的体格,直到生命的最后始终保持着旺盛的精力,并且作战勇敢,具有杰出的军事技能和坚毅的精神,是一个屡败屡战、愈挫愈勇、不轻易言败的对手。另一方面,他极端吝啬和贪婪,充满野心,为人狡诈阴险,为了谋求财富和权力不

---

① [南斯拉夫]乔治·奥斯特洛格尔斯基:《拜占廷帝国》,第 280 页,第 281 页。
② 他们是法兰克王国在 9、10 世纪的分裂过程中形成的侵略团体,作为加洛林王朝臣民,他们属于定居在塞纳河口(Seine)的维京人(Viking)后裔,他们对意大利和拜占庭的影响反映了其维京人的起源和法兰克人的背景。一方面,他们是雇佣军和居无定所的掠夺者,不对任何征募者保持持久的忠诚;另一方面,他们的荣誉观念完全植根于骑士精神中,具有强烈的领土占有欲,并重建了从法兰克王国带来的封君封臣制度。C. Mango, ed., *The Oxford History of Byzantium*, p. 188.
③ *The Alexiad of Anna Comnena*, Ⅰ, pp. 52 – 62.
④ P. Stephenson, *Byzantium's Balkan Frontier: A Political Study of the Northern Balkans, 900 – 1204*, Cambridge: Cambridge University Press, 2000, p. 156.

择手段,从极端贫穷和卑微的抢劫者崛起为整个伦巴第和阿普利亚地区的主人。他成为诺曼人的新首领之后,带领他们驱逐了拜占庭人和伦巴第人在南意大利的势力,占领了南意大利和西西里岛,在意大利站稳脚跟之后,将目标转向拜占庭首都君士坦丁堡。在巩固了作为最高统治者的地位、羽翼丰满之后,罗伯特便开始酝酿更大的计划,显示出其野心勃勃,安娜·科穆宁娜认为"这是人性贪婪的正常反应。一个人一旦攫取了权力,他对此的追逐就会展示出像溃疡一样的特征,溃疡一旦进入身体中,将不会停止运动,直到侵入和摧毁整个身体为止"①。罗伯特·吉斯卡尔对巴里(Bari)的征服和对西西里岛的占领,标志着拜占庭帝国在南意大利统治的终结。此后,诺曼人以此为根据地,开始积极策划对帝国都城君士坦丁堡的进攻。对此君士坦丁十世毫无办法积极应对。

君士坦丁十世的家庭生活非常幸福。他很喜欢自己的孩子,经常和他们一起做游戏,嬉戏玩耍。从他们的婴幼儿时期开始,他就确保他们能享受优质的教育和身心健康。两个儿子出生在他称帝之前,其他子女可能在之后出生。其中次子在他称帝后不久病死,幼女邹伊嫁给了阿德里安·科穆宁(Adrian Comnenus),他是未来的皇帝阿莱克修斯一世的弟弟。另一个女儿塞奥多拉·安娜(Theodora Anna)则成了修女。君士坦丁对皇位继承人的选择十分慎重。在决定任命米哈伊尔作为自己的继承人之前,君士坦丁对他进行了严格的考察,以确定他是否真正适合皇位。米哈伊尔得到父皇认可后,才被加冕为共治皇帝。

君士坦丁十世非常善于控制自己的情绪,拥有很强的自控能力,处事理性谨慎,从不盲目冲动。他的统治温和宽厚,充满仁慈和智慧。他很少威胁别人,也从未处死或伤残过任何人,即使有人犯了不可饶恕的罪行,也没有受到皇帝的严惩。例如1060年,有些人策划了针对君士坦丁十世的阴谋叛乱,他们计划在君士坦丁从曼加纳(Mangana)返回皇宫的路上,凿沉他的船,将他淹死。叛乱者有名不见经传的普通人,也有一些贵族和知名人士。但在危急关头,阴谋暴露。君士坦丁十世原本可以将他们处死,但最后只是将他们中的一些人流放,一些人则被剃去了毛发。皇帝为了庆祝自己侥幸躲过这次谋杀,专门举办了一次晚宴。进餐过程

---

① *The Alexiad of Anna Comnena*, pp. 136 – 137.

中,他突然放声大哭,对在场的米哈伊尔·普塞洛斯说"遗憾的是,流放者无法像我们一样享受美食。当别人遭遇不幸时,我无法让自己快乐起来"。对于山野村夫而言,他们之前甚至根本不知道帝国的统治者是谁,如今他们都毫无异议地坚决拥戴君士坦丁的统治。①

米哈伊尔·普塞洛斯在著作中对君士坦丁十世本人及其统治给予了很高的评价。在他看来,君士坦丁是一个非常有才干的皇帝,具备一个统治者所需要的各种能力。根据他的记载,君士坦丁十世统治帝国七年有余,登基时帝国财政空虚,国库被挥霍一空,为此,他实行了宽松适度的财政政策,革除弊病,着力恢复经济秩序,同时量入为出,从不肆意挥霍。在一些民事诉讼中,他甚至亲自充当法官,坚持不偏不倚、客观公正的态度,在诉讼过程中熟练运用民法知识,直指问题的要害。对于违法犯罪的行为,他通常铁面无私,还废除了一些不合理的契约。他发布的所有命令,包括书面命令在内,都拥有法律效力,法庭的风气由此焕然一新。虽然缺乏专门的哲学和修辞学训练,但君士坦丁十世在辩论、演讲或写信时,堪比专门的哲学家和演说家。他也非常虔诚,处理军务的能力也很强,取得了许多辉煌的胜利。② 事实上,他作为军事将领的确非常出色,但作为皇帝却极度缺乏创造性。当时的拜占庭作家对他也有负面评价。11 世纪末的史家约翰·斯基利齐斯认为,君士坦丁十世是一个很平庸的皇帝,他将全部精力用于行政事务,尤其是立法方面,但忽视军队建设,导致蛮族人毫无忌惮地进攻帝国,几乎没有遇到任何抵抗。君士坦丁本人也公开宣称,相比较做一个伟大的皇帝,他更愿意作为一个著名的演说家而流芳百世。③ 他酷爱文学,宣称"相比较皇帝的身份,自己作为学者更为知名"④。普塞洛斯在高度称赞君士坦丁十世统治的同时,也认为他的对外政策非常短视,缺乏远见和预见性,例如,君士坦丁十世主张帝国对外关系方面遇到的问题,应该通过赠予礼物等友好方式解决,而不应该诉诸武力。这主要由于几个方面的原因,一是为了避免将过多的国家财富花费在军队建设上,二

---

① Michael Psellus, *Fourteen Byzantine Rulers: The Chronographia of Michael Psellus*, p. 341.
② Michael Psellus, *Fourteen Byzantine Rulers: The Chronographia of Michael Psellus*, pp. 331 – 332.
③ Ioannis Scylitzes, *Synopsis Historiarum*, pp. 651 – 653.
④ Michael Psellus, *Fourteen Byzantine Rulers: The Chronographia of Michael Psellus*, p. 344.

是避免自己的平静生活受到打扰,三是他信任的官僚集团都是反战派,极力反对战争。历史证明,这种做法是非常错误的,由于帝国的军队衰弱,实力强大的敌人来势汹汹,犹入无人之境。但从总体上看,普塞洛斯认为君士坦丁十世的一生是辉煌的一生,离世的时候也非常安心。他在位期间,除了一次危及性命的叛乱,其统治地位相对安定和平静。更重要的是,他给帝国留下了合法的继承人,确保了皇位的和平继承。① 很显然,史家们对他褒贬不一的评价说明他是个矛盾性人物,是衰落中的拜占庭帝国比较平庸的君主,在恢复帝国强盛的事业中并无重要贡献,但他却是新王朝的创立者。

第二节

罗曼努斯四世（Romanos Ⅳ）

1068—1072 年在位

罗曼努斯四世（Romanos IV Diogenes, Ρωμανὸς Δ' Διογένης，出生年月不详,卒于 1072 年 8 月 4 日）是杜卡斯王朝的第二个皇帝,1068 年 1 月 1 日登基称帝,1072 年 8 月 4 日去世,在位四年半。

罗曼努斯出生于卡帕多西亚（Cappadocia）的一个显贵军事世家,是老罗曼努斯·狄奥根尼斯的儿子,后者因为在罗曼努斯三世·阿吉洛斯（Romanus Ⅲ Argyrus,1028—1034 年在位）在位期间策划了一次叛乱被捕,后来由于身陷险境而自杀。这个家族因为这件事情而名誉扫地。这一事件给罗曼努斯的人生带来了非常不利的影响,如果尤多奇亚皇后没有成为孀居的摄政者并垂青于他,他的余生可能就不会再有翻身的机会,也走不出家族叛逆事件带来的阴影。他有时候做事直率磊落,但在大多数时候,都表现得像一个伪君子和吹牛大王。正是尤多奇亚对他的青睐和仁慈让他最终走出了困境,否则他的勇敢和胆识将永无用武之地。

---

① Michael Psellus, *Fourteen Byzantine Rulers: The Chronographia of Michael Psellus*, p. 344.

尤多奇亚当时遵照已故皇帝君士坦丁十世的意愿,以摄政身份成为帝国的最高统治者。她没有把时间花费在家庭琐事上面,而是全身心地投入到帝国的行政事务中,并且表现得十分低调,不管是皇室庆典,还是个人衣着,都避免奢华铺张。尤多奇亚是一个非常聪慧的女性,她亲自参与挑选地方官员,处理民政事务、财政收支和税收问题。她的命令具有权威性,就如同皇帝发布的一样。她的两个儿子都恪守本分,对她充满了敬畏。君士坦丁当时还是一个孩子,缺乏处理政务的能力,米哈伊尔已经成年,才华出众,拥有足够的能力处理国事,但他仍旧愿意让母后摄国,自愿服从她的所有决定,不插手帝国的任何事务。[1] 事实上,她亲自训练他作为储君的素质,经常鼓励和称赞他,逐步安排他参与地方官的任命等政务。这就是君士坦丁十世去世后,帝国宫廷的情况。如果不是因为后来发生的突发事件,这种安排可能会一直存在下去。

随着年纪渐长,尤多奇亚皇后的想法有所改变,但她也没有沉溺于玩乐和骄奢淫逸的生活,仍旧十分关心她的儿子们,担心他们如果没有人保护,将被剥夺皇位。据说皇宫的宫廷生活事实上对她而言并没有什么吸引力,她曾经亲口对普塞洛斯说,"我不希望自己身为皇后,直到去世都与权力牵扯在一起。"但是,人是非常善变的动物,尤其是外部环境提供了改变自身的时机。这位出色的皇后虽然拥有坚定的意志和高贵的精神,但最终选择了再嫁。最初,她羞于提起此事,避免提起即将成为她的丈夫的那个男人,同时,极力压制有关这个男人身份的流言蜚语。她尤其关注牧首西非林努斯的态度,后者坚持认为她应该遵守她在已故丈夫面前许下的终身不再结婚的承诺。为了让牧首同意这桩婚姻,她与一位宦官共谋,让他向牧首建议,先假意让其弟弟巴尔达斯(Bardas)迎娶皇后。牧首为此向元老院提议这件事,但推荐的人是罗曼努斯·狄奥根尼斯。后者当时任多瑙河边防军司令,是一位经验丰富、勇敢无畏的指挥官,在打击帕臣涅格人的战争中脱颖而出,在军事贵族中享有很高的声誉。在此期间,谣言四起。据说尤多奇亚皇后早已选定了未来皇帝的人选,根据安排,新郎官皇帝很快就会到达都城,随后便举行加冕典礼。那天晚上,尤多奇亚召见了普塞洛斯,对他说,"您知道,蛮族人劫掠了整个

---

[1] Michael Psellus, *Fourteen Byzantine Rulers: The Chronographia of Michael Psellus*, p.345.

东部,随着战事的日渐频繁,帝国的威望丧失殆尽,边界守军锐减,国力下降。如何才能让国家躲过这次灾难呢? 我在深思熟虑后做的决定是让狄奥根尼斯的儿子罗曼努斯成为皇帝。我的儿子米哈伊尔皇帝对此事并不完全了解,但也并非一无所知。现在请您和我一起去向他解释清楚这件事情。"正在睡梦中的米哈伊尔被叫醒,与母后尤多奇亚一起去见"他的继父",即新皇帝罗曼努斯,米哈伊尔的脸上毫无表情,他拥抱了罗曼努斯,默认了他的皇帝身份。同时,凯撒也被召见,他的圆滑世故此时体现得淋漓尽致。他首先礼节性地问候了米哈伊尔,随后称赞了罗曼努斯,并向皇后等一干人表达了祝贺之情。1068年1月1日,尤多奇亚皇后与罗曼努斯举行了婚礼,后者就在当天登基,史称罗曼努斯四世。这就是罗曼努斯·狄奥根尼斯如何登上皇位的过程。① 普塞洛斯由此认为尤多奇亚皇后是为了保住未成年儿子的皇位继承权和处理帝国的军事事务,才下嫁给罗曼努斯的。②

事实证明,这是尤多奇亚的判断失误。她原本应该将罗曼努斯处死,但她没有这样做,而且让他成为皇帝,并想当然地认为自己的尊崇地位能得以保全,相信他永远都不会违背自己的意愿。这看似是一种合理的猜想,事实上她只是一厢情愿,因为她的计划很快就落空了。在一段时间内,罗曼努斯四世假装作为她的忠诚下属,完全服从于她,此后便原形毕露。尤多奇亚越想控制他,他就越像笼子里的狮子一样,对她充满了厌恶和憎恨。一开始时,他只是暗自咆哮,但随着时间的推移,便开始公然表达自己的不满情绪。他试图独立统治帝国,但由于没有对公共事务做出过突出贡献,所以一直未能如愿,只能耐心等待机会,突厥人的入侵恰好为他提供了这样的机会。为此,普塞洛斯认为,罗曼努斯四世与突厥人的战争与其说是为了保卫帝国,不如说是为了成就自己的政治野心和对权力的无限贪欲。③ 他三次御驾亲征,带领帝国军队与突厥人作战,不料在最后一次战役即拜占庭帝国历史上著名的曼兹科特战役中被捕,沦为战俘,失去皇位,尤多奇亚的儿子米哈伊尔重新成为皇帝,罗曼努斯四世的统治因此结束。

---

① Michael Psellus, *Fourteen Byzantine Rulers: The Chronographia of Michael Psellus*, p. 348.
② Michael Psellus, *Fourteen Byzantine Rulers: The Chronographia of Michael Psellus*, p. 348.
③ Michael Psellus, *Fourteen Byzantine Rulers: The Chronographia of Michael Psellus*, p. 351.

罗曼努斯四世在位时间只有三年零八个月,内政方面,主要是与尤多奇亚和米哈伊尔争夺皇权。外交方面,他主要是与突厥人进行了三次战争,尤其是曼兹科特战役最为著名。他的被俘是自尼基弗鲁斯一世(Nikephoros Ⅰ,802—811在位)于811年阵亡以来,拜占庭皇帝在战斗中遭遇的最羞辱的失败。的确,回顾一下这段历史是必要的。9世纪,保加尔人领袖科鲁姆夺取保加利亚王位后,很快便开始了对帝国的入侵。811年春季,拜占庭皇帝尼基弗鲁斯一世率领强大的帝国军队越过边界,摧毁了保加尔人的首都普利斯卡,烧毁了汗王的宫殿,但在追击逃入深山的汗王时,遭到科鲁姆军队的埋伏,不幸阵亡,其头骨被汗王制成酒杯,用来在庆功宴上轮流把盏。奥斯特洛格尔斯基认为这次战役的后果是难以估量的,因为它对拜占庭权威尊严的沉重打击远远超过了军事失败本身。自从民族大迁徙时代瓦伦斯皇帝于378年抵抗西哥特人在阿德里安堡(Adrianople)战役中被杀以来,还没有任何拜占庭皇帝被蛮族人杀死。而且,凶残的保加尔人汗王还以这样的方式侮辱了皇帝。①

罗曼努斯四世在内政方面主要忙于宫廷内讧。他的上位源自与前皇后尤多奇亚的婚姻,后者当时迫于帝国紧迫的军事形势,将他推上皇位。在这个背景下,罗曼努斯成为皇帝后,仍旧掣肘于尤多奇亚和她的儿子们。最初,他处处忍让顺从尤多奇亚,但他是一个有政治野心的人,试图摆脱后者的控制,成为帝国真正的统治者。随着时间的推移,他逐渐改变了原先的谦卑态度,像对待战俘一样对待尤多奇亚,甚至打算将她驱逐出宫。普塞洛斯曾作为中间人,试图调解他们之间的矛盾。② 另一方面,罗曼努斯四世的上位标志着军事贵族的短暂胜利。当时以约翰·杜卡斯、尼基弗鲁斯·帕列奥列格(Nikephorus Palaeologus)和普塞洛斯为首的官僚贵族执掌国家实权,他们实际上并不支持罗曼努斯的统治,而仍旧唯尤多奇亚母子马首是瞻,这在他们对罗曼努斯四世与突厥人的三次战争的反对态度中体现得非常明显。罗曼努斯四世决定与突厥人开战时,根本不理会尤多奇亚的反对,对文官们的建议更是置若罔闻。他不信任凯撒约翰,几次都试图逮捕他,将他处死,却每次都改变了主意,打消了这个念头,但强迫约翰和皇子们宣誓在所有

---

① [南斯拉夫]乔治·奥斯特洛格尔斯基:《拜占庭帝国》,第158页。
② Michael Psellus, *Fourteen Byzantine Rulers: The Chronographia of Michael Psellus*, p.353.

事情上都服从和效忠于他。这些争斗都为后来争夺皇权的内战埋下了伏笔。

罗曼努斯四世在位期间，对外方面主要是与突厥人作战。突厥人攻占亚美尼亚之后，于1067年进攻小亚细亚城市凯撒里亚。亚美尼亚地区历来是帝国的征兵重地，将其重新收复是成功防御东部边界的前提。罗曼努斯四世成为皇帝后，立即发动了反击塞尔柱突厥人的军事行动，并在1068年和1069年的两次战役中取得了一些胜利，一度打到了幼发拉底河流域，但1071年曼兹科特战役的失败却使他试图挽救局势的努力最终功亏一篑。① 第一次战争发生在1068年，罗曼努斯四世率领了一支成分复杂、来源广泛的军队，包括马其顿人、保加利亚人、卡帕多西亚人、乌兹人、法兰克人和部分来自弗里吉亚（Phrygia）的将士。整支军队装备很差，并且军饷很低，军官的忠诚也很难靠得住。罗曼努斯四世带着这支军队穿过叙利亚（Syria）和波斯（Persia）边界，由于突厥人掌握了战争的主动权，在许多地方发起攻击，尽管罗曼努斯表现得非常英勇善战，仍旧在10月20日被敌人打败。因此，罗曼努斯的这次出征没有取得任何成果。但之后，他自立为皇帝的野心膨胀，变得更加狂妄自大，对提拔他的尤多奇亚皇后不屑一顾，对大臣们的意见也置若罔闻。1069年春天，突厥人再次进犯。罗曼努斯四世重新备战，虽然出兵的动静闹得很大，但这次战争仍旧没有取得任何有价值的战果，以至于有人怀疑他是出于内政需要而出兵。从总体上看，拜占庭军队犹豫不决，敌人则应对自如。拜占庭军队成千上万的人战死，敌人只损失了小部分兵力。罗曼努斯四世认为"我们没有被彻底打败，至少在敌人中制造了声势"，特别是因为指挥了这两次战事，他变得更加骄横跋扈，他的顾问们的错误建议更是将他引向了毁灭。随后，他开始了他的第三次也是最后一次远征。

一般情况下，春天一到，突厥人便大规模地劫掠帝国领土。1071年春，罗曼努斯四世带领一支联盟军队离开都城与他们作战。军队首先匆忙去了凯撒里亚，到达此地后，他不愿再继续前行，试图找借口返回都城，军队士气也因此低落。在这种情况下，罗曼努斯四世原本应该尽力与敌人达成和解，通过谈判终止敌人每年进行的入侵。不知道是因为绝望，还是因为盲目自信，他选择了继续行军。由

---

① ［南斯拉夫］乔治·奥斯特洛格尔斯基：《拜占廷帝国》，第288页。

于没有采取足够的措施保护后卫部队,突厥人通过诱敌深入,成功地诱捕了帝国的几名将领。当时,普塞洛斯意识到,由于苏丹本人指挥突厥军队,才使得敌人节节胜利,故而劝说罗曼努斯四世不要贸然进攻。但罗曼努斯不相信任何人的意见,并不打算讲和,认为自己能够轻易夺取敌人的营帐。不幸的是,他分散了兵力,战斗打响时,只有一半兵力投入战场。①

现代学者无法确定曼兹科特战役的准确时间、地点和细节,但鉴于这次战役对于拜占庭帝国的深远影响,后人根据掌握的资料,重构出这次战争的具体情况。当时,罗曼努斯四世在距离亚美尼亚东部幼发拉底河畔重镇曼兹科特附近的埃尔泽乌姆(Erzerum)聚集了一支规模庞大的军队。学术界对于其军队的数量存在争议,有两种资料宣称有30万人,其他资料推测为20万、40万和60万人。12世纪的一位历史学家伊马德·阿丁(Imad ad-Din)记载了其军队复杂的种族构成,除了拜占庭人外,还有大量外族雇佣兵,包括帕臣涅格人、乌兹人、罗斯人、阿兰人、哈扎尔人(Khazar)、库曼人、格鲁吉亚人、亚美尼亚人、法兰克人,但主要是诺曼人和日耳曼人。当时帝国常备军中的第一个诺曼人军团是君士坦丁九世为处理1047年内部危机召募的,但征募诺曼人与突厥人作战的建议最初来自罗曼努斯四世,此后征募诺曼士兵主要是为对抗突厥人。②

拜占庭本国军队大部分从西部和东部军区召集,另外,还有一支瓦兰吉亚士兵卫队和御林军军团(tagmata)陪同皇帝。御林军组建于8世纪,当时,君士坦丁五世(Constantine V,741—775年在位)曾对行省的军事和行政制度进行了较大幅度的改革,建立了由皇帝统辖的小型野战军并将之称为御林军军团。③ 罗曼努斯军队主力由机械兵、劳役兵和普通战士组成,大部分缺乏军事训练,装备很差,纪律涣散,至多有40%的战斗力。相比较而言,阿尔普·阿尔斯兰苏丹的军队数量很小,最低的估计为12 000人,最高的估计为30 000或40 000人。罗曼努斯四世派诺曼人将领卢塞尔和格鲁吉亚军官塔查尼奥特斯(Tarchaniotes)分别率领法

---

① Michael Psellus, *Fourteen Byzantine Rulers: The Chronographia of Michael Psellus*, pp. 355 – 356.
② J. Shepard, "The Uses of the Franks in Eleventh-Century Byzantium", *Anglo-Norman Studies*, 15(1993), pp. 285 – 286.
③ 徐家玲:《拜占庭文明》,北京:人民出版社2006年版,第91页。

兰克人、突厥人以及罗斯骑兵去占领曼兹科特和亚克拉特的周围地区,剩余军队成功地收复了曼兹科特。由于大军主力尚未返回,拜占庭军队在8月16日与突厥人的首次交锋伤亡惨重。为了供给庞大军队,必须派出数量巨大的士兵搜集粮草,因此,曼兹科特战役正式爆发时,拜占庭军队的数量下降到10万人,这些人多为乌合之众,许多人不是战士。罗曼努斯对己方军队数量的优势错误估计,对赢得一次重大胜利的能力盲目自信,特别是对供给数量如此庞大的军队需要的运力胸中无数,对士兵们早已因战事的拖延而士气低落和纪律涣散缺乏了解,故而败局从一开始就确定了。当时其更多的雇佣军因军饷不足而叛逃或叛乱,但罗曼努斯四世仍拒绝了苏丹提出的和谈请求,没有等其他部队到齐便决定开战。

1071年8月19日早上,罗曼努斯四世按照惯例布置了传统的作战队形,第一队由三部分组成:右路是来自卡帕多西亚、亚美尼亚和查尔西农(Charsianon)军区的军队以及乌兹人组成,由卡帕多西亚军区总督阿尔亚特斯(Alyattes)指挥;中路主要是东部军区的军队和御林军军团,由罗曼努斯四世亲自指挥;左路主要是西部军区军队和帕臣涅格人及其他雇佣军,由尼基弗鲁斯·布里恩纽斯(Nicephorus Bryennius)指挥。第二队为前锋,由安德罗尼库斯·杜卡斯率领,他是前皇帝君士坦丁十世的侄子,对罗曼努斯四世充满了敌视,这一队由诺曼人和日耳曼人的重装骑兵、贵族及其随从支队和御林军(Hetaereia)组成。但皇帝大营没有留守部队和预备队。拜占庭军队穿过曼兹科特向塞尔柱人的营地进军时,基本上没有遇到抵抗,只有两翼出现小规模战斗,皇帝不知有诈继续进军。到达被塞尔柱人放弃的营地后,罗曼努斯四世担心塞尔柱人的撤退有诈,害怕他们进攻自己未设防的营地,便命令军队休息并将皇帝的战旗转向后军。但是,因为晚上缺少光线,这个命令被误解,只有皇帝所在的中路部队按照命令转身,而两翼军队则犹豫不决。同时,安德罗尼库斯·杜卡斯蓄意散布皇帝已经被杀的谣言,消息迅速传遍了第二队前锋部队,引起巨大的恐慌和混乱。

在高处俯瞰他们的塞尔柱突厥人待时机成熟,趁着拜占庭人的混乱,在阿尔普·阿尔斯兰的率领下发起进攻,亚美尼亚人首先逃离了战场,拜占庭军队以为亚美尼亚人或突厥人雇佣军背叛而惊慌失措,四散溃逃。右翼因为卡帕多西亚人的叛逃也很快溃散,左翼在突厥人的冲击下在激战中被击溃,安德罗尼库斯·杜卡斯无视战局的需要而擅自撤退,根本没有下令军队投入战斗。因此,只有皇帝所在的中路军坚守阵地,罗曼努斯四世本人亲自投入了战斗,有人认为他不惜性命地勇敢作战,此举为英雄所为,有人则认为将领应该遵守既定的战略战术要求,远离第一线战斗,而应监督军队的行动,指挥军队秩序稳定。从当时的战事情况看,罗曼努斯四世此时不计后果地将自己暴露在危险之中的行为非常愚蠢。他穿上普通士兵的盔甲,举着剑冲向敌人,杀死了他们中的许多人。当敌人察觉到他的真正身份之后,从四面将他包围,罗曼努斯四世受伤坠马,被一个塞尔柱人奴隶俘获,其他人一部分被俘虏,一部分被屠杀。这是拜占庭皇帝首次成为伊斯兰军队的战俘,坚持作战的最后几个军团看到皇帝被俘后迅速撤退,曼兹科特战役就此结束。① 在这次战役中,罗曼努斯四世违背拜占庭帝国一贯的军事传统,孤军冒进,致使遭到围歼的惨败。另外,帝国军队内部的政治反对派在战役关键时刻动摇军心也是其重要败因。如果凯撒约翰·杜卡斯的儿子安德罗尼库斯·杜卡斯没有临阵脱逃并蓄意传播谣言,罗曼努斯四世可能不会被迫以身犯险。帝国的大部分御林军军团在这次战役中被摧毁,东部军区的兵力从此陷入崩溃。

　　罗曼努斯虽然没有被杀,但其被俘也导致皇位易主,宫廷内讧加剧。② 曼兹科特战役结束之后,宫廷各派贵族各自以自己的方式描述了这场灾难。有人说罗曼努斯四世已经战死,有人说他只是受伤后被俘。尤多奇亚皇后为此专门召开了一次宫廷会议。与会者一致认为,无论皇帝是成了战俘还是阵亡,帝国不能一日无君,有些人主张让尤多奇亚和她的儿子成为帝国的统治者,有些人则希望米哈伊尔和他的弟弟独立统治帝国,他们的母亲不要再插手任何事务,有些人则主张完全恢复尤多奇亚的统治。正当心怀鬼胎的大臣们七嘴八舌各抒己见时,皇长子米哈伊尔表示,愿意与母亲共治帝国,他甚至私下里表示,如果母亲愿意,自己打算让出皇位。他从未对母亲不敬,也从未违拗过她的任何意愿。在事情争论不下,悬而未决时,尤多奇亚邀请凯撒约翰进宫,后者极力主张母子联合共治帝国。

---

① L. Heath, *Byzantine Armies, 886 – 1118*, Illustrated by Angus Mcbride, Oxford: Osprey Publishing, 2004, pp. 24 – 28.
② A. Friendly, *The Dreadful Day: The Battle of Manzikert, 1071*, London, Hutchinson and Charlottesville: The University Press of Virginia, 1981, pp. 231 – 240.

杜卡斯王朝的历史似乎又重新回到了起点。

罗曼努斯四世被俘后,受到塞尔柱突厥人苏丹阿尔普·阿尔斯兰的礼遇。据说两人见面后,有一段趣味十足的对话,阿尔斯兰问:"如果我被你俘虏,你会怎么做?"罗曼努斯四世毫不犹豫地说:"我或许会杀了你。"阿尔斯兰笑道:"但我不会这样做,相反,我将饶恕你,让你获得自由。因为你们的上帝告诉我要宽恕错误的行为。"罗曼努斯四世被视为上宾,受邀与苏丹一起共餐,后者还为他配了卫兵,释放了他指定的那些战俘,最后,释放了皇帝本人。双方还签订了友好条约,罗曼努斯四世宣誓一定遵守条约,苏丹派了足以配得上皇帝身份的护卫和侍从,将他送回到拜占庭帝国的边界。事实上,深谋远虑的苏丹对形势有准确的判断,一来他自己的地位尚需稳固,需要增加邻国的支持,二来他了解拜占庭宫廷内部争端,确信"放虎归山"将引发这个强大邻居的内讧,这也有利于苏丹本国的发展。

确实,苏丹释放皇帝成为后来一系列麻烦的源头。罗曼努斯四世认为自己从苏丹那里得到了远远超出预期的让步,因此想当然地认为自己能够毫无困难地复位,并认为这预示着战败后的好运。因此,他给尤多奇亚皇后写了一封亲笔信,详细地叙述了自己的冒险经历。这封信在皇宫中引起轩然大波,有些人对这个消息感到震惊,有些人质疑它的真实性。尤多奇亚发现自己处于非常尴尬的境地,不知道接下来该怎么做。米哈伊尔征求普塞洛斯的意见,后者认为没有必要再让罗曼努斯复位,应该将他罢黜并通告全国,宣告他正式退位。有些人也认为这样做对帝国当前的形势而言最有利。但有些军方人士不同意,坚持等罗曼努斯回国后再议。在双方相持不下时,米哈伊尔担心残暴的罗曼努斯会采取报复,为了确保自己的安全,他决定接受普塞洛斯的意见,立即行动宣布自己为皇帝,并彻底摆脱母后的影响,独立统治帝国。他在凯撒约翰的两个儿子安德罗尼库斯和君士坦丁·杜卡斯的帮助下,争取了宫廷侍卫瓦兰吉亚卫队(Varangian guard)的支持。后者组成的亲兵卫队立即将米哈伊尔保护起来,禁止任何人靠近。尤多奇亚不知原委,也吓得六神无主,躲到一个地窖内避难。米哈伊尔委托普塞洛斯暂理国事,尤多奇亚被迫离开都城,进入修道院。这座修道院靠近海边,是她为纪念圣母玛利亚而下令建造的。根据约翰·斯基利齐斯的记载,尤多奇亚是被凯撒约翰和他的儿子们以及普塞洛斯策划流放的,据说米哈伊尔对此还持有异议。尤多奇亚的政治生涯就这样戛然而止。

　　罗曼努斯四世得知自己被罢黜皇位的消息后非常恼火,召集了一支大军到名为阿马西亚(Amaseia)的地方,准备武力夺回皇位。米哈伊尔七世立刻任命凯撒约翰的幼子为帝国军队的将领,率军征讨罗曼努斯。此人精力充沛、机智果敢、能言善辩。到达阿马西亚之后,他调集军队的精锐部分,发起一些小规模的战斗,重点是为抓住对手,并使用了各种方法突破敌人阵地。罗曼努斯在形势变得逐渐不利之后,将所有军队排列成战斗队形,进行大胆突围。在随后的战斗中,双方都遭受了严重损失,罗曼努斯的军队最终战败。这次战败标志着他的正式垮台。一个名叫查塔图利斯(Chatatoures)的亚美尼亚人以前曾得到罗曼努斯的提拔,被委以重任,在得知他的处境后,率领一支精兵小队保护他逃到了西里西亚。在这里,他为罗曼努斯装备了一支部队,并为其提供军饷。罗曼努斯身穿黄袍,准备等待时机反攻。得知这个消息后,米哈伊尔决定做部分妥协,试图与罗曼努斯和解,但遭到后者拒绝。

　　内战再次爆发。米哈伊尔派凯撒的长子安德罗尼库斯率军出征,此人身材高大、慷慨友善,处事公正,爱兵如子,与官兵相处融洽。他整顿军队,激发士气后,率军出发。他试图走偏远路线,躲开罗曼努斯的注意,出其不意地突袭敌人。此时,米哈伊尔既想取胜又不想加害"继父",非常担心罗曼努斯会被帝国将士抓住,或者战死,或者被伤残被俘。他打算将罗曼努斯视为朋友,不希望他出事。为此,他派了几位教士给罗曼努斯送去一封表达友善的信,希望能劝说他让步。但在信件到达之前,罗曼努斯已经投入战斗。守卫叛变,打开城门,安德罗尼库斯的军队长驱直入,查塔图利斯在战斗中被俘,罗曼努斯的军队战败,罗曼努斯被俘,当场被迫削发为僧,然后被士兵们带到安德罗尼库斯面前。后者没有表现出颐指气使的傲慢态度,而是邀请他进入自己的帐篷并为他准备了丰盛的宴会。但是,事情没有就此结束。皇宫中有些人担心罗曼努斯再次生事,给帝国制造麻烦,便瞒着米哈伊尔写了一封密信,下令刺瞎罗曼努斯。据说,下此命令的人是约翰·杜卡斯,米哈伊尔并不知情。① 当他知道这件事的时候,为时已晚,但他并没有为

---

① Michael Psellus, *Fourteen Byzantine Rulers: The Chronographia of Michael Psellus*, p.366.

清除一个政治对手而欢欣鼓舞,相反为罗曼努斯的命运伤心难过了很长一段时间。罗曼努斯被刺瞎双眼后,进入了他在普罗特(Prote)建造的修道院中,不久便去世了。至此,米哈伊尔成为帝国毫无争议的皇帝。

由于罗曼努斯四世被罢黜,他与苏丹签订的合约也因此失效,塞尔柱突厥人以此为借口重新入侵,帝国防御体系的崩溃使他们的入侵道路洞开。米哈伊尔·普塞洛斯认为,罗曼努斯是一个狂妄自大、刚愎自用的人,而且脾气暴躁、秉性鲁莽,不善于听取别人的意见,做事一意孤行,最终导致自己深陷敌人囹圄。但另一方面,他重情重义,不是一个忘恩负义的人。当他还是一个名不见经传的普通人时,曾得到过普塞洛斯的帮助,在成为皇帝后,不忘旧情,对他充满了尊敬和爱戴,将他视为密友。普塞洛斯来访时,他总是亲自站起来迎接。[1] 罗曼努斯四世虽然秉性鲁莽,但的确是一位卓越的战将。他曾是卡帕多西亚地区具有丰富战事经验的军事贵族,在与帕臣涅格人的战争中脱颖而出,在军队中享有很高的声誉。根据约翰·斯西里兹斯的记述,罗曼努斯四世相貌堂堂,骁勇善战。[2] 他深知将军的勇猛对恢复军队士气和信心的重要性,但此举对于他来说并非易事,因为有些部队并不信服他,特别是雇佣军和瓦兰吉亚禁卫军对他偏爱本国部队的行为极为不满。同时,统治阶层的某些成员特别是以凯撒约翰·杜卡斯为首的杜卡斯家族对他深恶痛绝,与他离心离德。这些都成为罗曼努斯四世在位期间实行的内政外交政策的重要掣肘。

他进行的曼兹科特战役是拜占庭帝国历史上最具影响力的战役之一,拜占庭人战败及其本人的被俘导致帝国失去了对最重要的兵源地安纳托利亚(Anatolia)和亚美尼亚的统治权。尽管拜占庭帝国后来又收复了安纳托利亚的部分领土,但这次战役为帝国带来了持久的灾难并使帝国国内的冲突和经济危机进一步加剧,成为帝国由盛转衰的另一个标志性事件。[3] 此次战役之后,帝国的军队数量一再遭到限制,军事力量从此变得衰弱,严重削弱了国家保卫边疆的能力,致使其再也

---

[1] Michael Psellus, *Fourteen Byzantine Rulers: The Chronographia of Michael Psellus*, p. 351.
[2] Michael Psellus, *Fourteen Byzantine Rulers: The Chronographia of Michael Psellus*, p. 366.
[3] 拜占庭帝国在其领土两端的崩溃几乎同时发生,巴里被征服四个月之后,拜占庭皇帝在曼兹科特战役中遭遇惨败,塞尔柱突厥人入侵小亚细亚的道路洞开。见 P. Magadalino, *The Byzantine Background to the First Crusade*, Toronto: Canadian Institute of Balkan Studies, 1996.

无力全面收复失去的疆土,从而间接促成了日后的十字军战争。另一方面,罗曼努斯四世在被俘期间曾与塞尔柱突厥人苏丹阿尔普·阿尔斯兰订立了合约,后者释放他的条件是他允诺支付年贡和本人的赎金,释放突厥人战俘并提供军援。但由于罗曼努斯四世后来在皇权争夺战中失败并因眼伤过重去世,他与突厥人签订的上述条约随之失效。突厥人以此为借口,对拜占庭帝国发动了新的进攻,由于帝国建立在军役地产上的有效防御体系已经陷入崩溃,塞尔柱突厥人入侵的道路洞开,此时的帝国再度像早年阿拉伯人入侵的时期一样面临被外族征服的生死威胁。① 这个重大的考验便留给了他的后继者也就是继子米哈伊尔七世。

后世研究者认为,自马其顿王朝统治结束以后,拜占庭帝国开始进入漫长的衰败时期,这一看法是有道理的。事实上,自军区制发展陷入困境后,虽然马其顿王朝诸帝力图通过立法遏制农兵和小农的瓦解,但收效甚微。其深刻的原因在于,军区制促进了地方军事贵族势力的崛起,他们凭借中央政府向地方军区放权的有利时机,千方百计发展大地产经济,从而为军事贵族势力迅速发展打下了坚实的物质基础。当势力做大做强的军事贵族在对外战争中节节取胜的时候,其膨胀的权势使得他们逐渐介入中央集权制的权力核心圈,这一时期军事强人左右朝政、掌控皇权的案例越来越多,军事将领入主君士坦丁堡的事件越来越频繁。进而,他们与长期控制朝政的官僚贵族集团发生利益冲突,特别是与专制皇帝周围的贵族官僚团队发生矛盾。在这场军事贵族和官僚贵族的较量中,双方互有胜负,特别是在不同军事贵族集团和官僚贵族集团势力犬牙交错的复杂政治斗争中,围绕在皇帝身边的官僚贵族势力逐渐占据上风。这股拜占庭帝国文官力量盘根错节,精于宫廷政治博弈,以军事贵族干政的生动事例不断教育着皇帝及其亲属,血淋淋的事实也一再提醒长于宫中的"文官"皇帝和外戚势力,他们常常成为小皇帝的摄政,深刻地影响着宫廷政治的走向,决定着政策倾向。在中央集权制帝国政治体制下,军队无论如何无法摆脱皇帝为首的朝廷的控制,至少一支庞大军队的物资供给是离不开中央财政的支持,任免军事指挥官的决定权始终牢牢掌控中皇帝手中。军事贵族势力的失败是必然的,是拜占庭帝国宫廷政治的必然结

---

① [南斯拉夫]乔治·奥斯特洛格尔斯基:《拜占廷帝国》,第289页。

果。罗曼努斯四世所代表的军事贵族势力虽然能得势于一时,但不能取得最后的胜利,他们必然会败于成熟的官僚贵族势力,而帝国武装力量的瓦解也决定了拜占庭帝国衰败的结局。

第三节

米哈伊尔七世（Michael Ⅶ）

1067—1078 年在位

米哈伊尔七世（Michael Ⅶ Doukas, ΜιχαήλΔούκας,生于 1050 年,卒于 1090 年）是杜卡斯王朝的第三位皇帝,1071 年登基后直至 1078 年在位七年。

米哈伊尔是皇帝君士坦丁十世的长子,于 1050 年后者登上皇位之前生于君士坦丁堡,从小聪明伶俐,并接受了良好的教育。1067 年其父去世后即位,母亲尤多奇亚皇后担任摄政,1071 年主政,1078 年 3 月 31 日因国内爆发军事叛乱被迫退位,进入修道院,于 1090 年在都城病故,年仅 40 岁。①

米哈伊尔七世并非治国理政的能手,也不是领兵作战的将才,但对学术兴趣浓厚,尤其在逻辑学和哲学方面颇有造诣。他具有良好的生活习惯,从不沉溺于吃喝玩乐,不喜欢参加盛大奢侈的宴会。米哈伊尔七世作为皇帝的经历并不顺利,可谓一波三折。1067 年 5 月,君士坦丁十世去世之后,他作为父亲的长子,以继承人的身份登上皇位,与他的弟弟君士坦丁和安德罗尼库斯共治帝国。但是兄弟三人都长于深宫,天生好学,缺乏统治者的天赋。他的弟弟君士坦丁并不是一个反应敏捷的人,但是非常心细,少年老成,做事目标性强,意志坚定,日常生活中既不特别慷慨,也不吝啬,是一个优秀的骑手和猎人。哥哥米哈伊尔七世退位后,君士坦丁被新皇帝尼基弗鲁斯三世囚禁在一所修道院,于 1082 年死于迪拉基乌

---

① A. P. Kazhdan, ed., *The Oxford Dictionary of Byzantium*, 3vols, New York and Oxford: Oxford University Press, 1991, p. 1420.

姆的战斗中。① 另一个弟弟安德罗尼库斯长相英俊，也是皇家的纨绔子弟，热衷于演讲术，喜欢运动，性格直率，毫不做作。他是一个优秀的骑手，喜欢狩猎。②

米哈伊尔很爱自己的弟弟，赋予他们分享皇权的充分权力，母后尤多奇亚则担任摄政。尽管米哈伊尔当时已经成年，才华出众，拥有足够的能力处理国事，但他仍旧愿意服从母亲的所有决定，不插手帝国的任何事务。③ 1068年，尤多奇亚自觉他们母子四人难以应对帝国军事政治大事，决定改嫁军事贵族罗曼努斯，并将其推上皇位。当时，她也是临时通知后者。当晚，尤多奇亚和普塞洛斯一起去见正在睡觉的米哈伊尔，将他从睡梦中叫醒，告知她的打算。他对此没有表示任何质疑和不满，而是平静地接受了她的建议。1068年1月，她将皇位让给罗曼努斯，但1071年8月，罗曼努斯四世在曼兹科特战役中战败被俘，引发朝野动荡。

米哈伊尔七世在普塞洛斯和凯撒约翰的支持下，当机立断，向全国发出通告，罢黜罗曼努斯四世，并将罗曼努斯之子尼基弗鲁斯·狄奥根尼斯、利奥和皇后尤多奇亚流放到修道院，独揽皇权，成为帝国真正的皇帝。罗曼努斯四世的儿子们在其父去世时尚未成年，他们同母异父的哥哥米哈伊尔七世称帝后，剥夺了他们穿红色靴子和佩戴皇冠的权利，将他们和尤多奇亚皇太后一起流放到西皮鲁得斯（Cyperoudes）修道院。

米哈伊尔七世娶了一位阿兰人公主，名叫玛丽亚·阿兰。她是格鲁吉亚国王巴格拉特四世的女儿，不仅出身高贵，而且天生丽质。在安娜的笔下，她是一位"绝色佳人，个子高挑，身体像柏树一样笔直，鹅蛋脸，肤色雪白，气色让人想起春天的花朵或玫瑰，世间没有什么语言能描述她的双眼的光芒，橘红色的眉毛拱悬在淡蓝色的眼睛上方，身体比例堪称完美。画家已经无数次地重现了在时令季节绽放的所有花朵的颜色，但是她的美丽，身上散发的优雅气息，举手投足透出来的迷人魅力，远非艺术家所能描述。如果一个男人看到她正在散步或突然遇见了她，就会禁不住惊呆在原地说不出话来。她似乎就是正在造访尘世的爱神的化

---

① Michael Psellus, *Fourteen Byzantine Rulers: The Chronographia of Michael Psellus*, p. 375.
② Michael Psellus, *Fourteen Byzantine Rulers: The Chronographia of Michael Psellus*, pp. 374–375.
③ Michael Psellus, *Fourteen Byzantine Rulers: The Chronographia of Michael Psellus*, p. 345.

身"①。1056年,身为公主的玛丽亚可能以人质身份被送到君士坦丁堡。从此,这位在美貌和品行方面都无可挑剔的公主,②就在君士坦丁堡开始其颇具传奇色彩的人生,两次加冕为后,与帝国的三位皇帝都有密切关系。她最初在塞奥多拉女皇(Theodora,1055—1056年在位)的照顾下接受教育,但后来女皇驾崩,因为她父亲的前妻是罗曼努斯三世的侄女海伦娜(Helena Argyropoulina),所以她在来君士坦丁堡之前可能已经具备了必要的拜占庭宫廷礼仪知识。1065年,在君士坦丁十世驾崩之前,她和皇太子米哈伊尔结婚,后者登基后,她顺理成章地成为皇后,不久生下皇子君士坦丁·杜卡斯。

但是,1078年,军事将领尼基弗鲁斯·博塔尼埃蒂兹叛乱称帝,米哈伊尔七世被迫退位。为了确保自己和儿子的人身安全并保住君士坦丁的皇位继承权,尽管自己的丈夫还关在修道院里,玛丽亚仍旧接受了凯撒约翰的建议,嫁给了年迈的新皇帝尼基弗鲁斯三世,再次成为皇后。三年后,因为尼基弗鲁斯三世企图更改皇位继承人,她转而与科穆宁兄弟结成同盟,她的堂妹嫁给了伊萨克·科穆宁,她则将阿莱克修斯·科穆宁收养为养子,并成为他们军事叛乱的支持者。阿莱克修斯一世(Alexius Ⅰ Comnenus,1081—1118年在位)登位后,她甚至打算嫁给他,再度为后,③虽然最终未果,但她成功地与新帝达成协议,以保住君士坦丁共治皇帝的身份为条件,离开皇宫,进入修道院。据说,阿莱克修斯称帝加冕后,独自搬去皇宫,而将妻子伊琳妮晾在一边。玛丽亚皇后当时也还住在皇宫中,当时谣传阿莱克修斯要娶她为后。后来,伊琳妮在强大的杜卡斯家族的支持下,以牺牲牧首为代价,才最终被加冕为后。玛丽亚在得到阿莱克修斯确保其儿子共治皇帝权力的黄金诏书之后,离开皇宫。因此可以推断,当时的确存在对皇后位置的激烈争夺,阿莱克修斯可能产生过休弃伊琳妮的想法,只是慑于杜卡斯家族势力的威胁才作罢。但作者安娜认为是因为玛丽亚害怕儿子受到伤害,才继续在皇宫中住了一段时间。但是,当阿莱克修斯一世的儿子约翰·科穆宁出生并被加冕为共治皇帝后,她的儿子的继承权还是被剥夺了。为此,她曾参与尼基弗鲁斯·狄奥根

---

① *The Alexiad of Anna Comnena*, Ⅲ, p. 107.
② Michael Psellus, *Fourteen Byzantine Rulers: The Chronographia of Michael Psellus*, p. 372.
③ *The Alexiad of Anna Comnena*, Ⅲ, pp. 103 – 107.

尼斯在 1094 年发动的叛乱,①虽然失败后并未遭到阿莱克修斯一世的惩罚,②但失败的结局终结了这位前皇后对儿子复位的任何希望。

米哈伊尔七世和皇后玛丽亚只生育了一个儿子,取名君士坦丁·杜卡斯。根据安娜的记载,他天赋"超凡脱俗的容貌,金发白肤,皮肤像牛奶一样白皙,两颊透着红晕,像刚刚绽放的玫瑰。灰色的大眼睛,在双眉下闪闪发亮,犹如镶嵌在金戒指中的珍贵宝石。鼻子是鹰钩状的,鼻梁挺直。任何见到他的人都会说:'他像是画家笔下的丘比特(Cupid)。'"③但他是一个命运多舛的皇子,这一点突出体现在皇位继承权和婚姻方面。当米哈伊尔七世被罢黜时,君士坦丁尚不满四岁,为了他们母子平安,他的母亲玛丽亚嫁给新皇帝尼基弗鲁斯三世,他自愿把皇帝的红色靴子换成了黑色。但新皇帝可怜这个孩子,欣赏他的英俊外表和高贵气质,虽然不准他穿纯绯红色的皇族华丽靴子,但允许他的鞋子的材料中掺杂几道红色线条。1081 年,阿莱克修斯一世上位后,以黄金诏书的形式重新确认了君士坦丁共治皇帝的身份和权力,规定他有权穿红色靴子和佩戴王冠,与皇帝一起在游行队伍中接受朝拜,签署捐赠布告或黄金诏书时,他的名字也紧跟在皇帝后面。④

阿莱克修斯途经君士坦丁的庄园时,也曾受到他的热情款待。这位皇帝在对达尔马提亚人的远征中途经塞利斯(Serres)地区时,君士坦丁·杜卡斯邀请他在自己的庄园上休整军队。庄园名为本特格斯提斯(Pentegostis),是一个舒适宜人的地方,有充足的水源和足够大的房间。阿莱克修斯一世接受邀请,在此逗留了两天。君士坦丁还特意准备了隆重的宴会为他接风洗尘。⑤ 君士坦丁的婚姻则与其皇位储君的身份密切联系在一起,当他还是一个婴儿时,其婚姻便已成为外交和谈的筹码。为了得到诺曼人的军事援助,米哈伊尔七世许诺君士坦丁和罗伯

---

① 从狄奥根尼斯收到的信件中,明显看出前皇后玛丽亚参与了这次阴谋,尽管她强烈反对谋杀阿莱克修斯一世的计划,一直劝说他不要这样做。源于对她的信任和登位之前与她的情谊,阿莱克修斯一世决定对她的行为不予追究。*The Alexiad of Anna Comnena*, Ⅸ, p.285.
② L. Garland, *Byzantine Empresses: Women and Power in Byzantium, AD 527 – 1204*, London: Routledge, 1999, p.180.
③ *The Alexiad of Anna Comnena*, Ⅲ, p.104.
④ *The Alexiad of Anna Comnena*, Ⅲ, p.113.
⑤ *The Alexiad of Anna Comnena*, Ⅸ, p.279.

特·吉斯卡尔的女儿奥琳皮亚(Olympia)的婚约,①后者在1076年来到君士坦丁堡并改名为海伦娜(Helena)。但因为当事人尚未成年,婚礼暂且搁置。米哈伊尔七世退位后,尼基弗鲁斯三世取消了婚约。② 阿莱克修斯成为皇帝后,不仅恢复了君士坦丁的皇位继承权,并让长女安娜·科穆宁娜与他订婚。③ 但在1087年,阿莱克修斯一世的长子约翰·科穆宁出生,1092年9月便被加冕为共治皇帝,④这标志着君士坦丁丧失了皇位继承权。此后他隐退到自己的庄园,直到去世一直与阿莱克修斯一世保持友好的关系,后者"将他视为儿子一般疼爱"⑤,君士坦丁被剥夺皇位继承权之后不久去世,具体时间不详,但肯定在1097年之前,因为安娜与尼基弗鲁斯·布里恩纽斯在这一年结婚。

米哈伊尔七世在位六年多的时间里,国内外形势都很严峻,国内经济危机严重,大规模的军事贵族叛乱此起彼伏,边界狼烟四起。他采取了一系列应对措施,但并没有取得明显成效,最终被叛乱者拉下皇位。他在内政方面主要是依靠官僚贵族进行统治,但他们个个中饱私囊,致使经济危机严重。米哈伊尔七世独立执政后,任命他的叔叔约翰·杜卡斯为凯撒,他很敬重约翰的能力和才华,非常重视他的意见,但也有观点认为,米哈伊尔七世经常对约翰的建议阳奉阴违。约翰后来成为僧侣,但他的孙女伊琳妮和阿莱克修斯一世的婚姻,使君士坦丁堡的两个最强大的家族结盟,约翰由此可以继续在国家事务中发挥重要作用。

有关帝国宫廷各派势力争斗的情况也需要加以叙述。普塞洛斯认为,约翰是一个多才多艺、文艺天赋极高的贵族,反应很快,聪明绝顶。他精通军事,阅读了大量关于战略、战术和围攻战的书籍,精通战争与和平谈判的各种知识,懂得连队、方阵、四字形方阵的布置,知道如何打城墙战和骑兵突击战,懂得根据不同地

---

① A. A. Vasiliev, *History of the Byzantine Empire, 324 - 1453*, Madison: The University of Wisconsin Press, 1952, pp. 360 - 361.
② *The Alexiad of Anna Comnena*, Ⅰ, p. 53; p. 58.
③ *The Alexiad of Anna Comnena*, Ⅲ, p. 105, Ⅵ, p. 197.
④ M. F. Hendy, *Coinage and Money in the Byzantine Empire, 1081 - 1261*, Washington, D. C.: Dumbarton Oaks Centre for Byzantine Studies, Trustees for Harvard University, pp. 40 - 41. 安娜也记载了约翰的出生和加冕, *The Alexiad of Anna Comnena*, Ⅲ, pp. 197 - 198.
⑤ *The Alexiad of Anna Comnena*, Ⅸ, p. 280.

形和环境排兵布阵,但大多属于纸上谈兵。除了军事学之外,约翰还精通行政管理、法律知识和财政知识,却也总是是非不分。他属于那种不管学习什么,都会全力以赴的人。他性格温和,善于控制自己的脾气,待人宽厚,做事坚持中庸之道,从不走极端。他的业余时间主要花费在两件事情上,即读书和狩猎,酷爱各种狩猎活动,只不过他在治国理政方面特别欠缺,尤其少了杀伐决断的勇气。安娜·科穆宁娜对约翰赞誉有加,认为他是一个拥有坚强性格的人,不管外部环境如何改变,他都会坚持自己的原则和决定。例如,他在陪同阿莱克修斯查看都城的城墙防御时,曾遭到城门守兵的嘲笑和羞辱,尽管很生气,但他并没有理会他们而是把所有注意力都放在了当时的任务上。这种缺少灵活变通的性格也使得他做事的成效很低。

约翰在阿莱克修斯一世的夺权过程中作用重要,在保住她的孙女伊琳妮的皇后位置以及巩固杜卡斯家族和科穆宁家族联盟的过程中也发挥了积极的作用。约翰对于科穆宁家族军事叛乱的成功,尤其是阿莱克修斯的登位而言功不可没。在阿莱克修斯一世的夺权过程中,他给予了一定财力和军事支持,在皇位的争夺中,以凯撒约翰为首的杜卡斯家族起到了举足轻重的作用,他的孙子米哈伊尔·杜卡斯和约翰·杜卡斯以及他们姐姐的丈夫乔治·帕列奥列格都站在阿莱克修斯一边,利用各种策略争取军心,向军官和士兵们许诺阿莱克修斯成为皇帝后的所有好处,在不断的游说下,阿莱克修斯最终赢得了整个军队的支持。

科穆宁兄弟攻占首都之后,尼基弗鲁斯三世试图通过收养阿莱克修斯的方式保留自己的皇权,在得知科穆宁兄弟对此表示同意时,凯撒约翰立刻赶到皇宫,对阿莱克修斯进行指责并严词拒绝了谈判使者的要求,尼基弗鲁斯三世被迫退位。阿莱克修斯一世上位时单独加冕,伊琳妮可能会失去皇后宝座的迹象让杜卡斯家族忧心如焚。凯撒约翰·杜卡斯通过各种方式赢得了科斯马斯的支持,他们长期以来一直是关系亲密的朋友,凯撒请求他站在伊琳妮一边,维护她的利益。达拉塞娜以在任牧首是一个性情单纯的人并缺乏实际行动为借口,强迫他隐退。科斯马斯则宣称如果不能亲自为伊琳妮加冕,他将永远不会辞去牧首的职位。因此,在阿莱克修斯称帝后的第七天,伊琳妮才被科斯马斯正式加冕为皇后。作为交换条件,科斯马斯于1081年5月8日辞去牧首的职务。①

米哈伊尔对约翰也是信任有加,把帝国的军事事务全权委托给他,依靠他领导军队。行政事务则交给了他的老师米哈伊尔·普塞洛斯,他对后者感恩戴德,言听计从。一文一武两个重臣总揽了帝国的军政大权,权倾一时,但首相尼基弗里特泽斯最终设法排挤了普塞洛斯和约翰,将大权牢牢掌控在手中。尼基弗利齐斯出身贫寒,是一个宦官,完全凭借自己的聪明才智和精明狡诈爬上了权力顶峰。据说,这个人是个十恶不赦的恶棍,米哈伊尔七世最愚蠢的做法就是宠幸和信任他,任命他为首相。事实上,尼基弗利齐斯试图通过使官僚机构中央集权化加强王朝权力,甚至在谷物贸易中实行国家垄断,并在雷德斯图斯(Rhaedestus)建立政府仓库以便将谷物运往君士坦丁堡,以此严禁谷物自由贸易,违者严惩。10世纪时,拜占庭帝国曾严格控制都城的食品供应,并拥有谷物储备,以便于在饥荒时期出售给民众。但此时这种措施却无法推行,因为此时的中央集权已经式微,国家对贸易的控制已经失效。在这种情况下,作为谷物主要承包商的大地产主不甘心因此遭受巨大的损失,作为消费者的城市民众也不愿意因此受到盘剥。由于国家实行垄断的目的不是为了保证粮食供应,而是通过提高粮价满足财政需求。面包价格上涨意味着物价的普遍上涨,最终导致劳动力价格上涨,引起一系列不良的连锁反应。国内发生严重的经济危机,物价飞涨,甚至一个诺米斯马(nomisma)金币连一"麦丁努"小麦都买不了,只能买少于1/4"麦丁努"的小麦,米哈伊尔七世由此被时人称为"少1/4"的皇帝。② 米哈伊尔七世还试图通过立法,阻止大地产贵族在牺牲小农利益的基础上不断扩张其地产和权力,但同样没有取得成效。尼基弗利齐斯的政策招致了激烈的反对,民众都怪罪皇帝昏庸,致使君士坦丁堡的反对派逐渐控制了局势,他们将希望寄托在新皇帝身上,即小亚细亚地区发起叛乱的尼基弗鲁斯·博塔尼埃蒂兹。尼基弗利齐斯本人也最终成了自己政策的牺牲品,米哈伊尔七世下台后,尼基弗利齐斯被拷打至死,雷德斯图斯仓库也在民众

---

① Michael Psellus, *Fourteen Byzantine Rulers: The Chronographia of Michael Psellus*, pp. 375 - 377; *The Alexiad of Anna Comnena*, Ⅰ, p. 68; Ⅱ, pp. 73 - 102, p. 95; Ⅲ, p. 105, 109 and 112.
② 诺米斯马是拉丁语金币索里达的希腊语名称,最早其含金量是98%,重4.48千克。M. M. 波斯坦、爱德华·米勒主编,钟和译:《剑桥欧洲经济史》第2卷,北京:经济科学出版社2004年版,第721页。1"麦丁努"相当于1公斤左右。[南斯拉夫]乔治·奥斯特洛格尔斯基:《拜占廷帝国》,第289页。

起义中被夷为平地。

米哈伊尔七世统治期间军事叛乱频繁。先后发动叛乱的军队将领包括聂斯脱（Nestor）、巴约勒的卢塞尔（Roussel of Bailleul）、尼基弗鲁斯·博塔尼埃蒂兹和尼基弗鲁斯·布里恩纽斯。① 卢塞尔是帝国军队中的诺曼人雇佣军首领，1073年在小亚细亚宣布独立，起兵反叛米哈伊尔七世。安娜将他描述为野心勃勃、令人敬畏的叛乱者，他率领的意大利雇佣军装备着当时世界上最精良的武器，因为各航海共和国掌握着最高水平的武器技术，他们几乎没有遭遇抵抗，掠夺了所有东部行省。米哈伊尔七世派去镇压雇佣军的将领虽然具有丰富战争经验，但还是都被打败，甚至有的被俘。皇帝不得已任命阿莱克修斯为军队最高指挥官，前去镇压卢塞尔。安娜没有记载双方的战斗场面，只是提到卢塞尔在阿莱克修斯的不断紧逼下，其据点一个接一个陷落，同时，阿莱克修斯通过金钱收买的方式最终降服了卢塞尔。② 阿莱克修斯设计假装刺瞎卢塞尔，以便蒙骗那些不愿捐助和正在策划劫走卢塞尔的土匪，让他们彻底死心。此后，他继续收复被卢塞尔攻占的城市和据点。据安娜公主记载，阿莱克修斯在这次战斗中展现了非凡的演讲才能，他说服塞尔柱突厥人首领图图什（Tutush）俘虏卢塞尔之后，"为了从他手中将其购买，他向阿马西亚居民尤其是拥有权势的富人求助，为此他亲自向他们演讲，'你们都知道这个蛮族人曾经如何对待亚美尼亚的所有城市，他掠夺了许多城镇，对居民进行残忍的迫害，从你们那里榨取了大量钱财。如果你们希望从他的残暴统治中解放出来，现在就有一个机会。就像你们所看到的，完全因为上帝的意愿和我们的努力，卢塞尔成了我们的战俘，但俘虏他的图图什向我们索要巨额报酬。我们无力支付这些钱，因为距离首都路途遥远，并且对蛮族人的长期战争已使我们资财耗尽，而突厥人催逼紧迫，所以你们必须捐赠这部分钱。我许诺皇帝将来会全额归还。'他的演讲引发了阿马西亚人（Amaseians）的巨大骚乱。他们公开向他挑衅，对他嘘声不断，情况因为一些心怀叵测的人的煽动而变得更加糟糕。阿莱克修斯花费了很长时间才非常困难地使骚动平静下来，并继续演讲，'你们已经被一些人的诡计所欺骗，这些人以你们的生命安危为代价换取了自己的安全并正

---

① ［南斯拉夫］乔治·奥斯特洛格尔斯基：《拜占廷帝国》，第291页。
② *The Alexiad of Anna Comnena*，Ⅰ, pp.32-37.

在策划毁灭你们。除了屠杀、刺瞎和伤残之外,你们能从卢塞尔的叛乱中得到什么呢? 那些鼓动你们释放卢塞尔的人,通过为他的叛乱提供帮助,请求他的恩宠,以保证自己的生命和财产安全。同时,他们一直贪图来自皇帝的荣誉和礼物,并用不会把你们或城市交给敌人的保证来迎合他。如果事态有所改变,他们将推卸责任,激起皇帝对你们的愤怒。因此到目前为止,他们从未为你们着想过。所以请回去考虑我的建议,你们会明白谁真正地为你们的利益着想。'"①

尼基弗鲁斯·布里恩纽斯当时任迪拉基乌姆(Dyrrachium)总督,是当时拜占庭帝国欧洲领土上各强大军事势力的代表。他在1072年平息了斯拉夫人起义,1077年占据阿德里安堡,自立为帝,并从此地派遣军队兵临君士坦丁堡城下,成为最具实力的皇位竞争者之一。尼基弗鲁斯·博塔尼埃蒂兹是安纳托利亚军区的将军,小亚细亚地区军事贵族的典型代表。他宣称自己是古老的福卡斯家族的后裔,1078年1月7日自立为帝,在得到库塔尔米什(Kutalmish)之子、阿尔普·阿尔斯兰苏丹的表兄弟苏莱曼(Suleiman)的支持后,向君士坦丁堡进军,同年3月率军进入尼西亚城(Nicaea)。此时都城爆发了民众起义,博塔尼埃蒂兹得到了君士坦丁堡反皇派的支持。教会在这次皇权更替中再次起到了非常重要的作用。西非林努斯去世之后,科斯马斯一世·西罗索里米特斯(Cosmas I Hierosolymites, 1075—1081年在位)因为虔诚圣洁和不涉足世俗事务而被米哈伊尔七世皇帝选中,继任牧首职位。科斯马斯品德高尚,没有任何财产,尝试过各种形式的苦行修道生活,深受世人的尊敬。他还被赋予了预言未来的神圣能力,进行的多次预测从未出错。对于后人而言,他也是令人敬仰的精神典范。② 但科斯马斯并没有只专注教会事务,或完全超然于世俗生活之外。当尼基弗鲁斯·博塔尼埃蒂兹在1078年发动军事叛乱时,许多教士也参与了都城的民众起义。米哈伊尔七世选择了退位而不是进行内战,他的决定得到了科斯马斯的称赞,他进入斯图迪特修道院(the monastery of Studite),后来被授予圣职,成为以弗所(Ephesus)的大主教。③ 安娜·科穆宁娜对此事也有记载,"米哈伊尔在狄奥根尼斯之后掌握皇权

---

① *The Alexiad of Anna Comnena*, I, pp. 32-37.
② *The Alexiad of Anna Comnena*, II, p. 102.
③ Michael Angold, *Church and Society in Byzantium Under Comneni, 1081-1261*, p. 45.

并在短暂的时期内为皇位带来了荣耀,但被博塔尼埃蒂兹剥夺了权力,被迫过上了僧侣的生活。正是他的叔叔凯撒约翰建议他这样做的,因为他知道新皇帝多疑善变的性格,害怕更可怕的命运会降临到他的身上。"① 其实在米哈伊尔七世的统治尚未被推翻之前,科斯马斯已经在圣索菲亚教堂为3月24日进入君士坦丁堡的尼基弗鲁斯加冕了。

米哈伊尔七世统治期间的外交军事事务可谓是一塌糊涂。这个时期,拜占庭人面临诺曼人、塞尔柱突厥人、塞尔维亚人和多瑙河上游的一些游牧部落的进犯,而帝国军队纪律松弛,毫无战斗力可言。皇帝只好采取和亲政策,他首先试图通过联姻的方式遏制诺曼人入侵,但这一策略失败。1071年,诺曼人首领罗伯特·吉斯卡尔征服巴里,这标志着拜占庭帝国在意大利南部统治的终结。从阿普利亚地区这个重要据点,诺曼人能够很快征服拜占庭帝国在意大利中部的残余领地和重新占领西西里岛。米哈伊尔七世意识到吉斯卡尔对帝国的威胁,试图通过联姻的方式缓解这种危险,② 或许他是想借此使这个诺曼军阀在南意大利的独立地位合法化,③ 进而实现帝国对此地的间接控制。米哈伊尔七世和吉斯卡尔的谈判细节包含在双方于1072—1075年间的通信中。第一封信写于1072年末,米哈伊尔七世在信中含蓄地承认了吉斯卡尔占领的原属于拜占庭帝国的意大利南部领土合法化,并提议吉斯卡尔的女儿奥琳皮亚与自己的弟弟君士坦丁联姻,信件强调了双方的共同宗教信仰。很明显,他刻意回避了1054年之后,东、西方基督教世界之间已经出现分裂的事实。我们不清楚吉斯卡尔的答复,但在1073年的另一封信中,米哈伊尔七世再次建议联姻,目的是希望诺曼人为帝国提供与塞尔柱突厥人作战的军事援助,因为后者从1071年起,开始占领安纳托利亚高原的大部分地区,但仍旧遭到拒绝。1074年,米哈伊尔七世又提出自己的儿子,即出生在紫色寝宫(产房)的储君君士坦丁·杜卡斯与吉斯卡尔的女儿的婚姻,这项提议被接受了。此后,米哈伊尔七世在1074年颁布的黄金诏书中,赐予吉斯卡尔"大贵

---

① *The Alexiad of Anna Comnena*, Ⅰ, pp. 58 – 59.
② A. A. Vasiliev, *History of the Byzantine Empire*, *324 –1453*, pp. 360 – 361.
③ W. B. McQueen, "Relations between the Normans and Byzantium 1071 – 1112", *Byzantion*, 56(1986), pp. 428 – 437.

族"头衔,后者之子也得到了"宫廷总管"的头衔,大量帝国头衔也被赐予其追随者。通过这种方式,吉斯卡尔进入帝国的高等级贵族中,作为皇帝的臣子统治南部意大利,同意为帝国提供军队。① 在安娜看来,"与一个蛮族人联姻是不合乎帝国传统的。""米哈伊尔七世的不慎重应该受到谴责……因为正是他的愚蠢政策为吉斯卡尔提供了发动战争的借口,引发了他对帝国的进攻。"②后来的历史证明这一权宜之计只是暂时缓解了当时的紧张局势,米哈伊尔七世失去皇位后,新皇帝取消了婚约,诺曼人恢复了对帝国的攻击。③ 可见,这一联姻政策为罗伯特·吉斯卡尔的野心,即成为拜占庭帝国皇帝,提供了合理的借口。到科穆宁王朝统治时,他们已经将进攻方向从意大利转向亚得里亚海,战争矛头直指帝国都城君士坦丁堡。④

米哈伊尔的突厥人策略也是失败的。当时,塞尔柱突厥人已经深入小亚细亚腹地。米哈伊尔七世在位期间,国内叛乱此伏彼起,皇帝和叛乱者都大量雇佣塞尔柱突厥人雇佣兵,从而为其日益深入小亚细亚腹地提供了机会。尼基弗鲁斯·博塔尼埃蒂兹和梅里塞诺斯都曾雇佣突厥人作战,历史证明他们将城市和战略要塞交给突厥人控制的做法是愚蠢的。阿莱克修斯作为军事将领时曾通过贿赂突厥人首领图图什俘获了叛乱者卢塞尔。后者的军事叛乱也曾得到突厥人的帮助,"凯撒约翰很幸运,在途中遇到一些最近越过尤罗斯河的突厥人,他许诺如果他们愿意参加科穆宁兄弟的叛乱,将给他们大量金钱并赐予各种恩惠。突厥人立刻同意倒戈并宣誓站在阿莱克修斯一方作战。"⑤可以说,这个时期见证了小亚细亚的最终沦陷和塞尔柱突厥人在此扎根立足的过程。他们在首领苏莱曼的率领下接连取胜,这个苏莱曼并非等闲之辈。他全称苏莱曼·伊本·库特鲁米斯(Sulayman ibn Kutlumish),是阿尔斯兰的远方堂兄,因父亲犯有谋反罪而被派去小亚细亚,在某种意义上此举是故意将他调离权力中心。另一种说法是苏莱曼在

---

① P. Stephenson, *Byzantium's Balkan Frontier: A Political Study of the Northern Balkans, 900 -1204*, pp. 157 - 158.
② *The Alexiad of Anna Comnena*, Ⅰ, p. 53.
③ 尼基弗鲁斯三世称帝后,娶了前皇后玛丽亚,但剥夺了皇子君士坦丁的皇位继承权。因此先前的婚约便自动失效。见*The Alexiad of Anna Comnena*, Ⅲ, p. 113.
④ A. A. Vasiliev, *History of the Byzantine Empire, 324 -1453*, pp. 360 - 361.
⑤ *The Alexiad of Anna Comnena*, Ⅱ, pp. 32 - 37, p. 89.

1074年才进入小亚细亚，相继攻占阿勒颇（Aleppo）、①安条克、伊科尼姆（Iconium）和尼西亚等城市，并在1075年以尼西亚为都城，建立罗姆（Rum）苏丹国。此后，苏丹不断参与君士坦丁堡的王朝争端，趁机扩张领土。1072年阿尔普·阿尔斯兰死后，其子马利克沙（Malik Shah，1072—1092年在位）任命苏莱曼·伊本·库特鲁米斯为安纳托利亚地区突厥军队的总司令。利用拜占庭人的内战时机，苏莱曼大大扩展了领地，从拜占庭人手中夺取了西奇库斯（Cyzicus）和尼西亚。1081年条约之后，他将注意力转移到东方。②罗姆是东方人对小亚细亚地区的称呼。对于罗姆苏丹国建立的时间存在几种意见："苏联大通史"认为是1077年，《剑桥伊斯兰史》认为是1075年，还有人认为是1081年或1084年。他们定都于伊科尼姆（今科尼亚），阿尔普·阿尔斯兰之子马利克沙在位期间是塞尔柱帝国的极盛时期，后在1086年与图图什的战斗中被杀。1092年，马利克沙去世之后，诸子纷争，苏丹国四分五裂，在叙利亚、克尔曼、小亚细亚等地先后出现了一些小王朝。小亚细亚的罗姆苏丹国只是塞尔柱诸王朝中存续时间最长的一个，后来，其西北与拜占庭帝国为邻，两国结成同盟，东南是十字军在叙利亚建立的基督教国家，他们与东方隔绝，却很关注西方局势，发展与意大利共和国之间的贸易。1243年，蒙古大军入侵小亚细亚，苏丹国从此沦为蒙古大帝国的藩属，1308年灭亡。③

帝国在巴尔干半岛的影响同样大为缩小。1072年，保加利亚爆发起义，并得到扎塔独立大公国的支持。扎塔大公米哈伊尔的儿子君士坦丁·博丹（Constantine Bodin）在普里兹伦加冕为沙皇。帝国将领成功地镇压了起义。在亚得里亚海沿海地区，拜占庭帝国继续丢城失地，瓦西里二世时期克罗地亚人对拜占庭帝国宗主权的承认也难以为继，彼得·克利西米尔时期曾极大扩展了其王国的领土

---

① 蓝琪：《拜占庭帝国与塞尔柱突厥人在小亚细亚的争夺》，第7—8页。
② 博塔尼埃蒂兹和梅里塞诺斯都曾得到苏莱曼的军事援助，[南斯拉夫]乔治·奥斯特洛格尔斯基：《拜占廷帝国》，第290—291页。*Alexiad of Anna Comnena*，Ⅵ，p.199。
③ 《苏联世界史》第3册，第707页。P. M. Holt, Ann K.S. Lambton and Bernard Lewis eds., *Cambridge History of Islam*, Cambridge: Cambridge University Press, 1970, p. 234. 蓝琪：《拜占庭帝国与塞尔柱突厥人在小亚细亚的争夺》，第7—8页；陈志强：《巴尔干古代史》，第372页。中国大百科全书总委员会《外国历史》委员会编：《中国大百科全书》（外国历史 Ⅱ），北京：中国大百科全书出版社1992年版，第814页。

边界,此时其继承人迪米特里·兹沃尼米尔在1075年被教宗格里高利七世的特使加冕称帝。更为糟糕的是,1077年,扎塔的米哈伊尔也从罗马接受了王冠得到加冕。帕臣涅格人的洗劫型袭击和匈牙利人日益频繁的入侵只不过增加了巴尔干半岛普遍的混乱。① 总之,米哈伊尔统治时期,帝国的外部环境日益恶化。

普塞洛斯称赞米哈伊尔七世博学多才,极富智慧和洞察力,是个天生的奇才,对帝国的财政事务和税收体制都了然于胸,没有人比他更富有思想并能迅速抓住问题的核心。② 米哈伊尔从小喜欢阅读各种书籍,研究文学、谚语和格言,喜欢文章优美的结构、精妙的遣词造句和多变的风格,尤其热爱哲学,他还精通音律,具有很好的乐感和节奏感。从外表上,米哈伊尔七世略带思想家的气质,少年老成。他的目光专注,表情沉静,讲话率直,带着符合身份的端庄。他做事沉稳,从不慌乱,也不拖拉,非常善于控制自己的情绪,很少被激怒,经常面带微笑,富有幽默感。别人在背后对他的恶意中伤,他根本都不理会。他很害羞,行为没有丝毫的不检点。尽管喜欢打球,但只是偶尔玩玩,并不沉溺于此。他喜欢狩猎,但每次都不忍心伤害猎物。他对显示皇帝身份的奢华衣饰并不在意,不喜欢在皇冠上装饰过多的饰品。米哈伊尔七世为人宽厚、性格温和。对于臣民,不管出身是卑微还是高贵,资质平庸还是出类拔萃,不管与他本人的私交如何,他都不会当众训斥或羞辱他们,也不会因为他们的某些失职行为而拒绝召见他们。即使米哈伊尔七世被蓄意冒犯,他也不会公开谴责他们。这种性格特点比较极端的例子是,即使负责其人身安全的贴身侍卫有伤害他的行为,他也不会惩罚他们。有些试图偷窃国库的窃贼即使当场被捕,米哈伊尔七世也会将他们释放,而不是进行严厉惩罚。他在处理法律事务时,经常会根据法律精神而不是具体的法律条文做出判决。③ 显然,他的秉性决定了他难以统治庞大的帝国,特别是在复杂的形势下驾驭拜占庭帝国航船冲出惊涛骇浪。

毫无疑问的是,拜占庭帝国当时的形势需要的是一名合格的战士和精明的斗士,而不是优秀的哲学家和艺术家。米哈伊尔七世虽然受过良好的教育,学识出

---

① [南斯拉夫]乔治·奥斯特洛格尔斯基:《拜占廷帝国》,第289页。
② Michael Psellus, *Fourteen Byzantine Rulers: The Chronographia of Michael Psellus*, p. 369.
③ Michael Psellus, *Fourteen Byzantine Rulers: The Chronographia of Michael Psellus*, pp. 367 – 370.

众,但可惜的是他生在乱世,又缺乏忠诚的下属团队,他的成长经历也对他的性格形成产生了重要的影响。为此,有学者认为米哈伊尔七世就是一个令人同情的傀儡,不问世事的书呆子,智力和身体都过分早熟的学究,胆小懦弱,被迫屈从于宫廷阴谋和长期内讧。① 约翰·斯基利齐斯也谴责米哈伊尔七世被他的哲学家老师引入歧途,认为他愚蠢地把内政大权交给他最宠幸和信任的尼基弗利齐斯,自己则在各种琐事和幼稚的游戏中虚度光阴。② 确实,衰落和危难中的拜占庭帝国更需要的是治国理政的能手和运筹帷幄的将军,米哈伊尔七世个人的道德品性和学者气质虽然值得赞扬,但对于正在衰落的拜占庭帝国来说,他并不是一个杰出的皇帝,甚至水平在平庸者之下。他在位期间,帝国的东部和西部边境都陷入非常糟糕的境况,虽然他的前任皇帝也负有一定责任,但他的无能是主要原因。对于帝国的不幸和困境,他似乎没有放弃挽救的努力,但是他缺乏对局势的判断力、坚强的意志和果敢的精神,他试图应对帝国紧迫的艰难困局都遭到了失败,加速帝国走向支离破碎的命运。

第四节

尼基弗鲁斯三世(Nikephoros Ⅲ)

1078—1081 年在位

尼基弗鲁斯三世(Nikephoros Ⅲ Botaneiates, Νικηφόρος Βοτανειάτης,生于 1001 年,卒于 1081 年)是杜卡斯王朝第四位皇帝,也是最后一位皇帝,1078 年 7 月 2 日加冕称帝,1081 年 4 月 1 日迫于叛乱退位,进入修道院,几天后病故,在位两年半时间。

尼基弗鲁斯三世·博塔尼埃蒂兹出身于小亚细亚的军事贵族家族,自称与杜卡斯家族有亲戚关系。他原是安纳托利亚军区的将军,在君士坦丁九世统治期

---

① [南斯拉夫]乔治·奥斯特洛格尔斯基:《拜占庭帝国》,第 289 页。
② Michael Psellus, *Fourteen Byzantine Rulers: The Chronographia of Michael Psellus*, p.370.

间,曾积极支持伊萨克·科穆宁一世的军事叛乱。1077年10月,他在安纳托利亚地区发动叛乱,并得到君士坦丁堡许多贵族的支持,1078年1月7日自立为皇帝。在塞尔柱突厥人军队的支持下,尼基弗鲁斯·博塔尼埃蒂兹率军向都城进发,在尼西亚打败了米哈伊尔七世派来的军队,1078年4月3日,进入君士坦丁堡,逼迫米哈伊尔七世退位,7月2日加冕。尼基弗鲁斯·博塔尼埃蒂兹登基后,为了强化与杜卡斯家族的联盟,安抚反对派的情绪,于1079年初,娶了比自己小50岁的前任皇帝米哈伊尔七世的皇后玛丽亚·阿兰。① 此次联姻双方各取所需,尼基弗鲁斯三世借此为篡取的皇位贴上了合法化的标签,而玛丽亚·阿兰也以此化解了当时面临的危机,确保了自己和儿子的安全。② 后来正是尼基弗鲁斯三世剥夺她的儿子君士坦丁·杜卡斯继承权的行为冒犯了她,从而招致被逼退位之灾。

尼基弗鲁斯三世在决定皇位继承人时,因为自己没有儿子,便在亲戚中寻找候选人。他选中了自己的外甥、一个名为西纳得诺斯(Synadenos)的年轻人,后者是塞奥杜鲁斯·西纳得诺斯(Theodoulos Synadenos)与尼基弗鲁斯三世的妹妹的儿子。③ 按照帝国的继承传统,他的合法皇位继承人应该是前皇帝米哈伊尔七世的儿子君士坦丁·杜卡斯,但为了把皇位保留在自己的家族中,他打破了既定传统。很明显,尼基弗鲁斯三世在处理继承权问题时,把皇位视为其家族的财产。在科穆宁兄弟逃离都城之后,被尼基弗鲁斯三世拘押在修道院中的妇女不仅有科穆宁兄弟的母亲、妻子和所有姐妹,还包括了与他们有婚姻关系的女性亲属,④这表明他深刻地意识到庞大家族网络的潜在威胁。这种逐渐发展的家族情感和观念,在阿莱克修斯一世统治期间体现得更为明显。

安娜·科穆宁娜曾谴责尼基弗鲁斯三世无视君士坦丁·杜卡斯皇位继承权的行为是错误和不公正的,⑤因为作为其祖父和父亲的直系血亲,皇位理应属于

---

① A. P. Kazhdan, ed., *The Oxford Dictionary of Byzantium*, 3vols, Oxford: Oxford University Press, 1991, p. 1479.
② 凯撒约翰·杜卡斯曾竭力建议尼基弗鲁斯三世迎娶玛丽亚·阿兰为皇后,理由之一就是身为来自外国的公主,她不会有大群的亲戚打扰皇帝。见 *The Alexiad of Anna Comnena*, Ⅲ, p. 107.
③ *The Alexiad of Anna Comnena*, Ⅱ, p. 75.
④ *The Alexiad of Anna Comnena*, Ⅱ, p. 85.
⑤ *The Alexiad of Anna Comnena*, Ⅱ, p. 75.

君士坦丁。① 尼基弗鲁斯的这一决定最终导致玛丽亚皇后的叛离和自己丧失了皇位。基于安娜·科穆宁娜的记载，后人得以了解尼基弗鲁斯三世丧失皇位的详细过程。尼基弗鲁斯三世在位期间，科穆宁兄弟因为战功卓著得到他的器重，被委以军事重任并经常与皇帝共餐。这引起了皇帝的两个贴身侍从伯里罗斯（Borilos）和日耳曼努斯（Germanos）的嫉妒和仇恨，据说伯里罗斯也觊觎皇位，因此企图除掉威胁其通往最高权力和地位的科穆宁兄弟。他们通过各种手段在皇帝面前诬陷和诽谤他们。面对迫害，科穆宁兄弟进行了积极的应对。首先，他们成功赢得玛丽亚皇后的信任和支持。伊萨克娶皇后的堂妹伊琳妮（Irene of Alania）为妻，阿莱克修斯则成为皇后的养子。当尼基弗鲁斯三世有关继承权的决定导致皇后叛离时，两兄弟向皇后宣誓效忠，与她结成政治联盟，以维护她的权力和利益为条件换取她及时将与迫害有关的消息通知他们。

安娜公主就此记述详细。"皇后听说了这些谣言，想到威胁她的儿子的危险非常难过。尽管她心灰意冷，但没有向任何人透露自己的心事。这没有逃过科穆宁兄弟的眼睛，他们一直在等待这样的机会，决定去看她。他们的母亲为伊萨克找了一个见面的借口，他的弟弟阿莱克修斯将与他一同前往。他们来到她的寝宫后，伊萨克说：'陛下，你最近几天看上去变化很大。我们斗胆猜测你正在受到一些私事的困扰，但又不能向别人透露自己的想法，所以变得心灰意冷。'她仍旧不愿泄露任何事情，只是深深地叹了口气，说道：'没有必要询问一个外族人这样的问题。对于外族人而言，生活在异地他乡就足以成为悲伤的原因。上帝知道我遇到的接连不断的麻烦——很明显，很快我将会有更多的麻烦。'兄弟俩敬而远之地站立着，眼睛盯着地面，双手交叉，什么也没说。他们在那里站了一会儿，陷入沉思，表示了惯常的礼节之后，非常沮丧地返回家。第二天，他们又来与她聊天，看到她心情愉悦，就靠近她的身边。'你是我们的皇后，'他们说，'我们是你最忠诚的仆人，时刻准备为陛下做任何事情。我们请求你不要被任何忧虑所困扰。'通过这些话，他们给了她信心并解除了她的怀疑。在表达了忠诚之后，他们承诺会答应她提出的任何要求，愿意与她同喜同悲、福祸与共。他们请她把自己视为同

---

① *The Alexiad of Anna Comnena*, Ⅱ, p. 75.

胞、朋友和亲戚,并请求如果嫉妒他们的敌人在她或者皇帝面前,散布对他们不利的消息,要立刻告知他们。否则,他们可能毫无察觉地落入敌人设置的陷阱中。他们请求她给与这些帮助,恳求她要坚强,并许诺将在上帝的帮助下,尽其所能地帮她。至少就他们而言,她的儿子君士坦丁将不会失去皇位。"①显然,科穆宁兄弟的选择是正确的,他们与外戚势力紧密地结合起来。

他们兄弟二人还轮流到皇宫去,避免一起落入敌人的陷阱。此外,他们通过礼貌和礼物赢得了皇帝身边一些仆从的友善。这些措施使谋害他们的计划难以得逞,于是伯里罗斯试图在皇帝不知情的情况下把他们召进宫廷,伺机刺瞎他们的双眼。在迫近危险的逼迫之下,科穆宁兄弟逃离京城。安娜记载,他们在离开首都之前,阿莱克修斯与帕库里亚努斯(Pakourianus)和胡伯特图普鲁斯(Humbertopoulos)相互宣誓并取得了他们的支持。他们宣誓全力支持阿莱克修斯的叛乱。帕库里亚努斯出身于亚美尼亚的一个贵族家族,"身材矮小,但体格健壮,作战勇敢,阿莱克修斯把所有事情都告诉了他,包括奴隶们的愤怒、嫉妒,对他和他的哥哥长期以来的仇恨,突然要刺瞎他们的阴谋。帕库里亚努斯听他讲完了所有事情,知道此事刻不容缓,必须立刻果断采取行动。他说:'如果你在明天黎明时离开这里,我愿意追随你,为你而战。但是如果你把计划推迟到第二天,我必须警告你,我会立刻去皇帝那里告发你和你的人。'……阿莱克修斯说:'既然知道你关心我的安危——那真的是上帝的事情——我不会拒绝你的建议……我们必须再做一件事情——宣誓确保我们的约定。'他们交换了诺言。阿莱克修斯宣誓如果上帝让他登上皇位,他将把帕库里亚努斯提升为自己现在担任的总司令。胡伯特图普鲁斯是在帝国军队中服役的一个勇敢的诺曼士兵。"②两兄弟谨慎行事,联络了许多军事将领,保证了在即将到来的起事中占据上风。

在母亲安娜·达拉塞娜(Anna Dalassena)的帮助下,科穆宁兄弟成功逃离都城,加入聚集在色雷斯乡村祖鲁特斯(Tzouroulos)的军队,他们从这里派遣一名使者将军事叛乱的情况告知前凯撒约翰·杜卡斯,请求他的支持。约翰对于科穆宁家族军事叛乱的成功,尤其是阿莱克修斯的登基而言功不可没,在此过程中,还给

① The Alexiad of Anna Comnena, II, pp. 75 – 76.
② The Alexiad of Anna Comnena, II, p. 80.

予一定的财力和军事支持。叛乱军队在向都城进发的路上,所向披靡,只有奥来斯提亚斯(Orestias)的居民对尼基弗鲁斯三世保持绝对忠诚,因为他们对布里恩纽斯的被俘长期不满,对阿莱克修斯心怀怨恨,其他所有小城镇的居民都自发迎接他们。他们在阿西拉斯(Athyras)短暂休息之后,继续行军,到达色雷斯一个名为斯基扎(Schiza)的小村庄时,将士们在科穆宁兄弟中间挑选了新皇帝。据说当时还有分歧,当时人心分为两派,一派希望伊萨克成为皇帝,另一派则倾向于阿莱克修斯。在皇位的争夺中,以凯撒约翰为首的杜卡斯家族起到了举足轻重的作用,他的孙子米哈伊尔·杜卡斯和约翰·杜卡斯以及他们姐姐的丈夫乔治·帕列奥列格(George Palaeologus)都站在阿莱克修斯一边,利用各种策略争取军心,向军官和士兵们许诺了阿莱克修斯成为皇帝后的所有好处,"他将用最好的礼物和荣誉回报你们,而且作为你们的军事指挥官和西部军队总司令,长久以来他与你们并肩战斗,同甘共苦,为了你们的安全不惜献出自己的生命。他和你们一起无数次的穿越高山峻岭,深知战争的残酷,非常理解你们。"在不断的游说下,阿莱克修斯最终赢得了整个军队的支持。①

阿莱克修斯争取到全军的支持后,集中精力策划进攻京都。科穆宁兄弟认为攻占君士坦丁堡并不是一件容易的事情,他们的军队由本国和外族的不同士兵组成,成分复杂,在任何存在不同群体的地方,都可能出现不协调的声音。阿莱克修斯意识到攻城的艰难,也怀疑士兵的忠诚。因此,他试图通过收买守城者,智取城市。在凯撒约翰的帮助下,他对城墙的防御者有了清楚的了解,并且采纳了他有关攻城的建议,即通过贿赂守卫查里西乌斯城门(Charisius gate),被称为纳米兹(Nemitzi)的日耳曼人士兵得到进城的一个入口,从而成功地进入都城。② 1081年4月1日,科穆宁兄弟率军攻占都城,叛军一进入城市,便分散在主要街道、十字路口、小巷胡同等各处,尽管没有进行杀戮,但完全无视道德约束地犯下了其他罪行,他们没有放过任何房子、教堂,甚至是圣殿的内殿,收集了成堆的战利品。尼基弗鲁斯三世意识到科穆宁兄弟的叛军数量巨大,也得知同样觊觎皇位的尼基弗鲁斯·梅里塞诺斯(Nicephorus Melissenus)正带着一支强大的军队集结在大马里

---

① *The Alexiad of Anna Comnena*,Ⅱ,pp. 89-91.
② *The Alexiad of Anna Comnena*,Ⅱ,pp. 94-96.

斯（Damalis）附近。他在两条战线上同时作战是不可能的,再加上年老体衰,他的处境令人绝望。在这种情况下,尼基弗鲁斯三世不得不退位。

他起初还打算安排亲信梅里塞诺斯为帝。当都城已被科穆宁兄弟控制之后,他派了一个自己非常信任的侍从邀请梅里塞诺斯到皇宫里来,但后者遭到尼基弗鲁斯·帕列奥列格(Nicephorus Palaeologus)麾下舰队的拦截。后者的父亲看到叛乱军队分散各处忙于掠夺,认为打败他们是很容易的事,便请求尼基弗鲁斯三世调集来自图勒岛的蛮族人交给他指挥,把科穆宁兄弟赶出都城。但是,已经放弃了所有希望的皇帝强调希望避免内战,要求他去与科穆宁兄弟谈判。尼基弗鲁斯三世是这样下达口谕的:"我是一个孤独的老人,没有儿子、兄弟或亲戚。如果新皇帝同意,可以做我的养子。我将不会剥夺由他赐予他的战友们的任何特权,也不会以任何方式分享他作为皇帝的权威,而只是与他一起享有这个头衔和欢呼致敬,享有穿紫色鞋子和在皇宫平静生活的权利。他则全权负责帝国的治理。"①科穆宁兄弟最初表示同意,但遭到约翰凯撒的反对,他坚持尼基弗鲁斯三世必须退位,否则后患无穷。据说,凯撒约翰听说了这件事,很快"怒气冲冲地赶到皇宫。当他步行进入庭院的右边时,遇上了刚走出来的科穆宁兄弟。他严厉地指责了他们,并愤怒地盯着尼基弗鲁斯,皱着眉头说:'去告诉皇帝,在都城被攻占之前,这些条件是有用的,但从现在开始,再也没有进行进一步谈判的任何余地。既然他现在是一个老人,就让他让出皇位,安享晚年吧。'"②1081年4月4日,阿莱克修斯正式登基称帝。③ 约翰的建议是深谋远虑的,一则可以彻底断绝尼基弗鲁斯派死灰复燃东山再起的念头,二则可保杜卡斯家族的利益。

尼基弗鲁斯三世登位时已近80岁高龄,在三年的统治期间,他将朝廷行政事务委托给两个蛮族人侍从伯里罗斯和日耳曼努斯,帝国军队则被来自科穆宁家族的伊萨克和阿莱克修斯兄弟掌控,其短暂统治因频繁的军事贵族叛乱和严峻的边境形势而动荡不安。④ 尼基弗鲁斯三世统治期间,大规模的叛乱就有四次,分别

---

① *The Alexiad of Anna Comnena*, XII, p. 100.
② *The Alexiad of Anna Comnena*, XII, p. 101.
③ *The Alexiad of Anna Comnena*, XII, p. 102.
④ 陈志强:《拜占廷帝国史》,第273—276页。

为老尼基弗鲁斯·布里恩纽斯、尼基弗鲁斯·梅里塞诺斯、瓦西拉西乌斯和科穆宁兄弟的叛乱。老尼基弗鲁斯·布里恩纽斯出身贵族，身体高大强壮，相貌英俊威严，具有思想并精通辩论术，是那个时代杰出的皇帝候选人之一，深受士兵和平民的拥护与爱戴。他在米哈伊尔七世统治期间担任迪拉基乌姆公爵，后来以此为基地发动叛乱，因为其强大的影响力，西部大部分城市都自愿向他投诚，整个西部行省很快就处于他的控制之下。

尼基弗鲁斯三世登位之后，将阿莱克修斯·科穆宁提升为近卫军司令（Domestic of the Scholae），派他去镇压叛乱。布里恩纽斯被俘后被刺瞎双眼。安娜认为，老布里恩纽斯和阿莱克修斯是旗鼓相当的英雄，在勇敢和战争技能方面不相上下。布里恩纽斯可以依靠由经验丰富、纪律严明的老兵组成的庞大军队，而阿莱克修斯鉴于自己军队的大部分士兵缺乏作战经验并且在数量上远远少于对方，放弃了公开进攻的想法，计划通过计谋取胜。安娜记载了双方军队的战斗队形：布里恩纽斯的队形为左中右三队，右翼共5000人，包括意大利人和塞萨利（Thessaly）的骑士，由他的弟弟约翰领导；左翼共3000人，由装备优良的马其顿人和色雷斯人组成，指挥官是塔查尼奥特斯·卡塔卡隆（Tarchaniotes Catacalon）；布里恩纽斯亲自指挥中军，那里安置着来自马其顿和色雷斯的骑兵以及所有贵族精英。距离主力部队大约两斯塔得的地方是塞西亚人联盟军。他们被命令只要敌人出现和军号响起进攻的信号，就不停地向敌人的后卫部队射箭。阿莱克修斯将一部分军队埋伏在山谷中，命令卡塔卡隆指挥来自科马（Choma）的士兵和突厥人，自己亲自指挥"不朽者"军团和由凯尔特人组成的支队。帝国军队在激烈的战斗中被打败，但当阿莱克修斯在敌人的阵线中四处冲撞时，看到一个马夫正牵着一匹来自皇帝（布里恩纽斯当时已经称帝）马厩中的马，因为战马装饰着紫色马鞍和镀金浮雕。在它旁边跑着的人，手里拿着巨大的铁剑。很明显，这是皇帝的坐骑。于是，阿莱克修斯把面盔拉下来，与六个勇敢的士兵一起向他们猛冲过去，打倒马夫，夺走了马和剑。随后，他派出一位使者，带着马和剑在战场上四处散布布里恩纽斯已经死亡的消息，从而鼓励士兵们坚守阵地，四散逃窜的士兵重新返回将领那里。阿莱克修斯在突厥人联盟军的援助下，重新向布里恩纽斯发起进攻，利用伏击战打败了布里恩纽斯的军队。安娜在此称赞了布里恩纽斯在战斗中的英勇无畏:他勇敢沉着地监督撤退并不时回转身刺向追赶者。他的战马因为连续作战变得疲惫不堪,布里恩纽斯被迫停在原地,两个突厥人向他冲去,一个被他砍断了手臂,但另一个人跳上了他的马的一侧,最终迫使他投降。阿莱克修斯把他作为战利品送到伯塔尼亚特斯皇帝那里,没有对他进行任何伤害,他认为对于敌人而言,被俘已是足够的惩罚,所以他向来仁慈、友好地对待他们。因此布里恩纽斯最终被刺瞎不应归咎于阿莱克修斯。①

梅里塞诺斯在1080年末以尼西亚为中心起兵反叛,当阿莱克修斯被部下拥立为帝时,他也带着一支强大军队驻守在大马里斯附近,身穿紫袍,自立为帝,在得知科穆宁兄弟的叛乱消息之后,试图与他们平分帝国,便派人送去了信件。信函内容如下:"上帝一直确保我的安全,甚至远至大马利斯都没有损害我的军队。我已经得知你们如何逃离那两个奴仆的邪恶计谋,确保自己安全的冒险行动。因为我们是亲戚(他娶了阿莱克修斯的妹妹尤多奇亚),所以我愿意和你们结成联盟,但我不会臣服于你们中的任何人。如果我们要确保绝对的安全就必须依靠共同的政策,否则我们将容易受到形势变化的左右,无法为帝国的良好统治奠定坚实的基础。如果按照上帝的意愿,你们夺取了首都,其中的一个人被宣布为皇帝,负责管理西部事务而我则统治亚洲行省。我也将头戴皇冠,身穿紫袍并和你们的皇帝一起接受臣民的欢呼致敬。尽管我们统治不同的领土,但将建立相同的行政机构,实行同样的政策。在这种情况下,被两个人管理的帝国将免受党派之争。"②他的请求遭到科穆宁兄弟的拒绝,但他们许诺赐予他凯撒头衔,他将拥有与头衔相符的王冠、欢呼致敬的仪式和其他特权,并被赐予的不是小亚细亚而是塞萨洛尼基封地(Thessalonike)。阿莱克修斯为此签署了黄金诏书。

尼基弗鲁斯三世倾向于支持梅里塞诺斯称帝,曾派侍从在舰队的帮助下把他带到皇宫,但是命令尚未执行时,都城已经被占领。在阿莱克修斯统治期间,梅里塞诺斯如约成为帝国的凯撒,一直是统治集团的重要成员。瓦西拉西乌斯是一个身材魁梧、体力超人、仪表威严的人,其男子汉的英雄气概和勇敢大胆的精神对农民和士兵都产生了强大的吸引力。当布里恩纽斯被俘之后,他成为其叛乱军队的

---

① *The Alexiad of Anna Comnena*,Ⅰ,pp. 37 - 46.
② *The Alexiad of Anna Comnena*,Ⅱ,pp. 92 - 94.

首领,从迪拉基乌姆出发远至塞萨利地区,沿途粉碎了所有抵抗,还公开自立为帝。阿莱克修斯主要利用诱敌上钩的伏击战术打败了他。在瓦尔达尔河(Vardar River)流域扎营之后,凭借长期的作战经验,预测敌人会在晚上偷袭,阿莱克修斯带领全副武装的军队和马匹以及战斗需要的供给品离开了营地,但在营地中留下了到处点燃的篝火和一个僧侣与几个仆从照看他的帐篷。不出所料,瓦西拉西乌斯带着总数达 10 000 人的骑兵和步兵在深夜对营地发动了偷袭,他冲进皇帝亮着灯的帐篷,进行彻底的搜查,掀翻了包括胸甲、家具甚至行李床在内的所有东西,但没有发现皇帝。当他意识到受骗准备撤离时,被阿莱克修斯率领的军队团团包围彻底打败。随后,瓦西拉西乌斯逃向塞萨洛尼基,在阿莱克修斯声称要完全摧毁城市的威胁下,城中的居民和士兵强行将他交了出来。来自尼基弗鲁斯三世的使者将他带到一个被称为克来姆皮纳(Chlempina)的地方,并在那里的温泉附近将他刺瞎。①

安娜·科穆宁娜在其作品中详细叙述了科穆宁家族叛乱的原因、经过和结果。根据她的叙述,由阿莱克修斯和他的哥哥伊萨克领导、他们的母亲参与策划、许多贵族家族加入的军事叛乱是官逼民反的结果,是危境之中的自保策略,就像阿莱克修斯所言"像奴隶一样遭受苦难是懦弱的行为,如果必须面对死亡,一个有雄心的人应该在经历一番轰轰烈烈的事业之后死去"。最终科穆宁家族夺得皇位,阿莱克修斯被叛军拥立为皇帝。②

这个时期的朝政问题也很大。连续三年停发行政官员的俸禄,使整个俸禄体制陷入瘫痪。③ 伊苏里亚王朝(Isaurian Dynasty,717—802)规定帝国高级官员的俸禄由国库支付,借此抑制官场的贪污腐败,这种制度从 8 世纪一直持续到 11 世纪。④ 在马其顿王朝(Macedonian Dynasty,867—1056)时期,高级官员的俸禄主要由皇帝以现金的形式发放。这种俸禄制度加强了皇帝及其官员之间密切的个人

---

① *The Alexiad of Anna Comnena*, Ⅰ, pp. 46-52.
② *The Alexiad of Anna Comnena*, Ⅱ, pp. 73-102.
③ N. Oikonomides, "Title and Income at the Byzantine Court", in Henry Maguire, *Byzantine Court Culture from 829 to 1204*, Washington, D. C.: Dumbarton Oaks Research Library and Collection, Harvard University Press, 1997, p. 208.
④ N. Oikonomides, "Title and Income at the Byzantine Court", p. 202.

关系,以及后者对前者的经济依附。皇帝对此有绝对控制权,他可以想方设法完成每年一次的俸禄发放,但也能随意缩减其数量或者将之完全废除。伊萨克一世首次削减了官员的年俸。这里,有必要回顾前朝皇帝是如何发放俸禄笼络人心的。950 年 3 月 24 日,正值棕枝全日(Palm Sunday)节日庆典,在大皇宫的一个餐厅内,君士坦丁七世(Constantine Ⅶ,945—959 年在位)亲自为帝国官员发放俸禄。他坐在一张巨大的桌子后面,桌面上堆满了成袋的金币和昂贵的丝袍。官员们排满了大厅,按照官阶的高低被叫到桌子前,从皇帝手中接受年俸。首先来到桌前的书记官米哈伊尔·雷卡平(Michael Lekapenus)是前皇帝罗曼努斯一世的儿子,并不属于在位皇帝所属的杜卡斯家族成员,他得到了四件丝袍和大量金币,数量非常大,以至于不得不把钱袋扛在肩上。随后前来的是拜占庭军队总司令和海防总指挥(Droungarios of the Fleet),他们也得到了大量赏赐。接下来是军区总督,他们各自得到 24 磅金币和两件丝袍。在其后面的官员的俸禄比他们的少一半,官阶更低的官员,其薪俸依次递减,直到最后年俸为一磅金币的官员。上述官员的俸禄由皇帝亲手发放,少于一磅金币的则由一个官员在次日专门负责发放。整个过程在复活节之前结束。①

尼基弗鲁斯三世放弃以前的做法,他滥发贵族头衔,以便争取他们的支持。他曾把元老院的职位向都城的各个社会阶层开放,因为过分慷慨地分配头衔和官职,致使国家的俸禄支付超过了国库收入的许多倍。② 这与当时整体的社会环境不无关联。在 11 世纪晚期之前,拜占庭社会等级的垂直流动仍然比较活跃。君士坦丁七世在《瓦西里一世传》中提到,社会流动在君士坦丁堡是一种普遍存在的现象。例如,9 世纪的美多迪乌斯(Methodius, 819—885),年轻时离开家乡塞萨洛尼基到都城谋求官职和声名。③ 他在君士坦丁堡接受了良好的教育,后来成为都城的牧首。④ 11 世纪的米哈伊尔·普塞洛斯出身于没落贵族家庭,但接受了

---

① N. Oikonomides, "Title and Income at the Byzantine Court", pp. 200 - 201.
② N. Oikonomides, "Title and Income at the Byzantine Court", p. 208.
③ 陈志强:《拜占庭帝国史》,第 250 页。有学者认为是叙拉古(Syracuse),见 H. Maguire, *Byzantine Court Culture from 829 to 1204*, Washington, D. C.: Dumbarton Oaks Research Library and Collection, Harvard University Press, 1997, p. 171.
④ H. Maguire, *Byzantine Court Culture from 829 to 1204*, p. 171.

高等教育，曾自豪地声称掌握了"包括希腊罗马哲学,迦勒底人、埃及人和犹太人的哲学等在内的所有知识"①，由于杰出的才能和文学修养而成为帝国的一流学者。② 米哈伊尔六世(Michael Ⅵ,1056—1057年在位)也持有类似的观点,他曾称赞卡塔卡隆·塞考麦努斯(Catacalon Cecaumenos)凭借自己的功绩而不是祖先的名声或某种偏袒获得了高级官职。③ 尼基弗鲁斯的做法将这一习惯推向了极端,导致财政危机,货币严重贬值。帝国一般的足值金币为24克拉(carat),从君士坦丁九世开始,金币的成色下降到18克拉,此后,金币再也没有恢复。曼兹科特战役的失败更使其价值一落千丈,在尼基弗鲁斯三世统治期间,劣币驱逐良币,每个金币只相当于8克拉。④

尼基弗鲁斯三世极力改善教会和国家的关系,感激牧首在他登位过程中发挥的积极作用,并决定重新恢复教会和皇帝平等合作的关系,他服从教会的权威,承认教会的精神支持对帝国统治的重要性。没有明确的证据表明尼基弗鲁斯三世是否给予教会特殊的待遇,但他声称愿意在教会神圣会议的监督下进行统治,并在许多方面向教会做出了重大妥协。例如1079年,他颁布了一道黄金诏书,恢复了塞奥多西二世制定的一项古老法律,规定任何死刑在执行之前要有30天的缓期;前任皇帝的亲戚和仆从如果没有经过合法的法律审判程序,不能遭受任何惩罚。很明显,这些规定是对皇帝专制权力的限制。诏书也命令牧首每隔四个月以书面形式提醒皇帝要记起那些被流放的犯人,以使他们不会被永远遗忘。尼基弗鲁斯三世在黄金诏书中重点强调皇帝要以仁德治天下,并明确表示对此进行监督是牧首及其神圣会议的职责。这份黄金诏书在元老院公开宣读,以征求元老们的同意,牧首和有资格参加其神圣会议的成员都在上面签名之后,被保存在圣索菲亚教堂的档案库中。⑤ 尼基弗鲁斯三世还为自己的修道院兼墓地捐赠了大量钱

---

① N. H. Baynes and H. St. L. B. Moss, *Byzantium: An Introduction to East Roman Civilization*, Oxford: Oxford University Press, 1948, p. 205.
② [美]威尔·杜兰:《世界文明史》,幼狮文化公司译,北京:东方出版社1999年版,第620页。
③ H. Maguire, *Byzantine Court Culture from 829 to 1204*, p. 172.
④ M. Angold, *The Byzantine Empire (1025-1204): A Political History*, pp. 59-60.
⑤ M. Angold, *Church and Society in Byzantium Under Comneni, 1081-1261*, p. 38.

财。① 在挥霍国库金钱的问题上，尼基弗鲁斯达到了前无古人的程度，这也许与他老迈自感时日无多的心态有关。

尼基弗鲁斯还进一步向教会妥协，于1080年1月颁布另一份黄金诏书，批准了由约翰八世·西菲林努斯在1066年颁布的教会法，对信徒婚姻中的难题可做裁决。这些法令在君士坦丁十世时期没有得到批准的原因可能在于，婚姻问题原本是由民法执行机构负责处理的问题，皇帝试图阻止牧首权力扩张到婚姻法领域。尼基弗鲁斯三世似乎蓄意对此进行协调，以黄金诏书的形式重新确认教会的裁决权，承认牧首及其神圣会议在立法领域的权力，以恢复教会和皇帝之间融洽的合作关系。通常情况下，教会会议的裁决需要得到皇帝的审批，这是帝国长期存在的传统，并且裁决结果一般都符合皇帝的意愿。但尼基弗鲁斯三世为了表明与教会的友好关系，明确宣布对于统治者而言，批准教会的决定特别重要。此外，他还承认教会对其统治的精神监督权。② 这些都体现了教会和皇帝之间的权力天平已明显偏向前者的事实。

尼基弗鲁斯三世的退位也表明教会当时在国家政治生活中重要性急剧增加，这是他始料未及的。当时，科斯马斯牧首成功劝说尼基弗鲁斯三世和平退位，以便顺从科穆宁兄弟的兵变，他们带领叛乱军队攻入都城之后，他还向尼基弗鲁斯三世进言，"请不要违背上帝的意愿，发动内战，使城市被基督教徒的鲜血玷污，而是服从命运的安排，放弃世俗生活。"皇帝听从了他的建议，为了避免进一步的杀戮而主动退位，③而后进入著名的佩里布雷普托斯（Peribleptus）修道院，接受削发仪式，成为僧侣。据说，当时乔治·帕列奥列格已经夺取了帝国舰队并封锁了进入首都的海上入口，他的父亲尼基弗鲁斯·帕列奥列格试图说服皇帝与叛军开战。当时有这种想法的并非他一个人，皇帝的贴身侍从伯里罗斯听说科穆宁兄弟已经进城，他们的军队正分散在各处，寻找战利品，便决定反攻。他把全部瓦拉几亚卫兵和来自科马的士兵集中起来，按照良好的秩序将他们安置在从君士坦丁广

---

① Lyn Rodley, "The Art and Architecture of Alexius I Comnenus", in Margaret Mullett and Dion Smythe, *Alexios I Komnenos*, Ⅰ : *Papers*, Belfast: Belfast Byzantine Enterprise, 1996, pp. 340 – 343.
② M. Angold, *Church and Society in Byzantium Under Comneni, 1081 – 1261*, pp. 38 – 39.
③ *The Alexiad of Anna Comnena*, Ⅱ, pp. 100 – 102.

场到米隆（Milion）的线路上，他们按照紧密的队形排列，随时准备进攻。可见，当时战斗一触即发，但尼基弗鲁斯三世拒绝内战，与科穆宁兄弟的和平谈判失败后，便接受牧首的建议，和平退位了。①

尼基弗鲁斯三世在外交方面也没来得及有所作为。首先，诺曼人在南意大利继续扩张。他登基后未能充分了解局势变化，贸然撕毁了前皇帝米哈伊尔七世之子君士坦丁和诺曼人首领罗伯特·吉斯卡尔之女海伦娜的婚约，残暴的罗伯特勃然大怒，以此为借口与拜占庭帝国重开战端。根据安娜·科穆宁娜的记载，罗伯特为这次战争找到了合理的理由。关于这一点，有两个不同的版本。其中一个版本被广泛流传。据说，一个冒充米哈伊尔七世的僧侣来克托尔（Raiktor），逃到罗伯特那里，向他哭诉了自己的不幸经历：他如何被剥夺皇位并沦落到目前的落魄状态，罗伯特的女儿海伦娜与她的未婚夫已经完全失去了联系，变得孤立无援，他的儿子和皇后也已被迫臣服于新皇帝尼基弗鲁斯三世。这些话激起了这个蛮族首领的愤怒，立即下令其全部武装力量进攻拜占庭人。但是，安娜认为另一个版本似乎更为可信。根据这个版本，不是一个僧侣冒充米哈伊尔七世，也没有任何人鼓动罗伯特发动对拜占庭人的战争，而是这个诡计多端的蛮族领袖编造了整个故事。长期以来，罗伯特一直为战争做准备，但被妻子盖塔（Gaita）和一些朋友阻止，认为他将开启一场对基督徒的非正义战争。因此，他决定为战争寻找一个比较合理的借口。米哈伊尔七世退位之后，他便派出了一些心腹，找了一个愿意冒充米哈伊尔七世的僧侣并将他带到意大利。他们找到上文提到的来克托尔，让这个臭名昭著的投机者引见罗伯特。利用这个人，罗伯特平息了所有反对意见，得到伯爵们的支持。他声称这个僧侣就是米哈伊尔七世，已被剥夺皇位，他的妻子和儿子以及所有财产被篡位皇帝占有。罗伯特宣称作为合法皇帝的亲戚应该帮他复位，并向伯爵们许诺了大量财富，从而激起他们发动战争的欲望。②

罗伯特首先占领了阿马尔菲（Amalfi）的萨勒诺（Salerno），之后又得到整个伦巴第地区居民的支持和追随。尽管罗伯特发动战争伊始，尼基弗鲁斯三世已经被

---

① *The Alexiad of Anna Comnena*，Ⅲ，p. 103.
② *The Alexiad of Anna Comnena*，Ⅰ，pp. 58 - 60.

阿莱克修斯一世取代，并且后者也恢复了君士坦丁分享统治权的身份和权力，①但这并没有阻止罗伯特发动战争的步伐。安娜记述了罗伯特的活动："在萨勒诺时，罗伯特派了一个叫拉乌尔（Raoul）的使者到博塔尼埃蒂兹皇帝那里，为即将爆发的战争提出以下理由，即博塔尼埃蒂兹把罗伯特的女儿和她未来的丈夫君士坦丁分离开并从他那里窃取了皇冠，因此，罗伯特将为这件非正义的事情复仇。在所有军队被集结和大部分船只开动之前，拉乌尔从拜占庭返回，强烈反对战争。理由如下：首先罗伯特军队中的僧侣是一个冒充米哈伊尔七世的骗子，有关他的全部故事都是杜撰的。他在拜占庭看到了退位后的米哈伊尔七世，他穿着一件黑色长袍，住在修道院中。其次，在回来的路上他听说我的父亲（阿莱克修斯）已经夺取政权并让米哈伊尔七世的儿子君士坦丁再次分享皇权。拉乌尔试图劝说罗伯特放弃对拜占庭人的战争，'博塔尼埃蒂兹剥夺了海伦娜的皇位，我们如何对阿莱克修斯发动正义的战争呢？……我们不应该向那些没有做错事的人发动战争。如果战争缺乏正义性，那么包括船、武器和人等在内的一切都会丧失。'"但是正如安娜所言："这场战争是这个诺曼人蓄谋已久的一项计划。"②阿莱克修斯一世登位时，他们已经将进攻方向从意大利转向亚得里亚海，战争矛头直指帝国都城君士坦丁堡。可见，尼基弗鲁斯给阿莱克修斯留下了一个外交难题。

　　同时，塞尔柱突厥人也侵入小亚细亚腹地。在米哈伊尔七世和尼基弗鲁斯三世统治的十年间（1071—1081），国内叛乱横行，皇帝和叛乱者都雇佣大量塞尔柱突厥人雇佣兵从事内战，从而为突厥人日益深入小亚细亚腹地提供了机会。博塔尼埃蒂兹和梅里塞诺斯都曾雇佣突厥人作战，事实证明他们将城市和战略要塞交给突厥人控制的做法是愚蠢的。阿莱克修斯作为军事将领时曾通过贿赂突厥人首领图图什俘获了叛乱者卢塞尔，他的军事叛乱也曾得到突厥人的帮助，"凯撒约翰很幸运，在途中遇到一些最近越过尤罗斯河的突厥人……他许诺如果他们愿意参加科穆宁兄弟的叛乱，将给他们大量金钱并赐予各种恩惠。突厥人立刻同

---

① *The Alexiad of Anna Comnena*, Ⅰ, pp. 66 - 67.
② *The Alexiad of Anna Comnena*, Ⅰ, p. 59.

意……并宣誓站在阿莱克修斯一方作战。"①这十年见证了小亚细亚的最终沦陷和塞尔柱突厥人在此扎根立足的过程。他们在首领苏莱曼②的率领下相继攻占阿勒颇、安条克、伊科尼姆和尼西亚等城市,并在 1075 年以尼西亚为都城,建立了罗姆苏丹国。苏丹不断地参与君士坦丁堡的王朝争端,趁机扩张领土,博塔尼埃蒂兹和梅里塞诺斯都曾得到苏莱曼的军事援助,1072 年阿尔普·阿尔斯兰死后,他的儿子马利克沙任命苏莱曼·伊本·库特鲁米斯为安纳托利亚地区突厥军队的总司令。利用拜占庭人的内战时机,苏丹极大地扩展了领地,从拜占庭人手中夺取了西奇库斯和尼西亚。1081 年条约之后,他将注意力转移到东方,在 1086 年与图图什的战斗中被杀。③ 1080 年,苏丹打败拜占庭派往尼西亚的军队,进入博斯普鲁斯海峡,从而控制了从西里西亚到赫勒斯滂海峡的整个小亚细亚地区。安娜在记述老尼基弗鲁斯·布里恩纽斯的叛乱时提到,当时"突厥人已从各个方向驱散了东部军队,几乎完全控制了黑海和赫勒斯滂海峡之间,叙利亚和爱琴海之间,萨罗斯湾(Saros)和流经帕弗里亚(Pamphylia)与西里西亚边界并注入埃及海的河流之间的所有地区"④。

米哈伊尔·阿塔雷亚特斯(Michael Attaleiates)对尼基弗鲁斯多有正面评价,该作家是拜占庭 11 世纪的政治家和历史学家,大约在 1020 年出生于帕非利亚地区阿塔利亚的中等家庭,1085 年去世。他在 1030 至 1040 年间来到君士坦丁堡接受了系统教育,曾担任法官和元老,主管首都的供水工作。其作品涉及历史、传记、法律等各方面的知识,主要代表作品《历史》记载了 1034—1080 年间拜占庭帝国的重大事件,该作品以第三者的角度叙述了事件的原委,没有个人对事件的价

---

① 关于阿莱克修斯一世统治之前的十年内战如何影响了帝国对小亚细亚的控制,可见安娜的叙述:卢塞尔的叛乱(*The Alexiad of Anna Comnena*, Ⅰ, pp. 32 – 37)、老尼基弗鲁斯·布里恩纽斯的叛乱(*The Alexiad of Anna Comnena*, Ⅰ, pp. 37 – 46)、尼基弗鲁斯·瓦西拉乌斯的叛乱(*The Alexiad of Anna Comnena*, Ⅰ, pp. 46 – 42)、尼基弗鲁斯·博塔尼埃蒂兹的叛乱(Michael Attaleiates, *Historia*, pp. 238 – 243)、尼基弗鲁斯·梅里塞诺斯的叛乱(Michael Attaleiates, *Historia*, Ⅱ, pp. 92 – 93)和科穆宁家族的叛乱(Michael Attaleiates, *Historia*, Ⅱ, pp. 73 – 102; *The Alexiad of Anna Comnena*, Ⅰ, pp. 33 – 35, Ⅱ, p. 89)。
② 蓝琪:《拜占庭帝国与塞尔柱突厥人在小亚细亚的争夺》,第 7—8 页。
③ [南斯拉夫]乔治·奥斯特洛格尔斯基:《拜占廷帝国》,第 290—291 页。*The Alexiad of Anna Comnena*, Ⅵ, p. 199.
④ *The Alexiad of Anna Comnena*, Ⅰ, p. 38.

值评论,因此记载较为真实客观。他在论述皇帝的理想品质时,①除了提到传统的仁爱、正义、慷慨等,还专门列出了高贵的出身和骁勇善战两个特点。他笔下的理想人物就是尼基弗鲁斯三世。他不仅追溯了这位皇帝著名的家族世系,而且经常提及其个人的军事成就,认为他深受爱戴的原因在于他几乎参加了所有重要战争,并在战斗中表现出与其高贵出身相匹配的英勇行为。② 遗憾的是,尼基弗鲁斯三世成为皇帝时,年事已高,垂垂老矣,面对帝国的内忧外患,力所不逮。在其统治末期,帝国近一半的领土已经被塞尔柱突厥人和诺曼人劫掠或占领,小亚细亚地区几乎全部丧失。拜占庭帝国自8世纪以来又一次陷入生死存亡的境地。严峻的边境形势为军事贵族提供了夺取皇权的良机,频繁的军事叛乱致使国内局势动荡不安。挽救处于水深火热之中的帝国的任务就此落到了新王朝的创立者阿莱克修斯一世身上。这些评价有其合理之处,但尼基弗鲁斯的另一个重要事迹被忽略了,即和平让渡皇权。虽然他的让渡也是当时的情势所迫,但是他的所作所为为诸多军政强权人物提供了竞争的舞台,让他们在这个"竞选"的平台上施展各自的能力和机智,其最终的胜者既非赳赳武夫,也非政坛老手,而是文武双全、智谋过人的帝王合适人选阿莱克修斯一世。这种皇权交接的方式是拜占庭历史上最理想的案例。

---

① 陈志强:《拜占廷帝国史》,第34—35页。
② A. P. Kazhdan, *Studies on Byzantine Literature of the Eleventh and Twelfth Centuries*, Cambridge: Cambridge University Press, 1984, p. 23.

第二章

科穆宁王朝

（1057—1059 年，1081—1185 年）

科穆宁王朝为拜占庭帝国第十个王朝，统治时间106年，先后有六个皇帝在位，即伊萨克一世（Isaac Ⅰ Komnenos，1057—1059 年在位）、阿莱克修斯一世（Alexios Ⅰ，1081—1118 年在位）、约翰二世（John Ⅱ，1118—1143 年在位）、曼努埃尔一世（Manuel Ⅰ，1143—1180 年在位）、阿莱克修斯二世（Alexios Ⅱ，1180—1183 年在位）、安德罗尼库斯一世（Andronicus Ⅰ，1183—1185 年在位）。该王朝创立者阿莱克修斯一世人脉广泛，他爷爷是在瓦西里二世统治时期担任过东部军区将领的曼努埃尔·科穆宁，他父亲是皇帝伊萨克一世的弟弟约翰·科穆宁，他的妻子是杜卡斯家族的公主伊琳妮，也就是前朝末代皇储君士坦丁的堂姐。其亲戚都是遍布拜占庭帝国各地的军事贵族和朝廷贵族高官。由于他采取了一系列大刀阔斧的改革措施，特别是对贵族官僚体系进行重大调整，扩大了王朝统治的政治基础，拜占庭帝国似乎重振马其顿王朝末期以来的颓势，故被后人称为"中兴帝"。

事实上，早在杜卡斯王朝初期，阿莱克修斯一世的大伯皇帝伊萨克一世就被杜卡斯家族的君士坦丁十世逼迫下台，自愿交出皇帝宝座。他们这个家族祖籍帕夫拉戈尼亚（Paphlagonia）山区科穆尼（Comne）小城，阿莱克修斯的爷爷曼努埃尔·科穆宁（Manuel Comnenus）时家道尚未发达，其大伯在瓦西里二世麾下发迹，官拜安纳托利亚军区最高司令"将军"，后起兵反叛，推翻了在位仅仅一年的米哈伊尔六世，建立了新王朝。

科穆宁王朝真正的奠基者实际上是伊萨克一世，他在位虽然只有两年，但为科穆宁家族的后人们树立了光辉的形象，成为其后世子孙效仿的榜样。伊萨克的妻子是保加利亚沙皇约翰·弗拉迪斯拉夫（John Vladislav）的女儿凯瑟琳（Catherine），两人生育了一儿一女，即曼努埃尔（Manuel）和玛丽亚（Maria），伊萨克这一辈人中还有个妹妹和弟弟约翰（John）。他们大多无所作为，只有约翰发挥了特殊的历史作用，因为他是阿莱克修斯一世的父亲。约翰的妻子安娜（Anna）所在的达拉塞诺斯家族（Dalassenos）远比科穆宁家族发迹得早，她的爷爷和父亲两辈人中有许多曾供职于马其顿王朝，在东部两河流域前线屡立战功，并在小亚细亚和巴尔干半岛两地担任高级军官。安娜生性要强，不仅生育了八个孩子并养大成人，而且一直参与丈夫和儿孙们的事业。在她的帮助下，丈夫约翰官至宫廷禁卫军队长，五个儿子即曼努埃尔、伊萨克（Isaac）、阿莱克修斯（皇帝）、阿德里亚努斯（Adrianos）和尼基弗鲁斯（Nikephoros）个个强悍，身居高位，三个女儿即玛丽亚、欧多基娅（Eudokia）和塞奥多拉（Theodora）全都靓丽，嫁入豪门。阿莱克修斯就是在她的大力鼓动和精心策划下发动兵变和平接管了皇权，后来她一直是皇帝最好的管家。

阿莱克修斯一世是该王朝第一位延续科穆宁家族血统世袭皇权的皇帝。他积极推行政治联姻政策，与当时势力显赫的贵族家族结成政治联盟，尽管母亲安娜反对，他还是与杜卡斯家族的伊琳妮结婚，化解了与前朝杜卡斯家族的恩怨，其九个子女即安娜、玛丽亚、约翰（皇帝）、安德罗尼库斯（Andronikos）、伊萨克、欧多基娅、塞奥多拉、曼努埃尔、邹伊（Zoe）和兄弟姐妹的数十个子女几乎都成为拜占庭帝国晚期历史上大贵族家族联姻的参加者,并成功地扩大了皇帝家族统治的血缘基础,也不同程度地缓和了军事贵族之间的矛盾冲突。例如为赢得色雷斯地区最强大的布里恩纽斯家族的支持,他把长女安娜嫁给了该家族的接班人尼基弗鲁斯·布里恩纽斯;又如他的另一个女儿玛丽亚嫁给了帝国最强大的家族子弟尤弗本努斯·卡塔卡隆(Euphorbenos Katakalon);他的姐姐塞奥多拉和兄长曼努埃尔都与大军事贵族狄奥根尼斯家族的成员君士坦丁(Constantine Diogenes)和安娜(Anna Diogenes)结婚;另外两个姐姐欧多基娅和玛丽亚分别嫁入军事贵族梅里塞尼(Melisseni)和塔罗尼(Taroniti)家族中。毫不夸张地说,科穆宁家族成员从此遍布整个拜占庭上流社会数百年,直到帝国灭亡后,成为拜占庭帝国"最后的贵族"。

约翰二世身为长子在5岁时被阿莱克修斯一世加冕为共治皇帝,31岁登基成为皇帝,虽然其大姐安娜策划了宫廷政变但未能成功,因此在位25年,临终前传位于幼子曼努埃尔一世。曼努埃尔作为约翰二世和皇后匈牙利人伊琳妮(Irene-Piroska)的第四子,按照长子继承的原则,他原本是没有登上皇位的可能性,但是人算不如天算,其大哥阿莱克修斯(Alexios)在远征西里西亚时染病身亡,二哥安德罗尼库斯在护送大哥返回君士坦丁堡的途中悲伤过度去世,身体不佳的三哥伊萨克因护送两位哥哥的遗体也奔忙在路上,奄奄一息的约翰二世只能指定陪伴在身边的曼努埃尔即位,这也符合父死子继的原则。曼努埃尔一世在位超过37年,在位期间,皇室家族成员包括他的哥哥、叔叔、姐夫、侄子、堂弟等也不时发难,其中他的大姐夫约翰·罗杰(John Rogerios)于1143年率领诺曼人发动的叛乱最危险,终因大姐玛丽亚(Maria Komnena)以家族利益为重提前告发,叛乱才以失败告终。

曼努埃尔一世的第一任妻子、德意志人苏尔茨巴赫的贝尔塔(Bertha of Sulzbach)只留下了两个女儿,次女安娜4岁夭折,长女玛丽亚后来嫁入名门。其第二任妻子安条克公爵雷蒙(Raymond)之女儿玛丽亚(Mary of Antioch)生养了儿子阿莱克修斯,即后来的皇帝阿莱克修斯二世,他刚满两岁时便被加冕为共治皇帝,11岁时继承皇位,登基称帝,他可以算是父死子继的顺位继承人。但不幸的是,三年后14岁的他便被发动叛乱的堂叔安德罗尼库斯·科穆宁(Andronicus Comnenus)

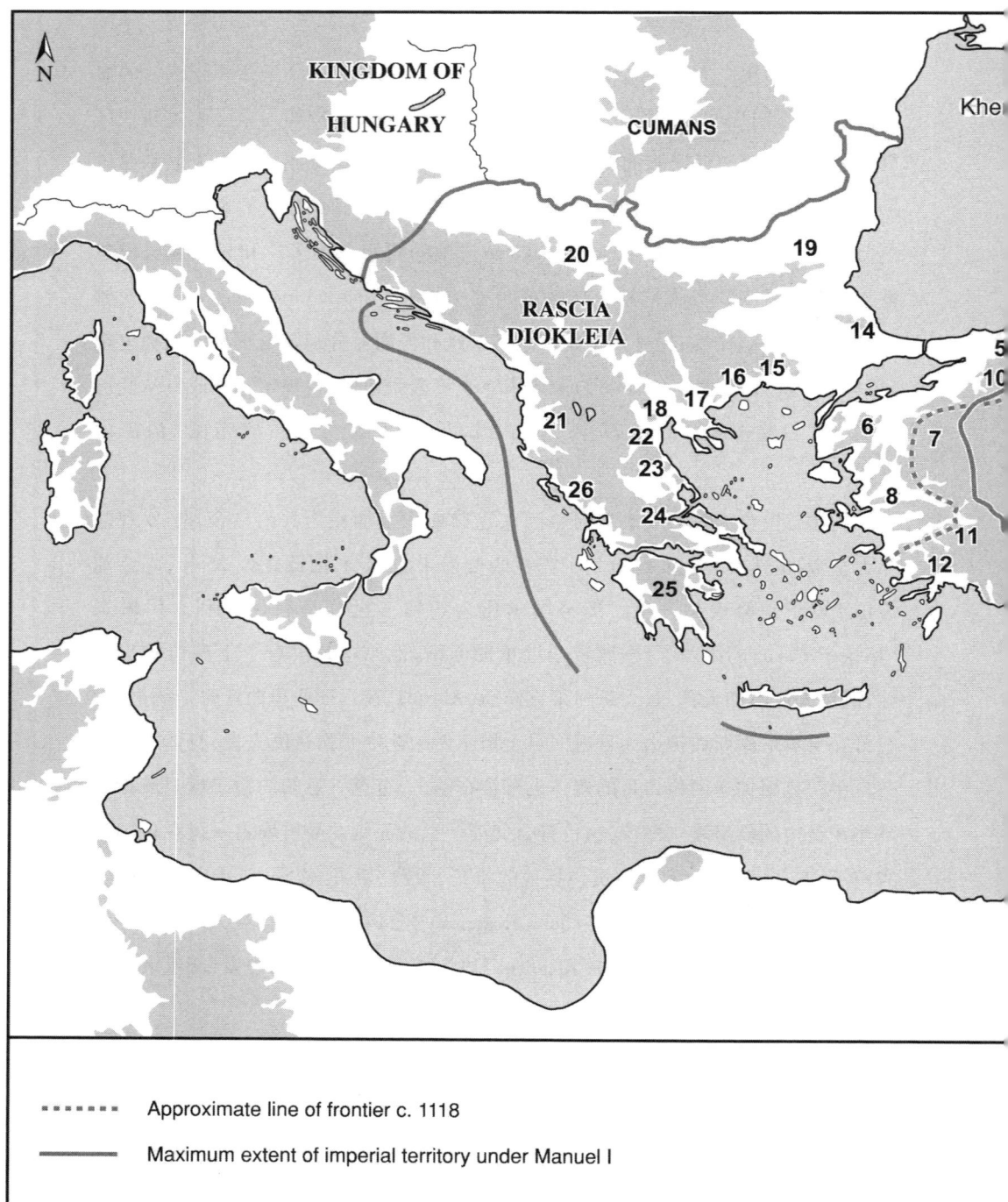

图1 12世纪帝国军政防务图

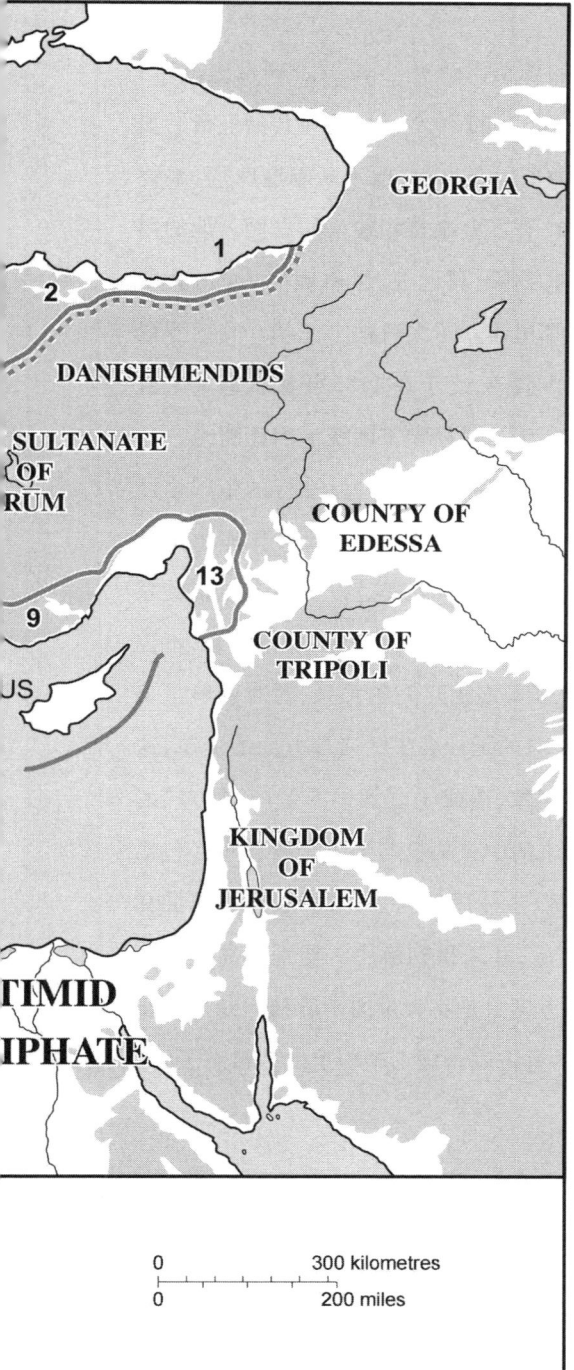

1 Trebizond/Chaldia 特拉比宗 / 查尔迪亚
2 Oinaion/Sinope 奥因内翁 / 西诺普
3 Paphlagonia 帕夫拉戈尼亚
4 Boukellarion 布凯拉里翁
5 Optimaton/Mesothynia 奥普提玛泰 / 米索西尼亚
6 Opsikion 奥普斯金
7 Achyraous / Neokastra 阿奇拉奥斯 / 新卡斯特拉
8 Thrakesion 色拉科西
9 Attaleia/Seleukeia 阿塔雷亚 / 塞琉西亚
10 Malagina 马拉基纳
11 Laodikeia/Maeander 劳迪西亚 / 迈安德河
12 Mylasa/Melanoudion 米拉萨 / 迈拉努迪昂
13 Principality of Antioch 安条克公国
14 Thrace 色雷斯
15 Macedonia 马其顿
16 Boleron 博莱隆
17 Strymon 斯特雷蒙
18 Thessalonica 塞萨洛尼基
19 Paristrion 帕里斯特隆
20 Branisevo-Nis (Naissos) 布拉尼切沃 - 尼什（纳伊苏斯）
21 Dyrrhachion-Ohrid 迪拉基乌姆 - 奥赫里德
22 Berroia 贝罗亚
23 Serbia 塞尔维亚
24 Hellas 希腊
25 Peloponnese 伯罗奔尼撒
26 Nikopolis 尼科波利斯

- KINGDOM OF HUNGARY 匈牙利王国
- CUMANS 库曼人
- RASCIA 拉齐亚，即塞尔维亚（Serbia）● [在拉丁文资料中 Serbia 有时被称为 Rascia (Rassia, Raxia)，Rascia 源自斯拉夫语名词 Raška。参见 Alexander P. Kazhdan (editor in chief), The Oxford Dictionary of Byzantium, 3 vols., New York: Oxford University Press, 1991, p.1871.]
- DIOKLEIA 戴奥克莱阿，即杜克利亚（Duklja），11 世纪后又称泽塔（Zeta）● [Duklja, 希腊语写为 Διόκλεια 即 Diokleia, 拉丁语写作 Dioclea。参见 Alexander P. Kazhdan (editor in chief), The Oxford Dictionary of Byzantium, 3 vols., New York: Oxford University Press, 1991, p.628, p.1772, p.1871, p.2224.]
- Kherson 克尔松
- GEORGIA 格鲁吉亚
- DANISHMENDIDS 丹尼斯蒙蒂德王朝
- SELJUK SULTANATE OF RŪM 罗姆的塞尔柱苏丹国
- COUNTY OF EDESSA 埃德萨伯国
- COUNTY OF TRIPOLI 的黎波里伯国
- KINGDOM OF JERUSALEM 耶路撒冷王国
- FATIMID CALIPHATE 法蒂玛哈里发国家
- CYPRUS 塞浦路斯

- Approximate line of frontier c. 1118 约 1118 年帝国的大致边境线
- Maximum extent of imperial territory under Manuel I 曼努埃尔一世统治期间帝国的最大疆域

所害。安德罗尼库斯一世是皇帝约翰二世的弟弟伊萨克（Isaac Comnenus）之子，阿莱克修斯二世的堂叔，1182年4月任摄政王，1183年9月加冕为共治皇帝后弑君篡位。事实上，这个家族恶少早有反心，为了争夺皇权，他不断制造麻烦，最终成为杀害其堂侄皇帝及其他家人的罪魁祸首，开了皇亲自相残杀的先例。他的第二任妻子为他生养了三男二女，即曼努埃尔、约翰、玛丽亚、伊琳妮（Irene），其中长子曼努埃尔的后人后来流亡特拉比宗，在那里建立了大科穆宁王朝。安德罗尼库斯一世残暴无道，民愤极大，朝野内外，怨声载道，终于在1185年民众起义中被暴民抓住，受尽折磨，惨遭蹂躏，最终处死于街头。科穆宁王朝统治因此断绝。

科穆宁王朝在拜占庭帝国的历史地位在于阿莱克修斯一世推行的帝国全面改革，特别是政治治理措施卓有成效。这一改革适应了当时拜占庭帝国军事贵族崛起的新形势，理顺了以皇帝为核心的贵族等级关系，尤其是根据皇帝血亲关系的亲疏远近确定贵族等级，并将新的贵族体系与帝国行政军事体系相结合，不仅扩大了皇帝统治的阶级基础，而且明晰了众多贵族相互间的关系，暂时缓解了皇亲国戚为争夺最高皇权的矛盾斗争。与之相应的是社会生活诸多方面的变革，这使得"面貌一新"的帝国给后人以"中兴"的印象，造成了衰落中的帝国"复兴"的误解。事实上，晚期拜占庭帝国迅速显露出来的中央集权与地方分离、小农（包括农兵）经营和土地兼并、城市经济与农村经济、主体民族与多元民族、官方信仰和多样宗教、拜占庭文化和多元文化等诸多矛盾，并未得到解决。特别是高度专制集权的皇帝体制造成的问题并没有解决，该王朝只是将大量的矛盾和问题进一步浓缩，变为皇室内的冲突和战争，这在此后的拜占庭帝国王朝史上变为常态了。

第一节

伊萨克一世（Isaac Ⅰ）

1057—1059年在位

伊萨克一世·科穆宁（Isaac Ⅰ, Ἰσαάκιος Ἀ'Κομνηνός，生于1007年，卒于

1061年前后），是拜占庭帝国科穆宁王朝的第一位皇帝，史学界通常将其称为科穆宁王朝的开创者，他于1057年至1059年在位两年，1060年或1061年去世。

伊萨克一世于1007年出生于军事贵族家族科穆宁家族，祖籍在帕夫拉戈尼亚山区，拥有亚美尼亚人血统，"科穆宁"的姓氏来自一个叫科穆尼的小城。他是曼努埃尔·科穆宁的遗孤，后者在瓦西里二世（Basil Ⅱ，976—1025年在位）统治期间，担任东部军区将领。瓦西里二世让伊萨克和他的兄弟在修道院中学习成长。1042—1057年间，伊萨克担任拜占庭安纳托利亚军区（theme of the Anatolia）的将军，是米哈伊尔六世（Michael Ⅵ，1056—1057年在位）统治时期的重要将领。

1056年，具有马其顿王朝皇室血统的最后一位皇帝塞奥多拉（Theodora，1055—1056年在位）病故，继位者米哈伊尔六世成为皇帝，但他用贬值的货币为军队支付军饷，因此招致大部分将领的不满。他虽然成功平息了君士坦丁九世（Constantine Ⅸ，1042—1056年在位）的外甥塞奥多西（Theodosius）的反叛，但他突然罢免尼基弗鲁斯·布里恩纽斯将军的官职，导致小亚细亚以地产为后盾的军事贵族纷纷起兵反叛。1057年，伊萨克联合各地军队，向朝廷提出增加军费、提高军饷的要求，遭到米哈伊尔六世的拒绝，后者曾试图解散由伊萨克和卡塔卡隆·塞考麦努斯统帅的军团。① 同年6月，伊萨克在帕夫拉戈尼亚发动叛乱，9月1日自立为帝，随即向君士坦丁堡进军，并在尼西亚附近击败了皇帝派来的军队。米哈伊尔六世采取缓兵之计，委派君士坦丁·李克胡德斯、利奥·阿罗普斯（Leo Alopus）和米哈伊尔·普塞洛斯组成使团，封授伊萨克为凯撒，承认他为皇位继承人，但伊萨克拒绝了他们的要求。

此时，君士坦丁堡的反对派发动起义反对米哈伊尔，公开支持伊萨克。在牧首米哈伊尔·塞鲁拉利乌斯的支持下，米哈伊尔六世被迫退位进入修道院，伊萨克被加冕为帝。当时，他的军队涌入都城，这些人大部分都曾与他在战场上出生入死、荣辱与共。伊萨克担心他们会在大街上仗着他的恩宠目无法纪、胡作非为，因而当机立断，在付给他们丰厚酬劳之后，迅速将他们撤离都城，从而确保了都城社会秩序的稳定。伊萨克擅长狩猎，并且非常热爱这项运动，甚至达到痴迷的程

---

① ［南斯拉夫］乔治·奥斯特洛格尔斯基：《拜占廷帝国》，第284页。

度。1059年冬季,52岁的伊萨克在狩猎过程中受寒着凉、身患重病,教俗贵族包括之前支持他的军事贵族,趁机逼他让位给他的远亲君士坦丁·杜卡斯,即未来的君士坦丁十世,他和家人则进入斯图迪特修道院,直到1060年去世。根据普塞洛斯的记述,伊萨克一世临终前召见了君士坦丁十世·杜卡斯,表示因为他的高贵出身和能力,选择让他做皇位继承人,请求他照顾好自己的妻子、女儿和其他家人。① 伊萨克的妻子是保加利亚人约翰·弗拉迪斯拉夫的女儿凯瑟琳,出身于保加利亚著名的贵族家族,两人生育了一个女儿。② 凯瑟琳的弟弟艾伦曾担任安尼的总督,那里的碑铭上记载着他建筑城墙和减免税收的政绩。③

伊萨克一世登位时,帝国面临的内外形势都比较严峻。帝国在他的几个前任皇帝统治下,积弊已久、百病丛生、积重难返。"如果把当时的帝国比作一只巨兽,它的身体已经千疮百孔,有些部位开始腐烂,有些部位肿胀,有些部位衰弱。"④伊萨克清楚帝国衰弱至此,无法抵挡蛮族人进攻和抢劫的原因,迫切地试图从整体上彻底清除帝国身上长期积攒的沉疴旧疾,为其注入新的活力。普塞洛斯认为,瓦西里二世去世后,他的继任者们为了个人私利,耗尽了帝国的财富,税收没有用来装备军队,而是花费在娱乐和奢华的排场上,致使帝国百病丛生,急需要一个能干的驾车手和医生,伊萨克正是以这两种身份登上皇位的。⑤ 为此,他一登上皇位就全面取消了前任皇帝米哈伊尔六世的政策,推行新政。伊萨克一世在位只有两年,其统治政策并没有取得预期成效,但一些统治政策具有一定的开创性。

伊萨克一世在内政方面试图建立强大的军事统治。从瓦西里二世去世到伊萨克登基称帝的几十年间,文职官僚贵族的权势不断加强。伊萨克来自小亚细亚的军事贵族家族,是帝国军事贵族的代表人物,他登基后努力加强帝国的军事防务,致力于建立强大的军事统治。首先,为了炫耀武功,他一改历代皇帝温文尔雅的形象,为自己绘制了持刀剑而立的画像。他发行的金币就体现了与传统皇帝形

---

① Michael Psellus, *Fourteen Byzantine Rulers: The Chronographia of Michael Psellus*, pp. 329 – 330.
② 伊萨克一世在一次狩猎中病倒,一直高烧不退,离世前,他的妻子、女儿、弟弟(约翰)和侄子(曼努埃尔)都陪在身边。Michael Psellus, *Fourteen Byzantine Rulers: The Chronographia of Michael Psellus*, p. 324.
③ *The Alexiad of Anna Comnena*, II, p. 87. Anna Comnène, *Alexiade*, ed. B. Leib, 3 vols., Paris: Les Belles Lettres, 1937, 1943, 1945, TLG, No. 2703001.
④ Michael Psellus, *Fourteen Byzantine Rulers: The Chronographia of Michael Psellus*, p. 307.
⑤ Michael Psellus, *Fourteen Byzantine Rulers: The Chronographia of Michael Psellus*, p. 310.

象的根本区别:皇帝左手紧握利剑,右手扶着扛在肩上的长矛。① 为此,同时代的人谴责他试图表明自己的权威来自刀剑而非上帝。普塞洛斯则认为,这暗示着宦官统治时代的终结,帝国开始掌控在一个士兵手中。② 在伊萨克一世统治期间,军事贵族势力一度强盛,但一些官僚贵族仍旧得到重用,例如,普塞洛斯被任命为元老院的首席元老,君士坦丁·李克胡德斯担任帝国政府机构的首相。

其次,他严厉打击大官僚贵族的势力。到11世纪时,皇亲国戚和显贵高官的地产已经颇具规模。例如,伊萨克一世的御前大臣在遗嘱中提到他的12处地产,还遗赠给两个女儿四处地产和一个半庄园,4320个金币的嫁妆,并给某个修道院半个庄园,每年给予僧侣津贴和供奉38个金币,另外给6个被释放的奴隶54个金币和4处份地。③ 瓦西里二世在国库里留下的巨大财政储备早已被挥霍一空,皇室地产因为慷慨的捐赠而化为乌有,面对这一现实,伊萨克一世采取了一系列改革措施纠正前任皇帝们的弊端。伊萨克一世下令收回前代皇帝赏赐给高官贵族的产业,增加官僚贵族的纳税金额,严厉惩罚拖欠国家税款的官吏,削减官吏人数,精兵简政,坚决减少官吏尤其是元老院成员的薪俸,并对教会贵族课以重税。④ 这些措施本应能够有效打击大官僚贵族的势力,增加国家收入。如果顺利实施,还可能有效地遏制贵族集团的势力,但他在位的时间只有两年,其政策遭到贵族的广泛抵制,他最后被迫退位。

再者,他推行"普洛尼亚"地产。"普洛尼亚"(pronoia, πρόνοια)是一种军役土地的名称,其接受者被称为领主(pronoiar,希腊语为 πpronoíar),最早出现在11世纪中期。⑤ 与这种土地相关的制度被称为"普洛尼亚制",又称"恩准制""监领制"。有学者认为"普洛尼亚制"与法兰克王国的采邑制相似,政府将国家和农村公社的土地分给公职贵族监领,他们终身享用监领地的租税但不得世袭。监领主

---

① A. P. Kazhdan & Ann Wharton Epstein, *Change in Byzantine Culture in the Early Eleventh and Twelfth Centuries*, Berkeley, Los Angeles, and London: University of California Press, 1985, pp. 115 – 116.
② Michael Psellus, *Fourteen Byzantine Rulers: The Chronographia of Michael Psellus*, p. 307.
③ 白玉:《十至十二世纪拜占庭封建大地产的几点考察》,《宁波大学学报》1990年第4期,第39页。
④ 陈志强:《拜占庭帝国史》,第273页。
⑤ J. M. Hussey, ed., *The Cambridge Medieval History*, Vol. IV, Part II, Cambridge: Cambridge University Press, 1967, p. 76.

必须为国家服役,并根据监领地的面积为国家提供相应的兵源。封建主同时也取得对领地上农民的支配权,农民必须向领主缴纳租税和服劳役。后来,领主又取得了领地的行政和司法权,监领地变成了封闭性的大地产。"普洛尼亚制"的实行暂时加强了国家和军队的经济实力,但其中暗含的贵族离心倾向导致了分裂割据势力的加剧。他们认为"普洛尼亚制"与采邑制存在很大差异。其实,这种土地所有制形式并非拜占庭帝国所独有。① 有人认为它是一种有封建义务的土地占有制。1184 年的一份文书恢复了一个贵族家族在克里特岛上的地产,说明了"普洛尼亚"有条件占有的特点。文书的内容为:"皇帝的特许文书,委任吾等恢复并追认由我们威严而神圣的君主自先时至今所赐予的普洛尼亚地产……着君士坦丁及其军队和兄弟们世袭占有,并赐予他及其继承人从这些地产上征收贡赋,将全部收入自用的权利。在为神圣、威严而光荣的皇帝及其继承人服军役的同时,占有并保持之,行省总督或军区司令不得抵制这一地产的占有。"②

一种观点认为,"普洛尼亚"地产最早出现在伊萨克一世统治期间,一个名叫君士坦丁的官员因为管理"普洛尼亚"地产和相关事务而享有盛誉,被称为普洛尼亚土地特权的捍卫者。③ 也有学者认为君士坦丁九世是第一个将"普洛尼亚"赐给大臣的拜占庭皇帝,但另一些学者们对此提出了不同看法,认为农兵破产是"普洛尼亚"制度产生的前提条件和存在基础。在科穆宁时代,自由农变成了依附农奴,被强大的家族和教会所控制,所以,"普洛尼亚"地产的出现时间应该定在 1130 年代,在约翰二世统治期间,才发展成为一种正式的制度。④ 当时,这种土地来自皇室地产而且赏赐规模相当有限。作为为帝国服务的报酬,皇帝将一块地产连同上面的税收一起赐予属下,接受者拥有土地的终生使用权,但无权转让和

---

① 吴于廑、齐世荣主编:《世界史·古代史编》(下),北京:高等教育出版社 1994 年版,第 167 页。16 世纪上半叶,印度莫卧儿帝国的统治者除了自己占有一部分皇庄之外,将其余土地以采邑的形式分封。分给军事贵族的采邑被称为"扎吉达",采邑主被称为"扎吉达尔",以为皇帝提供一定数目的骑兵为条件,享有收集租税的特权,但不能世袭。高德步、王珏主编:《世界经济史》,北京:中国人民大学出版社 2005 年版,第 90 页。
② 白玉:《十至十二世纪拜占庭封建大地产的几点考察》,第 41 页。
③ 白玉:《十至十二世纪拜占庭封建大地产的几点考察》,第 40 页。
④ J. W. Birkenmeier, *The Development of the Komnenian Army: 1081 - 1180*, p. 153.

买卖,也不可世袭,这种土地在当时尚与军事服役无关。① 按照法律规定,封地不是受封者的私有财产,在土地上劳作的居民被称为帕拉克(paroikoi, πάροικοι),他们实质上是大地主的农奴,必须为之纳税和服劳役。

伊萨克一世的登基离不开时任君士坦丁堡牧首的米哈伊尔·塞鲁拉利乌斯的支持,后者曾为其加冕,因此他试图改善皇权与教权的关系。通常情况下,加冕只是皇帝登基时进行的惯常仪式,但在篡位皇帝看来,牧首的支持显得非常重要。据12世纪的一位圣典学者所言,篡位的罪恶只能通过牧首在加冕仪式中主持的涂油礼才能消除。② 可见,牧首的加冕对伊萨克一世皇位合法化具有重要意义。为了回报塞鲁拉利乌斯的帮助,登基的伊萨克一世对教会做出重大让步,不仅将原属于皇帝特权的圣索菲亚教堂管理权转交给他,并且承诺将教会交给牧首独立管理,自己不干涉教会事务,只负责统治国家。按照拜占庭帝国有关教权和皇权的惯例,特别是早期的"至尊权"(Caesaropapism),这表明教会的权力得到了极大的增强。③ 伊萨克一世还将原属于皇帝的教会机构主要神职人员的任命特权转交给了牧首,这在一定程度上意味着原本由皇帝控制的教会机构正在发展成为独立的团体。④ 但这些特权并没有使这位牧首满足,当伊萨克一世没收教会地产并限制对修道院进行捐赠时,塞鲁拉利乌斯甚至穿上红色靴子,要挟罢黜皇权。依照拜占庭帝国宫廷习俗,红色靴子和御座一样是皇权的标志物之一,由此可见其咄咄逼人的气势。尽管他最终被伊萨克一世逮捕流放,但这也导致后者在首都民众和教会的强烈仇恨中被迫退位。

伊萨克一世在外交方面也不循规蹈矩,而是怀柔和亲与武力震慑相结合的政策,很好地应对了周边民族的入侵。他总是身穿华贵的服饰接见外交使节,并且在与他们交谈时滔滔不绝,对于愿意与帝国和平共处的国家,他以礼相待,但对于那些总是打破和平条约的国家,他便会兵戎相见。如果交战方在战争中战败,缴械投降并割让了许多领地,他就会允许当地居民继续定居下来生活,而不是像对

---

① G. Ostrogorsky, *History of Byzantine State*, trans. by Joan Hussy, Oxford: Basil Blackwell & Mott, 1956, p. 292.
② M. Angold, *Church and Society in Byzantium under Comneni, 1081–1261*, p. 23.
③ [南斯拉夫]乔治·奥斯特洛格尔斯基:《拜占廷帝国》,第285页。
④ M. Angold, *Church and Society in Byzantium Under Comneni, 1081–1261*, p. 24.

待奴隶一样让他们流离失所。他这样做并不是因为他不愿意看到帝国开疆拓土，而是因为领土扩张需要耗费大量的人力、财力和物资储备，这将会削弱国力。

伊萨克一世在位期间，帝国面临萨尔马特人（Sarmatian）、塞尔柱突厥人、马扎尔人和帕臣涅格人的入侵威胁，友好条约和宣誓承诺对这些"野蛮人"似乎没有任何约束力，他们总是根据需要变来变去，随时破坏已经签署的条约。他们如果在战争中失败，就会乞求签订友好和约，但如果取胜，就会残忍屠杀战俘，或者把他们变卖为奴。伊萨克一世亲自率领强大军队，击退了他们的入侵，维护了帝国边境的安全。当达契亚人蓄意打破与拜占庭帝国签订的和平条约时，他们的邻居萨尔马特人也不满足于保守在自己的土地上，整个部落越过伊斯特河（Ister River），侵入帝国领土，掠夺附近的地区和城市。伊萨克一世御驾亲征，遏制他们的入侵，他聚集大军向敌人发动猛烈进攻。萨尔马特人目睹伊萨克亲自率领帝国军队作战，充满了惊慌，仓皇撤退，许诺三天后与他作战。但事实上，当伊萨克到达他们的营地时，他们已经放弃帐篷，逃跑了。"皇帝带着战利品返回时，在罗比祖斯（Lobitzos）山脚下被一场猛烈的暴风雪所阻挡，这天刚好是纪念著名的殉道者塞克拉（St Thecla）的日子。伊斯特河的水面上涨，漫过了河岸，将皇帝和军队扎营的整个平原变成了一片汪洋，许多士兵和供给品都被河流冲走，人和驮行李的牲畜都冻得浑身麻木。当暴风雨暂时停止时，皇帝与一些亲随士兵逃到一棵橡树下。他能听到树在狂风中发出的可怕轰鸣声，担心它可能被吹倒，便撤到了远离橡树的地方，好像收到了信号一般，这棵树立刻被连根拔起，被吹倒在地。伊萨克惊恐地站在它的面前，感谢上帝的救助。返回首都后，为了纪念塞克拉，他花费巨资，建造了塞克拉教堂并提供了奢侈的装饰品。"据说，阿莱克修斯一世的母亲经常在这里做祷告。① 1059 年，伊萨克一世在多瑙河流域打败了马扎尔人和帕臣涅格人，迫使匈牙利国王安德鲁一世（Andrew I）求和。

在作家斯西里兹斯看来，伊萨克一世是一个杰出的将领，拥有出色的领导力和固定的生活习惯，他思维敏捷，聪明能干，正直无私，疾恶如仇，对朋友非常友善。普塞洛斯认为伊萨克一世是一个拥有双面性格的人，做事独断专行，说

---

① *The Alexiad of Anna Comnena*, III, pp. 122 - 124.

话简洁明了，在民众面前表现得冷酷严肃、沉默寡言，但在家人和朋友面前则非常温和亲切。伊萨克登位前，作为军事贵族，曾饱受官僚贵族的排挤和打压。他成为皇帝时已经年过五旬，在位时间只有短暂的两年，因此对文臣不屑一顾，①完全依靠军事贵族进行统治。② 但他的确是个勤勉能干的皇帝，掌控皇权后，一直勤于政务。据说在进入皇宫的当晚，他还没有脱下战服，便向军队和都城民众发布政令，通宵达旦地处理政事。伊萨克一世在位期间推行的激进改革措施遭到了当时贵族阶层的强烈反对。普塞洛斯认为他应该等待合适的时机，稳步推进，而不应急于大刀阔斧地匆忙进行改革。③ 他削弱君士坦丁堡世俗与宗教权贵的势力，有利于充实国库，不但提升了帝国的军事实力，同时增强了国力，从而延缓了拜占庭帝国衰败的速度。他忽视文官贵族也产生了恶果，伊萨克一世退位前夕，以米哈伊尔·普塞洛斯为首的官僚贵族集团以他病重为由强迫他让位给君士坦丁·杜卡斯。尽管他最终痊愈，但依然没有试图重回皇位，而是在隐居的修道院中直到去世，避免再度卷入皇权争斗的血雨腥风中。因此，从总体上看，伊萨克一世算是一位正直能干、富有远见的统治者。只是他命运不济，偶感风寒，五十多岁便被迫退位，在拜占庭帝国几个重要军事家族的博弈中败北。

1059年，伊萨克一世被迫退位后，科穆宁家族的皇位便转给了杜卡斯家族，并开启了杜卡斯王朝22年的统治。只是杜卡斯王朝的几个皇帝均未能振兴帝国，他们在军事贵族争夺皇权的斗争中再度败给了科穆宁家族，阿莱克修斯于1081年取代尼基弗鲁斯成为皇帝标志着科穆宁家族东山再起。新皇帝不仅接续伊萨克一世使科穆宁家族复兴，而且也使得衰落中的拜占庭帝国得到振兴，被后世史家称为"拜占庭帝国中兴"。有些研究者甚至认为，这两个王朝交错统治，应该合并称为"杜卡斯—科穆宁王朝"。本书没有采用这种意见。

---

① Michael Psellus, *Fourteen Byzantine Rulers: The Chronographia of Michael Psellus*, pp. 304 – 305, p. 302.
② A. P. Kazhdan, ed., *The Oxford Dictionary of Byzantium*, p. 1011.
③ Michael Psellus, *Fourteen Byzantine Rulers: The Chronographia of Michael Psellus*, p. 311.

第二节

阿莱克修斯一世（Alexios Ⅰ）

1081—1118 年在位

阿莱克修斯一世（Alexius I Comnenus, Ἀλέξιος Κομνηνός, 生于 1056 年, 卒于 1118 年 8 月 15 日, 享年 62 岁）是科穆宁王朝的第二位皇帝, 被誉为该王朝百年统治的真正创立者, 他于 1081 年 4 月成为皇帝, 直到 1118 年 8 月 15 日在君士坦丁堡去世, 在位超过 37 年。①

阿莱克修斯 1056 年出生在小亚细亚地区著名的军事贵族家族,②是约翰·科穆宁和安娜·达拉塞娜的儿子, 科穆宁王朝的先驱伊萨克一世的侄子。他在兄妹八人中, 最为精明能干。他的父亲约翰·科穆宁是伊萨克一世的弟弟, 在伊萨克统治期间身居要职, 伊萨克一世退位时, 曾打算将皇位让给他, 但遭到拒绝。他的母亲安娜·达拉塞娜出身于 11 世纪的显赫家族,③从丈夫去世到阿莱克修斯成为皇帝之前的 14 年间, 她成功地维持了家族的团结与兴旺, 精心构建起科穆宁家族与大量名门望族的婚姻关系网, 从而为家族再次成功问鼎皇权铺平了道路。④

阿莱克修斯在兄弟中排行老三, 两个哥哥都是帝国军功卓著的将领。他从 14 岁起开始军旅生涯, 最先在二哥伊萨克·科穆宁的帐下任校尉, 在米哈伊尔七世（Michael Ⅶ, 1071—1078 在位）和尼基弗鲁斯三世（Nicephorus Ⅲ, 1078—1081 在位）统治期间, 作为军队总司令先后镇压了卢塞尔、尼基弗鲁斯·布里恩纽斯和尼基弗鲁斯·瓦西拉西乌斯三位皇位觊觎者的叛乱。在这个过程中, 阿莱克修斯积累了丰富的战争经验, 成长为帝国声名显赫的将领, 深受当时的皇帝尼基弗鲁斯三世赏识, 但也因此招致了两个宦官即伯里罗斯和日耳曼努斯的嫉妒与陷害。

---

① A. P. Kazhdan ed., *The Oxford Dictionary of Byzantium*, vol. 1, p. 63.
② *The Alexiad of Anna Comnena*, p. 31. 有学者认为他出生于 1057 年, A. P. Kazhdan ed., *The Oxford Dictionary of Byzantium*, vol. 1, p. 63.
③ G. Buckler, *Anna Comnena*, Oxford: Oxford University Press, 1929, pp. 264–265.
④ P. Magdalino, "Innovations in government", in Margaret Mullett and Dion Smythe, *Alexios I Komnenos, Ⅰ: Papers*, pp. 150–151.

这两个人是皇帝的宠臣,多次企图谋杀阿莱克修斯及其兄长伊萨克。当他们预谋将科穆宁兄弟骗进皇宫,刺瞎他们的双眼时,科穆宁兄弟预先得知消息,于1081年2月14日逃出都城,起兵叛乱,最终于4月1日攻占并洗劫都城,逼迫尼基弗鲁斯三世退位,阿莱克修斯在与哥哥的皇位竞争中取胜,登基称帝。他通过迎娶前凯撒约翰·杜卡斯的孙女伊琳妮·杜卡娜(Irene Doucaina),得到当时势力强大的杜卡斯家族的支持,确保了皇位的合法性。他在位37年政绩卓越,于1118年8月病逝。

阿莱克修斯一世登基时正值拜占庭社会发生重要转折的时期,许多学者都把他的上位视为拜占庭帝国晚期历史的开端。拜占庭帝国的历史通常被分为早、中、晚三个阶段,但对于具体的起始时间,学术界意见并不统一。关于晚期的开始时间也存在不同看法,大体可以分为两种:一是1056年米哈伊尔六世上台。二是1081年阿莱克修斯一世统治的开始。① 帝国当时正处于内忧外患的艰难形势之中,外敌三面入侵,国内形势动荡不安,贵族叛乱频繁,统治阶层内部存在激烈的权益纷争。军区制彻底瓦解,小农经济破产,大地产迅速发展,货币严重贬值,国库空虚,财政困难。在如此动荡不安的严峻形势中,阿莱克修斯一世实行了成功的内政外交政策,使一个陷入国内外重重危机、摇摇欲坠的帝国,重新恢复为东地中海地区的强国。

阿莱克修斯一世在内政方面,通过政治、经济、宗教和军事改革,重新确立了皇权的最高权威,也从制度上正式承认和巩固了军事贵族的政治经济和特权。在经济上,他加强推广"普洛尼亚"土地制度,整顿税制和币制。根据安娜的记载,阿莱克修斯登基之初,国库已经被其前任皇帝挥霍一空。它"是如此的空空如也,甚至国库的大门都不用上锁,任何想从此穿越的人都不会被阻止"②。从罗曼努斯一世(920—944年在位)到瓦西里二世(976—1025年在位)统治期间的皇帝几

---

① 陈志强:《独特的拜占庭文明》,北京:中国青年出版社1999年版,第5—6页;J. Lindsay, *Byzantine into Europe*, London, 1952;徐家玲:《早期拜占庭和查士丁尼时代研究》,长春:东北师范大学出版社1998年版,第12—16页;G. Ostrogorsky, *History of the Byzantine State*, translated from the German by Joan Hussey, New Brunswick and N. J.: Rutgers University Press, 1969; A. A. Vasiliev, *History of the Byzantine Empire, 324 - 1453*; R. Browning, *The Byzantine Empire*, Washington D. C.: The Catholic University of America Press, 1992.

② *The Alexiad of Anna Comnena*, V, pp. 156 - 157.

乎都制定了严厉的立法,保护小农的土地耕种优先权利,限制大地产的扩张。中央政府限制地产兼并的政策遭到拥有强大经济实力和重要社会影响力的既得利益阶层和地方军事贵族的抵制和强烈反对。① 大地产开始成为占主导地位的土地所有制形式,构成国家收入主要来源的农业税进入国库的数量迅速降低。大土地所有者对自由小农土地的兼并对中央政府的兵源和财源造成直接威胁,极大地减少了国家公共领地的农业人口,并削弱了国家军事和财政机构在这些地区的实际权力。② 为此,阿莱克修斯一世采取了包括推广"普洛尼亚"土地制度、税收私人承包制、发行新货币等财政治理措施。

"普洛尼亚"这种土地的名称源自其接受者被称为领主。③ 这种土地形式早在前朝就已经开始发展,逐渐成为一种新制度,其有条件的土地占有形式类似于西欧封土制。封地主要依靠具有西欧农奴人身依附性质的农民耕作,他们必须为普洛尼亚主人纳税和服劳役。阿莱克修斯一世在其统治期间,进一步推行这一制度,把国有土地连同土地上的税收大量赐予皇家大家族成员。④ 他推行的"普洛尼亚"制度有几个特点:一是将颁授土地与军功和兵役义务结合,二是颁授土地来源扩大到所有国有土地,三是重点培植皇族和亲信贵族。此时的普洛尼亚土地开始具有军事服役的特征。⑤ 地主在履行维修要塞、为士兵提供给养等义务的同时,还必须服军役,不仅需要亲自作为骑兵服役,并且要根据土地面积提供一定数量的步兵。⑥ 因此,封地的接受者通常也被称为"士兵"(stratióteV),但他们不再是以前的小农而是拥有普洛尼亚份地及其耕作者农民的地主,他们的地产由生活于其上的农奴耕种,并享有土地上的税收权。⑦

在强化土地制度"普洛尼亚化"的基础上,阿莱克修斯一世进行了税收和货币制度改革,大力推进包税制、税收货币化和规范税种。他在彻底打败帕臣涅格人之后,于1092年着手进行货币改革。根据帝国当时财力不足的实际情况,他并

---

① G. Ostrogorsky, "The Peasant's Pre-emption Right", *Journal of Roman Studies*, 37(1947), p. 117.
② 佩里·安德森:《从古代到封建主义的过渡》,郭方、刘健译,上海:上海人民出版社2000年版,第295页。
③ J. M. Hussey, ed., *The Cambridge Medieval History*, vol. IV, Part II, p. 76.
④ M. Angold, *The Byzantine Empire (1025 -1204): A Political History*, p. 126.
⑤ G. Ostrogorsky, *History of Byzantine State*, p. 329.
⑥ J. M. Hussey, ed., *The Cambridge Medieval History*, vol. IV, part II, p. 42.
⑦ G. Ostrogorsky, *History of Byzantine State*, p. 330.

没有刻意恢复足值的金币，而是发行了一套具有稳定含金量的合金货币。其中币面价值最高的金币伊颇皮隆（ηυπέρπυρων）的含金量相当于20.5克拉，第二种货币称为阿斯皮隆（άσπρων）为金银合金币，相当于伊颇皮隆金币价值的1/3，第三种货币特拉希翁（τράχυων）是一种金铜合金币，价值是伊颇皮隆金币的1/48，铜币代塔特隆（τετάρτερων）仅为金币价值的1/864。为了防止仿制劣币，朝廷分别在君士坦丁堡和塞萨洛尼基设立皇家直辖铸币厂，在色雷斯地区的菲利普波利斯（Philippoupolis）或阿德里安堡设立辅助铸币厂，负责铸造前三种贵金属货币，还有一个铸币厂在希腊南部的底比斯（Thebes），专门铸造铜币代塔特隆。① 币值恢复稳定之后，阿莱克修斯开始推行税制改革。新税制要求统一使用新货币纳税，这种新货币价值为8克拉黄金，大约相当于当时足值金币诺米斯马的三分之一，不足的税额则用铜币征收。② 在规范税种方面，阿莱克修斯一世对多种不固定临时附加税进行简化，将其确定为基本税的一定比例，即将它们的总价值确定为基本税收的23%，并根据基本税基数的多寡核算出相应的额度。③ 此外，所有附加在农民身上的劳役，包括以实物支付的费用和建造舰船、修筑要塞、架桥铺路、为官员和军队提供膳食和居所等义务，一并折算为现金支付。④ 税率的稳定以及新货币大量进入流通领域代替旧币，有利于结束改革以前税收体制中的混乱局面，使纳税者可以根据占有的土地面积和耕作者的数量，使用统一货币按统一税率纳税，从而极大地杜绝了腐败官员的中间盘剥，国家税收因此大幅度增加。

阿莱克修斯一世统治初期，对前朝罗曼努斯四世的儿子们非常友善，他发现他们降到了平民的地位和生活，决定照顾他们，部分因为同情他们的遭遇，部分因为他们即将成年。特别是皇帝看他们相貌英俊潇洒，身材高大匀称，充满了激情和勇敢精神，是很有前途的年轻人。阿莱克修斯对待他们就像对自己的儿子一样，改善了他们的生活境况，为其将来的发展提供各种帮助，从未错过称赞他们的机会并为其成就感到自豪。尽管许多人不断地指控他们，但皇帝并没有因此产生

---

① A. Harvey, "Financial crisis and the rural economy", in M. Mullett and D. Smythe, *Alexios I Komnenos*, Ⅰ: *Papers*, pp. 172-173.
② M. Angold, *The Byzantine Empire (1025-1204): A Political History*, p. 132.
③ ［南斯拉夫］乔治·奥斯特洛格尔斯基：《拜占廷帝国》，第311页。
④ A. Harvey, "Financial crisis and the rural economy", p. 179.

怀疑,将其排除在权力之外。尼基弗鲁斯被任命为塞浦路斯岛总督,被允许将之视为个人财产。他是一个相貌堂堂的年轻人,白肤金发,肩宽体阔,高大健壮,在战场上像狮子一样勇敢,在社交活动中表现得谦虚谨慎。因此,他不仅受到普通士兵们的拥戴,而且在上层社会中也很受欢迎。但与善良宽厚、对皇帝的友善充满了感激的弟弟利奥不同,他是个脾气暴躁、心狠手辣的家伙,一直怀有夺取皇位的野心。他将全部精力投入到拉拢贵族,尤其是高级军官和元老院主要成员上面,渴望得到所有军队将领和卓越市民的支持,在追逐权力方面展示其毫不妥协的意志。他几次试图谋杀皇帝,但均以失败告终。①

阿莱克修斯一世在政治上,重建荣誉头衔和官职的授予原则,实行家族统治,推行政治联姻,重塑皇权和教权的关系。随着贵族势力的崛起,统治阶级内部争权夺利的斗争日趋激烈,频繁的叛乱导致国内形势动荡不安。阿莱克修斯一世是小亚细亚地区军事贵族的代表,其军事叛乱的成功得益于来自这个地区的军事大贵族的支持和彼此之间的和解。为了巩固皇位,维持国内政治秩序的稳定,给予政权支持者以回报,阿莱克修斯一世大力推进贵族等级制度改革,重新确定帝国高级贵族的授予原则与等级序列,突出皇族及其亲信对帝国政治的控制,阻断社会精英的垂直流动渠道,并以血缘关系和政治联姻强化帝国精英阶层的团结,扩大统治阶级的社会基础。

阿莱克修斯一世重建荣誉头衔和官职的授予原则,与皇室的亲属关系成为宫廷贵族高官头衔等级制度的基础,高级官职的任免完全取决于和在位皇帝关系的亲疏远近。有学者认为血亲关系并不是阿莱克修斯一世授予朝臣重要军事和行政官职的唯一标准,与他有血缘或婚姻关系的人中,只有那些有能力堪当重任并对他绝对忠诚的人才会被委以重任,进入其核心统治集团。反之,有些和他没有上述关系的杰出人才,甚至是外族人,个别的也能够得到他的信任和重用。② 他通过宫廷头衔体制改革,在宫廷等级的顶端为皇室家族及其亲属创立了一个新的等级,即贵族(Sebastos)等级。在帝国的历史上,这是在位皇帝第一次为家族成员

---

① *The Alexiad of Anna Comnena*, Ⅸ, pp. 278 – 291.
② P. Frankopan, "Kinship and the Distribution of Power in Komnenian Byzantium", *English Historical Review*, 122.495(2007), pp. 10 – 11.

设置专门的头衔等级。① Sebastos 起源于 1—2 世纪的希腊语,②相当于拉丁语的"奥古斯都"(Augustus),③而 Majesty 可译为贵族或者君主,原是皇帝的专用称号,从 11 世纪起作为荣誉头衔被赏赐给极少数皇室王公。阿莱克修斯登位之后,不仅把"君主"头衔广泛赐予皇室家族成员和通过血缘或婚姻与皇帝建立联系的贵族,④而且在进行头衔改革时,将它作为最高头衔的词根,以之为基础创造了一系列新头衔,例如"大贵族"(sebastocrator)、"上等大贵族"(panhypersebastos, pan: all; hyper: above)、"首席贵族"(protosebastohypertatos, proto: first)等。⑤ 它们共同构成了贵族等级系列。

安娜为此宣称,阿莱克修斯一世为了重建帝国贵族等级秩序创造新的头衔和职务,并在赐予头衔和分派职责方面进行革新,展示了高超的统治技能。⑥ 在这个新的头衔等级中,最高等级属于皇族,官阶的优先权按照与在位皇帝的关系排列。在皇帝之下,处于最顶端的是皇帝的儿子、兄弟以及父系叔伯,紧随其后的是他的侄子、堂兄弟及叔舅等近亲或姻亲,最底层的是皇帝的远亲或皇室家族中受尊敬的成员。一个引人注目的现象是皇室家族中的女性成员们也分享了这些特权。在阿莱克修斯一世统治期间,他的母亲安娜·达拉塞娜和妻子伊琳妮·杜卡娜都曾扮演了重要的政治角色。阿莱克修斯一世在统治前期忙于战争时,将帝国的行政大权委托给母亲,不仅在宫廷等级中为她安排了专门的位置,赐予她皇后或女君主(despoina)头衔,而且在 1081 年 8 月,正式颁发"黄金诏书",确定了她的摄政身份和各种权力。他宣布,"如果危险来临或其他可怕的事情发生,没有比一位理解和深爱自己儿子的母亲更强大的保护力量。因为如果她给予建议,那么建议将是可靠的;如果她祈祷,它们将赐予力量和某种保护。不管怎样,这是我本人,你们皇帝的经历。我受人尊敬的母亲从我年幼的时候起,就一直教育、引导和

---

① M. Angold, *The Byzantine Aristocracy IX to XIII Centuries*, p. 4.
② A. P. Kazhdan, ed., *The Oxford Dictionary of Byzantium*, Vol. 3, p. 1862.
③ 在拉丁语中,"奥古斯都"被译为"神圣、伟大、光荣",是古代罗马帝国的第一位元首屋大维(BC. 27 - AD. 14)在"还政与民"时被元老院授予的称号,后来演变为皇帝的荣誉称号。陈志强:《独特的拜占庭文明》,第 186 页。
④ M. Angold, *The Byzantine Empire*, (1025 -1204): *A Political History*, p. 106.
⑤ A. P. Kazhdan, ed., *The Oxford Dictionary of Byzantium*, Vol. 3, p. 1863.
⑥ *The Alexiad of Anna Comnena*, Ⅲ, p. 112.

支持我。尽管她名列贵族阶层,但她对儿子的爱在她的全部生活中占据首位并且他对她也完全信任。尽管我们在身体上是分离的,但我们有共同的灵魂,彼此之间从来不会出现'我的'或者'你的'之类的词语。更重要的是,她的祈祷被上帝听到,从而使我成为帝国的君主。在我掌握了帝国的权杖之后,她为我独自承担帝国重担的辛劳感到忧虑不安。现在我正准备与罗马的敌人作战,全力征集和装备军队,但我认为政治和经济事务也是极其重要的。幸运的是,我已经找到了能够担当此任的适当人选,即任命我的母亲为整个行政机构的管理者,她是最值得尊敬的妇女之一。因此,我,你们的皇帝,在这份黄金诏书中明确规定:由于她对世事的丰富经验,不管是财政官员或者其下属官员,还是请愿或判决的人提交的与免除公共债务等相关的文件,她颁布的任何命令,书面的或口头的,合理的或不合理的,只要上面有她的印章,都将被视为我的亲笔手谕一般,将永远有效。有关法庭和国库官员的提升和任免,荣誉头衔和官职的赐予,不动产的捐赠等事宜,我的母亲将有全权做出对她有利的任何决定。如果有人被提升为法官,继任国库官职,或被赐予其他高级或低级职位,他们将终身拥有它们。提高俸禄、增加礼物、减免税收或缩减费用等事务也将由我的母亲全权处理。总之,她通过书面或口头形式决定的事情将来都不会被宣布无效,因为它们将被视为如同我的一样,永远具有法律效力。不管现在还是未来,不管她的决定合理还是不合理,她都不会被任何人要求对此进行辩护或接受审查。同样的条款也适用于她的大臣,不管他们的行为是否合理,只要是在这份诏书的同意下所做的任何事情,将来都不需要做出解释。"[1]

达拉塞娜在政坛隐退以后,皇后伊琳妮的影响和地位逐渐上升,成为皇帝身边强有力的人物。现代学者对伊琳妮在政治上的重要性持保留态度。在他们看来,她是个靠不住的皇后,阿莱克修斯不能冒险将其单独留在首都。安娜有关他们深厚感情的叙述也是值得推敲的,因为即使伊琳妮不计较阿莱克修斯对她的长期忽略和几乎发生的背叛,她也很难深爱一个平时极少见到的丈夫。因此,安娜关于父母之间恩爱的描述可能含有不真实的成分,阿莱克修斯将权力委托给母亲

---

[1] *The Alexiad of Anna Comnena*, Ⅲ, pp. 117-118.

和兄长而不是妻子的事实亦说明了这一点。在阿莱克修斯一世重病期间,她曾一度控制帝国政权,"当皇帝因为双脚疼痛,无法走路时……他躺在床上,由皇后进行统治,皇帝在大部分事情上都顺从她的意见。按照计划,皇帝驾崩后,帝国的统治权力将转交给她。"① 这两位女性在帝国政治中的影响,在某种意义上可以被视为家族政治的产物,是贵族家族中的母亲或妻子对家族事务的管理权向社会公共领域的延伸。同时,阿莱克修斯一世在近亲中任命海陆军将领和行省总督,都依靠与之有亲戚关系的地方大家族对地方进行统治。从安娜·科穆宁娜的《阿莱克修斯传》的内容可以看出,与他一起奋战沙场的军队指挥官大部分都来自皇室家族和与之存在血缘或婚姻关系的贵族家族,地方的统治者也是如此。

另一方面,面对大贵族家族已经对皇权构成重大威胁,频繁的政治叛乱一度使皇位处于风雨飘摇之中的现实,阿莱克修斯一世积极推行政治联姻政策,利用家族成员的婚姻与当时势力显赫的贵族家族结成政治联盟。除了他本人与杜卡斯家族联姻外,他的子女和兄弟姐妹的婚姻几乎都被用来加强和巩固与其他贵族家族的关系,其侄子、侄女、孙子、孙女等亲属的婚姻也为这一目的服务。② 例如,为了控制色雷斯的重要城市阿德里安堡,赢得当地布里恩纽斯家族的支持,他把长女安娜嫁给了这个家族的主人老尼基弗鲁斯·布里恩纽斯的儿子,从而化解了两个家族之间的宿怨,将一个皇位的潜在挑战者笼络到科穆宁家族的关系网中。阿莱克修斯担任帝国将领时,曾被尼基弗鲁斯三世派去镇压布里恩纽斯家族的叛乱,其首领老尼基弗鲁斯·布里恩纽斯成为战俘后,被皇帝的使者刺瞎了双眼,双方从此结下深仇。当阿莱克修斯成为皇帝之后,两个家族通过联姻化敌为友,老布里恩纽斯成为皇帝的重要军事顾问之一。他的另一个女儿玛丽亚嫁给了尤弗本努斯·卡塔卡隆,后者出身于当时最强大的家族之一。他的姐姐塞奥多拉和兄长曼努埃尔都与狄奥根尼斯家族的成员结婚,另外两个姐妹分别嫁入了迈利西尼和塔罗尼家族中。他的哥哥伊萨克则娶了前皇后玛丽亚的堂妹。通过联姻,他把

---

① John Zonaras, *Epitome Historiarum*, Vol. 3, ed. by M. Büttner-Wobst, P. 747. Ioannis Zonarae, *Epitome Historiarum*, ed. L. Dindorf, 3 vols., Leipzig: Teubner, 1868, 1869, 1870, TLG, No. 3135001, No. 3135003. Ioannis Zonarae, *Epitomae Historiarum*, libri xviii, ed. T. Büttner-Wobst, vol. 3, [Corpus Scriptorum Historiae Byzantinae 49] Bonn: Weber, 1897, TLG, No. 3135002.

② P. Magdalino, "Innovations in Government", p. 144.

当时势力强大和对皇权构成重大威胁的大家族都聚拢在科穆宁家族的周围并委以重任,使他们成为自己统治的坚实后盾。有学者经过细致核算甚至提出,从此以后直到帝国灭亡,科穆宁家族血缘关系遍布整个拜占庭上流社会。

此外,阿莱克修斯一世削弱了宦官在宫廷中的作用,原由他们担任的许多职位被皇室家族的成员占据。在他统治的 37 年间,宫廷中的宦官数量不断削减。①《阿莱克修斯传》提到了八名大宦官,但他们中只有尤斯塔修斯·吉米奈亚努斯(Eustathius Cymineianus)和尤斯特拉提厄斯·加利达斯(Eustratius Garidas)进入了帝国统治集团的最高等级,前者从墨水瓶保管人(Canicleios)提升为舰队总司令,②后者因为得到安娜·达拉塞娜的庇护,担任了四年(1081—1084)君士坦丁堡牧首,③其他宦官除了有四人担任低级官员之外,均充当宫廷奴仆、医生等,没有政治权力。④

皇权和教权的关系也是阿莱克修斯一世登位时面临的一个重要问题。作为"至尊权"理论的积极践行者,他恢复了皇帝处理教会事务的主动权,在宗教领域重塑了皇权的最高权威。具体表现在两次强行征收教会财产,亲自参与对异端者的审判,颁布宗教法令规范教士的行为规范和升迁标准,改革修道院的财产管理制度等。"至尊权"指君士坦丁大帝创设的政教关系制度。在这种制度下,国家的最高统治者任免教会首脑,是宗教事务的最高仲裁者。这个词通常被用来描述拜占庭帝国皇帝和教会之间的关系,意为国家高于教会,皇帝对国家以及教会具有绝对控制权。但有些现代历史学家认为,拜占庭的法律文献仅谈到帝国的行政机构和教会组织的相互依赖,并没有说明后者必须从属于前者。他们也认为皇帝在教义上的主张并非一贯得到支持,而且没有教牧之权。在拜占庭历史上,皇帝对教会施加压力以失败告终的事例很多,例如,芝诺(Zeno,474—491 在位)和阿纳斯塔修斯一世(Anastasios Ⅰ,491—518 年在位)试图支持一性论派,米哈伊尔

---

① H. Maguire, *Byzantine Court Culture from 829 to 1204*, p.179.
② 该职位字面意思可以解释为"Custodian of the Imperial Inkstand",据说墨水瓶的造型像一只狗,因此得名。这个官职并不是一个闲职,它的持有者似乎拥有代签重要文件的权力。见 *The Alexiad of Anna Comnena*, Ⅺ, p. 363, Ⅹ, p. 304; Ⅺ, p. 363; ⅩⅢ, p. 395.
③ *The Alexiad of Anna Comnena*, Ⅲ, p. 112.
④ A. P. Kazhdan & A. W. Epstein, *Change in Byzantine Culture in the Early Eleventh and Twelfth Centuries*, p. 70.

八世支持与罗马教会合并等,都以失败告终。但不可否认的是,从总体上看,在拜占庭帝国,皇帝充当了普世教会的保护者并干涉教会事务,他们主持宗教会议,其意志在任命最高主教和确定其管辖范围时起着决定性的作用。①

通过把宫廷中一直存在的亲属关系和贵族头衔官职制度化,阿莱克修斯一世创立了一个新的皇室贵族阶层。他们按照一定的秩序团结在以皇帝为核心的家族集团中,独占了宫廷的高级官阶,至少在荣誉上处于统治集团的核心位置,由此巩固了皇权。有学者如此评价科穆宁政府官阶等级中的大贵族垄断现象,"阿莱克修斯一世笼络了所有贵族精英并将其置入了一个关系错综复杂的巨大家族网络中,他们占据了帝国的全部重要职位并享有统治权益。"②这一改革确实理顺了皇亲国戚们的亲疏远近关系,并将其复杂的联系纳入帝国官僚制度中,进一步明晰了各级贵族的地位和权力,暂时缓解了一段时间以来争夺皇权及相关权位的内讧。但是,这一改革并不能从根本上解决拜占庭皇帝专制产生的深刻矛盾,只是将宫廷斗争的范围进一步缩小到皇室和皇族内部,从而造成了此后帝国宫廷斗争集中在皇家血亲之间,直到末代的几个拜占庭王朝,全部陷入皇室内战中。从这个意义上看,阿莱克修斯一世的政治改革无异于"饮鸩止渴"的帝国治理措施。

军事上,面对为国家提供兵源的军区制的瓦解致使帝国的军队实力急剧下降,防御体系陷入崩溃的状态,阿莱克修斯一世采取了一系列军事治理措施。这些措施包括镇压军事贵族叛乱,重新分配军权,大力征召新兵,恢复海军建设,调整战术,提高部队素质。其中,扩军改制是强军措施的抓手,核心目的是提高军队战斗力,影响更为深远的是建立本土将士构成的精锐部队,降低对雇佣兵的依赖。他首先致力于扩大军队规模,大力征召本土新兵。阿莱克修斯一世从未放过任何征募将士的机会,甚至采用欺骗的方式将一部分摩尼教移民编入军队。他派遣亲信塔提修斯(Taticius)带着大量现金到各地征募新兵,为了加快征兵进度,他亲自

---

① 美国不列颠百科全书公司编著:《不列颠百科全书》(国际中文版),第 3 卷,北京:中国大百科全书出版社 1999 年版,第 304—305 页。
② J. W. Birkenmeier, *The Development of the Komnenian Army: 1081 -1180* , p.148.

上阵督查,以至于耽误了对拉里萨的救援。① 他还通过信件下令所有帝国高级将领要将征召士兵作为头等要务,指派"凯撒"尼基弗鲁斯·梅里塞诺斯前往归属帝国的游牧民中招募骑兵和步兵,稍加训练便投入对斯基泰人(Scyths)的战争中。② 他占领卡斯托里亚(Castoria)后,便第一时间招募愿意为帝国效命的诺曼人士兵加入帝国军队。③

其次,在扩大军队规模的基础上,阿莱克修斯着力加强精锐部队建设,以提高部队的战斗力。他从那些战死沙场的将士后人中挑选忠勇之士,创建了"英豪后裔军团",亲自组织训练,并为该军团配备全副精良武装。④ 这支部队在1091年帝国与帕臣涅格人的战争中发挥了巨大作用,成为拜占庭军队的核心力量。⑤ 加强帝国的海军力量建设也属于阿莱克修斯强军计划的重要内容。面对比萨和热那亚强大舰队的进攻,他从各地行省征集了所有船只加以改装,并在君士坦丁堡建造新型战船,还经常亲自上船,给船工们提出建议。博希蒙德(Bohemond)入侵帝国时,阿莱克修斯一世从基克拉泽斯群岛(Cyclades Islands)、小亚细亚沿海城市和巴尔干地区召集了一支巨大舰队,他的许多大臣抱怨为此耗费了巨额费用。⑥ 从总体上看,尽管海军一直是帝国军队的补充,海战相比较陆战而言总处在次要地位,帝国自身缺乏强大海军力量的现实,意味着威尼斯、比萨和热那亚等城市利用帝国抗击入侵者的战争,逐渐取代了拜占庭的海上经济优势,并使帝国限制意大利人商业或海洋活动的任何努力付诸东流。在安娜的著作中,帝国舰队在守卫海洋或在围攻战中提供援助和切断敌人的供给方面,发挥了重要作用。⑦

阿莱克修斯一世特别注重调整战略战术。他成为皇帝期间,除了诺曼人入侵者拥有领土野心之外,帝国面临的入侵者以非国家政体形式的游牧民族为主。这

---

① *The Alexiad of Anna Comnena*, pp. 182-184, 214, 167.
② *The Alexiad of Anna Comnena*, p. 298, 252.
③ *The Alexiad of Anna Comnena*, p. 182.
④ 也是在此战中,其中约300人英勇战死,皇帝为此悲痛了很久。*The Alexiad of Anna Comnena*, p. 231.
⑤ *The Alexiad of Anna Comnena*, pp. 231-232.
⑥ *The Alexiad of Anna Comnena*, p. 379.
⑦ *The Alexiad of Anna Comnena*, p. 99, 204, 400, 415, and 445.

些民族生活居无定所,擅长流动作战,总是避免与拜占庭重装部队近距离发生冲突。① 其作战特点是迅速地进攻和撤退,必要时进行战斗,形势危急时迅速逃跑,并在敌人撤退时,进行小规模的伏击战,这种战术足以拖垮拜占庭军队,使其筋疲力尽。但他们都是松散的部落联盟,缺乏强大国家有组织的支持,其入侵的主要目标是抢掠战利品。为此,阿莱克修斯一世有针对性地调整了战略战术。他在对外战争中取得的绝大部分胜利,都是伏击战、声东击西、金钱贿赂和收买、以蛮制蛮等策略的产物,他很少打阵地战。例如,在1108年的战斗中,他通过海路切断诺曼人的供给线,阻塞迪拉基乌姆周围的路口,最终逼迫疲惫、饥饿和遭受瘟疫侵袭的敌人签订和平条约。针对游牧骑兵的作战特点,他采用小部队出击、骑兵和步兵联合作战的方法,命令弓箭手专门射击敌人的马匹,逐渐夺取战场优势。② 阿莱克修斯一世在位期间进行的战争几乎全是防御战,他也并不总是拥有可以在战争中取胜的资源,但从未决定性地丢掉整场战争。在统治期间,其部队整体作战能力、机动性和灵活性都得到了增强,成功抵挡了外敌的入侵。1081年至1093年期间,他先后打败了诺曼人、帕臣涅格人、库曼人(Cumans)等入侵者。

阿莱克修斯一世在外交方面秉承拜占庭传统外交政策,在实行软硬兼施手段的基础上,实行了灵活多变的外交策略。他登基时,帝国正处于危机四伏的窘境。诺曼人在西部征服了南意大利,准备进攻君士坦丁堡,十字军运动即将拉开帷幕,北方的多瑙河前线形势不稳,不断遭到帕臣涅格人、库曼人、塞尔维亚人和达尔马提亚人的侵扰,东部的塞尔柱突厥人则控制了小亚细亚的大部分地区。③ 由于帝国始终不能提供充足的军队与入侵者进行大规模的阵地战,因此他采取了防御性的外交政策,以保卫和收复帝国的领土为目的,纵横捭阖,通过一系列艰苦战争和灵活多变的外交手段,成功抵御了连续不断的外族入侵,使一个国力衰弱、防御体系瓦解的帝国重新恢复了强国地位。

阿莱克修斯一世使用了许多传统外交手段。首先,利用金钱礼物和荣誉头衔

---

① J. W. Birkenmeier, *The Development of the Komnenian Army: 1081-1180*, p.70.
② 将大兵团防御战调整为小部队出击,将冬天休整春天开战调整为全年作战等。J. W. Birkenmeier, *The Development of the Komnenian Army: 1081-1180*, p.82.
③ Cyril Mango ed., *The Oxford History of Byzantium*, pp.180-182.

贿赂收买敌人。阿莱克修斯一世认为财富可以满足蛮族人的贪婪，遏制其入侵野心。他给继承人约翰二世的建议之一就是在国库中储蓄大量财富，用于填满蛮族人打开的钱罐，收买外来侵略者或对帝国构成潜在威胁的敌人。① 例如，尼西亚苏丹阿布·卡西姆（Abul—Kasim）被邀请到君士坦丁堡，受到热情款待，不仅参加了各种娱乐活动而且收到大量金钱和礼物，据说皇帝不断给予阿布·卡西姆金钱礼物，邀请他沐浴，参加马赛和狩猎，参观在公共场所建造的纪念柱，为了取悦客人，他命令马车手在君士坦丁剧院进行马术表演，敬请客人可随时到此观看。在此期间，他秘密修建了一个沿海要塞。他利用安奇亚洛斯（Anchialos）公爵的职位和大量礼物收买苏丹的使者西奥乌斯（Siaous），诱导塞尔柱突厥人从沿海地区撤退并将设防地转交给帝国。为了赢得控制安条克附近地区的伯爵对远征坦克雷德（Tancred）的支持，他派使者给他们送去大量金钱和礼物。当时元老院成员和军官们都认为在对坦克雷德发动远征之前，必须首先赢得控制安条克附近地区的众伯爵，尤其是耶路撒冷国王鲍德温的支持。如果他们敌视坦克雷德，这次远征将有把握取胜，反之，安条克的问题应以其他方式解决。阿莱克修斯一世采纳了他们的建议，"委派懂拉丁语的曼努埃尔·布图米特斯和另外一个人到拉丁伯爵和耶路撒冷国王那里。因为拉丁人的贪婪，这次使命不可避免地需要钱。因此，他命令塞浦路斯公爵尤马修斯·菲洛卡勒斯为他们提供所需船只以及各种价值的货币，作为送给伯爵们的礼物。"②

以蛮制蛮、分而治之也是阿莱克修斯一世的手段之一，他与亨利四世结盟，对付罗伯特·吉斯卡尔，与库曼人结盟对付帕臣涅格人，取得列文宁（Lebounion）战役的胜利。③ 几年后，他把大量帕臣涅格人安置在十字军必经的路线上，阻击十字军，④十字军因此被他巧妙地引导成为其收复小亚细亚沿海失地的工具。⑤ 他还分化瓦解敌人，在他们中挑拨离间，在敌人内部制造分裂。当扎查斯（Tzachas）

---

① J. Shepard, "'Father' or 'Scorpion'? Style and Substance in Alexius's Diplomacy", in Margaret Mullet and Dion Smythe, *Alexios I Komnenos*, I: *Papers*, p. 76.
② *The Alexiad of Anna Comnena*, Ⅵ, p. 204 and 200, ⅩⅤ, pp. 440 – 441, p. 444.
③ *The Alexiad of Anna Comnena*, Ⅲ, pp. 126 – 128, Ⅴ, pp. 161 – 162, Ⅷ, pp. 253 – 254 and 257 – 258.
④ J. Shepard, "'Father' or 'Scorpion'? Style and Substance in Alexius's Diplomacy", p. 85.
⑤ *The Alexiad of Anna Comnena*, Ⅹ, pp. 330 – 331; Ⅺ, pp. 333 – 340.

占领士麦那(Smyrna)并以此为基地从海陆进攻帝国时,阿莱克修斯一世借刀杀人,煽动苏丹将他铲除,据说他在给苏丹的信中写道:"尊贵的基里吉·阿兰苏丹,您通过继承权得到了苏丹的尊贵地位,但是您的亲戚扎查斯已自称皇帝,表面上正在准备与拜占庭帝国的战争,事实上这只是一个借口,因为他具有丰富的经验,知道夺取一个如此尊贵的皇位远非他的能力所及。因此,整个邪恶的计划实际上是直接针对您的。如果您是明智的,就不会容忍这一切。您应当保持警戒,否则,将会被从苏丹的位置上驱逐。就我而言,我将在上帝的帮助下,将他驱逐出帝国领土。因为担心您的利益受损,我建议您捍卫自己的权威,迅速将他带到您的面前。如果他拒绝,就使用武力。"苏丹收到皇帝的信之后,立刻带着军队向扎查斯进发。受到海陆两面威胁的扎查斯对皇帝的阴谋一无所知,决定投靠苏丹,被后者在宴会上谋杀。随后,苏丹和皇帝签署和平条约。他还采取伪造信件的方式,在博希蒙德和其最亲密的军官之间制造不和,分裂凯尔特人军队。① 他甚至利用洗礼和收养的方式加强与外族人的关系,有学者认为他是拜占庭历史上第一个正式将外族人收养为义子的皇帝。②

另一方面,阿莱克修斯一世更倾向于强化私人间关系,利用个人接触,建立私人友谊,并将在战争中运用的某些军事策略巧妙地融合到外交政策中,使皇帝和外族人的关系呈现出强烈的私人化色彩,重视个人之间的直接接触和联系是其处理外交事务的显著特色。首先,他将西方中世纪盛行的宣誓习俗引入到外交领域,使皇帝与外族显贵和蛮族首领的关系,建立在更加私人化的基础上。例如,他了解库曼人联盟军的反复无常,便要求其首领宣誓遵守盟约。③ 当十字军穿越帝国时,他软硬兼施,强迫其首领对他宣誓效忠并亲自举行庄重的仪式。④ 宣誓行为将双方置于相互的权利与义务之中,使两者的关系体现了更多的平等和私人性质。其次,这种关系也体现在阿莱克修斯一世时常与外族人直接会面上,他在外族使者面前刻意展示亲切友善的形象。例如,为了迫使十字军首领宣誓效忠,他

---

① *The Alexiad of Anna Comnena*, pp. 274 – 275 and 405 – 408, p. 173.
② J. Shepard, "'Father' or 'Scorption'? Style and Substance in Alexius's Diplomacy", p. 112.
③ *The Alexiad of Anna Comnena*, pp. 253 – 254.
④ J. Shepard, "'Father' or 'Scorption'? Style and Substance in Alexius's Diplomacy", p. 105.

曾分别邀请他们拜访皇宫并亲自与之谈判。当战败的塞尔柱突厥人苏丹马利克沙前来签订和平条约时，几次要下马行惯常的屈膝礼，都被他阻止。他还经常亲自宴请外族人，例如，为了将庞大的库曼人军队争取为同盟军，他邀请其首领参加丰盛的宴会，并在战争胜利结束后亲自为他们颁发军饷。再次，许多外族人担任他的顾问和高级军官也体现了他与外族人之间的亲密关系。例如，撒拉逊人塔提修斯作为阿莱克修斯的密友一直深受重用，是掌握帝国军事大权的重要将领之一，以军队指挥官的身份几乎出现在安娜记述的所有重大战役和政治危机中。因其勇敢而著名的萨尔马特人欧扎斯（Ouzas）、优秀的战士斯基泰人卡拉扎斯（Caratzas）等都是深受皇帝器重的军事将领，[1]分别在与帕臣涅格人和库曼人的战争中指挥帝国的联盟军队。1108年，代表他与博希蒙德签订《迪沃尔条约》（The Treaty of Devol）的八个使节中，六个是拉丁人。

可见，阿莱克修斯一世在秉承传统外交手段的基础上，采取了灵活多样的外交形式。相对于前任皇帝而言，他更重视缔结个人之间的联系纽带，对待外族使节和显贵的尊重态度，在拜占庭帝国的皇帝中也很少见。其政策的主要目的在于维持和平，避免战争，因此必然呈现出防御性和灵活性的特点。归结原因，除了国家经济和军事实力的衰弱之外，也与当时严峻的地区环境和他的个人经历有关。很明显，后人都应承认其外交政策在当时是卓有成效的。

阿莱克修斯一世作为一个军人皇帝，一生戎马倥偬，经历了无数次的战败和臣民叛乱，但他临危不乱，处置得当，巩固了皇权，在长达37年的统治后寿终正寝，在他的皇后、子女及其亲属的陪伴下去世，[2]成功地"引领国家的航船安全地穿越了波涛汹涌的海洋"，把这个"受外族人嫉妒的城市"和"尊贵的御座"完整地传给了他的继承人。到他去世时，帝国已经控制了包括黑海和马尔马拉海边界、小亚细亚西部沿海地带以及托罗斯山南部在内的广大领土。他尽管没有恢复帝

---

[1] *The Alexiad of Anna Comnena*, pp. 487 - 488, p. 254 and 325; pp. 260 - 261; p. 141, 224, 232, 299, 341, 360, 279, 282 and 288, pp. 201 - 203, 213 - 216 and 336 - 337; pp. 172 - 173; p. 224, 241 and 306.
[2] 在拜占庭帝国千余年的历史进程中，近百位皇帝在位。统治时间最长的达50年，最短的仅几个月，其中只有八位皇帝的在位时间超过了30年。可见，对于帝国的皇帝而言，即使在太平稳定的时期，37年也是很长的统治年限，更不用说阿莱克修斯在国内外危机几乎持续不断的时代了。陈志强：《拜占庭皇帝继承制特点研究》，《中国社会科学》1999年第1期，第180页；陈志强：《拜占廷帝国史》，第322页。

国在黄金时代的巨大领土面积和相对安全的状态,但在一定程度上重新树立了帝国的威望和影响力,使其再度成为东地中海地区居统治地位的强国。① 不可否认,阿莱克修斯一世结束了拜占庭帝国近半个世纪的混乱局面,为帝国大厦提供了新的柱石支撑。但就像奥斯特洛格尔斯基所评论的那样,他的重建政策只取得了暂时和表面的成功,因为他所面临的现实情况与早期的拜占庭帝国不同。那时帝国尚未开发的内部资源能够为政治、文化和社会的复兴奠定深厚的物质基础,使统治者有可能制定长期的建国政策,并在对外战争中保住帝国最重要的小亚细亚地区。而阿莱克修斯一世统治下的帝国,情况则非常不同,随着小亚细亚地区的沦陷,国家的内部资源已经遭到严重消耗,前几个世纪赖以维持国家实力的军事体制也已瓦解。内政方面,尽管"普洛尼亚"地产制度不同于西方社会的封土,没有带来封君封臣式的封建制社会结构,但是这一制度的推广无疑是对大地产贵族强大经济势力的一种默认,并与他们的政治特权得到制度上的保证相得益彰,原本属于国家的税收被贵族截留,从而造成了"富裕的社会,贫穷的国家"。他将当时势力最强大的家族拉拢进统治集团,在巩固皇位的同时,也给中央集权的专制君主制度嵌入了强大的潜在威胁和制约因素,为帝国晚期皇室家族内部激烈的皇权争斗埋下了伏笔。另外,阿莱克修斯一世对帝国领土的收复仅限于小亚细亚的沿海地区,并为十字军东侵提供了借口,且未能阻止十字军公国的建立。可见,阿莱克修斯一世统治下的帝国"复兴"并非建立在内部资源潜力的开发和政治深层矛盾的克服基础之上,而只是皇帝精明的权宜之计,其人为硬性催生出的政策虽然一时缓解了危机,但恶劣的结果将留给其后人,②个别学者对其赞誉的"帝国中兴"虽在一定程度上延缓了帝国晚期衰落的步伐,但最终未能从根本上解决帝国存在的矛盾,更不能使其避免走向灭亡的命运。值得再次提出的是他的贵族体制改革将拜占庭帝国的国家政治转变为科穆宁王朝的家族政治,从帝国国家的天下变为科穆宁家族的"家天下",从这一角度看,他的改革加速注定了帝国最终的灭亡。

---

① Michael Angold, *The Byzantine Empire, (1025-1204): A Political History*, p. 149.
② [南斯拉夫]乔治·奥斯特洛格尔斯基:《拜占廷帝国》,第303页。

第三节

约翰二世（John Ⅱ）

1118—1143 年在位

约翰二世（John Ⅱ, Ἰωάννης Κομνηνός, 生于 1087 年 9 月 13 日，卒于 1143 年 4 月 8 日）是科穆宁王朝的第三位皇帝，因长相俊美被称为"美男子"或"好人约翰"，1118 年 8 月 15 日至 1143 年 4 月 8 日在位近 25 年。

约翰二世是科穆宁王朝皇帝阿莱克修斯一世和皇后伊琳妮·杜卡娜的第三个孩子，也是长子，1087 年 9 月 13 日出生在君士坦丁堡的皇宫紫色产房。① 根据他的姐姐安娜·科穆宁娜的记载，由于前两个孩子都是公主，约翰二世的出生在当时成为举国同庆的重大事件。"在第二个女儿出生后，皇帝和皇后渴望生个儿子并为此祈祷。在第 11 个财政税收年，他们终于如愿以偿，生了一个儿子。这是让人喜出望外的重大事件。所有人都与他们的统治者同乐，每个人都很高兴。当时的皇宫成了一个充满幸福的地方，此时到处洋溢着欢乐。"② 1092 年 9 月 1 日，5 岁的约翰在著名的上帝大教堂被赐予神圣的洗礼仪式并被加冕为共治皇帝。但他的登基并不顺利，遭遇姐姐安娜的激烈竞争。

阿莱克修斯一世在重病期间，曾把政府管理权委托给皇后伊琳妮，后者则将立法权和司法权转交给了女婿布里恩纽斯。③ 约翰意识到事态的严重性甚为忧虑，便去拜访已向他宣誓效忠，支持他加冕称帝的人。为此，伊琳妮将他囚禁，禁止任何人前去探望并对他进行严密监视。④ 她还不断劝说病中的丈夫改立女婿布里恩纽斯为皇位继承人，但她的劝说无果而终。⑤ 约翰·仲纳拉斯（John Zonaras）关于阿莱克修斯一世对此事反应的记载模棱两可，说皇帝还瞒着皇后伊琳妮，偷偷地把皇帝戒指给了约翰。有人怀疑，是不是约翰强行取走了戒指呢？事实

---

① *The Alexiad of Anna Comnena*, Ⅷ, p. 197.
② *The Alexiad of Anna Comnena*, Ⅷ, p. 197.
③ John Zonaras, *Epitome Historiarum*, Vol. 3, ed. by M. Büttner-Wobst, p. 754.
④ John Zonaras, *Epitome Historiarum*, Vol. 3, ed. by M. Büttner-Wobst, pp. 747 - 749.
⑤ John Zonaras, *Epitome Historiarum*, Vol. 3, ed. by M. Büttner-Wobst, pp. 761 - 762.

上，如果后者真的这样做了，鉴于当时约翰的身体状况，阿莱克修斯一世肯定也无力阻止，因为前者当时已年满 30 岁了，但约翰似乎没有理由这样做。1118 年秋天，阿莱克修斯一世病亡，31 岁的约翰二世登基称帝，但他在位尚不到一年，便发生了试图将其罢黜的阴谋叛乱。据说，当约翰二世在非罗帕提昂（Philopation）扎营时，叛乱者聚集在安娜的丈夫布里恩纽斯的身边，打算在晚上刺杀约翰二世。他们已经贿赂了守门人，但因为布里恩纽斯行动迟缓，叛乱最终失败。[1] 仲纳拉斯则认为是安娜试图召集一支军队推翻约翰的统治，由于布里恩纽斯拒绝参加，叛乱才以失败告终。

约翰二世在 1104 年迎娶了匈牙利国王拉兹洛一世（Laszlo I，1077—1095 在位）的女儿皮罗斯卡（1088—1134）公主，后改名为伊琳妮，联姻的目的是为了拿回科洛曼担任匈牙利国王时拜占庭帝国失去的领土。伊琳妮非常虔诚，一心养育儿女，在政治上基本没有影响，共生育了八个子女。1143 年 4 月 8 日，约翰二世在西里西亚托罗斯山区狩猎时，意外身中毒箭，因败血症去世。还有一种说法是，约翰被其军中对他进攻安条克不满的拉丁裔士兵密谋刺杀，他们希望其亲西方的儿子曼努埃尔继承皇位。金纳莫斯（John Cinnamus，约 1143—1203 年）在著作中详细地记载了约翰二世中毒身亡的经过。[2]

约翰二世统治帝国 25 年，内政外交成就显著。他在巴尔干半岛击败了帕臣涅格人等入侵者，在南意大利遏制了诺曼人的进一步扩张，并且成功扭转了东部战线的局势，稳定了当时混乱的边境形势，在其统治期间，拜占庭帝国的人口曾经达到了上千万，被誉为帝国最伟大的皇帝之一。[3] 他的统治温和宽厚，极少实行伤残肢体等残暴酷刑，赢得了臣民的高度称赞和拥戴。

约翰二世的内政治理主要体现在四个方面。

---

[1] Niketas Choniates, *O City of Byzantium, Annals of Niketas Choniatēs*, trans. H. J. Magoulias, Detroit: Wayne State University Press, 1984, p.8. Nicetae Choniatae, *Historia*, ed. J. van Dieten [Corpus Fontium Historiae Byzantinae 11], Berlin: De Gruyter, 1975, TLG, No. 3094001.

[2] John Cinnamus, *The Deeds of John and Manuel Comnenus*, trans. C. M. Brand, New York: Columbia University Press, 1976, pp. 27-29; Ioannis Cinnami, *Epitome rerum ab Ioanne et Alexio Comnenis Gestarum*, ed. A. Meineke, [Corpus Scriptorum Historiae Byzantinae 13] Bonn: Weber, 1836, TLG, No. 3020001. R. Browning, "The Death of John II Comnenus", *Byzantion*, 31(1961), p. 229.

[3] Niketas Choniates, *O City of Byzantium, Annals of Niketas Choniatēs*, p. 27.

一是削弱皇室家族的势力。约翰二世的父亲阿莱克修斯一世统治的一个重要特点,就是将军政大权赋予皇室家族及与之有血缘或婚姻关系的贵族,任人唯亲,倚重皇家贵族进行统治。阿莱克修斯一世的家族统治曾使他不仅成功挫败了国内连接不断的政治叛乱,巩固了尚不稳定的皇位,并且取得了对外战争的重大胜利,他能够在频繁的政治叛乱中稳坐皇帝宝座,直至寿终正寝,他的家族及其亲属的支持和忠诚起到了相当大的作用。但从长远看,依靠家族进行统治的政治遗产加剧了皇室家族成员之间争夺帝位的斗争,从而最终削弱了中央集权和皇帝的权力。阿莱克修斯一世去世后,皇室家族成员之间随即出现的对皇权的激烈争夺便是其统治模式局限性的明显体现。其实在其统治末期,家族成员的争吵就已经成为宫廷生活中的家常便饭,科穆宁家族的新一代因为继承权问题而分裂,大大削弱了家族的内部团结。他的长女安娜公主试图推翻皇位继承人即她的弟弟约翰二世的阴谋叛乱,则把潜藏的内部矛盾公开化。可见,权力集中在皇室家族及其亲戚手中,本身具有很多弊端,当家族的不同分支力图维持和扩大自己的利益和特权时,便可能引发家族内部激烈的权力斗争,皇帝最危险的竞争者往往来自与他关系最亲密的家族成员。这成为阿莱克修斯一世的后继者们必须面对的其统治政策留下的难以解决的一个顽症。[1]

从总体上看,约翰二世基本上继承了父亲的内政政策,在其统治期间,皇帝家族及其亲属仍旧掌握军事要职和部分行政要职。例如,他任命自己的弟弟伊萨克·科穆宁为首席大贵族,让他享有共治皇帝的荣耀,[2]重用他的叔叔伊萨克·科穆宁的儿子阿得里安·科穆宁,后者陪同他参加了1138年的战役,后来被任命为保加利亚大主教。他还将约翰·科穆宁任命为宫廷卫士长(parakoimomenos)。[3] 但他登基时的经历和成为皇帝后家族成员的阴谋叛乱,对约翰二世的执政方式带来了一定影响,他不允许皇室成员干涉政治事务,而是将大部分行政管理权赋予皇族圈子以外的人,例如普扎的约翰(John of Poutze)和斯蒂芬·迈勒斯(Stephen Meles)。这

---

[1] 李秀玲:《论阿莱克修斯一世的政治体制改革》,《史学集刊》2006年第6期,第81—86页。
[2] 他后来试图夺取皇位,失败后逃到达尼什门德王朝的埃米尔国避难。
[3] 宫廷卫士长是睡在皇帝身边的人,是授予宦官的最高职位,享有很高的地位。A. P. Kazhdan ed., *The Oxford Dictionary of Byzantium*, vol. 3, p. 1584.

方面的典型事例体现在他对待大姐安娜·科穆宁娜的态度上面。后者试图夺取皇权的叛乱败露后，虽然没有遭到伤残或鞭打的惩罚，但被囚禁到塞奥托克斯·塞查里托米尼（Theotokos Cecharitomene）修女院，在此幽居了30多年。据记载，当时"安娜的各种财物全被收集在一个房间里，约翰二世站在那里，盯着它们说，'对我而言，事情的常规已经颠倒！亲友变成了敌人，陌生人变成了朋友，我应该将这些财物交给我的朋友们。'他命令军队总司令带走它们。后者对他的慷慨深表感谢，却说道，'即使您的姐姐采用了完全不正当的手段，付诸了暴力形式，但她并没有断绝与家族的血缘关系，经过悔改，她会恢复对您的爱。所以请陛下宽恕她，用您的仁慈感化她，归还她的财物。因为作为父亲留给后代的遗产，她更有资格拥有它们。'"约翰二世被说服，如数归还了安娜的所有财产。① 皇帝严禁她以前的朋友尤其是社会上层贵族造访她。② 但她的丈夫布里恩纽斯由于拒绝参加叛乱，一直对约翰二世保持忠诚，因此受到重用，曾陪同约翰二世进行叙利亚战争，先后转战西里西亚（Silesia）、帕弗里亚、里迪亚（Lydia）和比提尼亚（Bithynia）等地。③

约翰二世完全信任自己任命的官员，采取"疑人不用用人不疑"的原则，因此他们往往凭借自己的能力得到选拔晋升，而不是因为与皇室家族及其亲属的关系，在一定程度上改变其父皇在位时任人唯亲的政策。他指定了父亲以前的许多仆从担任高官，例如，尤斯塔修斯·卡米泽斯（Eustathius Kamytzes）、米哈利泽斯·斯提皮奥特斯（Michaelitzes Styppeiotes）和乔治·德卡诺斯（George Dekanos），这些人在阿莱克修斯一世统治晚期、约翰的母亲伊琳妮把持朝政的那段时间，都在政治上受到排挤。约翰二世自己也培养了许多优秀人才，其中包括格里高利·塔罗尼特斯（Gregory Taronites）、曼努埃尔·阿奈马斯（Manuel Anemas）和塞奥多利·瓦塔泽斯（Theodore Vatatzes），他们中的后两位还成了他的义子。

约翰二世对家族以外的人的重用，最典型的例子是约翰·阿克苏齐（John

---

① J. Howard-Johnston, "Anna Komnene and the *Alexiad*", in M. Mullet and D. Smythe, *Alexios I Komnenos, I: Papers*, p. 264.
② *The Alexiad of Anna Comnena*, XIV, pp. 460–461.
③ *The Alexiad of Anna Comnena*, XIV, p. 20.

Axouchos),他是他唯一的挚友,也是他最亲近的顾问。阿克苏齐原本是一个突厥人,尼西亚城被攻破时他还是一个孩子,被俘后作为礼物献给了阿莱克修斯一世。后者认为他会是儿子的一位好伙伴,所以阿克苏齐从小与约翰一起在帝国的宫廷中长大。约翰继位后,他被任命为拜占庭海军总司令"大康斯特布尔"(grand domestics)。阿克苏齐的权力很大,皇室成员见到他时,都必须下马行礼。[1] 这一点也体现了约翰二世对待家族成员的不信任态度。曼努埃尔一世统治早期,他还成了帝国内政的首席管理者并掌管"国玺",这个非正式的职位相当于首相。虽然约翰二世不再完全依赖和信任皇亲国戚,但他的统治与父亲的统治仍旧存在许多相似之处。例如,对宗教的虔诚和严肃的政治操守。他将阿莱克修斯一世的许多政务建议以诗歌的形式收集在《歌集》(Mousai)中。这本书的诗句是父皇为了告诫约翰而写的,书中劝诫他治理国家最重要的是维护公平正义并保持财政充盈。这说明父亲的执政风格一直对他产生影响。

二是军事上,约翰二世将海军的管理权收归中央,并进一步拓展了父亲的军事成就。他下令国库负责海军的供给,包括船只的日常维护和船员的日常开销,之前这些都由相关军区负责。但他在海军的建设方面几乎毫无建树,帝国的海军力量在其统治期间仍旧维持其父时期的水平,比较薄弱,以至于威尼斯人袭击帝国的岛屿时,帝国舰队根本无力抵抗,他被迫再次恢复了威尼斯人的商业特权。他听信税收官员普扎的约翰的谗言,将用来建造舰队的资金挪作他用,只有在急需舰队的时候才拨款,任由舰队自生自灭。[2] 在军队的构成方面,在阿莱克修斯一世时期起过重要作用的军团在约翰二世统治期间不再发挥作用,例如,不朽军(Immortals)和"英豪后裔军团"(archontopouloi)在阿莱克修斯一世去世后就取消了,前者是阿莱克修斯一世在位时重用的精锐骑兵。后者是阿莱克修斯一世亲自指挥的老兵之子御林军,一度成为拜占庭军队的核心力量。[3] 唯一保留下来的是瓦兰吉亚人卫兵,这支卫队在1122年的贝罗亚(Beroia)战役中发挥了关键作用。约翰统治时期,雇佣兵仍旧是帝国军队的重要组成部分,他们包括意大利人、法兰

---

[1] Niketas Choniates, *O City of Byzantium*, *Annals of Niketas Choniatēs*, pp. 8 – 9.
[2] Niketas Choniates, *O City of Byzantium*, *Annals of Niketas Choniatēs*, pp. 32 – 33.
[3] Anna Comnena, *The Alexiad of Anna Comnena*, pp. 231 – 232.

克人、德意志人、诺曼人、突厥人、格鲁吉亚人、帕臣涅格人等,但他们都是在拜占庭将领指挥和严格管辖下。1127 年,约翰二世在反击匈牙利人入侵的战争中,率领的军队中就有一支伦巴德人骑兵和突厥人的联合支队。①

三是进一步推行"普洛尼亚"制度。约翰的军事行动使得安纳托利亚西部的军事实力与经济得到了稳定的恢复,他在这些地区实行了"普洛尼亚"制度。他还重新建立了色雷斯军区(Thrakesion),其行政中心设在非拉铁非城,在这个军区以南,一个名为米拉萨和迈拉努迪昂(Mylasa and Melanoudion)的军区也被建立起来。

四是宗教事务方面。持续不断的战争几乎占据了约翰二世的大部分统治时间,他并不热衷于参与神学研究和教义辩论,而是把宗教事务交给君士坦丁堡牧首和教会人士处理。只有当宗教直接影响到帝国政治时,他才会参与其中,并且组织了东、西方教会间的许多神学辩论。他和皇后建造了许多教会建筑,包括君士坦丁堡著名的圣潘托克拉特(Christ Pantokrator)修道院,这个修道院包括三座教堂、图书馆和医院,其中圣米迦勒教堂作为科穆宁王朝和帕列奥列格王朝的皇家陵墓,后来约翰二世夫妇、约翰五世等多位皇帝和皇后都安葬于此。医院配有五所病房,向社会所有阶层的公众开放,被视为拜占庭帝国晚期在君士坦丁堡最重要和最富影响力的建筑之一。

约翰二世对帝国的有效治理,在外交上也非常突出。1122 年,拜占庭人摧毁了帕臣涅格人,1127—1129 年打败了塞尔维亚人和匈牙利人,1130—1140 年间在与安纳托利亚地区的突厥人战争中取得了一系列胜利,还与德意志帝国结盟,成功遏制诺曼人在南意大利的扩张,只是在与威尼斯的冲突中被迫妥协。② 在北部,阿莱克修斯一世曾击败帕臣涅格人、匈牙利人和塞尔维亚人,之后,帝国的巴尔干半岛免受游牧民族的侵扰长达 30 年之久。1122 年,一支新的游牧民族帕臣涅格人再次突破了帝国的多瑙河防线,蹂躏了马其顿和色雷斯地区,并且得到基辅大公的辅助。但这是这个民族最后一次入侵帝国。当帕臣涅格人突入色雷斯时,约翰二世率领军队包围了他们,在贝罗亚附近发动突袭,战斗进行得异常艰

---

① John Cinnamus, *The Deeds of John and Manuel Comnenus*, p. 18.
② A. P. Kazhdan ed., *The Oxford Dictionary of Byzantium*, vol. 1, p. 1046.

难,约翰二世的腿部中箭,直到勇猛的瓦兰吉亚人卫队加入战斗后,用单刃斧破了帕臣涅格人的车阵,拜占庭军队才大获全胜。① 这次战役之后,帕臣涅格人作为一个独立的民族不复存在,许多战俘被安置在边境上成为帝国的农兵,新成立的帕臣涅格人军团被编入帝国军队。② 为了纪念这次伟大的胜利,约翰二世专门设立了"帕臣涅格人节"。③

打败了帕臣涅格人之后,约翰二世着手解决塞尔维亚人和匈牙利人的问题。他与匈牙利公主的联姻给他提供了干涉匈牙利王国内政的机会。匈牙利国王斯蒂芬二世(Stephen Ⅱ,1114—1131 在位)在位期间,约翰二世为斯蒂芬的弟弟阿尔莫斯(Álmos)提供庇护。这件事引起匈牙利人的不满,为了报复,1127 年至 1129 年间,斯蒂芬二世率领匈牙利军队入侵拜占庭的巴尔干地区,攻占了帝国在多瑙河沿岸的军事要塞贝尔格莱德和布兰尼切沃(Braničevo)。约翰二世的军队在多瑙河舰队的支援下在色雷斯的菲利普波利斯附近展开反攻,最终在哈拉姆(Haram)成功击败匈牙利人及其塞尔维亚人的盟军。此后,匈牙利人进攻布兰尼齐沃,再次挑起战事。经过多次较量之后,匈牙利人被迫屈服。1127 年,匈牙利王国继承人阿尔莫斯去世,两国之间的严重分歧才随之消除,缔结了和平条约。与塞尔维亚人的战争发生在与匈牙利人战争之间。约翰对塞尔维亚人进行了一次突袭,缴获了大量战利品和战俘,并将许多战俘集合起来运送到小亚细亚的尼科米底(Nicomedia)作为军事移民,有些则编入军队。这一举措一方面报复了他们与匈牙利人联合对抗帝国的行为,另一方面也加强了帝国在东部边境抵御突厥人的力量,迫使塞尔维亚人再次承认了拜占庭帝国的宗主权。

在西部,约翰二世对西方外交政策的核心是与德意志帝国结盟,对抗南意大利的诺曼人。罗杰二世(Roger Ⅱ,1130—1154 年在位)统一了西西里和阿普利亚后,1130 年在巴勒莫(Palermo)加冕称王。诺曼人在南意大利的扩张,对拜占庭帝国造成了巨大的威胁。为此,约翰二世先后与德意志帝国的皇帝洛泰尔二世(Lothair Ⅱ,1125—1137 在位)和康拉德三世(Conrad Ⅲ,1138—1152 在位)结盟,共同

---

① John Cinnamus, *The Deeds of John and Manuel Comnenus*, p. 16.
② Niketas Choniates, *O City of Byzantium, Annals of Niketas Choniatēs*, p. 11.
③ Niketas Choniates, *O City of Byzantium, Annals of Niketas Choniatēs*, p. 11.

对付诺曼人。洛泰尔二世在1136年入侵诺曼人的领地并向南一直推进到巴里。为了巩固双方的关系，康拉德三世将自己的小姨子苏尔茨巴赫的贝尔塔许配给了约翰二世的幼子曼努埃尔。同时，约翰二世以授予贸易特权作为交换条件，将比萨拉入反诺曼人的同盟。另一方面，约翰二世在与威尼斯人的较量中失利。他继位后，拒绝承认父亲阿莱克修斯一世在1082年与威尼斯共和国签订的条约，该条约慷慨给予威尼斯人在拜占庭帝国内独一无二的贸易特权，这些特权使他们不受帝国法律的约束，导致他们在与当地拜占庭人打交道的过程中越来越傲慢无礼。约翰二世试图废除这些特权。1126年，一个威尼斯人辱骂帝国皇室成员的事件引发了双方的冲突。约翰二世以此为借口试图废除威尼斯人的商业特权。作为报复，威尼斯人袭击了帝国的爱琴海沿岸地区，约翰二世则流放了在君士坦丁堡的威尼斯商人，焚烧了他们的居住区。威尼斯立即反击，派遣了一支由72艘舰船组成的威尼斯舰队洗劫了罗得岛、希俄斯岛、萨姆斯岛、莱斯博斯岛，并占领了爱奥尼亚海的凯法利尼亚岛（Cephalonia）。① 约翰最终被迫妥协，重新承认了1082年的条约。②

在东部，约翰二世统治早期，塞尔柱突厥人不断入侵帝国的小亚细亚东部边境，夺取了迈安德河谷上的军事要塞罗迪恺亚（Lodikeia），切断了安纳托利亚西南海岸城市安塔利亚（Antalya）附近的道路联系。因此，约翰二世登基后在东部的第一项军事行动就是夺取罗迪恺亚和索佐伯利斯（Sozopolis）。1119年至1120年间，为了收复这一地区，约翰二世采取了一系列军事行动，最终夺取了控制迈安德河谷通往安纳托利亚高原路线的索佐伯利斯，控制了安纳托利亚的西南部，③ 重新开通了帝国与安塔利亚之间的陆上联系。1130年，约翰二世从西方的事务中抽身出来后，便将全部精力投入到收复安纳托利亚地区上，集中精力缓和小亚细亚局势。他的目标非常明确，就是收复安条克和恢复幼发拉底河边界，并重新控制安纳托利亚高原。当时，罗姆苏丹国以伊科尼姆为中心，控制了高原的南半部分，丹尼斯蒙蒂德王朝（Danishmendids）的埃米尔国控制了高原的北半部分。1130

---

① John Cinnamus, *The Deeds of John and Manuel Comnenus*, p. 210.
② ［南斯拉夫］乔治·奥斯特洛格尔斯基:《拜占廷帝国》，第315页。
③ John Cinnamus, *The Deeds of John and Manuel Comnenus*, p. 15.

年代,丹尼斯蒙蒂德王朝的势力处于鼎盛时期,将边界扩张到了幼发拉底河和黑海沿岸,因此成为拜占庭帝国的最大威胁。1130年至1135年间,约翰二世与这个王朝进行了断断续续的战争,在他的大举进攻之下,突厥人暂停了在小亚细亚的扩张。之后,约翰二世准备主动进攻敌人。为了重新控制科穆宁家族的发祥地科斯塔莫(Castamon),他严密谋划了一系列战役,帝国在曼兹科特战役之后失去的许多地区都被重新收复并固守。但是有些地方反复易手,例如科斯塔莫,甚至约翰二世还在君士坦丁堡庆祝它光复时就被突厥人重新占领了。在约翰的坚持下,拜占庭在1134年再次占领了科斯塔莫、冈格拉(Gangra)等城市。

与丹尼斯蒙蒂德王朝的战争暂时告一段落之后,约翰二世将目光转向西里西亚和安条克。1137年春,他从西里西亚的小亚美尼亚(Little Armenia)王国手中夺取了塔尔苏斯(Tarsus)、阿达纳(Adana)、莫普苏埃斯提亚(Mopsuestia)等一系列军事要塞,小亚美尼亚国王鲁本一世(Ruben Ⅰ)与他的大部分家人被俘虏押解到君士坦丁堡,这为帝国打通了通往安条克公国的道路。同年,他迫使安条克的统治者普瓦蒂埃的雷蒙(Raymond of Poitiers)宣誓效忠,的黎波里伯爵雷蒙二世(Raymond Ⅱ of Tripoli)也向他表示臣服。1138年,约翰重新回到叙利亚,并在安条克举行凯旋入城仪式。1139年春,约翰二世与一群在桑格里斯河(Sangarios River)劫掠的突厥人发生遭遇战,取得了胜利,并通过驱散他们牲畜的方式切断了他们的生活来源。之后他率领军队沿着黑海南岸经过比提尼亚和帕夫拉果尼亚对抗丹尼斯蒙蒂德王朝的突厥人。随着君士坦丁·加布拉斯(Constantine Gabras)终结了在特拉比宗(Trebizond)的独立政权,查尔迪亚(Chaldia)所管辖的地区又重新回到了帝国的控制下。但约翰在从安条克向叙利亚内地推进的战事却遭遇了战败,未能在1140年夺取新凯撒里亚城,其包围战遭遇败绩。拜占庭军队战败的原因主要是天气而不是突厥人的强大,当时的天气非常糟糕,大量的军马死亡,粮食也严重短缺。1142年,安条克公爵撕毁与拜占庭帝国签署的协议,约翰二世决定再次讨伐安条克。为确保通过安塔利亚的交通线,他对科尼亚的塞尔柱人发动进攻,在确保了路线之后,为了收复安条克着手对叙利亚发动了新的远征。他发动突袭进入北叙利亚,强迫乔斯林交出人质作为臣服的保证,之后直指安条克及其卫城。但季节变化促使他决定率领军队在西里西亚过冬,来年重新进攻安条克。在重新做好进攻安条克的准备之后,约翰二世却不幸在一次狩猎时中箭身亡,征服计划也由此中断。

由此可见,约翰二世的军事战略意图非常明确。他基本上是在欧洲采取防御战略,例如,1123年阻击帕臣涅格人入侵的贝罗亚战役,1127年和1129年的匈牙利战役,都是为了巩固帝国的多瑙河防线和巴尔干边界。他在东部采取遏制和平衡战略,主要拉拢罗姆苏丹国打压迅速扩张的丹尼斯蒙蒂德王朝,保持安纳托利亚高原的均势。对于西里西亚和安条克,他则采取了直接进攻的军事征服,企图树立拜占庭帝国在小亚细亚地区的威严。在西部,他主要是与一切可能的力量结盟共同遏制诺曼人在南意大利的扩张。从总体上看,除了与威尼斯交战失利和没有实现对安条克的统治外,约翰二世的军事外交政策基本上是成功而富有成效的。

根据安娜的记载,约翰二世刚出生时皮肤黝黑,前额宽阔,脸颊瘦削,鼻子的形状介于扁平状和鹰钩状之间,黑色的眼睛透出活泼可爱的神情。① 尽管他相貌平平,但他却被后人誉为"美男子",这可能源于大姐对他的贬低和他的生活作风严谨及相对宽厚的统治。无论是当时人,还是后代人,对他的评价都很高。奥斯特洛格尔斯基认为约翰二世是一个明智谨慎、目标明确和精力充沛的皇帝,同时为人正直果敢、谦和温良,坚毅而富有原则性和责任感。② 约翰同时代作家约翰·金纳莫斯认为约翰二世是一个富有思想的伟大统治者。约翰·金纳莫斯是拜占庭12世纪的历史学家,其生平不详,据说曾担任曼努埃尔一世的秘书,参加过多次对外战争。他的著作《约翰和曼努埃尔功德纪》涉及帝国在1118—1176年的历史,在时间上接续了安娜的作品,内容重点叙述科穆宁王朝这两位皇帝的事迹,对他们的统治给予了很高的评价,是研究相关问题最重要的史料。③ 侯尼雅迪斯也提到约翰二世是一位声名显赫、备受臣民拥戴和尊重的皇帝。

---

① *The Alexiad of Anna Comnena*, VIII, p.197.
② [南斯拉夫]乔治·奥斯特洛格尔斯基:《拜占廷帝国》,第315页。
③ 作品的原始文本多有破损,书名为后人所加,现有英译本 John Cinnamus, *The Deeds of John and Manuel Comnenus*, trans. C. M. Brand, New York: Columbia University Press, 1976。陈志强:《拜占庭帝国史》,第38—39页。*The Alexiad of Anna Comnena*, XIV, p.448.

约翰二世的生活非常简朴,在日常生活中,以身作则,严格遵守道德规范,从不风流纵欲,这可能与其信仰虔诚有关。他无数次指挥军队保卫帝国,在战斗中表现出了很强的自制力和勇气。他任命官员坚持原则,他了解每一位官员的特点,并且对于自己任命的官员非常信任,所以与属下军政官员的关系很好。他严格管教家族成员的言谈举止,甚至检查他们的头发和鞋子,还整顿了皇宫中存在的一些不良现象,例如,觐见时的无聊谈话,在食物和服饰上面的肆意挥霍以及不利于健康生活的其他行为。他在公众面前举止高贵,当从公共事务中闲暇下来时,则竭力避开喧闹的人群。他的演讲风格严肃但不乏幽默风趣,并且不以任何方式压制批评者。他的统治温和宽厚,经常向首都居民派发金币,还建造了许多华丽的教堂,在整个统治期间,没有随意施加伤残肢体的残暴酷刑,从而深受臣民的拥戴和敬爱。[1] 另一方面,约翰二世每年发动有节制的战争,在战斗中注重围攻战而不是有风险的正面决战。他的军事外交活动保护了帝国核心区域,这个区域缺乏可靠边境防卫,他还重建了色雷斯军区,收复了小亚细亚地区被突厥人侵占的大量城镇和堡垒,使安纳托利亚西部的军事实力与经济逐渐得到稳定的恢复,从而恢复了东部的战略平衡,并适度扩张了帝国在小亚细亚的领土,突厥人被迫转向防御。在东南方,他设法控制了从迈安德河(Maeander River)以西至西里西亚和塔尔苏斯的所有道路,有力地展现出拜占庭帝国在基督教世界中的领导者地位。他还成为拜占庭与十字军联军的领导者,挺进穆斯林占据的叙利亚地区。同时,他通过与德意志帝国皇帝结盟对抗西西里的诺曼人,保持了帝国的外交优势。

从总体上讲,约翰二世留下了一个比继位之初时更强大的帝国,当他去世时,大片的领土被收复,不仅增强了帝国的军事防御,而且进一步扩大了帝国在东部和巴尔干地区的资源,使收复安纳托利亚中部以及重建幼发拉底河防线的目标成为可能,并极大地提升了拜占庭帝国的实力和影响力。因此,现代历史学家约翰·伯肯梅尔认为他的统治是科穆宁王朝中最成功的一部分。[2] 但是,约翰二世为了远征十字军公国耗费了巨大的精力和财力,其南下的战略目标并没有实现。

---

[1] Niketas Choniates, *O City of Byzantium, Annals of Niketas Choniatēs*, p. 27.
[2] J. W. Birkenmeier, *The Development of the Komnenian Army: 1081 -1180*.

安纳托利亚中部的突厥人、巴尔干的塞尔维亚人乃至黎凡特（Levant）的十字军国家屈服并承认拜占庭帝国的宗主权相对容易，但将这些附庸关系转化为帝国安全的屏障和缓冲区则非常棘手。这些问题最终都留给了他的继承人曼努埃尔一世。值得注意的是，约翰二世在其较长时间的统治期间，刻意纠正了其父亲"任人唯亲"的贵族官僚"路线"，调整了皇族与非皇族血亲贵族的关系，进而激发了军政人才的积极性，使他的内外政策得到落实。纵观拜占庭史，其帝国治理具有重新强化国家政治模式的特殊作用。

第四节

曼努埃尔一世（Manuel Ⅰ）

1143—1180 年在位

曼努埃尔一世（Manuel Ⅰ，Μανουήλ Κομνηνός，生于 1118 年 11 月 28 日，卒于 1180 年 9 月 24 日）是科穆宁王朝的第四位皇帝，1143 年 4 月即位，直到 1180 年 9 月 24 日因病去世，在位 37 年有余。

曼努埃尔一世是科穆宁王朝皇帝约翰二世和皇后匈牙利的伊琳妮的第四子，也是最小的儿子，于 1118 年 11 月 28 日出生。按照拜占庭的皇位继承制度，①曼努埃尔作为幼子完全没有登上皇位的可能。可以说他成为皇帝完全是一个意外。因为他有三个哥哥，如果他们都健在的话，继承大统本来是轮不到他的。他的父亲约翰二世最初在确定皇位继承人的时候效法惯例，在长子阿莱克修斯出生后，便将其立为共治皇帝，授予穿戴紫袍和红靴的特权，其他三个儿子则得到了大贵族的荣誉头衔。② 皇帝可能根本没有打算让曼努埃尔继承皇位，这在几件事情上体现得非常明显。一是 1137 年，约翰二世第一次远征西里西亚时，他想让曼努埃

---

① 长子继承、父死子继是拜占庭皇位继承的主要形式，也是成功率最高的形式。有关拜占庭皇位继承制度的详细内容，见陈志强：《拜占庭皇帝继承特点研究》，第 180—194 页。
② Niketas Choniates, *O City of Byzantium, Annals of Niketas Choniatēs*, p. 11.

尔迎娶安条克公国的公主;二是1142年,约翰二世第二次远征西里西亚时,他打算将西里西亚、安条克、安塔利亚以及塞浦路斯作为帝国领土的一部分授予曼努埃尔。很明显,约翰二世是想将这些地方组成一个依附于君士坦丁堡的君主国,让曼努埃尔做统治者。但不幸的是,在远征西里西亚的过程中,长子阿莱克修斯染病身亡,次子安德罗尼库斯在护送哥哥返回君士坦丁堡的途中,因为悲伤过度去世,三子伊萨克因为身体不适只能护送两位哥哥的遗体返回都城,只剩下曼努埃尔陪伴在约翰二世身边。后者于1143年4月8日意外身亡,临终前仓忙指定曼努埃尔为皇位继承人。据相关史料记载,曼努埃尔最终被选为继承人源于以下几个原因:一是他的性格比伊萨克更好,相对温顺柔和。二是他具有很强的军事才能,曾在1139年的新凯撒里亚战役中单枪匹马闯入敌阵,扭转了拜占庭军队所处的不利局面,给他的父亲留下了深刻印象。三是多种相关预兆影响了迷信的皇帝,据说曼努埃尔曾梦见圣母授予他紫色的靴子,而一位隐士在约翰二世面前布道时,恰好碰上了几位皇子,却只对曼努埃尔行了大礼,约翰二世问他何故如此,隐士说在他们所有人中,只有曼努埃尔将成为皇帝。[1] 这些说法显然是后来杜撰出来的,因为围绕曼努埃尔登基的故事很多,这位"低调"皇储的所作所为生动地显示出他的政治野心。

曼努埃尔当时远离君士坦丁堡,需要在西里西亚为父亲举行葬礼,还要按照拜占庭传统为此建立一座修道院。因此,为防止夜长梦多、确保到手的皇位,他提前派约翰·阿克苏齐提前返回都城秘密拘捕他的兄长伊萨克。他认为伊萨克是皇位最危险的潜在挑战者,因为按照皇位继承制度,年长的哥哥更有资格继承皇位,并且哥哥当时正居住在大皇宫,可以立即掌控皇帝登基的礼服与大量财富。约翰·阿克苏齐在约翰二世去世的消息传到都城之前便提前抵达京都,秘密拘押了伊萨克,挫败了曼努埃尔的姐夫约翰·罗杰的篡位阴谋,并用每年200磅银币的封赏收买了圣索菲亚大教堂的牧首,从而确保了都城对曼努埃尔的忠诚,为其顺利进入都城铺平了道路。曼努埃尔在8月份返回君士坦丁堡,随后由牧首米哈伊尔·库尔库阿斯(Michael Kourkouas)为他加冕。在确保皇位稳固后,曼努埃尔

---

[1] John Cinnamus, *The Deeds of John and Manuel Comnenus*, pp. 26 – 27.

下令释放了伊萨克,并与之和解,然后下令赠予君士坦丁堡每位户主两枚金币,还向教会捐赠了 200 磅黄金。但是曼努埃尔在位期间危机常在,其皇位一直遭到皇室家族成员的挑战,这些人包括他的哥哥、叔叔、姐夫、侄子、堂弟等。1143 年,他的姐夫约翰·罗杰在一些诺曼人的支持下试图篡位,终因曼努埃尔的姐姐玛丽亚·科穆宁娜的告发,叛乱才以失败告终。1146 年曼努埃尔第一次远征科尼亚期间,曾一度深陷突厥人重围,他的叔父伊萨克乘机出现在军营,试图篡位。[①] 他的堂弟安德罗尼库斯在其统治期间也不断制造麻烦,并最终为了皇位成为杀害其家人的罪魁祸首。[②]

曼努埃尔一生经历了两次婚姻,第一任妻子是来自德意志的苏尔茨巴赫的贝塔,婚姻持续了 14 年(1146—1160),直到她去世。这次婚姻留下了两个女儿,次女 4 岁夭折,只剩下了长女玛丽亚。[③] 1165 年末,为了打消安德罗尼库斯觊觎皇位的企图,曼努埃尔曾确立玛丽亚和她的丈夫即匈牙利王子贝拉为皇位继承人。[④] 事情后来的发展证明,这只是稳定国内秩序和破解外交困境的无奈之举,因为在此之前的 1161 年,鳏夫皇帝再次结婚,新娘是安条克公爵雷蒙的女儿玛丽亚,1169 年他们的儿子阿莱克修斯出生,随后便被确立为皇位继承人,贝拉的梦想因此落空。

曼努埃尔一世继位时,面临的内外形势非常严峻。身为幼子继位,其皇位一直遭到皇室家族成员的挑战,他同时要应对安条克的反叛、罗姆苏丹国的挑衅、第二次十字军战争、西西里诺曼人对帝国西部沿海地区的劫掠等。为此,他采取了积极有效的内政外交政策。

首先,他继续保持阿莱克修斯推行的家族统治改革措施,将中央和地方官僚机构的重要职位委任给皇室家族成员及与之联姻的家族成员。1163 年,为了提高女婿贝拉在帝国荣誉头衔等级中的地位,曼努埃尔一世专门创立了专制君主(despotes)的头衔,其地位仅次于皇帝,后来这一头衔被专门用来授予在位皇帝的

---

① John Cinnamus, *The Deeds of John and Manuel Comnenus*, pp. 37 - 38, p. 49.
② Niketas Choniates, *O City of Byzantium, Annals of Niketas Choniatēs*, p. 65.
③ John Cinnamus, *The Deeds of John and Manuel Comnenus*, p. 154.
④ Niketas Choniates, *O City of Byzantium, Annals of Niketas Choniatēs*, p. 78.

儿子或者女婿。他将大贵族的头衔授予自己的侄子约翰·科穆宁。① 他将贵族（Sebastos）头衔大量授予与皇室家族有婚姻关系的家族成员，例如，他的侄女婿瓦西里·齐康代利斯就得到了贵族头衔，并在多次战役中被委以重任。② 娶了他的女性亲戚的安德罗尼库斯·兰帕达斯（Andronicus Lapadas）也被授予了这一头衔。曼努埃尔一世的堂弟安德罗尼库斯·科穆宁曾担任西里西亚总督和布兰尼切沃总督，他的姑父君士坦丁·安吉列（Constantine Angeli）担任帝国舰队总司令，③他的侄女婿约翰·坎塔库震努斯（John Cantacuzenus）是帝国重要的军事将领，曾与皇帝在1150年的塔拉河（Tala River）战役中一起追击匈牙利军队司令。④ 他的姐夫斯蒂芬·康托斯蒂法诺斯（Stephen Contostephanos）曾担任海军司令，围攻科基拉岛（Kerkyra），⑤他的外甥安德罗尼库斯·康托斯蒂法诺斯（Andronicus Contostephanus）则担任1169年远征埃及的统帅。⑥ 总之，曼努埃尔统治下的拜占庭帝国再度恢复了阿莱克修斯一世的"家天下"特征。

其次，他继续推行普洛尼亚地产制度。曼努埃尔一世在位期间，试图继续推行前任皇帝在全新的基础上建立的军役地产，并广泛普及普洛尼亚地产制度。他将塞尔维亚人士兵安置在帝国的塞尔迪卡地区和其他地方，利用10 000名匈牙利战俘充当帝国的农兵。⑦ 同时，为了满足急剧增长的军事需求，他还极大地扩展了普洛尼亚地产制度，通过授予大贵族地产换取他们的服役义务，从而进一步促进了大地产的发展。1158年3月，曼努埃尔一世颁布黄金诏书，规定地产只能转交给元老院成员或者将军，后者则在得到土地后向国家提供军役。⑧ 此外，由于国家资源无法为全部军队提供军粮和其他军需，他便指示各地军队自行从民众那里解决军事需要，因此地方民众遭到军队的残酷盘剥，服军役成为最有利可图

---

① 据说约翰·科穆宁深受曼努埃尔一世的器重，曾担任圣装伯爵，专门负责皇帝的衣橱和相关财物。曼努埃尔一世经常带着他一起出征，曾任命他为塞浦路斯总督。John Cinnamus, *The Deeds of John and Manuel Comnenus*, p.99.
② John Cinnamus, *The Deeds of John and Manuel Comnenus*, p. 51, 62, 65, and104.
③ John Cinnamus, *The Deeds of John and Manuel Comnenus*, pp. 95 – 96.
④ Niketas Choniates, *O City of Byzantium, Annals of Niketas Choniatēs*, p. 54.
⑤ John Cinnamus, *The Deeds of John and Manuel Comnenus*, p. 76.
⑥ John Cinnamus, *The Deeds of John and Manuel Comnenus*, pp. 208 – 209.
⑦ John Cinnamus, *The Deeds of John and Manuel Comnenus*, p. 103 and 120.
⑧ [南斯拉夫]乔治·奥斯特洛格尔斯基：《拜占廷帝国》，第325页。

的职业。① 国家不断增加税收,包税人横征暴敛,许多农民为了逃税自愿出售人身自由,为势力强大的领主服役,以寻求庇护。曼努埃尔一世颁布法令,试图遏制这一趋势,但随着大地产的增长和农民丧失迁徙自由并沦为农奴,当时的发展趋势已经不可逆转,并最终削弱了中央集权制的积极基础和帝国的综合实力。

再次,他加强军队构成多样化,恢复海军建设。科穆宁王朝时期的军队包括都城卫戍部队、从地方行省招募的部队和雇佣兵,基本上形成了以本土士兵为主、雇佣兵为辅的结构。其中都城最重要的卫戍部队是瓦兰吉亚卫队,曼努埃尔一世在位期间,他们主要是由英格兰人构成的重装骑兵,起源于瓦西里二世在988年从基辅大公弗拉基米尔那里得到的6000名罗斯武士,帕臣涅格人和库曼人崛起之后,北方的道路逐渐阻塞,他们便留在了拜占庭首都,1066年的诺曼征服导致大批盎格鲁-撒克逊人逃离英国来到拜占庭帝国,加入瓦兰吉亚卫队并逐渐取代了原先的罗斯人。属于帝国宫廷的精英军团,武器精良,多为长矛和单刃斧,负责保护皇帝的人身安危。他们作战勇猛,在许多战役中发挥了重要作用,例如1148年参加了攻打克尔基拉岛的战役,1159年护送曼努埃尔一世攻入安条克城,1167年参加了著名的塞姆林战役(battle of Semlin)等,都在关键时刻力保皇帝安全。②

为加强地方行省部队,曼努埃尔一世分别从色雷斯、马其顿、塞萨洛尼基、尼科米底等地区招募士兵。这一时期的雇佣兵主要来自西方的意大利人、德意志人、法兰克人、诺曼人以及来自东方的突厥人、阿兰人和格鲁吉亚人。西方的雇佣兵是重装骑兵,作为突击部队使用,东方的雇佣兵是轻装骑兵,主要作为弓弩骑兵使用,担负侦查、奇袭的任务。例如,1147年至1148年间,第二次十字军途经君士坦丁堡时,曼努埃尔一世通过贿赂的方式将康拉德三世军队中的一些士兵招募进帝国军队。③ 1149年他在攻占科基拉岛后,一些诺曼人士兵投靠了他,他在城中部署的守军则由德意志人士兵组成。格鲁吉亚人和阿兰人也参加了意大利战役和1177年的迈尔德河谷(River of Meld)战役。参加1167年塞姆林战役的雇佣兵

---

① Niketas Choniates, *O City of Byzantium, Annals of Niketas Choniatēs*, p. 272.
② John Cinnamus, *The Deeds of John and Manuel Comnenus*, p. 79, 143 and 203.
③ John Cinnamus, *The Deeds of John and Manuel Comnenus*, p. 67.

包括库曼人、突厥人、德意志人、意大利人和塞尔维亚人。① 据现代学者估计,参加此次战役的雇佣兵数量占到拜占庭军队总兵力的三分之一,②帝国对他们的倚重程度可见一斑。尽管军队构成呈现多样化,但其战斗力比 11 世纪末的兵力有了很大提升,这在一系列的辉煌战绩中得到证明。但是,大量使用雇佣兵也产生了负面效果,拜占庭帝国逐步趋向重文轻武的倾向,而雇佣兵则日益壮大,脱离拜占庭军事将领的控制,最终造成了拜占庭军队的瓦解。

另一方面,这一时期拜占庭帝国的海军实力在一定程度上得到了恢复。科穆宁王朝早期的几个皇帝统治期间,海军在对外战争中一直起着辅助作用,帝国的惯常策略是与威尼斯、比萨、热那亚等海上强国结盟,借助他们的海军实力。曼努埃尔一世在位期间,加强了海军建设,部分地恢复了海军实力,它们参与了多次战争并发挥了相比前两位皇帝在位时更重要的作用。③ 参战的船只数量不断增加,也体现了海军实力的增强。但是,从总体上看,海军的主要作用仍旧是运输军队、武器装备和补给,辅助陆军作战,而一般很少独立作战。例如,1147 年至 1148 年,诺曼人舰队侵入爱琴海,洗劫了科林斯(Corinth)、优卑亚(Euboea)和底比斯等商业城市,并占领了科孚岛(Corfu)。曼努埃尔一世为此"准备了一支超过 500 艘三列桨战船的舰队,以及几千艘马匹运输船和补给船"④,但仍旧需要以商业特权作为交换条件,请求威尼斯的援助。1149 年夏,联盟舰队在帝国海军将领斯蒂芬·康托斯蒂法诺斯的指挥下在科孚岛战役中取得胜利,其间还重创了西西里的罗杰二世派出的侵入爱琴海的舰队。1171 年,威尼斯舰队围攻尤里波斯、希俄斯岛时,拜占庭守军在海军的帮助下成功将其击退。但在 1155 年至 1156 年间的意大利战役中以及与耶路撒冷王国联合进攻埃及的远征中,⑤海军都没有起到重要的作用。

---

① John Cinnamus, *The Deeds of John and Manuel Comnenus*, p. 203.
② J. W. Birkenmeier, *The Development of the Komnenian Army: 1081 – 1180*, p. 162.
③ 如 1143 年对安条克的沿海地区进行清剿;1148 年参与科孚岛战役;1165 年与匈牙利海军在多瑙河上交战;1171 年与威尼斯舰队交战;1168 年和 1176 年两次远征埃及;1155 年至 1156 年参与意大利战役。John Cinnamus, *The Deeds of John and Manuel Comnenus*, p. 76, 208 and 224.
④ J. W. Birkenmeier, *The Development of the Komnenian Army: 1081 – 1180*, p. 76.
⑤ 据称帝国派出了 200 艘长船,包括 150 艘战舰、60 艘马匹运输船和 10 至 20 艘补给船。见 Niketas Choniates, *O City of Byzantium, Annals of Niketas Choniatēs*, p. 91.

最后,曼努埃尔一世积极促成东、西两大教会合并。他一直梦想着恢复罗马大帝国,所以企图使东正教与天主教会重新合并。教宗阿德里安四世(Adrian Ⅳ)对此也非常感兴趣,想借此增加对东正教教徒的影响力。1155年拜占庭军队攻占了南意大利的许多城镇之后,曼努埃尔一世为阿德里安四世提供了一大笔钱,既为其守城军队提供给养,同时协助他驱逐西西里的威廉,条件是教宗将三座沿海城市交给拜占庭所有。他还承诺支付给教宗和罗马教廷5000磅黄金。谈判结束后,双方缔结同盟。意大利战争结束后,在教廷与弗雷德里克一世(Frederick Ⅰ Barbarossa,1152—1190年在位)斗争期间,曼努埃尔一世极力唆使阿德里安四世促成东、西方教会合并。尽管后者表达了对教会合并的热切希望,也希望延长与拜占庭的联盟以对抗各种势力,但他和他的继任者们也要求所有基督徒认同他们在宗教上的最高权威,并且希望这种威望超越拜占庭皇帝,因为他们也不希望完全依附于皇帝或是其他人。另一方面,曼努埃尔一世希望得到对他在东西方世俗世界至高无上权威的宗教认可。但很显然,这些条件任何一方都不能接受。尽管曼努埃尔一世为了东、西方教会的重新合并分别在1167年和1169年两次向教宗亚历山大三世派出使者,但后者以教会联合将带来的麻烦为由拒绝了他的提议,而且曼努埃尔一世从未被教宗们授予"奥古斯都"的头衔。两大教会最终还是保持了分裂状态。

曼努埃尔一世对外方面很有抱负,为了复兴拜占庭帝国在东地中海世界的强国地位,采取了雄心勃勃的对外政策。他在第二次十字军出征期间,帮助他们顺利通过帝国领土,使帝国避开了十字军带来的威胁,他借此迫使匈牙利和十字军诸国承认了帝国的霸权。他还对帝国东、西面的邻国持续发动富有侵略性的战争,从而成功重塑帝国在巴尔干半岛和东地中海地区的强国形象。但米里奥塞发隆(Meriocephalon)战役的失败结束了他在东部地区的成就,尽管拜占庭军队挽回了损失并且与苏丹基利杰·阿尔斯兰二世(Kilij Arslan Ⅱ,1156—1192年在位)缔结了一份对帝国有利的和约,然而这次战役最终表明,帝国试图从突厥人手中收复安纳托利亚地区的努力没有成功。

首先,曼努埃尔一世设法降服十字军公国,并远征安条克、罗姆苏丹国和埃及。他在西里西亚登基时,安条克公爵雷蒙就要求拜占庭人将西里西亚还给安条克,曼努埃尔返回君士坦丁堡巩固了皇位之后,于1144年派遣一支水路大军讨伐安条克。远征军所向披靡,在很短的时间内就收复了被安条克人占领的要塞,雷蒙被迫亲自去君士坦丁堡请求和平,向皇帝表示臣服。① 1156年,新继位的安条克公爵沙蒂永的雷纳德(Raynald of Châtillon)进攻拜占庭的塞浦路斯岛,逮捕了此岛的总督即曼努埃尔的侄子约翰·科穆宁和米哈伊尔·布拉纳(Michael Branas)将军,洗劫了整个岛屿并掠走了所有财富。此外,他还将一些被致残的人质送到君士坦丁堡以表示对皇帝的蔑视。为此,曼努埃尔一世于1158—1159年间,率领500骑精兵急速行军,抢在庞大援军到达之前,攻占西里西亚。由于曼努埃尔一世已经提前与耶路撒冷国王鲍德温三世(Baldwin Ⅲ)达成协议,处于孤立无援困境中的雷纳德面对拜占庭军队的强势进攻态势,被迫投降,向曼努埃尔一世宣誓效忠。② 1159年4月12日,拜占庭军队在安条克举行了盛大的入城仪式。据说,曼努埃尔一世骑在装饰着皇帝饰物的高大坐骑上,耶路撒冷国王远远地跟在身后,安条克亲王则鞍前马后地"牵着牵缰"。曼努埃尔免除了对安条克居民的惩罚,并且令人举行了竞赛和马上比武大会。③ 5月,曼努埃尔一世率领一支基督教徒联军前往埃德萨(Edessa),恰在此时,叙利亚的穆斯林统治者努尔丁释放了在第二次十字军战征中俘虏的6000名基督徒战俘,表现了极大的诚意,促使皇帝最终放弃了进攻计划。至此,远征以辉煌的胜利结束。

  曼努埃尔一世在第一次远征安条克不久,便着手处理罗姆苏丹国的问题。马苏德一世(Masud Ⅰ)在曼努埃尔一世登位之初,趁机派兵洗劫和占领了拜占庭军事要塞普拉卡纳(Prakana)和色拉科西军区(Thrakesian Theme),一直到达沿海地区。④ 双方谈判未果后,曼努埃尔一世于1146年率军在阿克罗埃努斯(Acroënus)击败了突厥人,攻占和摧毁了设防城镇菲洛米利昂(Philomelion)。之后,他到达科尼亚(Konya)并劫掠了城市的周边地区,虽未能攻破城墙,就匆忙撤军,但这次

---

① John Cinnamus, *The Deeds of John and Manuel Comnenus*, pp. 35 – 36.
② 雷纳德身穿麻布破衣、脖子上系着吊绳,祈求皇帝的宽恕。曼努埃尔一世开始时无视扑倒在地的雷纳德,继续和自己的朝臣聊天,但最终以他宣誓成为帝国的附属为条件原谅了他。John Cinnamus, *The Deeds of John and Manuel Comnenus*, p. 139.
③ John Cinnamus, *The Deeds of John and Manuel Comnenus*, p. 140.
④ John Cinnamus, *The Deeds of John and Manuel Comnenus*, p. 35 and 39.

远征让突厥人见证了拜占庭帝国强大的军事实力,被迫于 1147 年春与帝国签订了停战协议,将普拉卡纳和之前夺取的帝国一切领土悉数归还。1159 年,曼努埃尔一世返回君士坦丁堡的途中强行从罗姆苏丹国领土穿行,遭到苏丹阿尔斯兰二世的抗议。1159 年末至 1161 年,皇帝调集大军对其进行讨伐并取得了全面胜利。1162 年春,阿尔斯兰二世亲自前往君士坦丁堡乞求和平,签订和平协议。至此,小亚细亚各省获得了暂时和平。1167 年,耶路撒冷国王阿马尔里克一世(Amalric I,1163—1174 在位)迎娶曼努埃尔一世的侄孙女玛丽亚·科穆宁,1168 年,两国正式结盟。1169 年秋,两支军队会师征伐埃及,但作战无果而终。

其次,曼努埃尔一世化解了第二次十字军战征的危机。1147 年至 1148 年的第二次十字军战征是曼努埃尔一世在位期间影响最大的外交事件。1147 年,在攻打科尼亚城的过程中,曼努埃尔一世得知德意志帝国皇帝康拉德三世与法兰西国王路易七世(Louis Ⅶ,1137—1180 年在位)率领的两支十字军正在穿越拜占庭帝国的领土,立即返回都城。许多拜占庭人惧怕十字军的到来,因为这些纪律松散的军队在穿过拜占庭领土时经常出现破坏和盗窃的现象。因此拜占庭军队跟随着他们,监督他们沿途的行为,更多的拜占庭军队集结到君士坦丁堡,准备防御对都城的任何侵犯。但十字军在行进途中还是制造了许多事端,激发了与拜占庭人之间的敌意,双方互相指责,这也导致曼努埃尔一世与十字军首领们之间的矛盾。德意志骑士从多瑙河进军到撒尔底迦(Sardika),"一直都遵守军纪,没有做出任何违背罗马人意愿的事情。但是进入平原以后,就开始肆意掠夺,沿途烧杀抢掠。"为制止此类暴行,曼努埃尔一世专门派军队监视德意志人,双方经常发生小规模的冲突,最典型的例子是"亚得里亚堡事件"以及君士坦丁堡城外之战。① 曼努埃尔一世为此修补了君士坦丁堡城墙,并强迫两位国王许诺必须保证帝国的领土安全。

康拉德三世率军到达匈牙利和拜占庭边境时,曼努埃尔一世就派遣两位使者与他进行谈判,要求他和其他德意志诸侯发誓不得做出任何伤害拜占庭人的事情。作为交换,皇帝同意在沿途设立市场,向十字军提供必需品。他们横渡多瑙

---

① John Cinnamus, *The Deeds of John and Manuel Comnenus*, p. 61, pp. 64-67.

河时，皇帝还派人记下了每一艘船上的人数。① 康拉德三世的军队于1147年夏首先进入拜占庭帝国的领土，拜占庭的史料将他们描述得更为野蛮，暗示着他们比法兰克人更难应付。约翰·金纳莫斯描述了拜占庭军队与康拉德的军队在君士坦丁堡城墙外爆发的一场全面冲突，拜占庭人击败了德意志十字军，迫使康拉德三世带领军队加速渡过博斯普鲁斯海峡前往亚洲沿岸的大马里斯。1147之年之后，双方间的关系逐渐变得友善。1148年，曼努埃尔一世与康拉德三世签订"塞萨洛尼基协定"②，成功地建立了共同对抗西西里罗杰二世的同盟。但康拉德于1152年去世，曼努埃尔一世未能与其继承人弗雷德里克一世·巴巴罗萨（1152—1190年在位）维持同盟关系。相比较而言，曼努埃尔一世与法王路易七世的会面则比较友好，后者在君士坦丁堡受到高规格的接待，并宣誓在有生之年会是皇帝的忠诚盟友。因此，从总体上看，曼努埃尔二世成功地化解了十字军战征对拜占庭帝国的威胁，使叙利亚和巴勒斯坦的十字军国家在很长时间内无法从西方获得援助和支持，而只能臣服于拜占庭皇帝。

再次，曼努埃尔一世还远征意大利。1147年4月，在曼努埃尔一世忙于监护十字军横渡海峡的时候，西西里王国的罗杰二世乘机派兵夺取了拜占庭的科基拉岛，洗劫了底比斯、科林斯等商业城市，并将精通丝绸纺织的拜占庭工匠劫掠到巴勒莫（Palermo）新建立的丝绸工场，由于科林斯是希腊最富有的城市也是拜占庭重要的丝绸纺织中心，因此罗杰的洗劫对拜占庭丝绸业是致命打击。1148年，曼努埃尔一世与康拉德三世缔结同盟，在威尼斯人强大舰队的帮助下击败了罗杰二世，1149年收复了科基拉岛。③ 罗杰二世于1154年去世后，威廉一世（William Ⅰ，1154—1166年在位）继位，遭到西西里和阿普利亚大批叛乱者反抗其统治，这也导致许多阿普利亚难民投靠拜占庭人。1152至1154年，弗雷德里克一世·巴巴罗萨按照1148年与拜占庭皇帝的协定，多次对诺曼人发动战争，扫荡了意大利中北部。曼努埃尔一世则趁机利用意大利半岛上的动荡局势，于1155年派米哈伊

---

① John Cinnamus, *The Deeds of John and Manuel Comnenus*, p. 36 and 60.
② 根据这一协定，康拉德三世把意大利作为伊琳妮（贝塔）皇后的嫁妆归还给她。John Cinnamus, *The Deeds of John and Manuel Comnenus*, p. 72.
③ 参战的帝国舰队包括500多艘三列桨战舰，以及几千艘马匹运输船和补给船。John Cinnamus, *The Deeds of John and Manuel Comnenus*, p. 76.

尔·帕列奥列格（Michael Palaeologus）和约翰·杜卡斯两位将军，率领拜占庭军队和十艘战船携带大量黄金入侵阿普利亚。他们在当地贵族的帮助下，借助武力逼迫和金钱诱惑，使许多城堡放弃了抵抗，巴里、特拉尼（Trani）、焦维纳佐（Giovinazzo）、安德里亚（Andria）、塔兰托（Taranto）和布林迪西（Brindisi）被相继攻占。拜占庭军队还聚集了大批反对西西里王室以及威廉一世的叛乱者，在他们的帮助下远征军很快便在整个南意大利取得了辉煌胜利。①

战争的转折点发生在布林迪西战役，西西里人从陆上和海上发动了联合进攻。当敌人迫近时，那些已经被曼努埃尔一世雇佣的雇佣兵突然要求大幅增加军饷。要求被拒绝后，他们全都溃逃。甚至当地的贵族军队也开始撤离，拜占庭军队指挥官约翰·杜卡斯因此兵力不足，寡不敌众。前来援助的阿莱克修斯·科穆宁与一些船只也未能勉强遏制住拜占庭军队的颓势，西西里人最终取得了海上战斗的决定性胜利，约翰·杜卡斯与阿莱克修斯·科穆宁，还有四艘拜占庭船只，全都被诺曼人俘获。曼努埃尔一世随即派遣阿莱克修斯·阿克苏赫前往安科纳（Ancona）筹集另一支军队，但此时威廉一世已经夺回了拜占庭帝国在阿普利亚的所有占领区。1158 年，拜占庭军队离开意大利，从此再也未能返回，但阿克苏赫从威廉一世那里带来的和约足以让曼努埃尔一世有尊严地离开这场战争。② 1159 年之后，曼努埃尔一世对意大利的政策有所改变。他反对弗雷德里克一世·巴巴罗萨，因为后者试图迫使意大利承认其统治，当弗雷德里克一世与北意大利邦国的战争开始时，他支持伦巴第联盟，并给予经济和兵力上的援助，拜占庭皇帝还资助当地人重新修复米兰城墙，德意志人曾彻底毁坏了该城墙。1176 年 5 月，弗雷德里克一世在莱尼亚诺战役（Battle of Legnano）中被伦巴第人击败，曼努埃尔一世在意大利的地位因此得到提高，克雷莫纳（Cremona）、帕维亚（Pavia）等许多城市也因此向拜占庭帝国朝贡。尽管曼努埃尔一世在意大利事务上投入了大量资金，安科纳城成了帝国在意大利的基地，诺曼人承认曼努埃尔一世的统治，并且在其统治的剩余时间里，他们一直与帝国保持了和平关系，但从帝国获得的利益来看，意大利战役的最终成果是有限的，布林迪西战役的失败彻底

---

① John Cinnamus, *The Deeds of John and Manuel Comnenus*, pp. 106 – 117.
② John Cinnamus, *The Deeds of John and Manuel Comnenus*, pp. 130 – 134.

终结了拜占庭人收复意大利的希望。这也表明拜占庭帝国在意大利的控制力相当虚弱,它们并不是建立在军事实力上面,而是建立在金钱与外交技巧基础之上。

曼努埃尔一世的行动也显著改善了帝国与热那亚和比萨之间的关系,1169年,他与热那亚结盟,次年又与比萨结盟,但与威尼斯的关系越发紧张。1171年3月,曼努埃尔一世突然与威尼斯断交,逮捕了帝国境内的所有威尼斯人,数量达20000多人,还没收了其货物、船只和商品。威尼斯人派了一支由120艘船组成的舰队洗劫了修斯岛和莱博斯岛。由于流行病的干扰以及拜占庭舰队的反击,威尼斯舰队没有取得任何重大胜利便被迫返回。双方进行了谈判,但没有取得任何满意的成果。在曼努埃尔一世剩余的统治生涯中,拜占庭与威尼斯再也未能恢复友好的关系。

最后,曼努埃尔一世还致力于稳定巴尔干地区形势,击退库曼人、塞尔维亚人和匈牙利人的入侵。自1129年以后,拜占庭帝国便与塞尔维亚和匈牙利保持着良好的关系。1149年,拉齐亚(Rascia)的塞尔维亚人在罗杰二世的怂恿下入侵拜占庭帝国的领土。曼努埃尔一世率军攻占了塞尔维亚的军事要塞拉松(Rhason)并横扫塞尔维亚全境,俘获了大批塞尔维亚人,将这些战俘安置在塞迪卡(Serdica)和其他地区,迫使塞尔维亚国王逃进深山。1150年秋,塞尔维亚人在匈牙利人的支持下再次反叛,曼努埃尔一世迅速出兵,在塔拉河战役中击溃塞尔维亚和匈牙利联军,迫使塞尔维亚人国王乌罗什二世(Uroš Ⅱ,1145—1162在位)成为帝国的附庸。之后皇帝多次袭击匈牙利,力图夺取兼并他们在萨瓦河沿岸的领土。在1151—1154年和1163—1168年间的战争中,曼努埃尔一世率领军队深入匈牙利领土腹地,组织了大规模的攻势并获得了大量战利品。1167年,由安德罗尼库斯·康托斯蒂法诺斯率领的拜占庭军队在西尔米乌姆战役(Battle of Sirmium)中取得了决定性的胜利,匈牙利被迫割让了斯雷姆、波斯尼亚(Bosnia)和达尔马提亚(Dalmatia)地区。1168年,几乎整个亚得里亚海东岸都落入了曼努埃尔的手中。① 匈牙利国王斯蒂芬三世的弟弟贝拉曾作为人质在君士坦丁堡的宫廷中接受教育,娶了曼努埃尔一世的长女玛丽亚,还被皇帝指定为皇位继承人。1172

---

① John Cinnamus, *The Deeds of John and Manuel Comnenus*, pp. 170 - 199.

年,斯蒂芬三世无嗣而亡,贝拉回到匈牙利继承王位。曼努埃尔一世在位期间,两国维持了和平。拜占庭和匈牙利之间的拉锯战最终以前者获胜而暂时告一段落,匈牙利逐渐沦为拜占庭帝国的附属国。在与匈牙利的战争中,曼努埃尔一世也着手解决塞尔维亚问题,在1162年、1168年和1172年先后三次征讨中,迫使其国王德萨(Desa)臣服。至此,拜占庭帝国重新确立了在巴尔干半岛的霸主地位。

曼努埃尔一世在位37年,试图通过武力恢复拜占庭帝国在地中海的主导地位,为此他与所有邻国都发生过冲突,并在一定程度上实现了复兴帝国的计划,成功地为帝国核心地区的经济发展创造了一种"拜占庭式的和平"模式。比如,他确保了整个希腊和保加利亚的安全,成功拓展了帝国在巴尔干地区的边疆,还控制了达尔马提亚沿海地区、西尔米乌姆富饶的农业区和从匈牙利到黑海的多瑙河贸易路线。特别是他控制了东地中海以及亚得里亚海沿岸绝大部分肥沃的农田,而且掌控了这一地区的全部贸易活动并促使帝国西部省区的经济繁荣一直持续到12世纪末。他在东部则确保了帝国对安条克、耶路撒冷等十字军公国的控制权。从表面上看,曼努埃尔一世为后代留下了一个国力强大、经济繁荣和边疆稳定的帝国。他为此受到了同时代人和后代人的高度称赞,被誉为"曼努埃尔大帝"。推尔的威廉认为他是"明智而谨慎的伟大君王,无论在哪一个方面都值得颂扬",侯尼雅迪斯称他为"诸帝中最受祝福者",而在法国、意大利以及十字军诸国,他被认为是当时世界上最强大的君主。奥斯特洛格尔斯基评价他是"一位多才多艺和极有天赋的杰出统治者、天生的将领和勇敢的战士、娴熟的外交家和深谋远虑的政治家"①。此外,虽然他是一个典型的拜占庭人,笃信普世帝国权威理念的合理性,但他喜好西方的习俗并将它们引入拜占庭宫廷,其生活方式带有西方的烙印,西方骑士更加随意的典雅礼貌风俗逐渐渗透到拜占庭皇宫中原先庄重尊贵的气氛中,明显地体现了十字军运动和拜占庭世界之间的互动和相互产生的影响。

但曼努埃尔一世去世后,帝国很快便陷入内乱并走向严重衰退也是不争的事实。有现代学者认为,他所掌握的强权并非完全是他个人的成就,而是他所代表

---

① [南斯拉夫]乔治·奥斯特洛格尔斯基:《拜占廷帝国》,第317页。

的王朝,他去世后帝国严重衰退的原因,自然要到他的统治中去寻找根源。这表明盛世的背后存在着严重的问题。在内部,国家实力更加依赖于家族的团结与稳固,皇权越来越受到权力日益膨胀的皇室家族成员的挑战,国家更加需要一位强有力的统治者将他们团结在一起,以维持国家内部的稳定和对抗外敌。但曼努埃尔一世的继承人尚未成年,太后无能,其备受诟病的摄政政府最终被政变所推翻,皇室家族成员之间再次上演皇权争夺大战,其惨烈程度相比之前有过之而无不及。动荡的皇位继承及其上台者的无能,迅速削弱了曼努埃尔一世的成就。同时,有评论家认为曼努埃尔的一些目标是不切实际的,比如,他远征埃及的失败、统治末期与突厥人的两次关键性战役的惨败等。教宗亚历山大三世与德意志皇帝弗雷德里克一世签订威尼斯协议,终止了伦巴第同盟战争,预示着他所做的最重要的外交努力收效甚微。拜占庭军事史家马克·C. 巴图西斯(Mark C. Bartusis)认为,尽管曼努埃尔一世设法重建一支国家军队,但他的改革并不足以满足其雄心,米里奥塞发隆战役的失败暴露了其政策的根本弱点。[1] 在爱德华·吉本看来,曼努埃尔一世的胜利没有产生任何长期或有效的征服。侯尼雅迪斯批判曼努埃尔的税收政策并指出曼努埃尔时代是一个挥霍无度的时代,他在军队、外交、典礼仪式、宫殿营建等方面都花销巨大。此外,大地产迅速增长和下层民众的贫困加深,国家权力不断遭到削弱的发展趋势都难以遏制,从而大大降低了维系国家政策的实力。在这种情况下,帝国调动全部资源才能够取得一些对外战争的重要胜利,但无法再承受巨变和重大军事行动的失败。大规模的长期战争和连绵战事造成的牺牲远远超出拜占庭帝国当时的实力和能力,并耗尽了帝国的经济和军事资源。因此,曼努埃尔一世时期帝国表面上的辉煌,极易变成国家内外的崩溃。这些评价均属于后人评说,见仁见智,可供读者参考。

　　如何正确合理地评价历史人物是历史研究的难题之一,但是将其置于当时的历史环境中将有助于后人的合理认识,这是学界的共识。虽然对曼努埃尔一世的评价从古至今意见并不一致,然而其个人品性大体得到肯定,其统治政绩则是非参半。他无法回避的一个历史性难题是,晚期拜占庭帝国无法摆脱衰落

---

[1] Mark C. Bartusis, *The Late Byzantine Army: Arms and Society, 1204 – 1453*, Philadelphia: University of Pennsylvania Press, 1997.

的趋势,即便有所谓阿莱克修斯短暂的"中兴",有战场上的某些重大胜利,但是帝国衰落的深刻矛盾是他和他那个时代的皇帝都难以洞悉的,更无法解决的。其中最主要的因素在于,拜占庭帝国国家政治模式自阿莱克修斯一世开始转变为家族政治模式,大帝国中央集权制向皇帝家族集权制蜕变,进而导致帝国治理策略的巨变,和军事战略重心的西移,这一转变必然导致帝国资源特别是东部资源的萎缩,而东部资源对于维持拜占庭帝国特别强盛是强大的帝国武装力量具有决定性意义。

第五节

阿莱克修斯二世（Alexios Ⅱ）

1180—1183 年在位

阿莱克修斯二世（Alexios Ⅱ, Αλέξιος Κομνηνός, 生于 1169 年 9 月 14 日,卒于 1183 年 10 月）,是科穆宁王朝的第五位皇帝,1180 年至 1183 年 9 月去世,在位三年。

阿莱克修斯二世是曼努埃尔一世和皇后安条克的玛丽亚的独生子,于 1169 年 9 月 14 出生在君士坦丁堡皇宫。1171 年,他刚满两岁时便被加冕为共治皇帝,1180 年 3 月与法兰西国王路易七世的女儿阿涅丝·安娜（Agnes Anna）结婚,同年 11 岁时继承皇位,登基称帝。但不幸的是,三年后他便被发动叛乱的堂叔安德罗尼库斯·科穆宁所害。①

阿莱克修斯二世继位时,由于年幼无知,其母后玛丽亚担任摄政王,皇帝自己则沉溺于孩童时期的玩乐。无能的玛丽亚摄政政府很快使帝国陷入内外交困的混乱局面,皇帝本人也因此命丧大海。摄政玛丽亚因为其西欧文化的出身背景,在君士坦丁堡非常不受欢迎,为了寻找一个可以倚靠的同盟者,她大肆宠幸曼努

---

① A. P. Kazhdan ed., *The Oxford Dictionary of Byzantium*, vol. 1, p. 118.

埃尔一世的侄子"首席贵族"阿莱克修斯·科穆宁,让其掌控了帝国实权。在他们的统治下,西方雇佣兵成为帝国军队的骨干力量,在帝国的意大利商人受到特殊礼遇,贵族大肆剥夺国库财富。玛丽亚的亲西方政策和她对贪婪无能的阿莱克修斯的宠幸,招致了科穆宁家族内部极为强烈的反对,他们屡次发动叛乱,试图推翻摄政政府,致使国内政局动荡不安。

对外方面,曼努埃尔一世在位期间,曾经通过东征西讨,暂时实现了四海升平。他的个人威信曾使匈牙利国王贝拉三世与拜占庭帝国保持和平关系,并迫使塞尔维亚国王斯蒂芬·内马尼亚(Stephen Nemanja)恪守诺言。但随着曼努埃尔一世的去世,这些个人之间的关系纽带也随之解除,再加上帝国的内讧,潜伏在侧的好战邻国便伺机而动。1181年,贝拉三世出兵占领了达尔马提亚、部分克罗地亚和西尔米乌姆地区。玛丽亚皇后被害又给贝拉三世提供了入侵帝国的合理理由。1183年,塞尔维亚人和匈牙利人向拜占庭帝国联合进攻,相继洗劫了贝尔格莱德、布兰尼切沃、尼斯和索菲亚,塞尔维亚向东、向南扩张到拜占庭帝国境内。① 1182年,罗姆苏丹阿尔斯兰二世占领了科提埃乌姆和索佐伯利斯。摄政政府向教宗和萨拉丁(Saladin)求助,但都无果而终。

外敌入侵更使君士坦丁堡的亲西方摄政当局成为众矢之的,受到民众和教会支持的皇室家族叛乱不断,但均未成功。曼努埃尔一世的表弟安德罗尼库斯是其中的重要成员,为了逃避皇帝表哥的猜疑,他曾多年四处流浪避难,浪迹天涯。当时,他正担任本都(Pontus)地区的总督,由此成为政府反对派的领袖。他率领一支小部队穿越整个小亚细亚,1182年春抵达卡尔西顿,沿途有许多叛乱军加入。"首席贵族"阿莱克修斯企图以主要由西方人构成的舰队封锁博斯普鲁斯海峡,但海军总司令安德罗尼库斯·康托斯蒂法诺斯(Andronicus Contostephanos)临阵倒戈,转而支持叛军。同时,君士坦丁堡爆发起义,叛乱者将阿莱克修斯投入监狱并瞽目致残。1182年5月,都城发生大规模屠杀拉丁人的事件,骚动的暴民袭击居住在君士坦丁堡的外国人住宅,抢夺他们的货物和牲畜,残忍地杀害了没来得及逃脱的拉丁人。随后,安德罗尼库斯举行了进入君士坦丁堡的盛大入城仪式,

---

① [南斯拉夫]乔治·奥斯特洛格尔斯基:《拜占廷帝国》,第330页。

正式成为小皇帝阿莱克修斯二世的保护人,包括玛丽亚皇后在内的许多敌对派被处死。1183 年 9 月,安德罗尼库斯被加冕为共治皇帝,两个月后,14 岁的阿莱克修斯二世神秘死亡,被掐死并沉尸大海。①

阿莱克修斯二世继位时,由于年龄原因,实际上只是一个没有实权的傀儡皇帝,其简短的统治以其悲惨的命运终结。此后帝国即使是表面上的辉煌也无法继续维持,后继者的统治无方也将证明这一点。阿莱克修斯二世死于皇族内乱的事实再次说明,阿莱克修斯一世推行的政治改革只是权宜之计,长远观察弊大于利,他建立的以皇亲国戚为核心、以和亲联姻为辅助的皇族统治体系,并没有解决皇权专制造成的深刻矛盾,其政局短期稳定的假象只是掩盖了矛盾集中于皇族内部的事实,特别是模糊了这些矛盾日益积累激化的现实。此后,兄弟互杀,父子内战,翁婿对攻,连襟血拼的现象成为末代拜占庭帝国政治生活常见的事实,由此引发的一连串问题加速了拜占庭帝国的衰亡。阿莱克修斯二世的命运是悲惨的,也从一个侧面真实地反映出拜占庭帝国气数不断消耗的过程,供后世研究者认真观察研究。从皇帝专制的制度性弊病还可以看出,拜占庭帝国中央集权制度的维系首先在于强势的皇帝,文武双全的君主及其稳定可靠的团队是最关键的因素。杰出皇帝在位期间,成熟的国家组织机构,特别是高效忠诚的官吏队伍可以保证皇帝推出的合理政策有效落实,君主和官僚两者之间关系微妙,但皇帝卓越程度与吏治效率成正比。在拜占庭帝国特殊的区位环境中,军事将领在文武官员中的重要性显得特别突出。优良的吏治可以保证法律法规的全面执行,在族群、文化、经济生活、习俗多样性极其突出的拜占庭帝国,良好的法制能够维系正常的政治秩序和社会运行。明智的皇帝通常不刻意挑起宗教争端,尤其注重保持以基督教信仰为核心的官方意识形态的稳定性。拜占庭帝国正常政治秩序的维持依靠这些重要因素,其中决定性因素是杰出的皇帝。少儿皇帝、昏庸皇帝、残暴皇帝都是削弱拜占庭帝国中央集权的最重要因素。

---

① [南斯拉夫]乔治·奥斯特洛格尔斯基:《拜占廷帝国》,第 327 页。

第六节

安德罗尼库斯一世（Andronikos Ⅰ）

1183—1185 年在位

安德罗尼库斯一世·科穆宁（Andronikos Ⅰ, Ανδρόνικος Κομνηνός, 生于 1118 年, 卒于 1185 年 9 月 12 日, 享年 67 岁）是科穆宁王朝第六位皇帝, 也是该王朝的终结者, 1183 年 9 月至 1185 年 9 月 12 日 67 岁去世, 在位两年。①

安德罗尼库斯一世是皇帝约翰二世的弟弟伊萨克之子, 阿莱克修斯二世的堂叔, 1182 年 4 月任摄政王, 1183 年 9 月加冕为共治皇帝后弑君篡位。他一生经历了两次婚姻, 生育了三子两女, 第一任妻子出生于拜占庭贵族家族, 姓名不详, 第二任妻子是阿涅丝·安娜。他最喜欢的情妇是耶路撒冷国王鲍德温三世的遗孀塞奥多拉·科穆宁（Theodora Comnene）。1185 年 9 月 12 日, 君士坦丁堡的民众爆发起义, 安德罗尼库斯一世被民众抓住, 惨遭蹂躏, 最终处死于街头。

安德罗尼库斯英勇善战, 曾多年征战沙场。他少年时就已从军, 一次随军在小亚细亚撤退时, 脱离了大部队, 在山区漫游, 被突厥人俘虏。他由此在塞尔柱苏丹看押下当了一段时间俘虏, 与伊斯兰世界有了第一次接触, 被赎回君士坦丁堡后, 其军事才干很快便赢得了当时的皇帝曼努埃尔一世的赏识。后者曾派他出征西里西亚和莫普苏埃斯提亚, 其间, 曼努埃尔一世的侄女塞奥多拉的妹妹欧多吉娅（Odocia）作为他的情妇一直陪在其身边。安德罗尼库斯具有很强的权力欲, 是皇室家族成员中唯一敢当面反对曼努埃尔一世的人。在后者统治期间, 他曾多次谋划夺取皇位。他在担任西里西亚总督期间, 分别与耶路撒冷国王和科尼亚苏丹暗中往来, 争取他们的支持。他在担任布兰尼切沃总督期间, 又与匈牙利国王盖扎二世（Geza Ⅱ, 1141—1162 在位）勾结在一起, 也曾向德意志国王弗雷德里克一世派出使节, 希望他在自己发动政变时能施以援手。② 安德罗尼库斯甚至试图亲自刺杀曼努埃尔一世。1154 年, 后者在米西亚（Mysia）的希拉克利亚（Heralea）夜

---

① A. P. Kazhdan, ed., *The Oxford Dictionary of Byzantium*, p. 148.
② John Cinnamus, *The Deeds of John and Manuel Comnenus*, pp. 99 - 100.

间狩猎时，安德罗尼库斯曾召集了一批来自伊利里亚（Illyria）的追随者，两次靠近曼努埃尔一世的帐篷行刺，最终失败。安德罗尼库斯的多次叛乱阴谋均以失败告终，一度被曼努埃尔一世抓捕囚禁。他两次成功越狱，1164年逃亡到加利西亚（Galicia）。但他赳赳武夫的个性中潜藏着精明，总能迅速适应新的环境，很快便赢得了当地王公的信任与支持。谣传他当时打算招募一支庞大的库曼人骑兵，以武力回国夺权，后来与曼努埃尔一世和解。[1] 后者让他从中斡旋，促成加利西亚与拜占庭结盟，一起攻打匈牙利。安德罗尼库斯成功办成此事后，指挥一支斯拉夫骑兵部队，前进到多瑙河。在两军联合攻打一座城市的战斗中，安德罗尼库斯表现出色，由此得到了皇帝的宽恕，但回到君士坦丁堡之后，安德罗尼库斯恶习未改，并未放弃对皇位的追逐。

曼努埃尔一世由于多年来一直没有合法儿子，于是打算把自己的长女嫁给匈牙利王子贝拉，并将贝拉立为皇位继承人。安德罗尼库斯当时是科穆宁家族除了皇帝本人之外最有军事才干的成员，原本有希望得到皇位，因此公开反对皇帝的安排，于是被后者外放到乞里奇亚边疆当总督。在此期间，安德罗尼库斯再次与亚美尼亚叛军交战，多次打败敌人。但他风流成性，为了得到安条克亲王"普瓦提埃的雷蒙"的女儿，也就是曼努埃尔一世的皇后玛丽亚的妹妹菲利帕（Philippa），他放弃了行省总督职位，混迹于舞会和比武大会。曼努埃尔一世得知此事后非常恼怒。为了逃脱惩罚，安德罗尼库斯逃到耶路撒冷朝圣，凭借自己的高贵出身、军事声望和宗教热情，很快赢得了耶路撒冷教会和国王的好感，得到了贝鲁特（Beirut）作为自己的领地。他在此处遇到了他的另一个情妇，即耶路撒冷国王鲍德温三世的遗孀塞奥多拉·科穆宁，她也是曼努埃尔一世的侄女。

对他深感失望的皇帝曼努埃尔一世命令叙利亚边疆臣民和盟友劫持安德罗尼库斯，将其瞽目。为此安德罗尼库斯和塞奥多拉一起逃亡，先是逃到了大马士革（Damascus），被叙利亚的统治者赞吉王朝的努尔丁（Nordin）苏丹收留。作为努尔丁的朋友，安德罗尼库斯可能旅行寻访过巴格达（Baghdad）和波斯的宫廷，随后长途跋涉绕过里海和格鲁吉亚（Georgia）山区，最终混居在小亚细亚的突厥人当

---

[1] Niketas Choniates, *O City of Byzantium, Annals of Niketas Choniatēs*, p.65.

中。突厥人的一位苏丹接纳了安德罗尼库斯和他的情妇以及追随者。为了报答苏丹，安德罗尼库斯不断率军侵犯拜占庭人的特拉比宗行省，常常掳掠大量战利品，俘虏大批人口，希腊教会为此将他革除教籍。安德罗尼库斯成功躲过曼努埃尔一世爪牙的追杀，击退了政敌的攻击或暗杀，但他的情妇塞奥多拉和两个孩子被特拉比宗总督俘获并送到君士坦丁堡。安德罗尼库斯身披枷锁到君士坦丁堡请罪，匍匐在曼努埃尔一世脚下，痛哭流涕地忏悔自己的背叛行为。在场的权贵们都被这番表演所感动，曼努埃尔一世和教会最终原谅了他的罪行。但曼努埃尔一世始终对他保持戒心，下令让他定居在黑海北岸的一座小镇，远离都城。皇帝的仁慈由此埋下了祸根，铸成大错。

1180 年，曼努埃尔一世驾崩，他年仅十多岁的儿子阿莱克修斯二世继位，由太后玛丽亚监国。摄政政府的内政外交政策引发了社会各阶层的不满，1182 年，时任本都总督的安德罗尼库斯利用首都民众对皇室的不满起兵叛乱，成为小皇帝的监护人，并逼迫后者签发了处死玛丽亚·科穆宁和她的丈夫以及太后玛丽亚的命令。1183 年，他杀害阿莱克修斯二世，正式篡位称帝，称为安德罗尼库斯一世。为了确保皇位的合法性，他以 65 岁高龄强娶阿莱克修斯二世的遗孀，即年仅 13 岁的阿涅丝。善有善报恶有恶报，多行不义必自毙，坏事做尽的安德罗尼库斯一世于三年后的 1185 年 9 月 12 日，在君士坦丁堡的街头，被愤怒的起义民众认出来，并殴打摧残致死。伊萨克·安茞鲁斯（Isaac Angelus）被推举为皇帝，史称伊萨克二世（IsaacⅡ，1185—1195 在位），科穆宁王朝就此结束。

安德罗尼库斯一世人品恶劣，道德败坏，特别是性情残暴，其冷酷无情的个性在作战中也许有发挥的余地，但在治国理政中则凸显弊端。他在位期间曾听从重臣建议，试图革除其前任内政外交政策的种种毛病，以为能给其统治帝国的暴虐无道带来生机，为此采取了一系列强硬甚至血腥的手段。安德罗尼库斯一世的暴虐统治非常严酷，采取的措施大多不得人心。其重整朝纲采取的最重要措施是试图铲除大贵族的势力，他警告其臣属"或是停止丑行，或是停止生命"，并以铁腕手段对国家根深蒂固的弊端进行雷厉风行的打击。例如，严厉镇压贵族，尤其是科穆宁家族中的皇位竞争者，其中也包括他的支持者，致使许多贵族逃离到邻近国家。他惩办贪官污吏以树立威严，严惩各种腐败和官员的行贿受贿行为，禁止卖官鬻爵,提高其得意官员的薪俸并减轻税负。由此,安德罗尼库斯一世统治下帝国地方省区的状况似乎得到改善,甚至有记载说税收包税人腐败这一最严重的问题得到成功的克服,进而减轻了民众的苦难处境,这大概属于"歪打正着"的政绩。他还下令将抢劫者吊死在受害船只的桅杆上,其震慑作用明显,使当时普遍存在的抢劫失事海船的恶习暂时消除。① 安德罗尼库斯一世积极铲除腐败的政策产生了良好的效果,即使他的反对者也对此心生敬意。但他残忍暴虐,滥用残酷的暴力手段反对贵族,致使国内恐怖气氛弥漫。在其统治期间,贵族不断掀起反抗他的叛乱。例如,大贵族伊萨克·安茞鲁斯与其父亲和兄弟曾在尼西亚等地发动叛乱。伊萨克的祖母是阿莱克修斯一世的幼女,因此也算遭到打击的科穆宁皇族成员。安德罗尼库斯一世还取消了曼努埃尔一世的亲西方政策,强调东方教会的独立地位,从而招致了西方基督教徒的敌视。

安德罗尼库斯一世对贵族实行的严厉打击政策,由于太过激进而遭到激烈反抗,从而加剧了皇族内讧,进一步削弱了中央集权国家的领导力量。他的外交政策同样无果而终,外敌入侵时,拜占庭军事力量毫无战斗力可言。为了获得海军的援助,安德罗尼库斯一世试图通过恢复与威尼斯人的关系来加强其在西方的地位,允诺对威尼斯人做出补偿,但威尼斯人重新出现在君士坦丁堡引起了都城民众的不满。② 他在1182年5月,纵容君士坦丁堡居民大规模屠杀在都城的皮萨人和热那亚人的事件,也导致西方诸国对拜占庭帝国更加强烈的敌视。1182年至1183年间,匈牙利的贝拉三世(Bela Ⅲ)打着为太后玛丽亚复仇的旗号侵入帝国,占领了纳伊苏斯(Naissus)和塞迪卡,1184年才从帝国撤军。当时对拜占庭帝国带来最沉重打击的是西西里的诺曼人,其国王威廉二世(William Ⅱ)利用拜占庭内乱,频繁地进攻帝国疆域。

安德罗尼库斯一世虽然与控制埃及的萨拉丁订立了同盟,但是于事无补,后者推翻了法提玛王朝,在叙利亚前统治者努尔丁去世后占领了该地,对拜占庭人

---

① A. P. Kazhdan ed., *The Oxford Dictionary of Byzantium*, p. 148.
② A. P. Kazhdan ed., *The Oxford Dictionary of Byzantium*, p. 148.

造成威胁。① 1185 年 6 月,诺曼人对迪拉基乌姆发起进攻,并很快将其攻克,拜占庭帝国守军司令约翰·布拉纳(John Branas)主动投降,此后,诺曼人军队由陆路挺进塞萨洛尼基,8 月 24 日,帝国的这座第二大城市陷落,城中居民遭到了残酷无情的殴打和屠杀。诺曼人的舰队还从海路进军,一路占领了科孚岛、凯法利尼亚岛和扎金索斯岛(Zacynthos)。诺曼军队从塞萨洛尼基派遣一支部队进攻塞利斯,其余部队向君士坦丁堡进军,首都将要被攻克的恐怖气氛在居民中蔓延。紧迫的恐惧与长久的不满聚集成为对皇帝无道的愤怒,9 月 12 日,首都爆发了叛乱,安德罗尼库斯一世被暴民抓住,踩躏后杀死。② 事实证明,对诺曼人的恐惧是真实存在的,而导致安德罗尼库斯垮台的愤怒情绪更多源于对残暴皇帝的无能,特别是反对派贵族的煽动。由于诺曼人的军队纪律涣散、士气低落,再加上病疫流行,拜占庭将领阿莱克修斯·布拉纳于 1185 年在莫塞诺堡和迪米特里亚(Demitelia)重创诺曼人军队,迫使他们从塞萨洛尼基、迪拉基乌姆和科孚岛全线撤退,只有凯法利尼亚岛和扎金索斯岛最终为诺曼人占据。③

安德罗尼库斯一世是拜占庭历史上最复杂矛盾的人物之一,他一生充满残暴离谱的经历,其离经叛道的行为和冒险的爱情故事一直是拜占庭时代人们的谈资。他似乎拥有良好的修养,举止行为非常富有感染力,其诙谐幽默、极为健谈吸引了不少女性,其狂放不羁、敢于直言常在朝堂上赢得敢于抗上的美誉,其鲁莽冲动、不计后果在战场上显得勇敢无畏。同时代的人既有称赞他相貌英俊的,也有贬斥他内心狠毒的。从外表看,他魁梧强壮,身材比例优美,但内心缺乏温和优雅的气质,不少女性似乎被其极富男子汉的气概所迷惑,特别是他拥有军人仪态风度的外表更容易使女性上当。即便上了年纪之后,他的身体仍旧非常强健。据说他常年饮食朴素、勤于锻炼,晚餐常常只有简单的面包和水,若是哪天吃了野猪肉或鹿肉,一定是自己捕获的猎物。

安德罗尼库斯一世的才干和个人魅力赢得了一些同时代人的爱戴和尊敬,但

---

① C. M. Brand, "The Byzantines and Saladin, 1185 – 92, Opponents of the Third Crusade", *Speculum*, 37 (1962), pp. 167 – 181.
② [南斯拉夫]乔治·奥斯特洛格尔斯基:《拜占廷帝国》,第 330 页。
③ [南斯拉夫]乔治·奥斯特洛格尔斯基:《拜占廷帝国》,第 332 页。

他的暴虐淫乱也遭人诟病,极大削弱了他那些有限的成就。① 有学者甚至认为他的统治就是由一系列的暴力、阴谋和可怕的残酷无情构成的。② 他通过谋杀孩童皇帝的方式篡位登基,且被害者是他的亲戚,这在拜占庭历史上非常鲜见。作为统治者,安德罗尼库斯一世不仅是残酷的暴君,而且也是智力软弱无能的庸主。他似乎有政治和军事才干,好像有心重整败坏的朝纲,但其有选择地镇压贵族豪强,并没有改善民众的生活。不仅他的政敌对其水火不容,民众对他更是恨之入骨,因此最终被民众折磨致死。他在帝国各省区采取的措施没有产生立竿见影的明显成效,如果他在位再长久一些,帝国的历史将会提前完结。但也有学者认为安德罗尼库斯一世试图改变历史发展进程的努力必定会以失败告终,因为在 10 世纪时,反对军事贵族势力的政策既是可行的,也是政治的需要。而这一时期变得毫无意义,原因在于此时的贵族早已成为国家发展和帝国防御的重要倚重力量,政府根本不可能以严重动摇国家军事力量基础的方式来清除和摧毁他们。特别是安德罗尼库斯借口整顿吏治打击的都是与之有私人积怨的人,其不问青红皂白的做法必然涉及广泛,迅速结怨了一大片。这样,从低层百姓到高层贵族人人痛恨的皇帝自然难以坐稳宝座,遭受痛苦可悲的下场。特别值得一提的是他对自己所处的危险环境并无清醒认识,以至于在民众骚乱中还误以为他亲自现身说法能够平息臣民的愤怒,最终被众人折磨致死。

安德罗尼库斯一世作为科穆宁王朝的最后一位皇帝,自阿莱克修斯一世开始的中兴帝国在其极其短暂的统治下加速走向衰败,在其统治时期,国内贵族叛乱频发,外敌入侵不断,威尼斯人的干涉,十字军诸国的独立,匈牙利王国的进逼,诺曼人的侵犯以及神圣罗马皇帝弗雷德里克一世的虎视眈眈,都让帝国危机四伏。他悲剧性的垮台意味着科穆宁王朝复兴帝国的最后努力以失败告终,也表明衰败中的拜占庭帝国确实朝中无人,如此素质低下的人也能登上大位,促使庞大的帝国不久便被数千人的十字军骑士征服。

---

① A. P. Kazhdan ed., *The Oxford Dictionary of Byzantium*, p.148.
② [南斯拉夫]乔治·奥斯特洛格尔斯基:《拜占廷帝国》,第317页。

第三章

安苢鲁斯王朝

（1185—1204 年）

安苢鲁斯王朝是拜占庭帝国第 11 个王朝，统治时间仅 19 年，不足一代人，可能是拜占庭帝国统治时间最短暂的王朝，却先后有四位皇帝在位，他们是伊萨克二世（Isaac Ⅱ,1185—1195 年在位）、阿莱克修斯三世（Alexios Ⅲ,1195—1203 年在位）、阿莱克修斯四世（Alexios Ⅳ,1203—1204 年在位）、阿莱克修斯五世（Alexios Ⅴ,1204—1204 年在位）。

该王朝首位皇帝伊萨克二世出身世家望族，其父安德罗尼库斯（Andronikos Doukas Angelos）就是当时拜占庭地方显贵杜卡斯家族子弟，掌控小亚地区军事大权，其母则是来自大贵族家庭的埃芙菲罗丝奈·卡斯塔莫尼提萨（Euphrosyne Kastamonitissa）。但是他的祖父君士坦丁·安苢鲁斯（Constantine Angelos）与前朝皇家公主塞奥多拉·科穆宁娜（Theodora Komnena）结婚，后者是科穆宁王朝开国皇帝阿莱克修斯一世的幼女。事实上,正是这个阿莱克修斯一世推行的拜占庭帝国政治精英改革,将皇族的血缘关系扩展到帝国社会最有实力的贵族家族,扩大了皇帝专制统治的政治基础。但是,这一改革也彻底阻断了拜占庭帝国社会长期存在的纵向人才流动通道,将统一帝国的实权完全集中在科穆宁家族及其亲戚族群范围。这一改革看似缓解了当时帝国政治面临的危机,但权力的过度集中,对皇帝的要求更高,皇族内部争夺皇权的斗争更加严酷。

恰在这一大的背景下,该王朝的四位皇帝一代不如一代,其素质一个不如一个,从而加剧了皇族内讧和血亲之间的争斗。伊萨克二世先后两次结婚,其第一任妻子赫莉娜生育了三个子女,都难以改善皇权继承者越来越差的情况。其二女儿伊琳妮·安吉丽娜(Irene Angelina)的第一任丈夫罗杰三世才能出众,原本有可能改变皇帝继承人的构成,但他过早去世。而伊萨克的长子阿莱克修斯自幼便秉性诡异,虽然被视为皇位继承人,但其性格和见识都没有帝王之相,后来则成为葬送帝国与第四次十字军骑士之手的罪人。伊萨克二世第二任妻子匈牙利的玛格丽特生育有二子一女,两个儿子曼努埃尔·安苴鲁斯和约翰·安苴鲁斯原本可以继承大统,只是由于他们的亲叔叔篡夺了皇权,正常的皇位继承被破坏。

阿莱克修斯三世有三个女儿:伊琳妮·安吉丽娜,成为帕列奥列格王朝皇帝米哈伊尔八世的祖母,二女儿安娜·安吉丽娜虽然嫁给了大贵族,但都未成气候,小女儿欧多基娅·安吉丽娜先后嫁给塞尔维亚国王斯蒂芬·内马尼亚、皇帝阿莱克修斯五世·杜卡斯和科林斯城的独裁者利奥·斯古罗斯,他们在皇帝继承惯例中发挥了些许作用,但帝国迅速丧失十字军骑士之手,该王朝统治断绝。

至于阿莱克修斯四世和阿莱克修斯五世都不属于治国安邦的俊杰,更非乱世枭雄,他们不是在乱世中死于非命,就是四处奔波,处处碰壁。该皇族诸位君主的经历有力地证明了拜占庭帝国在12世纪经历的深刻变革,一个以皇帝及其家族和亲戚为核心的"家天下"帝国取代了前此长期保持中央集权制的统一帝国,拜占庭帝国从此走向了衰亡之路。

第一节

伊萨克二世（Isaac Ⅱ）

（1185—1195 年在位）

伊萨克二世（Ισαάκιος Β΄΄Αγγελος，Isaac Ⅱ Angelos，生于约 1156 年，卒于 1204 年）是安苴鲁斯王朝第一位皇帝，1185 至 1195 年、1203 至 1204 年间曾两度称帝，合计在位十年左右。

有一种意见认为伊萨克·安苴鲁斯 1204 年 1 月 28 或 29 日逝世于君士坦丁堡，①他真正统治帝国的时期是在 1185 至 1195 年间，在位期间的统治能力疲软，无法根除帝国行政体制暴露出的种种弊病。

伊萨克的父亲安德罗尼库斯·杜卡斯·安苴鲁斯是小亚地区的一名军事将领，母亲是来自贵族家庭的埃芙菲罗丝奈·卡斯塔莫尼提萨。他的祖父是君士坦丁·安苴鲁斯（Constantine Angelos），祖母是塞奥多拉·科穆宁娜，后者是科穆宁王朝开国皇帝阿莱克修斯一世最小的女儿。正是通过他的祖母，伊萨克二世与科穆宁家族之间建立起血缘联系。②

伊萨克二世先后有过两次婚配。他的第一任妻子是名叫赫莉娜（Herina）的贵族女性，他们共养育了三名子女。大女儿被送入了修道院。二女儿伊琳妮·安吉丽娜的第一任丈夫是阿普利亚公爵（Duke of Apulia）、西西里王国的罗杰三世（Roger Ⅲ of Sicily），他们在 1192 年夏天结婚，但罗杰三世在 1193 年 12 月 24 日便过世了。伊琳妮的第二任丈夫是士瓦本的菲利普（Philip of Swabia），他是西西里的僭主、亨利六世（Henry Ⅵ of Germany）的兄弟，二人在 1197 年 5 月 25 日成婚。③ 伊萨克与赫莉娜的长子阿莱克修斯被视为皇位继承人，也就是后来短暂统

---

① A. P. Kazhdan ed., *The Oxford Dictionary of Byzantium*, vol. 2, p. 1012.
② 安苴鲁斯家族原是小亚细亚的费拉德尔菲亚城人（Philadelphia），出身低微，后来因为君士坦丁娶了公主塞奥多拉、进入上层社会而显赫起来。伊萨克二世属于科穆宁家族的母系支脉。[美]A. A. 瓦西列夫著，徐家玲译：《拜占庭帝国史》，北京：商务印书馆 2019 年版，第 670 页。[南斯拉夫]乔治·奥斯特洛格尔斯基：《拜占廷帝国》，第 331 页。
③ Niketas Choniates, *O City of Byzantium, Annals of Niketas Choniatēs*, p. 264. 1194 年 2 月 20 日，菲利普的父亲坦克雷德去世，菲利普从这时开始统治西西里岛。

治拜占庭帝国的阿莱克修斯四世。①

1185年,不确知是因为赫莉娜去世,还是二人离婚,伊萨克二世迎娶了第二任妻子匈牙利的玛格丽特(Margaret of Hungary),二人共育有二子一女。其中,年长的儿子名叫曼努埃尔·安苴鲁斯(Manuel Angelos),伊萨克二世本想让他在1205年继承拜占庭皇位。年幼的儿子名叫约翰·安苴鲁斯(John Angelos),他在13世纪上半叶移居匈牙利,以承认匈牙利国王贝拉四世(Béla Ⅳ of Hungary)的宗主地位为条件,统治斯雷姆(Syrmia)和巴克斯(Bacs)。②

在拜占庭史家尼基塔斯·侯尼雅迪斯(Niketas Choniates,1155—1217年)笔下,伊萨克二世"面色红润,头发也是红色的,中等身材,体格强壮"③。他在少年时代接受过良好的教育,但对读书并没有太大兴趣。

伊萨克二世早年曾和父亲、兄弟们一起参与到反对皇帝安德罗尼库斯一世的叛乱中。④ 1184年春天,身在尼西亚城的伊萨克和塞奥多利·坎塔库震努斯(Theodore Kantakouzenos)率领守军抵抗安德罗尼库斯一世向该城发起的进攻。眼见围城数日而不破,安德罗尼库斯派人将伊萨克的母亲埃芙菲罗丝奈从君士坦丁堡接来,先是威胁要让她给攻城器当盾牌,后来又把她绑在攻城锤上冲向城墙,卑鄙又残忍的手段没有让埃芙菲罗丝奈和伊萨克屈服。到了晚上,尼西亚的守军偷偷将埃芙菲罗丝奈解救出来。⑤

不久后,塞奥多利·坎塔库震努斯意外阵亡,尼西亚人只好将全部的希望寄托于伊萨克的领导。但是,伊萨克已经失去了斗志,他开始幻想有朝一日,自己能够通过尊贵的血统继承皇位,因此主张与安德罗尼库斯议和。在尼西亚城放弃抵抗后,许多的当地贵族遭到处决和流放。然而,最先主张交出城市的伊萨克却获得了安德罗尼库斯的赞赏和褒奖,安德罗尼库斯对伊萨克寄予厚望,允许伊萨克

---

① Niketas Choniates, *O City of Byzantium, Annals of Niketas Choniatēs*, p. 231 and 396, note 1069; Charles M. Brand, *Byzantium Confronts the West 1180 - 1024*, Cambridge, Mass.: Harvard University Press, 1968, p. 190.
② Charles M. Brand, *Byzantium Confronts the West 1180 - 1024*, pp. 79 - 80, p. 335, n. 13.
③ Niketas Choniates, *O City of Byzantium, Annals of Niketas Choniatēs*, p. 248.
④ Niketas Choniates, *O City of Byzantium, annals of Niketas Choniatēs*, p. 150.
⑤ Niketas Choniates, *O City of Byzantium, annals of Niketas Choniatēs*, pp. 156 - 157.

回到君士坦丁堡,为自己效力。①

伊萨克·安吉鲁斯的继位在很大程度上是出于偶然,它与一桩突发事件密切相关。根据拜占庭史家尼基塔斯·侯尼雅迪斯的记载,1185年9月初,安德罗尼库斯在一场秘术的神谕中,获悉将有一位名叫"伊萨克"的男人,于9月14日之前取代自己成为皇帝。他猜测这个名字指的应该是在塞浦路斯实行独立统治的伊萨克·科穆宁,后者的确觊觎着皇位,但问题是,伊萨克·科穆宁不可能在9月14日之前从塞浦路斯赶到君士坦丁堡。于是,他又想到,神谕中的"伊萨克"可能指的是当时就在君士坦丁堡城中的伊萨克·安吉鲁斯。②

1185年9月11日下午,安德罗尼库斯宠信的廷臣斯蒂法诺斯(Stephanos Hagiochristophorites)带着几名随从来到伊萨克位于圣母修道院(Monastery of Theotokos Peribleptos)附近的居所,③想要将他强行拘捕。伊萨克看到自己无法逃脱,只好拼死抵抗。他在搏斗中杀死了斯蒂法诺斯,砍下了其随从的耳朵,然后骑马沿中央大道火速赶往圣索菲亚大教堂,在途经市场时,他举起剑向所有人大声呼喊,他用这把剑杀了斯蒂法诺斯。④ 进入大教堂后,伊萨克登上讲道坛当众忏悔自己的罪孽,向进出圣祠的教士请求宽恕。那些看见或是道听途说伊萨克杀死了斯蒂法诺斯并奔向大教堂的君士坦丁堡民众,蜂拥至此,他们都认为在日落之前伊萨克就会被安德罗尼库斯逮捕,经受残忍的酷刑和严苛的惩罚。伊萨克的叔叔约翰·杜卡斯和他的儿子也赶到大教堂,帮助伊萨克煽动民众。他们之所以会这样做,是因为他们曾经在向安德罗尼库斯宣誓效忠时,为伊萨克的忠诚做过担保,伊萨克今天的罪行也必将牵连到他们,唯有推翻安德罗尼库斯的统治,他们才能活下来。他们乞求教堂中的民众尽其所能地守护他们,帮助他们免遭皇帝的严惩,由于当时的大教堂内没有皇帝的官员、随从和卫队,民众群情激昂,高声表达对皇帝的不满。那天晚上,伊萨克在担惊受怕中度过,祈祷自己不要被杀死。一些民众关上了教堂的大门,点上了烛火,劝说大家不要离开。⑤

---

① Niketas Choniates, *O City of Byzantium, annals of Niketas Choniatēs*, pp. 157–159.
② Niketas Choniates, *O City of Byzantium, annals of Niketas Choniatēs*, p. 188.
③ 位于君士坦丁堡的西南角。
④ Niketas Choniates, *O City of Byzantium, annals of Niketas Choniatēs*, pp. 188–189.
⑤ Niketas Choniates, *O City of Byzantium, annals of Niketas Choniatēs*, p. 189.

第二天清晨,暴动的民众冲进公共监狱,释放被关押在里面的囚犯。越来越多的人加入暴乱之中,他们呼喊、拥戴伊萨克·安茞鲁斯成为"罗马人的皇帝",一位教堂司铎取出君士坦丁大帝的皇冠,戴在了伊萨克的头上。意外获得皇冠的伊萨克固然喜悦万分,却也害怕此举会激怒安德罗尼库斯一世。站在他身边的约翰·杜卡斯摘掉自己的帽子,希望民众同意让他戴上皇冠。但在场的民众并不答应,声称他们再也不想让一位耄耋老人做他们的皇帝,他们已经受够了头发花白的安德罗尼库斯的暴行。①

随后,暴动的民众强迫牧首瓦西里·卡玛特鲁斯(Basil Camaterus)陪伴伊萨克前往大皇宫。刚从迈拉努迪昂(Melanoudion)行宫回到大皇宫的安德罗尼库斯一世迫于暴动的压力,同意将皇权传给自己的儿子曼努埃尔。然而,暴动的民众没有就此平息,他们从卡雷阿门(Karea Gate)涌入皇宫,洗劫了造币厂的钱币和贵金属,以及宫廷内便于带走的奇珍异宝。安德罗尼库斯只好乘船逃跑。进入大皇宫的伊萨克·安茞鲁斯在民众的簇拥下成了新的皇帝。他对军队发号施令,命令他们追击逃亡的安德罗尼库斯。②

几天后,伊萨克从大皇宫来到布拉海尔奈宫(Blachernae Palace)居住。他在这里得到了安德罗尼库斯被捕的消息。伊萨克命人将安德罗尼库斯游街示众,任凭君士坦丁堡的民众将他折磨致死。③

登基之后,伊萨克二世召见了在安德罗尼库斯统治时期遭到流放、被没收财产、被折磨致残的人们,为他们平反昭雪,不仅归还了他们的资产,还从国库中拿出大量的钱财来补偿他们。④

在位期间,伊萨克二世除了外出领兵打仗,在大多数的时间里,过着骄奢淫逸、纸醉金迷的生活。在史家尼基塔斯·侯尼雅迪斯笔下,伊萨克二世爱好宴饮,几乎每天都离不开珍馐美食,除非行军打仗条件不允许外。为了享受美景和好天气,他经常在君士坦丁堡周边度假,隔一段时间才返回宫中出现在臣民面

---

① Niketas Choniates, *O City of Byzantium, annals of Niketas Choniatēs*, p. 190.
② Niketas Choniates, *O City of Byzantium, annals of Niketas Choniatēs*, p. 191.
③ Niketas Choniates, *O City of Byzantium, annals of Niketas Choniatēs*, pp. 192-193.
④ Niketas Choniates, *O City of Byzantium, annals of Niketas Choniatēs*, p. 197.

前。① 他还沉迷女色,颇好沐浴,热衷于下流的歌曲和表演。

此外,伊萨克二世热衷兴修大型建筑,他为大皇宫和布拉海尔奈宫增修了多个豪华的浴室和寝室,并命人沿着普罗潘提斯海(Propontis)建造了几座奢华的建筑,甚至填海建造了一些人工岛。不过,在他的命令下,一些建筑也遭到了毁坏。为了修建保卫布拉海尔奈宫的塔楼,他将君士坦丁堡东区一些具有悠久历史的教堂夷为平地,并毁坏了城内许多瑰丽的宅院。就连著名的、为纪念圣乔治而建的曼加纳修道院(house of Mangana)也被他下令毁掉。

在宗教建筑方面,伊萨克二世最兴师动众的举措便是修复了圣米哈伊尔教堂(Church of Michael),他从君士坦丁堡城内、帝国的省区和村庄收集来大天使的精美画像,从伯罗奔尼撒半岛的莫奈姆瓦夏城(Monemvasia)强征表现耶稣服刑场景的圣像,共同安置在这个教堂中。他甚至将大皇宫内奈亚教堂(Church of Nea)的家具和圣器席卷一空,②其中一部分被他安置在圣米哈伊尔教堂里,另一部分被他用于自己日常的饮食起居。一些神圣的十字架上的宝石被他用来制作项链、颈圈,或是装点皇袍。与此同时,他毫不吝惜地向教堂、圣祠、礼拜堂和修道院等宗教机构捐献礼金。对于一些没有被他毁掉的宗教建筑,他也命人进行妥善修缮。③

为了填补大兴土木、对外用兵,以及其奢侈的生活方式造成的国库亏空,伊萨克二世不仅在银币中掺假,命人铸造贬值货币,还通过增加公共税收、卖官鬻爵等方式增加收入。④ 在治理内政方面,伊萨克二世在许多时候会选择逃避皇帝的责任,而是依靠他所信任的重臣,特别是有赖于他的舅舅塞奥多利·卡斯塔蒙尼特(Theodore Kastamonites)的帮助。后者擅长玩弄权术、精于讲演,并且非常善于组织公共税收,成为帝国政务的实际操纵者。⑤ 在1193年塞奥多利死于癫痫并发症后,年纪轻轻的君士坦丁·美索不达米特斯(Constantine Mesopotamites)接替了他

---

① Niketas Choniates, *O City of Byzantium, annals of Niketas Choniatēs*, p. 242.
② 奈亚教堂("Nea"的字面义为"新的")是由马其顿王朝开国皇帝瓦西里一世(Basil I,867—886年)建造的。
③ Niketas Choniates, *O City of Byzantium, annals of Niketas Choniatēs*, pp. 243 – 244.
④ Niketas Choniates, *O City of Byzantium, annals of Niketas Choniatēs*, p. 244.
⑤ Niketas Choniates, *O City of Byzantium, annals of Niketas Choniatēs*, pp. 240 – 241.

的职位,帮助伊萨克二世主持政务,但由于他过于专权,不把皇帝放在眼里,甚至意欲管理军权,任职不到一年的时间就被罢黜了。[1]

在教职授予方面,伊萨克二世根据个人喜好随意地任免君士坦丁堡牧首。1186年2月,他免除了瓦西里·卡玛特鲁斯的牧首职务,将年迈的索菲亚大教堂的督导(sakellarios)尼基塔斯·穆恩塔内斯(Niketas Mountanēs)升任为牧首。三年后(1189年),伊萨克二世又以年迈为由将他免职,将塞奥托基特斯·勒昂提奥斯(Theotokites Leontios)提拔为牧首。同年9月,皇帝又毫无理由地将勒昂提奥斯免职。

实际上,伊萨克一直以来都试图任命耶路撒冷牧首多西塞奥斯(Dositheos)担任君士坦丁堡牧首。因为多西塞奥斯曾是他的密友,在他登基之前就预言了他会成为皇帝。预言成真后,多西塞奥斯更是受到伊萨克二世的极度敬重和优厚礼待。[2] 但由于教会法禁止这种调动,伊萨克二世便召见当时学识渊博的法学家、安条克牧首塞奥多利·巴尔萨蒙(Theodore Balsamon),欺骗他说,自己一直希望将巴尔萨蒙任命为君士坦丁堡的牧首,从而为教会和修道事业的发展树立典范,但教会法规严格限制这样的调动,如果巴尔萨蒙作为一名杰出的法学家能够找到这样的先例,那他将立即宣布巴尔萨蒙担任君士坦丁堡牧首。塞奥多利·巴尔萨蒙听信了伊萨克二世的话,从先例和法理上找到了依据。借助巴尔萨蒙的理论支持,伊萨克二世于1189年2月在皇宫中召开宗教会议,宣布多西塞奥斯成为君士坦丁堡牧首,并为新牧首举办了堪比皇帝凯旋仪式的盛大游行。无法容忍伊萨克做法的主教们,鼓动君士坦丁堡城内的信徒民众,强迫多西塞奥斯离职。然而,伊萨克皇帝一意孤行,在1189年6月再次确认多西塞奥斯担任君士坦丁堡牧首的任命。皇帝担心民众再次暴动,命令卫队和官员护送新牧首前往圣索菲亚大教堂就职。不过,多西塞奥斯的任职遭到了所有人的鄙视,后来,伊萨克二世也对他不合时宜的固执感到失望,1189年9月10日,皇帝再次将他免职,同一天,又将乔治·西非林努斯(George Xiphilinus,1191年9月10日—1198年7月7日在任)扶

---

[1] Niketas Choniates, *O City of Byzantium, annals of Niketas Choniatēs*, p. 241.
[2] Niketas Choniates, *O City of Byzantium, annals of Niketas Choniatēs*, p. 240.

植为新牧首。①

昏庸专制的伊萨克二世继位后的一段时间里,拜占庭帝国内陆续爆发了几次反叛活动,根据尼基塔斯的记载,许多人都曾向伊萨克的皇权发起挑战。1185 年末,伊萨克二世派出老将约翰·康托斯蒂法诺斯(John Contostephanos)和阿莱克修斯·科穆宁(Alexios Komnenos)统领 70 艘船只,想从叛乱贵族伊萨克·科穆宁②的手中夺回塞浦路斯岛。早在安德罗尼库斯一世统治时期,伊萨克·科穆宁就已经自封为塞浦路斯岛的统治者,他不尊重君士坦丁堡的皇帝,没有按照承诺向皇帝缴纳年金。他在塞浦路斯的严酷统治更是不得民心。但皇帝的这次远征没有取得成功,征讨叛乱的将士有的被俘,进而被编入伊萨克·科穆宁的队伍,有的遭到残忍杀害,有的一路坎坷地逃回了故乡。③

1187 年,拜占庭帝国战功赫赫的军事将领、首席贵族阿莱克修斯·布拉纳(Alexios Branas)发动叛乱,发誓将伊萨克二世拉下皇位,自立为帝。布拉纳家族从 11 世纪中期开始便是亚得里亚堡的显赫世家,阿莱克修斯·布拉纳的妻子是该城另一个大家族瓦塔泽斯(Vatatzes)家的千金。他的母亲是阿莱克修斯一世的侄孙女,他的妻子是曼努埃尔一世的外甥女。凭借自身与科穆宁皇族的血缘和姻亲关系,以及在战场上取得的卓越功绩,阿莱克修斯·布拉纳自认为有资格登上皇帝宝座。④ 在被伊萨克二世派去镇压瓦拉几人和保加尔人叛乱的途中,他在自己的故乡亚得里亚堡拥兵自立,得到了族人的大力支持。他率军进攻君士坦丁堡,妄图夺取首都、自立为帝。他在城墙外排军布阵,并向城墙上的士兵、城里的百姓喊话,希望他们能够打开大门,配合自己和平进城、改朝换代,在遭到拒绝后,他加大海路合围,切断了君士坦丁堡的供给线,希望能以此迫使守军投降。

伊萨克二世看到首都民众对自己的支持和对布拉纳的诅咒后,亲自将圣母玛利亚的圣像搬到城墙上,希望能借助神圣的力量渡过此劫。此时的他非常恐惧,不但没有做好迎战的准备,反而派人找来城内所有的修道士,希望能通过他们的

---

① Niketas Choniates, *O City of Byzantium, annals of Niketas Choniatēs*, pp. 223 – 224.
② 这里指的是塞奥多拉·科穆宁娜(Theodora Komnena)的侄子,伊萨克二世的远房表兄弟。
③ Niketas Choniates, *O City of Byzantium, annals of Niketas Choniatēs*, p. 187, pp. 204 – 205.
④ Niketas Choniates, *O City of Byzantium, annals of Niketas Choniatēs*, p. 207.

祈祷战胜叛军。他的妹夫康拉德·蒙特菲拉特劝他不要将生命交托在这些修士身上，①而是花费重金召集军队。在康拉德的反复劝说下，1187 年 9 月 4 日，伊萨克二世决定不再逃避，而是正面迎战叛军。当天中午，他下令打开君士坦丁堡的城门，与康拉德、曼努埃尔·卡米泽斯（Manuel Kamytzes）各自率领一路军队，向城外严阵以待的布拉纳叛军发起攻击。在随后的战斗中，康拉德及其卫队将布拉纳杀死，叛军见状落荒而逃，首都的军队和民众趁着叛军溃退之际洗劫了敌营。②

1188—1189 年，费拉德尔菲亚（Philadelphia）的总督塞奥多利·曼加法斯（Theodore Mangaphas）在他的故乡建立独立政权，自立为帝，得到了该城及其周边大部分居民的效忠，他甚至铸造了一枚印刻着自己形象的银币。③ 伊萨克二世亲自率军平叛，于 1189 年 6 月将塞奥多利围困在费拉德尔菲亚城里，但城内的守军和百姓不愿意向皇帝投降。此时，由于听到弗雷德里克一世率领第三次十字军到来的消息，伊萨克二世想要迅速结束和塞奥多利·曼加法斯的对峙，便同意宽恕他，只要他宣布投降，并许诺不再使用象征皇权的符号，就能够继续担任这座城市的总督。他还挑选出一些当地贵族的儿子当作人质，带回首都。④

此时还出现了伪阿莱克修斯二世的闹剧。一名君士坦丁堡的男青年，自称是阿莱克修斯二世，由于他擅长乔装，且乔装后的模样与已经过世的阿莱克修斯二世及其父亲曼努埃尔一世非常相像，因此骗过了很多人。冒牌的阿莱克修斯二世得到伊科尼姆⑤的苏丹基利杰·阿尔斯兰二世的帮助，募集了一支 8000 人的军队，劫掠了迈安德河谷地的几座城市。伊萨克二世派出他的弟弟阿莱克修斯领兵平乱，但后者的军事活动收效甚微。冒牌的阿莱克修斯二世最终于 1193 年 1 月，在酒宴之后被一名痛恨其恶行的教士刺杀，后者将他的头颅交给阿莱克修斯。在他之后，还陆陆续续有几个人自称是阿莱克修斯二世，但他们的下场要么是被杀，要么是被囚禁了起来。⑥

---

① 阿莱克修斯·布拉纳叛乱时，康拉德·蒙特菲拉特恰好就在君士坦丁堡城内，因为伊萨克二世在此前不久为他和塞奥多拉的婚礼举办了宴会。
② Niketas Choniates, *O City of Byzantium, annals of Niketas Choniatēs*, pp. 212-213.
③ Niketas Choniates, *O City of Byzantium, annals of Niketas Choniatēs*, p. 219.
④ Niketas Choniates, *O City of Byzantium, annals of Niketas Choniatēs*, pp. 219-220.
⑤ 位于小亚细亚，罗姆苏丹国的首都。
⑥ Niketas Choniates, *O City of Byzantium, annals of Niketas Choniatēs*, p. 231.

不久之后,又有另外一人自称是阿莱克修斯二世,在帕夫拉戈尼亚联合其他东部省份发动叛乱、独立称帝,伊萨克二世派塞奥多利·科姆努斯(Theodore Choumnos)镇压叛乱,在战斗中将此人俘虏、处死。另有瓦西里·乔扎斯(Basil Chotzas)在尼科米底附近的塔尔西亚(Tarsia)发动叛乱,并在最初的一段时间里取得了成功,但同样很快被逮捕,终被刺瞎双眼、投入大狱。①

当世编年史家尼基塔斯·侯尼雅迪斯认为,伊萨克二世统治之初,之所以遭遇了这么多次的国内叛乱,其实是与他继位之后治理帝国不力有关。② 面对国内反对他的叛乱,伊萨克二世大肆迫害异己,处理了一些有嫌疑的官员。其中包括出身尊贵的塞萨洛尼基总督安德罗尼库斯·科穆宁,罪名是他与曼努埃尔一世的私生子阿莱克修斯密谋篡位。伊萨克二世下令不需要经过审判,也无需证据,便以叛国罪论处,投入监狱、挖出双眼。他所谓的共谋者阿莱克修斯也被迫成为修士,处于伊萨克二世的严密监视下。③ 就连他的儿子也被皇帝定为叛贼,被刺瞎了双眼。④

同样被伊萨克二世处刑的还有君士坦丁·阿斯皮耶特斯(Constantine Aspietēs),因为皇帝派他前去镇压瓦拉几人的叛乱时,他多有推辞,并且向皇帝索要其麾下士兵的年金,盛怒之下的伊萨克二世剥夺其军权,还将他的双眼刺瞎,理由是怀疑他集结军队准备叛乱。⑤

伊萨克二世的侄子君士坦丁·安苴鲁斯·杜卡斯(Constantine Angelos Doukas)也因为在外征战时自立为帝的行为而遭到皇帝重罚。年轻的君士坦丁颇有军事天赋,在领兵对抗瓦拉几人期间在战术方面取得很大成功,得以重创敌军。但取得大捷后的君士坦丁自不量力,在亲信的支持下妄图称帝。他在前往内乌齐孔城(Neoutzikon)途中遭到叛徒出卖,被抓捕、送交至伊萨克二世处置,尽管他极力辩解,却还是被伊萨克处以剜目之刑。⑥

---

① Niketas Choniates, *O City of Byzantium, annals of Niketas Choniatēs*, p. 233.
② Niketas Choniates, *O City of Byzantium, annals of Niketas Choniatēs*, p. 233.
③ Niketas Choniates, *O City of Byzantium, annals of Niketas Choniatēs*, p. 234. 安德罗尼库斯·科穆宁是拜占庭公主、著名女性史家安娜·科穆宁娜和布林纽斯(Bryennios)的孙子。
④ Niketas Choniates, *O City of Byzantium, annals of Niketas Choniatēs*, p. 235.
⑤ Niketas Choniates, *O City of Byzantium, annals of Niketas Choniatēs*, p. 235.
⑥ Niketas Choniates, *O City of Byzantium, annals of Niketas Choniatēs*, p. 240.

为了巩固自身的统治，伊萨克二世通过婚盟获取塞尔维亚人、意大利人和匈牙利人的支持。1185年，他将侄女欧多基娅·安吉丽娜（Eudokia Angelina）嫁给了塞尔维亚国王斯蒂芬·内马尼亚的儿子小斯蒂芬。1187年春天，他又将自己的姐妹塞奥多拉嫁给了刚刚丧偶的意大利侯爵康拉德·蒙特菲拉特（Conrad of Montferrat）。在此前的1186年，他已经迎娶匈牙利国王贝拉三世的女儿玛格丽特为妻，当时的玛格丽特还不满十岁，来到君士坦丁堡后更名为"玛丽亚"（Maria）。① 从这桩婚姻中，我们可以看到伊萨克精明的算计：一方面，当时匈牙利是拜占庭帝国最为强大的近邻，另一方面，玛格丽特具有尊贵的血统，与基辅罗斯、神圣罗马帝国、意大利、普罗旺斯的统治家族，以及拜占庭前朝皇室都有着血缘关系。

伊萨克二世在位时期，还对帝国的军事活动投入了大量的金钱和物资。继位伊始，他面临的最严重的外敌威胁便是西西里王国军队的入侵。当时西西里人的舰队已经十分迫近君士坦丁堡。伊萨克二世的继位被许多民众视为通向帝国光明未来的转折点，大量民众从帝国各个省区汇入君士坦丁堡，应征入伍，对抗西西里人。伊萨克对其慷慨赏赐，将他们武装起来，编入大将军（*strategos*）阿莱克修斯·布拉纳的军队。对于在前线作战的帝国军队，伊萨克二世下令从国库中拨出大量军粮以及4000多磅的黄金。② 在布拉纳的领导下，拜占庭军队捷报频传，并在1185年11月7日的德米特里切斯战役（Battle of Demetritzes）中击溃来犯的西西里军队，俘获了主将阿切拉的理查德（Richard of Acerra）和鲍德温伯爵。③ 这场战役标志着拜占庭军队对诺曼军队的决定性胜利，基本上将侵略拜占庭帝国已久的诺曼人赶出了希腊地区。④

不过，1185年秋天，就在拜占庭帝国皇帝更迭、拜占庭军队正在与诺曼军队作战之际，帝国东邻伊科尼姆的老苏丹基利杰·阿尔斯兰二世借机派精锐部队袭

---

① Niketas Choniates, *O City of Byzantium, annals of Niketas Choniatēs*, p. 203 and 396, note 1094; Stefan Burkhardt, "Between empires: South-eastern Europe and the two Roman Empires in the Middle Ages", in Gerhard Jaritz and Katalin Szende eds., *Medieval East Central Europe in a Comparative Perspective: From Frontier to Lands in Focus*, London: Routledge, 2016, p. 50.
② Niketas Choniates, *O City of Byzantium, annals of Niketas Choniatēs*, p. 198.
③ 他是坦克雷德（Tancred of Lecce）伯爵的小舅子，后者是西西里王位的继承者。
④ Niketas Choniates, *O City of Byzantium, annals of Niketas Choniatēs*, pp. 198–199.

击了色拉科西军区。伊萨克只好与苏丹议和,同意支付年金。①

1187年,伊萨克二世与威尼斯订立协议,威尼斯共和国从这份协议中获得了一系列贸易特权,条件是必须在六个月的时间里向拜占庭皇帝提供40至100艘桨帆船,每艘船只配备140名威尼斯桨手。②

1189年,在神圣罗马帝国皇帝弗雷德里克一世的率领下,第三次十字军队伍向东地中海进发,他们在经过拜占庭帝国境内时造成了一系列破坏。伊萨克二世怀疑弗雷德里克的真正目的是夺取君士坦丁堡,因为后者曾与前皇帝曼努埃尔一世长期不和,并且与拜占庭帝国的劲敌保加尔人和塞尔维亚人进行外交往来。从1160年代到伊萨克二世统治的时代,号称德意志人要入侵拜占庭帝国的谣言便一直广泛传播。③ 伊萨克二世非常信赖的多西塞奥斯就曾经预言说:弗雷德里克一世并非真的想要进军巴勒斯坦,而是要攻取君士坦丁堡。④ 1189年8月26日,弗雷德里克一世的军队占领了菲利普波利斯城,击退了拜占庭方面试图收复该城的3000人军队。⑤ 此后,拜占庭军队继续骚扰十字军队伍,取得了一定的成功。不过,一小批亚美尼亚人出卖了拜占庭军队,将拜占庭军队的位置和战术透露给十字军,导致拜占庭军队被十字军击溃。⑥

为了暂时解除十字军进攻君士坦丁堡的危险,1190年2月14日,伊萨克二世被迫与弗雷德里克一世订立亚得里亚堡协议(Treaty of Adrianople)。作为交换,弗雷德里克一世承诺十字军在拜占庭帝国境内不会再袭击劫掠城市、村庄和田地。伊萨克同意将一些族人交给弗雷德里克当人质,承诺为弗雷德里克提供行军的向导和粮草,帮助他们尽快通过拜占庭帝国的领土。协议达成后,伊萨克二世又向弗雷德里克一世赠送了400磅银币以及用金线织成的锦衣,弗雷德里克一世也报以厚礼。同年3月,弗雷德里克的军队分两路抵达加里波利(Gallipoli),并打

---

① Niketas Choniates, *O City of Byzantium, annals of Niketas Choniatēs*, p. 203.
② J. Norwich, *A History of Venice*, New York: Vintage Books, 1982, p. 121.
③ Jonathan Harris, *Byzantium and the Crusades*, London: Bloomsbury, 2014, p. 142.
④ Niketas Choniates, *O City of Byzantium, annals of Niketas Choniatēs*, p. 222.
⑤ W. Treadgold, *A History of the Byzantine State and Society*, Stanford: Stanford University Press, 1997, p. 658.
⑥ Niketas Choniates, *O City of Byzantium, annals of Niketas Choniatēs*, p. 224.

算进一步前往东方。①

伊萨克二世此前与诺曼人的战争耗费了拜占庭帝国大量的军力和财力。为了支付军费,特别是为自己的婚礼筹集资金,伊萨克二世曾在 1185 年底下令在帝国范围内征收额外的税款,这引起保加尔人和瓦拉几人的强烈不满。领头叛乱的彼得(Peter of Bulgaria)和亚森一世(Asen Ⅰ)两兄弟,于 1186 年初前去觐见在基普塞拉(Kypsella)安营扎寨的伊萨克二世,要求皇帝签发诏书,授予他们海莫斯山(Mount Haimos)周边的大地产,并招募他们加入拜占庭军队,希望通过地产和任命获得丰厚的收入。上述要求遭到了伊萨克二世的拒绝,于是他们继续煽动叛乱,借机谋求独立。②

1186—1187 年间,双方冲突不断。1186 年春天,伊萨克二世亲自领兵前去平叛,但保加尔人和瓦拉几人成功的游击战术让受制于山区地形的拜占庭军队难以展开进一步行动,结果平叛行动毫无进展,拜占庭人只好在同年夏天返回君士坦丁堡。叛军还在库曼人中招募大量士兵,他们的目标是以迈里亚(Myria)地区和保加利亚为基础,重现保加利亚帝国,并进一步侵蚀拜占庭皇帝的疆土。1187 年 9 月至 1188 年春天,伊萨克二世两次率军从君士坦丁堡出发,向瓦拉几人发动新一轮进攻,但都没有取得明显的成效。

与保加尔人和瓦拉几人作战期间,伊萨克二世还在 1190 年向塞尔维亚人发起攻势,击败了塞尔维亚君主斯蒂芬·内马尼亚的军队。1190—1195 年间,拜占庭帝国陷入与保加利亚帝国的不断战争中,伊萨克二世多次领兵亲征,但这些征战收效甚微,伊萨克二世甚至险些在 1190 年的战斗中丢了性命。1194 年,拜占庭军队在阿卡地奥波利斯战役中(battle of Arcadiopolis)遭到惨败。1195 年,伊萨克二世联合匈牙利王国军队,准备再度进攻保加利亚。1195 年春天,他在塞浦塞拉(Cypsela)城郊集结一支拜占庭大军。

然而,同年 4 月 8 日前后,伊萨克二世的哥哥阿莱克修斯·安茞鲁斯(Alexios Angelos)与一些贵族共谋,趁着他出去打猎的时候颠覆了他的统治,阿莱克修斯

---

① Niketas Choniates, *O City of Byzantium, annals of Niketas Choniatēs*, p. 226.
② Niketas Choniates, *O City of Byzantium, annals of Niketas Choniatēs*, pp. 203 – 204; Charles M. Brand, *Byzantium Confronts the West 1180 – 1024*, pp. 89 sqq., p. 337, n. 36.

在军队的拥护下自立为帝,史称阿莱克修斯三世(Alexios Ⅲ,1195—1203 年在位)。后者中止了进攻保加利亚的行动,并将伊萨克二世的双眼刺瞎,关进了君士坦丁堡的监狱。① 身陷牢狱且双目失明的伊萨克没有想到,自己后来还有重登皇帝宝座的一天。

1201 年,伊萨克二世之子阿莱克修斯侥幸逃脱牢狱,前往德意志等西欧国家,并与组织第四次十字军出征队伍的教宗和各封建主联络,成功地说服了十字军帮助他父亲恢复皇权。1203 年 7 月,第四次十字军占领了拜占庭帝国首都君士坦丁堡,罢黜阿莱克修斯三世,致使后者仓皇出逃。伊萨克二世在经历了八年的牢狱之灾后,被重新扶上皇位。不过,这时的他已经上了年纪,且双目失明、举止疯癫。同时,在廷臣和十字军将领的支持下,他的儿子阿莱克修斯也被宣布为共治皇帝,史称阿莱克修斯四世,只不过,他们的复辟没有坚持几天,伊萨克二世也未能真正统治帝国。

伊萨克二世复位后,十字军方面要求阿莱克修斯四世履行承诺,支付巨额酬金,并与十字军一起远征埃及。阿莱克修斯四世担心西欧骑士不服管束,故劝告十字军不要住在城里,而去城郊扎营。他无力支付巨额酬金,只好恳求十字军宽限时日。双方关系日益紧张起来。1204 年 1 月,不满于十字军行径和两位皇帝大肆敛财政策的君士坦丁堡市民掀起暴动,他们指责伊萨克二世和他的儿子卖国求荣。阿莱克修斯三世的女婿阿莱克修斯·杜卡斯·莫卓弗劳斯(Alexios Dukas Mourtzouphlos)被暴乱民众宣布为皇帝,史称阿莱克修斯五世。伊萨克二世和阿莱克修斯四世遭到罢黜,重入死牢。1204 年 2 月 8 日,阿莱克修斯四世遭到秘密杀害。几天后,伊萨克二世也在监狱中离开了人世。②

在当世史家的笔下,伊萨克二世是一位反复无常、疑心严重、暴躁无情的皇帝,经常无端构陷文武属下,对待有阴谋之嫌或是有叛乱之实的人更是狠毒残酷。现代史家格泽尔(H. Gelzer)曾经评价他是"邪恶道德的化身,坐在凯撒们腐朽的

---

① Niketas Choniates, *O City of Byzantium, annals of Niketas Choniatēs*, pp. 231-248.
② Niketas Choniates, *O City of Byzantium, annals of Niketas Choniatēs*, pp. 301-309;[美]A. A. 瓦西列夫:《拜占庭帝国史》,第 672 页。

宝座上"①。与此同时,继位之初的伊萨克二世也是一位慷慨大方的皇帝,对普通民众心怀恻隐,曾多次打开国库向君士坦丁堡的穷人分发救济款,或是向在战争中失去丈夫的妇女发放抚恤金。不过,随着镇压内乱和边境冲突的军事活动越发频仍,他又不得不对民众施加重税,以致民不聊生。在战场上,他多次亲自率军作战,希望能像"保加尔人屠夫"瓦西里二世皇帝那样取得对保加利亚的显赫战绩。但他同时又铺张浪费、沉迷享乐,时常因为想要回首都附近的宫殿娱乐而延误战机。在他统治期间,没有通过彻底的内政改革或坚决的军事行动来缓解拜占庭帝国的内外危机,反而在全国引起了强烈的不满和愤怒,导致内乱、暴动频仍,加速了拜占庭帝国的衰落。马其顿王朝黄金时代之后的拜占庭帝国,经历了科穆宁王朝的贵族政治改革,制度性地破坏了继承自晚期罗马帝国的中央集权制,也彻底瓦解了统一帝国的政治模式。这一改革将帝国权力更为集中于皇帝为首的少数"精英"团体,因而皇帝的作用愈发突出,也对皇帝的素质提出更高的要求。伊萨克二世远非杰出君主,甚至不属于平庸之辈,而是个残暴的昏君,因此加速了拜占庭帝国的衰落。

第二节

阿莱克修斯三世(Alexios Ⅲ)

1195—1203 年在位

阿莱克修斯三世·安茸鲁斯(Alexios Ⅲ Angelos, Ἀλέξιος Ἄγγελος,生于 1153 年前后,卒于 1211 年,享年超过 58 岁)是安茸鲁斯王朝第二位皇帝,1195 年 3 月至 1203 年 7 月 17 日称帝,在位八年多。

阿莱克修斯三世·安茸鲁斯统治期间,没有采用父亲的姓氏"安茸鲁斯",而是自称为阿莱克修斯·科穆宁(Alexios Komnenos, Ἀλέξιος Κομνηνός),一方面是

---

① [美]A. A. 瓦西列夫:《拜占庭帝国史》,第 670 页。

为了强调自身与前朝科穆宁王朝的血缘关系,因为在他看来,科穆宁这一姓氏显然要比安茝鲁斯更加尊贵,另一方面则是有意隐去被他罢黜的弟弟伊萨克二世所采用的姓氏。① 有时,他的同时代史家会称他为"平庸者"(Βαμβακοράβδης)②。他的上位是建立在罢黜、刺瞎他的弟弟伊萨克二世·安茝鲁斯的基础上,这成了后来阿莱克修斯四世联合第四次十字军围攻君士坦丁堡的借口。

阿莱克修斯·安茝鲁斯是安德罗尼库斯·杜卡斯·安茝鲁斯和埃芙菲罗丝奈·卡斯塔莫尼提萨的儿子,比前任皇帝伊萨克二世年长三岁。他的祖母是阿莱克修斯一世最小的女儿。通过祖母的血缘关系,阿莱克修斯·安茝鲁斯也成为庞大的科穆宁皇族中的一员。

他与妻子埃芙菲罗丝奈·杜卡娜·卡玛特拉(Euphrosyne Doukaina Kamatera)孕育了三个女儿。大女儿伊琳妮·安吉丽娜先后嫁给了安德罗尼库斯(Andronikos Contostephanos)和阿莱克修斯·帕列奥列格(Alexios Palaiologos)③,第二段婚姻使她成为帕列奥列格王朝开国皇帝米哈伊尔八世(Michael Ⅷ Palaiologos)的祖母。他的二女儿名叫安娜·安吉丽娜(Anna Angelina),先是嫁给了曼努埃尔一世皇帝的侄孙、"大贵族"伊萨克·科穆宁,他在米西亚征讨叛贼时遭到敌人俘虏,死在了监狱中;之后,安娜又嫁给了后来成为尼西亚皇帝的塞奥多利·拉斯卡利斯(Theodore Laskaris)。④ 他的小女儿欧多基娅·安吉丽娜先后嫁给了三个手握重权的丈夫,她的第一任丈夫是塞尔维亚国王斯蒂芬·内马尼亚,第二任是皇帝阿莱克修斯五世·杜卡斯(Alexios V Doukas),第三任是科林斯城的独裁者利奥·斯古罗斯(Leo Sgouros)。

阿莱克修斯·安茝鲁斯早年也曾与父亲、兄弟们一起参加反抗当时皇帝安德罗尼库斯一世·科穆宁的叛乱,为此,他曾在萨拉丁等穆斯林君主的宫廷中度过几年的流亡时光。

---

① Niketas Choniates, *O City of Byzantium, annals of Niketas Choniatēs*, p. 252.
② [美]A. A. 瓦西列夫:《拜占庭帝国史》,第671页。
③ 阿莱克修斯·帕列奥列格在与伊琳妮结婚之前曾有过一段婚姻,他的第一任妻子是一位相貌出众的贵族女性。
④ Niketas Choniates, *O City of Byzantium, annals of Niketas Choniatēs*, p. 280; Charles M. Brand, *Byzantium Confronts the West 1180-1024*, p. 130. 二人成婚时,塞奥多利·拉斯卡利斯是一位以勇武善战而名声在外的年轻人。

1185年9月,他的弟弟伊萨克·安茞鲁斯在君士坦丁堡民众的支持下登上皇位后,阿莱克修斯·安茞鲁斯受到的威胁随之解除。到了1190年时,阿莱克修斯回到了君士坦丁堡的皇宫,被伊萨克二世授予尊贵的"大贵族"头衔。然而,他不满足于此。1195年3月,趁着伊萨克二世在色雷斯狩猎的时机,阿莱克修斯在军队的拥护下称帝,这一篡位过程得到了他的妻子埃芙菲罗丝奈及其家族的暗中支持。阿莱克修斯在马其顿的斯塔吉拉(Stagira)抓捕了伊萨克。按照拜占庭人的惯例,他刺瞎了弟弟的双眼,以绝其重任皇帝的心思,此后便将他监禁起来。他在皇宫中找到伊萨克二世的皇袍和皇冠,穿戴在自己的身上,在军队和元老院成员的簇拥下称帝。[1]

登基之后,阿莱克修斯三世从未后悔自己对亲弟弟犯下的罪行。[2] 为了平息舆论、稳固皇位,阿莱克修斯三世不得不广散钱财,对于那些狂热支持他称帝的人们,他慷慨地给与重赏。他将伊萨克二世时期筹集的用于军事活动的钱财毫无节制地分发给君士坦丁堡的民众,以避免民众发动反对他称帝的暴乱。此举导致国库空虚,给国家财政造成严重的问题。除了金钱赏赐,阿莱克修斯三世还向支持者分发农田和税收权,甚至授予他们大量的高位官职,从而导致官衔严重"贬值"[3]。

在登基之前,阿莱克修斯三世在人们的印象中并不是一个性情温和之人,十分好斗,乐于穷兵黩武,也正因如此,君士坦丁堡的民众期待这位新皇帝在登基之后能够即刻投入到领兵征战中,英勇保卫家国。[4] 但阿莱克修斯三世并不这样认为,在取得皇位后,他"仿佛变了一个人似的",自认为已经实现了个人最高目标,很快就沉迷于荣华和享乐,[5]导致朝政荒废,军务废弛。

当世史家尼基塔斯·侯尼雅迪斯曾辛辣地讽刺他道:"不管是什么样的文件,只要呈递给皇帝,他立即签字;哪怕这份文件只是一堆废话,或者文件呈递者要求什么人在陆地行船或在海上耕地,或要求将高山移往大海中,或像神话传奇那样,

---

[1] Niketas Choniates, *O City of Byzantium, annals of Niketas Choniatēs*, p. 249.
[2] Niketas Choniates, *O City of Byzantium, annals of Niketas Choniatēs*, p. 251.
[3] Niketas Choniates, *O City of Byzantium, annals of Niketas Choniatēs*, pp. 249-250.
[4] Niketas Choniates, *O City of Byzantium, annals of Niketas Choniatēs*, p. 265.
[5] Niketas Choniates, *O City of Byzantium, annals of Niketas Choniatēs*, pp. 252 and 265.

将阿索斯山搬到奥林匹斯山上,这都无关紧要。"①

相比之下,阿莱克修斯三世的妻子埃芙菲罗丝奈是一位颇有才能、手腕强硬的皇后,为了维护阿莱克修斯三世的统治,她做出了一系列的努力。根据尼基塔斯·侯尼雅迪斯的记载,皇后埃芙菲罗丝奈对朝政多加干预。不只是皇帝阿莱克修斯三世能够发布政令,埃芙菲罗丝奈同样可以发号施令,她甚至经常废止皇帝的政令,或是根据自己的意愿加以篡改。当阿莱克修斯三世接见外国使节时,埃芙菲罗丝奈要与他并肩而坐。宫中召开皇帝咨询会时,也常常是埃芙菲罗丝奈主持。②

她尝试在宫中开展改革,对阿莱克修斯三世的养子、大臣瓦塔泽斯予以重用,并且再次启用曾效力于前任皇帝伊萨克二世的君士坦丁·美索不达米特斯(Constantine Mesopotamitēs),由他来主持内政。大权在握的瓦塔泽斯和君士坦丁遭到阿莱克修斯三世的其他近臣的嫉妒和憎恨。皇帝的女婿安德罗尼库斯·康托斯蒂法诺斯和皇后的兄弟瓦西里·卡玛特鲁斯怒火中烧,他们对选用君士坦丁的皇后大加指责,密谋报复。他们向阿莱克修斯三世进献谗言,称皇后与瓦塔泽斯通奸,并且密谋推翻阿莱克修斯三世的统治。听闻此言后,阿莱克修斯三世大发雷霆,派他的贴身侍卫巴斯特拉利特斯(Bastralitēs)前往比提尼亚,找到正在此处镇压"西里西亚人"阿莱克修斯叛乱的瓦塔泽斯,将他秘密处决,此举引起了瓦塔泽斯军中士兵的强烈不满和极度愤慨。③

皇后埃芙菲罗丝奈也一度因为通奸的罪名而遭到阿莱克修斯三世的罢黜。但不久之后,凭借其娘家的势力和自身的计谋,埃芙菲罗丝奈又重新回到宫中,通过个人魅力再度让阿莱克修斯三世对她言听计从,不仅重新掌握了朝政大权,还取得了比先前更大的影响力。④

皇后的重新得势让她的宠臣君士坦丁·美索不达米特斯更加肆意妄为。他先是请求阿莱克修斯三世下令,将自己从助理牧师(lector)提拔为助祭(deacon)。

---

① [美]A. A. 瓦西列夫:《拜占庭帝国史》,第 671 页。
② Niketas Choniates, *O City of Byzantium, annals of Niketas Choniatēs*, pp. 252 – 253.
③ Niketas Choniates, *O City of Byzantium, annals of Niketas Choniatēs*, p. 267.
④ Niketas Choniates, *O City of Byzantium, annals of Niketas Choniatēs*, pp. 268 – 269.

紧接着，他又装腔作势地以无法再为皇帝效力为由而伤心啜泣。因为按照教会法的规定，教士不能同时在教会和宫廷中担任职务，不能同时侍奉上帝和皇帝。听闻此言的阿莱克修斯三世强迫君士坦丁堡牧首乔治·西非林努斯让步，同意君士坦丁·美索不达米特斯同时参与教会事务和国家政务，免除他违背教规所需承担的责罚。此后不久，君士坦丁·美索不达米特斯又被提拔为塞萨洛尼基城的大主教。通过这种方式，君士坦丁·美索不达米特斯在宫廷和教会都取得了极大的权势，他为自己的兄弟安排了朝中要职，对阿莱克修斯三世发挥重要的影响。教会和宫中的大事小事，几乎都需经过他的同意才能真正落实，甚至就连阿莱克修斯三世征讨叛贼时采用的军事策略都由他全权策划。[1] 后来，君士坦丁·美索不达米特斯和他两个兄弟倒台后，内政由塞奥多利·埃林尼库斯（Theodore Eirenikos）主持，此人善于言辞，但治国才能不足。君士坦丁的前车之鉴让塞奥多利处处小心谨慎，生怕惹恼阿莱克修斯三世，以致毫无作为。[2]

除了皇后及其亲信手握重权之外，阿莱克修斯三世统治期间帝国内政的另一大特征是拜占庭帝国朝廷内外的重要官职都被皇帝的亲属所把持。在史家尼基塔斯·侯尼雅迪斯的笔下，这些皇亲国戚中饱私囊、贪得无厌，用自己手中的权势换取金钱，对前来请愿的普通民众榨取钱财，擅自挪用公共税收的情况频繁发生。[3] 事实上，自前朝科穆宁皇帝进行贵族体制改革以后，帝国丧失了传统的中央集权制国家政治模式，逐渐转变为皇帝一族的家天下。阿莱克修斯三世在这一方面做得非常突出。

与此同时，阿莱克修斯三世统治时期还大兴卖官鬻爵之风，就连行省总督的职务也可以通过购买获得，无论是钱币兑换商还是亚麻商人，无论是库曼人还是叙利亚人，只要肯出价，都能够获得显赫的头衔。这项措施使当时的政治环境越发浑浊。重金买官之人上任之后往往为非作歹，不仅要尽快捞回前期投入的金钱，而且更加疯狂敛财，利用权力大发横财，引起民众的极度愤怒，进而导致市民

---

[1] Niketas Choniates, *O City of Byzantium, annals of Niketas Choniatēs*, pp. 269–270, p. 283.
[2] Niketas Choniates, *O City of Byzantium, annals of Niketas Choniatēs*, p. 271.
[3] Niketas Choniates, *O City of Byzantium, annals of Niketas Choniatēs*, p. 265.

暴动时有发生。①

阿莱克修斯三世统治期间，面临着严峻的外部环境。在帝国的北部，匈牙利王国和叛乱的保加尔人、瓦拉几人肆无忌惮地侵扰着帝国在巴尔干地区的省区，他们的劫掠已经深入到了希腊地区；在东部，塞尔柱突厥人（Seljuk Turks）蚕食着拜占庭帝国的领土；在西部，日耳曼人的军队对帝国的欧洲领土构成严重威胁。面对外敌的侵扰，阿莱克修斯三世并未筹集军费、积极应战，而是将大量的国库金钱收入挥霍在宫廷生活上，还妄想依靠单纯的外交手段解决危机。

1195年4月，阿莱克修斯三世派出使臣与瓦拉几人和保加尔人的领袖彼得和亚森议和，但后者提出的条件令人难以接受，导致双方无法缔结休战合约。瓦拉几人和保加尔人趁阿莱克修斯三世在小亚逗留之机，进攻塞雷（Serrai）附近的军区，击溃了驻扎在那里的拜占庭军队，俘虏了军队统帅阿莱克修斯·阿斯皮耶特斯（Alexios Aspietēs），占据斯特雷蒙河（Strymon River）和安菲波利斯（Amphipolis）周边的省区，以及许多要塞。作为应对，阿莱克修斯三世派他的女婿"大贵族"伊萨克统领一支大军对抗瓦拉几人。年轻气盛的伊萨克有勇无谋，贸然出击，落入敌人的陷阱，他本人被俘虏，拜占庭军队伤亡惨重。②

此时，保加尔人内部爆发内乱，一名叫作伊万科（Ivanko）的勇士因为害怕被亚森处置而抢先弑主，控制米西亚地区，他派人给阿莱克修斯三世送信，希望皇帝亲自远征，他敬献保加利亚重镇特诺沃（Trnovo），并表示愿追随阿莱克修斯三世一起征服整个米西亚。但怯懦的阿莱克修斯三世还是没有亲自出征，只是派出大将军（protostrator）曼努埃尔·卡米泽斯担任军队主帅，统领士兵前往。在拜占庭军队抵达边境时，士兵们不愿继续前进，他们表示已经多次往返这些山路，之前的征伐都没有取得显著的胜利，现在只想回到自己的家园，不愿意再前进一步。曼努埃尔·卡米泽斯被迫折返。收到消息的伊万科心灰意冷，只好逃出米西亚投奔阿莱克修斯三世。他得到这位拜占庭皇帝的慷慨接待，阿莱克修斯三世为伊万科赐名"阿莱克修斯"，并将他任命为菲利波斯行省的总督，赐予了丰厚的赏赐。他

---

① Niketas Choniates, *O City of Byzantium, annals of Niketas Choniatēs*, p. 288.
② Niketas Choniates, *O City of Byzantium, annals of Niketas Choniatēs*, pp. 284–285.

还将自己的外孙女塞奥多拉（Theodora）嫁给了伊万科,希望通过姻亲关系保证伊万科的忠诚,将伊万科作为制衡保加尔人的一枚棋子。①

1197年,阿莱克修斯三世亲自率兵前往基普塞拉,意图从瓦拉几人和库曼人的蹂躏下挽救色雷斯地区的一些城市。与此同时,皇帝还希望平定北马其顿地区的僭主多布罗米尔·克里索斯（Dobromir Chrysos）的叛乱。不过,在战场上待了一个多月后,阿莱克修斯三世非常想念君士坦丁堡的宫廷生活,很快便将出征时的目标抛之脑后,率领部队打道回府,在君士坦丁堡附近的行宫享起艳福来。② 他将普罗萨科斯（Prosakos）和斯特鲁米察（Strummitsa）及其周边的土地都割让给了克里索斯,还在家族中为后者挑选了一名妻子。回到君士坦丁堡后,阿莱克修斯三世强行拆散了"大将军"卡米泽斯的女儿和女婿,将他的女儿送给了克里索斯当妻子。③ 他的做法使得克里索斯获得借口,继续保持其独立统治,在接下来的若干年里拒不承认拜占庭皇帝的权威。

雪上加霜的是,在1200年,拜占庭帝国与塞尔维亚的友好关系也宣告破裂。在阿莱克修斯三世统治初期,他将女儿欧多基娅·安吉丽娜嫁给塞尔维亚大公斯蒂芬·内马尼亚,后者获得了大贵族的头衔,从而使拜占庭与塞尔维亚保持着友好的关系。但在1200年,随着斯特凡与欧多基娅之间婚姻关系的解除,塞尔维亚与拜占庭的联盟也宣告终结,这样一来,拜占庭也失去了在欧洲东南部的最后一个盟友。④

在帝国东部的小亚地区,阿莱克修斯三世与伊科尼姆的突厥苏丹于1196年12月达成和解,答应偿付早先突厥人要求的贡金。⑤ 但双方之间的和平并没有维持长久。1199年初,阿莱克修斯三世派安德罗尼库斯·杜卡斯（Andronikos Doukas）统领军队,对抗突厥人。为了加强边境地区的防御,阿莱克修斯三世允许边境地区的普罗尼亚地产持有者掌握诸种特权,结果不仅没有加强边境的防御力量,反而造成地方军事地主们实力大增,导致这些区域的将领拥兵自立,不受皇帝

---

① Niketas Choniates, *O City of Byzantium, annals of Niketas Choniatēs*, pp. 257-259, p. 281.
② Niketas Choniates, *O City of Byzantium,: annals of Niketas Choniatēs*, pp. 267-268.
③ Niketas Choniates, *O City of Byzantium, annals of Niketas Choniatēs*, pp. 279-280.
④ Niketas Choniates, *O City of Byzantium, annals of Niketas Choniatēs*, pp. 291-292.
⑤ Charles M. Brand, *Byzantium Confronts the West 1180-1024*, pp. 136-137.

管控,拜占庭皇帝的权威在这些地区很难发挥实际的影响力。

此外,来自西部的威胁也令阿莱克修斯三世头疼不已。在弗雷德里克一世·巴巴罗萨意外死后,他的儿子亨利(Henry Ⅵ)继承了父亲的统治,成为神圣罗马帝国的皇帝。在他的统领下,日耳曼军队在1194年秋天征服了西西里岛。1196年圣诞节,阿莱克修斯三世在亨利六世的威胁下,被迫缴纳5000磅黄金作为贡赋,否则他的帝国就要面对被德意志军队入侵的命运。虽然经过讨价还价,后来的贡金降至1600磅,但这一过程已经将拜占庭帝国统治者的无能,以及军队的孱弱和财政的危机暴露无遗。①

1197年初,阿莱克修斯三世派君士坦丁堡市长埃夫玛提欧斯·菲洛卡勒斯(Eumathios Philokales)出任使臣,与亨利六世协商。出使的补给物资由皇帝提供,但旅途的开销则由埃夫玛提欧斯个人承担。为了筹集这笔贡金,阿莱克修斯三世向行省民众征收繁重的"阿拉曼尼税金"(Alamanikon)。他召集君士坦丁堡的全体公民、元老院成员和教士,命令每人捐出一部分财产,为筹集贡金做出贡献。但在场的大多数人认为阿莱克修斯三世的征缴命令无法承受且于事无补,他们高声表达不满,指责皇帝滥用公共财富,将行省治理权交给那些德不配位的族人。阿莱克修斯眼见形势开始失控,赶忙收回成命,并向众人解释说,要求众人捐款并非自己的本意,而是受他人影响。②

眼见强制募捐行不通,阿莱克修斯三世又打起了教堂的主意。他先是要求手下洗劫教堂中的金银器皿,但他们不敢这样做,害怕此举会遭到上帝的报应。阿莱克修斯三世又改为让人扫荡圣使徒教堂(church of the Holy Apostles)中的皇帝陵墓,先皇们的棺冢被强制打开,殉葬品被洗劫一空,就连君士坦丁大帝的棺冢也未能幸免。阿莱克修斯三世命人将这些金银器物熔铸,由此获得7000磅白银和大量的黄金。对于拜占庭方面来说,幸运的是亨利六世在1197年9月突然去世,阿莱克修斯三世没有实际缴付这笔钱款。③

总体而言,在阿莱克修斯三世统治时期,其内外政策不得民心,他的军事活动

---

① Niketas Choniates, *O City of Byzantium, annals of Niketas Choniatēs*, pp. 261-264.
② Niketas Choniates, *O City of Byzantium, annals of Niketas Choniatēs*, pp. 262-263.
③ Niketas Choniates, *O City of Byzantium, annals of Niketas Choniatēs*, p. 263.

没有取得显著的收效,而他征收的重税及其官员的为非乍歹、横征暴敛对帝国臣民造成了严重的伤害。在阿莱克修斯三世统治时期,包括科穆宁家族成员在内的一系列图谋叛乱者的行径将帝国的政治体制完全摧毁,战乱将行省和首都的建筑严重破坏。

阿莱克修斯三世想利用伊万科抗击保加尔人和瓦拉几人的如意算盘并没有成功。在 1200 年初,倒戈相向的伊万科以菲利波利斯城为基地,联合自己的族人发动叛乱,建立起独立统治。① 这一事件令阿莱克修斯三世备感突然,只好再次派出曼努埃尔·卡米泽斯和自己的女婿领兵平叛。在接下来的艰苦战斗中,曼努埃尔·卡米泽斯被俘,众多拜占庭将士遭到敌人的残忍折磨。听到消息的阿莱克修斯三世并没有念及曼努埃尔·卡米泽斯屡次出征的战功和苦劳,反而将他的被俘视为上帝赐予自己的幸运,因为卡米泽斯富可敌国,其财产可以帮助自己缓解危机。他赶忙命人没收卡米泽斯的所有财产,为卡米泽斯的妻儿定上了莫须有的罪名,关押进监狱。②

1200 年 5 月,阿莱克修斯三世亲自领兵征讨伊万科。不过,意志薄弱的阿莱克修斯三世在行军几天之后就打起了退堂鼓,他也意识到军队里的大多数士兵提起敌人就面露恐惧,不愿作战。他派出自己信赖的使臣与伊万科议和,表面看来是为了满足伊万科的不合理要求,实际上阿莱克修斯三世是希望假借和谈的名义抓住伊万科。在周密的计划下,阿莱克修斯三世安排他的大女婿阿莱克修斯·帕列奥列格在和谈时逮捕了伊万科,将他投入大狱,由此不费一兵一卒便收回了伊万科占据的城镇和要塞。③

之后,科穆宁家族一位名叫约翰的人公然于 1200(或 1201)年 7 月 31 日,发动反抗阿莱克修斯三世统治的叛乱。他偷偷溜进圣索菲亚大教堂,将一顶小皇冠戴在自己的头上,自命为帝,此举得到了许多贵族和一部分民众的支持。他们冲进皇宫,约翰坐在了皇帝的宝座上,将一众支持者册封为高官显爵。当天夜里,阿莱克修斯三世召集自己的亲戚和军队准备在第二天一早对约翰发起攻势。皇帝

---

① Niketas Choniates, *O City of Byzantium, annals of Niketas Choniatēs*, p. 281.
② Niketas Choniates, *O City of Byzantium, annals of Niketas Choniatēs*, p. 283.
③ Niketas Choniates, *O City of Byzantium, annals of Niketas Choniatēs*, pp. 284 – 285.

的军队轻而易举地平定了约翰的叛乱,约翰本人被杀,身首异处。阿莱克修斯三世命人将约翰的头颅悬挂在市场的拱门处示众,他的尸体则先是被挂在布拉海尔奈宫的南门,而后又被取下喂狗。尼基塔斯写道,人们都觉得皇帝此举十分凶残、野蛮。①

不久,"大贵族"约翰的私生子、米拉萨行省的税务官米哈伊尔也于1200年夏天,起兵反抗阿莱克修斯三世的统治。② 同年秋天,阿莱克修斯三世亲自率兵前往帝国东部行省平定叛乱,在战场上击溃了米哈伊尔的军队。战败的米哈伊尔向苏丹寻求援助,厌恶阿莱克修斯三世的苏丹热情地接待了他,并调拨给他一支军队,大肆洗劫迈安德河沿岸的拜占庭城市。

此外,曾任拜占庭帝国"大将军"的曼努埃尔·卡米泽斯也联合自己的兄弟起兵发动叛乱。被俘虏之后,卡米泽斯遭受多年牢狱之苦,在此期间,他屡次写信央求他的堂兄弟阿莱克修斯三世能够为他支付赎金,但一心想要侵吞卡米泽斯财产的阿莱克修斯丝毫不为所动。感到绝望的卡米泽斯转而恳求他的女婿克里索斯(Chrysos)帮他支付,后者付出了200磅黄金的代价帮他重获自由。出狱后,卡米泽斯再次恳求阿莱克修斯三世将这200磅黄金还给克里索斯,因为皇帝已经将其家产统统没收,其价值远超这200磅黄金。阿莱克修斯三世权衡之后再次拒绝了卡米泽斯的请求。绝望、愤怒的卡米泽斯与克里索斯决定起兵征服普罗萨科斯附近的军区,陆续占领了佩拉戈尼亚(Pelagonia)、普里莱普(Prilep)等地,并挑唆其他边境地区发动叛乱。他们入侵了塞萨利地区的山谷和平原,造成了希腊和伯罗奔尼撒地区的动荡。③

阿莱克修斯三世一生虽然在内政和军事方面乏有建树,但在对抗病魔这件事情上却异常坚强。根据尼基塔斯·侯尼雅迪斯的记载,在他成为皇帝后的一段时间里,时不时就会遭受病痛折磨,具体表现为身体关节发炎,双脚分泌毒液,引发浑身剧痛,并伴随着无法走路、高烧难退的症状。为了缓解疼痛,他曾经私下用烧

---

① Niketas Choniates, *O City of Byzantium, annals of Niketas Choniatēs*, p. 289; Charles M. Brand, *Byzantium Confronts the West 1180-1024*, pp. 122-124, 347-348, n. 14. 叛乱者约翰是科穆宁王朝皇帝约翰二世的曾外孙。
② 这位米哈伊尔就是后来建立伊庇鲁斯君主国的米哈伊尔一世。
③ Niketas Choniates, *O City of Byzantium, annals of Niketas Choniatēs*, p. 292.

红的烙铁按压自己疼痛的双腿。御医们日复一日地配制泻药,通过大量药物来缓解皇帝的痛苦。①

就在阿莱克修斯三世尚且与病魔斗争之时,皇后埃芙菲罗丝奈等人已经开始商讨新皇帝的人选。由于阿莱克修斯三世膝下无子,他那两个有资格继承皇位的女婿安德罗尼库斯·康托斯蒂法诺斯和伊萨克·科穆宁又已经英年早逝,皇位的传递归属就变得扑朔迷离起来。皇帝的男性亲属们都跃跃欲试。那时人在宫中、尚未叛乱的"大将军"曼努埃尔·卡米泽斯与他的舅舅"大贵族"约翰针锋相对。阿莱克修斯三世的三个兄弟以及他的姐妹伊琳妮的丈夫约翰·坎塔库震努斯都已经被安德罗尼库斯一世刺瞎了双眼,失去了当皇帝的资格,因此开始公然为他们各自的儿子争取皇位。在他们激烈争夺皇位的过程中,一众王公都不把作为帝王的美德、治国理政的才能纳入考量的因素,反而把切身相关的利益当作推举新皇帝的唯一依据。②

但这些皇位的觊觎者们未能如愿以偿,阿莱克修斯三世还是从病床上站了起来。不过,药物只能使阿莱克修斯三世的病症从急性转为慢性,却无法完全根除它。在其余生中,他还是会时不时地面临旧病复发的困扰和折磨。③

阿莱克修斯三世政府的倒台,在第四次十字军向东进军的大背景下骤然来临。在篡位之后,阿莱克修斯三世没有斩草除根,处决伊萨克二世和他的儿子阿莱克修斯·安苴鲁斯(后来的阿莱克修斯四世),后来还将自己的侄子阿莱克修斯从监狱中释放,为后来的皇族血拼和帝国曲折的史事发展埋下了伏笔。其中最大的政治危险是,想方设法逃出君士坦丁堡的阿莱克修斯·安苴鲁斯,他向第四次十字军寻求援助,希望他们能够帮助自己罢黜阿莱克修斯三世,将父亲和自己扶上皇位。作为回报,他承诺将在登基之后终结东西方教会的分裂局面,为十字军提供旅费,并向他们提供军事支持。本以埃及为目标的十字军将士被他说服,改向君士坦丁堡进军,他们在1203年6月抵达帝国皇城。他们簇拥阿莱克修斯四世为拜占庭皇帝,并尝试劝导君士坦丁堡民众罢黜阿莱克修斯三世,向新皇帝

---

① Niketas Choniates, *O City of Byzantium, annals of Niketas Choniatēs*, p. 273.
② Niketas Choniates, *O City of Byzantium, annals of Niketas Choniatēs*, pp. 274 – 275.
③ Niketas Choniates, *O City of Byzantium, annals of Niketas Choniatēs*, p. 293 and 299.

宣誓效忠。①

阿莱克修斯三世没有采取有效的措施抵抗，他试图贿赂十字军的将领来化解此次危机，但没有取得成功。只有他的女婿塞奥多利·拉斯卡利斯真正地尝试做出努力，却在斯库塔里(Scutari)遭遇溃败。

1203年7月，十字军在精明狡诈的威尼斯总督恩里克·丹多洛(Enrico Dandalo)的指挥下攻入城墙，并且控制了城区的一部分区域。在接下来的战斗中，十字军在君士坦丁堡城内放火，导致约20000民众无家可归。6月17日，阿莱克修斯三世终于开始采取行动，他率领着17支部队冲出圣罗曼努斯城门(St. Romanus Gate)。虽然其麾下部队在数量上远超十字军部队，但他还是失去了勇气，在没有开始战斗的情况下就逃回城中。宫中大臣们强烈请求阿莱克修斯三世领兵战斗，这位怯懦的皇帝也做出了承诺。然而，当天晚上，阿莱克修斯三世便带上大女儿伊琳妮，以及大约1000磅黄金，连夜乘船向色雷斯地区逃亡，不顾皇后和另两个女儿的死活，更是不顾君士坦丁堡民众的生死存亡。②

伊萨克二世则被人从监狱中救出，重新穿上了皇帝的长袍，在大皇宫中庄重地迎接他的儿子阿莱克修斯四世。③

出逃的阿莱克修斯三世先后试图在亚得里亚堡和莫西诺波利斯(Mosynopolis)组织军力，与新政权相抗衡。1204年4月君士坦丁堡完全陷落后，胜利的西欧骑士建立起拉丁帝国。出逃的阿莱克修斯三世接纳了前来投奔他的阿莱克修斯·杜卡斯·莫卓弗劳斯。一开始，阿莱克修斯三世非常器重阿莱克修斯·杜卡斯，将自己的小女儿嫁给了他，但后来又抛弃了他，还刺瞎了他的双眼。

为了躲避十字军的侵袭，阿莱克修斯三世逃进塞萨利地区，后来屈服于十字军统帅、塞萨洛尼基王国的领主卜尼法斯·蒙特菲拉特(Boniface of Montferrat)。1209年，阿莱克修斯三世在伊庇鲁斯专制君主米哈伊尔一世(Michael Ⅰ Komnenos Doukas)的帮助下重获人身自由。在米哈伊尔一世的帮助下，他前往小亚，投奔他的女婿塞奥多利·拉斯卡利斯。这时的塞奥多利已经是尼西亚的皇帝，他拒

---

① Niketas Choniates, *O City of Byzantium, annals of Niketas Choniatēs*, p. 294.
② Niketas Choniates, *O City of Byzantium, annals of Niketas Choniatēs*, p. 299.
③ Niketas Choniates, *O City of Byzantium, annals of Niketas Choniatēs*, p. 301.

绝承认阿莱克修斯三世为皇帝,这促使阿莱克修斯三世与罗姆苏丹国的苏丹(sultan of Rum)凯伊·库斯鲁一世(Kaykhusraw Ⅰ,1192—1196 年,1205—1211 年在位)联系,在后者的支持下密谋夺权。1211 年,双方爆发了安条克战役(Battle of Antioch),苏丹战死,阿莱克修斯三世被塞奥多利·拉斯卡利斯生擒。他被软禁在尼西亚的一所修道院中,直到 1211 年去世都没有离开那里。①

与伊萨克二世一样,阿莱克修斯三世是现当代拜占庭通史作者着墨不多的拜占庭皇帝。A. A. 瓦西列夫认为阿莱克修斯三世与他的哥哥一样平庸无能,同样穷奢极欲、懒于理政,同样缺乏军事才能,这些都导致帝国更迅速地走向衰落。② 的确,从尼基塔斯·侯尼雅迪斯的记载来看,阿莱克修斯三世不仅在治国理政方面平庸无能,在军事行动上意志薄弱、胆小怯懦,还非常缺乏责任感,可以说在内政和军事活动中,都没有尽到一位帝王应有的职责。他不问朝政,不理军务,而是将大部分朝政和军政事务交由宠臣和皇后的族人、亲信处理。他任人唯亲、唯财,一方面沉迷于宫廷享乐,导致首都贵族竞相效仿,相互攀比谁的排场更豪华奢侈;另一方面又向民众苛以重税,致使民不聊生,各省和首都的暴动此起彼伏。他的篡权夺位成为第四次十字军帮助阿莱克修斯四世攻取皇城的借口,而他的弃城出逃则不仅使他失去了作为拜占庭皇帝的最后一丝尊严,同时也加速了这座皇城、这个帝国衰亡命运的到来。

第三节

阿莱克修斯四世(Alexios Ⅳ)

1203—1204 年在位

阿莱克修斯四世(Alexios IV Angelos, Αλέξιος Δ''Αγγελος,约生于 1182,卒于 1204 年)是安茝鲁斯王朝第三位皇帝,1203 年 8 月到 1204 年 1 月在位仅 7

---

① Warren Treadgold, *A History of the Byzantine State and Society*, p. 717.
② [美]A. A. 瓦西列夫:《拜占庭帝国史》,第 671 页。

个月。

其父亲是拜占庭安茞鲁斯王朝第一任皇帝伊萨克二世,后者在位时的拜占庭帝国还保持着马其顿王朝时期的余威,对诺曼人和塞尔维亚人的战事继续取得较大胜利,帝国在巴尔干地区的统治保持强盛。1185 年,他于君士坦丁堡的一场政变中被推上皇位,但于 1195 年在筹备远征保加利亚时被其兄弟阿莱克修斯三世推翻,并被处以瞽目之刑,①被关押长达八年之久。伊萨克二世被推翻也是他咎由自取,在他统治时期,"宫廷生活骄奢淫逸,他也缺乏处理国事和对外关系的能力和明确计划,尤其是巴尔干半岛此时面临新的危险,即第二保加利亚王国的崛起,而在亚洲,土耳其人继续发展壮大,整个国家都充斥着不满和焦虑。"②阿莱克修斯的同名叔叔阿莱克修斯三世于 1195 年 4 月发动兵变,趁皇弟伊萨克二世在马其顿地区集结兵力意欲北伐保加利亚之际,发动军事政变、推翻了伊萨克的统治,取皇弟伊萨克二世帝位而代之。然而,篡位上台的阿莱克修斯三世在治国理政方面并不比他的弟弟高明多少,国家形势也并未得到些许好转。同时期的编年史家尼基塔斯·侯尼雅迪斯略带讽刺地记载:"对于需要签字的文件,他从来都是一签而过,不管内容是什么。"③

当时 13 岁的阿莱克修斯决心为父报仇,成年后便到西欧各国游说,以图家族势力东山再起。1203 年,阿莱克修斯四世带领十字军占领京都后,伊萨克短暂复位,但次年被推翻,后去世。阿莱克修斯四世的母亲出身于帕列奥列格家族,后来以"伊琳妮"之名进入修道院。尽管阿莱克修斯四世的人生短暂,但他却是拜占庭帝国历史上最恶名昭著的卖国者。他为一己之私引狼入室,致使第四次十字军转向拜占庭,攻占并洗劫了君士坦丁堡,使帝国几乎陷入亡国的境地。

在第四次十字军兵临城下之际,阿莱克修斯三世带着搜刮的金银财宝在希腊和色雷斯地区东躲西藏,后来向蒙特菲拉特侯爵卜尼法斯投降,并躲到了拜占庭皇族建立的偏安一隅的伊庇鲁斯帝国寻求庇护。未几,他又投奔了在尼西亚地区建立朝廷的女婿塞奥多利·拉斯卡利斯,由于阴谋篡位被送入修道院软禁,于

---

① 瞽目之刑是拜占庭人对待战俘、叛贼和下野君主的极刑,通常是刺瞎双眼。
② A. A. Vasiliev, *History of the Byzantine Empire, 324-1453*, Vol. II, p.439.
③ A. A. Vasiliev, *History of the Byzantine Empire, 324-1453*, Vol. II, p.439.

1211 年去世。① 阿莱克修斯一度被篡位的叔父囚禁大牢，因为他是伊萨克的儿子和皇位竞争者，但他后来逃脱监管。1201 年，两名比萨商人受阿莱克修斯的姐夫、德意志国王士瓦本的菲利普的委托，②协助身陷囹圄的阿莱克修斯四世越狱，秘密潜逃出君士坦丁堡，并把他护送到了神圣罗马帝国境内，当时后者 19 岁。他首先逃往意大利。③ 先去罗马觐见了教皇英诺森三世（Innocent Ⅲ，1198—1216 年在位），却一无所获。然后北上来到德意志王国，寻求姐姐和姐夫菲利普的帮助。

这个菲利普（Philip of Swabia，1177—1208）不是等闲之辈，他出身于德意志霍亨斯陶芬家族，是神圣罗马帝国皇帝弗雷德里克一世"巴巴罗萨"（红胡子）第五子也是最小的儿子。菲利普自幼便立志献身于教会，并进入修道院学习。1189 年 4 月，正当他的父亲筹备出征之际，菲利普被提拔为教长。1189 年 5 月，弗雷德里克参加第三次十字军出征，并于翌年夏溺亡在今土耳其南部的萨勒夫河（Saleph River，即格克苏河 the Göksu）。弗雷德里克一世去世后，菲利普的兄长亨利继任为神圣罗马帝国皇帝。而他本人则被推选为维尔茨堡（Würzburg）地区的主教。亨利秉承父志，继续向意大利扩张。菲利普则紧随兄长，放弃了教会事业，于 1195 年出任托斯卡纳地区的边地侯，并被授予了大量土地。为了改善弗雷德里克一世时同拜占庭帝国糟糕的关系，亨利安排他迎娶了拜占庭皇帝伊萨克二世的女儿伊琳妮·安吉丽娜。④ 其实，封授为士瓦本公爵（Duke of Swabia）的菲利普无暇顾及小舅子阿莱克修斯的家事，可是挡不住妻子伊琳妮的唠叨和以泪洗面的劝说，故而出手相救。

与此同时，第四次十字军紧锣密鼓地筹备着，阿莱克修斯认为蒙特菲拉特侯爵卜尼法斯是可以信赖的人。卜尼法斯（约 1150—1207）于 1192 年起被封为第九位蒙特菲拉特侯爵（Marquis Boniface of Montferrat），是第四次十字军的主要领

---

① 据说他对内贪慕权位，对外软弱无能，登基伊始即输掉对保加利亚的战争，保加利亚承认罗马教宗至高无上的帝位，致使拜占庭帝国在巴尔干地区的威信严重受损。
② 菲利普与拜占庭皇家公主成亲是两国建立政治联盟的结果。
③ A. P. Kazhdan ed., *the Oxford Dictionary of Byzantium*, p.65.
④ 伊琳妮·安吉丽娜曾于 1193 年嫁给西西里国王坦克雷德的长子罗杰三世（Roger Ⅲ），同年 12 月罗杰去世。1194 年 12 月，在亨利六世的安排下，伊琳妮嫁给了菲利普。

导者,野心勃勃、能量极大。他的父亲威廉五世是第二次十字军的领袖。卜尼法斯家族还与拜占庭帝国有姻亲关系,蒙特菲拉特侯爵的弟弟雷尼尔(Renier)迎娶了拜占庭皇帝曼努埃尔一世之女玛丽亚(Maria Porphyrogenita),另一个弟弟康拉德一世(Conrad Ⅰ of Jerusalem)迎娶了伊萨克二世的妹妹塞奥多拉。1201 年,第四次十字军的首领香槟伯爵塞奥博尔德(Theobald Ⅲ, Count of Champagne)去世,卜尼法斯被选为新的领袖。他作战经验丰富,而且他的弟弟康拉德和侄子鲍德温五世是耶路撒冷国王。卜尼法斯与士瓦本的菲利普是表兄弟,1201 年冬,二人在哈伊瑙尔庆祝圣诞节期间,与失势的拜占庭皇子阿莱克修斯四世举行会晤,达成依靠十字军帮助阿莱克修斯四世父子复位的意向。①

　　后来,卜尼法斯在法国东北部的苏瓦松被推举为第四次十字军的主帅。② 在围攻扎拉城(Zara)期间,他曾暂时抛开军务前去会见菲利普。扎拉即扎达尔(Zadar),是今克罗地亚西部港口城市,著名的历史名城,西临亚得里亚海,与意大利隔海相望,东依巴尔干腹地。最早被称为"亚德拉"(Iadera)和"亚德尔"(Iader),古希腊人称之为"依达萨"(Idassa,希腊语:Τδασσα)。中世纪时,该城被称为"扎塔拉"(Jatara)、"扎多拉"(Jadora)或"扎德拉"(Jadera)。早在 9 世纪时,威尼斯人即称该城市为"扎拉"。从 15 世纪被威尼斯共和国统治起,这座城市用 Zara 之名直到 20 世纪中叶,后被最终命名为"扎达尔",沿用至今。公元前 7 世纪时,扎达尔已经成为腓尼基人、古希腊人及其他地中海民族进行贸易活动的一个重要的中心;罗马共和末期,扎达尔隶属于伊利里亚行省(古希腊语:Ἰλλυρία,拉丁语:Illyricum),并发展成为亚得里亚海东岸最繁荣的港口之一。罗马帝国时期,该城隶属于达尔马提亚行省。扎拉城是亚得里亚海东岸重要城市,西罗马帝国灭亡后,该城曾属东哥特王国。553 年,拜占庭帝国查士丁尼大帝收复该城。640 年代,扎

---

① 1204 年 4 月 12 日,君士坦丁堡被十字军攻破后,卜尼法斯被视为是拉丁政权的有力竞争者,但威尼斯总督丹多洛担心他势大难控而表示反对。最终,在威尼斯人的干预下,卜尼法斯愿望落空,1205 年起出任塞萨洛尼基王国的国王。只得在塞萨洛尼基建立王国并自任国王。卜尼法斯控制了博斯普鲁斯以东的所有领地和克里特岛,但不久后他把克里特岛让给了拉丁帝国皇帝佛兰德的鲍德温(Baldwin of Flanders)。1207 年 9 月 4 日,卜尼法斯遭到保加利亚军队伏击身亡。
② 苏瓦松(法语:Soissons)位于法国东北部埃纳河畔,是皮卡迪大区埃纳省的一个城镇。苏瓦松是法国最古老的镇之一。又译作"索松"。西罗马帝国覆灭后的中世纪大多处于法兰克王国控制中。486 年,墨洛温家族克洛维率领萨利克法兰克人在此击败西格里乌斯军队,史称"苏瓦松战役"。苏瓦松战役的胜利实际上宣告法兰克王国的成立。墨洛温王朝(486—751)成为法兰克第一个王国。

拉成为拜占庭帝国达尔马提亚行省首府。10 世纪末,随着拜占庭帝国对达尔马提亚地区的控制日渐松弛,克罗地亚王国、匈牙利王国和威尼斯共和国围绕扎拉城展开了激烈的争夺。1202 年 11 月 10 日,威尼斯人利用第四次十字军围攻扎拉,使这座同样信奉基督教的城市遭到巨大的破坏。教宗英诺森三世一怒之下将威尼斯和十字军骑士逐出教籍,十字军的骑士们也因参与围攻扎拉而名誉扫地。虽然遭受了围攻和破坏,但 11—14 世纪仍然处于扎拉的黄金时代,凭借着优越的地理位置和港口条件,扎拉在亚得里亚海地区的政治博弈和商贸往来中扮演了极为重要的角色。正因为如此,威尼斯人对它垂涎三尺,大肆进攻。

根据时人克拉里的罗伯特(Robert of Clari)记载,阿莱克修斯四世在士瓦本宫廷避难期间会见过菲利普的表兄弟——卜尼法斯。双方达成初步协议,十字军方面帮助伊萨克和阿莱克修斯父子二人夺回拜占庭皇位,后者则须为十字军提供经济和军事上的援助。克拉里的罗伯特是一位来自法国北部皮卡迪大区(Picardy)的骑士。第四次十字军出征时期,曾追随其领主亚眠伯爵彼得(Count Peter of Amiens)参战。罗伯特为后人留下了一部关于第四次十字军战征的编年史,后人为此书定名为《克拉里的罗伯特关于第四次十字军的记述》(Robert of Clari's account of the Fourth Crusade)。这部史书是为数不多的以下级封臣的视角所记第四次十字军的史料,记载了诸多历史细节,具有重要的史学价值。譬如,据罗伯特记载,他的兄弟阿梅洛斯(Aleaumes)是一名武装的神职人员,在最后围攻君士坦丁堡战役中,是第一个杀入城中的十字军战士。他还记载都灵裹尸布(Shroud of Turin)珍藏于君士坦丁堡的布拉海尔奈教堂(the church of Blachernae)。其提供的信息比较可靠。①

阿莱克修斯四世为了重新夺回皇位,四处游说,不遗余力,极尽摇尾乞怜、阿谀奉承之能事。为了复辟,他在教宗和菲利普等人面前哭诉阿莱克修斯三世对他们父子二人的迫害,恳求十字军帮助他不幸的父皇。他的姐姐伊琳妮也向夫君菲利普大吹枕边风,她形容阿莱克修斯"失去故国,无家可归,像流浪汉一样四处游荡,除了自己的肉身,一无所有"②。会谈结束后,卜尼法斯旋即返回了正在扎拉

---

① 罗伯特的立场是倾向于威尼斯一方的。
② A. A. Vasiliev, *History of the Byzantine Empire, 324 – 1453*, Vol. II, p.451.

城过冬的十字军军营,阿莱克修斯四世也随后抵达扎拉军营,并做出如下承诺:第一,一旦复位,拜占庭方面将会为十字军提供10000名拜占庭士兵,并在圣地耶路撒冷常年派驻500名骑兵;第二,拜占庭海军的20艘舰船将会帮助十字军渡过地中海奔赴埃及战场;第三,拜占庭帝国将为十字军偿还拖欠威尼斯共和国的20万银币军费。[1] 阿莱克修斯四世甚至还承诺,一旦复位,拜占庭东正教会将承认罗马教宗至高无上的地位,把东正教置于天主教的权威之下。威尼斯原为一渔村,由于其地理位置优越,便于从事东西方中转贸易,故于5—7世纪时受匈奴人和伦巴德人侵扰的内陆居民纷纷迁移此地。687年,当地居民选出第一任总督,建立共和国,建国初期是拜占庭帝国的藩属国。10世纪末威尼斯共和国获独立,由于地处亚得里亚海北岸,航运商贸发达,逐渐成为富庶的商业国。威尼斯曾协助拜占庭帝国击退诺曼人的进攻,1082年获准在拜占庭帝国境内建立商站,免税行商是帝国赋予它的回报。12世纪时,拜占庭帝国与威尼斯共和国交恶,拜占庭驱逐了境内的威尼斯人,没收了他们的财产。十字军时代,威尼斯乘机巩固了在东方和爱琴海沿岸的地位,并乘机吞并拜占庭的大片领土,包括战略意义极为重要的克里特岛、伯罗奔尼撒西南部及爱琴海上的许多岛屿,这就导致民众对他们的仇恨,甚至于1171年和1182年出现了针对威尼斯人的大屠杀事件。为了报复之前拜占庭帝国对威尼斯人的虐待,威尼斯人迫切渴望利用第四次十字军洗劫君士坦丁堡,灭亡拜占庭帝国。

威尼斯人和多数十字军将领对于阿莱克修斯提出的条件表示满意,也倾向于实施阿莱克修斯的计划。但是,个别十字军将领譬如来自法国图卢兹的贵族西蒙(Simon de Montfort,1165?—1218)对阿莱克修斯的提议持怀疑与不合作的态度。这个法国封建领主先后率领骑士队伍多次加入第四次十字军远征战事,如参加围

---

[1] 威尼斯共和国(the Repulic of Venice),全称"最尊贵的威尼斯共和国"(威尼斯语:Serenìsima Repùblica Vèneta;意大利语:Serenissima Repubblica di Venezia;它有时亦被称为Serenissima,而这名称的拉丁语意思是指"最尊贵的"),是意大利北部威尼斯人的城邦,以威尼斯为中心,施行贵族共和制。1363—1368年,威尼斯平定了克里特岛上的圣提多起义,强化了对克里特的控制。1298—1382年,同热那亚共和国间连续进行四次海战,击败这一贸易竞争对手,成为地中海和黑海地区的强国,进入全盛时期。15世纪,随着奥斯曼帝国的崛起和新航路的开辟,欧洲商业中心从地中海转向大西洋沿岸,威尼斯逐渐衰落。1453年,拜占庭帝国灭亡后,威尼斯共和国同奥斯曼帝国进行了延续二百余年的海战,威尼斯在巴尔干和地中海的殖民地丧失殆尽。1797年被拿破仑灭亡,成为奥地利帝国的一部分。1866年威尼斯并入意大利王国。

攻扎拉城的战役以及后来十字军在叙利亚地区的战斗。他坚持认为十字军作战的对象不是基督徒。① 经过十字军内部的协商,进军君士坦丁堡被大多数人接受,少数持异议者率领部分士兵前往巴勒斯坦地区的阿卡城。②

1203 年 6 月 23 日,十字军兵临君士坦丁堡城下。出于震慑政敌与试探民心的考虑,阿莱克修斯四世率领部分士兵在君士坦丁堡城外绕城巡阅,但是出乎他的意料,城内的居民对于他的归来并没有表现出欢迎的态度。在拜占庭人看来,尽管阿莱克修斯三世是篡位上台,但他出身皇族,是安茞鲁斯皇家后裔,篡位行为属于拜占庭帝国内部的政治斗争。而城外耀武扬威的阿莱克修斯(四世)尽管值得同情,但是他勾引拉丁人前来争夺皇位的行为为拜占庭人所不齿,因为拜占庭人素来憎恶拉丁人尤其是威尼斯人,他们对 12 世纪时帝国内部曾爆发的几场针对威尼斯人的暴乱记忆犹新。因此,君士坦丁堡城中百姓对阿莱克修斯的态度颇为冷淡。

同年 6、7 月间,十字军对君士坦丁堡发动一系列进攻,但是由于城高池深,城防完善,十字军的进攻并未取得进展。7 月 18 日,在位皇帝阿莱克修斯三世携带着搜刮来的大批资财仓皇逃至色雷斯躲避兵灾。翌日清晨,已经被囚禁了八年的伊萨克二世被城中的旧部亲信解救出来,重新登上皇位,他们还打开城门迎接十字军入城。尽管几乎不费吹灰之力就夺得了城高池深的君士坦丁堡,但是十字军方面显然对于这个结果并不满意。他们迫使伊萨克二世于 8 月 1 日正式任命他的儿子阿莱克修斯为共治皇帝,即阿莱克修斯四世。

伊萨克二世在得知阿莱克修斯四世曾对十字军做出慷慨许诺后,深感忧虑。因为他深知,被阿莱克修斯三世盗走的国库空空如也,拜占庭皇家所有的财富根本无法满足十字军偿还拖欠威尼斯人的船费。而阿莱克修斯四世初登大宝,缺乏统治经验,也根本不清楚在过去的半个世纪里,帝国的财政收入减少了多少。为

---

① 1209 年,西蒙还参加了教宗英诺森三世授意的针对法国南部图卢兹地区阿尔比派教徒的镇压,并在镇压过程中夺取了南部城市贝济耶(Béziers)和卡尔卡松(Carcassonne)。1215 年,在第四次拉特兰会议上,西蒙还被授予曾支持阿尔比派教徒的雷蒙六世(Raymond Ⅵ, Count of Toulouse)的领土。1217 年,西蒙在与雷蒙六世争夺图卢兹城的战役中阵亡。
② 阿卡城(Acre)位于巴勒斯坦北部,是重要的港口城市,是十字军长期占据的主要据点之一。1291 年,埃及马穆鲁克王朝的苏丹出兵占领了阿卡城。阿卡城的陷落标志着十字军时代的终结。

了兑现对十字军的承诺,阿莱克修斯四世下令抄没教会的教产与政敌的家产,甚至还出兵洗劫了已经下台的阿莱克修斯三世所控制的地区。尽管如此,伊萨克与阿莱克修斯父子仍未凑够全部数目。

由于拿不到军费,十字军只得就地安营,驻扎在君士坦丁堡拉丁人集中区。在近半年的时间里,伊萨克父子依然没有凑足数目,交钱的期限也一再拖延。随着时间的推移,十字军骑士与当地民众之间的矛盾与日俱增,双方的冲突自伊萨克父子二人上台后频繁发生,愈演愈烈。拉丁骑士以胜利者自居,趾高气扬横行霸道,威尼斯人也到处搜刮战利品或者高价兜售各种物资。这些行为进一步激发了首都居民对拉丁人的仇恨。最严重的一次事件发生于1203年12月,数名法兰克骑士醉酒后纵火焚烧城中的一座清真寺(一说犹太会堂),结果火烧连营,燃烧了八天八夜。火灾烧掉大片街区,致使上万居民无家可归。长久以来,东、西方民众与宗教间的矛盾愈演愈烈,不同文明之间的沟壑日久年深。而此次纵火事件则成为冲突爆发的导火索。当月,君士坦丁堡出现了多起针对拉丁骑士的暴力事件。在部分拜占庭贵族人士的煽动下,愤怒的拜占庭京都民众对包括十字军在内的所有异邦人发动了攻击,他们抓住并残忍杀害了接触到的异邦人。他们在街上袭击落单的十字军骑士,纵火焚毁威尼斯人的商铺。君士坦丁堡的局势更加动荡混乱。

事件爆发后,阿莱克修斯四世展开斡旋,他央求威尼斯总督丹多洛和骑士首领卜尼法斯,请他们暂时撤往城外以降低城中民众的不满。尚未拿到报偿的十字军勉强接受了这个提案,分别撤往布拉海尔奈区和金角湾对岸的加拉塔区。布雷哈尔奈(Blachernae)地区位于君士坦丁堡城区的西北角,附近有布拉海尔奈宫、布拉海尔奈城门(Gate of Blachernae),该地区虽然位于西北一隅,但是能观察到金角湾全貌。加拉塔(Galata)地区位于金角湾北岸,与君士坦丁堡主城区隔水相望,来自周边地区的行商坐贾(如热那亚人)常聚居于此。加拉塔地区的旧塔(Μεγάλος πύργος,"the Great Tower"可译为"巨塔"),矗立于加拉塔城区内。该塔是封锁金角湾铁链(the Great Chain)的北端,塔内有机关可升降铁链。① 为了缓和双

---

① 这座塔在1204年被第四次十字军士兵毁坏。

方的敌对关系,十字军方面不仅修缮了部分城墙,还对一些灾民进行了补偿。尽管如此,君士坦丁堡居民对拉丁人的仇视依然不减。

由于允诺支付的金钱到账遥遥无期,十字军方面指责阿莱克修斯四世没有履行自己当初的承诺。面对十字军的指责和抗议,阿莱克修斯四世态度坚决并声言"我做的已经够多了"。他迟迟不能履行协议的行为导致十字军与阿莱克修斯四世之间的关系宣告破裂。伊萨克和阿莱克修斯父子内外交困,最终被本国民众所抛弃,拜占庭人认为他们父子二人是出卖国家利益的罪魁,是勾引外兵入侵以致暴力冲突不断的祸首。在这内外交困之际,伊萨克父子二人也貌合神离。伊萨克二世尽管双目失明,权力所剩无几,依然对和儿子共同分享权力而心生怨恨,特别是大权在握的儿子对于首都乱局束手无措更令他失望。这位父亲开始散播各种不利于自己儿子的言论,他声称阿莱克修斯四世是一个性变态,经常与各种堕落分子鬼混。尼基塔斯·侯尼雅迪斯的编年史中也曾记载,阿莱克修斯四世举止轻浮幼稚,与十字军狼狈为奸,国家几近崩溃却生活糜烂。伊萨克父子二人的反目也为后来更为严重的混乱埋下伏笔。

阿莱克修斯四世此时四面楚歌,他年轻冲动,做事不计后果。在收到十字军和威尼斯人领袖下达的付款最后通牒后,阿莱克修斯四世深感受辱,开始密谋偷袭十字军的舰队。1204年1月初的一天,阿莱克修斯四世为了报复十字军,派亲信点燃了盛满引火材料的17艘小艇,并把着了火的船只引向威尼斯舰队,但这一行动被威尼斯人识破而宣告失败。① 阿莱克修斯四世不冷静的行为彻底断绝了自己的外部支援。② 阿莱克修斯四世与十字军关系交恶也导致双方秘密协议的内容泄露出去,坊间谣言四起,君士坦丁堡普通民众与教俗两界的贵族都视阿莱克修斯四世为背教者、叛国者。阿莱克修斯四世上台后征收重税,没收教会和政敌产业的行为使他最终失掉了民心,为他短暂执政的终结埋下伏笔。

阿莱克修斯四世的反对者在得知他失掉十字军外援后,秘密串联,阴谋推翻

---

① 根据《罗马帝国衰亡史》的描述,在阿莱克修斯被处死前后,拜占庭方面曾两次使用这种手段试图烧毁十字军的船只。[英]爱德华·吉本:《罗马帝国衰亡史》第6卷,席代岳译,长春:吉林出版集团有限责任公司2014年版,第2807页。

② D, Nicolle, *the Fourth Crusade 1202-1204: the Betrayal of Byzantium*, Oxford: Osprey Publishing Ltd., 2011, p.65.

他的统治。1204年1月底,在阿莱克修斯政敌的煽动下,君士坦丁堡的民众大规模聚集,声讨现任皇帝媚外欺下、背教叛国的恶行。民众围住城中的元老贵族,表明废立的决心,并打算在圣索菲亚大教堂(Hagia Sophia)另立新君。

君士坦丁堡城中政治风向的骤变让阿莱克修斯四世心生惧意,由于众叛亲离,阿莱克修斯四世不得不再次向十字军寻求帮助。他委派亲信阿莱克修斯·穆尔佐菲卢斯前往十字军军营求援。① 事实上,老奸巨猾的穆尔佐菲卢斯出身于势力强大的杜卡斯家族,与阿莱克修斯四世是远房堂兄弟,也是阿莱克修斯三世之女欧多基娅的情夫,因对阿莱克修斯四世的旨意曲意逢迎,因此受到重用,被任命为内廷总管大臣。"穆尔佐菲卢斯"是他的绰号,意为"浓黑又相连在一起的眉毛",由于他的名字与现任皇帝相同,人们称之为老阿莱克修斯。他的政治立场历来是反对拉丁人的,而且他也是煽动民族情绪,密谋反对阿莱克修斯四世的主谋之一。阿莱克修斯四世勾引十字军镇压本国民众的意图促使穆尔佐菲卢斯下定决心推翻他。1204年1月27—28日夜,穆尔佐菲卢斯率领手下进宫,向皇帝谎报君士坦丁堡的民众已经向皇宫发动进攻,且阿莱克修斯四世的卫队已经倒戈。阿莱克修斯四世闻听此言,乱作一团,随着穆尔佐菲卢斯进入一处密道,而密道的终点是一处秘密监狱,慌作一团的阿莱克修斯四世抵达后被剥光衣服,并被铁链锁住,在遭受了几天的酷刑之后,被秘密处决。② 数天后,阿莱克修斯四世的父亲伊萨克二世在重新坐暖了皇帝宝座之后又被投入监狱,最终去世在大牢中。穆尔佐菲卢斯被拥立为新君,史称阿莱克修斯五世。

消息传来,十字军方面深感绝望,他们深知,伊萨克与阿莱克修斯父子的死亡表明,他们再也不可能从拜占庭帝国获得经济报偿,因此决定征服君士坦丁堡,掠夺城中财富的计划被正式提上了日程。

阿莱克修斯四世年幼即逢宫廷政变,遭遇叔父背叛,身陷囹圄数载,既缺少系统教育和教养,也没有政治经验和见识。22载的人生虽然阅尽世态炎凉,尝遍酸

---

① 阿莱克修斯·杜卡斯·穆尔佐菲卢斯(Alexios Doukas Murzuphlus)即后来的阿莱克修斯五世。爱德华·吉本说他担任财政大臣。[英]爱德华·吉本:《罗马帝国衰亡史》第6卷,第2806—2908页。
② 根据爱德华·吉本的推测,阿莱克修斯四世可能死于毒杀、勒毙或被棍棒打死。[英]爱德华·吉本:《罗马帝国衰亡史》第6卷,第2806页。

甜苦辣,但他没有从苦难中获得人生智慧,更没有认清拜占庭帝国和西欧封建国家各自的利益。为了其父子复位的私利,他舍弃了是非道德标准,忘记了基督教的信仰,一门心思与当朝皇帝作对,辗转西欧各地,游说各方势力,帮助他们父子复位。他在西方拉丁人眼中是奇货可居的工具,在东方拜占庭人眼中是背教叛国的罪人。他既不受拉丁人的尊重,更不受本国人的拥戴。叔父将他囚禁,父亲与他反目,亲信把他处决。他背叛了国家,也被国民所背叛。他的行为是可鄙可耻的,他的遭遇可怜可叹。他的命运看似偶然实则必然,因为他像一个既缺少筹码也不甘心下台的赌徒,在帝国宫廷政治角逐的复杂险恶环境中落得一个惨死的下场。在这场血腥的宫廷内乱中,对他痛下杀手的和他无情杀戮的几乎都是其近亲远戚,他们无不借助外邦势力对本族人大开杀戒,从而将拜占庭帝国作为陪葬品牺牲掉。阿莱克修斯一世开始的贵族治理改革恶果再现,此后皇族内亲戚相互杀戮的惨剧接连上演。

第四节

阿莱克修斯五世(Alexios V)

1204—1204 年在位

阿莱克修斯五世(Alexios V Doukas,Ἀλέξιος Ε′Δούκας,生于 1140 年,卒于 1204 年)是拜占庭帝国首都君士坦丁堡于 1204 年陷落之前的最后一任皇帝,也是安茞鲁斯王朝的终结者。他从 1204 年 2 月 5 日到 4 月 12 日在位,其统治仅维持了两个多月。

他是阿莱克修斯三世的女婿,出身于著名的杜卡斯家族,杜卡斯家族是拜占庭帝国最为显赫的军事贵族之一,有关阿莱克修斯五世祖上的记载不少。当时盛传,阿莱克修斯五世从母系论是科穆宁王朝著名皇帝阿莱克修斯一世的后裔,因为后者的孙子安德罗尼库斯就是与杜卡斯家的伊琳妮结婚的。科穆宁王朝以降,很多拜占庭皇帝,包括篡位者阿莱克修斯四世,基本上都与科穆宁家族有关，联姻关系遍及国中，杜卡斯家作为势力强大的家族必在其中。另外，由于杜卡斯家族声名显赫，以致一些出身一般的小贵族常常与杜卡斯家族攀亲，并以"杜卡斯"为自己的姓氏。现代学者还推测阿莱克修斯五世是伊萨克·杜卡斯的儿子，是阿莱克修斯四世的表兄弟。① 因为他眉毛和胡子非常浓密，给人以沉思的哲学家形象的感觉，因此又被称为"眉毛浓密的样子"（Μο ύρτζουφλος）。侯尼雅迪斯认为阿莱克修斯天性极为聪敏，但是举止高傲而好色淫荡。需要指出的是，侯尼雅迪斯在阿莱克修斯五世统治时期担任秘书官（logothete of the sekreta），但是后来被皇帝罢免，因此侯尼雅迪斯怀恨在心，其记载难免有些偏颇。② 阿莱克修斯五世通过宫廷政变而被立为皇帝，并在政变过程中杀死了前任皇帝阿莱克修斯四世，留下一个恶名。在其短短的两个月统治期间，他为了阻止十字军攻占君士坦丁堡做了极大努力，加固城防，外联友军，但是不幸因内奸助敌而以失败告终。阿莱克修斯五世在民众骚乱中赢得广大群众的支持，但是为拜占庭帝国的精英阶层所疏远。

早在1200年，他就因密谋推翻阿莱克修斯三世的统治而被捕下狱。从1200年直到1203年7月伊萨克二世复位，他在监牢里被囚禁了三年。出狱后，阿莱克修斯被任命为帝国首席佩剑贵族（Protovestiarios）。他有过两次婚姻，但据说还是阿莱克修斯三世的女儿欧多基娅的情夫。③

1204年初，十字军将要攻占君士坦丁堡的消息甚嚣尘上。伊萨克二世和阿莱克修斯四世父子二人认为君士坦丁堡居民无法抵抗十字军与威尼斯人联军的进攻，帝国上层的信心不足也导致下层民众人心惶惶。城外虎视眈眈的十字军对拜占庭皇帝阿莱克修斯四世这位曾经许下诸多承诺而没有兑现的前盟友失去了

---

① B. Hendrickx & C. Matzukis, "Alexios V Doukas Mourtzouphlos: His Life, Reign and Death (? -1204)", in *Hellenika* (Ἑλληνικά), 1979 (31), pp. 111–117. 一封寄给教宗英诺森三世的信当中也提到阿莱克修斯五世是阿莱克修斯四世的血亲。George Akropolites, *The History*, trans. Ruth Macrides, Oxford: Oxford University Press, 2007, p. 112. Georgii Acropolitae, *Opeia*, ed. A. Heisenberg, vol. 1, Leipzig: Teubner, 1903, TLG, No. 3141002, No. 3141003.

② 侯尼雅迪斯记载阿莱克修斯·杜卡斯年轻时就因眉毛浓密而被同龄人冠以该绰号，他的眉毛不仅相连于额头中间，甚至遮挡眼睛。Niketas Choniates, *O City of Byzantium, Annals of Niketas Choniatēs*, p. 307, 311 and 314.

③ B. Hendrickx & C. Matzukis, "Alexios V Doukas Mourtzouphlos: His Life, Reign and Death (? -1204)", pp. 111–117.

耐心。十字军将士在君士坦丁堡城中放火，火灾波及君士坦丁堡大约六分之一的地区，造成上万居民无家可归。火灾导致秩序混乱，人人感到绝望。无家可归的君士坦丁堡居民抵抗十字军，保护家园的意志被严重削弱。眼见形势如此，出任高官的阿莱克修斯·穆尔佐菲卢斯公开反叛，其手下聚集了一批反拉丁势力的抵抗者，他俨然成为君士坦丁堡城中反拉丁力量的首脑。他带领手下对十字军和威尼斯人展开有力回击，得到了城中百姓的肯定和支持。在一次冲突中，阿莱克修斯的坐骑被绊倒，他本人也滚落马下，如果不是城中年轻人的弓箭手们掩护，他很可能被杀或被俘。但是不得不承认，阿莱克修斯充分利用民众对拉丁人的仇恨为其政治野心服务。①

1204 年 1 月 25 日（或 27 日）君士坦丁堡市民举行大规模游行抗议活动，城中有皇族血缘的贵族被民众轮番询问是否有意登基取代现任皇帝。由于元老贵族们无人敢应，因此群情激昂的民众在一群候选人中强行推举尼古拉·卡纳博斯出任新君。但他并不想在这一城内人心惶惶、城外兵临城下的危急时刻接任皇帝，于是躲进圣索菲亚大教堂，从而明智地躲过了一劫。混乱中阿莱克修斯被推上皇位，称为阿莱克修斯五世。上台后，他曾安排卡纳博斯在政府中出任高官，但是被后者执意拒绝并一直躲在圣索菲亚大教堂。由于卡纳博斯一再拒绝新君的召唤，阿莱克修斯五世恼羞成怒，意欲加害。1204 年 2 月 8 日，阿莱克修斯五世派兵把卡纳博斯强行拖出圣索菲亚大教堂，并把他勒死在教堂门口的大理石台阶上。在拜占庭编年史家尼基塔斯·侯尼雅迪斯笔下，卡纳博斯是一位善良、文雅、聪慧的贵族。②

阿莱克修斯五世对其表叔和表兄也不心慈手软。由于民众暴动导致政治局面骤变，伊萨克二世和阿莱克修斯四世父子二人躲进了毗邻十字军兵营的布拉海尔奈宫，设立防御工事，试图阻挠暴乱的民众。同时，他们委托阿莱克修斯·穆尔佐菲卢斯向城外的十字军求援，或者至少向十字军方面通告两位皇帝意欲结好、

---

① Niketas Choniates, *O City of Byzantium, Annals of Niketas Choniatēs*, p. 307; T. F. Madden, "The Fires of the Fourth Crusade in Constantinople, 1203 – 1204：A Damage Assessment", *Byzantinische Zeitschrift*, lxxxiv – v (1992), pp. 72 – 93; T. F. Madden, "Outside and Inside the Fourth Crusade", *The International History Review*, Vol. 17, No. 4 (Nov., 1995), Taylor and Francis, pp. 726 – 743.

② 尼古拉·卡纳博斯（Nicholas Kanabos, Νικόλαος Καναβός）是拜占庭帝国贵族。

求得外援的意图。然而，阿莱克修斯并未服从两位皇帝的命令，1204年1月底的一个深夜，他利用入宫的机会，贿赂拜占庭帝国精锐卫队——瓦兰吉亚卫队。在瓦兰吉亚卫队的帮助下，阿莱克修斯逮捕了伊萨克父子二人。时人尼基塔斯·侯尼雅迪斯记载，阿莱克修斯·穆尔佐菲卢斯率领瓦兰吉亚卫队进宫后，在一名宦官的帮助下打开皇室的财库，但什么也没得到。在这次政变中，阿莱克修斯的亲朋故旧也积极踊跃支持，但是瓦兰吉亚卫队扮演了最重要的角色。伊萨克二世的儿子阿莱克修斯四世被秘密扼死于狱中（另有毒杀或杖毙的说法）。他的父亲伊萨克，年老体衰且双目失明，在政变发生后不久就因为恐惧、悲伤和虐待也死掉了。那位被暴民拥立的新君卡纳博斯在阿莱克修斯五世上台后被皇帝赏赐了一个职位，但是他拒绝了职位以及皇帝的召见，躲进了圣索菲亚大教堂寻求庇护。阿莱克修斯五世派兵强行进入教堂搜寻。最终，卡纳博斯被士兵们拖出教堂杀害。① 阿莱克修斯五世举行加冕礼与卡纳博斯死于圣索菲亚大教堂的台阶上的时间几乎同步。有学者认为阿莱克修斯五世可能在1月28—29日当晚就已经被瓦兰吉亚卫队拥立为帝了，但是有学者认为阿莱克修斯五世只是在当夜穿上了皇帝的紫袍金带，直到杀掉卡纳博斯后，才在圣索菲亚大教堂举行加冕仪式。②

阿莱克修斯五世上台后，面临严重的财政危机，拜占庭帝国的国库空空如也，对内无法招兵买马、巩固城防，对外不能求得外援、抵抗敌军。因此，阿莱克修斯五世采取强制措施，强行从贵族官僚集团手中攫取钱财。阿莱克修斯五世这种劫富济贫的手段赢得了首都民众的热烈拥护，而当初与他一起发动政变的亲朋故旧则开始与皇帝离心离德，甚至也引发了部分官僚贵族对新皇帝的严重不满，帝国的统治集团在内忧外患之际进一步分裂，为两个月后君士坦丁堡的陷落埋下了伏笔。

在从贵族官僚手中搜刮到军费后，阿莱克修斯五世着手加强君士坦丁堡的城防工事。为了出城搜集补给物资，他亲自披坚执锐，率领拜占庭军队对城外的十

---

① Niketas Choniates, *O City of Byzantium, Annals of Niketas Choniatēs*, p. 309; S. Runciman, *A History of the Crusades: Volume III, The Kingdom of Acre and the Later Crusades*, Cambridge: Cambridge University Press, 1987, pp. 120 – 121.
② B. Hendrickx & C. Matzukis, "Alexios V Doukas Mourtzouphlos: His Life, Reign and Death (? – 1204)", pp. 111 – 117.

字军发动主动攻击。2月2日,佛兰德的亨利(Henry of Flanders)率领部分十字军骑士前往菲利斯(Phileas)搜集粮草,当返回君士坦丁堡时,他们遭到拜占庭军队的袭击。但是由于双方实力相差悬殊,拜占庭军队遭到失败,军旗和保佑军队胜利的圣母像被十字军缴获。在这场战斗中,拜占庭帝国仅存的精锐部队损伤过半,而阿莱克修斯五世本人则侥幸逃脱。经此失败后,阿莱克修斯五世继续寻求各种手段试图削弱十字军的兵力。他下令拜占庭帝国仅存的装备有"希腊火"的喷火战船出海烧毁十字军的船队,但对方有所防范,此举收效甚微。①

圣母像被十字军缴获对于拜占庭人来说在精神上的打击是极为严重的。因为,一直以来,圣母都被首都民众视为君士坦丁堡的守护神,是千百年来保佑城池不被外敌攻破的强大精神保障。而如今圣母像被敌人缴获,对于民众来说不啻是一场灾难,他们认为这预示着首都将要沦陷,在君士坦丁堡防线被攻破之前,守军的心理防线几乎已经崩塌。十字军对圣母像的占有使君士坦丁堡的许多人相信,西方十字军有了圣母的保佑注定会取得胜利,相反,失去圣母庇护的君士坦丁堡必将被十字军攻破,这也是对丢失圣母像的拜占庭人的惩罚。②

由于圣母像的丢失,阿莱克修斯五世于2月8日会见了威尼斯共和国的总督恩里克·丹多洛,希望能同拉丁人达成和解。这位精明狡诈的总督于1107年出生于威尼斯声名显赫的丹多洛家族。在他出任总督前,一直积极投身于威尼斯与拜占庭两国纷繁复杂的交往与斗争之中,设法从拜占庭帝国为威尼斯人争取权益。由于同拜占庭帝国打交道经验丰富,他对拜占庭帝国的各方面信息了解得比较透彻。他出任威尼斯总督时已经85岁,且头部受创后视力欠佳,但是他依然野心勃勃,精神矍铄。上台伊始,他即下令驱逐在威尼斯居住未满两年的外国人,同时不断进攻达尔马提亚海岸的扎拉城。任内,丹多洛还改革了威尼斯货币体制,创制了大面额优质银币格罗索(Grosso),使之成为地中海贸易的主要货币之一。1202年,六名来自第四次十字军军营的法国使节抵达威尼斯,向丹多洛寻求帮助。双方最终达成协议:在未来的一年中,威尼斯向十字军提供交通运输方面的

---

① Niketas Choniates, *O City of Byzantium, Annals of Niketas Choniatēs*, pp. 311 – 312.
② I. Giarenis, "The Crisis of the Fourth Crusade in Byzantium (1203 – 1204) and the Emergence of Networks for Anti-Latin Reaction and Political Action", *Mediterranean World*, 2017(23), pp. 73 – 80.

帮助并提供大部分军用物资;每位骑士须为自己和马匹向威尼斯方面支付4枚银币,其他人等须支付2枚银币;威尼斯人提供50艘全副武装的战船(galley)并派遣大批战斗人员。至此,威尼斯人也加入了第四次十字军战征。事实上,由于十字军难以凑齐拖欠威尼斯人的军费,十字军为威尼斯人所制约。1202年11月24日,十字军和威尼斯联军不顾教宗英诺森三世的劝阻,强行占领了扎拉城。所有威尼斯人因此都被教宗革除教籍,法国骑士则求得了教宗的原谅。丹多洛对此事秘而不宣,以免队伍出现分裂。后来,丹多洛以东正教服从教宗为筹码,取得了教宗的谅解。阿莱克修斯四世来到扎拉,参加十字军帮助父亲伊萨克二世复位的战事。十字军因此转向君士坦丁堡,并于1204年4月12日攻入城中。[①] 丹多洛提出的条件极其苛刻,令拜占庭军民难以接受。会见结束时,十字军还对阿莱克修斯一行人发动突然袭击,他本人在卫队的殊死保护下勉强逃得性命。根据侯尼雅迪斯的记载,阿莱克修斯四世于同一天被杀,而被杀的原因可能是因为城外的十字军意欲帮他复位。[②] 阿莱克修斯四世的死亡进一步加深了十字军与拜占庭帝国之间的敌视。

进入3月以后,阿莱克修斯五世下令驱逐君士坦丁堡城中的所有拉丁居民,这更令双方关系到了无法挽回的地步。虽然君士坦丁堡城内仇视拉丁人的呼声再一次占据上风,但是数量众多的拜占庭平民仅凭一腔血勇,是抵挡不住武器精良的数千西方骑士的。十字军方面也立即采取了行动,他们决定发动进攻,为此在攻击前举行了骑士首领们和威尼斯人会议,订立了新的行动计划:第一,鉴于阿莱克修斯五世皇帝对十字军采取不友好的态度,十字军决心反对新政府;第二,以再度夺取君士坦丁堡作为行动目标;第三,十字军决定于四月份开始对君士坦丁堡发动进攻;第四,由于拜占庭人狡猾异常,朝秦暮楚,遂不再扶植任何拜占庭贵

[①] 恩里克·丹多洛(c.1107—1205)从1192年开始直到去世,出任威尼斯共和国第41任总督。洗劫君士坦丁堡期间,丹多洛把原属于拜占庭帝国的很多奇珍异宝运回威尼斯,包括威尼斯圣马可教堂的四匹铜奔马。丹多洛深知,要尽快恢复拜占庭帝国境内的秩序。在他的主持下,拉丁帝国政权得以建立,他本人拒绝了出任皇帝,而是把佛兰德的鲍德温扶上宝座。威尼斯则根据协议占领了拜占庭帝国八分之三的领土。1205年,丹多洛去世,并被葬于君士坦丁堡的圣索菲亚大教堂,他也是唯一埋葬于此的人。1453年,奥斯曼土耳其征服后,他的墓碑被毁。Thomas F. Madden, *Enrico Dandolo and the Rise of Venice*, Baltimore: Johns Hopkins University Press, 2003, p. 92.

[②] Niketas Choniates, *O City of Byzantium, Annals of Niketas Choniatēs*, p. 312.

族登基;第五,法兰克骑士与威尼斯商人商定战后瓜分拜占庭帝国,并在君士坦丁堡建立拉丁帝国。会议结束后,十字军全军上下群情激昂,积极备战。

1204 年 4 月 9 日,十字军对君士坦丁堡发动了强有力的猛攻,君士坦丁堡军民也展现出坚强的抵抗斗志。双方在城墙上展开了激烈的争夺战,拜占庭人打退了十字军的数次进攻。三天后,十字军再度发动猛攻,这次攻势较之前更为猛烈,君士坦丁堡军民中的内奸暗中帮助十字军,导致抵抗最终失败。十字军骑士在城内倒戈的拜占庭人帮助下,着重在位于佩特里亚门(Petria Gate)附近的城墙处找突破口,这里位于君士坦丁堡城北毗邻金角湾水域,靠近十字军驻地。威尼斯总督恩里克·丹多洛立即下令部下从这个缺口爬上城墙,攻入君士坦丁堡。① 十字军犹如决堤的洪水一样杀入城中。十字军进入城后首先洗劫了位于都城西北角的布拉海尔奈宫。阿莱克修斯五世试图组织军民进行巷战,但以失败告终。4 月 12 日夜,阿莱克修斯五世在卫队的保护下带着母亲埃芙菲罗丝奈(Euphrosyne Doukaina Kamatera)、妻子欧多基娅乘坐小船逃往色雷斯。

与此同时,在城中的圣索菲亚大教堂,皇亲贵族君士坦丁·拉斯卡利斯(Constantine Laskaris,Κωνσταντίνος Λάσκαρης)被君士坦丁堡军民推举为新皇帝。君士坦丁出生于拜占庭一个高贵但并不十分显赫的家庭。其兄弟塞奥多利·拉斯卡利斯是阿莱克修斯三世的女婿。1203 年,十字军第一次围攻君士坦丁堡时,君士坦丁被命令带领精锐部队进行防御作战。他曾在出城作战时被俘,缴纳赎金后被放回。1204 年 4 月 12 日,在十字军已经入城的情况下,阿莱克修斯五世逃出君士坦丁堡,许多市民和瓦兰吉亚卫队在圣索菲亚大教堂商议另立新君。君士坦丁被选为皇帝,但是他拒绝接受。在君士坦丁堡牧首约翰十世的协助下,他开始聚集剩余力量做最后抵抗,然而拜占庭人已经心无斗志,瓦兰吉亚卫队也一哄而散。见抵抗无望,君士坦丁·拉斯卡利斯于 4 月 13 日凌晨逃离君士坦丁堡,前往尼西亚地区投奔兄弟塞奥多利。此前,即 3 月 19 日,君士坦丁受命与佛兰德的亨利展开会战,史称"阿德拉米提恩战役"。是役,尼西亚军队遭遇惨败,或死或俘,君士坦丁本人不知所踪。对于君士坦丁堡城破之时,君士坦丁·拉斯卡利斯是否

---

① 1453 年时,奥斯曼军队也曾猛攻此门,但未打开突破口。

加冕为帝一事,史学家们见仁见智。时人尼基塔斯·侯尼雅迪斯自称见证了君士坦丁的继位,但鉴于他来到尼西亚之后在塞奥多利麾下听令一事,史学家仁西曼(Sir Steven Runciman)和唐纳德(Donald Queller)认为,事实上是塞奥多利·拉斯卡利斯而非君士坦丁·拉斯卡利斯在城破之日被加冕称帝,成为阿莱克修斯五世的继任者。① 混乱之中,各种传闻造成作家记载有误。尽管如此,塞奥多利在都城即将被攻破的危难时刻,也仅仅徒有皇帝虚名,而无皇帝权力之实。他已经无力指挥军队,精锐部队——瓦兰吉亚卫队对于他下达的继续抵抗的命令置若罔闻。没落的拜占庭贵族们只能借着博斯普鲁斯海峡上的茫茫晨雾,逃离了帝国的首都——君士坦丁堡,这座屹立于博斯普鲁斯海峡的都城落入了十字军之手。

至此,这座自君士坦丁大帝以来从未被攻克的城市沦陷了,其高大坚固的城防工事曾多次击退波斯人、阿拉伯人、阿瓦尔人、保加利亚人的进攻,此时整个城区沦为十字军骑士和威尼斯人肆意蹂躏的对象,抢劫和屠杀在城中持续了三天。作为当时欧洲地中海世界最辉煌文明的聚集地,拜占庭帝国的无数珍贵财宝都落入了征服者手中,罗马帝国遭受了第二次蛮族入侵。② 史书记载:"自创世以来从来没有这么多战利品被从城中带走。"③随着战利品的瓜分,拜占庭帝国的疆土也被分割。在此后的半个多世纪里,拜占庭帝国政府不得不流亡到尼西亚从事重建工作。

阿莱克修斯五世和他的亲友随从投奔了前废帝,即阿莱克修斯三世。阿莱克修斯三世和他的追随者们在色雷斯的莫西诺波利斯实行武装割据,建立了小朝廷。该地早在4—9世纪时被称为马克西米安堡(Maximianopolis),查士丁尼大帝曾在此修建防御工事,瓦西里二世也曾在此构建基地以对保加利亚发动进攻。11世纪时,莫西诺波利斯是博莱隆军区(the theme of Boleron)的首府。后来,保加利

---

① 君士坦丁·拉斯卡利斯拜占庭皇帝,在位自1204年4月到1205年初仅数月。S. Runciman, *A History of the Crusades*, Vol. 3: *The Kingdom of Acre and the Later Crusades*, p. 122. D. E. Queller, *The Fourth Crusade: The Conquest of Constantinople 1201 - 1204*, Philadelphia: University of Pennsylvania Press, 1977, p. 147, pp. 216 - 217.
② 中古时代,拜占庭人自称为"罗马人",称祖国为"罗马帝国"。"拜占庭"一词是古希腊人在君士坦丁堡地区建立殖民城邦时的旧称,后被学者们用来称呼迁都君士坦丁堡后的罗马帝国。西欧世界也称之为"东罗马帝国"或"希腊帝国"。
③ Gunther of Pairis, *The Capture of Constantinople: The Hystoria Constantinopolitana of Gunther of Pairis*, ed. and trans. Alfred J. Andrea, Philadelphia: University of Pennsylvania Press, 1997, p. 147.

亚人在此地打败了十字军首领卜尼法斯。① 阿莱克修斯五世一行乍一到来时,备受欢迎,因为他和情妇、阿莱克修斯三世的女儿欧多基娅举行了婚礼,成为正式夫妻,阿莱克修斯三世为了迎接新婚女儿、女婿而大摆排场。随着时间的推移,两位下野皇帝的"蜜月期"也随之结束,翁婿间开始了相互猜疑与龃龉。

阿莱克修斯三世对于权力的渴望已经到了贪婪的地步。他不甘心偏安于色雷斯一隅,他还有更大的梦想,依然在谋划着日后重回君士坦丁堡重登大位。他担心十字军在君士坦丁堡抢劫后会扶植女婿阿莱克修斯五世作为代理人。因此为了争夺皇位,为了清除掉潜在的竞争对手,他命人逮捕这位刚刚成为自己的女婿的阿莱克修斯五世,并像当初对待自己的兄长伊萨克二世那样,残忍地对他施以瞽目之刑,令瞎了双眼的女婿再也无力争夺皇帝宝座了。

即便是君士坦丁堡已经被十字军攻破,繁华首都被拉丁骑士劫掠,即便是千年帝国分崩离析,即便是自身偏安一隅,苟延残喘,阿莱克修斯三世仍然完美地继承了安茞鲁斯王朝热衷并擅长内斗的"优良"传统。他作为曾经的皇帝,非但不思扶大厦之将倾,挽狂澜于既倒,不思保境安民之良策,反而向自己的亲人痛下毒手。由此可见,拜占庭帝国王朝内部的严重内耗才是帝国由盛转衰,丧于外敌的主因。纵观帝国历史,父子反目、夫妻成仇、兄弟阋墙、重臣作乱等自乱阵脚、自毁长城的事件层出不穷。孟德斯鸠极度蔑视拜占庭帝国,将其一千多年的历史蔑称为"不外是一连串的叛变、骚乱和背信弃义的行为而已"②。尽管此话表达极端,语言稍显夸张,却也反映了皇帝专制的弊端,特别是很符合晚期拜占庭帝国大部分政治史的特点。

阿莱克修斯五世被刺瞎双眼后,其势力也随之瓦解。迫于形势,他的部属们抛弃了他,或逃走或投靠了阿莱克修斯三世。阿莱克修斯五世被囚禁在莫西诺波利斯附近的一处监狱(一说可能是一处位于小亚的监狱)。1204 年 11 月,拉丁贵族发兵攻打阿莱克修斯三世位于色雷斯地区的小朝廷,趁势占领了莫西诺波利

---

① 莫西诺波利斯(Mosynopolis,希腊语:Μοσυνόπολις)位于拜占庭帝国的罗德贝行省(the province of Rhodope,在今保加利亚南部和希腊东北部)。
② [法]孟德斯鸠著,婉玲译:《罗马盛衰原因论》,北京:商务印书馆2009年版,第119页。

斯。① 阿莱克修斯五世被从囚牢中解救出来，他的身份也从囚徒转变成了战俘。十字军在第二次进攻君士坦丁堡前已经确认再也不会扶植任何拜占庭贵族充当代理人，因此，阿莱克修斯五世并未得到十字军多少礼遇。相反，他被佛兰德骑士蒂埃里押回君士坦丁堡接受审判，其罪名是背叛并杀害了曾与十字军交好的阿莱克修斯四世。蒂埃里（Thierry de Loos）是一位佛兰德的贵族，参加了第四次十字军战征，作战十分英勇，后在拉丁帝国官居要职。他是十字军骑士头目和编年史家杰弗里（Geoffrey of Villehardouin）的侄子，参加了1203年围困君士坦丁堡和翌年攻占君士坦丁堡的军事行动。1204年，他领兵俘虏了阿莱克修斯五世，并将后者押回君士坦丁堡。根据尼基塔斯·侯尼雅迪斯的记载，1204年后，他被任命为拉丁帝国的总管（Seneschal of Romania）②。在审判过程中，双目失明的前任皇帝阿莱克修斯五世为自己辩护，声称犯有叛国罪的不是他自己，而是阿莱克修斯四世，因为后者主动交好十字军，勾结十字军入侵拜占庭帝国，阿莱克修斯四世才是导致君士坦丁堡被十字军攻占的罪魁祸首。

然而，十字军组成的法庭对于阿莱克修斯五世的自我辩护毫不理会。最终，阿莱克修斯五世这名在位仅两月有余的乱世皇帝被处以极刑。为了威慑散落在各地的拜占庭权贵，十字军政府决定公开处决阿莱克修斯，处决地点位于君士坦丁堡城内的塞奥多西广场。十字军骑士采用了新的处决方式：阿莱克修斯五世被带到塞奥多西石柱的顶端，这个塞奥多西石柱（Column of Theodosius）矗立在君士坦丁堡塞奥多西广场中央（the Forum of Theodosius, φόρος Θεοδοσίου），该广场又被称为牛市（the Forum Tauri），该石柱高数十米，阿莱克修斯五世被从石柱顶端推下，坠地身亡。③ 这个广场始建于君士坦丁大帝时期，后经塞奥多西一世重建，是君士坦丁堡最大的广场，位于君士坦丁堡主干道梅希大道（the Mese）中央。塞奥多西石柱浮雕记录了塞奥多西大帝军事功绩，造型模仿罗马的图拉真记功柱和马

---

① George Akropolites, *The History*, p. 117.
② 1206年，他在鲁西翁战役中被保加利亚人打败。1206年，他被拉丁帝国授予公爵称号，尼科米底是他的采邑。蒂埃里曾被尼西亚帝国皇帝塞奥多利·拉斯卡利斯俘虏，在达成协议后又被放回。根据协议，尼科米底移交给尼西亚帝国。1209年，蒂埃里去世。Niketas Choniates, *O City of Byzantium, Annals of Niketas Choniatēs*, p. 334.
③ Niketas Choniates, *O City of Byzantium, Annals of Niketas Choniatēs*, p. 334.

克·奥勒留记功柱,因特别高大,人们需通过内部的螺旋式楼梯登顶。该记功柱由塞奥多西皇帝的儿子阿卡狄乌斯(Arcadius)主持修建,但数百年前的建造者们无论如何也不会料到它将成为后世皇帝的刑场。毫无疑问,对于那些软弱无能的拜占庭遗老遗少们来说,这种处决方式的确令他们胆战心惊,但对于那些坚决抵抗的拜占庭爱国贵族们来说,这种处决方式反而增加了他们对拉丁人的切齿仇恨,坚定了他们武装反抗拉丁人的决心。

总之,十字军之所以公开审判并用酷刑处死阿莱克修斯五世,主要是考虑到要为新建立的拉丁帝国立威。同时,拉丁政权的组建者鉴于拜占庭人将他们视为异族征服者,为阿莱克修斯四世报仇也具有合法性。为了让当地民众俯首帖耳,甘愿臣服,拉丁人处死阿莱克修斯五世,并称之为谋杀阿莱克修斯四世的非法篡位者。拉丁人此举不仅想为自身统治获得某种合法性,而且也打算以此杀鸡儆猴,警告那些暗中积蓄力量反抗的拜占庭人。尽管被拉丁人冠之以"谋杀先皇的篡位者",但阿莱克修斯五世依然被视为拉丁帝国建立前最后一位在君士坦丁堡实施统治的拜占庭皇帝。此后拉丁帝国开启了长达57年的统治,直到1261年尼西亚政府的皇帝米哈伊尔八世·帕列奥列格收复君士坦丁堡,恢复该城为拜占庭帝国首都。

第四章
尼西亚王朝
（1204—1261年）

尼西亚王朝是拜占庭历史上第一个流亡的正统王朝，因其都城所在地尼西亚城而得名，该王朝统治57年，在位皇帝有四人，即塞奥多利一世（Theodore Ⅰ，1205—1221年在位）、约翰三世（John Ⅲ，1221—1254年在位）、塞奥多利二世（Theodore Ⅱ，1254—1258年在位）、约翰四世（John Ⅳ，1259—1261年在位）。该王朝是由拉斯卡利斯家族建立的，其全称应该是拜占庭帝国流亡尼西亚的拉斯卡利斯王朝。其创立者塞奥多利一世出身帝国东部地区军事贵族的拉斯卡利斯家族，该家族的名字源自前线地区的波斯或阿拉伯语，意为"金发人"或"战士"。塞奥多利一世是前朝皇帝阿莱克修斯三世的乘龙快婿，他与皇帝次女安娜结婚后就被确定为皇位继承人，获得专制君主头衔。1203年，他曾率军抵抗第四次十字军骑士。在之后皇位更迭中，他被投入监狱。在十字军最终攻占君士坦丁堡前,他越狱逃往尼西亚,建立新王朝。正因为如此,大多数后世史家将该王朝视为拜占庭帝国正统王朝,而没有将它与伊庇鲁斯、特拉比宗等拜占庭人流亡政权相提并论。

塞奥多利一世在位17年,奠定了尼西亚帝国的基业。他一生有过三次婚姻,除了前朝公主安娜外,他的其他两位妻子是亚美尼亚国王利奥一世(Leo,1187—1219年在位)的侄女菲利帕和拉丁帝国皇帝罗伯特的姐妹玛丽亚。塞奥多利一世共有三女两子,分别为伊琳妮、玛丽亚和欧多基娅、尼古拉(Nicolas)和君士坦丁。按照拜占庭帝国皇位长子继承的传统,他本应传位于儿子们,但因一子早逝,一子尚幼,只能名义上传位于长女伊琳妮,实际上由其夫君执政。伊琳妮先后嫁给了安德罗尼库斯·帕列奥列格、君士坦丁·杜卡斯·帕列奥列格和约翰·瓦塔泽斯(John Ⅲ Doukas Vatatzes,1222—1254年在位)。前两者都未能留下子嗣,只有后者与她生下了儿子塞奥多利,即后来的皇帝塞奥多利二世。塞奥多利一世选择女婿继承皇权有其不得已的原因,但是后者的才干是主要因素,历史也证明,他没有看走眼,尼西亚帝国的兴起恰恰是在后者统治时期,最终重夺君士坦丁堡的功绩应该归于他。由此观察可知,塞奥多利一世选择续任皇帝的方式非常明智,其唯才是举而非为亲是举不仅维护了王朝血亲继承的传统,而且保持了中央集权制的强盛,因为明君贤相是这一制度长盛不衰的关键因素。

塞奥多利二世继承的皇位既是来自父亲约翰三世,也是来自外公塞奥多利一世,但他在位时间仅四年,便撒手人寰,将皇权留给了年方八岁的儿子约翰四世。看起来他留给儿子的是个强大的尼西亚帝国,但同时也留下了内部危机四伏的政局和恶劣的政治遗产,并给了老谋深算、阴险狡诈的米哈伊尔·帕列奥列格篡夺皇位的机会。后者凭借重夺君士坦丁堡和对塞奥多利二世恨之入骨的贵族的支持,篡夺了皇位。建立了新王朝的米哈伊尔八世最终以极为残忍的方式处理了11岁的约翰四世,后者被刺瞎、囚禁,死无定期,死无定所,该王朝统治因此断绝。

拉斯卡利斯王朝是一个过渡性质的政权,但在拜占庭人击败拉丁骑士、光复君士坦丁堡和维系正统帝国方面,发挥了最重要的作用,使得拜占庭帝国史又延续了192年。

第一节

塞奥多利一世（Theodore Ⅰ）

1204—1221 或 1222 年在位

塞奥多利一世（Θεόδωρος Α' Λάσκαρις，Theodoros Ⅰ Laskaris，生于 1171 年至 1176 年间，卒于 1221 年 11 月，享年最多 50 岁）是拜占庭尼西亚流亡王朝的第一位皇帝，也是拉斯卡利斯王朝的创立者，自 1205 至 1221 年，在位时间 17 年。

塞奥多利一世·拉斯卡利斯出生于 1171 年至 1176 年间，是尼西亚帝国的开国君主。他开创的拉斯卡利斯王朝，是拜占庭王朝序列中唯一未能在君士坦丁堡统治的王朝。塞奥多利一世肤色黝黑，胡须须尾成叉状，眼睛的颜色也异于常人。① 这一描述与他发行的钱币上的皇帝形象是相符的，②此后叉状须尾也成了尼西亚皇帝们的一个重要特征。③ 根据目前的史料，难以全面了解塞奥多利的家族和家庭情况。可能拉斯卡利斯家族起源于拜占庭帝国的东部地区，其姓名词根很可能是波斯语（来自 lashkarī，"战士"），但也可能是源自阿拉伯语（来自 alašqar，"金发的"）。他应该至少还有六位兄弟，分别为君士坦丁、乔治、阿莱克修斯、伊萨克、米哈伊尔和曼努埃尔，他排在大哥君士坦丁之后行老二。其中君士坦丁曾任驻扎在君士坦丁堡卫戍部队的一名指挥官，他在布拉海尔奈皇宫对面与入侵的十字军作战时被俘虏，但不久后就获释了，后来他在 1204 年君士坦丁堡城破之际被推选为皇帝，因而有学者认为尼西亚帝国的建立者应该是其君士坦丁。另

---

① George Akropolites, *The History*, p. 157, 18.
② M. Hendy, *Coinage and Money in the Byzantine Empire 1081 – 1261*, pls. 30 – 31. 另外，在一份手稿（Mutinensis gr. 122）的插画中也有对塞奥多利一世叉状胡须形象的刻画。I. Spatharakis, *The Portrait in Byzantine Illuminated Manuscript*, Leiden: E. J. Brill, 1976, pp. 174 – 176, p. 179 and pl. 119; George Akropolites, *The History*, p. 159, n. 9.
③ 关于尼西亚皇帝们叉状胡须的讨论见 N. Cassidy, *A Translation and Historical Commentary of Book One and Book Two of the Historia of Geōrgios Pachymerēs*, PhD., University of Western Austria, 2004, pp. 223 – 224. Georges Pachymérès, *Relations Historiques*, ed. by A. Failler, trans. by V. Laurent, 2 vols., [Corpus Fontium Historiae Byzantinae 24. 1 – 2] Paris: Les Belles Lettres, 1984, TLG, No. 3142001. *Georgii Pachymeris de Michaele et Andronico Palaeologis libri tredecim*, ed. I. Bekker, vol. 2, [Corpus Scriptorum Historiae Byzantinae] Bonn: Weber, 1835, TLG, No. 3142002.

外,时人阿克罗颇立塔斯曾记载,塞奥多利一世去世后,其二弟、大贵族阿莱克修斯和三弟伊萨克反叛。阿莱克修斯和伊萨克曾在拉丁军队的支持下,在波伊马讷农向约翰三世开战。最终,这两个弟弟战败被俘,并被处以瞽目的刑罚。塞奥多利的另两位兄弟曼努埃尔和米哈伊尔可能也参与了这场叛乱,之后他们四处流亡。直到塞奥多利二世统治时,他们才回到尼西亚帝国,并成为皇帝的重要谋臣。① 文献对塞奥多利一世祖父母、父母和姐妹以及其他家族成员的信息记载甚少。可能他的母亲来自于科穆宁家族的一个分支,因而在许多文件、信件、铭文和印章中,塞奥多利常被称为"科穆宁·拉斯卡利斯"。他也可能凭借这一关系,得以在安茞鲁斯王朝的宫廷卫队中任职。塞奥多利以勇武见长,史家侯尼雅迪斯称,年轻时的塞奥多利便是一位大胆的年轻人,也是一位勇敢的武士。② 在阿莱克修斯三世统治期间,他曾被授予"贵族"的头衔和首席佩剑贵族的职位。③ 并且在塞奥多利的一枚早期印章上,他还被称为高级侍卫长(sebatos provestiarites)。④ 但总体而言,由于史料缺失,后人对塞奥多利早年的情况了解不多。

在阿莱克修斯三世统治后期,塞奥多利成为皇位的候选人之一。因阿莱克修斯三世没有男性继承人,其兄弟"大贵族"(sebastokrator)约翰·杜卡斯以及他们的两个外甥曾对皇位有所企图,但阿莱克修斯三世决意将皇权置于其女儿及女婿手中。在1200年他的大女儿伊琳妮和二女儿安娜都成了寡妇、以及三女儿欧多基娅成了修女后,他于年末将伊琳妮和安娜分别嫁于阿莱克修斯·帕列奥列格和塞奥多利,尽管此时欧多基娅是修女,但她此后曾嫁给阿莱克修斯五世和希腊南

---

① D. Angelov, *The Byzantine Hellene: The Life of Emperor Theodore Laskaris and Byzantium in the Thirteenth Century*, Cambridge and New York: Cambridge University Press, 2019, p. 21. A. E. Vacalopoulos, *Origins of the Greek Nation: the Byzantine Period, 1204 -1261*, New Brunswick: Rutgers University Press, 1970, p. 34; Niketas Choniates, *O City of Byzantium, Annals of Niketas Choniatēs*, p. 406, n. 1517. George Akropolites, *The History*, p. 167, 22; p. 157, 18; p. 158, nn. 3, 4; pp. 282 - 283, 55.
② Niketas Choniates, *O City of Byzantium, Annals of Niketas Choniatēs*, p. 280. 时人亦常称他为军官和指挥官, D. Angelov, *The Byzantine Hellene: The Life of Emperor Theodore Laskaris and Byzantium in the Thirteenth Century*, p. 238, n. 32.
③ Niketas Choniates, *O City of Byzantium, Annals of Niketas Choniatēs*, p. 274 and 280; George Akropolites, *The History*, p. 116, n. 6.
④ 关于拉斯卡利斯家族的起源以及塞奥多利早期的活动见 D. Angelov, *The Byzantine Hellene: The Life of Emperor Theodore Laskaris and Byzantium in the Thirteenth Century*, pp. 15 - 19.

部地方统治者利奥·斯古罗斯。日后阿莱克修斯和伊琳妮的女儿塞奥多拉嫁给了尼西亚帝国大将军安德罗尼库斯·帕列奥列格并生下了儿子米哈伊尔,即未来的皇帝米哈伊尔八世·帕列奥列格。在上述的婚事安排中,阿莱克修斯获得了专制君主的称号,这一头衔仅次于皇帝,一直被授予皇帝的女婿和皇位继承人。① 但不幸的是,阿莱克修斯英年早逝。因而作为"年龄行二,但貌美第一"的安娜公主的夫婿,塞奥多利便成为第一顺位继承人并获得了专制君主头衔。② 塞奥多利的一枚残缺印章也证实了这一信息,印章的铭文称塞奥多利为"专制君主塞奥多利·科穆宁·拉斯卡利斯,皇帝女儿安娜的丈夫"。③

第四次十字军抵达君士坦丁堡城打破了塞奥多利作为皇位继承人顺利继承皇位的愿景。1203 年 7 月 6 日,十字军攻占了佩拉要塞,将船开进金角湾。于是塞奥多利率军从君士坦丁堡前去迎敌,这是他第一次与十字军交手。之后,在 1203 年 7 月 17 日,当威尼斯人爬上海堤,并向附近的居民区纵火时,塞奥多利同阿莱克修斯三世把军队带到城外,计划反击。④ 但在这一紧要关头,阿莱克修斯三世于 7 月 17 日晚或 18 日凌晨趁夜色逃往色雷斯地区,将塞奥多利蒙在鼓里。⑤ 可能只有皇帝的大女儿伊琳妮知情,他的妻子埃芙菲罗丝奈、二女儿安娜以及塞奥多利对此一无所知。尽管阿莱克修斯三世的出逃行为使其威望大打折扣,但塞奥多利仍是名义上的皇位合法继承人。但在 7 月 18 日阿莱克修斯四世与其父亲伊萨克二世借十字军之力重新执掌权力后,塞奥多利成为皇位的觊觎者,被投诸狱中。身陷牢狱的他并未亲眼目睹君士坦丁堡的陷落,而是于 1203 年 9 月前在皇家卫队熟人的帮助下或通过未知方式逃出了监狱。在 1208 年的大斋节(Lent),塞奥多利宣读了侯尼雅迪斯为其撰写的演讲词,称自己是被上帝所救。之后,他将从监狱逃脱描绘成了上帝早已安排好的英雄和神圣的行为。关于这件

---

① 关于尼西亚帝国时期专制君主头衔授予情况见孙丽芳:《阿勒罗颇利塔斯〈历史〉研究》,南开大学博士论文,2014 年,第 101—106 页。
② Niketas Choniates, *O City of Byzantium, Annals of Niketas Choniatēs*, p. 274 and 280; George Akropolites, *The History*, p. 116, n. 6.
③ D. Angelov, *The Byzantine Hellene: The Life of Emperor Theodore Laskaris and Byzantium in the Thirteenth Century*, p. 20.
④ D. Angelov, *The Byzantine Hellene: The Life of Emperor Theodore Laskaris and Byzantium in the Thirteenth Century*, p. 21.
⑤ George Akropolites, *The History*, pp. 106–107, 2.

事有多个版本,其中提到他在没借助任何军事援助的情况下,逃出了君士坦丁堡,"只带着真正智慧和勇敢的精神"。① 这些明显带有自我夸耀的故事肯定也是其亲信文人事后杜撰出来的,以便为其自立为皇帝增添合法性和神圣感。

因为对阿莱克修斯三世抛家舍国的逃亡行为极为失望,所以塞奥多利决定不去其所在的色雷斯地区避难,而是选择回到家乡安纳托利亚。他可能与其妻子安娜、三个女儿以及还有少量随从乘船前往小亚。到达尼西亚城雄伟的城门时,塞奥多利可能认为此地不仅适合作为安身之所,也可作为对抗占据了君士坦丁堡的十字军政权的基地。尼西亚城位于小亚西北部,今土耳其伊兹尼克(Iznik)。相传建城者是古希腊神话中的酒神狄奥尼索斯(Dionysos)和大力神赫拉克勒斯(Herakles)。但据史料所载,该城的初建者为安提柯(Antigonus the One-eyed,公元前382—前301年)。之后李锡马库斯(Lysimachus,约公元前360年—前281年)于公元前300年重建该城,并以其妻尼西亚之名为之命名。公元前281年,尼西亚城成为比提尼亚王国的附属地。公元前74年它被国王尼科米底斯四世(Nicomedes Ⅳ Philopator,约公元前94年—前74年在位)赠送给罗马。该城在罗马帝国和拜占庭帝国时期获得稳定的发展。②

在尼西亚城,塞奥多利以安娜公主的名义要求该城居民承认他为皇帝,接受他的统治。但该城居民并未遵从他的意愿,于是他"不停地劝说,十分艰难地请求他们允许他的妻子进城"。最终,尼西亚居民接纳了他的妻女,却将他拒之门外。③ 显然,担忧他为本城带来灾祸的恐惧左右着民众。安格洛夫详细分析了塞奥多利被拒的原因,称小亚地区此前一直是叛乱盛行的地区,侯尼雅迪斯曾在1204年将之描述为"战争者的诞生地"。尼西亚精英们密切关注君士坦丁堡事态,认为在局势尚不明朗的情况下应该稳妥行事。他们慑于曾因反对篡位皇帝安

---

① D. Angelov, *The Byzantine Hellene: The Life of Emperor Theodore Laskaris and Byzantium in the Thirteenth Century*, pp. 21 – 23.
② C. Foss, *Nicaea: A Byzantine Capital and its Praises*, Brookline, Mass.: Hellenic College Press, 1996, pp. 1 – 97; A. P. Kazhdan ed., *The Oxford Dictionary of Byzantium*, pp. 1463 – 1464.
③ George Akropolites, *The History*, pp. 117 – 118, 6. 阿克罗颇立塔斯的记载也得到了维拉杜安的证实,后者也提到塞奥多利以其妻子的名义获取土地。Geoffrey of Villehardouin, "The Conquest of Constantinople", in Joinville and Villehardouin, *Chronicles of the Crusades*, trans. by M. R. B. Shaw, London: Penguin, 1963, p. 110.

德罗尼库斯一世而受到惩罚的过往,认为若阿莱克修斯四世巩固了统治,那么拒绝接受塞奥多利一世便是忠诚的表现。但若阿莱克修斯三世重夺王位,那他可能会感谢他们曾收留他的女儿和外孙女们,而不会理会拒绝与其合作的女婿的遭遇。① 根据阿克罗颇立塔斯的记载,塞奥多利将妻女安顿在尼西亚城后,前去攻打普鲁萨(Prousa,今土耳其布尔萨 Bursa)及周边地区。②

在塞奥多利离开君士坦丁堡后,拜占庭政局陷入极度混乱,皇室进行了新一轮的权力更迭,阿莱克修斯五世杀掉阿莱克修斯四世篡夺皇权。但在 1204 年 4 月 9 日至 12 日,当十字军对君士坦丁堡发起总攻时,阿莱克修斯五世也逃走了。③ 4 月 12 日在十字军涌入君士坦丁堡之际,圣索菲亚大教堂召开了紧急会议,会议的主题是选出一位新皇帝。两位候选人分别为塞奥多利一世的兄长君士坦丁·拉斯卡利斯和君士坦丁·杜卡斯。因双方势均力敌,最后前者通过抽签胜出。当意识到将被拉丁人包围而孤立无援时,君士坦丁也放弃抵抗逃往小亚与塞奥多利会合。④ 而十字军在占领君士坦丁堡后,按照之前达成的分赃协议和后续的一些军事行动,完成了对拜占庭帝国的瓜分。十字军将领佛兰德的鲍德温(Baldwin Ⅰ,1204—1205 年在位)当选为以君士坦丁堡为都的拉丁帝国的首位皇帝,分得拜占庭四分之一的领土,其中包括君士坦丁堡八分之五的区域、色雷斯地区东部、马尔马拉海沿岸小亚细亚西北部的部分地区、爱琴海的部分重要岛屿等。为保持利益相对均衡,威尼斯人莫罗西尼(Thomas Morosini,1204—1211 年在位)出任君士坦丁堡牧首,而其总督丹多洛占有君士坦丁堡八分之三的区域、亚得里亚海东岸地区、爱琴海的诸多岛屿及沿海地区等,其所得约相当于拜占庭领土的八分之三,并控制了东方贸易的主要航线,垄断了东地中海世界的过境贸易。作为奖赏,拜占庭帝国剩余的八分之三领土由十字军其他将领和士兵获得。其中,蒙特菲拉特的卜尼法斯虽与拉丁帝国皇位失之交臂,但收获颇丰,其领土主要在

---

① D. Angelov, *The Byzantine Hellene: The Life of Emperor Theodore Laskaris and Byzantium in the Thirteenth Century*, pp. 23 – 24.
② George Akropolites, *The History*, pp. 117 – 118, 6.
③ George Akropolites, *The History*, pp. 110 – 111, 3.
④ D. Angelov, *The Byzantine Hellene: The Life of Emperor Theodore Laskaris and Byzantium in the Thirteenth Century*, p. 22.

塞萨利和马其顿地区。他还以塞萨洛尼基为中心建立塞萨洛尼基王国,希腊阿提卡半岛的雅典公国和伯罗奔尼撒半岛的阿凯亚侯国都臣属于他。①

新生的拉丁帝国积极向小亚用兵,以加强对小亚西北部的实际控制,这对在小亚细亚立足未稳的塞奥多利造成了直接的威胁。因而抵抗拉丁人对小亚地区的入侵成为塞奥多利的首要任务。在早期同拉丁人的较量中,塞奥多利败多胜少,如他与布雷克的彼得(Peter of Bracieux)于1204年12月6日在波伊马讷农(Poimanenon)附近的交战,后者战胜并控制了比提尼亚地区的一些要塞。而鲍德温皇帝的兄弟亨利(Henry,1206—1216年在位)又于1205年3月19日在亚拉米顿(Atramyttion)重创塞奥多利一世。② 塞奥多利一世在1208年发表的大斋节节日讲话中,曾回顾了这一艰难时期,"你们都知道我所经历的痛苦和不眠之夜,我在各个地区之间来回奔波,却有一些人为了迫害我,设下陷阱,制定邪恶计划,我不得不频繁地向邻近的人们求救。"同时,这也透露了塞奥多利一世曾向罗姆的塞尔柱苏丹国(Seljuk Sultanate of Rum,又称罗姆的苏丹国 Sultanate of Rum,或是伊科尼姆的苏丹国 Sultanate of Iconium,1077—1307年)寻求帮助的信息。为了获得塞尔柱兵力的支持以抗击拉丁人,塞奥多利曾贿赂苏丹鲁克恩·阿丁(Rukn al-Din,1197—1204年在位),之后又与其子伊兹丁('Izz al-DīnK ılıç Arslān Ⅲ,1204—1205年在位)签订条约。③ 除此以外,他还穿梭在小亚多地以协调组织小亚民众共同抵抗十字军。他常在集会和晚宴上发表讲话,为"堕落的罗马精神"大声疾呼,鼓励小亚民众奋起抗争。在1206年的一份颂词中,侯尼雅迪斯用现在时态称塞奥多利"你周游东部城市,与当地居民交谈,让他们意识到,如果他们不迅速服从你,他们将遭受灾难"。④ 然而,保加利亚军队于1205年4月14日在亚得里亚堡⑤大败拉丁军队,给了塞奥多利宝贵的喘息之机。在这次战役中,保加

---

① 孙丽芳:《尼西亚帝国:拜占庭史重要插曲》,《中国社会科学报》2017年8月31日。
② Niketas Choniates, *O City of Byzantium, Annals of Niketas Choniatēs*, pp. 330-331. D. Angelov, *The Byzantine Hellene: The Life of Emperor Theodore Laskaris and Byzantium in the Thirteenth Century*, pp. 25-26.
③ D. Angelov, *The Byzantine Hellene: The Life of Emperor Theodore Laskaris and Byzantium in the Thirteenth Century*, p. 25.
④ 转引自 D. Angelov, *The Byzantine Hellene: The Life of Emperor Theodore Laskaris and Byzantium in the Thirteenth Century*, p. 25.
⑤ 今土耳其埃迪尔内(Edirne),位于色雷斯平原西端。在中古世界,它是通往君士坦丁堡的大路的第一道门户,具有重要的战略地位,它也是尼西亚军队出征西方的早期基地。

利亚君主卡洛扬(Kalojan,1197—1207年在位)和拉丁皇帝鲍德温都亲自率军作战,但鲍德温战败被俘。新生的拉丁帝国遭到沉重的打击。时人阿克罗颇立塔斯在《历史》中对这次战役有详细记载,并留下了保加利亚人将鲍德温杀害后,将其头颅洗净用作酒杯的唯一记载。① 之后,拉丁帝国不得不从小亚抽调兵力以解巴尔干半岛地区的困局,这暂时缓解了塞奥多利的军事压力。事实上,拉丁骑士占领君士坦丁堡并未确立其在该地区的霸主地位,而是将拜占庭帝国分裂为地方军阀势力,从而在拜占庭帝国原有疆域内打造了众多实力相当的军事强权力量,它们相互攻击,都希望在群雄逐鹿的征战中胜出。这场多方博弈的战争持续了半个多世纪,最终尼西亚帝国占据了上风,重新夺取故都。塞奥多利是尼西亚帝国真正的奠基人,其艰苦卓绝的奋斗成为此后拉斯卡利斯王朝东山再起的良好开端。

尽管塞奥多利在最初阶段败于拉丁军队,但因他在小亚积极作为,实力不断增强,尼西亚和其他城市最终都承认了他的地位。1205年春塞奥多利在尼西亚城称帝,因同安娜公主的婚姻,他视自己为拜占庭皇位的合法继承人,其头衔是"基督教神佑的虔诚的皇帝和罗马人的至圣统治者,塞奥多利·科穆宁·杜卡斯·拉斯卡利斯",这一称呼正式出现在1220年塞奥多利一世与威尼斯驻君士坦丁堡的代表签订的外交条约上。② 称帝后,塞奥多利一世加固了尼西亚城墙,并在城内大建防御工事,尼西亚帝国著名学者布拉米德(Nikephoros Blemmydes,1197—约1269年)曾称,尼西亚城"拥有宽广的街道,到处都是人,并且城墙建设很好,是皇恩最为卓越的表现"。③ 塞奥多利一世使该城成为了新帝国的政治和宗教中心。毫无疑问,塞奥多利首先稳固政权核心的举措是具有深谋远虑的举措,是构建尼西亚帝国国家政权实体的当务之急。

---

① George Akropolites, *The History*, pp. 139 – 141, 13. 另外,拜占庭皇帝瓦伦斯(Valens, 364—378年在位)于378年同哥特人作战时,也是在亚得里亚堡被杀害。
② A. A. Vasiliev, *History of the Byzantine Empire, 324 –1453*, vol. II, p. 512.
③ C. Foss, *Nicaea: A Byzantine Capital and its Praises*, p. 63 and 94. A. A. 瓦西列夫:《拜占庭帝国史》,第778—789页。在拜占庭帝国晚期,有两篇关于尼西亚城的著名颂词。它们分别是尼西亚帝国皇帝塞奥多利二世(Theodore II Laskaris,1254—1258年在位)的《尼西亚城颂词》和帕列奥列格王朝知名学者梅托契特斯(Theodore Metochites,约1270—1332年)的《尼西亚城》。这两篇颂词的完整文本,详见Theodore II Laskaris, "Ἐγκώμιον εις την Μεγαλόπολιν Νίκαιαν", in C. Foss, *Nicaea: A Byzantine Capital and Its Praises*, pp. 132 – 153. Theodore Metochites, "Νικαεύς", in C. Foss, *Nicaea: A Byzantine Capital and Its Praises*, pp. 164 – 195.

初步立足的塞奥多利一世还急于选出一位牧首,"以使他的帝位获得来自教会的祝福"。① 他曾致信君士坦丁堡的教士们,要求他们在大斋节的第三周前往尼西亚城,选出牧首。他继而提醒教士们不能迟到,因为如果牧首选出的时间推迟的话,新任牧首将不能按照传统在圣周(Holy Week)制作圣油。学者对这一史料的解读不尽相同,其中多格尔(F. Dolger)认为史料只说明牧首在每年这一时期制作圣油,而不能说明牧首将为皇帝施加涂油礼。因施洗之后的圣礼也使用圣油,所以不能确定牧首的圣油是用于加冕还是洗礼。② 结果,应塞奥多利一世之邀,教士们准时到达,米哈伊尔·奥托雷亚诺斯(Michael Autoreianos,1208—1213年在位)如期被选任为牧首。事实上,君士坦丁堡陷落后,原牧首卡玛特鲁斯(John X Camaterus,1198—1206年在位)流亡到第二保加利亚帝国,他拒绝了塞奥多利·拉斯卡利斯的邀请,没有前往尼西亚帝国,并最终客死保加利亚。奥托雷亚诺斯是尼西亚帝国第一任牧首,阿克罗颇立塔斯称"他是一位富有知识的人,他通晓所有的文学,我们自己的和其它人的"。③ 在1208年复活节期间,新牧首于尼西亚城为塞奥多利一世加冕并为其施行涂油礼。目前学者们倾向于认为塞奥多利一世接受了涂油加冕礼。塞奥多利曾称上帝用为大卫王涂油的方式为他涂油。流亡的雅典大主教米哈伊尔·侯尼雅迪斯也在写给牧首卡玛特鲁斯的信中祝贺后者已劝说塞奥多利一世为他们选出了牧首,并使皇帝没有忽略涂油礼。④

塞奥多利一世重启涂油礼可能同1204年君士坦丁堡的陷落有很大关系。涂油礼的使用既是对传统的一种效仿,同时也寄托着尼西亚皇帝收复失地、重建帝国的政治理想。拜占庭人以及拜占庭皇室的流亡强化了拜占庭人自比于犹太人的意识,这也增强了尼西亚皇帝同大卫王的类比,塞奥多利一世便称他被施加涂

---

① D. M. Nicol, "Kaisersalbung: The Unction of Emperors in Late Byzantine Coronation Ritual", *Byzantine and Modern Greek Studies*, 2(1976), p. 34.
② D. M. Nicol, "Kaisersalbung: The Unction of Emperors in Late Byzantine Coronation Ritual", pp. 39 – 40.
③ George Akropolites, *The History*, pp. 119 – 120, 7. (字体不一样)
④ George Akropolites, *The History*, pp. 119 – 120, 7;奥斯特洛格尔斯基:《拜占廷帝国》,第364—365页。M. Angold, *A Byzantine Government in Exile: Government and Society under the Laskarids of Nicaea, 1204 – 1261*, New York: Oxford University Press, 1975, p. 44. 1208年初塞奥多利一世写给君士坦丁堡的东正教教士的信件则提供了更为确凿的证据。J.-L. van Dieten ed., *Nicetae Choniatae Orationes et Epistulae*, Berlin, New York: de Gruyter, 1975, p. 127, 21 – 31.

油礼是依照大卫王的惯例。另外,塞奥多利一世之所以十分重视涂油礼,还因为涂油礼所具有的象征意义。涂油礼预示着上帝对皇权正当性和合法性的认可,这有助于其应对另两个较具影响力的拜占庭人流亡政权要求继承拜占庭皇权的挑战。这两个政权分别是希腊西北部的伊庇鲁斯专制君主国(The Despotate of Epirus,1205—1479年)和黑海东南沿岸的特拉比宗帝国(The Empire of Trebizond, 1204—1461年)。其中,伊庇鲁斯专制君主国的首都在阿尔塔(Arta),①其建立的具体时间并不确定,一般认为其建立者是米哈伊尔·安茞鲁斯·科穆宁·杜卡斯(Michael Angelos Komnenos Doukas,1206—1215年在位),②史称米哈伊尔一世。他是大贵族约翰,也就是伊萨克二世和阿莱克修斯三世的兄弟的私生子。大贵族约翰从拜占庭皇帝伊萨克二世那里获得了大贵族的头衔,还曾被任命为伯爵将军(Dux),指挥军队平定了1186年彼得和约翰·亚森(Peter and John Asen)两兄弟在保加利亚煽动的叛乱。他之后曾阴谋觊觎皇位,皇帝发现后,被解除了职务。在约翰的职业生涯中,他还曾担任过伊庇鲁斯和塞萨利的总督。他的正妻是邹伊·杜卡娜,她的外祖父是阿莱克修斯一世。他们育有三子一女,分别是塞奥多利(1215—1230年在位)、君士坦丁、曼努埃尔和安娜。伊庇鲁斯的统治者都声称自己拥有皇族血统。

与科穆宁和安茞鲁斯家族的这种亲密关系,使伊庇鲁斯专制君主加入到争夺拜占庭皇位的竞争中。③而特拉比宗帝国是在1204年君士坦丁堡陷落前不久建立的,其建立者是拜占庭皇帝安德罗尼库斯一世的孙子大卫和阿莱克修斯·科穆宁兄弟(David and Alexios Komnenos)。关于特拉比宗帝国的统治者是在1204年4月,还是在13世纪中叶以后获得"皇帝"的头衔,学者们意见不一。但可以肯定的是,1282年约翰二世同意将皇帝的头衔换成"专制君主"的头衔,并在君士坦丁堡娶了米哈伊尔八世的女儿。14世纪时,特拉比宗的统治者称自己为"大科穆宁

---

① 阿尔塔位于希腊西北部,邻近伊奥尼亚海,是希腊阿尔塔州的首府。
② D. M. Nicol, *the Despotate of Epiros*, Oxford: Blackwell, 1957, p.11. 但瓦卡洛普洛斯认为伊庇鲁斯专制君主国的真正开创者是其弟塞奥多利一世(1215—1230年在位),A. E. Vacalopoulos, *Origins of the Greek Nation: the Byzantine Period, 1204-1261*, p. 34.
③ 关于这一政权的详细研究见 D. M. Nicol, *The Despotate of Epiros*, Oxford: Blackwell, 1957; D. M. Nicol, *The Despotate of Epiros 1267-1479: A Contribution to the History of Greece in the Middle Ages*, Cambridge: Cambridge University Press, 1984.

家族在整个东方、伊庇利亚和佩拉提亚（Perateia）的皇帝和君主"。① 特拉比宗帝国初期曾与尼西亚军队在安纳托利亚内陆的加拉提亚（Galatia）和小亚北部的帕夫拉戈尼亚（Paphlagonia）交手，但被打败。② 之后，特拉比宗与拉丁帝国结盟，但在尼科米底与尼西亚军队作战时，又遭受了军事重挫。之后特拉比宗帝国与尼西亚帝国之间基本无战事发生，但其并未放弃继承旧有帝国权力的主张。③ 面对两个拜占庭皇权竞争者，塞奥多利一世在加冕中使用涂油礼便是对其作为拜占庭皇位的合法继承人身份的强调，他也借此在东地中海世界树立起自己的政治威信。④

另外，意识到依靠军力无法短时间内收复君士坦丁堡后，塞奥多利一世还曾试图通过东、西教会合并，来获得罗马教宗的支持，从而和平占有君士坦丁堡。他派梅萨利特斯（Nicholas Mesarites）前往君士坦丁堡，协商东、西教会问题。梅萨利特斯是个名人，他出生于君士坦丁堡的贵族之家，曾是圣索菲亚大教堂的辅祭。在君士坦丁堡陷落后，他留在城里并成为拜占庭人的发言人和民意领袖。1206—1208 年间，他曾试图促进君士坦丁堡的东正教会与尼西亚宫廷的交流。之后在 1213 年前后，他成为以弗所都主教，并于 1214 年代表尼西亚东正教会出席了在君士坦丁堡举行的东、西教会会议。他曾对君士坦丁堡的圣使徒教堂做过详细描述，其中提到学校开设语法、修辞、哲学、音乐、医学等课程，学生学习场景生动有趣，这是研究 12 世纪牧首学校最难能可贵的史料。此外，在梅萨利特斯的书信和著作中，较有价值的还有他对尼西亚教会同罗马天主教会谈判内容的记载，以及

---

① D. Angelov, *The Byzantine Hellene*: *The Life of Emperor Theodore Laskaris and Byzantium in the Thirteenth Century*, p. 16.
② Niketas Choniates, *O City of Byzantium, Annals of Niketas Choniatēs*, pp. 351–352; George Akropolites, *The History*, p. 123, n. 19; A. A. Vasiliev, "Mesarites as A Source", *Speculum*, 13 (Apr., 1938), pp. 180–182.
③ A. Eastmond ed., *Byzantium's Other Empire*: *Trebizond*, Istanbul: Koç University Press, 2016, p. 49. 关于特拉比宗帝国的详细研究见 W. Miller, *Trebizond*: *The Last Greek Empire of the Byzantine era, 1204–1461*, new enl. edition, historical introduction, select bibliography by Anastasius C. Bandy, Chicago: Argonaut, 1969. 其中伯明翰大学的博士生阿斯普-塔沃（Annika Asp-Talwar）曾尝试将有关特拉比宗帝国的一批史料翻译成英文，并在此基础上写作博士论文《东方遭遇西方：13—15 世纪特拉比宗和君士坦丁堡之间的关系》。
④ 关于尼西亚皇帝们使用涂油礼的情况见孙丽芳：《浅议 13 世纪尼西亚帝国的涂油礼》，《古典学评论》，上海：三联书店，2019 年。

悼念兄长约翰的信件。他们兄弟都受过良好而严谨的教育，是尼西亚帝国初期较为有名的知识分子。① 1214 年或 1215 年，梅萨利特斯还曾在尼西亚城同教宗使节贝拉基(Pelagius)会谈，贝拉基曾是阿尔巴诺(Albano)的红衣主教，1213 年底他被教宗英诺森三世派往君士坦丁堡。阿克罗颇立塔斯称其穿红鞋子和红衣服，甚至把马鞍和马缰绳都染成了红色。梅萨利特斯对贝拉基较为了解，他提到贝拉基一开始便刻意显示自己的红鞋子，并称圣彼得的继承人被君士坦丁大帝给予了穿红鞋子的权利。② 但会谈最终并未取得实际效果。③

在 1216 年亨利去世后，接任拉丁帝国皇位的是其妹夫法国欧塞尔伯爵彼得(Peter of Auxerre)，他在途经阿尔巴尼亚地区前往君士坦丁堡继位时，被伊庇鲁斯军队俘获。彼得是法王路易六世(1108—1137 年在位)的孙子，也是拉丁皇帝鲍德温和亨利的妹妹尤兰达的丈夫。弥留之际，亨利召唤彼得前往君士坦丁堡继承拉丁帝国皇位。于是，彼得同尤兰达一起动身前往君士坦丁堡。而在他们途经罗马时，教宗为彼得举行了加冕仪式。之后彼得打算由陆路前往君士坦丁堡，而尤兰达则走海路。当彼得行至阿尔巴尼亚山口时，他和随从被伊庇鲁斯专制君主塞奥多利生擒，并在伊庇鲁斯监狱度过余生。此后亨利的妹妹尤兰达摄政，并在 1219 年去世时将皇位留给了其子罗伯特(Robert, 1219—1228 年在位)。④ 塞奥多利一世在 1219 年 9 月先是娶了彼得和尤兰达的女儿玛丽亚。⑤ 而罗伯特于 1221 年 3 月被加冕为拉丁帝国的皇帝后，他曾派出使节前往尼西亚帝国讲和。塞奥多利一世提议把小女儿欧多基娅许配给罗伯特。但因塞奥多利一世已娶了罗伯特的妹妹玛丽亚，他是罗伯特的妹夫，而拟议中的欧多基娅同罗伯特结婚使这一关

---

① Nikolaos Mesarites, "Description of the Church of the Holy Apostles at Constantinople", trans. G. Downey, *Transactions of the American Philosophical Society*, 47 (1957), pp. 855 – 924.
② George Akropolites, *The History*, pp. 154 – 155, 17; 155 – 156, n. 1.
③ 关于尼西亚帝国时期东西教会间的接触和协商详见 M. Angold ed., *The Cambridge History of Christianity*, Vol. 5, Cambridge: Cambridge University Press, 2006, pp. 54 – 56; M. Angold, *Church and Society in Byzantium under the Comneni, 1081 – 1261*, pp. 518 – 529; A. Alexakis, "Official and Unofficial Contacts between Rome and Constantinople before the Second Council of Lyons (1274)", *AHC*, 39 (2007), pp. 101 – 107; J. Langdon, "Byzantium in Anatolian Exile: Imperial Viceregency Reaf-Firmed during Byzantino-Papal Discussions at Nicaea and Nymphaion, 1234", in A. Dyck, S. Takács eds., *Presence of Byzantium: Studies Presented to Milton V. Anastos in Honor of His Eighty-Fifth Birthday*, Amsterdam: Hakkert, 1994.
④ George Akropolites, *The History*, pp. 144 – 145, 14.
⑤ George Akropolites, *The History*, pp. 148 – 149, 15.

系陷入乱伦错位,塞奥多利将成为罗伯特的岳父和妹夫,这是拜占庭法律所禁止的。塞奥多利的联姻计划也因此遭到牧首曼努埃尔的强烈反对。① 最终,这一计划无疾而终。

加冕后,塞奥多利一世的主要任务之一是积极与占据小亚西北部一部分城市的拉丁军队开战,以削弱拉丁帝国在小亚的势力,促使其范围不断缩小。拉丁皇帝鲍德温一世去世后,其担任摄政的兄弟亨利(Henry,1206—1216 年在位)于 1206 年 8 月 20 日在君士坦丁堡圣索菲亚大教堂被加冕为帝。亨利是拉丁帝国最有作为的皇帝,他不仅多次率军与保加利亚军队在马其顿地区开战,还挥兵小亚西北部以巩固拉丁军队在小亚最初占领的一些地区的统治权。② 1211 年 10 月 15 日,塞奥多利一世在林恩达库斯(Rhyndakos)河岸被亨利击败。③ 在 1212 年写给"他所有的朋友"的信中,亨利宣扬了他对塞奥多利一世的压倒性胜利。其目的是强调拉丁帝国已从 1205 年 4 月亚得里亚堡战役的灾难中恢复过来,并且帝国建立在坚实的基础上。④ 此后,塞奥多利一世采取了灵活的外交举措,他积极与保加利亚沙皇合作,从东西两面合攻拉丁帝国,使其腹背受敌。⑤ 因而,1212 年亨利只好同塞奥多利一世签订了为期两年的和约。尽管根据和约拉丁帝国拥有了对小亚西部大部分地区的占有权,但也划清了两国的疆界,暂缓了拉丁兵力进一步征服小亚的步伐。同亨利的博弈还使塞奥多利一世意识到外交的重要性和改进防御工事的必要性。他曾将修建和维护要塞和堡垒作为一项重要政策,并将要塞附近的村民作为防御的主要力量。⑥

---

① George Akropolites, *The History*, p. 157, 18; p. 158, nn. 3, 4.
② Geoffrey of Villehardouin, "The Conquest of Constantinople", pp. 108 – 159; George Akropolites, *The History*, pp. 148 – 149, 15.
③ 林恩达库斯河即今土耳其 Mustafakemalpasha River, Orhaneli River or Adirnaz River,位于安纳托利亚西北部布尔萨省内,注入马尔马拉海。
④ C. Foss, *Nicaea: A Byzantine Capital and its Praises*, p. 61; A. P. Kazhdan ed., *The Oxford Dictionary of Byzantium*, p. 1794 and 2040. M. Angold, *The Fourth Crusade: Event and Context*, Harlow: Pearson Longman, 2003, p. 120; D. Angelov, *The Byzantine Hellene: The Life of Emperor Theodore Laskaris and Byzantium in the Thirteenth Century*, p. 31.
⑤ Geoffrey of Villehardouin, "The Conquest of Constantinople", pp. 149 – 154. 但阿克罗颇立塔斯在《历史》中并未提及这一内容。
⑥ D. Angelov, *The Byzantine Hellene: The Life of Emperor Theodore Laskaris and Byzantium in the Thirteenth Century*, pp. 31 – 32.

在积极抵抗拉丁军队的同时,塞奥多利一世继续清除小亚西北部的地方割据势力,以增加战略防御空间。在安茸鲁斯王朝末期,小亚诸多行省已处于无政府状态,许多城市和地区已掌控在地方领主手中。而1204年君士坦丁堡的陷落,更加剧了这一割据态势。一些手握兵权的将军趁机在小亚拥兵自重、坚守自保。① 鉴于拉丁军队对小亚西北部造成的防守压力,塞奥多利意图拓展腹地以稳固根基,这势必与小亚地区的割据势力产生冲突。塞奥多利首先战胜了曼加法斯)②和萨巴斯(Sabbas Asidenos),③获得了位于凯斯特洛斯(Kaistros)谷地较高处的费拉德尔菲亚城、凯尔比阿农(Kelbianon)、原拜占庭设在小亚西南部的军区,即整个迈安德河和新卡斯特拉(Neokastra)等地区。④ 之后他与另一位地方军阀玛乌罗邹麦斯(Manuel Maurozomes)对抗,曾将科奈(Chonai,今土耳其科纳 Kona)、劳迪西亚(Laodikeia,今土耳其西南部城市代尼兹利 Denizli)以及敏德尔河谷等地纳入自己的统治范围,但因罗姆的塞尔柱苏丹的介入,很快又不得不放弃这些地区。⑤

但随着塞奥多利一世向小亚西南部扩张势力,必然威胁到苏丹国扩张计划,后者打算向西推进至爱琴海岸,进而占领整个小亚。塞奥多利一世虽未能像之后的约翰三世和塞奥多利二世一样远征拜占庭帝国的欧洲领土,但他也是一位英勇善战的皇帝。尽管尼西亚史家阿克罗颇立塔斯并未见过、直接接触过这位皇帝,但却对他多有褒奖。这与1211年塞奥多利一世战胜苏丹凯伊·库斯鲁一世、取得迈安德河上的安条克(Antioch-on-the-Meander)战役的胜利有着重要关系。迈

---

① M. Angold, *A Byzantine Government in Exile: Government and Society under the Laskarids of Nicaea, 1204 – 1261*, pp. 60 – 61.
② 他又被称作"愚蠢的塞奥多利"(Μωροθεόδωρος),见 Niketas Choniates, *O City of Byzantium, Annals of Niketas Choniatēs*, p. 219.
③ 从1204年起,他是迈安德河河口城市萨普森(Sampson)的统治者。之后,他被塞奥多利一世提升至大贵族。M. Angold, *A Byzantine Government in Exile: Government and Society under the Laskarids of Nicaea, 1204 – 1261*, p. 61.
④ George Akropolites, *The History*, pp. 119 – 120, 7.
⑤ D. Korobeinikov, *Byzantium and the Turks in the Thirteenth Century*, p. 142. 关于玛乌罗邹麦斯的详细研究见 S. Yıldız, "Manuel Komnenos Mavrozomes and His Descendants at the Seljuk Court: The Formation of a Christian Seljuk- Komnenian Elite", in S. Leder ed., *Crossroads between Latin Europe and the Near East: Corollaries of the Frankish Presence in the Eastern Mediterranean (12th – 14th Centuries)*, Würzburg: Ergon Verlag, 2011, pp. 55 – 77. 关于塞奥多利征服或顺服这些地方统治者的过程见, D. Angelov, *The Byzantine Hellene: The Life of Emperor Theodore Laskaris and Byzantium in the Thirteenth Century*, pp. 25 – 27.

安德河为今土耳其大门德雷斯河(The Büyük Menderes River),它流经土耳其西南部,向西注入爱琴海。迈安德河上的安条克位于今土耳其艾登(Aydin)省境内,在库尤贾克城(Kuyucak)西南,战略地位十分重要。12世纪末或13世纪初,为免遭其兄鲁克恩·阿丁的迫害,苏丹凯伊·库斯鲁一世可能于1200年抵达君士坦丁堡,在阿莱克修斯三世的宫廷寻求庇护。① 他曾受到阿莱克修斯三世的热情接待,并在君士坦丁堡接受洗礼,阿莱克修斯三世还当了他的教父。在君士坦丁堡陷落时,凯伊·库斯鲁同阿莱克修斯三世一起从君士坦丁堡出逃。在得知其兄鲁克恩·阿丁去世的消息后,他回到苏丹国复位。② 出逃君士坦丁堡的经历以及与阿莱克修斯三世的亲密关系,使得凯伊·库斯鲁在塞奥多利一世逃亡到小亚之初,尚能与塞奥多利"结盟并和平共处"。塞奥多利也因此减少了敌手,逐步在小亚站稳了脚跟。③ 在位期间,凯伊·库斯鲁曾积极拓展苏丹国在安纳托利亚的领土范围,他以伊科尼姆(Iconium,今土耳其科尼亚 Konya)为基地,于1207年攻取了地中海沿岸的安塔利亚,该城市在1204年处于阿德布兰迪努斯(Aldebrandinos)的控制之下。④ 苏丹国逐渐占领了小亚腹地及其西南沿海地区,另外它还掌控着黑海沿岸的部分地区。塞奥多利一世对小亚西部沿海地区扩展必然触及苏丹国的利益。

塞奥多利一世对小亚西部迈安德河河谷地带的占领,引起了苏丹的不满和敌意,而前皇帝阿莱克修斯三世的到来为苏丹向尼西亚进军提供了一个很好的理由。阿莱克修斯三世到达苏丹宫廷,请求苏丹助他夺回被塞奥多利一世占领的土地。苏丹凯伊·库斯鲁打着为前皇帝清除忤逆的旗号,于1211年在迈安德河上的安条克,率"数量庞大"的军队同塞奥多利一世率领的2 000名士兵开战。这次战役不仅是塞奥多利一世统治时期最为重要的一场战役,也是尼西亚帝国初期至关重要的一场战役。在战争开始前,塞奥多利一世做了充分的军事动员。他试探

---

① 据 D. Korobeinikov 研究,相关史料中给出的这位苏丹抵达君士坦丁堡的确切时间略有问题,他认为应该是 1200 年,见 D. Korobeinikov, Byzantium and the Turks in the Thirteenth Century, p. 120.
② George Akropolites, The History, pp. 123 – 124, 8.
③ George Akropolites, The History, pp. 123 – 124, 8. 在《历史》中,阿克罗颇立塔斯曾多次提及人物之间的亲戚关系,并且他将之视为导致事件发生的原因。
④ Niketas Choniates, O City of Byzantium, Annals of Niketas Choniatēs, p. 351.

性地询问臣民是否给与支持,臣民坚决地给出了肯定的答案,如阿克罗颇立塔斯所称"他们用尽所有力气,一致地,就像是出自一个想法地说他们将与他同生死共存亡"。臣民的拥护和对战争的激情使塞奥多利获得了极大的自信。为进一步鼓舞士气,塞奥多利一世发表战前演说,激励全军同仇敌忾、破釜沉舟。他命令士兵背水一战,不准携带帐篷、辎重或任何在战争中没用的东西。塞奥多利一世的策略就是切断士兵的退路以便"置之死地而后生",使他们在作战时能够全力以赴、奋勇杀敌。战争初始,苏丹军队占据优势。几个回合后,尼西亚军队陷入困境,军中优秀的拉丁雇佣兵几乎全部丧生。①

阿克罗颇立塔斯曾详细记载了战争最后阶段的情形。塞奥多利一世亲自上阵并英勇作战,当苏丹在乱军中找到塞奥多利一世后,他用狼牙棒将后者击落马背。危急时刻,塞奥多利一世绝地逢生。他站起来并从剑鞘中抽出剑,在苏丹转身傲慢地对他讲话时,刺中了苏丹的坐骑使苏丹跌落马下。侯尼雅迪斯也提到了苏丹的傲慢,13世纪塞尔柱史家伊本·毕比(Ibn Bibi)还记载称凯伊·库斯鲁曾对塞奥多利一世说,"哦,你,肮脏的头",允许后者站起来并骑马逃掉。② 在阿克罗颇立塔斯看来,上帝的帮助是塞奥多利一世赢得安条克一役胜利的重要原因。关键时刻,正是在上帝的帮助下塞奥多利从地上迅速站起来,抽出剑刺中苏丹的坐骑,使其跌落马下。这一场景描写生动地展示了塞奥多利一世身处险境、孤军奋战时的勇武,皇帝绝地反击、反败为胜重创苏丹军队。关于这场战役中苏丹究竟由何人所杀,史家多有争议。侯尼雅迪斯在其《宫廷演说词》中,赞扬塞奥多利一世斩杀苏丹。而阿克罗颇立塔斯认为很难确定是谁杀死了苏丹,因为即使那些在场的人也不清楚。拜占庭晚期重要史家格里高拉斯(Nikephoros Gregoras,1290—1361年)称塞奥多利斩首苏丹,并将其首级挑在矛上。伊本·毕比则将斩

---

① George Akropolites, *The History*, pp. 129-130, 9.
② J.-L. van Dieten ed., *Nicetae Choniatae Orationes et Epistulae*, p. 171, 17-19: ἀλλ' ὅλας παρατάξεις ἐκλόνησας, τέλος δὲ καὶ θάνατον ἔβαλες εἰς καφαλὴν τοῦ παρασπόνδου καὶ κομπάζοντος τὰ ὑπ ἔραυχα; p. 173. 22-24: καὶ ὁ μὲν βάρβαρος οὐκ ᾤετο μόνον, ἀλλὰ καὶ ἐπεβόα τρανότερον ἐν Χερσὶν ἔκειν σε ἤδη καὶ μικροῦ τὰ νικητήρια ἔθυε. George Akropolites, *The History*, p. 132, n. 4.

首苏丹的功绩归于尼西亚军队中的一名法兰克士兵。①

塞奥多利一世的英勇表现使尼西亚军队得以以少胜多,从而有效遏制了苏丹国的扩张势头,双方初步确定了以因度斯(Indos)河为界的西南边界,②从而巩固了尼西亚帝国在小亚西北部的统治。另外,此次战役的重要意义还在于,这是尼西亚的东正教皇帝对穆斯林苏丹的一次胜利,它提高了尼西亚帝国的威望,鼓舞了小亚和巴尔干半岛的拜占庭人,他们第一次视尼西亚帝国为未来可能恢复拜占庭帝国的主要中心。根据拉丁皇帝亨利的记载,在1211年迈安德河上的安条克战役中获胜后,塞奥多利一世曾写信给他的臣民宣布这一胜利。拜占庭史家尼基塔斯·侯尼雅迪斯曾著有关于这场战争的颂词,其中赞扬了皇帝塞奥多利的英勇及其所取得的胜利。逃亡到凯阿斯(Keos)岛的米哈伊尔·侯尼雅迪斯也写信给塞奥多利一世表达祝贺,其中表达了希望塞奥多利夺回君士坦丁堡的愿望。③ 战后,塞奥多利一世努力修复与塞尔柱苏丹国的关系。新苏丹伊兹·丁·凯考斯(Izz al-Din Kaykhaus,1211—1220年在位)继位之初便与塞奥多利一世签订了互不侵犯条约,双方得以保持和平十余年。④ 关于前述1211年战争的原因,作家伊本·毕比没有提到阿莱克修斯三世,可能是塞奥多利一世和凯伊·库斯鲁关于土库曼游牧民族穿越尼西亚-塞尔柱官方正式边界存在的分歧,导致了双方之间1211年的战争。其他史家认为拜占庭人要求重新从突厥人手中夺取安塔利亚。另外,也可能是因为亨利离间双方的外交策划。苏丹也同威尼斯和解,既包括政

---

① George Akropolites, *The History*, p. 131, 10. J.-L. van Dieten ed., *Nicetae Choniatae Orationes et Epistulae*, p. 171, ll. 17 – 18. 转引自 R. Macrides, *George Akropolites, The History*, p. 132, n. 6. A. Gardner, *The Lascarids of Nicaea, the Story of an Empire in Exile*, London: Methuen, 1912, p. 83, n. 1. H. W. Duda, *Die Seltschukengeschichte des Ibn Bībī*, Copenhagen: Munksgaard, 1959, p. 49. J. Longdon, *Byzantium's Last Imperial Offensive in Asia Minor: The Documentary Evidence for and Hagiographical Lore about John Ⅲ Ducas Vatatzes' Crusade against the Turks, 1222 or 1225 to 1231*, New Rochelle, N. Y.: Aristide D. Caratzas, 1992, pp. 29 – 30.
② Foss, *Nicaea: A Byzantine Capital and its Praises*, Ⅱ, p. 3. 因度斯河为今土耳其 Dalaman Çay。其在罗德岛对面的卡里亚(Caria,今土耳其 Karya)岸边注入爱琴海。
③ A. A. 瓦西列夫:《拜占庭帝国史》,第 782—783 页。R. Macrides, *George Akropolites, The History*, p. 235, n. 22. A. A. Vasiliev, *History of the Byzantine Empire, 324 –1453*, Vol. Ⅱ, p. 515.
④ C. Cahen, *Pre-Ottoman Turkey*, trans. by J. Jones-Williams, New York, 1968, pp. 120 – 122; R. Shukurov, "Trebizond and the Seljuks (1204 – 1299)", in G. Leiser ed., *Mésogeios. Revue trimestrielle d'études méditerranéennesp*, Paris, p. 88.

治层面,也包括商业方面。①

然而,通过这次战役也可看出塞奥多利一世统治初期的军队情况,他率领的2 000名士兵中有800名拉丁雇佣兵。拉丁雇佣兵占比为40%,这一比例是相对较高的。自10世纪后期军区制瓦解后,拜占庭帝国便不得不依赖外国雇佣兵抵御外敌入侵。第四次十字军战征使大量拉丁士兵涌入到东地中海世界。在攻取君士坦丁堡后,一部分拉丁士兵成为职业雇佣兵,受到诸多势力的青睐。塞奥多利一世可能比拉丁皇帝向雇佣士兵支付更多的军饷,从而诱使他们投入自己麾下。② 在阿克罗颇立塔斯笔下,这些拉丁士兵作战勇猛,并且有骑士精神,是塞奥多利一世征战的主力。他们在此次战役中曾奋勇杀敌,但终因寡不敌众大部分命丧疆场。同时,因大量优秀拉丁士兵的折损,这场战役于塞奥多利一世而言虽胜尤败,阿克罗颇立塔斯于是得出"皇帝在很大程度上被击败"的结论。拉丁皇帝亨利之前十分惧怕尼西亚军队中的雇佣兵,当得知这次战役的战果时,他也给出了类似的评价,他称"拉斯卡利斯被击败了,而不是胜利了"。但在1212年告知西方这场战役的信件中,亨利却称在被教宗开除教籍的拉丁人的帮助下,拉斯卡利斯取得了一场巨大的胜利。③ 由此可见在立国之初,塞奥多利一世因为兵力不足,故而采取重金招募拉丁士兵的策略,这显然对于新生政权巩固统治至关重要。此外,塞奥多利一世还着手筹建海军,这支海军曾配合尼西亚陆军围攻吉博图斯(Kibotos),也常用来防卫爱琴海和普罗潘提斯的沿岸地区。④ 这说明塞奥多利一世统治时期,海军已颇具规模,并具备了一定的作战能力。

塞奥多利一世统治期间还积极构建东部战略防御体系。首先,他重视东部边界安全,在边境地带,他通过对边民免税的政策使他们成为边防的主要力量。⑤ 另外,为提升边界城市的重要性以完善边防体系,他将之前从属于撒尔迪

---

① C. Cahen, *Pre-Ottoman Turkey*, p. 48.
② 教宗英诺森三世的信件以及牧首米哈伊尔·奥托雷亚诺斯写给塞奥多利一世的士兵们的信件中提到了这一信息,见 George Akropolites, *The History*, p. 130, n. 9.
③ George Akropolites, *The History*, p. 131, 10, pp. 148 – 149, 15, p. 151, n. 9.
④ Niketas Choniates, *O City of Byzantium, Annals of Niketas Choniatēs*, p. 350; Geoffrey of Villehardouin, "The Conquest of Constantinople", pp. 150 – 154.
⑤ 免税可能仅免除土地税,但仍征收贸易税。N. Cassidy, *A Translation and Historical Commentary of Book One and Book Two of the Historia of Geōrgios Pachymerēs*, pp. 92 – 93.

斯（Sardis）都主教区的费拉德尔菲亚教会变为独立的都主教区，而本都的希拉克利亚被提升至都主教区，其之前从属于克劳迪奥波利斯（Claudiopolis，今土耳其博卢 Bolu 省首府）都主教区。① 同时，他也重视对帝国腹地的经营和利用。因尼西亚城偏处尼西亚帝国西北狭长疆域，受到持续向小亚西部扩张势力的塞尔柱苏丹国和拉丁帝国东西两面挤压，有腹背受敌之虞，其安全性大为下降。相较而言，安纳托利亚的西部沿海平原地区远离边界，很少受外敌攻击亦较为安全。② 基于这一考虑，塞奥多利一世作出重要调整，从 1212 年前后开始常住士麦那（Smyrna，今土耳其伊兹密尔 izmir）和南菲宏（Nymphaion，今土耳其凯末尔帕夏 Kemalpaşa）附近。这一考虑是有道理的，南菲宏位于小亚西部希皮鲁斯山（Sipylus，今土耳其 Spil Dagı）以南平原的南缘。该山是石灰岩山区，有险峻的峡谷将该山同毗邻的山脉分开。山中有清澈的泉水和丰沛的水蒸气，因而这一地区最初崇拜古希腊山林水泽女神宁芙（Νύμφη），也由此而得名南菲宏（Νύμφαιον）。南菲宏附近有道路直通以弗所和士麦那，并且其东与赫尔穆斯河（Hermus，今土耳其盖迪兹河，Gediz）冲积平原相连，自然资源丰富，历来富庶。③ 相应地，他也将关系国家经济命脉的铸币厂由尼西亚城迁往内陆的麦格尼西亚，④从而减少了统治风险。在此基础上，塞奥多利一世还从南到北加强了对帕夫拉戈尼亚的主要城市黑海岸边的希拉克利亚（Heraclea Pontica）、⑤桑加里奥斯河以及西南边境奥林波斯山（Olympos）

---

① M. Angold, *A Byzantine Government in Exile: Government and Society under the Laskarids of Nicaea, 1204 – 1261*, pp. 48 – 49.
② 沃伦·特里高德：《拜占庭简史》，第 123 页。自君士坦丁堡成为首都之后，安纳托利亚就成了拜占庭帝国的心脏地带。沃伦·特里高德：《拜占庭简史》，第 24 页。
③ 南菲宏最早出现于科穆宁王朝公主安娜（Anna Comnena，1083—1153 年）对 1108 年拜占庭人抵抗突厥人的军事行动的记载中。安娜·科穆宁娜著，李秀玲译：《阿莱科休斯传》，上海：上海三联书店，2018 年，第 332 页。A. P. Kazhdan ed., *The Oxford Dictionary of Byzantium*, p. 1505. C. Foss, *Cities, Fortresses and Villages of Byzantine Asia Minor*, Aldershot: Variorum, 1996, Ⅵ, pp. 309 – 310.
④ 铸币厂曾铸造银币和铜币，也可能有金币。A. Failler ed., *Georges Pachymérès Relations Historiques*, I, p. 97, l. 21 – l. 26; Ἦν γὰρ χρημάτων πλῆθος ἐναποτεθησαυρισμένον ἐν Μαγνησίᾳ...... τῷ οὕτω πως Ἀστριτζίῳ ὑποκοριζομένῳ, ἀσφαλῶς ἐναπέκειτο; C. Foss, *Nicaea: A Byzantine Capital and its Praises*, p. 61, n. 14; M. Hendy, *Coinage and Money in the Byzantine Empire 1081 – 1261*, pp. 231 – 235; R. Macrides, *George Akropolites, The History*, p. 88.
⑤ 帕夫拉戈尼亚为黑海西南沿岸的狭窄海滨地区。希拉克利亚为今土耳其 Karadeniz Ereğli，位于宗古尔达克（Zonguldak）省内。

的管理和防守,初步构建其东部战略防御体系。①

在内政方面,鉴于尼西亚帝国初期的政治形势,塞奥多利一世为稳固政权采取了重用大贵族的策略。其中较有代表性的大贵族是在 1204 年以前已十分显赫的康托斯蒂法诺斯家族。这一家族在迈安德河谷拥有大片地产,其成员尼基弗鲁斯在塞奥多利一世统治期间拥有大贵族的头衔。② 同时,为了平衡这些大贵族势力,塞奥多利一世还重视扶植皇亲国戚。他曾把最重要的军事指挥权交予他的兄弟们。他的舅舅塞奥多图斯·福卡斯(Theodotus Phokas)则在政府中担任海军将军一职,并管辖帕拉提亚(Palatia 今土耳其巴勒克埃西尔省境内)地区。而安娜皇后的舅舅瓦西里·卡玛特鲁斯也是尼西亚宫廷较有势力的官员。卡玛特鲁斯家族在 1204 年以前已是拜占庭帝国最有势力的家族之一。米哈伊尔·侯尼雅迪斯曾感叹,"这一家族是在君士坦丁堡陷落之后仅存的黄金家族"。③ 此外,塞奥多利一世还通过联姻的方式来确保贵族的忠诚,他选择在 1204 年以前已颇有名望的帕列奥列格家族的阿莱克修斯为自己的大女婿并将其指定为继承人。而其二女婿约翰·杜卡斯·瓦塔泽斯则来自于一个在 12 世纪末日渐显赫的家族。总体而言,塞奥多利一世采取的政策是倚重贵族,无论是他任用的贵族还是用来制衡贵族的亲戚都来自当时十分重要的贵族家族。从一定程度上,塞奥多利一世奠定了尼西亚帝国发展的基本格局。

塞奥多利一世与几个皇后育有三女两子,分别为伊琳妮、玛丽亚和欧多基娅、尼古拉和君士坦丁。其中三个女儿可能于君士坦丁堡出生,两个儿子在小亚出生。塞奥多利一世初期恪守父子相继的继承制度,他曾钦定其长子尼古拉为皇位继承人,在 1208 年至 1210 年间尼西亚政府发布的一份文件中,后者被称为"皇帝

---

① 奥林波斯山即今土耳其 Tahtalı Dağı,位于安塔利亚省内。其为托罗斯(Taurus)山脉的西部支脉,高约 2366 米,现属于土耳其 Beydağları 海岸国家公园的一部分。M. Angold, *A Byzantine Government in Exile: Government and Society under the Laskarids of Nicaea, 1204 -1261*, pp. 98 - 99.
② George Akropolites, *The History*, p. 218, n. 15.
③ M. Angold, *A Byzantine Government in Exile: Government and Society under the Laskarids of Nicaea, 1204 - 1261*, pp. 70 - 71 and n. 47. 牧首阿西尼奥斯的母亲便来自卡玛特鲁斯家族,在阿西尼奥斯去世后,这一家族家道中落。

和继承人"。① 但尼古拉很早便不幸离世。② 1213 年安娜皇后去世后,塞奥多利一世于同年或 1214 年娶了亚美尼亚统治者利奥一世的侄女菲莉帕。但阿克罗颇立塔斯称"当他(塞奥多利)变得讨厌她时,把她送回了她西里西亚(Cilicia,今土耳其梅尔辛省和阿达纳省)的家乡"。他们育有一子,即君士坦丁,他在皇帝去世时只有 8 岁,③但不知什么原因被剥夺了继承权。在娶了第三任妻子拉丁公主玛丽亚后,塞奥多利一世很可能把继承权的问题搁置了下来,期待另一个儿子的到来。但事与愿违,他只能把机会留给其女婿来继承皇权。

塞奥多利一世的长女伊琳妮先是嫁给安德罗尼库斯·帕列奥列格,后者因此被赐予了专制君主的头衔。但安德罗尼库斯不久就去世了,没有留下子嗣。之后,伊琳妮在 1216 年 2 月又嫁给君士坦丁·杜卡斯·帕列奥列格,但这次婚姻也没长久。最后伊琳妮嫁给了约翰·瓦塔泽斯。瓦塔泽斯精明强干,曾担任宫廷侍卫长一职。但最初,塞奥多利一世并未授予他象征皇位继承人身份的专制君主头衔,这也很好地显示出塞奥多利一世在考虑继承人时的用意。最终因玛丽亚并未生下皇子,塞奥多利一世遂放弃让八岁稚子登基,而选择了女婿瓦塔泽斯继承大统。④

1221 年 11 月,在向阿克米托(Akoimeton)修道院的院长马克西姆斯(Maximos)作了临终忏悔后,塞奥多利一世去世。他与阿莱克修斯三世和安娜皇后一样也被安葬于小亚尼西亚城的许铿托斯修道院(Hyakinthos)。⑤ 在述及其去世时,阿克罗颇立塔斯为皇帝作了一篇讣告,其中称"在战争中,他(塞奥多利一世)是勇猛的",并且这也是"罗马人对他满怀感激"的一个重要原因。⑥ 皇帝在战争中的表现所带来的实际成效是使尼西亚帝国在小亚逐步站稳脚跟,这是阿克罗颇

---

① D. Angelov, *The Byzantine Hellene: The Life of Emperor Theodore Laskaris and Byzantium in the Thirteenth Century*, p. 32.
② George Akropolites, *The History*, p. 157, 18; pp. 158 – 159, n. 7.
③ George Akropolites, *The History*, p. 157, 18.
④ George Akropolites, *The History*, p. 157, 18.
⑤ 见 George Akropolites, *The History*, p. 131, 10; p. 157, 18. 根据 1209 年教会会议的一项法案,许铿托斯修道院是尼西亚牧首的驻地。见 George Akropolites, *The History*, p. 132, n. 9. 关于该修道院,见 C. Foss, *Nicaea: A Byzantine Capital and Its Praises*, pp. 97 – 101.
⑥ George Akropolites, *The History*, p. 157, 18.

立塔斯为代表的流亡拜占庭人最为关注的。在史家看来,稳固小亚的新生政权是夺取君士坦丁堡、重建拜占庭帝国的第一步。后来,塞奥多利二世在一篇颂词中也评价其外祖父,认为后者是"勇敢的,像雄鹰一样迅捷的,伟大的皇帝"。①

1204年以后东地中海世界暂时出现权力真空,碎片化政治格局渐显清晰。塞奥多利一世务实高效地完成了尼西亚帝国建国之初巩固政权的重任,并且还完善了帝国建制,为帝国持续发展提供了可能。塞奥多利一世选择瓦塔泽斯为继承人的决定,无论对于稳固尼西亚政权还是完成收复君士坦丁堡的大业,都甚为明智、至关重要。流亡尼西亚的拜占庭皇族不甘丧失首都,因此能够励精图治,千方百计走出困境,后人虽然不能说他们彻底摈弃了古老帝国的弊病,但至少重新立志,探索奋发图强东山再起的治国方略。仅从塞奥多利传位女婿而非少子便可看出光复故都的决心,这也为其后人最终重回君士坦丁堡奠定了基础。瓦塔泽斯于1221年11月或12月登基,②尼西亚帝国进入战略反击的新阶段。

第二节

约翰三世(John Ⅲ)

1221—1254年在位

约翰三世(Ιωάννης Γ'Δούκας Βατάτζης, John Ⅲ Doukas Vatatzes,生于1192年,卒于1254年,享年62岁)是拜占庭尼西亚流亡王朝第二位皇帝,自1221年成为皇帝,至1254年去世,在位33年。

1221年年末,约翰·瓦塔泽斯以塞奥多利一世女婿的身份继承皇位,是为约

---

① D. Angelov, *The Byzantine Hellene: The Life of Emperor Theodore Laskaris and Byzantium in the Thirteenth Century*, p. 16.

② D. Angelov, *The Byzantine Hellene: The Life of Emperor Theodore Laskaris and Byzantium in the Thirteenth Century*, p. 57.

翰三世。① 他是尼西亚帝国统治时间最长也是最有为的皇帝。② 与科穆宁、杜卡斯等显赫家族相比，侯尼雅迪斯认为瓦塔泽斯出身于"不起眼的家族"。③ 约翰三世于 1192 年出生于色雷斯的狄迪蒙特乔，他可能是家中幼子，但对于他的早年生活我们所知不多。其所在的瓦塔泽斯家族于 11 世纪初获得显赫地位，其权力和财富集中在色雷斯。该家族曾在亚得里亚堡捐资修建救济所、客栈和修道院等。与拉斯卡利斯一样，作为地方家族的瓦塔泽斯家族也从和科穆宁家族的联姻中获益，从而提升了家族地位。在有关该家族研究的众多猜测中，约翰三世的父亲是瓦西里·瓦塔泽斯是最为学界肯定的。瓦西里是这个时期活跃在小亚地区的一将军和高级官员。1189 年 8 月，瓦西里担任米拉萨和迈拉努迪昂军区的总督（doux），之后，他与伊萨克二世的一个表姐妹结婚，他在一份文件中自称是皇帝的姻亲。同时他的妻子还是阿莱克修斯一世的后裔。因而约翰三世拥有"杜卡斯-瓦塔泽斯"的双姓，他在写给教宗的信中曾夸耀自己具有前朝杜卡斯和科穆宁皇族的血统。瓦西里还曾官拜帝国东部将军和西部将军一职。但他在任西部将军期间，于 1194 年对战保加利亚人时被杀。④ 同塞奥多利一世一样，关于约翰三世的兄弟姐妹的情况我们也所知甚少。

约翰三世在塞奥多利一世统治期间曾担任宫廷首席侍卫长。在 1221 年塞奥多利一世去世后的第 40 天，他同怀孕待产的妻子伊琳妮一起到许铿托斯修道院参加了塞奥多利一世的追悼活动。⑤ 在加冕仪式中，约翰三世可能沿袭了塞奥多

---

① 约翰三世登基的时间可能是 1221 年 11 月或 12 月，也有可能是 1222 年 1 月。D. Angelov, *The Byzantine Hellene: The Life of Emperor Theodore Laskaris and Byzantium in the Thirteenth Century*, p. 57.
② 朗顿（J. S. Langdon）的《约翰三世·杜卡斯：流亡于安纳托利亚的拜占庭皇帝，1222—1254 年》是研究约翰三世的重要指导资料。该书首先梳理了瓦塔泽斯家族的起源及其发展，之后它将约翰三世的统治分为四个时期，分别探讨了约翰三世继承并巩固皇位、在色雷斯和马其顿的领土扩张、为收复君士坦丁堡而与保加利亚结盟、在巴尔干地区的扩张等内容，这对了解尼西亚帝国最有为的皇帝约翰三世的外交、军事策略有重要意义。J. S. Langdon, *John Ⅲ Ducas Vatatzes: Byzantine Imperium in Anatolian Exile, 1222 -1254: The Legacy of his Diplomatic, Military and Internal Program for the Restitutio Orbis*, University of California, Ph. D, 1978.
③ 转引自 D. Angelov, *The Byzantine Hellene: The Life of Emperor Theodore Laskaris and Byzantium in the Thirteenth Century*, p. 33.
④ 关于瓦塔泽斯家族以及瓦西里的详细情况见 D. Angelov, *The Byzantine Hellene: The Life of Emperor Theodore Laskaris and Byzantium in the Thirteenth Century*, pp. 33 - 35.
⑤ D. Angelov, *The Byzantine Hellene: The Life of Emperor Theodore Laskaris and Byzantium in the Thirteenth Century*, p. 57.

利一世的习惯，也使用了涂油礼。牧首日耳曼努斯在约翰三世出征前对涂油礼的强调，说明牧首和皇帝都熟知涂油礼。日耳曼努斯称"涂油礼使上帝选出的人有效"，"使你的头上有涂油的标志，因而上帝在战争时会保护你的头"。根据牧首的解释，涂油礼不仅是皇位合法性的一个重要标志，同时也是皇帝受到上帝喜爱的表现。① 使用涂油礼除了在地中海世界申明其继承拜占庭皇权的合法性和正当性，也是他积极应对帝国内部对皇权威胁的重要举措之一。约翰三世以塞奥多利一世女婿的身份登基，朝堂之上并非没有异议。塞奥多利一世的两兄弟、大贵族阿莱克修斯和伊萨克便曾谋反。继承大统之前，约翰三世可能对此二人的觊觎已有察觉，遂在加冕时使用涂油礼以说明其继位的正当性，强调其皇权合法性。在约翰三世执政初期，阿莱克修斯和伊萨克计划携塞奥多利一世的三女儿欧多基娅前往君士坦丁堡，策划阴谋，塞奥多利的另两位兄弟曼努埃尔和米哈伊尔可能也参与其中。他们计划让欧多基娅与拉丁皇帝罗伯特成婚。罗伯特曾同意塞奥多利一世的提议，即娶后者的女儿欧多基娅，但因这一关系有乱伦之嫌遭到尼西亚牧首曼努埃尔的强烈反对。② 此时，阴谋策划者们寄希望能借罗伯特之援手，颠覆约翰三世的统治。

虽然这桩婚事无果而终，但阿莱克修斯和伊萨克确实在拉丁军队的协助下，于1223年或1224年在波伊马讷农向约翰三世开战。在战争中，约翰三世奋勇当先最终战胜并俘获阿莱克修斯和伊萨克。尽管史家阿克罗颇立塔斯未提及这场谋反的原因，但他随后给出了约翰三世将被俘的两兄弟刺瞎的信息。③ 在拜占庭帝国，一般刺瞎双目是对犯有阴谋篡位罪犯的惩罚，因而可推测这两兄弟的意图是篡夺皇位。格里高拉斯的记载则更清晰地印证了这一猜测，他称阿莱克修斯和伊萨克作为塞奥多利一世的兄弟，对未能成为皇位继承人心怀不满，他们出于嫉

---

① M. Angold, *Church and Society in Byzantium under the Comneni, 1081 - 1261*, p. 542.
② George Akropolites, *The History*, pp. 165 - 166, 22, p. 157, 18, p. 158, n. 3, 4.
③ George Akropolites, *The History*, pp. 165 - 166, 22.

妒而滋生事端、蓄意谋反。① 在事情败露后，曼努埃尔和米哈伊尔则开始四处流亡。塞奥多利二世统治时，他们回到尼西亚帝国并位高权重，成了皇帝的重要谋臣。这波刚平，那波又起。1224年或1225年，约翰三世的表兄安德罗尼库斯酝酿了另一场反对约翰三世、伺机篡夺皇位的阴谋。参与者除了安德罗尼库斯的兄弟伊萨克还有其他一些贵族。约翰三世得知此事后，考虑到"内部战争比外部战争更为重要"，便毅然放弃了与拉丁人的战争。约翰三世随即对此事展开细密调查，最终惩罚了这场阴谋的主使者。他将伊萨克双目刺瞎并切断了他的手臂，而安德罗尼库斯则被囚禁在麦格尼西亚。约翰三世在处罚其忤逆的表兄安德罗尼库斯时，给予了后者极大的自由，后者也因此得以逃脱。但安德罗尼库斯此后可能未再兴风作浪，史料中也不再有关于他的相关记载。② 解决上述两次叛乱后，约翰三世成功解除了统治之初来自帝国皇族内部的挑战，巩固了皇权。

约翰三世勇武与谋略并举，是尼西亚帝国最能征善战的皇帝。他在位期间曾多次发动针对拉丁帝国、第二保加利亚帝国和伊庇鲁斯专制君主国的战争，将尼西亚帝国疆域拓展到巴尔干地区，为最终收复君士坦丁堡奠定了基础。登基之初，约翰三世面临的最紧急任务是进一步清除拉丁势力对小亚地区的威胁，确保尼西亚帝国稳固发展。在1223/24年至1225年期间，约翰三世曾同拉丁军队进行一系列战争，并占有了不少拉丁领土。在上述波伊马讷农战役中，他率军亲征并奋勇当先。战争伊始，形势发展并不利于尼西亚军队，他几乎遭遇全军覆没的灭顶之灾。然而像塞奥多利一世一样，约翰三世凭勇敢机智化险为夷。他亲自带兵上阵，并手握长矛奋勇杀敌，在这场战争中展示了"之前人们重视的勇武精神"。③ 此役之后，约翰

---

① Nikephoros Gregoras, *Nicephori Gregorae Byzantina Historia*, 3 vols, ed. I. Bekker and L. Schopen, CSHB, Bonnae: Impensis Ed. Weberi, 1829, 1830, 1835, p. 25, 3 – 21. With German translation in Gregoras Nikephoros, Rhomäische Geschichte, Historia Rhomaike, 5 vols, trans. J. Van Dieten, Stuttgart, 1973. Nicephori Gregorae, *Historiae Byzantinae*, ed. L. Schopen and I. Bekker, 3 vols., [Corpus Scriptorum Historiae Byzantinae 25 – 27] Bonn: Weber, 1829, 1830, 1855, TLG, No. 4145001: τούτῳ προσερρήησαν οἱ τοῦ βασιλέως Θεοδώρου τοῦ Λάσκαρι ἀδελφοί (Ἀλέξιος οὗτοι καὶ Ἰσαάκιος)……ἑκοντὶ τῷ βασιλεῖ προσερρήησαν. George Akropolites, *The History*, p. 167.
② George Akropolites, *The History*, pp. 169 – 170, 23.
③ George Akropolites, *The History*, pp. 165 – 166, 22.

三世同拉丁人签订条约,并由此获得了佩盖(Pegai)。① 而佩盖以南曾被拉丁人占有的土地也都臣服于尼西亚帝国,拉丁帝国在小亚的势力范围仅剩尼科米底(Nikomdia,今土耳其城市伊兹密特 Izmit)及周边地区。②

约翰三世在小亚地区同拉丁军队的另一次交锋发生在 1233 年。约翰三世在兰普萨库斯(Lampsakos)迎战拉丁皇帝布里恩的约翰(John of Brienne,1231—1237 年在位)。约翰的妻子是伊莎贝拉(Isabella I of Jerusalem,1190—1205 年在位)和蒙特菲拉特的康拉德(1190—1192 年为耶路撒冷国王)的女儿玛丽,他也因此成为耶路撒冷的名誉国王。约翰于 1229 年当选为拉丁帝国皇帝。③ 约翰三世并没有带领"实力强劲的充足兵力"抵挡拉丁军队在小亚的进军。但"皇帝擅长用少数兵力来抑制敌人",他针对实际情况采取了合理的战略战术。当拉丁军队沿海岸行军时,约翰三世便带领军队选择沿着山脚进军的路线,使敌人无法进入内陆而只能在海岸地带活动。继而,尼西亚军队步步紧逼并将各种粮草转移到较高地方,使敌人无法获取物资并对之施以破坏,从而最大程度地减少了损失。此外,约翰三世还曾利用舰队洗劫和摧毁了赫勒斯滂海峡(Hellespont 今土耳其达达尼尔海峡)沿岸被拉丁人占领的一些地区。④ 总之,与拉丁军队的一系列交手使得拉丁势力逐渐被赶出小亚,这也是约翰三世开始谋划参与巴尔干地区事务的重要前提。

1224 年,应亚得里亚堡使节请求,约翰三世派军队跨过赫勒斯滂海峡以帮助他们脱离拉丁人的统治。尽管这次远征未取得实际战果,但却打开了尼西亚帝国参与巴尔干地区事务的局面。⑤ 此后为缩减拉丁帝国在巴尔干地区的统治范围,约翰三世还曾联手保加利亚的约翰二世·亚森(John II Asen,1218—1241 年在位)打击巴尔干地区的拉丁势力。⑥ 为巩固同盟,约翰三世的儿子塞奥多利,即未

---

① 它是马尔马拉海的一个港口,是拉丁人攻陷君士坦丁堡后在小亚占领的第一批城市。
② George Akropolites, *The History*, pp. 171 - 173, 24.
③ George Akropolites, *The History*, pp. 184 - 185, 27. 阿克罗颇立塔斯称约翰身材高大,"在身高和腰围上都超过其它人",这也被萨林贝内(Salimbene)的记载所证实(magnus et grossus et longus statura)。见 George Akropolites, *The History*, p. 186, n. 5.
④ George Akropolites, *The History*, p. 190, 30, pp. 165 - 166, 22.
⑤ George Akropolites, *The History*, pp. 171 - 173, 24.
⑥ 约翰二世·亚森是第二保加利亚帝国的建立者亚森的儿子,也是该国历史上最为著名的君主之一。

来的皇帝塞奥多利二世与亚森的女儿海伦娜订下婚约。他们先于 1235 年在色雷斯合力作战，攻取了拉丁帝国占有的多处城市和要塞，如卡里波利斯，不仅"很快占领了它"，而且以此为扩张势力的据点。① 之后，他们还曾两次兵临君士坦丁堡，给城内的拉丁人造成极大恐慌，但终铩羽而归、无果而返。②

　　约翰三世和亚森的结盟引起了教宗的极度不安，教宗称"瓦塔泽斯和亚森，两个分裂者，他们最近缔结了不虔诚的盟约，已率领大军进攻我们基督最珍视的儿子君士坦丁堡皇帝的土地"，因而他呼吁西方君主支持拉丁帝国的皇帝。③ 但在拉丁皇帝布里恩的约翰去世后，亚森改变了主意，突然中断了与约翰三世的合作。其原因，一方面是随着多次联合作战的胜利，尼西亚帝国获得了马其顿、色雷斯地区的大片领土，亚森担心尼西亚在这一地区的扩张会影响到自己的利益。另一方面，亚森逐渐了解到，势力日渐强大的尼西亚帝国远比拉丁帝国难对付，将成为亚森夺取君士坦丁堡的最大障碍，亚森本人也打算将该城收入囊中。可能教宗也曾向亚森施压，迫使他放弃了与约翰三世的盟约。④ 之后，亚森以想见女儿为由召回了已同尼西亚皇子塞奥多利订婚的海伦娜。阿克罗颇立塔斯曾对这一过程做过详细描述，最后他借洞悉事情原委的约翰三世之口，对亚森做出了警告，"如果他留下女儿，使她失去合法丈夫的话，审视万物的上帝会惩罚那些践踏誓约的人，并解除他们在上帝的见证下达成的条约。"⑤但亚森对此置之不理，他转而同拉丁军队结盟，合攻尼西亚军队驻守的要塞祖鲁洛斯（今土耳其乔尔卢 Corlu），根据当初的《分赃协议》，该城应为拉丁皇帝所有。约翰三世则率领一支军队和 30 艘三列桨战舰从尼科米底湾出发，发起了对位于尼科米底北部海岸的达吉比扎（Dakibyza，今土耳其盖布泽 Gebze）的围攻，借此来牵制拉丁兵力，缓解祖鲁洛斯

---

① George Akropolites, *The History*, p. 191, 31, pp. 194 – 195, 33.
② George Akropolites, *The History*, pp. 194 – 195, 33.
③ A. A. Vasiliev, *History of the Byzantine Empire*, *324 – 1453*, vol. II, p. 526.
④ J. S. Langdon, "The Forgotten Byzantino-Bulgarian Assault and Siege of Constantinople 1235 – 1236 and the Breakup of the Entente Cordiale Between John III Ducas Vatatzes and John Asen II as Background to the Genesis of the Hohenstaufen-Vatatzes Alliance of 1242", in S. Vryonis, Jr. ed., *Byzantine Studies in Honor of Milton V. Anastos*, Malibu, CA: Undena Publications, 1985, p. 118; R. Spence, "Gregory IX's Attempted Expeditions to the Latin Empire of Constantinople: the Crusade for the Union of the Latin and Greek Churches", *Journal of Medieval History*, 3 (1979), pp. 163 – 176.
⑤ George Akropolites, *The History*, pp. 197 – 198, 34.

危机。

在祖鲁洛斯将要被攻陷时,亚森得知妻儿以及特尔诺沃的大主教去世的噩耗,立即罢兵。她是亚森的第二任妻子匈牙利的玛丽亚(Maria of Hungary, 1204—1237年),她与自己的一个儿子以及特尔诺沃大主教尤阿基姆(Ioachim)同时去世影响极大。他们可能都是死于这一时期在特尔诺沃流行的瘟疫。① 玛利亚是匈牙利国王贝拉四世的姐姐,她与亚森还有两女一子,他们分别是尼西亚未来的皇后海伦娜,泰玛(Thamar)以及在亚森去世后继位的卡里曼(Kaliman, 1241—1246年在位)。在史家阿克罗颇立塔斯笔下,亚森将此视作上帝对他背弃盟约的惩罚,遂撤兵离开祖鲁洛斯,并送回他的女儿,同约翰三世重归于好。② 1241年亚森去世后,第二保加利亚帝国因政局不稳开始衰落,这为约翰三世从保加利亚人手中收回被侵占的拜占庭领土提供了机会。约翰三世于1243年夏西征,夺取了色雷斯、麦勒尼孔(Melnikon,今保加利亚西南部城市麦尔尼克 Melnik)、斯特尼马霍斯(Stenimachos,今保加利亚中南部城市阿塞诺夫格勒 Asenovgrad),以及位于今保加利亚和希腊境内的罗多彼山(Rodope Mountains,是欧洲东南部的重要山脉)附近的要塞和城市,并使希伯鲁斯河(Hebrus)③成为尼西亚同保加利亚领土的分界线。而在1246年秋得知了保加利亚君主卡里曼去世的消息后,约翰三世迅速率军到达了腓立比,并攻取了保加利亚人占有的塞利斯城。此后,约翰三世巧用谋略收买了该城的官员德拉勾塔斯。他赐予德拉勾塔斯"用金线编织的紫色斗篷"以及大量的金币。④ 约翰三世以他为说客前往麦勒尼孔游说该城居民臣服。在曼格拉菲提斯力陈利弊的演说的帮助下,德拉勾塔斯不负所望,成功地使该城居民投诚约翰三世。布拉米德曾作有《皇帝的形象》一文,该文是写给约翰三世和塞奥多利二世的,其中布拉米德也提到了这件事。阿克罗颇立塔斯更为看重不经战争而获得的胜利,他评论道"没有战争发生,或没有阵亡,或是流血,或是胜利后对战俘的屠戮,他(约翰三世)很快成为很多城镇和土地的主人;他毫不费力地,

---

① 奥斯特洛格尔斯基:《拜占廷帝国》,第372页。
② George Akropolites, *The History*, pp. 200-201, 36.
③ 又称马里察河(Maritsa),是巴尔干半岛东部的一条大河。它发源于保加利亚西南部,流经土耳其和希腊边境,注入爱琴海。
④ George Akropolites, *The History*, pp. 225-227, 43.

祥和并平静地统治着这些地区,就像这些都是他从父亲那里继承来的"。① 之后马其顿地区的其他一些城镇也相继望风而降。约翰三世为新征服的西方土地做了行政和军事安排,从而加强对这些地区的管理。管理这些地区的可能是总督安德罗尼库斯,尽管在《历史》中,阿克罗颇立塔斯并没有直接给出安德罗尼库斯担任总督的信息,但他提到自己和菲莱斯都是在安德罗尼库斯之后继任了总督一职。②

除了拉丁帝国和第二保加利亚帝国,约翰三世收复君士坦丁堡的另一威胁来自伊庇鲁斯专制君主国。在米哈伊尔统治时期,伊庇鲁斯专制君主国的势力范围不仅囊括了整个伊庇鲁斯,从迪拉基乌姆到纳夫帕克托斯(Naupaktos)的亚得里亚海岸地区以及科孚岛等,③还扩展到希腊中部塞萨利地区最大的城市拉里萨(Larissa)和塞萨利的中央地区,④从而使拉丁人在希腊西北部的势力缩小到塞萨洛尼基及其周围地区。其弟塞奥多利继位后,通过与保加利亚人的战争,不断将领土向北拓展。他还于1224年占有了拜占庭帝国的第二大城市塞萨洛尼基,使专制君主国的领土从亚得里亚海扩展到了爱琴海。之后,塞奥多利于1225年末或1226年初在塞萨洛尼基称帝,并于1227年被加冕。⑤ 塞奥多利的行为激起了约翰三世和牧首日耳曼努斯二世(Germanos II,1222—1240年在位)的强烈不满,这一事件也使尼西亚和伊庇鲁斯两政权从最初对抗拉丁人的盟友变为竞争的对手。在1230年塞奥多利在科罗克特尼查(Klokontnitza)与保加利亚人的战役中兵败被俘后,其弟曼努埃尔于同年僭越皇权。约翰三世派使节、安卡拉的大主教克里斯托弗(Christopher of Ankyra)前去斡旋,但曼努埃尔对此不予理睬。克里斯托弗对曼努埃尔说,"为耶稣吟唱的赞美诗更加适合你,'你是皇帝(basileus)和专制

---

① Nikephoros Blemmydes, "Royal Statue", in H. Hunger and I. Ševčenko eds., *Des Nikephoros Blemmydes Βασιλικὸς Ἀνδριὰς und dessen Metaphrase von Georgios Galesiotes und Georgios Oinaiotes*, Vienna: Verlag der Österreichischen Akademie der Wissenschaften, 1986, pp. 88 – 90. George Akropolites, *The History*, pp. 230 – 232, 44.
② George Akropolites, *The History*, pp. 230 – 232, 44, pp. 212 – 242, 46, p. 319, 66 and 321, 67.
③ 纳夫帕克托斯位于希腊西部,科林斯湾(Gulf of Corinth)的北侧,是希腊埃托利亚-阿卡纳尼亚洲(Aetolia-Acarnania)的第三大城镇。
④ D. M. Nicol, *the Despotate of Epiros*, p. 43.
⑤ George Akropolites, *The History*, pp. 162 – 163, 21.

君主'"。这首赞美诗是用于星期天晚祷的,使节对赞美诗的引用一方面说明曼努埃尔那时确实拥有了皇帝的称号,这在克里斯托弗写给约翰二世·亚森的信件中也得到了印证。克里斯托弗曾使用相同的语句称呼曼努埃尔,"你的女婿,国王和专制君主"等。还有在述及卡玛特鲁斯对自己为专制君主塞奥多利加冕的评论时,阿克罗颇立塔斯称"像他所说,他是独立的并且没有义务向任何人解释他的行为,因为这一原因,他有权为皇帝施涂油礼——无论是谁,在哪里,何时,只要他愿意。"这一观点可以在卡玛特鲁斯写给牧首日耳曼努斯的信件中找到。①

1237年,塞奥多利被亚森释放后,他回到塞萨洛尼基废黜了其弟曼努埃尔。因曾被保加利亚君主约翰二世·亚森刺瞎无法再当皇帝,他只好将儿子约翰扶上了皇位。约翰相应地穿上了红色的鞋子,并用红色的墨水签署文件。在拉丁帝国急剧衰落之际,拜占庭人争夺复兴帝国领导权的斗争愈发激烈。因而,使伊庇鲁斯专制君主臣服便成了约翰三世西征的另一目标。约翰三世于1241年夏秋发动了针对塞萨洛尼基的远征。得知苏丹国军队与蒙古军队在科斯达格作战中失利的消息后,正在围城的约翰三世迅速与专制君主约翰和解。约翰同意放弃皇帝的头衔,而是采用了约翰三世授予的专制君主头衔。尽管在约翰去世后,其弟迪米特里于1244年派使节前往尼西亚宫廷,请求继承专制君主的头衔,但因他无能,城内显贵请求约翰三世前来接管塞萨洛尼基。② 约翰三世于1246年征服塞萨洛尼基,③这是约翰三世西征的一个重要成果。

但伊庇鲁斯政权的影响力并未因此消失,专制君主米哈伊尔二世(Michael Ⅱ,1230—1271年在位)接着成为他的重要敌手。米哈伊尔二世是伊庇鲁斯专制君主国的创立者米哈伊尔的私生子,其叔塞奥多利登上王位后,他被流放到伯罗

---

① George Akropolites, *The History*, p. 182, 26 and p. 183, n. 4, pp. 162-163, 21; R. Macrides, "Bad Historian or Good Lawyer? Demetrios Chomatenos and Novel 131", *Dumbarton Oaks Papers*, 46(1992), pp. 190-192. 关于佐证《历史》真实性的上述信件及其他记载,详见 George Akropolites, *The History*, p. 38.
② George Akropolites, *The History*, pp. 206-207, 38, 215-216, 40 and 222-223, 42. 虽然迪米特里作为专制君主发行的钱币没有保存下来,但在圣阿索斯山奇兰德利(Chilandari)修道院的一份14世纪的财产清单中,有对迪米特里作为专制君主签发的文件的描述,见 George Akropolites, *The History*, p. 224, n. 3.
③ George Akropolites, *The History*, pp. 235-238, 45.

奔尼撒半岛。在 1230 年塞奥多利被保加利亚军队俘获后,他回到了伊庇鲁斯。① 为确保伊庇鲁斯的臣服和忠诚,约翰三世可能在1252年将孙女玛丽亚嫁于米哈伊尔二世的儿子尼基弗鲁斯,但米哈伊尔旋即起兵谋反。约翰三世于 1252—1253 年间发动针对米哈伊尔的军事行动。他"召集所有适合的兵力,跨过赫勒斯滂海峡",迫使米哈伊尔二世派出使节讲和。双方签署和约,米哈伊尔宣誓效忠约翰三世并割让普里莱普、维勒斯(Veles)和阿尔巴农的克洛伊等地区。约翰三世于1254年棕榈主日时在南菲宏举行了凯旋仪式,以庆祝他在西部巴尔干半岛所取得的成就。②

除了一系列军事征服活动,约翰三世亦加强内政管理,为帝国稳固发展奠定了基础。约翰三世延续了塞奥多利一世倚重贵族的政策。在 1241 年陪同约翰三世出征塞萨洛尼基的官员都是"卓越的人"即贵族们。其中有掌管公共和调停事务的迪米特里·托奈科斯,皇帝对其钟爱有加并称他为兄弟。③ 大将军安德罗尼库斯·帕列奥列格即未来皇帝米哈伊尔八世的父亲也随帝亲征。在约翰三世统治期间,尼基弗鲁斯·塔海尼俄特斯(Nikephoros Tarchaneiotes)曾担任御膳长,他的第二任妻子是大将军安德罗尼库斯·帕列奥列格的大女儿玛丽亚。可能在岳父去世之后,尼基弗鲁斯被皇帝授予了大将军的头衔。后来,在末代的帕列奥列格王朝初期,他也拥有这一头衔。同时,帕奇米尔斯还曾给出了他第一任妻子的信息,她可能是西部陆军统帅安德罗尼库斯·杜卡斯·阿普利努斯(Andronikos Doukas Aprenos)的女儿。④ 此外,陪同皇帝西征的还有被任命为将军的大贵族塞奥多利·康托斯蒂法诺斯(Theodore Contostephanos)和首席文书官佩特拉利法斯(Petraliphas)等。阿莱克修斯·拉乌尔(Alexios Raoul)曾被皇帝任命为首席配剑贵族,后来他是皇帝的宠臣之一。他的家族曾在士麦那地区拥有大片地产,并且通过与约翰三世侄女的婚姻,同皇帝建立起亲戚关系。作为首席配剑贵族,阿莱

---

① A. Heisenberg ed., "Theodori Scutariotae Additamenta ad Georgii Acropolitae Historiam", p. 294, No. 46: τοῦ πατριάρχου Ἀρσενίου ἐπιδησαντος καὶ τούτους τελέσαντος. 见 George Akropolites, *The History*, p. 314, n. 1.
② George Akropolites, *The History*, pp. 249-251, 49, p. 273, n. 5, pp. 230-232, 44.
③ George Akropolites, *The History*, p. 254-255, n. 19.
④ George Akropolites, *The History*, pp. 200-201, 36, p. 202, n. 5.

克修斯·拉乌尔还拥有军职。①

综上所述,这些官员的祖先大多都能追溯到 11 世纪那些显赫一时的家族,有些甚至更早。这些家族也曾被帕奇米尔斯列为黄金家族,在晚期拜占庭帝国具有重要地位。② 其中帕列奥列格、拉乌尔以及佩特拉利法斯家族曾在 1195 年拥护反叛的阿莱克修斯三世称帝。在尼西亚时期,这些家族更为富有、显赫并且更具影响力。但随着政权的稳定和对外开疆扩土取得的重大胜利,约翰三世开始关注与日俱增的贵族势力,这也可能与他对人民生存状况的关心有关。约翰三世曾推行社会福利政策,支持建立济贫院、孤儿院等福利机构,并且他也极为关心小农利益。在意识到大贵族、大地主对小农土地的蚕食后,约翰三世下令没收了他们的一些动产和不动产,但这直接危及贵族的利益。③ 另外,约翰三世还给予了出身低下之人步入仕途的机会,借此来打破贵族对为官之路的垄断。来自新卡斯特拉军区的一名农民出身的士兵君士坦丁·马伽利提斯(Constantine Margarites)便因受到皇帝的赏识而被重用,这也招致贵族的不满。约翰三世可能还曾将严刑拷打引入到司法体系中,用以处罚贵族。在叙述米哈伊尔·帕列奥列格叛国罪的审判时,阿克罗颇立塔斯提到了用烧红的烙铁使米哈伊尔认罪伏法的事情。④ 尽管约翰三世对帕列奥列格的审判引发了贵族的担忧和不安,但皇帝并未采取实质性的措施从根本上触动贵族的利益。

约翰三世统治时期,雇佣兵仍是其军队的重要组成部分,并在诸多战争中发挥了重要作用。如 1223/24 年同拉丁军队在波伊马讷农开战时,约翰三世便派出"一支适合作战的拉丁军队冲锋在前",并迅速取得了战争的胜利。另外,在这位皇帝治下,拉丁雇佣兵的地位日益重要,这从他设置西方雇佣军首席指挥官一职便可得知。这是尼西亚帝国时期设置的一个新官职,可能是受到了西方军事文化的影响。据帕奇米尔斯记载,这一官职授予统领拉丁雇佣兵之人,米哈伊尔八世

---

① George Akropolites, *The History*, pp. 215 – 216, 40, 249 – 251, 49, p. 259, n. 43. 关于拉乌尔家族见 S. Fassoulakis, *The Byzantine Family of Raoul-Ral(1)es*, Athens: [s. n.], 1973, pp. 15 – 16.
② George Akropolites, *The History*, p. 218, n. 10.
③ A. A. Vasiliev, *History of the Byzantine Empire, 324 – 1453*, vol. II, pp. 546 – 547.
④ George Akropolites, *The History*, pp. 297 – 298, 60 and 259 – 263, 50.

可能在 1253—1254 年成为第一位任职者。① 除了拉丁雇佣军,约翰三世还倚重库曼人(斯基泰人)。1240 年代,约翰三世曾用"礼物和各种慷慨争取到了一支善战的库曼军队",他还"使他们转变了野蛮的本性,把他们从马其顿带走,转移到东部地区"。1230 年代末,蒙古人的入侵迫使库曼人迁移到了马其顿、色雷斯地区。② 这是库曼人"拜占庭化"的关键步骤,他们被安置于帝国东部边界,可能是用以抵抗苏丹国的东进,缓解尼西亚的防守压力。此外,这些库曼人也常参加尼西亚皇帝的远征,并且由于他们的加盟,皇帝对战争信心倍增。格里高拉斯也提到了约翰三世把库曼人安置在迈安德河和弗里吉亚等地区,另外他还记载了库曼人被招募到尼西亚军队中的信息。在为约翰三世作的演说词中,塞奥多利二世也称约翰三世曾把库曼人安置在帝国东部以抵抗苏丹国军队的西进。库曼人定居于东部地区的年代目前不确定,阿克罗颇立塔斯仅提到是在 1241 年之前。之后,斯基泰人还皈依了基督教,进一步"拜占庭化"。在布拉米德为叟桑德拉(Sosandra)修道院创作的诗篇以及阿克罗颇立塔斯为约翰三世创作的葬礼演说词中,约翰三世也因库曼人的皈依受到赞扬。③ 1253 年在腓立比审判米哈伊尔·帕列奥列格的叛国罪时,因没有证据证实米哈伊尔有罪,皇帝约翰三世只好征求军中士兵的意见。而在雇佣兵强硬地给出了否定性意见后,约翰三世不得不无罪释放米哈伊尔,④ 这说明雇佣兵特别是拉丁雇佣兵在尼西亚帝国政治决策中的作用至关重要。

约翰三世十分重视海军建设。1240 年祖鲁洛斯被拉丁人围攻时,为了缓解守城拜占庭军队的压力,约翰三世果断地率领数艘三列桨战舰以及一支规模不小的军队进攻小亚西北部的拉丁要塞,并攻下了位于尼科米底海湾北海岸的达吉比

---

① George Akropolites, *The History*, pp. 165 – 166, 22 and 312 – 313, 64, p. 314, n. 2. M. Bartusis, *The Late Byzantine Army: Arms and Society, 1204 – 1453*, p. 28.
② George Akropolites, *The History*, pp. 215 – 216, 40, p. 199, 35.
③ George Akropolites, *The History*, pp. 215 – 216, 40. M. Bartusis, "On the Problem of Smallholding Soldiers in Late Byzantium", *DOP*, 44 (1990), p. 12; George Akropolites, *The History*, p. 217, n. 5. 关于这首演说词见 A. Tartaglia, *Teodoro II Duca Lascari, Encomio dell'Imperatore Giovanni Duca*, Naples: M. D'Auria, 1990, pp. 47 – 79. A. Heisenberg ed., *Georgii Acropolitae Opera*, II, Leipzig: Teubner, 1903, 24. 14 – 22; Nikephoros Blemmydes, "In Honuor of the Monastery of Sosandra", in A. Gardner, *The Lascarids of Nicaea, the Story of an Empire in Exile*, p. 304; George Akropolites, *The History*, p. 217, n. 5.
④ George Akropolites, *The History*, pp. 259 – 263, 50.

扎和尼基提阿图（Niketiatou，今土耳其艾斯基海萨 Eskihisar）等地。约翰三世还建造了两大造船厂和两处海军基地。造船厂设在爱琴海边的士麦那，约翰三世曾从此处派出舰队前去罗德岛作战。① 另一造船厂设在赫勒斯滂海峡边上的霍尔科斯（Holkos）。霍尔科斯位于帕里乌姆（Parium）和兰普萨库斯之间的小亚西北海岸。斯库塔里欧忒斯给出了皇帝把大帆船安置在霍尔科斯的另一原因，就是为了诱捕从西方前往君士坦丁堡而经过赫勒斯滂海峡的船只。② 以上两大造船厂还有效地保证了船只的建造，1241 年海战时，尼西亚海军有 30 艘三列桨战舰参战，在数量上远远多于拉丁战舰。而两处海军基地分别是爱琴海上的斯塔迪亚（Stadeia）和马尔马拉海上的兰普萨库斯。③ 其中，斯塔迪亚位于罗德岛对面的尼达斯（Knidian）半岛。1233 年，约翰三世曾由此派出大将军安德罗尼库斯·帕列奥列格带着数量充足的三列桨战舰和其他船只前往罗德岛对付叛乱的凯撒嘎巴拉斯，迫使嘎巴拉斯屈从。穆尼提兹认为约翰三世于 1226 年授予了嘎巴拉斯凯撒的头衔。在《历史》中，阿克罗颇立塔斯使用了"反叛"一词来形容嘎巴拉斯的行为，这说明之前嘎巴拉斯可能曾同尼西亚皇帝达成共识，臣服于皇帝。不同于阿克罗颇立塔斯的尼西亚官方观点，布拉米德认为嘎巴拉斯的权力是从父辈继承来的，并非来自尼西亚皇帝，因而他不臣服于尼西亚皇帝。④ 上述两处海军基地是尼西亚海军在爱琴海和马尔马拉海边的重要哨所，它们为海军的后勤供给提供了重要保障。

约翰三世时期尼西亚海军建设经历了一个发展和完善的过程，到晚期时已具备了一定的作战实力，1249 年夺回罗德岛的战争便很好地展示了这一点。针对热那亚人有大型快速战舰和数艘适合海上劫掠的船只，约翰三世不仅派出一支精良的部队由斯拉科辛军区将军约翰·坎塔库震努斯率领前去对抗热那亚人，还在

---

① George Akropolites, *The History*, pp. 165 – 166, 22, 202 – 204, 37 and 246 – 247, 48.

② K. N. Sathas ed., Μεσαιωνικὴ Βιβλιοθήκη, vol 7, p. 470, 18 – 22: Ἀλλὰ καὶ τριήρεις ὁ βασιλεὺς εὐτρεπίσας περὶ τὸν Ὅλκὸν ἔστησε (πόρος δὲ οὗτος περίπου τὴν Λάμψκκον), τοὺς ἐκ τῶν Ἰταλικῶν Χωρῶν πρὸς τὴν Κωνσταντίνου διαπλωϊζομένους παγίδα ταύτας ἔχειν διαταξάμενος. 见 D. Jacoby, "The Venetian Presence in the Latin Empire of Constantinople (1204 – 1261): the Challenge of Feudalism and the Byzantine Inheritance", *JÖB*, 43 (1993), pp. 165 – 166.

③ George Akropolites, *The History*, pp. 202 – 204, 37, p. 100.

④ George Akropolites, *The History*, p. 187, 28, pp. 246 – 247, 48, p. 101. Nikephoros Blemmydes, *A Partial Account*, p. 104, n. 30, II, pp. 105 – 106, 23.

士麦那准备了一支善战的舰队,并任命塞奥多利·康托斯蒂法诺斯为舰队指挥官。① 皇帝将舰队一同派往罗德岛,一方面可以运送物资和战备,另一方面也可以参与战争、制敌取胜。最终尼西亚军队在战争中获胜,并重新占有了罗德岛。这次战争的胜利显示了尼西亚海军作战能力的提升,并且约翰三世能够将疆域扩展到爱琴海上的萨摩斯岛、希俄斯岛、莱斯博斯岛以及科斯岛等,也与尼西亚海军实力的增长不无关系。

约翰三世也极为重视与罗马教会的关系,13世纪东西教会曾因讨论教会统一问题接触频繁。布拉米德曾提到尼西亚教会代表分别于1234年和1249—1250年间同教宗使节进行了两次神学辩论,约翰三世对此十分重视并常亲临现场主持辩论,②这说明东、西教会关系对尼西亚帝国发展有重要意义。约翰三世还曾积极推进教会统一进程,他向教宗英诺森四世(Innocent Ⅳ,1243—1254年在位)呈交了教会统一的条件。以归还君士坦丁堡、恢复君士坦丁堡的牧首,并撤回君士坦丁堡的拉丁皇帝和拉丁教士为代价,罗马教宗将获得东正教会对其最高权力的认可。遗憾的是,在这一计划付诸实践之前,约翰三世和英诺森四世便相继离世,但他们达成的共识翻开了东、西教会重新合并史上重要的一页。③

此外,约翰三世还热爱知识、重视教育,积极推动尼西亚帝国教育的恢复和发展。阿克罗颇立塔斯提到约翰三世追求哲学并试图当哲学家。④ 由于尼西亚帝国初期的教育现状不能满足政府和教会发展对人才的需求,皇帝约翰三世劝说已完成高等教育的布拉米德教授他选派的五名学生学习。根据布拉米德的记载,在他担任教师期间,皇帝每年为他和学生们提供生活必需品和资金支持。除了实施教学资助政策,约翰三世还资助私人教学和学生求学,曾支持书籍搜集,以充实国

---

① George Akropolites, *The History*, pp. 246-247, 48.
② Nikephoros Blemmydes, *A Partial Account*, Ⅱ, pp. 106-108, 25-28 and 119-125, 50-60.
③ 孙丽芳:《1274年里昂教会合并研究》,硕士学位论文,天津:南开大学,2010年,第10—11页。关于君士坦丁堡和尼西亚的东正教会同罗马天主教会的谈判见 M. Angold, *Church and Society in Byzantium under the Comneni, 1081-1261*, pp. 505-529.
④ J. S. Langdon, *John Ⅲ Ducas Vatatzes: Byzantine Imperium in Anatolian Exile, 1222-1254: The Legacy of his Diplomatic, Military and Internal Program for the Restitutio Orbis*, pp. 171-172; E. Barker, *Social and Political Thought in Byzantium: form Justinian I to the Last Palaeologus*, Oxford: Clarendon Press, 1957, p. 160.

家和地方图书馆。布拉米德便曾在约翰三世的资助下前往塞萨洛尼基、圣阿索斯山、拉里萨以及奥赫里德等地搜集书籍。① 在《自传》中，布拉米德清晰地给出了这次教育活动的经费来源，其中提到约翰三世每年为布拉米德支付俸禄并提供生活必需品，②从而保证了教学的顺利实施。作为五名学生之一的阿克罗颇立塔斯，③在其《历史》中也对约翰三世支持他们接受高等教育的场景做了详细描述。约翰三世对他讲，"这些人是我从尼西亚城带来交给学校的，但你是从我的家庭送来并跟他们一起接受教育的。那么就要显示出你确实来自我的家庭，并相应地投身于你的学习中。如果你成为一名士兵，你将会因我的王权生活得很好，也许因你显赫的家世获得更多。但如果你投身于哲学学习中，你将会被认为值得更大的荣誉和奖赏。"④在为约翰三世创作的葬礼演说词中，阿克罗颇立塔斯也说，"正是由于他，我们接受了教育，成为现在的我们"。⑤ 皇帝的支持和鼓励无疑为阿克罗颇立塔斯接受高等教育提供了动力。

阿克罗颇立塔斯对一次宫廷讨论的描写也很好地展示了约翰三世和皇后伊琳妮对知识的热爱。⑥ 1239 年发生了一次日食，皇后向恰在尼西亚宫廷的阿克罗颇立塔斯询问日食发生的原因。在阿克罗颇立塔斯正确回答了皇后的提问后，宫廷御医尼古拉(Nicholas)却对此持有异议，二人旋即展开争论。阿克罗颇立塔斯对日食发生原因的解释可能来自布拉米德的《物理手册》或是《自然科学手册》，这是布拉米德为开始学习哲学的学生写的入门指导。其中布拉米德论述了日食

---

① Nikephoros Blemmydes, *A Partial Account*, I, pp. 71 – 72, 49, pp. 79 – 80, 63 – 64.
② Nikephoros Blemmydes, *A Partial Account*, I, p. 71, 49.
③ 另外四位学生中，两位分别是罗曼努斯(Romanos)和科拉泰洛斯(Krateros)，见 Nikephoros Blemmydes, *A Partial Account*, I, pp. 71 – 72, 49. 其余两位则可能是法官塞尔吉奥(Sergios)和塞奥多利二世的秘书哈吉欧塞奥多利泰斯(Hagiotheodorites), L. G. Westerinck, "Some Unpublished Letters of Nicephorus Blemmydes", *Byzantinoslavica*, 12 (1951), p. 51, 19 – 20. C. N. Constantinides, *Higher Education in Byzantium in the Thirteenth and Early Fourteenth Centuries, 1204 – ca. 1310*, Nicosia: Cyprus Research Centre, 1982, p. 11, n. 33.
④ George Akropolites, *The History*, pp. 192 – 193, 32.
⑤ A. Heisenberg ed., *Georgii Acropolitae Opera*, II, p. 19, 29 – 32: ἐξ ἐκείνου γὰρ τοὺς λόγους εἰλήφειμεν καὶ ὅπερ νῦν ἐσμεν ἐγεγόνειμεν, τῷ βασιλεῖ ἀνατεθραμμένοι καὶ προστάγμασιν ἐκείνου καὶ ἀναλώμασι πεπαιδευμένοι τὰ λογικά.
⑥ ὑπερβαλλόντως, ἀρχιερεῖς τε καὶ ἱερεῖς ὡς θεοῦ δεχομένη ἀπεικονίσματα, καὶ τὸ μοναχικὸν τάγμα ἔστεργε. 见 George Akropolites, *The History*, p. 212, n. 3.

和月食的区别,他可能参照了 2 世纪天文学家的观点。① 皇后倾向于尼古拉的观点,并称阿克罗颇立塔斯是"书呆子"。之后,皇后意识到用语不当并自我检讨。一旁的约翰三世也称,"这一称呼并不完全适合他"。通过对这一场景的描述,阿克罗颇立塔斯不仅获得了炫耀自己知识的绝佳机会,借此他给在场的皇帝留下了深刻印象,同时也展示了"她(皇后)是如何热爱知识并且尊重那些有知识的人"。② 因而,约翰三世对知识的尊重以及尼西亚宫廷追求和探讨知识的风气,都对帝国教育发展也起了积极的推动作用。③

约翰三世还奠定了南菲宏的陪都地位。阿克罗颇立塔斯在《历史》中多次提及约翰三世在南菲宏过冬。除首都尼西亚城的皇宫外,约翰三世还曾在南菲宏建造皇宫。④ 在某种意义上,南菲宏逐渐成为尼西亚帝国的陪都。约翰三世一般在南菲宏过冬,并在春天到来时离开,"这是他的习惯"。《历史》中提及皇帝约翰三世曾先后在南菲宏渡过 1241—1242 年、1242—1243 年以及 1246—1247 年的冬天。在出征西方或在小亚的其他地方时,约翰三世也总是尽可能地在秋末或冬初赶回南菲宏过冬。如在 1246 年攻下塞萨洛尼基并作出相关的军事安排后,"冬季使皇帝约翰三世加紧脚步,回到东方过冬"。⑤ 以南菲宏为陪都成为约翰三世完善东部战略体系的关键。

最后,约翰三世还十分关注社会福利和慈善事业,着眼于社会福利的完善和社会公平的实现。他个人厉行节俭、用财有度。约翰三世曾大力建设教堂、医院、孤儿院以及老人院等公共福利机构。另外,斯库塔里欧忒斯还提到约翰三世与君士坦丁堡的拉丁人之间的联系,以及约翰三世曾捐助修复君士坦丁堡和其他地方教堂的信息。⑥ 虽然这些经费主要来自帝国的纳税人,但皇帝精打细算,取之于民用之于民,从不铺

---

① George Akropolites, *The History*, p. 212, n. 7; D. Pingree, "Gregory Chioniades and Palaeologan Astronomy", *DOP*, 18 (1964), pp. 135-136.
② George Akropolites, *The History*, pp. 210-211, 39.
③ 孙丽芳:《浅议尼西亚帝国发展教育的原因》,《南开学报》,2013 年增刊,第 108 页。
④ George Akropolites, *The History*, p. 87. 在约翰三世的皇宫外,还建有花园。A. Littlewood ed., *Byzantine Garden Culture*, Washington, D. C.: Dumbarton Oaks Research Library and Collection, 2002, p. 94.
⑤ George Akropolites, *The History*, pp. 194-195, 220-221 and 241-247, 33-47.
⑥ K. N. Sathas ed., Μεσαιωνική Βιβλιοθήκη, vol. 7, pp. 508-509, 24. 11: Ἀλλὰ καὶ ἐν τῇ Κωνσταντινουπόλει……εἰς σύστασιν καὶ βοήθειαν; A. Heisenberg ed., "Theodori Scutariotae Additamenta ad Georgii Acropolitae Historiam", pp. 284-288, No. 33. 见 George Akropolites, *The History*, p. 89.

张浪费。① 帕奇米尔斯曾记载,一次皇帝生病时,因医生爱莫能助,他就打算模仿上帝的悲悯行为将一些钱财施舍给有需要的人。在分发钱财之前,他特意让牧首检查这些钱财,以证明它们不是来自国库而是自己的节余。② 另外,关于皇帝生活的节俭,格里高拉斯给出了一个鸡蛋王冠的故事。根据他的记载,约翰三世曾躬身示范养鸡的技巧,并用卖鸡蛋的钱为皇后买了一顶王冠。③ 上述约翰三世的做法可能是对 12 世纪史家指责皇帝滥用公共财富的回应,④他在这一方面表现得极为克制。

在为约翰三世所作的讣告中,阿克罗颇立塔斯也提及了皇帝的慷慨。但他指出约翰三世慷慨对待的主要是外国人特别是外国使节,而皇帝之所以如此行事,是因为他想通过慷慨大方的给予博取外国使节的赞许。但对本国臣民,约翰三世则"很少施以恩惠",表现得极为吝啬。然而,约翰三世对非本国臣民的慷慨并非只是为了获取口头的称赞,而是为了实现实际的政治目的,其慷慨也不是肆意而不加节制的恩赐。在《历史》中,阿克罗颇立塔斯第一次提及约翰三世慷慨对待外国人是 1241 年远征塞萨洛尼基时。在迫使那里的约翰放弃皇帝的徽章而接受了专制君主头衔后,约翰三世曾用金钱收买和笼络那些臣服于他的人。而第二次则是在收买塞利斯的守卫将领德拉勾塔斯时,为了使他成为说客,约翰三世不仅在攻陷塞利斯后没有对他施以伤害,而且还赏赐给他一件用金线编织的紫色斗篷以及大量的金币。最后,在收复塞萨洛尼基时,约翰三世的慷慨行为也起了重要

---

① A. Heisenberg, "Theodori Scutariotae Additamenta ad Georgii Acropolitae Historiam", pp. 284 – 288; A. Failler ed., *Georges Pachymérès. Relations Historiques*, I, pp. 67. 6 – 69. 2: ἀνδρὶ γὰρ δυναμένῳ μέγα παρ' ἄρχοντι, εἰ τοὺς ἄλλους πτερνίζοι, ὑποβάλλων τὰ μὴ καθήκοντα...... καὶ ὁ ἐξ ἐκείνου ἄξιος ἄρχειν μεῖραξ ἐστιν, ὡς ὁρᾶτε. 见 R. Macrides, "Saints and Sainthood in the Early Palaiologan Period", in S. Hackel (ed.), *The Byzantine Saint*, London: Fellowship of St Alban and St Sergius, 1981, pp. 69 – 71. N. Cassidy, *A Translation and Historical Commentary of Book One and Book Two of the Historia of Geōrgios Pachymerēs*, p. 16 and pp. 132 – 133.

② A. Failler ed., *Georges Pachymérès. Relations Historiques*, I, pp. 70 – 71. R. Macrides, "Saints and Sinthood in the Early Palaiologan Period", p. 69.

③ Nikephoros Gregoras, *Nicephori Gregorae Byzantina Historia*, vol. I, ed. I. Bekker and L. Schopen, p. 43, 11 – 15: ὡς ὀλίγου χρόνου πρὸς τῶν συναχθέντων ἐντεῦθεν χρημάτων στέφανον κατασκευασθῆναι τῇ βασιλίδι, λίθοις καὶ μαργάροις λίαν πολυτελέσι διηγησμένον, ὃν καὶ ᾠάτον ὁ βασιλεὺς ἐπωνόμασε, διὰ τὸ ἐκ τῆς τῶν ᾠῶν πράσεως κατεσκευάσθαι αὐτόν. 见 George Akropolites, *The History*, p. 57.

④ George Akropolites, *The History*, p. 57.

作用。在与塞萨洛尼基的要人秘密协商、并制定内外配合占领塞萨洛尼基的计划后,约翰三世首先同意了他们的要求,并对此给出了书面保证以确保他们得到回报。而后在履行这些承诺时,皇帝晋封了这些要人,如兹里宋(Tzyrithon)获得了首席文书官的官职等,并给与他们一定的土地。① 很明显,约翰三世的这三次慷慨出手都是出于特定的政治目的,慷慨之物是其重要筹码,如他以慷慨的行为暂时笼络了塞萨洛尼基臣民的人心,最终实现了对塞萨洛尼基的收复等,这对尼西亚帝国在巴尔干地区势力的巩固有重要意义。

另外,通过对1261年之后在君士坦丁堡流行的一段逸闻趣事的记载,帕奇米尔斯展示了约翰三世对待臣民财富的另一种态度。当皇子塞奥多利穿戴金衣外出打猎归来时,恰巧碰到约翰三世。父亲对他的问候置之不理,并且在他前来询问原因时,责备他说:"你有意识地对罗马人做过什么好事,以至于你抛洒他们的热血在不必要的追求上? 难道你不知道金衣和丝绸是罗马人的血汗,它们属于他们,应为他们所用? 你到什么时候才明白? 当有外国使节到来时,我们才应穿戴精美的服饰向他们显示我们人民的富有。"② 不同于阿克罗颇立塔斯认为约翰三世对待本国臣民十分吝啬的观点,这一故事显示出约翰三世对臣民财富的关心和珍视。显然他绝不会极为轻易地送出臣民的财富以取悦外国使节。在述及约翰三世的慷慨时,斯库塔里欧忒斯也做了补充,他称"皇帝对待自己的臣民同外国人一样慷慨,特别是对待那些有需要的人和穷人"。③

约翰三世在作战时表现出顽强的耐力,持久作战成为其重要特征。在约翰三世的讣告部分,阿克罗颇立塔斯曾评论道"皇帝在战争中,长于忍耐和毅力"。④ 而在为约翰三世创作的葬礼演说词中,阿克罗颇立塔斯也强调了皇帝能

---

① George Akropolites, *The History*, pp. 270-271, 52, 215-216, 40, 225-227, 43 and 235-238, 45.
② A. Failler ed., *Georges Pachymérès. Relations Historiques*, I, pp. 61. 25-63. 10: Ὃς ἐπεί ποτε Χρυσοφόρων ἐξῄει εἰς κυνηγέσιον……Οὕτω καὶ ἐπὶ τοιούτοις ὁ εἰς βασιλείαν ἀναχθησόμενος ἐπαιδεύετο. 转引自 George Akropolites, *The History*, p. 74 and n. 447. N. Cassidy, *A Translation and Historical Commentary of Book One and Book Two of the Historia of Geōrgios Pachymerēs*, p. 16 and pp. 132-133.
③ A. Heisenberg ed., "Theodori Scutariotae Additamenta ad Georgii Acropolitae Historiam", p. 284, No. 32: ἐλεημοσύνην ὡς οὐδείς τις ἐπιμελούμενος, καὶ εὐποιΐαις χαίρων τῶν ἀπόρων καὶ ἐνδεῶν ὑπὲρ τοὺς πολλούς; George Akropolites, *The History*, p. 274, n. 17.
④ George Akropolites, *The History*, pp. 270-271, 52.

在各个时节同敌人开战,并且在战争中展示了其惊人的毅力。《历史》在赞扬约翰三世持久作战的能力后,接着说"他(约翰三世)不喜欢近距离肉搏战,因为他害怕战神阿瑞斯的多变",从而表现了约翰三世的懦弱。在处理这一记载时,斯库塔里欧忒斯则强调了皇帝的耐性,省略了其对战争易变的恐惧。① 此外,约翰三世还曾被阿克罗颇立塔斯称作一位温和的人,② 还说只有大卫王在温和方面胜过约翰三世。③ 一些文人曲解约翰三世以柔克刚的作战风格不足为凭。

约翰三世于1254年11月去世,他被安葬在麦格尼西亚地区的叟桑德拉修道院。约翰三世被封为东正教圣徒,其纪念日是11月4日。他去世后获得的圣徒封号也很好地显示了他的慷慨,他被称为"乐施者",一生以慷慨著称。作为圣徒,他在麦格尼西亚地区长期受到崇敬,直至今天东正教历中仍有纪念他的节日。④

约翰三世与伊琳妮皇后的长子塞奥多利出生于1221年的最后两个月或者1222年初。⑤ 后来,伊琳妮在一次骑马时摔伤,从此不能生育。⑥ 1239年在皇后伊琳妮去世后,约翰三世娶了康斯坦丝-安娜(Constance-Anna)。⑦ 康斯坦丝是弗雷德里克二世(Friedrich Ⅱ,1198—1250年)的女儿,西西里国王曼弗雷德二世(Manfred Ⅱ,1258—1266年在位)的姐姐。在伊琳妮皇后去世后,她嫁给了约翰三世。约翰三世与康斯坦丝结婚时,埃琳尼库斯(Nicolaus Eirenicos, Nicolaus Eo-

---

① A. Heisenberg ed., *Georgii Acropolitae Opera*, Ⅱ, pp. 17. 6 – 18. 4. K. N. Sathas ed., Μεσαιωνική Βιβλιοθήκη, vol 7, pp. 535. 20 – 536. 12: Ἐγὼ δὺ τὴν περὶ τὴν...... ὥσπερ δῆτα καμοί; George Akropolites, *The History*, p. 276, n. 22.

② George Akropolites, *The History*, pp. 270 – 271, 52.

③ A. Heisenberg ed., *Georgii Acropolitae Opera*, Ⅱ, p. 22, 26 – 28: Τὰ δ'ἄλλα τῆς ἱλαρότητος αὐτοῦ καὶ πραότητος ποῖος ἂν καυχήσαιτο ἐξυμνήσασθαι; καὶ Δαυὶδ ὁ πραότατος— ἱλήκοι δέ οὑτοσί— ὑπ'ἐκ ἴνου ἂν οἶμαι μόνου νενίκηται; George Akropolites, *The History*, p. 274, n. 15.

④ George Akropolites, *The History*, pp. 270 – 271, 52. R. Macrides, "Saints and Sainthood in the Early Palaiologan Period", pp. 69 – 71.

⑤ D. Angelov, *The Byzantine Hellene: The Life of Emperor Theodore Laskaris and Byzantium in the Thirteenth Century*, p. 57.

⑥ Nikephoros Gregoras, *Nicephori Gregorae Byzantina Historia*, vol. I, ed. I. Bekker and L. Schopen, p. 44. 7 – 12: τῇ μὲν βασιλίδι Εἰρήνῃ μετὰ τὸ τεκεῖν τὸν παῖδα Θεόδωρον συνέβη...... μηκέτι τεκεῖν τοῦ λοιποῦ. 见 George Akropolites, *The History*, p. 192, n. 1.

⑦ George Akropolites, *The History*, pp. 210 – 211, 39. 关于皇后伊琳妮去世时间的讨论见 George Akropolites, *The History*, pp. 213 – 214, n. 12.

renicos)创作了一首祝婚诗,其中给出了尼西亚宫廷举行盛大仪式的信息,具有重要的历史和文化价值。在约翰三世去世后,康斯坦丝历尽沧桑,寡居多年。最后,她终老于西班牙巴伦西亚(Valencia)的一座小教堂中。她的棺木保存下来,上面刻有文字"这里躺着康斯坦丝,希腊人的皇后"。① 相较之下,约翰三世更喜欢这位皇后的侍女玛柴丝娜,她后来成为约翰三世的情妇。② 她也是13世纪名声最坏的女人之一。③ 约翰三世极为宠爱这位情人,给她穿红色的鞋子,并给她配备红色的马鞍和缰绳。她的侍从比皇后还多,足见约翰三世对她的重视和喜爱。阿克罗颇立塔斯对此十分不满,他认为对性欲的沉迷与放纵使皇帝丧失了判断能力,因而"成为她的奴隶",④对其百依百顺。布拉米德也称皇帝对玛柴丝娜十分依赖,并给她多于"合法皇后"的特权。⑤ 但约翰三世的第二段婚姻并未留下子嗣。

约翰三世恪守父死子继的原则,很早就有意识地培养独子塞奥多利,并较早地确定了其皇位继承人的身份。在约翰三世统治期间,他可能已成为共治皇帝。尽管帕奇米尔斯和格里高拉斯都认为约翰三世一生中未让塞奥多利成为共治皇帝,他们称约翰三世之所以这样做是尊重臣民的意见。但根据阿克罗颇立塔斯之前提及塞奥多利作为皇帝以及其他史料的佐证,在1234年已经12岁的塞奥多利同海伦娜订婚时,他已被称作共治皇帝。⑥ 在约翰三世远征西方期间,他曾多次把塞奥多利留在小亚,让他打理朝政,⑦这很好地锻炼了塞奥多利处理政务的能力。约翰三世去世之后,皇位毫无悬念地传给了其合法继承人33岁的塞奥多利。

约翰三世是尼西亚帝国最有作为的君主,其不仅多次率军东征西讨开疆扩土,还积极推进内政建设,为最终收复君士坦丁堡奠定了坚实的基础。事实再次证明,在拜占庭帝国千余年中,决定国家强盛的一个重要因素是皇帝,因为在他身

---

① A. Gardner, *The Lascarids of Nicaea, the Story of an Empire in Exile*, Appendix, p. 308. A. A. Vasiliev, *History of the Byzantine Empire, 324 – 1453*, vol. Ⅱ, p. 529.
② George Akropolites, *The History*, pp. 270 – 271, 52.
③ J. Munitiz, "A Wicked Woman in the 13th Century", *JÖB*, 32/2 (1982), pp. 529 – 537.
④ George Akropolites, *The History*, pp. 270 – 271, 52.
⑤ Nicephoros Blemmydes, "An Open Letter", p. 139. 之后,对玛柴丝娜的厌烦也成为他在《皇帝的形象》中贬斥通奸和纵欲的重要原因。D. Angelov, *The Imperial Ideology and Political Thought in Byzantium, 1204 – 1330*, Cambridge and New York: Cambridge University Press, 2007, p. 188.
⑥ George Akropolites, *The History*, p. 276, n. 23, pp. 197 – 198, 34 and 215 – 216, 40, p. 39.
⑦ George Akropolites, *The History*, pp. 215 – 216, 40 and 222 – 223, 42.

上集中了太多的权力,特别是决定帝国发展关键事务的决定权,所谓一言以兴邦在古代世界表现得非常充分。约翰三世就是这样的君王,其治国安邦的才能在尼西亚帝国这个小小的舞台上得到展现,正是他奠定了日后拜占庭人光复君士坦丁堡伟大事业的基础。

第三节

塞奥多利二世(Theodore Ⅱ)

1254—1258 年在位

塞奥多利二世(Theodore Ⅱ Doukas Laskaris, Θεόδωρος Β' Δούκας Λάσκαρι,生于 1221/22 年,卒于 1258 年,享年 37 岁左右)是拜占庭尼西亚流亡王朝第三位皇帝,1254 年即位,至 1258 年去世,共在位四年。

塞奥多利二世出生于 1221 年末或 1222 年初,是约翰三世和伊琳妮皇后的独子。在约翰三世去世后,他于 1254 年登基,是尼西亚帝国第一位以父死子继方式继承皇位的君主。不同于塞奥多利一世和约翰三世,尼西亚朝野对塞奥多利二世继承王位少有异议。塞奥多利二世常模仿其父亲在官方签名中使用杜卡斯和拉斯卡利斯的姓氏,从而将自己与过去的统治王朝联系起来。① 据现有史料很难确定塞奥多利一世和约翰三世是否也曾被抬到盾牌上称帝,但这一仪式确实出现在塞奥多利二世称帝的过程中。在为父亲约翰三世举行完葬礼后,塞奥多利二世曾坐在盾牌上接受所有人欢呼为皇帝。时隔五年之后,篡位的米哈伊尔·帕列奥列格在麦格尼西亚称帝时也被官员和军队将领抬上了盾牌。他也像塞奥多利二世一样前往尼西亚城,由时任牧首阿西尼奥斯为其加冕。② 并且塞奥多利二世在称帝之后,前往牧首所在地尼西亚城,打算加冕时,牧首的宝座还空置着,于是他首

---

① D. Angelov, *The Byzantine Hellene: The Life of Emperor Theodore Laskaris and Byzantium in the Thirteenth Century* , p. 35.
② George Akropolites, *The History* , pp. 346 – 347, 77.

先擢升阿西尼奥斯为牧首，而后由后者为其完成加冕仪式。称帝之初，塞奥多利二世非常急于选出一位牧首来为其施涂油礼。① 他的心急程度可以从他擢升牧首阿西尼奥斯的过程略见一斑。他使僧侣阿西尼奥斯在一天之内实现了从僧侣到执事，到神父再到牧首角色的转变。② 史家关于阿西尼奥斯成为牧首所经历的时间有不同的记载，其中阿克罗颇立塔斯认为是一天，而布拉米德和帕奇米尔斯则认为是三天。不同于上述史家，斯库塔里欧忒斯给出的时间更长，他认为是一周。③ 在被施涂油礼后，塞奥多利二世才放心离开小亚，出征保加利亚等，④这都较好地说明了他对涂油礼的重视。

塞奥多利二世曾跟随尼西亚帝国著名学者布拉米德和阿克罗颇立塔斯学习，布拉米德于1254年秋创作了《皇帝的形象》一文，是呈给未来的皇帝塞奥多利二世的。其中展示了皇帝应该具备的品质和形象，这为了解君士坦丁堡陷落后，尼西亚学者精神世界的变化以及对有为皇帝的心理诉求提供了可能。⑤ 塞奥多利二世具备较高的知识素养，并尊师重道，他曾不止一次地对众人说，阿克罗颇立塔斯是他所拥有的一切美好事物的源泉。皇子的器重对阿克罗颇立塔斯从政和晋升有很大帮助，当塞奥多利二世在兰普萨库斯册封近臣时，阿克罗颇立塔斯也被晋升为首席大臣。⑥ 塞奥多利二世的这一举措可能也是出于师生情谊。他的知识领域涉及哲学、物理和修辞等多个学科，其自身具备很高的哲学和文学素养。现存塞奥多利二世的书信集包括227封信件，多为他与尼西亚著名学者和官员探讨政治、哲学、神学、修辞和天文学等领域的问题，显示其广泛的知识兴趣。哈佛大学学者安格洛夫还专门对塞奥多利二世的政治思想做了详细论述，其中涉及皇帝反贵族的政治主张、关于友谊和王权的观点，以及对贵族的看法等。该书逻辑

---

① Nikephoros Blemmydes, *A Partial Account*, I, pp. 85 – 86, 74.
② George Akropolites, *The History*, pp. 277 – 278, 53.
③ George Akropolites, *The History*, pp. 280 – 281, 53. K. N. Sathas ed., Μεσαιωνική Βιβλιοθήκη, vol. 7, p. 512, 1 – 2: ἐν μιᾷ ἑβδομάδι διάκονον καὶ ἱερέα καὶ πατριάρχην αὐτὸν ἐκτελέσαντες; George Akropolites, *The History*, pp. 280 – 281, n. 15; Nikephoros Blemmydes, *A Partial Account*, I, pp. 88 – 89, 80.
④ Nikephoros Blemmydes, *A Partial Account*, I, pp. 85 – 86, 74.
⑤ Nikephoros Blemmydes, *A Partial Account*, II, p. 133, n. 139. 关于布拉米德的著作见 Nikephoros Blemmydes, *A Partial Account*, II, pp. 132 – 134, 75 – 76.
⑥ George Akropolites, *The History*, pp. 297 – 298, 60.

清晰、论说有据，是研究尼西亚帝国政治思想变化和发展较为重要的著作。另外，哈佛大学 S. 吉奥吉欧普鲁（S. Georgiopoulou）的博士论文《13 世纪的作者和知识分子塞奥多利二世·拉斯卡利斯（1222—1258 年）》也是讨论相关问题的重要作品。该文探讨了塞奥多利二世的思想、学术造诣以及他对知识的重视等，该论文还翻译并收录了塞奥多利二世的多篇著作以及多封信件，这为深入研究这位学者皇帝提供了很大的帮助。① 除书信外，塞奥多利二世还著有多篇论文，如体现其理性的思维能力、对辞藻的娴熟运用以及丰富的古典知识的《帕加蒙感想》等。② 其中较为有名的是《尼西亚城颂词》，该颂词是呈给约翰三世的。塞奥多利称尼西亚城在诸多方面是卓越的，并且因其不仅有世俗哲学家还有很多基督教哲学家，它的文化地位甚至优于古代雅典。他还描述了尼西亚城的建筑和城墙、当地农作物和水源以及在君士坦丁堡陷落之后它对帝国复兴所做出的贡献等。③《尼西亚城颂词》为研究这一时期尼西亚城的发展情况提供了很好的史料依据。这首颂词连同梅托契特斯（Theodore Metochites，约 1270—1332 年）的《尼西亚城》是关于尼西亚城最为有名的两篇颂词。梅托契特斯是帕列奥列格王朝的知名学者，他曾在安德罗尼库斯二世（Andronicus Ⅱ Michael Palaeologus，1282—1328 年在位）统治期间担任首席大臣。④

基于对知识的热爱和追求，塞奥多利二世曾大力发展教育。他曾在尼西亚城的圣特里丰教堂建立一所官办学校。这不仅提高了宫廷教育水平，还吸引了大批好学后生前来接受教育，其中塞浦路斯的乔治便是慕名前来接受高等教育的代

---

① N. Festa ed., *Theodori Ducae Lascaris Epistulae CCXVII*, Florence: Istituto di Studi Superiori Pratici e di Perfezionamento, 1898. D. Angelov, *Imperial Ideology and Political Thought in Byzantium, 1204 – 1330*, pp. 215 – 249. 安格洛夫（D. Angelov）的《拜占庭的希腊人：塞奥多利二世皇帝和 13 世纪的拜占庭》是目前关于这位皇帝研究的最重要的著作。D. Angelov, *The Byzantine Hellene: The Life of Emperor Theodore Laskaris and Byzantium in the Thirteenth Century*, Cambridge and New York: Cambridge University Press, 2019. S. Georgiopoulou, *Theodore Ⅱ Dukas Laskarids (1222 -1258) as an Author and an Intellectual of the XⅢ Century*, Harvard University, Cambridge, Mass., Ph. D, 1990.
② Theodore Ⅱ Laskarids, "Musing over the Pergamon", in N. G. Wilson, *Scholars of Byzantium*, London: Duckworth, 1983, pp. 220 – 221.
③ A. Tartaglia, *Theodorus Ⅱ Ducas Lascaris Opuscula Rhetorica*, Munich-Leipzig: K. G. Saur, 2000, pp. 68 – 84. Theodore Ⅱ Laskaris, "Ἐγκώμιον εἰς τὴν Μεγαλόπολιν Νίκαιαν", in C. Foss, *Nicaea: A Byzantine Capital and Its Praises*, pp. 132 – 153.
④ 关于其《尼西亚城》见 Theodore Metochites, "Νικαεύς", in C. Foss, *Nicaea: A Byzantine Capital and Its Praises*, pp. 164 – 195.

表。而塞奥多利二世不仅实现了约翰三世建立官办学校的计划,还积极支持书籍搜集,丰富国家和地方图书馆,拓展公共教育。① 斯库塔里欧兹斯称塞奥多利二世统治时期,帝国境内的城市中有"许多有知识的人,他们常聚在一起谈论学问。"②他肯定了尼西亚帝国教育发展的规模和水平,并展示了帝国晚期教育兴盛、知识复兴的场景。然而,值得注意的是,斯库塔里欧兹斯所描述的场景主要发生在尼西亚城,该城的教育发展水平成为帝国发展教育措施卓有成效的最好见证,代表了尼西亚帝国教育发展的最高水平。③ 塞奥多利二世大力推进教育发展,使尼西亚帝国成为东地中海世界的文化中心,并增加了其收复君士坦丁堡的文化重要性。

  除了发展教育,塞奥多利二世最重要的政绩在于他曾两次远征,遏制了保加利亚人在巴尔干地区的扩张。得知约翰三世去世的消息后,保加利亚军队趁机夺回了马其顿地区的一些要塞。登基之初,塞奥多利二世便召集大臣和将军询问他们如何应对这一紧急情况。他们的观点分为两派,一派建议皇帝不必前往西部,原因是尼西亚帝国没有一支适合作战的军队,并且马其顿地区局势纷乱复杂。如果皇帝西征而没有取得应有的战绩,将会长敌人的士气而灭自己的威风,在此情况下其他地区也会相继沦陷。而另一派则敦促皇帝西征,以避免更多西部领土落入保加利亚人之手。在仔细权衡后,塞奥多利毅然舍弃了前一观点而选择了出征。他于1254—1255年冬带着一支大军跨过了赫勒斯滂海峡,并且尽可能快地到达了亚德里亚堡。④ 这次西征很好地抑制了保加利亚在马其顿地区的扩张。之后,塞奥多利二世把军队留在狄迪蒙特乔,并在兰普萨库斯任命了塞萨洛尼基、普里莱普、维勒斯和阿尔巴农的军事指挥官。作为塞奥多利学者圈子的成员,斯库塔里欧兹斯记述了塞奥多利二世的一个梦,梦中塞奥多利二世梦见圣徒特里丰

---

① A. Heisenberg ed., "Theodori Scutariotae Additamenta ad Georgii Acropolitae Historiam", pp. 297-298. 孙丽芳、赵法欣:《浅议尼西亚帝国的教育发展》,第142页。
② A. Heisenberg ed., "Theodori Scutariotae Additamenta ad Georgii Acropolitae Historiam", pp. 297, 18-298, 4.
③ 孙丽芳、赵法欣:《浅议尼西亚帝国的教育发展》,第143页。
④ George Akropolites, *The History*, p. 281, 54, pp. 282-283, 55, 285-286, 56, 286-287, 57, 288-289, 58, 291-294, 59 and 297-298, 60.

(St. Tryphon),在梦中圣徒鼓励皇帝远征保加利亚。① 而在 1255 年到达亚得里亚堡后,塞奥多利二世任命曼努埃尔·拉斯卡利斯和君士坦丁·马伽利提斯为将军,并给了他们"一支能够作战的军队,来守卫领土"。而后,塞奥多利二世告知他们有效的作战策略。按照皇帝的指示,如果敌人劫掠这一地区,他们应按兵不动。因为有狄迪蒙特乔和希伯鲁斯河的保护,他们不会有危险。但若有少量敌军来犯,他们应勇敢地予以回击。然而当保加利亚军队中的斯基泰兵力在这一地区及周边劫掠时,两将军不顾皇帝的命令和嘱托率军前去迎战。在战斗中,尼西亚军队穿戴厚重的胸甲,而斯基泰人则是轻装上阵并能熟练使用弓箭,他们可以远距离射击尼西亚军队和马匹,轻松地"使(尼西亚)骑士变成了步兵"。最终尼西亚军队战败,拉斯卡利斯逃走而马伽利提斯被俘,②这就促使塞奥多利二世发动了第二次西征。

在小亚稍事修整后,塞奥多利二世广泛征兵,并集结了一支庞大的军队。这支军队比约翰三世以及塞奥多利二世之前的军队更为庞大,他率领着跨过赫勒斯滂海峡。虽然史家阿克罗颇立塔斯没有给出这支庞大军队的具体规模,但从其征兵的范围来看,这支军队的规模不容小觑。他于 1256 年春夏之交再次发动第二次保加利亚军事行动,迫使保加利亚君主派出使节求和。双方在勒吉纳达成和约,保加利亚将勒吉纳割让给尼西亚帝国。③ 塞奥多利二世的两次军事远征很好地处理了这一时期的保加利亚问题,铲除了保加利亚对尼西亚收复君士坦丁堡的阻碍。在出征期间,塞奥多利二世还曾写信给东部居民告知其所取得的军事胜利,如他曾在一封信中提及对保加利亚人的胜利、与保加利亚使节在勒吉纳的谈判以及之后签订的条约等,④这为研究尼西亚帝国对拜占庭传统的保持提供了重要依据。这些行军期间的信件也显示了塞奥多利二世重视圣徒特里丰的护佑作

---

① K. N. Sathas ed., Μεσαιωνικὴ Βιβλιοθήκη, vol 7, p. 514. 6 – 12: Ἡν δὺ ὁ τοῦ μάρτυρος Τρύφωνος ναὸς πρότερον ἐκ Χωματίνων πλίνθων ἐσεσκευασμένος......; George Akropolites, The History, p. 68.
② George Akropolites, The History, pp. 60 – 61; 300 – 301, 61.
③ George Akropolites, The History, pp, 303 – 304, 62.
④ N. Festa ed., Theodori Ducae Lascaris Epistulae CCXVII, pp. 279 – 282, Appendix 1: Theodori Litterae Ad Cives De Pace A Bulgaris Per Russos Petita. George Akropolites, The History, p. 235, n. 22.

用,如他曾在第一次保加利亚军事行动期间写信给木扎伦,信中他称得到了圣特里丰的帮助。①

当1257年塞奥多利二世得知保加利亚的中间人乌罗什之行只是一个幌子时,他询问负责起草条款和管理誓约的阿克罗颇立塔斯消息是否可靠,后者称,"在这件事情上,我倾向于同意其他人的看法;我认为这一报告包含很多虚假情况,而不是实情。尽管如很多情况下发生的一样,乌罗什打算使宣誓无效,想要欺骗我们,但他将获得上帝的愤怒,我们将会获得上帝的帮助为真理和正义而战。"但塞奥多利二世对阿克罗颇立塔斯的观点极为不满,命人责打了后者。② 此后,塞奥多利二世欲再次亲征,但未能成行。

除了与保加利亚人的事务外,塞奥多利二世的其他外交活动主要是,他在继位之初,确认并调整了尼西亚帝国与苏丹国在1243年签订的和约,从而稳定同周边邻国的关系。③ 为了拉拢伊庇鲁斯专制君主米哈伊尔二世,塞奥多利二世于1257年在塞萨洛尼基参加了其女儿玛丽亚与米哈伊尔二世的儿子尼基弗鲁斯的婚礼。同时在塞萨洛尼基,他与牧首阿西尼奥斯及其他一些主教与教宗的使节会面。研究认为,1256年7月中旬,教宗亚历山大四世派出了奥维托的主教君士坦丁和其他使节。尼西亚皇帝、牧首和其他一些主教于同年的9—10月驻留塞萨洛尼基,参加塞奥多利的女儿玛丽亚与米哈伊尔二世的儿子尼基弗鲁斯的婚礼。其间,他们可能曾与教宗使节会面,并展开谈判。④ 塞奥多利二世还曾派阿克罗颇立塔斯出访君士坦丁堡。关于这次出访的唯一信息来自塞奥多利二世写给阿克罗颇立塔斯的一封信件,信中称:"经过你的调解,没有任何人类的不和是你不能

---

① N. Festa ed., *Theodori Ducae Lascaris Epistulae CCXVII*, p. 246, 1 - 4: Πᾶν ὅτι πράττει βροτός, εἰ πρὸς ἐπιστήμην ἀναχθῇ πρός τινος, θήλειαν ἀπολάβῃ τὴν κλῆσιν. τῷ γοῦν ἐρωτιῶντι καὶ στρατηγοῦντι πρὸς ἐπιστήμας ἐξισαζόμενα τὰ πραττόμενα θήλεα ἂν εὑρεθῶσι κατὰ τὴν σημασιάν. George Akropolites, *The History*, p. 284, n. 7.

② George Akropolites, *The History*, pp. 305 - 308, 63.

③ Nikephoros Gregoras, *Nicephori Gregorae Byzantina Historia*, vol. I, ed. I. Bekker and L. Schopen, p. 56, 4 - 7: ἀλλὰ γὰρ πρῶτον ὁ βασιλεὺς ἃς μετὰ τῶν Τούρκων ὁ πατὴρ ἐπεποιήκει σπονδὰς, ταύτας ἤδη καὶ αὐτὸς ἀνανεούμενος ἐπεκύρωσεν, ἵν'εἰη φροντίδος ἁπάσης ἐκτὸς τῶν ἑῴων χάριν πραγμάτων. 见 George Akropolites, *The History*, p. 279, n. 4.

④ George Akropolites, *The History*, p. 321, 67, pp. 321 - 322, n. 3.

解决的"。① 但关于这次出使的目的,无从知晓。

此外,塞奥多利二世是尼西亚帝国有名的政治思想家,他的多封书信和著作都很好地反映了其政治思想。他曾对王权以及统治者和臣民的关系做过探讨,并试图找到一种新理论来约束贵族。最终,他建立了一种"友情至上"的政治理论。这一理论的具体内容是,皇帝和臣民之间靠友情维系的关系是最牢固的,友情比亲属关系更为重要。在友情的基础上,臣民忠于皇帝,向皇帝宣誓效忠,而皇帝有义务保护臣民的安全。他以亚历山大大帝和他的将军们的友情为典范,认为亚历山大的五个朋友就像是他的五官,而亚历山大大帝正是因为"荣耀了他的朋友"而不是他的功勋而变得更为有名。之后,他区分了自然和非自然的贵族性,并指出真正的贵族性不是来自于贵族血统,而是来自于"美德以及行为的纯朴"。② 由此,塞奥多利建立起了一套反贵族的理论体系,并且以此理论为指导,在选拔官员时,起用出身低微的密友,并用他们代替把持朝政多年的贵族。

然而,需要注意的是,在塞奥多利二世的理论中,皇权是不受约束的,为了臣民的利益,皇帝不仅可以凌驾于法律之上,而且还可以使用暴力和武力。③ 这是尼西亚帝国晚期皇帝加强中央集权的重要反映。显然,颇具文人气质的塞奥多利二世意识到约翰三世统治末期日益严峻的贵族问题,再加上对其父宫廷中那些没有教养的年轻贵族的虚伪言谈令他反感,登基后便旗帜鲜明地反对旧贵族。不同于约翰三世,塞奥多利二世反对贵族的措施更为坚决,也更有计划性和策略性。其具体措施可以分为以下两个方面:一是任用出身卑微的密友或宠臣。初登皇位时,塞奥多利二世便重用自己的密友和宠臣,让他们担任一些重要官职。在塞奥多利二世统治期间,其任用宠臣的情况很多,包括大贵族、衣橱总管和首席军队战备官乔治·木扎伦、大将军安德罗尼库斯·木扎伦、首席猎鹰师塞奥多利·木扎伦。其中,阿克罗颇立塔斯和帕奇米尔斯都没有提及塞奥多利·木扎伦的名字,

---

① N. Festa ed., *Theodori Ducae Lascaris Epistulae CCXVII*, pp. 109-110, esp. p. 109, 5, 7-8: ἦν δέ, ὡς ἔγνων, ἡ σὴ πορεία ἐπὶ τὴν Κωνσταντίνου; οὐκ ἦν γὰρ ἐχθρα βροτῶν, ἣν σὺ μεσάσων οὐ λύσεις, ὑπὲρ τὸν πάλαι Σωκράτην εὐφυῶς τὴν γλῶτταν στρέφειν εἰδώς. 见 George Akropolites, *The History*, p. 11.
② D. Angelov, *Imperial Ideology and Political Thought in Byzantium, 1204-1330*, pp. 215-249.
③ D. Angelov, *Imperial Ideology and Political Thought in Byzantium, 1204-1330*, pp. 215-249.

只有格里高拉斯给出了这一名字。木扎伦兄弟都曾是塞奥多利二世幼时的侍从和玩伴,他们都不是贵族出身。侍卫长卡利阿尼特斯(Karyanites)、首席大臣乔治·阿克罗颇立塔斯、持徽章官科里阿斯(Xyleas)、首席执政官(megas archon)和狄迪蒙特乔军区前将领君士坦丁·马伽利提斯、阿尔巴农地区指挥官君士坦丁·卡巴伦(Constantine Chabaron)、维勒斯军队指挥官塞奥多利·卡拉帕科斯(Theodore Kalampakes)、侍卫长卡利阿尼特斯等高官也都不是贵族子弟,仅从阿克罗颇立塔斯的记载中得知塞奥多利·卡拉帕科斯是第一位被记载的"拜占庭宫廷中的鞑靼人",而"拜占庭宫廷中的鞑靼人"似乎是一个名誉头衔,常授予拥有军职的人。君士坦丁·卡巴伦也可能同米哈伊尔·帕列奥列格一起在尼西亚宫廷长大,在写给乔治·木扎伦的一封信中,皇帝塞奥多利二世称将送给木扎伦一匹马,而这匹马来自阿尔巴农,是卡巴伦送给皇帝的一份礼物。显然,这些受到重用的人多数不是老贵族。有明确记载为贵族出身的,只有西部陆军统帅约翰·安茞鲁斯和御膳长官伊萨克·奈斯通格斯(Issac Nestongos)。① 奈斯通格斯家族是尼西亚帝国较为显赫的家族,位列帕奇米尔斯给出的黄金家族名单之中。可以看出,塞奥多利二世同时授予了乔治·木扎伦三个官职和头衔,将大贵族和衣橱总管授予同一人,一般只发生于皇亲身上。塞奥多利二世解除了阿莱克修斯·拉乌尔衣橱总管的官职,而擢升木扎伦担任此职。皇帝的做法显示出其对乔治·木扎伦的信任和厚爱,而这也引起了贵族们的嫉妒和憎恨。另外,在塞奥多利二世统治期间,这些得势的官员大多没有显赫的家族背景,出身相对低下,而仅凭皇帝宠爱而获得晋升,这是出身显赫的贵族所不能接受的。

二是对贵族施加迫害,并迫使贵族女子同出身卑微的宠臣结婚。在晋升宠臣的同时,塞奥多利二世还对贵族进行打击报复。阿克罗颇立塔斯较为详细地给出塞奥多利二世统治期间,受到迫害的贵族大臣诸多案例。譬如大将军阿莱克修斯·斯特拉特戈普洛斯(Alexios Stragtegouplos)被囚禁,其子塞奥多利被刺瞎双目,原皇宫侍卫队长君士坦丁·托奈科斯被撤职查办,执政官塞奥多利·菲莱斯

---

① George Akropolites, *The History*, pp. 342–343, n. 16, p. 280, n. 14, pp. 291–294, 59 and 297–298, 60, 319, 66; D. Angelov, *Imperial Ideology and Political Thought in Byzantium, 1204–1330*, pp. 210–211, p. 320, n. 8, n. 7.

(Theodre Philes)也遭到瞽目酷刑。这个菲莱斯家族也属于帕奇米尔斯列出的黄金家族,在安德罗尼库斯·帕列奥列格去世后,塞奥多利·菲莱斯接任塞萨洛尼基的执政官一职。还有,宫廷卫士长乔治·扎伽洛玛提斯(George Zagarommates)被撤职查办,因为他在士麦那地区非法拥有十分可观的地产。在1235至1261年间,他曾担任侍卫长一职。① 衣橱总管拉乌尔的四个儿子中至少有三个儿子即约翰、曼努埃尔和伊萨克被投入狱中,②还有持墨水瓶长官尼基弗鲁斯·阿里阿提斯被切断喉咙,并被没收财产,甚至西方雇佣军首席指挥官米哈伊尔·帕列奥列格怕遭受迫害而逃到苏丹国。

很明显,皇帝对来自贵族家族官员的迫害下手狠且重,其中菲莱斯是塞奥多利二世的宿敌。在塞奥多利登基之前,他们屡有摩擦并曾在约翰三世面前争吵不休。之后,塞奥多利怀疑他不忠,对其施以迫害。在第一次保加利亚军事行动期间,斯特拉特戈普洛斯和托奈科斯的表现十分糟糕,这为塞奥多利惩罚他们提供了机会。塞奥多利二世曾任命斯特拉特戈普洛斯和托奈科斯率军驻守塞利斯,之后在皇帝的命令下,他们前往泽帕伊纳。行军过程中,在没有遇到敌人时,仅仅听到敌军声响便毫无秩序地溃逃,失去了武器、马匹和辎重,一气逃回塞利斯地区。塞奥多利二世对此勃然大怒,不仅责罚了他们,还怒及他们的亲人。塞奥多利二世写给木扎伦的信件证实了阿克罗颇立塔斯对斯特拉特戈普洛斯和托奈科斯的记载是真实的,塞奥多利抱怨称"无法无天的斯特拉特戈普洛斯"以及"坏名声的托奈科斯"将军队引向了荒原,把尼西亚领土开放给保加利亚军队。③ 塞奥多利二世对贵族的惩罚是严苛的,虽然理由充分,但却促使贵族逐渐站到了其对立面。

塞奥多利二世另一项政策彻底激怒了贵族,他强迫贵族女子同其出身寒门的宠臣通婚。例如他曾将米哈伊尔·帕列奥列格来自坎塔库震努斯家族的一位外甥女嫁给了乔治·木扎伦,而乔治的兄弟安德罗尼库斯则娶了阿莱克修斯·拉乌尔的女儿。更糟糕的是,皇帝对待帕列奥列格的另一位外甥女的方式,她是米哈伊尔的姐妹玛利亚同大将军尼基弗鲁斯·塔海尼俄特斯的女儿,被指婚给皇帝的

---

① George Akropolites, *The History*, pp. 339 – 340, 75, 244, n. 7, 342, n. 11.
② S. Fassoulakis, *The Byzantine Family of Raoul-Ral(l)es*, pp. 17 – 23.
③ George Akropolites, *The History*, p. 288, n. 9.

一位儿时伙伴或侍从巴兰尼迪欧特斯(Balaneidiotes)。在约翰三世统治期间,尼基弗鲁斯·塔海尼俄特斯曾担任御膳长,他的第二任妻子即玛利亚,为大将军安德罗尼库斯·帕列奥列格的长女。可能在岳父去世之后,尼基弗鲁斯被皇帝授予了大将军的头衔。帕列奥列格王朝初期,他也拥有这一头衔。同时,帕奇米尔斯还曾给出了他第一任妻子的信息,她可能是西部陆军统帅安德罗尼库斯·杜卡斯·阿普利努斯的女儿。① 在塞奥多利二世做出上述婚事安排后,新娘及其母亲曾试图抵制,最终迫于皇帝的压力只好同意。但这桩婚事并没有完成,因为塞奥多利怀疑其中涉及巫术。为了得到新娘母亲的忏悔,皇帝将其裸身扔进一个装有多只猫的袋子里。② 皇帝对贵族的打压极大地触怒了贵族。在塞奥多利二世去世后,贵族对皇帝的不满全线爆发,并引发了尼西亚帝国晚期的政治动荡。

值得注意也常被学者提及的一个问题是塞奥多利二世对待雇佣军的态度。塞奥多利曾清醒地意识到雇佣军在尼西亚军队中日益重要的地位,并且他也十分清楚过分依赖雇佣兵而产生的种种弊端。他曾写道:"我有一个真理,一个目标,一个愿望,就是把上帝的羊群集合起来,并保护它们不受凶残的狼群的迫害。"为了达成这一目标并且改变倚重雇佣兵的现状,他主张建立一支由本国人组成的军队,③这在拜占庭历史上是较为少见的。然而他的理想并未能实现,在他统治期间,雇佣军依旧发挥着至关重要的作用。1255 年,因缺乏供给,周围又没有村落,再加上恰逢冬季,寒冷、大风雪等恶劣天气给塞奥多利二世准备攻取泽帕伊纳的军队造成了很大麻烦。皇帝无奈之下征询军队的意见,询问他们应该继续进军还是返回他们出发的亚得里亚堡。阿克罗颇立塔斯给出了军队中有拜占庭人、拉丁人和斯基泰人的信息。他们回答称无论皇帝做什么决定,他们都会给予支持。④

不同于前两位皇帝,阿克罗颇立塔斯很少对塞奥多利二世披甲上阵进行描写。尽管阿克罗颇立塔斯三缄其口,极少赞许塞奥多利二世的战绩,但从茹佩尔

---

① George Akropolites, *The History*, p. 202, n. 5. D. Angelov, *Imperial Ideology and Political Thought in Byzantium, 1204 – 1330*, pp. 211 – 212. George Akropolites, *The History*, pp. 200 – 201, 36.
② M. Angold, *A Byzantine Government in Exile: Government and Society under the Laskarids of Nicaea, 1204 – 1261*, p. 78.
③ A. A. Vasiliev, *History of the Byzantine Empire, 324 – 1453*, vol. Ⅱ, p. 534.
④ George Akropolites, *The History*, pp. 291 – 294, 59.

一役可以看出,塞奥多利二世也是一位有谋略的皇帝。在第一次保加利亚军事行动期间,尼西亚军队曾行至茹佩尔(Roupel)峡谷。该地地形崎岖不平,并且被两座山脉包围,即使"一辆马车都很难通过,流经的河水使过路变得更为狭窄"。保加利亚人控制着这一地区并利用其特殊的地形,修建了防御工事,因而以为这里"固若金汤"。塞奥多利二世对这一形势做出客观分析后,制定了周详的作战计划。他从军队中分出一支人数可观的步兵分遣队,并命令他们向山区进发,行至驻守要塞的保加利亚军队上面,从上向下进攻保加利亚军队。另外,皇帝还命令骑兵直接前往要塞门前与敌军开战。这样,保加利亚军队面临着来自背面和正面的进攻压力,最终选择不战而逃。而此时皇帝没有见好就收,而是责令尼西亚军队乘胜追击,歼灭了很多敌军,并造成了其他要塞保加利亚守军的恐慌,他们也争相逃走。尼西亚军队以一做百,顺利地实现了对这一地区其他保加利亚要塞的占领。虽然阿克罗颇立塔斯未正面评价塞奥多利二世在这次遭遇战中的表现,但之后他称皇帝受到了之前戍守保加利亚要塞的士兵的热烈欢迎,[1]皇帝的作战策略为其赢得了声誉和民心。即使阿克罗颇立塔斯对塞奥多利二世怀有深刻仇恨,但皇帝在这场战争中的出色表现使史家不得不放弃了抹黑皇帝的意图。

　　塞奥多利二世在战争中的以上表现获得了阿克罗颇立塔斯的认可和赞许,然而史家也曾毫无客气地指责尼西亚皇帝在战争中的一些不当行为,其中塞奥多利二世急于成功而疏于军需的做法令阿克罗颇立塔斯最为不满。在《历史》中,阿克罗颇立塔斯曾多次批评了塞奥多利二世的心急。如在发动第一次保加利亚军事行动时,阿克罗颇立塔斯将塞奥多利二世的勇敢理解为"皇帝的心急和胸中的激情",在他看来这才是皇帝做出远征决定的重要原因。另外,快速行军本是塞奥多利二世的一大优点,但在阿克罗颇立塔斯批评塞奥多利二世心急的背景下,这反而成为皇帝急于求成的重要证据。他频繁地提及皇帝"更迅速地行军,并加长了马匹的步幅,希望能遇到保加利亚军队",以及"在极短的时间内做了长距离的行军"等。并且,塞奥多利二世在得知穆斯林与鞑靼人的战事告急时,出于对帝国东部领土安危的担心,他"匆忙上路,并使得每天的行军路途变长"。[2] 另外,阿克

---

[1] George Akropolites, *The History*, pp. 288–289, 58.
[2] George Akropolites, *The History*, pp. 282–283, 55, 285–286, 56, 288–289, 58, and 291–294, 59.

罗颇立塔斯还曾给出了塞奥多利二世日行军的具体数字,借以突显皇帝对战争的心急程度。他称皇帝一天行军 400 斯塔德(Stadia),这相当于一天行军约 90 公里。① 相比于奥托三世一天行军 48 公里以及坎塔库震努斯给出的日行军 80 公里的信息,塞奥多利二世的"疾鹰"的称号是实至名归的。但在阿克罗颇立塔斯看来,塞奥多利二世快速行军是急切地想获取成功,因为他"仅仅考虑一件事情,实现自己的愿望"。② 可见,史家的偏见严重影响了其对塞奥多利的客观评价。

急于取胜往往使皇帝忽略对天气以及军队供给等问题的关注,军队也常因此陷入艰难境地,这是阿克罗颇立塔斯极为痛斥的做法。在第一次保加利亚军事行动期间,塞奥多利二世急于攻下泽帕伊纳这座坚固之城。转眼夏天和秋天过去了,寒冬来临,而皇帝却丝毫没有注意到天气的变化,也没有考虑到军队的物资供给,这给军队带来了不小的麻烦。当军队在隆冬时节到达马科洛里瓦达(Markrolivada)时,一场大风暴开始了。大雪覆盖了路面,使得行军十分困难。而周边也没有村落补充军需,再加上敌人就在眼前,尼西亚军队的士气被极大地削弱了。阿克罗颇立塔斯评论称"供给的缺乏对军队来说是最严重的问题",③史家由此表达出对皇帝急于实现自己的目标而忽略军备的不满。

塞奥多利二世是阿克罗颇立塔斯最不喜欢的尼西亚君主。在前两位皇帝去世后,阿克罗颇立塔斯为他们作了较为详细的讣告,甚至他还专门为约翰三世作了葬礼演说词。在这些讣告和葬礼演说词中,阿克罗颇立塔斯都评价了两位皇帝在战争中的表现。但在塞奥多利二世去世后,阿克罗颇立塔斯为这位皇帝作的讣告不仅极为简短,而且只字未提这位皇帝的战争表现。安格洛夫认为,塞奥多利二世之所以呈现给后世消极负面的形象,在很大关系上与布拉米德和阿克罗颇立塔斯有关。在《自传》中,布拉米德对塞奥多利二世多鄙视与不屑。塞奥多利二

---

① 曼库雷德斯根据一份拜占庭晚期资料中提到的计算,即 224 斯塔德=47.225 公里,给出了这一数值。见 George Akropolites, *The History*, p. 303, n. 10. 而依据 A. 阿芙拉米亚(A. Avramea)给出的 7.5 斯塔德=1 英里的计算公式,曼库雷德斯给出的数值大抵是正确的。见 A. Avramea, "Land and Sea Communications, Fourth-Fifteenth Centuries", in A. E. Laiou ed., *The Economic History of Byzantine: from the Seventh Through the Fifteenth Century*, Washington, D. C.: Dumbarton Oaks Research Library and Collection, 2002, p. 62.
② George Akropolites, *The History*, p. 303, n. 10, pp. 288-289, 58, and 291-294, 59.
③ George Akropolites, *The History*, pp. 291-294, 59.

世曾打算让布拉米德接任牧首一职,"他(皇帝)催促我接受这一任命,不要浪费时间"。但布拉米德称,"即使我的命运是流亡、饥饿、折磨、损毁或是暴死,我都拒绝接受牧首的职位"。甚至在皇帝塞奥多利二世临终前,布拉米德也坚决不接受皇帝的忏悔,不宽恕皇帝的行为,①这些都显示出布拉米德在皇权面前的坚决。同样形象的阿克罗颇立塔斯也出现于《历史》中。在被塞奥多利二世责打后,很多主教前来探视并劝说阿克罗颇立塔斯同皇帝和解。阿克罗颇立塔斯则称,"皇帝对我做了最好的事情,像那些皇帝没有为服务于他们的人做过的,还是对我做了最坏和最邪恶的事情,没人因做过此事而知名,无论如何我不再服务于皇帝了。"最后,阿克罗颇立塔斯更坚定了自己的信念,他称"我有这样的决定和不可更改的意图"。② 斯库塔里欧忒斯则在《编年史概要》中为约翰三世和塞奥多利二世作了长篇颂词,③他熟悉塞奥多利二世并对其赞赏有加,他曾多次称赞塞奥多利的智慧和魅力,并把尼西亚帝国教育发展的成果归功于这位皇帝的统治。④ 这与阿克罗颇立塔斯在《历史》中塑造的塞奥多利二世的形象是截然不同的。斯库塔里欧忒斯曾是尼西亚皇帝塞奥多利二世学者圈的成员,曾在帕列奥列格王朝初期,担任库其科斯都主教。之后,他于1283年在布拉海尔奈教堂举行的一次教会会议中被罢免。

另外,阿克罗颇立塔斯还在讣告中称塞奥多利二世的慷慨是虚假的,他对臣民的苛刻和吝啬才是真实的。在叙述时,他使用了对比的手法。他先提到人们对塞奥多利二世怀有的美好愿景,而后笔锋一转给出了残酷的事实。他称那些在约翰三世统治期间被迫害或不得志的人,希望得到新帝的优待。因塞奥多利年轻有为,并且他对待朋友极为真诚,才使人们对这位外表看起来较为温和的皇帝充满了期待。然而在阿克罗颇立塔斯看来,这一切都是虚假的,人们认错了目标,抱错了希望,"他们的财富变成了煤堆"。这只是阿克罗颇立塔斯更为直接地抨击塞奥多利二世的铺垫,他将笔端触及对这位皇帝对待臣民是否慷慨的考察。他称塞

---

① Nikephoros Blemmydes, *A Partial Account*, I, pp. 86 – 87, 75, 87 – 88, 79, and 91 – 92, 86.
② George Akropolites, *The History*, pp. 305 – 308, 63.
③ K. N. Sathas ed., Μεσαιωνικὴ Βιβλιοθήκη, vol. 7, pp. 535. 20 – 536. 12: Ἐγὼ δὺ τὴν περὶ τὴν...... ὥσπερ δῆτα καμοί. 见 R. Macrides, "Saints and Sainthood in the Early Palaiologan Period", p. 77; George Akropolites, *The History*, p. 68.
④ C. N. Constantinides, *Higher Education in Byzantium in the Thirteenth and Early Fourteenth Centuries, 1204 – ca. 1310*, p. 20.

奥多利二世对待臣民极为苛刻,以至于那些曾在约翰三世统治期间遭遇不幸的人甚至更为怀念约翰三世的统治,他们反而称颂约翰三世是神圣的。阿克罗颇立塔斯的春秋笔法之妙是令人敬佩的,他不仅间接讥讽式地提到约翰三世神圣性的声望,还悄无声息地将此转化为对其子塞奥多利统治的控诉。加上之前的铺垫,阿克罗颇立塔斯期许其所描述的塞奥多利二世的吝啬和残酷能引起读者的共鸣。然而参考其它史料如帕奇米尔斯的记载,塞奥多利二世对待士兵和官员是极为慷慨的。① 尽管这些史料没有给出详尽的信息,但通过分析阿克罗颇立塔斯的叙述手法,其抹黑塞奥多利二世的用意昭然若揭。

同时,阿克罗颇立塔斯还有意将塞奥多利二世与米哈伊尔作对比。在《历史》中,阿克罗颇立塔斯明显地表现出支持米哈伊尔八世、反对尼西亚前三位皇帝的写作倾向,如他刻画了米哈伊尔的聪敏机智、果敢坚决的性格特征,而与之形成鲜明对比的则是塞奥多利二世的刚愎自用、犹疑不决。② 米哈伊尔登基之后便为遭受塞奥多利二世不公对待的人进行了平反,以阿克罗颇立塔斯之见,这是米哈伊尔慷慨的一种表现。米哈伊尔释放了被塞奥多利二世关入狱中的大臣,并用丰厚的礼物接待他们。阿克罗颇立塔斯接着评论道,"一般来讲,他统治期间对所有人都是极为慷慨的,他很大方地给予他们钱财",这同之前的皇帝们形成了鲜明对比。阿克罗颇立塔斯还用了比喻和排比的修辞手法来形容臣民由于米哈伊尔的慷慨而发生的变化,"不论什么等级,不论什么命运和生活方式的罗马人,在这些事情上是十分高兴和喜悦的。就像是人从最黑暗处走向了阳光最明亮处,或是从一场风暴中平静下来,或是从冬天到了春天,或是从暴风中恢复镇定自若;他把状态从巨大的悲伤调整到喜悦。因此所有人都是狂喜和欢悦的,他们已忘记之前忧伤和痛苦的生活方式。"③

---

① George Akropolites, *The History*, pp. 270 – 271, 52, pp. 57 – 58, and 276 – 277, n. 25.
② George Akropolites, *The History*, pp. 351 – 352, 78, and 305 – 308, 63. 在《历史》中阿克罗颇立塔斯惯用对比手法,这可能得益于修辞训练,见 R. Macrides, "George Akropolites' Rhetoric", in E. Jeffreys ed., *Rhetoric in Byzantium*, London: Routledge, 2003, p. 208.
③ George Akropolites, *The History*, pp. 351 – 352, 78. 其中,阿克罗颇立塔斯使用的比喻句是描述从一位暴君到更为平和的君主统治的惯用语句,侯尼雅迪斯在描述安德罗尼库斯一世后继位的伊萨克二世的统治时也使用了类似的语句。Niketas Choniates, *O City of Byzantium, Annals of Niketas Choniatēs*, p. 201; George Akropolites, *The History*, p. 63.

阿克罗颇立塔斯对塞奥多利二世临终前的状况做了生动描写,他称"(皇帝)匍匐在地上,用无边无际的泪水洗刷他所躺的土地,这样泪水把土地变成了泥土"。而在描述塞奥多利二世被病痛折磨的情形时,阿克罗颇立塔斯的信息也是来自"那些准确地看到发生在他身上的事情者"。塞奥多利二世召来莱斯博斯岛首府米蒂里尼(Mitylene)主教格里高利(Gregory,1256—1267 年在位)倾听他的忏悔,"他匍匐在地上,用无尽的泪水来洗刷他躺的土地"。① 斯库塔里欧忒斯关于此事给出了更为详细的记载,他称他的信息来自牧首阿西尼奥斯。塞奥多利二世也曾用同样的方式向牧首忏悔,他匍匐在地并且哭泣。② 塞奥多利二世于 1258 年去世,他被葬在了叟桑德拉修道院。③

早在 1254 年塞奥多利二世成为独立皇帝前,皇后海伦娜便已去世。之后曾有大臣写信劝其再娶,但塞奥多利在回信中拒绝了这一提议。他称其一生将献身于哲学,甚至提出哲学便是他再婚的新娘。④ 他统治时间极为短暂,两次保加利亚军事行动已占去其大半时间,因此他并未再娶。塞奥多利一世有三女一子,其中女儿玛利亚被约翰三世指婚给伊庇鲁斯专制君主米哈伊尔二世的儿子尼基弗鲁斯。而在米哈伊尔二世反叛时,她遭遇了不幸。阿克罗颇立塔斯称,"一些人说她经常被丈夫尼基弗鲁斯责打",她可能因此丧命。同时他也给出另一些人不同的信息,"其他人说她死于一场自然疾病"。⑤ 塞奥多利二世 1258 年英年早逝,在位仅四年,去世时尚未满 37 岁。他将帝国留给了其年仅八岁的儿子约翰(John Ⅳ,1258—1261 年在位)。

塞奥多利二世是尼西亚帝国有名的学者皇帝,其留下的大量书信为研究尼西亚帝国时期的政治、外交、教育等问题提供了极其宝贵的资料。他在位期间有效地稳定了约翰三世拓展的帝国版图,有力地推进了收复君士坦丁堡的事业。由于其在位时间短暂,他的才华与能力没有足够的时间展示出来,但是从他严厉的贵

---

① George Akropolites, *The History*, pp. 335 – 336, 74.
② K. N. Sathas ed., Μεσαιωνικὴ Βιβλιοθήκη, vol 7, pp. 533. 30 – 534. 27: προσκαλεῖται τὸν πατρι άρχην Ἀρσένιον……καὶ ἐτάφη ἐκεῖσε ὅπου καὶ ὁ πατὴρ αὐτοῦ. 见 George Akropolites, *The History*, p. 337, n. 4.
③ George Akropolites, *The History*, pp. 335 – 336, 74.
④ D. Angelov, *The Imperial Ideology and Political Thought in Byzantium, 1204 – 1330*, p. 231.
⑤ George Akropolites, *The History*, pp. 235 – 236, 74.

族政策可以看出,他力图改变大贵族左右朝政的弊病。但是且不论这一政策是否能够奏效,深植于拜占庭帝国政治生活的制度性矛盾是否能够得到化解,这一政策产生的恶劣后果成为其儿子悲惨命运的关键因素。

第四节

约翰四世（John Ⅳ）

1258—1261 年在位

约翰四世(John Ⅳ Lascaris, Ιωάννης Δ' Λάσκαρις,生于 1250 年年底,约卒于 1305 年,享年 55 岁)是拜占庭尼西亚流亡王朝的第四位皇帝,也是该王朝末代皇帝,自 1259 年即位至 1261 年共在位近三年。

在尼西亚帝国诸位皇帝中,只有约翰四世没有真正掌握皇权。约翰四世是塞奥多利二世和皇后海伦娜的独子,出生于 1250 年圣诞节前后。[1] 其年幼登基且不久后被废,导致史料中关于他的信息非常少,因而难以对其相貌秉性和学识素养等作出准确评价。基于拉斯卡利斯王朝前三位皇帝都重视知识、发展教育,其中塞奥多利二世还具有较高的文学造诣和文化素养,因而推测年幼的约翰四世也受到启蒙教育和知识熏陶。

史料中关于约翰四世的记载主要集中于塞奥多利二世去世后,他的命运同拉斯卡利斯王朝晚期的政局紧密相连。在其父去世时,约翰年仅八岁,尚是孩童。关于塞奥多利二世去世时约翰的年龄,帕奇米尔斯和格里高拉斯有不同记载。其中帕奇米尔斯认为约翰九岁,而格里高拉斯则称约翰只有六岁。[2] 塞奥多利二世

---

[1] D. Angelov, *The Byzantine Hellene: The Life of Emperor Theodore Laskaris and Byzantium in the Thirteenth Century*, p. 74 and 130.
[2] George Akropolites, *The History*, pp. 339–340, 75. N. Cassidy, *A Translation and Historical Commentary of Book One and Book Two of the Historia of Geōrgios Pachymerēs*, p. 15, 1. 13. R. Macrides, *George Akropolites, The History*, p. 340, n. 1. 现代学者多采用阿克罗颇立塔斯的记载,见 D. Geanakoplos, *Emperor Michael Palaeologus and the West, 1258–1282: A Study in Byzantine-Latin Relations*, Cambridge, Mass.: Harvard University Press, 1959, p. 33.

恪守亲子继承原则，独子约翰应该成为他的合法继承人。弥留之际，塞奥多利二世思索确保约翰继位的万全之策。他一方面起草遗嘱将皇位传给约翰、并将其托孤于宠臣乔治·木扎伦。同时他任命木扎伦为辅政大臣，使其手握朝政大权辅佐幼帝至成年。另一方面，他让朝廷的达官贵族、军队将领以及教会神职人员等宣誓，保证忠于幼帝。① 尽管塞奥多利二世为身后之事作了周密安排，但其去世后尸骨未寒，一场尼西亚帝国历史上最惨烈的宫廷政变已谋划成形。事实证明，塞奥多利生前缺乏远见，身后遗恨无穷。

这场政变的矛头对准了辅政大臣木扎伦。出身低下的木扎伦之所以成为辅政大臣，可能是塞奥多利二世基于遏制大贵族的考虑，但这引起了贵族和军队的强烈不满。他们认为木扎伦资质平庸，难担此任。另外，也是由于塞奥多利二世曾试图组建一支由拜占庭人组成的本土军队，以抵抗影响力越来越大的拉丁雇佣军。为了制约他们，他可能还削减了他们的军饷。也有学者指出，没有明显的证据显示塞奥多利二世削减军饷或木扎伦拖欠雇佣军军饷，不排除雇佣军以此为借口清除木扎伦、从而为更有心计的米哈伊尔夺权铺平道路的可能。② 而米哈伊尔·帕列奥列格的政治野心为他们发泄不满提供了机会。可能在米哈伊尔的煽动下，拉丁士兵要求木扎伦为他们曾遭受的不公负责。此时，关于木扎伦通过巫术导致塞奥多利二世死亡并觊觎皇位的谣言也开始传播，③这更加强化了他们对木扎伦的敌对情绪。

在塞奥多利二世的葬礼上，小约翰亲身经历了尼西亚帝国历史上最血腥的一次政治谋杀事件，此后他的地位和权力不断受到冲击和挑战。塞奥多利二世去世时，牧首阿西尼奥斯和约翰可能都在南菲宏。得知塞奥多利二世的死讯后，牧首

---

① M. Angold, *A Byzantine Government in Exile: Government and Society under the Laskarids of Nicaea, 1204 – 1261*, p. 42; George Akropolites, *The History*, pp. 339 – 340, 75, p. 340, n. 3.
② M. Angold, *A Byzantine Government in Exile: Government and Society under the Laskarids of Nicaea, 1204 – 1261*, pp. 58 – 59. S. Kyriakidis, "Crusaders and Mercenaries: The West-European Soldiers of the Laskarids of Nicaea (1204 – 1258)", *Mediterranean Historical Review*, Vol. 29, No. 2, 2014, p. 148.
③ N. Cassidy, *A Translation and Historical Commentary of Book One and Book Two of the Historia of Geōrgios Pachymerēs*, pp. 23 – 24, 1. 18; M. Angold, *A Byzantine Government in Exile: Government and Society under the Laskarids of Nicaea, 1204 – 1261*, pp. 80 – 82; D. Geanakoplos, *Emperor Michael Palaeologus and the West, 1258 – 1282: A Study in Byzantine-Latin Relations*, pp. 34 – 36; M. Bartusis, *The Late Byzantine Army: Arms and Society, 1204 – 1453*, p. 36.

把约翰留在南菲宏皇宫,他则回到尼西亚城,可能是为了庆祝 8 月 15 日的圣母升天节。① 而后,约翰跟随木扎伦从南菲宏取道麦格尼西亚,前往为塞奥多利二世举行纪念仪式的叟桑德拉修道院,这一修道院在麦格尼西亚地区,位于希皮鲁斯山北坡,离麦格尼西亚城以西 20—30 公里处,一般认为是由约翰三世建立的。② 帕奇米尔斯和格里高拉斯记载的时间是在塞奥多利二世去世后第九天,阿克罗颇立塔斯却认为这一事件发生在塞奥多利二世去世后的第三天,即 1258 年 8 月 18 日。③ 当天的仪式进入吟唱赞美诗环节时,驻扎在修道院外的拉丁雇佣军冲进了修道院。他们声称木扎伦拖欠他们的军饷,并要求带走约翰以确保其安全。当约翰现身并朝军队挥手试图平息骚乱时,却反被士兵们当作约翰希望他们除掉木扎伦的信号。士兵们四处搜寻木扎伦,先是在修道院的避难所里屠杀了木扎伦的兄弟们,一位名叫卡鲁洛斯(Karoulos,或 Charles)的拉丁雇佣兵在后庭杀害木扎伦并血腥地将其分尸。④ 当时,作为西方雇佣军首席指挥官的米哈伊尔也在现场,但没采取任何措施制止这场杀戮,再加上之后凶手卡鲁洛斯也没有受到任何

---

① N. Cassidy, *A Translation and Historical Commentary of Book One and Book Two of the Historia of Geōrgios Pachymerēs*, p. 158.
② N. Cassidy, *A Translation and Historical Commentary of Book One and Book Two of the Historia of Geōrgios Pachymerēs*, p. 144. 约翰三世、塞奥多利二世以及塞奥多利二世的皇后海伦娜(Elena Asenina,1235—1242 年在位)都葬于离南菲宏不远的叟桑德拉修道院。布拉米德在赞美该修道院的诗歌中提到,约翰三世十分喜爱这所修道院,并曾精心装饰修道院的内部。见 Nikephoros Blemmydes, "In Honuor of the Monastery of Sosandra", pp. 301–305. 在尼西亚时期,叟桑德拉修道院还建有一所图书馆,见 N. G. Wilson, "The Libraries of the Byzantine World", in D. Harlfinger ed., *Griechische Kodikologie und Text-uberlieferung*, Darmstadt: Wissenschaftliche Buchgesellschaft, 1980, p. 300. E. Mitsiou, "The Monastery of Sosandra: A Contribution to Its History, Dedication and Localization", *Bulgaria Mediaevalis*, 2 (2011), pp. 665–683.
③ George Akropolites, *The History*, pp. 339–340, 75. 关于这一问题见 R. Macrides, *George Akropolites, The History*, p. 341, n. 4.
④ N. Cassidy, *A Translation and Historical Commentary of Book One and Book Two of the Historia of Geōrgios Pachymerēs*, pp. 24–28, 1. 19; M. Angold, *A Byzantine Government in Exile: Government and Society under the Laskarids of Nicaea, 1204–1261*, p. 82; D. Angelov, *The Byzantine Hellene: The Life of Emperor Theodore Laskaris and Byzantium in the Thirteenth Century*, p. 218. S. Kyriakidis, "Crusaders and Mercenaries: the west-European soldiers of the Laskarids of Nicaea (1204–1258)", p. 148. 关于阿克罗颇立塔斯对这一事件的记载见 George Akropolites, *The History*, pp. 339–340, 75. 关于卡鲁洛斯见 N. Cassidy, *A Translation and Historical Commentary of Book One and Book Two of the Historia of Geōrgios Pachymerēs*, pp. 146–147; D. Geanakoplos, *Emperor Michael Palaeologus and the West, 1258–1282: A Study in Byzantine-Latin Relations*, p. 40, n. 41.

惩罚而是继续在帕列奥列格王朝的卫队中服役，①说明米哈伊尔与此事件难脱干系，他是这起事件背后的谋划者，也是最大的受益者。

在后继铲除约翰的辅政大臣及其朝内主要支持者后，米哈伊尔对约翰采取了更为严密的安保措施，以免发生新的叛乱。② 同时，米哈伊尔此举也意在申明自己是约翰的最佳保护者。事实上控制约翰是其未来夺取皇帝统治权的关键。而后，米哈伊尔使自己辅政大臣的身份合法化，接着又从西方雇佣军首席指挥官升至海军司令（megas doux）。③ 但米哈伊尔要想夺取更高权力、名正言顺成为皇帝，还需牧首阿西尼奥斯的认可。塞奥多利二世在世时，约翰并未成为共治皇帝。安格德认为，尼西亚帝国的皇帝们可能没有使继承人在他们统治期间成为共治皇帝的惯例，这与14世纪史家们所观察到的帕列奥列格王朝流行的惯例显著不同。④ 塞奥多利二世去世后数日，约翰因牧首远在尼西亚城，并未被正式加冕为帝，这为米哈伊尔夺权提供了便利。为了赢取牧首的支持，1258年9月底，米哈伊尔极其谦恭地接待了从尼西亚赶来的牧首。他亲自出门迎接牧首，然后手执缰绳牵着牧首骑坐的驴子，将其带往皇宫。帕列奥列格还称，牧首事实上是辅政大臣，并把约翰四世交由牧首照看。未经牧首允许，他绝不会行使对约翰的监护权。在尼西亚帝国，非皇帝亲生的皇位继承人会得到专制君主的称号，从而与皇权紧密相连。围绕米哈伊尔是否被授予这一头衔，尼西亚朝野曾有争议。持反对意见者认为，海军司令一职对于履行监国职责已经足够，若将米哈伊尔提升到专制君主级别，他们担心这将会是一次犯罪。另外，为确保拉斯卡利斯家族对皇位的拥有权，他们建议将约翰适婚的姐姐们嫁给地位显赫之人，这样专制君主头衔便可以

---

① N. Cassidy, *A Translation and Historical Commentary of Book One and Book Two of the Historia of Geōrgios Pachymerēs*, pp. 146-147; D. Geanakoplos, *Emperor Michael Palaeologus and the West, 1258-1282: A Study in Byzantine-Latin Relations*, p. 40; D. Angelov, *The Byzantine Hellene: The Life of Emperor Theodore Laskaris and Byzantium in the Thirteenth Century*, p. 218.

② N. Cassidy, *A Translation and Historical Commentary of Book One and Book Two of the Historia of Geōrgios Pachymerēs*, pp. 24-28, 1.19, and 34-35. 守护约翰四世的可能是之前谋杀木扎伦的拉丁士兵，见 N. Cassidy, *A Translation and Historical Commentary of Book One and Book Two of the Historia of Geōrgios Pachymerēs*, p. 149.

③ N. Cassidy, *A Translation and Historical Commentary of Book One and Book Two of the Historia of Geōrgios Pachymerēs*, p. 30, 1.22, pp. 30-32, 1.23, p. 149.

④ M. Angold, *A Byzantine Government in Exile: Government and Society under the Laskarids of Nicaea, 1204-1261*, p. 42.

第四章　尼西亚王朝

授予这些公主和她们的夫君。尽管牧首阿西尼奥斯最终同帕列奥列格决裂，但在这一时期，其对帕列奥列格的夺权起了助推作用。在牧首以及米哈伊尔支持者的帮助下，米哈伊尔最后被授予专制君主头衔，①直接进入争夺皇权的核心圈子。尽管小约翰曾于1258年颁布过两份命令以厘定帝国境内几处修道院的地产权利，但此举更可能是米哈伊尔所为，以便答谢教会的帮助。② 约翰成了傀儡皇帝，米哈伊尔则实际掌握了皇权。

在接下来的称帝和加冕仪式中，约翰逐渐失去了在皇位排序中的优先地位。1259年1月1日，约翰与米哈伊尔一起在麦格尼西亚称帝，③是为约翰四世和米哈伊尔八世。称帝仪式上，米哈伊尔先向约翰四世宣誓效忠，并称绝不策划针对他的阴谋。但在大臣们行臣服礼后，约翰四世并未能像米哈伊尔八世一样被抬到盾牌上接受民众的欢呼。④ 米哈伊尔八世此时可能碍于尚未收复君士坦丁堡，没有足够的政治筹码增加其独占皇权的合法性和正当性，并且小亚地区的拜占庭人大多拥护约翰四世的合法皇权统治，帕列奥列格不想在收复君士坦丁堡之前引发内部动乱，故暂且容忍约翰四世作为名义上的共治者。

称帝后，米哈伊尔八世让牧首先回尼西亚城筹备新皇的加冕仪式，约翰四世转由他看护。当米哈伊尔八世动身前往费拉德尔菲亚等地区视察，以加固东部边境并借机显示自己的地位时，约翰四世则被留在麦格尼西亚，此时尚能受到尊崇和礼待。在米哈伊尔八世妥善处理东部事务回到麦格尼西亚后，约翰四世与他一同到达尼西亚城参见加冕仪式。由于帝国西部事务的紧迫性，加冕仪式在1259年2月举行。根据惯例，约翰四世将先被加冕，而米哈伊尔八世和他的妻子之后

---

① N. Cassidy, *A Translation and Historical Commentary of Book One and Book Two of the Historia of Geōrgios Pachymerēs*, pp. 33 – 34, 26; p. 168; pp. 34 – 36, 1.27; p. 37, 1.28.

② M. Bartusis, *Land and Privilege in Byzantium: The Institution of Pronoia*, New York: Cambridge University Press, 2013, pp. 174 – 175.

③ R. Macrides, *George Akropolites, The History*, p. 348, nn. 3 – 4. 但安格洛夫认为称帝仪式在南菲宏皇宫举行，见 D. Angelov, *The Byzantine Hellene: The Life of Emperor Theodore Laskaris and Byzantium in the Thirteenth Century*, p. 218.

④ N. Cassidy, *A Translation and Historical Commentary of Book One and Book Two of the Historia of Geōrgios Pachymerēs*, p. 46, 2.4. 在记述称帝仪式时，阿克罗颇立塔斯完全忽略了约翰四世。*George Akropolites, The History*, pp. 346 – 347, 77. 对尼西亚时期盾牌上称帝仪式的讨论见 N. Cassidy, *A Translation and Historical Commentary of Book One and Book Two of the Historia of Geōrgios Pachymerēs*, pp. 207 – 208.

再被加冕。相应地，在随后的皇帝游行仪式中，约翰四世在前而米哈伊尔八世在后。虽然米哈伊尔八世曾向牧首许诺，先让约翰四世加冕，从而明确其皇位的正统和在皇权中的排序。但实际上，米哈伊尔八世并不打算让未成年的约翰据有优先统治权。在约翰四世和米哈伊尔八世从皇宫前往圣索菲亚大教堂之前，米哈伊尔八世先派人送去一条信息，称在接下来的仪式中只有他自己被加冕。到达圣索菲亚大教堂后，约翰四世被迫同意仅给米哈伊尔八世加冕，牧首阿西尼奥斯最后也做出让步。米哈伊尔八世和妻子抢在约翰四世之前加冕。并且不同于米哈伊尔八世被授予皇冠，约翰四世只是获得了一顶宝石装饰的帽子。而在回到皇宫的路上，约翰四世也走在米哈伊尔八世和他妻子后面。帕奇米尔斯认为，当时约翰四世年纪幼小，尚不能深刻理解此举的意义，他也未表现有异常举动。①

加冕过后，约翰四世与米哈伊尔八世离开尼西亚城前往南菲宏。在南菲宏，约翰四世并未出席接待塞尔柱苏丹国苏丹和拉丁帝国使节的仪式。一方面他年幼不适合参加一些外交、行政和军事活动，另一方面可能也是米哈伊尔八世有意为之，他尽量使约翰四世少露面，以便于被臣民遗忘淡出公众视野。在1260—1261年间，约翰四世由米哈伊尔的大姐玛莎（Martha）和二姐尤洛吉亚（Eulogia）照看。其中玛莎如母亲般照顾约翰四世，将他接到家中抚养，使其生活优雅而轻松。尤洛吉亚对他也非常友好，她们的善意在某种程度上可能也影响了米哈伊尔八世对约翰四世的态度。② 但1261年7月尼西亚军队收复君士坦丁堡事件，却对约翰四世的命运产生了至关重要的影响。这不仅使他最终被剥夺皇帝的名号，还使他余生在软禁中度过。趁君士坦丁堡的拉丁军队外出攻打达弗努西亚岛（Daphnousia，今土耳其凯弗肯岛Kefken Island）城内守备空虚之际，尼西亚军队在该城市民的帮助下，从城墙上的缺口进入城。尼西亚帝国和拉丁帝国曾于1260年签署了为期一年的停战协议，因该协议还在生效期间，君士坦丁堡的拉丁军队外出攻打弗努西亚岛时，城内并未设防。根据阿克罗颇立塔斯的记载，尼西亚军队由大将军斯特拉特戈普洛斯率领前往西方

---

① N. Cassidy, *A Translation and Historical Commentary of Book One and Book Two of the Historia of Geōrgios Pachymerēs*, pp. 47–48, 2.6, 216, 48, 2.27, 49–50, 2.8; George Akropolites, *The History*, p. 349, n. 5.

② N. Cassidy, *A Translation and Historical Commentary of Book One and Book Two of the Historia of Geōrgios Pachymerēs*, pp. 50–51, 2.9, p. 279, p. 63, 2.23, and 280.

震慑保加利亚君主。在途经君士坦丁堡时,他们奉命骚扰城里的拉丁人,使拉丁人感到恐慌。当时的史家将成功占领君士坦丁堡视为上帝的旨意,是突然发生的事件,说明夺取君士坦丁堡是意料之外的幸运之举。①

现代学者 M. 巴图西斯从两方面反驳了攻夺君士坦丁堡在米哈伊尔八世计划之中的观点。首先,他认为攻占尼西亚的军队只有 800 人,这一规模显然不适于攻取君士坦丁堡。其次,不同于一年前的围攻,米哈伊尔并未现身指挥。夺取君士坦丁堡的政治意义如此重大,米哈伊尔应不会轻易放弃任何可能拿下君士坦丁堡、并在第一时间进入君士坦丁堡的机会,但事实上他确实没有第一时间进入君士坦丁堡,而是在做了充分准备后才进城。因而,此次行动尚属偶然。②

拜占庭人时隔 57 年后,再次占领了君士坦丁堡。帕奇米尔斯提到攻城前,尼西亚军队的攻城暗号是欢呼约翰四世和米哈伊尔八世。但没有资料证实,究竟是约翰四世还是米哈伊尔八世最先被欢呼。③ 得知收复君士坦丁堡的喜讯后,米哈伊尔八世稍作休整,率军前往君士坦丁堡。约翰四世是否随米哈伊尔一同抵达故都不得而知,但可以确定约翰四世并未出席 1261 年 8 月 15 日举行的盛大进城仪式。这一仪式是晚期拜占庭历史上的重大政治事件,可能受到拜占庭世界的广泛关注。根据阿克罗颇立塔斯和帕奇米尔斯的记载,米哈伊尔八世从金门进城后,首先前往圣索菲亚大教堂后回到大皇宫。④ 同年 8 月底或 9 月,牧首阿西尼奥斯在这座教堂为米哈伊尔八世再次加冕,但约翰四世并未出席这次加冕仪式。⑤ 收

---

① George Akropolites, *The History*, pp. 375 – 376, 85.
② M. Bartusis, *The Late Byzantine Army: Arms and Society, 1204 – 1453*, p. 40; D. Geanakoplos, *Emperor Michael Palaeologus and the West, 1258 – 1282: A Study in Byzantine-Latin Relations*, pp. 97 – 104. 关于攻取君士坦丁堡的论述见 M. Bartusis, *The Late Byzantine Army: Arms and Society, 1204 – 1453*, p. 41; D. Geanakoplos, *Emperor Michael Palaeologus and the West, 1258 – 1282: A Study in Byzantine-Latin Relations*, pp. 104 – 115.
③ N. Cassidy, *A Translation and Historical Commentary of Book One and Book Two of the Historia of Geōrgios Pachymerēs*, pp. 69 – 73, 2. 27, p. 318.
④ George Akropolites, *The History*, pp. 383 – 384, 88; N. Cassidy, *A Translation and Historical Commentary of Book One and Book Two of the Historia of Geōrgios Pachymerēs*, pp. 78 – 79, 2. 31.
⑤ M. Angold, *A Byzantine Government in Exile: Government and Society under the Laskarids of Nicaea, 1204 – 1261*, p. 91; M. Bartusis, *The Late Byzantine Army: Arms and Society, 1204 – 1453*, p. 42; D. Geanakoplos, *Emperor Michael Palaeologus and the West, 1258 – 1282: A Study in Byzantine-Latin Relations*, pp. 121 – 122. 曼库瑞德斯认为确切的时间是在 8 月 15 日至 9 月 25 日之间。见 R. Macrides, "The New Constantine and the New Constantinople – 1261?" *BMGS*, 6 (1980), p. 14. n. 6.

复君士坦丁堡无疑在一定程度上增加了米哈伊尔八世皇权的合法性,也为其最终铲除约翰四世提供了政治砝码。① 1261 年圣诞节,约翰四世被米哈伊尔八世命人刺瞎并被囚禁在小亚一处要塞中。② 在拜占庭帝国,如若身体方面有缺陷便不能拥有皇位,因而约翰四世便失去了继承皇位的基本条件,其皇权因此被米哈伊尔八世褫夺,后者也因此成为帝国唯一的皇帝。不久,米哈伊尔八世还将其子安德罗尼库斯提升为共治皇帝,构建起帕列奥列格王朝的皇权继承序列,拉斯卡利斯家族自此被排除在皇权之外。1261 年,阿克罗颇立塔斯曾为米哈伊尔八世创作了一篇演说词,在演说词的结尾,他请求皇帝提升其子安德罗尼库斯为共治皇帝。这时,安德罗尼库斯可能已被提升为共治皇帝,但直到 1272 年才被加冕。③ 在 1281 年米哈伊尔八世去世后,他成为帕列奥列格王朝的第二位皇帝安德罗尼库斯二世。

  约翰四世被废以及被迫害是拜占庭晚期历史上影响力巨大的政治事件,它成为导致社会分裂的重要因素之一。米哈伊尔八世囚禁约翰四世,意在切断他与外界的联系,从而避免他与支持者联合夺回皇权。但约翰四世的遭遇得到拉斯卡利斯王朝拥护者的同情,这既包括教会人士也包括小亚地区居民。其中,塞萨洛尼基主教曼努埃尔和撒尔迪斯主教安德罗尼库斯因不满约翰四世被残害罢废,遭到米哈伊尔八世的惩罚。在帕列奥列格王朝初期,曾担任国家秘书、官办学校修辞教师的侯罗博洛斯(Maximos Holobolos,约 1245—1314? 年)也基于同一原因,被割掉了鼻子和嘴唇。④ 牧首阿西尼奥斯也对约翰四世的悲惨处境极其愤怒,他毅然开除了米哈伊尔八世的教籍。米哈伊尔亦不甘示弱,另寻理由罢免了牧首。在阿西尼奥斯周围集结了大批的追随者,形成了阿西尼奥斯派(1265—1310 年),他

---

① N. Cassidy, "A Translation and Historical Commentary of Book One and Book Two of the Historia of Geōrgios Pachymerēs", p. 63, 2. 23.
② M. Angold, *A Byzantine Government in Exile: Government and Society under the Laskarids of Nicaea, 1204 – 1261*, p. 92. 关于约翰被刺瞎时间的详细讨论见 R. Macrides, "The New Constantine and the New Constantinople – 1261?", p. 17, n. 16.
③ D. Angelov, *The Byzantine Hellene: The Life of Emperor Theodore Laskaris and Byzantium in the Thirteenth Century*, p. 107 and 221.
④ C. Hilsdale, "The Imperial Image at the End of Exile: The Byzantine Embroidered Silk in Genoa and the Treaty of Nymphaion (1261)", *DOP*, Vol. 64 (2010), pp. 165 – 166; R. Macrides, "The New Constantine and the New Constantinople – 1261?", p. 38.

们的激愤情绪与支持拉斯卡利斯家族的政治情感密切相关。① 他们公然支持阿西尼奥斯，反对米哈伊尔八世。米哈伊尔对此愤恨不已，于 1267 年派阿克罗颇立塔斯专门惩罚阿西尼奥斯以儆效尤。② 阿克罗颇立塔斯遵从帝意，命人鞭打阿西尼奥斯，将其吊起来在广场上示众并将其流放。阿克罗颇立塔斯的行为引起广泛不满，帕奇米尔斯也因此评价他"最有学问但最无良心"。③

阿西尼奥斯派并未停止反对米哈伊尔八世的行为，随后成为反抗米哈伊尔八世及其教会合并政策的主要力量。在帕列奥列格王朝初期，米哈伊尔八世曾为抵抗安茹的查理（Charles of Anjou, 1226—1285 年）的进攻，冒拜占庭人天下之大不韪同教宗格里高利十世（Pope Gregory X, 1271—1276 年在位）达成和解，并派使团参加 1274 年第二次里昂教会合并（The Union of Lyons）会议。米哈伊尔八世是为解当务之急，击退以安茹的查理为首的西方势力的威胁，击溃他们复辟拉丁帝国的图谋。安茹的查理是法王路易八世（Louis VIII the Lion, 1223—1226 年在位）的幼子、法王路易九世（Louis IX, 1226—1270 年在位）的弟弟。他于 1266 年 2 月在贝内文托（Benevento）帮助教宗打败了西西里国王曼弗雷德二世，从而获得了西西里和那不勒斯（Naples）的王位。逃亡西方的鲍德温二世到处游说，并且为了复辟拉丁帝国，曾于 1267 年在维泰博（Viterbo）与安茹的查理和莫利亚王子威廉（William of Morea, 1245—1278 年在位）签订条约，结成了以复辟拉丁帝国为主要目标的同盟。之后，塞尔维亚人、保加利亚人以及威尼斯人等也加入这一同盟，直接危及新生的帕列奥列格政权。米哈伊尔八世同查理费尽周旋，最终于 1282 年利用西西里晚祷事件（The Sicilian Vespers）使查理的计划垮台。④

---

① T. E. 格里高利著，刘智译：《拜占庭简史》，上海：华东师范大学出版社，2019 年，第 414 页。
② A. Failler ed., *Georges Pachymérès. Relations Historiques*, II, pp. 409. 23 - 411. 2: ἄνδρας ἀμειλίκτους τὴν ἔνσιτασιν, κολάζειν ἡροῦντο……τοὺς καθάπαξ τῆς γῆς καὶ τῶν γηίνων ἐξωρισμένους. 转引自 George Akropolites, *The History*, p. 14, n. 80. 孙丽芳：《1274 年里昂教会合并研究》，第 27—28 页。
③ A. Failler ed., *Georges Pachymérès. Relations Historiques*, II, p. 409. 23 - 25: Ἀνατίθεται τοίνυν τὰ περὶ τούτων τῷ Ἀκροπολίτῃ Γεωργίῳ καὶ εἰς λογοθέτας μεγάλῳ καὶ σοφῷ τὰ μάλιστα, πλὴν κατημελημένως τῶν εἰς συνείδησιν ἔχοντι. 转引自 George Akropolites, *The History*, p. 19, n. 110.
④ D. Geanakoplos, *Emperor Michael Palaeologus and the West, 1258 - 1282: A Study in Byzantine-Latin Relations*, pp. 189 - 367. 乔治·奥斯特洛格尔斯基：《拜占廷帝国》，第 390—392 页。关于西西里晚祷事件，见 S. Runciman, *The Sicilian Vespers*, Cambridge: Cambridge University Press, 1958.

在第二次里昂教会合并大会上,阿克罗颇立塔斯宣读了《里昂教会合并协议》,承认教宗的至高权,并在东、西教会有分歧的仪式上做了妥协。① 当教会合并的消息传到君士坦丁堡后,阿西尼奥斯派遂成为公开反对教会合并的重要领袖。尽管安德罗尼库斯二世执政后果断放弃教会合并策略,释放大量被关押的教会合并反对者。但阿西尼奥斯派中的一部分人拒绝和解,继续从事秘密活动。直至1310年,阿西尼奥斯派同意再次加入教会,这场持续了45年的纷争才逐渐告一段落。② 无疑,约翰四世的遭遇成为帕列奥列格王朝初期皇帝和教会出现重大分歧的原因之一,加剧了拜占庭帝国晚期的社会分裂。

拉斯卡利斯家族和牧首阿西尼奥斯在尼西亚城以及其他比提尼亚地区的支持者因约翰四世被废,还发生了严重叛乱,他们公开反对米哈伊尔八世。③ 米哈伊尔八世对此十分不安,全力镇压叛乱。此后屡有假借约翰四世之名揭竿而起者,如1262年比提尼亚地区两个村子的村民拿起武器,宣布一个自称是约翰四世的人为他们的领袖。而1273年西方出现了另一位伪约翰四世,他积极策划远征君士坦丁堡,寻求安茹的查理的支持。直到1305年,在巴尔干地区的一位神父约翰·德里米斯(John Drimys)反叛时,还称自己是合法皇帝约翰四世,从而吸引了大批追随者。④ 而在13世纪末和14世纪初,当突厥人的入侵导致尼西亚时期逐步稳定的东部边界地区陷入混乱时,许多安纳托利亚人仍记得拉斯卡利斯皇帝们统治时期的和平与繁荣,这也深化了他们对帕列奥列格王朝统治者的憎恶。因而,约翰被废事件也在一定程度上致使小亚安纳托利亚行省逐渐与君士坦丁堡的

---

① 关于此次教会合并的前期准备见 A. Alexakis, "Official and Unofficial Contacts between Rome and Constantinople before the Second Council of Lyons (1274)", *AHC*, 39 (2007), pp. 106 – 121. 关于此次会议的具体情况见 P. O'Connell, "The Greeks and Reunion up to the Fall of Constantinople", *Studies: An Irish Quarterly Review*, Vol. 49, No. 193 (Spring, 1960), pp. 69 – 70. 关于里昂教会合并的仪式见 M. Angold, "Byzantium in Exile", in D. Abulafia ed., *The New Cambridge Medieval History: c. 1198 – c. 1300*, Vol. 5, Cambridge: Cambridge University Press, 1999, p. 218.
② D. M. Nicol, *The Last Centuries of Byzantium, 1261 – 1453*, 2nd edition, Cambridge: Cambridge University Press, 1993, pp. 44 – 46; D. Angelov, *Imperial Ideology and Political Thought in Byzantium, 1204 – 1330*, pp. 368 – 369. 美国学者 T. E. 格里高利(T. E. Gregory)称阿西尼奥斯因而很符合拜占庭教会的领袖形象:因为他的崇高道德诉求而遭受皇帝的不公正待遇。T. E. 格里高利:《拜占庭简史》,第414页。
③ N. Cassidy, "A Translation and Historical Commentary of Book One and Book Two of the Historia of Geōrgios Pachymerēs", p. 255.
④ D. Angelov, *The Byzantine Hellene: The Life of Emperor Theodore Laskaris and Byzantium in the Thirteenth Century*, p. 222 and 318, n. 28.

中央政权渐行渐远。①

最后,约翰事件还影响了帕列奥列格王朝同第二保加利亚帝国的关系。约翰四世的姐姐伊琳妮是保加利亚王后,她对约翰四世的悲惨遭遇痛心疾首。她为约翰复仇的主张同其夫君士坦丁·提米霍尔(Constantine Tichomir,1257—1277年在位)扩张领土的野心结合在一起,从而促使保加利亚数次进攻拜占庭领土。在伊琳妮去世后,米哈伊尔八世试图将其外甥女嫁给君士坦丁以作安抚。但最后因米哈伊尔拒绝交出承诺作为嫁妆的城镇,而使这一计划失败。直到君士坦丁去世,他仍对拜占庭人保持敌意。②

对于约翰四世被残害后的囚禁生活,后世所知甚少。他可能先被囚禁在尼克米底亚的切尔(Şile),后被囚禁在达基比则(盖布则),③最终于1305年左右在被囚地去世。④ 作为拉斯卡利斯王朝唯一的男性继承人,约翰四世的离世在一定意义上宣告了拉斯卡利斯王朝统治的最终结束。约翰四世及其捍卫者阿西尼奥斯死后受到敬仰,都被追加为圣徒。直到14世纪,约翰四世的遗物被保存到君士坦丁堡的圣迪米特里(St. Demetrios)修道院中,这可被视作帕列奥列格王朝皇帝同拉斯卡利斯王朝皇帝及其支持者政治和解的一种象征。一位罗斯游历者曾在14世纪到访拜占庭帝国,他称曾到访圣阿西尼奥斯和圣约翰四世的坟墓。⑤ 一位晚期拜占庭人在阅读帕奇米尔斯的《历史》时留下了边注,将帝国的灭亡归于米哈伊尔八世破坏了对约翰四世的誓约。这一评论反映了晚期拜占庭人对于约翰四

---

① M. Angold, "Byzantium in Exile", p. 565.
② N. Cassidy, *A Translation and Historical Commentary of Book One and Book Two of the Historia of Geōrgios Pachymerēs*, pp. 130 – 131.
③ D. Angelov, *The Byzantine Hellene: The Life of Emperor Theodore Laskaris and Byzantium in the Thirteenth Century*, p. 222.
④ N. Cassidy, *A Translation and Historical Commentary of Book One and Book Two of the Historia of Geōrgios Pachymerēs*, p. 130; D. Angelov, *The Byzantine Hellene: The Life of Emperor Theodore Laskaris and Byzantium in the Thirteenth Century*, p. 221.
⑤ D. Angelov, *The Byzantine Hellene: The Life of Emperor Theodore Laskaris and Byzantium in the Thirteenth Century*, pp. 222 – 223. Sevcenko, "Note on Stephen, the Novgorodian Pilgrim to Constantinople in XIVcentury", *Südost-Forschungen*, Bd. 12 (1953), pp. 165 – 167; G. Majeska, "St. Sophia in the Fourteenth and Fifteenth Centuries: The Russian Tracelers on the Relics", *DOP*, XXVII (1973), pp. 83 – 84; R. Macrides, "The New Constantine and the New Constantinople – 1261?", p. 36; R. Macrides, "Saints and Sainthood in the Early Palaiologan Period", pp. 71 – 73.

世被废事件的认识。①

约翰四世的悲惨命运是其父塞奥多利铸就的,作为孩童的儿皇帝如果缺少强有力的摄政辅助和保护,必定成为任人宰割的可怜虫。米哈伊尔八世的篡位夺权尽管手段残忍,但改朝换代未必不是帝国东山再起的机遇。可惜的是,重新入主君士坦丁堡的拜占庭人未能总结借鉴前朝励精图治的成功经验,也不能吸取前朝皇帝的教训,在老迈帝国的旧路上继续衰败,终至灭亡。

---

① N. Cassidy, *A Translation and Historical Commentary of Book One and Book Two of the Historia of Geōrgios Pachymerēs*, p. 331.

第五章

帕列奥列格王朝

（1261—1453年）

帕列奥列格王朝是拜占庭帝国第13个正统王朝，统治时间长达192年，是拜占庭帝国统治时间最长的王朝，先后有11个皇帝在位，他们是米哈伊尔八世（Michael VIII，1259—1282年在位）、安德罗尼库斯二世（Andronicus II，1282—1328年在位）、米哈伊尔九世（Michael IX，1294—1320年在位）、安德罗尼库斯三世（Andronicus III，1328—1341年在位）、约翰五世（John V，1341—1391年在位）、约翰六世（John VI，1347—1354年在位）、安德罗尼库斯四世（Andronicus IV，1376—1379年在位）、约翰七世（John VII，1390年在位）、曼努埃尔二世（Manuel II，1391—1425年在位）、约翰八世（John VIII，1425—1448年在位）、"末代皇帝"君士坦丁十一世（Constantine XI，1449—1453年在位）。该王朝虽然是拜占庭帝国统治时间最长的但也是最弱的王朝，因为其创立者米哈伊尔八世重新入主君士坦丁堡时，拜占庭帝国已经丧失了其原有的大部分疆域，在帝国原有的区域内大小君主自立为王，仅在伯罗奔尼撒半岛就有多达12个拉丁封建主自治领地，还有多个拜占庭流亡者建立的自治政权。这些独立政治实体按照西欧封建制设置，与末代王朝并未形成中央集权制关系，巴尔干半岛各新兴势力觊觎君士坦丁堡的皇位，他们将帕列奥列格王朝视为与他们实力相当甚至更为弱小的封建主。

他们的看法并非不合理，因为米哈伊尔八世就是从尼西亚发家崛起的势力，在僭越约翰四世皇权后，建立了新王朝。只不过，他作为前朝安茞鲁斯王朝皇帝阿莱克修斯三世女儿塞奥多西公主和科穆宁王朝公主伊琳妮之子安德罗尼库斯的儿子也拥有继承皇帝大统的资格，换言之，他的奶奶和姥姥都具有前朝皇室血亲，他夺取皇位具有合法性。拜占庭帝国最高权力的交接历来是各方势力争夺的焦点，自君士坦丁一世以后近千年的发展使得皇权世袭血亲继承制度深入人心。尽管几经演变，但这一有别于中古欧洲其他国家的皇帝专制制度在末代王朝已经成为定制，民众也习惯了皇帝宝座由皇帝的亲生儿女稳坐。米哈伊尔八世夺取皇帝权力并未引发异议，对他的诟病和指控多围绕其迫害前朝小皇帝约翰四世的残暴行为上。

米哈伊尔与大姐玛莎、二姐夫约翰和同父异母弟弟君士坦丁关系很好，后两者成为他统治期间的左膀右臂。作为王朝的创立者，他非常注意子嗣的养育，虽然只有一次婚姻，与皇后塞奥多拉生养了四男三女，即曼努埃尔、安德罗尼库斯、君士坦丁、塞奥多利、伊琳妮、安娜和欧多基娅，但还有两个私生女埃芙菲罗丝奈和玛丽亚，在众多子女中二儿子后来接任其皇位，史称安德罗尼库斯二世。

安德罗尼库斯二世既是长寿之人，活到73岁，还是统治长久的皇帝，在位46年。为保证子嗣多生多养，其努力超过了其父，不仅两次婚姻的合法男性继承人有六个，即与头房皇后匈牙利公主安娜生养了米哈伊尔和君士坦丁，与二房皇后伊琳妮生养了约翰、塞奥多利、德米特里和西蒙尼斯，还与情人生有私生女玛丽亚和埃芙菲罗丝奈。为了确保皇权不旁落他族，他不仅立13岁的长子米哈伊尔为共治皇帝，还早早确定了长孙安德罗尼库斯为皇储。安德罗尼库斯二世的长寿和稳定统治排除了其二十多位同辈人继承皇位的可能性，长子继承优先的原则和惯例使得米哈伊尔八世一系稳坐皇帝宝座。

只是人算不如天算，米哈伊尔九世能力平庸，既无军事指挥才能，屡战屡败，也无统治魄力，难以驾驭国内复杂的局势，却对其父皇信赖雇佣兵领袖罗吉尔心存芥蒂，指使手下击杀了后者，引发西班牙雇佣兵长达数十年祸乱帝国的报复性战乱。他对自己的儿子们也失于管教，导致两个儿子为争夺一个情妇而冲突，其作为皇储的长子安德罗尼库斯放纵手下杀死了亲弟弟，引发皇族内战，他本人未及接替皇位便气病交加、不治身亡。作为祖父和孙子的两个同名的安德罗尼库斯之间爆发的内战持续了数年，揭开了末代王朝多场皇族内战的序幕，开启了血亲厮杀的恶劣先例。最终，安德鲁斯库斯二世败于其孙子，退位下台，安德鲁斯库斯三世靠武力继承皇位，虽然实现了血亲世袭继承大统，但却严重破坏了皇室直系亲属和平交接皇权的习俗，败坏了帝国法统，进一步加剧末代帝国政治上的分崩离析。

安德罗尼库斯三世同辈亲属众多，其中与之关系最为密切的是其祖父的外甥，也是其父表兄安德罗尼库斯的儿子约翰·坎塔库震努斯。后者帮助他打赢了内战成为皇帝，还直接参与帝国的政治军事治理，其出色的统治才能使得安德罗尼库斯三世临终时一再推让他这位表弟继任皇帝，只是由于后者的一再推辞，其皇位还是按照长子继承的原则，由其长子约翰五世继承。尽管从拜占庭皇帝继承惯例上看，约翰·坎塔库震努斯具有继承大统的资格，但是他宁愿担任小皇帝的摄政也不接任皇帝，反映出帝国法统已经深入人心，作为精明的政客，他绝不愿背负有违祖制的恶名。他后来之所以通过内战登基，是因为外戚集团政变所致。登基时，他仍然没有废黜小皇帝，而是将其女儿嫁给后者，并以国丈身份总揽皇帝大权。约翰六世成为皇帝只是末代王朝的一个意外插曲，约翰五世成年后重新控制了皇权，帕列奥列格皇族统治依旧延续。

约翰五世虽然有两个兄弟和两个妹妹，但他们都没有成为皇权之长子继承原则的挑战者，他的姐姐伊琳妮是私生女，后来也嫁给了特拉比宗帝国皇帝、大科穆宁家族的瓦西里一世，没有造成帝位传承的麻烦。他与唯一的皇后、约翰六世的女儿海伦娜生养了四男一女，其中安德罗尼库斯四世和曼努埃尔二世卷入皇家政治博弈，并先后登基。只不过，作为长子的安德罗尼库斯四世一系的长子约翰七世和长孙安德罗尼库斯五世都因过早成为皇族内斗和奥斯曼土耳其苏丹打压的牺牲品而未能养育子嗣，故而皇帝顺位第二继承人的曼努埃尔二世一系得以维系帕列奥列格王朝大统。

曼努埃尔二世的同辈兄弟姐妹、包括非婚生哥哥此后都没有制造皇家内部纷争，其六个儿子和一个私生女成为末代王朝的守护人，其中约翰八世和君士坦丁十一世坚守在君士坦丁堡，而塞奥多利、迪米特里和托马斯先后以专制君主名义掌控莫利亚领地，安德罗尼库斯则担任塞萨洛尼基专制君主。在风雨飘摇的拜占庭帝国最后的几个领地上，帕列奥列格皇室子弟维系着苟延残喘的帝国法统，直到末代皇帝君士坦丁十一世无子而终，在1453年首都保卫战中神秘消失，下落不明。

该王朝统治的结束也标志着拜占庭帝国的灭亡。在此后近十年的大清洗中，"征服者"苏丹穆罕默德二世以各种借口逐一杀掉所有拜占庭皇族血亲，断绝了拜占庭人复辟的念头。在皇族大清洗中，唯有莫利亚专制君主托马斯的幼女索菲娅侥幸逃亡意大利，寄养在罗马教廷，成年后最终嫁给莫斯科大公伊凡三世。后者借此宣称继承了"第二罗马帝国"（即拜占庭帝国）的法统，成为"第三罗马帝国"的正统继承者。

拜占庭帝国末代王朝虽然是拜占庭史上统治时间最长的王朝，但只是拜占庭历史和文化的终结者。该王朝统治下的拜占庭帝国尽管保持着古罗马帝国政治传统的名号，但实质上早已经远离了帝国中央集权的传统，不仅因疆域极度萎缩和强敌压榨而资源耗尽，而且皇帝专制下的帝国行政机制彻底废弃，与西欧中古时代的封建国家一样成为领主相互倾轧的战场，皇帝降格为徒有虚名的大领主，他已经无法继续保持昔日大帝国的中央专制集权体制，也无法集中国家各方面的力量对抗奥斯曼土耳其帝国的征服，与巴尔干半岛其他小国一道最终被新兴帝国所吞并。末代王朝政治上的衰亡是与拜占庭经济数百年的恶性循环相一致的，该王朝中央集权制的瓦解导致经济贸易运作全面失控，作为拜占庭农本经济支柱的农业经济失调，其根本原因在于国家丧失了管控经济的能力，军区制瓦解后原本应由中央政府重新治理的土地经济遭到破坏，国家税户迅速减少。而动乱的环境加速了商业贸易和城市手工业的全面崩溃，城市凋敝，货币贬值，全面失控的经济在地中海新兴经济体特别是意大利航海共和国的竞争环境中败下阵来,末代王朝只是在帝国最后的岁月中耗尽仅存的人力和物质资源。末代王朝政治经济的衰败在帝国军事层面反映的最为突出,源自古罗马帝国的军事传统和中期拜占庭军区制改革成果均被废弃,连尼西亚流亡时期重振帝国的多项举措也未能得到坚持,以至于原本只是帝国军队补充力量的雇佣兵占据了主导地位,而雇佣兵控制权的丧失和过度依赖雇佣兵加速了末代王朝失去军事建设的意识,解散军队,凿沉舰队,自废武功,在欧洲地中海世界军事变革中遭到淘汰,在保卫首都的最后一战中败亡。与物质层面的衰亡相一致的是末代王朝宗教信仰的分裂,精神家园的丧失,拜占庭人共同身份认同的消失。唯有拜占庭文化在救亡图存的氛围中放射出最后一道余晖,在伯罗奔尼撒西部和意大利展现了它的辉煌。

第一节

米哈伊尔八世(Michael Ⅷ)

1259—1282 年在位

米哈伊尔八世·帕列奥列格(Michael Ⅷ Palaiologos, Μιχαήλ Η′ Παλαιολόγος,生于 1223 年前后,卒于 1282 年 12 月 11 日,享年约 59 岁)是帕列奥列格王朝第一位皇帝,也是拜占庭帝国末代王朝的开创者,于 1259 年成为共治皇帝至 1282 年去世,在位 23 年。

米哈伊尔出生于 1223 年前后,出身于贵族家庭。他的父亲安德罗尼库斯·帕列奥列格(Andronikos Palaiologos)于 1220 年代初在尼西亚帝国(Empire of Nicaea)王朝被委以重任,担任"总司令"(megas domestikos)[①],多次领兵指挥作战,并于 1246 年起常驻塞萨洛尼基,担任马其顿地区的长官。米哈伊尔的母亲塞奥多拉·安吉丽娜·帕列奥列吉娜(Theodora Angelina Palaiologina)是安茞鲁斯王朝

---

① George Akropolites, *The History*, Introduction, chapter 28, p. 187.

(Angelid dynasty,1185—1204年)皇帝阿莱克修斯三世·安茞鲁斯的孙女。① 所以,米哈伊尔八世在理论上是拥有拜占庭皇位继承权的。但据记载,米哈伊尔受到母亲照顾的时间不长,他在童年时期一度由年长其十岁的姐姐玛莎抚养,后者嫁给了接替安德罗尼库斯·帕列奥列格担任"总司令"的尼基弗鲁斯·塔海尼俄特斯(Nikephoros Tarchaneiotes)②。

米哈伊尔年轻时就已经步入仕途,担任国家官职,但是作为高官之子,他受到尼西亚皇帝的重用,但也受到怀疑。米哈伊尔首先在父亲的辖区内担任色雷斯城市麦尔尼克(Melnik)和塞利斯的长官,但是在1253年被时任皇帝塞奥多利二世怀疑参与谋反活动。米哈伊尔通过争辩暂时逃过了处罚,并且不久后迎娶了约翰三世的侄女塞奥多拉(Theodora Palaiologina),还被拔擢为雇佣兵统领(megas konostaulos)③,负责管辖尼西亚全国范围内的拉丁雇佣兵。尽管米哈伊尔看似转危为安,但是却无法完全打消皇帝心中的嫌疑。1254年继位为帝的塞奥多利二世·拉斯卡利斯试图摆脱大贵族的影响,加强自己的集权力度,因而启用了若干出身低微的官员并委以重任,其中尤以木扎伦(Mouzalon)兄弟为代表。④ 据记载,乔治·木扎伦(George Mouzalon)在塞奥多利二世外出亲征时坐镇首都总摄政事,⑤而他的弟弟安德罗尼库斯·木扎伦(Andronikos Mouzalon)也被委任以"总司令"的官职,⑥两兄弟可以说是权倾一时。皇帝对自己的敌意和以木扎伦兄弟为代表的新政治势力的崛起,使得传统贵族出身的米哈伊尔处境更为不利。米哈伊尔为了躲避塞奥多利二世的惩罚威胁而被迫东逃,得到了罗姆苏丹国的庇护,他

---

① D. Geanakoplos, *Emperor Michael Palaeologus and the West, 1258 - 1282: A Study in Byzantine-Latin Relations*, p. 18.
② D. Geanakoplos, *Emperor Michael Palaeologus and the West, 1258 - 1282: A Study in Byzantine-Latin Relations*, p. 19.
③ Georges Pachymérès, Relations Historiques, vol. I, book 1, chapter 7, p. 37.
④ Michael Angold, *A Byzantine Government in Exile: Government and Society Under the Laskarids of Nicaea, 1204 - 1261*, pp. 76 - 80.
⑤ *Georgii Acropolitae Opera*, vol. 1, Breviarium historiae, eds. August Heisenberg, Peter Wirth, Theodori Scutariotae additamenta, Stuttg Breviarium historiae art: Teubneri, 1978, pp. 118 - 119.
⑥ D. Geanakoplos, *Emperor Michael Palaeologus and the West, 1258 - 1282: A Study in Byzantine-Latin Relations*, p. 34.

曾率领苏丹凯考斯二世（Kaykaus Ⅱ）的基督徒雇佣兵作战。① 1258 年，米哈伊尔回到尼西亚帝国，不仅得到塞奥多利二世对其人身安全的保证，还接受了皇帝的诏命和委任。②

米哈伊尔是通过发动政变获得皇位的。1258 年，塞奥多利二世去世，其子约翰继位，即约翰四世·拉斯卡利斯。由于约翰四世当时年仅八岁，所以塞奥多利二世在去世前委任乔治·木扎伦担任摄政辅佐小皇帝。但是仅仅在塞奥多利二世去世的数天后，米哈伊尔集结军队发动了政变，乘木扎伦兄弟和其他官员一起在修道院举办纪念塞奥多利二世的活动时，在修道院内杀死了木扎伦兄弟，肃清了政敌，将小皇帝约翰掌控在自己手中。米哈伊尔八世曾短暂担任"海军司令"和"专制君主"（despot）的官衔，并最终于次年即 1259 年年初，加冕为共治皇帝，史称米哈伊尔八世，和约翰四世共同统治帝国。1261 年 12 月 25 日，米哈伊尔八世在重新占领的故都君士坦丁堡创立新王朝，并下令废黜约翰四世并刺瞎其双眼。③ 帝国权力自此完全掌握在帕列奥列格家族手中。

米哈伊尔八世在位期间，拜占庭帝国发生了巨大的变化，首先是重占君士坦丁堡，自 1204 年起拜占庭人还都复国的愿望终于实现。他还开启了粉碎拉丁人复辟图谋的军事和外交斗争，教会正是在其多项政治外交博弈中而陷入分裂。总的来说，米哈伊尔八世去世时，拜占庭帝国重新呈现出强大帝国的面貌，重新成为东地中海世界的强盛国家。但是这个国家仅是名义上的帝国，其鼎盛时期的辉煌早已是明日黄花，因此他的各项举措也导致帝国内部出现了一些影响深远的隐忧。

涉及米哈伊尔八世在位时期的史料主要包括以下若干种。在按时间顺序叙事的史料（narrative）中，乔治·阿克罗颇立塔斯（George Akropolites）、乔治·帕奇

---

① Georges Pachymérès, *Relations Historiques*, vol. I, book 1, chapter 9, pp. 43 – 45. George Akropolites, *The History*, chapter 65, p. 315.
② George Akropolites, *The History*, chapter 69, p. 326.
③ Georges Pachymérès, *Relations Historiques*, vol. 1, book 1, chapter 18 – 19, pp. 79 – 89, vol. 1, book 1, chapter 29, pp. 113 – 115, vol. 1, book 3, chapter 10, pp. 255 – 259. J. Lascaratos and S. Marketos, "The penalty of blinding during Byzantine times. Medical remarks", *Documenta Ophthalmologica*, vol. 81, no. 1, 1992, pp. 139 – 40, p. 143.

米尔斯（George Pachymeres）和尼基弗鲁斯·格里高拉斯三人分别创作的《历史》或全面或部分地记载了米哈伊尔八世相关的历史信息。① 阿克罗颇立塔斯的历史记叙至1261年，因此只囊括了米哈伊尔八世继位过程和在位前期的记载。帕奇米尔斯因为是米哈伊尔八世同时期的史家，是很多历史事件的见证者，因而记载较为详细，是研究米哈伊尔八世的重要史料。格里高拉斯则活跃于14世纪中期、并未亲历米哈伊尔八世时期的历史事件，加之他的作品涉及时段跨度较大，所以内容相对简略，不过依然保留了不少有价值的记载。研究米哈伊尔八世的史学研究成果也较为丰富。德诺·吉纳考普洛斯（Deno Genakoplos）以米哈伊尔八世为传主写作的传记是目前唯一一部专门讲述米哈伊尔八世时期拜占庭历史的英文专著。② 另外，很多学者在撰写通史或断代史时也会重点记叙米哈伊尔八世时期的历史，代表性作品为多纳德·尼科尔（Donald Nicol）撰写的《拜占庭的最后几个世纪》。③

米哈伊尔八世在位时期可以以1261年为界分为两个阶段。1261年的特殊性在于以下两个方面：其一，该年6月，尼西亚军队收复君士坦丁堡并随后将都城从尼西亚城迁回故都，使得拜占庭帝国的原都城自1204年之后重新回到拜占庭人手中。其二，该年12月，米哈伊尔八世废黜了约翰四世，正式终结了尼西亚一朝，开创了帕列奥列格王朝。从国际地位上看，拜占庭在1261年之后重新回到了东

---

① Georges Pachymérès, *Relations Historiques*, 5 vols, ed. by A. Failler, trans. V. Laurent, Paris: Les Belles Lettres, 1984-2000. With partial English translation and commentary in Cassidy, Nathan John, A Translation and Historical Commentary of Book One and Book Two of the Historia of Georgios Pachymeres, Ph. D dissertation, the University of Western Australia, 2004. Nikephoros Gregoras, *Nicephori Gregorae Byzantina Historia*, 3 vols, ed. L. Schopen, CSHB, Bonnae: Impensis Ed. Weberi, 1829, 1830, 1835. With German translation in Gregoras Nikephoros, Rhomäische Geschichte, Historia Rhomaike, 5 vols, trans. J. Van Dieten, Stuttgart, 1973. 5. Nicephori Gregorae, *Historiae Byzantinae*, ed. L. Schopen and I. Bekker, 3 vols., [Corpus scriptorum historiae Byzantinae] Bonn: Weber, 1829, 1830, 1855, TLG, No. 4145001. John Kantakouzenos, *Ioannis Cantacuzeni Eximperatoris Historiarum*, 3 vols, vol. 1 ed. L. Schopen, vols. 2-3 ed. B. Niehbuhr, CSHB, Bonn: Impensis Ed. Weberi, 1828, 1831, 1832; With partial translation in Geschichte, Johannes Kantakuzenos Ubersetzt und Erlautert, 2 vols, trans. G. Fatouros and T. Krischer, Stutgart, 1982, 1986, and Timothy Miller, *The History of John Cantacuzenus (book IV): Text, Translation and Commentary*, Dissertation, Catholic University Ann Arbor, 1975. Ioannis Cantacuzeni, *Eximperatoris Historiarum libri iv*, ed. L. Schopen, 3 vols., [Corpus Scriptorum Historiae Byzantinae] Bonn: Weber, 1828, 1831, 1832, TLG, No. 3169001.
② D. J. Geanakoplos, *Emperor Michael Palaiologus and the West, 1258-1282: A Study in Byzantine-Latin Relations*, Cambridge, Harvard University Press, 1959.
③ D. M. Nicol, *The Last Centuries of Byzantium, 1261-1453*, London: Rupert Hart-Davis, 1972.

地中海政治舞台的中央,在此后众多历史事件中都扮演着颇为关键的角色。而从国内局势来看,1261年建立的帕列奥列格王朝在继承了此前的拜占庭各个王朝的诸多特征的同时,又呈现出较大的差异性,构成了拜占庭帝国史中一段颇为特殊的时期。米哈伊尔八世遂成为改变拜占庭帝国国内外格局的一任皇帝。

1259—1261年是米哈伊尔与约翰共同执政的岁月,但是实权已经掌握在米哈伊尔手中。这一时期拜占庭帝国的主要精力集中在向巴尔干地区用兵,尽可能地收复拜占庭帝国的旧有领土。拜占庭帝国此时的对手主要是巴尔干地区的拉丁政权和希腊政权,以及与拜占庭为敌的其他西欧势力。1258年,巴尔干半岛西部的伊庇鲁斯君主国、希腊南部的阿凯亚公国(Principality of Achaea)和西西里的曼弗雷德(Manfred of Sicily)结盟并组建了一支联军,由伊庇鲁斯君主米哈伊尔二世·科穆宁·杜卡斯(Michael Ⅱ Komnenos Doukas)和阿凯亚公国君主威廉二世·维拉杜安(William Ⅱ Villehardouin)共同指挥,发动攻击。米哈伊尔八世迅速做出应对,派自己的兄弟约翰·帕列奥列格(John Palaiologos)为主帅,率领军队西征。1259年,两军在位于希腊中部的佩拉戈尼亚(Pelagonia,今卡斯托利亚Kastoria)展开决战。关于战争的经过,拜占庭史家给出了不同的记载。阿克罗颇立塔斯记述说,伊庇鲁斯军队率先受到尼西亚军队袭击,伊庇鲁斯君主之子约翰·杜卡斯连夜率领部下叛逃到尼西亚军队一方,其余伊庇鲁斯军队四散逃走。等到次日伊庇鲁斯的拉丁盟军得知消息时,战场局势已经被尼西亚军队掌控,拉丁人遭到惨败。① 而帕奇米尔斯和威尼斯人马里诺·萨努多(Marino Sanudo)的记载则是阿凯亚军中的一些士兵试图染指伊庇鲁斯君主之子约翰·杜卡斯的妻子,导致约翰·杜卡斯愤而背盟,加入尼西亚军队。② 格里高拉斯则指出是因为约翰·帕列奥列格采用了离间计,派遣士兵去联军营中宣传拉丁人已经决定出卖伊庇鲁斯军队以换取酬金,这才导致伊庇鲁斯军队的撤离。③《莫利亚编年史》的版本则指出,阿凯亚人准备在次日迎战,但是伊庇鲁斯人却趁夜逃走了。④ 总之,

---

① George Akropolites, *The History*, chapter 81, pp. 360 – 365.
② Georges Pachymérès, *Relations Historiques*, vol. 1, book 1, chapter 31, pp. 119 – 125.
③ Nikephoros Gregoras, *Nicephori Gregorae Byzantina Historia*, vol. 1, book 4, chapter 1, pp. 78 – 83.
④ Harold E. Lurier, *Crusaders as conquerors: The Chronicle of Morea*, New York and London: Columbia University Press, 1964, pp. 186 – 187.

佩拉戈尼亚之战的结果是尼西亚军队获得胜利，并且俘虏了阿凯亚公国君主威廉二世。这场战争的一大重要意义在于尼西亚军队击败了在收复失地过程中的最直接的若干个对手，为1261年收复君士坦丁堡奠定了良好的基础。

1261年收复君士坦丁堡是一个在整体局势上存在必然性但是在具体细节上较为偶然的事件。君士坦丁堡自1204年被拉丁人攻占后，便一直是拉丁军队驻防的重镇。尽管拉丁帝国的军事实力因保加利亚的严重打击而大幅削弱，①但是城内还有强大的威尼斯舰队驻守。② 从约翰三世时期开始，尼西亚军队就曾多次尝试攻城，却都铩羽而归。因此，米哈伊尔八世成为皇帝后，就一直试图与热那亚等海军强国结盟，以期提升海战实力，为攻取君士坦丁堡做好准备。1261年春季，尼西亚与热那亚终于结盟，后者同意有偿提供海军服务。③ 不过同年夏天，君士坦丁堡就被意外收复了。

1261年7月，尼西亚将领阿莱克修斯·斯特拉特戈普洛斯奉命率领一支数百人的小股军队袭扰保加利亚，途经君士坦丁堡时得知城内的威尼斯舰队悉数前往黑海进攻一座小岛，城内守备空虚，于是联合内应在夜里偷偷打开城门，于7月25日成功收复了君士坦丁堡。④ 这一事件对于拜占庭人来说意义非凡：君士坦丁堡从君士坦丁一世时代开始到1204年被第四次十字军攻陷为止，被用作拜占庭帝国的首都近900年之久，被称作"众城之女王"。米哈伊尔八世将收复君士坦丁堡作为自己的一项重大功绩，宣称自己是"新君士坦丁"（New Constantine）⑤。

1261年8月15日，米哈伊尔八世进入君士坦丁堡，将国都迁回故都，但是当时的局势依然不容乐观，因为君士坦丁堡已经破败不堪，人口凋敝，此外还面临着

---

① J. Longnon, *L'Empire Latin de Constantinople et la Principauté de Morée*, Paris: Payot, 1949, pp. 77 – 82.
② A. Dandolo and E. Pastorello, *Andreae Danduli Ducis Venetiarum Chronica Per Extensum Descripta Aa. 46 – 1280 D. C.*, Bologna: Zanichelli, 1938, p. 309.
③ D. J. Geanakoplos, *Emperor Michael Palaeologus and the West, 1258 –1282: A Study in Byzantine-Latin Relations*, p. 87.
④ 有记载说是800人的小股部队。C. Wright, "Constantinople and the Coup d'État in Palaiologan Byzantium", *Dumbarton Oaks Papers*, vol. 70(2016), pp. 275 – 276.
⑤ 关于该称号的研究，见 R. Macrides, "The New Constantine and the New Constantinople – 1261", *Byzantine and Modern Greek Studies*, vol. 6, issue 1, 1980, pp. 13 – 41.

拉丁人反扑的威胁。因此，米哈伊尔八世采取了一系列应对措施。① 第一，他在君士坦丁堡再次加冕，并且立自己的儿子安德罗尼库斯为共治皇帝，进一步强调了自己统治的合法性。第二，米哈伊尔八世采取了鼓励人口迁居君士坦丁堡的政策。这些人或拥有财富或善于作战，他们的到来提升了君士坦丁堡的地位。第三，米哈伊尔八世大兴土木，修葺或新建了城内的教堂、修道院和其他公共建筑，巩固了教会对自己的支持并且稳定了民心。第四，米哈伊尔八世采取了多种手段巩固城防工事，具体包括巩固和加高城墙（包括海墙），租赁热那亚战船，着手建设本国海军等。上述政策基本达到了预期效果，君士坦丁堡一方面重新呈现繁荣态势，人口从1261年的35 000人增长到1282年的70 000人。另一方面，该城在短期内也没有遭到敌人的进攻，获得了喘息的机会。

不过需要注意的是，米哈伊尔八世采取的这些政策需要强大的财政支持。尽管尼西亚诸帝注意发展农业并积累了比较可观的财富，②但是依然难以完全满足米哈伊尔八世大兴土木和加强防御所需要的开销。为此，米哈伊尔八世不得不采取多种手段聚敛财富，其中主要手段就是重铸货币使之人为贬值，具体做法包括减轻金币重量，③以及降低金币成色，即在金币中掺入等比例的银、铜等其他金属。④ 相较于以前的金币来说，这种合金币外观上仅仅是颜色略有不同，但却大大降低了其价值。尽管人为贬值货币是对国家经济健康的损害，但有赖于尼西亚政权打下的殷实的经济基础，直到安德罗尼库斯二世统治时期的14世纪初，货币贬值的危机才逐渐显现出来。在13世纪后期，重铸货币的手段确实为国家增加了财富。此

---

① Alice-Mary Talbot, "The Restoration of Constantinople under Michael Ⅷ", *Dumbarton Oaks Papers*, Vol. 47 (1993), pp. 243-261.
② Dimiter Angelov, *Imperial Ideology and Political Thought in Byzantium, 1204-1330*, p. 138.
③ 据估测，一枚拜占庭金币 hyperpyron 在米哈伊尔八世时期的平均重量为4.15克，而在此前的约翰三世和塞奥多利二世时期均为4.37克。E. Lianta, *Late Byzantine Coins: 1204-1453, in the Ashmolean Museum, University of Oxford*, London: Spink, 2009, p. 12.
④ A. E. Laiou 认为米哈伊尔八世时期是在金币中掺入各11%的银和铜，见 A. E. Laiou ed., *The Economic History of Byzantine: From the Seventh through the Fifteenth Century*, p. 945; Cecile Morrison 认为是每个金币减少一克拉重量，再由15克拉纯金加9克拉合金（alloy）锻造成合金币，见 C. Morrison, "Money, coins and the economy", in P. Stephenson ed., *The Byzantine World*, London and New York: Routledge, 2010, p. 41. 而 Philip Grierson 则主张金币纯度上为15.5克拉，见 Philip Grierson, *Byzantine Coins*, London: Methuen & Co Ltd, 1982, p. 291.

外,对小亚细亚等地进行惩罚性征税,①笼络海盗协助收复岛屿等手段,也有助于充实国库或者节约军费。

从1261年到1282年米哈伊尔八世去世,皇帝的内外政策很大程度上影响了拜占庭帝国的走向。米哈伊尔八世实行外交与战争并举的对外政策,其根本出发点在于收复拜占庭领土和提升拜占庭的国际地位。米哈伊尔将主要精力放在巴尔干半岛,试图通过外交斡旋和战争收复帝国西部领土,而在东部小亚细亚地区则主要采取守势。

在对外战争方面,米哈伊尔的弟弟约翰·帕列奥列格是该时期拜占庭帝国最为出色的将领,屡次带兵出征。1261年,约翰率军西征伊庇鲁斯君主国。他于1263年重创伊庇鲁斯军队,专制君主米哈伊尔二世求和,奉拜占庭为宗主国,自己的儿子兼继承人尼基弗鲁斯一世·科穆宁·杜卡斯(Nikephoros Ⅰ Komnenos Doukas,1266/1268—1297年在位)与米哈伊尔八世的外甥女安娜联姻,伊庇鲁斯自此成为拜占庭的附庸国。② 此后,约翰又被派往小亚细亚地区应对土耳其人的威胁。③ 约翰在东部边境的活动也颇有成效,他夺回了迈安德河谷地,整肃了小亚细亚的边防。1267年,约翰从小亚细亚被召回,重返帝国西部,在马其顿和塞萨利地区进行小规模用兵。前述伊庇鲁斯君主米哈伊尔二世在1260年代后期去世,伊庇鲁斯君主国也随之分裂,米哈伊尔二世的两个儿子尼基弗鲁斯一世和约翰一世·杜卡斯(John Ⅰ Doukas,1266/1268—1289年在位)分别继承了伊庇鲁斯部分领土、塞萨利部分领土,依然奉拜占庭为宗主国。④ 约翰一世·杜卡斯蠢蠢欲动,促使米哈伊尔八世决心对其用兵。约1273年,约翰·帕列奥列格率领大军出征塞萨利,前期进展顺利,将约翰一世围在首府新帕特拉(Neopatras)。但是约翰一世成功突围并从雅典公国借来援军击败了拜占庭军队,约翰·帕列奥列格被

---

① A. E. Laiou ed., *The Economic History of Byzantine: From the Seventh through the Fifteenth Century*, p. 322.
② Georges Pachymérès, *Relations Historiques*, vol. 1, book 3, chapter 20, pp. 283 - 285. D. M. Nicol, *The Despotate of Epiros 1267 -1479: A Contribution to the History of Greece in the Middle Age*, p. 10.
③ Georges Pachymérès, *Relations Historiques*, vol. 1, book 3, chapter 31, pp. 285 - 291.
④ D. M. Nicol, *The Despotate of Epiros 1267 -1479: A Contribution to the History of Greece in the Middle Age*, p. 9.

迫北撤,不过在撤军过程中于迪米特里亚(Dimitrias)遇到了遇袭的拜占庭海军。约翰迅速增援海军并大获全胜,弥补了此前出征塞萨利的败局。① 约翰·帕列奥列格在行军回朝的路上,于 1274 年去世。

除了约翰·帕列奥列格之外,米哈伊尔八世还重用另一个同父异母的弟弟君士坦丁·帕列奥列格(Constantine Palaiologos)。据记载,君士坦丁也曾率领军队征伐据有莫利亚(Morea)的阿凯亚公国,一度迫近到首府安德拉韦达(Andravida),但最终还是以战败告终。② 此外,米哈伊尔八世本人也有过领兵亲征的记录。在米哈伊尔八世的军事活动中,拜占庭海军表现活跃,尤其值得记叙的。从 1260 年代到 80 年代中期,重建后的拜占庭海军在历次战争中表现愈益出色,特别是在 1270 年代中期之后,取得了令人瞩目的战果,甚至一定程度上掩盖了约翰·帕列奥列格去世后拜占庭陆军的光芒,被现代学者乔治·奥斯特洛格尔斯基赞誉为"重新成为地中海的霸主"③。

米哈伊尔八世重建海军的计划在 1261 年收复君士坦丁堡之后,就以首都为造船基地正式展开。战船的建设实际上到 1263 年就基本完成,在此期间拜占庭海防手段主要是雇佣热那亚舰队。但热那亚舰队并不完全服从米哈伊尔八世的指挥,④而且于 1262 年夏在塞特波兹岛(Settepozzi)附近被威尼斯舰队以少胜多,⑤几乎全军覆没。另一方面,拜占庭本国的舰队在"大将军"阿莱克修斯·费兰斯罗比诺斯(Alexios Philanthropenos)的率领下,于 1263 年春一路攻克大小岛屿,一度占领了拉科尼亚(Laconia)地区南海岸,并稳固了拜占庭在莫奈姆瓦夏和

---

① D. J. Geanakoplos, *Emperor Michael Palaeologus and the West*, *1258 –1282*: *A Study in Byzantine-Latin Relations*, p. 285. Georges Pachymérès, *Relations Historiques*, vol. 2, pp. 430 –435. Hélène Ahrweiler, Byzance et la mer: La marine de guerre, la politique et les institutions maritimes de Byzance aux VIIe-XVe siècles, p. 366.
② J. Wilskman, "The Battle of Prinitsa in 1263", *Byzantinische Zeitschrift*, vol. 105, no. 1 (2012), pp. 167 – 198.
③ G. Ostrogorsky, *History of the Byzantine State*, trans. Joan Hussey, Oxford: Basil Blackwell, 1956, p. 410.
④ 米哈伊尔八世希望能与威尼斯在海上交战,但热那亚否决了这一想法。见 D. J. Geanakoplos, *Emperor Michael Palaeologus and the West*, *1258 –1282*: *A Study in Byzantine-Latin Relations*, p. 161, 1n.
⑤ 热那亚-拜占庭联合舰队包括 38 艘桨帆船(galleys)和 10 艘独桅纵帆船(cutters),而威尼斯舰队则有 32 艘桨帆船。见 D. J. Geanakoplos, *Emperor Michael Palaeologus and the West*, *1258 –1282*: *A Study in Byzantine-Latin Relations*, p. 153.

奥伊蒂龙(Oitylon)这两个希腊军事基地的防御。① 热那亚海军和拜占庭海军之间表现的巨大差异,让米哈伊尔八世更加相信建设本国海军的必要性。为此,他从新征服的拉科尼亚地区招募熟悉水战的拉丁人编入海军,充任桨手或战斗兵种。②

经过十年的发展,拜占庭海军终于具备了与拉丁舰队抗衡的实力。1270年代,拜占庭帝国取得的最辉煌的军事胜利,就是海军攻克了优卑亚岛和其他众多爱琴海岛屿。爱琴海西部的优卑亚岛又称内格罗蓬特,有着重要的战略和商业意义,是米哈伊尔八世最渴望得到的拉丁占领区。③ 他任命出身优卑亚的拉丁骑士里卡利奥(Licario)担任海军司令,于1275年大举进攻优卑亚岛。此役,拜占庭海军不仅夺取了除首府卡尔基斯之外的优卑亚全境,还乘胜追击,从1276到1279年,夺取了爱琴海地区的众多岛屿,包括优卑亚东北方的斯科佩洛斯岛(Skopelos)、斯基洛斯岛(Skyros)、斯基亚索斯岛(Skiathos);优卑亚东南方向的阿莫尔戈斯岛(Amorgos)、基亚岛(Kea)、阿斯提帕莱亚岛(Astypalaia)、圣托里尼岛(Santorini)和锡拉夏岛(Therasia),以及莫利亚公国以南的基西拉岛(Kythera)和安提基西拉岛(Antikythera)。1279年秋,里卡利奥还通过联姻的方式收复了利姆诺斯岛(Lemnos)。④

除了主动出击之外,拜占庭在同时期也受到了不少势力的觊觎与进犯。特别是新建立的帕列奥列格王朝在一定程度上改变了巴尔干半岛的区域格局,因而诸多国外势力都试图进犯拜占庭帝国,但是被米哈伊尔八世一一化解。例如保加利亚君主君士坦丁·提霍米尔(Constantine Tichomir,1257—1277年在位)于1263年围困了黑海沿岸城市梅塞布里亚(Mesembria),米哈伊尔八世派将领米哈伊尔·

---

① Georges Pachymérès, *Relations Historiques*, vol. 1, pp. 270 – 271. Hélène Ahrweiler, Byzance et la mer: La marine de guerre, la politique et les institutions maritimes de Byzance aux VIIe-XVe siècles, p. 358.

② M. C. Bartusis, *The Late Byzantine Army: Arms and Society, 1204 – 1453*, Philadelphia: University of Pennsylvania Press, 1992, pp. 43 – 47.

③ D. J. Geanakoplos, *Emperor Michael Palaeologus and the West, 1258 – 1282: A Study in Byzantine-Latin Relations*, p. 235.

④ A. E. Laiou ed., *Urbs Capta, The Fourth Crusade and its Consequences*, Paris: Lethielleux, 2005, p. 252. D. J. Geanakoplos, *Emperor Michael Palaeologus and the West, 1258 – 1282: A Study in Byzantine-Latin Relations*, p. 296. A. E. Laiou ed., *Urbs Capta, The Fourth Crusade and its Consequences*, p. 252. D. J. Geanakoplos, *Emperor Michael Palaeologus and the West, 1258 – 1282: A Study in Byzantine – Latin Relations*, p. 296.

格拉巴斯·塔海尼俄特斯（Michael Glabas Tarchaneiotes）率军击败了保加利亚军队。① 但需要指出的是，拜占庭在防御战争中取得的胜利并没有给帝国赢得长期的和平。拜占庭的周边势力总是伺机而动，不断展现对拜占庭人的敌意。而终米哈伊尔八世一任，安茹的查理是拜占庭的主要外敌首领，正是他积极组织反拜占庭联盟，拜占庭的各项外交活动和对外战争往往都与他存在紧密联系。

安茹的查理出身法国卡佩王朝，是法国国王路易八世之子、路易九世之弟。查理实力强大，领有多片领土以及相应的头衔，包括安茹伯爵（Count of Anjou，1246—1285年在位）、普罗旺斯伯爵（Count of Provence，1246—1285年在位）、西西里国王（King of Sicily，1266—1285年在位）、阿凯亚大公（Prince of Achaea，1278—1285年在位）、阿尔巴尼亚国王（King of Albania，1272—1285年在位）。1266年，安茹的查理在贝内文托战役（Battle of Benevento）中获胜，终结了霍亨斯陶芬家族在意大利的统治，成为西西里王国之主，② 从而与米哈伊尔八世为敌。安茹的查理表面上打着帮助拉丁帝国皇帝鲍德温二世夺回君士坦丁堡的旗号，与鲍德温二世和阿凯亚公国的威廉二世结盟并订立了《维泰博条约》（Treaty of Viterbo）③，但实际上其本人同样觊觎君士坦丁堡的皇帝宝座。吉纳考普洛斯指出安茹的查理是米哈伊尔八世在位后半期的最大劲敌，"从1266年到1282年……（米哈伊尔八世）被迫费尽巧思挫败查理。"④

米哈伊尔八世对安茹的查理采取了一系列反制措施，突出地反映了他的施政理念，即优先采取外交手段，挑动不同利益集团相互争斗，保存拜占庭自身的实力，只是在必要时才会出动军队用武力解决问题。在外交方面，米哈伊尔主要通过与法国国王路易九世和罗马教宗的联系，在一定时期内阻止了安茹的查理的进攻。而在战争方面，米哈伊尔八世也拥有出色的战争嗅觉，在查理还未完全准备好进攻时就成功将之挫败。最后值得注意的是，一些对拜占庭有利的偶然事件也发挥了积极作用。上述这些手段几乎见诸米哈伊尔八世与安茹的查理争斗的全

---

① A. P. Kazhdan ed., *The Oxford Dictionary of Byzantium*, vol. 2, p. 852.
② M. C. Bartusis, *The Late Byzantine Army: Arms and Society, 1204-1453*, p. 58.
③ G. Ostrogorsky, *History of the Byzantine State*, p. 404.
④ D. J. Geanakoplos, *Emperor Michael Palaeologus and the West, 1258-1282: A Study in Byzantine-Latin Relations*, pp. 189-190.

过程,因此以时间为序进行梳理将更为清晰。

安茹的查理通过《维泰博条约》初步建立了反拜占庭同盟,即将与拜占庭发生正面冲突。而米哈伊尔八世最初的应对则是与时任罗马教宗克雷芒四世(Clement Ⅳ,1265—1268 年在位)进行协商,希望后者否决安茹的查理出兵的正义性。有利于拜占庭一面的是,克雷芒四世虽然一度支持安茹的查理并亲自为之加冕为西西里国王,但是因为查理将战败的霍亨斯陶芬家族的最后一位继承人康拉丁(Conradin)斩首而深感不满,所以有意支持拜占庭一方。然而,克雷芒四世本人于 1268 年去世,所以拜占庭短时间内也无法从罗马教廷处得到支持,借助教宗之手遏制安茹的查理的计划暂时落空。

此后,米哈伊尔八世迅速转变外交对象,利用法国国王路易九世来制衡安茹的查理。路易九世生性虔诚,热衷于参加十字军运动,尤其致力于收复被穆斯林占领的圣地耶路撒冷,而对于进攻拜占庭帝国则没有兴趣。米哈伊尔八世正是利用了路易九世的这一性格特征,成功与路易九世达成一致,后者说服查理陪同自己一起参加 1270 年对北非的十字军战争。但是,就在安茹的查理率军到达北非的当天,先行出发的路易九世在进攻突尼斯时客死迦太基。一时间,拜占庭再次失去了一个可以阻止查理的外交盟友,而查理也终于能够趁此良机对拜占庭发动进攻了。

不过,拜占庭人在连续两次外交活动意外夭折后,终于得到了天气的垂青。1270 年 11 月,安茹的查理在处理完北非的事务后率舰队抵达西西里的特拉帕尼(Trapani)港口,并准备从海上征讨拜占庭帝国。但是在同月 22 日,一场突发的大风暴摧毁了这支舰队,①使得查理在短期内无力发动海上进攻,拜占庭帝国暂时得到了拯救。此后,安茹的查理又忙于应付与热那亚在意大利的冲突无暇东顾,直到 1273 年,才又和塞尔维亚的斯特凡·乌罗什一世(Stefan Uroš Ⅰ,1243—1276 年在位)、保加利亚的君士坦丁一世(Constantine Ⅰ,1257—1277 年在位)以及色萨利的约翰一世·杜卡斯结盟,重新组织起军力准备对拜占庭发起攻击。不过,米哈伊尔八世在此期间成功地与罗马教廷再次取得联系,利用希腊教会与拉

---

① D. J. Geanakoplos, *Emperor Michael Palaeologus and the West, 1258 -1282: A Study in Byzantine-Latin Relations*, p. 228.

丁教会合并为诱惑性筹码,说服时任罗马教宗格里高利十世(Gregory Ⅹ,1271—1276年在位)下令安茹的查理停止进攻拜占庭,再度暂时让帝国免受入侵。

然而,由于教会合并命令在拜占庭国内遭到巨大抵制无法推行,1281年,新任教宗马丁四世(Martin Ⅳ,1281—1285年在位)最终失去耐心,对米哈伊尔八世备感失望,转而准许安茹的查理进攻拜占庭。查理派遣麾下将领萨利的休(Hugh of Sully)率军队入侵巴尔干半岛。此时米哈伊尔八世则作出了正面迎敌的决策,派遣米哈伊尔·塔海尼俄特斯和约翰·西纳得诺斯(John Synadenos)率领拜占庭军队应战。拜占庭军队在阿尔巴尼亚的贝拉特(Berat)设下埋伏重创查理的军队,生擒了萨利的休。① 后世学者认为此战的重大意义在于它标志着安茹的查理从陆路进攻拜占庭的企图被彻底粉碎。②

1282年复活节期间,安茹的查理在西西里准备从海上发动对拜占庭的进攻时,遭遇了西西里民众的反抗。这一被称作"西西里晚祷"的事件从发生于巴勒莫的小规模暴乱开始,迅速演化为一场大规模的民众起义。西西里民众在短短数周之内就夺取了西西里岛的绝大多数地区,并且摧毁了查理用于发动海战的舰队。自此直到1285年查理本人去世,他都在忙于应付西西里的反叛,再未能对拜占庭帝国构成威胁。关于拜占庭人是否在"西西里晚祷"事件中扮演了一定的角色,学界尚存争议。③ 但毋庸置疑的是,这一事件使拜占庭彻底摆脱了安茹的查理这个最具威胁的拉丁势力。

安茹的查理以及他组织的反拜占庭同盟并非是米哈伊尔八世面临的唯一敌人。在拜占庭东部边境,土耳其人的势力在米哈伊尔八世在位末期开始悄然崛起。米哈伊尔八世在其统治的最后三年,不断地向桑格里斯(Sangarios)地区用兵,企图将敌人扼杀于摇篮之中。④ 可惜他去世过早,其防范土耳其人的政策未

---

① D. I. Polemis, *The Doukai: A Contribution to Byzantine Prosopography*, London: The Athlone Press, 1968, p. 179.
② M. C. Bartusis, *The Late Byzantine Army: Arms and Society, 1204 - 1453*, p. 63.
③ Ελένη Η. Αναγνώστου, Το Βυζάντιο και το Κράτος του Καρόλου Ντ'Ανζου, Συμβολή στην ιστορία των σχέσεων της Βυζαντινής αυτοκρατορίας με τη Νότια Ιταλία και τη Σικελία τον 13ο αιώνα. Διδακτορική διατριβή, Αριστοτέλειο Πανεπιστήμιο Θεσσαλονίκης, 2005, σσ. 125 - 127.
④ D. Angelov and M. Saxby eds., *Power and Subversion in Byzantium*, Birmingham: University of Birmingham, 2010, p. 72.

能继续。

米哈伊尔八世的宗教政策与其内政外交息息相关,并且对此后的拜占庭历史产生了深远影响,因而有必要详加叙述。概括地说,米哈伊尔八世给东正教教会留下了两大裂痕:阿西尼奥斯分裂(the Arsenios schism)和教会合并(the church union)的纷争。

阿西尼奥斯·奥托雷亚诺斯(Arsenios Autoreianos)于1255—1259年担任尼西亚大主教、1261—1265年担任君士坦丁堡牧首。据记载,阿西尼奥斯有可能被塞奥多利二世任命为约翰四世的摄政之一。1259年米哈伊尔八世发动政变后,阿西尼奥斯承认了米哈伊尔八世的皇帝身份并为其加冕,但同时也尽力保护约翰四世的安全。阿西尼奥斯于1259年初因对约翰四世受到米哈伊尔贬低的待遇不满一度辞职,直到1261年君士坦丁堡被收复后才被米哈伊尔八世请回,担任君士坦丁堡牧首之职。1261年12月25日,米哈伊尔八世下令废黜拉斯卡利斯家族末代小皇帝、共治的约翰四世,并将之刺瞎双眼流放到小亚细亚。阿西尼奥斯对此事颇感愤怒,将米哈伊尔八世开除教籍。在数度协商未果之后,米哈伊尔八世于1265年组织了一场主教会议,罢黜并放逐了阿西尼奥斯,[①]后者最终在流放的途中去世。接替阿西尼奥斯成为新任君士坦丁堡牧首的是约瑟夫一世(Joseph Ⅰ,1266—1275年、1282—1283年担任君士坦丁堡大牧首),他宣布废除将米哈伊尔八世革出教门的敕令。自此,拜占庭神职人员和普通信众分裂成阿西尼奥斯派(the Arsenites)和约瑟夫派(the Josephists)两个主要派别。两派人员互相对立敌视,对拜占庭社会的稳定造成了一定的冲击。阿西尼奥斯派认为帕列奥列格家族是篡位者,[②]否认米哈伊尔八世继位的正当性,也拒绝承认米哈伊尔八世之子安德罗尼库斯二世的继位。阿西尼奥斯派在小亚细亚影响颇深,给安德罗尼库斯二世在当地推行各项政策造成了极大的阻力。"阿西尼奥斯分裂"一直持续到1310年前后,最终由时任君士坦丁堡牧首的尼丰一世(Nephon Ⅰ,1310—1314年在

---

① Georges Pachymérès, *Relations Historiques*, vol. Ⅱ, book 4, chapter 6, pp. 345 – 351.
② A. E. Laiou, *Constantinople and the Latins: The Foreign Policy of Andronicus II, 1282 – 1328*, Cambridge: Harvard University Press, 1972, p. 34.

位）调停解决。①

　　教会合并纷争源于米哈伊尔八世的一项外交策略。在强敌环伺的处境下，米哈伊尔八世一直希望能从罗马教宗处获得帮助，或是由后者出面阻止西方势力对拜占庭的进攻，或是以教宗的声望号召欧洲人向拜占庭提供援助。而最能让罗马教廷心动的条件，就是东正教教会和罗马教会的合并。1274 年，罗马教宗格里高利十世在法国里昂主持了一次大公会议，米哈伊尔八世派遣使节参会，并在会上宣读了自己的金玺诏书，宣布东方、西方教会的合并。② 但是这一决议不仅并未得到拜占庭人的普遍支持，反倒促使拜占庭自上而下各个阶层纷纷表示反对教会合并。米哈伊尔八世的二姐尤洛吉亚就是反对派的领袖之一。更为严重的问题在于，原来周边表示依附拜占庭的一些政权也表示反对合并的态度。当时统治伊庇鲁斯的尼基弗鲁斯一世·科穆宁·杜卡斯和统治塞萨利的约翰一世·杜卡斯都以反对教会合并为理由，确立了事实上的独立。米哈伊尔八世正是在征讨塞萨利的途中，在色雷斯去世的。

　　米哈伊尔八世建立了帕列奥列格王朝，并通过灵活的军事和外交手段重塑起拜占庭帝国在东地中海地区的地位。作为一代雄主，他足智多谋，具有超越末代王朝其他皇帝的远见和把握地中海政局的能力，在复杂的政治军事博弈中，为拜占庭帝国末代王朝稳定内外关系奠定了基础。他不仅善于利用西地中海多元势力之间的矛盾，获取拜占庭人的最大利益，而且超越同代人，洞悉土耳其人的潜在威胁。后世史家不纠结于他心狠手辣、言而无信地对待前朝末代儿皇帝约翰的道德污点，而根据他准确把握时局要点、重新建立起拜占庭帝国国家地位的政绩，给予他较高的评价，是合理且有根据的。但是他的诸多政策特别是在尼西亚时期行之有效的政策却难以实施，并导致了国内多方势力的反对，极大地消耗了国家财政力量，为拜占庭后续发展埋下了隐患。

---

① A. E. Laiou, *Constantinople and the Latins: The Foreign Policy of Andronicus II, 1282 – 1328*, pp. 244 – 245.
② D. Geanakoplos, *Michael VIII Palaeologus and the Union of Lyons (1274)*, The Harvard Theological Review, Vol. 46, No. 2 (Apr., 1953), pp. 79 – 89.

第二节

安德罗尼库斯二世（Andronikos Ⅱ）

1282—1328 年在位

安德罗尼库斯二世（Andronikos Ⅱ Palaiologos，Andronikós Παλαιολόγος，生于 1259 年或 1260 年，卒于 1332 年 2 月 13 日）是帕列奥列格王朝第二位皇帝，1272 年被立为共治皇帝，1282 年正式即位，至 1328 年 5 月 24 日被废，正式在位 46 年，成为拜占庭历史上统治时间最长（第三）的皇帝之一。

安德罗尼库斯二世·帕列奥列格是拜占庭帝国末代王朝帕列奥列格王朝的第二任君主，生于 1259 年前后，其父亲是在同年发动政变加冕为尼西亚帝国的共治皇帝米哈伊尔八世·帕列奥列格，母亲是尼西亚帝国前代皇帝约翰三世·杜卡斯的侄女塞奥多拉·帕列奥列吉娜。① 其青少年时期的信息非常少，后人只知道他年轻时便被父亲加冕为共治皇帝。1261 年，米哈伊尔八世收复拜占庭帝国故都君士坦丁堡，并迁都至此建立帕列奥列格王朝。1272 年，13 岁的安德罗尼库斯二世被加冕为共治皇帝。② 关于安德罗尼库斯继位之前的活动，我们所知并不多，广为人知的一件事是 1278 年，他和时任"总司令"米哈伊尔·塔海尼俄特斯率领一支军队前往小亚细亚巩固边防，并且重建了古城特拉里斯（Tralleis），将之改名为安德洛尼库波利斯（Andronikopolis）。③ 1282 年，米哈伊尔八世在西征路上于色雷斯去世，安德罗尼库斯顺利地继承了皇位，独掌皇权。

安德罗尼库斯二世的家庭生活比较顺利，先后娶过两任妻子。1273 年，尚是皇子的安德罗尼库斯二世娶匈牙利公主安娜（Anna）为妻，育有两个孩子，分别是米哈伊尔（Michael）和君士坦丁（Constantine）。约 1294 年，安德罗尼库斯二世立长子米哈伊尔为共治皇帝，是为米哈伊尔九世。安娜于 1281 年去世，三年后安德罗尼库斯于 1284 年娶了蒙特菲拉特公主尤兰达（Yolanda of Montferrat），并育有七

---

① 关于安德罗尼库斯二世的家族谱系图，见 A. P. Kazhdan ed., *The Oxford Dictionary of Byzantium*, vol. 3, p. 1558.
② Nikephoros Gregoras, *Nicephori Gregorae Byzantina Historia*, vol. 1, chapter 4, p. 109.
③ Georges Pachymérès, *Relations Historiques*, vol. 2, pp. 592-593.

个孩子,其中四个长大成人。

　　安德罗尼库斯二世在很多方面都展现出一个守成之君的面貌,他性格上温和沉默,①并不热衷于亲自统军作战,其唯一一次领兵出征还是在继位前的 1270 年代。他对东正教信仰高度虔诚,频繁向教会施以捐赠,还致力于兴建公共建筑,重建或修复了君士坦丁堡内的大量建筑。如果是处在和平稳定的环境下,安德罗尼库斯二世的各项政策或许能得到更为积极的评价。但是在当时强敌环伺的时代背景中,从安德罗尼库斯统治开始,拜占庭帝国的领土逐渐被侵占、中央集权逐渐瓦解、国际地位逐渐下滑,特别是土耳其人在小亚细亚的大范围扩张和帕列奥列格王朝第一次内战的爆发,给拜占庭帝国造成了极大的损害。因此学界通常将安德罗尼库斯二世在位时期视作拜占庭帝国最后衰亡阶段的开始。当然,梳理安德罗尼库斯二世在位时期的历史,便可知拜占庭帝国渐趋衰落的原因错综复杂,不能将责任全部归结到他一人身上。

　　关于安德罗尼库斯二世在位时期的拜占庭编年史料主要包括以下几部。首先,乔治·帕奇米尔斯的《历史》记载到截至 1306 年的历史事件,②较为详细地记录了君士坦丁堡牧首阿塔纳修斯一世的两次任期、安德罗尼库斯二世对小亚细亚的策略和加泰罗尼亚军团的军事行动。其次,尼基弗鲁斯·格里高拉斯的《历史》涵盖了安德罗尼库斯在位的整个时期,③因此除了对帕奇米尔斯的记载内容做了补充之外,也记载了安德罗尼库斯二世在 14 世纪的各项政策。再者,约翰六世·坎塔库震努斯(John Ⅵ Kantakouzenos)的回忆录性质的作品则是从 1321 年米哈伊尔九世去世和内战爆发起笔,④对于 1321—1328 年的内战进程的记录较为

---

① A. E. Laiou, *Constantinople and the Latins: The Foreign Policy of Andronicus II, 1282 –1328*, p. 6.
② Georges Pachymérès, *Relations Historiques*, 5 vols, ed. A. Failler, trans. V. Laurent, Paris: Les Belles Lettres, 1984 – 2000. With partial English translation and commentary in Cassidy, Nathan John, A Translation and Historical Commentary of Book One and Book Two of the Historia of Georgios Pachymeres, Ph. D dissertation, the University of Western Australia, 2004.
③ Nikephoros Gregoras, *Nicephori Gregorae Byzantina Historia*, 3 vols, ed. L. Schopen, CSHB, Bonnae: Impensis Ed. Weberi, 1829, 1830, 1835. With German translation in Gregoras Nikephoros, Rhomäische Geschichte, Historia Rhomaike, 5 vols, trans. J. Van Dieten, Stuttgart, 1973.
④ John Kantakouzenos, *Ioannis Cantacuzeni Eximperatoris Historiarum*, 3 vols, vol. 1 ed. L. Schopen, vols. 2 – 3 ed. B. Niehbuhr, CSHB, Bonn: Impensis Ed. Weberi, 1828, 1831, 1832; With partial translation in Geschichte, Johannes Kantakuzenos Ubersetzt und Erlautert, 2 vols, trans. G. Fatouros and T. Krischer, Stutgart, 1982, 1986, and Timothy Miller, *The History of John Cantacuzenus (book IV): Text, Translation and Commentary*, Dissertation, Catholic University Ann Arbor, 1975.

详细。最后，主要记载同时期拜占庭邻国的史书《莫利亚编年史》，①以及侧重对某些事件记载的拉蒙·蒙塔内尔（Ramon Muntaner）的作品，后者对加泰罗尼亚军团在小亚细亚的军事行动也提供了较为翔实的历史信息。②

安德罗尼库斯二世继位时，拜占庭帝国虽然看似强盛，但实则已经暗藏危机。首先应当看到，拜占庭帝国在米哈伊尔八世时期取得了一定的成就。米哈伊尔八世在执政的23年（1259—1282）中，收复了优卑亚岛和诸多爱琴海岛屿，③并且吸纳统治伊庇鲁斯和塞萨利的希腊人政权为藩属，④促使拜占庭帝国国家实力得到提高，国际地位上比尼西亚帝国时期有所提升。但是米哈伊尔的若干政策在短期看或许有益于国家的壮大，但是为帝国的长期发展埋下了隐患。例如米哈伊尔八世在收复君士坦丁堡之后，采取了强制殖民以增加城内人口，修筑防御工事和兴建海军以抵御潜在的海上入侵，修缮首都和修建公共建筑以恢复破旧故都荣光等措施，虽然都取得了一定成效，但是这些举措耗资甚巨，几乎用尽了尼西亚帝国积攒下的全部财富。再加上连年的征战军费开支和外交投入，国家支出庞大，米哈伊尔八世为了敛财而不得不开征新税和人为贬值金币，⑤后者还被其后的拜占庭皇帝所仿效。开征新税让拜占庭民众苦不堪言，地方分离倾向日益明显，割据势力抬头。而金币贬值则给帝国的经济活动造成了较大的破坏，国家税收进一步减少。此外，在外交方面，米哈伊尔八世频繁与威尼斯和热那亚结盟并给予它们极

---

① J. Schmitt ed., *Chronicle of the Morea*, London: Methuen, 1904. Reprinted in Groningen: Bouma's Bockhuis, 1967. With Translation in H. E. Lurier ed., *Crusaders as Conquers: The Chronicle of Morea*, New York: Columbia University Press, 1964.
② M. Ramón, *The Catalan Expedition to the East: From the Chronicle of Ramon Muntaner*, Woodbridge and Barcelona: Tamesis, 2006.
③ A. E. Laiou ed., *Urbs Capta, The fourth crusade and its consequences*, p. 252. D. J. Geanakoplos, *Emperor Michael Palaeologus and the West, 1258 – 1282: A Study in Byzantine-Latin Relations*, p. 296.
④ 1263年伊庇鲁斯君主国奉帕列奥列格王朝为宗主国，数年后伊庇鲁斯分裂成新的伊庇鲁斯和色萨利两个地方政权，但政治身份仍然是拜占庭帝国的附庸。Georges Pachymérès, *Relations Historiques*, vol. 1, book 3, chapter 20, pp. 283 – 285. D. M. Nicol, *The Despotate of Epiros 1267 – 1479: A Contribution to the History of Greece in the Middle Age*, pp. 9 – 10.
⑤ A. E. Laiou, "The Agrarian Economy, Thirteenth-Fifteenth Centuries", in A. E. Laiou ed., *The Economic History of Byzantine: From the Seventh through the Fifteenth Century*, p. 322. E. Lianta, *Late Byzantine Coins: 1204 – 1453, in the Ashmolean Museum, University of Oxford*, p. 12.

大的商业特权,①这损害了拜占庭本国商人的利益,使得拜占庭本国的贸易市场被意大利人所侵占,拜占庭中央政府的财政税收进一步萎缩。在宗教政策上,米哈伊尔八世刺瞎拉斯卡利斯王朝末代皇帝约翰四世,②引发时任君士坦丁堡牧首阿西尼奥斯的反对,进而造成反对米哈伊尔八世的阿西尼奥斯派出现。③ 阿西尼奥斯派以小亚细亚为主要活动地区,反对帕列奥列格家族的统治,给拜占庭社会增加了政治上的不稳定。另外,米哈伊尔八世推行的希腊东正教教会与拉丁天主教教会合并的政策也遭到了众多群体的强烈抵制。④

综上所述,安德罗尼库斯二世在位初期,一方面受到前朝政策的不利影响,另一方面也面临着新的历史挑战。安德罗尼库斯二世在位的前十年主要沿袭米哈伊尔八世时期的对外政策,将注意力集中在西部,特别是阿凯亚公国、伊庇鲁斯君主国和色萨利政权,力求在巴尔干地区收复更多的失地。但由于前任皇帝米哈伊尔八世频繁的军事和外交活动,拜占庭中央财政早已难以为继。例如,安德罗尼库斯二世于1283年,针对塞萨利地区发动了一次远征,但是此次用兵从一开始就面临着军费不足的困扰,最后不得不从普洛尼亚地产主手中征得10%的税收才支付了军事开销。⑤ 但拜占庭军队的表现也大不如前:其一,国家财政困难让拜占庭帝国无法派出大规模的军队出征;其二,拜占庭国内长期未能涌现出像米哈伊尔八世时期的约翰·帕列奥列格那样深受皇帝信任的名将;其三,拜占庭愈发依赖国外雇佣兵,但雇佣兵往往以军团形式被雇佣,拥有自己的首领,难以听从拜占庭将领的指令。所以,尽管安德罗尼库斯二世在继位的前十年频繁向西部用兵,但是取得的效果却不明显,没有完成收复失地

---

① D. M. Nicol, *Byzantium and Venice: A Study in Diplomatic and Cultural Relations*, Cambridge and New York and Melbourne: Cambridge University Press, 1988, pp. 188 – 211.
② J. Lascaratos and S. Marketos, "The Penalty of Blinding during Byzantine Times. Medical remarks", pp. 139 – 140, 143.
③ R. Macrides, "Emperor and Church in the Last Centuries of Byzantium", *Studies in Church History*, vol. 54 (2018), pp. 141 – 142, esp. n. 94.
④ Georges Pachymérès, *Relations Historiques*, vol. 2, book 6, chapter 30, p. 637. Donald Nicol, "Byzantine Reaction to the Second Council of Lyons, 1274", in G. J. Cuming and D. Baker ed., *Studies in Church History VII*, Cambridge: Cambridge University Press, 1971, pp. 122 – 123. C. N. Constantinides, "Byzantine scholars and the Union of Lyons (1274)", in R. Beaton and C. Roueche ed., *The Making of Byzantine History: Studies Dedicated to Donald M. Nicol*, Aldershot: Variorum, 1993, pp. 86 – 93.
⑤ A. E. Laiou, *Constantinople and the Latins: The Foreign Policy of Andronicus II, 1282 – 1328*, p. 39.

的目标。

不过值得注意的是,尽管安德罗尼库斯二世和米哈伊尔八世一样将对外政策的重点优先放在西部,但是他并非全盘继承父亲的各项政策,甚至在部分政策上采取了截然相反的态度。这集中表现在对于教会合并一事的态度上。米哈伊尔八世为了争取罗马教宗对拜占庭的支持而极力促成教会合并,但是安德罗尼库斯二世甫一继位,就废弃了教会合并的敕令。① 此举虽然安抚了拜占庭国内反教会合并派的情绪,但也挑起了支持教会合并者的不满。此外,这一宗教政策的转变也消除了拜占庭人从罗马教廷得到支持的可能。

安德罗尼库斯二世采取的另外一项与其父的方针相悖的政策,就是裁撤了帝国海军。在 1270 年代,拜占庭海军曾经取得过辉煌的战绩,从威尼斯等拉丁海上势力手中收复了包括优卑亚岛在内的众多爱琴海岛屿,并在此之后一直出色地守卫帝国的海疆。但是海军高昂的养护费用让安德罗尼库斯深感难以继续负担,再加上当时最有可能从海上威胁拜占庭帝国的安茹的查理已经失势,于是他极为短视地最终于 1285 年下令裁撤海军。这或许是安德罗尼库斯同时面对海防风险和财政紧张时,两害相权取其轻的权宜之计,但是必须承认的是,在丧失了海军之后,拜占庭的军事力量受到了极大的损失,不仅已经收复的诸多海岛再度被威尼斯夺取,而且在后续的国家防御中也无力抵抗海上的军事威胁,只能任由敌军封锁海域。尽管安德罗尼库斯二世本人以及继任的几位皇帝又试图重建小规模的舰队,但是其发挥的作用非常有限。

从 1292 年起,安德罗尼库斯开始将注意力集中在东部小亚细亚地区。在 13 世纪晚期,土耳其人各部落在拜占庭东部边境附近地区建立了若干个小政权"埃米尔国"(emirates),这些土耳其部族信仰伊斯兰教,将劫掠式的对外侵略视作圣战(dijhad),频繁向拜占庭帝国东部边境地区发动劫掠。在这些政权中,建国于东比提尼亚的奥斯曼埃米尔国(emirate of Osman)很快统一了这些地方政权,建立起奥斯曼国家。多纳德·尼科尔认为,奥斯曼之所以取得极大的发展,主要是因为它离拜占庭帝国的边境最近,拜占庭人为它提供了充足的资源可供劫掠。在

---

① Georges Pachymérès, *Relations Historiques*, vol. 3, book 7, chapter 8, pp. 35 – 37.

"圣战"精神的感召下,奥斯曼不断向拜占庭发动劫掠以壮大自己的实力并且兼并其他土耳其部族,最终成为一支体量可观的军事力量。而安德罗尼库斯二世在位时期,正是以奥斯曼国为代表的土耳其政权向拜占庭帝国发起频繁入侵的历史阶段。从1290年代中期开始,安德罗尼库斯及时看到了土耳其人的威胁,并且沿袭其父亲的政策采取各种手段试图将之扑灭,但是未能取得理想成效。尽管经过了十余年的努力,但安德罗尼库斯二世依然没能阻止土耳其人从14世纪初开始对拜占庭东部领土的侵占。

安德罗尼库斯二世将国家战略重心从西征改为东顾后的第一项措施,就是亲自巡视拜占庭在小亚细亚的边境地带。从1290年到1293年,安德罗尼库斯亲自前往小亚细亚并在当地停留达三年之久。当时拜占庭帝国还同时需要商谈皇子米哈伊尔九世与考特尼的凯瑟琳(Catherine of Courtenay)的联姻计划,以及在巴尔干与伊庇鲁斯君主国的尼基弗鲁斯作战。在国事纷杂的情况下,安德罗尼库斯二世依然选择长期居留小亚细亚,这展现出皇帝对帝国东部边境地区的高度关注。安德罗尼库斯二世并非独自东巡,而是率领一干重臣一起驻跸小亚细亚,其中包括担任首相(mesazon)一职的塞奥多利·木扎伦(Theodore Mouzalon),这说明安德罗尼库斯二世实际上是在小亚细亚设置了一个临时流动朝廷。关于安德罗尼库斯二世在这三年具体做过的事情,史料记载相对缺乏。乔治·梅托契特斯(George Metochites)记载,安德罗尼库斯二世曾经和教会合并派的君士坦丁堡前牧首约翰十一世(John XI,1275—1282年在位)在小亚细亚会面,并且试图劝说约翰与自己冰释前嫌,但是效果并不理想。① 此外,由于小亚细亚还是一个支持阿西尼奥斯派的重要地区,因此可以推测,安德罗尼库斯二世很有可能和阿西尼奥斯派的领袖有过沟通。最后,可以确定的是,由于皇子米哈伊尔九世与考特尼的凯瑟琳联姻未成,所以安德罗尼库斯二世转而安排了米哈伊尔九世与亚美尼亚公主瑞塔(Rita)联姻。② 这也可以作为安德罗尼库斯二世重视并试图巩固东部边境的一个重要证据。

尽管安德罗尼库斯二世亲自在小亚细亚督战巡视了三年,但是他并没有完全

---

① A. E. Laiou, *Constantinople and the Latins: The Foreign Policy of Andronicus II, 1282 - 1328*, p. 76.
② A. P. Kazhdan ed., *The Oxford Dictionary of Byzantium*, vol. 2, p. 1367.

实现自己巩固小亚细亚地区的目的,既没有有效拉拢小亚细亚地方势力的拥戴,又没有成功打击边境之外的土耳其政权。另一方面,由于皇帝长期不在首都,使得君士坦丁堡内的贵族势力蠢蠢欲动,他们对皇帝的权威提出了挑战,这集中表现在君士坦丁堡牧首阿塔纳修斯一世(Athanasios Ⅰ,1289—1293年,1303—1309年在位)于1293年的退位风波上。

阿塔纳修斯一世是在被主教会议选举同意后,由安德罗尼库斯二世亲自选择任命的牧首,有史料记载了选任牧首的过程。住在君士坦丁堡的主教们聚集起来,因无法做到全员到齐,便设法使参会人数达到最低的12人,为凑齐到会人数而召集周边地区的教堂主教也来充数。实际情况是当时住在君士坦丁堡和周边地区教堂(即色雷斯地区教堂)的主教人数总计仍不足12人,于是不得不由能够到场的那些主教召开会议进行投票,听从上帝对他们各自内心的指示,选出三位牧首职位的候选人。随后,教会再派遣几名教士写下这三人的姓名并呈给皇帝,由皇帝根据上帝的指示,从这三人中选择一人。① 阿塔纳修斯本人早年间在阿索斯山的修道院中苦修多年,教义知识渊博,坚持苦修生活,未入首都前就已经在普通民众中享有盛名。② 安德罗尼库斯二世当年慕名将阿塔纳修斯请到君士坦丁堡并频繁对谈教理,后来又亲自推荐阿塔纳修斯竞选君士坦丁堡牧首之位,可以说二人关系非常亲密。安德罗尼库斯二世前往小亚细亚的三年间,阿塔纳修斯一世坐镇君士坦丁堡,这也体现出了皇帝对他的高度信任。但是阿塔纳修斯在君士坦丁堡内推行严厉的教会改革,③激起教会内部的多方势力和很多世俗贵族心生不满,安德罗尼库斯二世回到首都后,矛盾集中爆发出来,教俗两界都有强大的势力要求阿塔纳修斯一世退位。而皇帝本人虽然心有不甘,但也难以扛住多方压力,最终还是让阿塔纳修斯一世卸任君士坦丁堡牧首之位。这件事折射出拜占庭

---

① R. Macrides, J. A. Munitiz and D. Angelov, *Pseudo-Kodinos and the Constantinopolitan Court: Offices and Ceremonies*, Birmingham Byzantine and Ottoman Studies, Volume 15, Farnham: Ashgate 2013, pp. 250 - 251.
② 关于阿塔那修斯担任牧首前的生平,见 Alice-Mary Maffry Talbot, *The Correspondence of Athanasius I Patriarch of Constantinople*, Washington: Dumbarton Oaks Center for Byzantine Studies, 1975, the General Introduction, pp. xvi-xvii; J. L. Boojamra, *Church Reform in the Late Byzantine Empire, a Study for the Patriarchate of Athanasios of Constantinople*, Thessalonki: Patriarchal Institute for Patristic Studies, pp. 39 - 43.
③ J. L. Boojamra, *Church Reform in the Late Byzantine Empire, a Study for the Patriarchate of Athanasios of Constantinople*, p. 46.

国内教俗矛盾已经凸显,为以后更加剧烈的激化爆发埋下了伏笔。

自此之后,安德罗尼库斯尽管不敢轻易长离首都,但是依然关注着小亚细亚的局势,并且也采取了若干政策。首先,他在1293年离开小亚细亚之前,派遣自己的远房外甥阿莱克修斯·费兰斯罗比诺斯担任小亚细亚的军政长官。阿莱克修斯的祖母是米哈伊尔八世的姐姐,①因此被视作帕列奥列格家族的近亲。阿莱克修斯于1293年受命前往小亚细亚时仅20岁出头,却表现出了超越其年龄的作战技巧和执政水平。阿莱克修斯击败了土耳其军队,攻占了米莱图(Miletus)城,并且沿迈安德河继续进击。土耳其人慑服于阿莱克修斯,甚至有一些土耳其士兵转而向阿莱克修斯效忠,成为拜占庭的雇佣兵。君士坦丁堡方面不断收到阿莱克修斯送来的捷报和战利品,对这位年轻将领的表现非常满意。② 但是,阿莱克修斯却在1295年反叛。学界关于其反叛的原因和目的尚无定论,③根据史料,后人已知的信息比较模糊。据推测,阿莱克修斯反叛的原因可能是受到麾下克里特雇佣兵的挑唆,鼓动他拥兵自立,也可能受到阿西尼奥斯派的影响,希望摆脱朝廷控制,并在小亚细亚建立独立政权。这场反叛并没有直接威胁到安德罗尼库斯二世中央集权制统治,但是对皇帝产生了巨大的心理影响。阿莱克修斯是帕列奥列格家族的近亲并深受皇帝本人喜爱,他的反叛让安德罗尼库斯二世减少了对家族成员的信任,转而"日夜期待国外盟军的到来"④。

约1298年,安德罗尼库斯二世又派遣了阿莱克修斯·费兰罗比诺斯的叔父约翰·塔海尼俄特斯(John Tarchaneiotes)前往小亚细亚,⑤推行经济改革。约翰针对土地兼并问题严重、众多士兵因无地可种而无法履行军事服役的现象,采取了"均等化"(exisosis)的改革原则,增加了小土地士兵的地产,并褫夺了大地产主的土地,从而增加了可提供军事服役的士兵的数量。但是这一改革因为触及了大地产主的利益而未能长期彻底地推行下去。

---

① A. P. Kazhdan ed., *The Oxford Dictionary of Byzantium*, vol. 3, p. 1649.
② 关于阿莱克修斯在小亚细亚的军事活动,见 Georges Pachymérès, *Relations Historiques*, vol. 3, book 9, chapter 9, pp. 237 – 247.
③ A. E. Laiou, *Constantinople and the Latins: The Foreign Policy of Andronicus II, 1282 –1328*, pp. 82 – 83.
④ Nikephoros Gregoras, *Nicephori Gregorae Byzantina Historia*, vol 6, chapter 10, p. 205.
⑤ 阿莱克修斯的父亲米哈伊尔·塔海尼俄特斯(Michael Tarchaneiotes)是约翰的亲哥哥。

通过经济改革增强边防实力的尝试失败后,安德罗尼库斯二世开始大量使用外国雇佣兵。他于1301年引进了8 000名阿兰人(Alans)雇佣兵,安置到小亚细亚地区对抗土耳其人,此外还在次年派遣米哈伊尔九世率军前往小亚细亚与土耳其人作战。① 但是在1302年7月的巴夫斯战役(Battle of Bapheus)中,拜占庭军队遭到惨败,②土耳其势力则在此役之后迅速向北扩张,深入拜占庭帝国东部腹地。

为了遏制土耳其人的进一步扩张,安德罗尼库斯二世不得不寻求更加强大的雇佣军队。恰巧在此时,著名的雇佣兵团加泰罗尼亚军团因为《卡尔塔贝洛塔和约》(Peace of Caltabellotta)到期而寻觅新雇主。③ 他们于是主动于1302年与拜占庭帝国建立了联系,希望能为拜占庭皇帝提供服役。1303年1月,数千名士兵组成的加泰罗尼亚军团抵达君士坦丁堡。安德罗尼库斯二世与加泰罗尼亚军团首领罗杰·德·弗洛(Roger de Flor)一拍即合,直接任命罗杰担任"海军司令"④,并给予加泰罗尼亚军团以极高的军饷待遇,⑤随即令他们迅速前往小亚细亚抵抗土耳其人。加泰罗尼亚军团在小亚细亚作战的效果可谓立竿见影,他们首先于1303年10月在西奇库斯战役(Battle of Cyzicus)中大败土耳其军队,杀死约3 000名土耳其骑兵和10 000名土耳其步兵。随后,加泰罗尼亚军团在西奇库斯一带过冬,次年往南向小亚细亚的腹地进发。1304年5月,他们在热尔梅(Germe,今土耳其索马Soma)要塞驱逐了当地的土耳其驻军,并于同年在费拉德尔菲亚附近爆发的奥拉克斯之战(Battle of Aulax)中,在阿兰—拜占庭联军帮助下击败了8 000土耳其骑兵和12 000名土耳其步兵,随后顺利夺取小亚细亚重镇费拉德尔菲亚。土耳其军队方面只有1 000骑兵和500步兵成功逃脱。加泰罗尼亚军团在肃清了费拉德尔菲亚周边地区的土耳其军队后,率军撤离并北上进驻麦格尼西亚(Magnesia,今土耳其马尼萨Manisa)。此后,加泰罗尼亚军团又在蒂雷战役(Battle of Tire)、阿尼亚战役(Battle of Ania)和基比斯特拉战役(Battle of Kibistra)中击

---

① Georges Pachymérès, *Relations Historiques*, vol. 4, book 10, chapter 16, pp. 337 - 341.
② A. E. Laiou, *Constantinople and the Latins: The Foreign Policy of Andronicus II, 1282 - 1328*, pp. 90 - 91.
③ G. I. Halfond ed., *The Medieval Way of War: Studies in Medieval Military History in Honor of Bernard S.*, Bachrach: Ashgate Publishing, 2015, p. 154.
④ Georges Pachymérès, *Relations Historiques*, vol. 4, book 11, chapter 13, p. 437.
⑤ 关于加泰罗尼亚军团的薪资分析及与其他雇佣兵的比较,见M. Charles Bartusis, *The Late Byzantine Army, Arms and Society, 1204 - 1453*, p. 153.

败了土耳其军队,随后回到阿尼亚越冬。职业军人精于作战,加之配备了当时地中海世界最精良的武器,因此对阵土耳其人民兵组织时占据上风,屡战屡胜。

1304年对于加泰罗尼亚军团来说是连战连捷的一年,但是拜占庭却无法尽情享受胜利的喜悦。事实上,加泰罗尼亚军团过于强硬的风格和不听号令的倾向一直让君士坦丁堡中央政府感到头疼。加泰罗尼亚军团在前往小亚细亚之前就和拜占庭境内的热那亚人爆发过冲突,① 而在攻克了费拉德尔菲亚后,又居功自傲向安德罗尼库斯二世提出加码军饷的要求。特别是在驻扎马格尼西亚后,罗杰·德·弗洛更以安纳托利亚之主的身份行事,令拜占庭政府深感不安。此外,拜占庭史学家还记载了加泰罗尼亚军团肆意劫掠和奴役小亚细亚当地居民的行为,指出小亚细亚民众对加泰罗尼亚军团的不满急剧加深。

1305年初,加泰罗尼亚军团从小亚细亚被征调回到君士坦丁堡附近,主力驻扎在加里波利,以准备出兵对抗保加利亚人。但是同年4月,共治皇帝米哈伊尔九世以设宴为名诱骗罗杰·德·弗洛前往亚得里亚堡,并暗中指使属下热那亚雇佣兵在席间刺杀了罗杰以及随行的加泰罗尼亚士兵。② 此后,加泰罗尼亚军团与拜占庭人彻底决裂,他们从加里波利突围,随后在色雷斯和色萨利地区游荡劫掠数年之久。1310年,加泰罗尼亚军团受雇于雅典公国(Duchy of Athens),但是因为没有得到约定的军饷而选择与雅典公国为敌。在1311年的哈米洛斯战役(Battle of Halmyros)中,加泰罗尼亚军团击败雅典军队,自此开始统治雅典公国的领土直到14世纪末。③

加泰罗尼亚军团给拜占庭帝国造成了严重的损害。其一,小亚细亚的土耳其人并没有被真正剿灭,他们在加泰罗尼亚军团离开后便迅速重新集结占领了小亚细亚的大片领土,而他们对已征服地区采取的怀柔政策,甚至让相当一部分长期与中央政府不和且饱受战火蹂躏的拜占庭民众愿意接受土耳其政权的统治。拜占庭东部边境逐渐向帝国东部腹地后退。其二,拜占庭腹地的加里波利半岛、色

---

① D. M. Nicol, *The Last Centuries of Byzantium, 1261–1453*, p. 129.
② Georges Pachymérès, *Relations Historiques*, vol. 4, book 12, chapter 24, pp. 575–577.
③ 关于加泰罗尼亚军团统治雅典的历史,见 K. M. Setton, *Catalan Domination of Athens, 1311–88*, London: Variorum, 1975.

雷斯、色萨利等地区此后多年长期遭受加泰罗尼亚军团的袭扰和劫掠,这给拜占庭经济的平稳运转造成了较为严重的负面影响。

如果说土耳其人扩张是拜占庭东部边境的外患,那么对拜占庭西部边境的威胁就来自瓦卢瓦的查理(Charles of Valois,1270—1325)。查理是法国国王菲利普三世(Philip Ⅲ,1270—1285年在位)的第三子,拥有瓦卢瓦等地的封地,并于1290年成为安茹伯爵。1301年,他娶流亡的拉丁帝国公主凯瑟琳为妻,从而在理论上拥有复辟君士坦丁堡拉丁帝国的资格。① 查理与多方势力结成同盟反对拜占庭帝国,到1308年,反拜占庭同盟的成员已经包括罗马教宗、法国、威尼斯、塞尔维亚、加泰罗尼亚军团、亚美尼亚王国等。这个同盟曾经在1312年准备发动一场进攻君士坦丁堡和耶路撒冷的十字军战争,不过最后未能成行。总的来说,瓦卢瓦的查理没有给拜占庭造成实质上的打击,但是他加剧了西方领主与拜占庭皇帝之间的紧张状态,不利于拜占庭日后外交活动的开展。

除了外部的威胁之外,在拜占庭朝内也出现了不和谐的声音,而风波的始作俑者正是皇后尤兰达。尤兰达身为拉丁人、受西方影响较深,她自知安德罗尼库斯二世与原配所生的米哈伊尔九世和君士坦丁最有可能继承皇位,而自己和安德罗尼库斯二世所生的孩子没有统治帝国的希望。因此,她多次向安德罗尼库斯提议分封国土,以便让自己的孩子也有机会继承拜占庭帝国的一部分领土。将国家分封给子嗣的做法在通行分封制的西欧较为常见,但是却不是实行中央集权制的拜占庭传统,因此尤兰达的提议遭到了安德罗尼库斯二世的拒绝。根据拜占庭史家格里高拉斯的记载,尤兰达本人颇有野心,她于1303年离开君士坦丁堡,搬到塞萨洛尼基居住,并且在那里建立了自己的小朝廷。② 1304年,尤兰达让自己的长子约翰·帕列奥列格(John Palaiologos,1286—1307)担任塞萨洛尼基的长官。可以说,尤兰达以实际行动实现了自己的要求,在一定程度上助长了拜占庭帝国早已存在的地方分离倾向。

14世纪的第二个十年相对较为和平,但这只是风暴来袭前的短暂平静。拜

---

① J. V. A. Fine Jr., *The Late Medieval Balkans: A Critical Survey from the Late Twelfth Century to the Ottoman Conquest*, Ann Arbor: The University of Michigan Press, 1994, p. 233.
② Georges Pachymérès, *Relations Historiques*, vol. 4, book 11, chapter 5, pp. 413-415.

占庭帝国在这段时间里得到了一定的喘息,安德罗尼库斯也得以在这段时间内施行了一些政策,并且取得了一定的效果。在宗教政策上实现和解,君士坦丁堡牧首尼丰一世和安德罗尼库斯二世在圣索菲亚大教堂一起为阿西尼奥斯派举行了一场特殊的仪式,在阿西尼奥斯遗骸和众多阿西尼奥斯派教士的见证下,宣布弥合阿西尼奥斯派与官方教会之间的嫌隙,结束了阿西尼奥斯派分裂活动。① 此外,国家经济也在这段和平时期有所发展,被加泰罗尼亚军团破坏的色雷斯地区呈现恢复态势,到 1321 年,帝国的税收岁入已经可以达到 100 万希柏皮隆金币(hyperpyra)②。最后,拜占庭军事建设也有所发展。根据军事史家马克·巴图西斯的研究,到 1320 年,伯罗奔尼撒地区原有的 12 个男爵领(barony),已经被拜占庭收复了九个。③ 同时,安德罗尼库斯二世和米哈伊尔九世还计划发动一场远征,将名义上归拜占庭王朝统辖的塞萨利和伊庇鲁斯地区正式并入帝国的版图。④ 但是这一计划因为 1321—1327 年拜占庭内战而遭到破坏。

从 1321 年开始爆发的内战是拜占庭人于 14 世纪遭遇的第一场大型内战,由于交战一方是以身为祖父的安德罗尼库斯二世为首,另一方以身为孙子的安德罗尼库斯三世为首,因此这场内战又被称为"两安德罗尼库斯之战"。战争断断续续地进行了七年,最终以安德罗尼库斯二世退位、安德罗尼库斯三世继位告终。战争的起因十分荒唐。安德罗尼库斯三世和弟弟曼努埃尔(Manuel Palaiologos)都是米哈伊尔九世之子。1321 年,小安德罗尼库斯在不知其情敌是何人的情况下,指使属下埋伏刺杀与自己的情妇勾搭之人,却意外杀死了路过的曼努埃尔。此事在拜占庭国内引发轩然大波,病重的米哈伊尔九世听闻消息后精神上遭到沉重打击,不久后便去世了。安德罗尼库斯二世在得知实情后也深感愤怒。在米哈伊尔九世去世后,安德罗尼库斯二世按惯例要求众臣重新对皇帝宣誓效忠,但此

---

① A. E. Laiou, *Constantinople and the Latins: The Foreign Policy of Andronicus II, 1282 – 1328*, p. 246.
② Nikephoros Gregoras, *Nicephori Gregorae Byzantina Historia*, vol 8, chapter 6, pp. 317 – 318.
③ D. Brewer, *Greece, the Hidden Centuries: Turkish Rule from the Fall of Constantinople to Greek Independence*, London & New York: I. B. Tauris, 2010, p. 18.
④ 关于该时期拜占庭的对外政策,见 A. E. Laiou, *Constantinople and the Latins: The Foreign Policy of Andronicus II, 1282 – 1328*, pp. 249 – 283.

时的效忠对象就只限定安德罗尼库斯二世一人,表明老皇帝打算剥夺孙子的继承权。① 小安德罗尼库斯害怕祖父会剥夺自己的皇位继承权,于是与手下幕僚商议,决定起兵反抗老皇帝。1321 年复活节期间,小安德罗尼库斯偷偷逃出君士坦丁堡,以亚得里亚堡为基地与安德罗尼库斯二世为敌,内战一触即发。

作为起兵的一方,小安德罗尼库斯的阵营中的核心成员分别是约翰·坎塔库震努斯、希尔扬尼斯·帕列奥列格(Syrgiannes Palaiologos)、塞奥多利·西纳得诺斯(Theodore Synadenos)和阿莱克修斯·阿波考库斯(Alexios Apokaukos)②。约翰·坎塔库震努斯出身豪富贵族家庭,人脉广泛,家资雄厚,同时也是小安德罗尼库斯的密友,希尔扬尼斯·帕列奥列格当时正担任色雷斯地区的长官,为小安德罗尼库斯起兵提供了资源支持,塞奥多利·西纳得诺斯是米哈伊尔九世的支持者,在米哈伊尔九世去世后就转而拥戴小安德罗尼库斯,阿莱克修斯·阿波考库斯出身低微,彼时担任卫士长(parakoimōmenos)一职,经约翰·坎塔库震努斯介绍加入小安德罗尼库斯的阵营。

内战从 1321 年 4 月爆发,经过短期战争后,希尔扬尼斯率领军队抵达君士坦丁堡城下,迫使安德罗尼库斯二世求和。双方于 1321 年 6 月达成和约分城而治,安德罗尼库斯二世和小安德罗尼库斯分别在君士坦丁堡和亚得里亚堡统治整个帝国。但是同年 12 月,希尔扬尼斯叛逃并投靠了安德罗尼库斯二世一方,促使内战又起。直到次年 7 月,安德罗尼库斯二世因为军费不足而再次求和,这一次小安德罗尼库斯被正式承认为拜占庭皇帝,并于 1325 年加冕。

从 1322 年到 1327 年,拜占庭国内经历了较为动荡的五年和平时期。但是到了 1327 年,双方第三次爆发冲突,并且都雇佣国外军事势力介入内战,塞尔维亚国王斯特凡(Stefan Decanski)派兵支持安德罗尼库斯二世,而保加利亚君主米哈伊尔(Michael Sisman)武装支持安德罗尼库斯三世。这些国外势力在援助时各怀鬼胎,但是塞尔维亚军队给安德罗尼库斯二世的援助明显弱小,且塞尔维亚援军

---

① Ursula Victoria Bosch, Kaiser Andronikos III. Palaiologos, *Versuch einer Darstellung der byzantinischen Geschichte in den Jahren 1321 –1341*, Amsterdam: Verlag Adolf M. Hakkert, 1965, p. 14.
② Ursula Victoria Bosch, Kaiser Andronikos III. Palaiologos, *Versuch einer Darstellung der byzantinischen Geschichte in den Jahren 1321 –1341*, p. 16.

只在拜占庭停留了几个月,没有参与大规模战争。① 相较而言,保加利亚军队对小皇帝提供的援助要更多一些。1328年5月,安德罗尼库斯三世顺利进入君士坦丁堡,标志着内战的结束,失败的安德罗尼库斯二世被迫退位,并在1330年成为一名修士。②

1321—1327年的内战给拜占庭造成了较为严重的影响。首先,常年的战争消耗了大量的国家资源和财富,导致国家财政危机。安德罗尼库斯三世对属于自己势力范围的色雷斯地区给予免税特权,这虽然迅速赢得了民众的支持,但是却直接导致国家税收的下降。此外,安德罗尼库斯三世聚敛军费的办法之一就是抢掠国家征税人的财产,也就是通过劫掠的方式从国家财政收入中分得财富用于军队支出。这实际上也造成了国家财富的加速枯竭。其次,内战双方都雇用了外国军队,从而为周边势力提供介入拜占庭国内政治的机会。巴尔干的两大强国塞尔维亚和保加利亚分别支持安德罗尼库斯二世和安德罗尼库斯三世,它们分别与内战双方达成协议,派出同盟军加入内战,换取领土或其他政治经济利益。但保加利亚人和塞尔维亚人作为同盟军进入拜占庭境内后,对拜占庭民众进行劫掠,相对于他们有限的军事援助,反而给拜占庭帝国造成了更为严重的损失。最后,内战进一步动摇了王朝中央集权统治,推动地方分离势力日益壮大。大城市如塞萨洛尼基成为重要的半独立势力,它们选择支持哪一派系将直接影响内战的进程。此外,拜占庭各个贵族家族也因为内战产生了冲突和对立。内战后,贵族势力集团重新洗牌,这也引发了更为长期的冲突,加剧了国内矛盾的积累。

退位后的安德罗尼库斯二世度过四年的隐修生活,于1332年去世。安德罗尼库斯二世温和的性格、虔敬上帝的特质以及在内战中的失败,表明他缺乏政治家的素养。但是,从安德罗尼库斯二世的诸多政策中可以看出,他不失为一个有想法且有一定能力的皇帝,只是他时运不济。拜占庭帝国总体的颓势虽然不能完全怪罪到他一人身上,但是作为皇帝的他要为此承担大部分责任。特别是与其父亲米哈伊尔八世比较,安德罗尼库斯二世是个失败的君主。他接手的国家是一个

---

① M. C. Bartusis, *The Late Byzantine Army, Arms and Society, 1204 – 1453*, p. 91.
② 关于该事件的分析,见 F. M. Schrijver, *The Early Palaiologan Court (1261 – 1354)*, PhD dissertation, University of Birmingham, 2012, pp. 113 – 115.

看似强大实则危机四伏的帝国,他被迫有选择地继承和改变了其前任皇帝米哈伊尔八世的多项政策。从 13 世纪末开始,安德罗尼库斯二世将注意力转移到帝国东部,试图消弭小亚细亚地区与中央政府的嫌隙,以及击败土耳其人的入侵,力争将其扼杀在初期的崛起中。但是他亲自东巡、委派总督、推进经济改革和派遣雇佣兵等诸多措施均未能起到理想的成效,小亚细亚从 14 世纪初开始便逐步失陷于土耳其人之手。更为不幸的是,他引进的加泰罗尼亚雇佣兵军团与拜占庭政府失和,对帝国的腹地色雷斯地区造成了极大的破坏。而 1321—1327 年的内战更是给拜占庭帝国造成了沉重的打击,后世学者认为拜占庭帝国最后阶段的衰败由他而始是有道理的。

第三节

米哈伊尔九世(Michael Ⅸ)

1294—1320 年在位

米哈伊尔九世·帕列奥列格(Michael Ⅸ Palaiologos,Μιχαήλ Θ' Παλαιολόγος,生于 1278 年,卒于 1320 年 10 月 12 日)是帕列奥列格王朝第三位皇帝,1281 年 3 岁时被祖父立为共治皇帝,1294 年 5 月 21 日又被父亲立为共治皇帝,是拜占庭帝国历史上唯一与在位皇帝米哈伊尔八世同名命名的共治皇帝。如果以 1281 年立为储君算起,至 1320 年 10 月 12 日,他在位时间长达 39 年,但却未真正独立统治过。

米哈伊尔九世是安德罗尼库斯二世的儿子,王朝创立者米哈伊尔八世的孙子。他是安德罗尼库斯二世和来自匈牙利的第一任妻子安娜(Anna of Hungary)的长子,1281 年他年仅 3 岁时,就被祖父米哈伊尔八世任命为共治皇帝,不久祖父去世。米哈伊尔九世 16 岁时,再次被父亲安德罗尼库斯二世任命为共治皇帝,1294 年 5 月 21 日在圣君士坦丁(Saint Constantine)举行了正式的加冕仪式。父亲安德罗尼库斯二世对米哈伊尔九世比较偏爱,为了确保后者在顺利即位前不会受到任何势力的攻击，他强迫教会的神职人员签署了一份文件，保证他们不支持除了米哈伊尔九世以外的任何人继承皇位。但是长于宫中的小皇帝娇生惯养，既无文韬又缺武略，能力所及不出宫室。

加冕后的第二天，米哈伊尔九世和父亲一起为同父异母的弟弟约翰加冕，授予其专制君主的头衔。米哈伊尔九世参加约翰的加冕礼，是为了向他的臣民们展示自己是个负责任的皇储。同时，这个仪式也暴露了他的继母有意让自己亲生的孩子问鼎王权，这个继母就是来自拉丁贵族家族蒙特菲拉特的尤兰达。

米哈伊尔九世出生时，拜占庭帝国的境况险恶。事实上，从米哈伊尔八世建立帕列奥列格王朝开始，拉丁帝国的西方骑士和贵族就一直不甘心被逐出拜占庭帝国都城，试图重新占领君士坦丁堡。对于日益衰落的拜占庭帝国来说，为未来的皇位继承人寻找合适的结婚对象是一项复杂而又重要的事务，需要考虑多种因素，例如，怎样最大限度地为拜占庭营造良好的外部环境？如何通过联姻来缓和与西方国家的紧张关系，消除拉丁西方贵族对拜占庭人的不良企图等等。早在1288年，米哈伊尔九世刚满10岁时，安德罗尼库斯二世即派了一个使团到西西里宫廷，请求安茹的查理二世（Charles Ⅱ Anjou）同意拜占庭皇子娶考特尼家族的凯瑟琳为妻。凯瑟琳是最后一位拉丁皇帝鲍德温二世（Baldwin Ⅱ）的孙女，也是拉丁帝国名义上的女继承人。无论是对于试图与西方缓和关系的拜占庭帝国，还是那些梦想复辟拉丁帝国的人来说，这桩婚姻都是极其理想的，双方派出使臣来回回谈了八年之久，最后还是无果而终，最大的阻力来自教会，因为东、西方联姻必须获得教宗的许可。1274年，为了抗击敌人，帕列奥列格王朝的开创者米哈伊尔八世曾在里昂与罗马签订了东、西方教会合并协议。然而到了1283年，安德罗尼库斯二世终止了教会合并协议，西方拉丁贵族对拜占庭人的出尔反尔非常不满，安德罗尼库斯二世被视为教会分裂主义者。此时，拜占庭又提出与西方联姻，令人生疑，所以教宗迟迟不肯表态。长期协商无果，使得西西里宫廷对联姻失去了耐心。当然，更重要的是，他们有了更好的选择，1294年凯瑟琳去了法国，两年后嫁给了瓦卢瓦的查理，后者是菲利普四世（Philip Ⅳ）的兄弟。

与西方联姻计划失败后，安德罗尼库斯二世把目标转向了东方，他同时向塞浦路斯（Cyprus）和小亚美尼亚提出了联姻要求。塞浦路斯方面虽有意向，却不敢答应拜占庭皇帝的请求,因为当时拜占庭与威尼斯正在交战,而威尼斯在塞浦路斯拥有绝对的话语权,塞浦路斯担心与拜占庭联姻会得罪于威尼斯,因此塞浦路斯国王亨利二世·吕西尼昂(Henry Ⅱ Lusignan)以联姻必须得到教宗的许可为由,拒绝了拜占庭人的请求。① 拜占庭使臣虽然在塞浦路斯碰壁,但是在亚美尼亚取得了突破,他们为米哈伊尔九世带回了两位候选的新娘,即亚美尼亚统治者赫图姆二世(Hethum Ⅱ)的两个妹妹。最终拜占庭皇帝选择了和米哈伊尔九世同龄的瑞塔,瑞塔后来取了一个希腊名字玛丽亚,人称瑞塔—玛丽亚。米哈伊尔九世对父亲指定的新娘似乎不太满意,也从不让她参与重要活动,因此在拜占庭历史文献中未见到过任何有关瑞塔—玛丽亚的外貌和品行的描述和赞誉。

1296年1月16日,18岁的米哈伊尔九世正式迎娶了亚美尼亚公主瑞塔,同年他们的第一个儿子出世,也就是后来的安德罗尼库斯三世。随后的六年时间里,米哈伊尔九世和瑞塔又生育了两个女儿安娜和塞奥多拉,以及小儿子曼努埃尔,他们一共有四个子女,只是幼子丧命于长兄之手。

1302年,为了保护拜占庭帝国东部地区的安全,年轻的米哈伊尔九世前往小亚细亚,亲自率兵抗击土耳其人。由于安德罗尼库斯二世不信任本国军队,过于依赖雇佣军,所以米哈伊尔九世指挥的军队主要是由游牧部落的雇佣兵组成,这些雇佣军被称为阿兰人。米哈伊尔九世在麦格尼西亚安营扎寨后,除了一些小规模的冲突以外,拜占庭与土耳其之间并没有展开决定性的战役。或许是过于谨慎小心,战斗打响后,米哈伊尔九世一直躲在城堡里,很少主动出击,作为统军的将领,他的态度既让土军更加肆无忌惮,又使拜占庭士兵感到沮丧。最可怜的是小亚细亚当地居民,他们直接面对着土军的残暴和掠夺,失望的小亚细亚本地士兵开始脱离米哈伊尔九世的指挥,阿兰人也趁乱逃跑,因为他们没有得到当初许诺的雇佣军饷。面对军心涣散的部队,他无计可施,凸显其平庸无能。

1303年冬天的一个夜晚,孤立无靠的米哈伊尔九世带着几名士兵秘密逃回

---

① S. Origone, "Marriage Connections between Byzantium and the West in the age of Palaiologoi", *Mediterranean Historical Review*, 10 (1995), pp. 226 – 241.

了首都。① 战场上的失利加之拼命逃跑的艰辛,使得米哈伊尔九世身心俱疲,很快就卧床不起。由于史料的缺失,我们很难判断他的具体病情,只知道精神和肉体遭到重创的小皇帝被这场来得又快又猛的大病击垮,甚至严重到威胁其生命安全。只是当他的妻子瑞塔前来探病后,他很快康复了,似乎不是什么灵丹妙药起了疗效。据此人们推断,米哈伊尔九世的突然病重,很可能是患了某种心理疾病,只有心理疾病才会来得快也病愈的快。因为第一次领兵作战就遭受重大挫折,引发了他的心理应激反应,而妻子瑞塔的陪伴,结束了他的孤独无助,有助于情绪的调节。这一事件说明米哈伊尔九世的心理比较脆弱,至少是缺乏帝王应有的抗击打能力。毫无疑问,皇帝安德罗尼库斯二世对寄予厚望的米哈伊尔非常失望,因此也引发了后来皇帝增设皇储的事件,并进而导致一系列皇家内乱。

米哈伊尔九世病倒了,而土耳其军队仍在小亚细亚大肆劫掠,为了驱逐土军,加强帝国东部地区的军事防御,安德罗尼库斯二世决定利用加泰罗尼亚雇佣兵(Catalan Company)作战,后者是西欧中世纪最早出现的雇佣兵组织,他们的首领是罗杰·德·弗洛。病愈后的米哈伊尔九世还想继续率兵出征,他希望在战场上改变丑陋的声誉,重新树立自己的形象,但是父亲对他的军事指挥能力似乎并不看好,皇帝宁愿花钱邀请雇佣军,也不再让"无用"的儿子丢人现眼。安德罗尼库斯二世的决定显然违背了米哈伊尔九世的意愿,但是他没有能力反驳,只能接受。米哈伊尔九世作为安德罗尼库斯二世的共治皇帝,名义上是拜占庭帝国第二号人物,也是继皇帝之后帝国最重要的人物,虽然地位显赫,但是并无实权,对于帝国大政方针的制定,他并不能发挥主导作用,只是按照安德罗尼库斯二世的安排,完成其指派的任务。

然而,野蛮成性的罗杰·德·弗洛表现得非常傲慢,他既想从拜占庭朝廷为他的士兵们获取更多的报酬,也想为自己争得大公(megadux)的头衔。这是拜占庭贵族重要头衔之一,一般只封给帝国海军大统领。他甚至向皇帝提出求娶皇家公主以便位列上等贵族,安德罗尼库斯二世爽快地答应了他迎娶其侄女的要求,

---

① S. Vryonis, *The Decline of Medieval Hellenism in Asia Minor and the Process of Islamization from XI-XV c.*, Berkely, 1971, pp. 254 – 255.

因为加泰罗尼亚雇佣军的作战能力确实比拜占庭将士更具战斗力,而罗杰则远比米哈伊尔九世强得多。米哈伊尔九世对夺了风头的罗杰极为不满,一方面是由于安德罗尼库斯二世使用雇佣军作战,使他失去了在军事领域挽回颜面的机会,同时,军事领域也是米哈伊尔九世自认为可以有所建树、重新树立形象的唯一领域。另一方面,雇佣军的暴行也激怒了他,拿钱打仗的雇佣军和土军一样在拜占庭境内到处抢劫。米哈伊尔九世对罗杰的态度极大地影响了拜占庭军队和雇佣军之间的军事合作。1304年,米哈伊尔九世在色雷斯(Thrace)发动对保加利亚沙皇的进攻,如果有罗杰的支援,米哈伊尔九世在对保加利亚战斗中的胜算会更大些,但他还是拒绝接受罗杰的帮助。他邀请对保加利亚斗争经验丰富的米哈伊尔·格拉巴斯·塔海尼俄特斯陪同作顾问。可惜,战斗开始不久,他的顾问病倒了,他只能亲自指挥军队。但是,不善军事指挥的米哈伊尔九世原本就不是驰骋疆场的将才,加之失去了军事顾问的帮助,很快便令拜占庭军队陷入困境。就在他于索佐伯利斯战场濒临溃败时,倒戈的保加利亚人沃伊希尔(Vojsil)率军突然加入战斗,一阵猛烈冲杀,打得沙皇的军队措手不及,被迫撤退。沃希伊尔之所以能够在关键时刻赶来救援米哈伊尔九世,完全是因为安德罗尼库斯二世外交努力的结果,皇帝早就预见到自己儿子的失败,提前运筹帷幄,以重金收买了保加利亚叛将投入战场。不然,后果不堪想象,米哈伊尔九世极有可能遭受战场上的第二次挫败。

保加利亚沙皇的军队在撤退途中发生了悲剧,大军在渡河时,桥面不堪拥挤混乱的败兵重负而坍塌了,许多士兵葬身河水。保加利亚人对此心怀怨恨,他们在亚得里亚堡发动袭击,对当地居民进行了野蛮的报复。得到消息的米哈伊尔九世极为震惊,他迅速召集了几千名士兵,准备解救亚得里亚堡。但是国库空虚,无法在短时间内筹集到大量军费,米哈伊尔九世便拿出自己的全部财产,连家里的金银器皿都送去熔化了,甚至挪用了妻子的嫁妆才勉强凑够了军饷。米哈伊尔九世率领着军队从保加利亚手中解救了亚得里亚堡的居民,并将妻子瑞塔留在城中,随后的许多年,该城成为这位共治皇帝的宫廷所在地。

或许是为了从小亚细亚失败的阴影中走出来,又或许是为了在民众心目中重塑自己的形象,在成功救援亚得里亚堡之后,米哈伊尔九世继续东征西战,他率军占领了梅斯加(Mesja),打败了保加利亚沙皇的盟友埃尔提米尔(Eltimir),收复了南至利奇比（Reachoubys），东至斯提布诺斯（Stylbnos），西至科普西斯（Kopsys）的大片领土。在战场实践中不断得到提高的米哈伊尔九世在军事上取得了一系列胜利，有些甚至是其父亲安德罗尼库斯二世通过外交手段都无法实现的。

然而，随着米哈伊尔九世军功的不断增加，他与父亲安德罗尼库斯二世之间的关系逐渐发生了变化。安德罗尼库斯二世将罗杰的雇佣军从东部撤回，当时后者正在小亚细亚地区与土耳其军队作战。皇帝希望罗杰协助米哈伊尔九世一起夺回色雷斯地区其他被占领的城市，以便免除首都近在咫尺的威胁。米哈伊尔九世刚刚打了几次胜仗，平生第一次享受到军事成就带来的荣誉感，他不愿意因为罗杰的加入而丧失这种胜利的感觉，毕竟罗杰以勇猛好战闻名，如果两人合作的话，罗杰的战功和声誉必定超过自己，也不会有人注意到他刚刚在战场上显示出来的军事才能。他的拜占庭人士兵们也不愿意与在帝国境内大肆劫掠、毁坏他们家园的外族雇佣军协同作战。于是米哈伊尔九世给安德罗尼库斯二世写信，请求父亲阻止罗杰的雇佣军到色雷斯来。未等安德罗尼库斯二世做出回复，米哈伊尔九世已经承诺自己的将士在战后免除他们的兵役，以使其休整养兵。虽然米哈伊尔九世此举事出有因，他是为了安抚士兵的情绪，防止士兵开小差逃跑。但是他作为共治皇帝，未获在位皇帝批准就擅自做主，意味着越权，这使得安德罗尼库斯二世心中不满。

更让米哈伊尔九世忧心的是，贝伦格尔·德·恩特恩扎（Berenguer d'Entenza）带领着一支新的雇佣军出现在拜占庭境内，他是罗杰的朋友，刚到拜占庭就获得了大公的头衔。贝伦格尔成为米哈伊尔九世在军事领域的另一个竞争对手。米哈伊尔九世一方面担心这些野心勃勃的雇佣军抢了头功，另一方面也忧虑自己置身于这些如狼似虎的雇佣兵包围的处境。在这种紧张的氛围下，发生了一个意外事件。1305年4月30日，罗杰在亚得里亚堡被阿兰人蓄意谋杀。据说罗杰是专程前往亚得里亚堡与米哈伊尔九世会面的，两人是第一次见面，各怀心思，一开始双方相处得还算融洽，米哈伊尔九世以恰当的礼节招待罗杰，罗杰在城中住了六天都安然无恙，到了第七天他与米哈伊尔九世夫妇一起吃饭时，阿兰人乔格斯（Georgos）突然冲进来发动袭击，罗杰手无寸铁，后背被砍了致命的一刀。有史家认为罗杰被刺是安德罗尼库斯二世在幕后操控的，因为罗杰已经对拜占庭帝国构成了新的威胁,他将小亚细亚占领区视为自己的势力范围,即使安德罗尼库斯二世也无法控制他,他去世以后,失去领导人的雇佣军会相对容易驾驭一些。也有学者认为暗杀事件是米哈伊尔九世设计安排的,尽管没有证据说明此事是米哈伊尔九世所为,但是很多人还是怀疑,米哈伊尔九世是主使人,因为他与加泰罗尼亚雇佣军之间的矛盾众所周知,偏偏刺杀地点又是在他的地盘上。关于这一突发重大事件,当时和后世都有多种说法,据拜占庭编年史家尼基弗鲁斯·格里高拉斯所说,罗杰到米哈伊尔九世的住处,威逼索要报酬,结果反被后者的士兵集体杀死。加泰罗尼亚编年史家们则将米哈伊尔九世描绘成一个狡猾的外交家,将此事件视为安德罗尼库斯和米哈伊尔父子相互配合的结果,他们表面谦让,背地里下黑手,其目的是削弱加泰罗尼亚雇佣兵对拜占庭皇帝的威胁。还有史家认为若无安德罗尼库斯二世的命令,阿兰人不可能擅自决定并完成刺杀行动,故此他们认定该事件的背后主谋是安德罗尼库斯二世。① 还有人甚至提出,米哈伊尔挑动热那亚雇佣兵下的黑手。无论罗杰被杀的真相如何,米哈伊尔九世的名声因此蒙上了一层阴影。

　　罗杰被刺杀后,他的随从逃出亚得里亚堡,回到雇佣军的驻扎地加里波利,雇佣军将士们得知他们的首领被杀后,在加里波利进行了疯狂报复,屠杀了大量平民。同时,雇佣军派人到土耳其商议结盟事宜,名义上是讨论联合对抗拜占庭人和阿兰人,实际上是在向土耳其传递信息,即罗杰的雇佣军不再帮助拜占庭人作战了,缺乏雇佣军支持的拜占庭军事防御能力有限,土耳其人可以乘机发动攻击。作为回应,土耳其方面很快派出300名士兵支援他们。② 罗杰留下的雇佣军稍作调整也选出了新的领导人贝尔纳·德·洛卡福特(Bernart de Rocafort),他们仍然是一支战斗力强、经验丰富的武装力量。

　　与此同时,米哈伊尔九世也做好了战斗准备,他首先与保加利亚沙皇休战,以免两线作战,难以应付。接着他组织了一支联合军队,包括色雷斯和马其顿士兵,还有阿兰人,以及苏丹阿扎丁(sultan Azadin)的1 000人轻骑兵(Turcopoles)。

---

① Agnieszka Kozanecka-Kozakiewicz, "Michael IX Palaiologos", *Byzantinoslavica*, (1-2)2012, pp. 208-210.
② E. A. Zachariadou ed., *The Ottoman Emirate (1300-1389)*, Rethymnon: Crete University Press, 1993, pp. 159-168.

1305年6月2日,米哈伊尔九世率军与洛卡福特的雇佣军在阿普洛斯(Apros)开战。起初,雇佣军一方顽强抵抗,阿兰人和苏丹的轻骑兵无法突破敌人的防线,不久战场上出现了令人震惊的一幕,阿兰人和轻骑兵以不敌对手为由迅速撤退,盟军的撤离使得其他士兵人心惶惶。事实上,除了曾在保加利亚战场上救援过米哈伊尔九世的沃伊希尔忠心耿耿以外,其他人都是表面支持这个小皇帝,他们勉强上战场,早就心怀二意。米哈伊尔九世的部队兵败如山倒,他也在战斗中受了伤,不过伤势并不严重,再度独自骑马侥幸逃脱。这次战役使米哈伊尔九世更清楚地认识到军队纪律的重要性,此役暴露出拜占庭士兵临阵脱逃这个大问题,而他并不甘心失败,也不认为自己天生脆弱、缺乏军事天赋,他还想与杀害拜占庭平民的加泰罗尼亚雇佣军再次开战。于是,他向父皇提出再派一支军队给他,此时的安德罗尼库斯二世正忙于应付麦格尼西亚总督的反叛,无暇顾及此事。①

对加泰罗尼亚雇佣军作战失利之后,米哈伊尔九世于1306年7月请求父亲同意他组建一支新的军队,用以对抗小亚细亚地区的土耳其人。当时,帝国东部地区是各种势力角逐的战场,米哈伊尔九世也想在该地区建立军功,重拾信心和形象。但是安德罗尼库斯二世认为米哈伊尔九世的军事才能有限,缺乏管理军队的能力,因此对儿子的军事梦想,并不赞同。再者,他认为帝国未来的统治者没有必要四处领兵作战。孤立无援的米哈伊尔九世在东部地区待了一年左右,的确没有什么突出的表现。后来,他想出了一个极端愚蠢的办法,人为地制造饥荒,禁止色雷斯地区的农民在土地上播种。这个办法果然奏效,饥饿难耐的雇佣军被迫离开了拜占庭帝国,而米哈伊尔九世也因此备受争议。

趁着拜占庭人无力还手之际,保加利亚沙皇斯维托斯拉夫(Svetoslav)与加泰罗尼亚雇佣军结盟,入侵色雷斯地区,在占领安奇亚洛斯和梅塞布里亚后,沙皇向拜占庭皇帝提出,若想停战,必须答应他的两个条件:一是他要保留已占领地区,二是希望将米哈伊尔九世的女儿嫁给他为妻。对于沙皇的无理要求,安德罗尼库斯二世断然拒绝。但是当沙皇紧急运送粮食、解救了君士坦丁堡的谷物危机后,拜占庭皇帝改变了态度。1307年4月2日,拜占庭与保加利亚签署了和平协议,

---

① M. C. Bartusis, *The Late Byzantine Army: Arms and Society, 1204 – 1253*, p. 81.

皇帝也同意将米哈伊尔九世的女儿塞奥多拉嫁给沙皇，并答应把黑海沿岸的几个城市作为陪嫁。①

继保加利亚之后，1311年夏天，拜占庭与土耳其之间也展开了一场战争。拜占庭方面由米哈伊尔九世指挥，他率领的队伍中不仅有正规军队，还有许多从未上过战场的平民，他们未经训练，手持农具就跟随皇帝出征。而土耳其方面都是久经沙场、勇猛好斗的士兵，土军的将领是查利尔(Chalil)。战斗刚开始，拜占庭的军旗便被土军夺去，没见过这种阵仗的平民士兵吓得匆忙撤退，慌乱中冲散了原本队列整齐的正规军队，正规军也随之向后撤退，米哈伊尔九世极力重整队伍，但是一片混乱中无人听从他的号令，等正规军意识到不能一味撤退，要保护主帅时，土军已经趁乱包围了拜占庭军队。米哈伊尔九世的中军大帐也被土军占领，他们拿着皇帝的皇冠胡乱戴在头上嬉笑打闹，肆意嘲笑，米哈伊尔九世感受到了从未有过的屈辱。土军还洗劫了色雷斯地区，直到1312年塞尔维亚王国派军支援，拜占庭人才勉强打败了土耳其军队。与土耳其之间的战斗应该是米哈伊尔九世最后一次指挥军队，此后他再也不曾率军出征，或许是因为这次战争中土军对他的羞辱给他留下了难以磨灭的深刻印象，也许他对自己的军事指挥能力彻底绝望，使他完全失去了重返沙场驰骋拼杀的勇气，而声誉受损则是他更大的心病，他无颜见父皇和朝中高官贵族，这似乎也影响了他继承皇位的信心。

此后，米哈伊尔九世大部分时间都待在亚得里亚堡的皇宫里，首都是父亲安德罗尼库斯二世及其追随者控制的地方，那里没有他的立足之地。亚得里亚堡距离首都不远，战略地位重要，对于不想参与皇室斗争的米哈伊尔九世来说，是个不错的选择。米哈伊尔九世的继母尤兰达是个野心勃勃的女人，她一直想让自己的儿子继承皇位，而米哈伊尔九世是安德罗尼库斯二世指定的未来的皇位继承人，因此尤兰达非常憎恨他。尤兰达试图劝说安德罗尼库斯二世将拜占庭的土地分给她的儿子们，遭到拒绝后，她离开首都前往塞萨洛尼基，在那里推行与皇帝截然不同的治理方法，与丈夫对峙。② 安德罗尼库斯二世清楚地知道尤兰达的计谋，遂将他与前妻的另一个儿子、米哈伊尔九世的同胞兄弟君士坦丁派往塞萨洛尼基

---

① S. Georgieva, "The Byzantine Princesses in Bulgaria", *Byzantinobulgarica*, (Ⅸ)1995, pp. 163 – 201.
② G. Ostrogorsky, "The Aristocracy in Byzantium", *Dumbarton Oaks Papers*, (25) 1971, pp. 1 – 32.

进行管理。离开君士坦丁堡,意味着远离帝国的政治中心,虽然对于未来的皇位继承并无裨益,但是他可以躲避首都的尔虞我诈,尽管米哈伊尔九世从未真正脱离政治斗争的漩涡,但他可以在亚得里亚堡享有相对独立、自由的宽松环境。

随着时间的推移,米哈伊尔九世的处境变得更加艰难,他的继承人地位又有了新的竞争对手,那就是他的长子,未来的安德罗尼库斯三世。米哈伊尔于1296年生了这个儿子,从小便发现其顽劣不羁,好动不好静,稍大些便胆大妄为,走马放鹰,偏好打猎,这与他自己形成明显反差。然而,老皇帝安德罗尼库斯二世对长孙安德罗尼库斯尤为喜爱,特别是从他身上看到了米哈伊尔缺乏的天赋,因此对这个孙子有求必应,简直到了溺爱的程度。1316年,20岁的安德罗尼库斯三世被立为共治皇帝。此时米哈伊尔九世已经38岁,还在等待着继承皇位,但他的身体心智都不及父皇和长子,他的即位日期也遥遥无期。当时57岁的父亲安德罗尼库斯二世似乎精力旺盛,身体依旧康健,完全不似将近60岁的人,因此没有任何退位的迹象。与米哈伊尔的耐心等待不同,安德罗尼库斯三世成为共治皇帝后,迫不及待地想享用皇帝的权力,他要求独立自主,想脱离祖父的严密监护。他的性格和想法很得到一些贵族的喜爱,他们认为拜占庭帝国就需要这样具有阳刚之气的新皇帝,因此闻风而来。他们来到亚得里亚堡,不断地游说,希望通过支持共治皇帝即位,获取他们在老皇帝那里得不到的利益。米哈伊尔九世身边最亲密的支持者分别是塞奥多利·西纳得诺斯、约翰·坎塔库震努斯(即未来的约翰六世)和阿莱克修斯·阿波考库斯,他们都来自军方,既执掌兵权,又拥有大土地等财产,其中一些人富可敌国。[1]

亚得里亚堡是军事要塞,常年驻军,经济繁荣,米哈伊尔九世的拥护者们也曾向他表示过,他们在军队中有众多的追随者和朋友,暗示他可以凭借手中的军权拥兵自重。但天性软弱的米哈伊尔九世仍不愿意反抗他的父亲,不愿意夺取皇权,尽管他拥有这么多得天独厚的资源。安德罗尼库斯二世对米哈伊尔九世显然是信任的,他知道儿子身边周围人的想法,也知道那些人的别有用心,但是他没有采取任何干预措施。的确,米哈伊尔九世直到去世,也未能即位,他一

---

[1] D. S. Kyritses, *The Byzantine Aristocracy in the Thirteenth and Early Fourteenth Centuries*, PhD., Cambridge, Mass.: Harvard University, 1997, pp. 325-326.

直是父亲的共治皇帝,这使他的支持者们感到失望。正当此时,小安德罗尼库斯的出现让他们看到了希望。就在米哈伊尔九世去世后不到一年,他的儿子安德罗尼库斯三世就起兵反叛祖父安德罗尼库斯二世,借口是老皇帝取消了他的皇储资格。安德罗尼库斯三世能够在如此短暂的时间内发动政变,且逼迫祖父与其谈判,依仗的全都是其父亲米哈伊尔九世共治皇帝留下的人脉。老皇帝不是不了解情况,他只是相信儿子米哈伊尔九世对他的忠诚,从来没有削减过其属下兵力。米哈伊尔九世去世后,安德罗尼库斯二世立刻将他身边的支持者,也是他认为的潜在的危险分子调离原职,例如将坎塔库震努斯派往塞萨利,将西纳得诺斯派去马其顿等,其目的只有一个,那就是让这些人远离他的孙子,未雨绸缪,掐断一切有可能的反叛图谋。这充分说明老皇帝对孙子安德罗尼库斯三世不如对儿子那么信任,尤其是皇家内部发生了一件重大的意外事件之后。

1318年,米哈伊尔九世与妻子瑞塔一起前往塞萨洛尼基,参加长子安德罗尼库斯三世的婚礼,新娘是来自德意志布伦瑞克的阿德莱德(Adelaide of Brunswick),婚礼是由安德罗尼库斯二世一手安排的,米哈伊尔九世几乎不曾参与儿子婚事的安排,甚至新娘的人选也是老皇帝指定的。同年,塞萨利的统治者约翰二世·杜卡斯(John II Dukas)突然去世,因为没有继承人,塞萨利陷入一片混乱。米哈伊尔九世恰在此时赶赴塞萨洛尼基,意图非常明显,那就是趁乱收复塞萨利。他应当是奉命行事,因为安德罗尼库斯二世早就有重新夺回塞萨利的计划,只是苦于没有合适的借口,现在天赐良机,拜占庭王朝迅速出兵占领了原雅典公爵控制的塞萨利地区的一些边境城市。初尝胜利后,父子二人计划着发动一场战争,以夺回更多被侵占的拜占庭领土。他们甚至设想重整帝国的陆军和海军,以摆脱帝国在军事上过于依赖雇佣军和外国军队的困境。拥有一支强大的拜占庭军队一直是米哈伊尔九世的梦想,自从他领兵作战起,就想重振帝国的军威。安德罗尼库斯二世也通过增税,筹集了大量资金,实现米哈伊尔九世的梦想似乎是指日可待。遗憾的是,未等实现梦想,米哈伊尔九世就突然离世了。

米哈伊尔九世的突然去世是因为接连不断的家庭变故彻底击垮了他脆弱的神经,爱女的死亡和小儿子被谋杀使他精神崩溃,正值壮年的米哈伊尔九世因此过早离开人世。正是在他逗留塞萨洛尼基期间，米哈伊尔九世听闻女儿安娜不幸去世，安娜是伊庇鲁斯（Epiros）君主托马斯·安苴鲁斯（Thomas Angelos）的妻子。① 突如其来的噩耗使他难以接受，情商过高的米哈伊尔九世病倒了，当他正为女儿哀悼时，传来了更加惨痛的消息，小儿子曼努埃尔被长子安德罗尼库斯三世的随从杀死。安德罗尼库斯三世举止轻浮、风流成性，他怀疑自己有个情敌，于是他命令手下的士兵秘密埋伏在情人的住所，当曼努埃尔到达时，士兵们不问青红皂白杀死了他，后来才发现这个情敌竟然是他的亲弟弟，虽然后悔但已铸成大错。两个孩子在短时间内先后去世，沉重打击了儿女情长的米哈伊尔九世，尤其是当他了解到幼子死亡的真相时，他再也支撑不住了。在听到悲剧噩耗后的第八天，米哈伊尔九世于1320年10月12日去世，终年43岁。他去世的地点是在塞萨洛尼基，该城中的"圣迪米特里"教堂正是他当年加冕为共治皇帝的地方。去世前，米哈伊尔九世颁布了一项法令用于保护他的孙子，也就是曼努埃尔的儿子的继承权。

米哈伊尔九世深得父亲安德罗尼库斯二世的信任，1318年老皇帝指派他到塞萨洛尼基为收复塞萨利做准备，彼时他的弟弟君士坦丁正在城中，且是该城的统治者，但是老皇帝却舍近求远，让他专程赶来处理，由此可见，他在老皇帝心目中受到高度的信任，以及得到的重用。米哈伊尔九世的意外早逝，彻底打乱了父亲安德罗尼库斯二世的收复计划，更使他异常愤怒的是，经过调查了解，制造了这场皇家惨案的人竟然是他最喜爱的孙子。他决定绝不姑息，要严惩罪魁祸首，于是安德罗尼库斯三世被开除出继承人的行列，被取消了皇储资格。而后者也不愿意就此罢手，其心腹近臣青年贵族劝说他借此举兵叛乱，引发了拜占庭晚期历史上著名的"两安德罗尼库斯之战"。

米哈伊尔九世3岁时被加冕为祖父米哈伊尔八世的共治皇帝，16岁被立为父亲安德罗尼库斯二世的共治皇帝，终其一生，尽管两次加冕，米哈伊尔九世仍是个共治皇帝，因为他先于祖父和父亲去世，所以没有成为独立管理帝国的皇帝，依据本书的原则本不应纳入皇帝列传，但考虑到其参与帝国军政要务诸多重大事件

---

① D. M. Nicol, *The Despotate of Epiros 1267－1479: A Contribution to the History of Greece in the Middle Age*, p. 75.

并产生极大影响,故而成为皇帝列传中仅有的几个特例,特别是其后继位的是他的长子安德罗尼库斯三世,后者的故事离不开米哈伊尔九世。从个人的品性和素质看,情商高而智商低的米哈伊尔九世缺乏帝王杀伐决断的魄力,并非皇帝的合适人选,这一点深为其父皇所知。尤其在拜占庭帝国末代王朝初期的复杂环境中,皇帝不仅需要有叱咤风云驰骋疆场的军事天赋,还要有精明狡诈运筹帷幄的智慧胆识和灵活机敏寡廉鲜耻的谋略手段,特别是要有大义断腕六亲不认的狠心,这些他都不具备,因此难免倒在了家庭内部冲突引发的情感伤害中。事实上,拜占庭帝国末代王朝时期,皇帝血亲世袭继承制度早就深入人心,这就将皇帝专制制度的弊端和深刻矛盾集中到皇室内部,为了争夺最高权位,皇帝吸取前朝教训,设法增加皇帝继承人的数量,甚至突破基督教婚姻法规招纳情妇,末代王朝几乎每个皇帝都遗留下私生子女的现象就从一个侧面证明了这个分析。而米哈伊尔九世天生情种,成长中又不能适应这种复杂情况的变动,必然在争夺最高皇权的斗争中败北,提前出局。

第四节

安德罗尼库斯三世(Andronikos Ⅲ)

1328—1341 年在位

安德罗尼库斯三世·帕列奥列格(Andronikos Ⅲ Palaiologos, Ανδρόνικος Γ' Παλαιολόγος,生于 1297 年 3 月 25 日,卒于 1341 年 6 月 15 日)是帕列奥列格王朝第四位皇帝,1328 年内战中取胜,迫使祖父退位,5 月 24 日登基,至 1341 年 6 月 15 日去世,在位 13 年。

安德罗尼库斯三世是米哈伊尔九世之子,约翰五世的父亲。他于 1297 年 3 月 25 日出生在君士坦丁堡,1341 年 6 月 15 日在君士坦丁堡去世。安德罗尼库斯三世是米哈伊尔九世和亚美尼亚公主瑞塔-玛丽亚(Rita-Maria)的长子,1308 年至 1313 年间,他成为父亲米哈伊尔九世的共治皇帝。安德罗尼库斯三世在起兵反抗祖父安德罗尼库斯二世以前,原本是皇位的第二顺位继承人,在祖父溺爱中长大的安德罗尼库斯成为一个不守规矩、挥霍无度的年轻人,他的一次莽撞行为导致其弟弟曼努埃尔意外被杀,其父亲米哈伊尔九世由于过于悲痛,暴病早逝。其祖父安德罗尼库斯二世对此非常愤怒,他剥夺了安德罗尼库斯三世的皇位继承权。①

幸运的是,其憨厚的父亲米哈伊尔九世为安德罗尼库斯三世留下了很多资源,包括军事和政治的人脉关系。米哈伊尔九世去世后,米哈伊尔九世的支持者选择拥护他的儿子安德罗尼库斯三世,他们害怕米哈伊尔九世的弟弟君士坦丁·帕列奥列格继位。后者在塞萨洛尼基有自己的宫廷,其支持者主要是下层贵族。如果不是依仗父亲米哈伊尔九世留下的根基,安德罗尼库斯三世不可能在父亲去世不到一年,就能够起兵反叛祖父安德罗尼库斯二世,且在内战中取胜并逼迫祖父老安德罗尼库斯与其谈判。安德罗尼库斯三世与父亲不同,他不希望活在祖父的阴影下,自1316年被确立为共治皇帝开始,他就想脱离祖父的监督,早日独立。

围绕在安德罗尼库斯三世身边的朋友和支持者,大多是世袭贵族家庭出身的年轻贵族,这些人劝说安德罗尼库斯三世要为自己的继承权而战,他们的支持更多的是精神鼓励,主要依赖的还是其父亲留下的班底。米哈伊尔九世在世时,他的支持者们就希望通过一场宫廷政变把老皇帝拉下马,将帝国的政权交给更有活力的年轻一代。他们将安德罗尼库斯三世视为实现理想的工具。除了最富有的约翰·坎塔库震努斯,安德罗尼库斯三世身边的支持者还有希尔扬尼斯·帕列奥列格、塞奥多利·西纳得诺斯和阿莱克修斯·阿波考库斯。希尔扬尼斯·帕列奥列格是个有野心的冒险家,他出身皇族,其母亲是安德罗尼库斯二世的外甥女。西纳得诺斯年纪稍长,已有较高的军衔,曾是米哈伊尔九世的密友,此时率兵驻守马其顿地区。阿波考库斯与前几位不同,他既没有出生在显赫的家族,也不富有,是个投机分子。他们把政变当作一次机会,只有约翰·坎塔库震努斯是忠心耿耿地效忠于这个失宠的继承人。

1318—1320年,米哈伊尔九世常住塞萨洛尼基,该城是他的弟弟君斯坦丁·

---

① A. A. Vasiliev, *History of the Byzantine Empire, 324–1453*, p. 584.

帕列奥列格的驻地，但是他在这里受当地民众爱戴的程度较其弟弟更高。1321年内战爆发时，塞萨洛尼基的居民出于对米哈伊尔九世的喜爱，选择支持他的儿子安德罗尼库斯三世，他们囚禁了君士坦丁。

安德罗尼库斯三世和他的支持者把叛乱总部设在距离首都两三天路程的亚得里亚堡，该城人口众多，经济繁荣，且拥有自己的军队。安德罗尼库斯三世的父亲米哈伊尔九世曾在这里度过很长时间，结交了很多朋友。亚得里亚堡往南50公里是军事要塞狄迪蒙特乔（Didymoteichon）。1321年4月15日，坎塔库震努斯先离开君士坦丁堡，与城外的士兵们汇合，等待起事日期。西纳得诺斯前往他们设立在亚得里亚堡的叛乱中心。4月19日夜间，小安德罗尼库斯借打猎之名速出都城，两天后与他的朋友们在亚得里亚堡汇合。得知消息的老皇帝异常愤怒，立即要求所有的政府官员们宣誓效忠，同时宣布小安德罗尼库斯是亡命徒，并取消了他的皇位继承权。老皇帝以为大部分贵族将拥戴自己，但是小安德罗尼库斯的拥护者远超出老皇帝的想象，局势变得难以控制。

为了拉拢人心，小安德罗尼库斯许诺执政后会实行减税等政策，促使更多民众聚集在他的周围，他们自愿出钱资助小安德罗尼库斯的军事活动。同时，通过政治联姻，小安德罗尼库斯得到保加利亚国王的支持，因为他将自己的妹妹嫁给了国王，说服后者同意派出300名骑兵支援。获得了民众支持和外援的小安德罗尼库斯实力大增，甚至动了直接攻打首都的念头，幸好头脑比较清楚的坎塔库震努斯劝阻了他。老安德罗尼库斯抓住时机，派出代表团与小安德罗尼库斯协商。1321年6月，在君士坦丁堡和塞林布里亚（Selymbria）之间、米拉斯（Melas）河边的瑞吉恩（Rhegion），双方开始谈判。老皇帝的代表团以费拉德尔菲亚城主教赛欧莱普特斯（Theoleptos）和希尔扬尼斯的母亲为首，后者与坎塔库震努斯家族和帕列奥列格家族都有亲戚关系。双方很快签订了协定，即拜占庭帝国分属安德罗尼库斯祖孙俩，由他们共同统治；老安德罗尼库斯级别稍高些，可以掌管首都，小安德罗尼库斯主要负责色雷斯地区。①

两安德罗尼库斯之间的停战协定仅仅维持了几个月，内战再次打响。起因是

---

① D. M. Nicol, *The Reluctant Emperor: A biography of John Cantacuzene, Byzantine Emperor and monk, c. 1295-1383*, Cambridge: Cambridge University Press, 1996, p.21.

第五章　帕列奥列格王朝

小安德罗尼库斯最为倚重的四位支持者之一的希尔扬尼斯公开叛变投敌。由于妒忌小安德罗尼库斯对坎塔库震努斯的宠信,也有人说是因为他的妻子被小安德罗尼库斯欺辱,希尔扬尼斯于 11 月份抛弃了他的朋友们前往首都君士坦丁堡。1321 年 12 月,双方在色雷斯地区开战,战争一直胜负难分,直到 1322 年 7 月,交战双方都意识到需要停止这场无休止的内战,于是开始了第二次停战谈判。为了确保公平公正,这次谈判由圣阿索斯修道院主持,阿索斯修道院的修士们在拜占庭帝国的神权政治中保持着较高的地位。当时所有人都愿意结束这种分裂局面,各方代表都认为即使有共治皇帝,帝国的真正权利也只能掌握在一个皇帝手里。双方再次签订停战条约,小安德罗尼库斯得到了来自帝国国库的大量金钱赔偿,未来似乎更加值得期待。小安德罗尼库斯专程骑马赶赴君士坦丁堡,在皇宫中亲吻了老安德罗尼库斯的脚,围观者激动地见证了这一历史时刻。15 天后,小安德罗尼库斯返回了狄迪蒙特乔,他在那里得到了他的妻子,还有坎塔库震努斯的母亲塞奥多拉等人的欢迎。①

1325 年 2 月 2 日,在圣索菲亚大教堂,小安德罗尼库斯举行了盛大的加冕礼,这是单独为他自己举行的加冕礼,东正教牧首埃塞尔斯(Esaias)主持了加冕仪式,距离他被加冕为共治皇帝已经九年了。曾宣布与小安德罗尼库斯断绝关系的老皇帝安德罗尼库斯二世也出席了加冕礼。不幸的是,在仪式巡游途中出了意外事故,老安德罗尼库斯的马滑倒了,把他摔到了地上,一些人将此事视为不祥的预兆。

拜占庭帝国内部的混乱,对于一直打算对外扩张势力的土耳其人来说,是个千载难逢的大好时机,他们自然不会错过,1325 年前后,土耳其士兵开始在小亚细亚地区猛烈攻击一直存在的希腊—罗马古代城市,以及拜占庭人新建的城市。1326 年 4 月 6 日,处于围困中的、饱受饥饿折磨的布鲁萨(Brusa)投降了,随后,小亚地区的拜占庭城市一个个相继落入奥斯曼土耳其人之手。②

---

① D. M. Nicol, *The Reluctant Emperor: A biography of John Cantacuzene, Byzantine Emperor and monk, c. 1295 - 1383*, pp. 21 - 22.
② D. M. Nicol, *The Reluctant Emperor: A biography of John Cantacuzene, Byzantine Emperor and monk, c. 1295 - 1383*, p. 24.

当拜占庭帝国的内部斗争卷入外国势力后,情况发生了变化,对拜占庭来说,这是一个非常危险的信号,它加速了帝国的混乱和衰败。塞尔维亚和保加利亚也都把拜占庭的内战视为获取自身利益的良机。1327年5月,安德罗尼库斯三世与保加利亚的新统治者米哈伊尔·希什曼(Michael Šišman)举行了一次会谈,会谈的地点在亚得里亚堡以西约20公里马里卡河边(Marica River)的科瑙曼(Črnomen),会谈持续了一周时间。小安德罗尼库斯得到了希什曼的支持,因为后者刚刚成为他的妹夫,作为回报,他也将协助后者抗击他的宗主国塞尔维亚,此时的塞尔维亚国王杜尚已经与老安德罗尼库斯结盟。1327年夏季,随着塞尔维亚和保加利亚两国介入拜占庭内乱,局势更加紧张。9月1日,天空出现了日食现象,有头疯猪突然闯入圣索菲亚大教堂里横冲直撞……诸如此类的事情,都被人们看作是灾难的预兆,事件的真伪我们已经无从得知,但它从侧面反映了拜占庭民众对即将到来的战争的担忧和恐惧。10月初,获知老皇帝暗中布局的小安德罗尼库斯将他的宫廷从狄迪蒙特乔迁往临近首都的塞林布里亚,随后又迁至距离首都更近的瑞吉恩。小安德罗尼库斯向首都逼近的消息引起了老皇帝的恐慌,他请求君士坦丁堡牧首开除小安德罗尼库斯的教籍遭到了拒绝,牧首反而劝他不要把政治和宗教混为一谈,尽量与小安德罗尼库斯和谈。

小安德罗尼库斯一直在等待君士坦丁堡方面老皇帝的反应,几周过去了,没有任何回应。在坎塔库震努斯和西纳得诺斯的建议下,小安德罗尼库斯决定试探一下老皇帝,他们率领一支1 300人的队伍向君士坦丁堡进发,刚到达城门,老皇帝便下令让他们立刻撤退。退回塞林布里亚后,他们在狄迪蒙特乔重新汇合,决定换个方向进攻。1327年年底,他们收到消息,马其顿地区的塞萨洛尼基城想要归顺他们。塞萨洛尼基是拜占庭帝国的第二大城市,该城的降服对于小安德罗尼库斯来说,是一个重大的胜利。1328年1月,安德罗尼库斯和坎塔库震努斯进驻塞萨洛尼基城,受到了民众的热烈欢迎,该城民众对于老皇帝和塞尔维亚两个盟友的前景并不看好,反而对小安德罗尼库斯的免税政策很感兴趣。因此,小安德罗尼库斯几乎未受到阻抗就占领了塞萨洛尼基城,在该城的影响下,马其顿地区的各个要塞城镇先后同意加入小安德罗尼库斯的阵营,改变了效忠对象。

马其顿地区的转变打破了巴尔干地区力量的平衡,引发了一连串的连锁反应。安德罗尼库斯三世的盟友保加利亚国王在看到形势朝着有利于小皇帝的方向发展后，转变了立场，选择与老皇帝站在一起。妹夫保加利亚国王的公然背叛，让安德罗尼库斯三世感到非常意外和震惊，幸好他的身边有聪明、睿智的约翰·坎塔库震努斯，后者提出以静制动，等待时机，并巧妙运作果断制止了保加利亚有所动作的可能性。

此时，再也没有什么力量可以阻挡安德罗尼库斯三世进驻君士坦丁堡了，因为城中的部分居民在青年贵族煽动下也期待着安德罗尼库斯三世能够带领他们脱离苦海。由于威尼斯与热那亚之间的贸易战，两周或是更早以前，威尼斯封锁了博斯普鲁斯海峡和君士坦丁堡港口，以防止热那亚商船卸下他们满载的食品类货物，使得任何船只都不能到达君士坦丁堡和热那亚在城北的港口加拉塔，这意味着这个巨大城市缺乏日常必需的物资补给，君士坦丁堡即刻陷入大面积的饥荒。老皇帝对此一筹莫展，他在城中民众心目中的威望也随着饥荒的蔓延一点点丧失。1328年5月23日，由安德罗尼库斯三世、坎塔库震努斯和西纳得诺斯三人组成了作战指挥总部，他们率领约800名士兵向城墙进发，当夜，通过贿赂守城的两个指挥官，很轻易地进入了圣罗马诺斯城门，老皇帝对此一无所知，直到街道上的喧闹声传来，他才从睡梦中惊醒。由于担心自己的人身安全，老皇帝焦虑不安，他不停地向圣母玛利亚的塑像祈祷，寻求神灵庇护。不过，他的担心是多余的，攻城的士兵早已得到命令，不许造成任何人员伤亡和财产损失。

1328年5月24日，在民众的欢呼声中，安德罗尼库斯三世终于成为拜占庭帝国唯一的皇帝。他大度地接受了祖父安德罗尼库斯二世的降服，并向他保证不会伤害其一分一毫，这一策略必出自约翰·坎塔库震努斯，和缓的气氛让大家都松了一口气。内战在相对平和的状态下结束了，老皇帝不再是皇帝了，他也没有被逐出教会，而他得到承诺，只要他不公开露面，就可以保留其皇帝徽章。但老皇帝最亲密的朋友和追随者都受到了迫害，尤其是塞奥多利·梅托契特斯家族被全族铲除，老皇帝的全部财产也被收缴进帝国的国库。历史学家尼基弗鲁斯·格里高拉斯也受到了牵连，他采用梭伦的话来安慰自己，梭伦曾说过，在政治动荡中，没有人可以保持中立。

从1321年4月19日至1328年5月28日，安德罗尼库斯二世与安德罗尼库斯三世之间的战争持续了七年多。老皇帝退位后不久进入了修道院，70 岁的他迅速衰老，身心俱伤且双目失明，1332 年 2 月，在与女儿共进晚餐时，突然去世，享年近 73 岁。安德罗尼库斯二世的离世代表着一个时代的结束。时年，安德罗尼库斯三世约 36 岁。

新政权是否有能力带领拜占庭帝国从一片废墟中走出来，再次复兴，且有待观察，但是已经有人忍耐不住，急于试探安德罗尼库斯三世。1328 年 6 月，保加利亚国王率先出兵进攻色雷斯地区，拜占庭帝国的快速军事反应超出他的想象，保加利亚军队很快溃败，被驱逐出境，双方续订了长期的条约。人们惊讶地发现，刚刚经历过内战的拜占庭帝国似乎有了新的生机和活力，仍具备很强的军事防御能力。事实上，辅助新皇帝的贵族们大有能人，其中约翰·坎塔库震努斯就是杰出的代表。

成功地阻击保加利亚军队给了安德罗尼库斯三世极大的信心，他决定收复被土耳其人占领的小亚细亚地区。1329 年 5 月，安德罗尼库斯三世和约翰·坎塔库震努斯带领着一支仓促招募来的军队渡过了海峡，6 月 1 日，他们在博斯普鲁斯海峡亚洲一侧登陆，向尼科米底进发。土耳其人发现异动后，立刻封锁了尼科米底地区，驻扎在佩勒卡农（Pelekanon）的土军抢先占据了有利地形，稍有经验的士兵都知道，一旦开火，拜占庭并没有胜算。九天后战争还是打响了，土军由奥斯曼的儿子奥尔汗（Orhan）指挥，双方打了几个回合，夜幕降临时，坎塔库震努斯建议安德罗尼库斯三世赶快撤退以待来日再战。但是土耳其军队不会给他们任何后退的机会，他们极力拦截拜占庭军队，安德罗尼库斯三世在战斗中不幸受伤，拜占庭军队中很快传出皇帝已经被杀死的谣言，顿时人心惶惶，本来有秩序地撤离变成了大溃散。坎塔库震努斯虽然尽力维持队形，确保有序撤军，但安德罗尼库斯三世伤重已经不能骑马了，最终这支溃败的军队还是安全地撤到了克里索波利斯（Chrysopolis），然后坐船返回君士坦丁堡。

佩勒卡农战役是拜占庭和奥斯曼之间的第一次正面冲突，但具有重要意义，它表明拜占庭帝国朝廷已经认识到小亚细亚地区新兴的奥斯曼土耳其势力严重的威胁，企图在这股势力尚未强大、还在萌发阶段便将其消除，彻底将威胁帝国的这个潜在力量扼杀在初期阶段。无论约翰·坎塔库震努斯和安德罗尼库斯三世等人是否真的洞察到如后世人所看到的趋势,他们采取的主动进攻行为都是值得肯定的。只是他们没有认识到,奥斯曼土耳其人发展极为迅速,其军事力量的发展也是借助了拜占庭帝国内乱中各派雇佣兵雇主的慷慨大方。在不到一代人时间内,他们不仅从富庶的拜占庭帝国赚取了大笔雇佣兵军饷,而且也锻炼了将士,提高了他们的技战术水平。拜占庭君主们低估了他们的实力,也没能做到"知己知彼方能百战不殆",此次战役失败就是必然的了。幸亏约翰·坎塔库震努斯对战场形势灵活应对,及时撤军并设法保住了拜占庭主力部队,不然还会遭受更大的灾难。

土耳其人随后解除了对尼科米底的封锁,不过,这只是暂时性的,奥斯曼土耳其已经控制了整个比提尼亚地区。1331 年 3 月,曾作为拜占庭流亡政府首都的尼西亚向土耳其投降。尼科米底的形势也不乐观,为了解救被围困的尼科米底,1333 年 8 月,安德罗尼库斯三世亲自驾船为该城的饥民送去救济食品,并在那里待了一个多星期,其间他与奥尔汗进行了一次会谈,双方签署了一份协议,这也是拜占庭皇帝与奥斯曼土耳其领袖之间的第一个正式协议。① 双方约定,拜占庭每年向土耳其缴纳 12 000 个金币,以换取所剩无几的比提尼亚领地。通过上缴大量黄金来换取和平是拜占庭常用的一种古老的、有效的外交手段,因为他们长期以来就认为,以黄金换和平比其他方式都有效,安德罗尼库斯三世也不认为这样做有辱人格和国格。此时的土耳其军队已经在比提尼亚和小亚细亚西部建立了稳固的统治,要想把土军驱逐到曾经的拜占庭东部边境,需要足够强大的军事力量才可以做到。在皇帝看来,即使每年都要向土耳其支付一大笔钱,也比招募、装备和维持一支庞大的军队的花费要少。

安德罗尼库斯三世在位期间最大的成就是收复了拜占庭帝国北部的一些地区,这些地区从 1204 年开始被中央政府疏忽。由于拉丁帝国统治时期,西欧流行的各级领主封土建制的制度便全面植入拜占庭帝国陈旧的中央集权制中,拉丁帝国倒台后,拜占庭境内的许多地区一直维系着西欧封土制。塞萨利和伊庇鲁斯的独立意识就是在第四次十字军战征以后形成的,他们从未完全承认过君士坦丁堡

---

① D. M. Nicol, *The Reluctant Emperor: A biography of John Cantacuzene, Byzantine Emperor and monk, c. 1295 – 1383*, p.33.

中央朝廷的权力，米哈伊尔八世统治时期曾经试图收回这些地区，可惜未能成功。此时的形势显然对安德罗尼库斯三世比较有利，1333 年塞萨利的统治者突然去世，该省陷入无政府状态。安德罗尼库斯三世看准时机，立刻下令军队从塞萨洛尼基向南出发，占领整个塞萨利省，南部远至加泰罗尼亚雇佣兵公国（Catalan Duchy）交界地区，都被拜占庭帝国收复。奉命率兵征讨的米哈伊尔·摩诺马赫（Michael Monomachos）将军被任命为塞萨利省的新总督。

几年后，安德罗尼库斯三世收复了伊庇鲁斯，不过，这一地区的回归相比塞萨利的情况要复杂得多，面临的困难也更多。1337 年，安德罗尼库斯三世收到报告，称伊庇鲁斯一带的阿尔巴尼亚人正在制造骚乱。作为该地区古老的山地土著居民，阿尔巴尼亚人剽悍尚武，喜欢四处抢劫，善打游击战，他们一旦得手，凭借对地形的熟悉，迅速逃窜，来无踪去无影，拜占庭人在山区要想追捕到他们绝非易事，即使拜占庭骑兵对他们也无可奈何。长期以来，类似的抢劫时有发生，民众为之色变，怨声载道。安德罗尼库斯三世听从坎塔库震努斯的建议，决定采取新战术对付阿尔巴尼亚人，他们向土耳其首领乌穆尔雇用了一支约 2 000 人的步兵。1338 年春，拜占庭军队和土耳其雇佣军一起从塞萨洛尼基出发，联军出其不意，轻装上阵，伊庇鲁斯地区地方军队毫无防备，尤其是看到陌生的土耳其人，惊吓不已，阿尔巴尼亚人知道自己遇上了真正的对手，很快就投降了。土耳其人对这些战俘展开了残忍的屠杀，战利品的数量极其庞大，除了大批俘虏和囚犯，还有成群的牛、羊和马，阿尔巴尼亚人为他们的劫掠行为付出了惨痛的代价。伊庇鲁斯地区的拜占庭民众因此感谢安德罗尼库斯三世赶走了阿尔巴尼亚强盗。他们以前从未见过皇帝，如今由衷地赞美皇帝，将其视为天神一般敬仰。

按照惯例，战利品的五分之一要呈给皇帝，五分之一归指挥官，但是安德罗尼库斯三世却大方地把战利品和奴隶全都送给了乌穆尔，并把土耳其雇佣军也交还给乌穆尔。因为他有一件更重要的事情要做，那就是带着他的军队去收回伊庇鲁斯，此时的安德罗尼库斯三世还不知道伊庇鲁斯城居民的反抗意识和收复工作的难度都远远超出了他的想象。伊庇鲁斯的政权刚刚移交到专制君主国女专制君主（basilissa）安娜·帕列奥列吉娜（Anna Palaiologina）手里，她是前任统治者的遗孀，她的儿子尼基弗鲁斯还是个孩子。或许是因为安德罗尼库斯三世雇佣土耳其军队处置阿尔巴尼亚人的做法令人生畏惧,帕列奥列吉娜本人愿意交出政权,与皇帝体面地和解,但是她的一些臣民宁愿与意大利人合作,也不赞成向皇帝投降,他们认为君士坦丁堡的拉丁帝国的虚名早已不复存在,新建立的拜占庭帝国也强不到哪里去。帕列奥列吉娜按照自己的意愿与安德罗尼库斯三世达成了协定,帕列奥列吉娜交出伊庇鲁斯的控制权,皇帝在塞萨洛尼基给她提供一处住宅和一处地产,她的儿子也将与坎塔库震努斯的一个女儿定亲。在她准备离开伊庇鲁斯的首府阿尔塔时,她的儿子突然失踪了。原来是被帕列奥列吉娜的反对派诱拐到了意大利,在那里,尼基弗鲁斯被推举为伊庇鲁斯王子。皇帝没有耐心继续等下去,他任命塞奥多利·西纳得诺斯为收复后的伊庇鲁斯省总督后,前往塞萨洛尼基。

18个月以后,尼基弗鲁斯被他的意大利朋友带回了伊庇鲁斯,他们以阿尔塔为中心开始公开反叛,领导人有两位,除了尼基弗鲁斯,还有阿莱克修斯·卡巴西拉斯(Alexios Kabasilas),叛军逮捕了塞奥多利·西纳得诺斯,把他关押在阿尔塔的监狱中。安德罗尼库斯三世得到消息后,命令塞萨利的总督米哈伊尔·摩诺马赫和坎塔库震努斯的表兄约翰·安茸鲁斯(John Angelos)一起前去镇压叛乱。1340年春天,安茸鲁斯和坎塔库震努斯带着援军赶来,他们将军队分为三部分,分别进攻叛乱的三个中心地点:罗戈伊(Rogoi)、阿尔塔和托马卡斯特隆(Thomokastron)。叛乱分子高估了他们自己的实力,几个月的交战后,这一地区就恢复了正常秩序,拜占庭朝廷重新控制了当地局势。

当然,该地区的收复主要依靠的是武力镇压和威慑,但约翰·坎塔库震努斯高超的外交手腕和雄辩的口才发挥了特殊的作用。通过与叛军首领阿莱克修斯·卡巴西拉斯和尼基弗鲁斯的谈判,罗戈伊和阿尔塔的叛军先后投降,托马卡斯特隆成为叛军的最后一个据点。托马卡斯特隆被围困期间,叛军每天都在盼着意大利朋友的增援,但三个星期后,的确有来自塔兰托的船只出现在海面上,[①]但是他们并不靠岸,只是在附近水面上安慰被围困的叛军。在被困25天后,托马卡斯特隆城堡的叛军派出尼基弗鲁斯的家庭教师作为代表与坎塔库震努斯谈判,坎塔库震努斯明确指出战局形势,点明意大利人只是出于自己的目的和野心才会帮

---

① 意大利东南部城市,濒临爱奥尼亚海,是意大利最重要的港口之一。

助尼基弗鲁斯,只要拜占庭皇朝军队守住阵地,意大利海军就不敢登陆。但是如果城堡被攻陷,叛军将会为他们的愚蠢行为付出代价,他们的土地和财产会被没收,妻儿也会被流放。陷入绝望中的叛军为坎塔库震努斯的言辞说服,第二天便决定投降。坎塔库震努斯在托马卡斯特隆留下部分兵力,以防止意大利海军登陆,便带领尼基弗鲁斯前去皇帝的营地,尼基弗鲁斯受到安德罗尼库斯三世的欢迎,并被授予一个帝国高级贵族的头衔。1342 年夏天,尼基弗鲁斯和坎塔库震努斯的女儿玛丽亚结婚。坎塔库震努斯的表兄约翰·安苴鲁斯被任命为阿尔塔的总督,三周后,也就是 1340 年 11 月初,待伊庇鲁斯的局势稍定,安德罗尼库斯三世离开巴尔干半岛西部前往塞萨洛尼基。

1341 年,安德罗尼库斯三世从塞萨洛尼基返回君士坦丁堡就病倒了。长期征战的伤痛和过度疲劳极大地损害了安德罗尼库斯三世的身体,医生的抢救也未能挽回他的生命,1341 年 6 月 14 日至 15 日夜间,安德罗尼库斯三世的生命走到了尽头,他的密友兼首相坎塔库震努斯守在床前。安德罗尼库斯三世去世时年仅 44 岁,据说是死于一种未知的疾病。约翰·坎塔库震努斯和拜占庭著名的历史学家尼基弗鲁斯·格里高拉斯都曾随伺皇帝身边,可以近距离地观察他,从他们留下的作品中描述的皇帝的一些症状来看,现代医学研究认为,安德罗尼库斯三世很可能患了长达 20 年的疟疾,他死前的昏迷可能是一种慢性疟疾造成脑损伤的表现。

安德罗尼库斯三世的突然去世,引发了拜占庭帝国政治和社会的强烈动荡。为了确保政局稳定,约翰·坎塔库震努斯在 30 天里给各省的官员写了 500 多封信,命令他们要像皇帝在世时一样尽忠职守。安德罗尼库斯三世的遗孀安娜在他去世的修道院待了三天,然后回到皇宫举行了为期九天的哀悼,葬礼仪式是在圣索菲亚教堂举办的。① 安德罗尼库斯三世的第一任妻子来自德意志,没有生育,他的第二任妻子萨伏依的安娜(Anna of Savoy)同样来自西方,希腊人称呼她为乔安娜(Joanna),1325 年加冕后不久他们举行了婚礼。1332 年 6 月她在狄迪蒙特乔生下了她的第一个儿子,即未来的约翰五世·帕列奥列格(John Ⅴ Palaiolog-

---

① D. M. Nicol, *The Reluctant Emperor: A biography of John Cantacuzene, Byzantine Emperor and monk, c. 1295 - 1383*, p.46.

os)。安德罗尼库斯三世去世时,他的儿子约翰五世年仅9岁,约翰·坎塔库震努斯被任命为摄政,但是皇后萨伏依的安娜却对坎塔库震努斯极度不信任。萨伏依的安娜认为她的丈夫、安德罗尼库斯三世对坎塔库震努斯过于依赖,后者有操控皇帝的嫌疑,她的婆婆玛丽亚也有同样的感受,不过玛丽亚住在塞萨洛尼基,她不喜欢君士坦丁堡的宫廷生活。早在1329年,安德罗尼库斯三世试图说服其密友约翰·坎塔库震努斯接受共治皇帝的头衔,后者坚决拒绝了皇帝的提议。1330年,安德罗尼库斯三世在狄迪蒙特乔病重,生命垂危,他打算再次授予坎塔库震努斯皇帝的头衔,后者再次拒绝,君臣上演了拜占庭帝国版的"白帝城托孤"。最终,皇帝把一众官员和皇后安娜都叫到床前,嘱咐他们在他死后,约翰·坎塔库震努斯就是他们的领袖和保护者。坎塔库震努斯面对着聚集的人群向皇帝宣誓效忠,据说这是拜占庭对即将死去的皇帝实施的一种古老习俗。令人惊讶的是,在喝了一些圣水之后,安德罗尼库斯三世竟然复苏了,不久就完全康复了。康复后的皇帝无疑更加信赖其忠诚心腹朋友,约翰·坎塔库震努斯因此在这个时期发挥了更大的作用。

  1341年,皇帝再度病危,但皇室情况有所不同,朝廷内政争愈加激烈。"托孤"当年,安德罗尼库斯三世几次欲立坎塔库震努斯为共治皇帝时,约翰五世还未出生,皇帝没有自己的后嗣,现在情况发生了变化。安德罗尼库斯三世去世那一年,约翰五世已经9岁了。皇后安娜不想让她的儿子像父亲一样受坎塔库震努斯的控制,她更担心以坎塔库震努斯对帝国政权的掌控力和强大的影响力,她的儿子难以顺利继承皇位。相比摄政的坎塔库震努斯,安娜更愿意相信君士坦丁堡牧首。牧首约翰·卡莱卡斯(John XIV Kalekas)和大将军阿莱克修斯·阿波考库斯二人都想在乱局中享有更多的权利,于是他们选择支持皇后安娜。另有一些人,主要是处于社会上层的大地主和大贵族支持约翰·坎塔库震努斯,帝国日益分裂为对立的两大势力集团,最终导致此后不久爆发的长达七年之久的拜占庭内战,史称"两约翰之战"。事实上,围绕着拜占庭帝国新老皇帝,朝廷中逐渐形成了外戚权力集团和相府权力集团,两派势力明争暗斗。安德罗尼库斯三世在世时,更加信赖后者,因此前者虽然不满也只能暗中策划。老皇帝一死,外戚集团立即发力,乘着约翰·坎塔库震努斯一次外出发动宫廷政变,宣布罢免其军政一切职位,剥夺其掌控的所有权力。不甘就范的约翰·坎塔库震努斯立即组织力量反击，并最终击败政敌。这一切都发生在皇帝去世后的数月之间。

在安德罗尼库斯三世去世的同一年，也就是 1341 年 10 月 26 日，他的首相约翰·坎塔库震努斯在狄迪蒙特乔自立为帝，史称约翰六世。同年 11 月 19 日，安德罗尼库斯三世的儿子约翰·帕列奥列格在母后安娜的安排下，于首都君士坦丁堡加冕称帝，史称约翰五世。

安德罗尼库斯三世无疑是拜占庭帝国末代王朝的"不肖子孙"，气死父皇，推翻祖皇，风流成性，道德败坏。但是，他天生顽劣，走马放鹰之中透露出尚武的阳刚之气，这是衰落中的帝国皇族十分缺乏的，正因为如此，其祖父安德罗尼库斯二世在对其共治皇帝米哈伊尔九世屡战屡败失望之余，格外看重他这个长孙。在这个孩子身上，他似乎看到了马其顿王朝那个同样尚武不尚文的瓦西里二世的身影。问题在于，末代皇室宫廷的贵族气质变了，自王朝创立者米哈伊尔八世开始的历代皇帝都在合法婚姻之外，明目张胆地生养私生子女。这种丧失基本伦理道德的风气显然促使皇族加速腐化堕落，从而酿成了兄弟相残的惨剧，进而打乱了末代帝国最高权力交接的惯例。成长于宫廷的安德罗尼库斯三世原本有可能弥补米哈伊尔九世的不足，但最终破坏了或损害了帝国中央集权制。特别是皇族内战开启了亲族相杀的恶劣开端，为外部敌对势力介入帝国内战提供了借口和机会，加速了帝国的灭亡。

第五节

约翰五世（John V）

1341—1391 年在位

约翰五世（John V Palaiologos, Ἰωάννης Ε'Παλαιολόγος，生于 1332 年 6 月 18 日，卒于 1391 年 2 月 16 日，享年 59 岁）是帕列奥列格王朝第五位皇帝，他刚出生就于同年被立为共治皇帝，至 1391 年 2 月 16 日去世，在位 59 年，但真正独立统治帝国约 30 年。

约翰五世是安德罗尼库斯三世之子，安德罗尼库斯四世的父亲，约翰七世的祖父，他于 1332 年 6 月 18 日出生于狄迪蒙特乔，1391 年 2 月 16 日在君士坦丁堡去世。① 从 1341 年安德罗尼库斯三世去世、约翰五世 9 岁继承父亲登基，直到 1391 年，他在位 50 年期间经历了无数次的叛乱，还有一次长达数年的王朝内战，他实际统治时间仅 30 年。

也有学者认为，约翰五世在 1332 年出生时即被父亲任命为共治皇帝。在安德罗尼库斯三世去世后不久发行的硬币上，我们可以看到约翰五世与母亲安娜的形象一起出现在硬币的一面，已故的安德罗尼库斯三世的形象在硬币的反面，这可能是某种特殊类型的纪念币，一方面在提醒人们记住已逝的皇帝，另一方面直接指出了皇位继承人。共治皇帝制度可以追溯到拜占庭帝国早期历史，到了帕列奥列格王朝，一直在延续这一惯例，皇帝任命长子为共治皇帝，显然是为了确保他的合法继承人的权利，也是为了将这帝国最高权力保留在皇家。结合约翰五世父亲安德罗尼库斯三世的身体状况分析，这种观点也是合乎逻辑的。1329—1330 年间，安德罗尼库斯三世病重时，围绕在其身边觊觎皇位的人数的确不少，例如他的母亲瑞塔-玛丽亚、他的叔叔君士坦丁·帕列奥列格，还有他的首相约翰·坎塔库震努斯等等。尽管安德罗尼库斯三世努力为他的合法继承人保留皇位，但是他的早逝和约翰五世的年幼使其计划最终落实大费周折。②

约翰未出生时，他的父亲安德罗尼库斯三世几次欲立首相约翰·坎塔库震努斯为共治皇帝。特别是 1330 年，安德罗尼库斯三世在狄迪蒙特乔病危时，他再次授予坎塔库震努斯皇帝的头衔，后者再次谢绝。皇帝把官员和皇后安娜都叫到床前，嘱咐他们在他死后，委任坎塔库震努斯成为他们的领袖和保护者。由于当时没有明显的皇位继承人，所以众人并无异议。由此观察，认为约翰·坎塔库震努斯有心夺取皇权的推测并不合理，因为此时如果不是他本人一再推脱，他成为共

---

① J. W. Barker, *Manuel II Palaeologus (1391 – 1425)*, New Brunswick: Rutgers University Press, 1969, p. 204.
② Pavlović Bojana, "The Co-rulership of John V Palaiologos", *Zbornik radova Vizantoloskog instituta*, iss. 55, 2018, pp. 233 – 247. https://doi.org/10.2298/ZRVI1855233P.

治皇帝应该是顺理成章的事情。以他的政治谋略,夺取皇权易如反掌,加之他代表的大贵族对他的支持,以及其富可敌国的家族财富,成为皇帝甚至另立王朝也是可能的。他为什么没有这样做？现有的文献资料不足以回答这个问题,也许有某种潜在的威胁迫使他不敢做非分之想,也许他怀疑是皇帝在测试他的忠心,还可能是他判断皇帝的伤病不是那么严重、会重新康复,他们君臣之间的情谊重于权力,这个历史之谜的答案在新史料发掘出来之前仍旧不得而知。

但是到了1341年,皇帝安德罗尼库斯三世去世时,情况大变。当时,约翰五世已经被确立为继承人,只是由于他年仅9岁,所以必须有一位摄政王,辅助幼主直至约翰五世成年。作为已故皇帝最亲密的朋友、政治和军事上的重要顾问,摄政之职非约翰·坎塔库震努斯莫属。但是约翰五世的母亲、皇后安娜却对坎塔库震努斯极其不信任,她早在安德罗尼库斯生前就对后者疑虑重重,此时更加担心年幼的儿子会像父亲那样深受坎塔库震努斯的影响,担忧坎塔库震努斯的权势过于强大,她的儿子不能顺利继承和长期保持皇位。她决定在年幼的约翰五世长大之前,替他消除隐患,守护皇位。于是,皇后安娜将希望寄托在君士坦丁堡牧首约翰·卡莱卡斯身上,牧首同意了,他认为自己才是摄政王,他可以在帝国的政治事务上同样发挥重要作用。安娜身边的支持者除了牧首,还有大将军阿莱克修斯·阿波考库斯,尽管此人是坎塔库震努斯一手提拔起来的,但是在政变时,他选择站在皇后和约翰五世一方。显然,此时宫廷内形成的外戚权力集团压倒了老皇帝在世时占据优势地位的相府权力集团。而后者过于自信,以为缺少军权的外戚集团对自己构不成威胁,因此放松了对政敌的监控。客观而言,皇后的妇人之见受到宫廷反对派贵族和教会贵族的影响,他们无视约翰·坎塔库震努斯在治国理政方面过人的能力,从各自一己之私的立场出发,不惜挑起宫廷内战。

当坎塔库震努斯倾全力应对帝国内外紧急事务、在外领兵作战时,他提拔并特别信任的大将军阿波考库斯留在君士坦丁堡,他不断地煽动皇后安娜和牧首,除掉摄政王的时机已经成熟,机会难得,机不可失、时不再来。皇后很自然相信他的话,认定坎塔库震努斯正在密谋侵害其子的合法皇权。不久,皇后安娜代表皇帝宣布坎塔库震努斯为国家公敌,并剥夺他的所有官职,命令他指挥的军队必须由其他将军率领迅速撤回君士坦丁堡。他们不仅控制了首都及其周围地区,而且将坎塔库震努斯在首都的宅邸洗劫一空，他的亲戚也受到了迫害，他的母亲被关进监狱，由于饥饿、寒冷，加之缺少必要的医疗，最终死在监狱里，他的儿子安德罗尼库斯被限制自由长达五年时间。坎塔库震努斯震惊之余，派使臣前往君士坦丁堡申述，但其使臣被关进了监狱，皇后和牧首不愿意与坎塔库震努斯协商，他们也轻视了后者的实力，将和谈之门彻底关闭。

1341年10月26日，被逼无奈的坎塔库震努斯拥兵自立，在狄迪蒙特乔宣布称帝，史称约翰六世。消息传来，君士坦丁堡方面大为震怒，牧首卡莱卡斯立即将坎塔库震努斯开除教籍，同时加紧准备约翰五世的加冕礼，不足一个月时间，即11月19日，皇后安娜和牧首卡莱卡斯拥立约翰·帕列奥列格在首都君士坦丁堡加冕称帝，史称约翰五世。约翰五世时年不满10岁，但是皇后和牧首已经等不及他长大成人。按照惯例，加冕典礼后要发布一份授勋名单，显然，名单一定是经过皇后安娜、牧首卡莱卡斯，以及大将军阿波考库斯等人审核过的。牧首约翰·卡莱卡斯代替坎塔库震努斯担任摄政王，阿波考库斯则升为军队总司令，这两人的私人利益得到回报。

可以说，安德罗尼库斯尸骨未寒，拜占庭帝国便陷入政治分裂，对立的两大势力集团相互敌对，剑拔弩张，一方以皇后安娜、牧首卡莱卡斯和总兵阿波考库斯为首，声称维护约翰五世的合法继承人地位，另一方以约翰六世为首，宣称对方搞宫廷政变，要武力勤王，清君侧，他的支持者主要是大地主和大贵族。从1341年开始，约翰六世与君士坦丁堡摄政政府展开了一场长达七年的内战，史称"两约翰之战"。内战期间，塞尔维亚人、保加利亚人、土耳其人都作为交战双方借助的军事力量，参与了拜占庭帝国的内战，他们选择支持一方，或者随意更换支持对象，以期获得更大的利益。1346年，约翰六世不惜将女儿塞奥多拉嫁给了土耳其苏丹奥尔汗，通过联姻争取支持，约翰六世与奥尔汗之间的友谊和同盟关系得到了强化。有了强大的土耳其军队的支持，局面很快发生了翻转，1343年，约翰六世攻入狄迪蒙特乔，1345年夏征服了色雷斯的大部分地区，一直到黑海沿岸，君士坦丁堡几乎被封锁，约翰六世甚至可以在城墙附近搭建行军帐篷。

政变成功的君士坦丁堡摄政王朝内部此时却经历着一场巨变，先是大将军阿莱克修斯·阿波考库斯被杀，接着他的儿子约翰·阿波考库斯转变立场，公开支持约翰六世。安娜皇后和牧首开始恐慌起来,他们向土耳其人寻求援助,促使土耳其人临阵倒戈投向约翰五世,他们雇佣杀手到约翰六世在塞林布里亚的营地去行刺也未能成功。更严重的问题是阿波考库斯被暗杀后,各怀鬼胎的外戚集团原本稳固的三角关系完全崩塌,皇后与牧首之间的矛盾日益凸显。1347年1月,皇后和牧首约翰·卡莱卡斯终于闹翻了,皇后决心利用教会的力量除掉牧首。2月2日,皇后召集首都的主教们公开审判牧首,借口牧首神学上的错误,严厉谴责这个教会领袖,并开除了他的教职。主教会议持续了几个小时,直到深夜才结束。外戚权势集团的分崩离析源于三大主谋各自争权,除掉了军事首领后,皇后与教权间的分裂就是迟早的事情了,因为作为该集团首脑的三个人互不相容。心胸狭隘的皇后一心只在乎他们母子的权位,对任何人都不信任,她只是在利用牧首对信徒的号召力,利用大将军阿莱克修斯·阿波考库斯掌控的兵权。牧首则嫉妒约翰六世的权势,希望夺取其摄政地位。阿莱克修斯·阿波考库斯则是见风使舵唯利是图的小人,企图赶走首相,掌握更高兵权。他们相互猜忌,互相利用,也都相互知道各自的底细和弱点,能够将他们联系起来的纽带极为脆弱,任何细微的分歧都会从内部摧毁外戚集团。而皇后从来就没有相信过任何人,所以在达成了自己推翻坎塔库震努斯的愿望后,毫不手软地立即处理掉其他两个合谋者。也是由于她毫无远见和过分自信,未能充分估计约翰六世的实力,导致最终失败的结果。

就在她忙于开会处置牧首的这天晚上,约翰六世在君士坦丁堡城内的支持者们的帮助下,悄然入城,没有遭遇任何抵抗,这是他自内战打响以来第一次回到首都君士坦丁堡。慌乱之下,皇后安娜把自己关在宫中,她向城北加拉塔港的热那亚人寻求帮助,企图依靠意大利人救急。只是后者刚越过城北金角湾(Golden Horn)时就被约翰六世手下发现,自知不敌对手而被迫返回。胜利后的约翰六世并没有大动干戈,无情剿杀政敌,而是派人向皇后安娜传话,承诺他会确保她和约翰五世的人身安全,希望安娜放弃无谓的抵抗。因为宫殿里的防御工事已经被损毁,卫兵也都四散逃亡,她已经无路可走,便打发走送信人,关闭宫门,长久不能决定是否投降。皇后安娜在兵临城下之际难以抉择的举动,充分将其妇道人家的短见和无能完全暴露出来。但宫殿的大门依旧紧闭也非长久之计,最终年少的约翰五世说服了母亲安娜,尽管约翰五世只有15岁,但他的心智超出了他的年龄,他恳求母亲不要顽固抵抗,以免局势对他们更加不利。皇后安娜不得不派了两个人去和约翰六世谈判,一个是约翰六世的岳父安德罗尼库斯·亚森(Andronikos Asen),另一个主教格里高利·帕拉马斯(Gregory Palamas)。1347年2月8日,一份由约翰六世提出的协议得到双方签署生效。该协议声称约翰六世对过去几年所有冤枉和陷害过他的人都不会追究责任,内战双方必须忘记仇恨、消除敌意,要彼此尊重。同时,协议规定约翰五世和约翰六世共同统治拜占庭帝国,只是约翰六世为较高级别的皇帝,约翰五世为较低级别的皇帝。

作为胜利者的约翰六世最终处理问题的方式还是显示出一定的政治智慧,因为他希望通过妥协让步尽快恢复正常。1347年2月,协议的签署标志着内战的结束,似乎预示着一个新时代的到来,所有的恐怖和动荡都将成为过去。为了防止再度发生宫廷政变,他似乎早有安排。几天后,在约翰六世的主持下,约翰五世与约翰六世的女儿海伦娜·坎塔库震努斯(Helena Kantakouzene)举行了庄严的订婚仪式,当时海伦娜14岁,约翰五世15岁。① 早在1341年9月,坎塔库震努斯曾提议让两人订婚,但是遭到皇后安娜的拒绝,现在安娜别无选择,只能同意。1347年5月28日,海伦娜·坎塔库震努斯与约翰五世在布拉海尔奈的一个教堂里举行了婚礼,他们的婚礼被视为坎塔库震努斯家族与帕列奥列格王朝统治家族之间的结合,象征着两大家族之间战争的结束以及国内和平的开始。

1347年,约翰六世第二次加冕后按照惯例发布了一份授勋名单,他的小儿子曼努埃尔和女婿尼基弗鲁斯都被授予君主的头衔和塞萨洛尼基封地,他的大儿子马修(Matthew)则被授予一个没有头衔的军职,其地位比君主高,但是比皇帝低。这是马修不能接受的,因为作为皇帝约翰六世的长子,原本他也是享有皇储资格的,也属于继承皇权的合法成员,如今像他这样精力充沛而又充满抱负的年轻人被父亲安排做约翰五世的副手,实在是很难接受的事。他的怨气在于,不仅这个皇帝比自己小六岁,而且还是政变失败的一方,马修的怨气使得帝国内战的硝烟仍未散去,危险继续笼罩着色雷斯地区。马修的支持者们向约翰六世提议加冕他为共治皇帝,宣布他为皇位继承人,都遭到了拒绝。他们认为马修被公开剥夺了

---

① D. M. Nicol, *The Reluctant Emperor: A biography of John Cantacuzene, Byzantine Emperor and monk, c. 1295–1383*, p. 87.

继承皇位的权利,于是,拒绝向约翰五世宣誓效忠。对此,深谋远虑的约翰六世自有更深层的考虑,他深知帕列奥列格王朝的正统性,他更知道自己将女儿强行嫁给小皇帝不过是一种变通之计,如果再为自己的儿子加冕为共治皇帝,则一定会遭到天下人指责。同年底,约翰五世在岳父约翰六世的带领下,游览色雷斯城,以炫耀前者的合法继承人地位,同时也表明约翰六世并无另立新王朝的意图。

维护拜占庭帝国王朝统治稳定是约翰六世主动结束内战的主要出发点,难怪后世学者评价他是末代王朝最有远见的政治家。他宽恕了政治对手,满足了皇后提出的要求,除了个别贵族的处理比较严酷外,大多不予追究。这样的做法在拜占庭历史上是比较少见的,也反映出他的精明。特别是他可能充分认识到,皇权血亲继承的传统已经深入民心,因此采取了和亲方式而非另立王朝的方式掌控了皇权。

内战停止后,约翰六世意识到加强海上力量的重要性,通过向富裕阶层筹集资金重建拜占庭舰队,同时,主动降低君士坦丁堡的海运商品关税,以吸引更多的商船停靠。此举触动了热那亚人的利益,1348年8月,热那亚人大举渡海,袭击了海港和码头,放火烧毁了所有他们看得到的船只。1349年3月,拜占庭方面出动了由九艘大型战舰和100艘小型船只组成的舰队,迎击热那亚海军,但是缺乏训练的拜占庭舰队,显然不敌海上强国热那亚,拜占庭海军惨败。

当拜占庭与热那亚发生冲突时,威尼斯一边宣布保持中立,一边密切关注热那亚商人在拜占庭水域的活动。1349年,威尼斯向君士坦丁堡运送了拜占庭舰队所需的武器和装备,同年,威尼斯与拜占庭之间重新讨论签约问题,但是由于拜占庭人欠款问题,使得谈判工作变得较为复杂和艰难。"两约翰之战"期间,为了筹集军费,约翰五世的母亲安娜曾向威尼斯借了一大笔款,并将皇冠珠宝抵押给威尼斯,而欠款始终未曾偿还。约翰五世作为共治皇帝对此也有责任。经过多次商讨,拜占庭答应支付欠款的六分之一,其余部分采用分期付款方式。1349年9月9日,约翰六世与约翰五世两位皇帝都在文件上签字盖章,条约被延长了五年。①

---

① D. M. Nicol, *The Reluctant Emperor: A biography of John Cantacuzene, Byzantine Emperor and monk, c. 1295-1383*, p.101.

内战期间,拜占庭第二大城市塞萨洛尼基爆发了民众起义,并被狂热派占领,约翰六世几次试图攻入该城,都未能成功。但是,当塞尔维亚国王斯特凡·杜尚(Stefan Dusan)包围塞萨洛尼基时,约翰六世率兵解救了围困在城中的居民。约翰五世与约翰六世一起入城,受到了城中居民的热烈欢迎,因为该城民众大都承认约翰五世的皇帝身份。1350年12月,约翰五世出席了盛大宴会以庆祝塞萨洛尼基的收复,一个月后,约翰六世返回首都,约翰五世留在了城中。塞萨洛尼基被视为约翰五世的封地,是皇帝家族政府结构中的一个组成部分,就像约翰六世将部分土地分给他的儿子、女婿等其他皇室成员一样。但是,约翰五世毕竟只有18岁,还不够成熟,独自一人待在塞萨洛尼基,很容易受到身边人的蛊惑,成为那些想操纵他的人的猎物。一些别有用心的贵族一再游说说服他,指称他是被约翰六世流放到塞萨洛尼基的,目的是想让他远离君士坦丁堡,他们劝他应该捍卫自己的权利。在朋友们的游说下,约翰五世解雇了负责监视他的叔叔安德罗尼库斯·亚森。

塞尔维亚国王斯特凡·杜尚也明确表示会支持约翰五世,并答应借钱给他,帮助他恢复合法的皇位。杜尚还建议约翰五世可以将他的妻子,也是约翰六世的女儿海伦娜送到塞尔维亚作为人质。听到消息的约翰六世,正忙于应付威尼斯和热那亚,无暇分身,因此,他劝说约翰五世的母亲安娜前往塞萨洛尼基去提醒和训斥自己的儿子。安娜将信将疑地来到塞萨洛尼基,发现谣言竟然是真的,杜尚的营地就驻扎在城市边上,她径直进入营地与杜尚交涉,无果。几个月后,在安娜的教导下,约翰五世向约翰六世提出,他想离开充满着阴谋气氛的塞萨洛尼基,到距离君士坦丁堡更近的色雷斯公国。

然而,色雷斯地区早已作为封地划分给约翰六世的长子马修。尽管后者心有不服,但约翰六世为了大局,还是满足了约翰五世的要求,马修的封地被更换到了亚得里亚堡。马修一直对父亲言听计从,但此时他觉得父亲对女婿约翰五世的忍让妥协太过分了。让他这个合理合法的皇储给一个比自己小六岁的小皇帝作副手就已经令他不甘心,此时又把原定封给自己的领地让给小皇帝,这更令他心生怨恨,无奈父皇已经这样定了,他也只能服从。1351年秋,马修在亚得里亚堡定居下来。1352年初,约翰五世在君士坦丁堡住了一段时间,随后他接管了色雷斯公国。约翰五世在色雷斯与心怀不满的马修为邻,注定会生出许多事端。

对于约翰五世与马修之间的矛盾,约翰六世从一开始就格外在意,当他看到两人的矛盾不断升级后,便派皇后伊琳妮带着两名主教前去调解。伊琳妮分别与两人会谈,约翰五世表面顺从,却不愿与马修签订任何协议。待伊琳妮刚一离开,约翰五世就攻击了亚得里亚堡,内战再一次爆发了。亚得里亚堡的居民有着反叛的传统,他们选择反对约翰六世,并高兴地为约翰五世敞开了大门,马修和他的支持者们被围困到一个城堡里,他们向约翰六世发出紧急求助。皇帝很快调集了一支联军赶来解围,其中有土耳其人、阿拉贡人,还有加泰罗尼亚雇佣兵。加泰罗尼亚人喜欢四处破坏,土耳其人到处抢劫,色雷斯地区再次沦为战场。约翰五世也不甘示弱,紧跟着也向外部势力求助,斯特凡·杜尚立即派出了一支4000多人的塞尔维亚骑兵,同时保加利亚的约翰·亚历山大(John Alexander)也同意出兵。同年10月,约翰五世会见了一个威尼斯的代表团,威尼斯人答应借给约翰五世20000杜卡特(ducats),作为交换,约翰五世将特奈多斯岛(Tenedos,爱琴海岛屿,今属土耳其)的所有权出让给威尼斯,威尼斯可以在与热那亚的战斗中以此为据点。在这场战争中,塞尔维亚人、保加利亚人和威尼斯人都将约翰五世视作下一任拜占庭帝国的皇帝,选择支持他,他们都是为了将来获取更多的政治利益或者商业特权。有了威尼斯和塞尔维亚的支持,约翰五世的力量得到了加强,他已经不再满足于管辖罗德山以南地区。约翰六世虽然不愿内战,但得知消息后,立即向土耳其人求助。拜占庭帝国皇家内部两大家族之间的矛盾冲突上升为战争,双方都引狼入室,求助于外族军事力量。土耳其方面派出了由苏莱曼带领的10000多人的土耳其军团赶来支援约翰六世。约翰六世与约翰五世之间的内战进而转变成土耳其人与塞尔维亚人之间的战争,最终约翰六世赢得了胜利。约翰五世被迫与约翰六世会面,他就像是一个顽皮的、忘恩负义的孩子一样,受到了后者的批评和训斥。约翰五世被要求保持对自己封地的控制,改变支持者的反叛情绪,并且向约翰六世致以共治皇帝的敬礼。约翰五世接受了批评,但是他的支持者们不打算放弃,皇家内讧演变为帝国分裂。

1352年底,约翰六世要求约翰五世离开狄迪蒙特乔,前往特奈多斯岛与妻子和家人定居。不久前约翰五世刚刚把该岛赠与了威尼斯。约翰六世的想法是将约翰五世与马修分隔开，这可能是他所能想到的解决两人冲突的唯一办法，但是将约翰五世安排到一个海上的小岛，远离政治中心的做法，使得约翰五世的支持者们被激怒了。1353年3月，当约翰六世还在亚得里亚堡时，反叛者便从特奈多斯岛出发，沿达达尼尔海峡航行，试图突袭君士坦丁堡。约翰五世仅有一艘军舰和几艘划艇，他把希望寄托在城中的支持者们，他知道城中的居民对他的家族很有好感。遗憾的是，皇后伊琳妮反应很快，她派亲信守卫城门和城墙，命令士兵不许轻举妄动。约翰五世的人在城墙周围来回巡游，却找不到突破口，万般无奈之下，他们只能在加拉塔附近过夜，在黎明时分返回特奈多斯岛。皇后伊琳妮又一次挽救了约翰六世的事业，约翰五世无功而返。①

约翰六世对于两个皇储间的冲突此时有了新的认识，他认识到皇家内部两大家族的矛盾到了必须解决的时候了。在这个关键时刻，他不再退缩忍让，而是决定建立坎塔库震努斯家族的新王朝。1354年2月，约翰六世的长子马修在布拉海尔奈的圣母教堂举行了共治皇帝加冕仪式，按照习俗，他将皇后的王冠戴在了妻子伊琳妮·帕列奥列格（Eirene Palaiologina）的头上，她是安德罗尼库斯二世的孙女，也是小皇帝的长辈，作为宫廷中第四位加冕的皇后，约翰六世企图淡化臣民们对其篡位家族的不满。约翰五世已经在皇帝名册上被除名，他的妻子海伦娜的地位也含糊不清。尽管约翰六世坚持要把约翰五世的儿子安德罗尼库斯列为皇位继承人，但是马修以共治皇帝的名义加冕的事实，打破了约翰六世长期以来精心维护的假象，现实情况是坎塔库震努斯家族已经取代了帕列奥列格家族。看来，约翰六世的想法很理想，而现实却很骨感，他一直宣称尊重帕列奥列格王朝皇室的正统地位，已经很不现实了。

就在马修加冕后几周后的1354年3月2日，色雷斯沿岸发生了可怕的地震，中心震源位于加里波利城，大量房屋和城墙倒塌，有些地面甚至直接陷落消失被深埋于地下。由于地震发生时是在夜间，许多人在睡梦中被夺去生命，伴随着地震的还有大雨和暴雪，恶劣的天气更加剧了灾难的危害，很多妇女和儿童死在野外，无人掩埋，损失惨重。天亮时，地震的幸存者又突然遭到土耳其人突袭，许多

---

① D. M. Nicol, *The Reluctant Emperor: A biography of John Cantacuzene, Byzantine Emperor and monk, c. 1295-1383*, p. 121.

人被掳为奴。天灾加上人祸，使得加里波利几乎完全被摧毁。这场巨大的灾难其危害程度超过了以往任何一次色雷斯地区的人为破坏。拜占庭人将其归咎于上帝的愤怒，因为皇室的正统家族受到严重地损害。

1354年11月29日夜晚，在热那亚冒险家弗朗西斯科·加蒂露西奥（Francesco Gattilusio）的帮助下，约翰五世从特奈多斯岛出发，带着仅有的几艘船，到达君士坦丁堡南部的港口，他们避开守卫，悄悄进入君士坦丁堡。天亮后，约翰五世入城的消息传来，城中居民既惊讶又高兴，显然，约翰五世的回城是众望所归，他们以为小皇帝的突然到来是上帝对他们的眷顾。加蒂露西奥因为护送约翰五世成功入城，被奉为英雄，作为回报，他迎娶了约翰五世的妹妹玛丽亚，还获得了莱斯博斯岛（Lesbos）的管辖权。约翰六世犹豫再三，决定让步。约翰五世对于约翰六世的不抵抗感到兴奋，民众开始走上街头，他们控制了港口的军火库，并武装起来准备战斗。约翰五世很受鼓舞，如同1347年约翰六世所做的一样，他发起了对皇宫的冲击。第二天，更多的民众加入攻打皇宫的战斗中，约翰六世的加泰罗尼亚护卫队将他们击退，部分人员伤亡。12月1日，约翰五世派代表去皇宫与约翰六世谈判，双方都同意和解，不再继续诉诸武力。同时商定他们作为共治皇帝共同统治，但是约翰五世的地位要高于约翰六世，约翰六世答应交出金门要塞，该要塞经过翻修和加固，成为坚不可摧的城堡，由另一支加泰罗尼亚雇佣军驻守。

12月5日，两位共治皇帝第一次，也是最后一次联合上朝，召集文臣武将商议解决帝国困境的办法。谈论的议题是到底该用战争还是外交途径解决与土耳其的争端。此前，奥斯曼土耳其人占领了加里波利半岛，还有色雷斯的大部分地区。约翰六世反对与土耳其交战，他认为以拜占庭现有的实力难以战胜土军，与其发动没有胜算的战争，不如派大使去和他们讲和。很多人指责他缺乏勇气，他们都赞成与土军开战，约翰五世若有所思，没有发表意见。事实上，约翰六世已经灰心丧气，他深知其依靠土耳其雇佣军招致的祸患，也清楚他和他的家族已经失去人心。

约翰五世进入君士坦丁堡后，并未入住皇宫，他与妻子暂居在一个名为埃托斯（Aetos）的私人住宅里，约翰六世与皇后伊琳妮仍留在皇宫。这样的安排使得那些约翰五世的支持者们极为不满，他们制造了几次骚乱。约翰六世征求皇后的意见后，邀请约翰五世搬进皇宫，他向约翰五世说明了自己退位和隐退修道院的打算。第二天，在一个简单的仪式后，约翰六世解掉了所有的皇家徽章，换上了简朴的僧侣服饰，此后，拜占庭皇帝约翰六世改名为修道士约萨（Joasaph）。皇后伊琳妮也离开了皇宫，成为一名修女，隐居在君士坦丁堡的凯拉·玛莎（Kyra Martha）修道院。① 在约翰五世的建议下，1354年冬，约翰六世在曼加纳修道院，而不是遥远的阿索斯圣山修道院，开始了其后半生的修道士生活。因为约翰六世有着丰富的国家管理经验，约翰五世很乐意身旁有一个人做他的向导和引领者，帮助他处理一些棘手的难题。

约翰六世退位后，帝国还有两位加冕的皇帝，一个是占据首都君士坦丁堡皇宫的约翰五世，另一个是定居色雷斯地区的约翰六世的长子马修。约翰五世的支持者们认为马修没有资格享有皇帝的头衔，而马修则认为自己应该保留皇帝头衔，但是拜占庭所剩不多的领土不够满足两位皇帝分割。为了解决两人之间的分歧，他们约定在色雷斯会面，约翰五世建议马修放弃色雷斯，到伯罗奔尼撒半岛去。但是，马修的弟弟曼努埃尔·坎塔库震努斯已经在那里经营了五年之久，他不愿放弃自己的领地，协商无果。1356年，马修从色雷斯出发，试图攻击君士坦丁堡，不料途中他被一名塞尔维亚军官俘虏，后者向约翰五世索要大量赎金，否则就刺瞎马修的双眼。马修获救后被送往莱斯博斯岛关押。1357年底，马修被释放，他的皇帝头衔被取消，在埃皮巴泰（Epibatai）举行的仪式上，马修宣誓效忠约翰五世，他随之成为一个普通臣民。这个仪式标志着自1341年以来的坎塔库震努斯家族与帕列奥列格家族的矛盾正式化解，以后者的胜利结束了冲突。此后，坎塔库震努斯家族再也没有人染指皇位了。② 约翰五世终于成为拜占庭帝国唯一的皇帝，不久之后，约翰五世的镶嵌画肖像被安置在君士坦丁堡的圣索菲亚大教堂内。③

---

① 也有一种观点认为约翰六世不是自己要求退位的，而是被约翰五世逼迫退位的，详见 Edward Gibbon, *The History of the Decline and Fall of the Rome Empire*, London: Methuen & Co., 1906, p. 505.
② D. M. Nicol, *The Reluctant Emperor: A biography of John Cantacuzene, Byzantine Emperor and monk, c. 1295 – 1383*, p. 137.
③ Mango, *Materials for the Study of the Mosaics of St. Sophia at Istanbul*, Washington: The Dumbarton Oaks Research Library and Collection, 1962, pp. 74 – 76, figure 97.

14世纪中期,迅速崛起的奥斯曼土耳其成为拜占庭帝国最大的威胁,随着土耳其的不断扩张,帝国势力已经完全被驱逐出小亚地区。成为独立皇帝后,约翰五世的当务之急是向西方寻求援助。以往,拜占庭皇帝离开首都去拜访外国君主是难以想象的,君士坦丁堡向来只接受外国君主的朝拜,但是现在形势发生了改变,拜占庭皇帝不得不自降身份外出寻求援助。1355年12月,约翰五世给教宗英诺森六世(Innocent Ⅵ)写信,恳求教宗发起新的十字军,派出陆军和海军增援君士坦丁堡,他还利用宗教问题劝说教宗,说如果拜占庭信徒看到来自西方的救援,他们在心理上可能会更容易接受教宗和天主教。约翰五世的信是通过士麦那的保罗(Paul)递送的,后者是一位西方的天主教徒,1345年艾登的乌穆尔(Umur of Aydin)俘虏了他,并将其带到了君士坦丁堡,因此结识了约翰五世。1357年,约翰五世再次向教宗英诺森六世发出请求,甚至不惜以自己的儿子曼努埃尔作为人质,但是,他的求救呼声都被教宗漠然处之。教宗的冷漠也是不得已,因为自从14世纪初教廷分裂事件发生后,教宗早已从神圣的宝座上跌落下来,百年前的风光也早已不在。特别是欧洲其他国家的封建主正在将注意力转向各自国内,没有人还会响应教宗的号召,更没有欧洲骑士愿意出征了。

多次向西方求助无果后,约翰五世开始调整对外策略。1357年12月20日,塞尔维亚国王斯特凡·杜尚去世,塞尔维亚的辉煌时代宣告结束。奥斯曼土耳其在东欧再没有竞争对手了,1360年,土耳其人占领了狄迪蒙特乔,1362年,亚得里亚堡也失陷,同年,穆拉德一世(Murad Ⅰ)正式称为奥斯曼苏丹。1363年,土耳其侵占菲利普波利斯。目睹了曾经的强国塞尔维亚被打败以后,约翰五世意识到了与土耳其和解的必要性,对土耳其的态度也由抵抗转为合作,随后,拜占庭帝国成为奥斯曼土耳其的附属国。

1365年,约翰五世到布达(Buda)去寻求匈牙利的帮助,他承诺会进一步加强东、西教会联合,加快皇帝个人对罗马教廷的屈服,在留下儿子曼努埃尔做人质后,他踏上了归途,但是在维丁(Vidin),又被保加利亚国王阻拦。[1] 8月,萨伏依的阿马迪奥伯爵六世(Count Amadeo Ⅵ)组织了一支私人的十字军,帮助拜占庭

---

[1] D. M. Nicol, *The Last Centuries of Byzantium, 1261 – 1453*, London: Cambridge University Press, 1972, pp. 263 – 265.

人从土耳其手中夺回了加里波利半岛。

1367年,教宗乌尔班五世派保罗前往君士坦丁堡担任教宗的公使。6月在拜占庭皇宫举行了一次东、西教会联合谈判,修道士约萨,也就是以前的皇帝约翰六世,作为拜占庭一方的发言人,他提出东、西教会应在兄弟般友好的前提下重建统一,在君士坦丁堡召开一个世界性的宗教大会。教宗乌尔班五世和前任一样,认为召开宗教会议毫无意义,双方意见不一致,没有达成共识。这次会议的唯一成果就是促使约翰五世下定决心,亲自到罗马去拜访教宗。

1369年,约翰五世任命曼努埃尔为塞萨洛尼基的领主,让大儿子安德罗尼库斯在君士坦丁堡担任摄政,他启程前往意大利。10月,约翰五世在罗马觐见教宗乌尔班五世,在圣彼得大教堂举行的仪式上,他皈依了天主教,并承诺会加快推进教会联合。① 约翰五世的皈依仅仅代表他本人,并不意味着基督教东、西部教会分裂的结束,在拜占庭国内,除了少数赞同者之外,没有人谈论此事。乌尔班五世很高兴看到约翰五世的转变,但是却没有采取任何实际的举措。约翰五世希望通过自己的皈依换来西方军事援助的希望落空了。格里高利十一世(Gregory XI)接替乌尔班五世担任罗马教宗后,于1374年7月派遣两名使臣前往君士坦丁堡,希望通过约谈有影响力的重要人物,来促进教会联合。教宗们一贯认为,在采取共同行动援助拜占庭之前,必须先实现基督教世界的统一,东部教会应该首先皈依西部教宗。② 但是他们也深知,教廷并不掌握实际兵力,只是以此为借口哄骗皇帝而已。

1370年夏,约翰五世历经近一年的游说,从西欧返回君士坦丁堡,途中遭遇意外事件,由于欠债未还问题被扣留在威尼斯,于是紧急请求拜占庭朝廷送钱救援。但是,摄政的长子安德罗尼库斯却拒绝赎回父亲,理由是国库没钱。幸好另一个儿子曼努埃尔赶来救助父亲。经过进一步协商,约翰五世同意将特奈多斯岛割让给威尼斯,并把曼努埃尔暂时留下做人质。10月底,约翰五世终于回到了君

---

① J. Gill, "John V Palaeologus at the court of Louis I of Hungary (1366)", *Byzantinoslavica*, vol. 38, 1977, pp. 31-38.
② D. M. Nicol, *The Reluctant Emperor: A biography of John Cantacuzene, Byzantine Emperor and monk, c. 1295-1383*, pp. 154-156.

士坦丁堡,曼努埃尔最终也返回了塞萨洛尼基。此事深深刺痛了皇帝的心,他对安德罗尼库斯更加反感,对曼努埃尔更加信任,这就埋下了皇帝家族新内战的祸根。约翰五世的余生都是在不断的反叛中度过的,先是他的儿子安德罗尼库斯四世几次叛乱,后是他的孙子约翰七世起兵造反。频繁爆发的内战加快了帝国的衰落。为了安抚他的几个继承人,约翰五世不得不给每个人都分封了土地,拜占庭帝国被分成几个半独立的公国,而他自己仅保留了首都君士坦丁堡的统治。

1373 年,约翰五世的长子安德罗尼库斯四世和奥斯曼土耳其苏丹穆拉德一世的儿子萨乌德兹(Saudji)联合起来,密谋反抗他们各自的父亲。叛乱失败以后,穆拉德一世刺瞎了他的儿子,他要求约翰五世也刺瞎安德罗尼库斯四世和约翰七世的双眼,但是,约翰五世仅刺瞎了儿子和孙子各自的一只眼睛。随后,安德罗尼库斯四世被囚禁在阿奈马斯塔(Tower of Anemas),他的继承人位置也被其兄弟曼努埃尔(即后来的曼努埃尔二世)取代。1376 年,热那亚人成功地策划了安德罗尼库斯四世的越狱,并将其护送安顿到他们在京城北部的加拉塔(Galata)商业殖民特区。几个月后,在热那亚人(Genoese)和奥斯曼人的帮助下,安德罗尼库斯四世包围了君士坦丁堡,8 月 12 日攻入城内,逮捕了约翰五世。

作为补偿,安德罗尼库斯四世把加里波利半岛的军事要塞割让给了奥斯曼土耳其人。1354 年,奥斯曼帝国军队曾渡过达达尼尔海峡,占领过加里波利半岛,并把这里作为进攻巴尔干半岛的桥头堡。1366 年,拜占庭将领萨伏依的阿马迪斯(Amadeus of Savoy)从土耳其人手中夺回了加里波利半岛。为了获得奥斯曼土耳其的支持以对抗父皇,皇储安德罗尼库斯四世不惜再次割让领土,奥斯曼土耳其人由此开始长期占据加里波利半岛。为了答谢热那亚人,安德罗尼库斯四世还把特奈多斯岛割让出去。因为争夺特奈多斯岛,威尼斯与热那亚之间还爆发了基奥贾战争(Chioggia War)。在威尼斯人偷袭君士坦丁堡之后,安德罗尼库斯四世也被卷入这场战争,最终热那亚战败。1377 年 10 月 18 日,安德罗尼库斯四世由新任牧首为其加冕,但是他出卖国家利益的行为使得他的支持者纷纷离他而去。但孤家寡人的他不以为耻,反以认贼作父为荣,只要得到皇帝的宝座,他什么都可以出卖。

1379 年 6 月,约翰五世从阿奈马斯塔狱中逃出来,在土耳其和威尼斯的支持下,他重新回到了君士坦丁堡。安德罗尼库斯四世将他的母亲、皇后海伦娜和他的外祖父约翰六世一起押往加拉塔,作为人质。而约翰五世的二儿子曼努埃尔二世率兵包围了加拉塔,兄弟二人隔河相对。1381 年 5 月,通过签署一份皇室家族内部的协议,这场父子之间的皇权之战宣告结束,约翰五世再次将长子安德罗尼库斯四世确立为他的继承人,同时,约翰五世将马莫拉(Marmora)海岸边的一块以塞林布里亚为中心的封地赐予二儿子曼努埃尔。皇后海伦娜和她的妹妹们被释放,约翰六世去了莫利亚,和他的儿子马修生活在一起。此时的拜占庭帝国已经有名无实,仅有的一些疆土也已经在皇帝及其子弟的封建割据中四分五裂。

1382 年 8 月 23 日,《都灵条约》(Treaty of Turin)的正式签订,结束了威尼斯和热那亚之间的基奥贾战争。随之,拜占庭和热那亚之间实现了永久和平。然而,1385 年安德罗尼库斯四世再次起兵反抗他的父亲约翰五世,不过,他的这次叛乱很快就失败了,6 月 25 日,安德罗尼库斯四世在其封地塞林布里亚去世,他的儿子约翰七世(John Ⅶ Palaiologos)继承了他的封地。1390 年,约翰七世与热那亚人勾结,于 3 月份或许更早一些时候从流放地返回,在土耳其军队的支持下包围了君士坦丁堡。4 月 13 日或是 14 日,约翰七世攻入首都,开始称帝。但是,他的统治只维持了短短几个月。约翰五世和曼努埃尔在金门要塞(Golden Gate)顽强抵抗,9 月,父子二人携手终于取得胜利,迫使约翰七世退位。1391 年,奥斯曼土耳其苏丹巴耶塞特一世以曼努埃尔的人身安全相威胁,迫使约翰五世损毁了君士坦丁堡的防御工事。

同年 2 月 16 日,心力交瘁的约翰五世在君士坦丁堡去世,享年 59 岁,他的儿子曼努埃尔二世(Manuel Ⅱ Palaiologos,1391—1425 年在位)闻讯,偷偷从奥斯曼土耳其苏丹的军中逃回首都,继承了皇位。纵观约翰五世的一生,对提升国家实力上毫无建树,相反却加速了拜占庭帝国衰亡,他本人自幼便深陷皇家内乱,不仅缺乏其岳父约翰六世的见识和能力,也没有其父安德罗尼库斯三世斗勇凶狠的气质和性格。在拜占庭末代王朝的内乱中,他挣扎在皇家权力争斗中,毫无作为,随波逐流,加剧了皇帝直系亲属间的矛盾和厮杀,进而彻底耗尽了老迈帝国最后一点元气。

第六节

约翰六世（John Ⅵ）

1347—1354 年在位

约翰六世·坎塔库震努斯（John Ⅵ Kantakouzenos, Ιωάννης ΣΤ'Καντακουζηνός，生于1295年前后，卒于1383年6月15日）是帕列奥列格王朝第六位皇帝，史称约翰六世，1347年2月8日至1354年12月3日在位不到八年。①

约翰六世大约出生于1295年，1383年6月15日死于米斯特拉（Mistra）②。约翰六世的在位时间从1347年2月8日至1354年12月3日，只有短短七年多时间，和他同时代的欧洲君主甚至不知道他的名字，如英格兰的爱德华三世（Edward Ⅲ）、法国的菲利普六世（Philip Ⅵ）等似乎都没有听说过他。

有关他的家庭背景的资料较少，我们只知道他有着坎塔库震努斯家族的贵族血统，他的父亲在安德罗尼库斯二世统治时期担任伯罗奔尼撒（Peloponnesian）或是莫利亚地区的总督，他的舅舅可能是具有前朝皇家血统的约翰·安茞鲁斯·西纳得诺斯（John Angelos Synadenos），后者的儿子塞奥多利·西纳得诺斯后来成为他的朋友。坎塔库震努斯是个遗腹子，在他出生的同一年他的父亲去世，坎塔库震努斯从未见过其父亲，在回忆录里他很少提及父亲。在父亲去世后，他的母亲没有改嫁，而是独自抚养他。坎塔库震努斯的母亲名为塞奥多拉·帕列奥列吉娜·安吉丽娜·坎塔库震努斯（Theodora Palaiologina Angelina Cantacuzene），除了最后一个姓氏来源于丈夫以外，其他两个姓氏说明了她的家庭与古老的皇室家族之间的关系，约翰六世为母亲的姓氏感到自豪。坎塔库震努斯的母亲意志坚强、能力超群，失去丈夫后，她孀居了50多年，将全部精力用于培养和教育约翰六世。她给坎塔库震努斯提出很多重要的教导，激励他成长，训练他的远大志向，甚至帮

---

① 还有一种观点认为约翰六世的退位时间应为1354年12月4日，详见 Donald M. Nicol, "The Byzantine Family of Kantakouzenos: Some Addenda and Corrigenda", *Dumbarton Oaks Papers*, Vol. 27, 1973, pp. 309 – 315.

② Alexander P. Kazhdan ed., *The Oxford Dictionary of Byzantium*, p. 1050.

助他应对政治难题。他没有辜负母亲的期望,其见识和能力都超出了同龄人。

23 岁那年,坎塔库震努斯听从母亲的安排娶妻成家,他的妻子伊琳妮·亚塞尼亚(Eirene Asenina)是保加利亚沙皇约翰三世(John Ⅲ Asen)的孙女。① 当时,他在君士坦丁堡的宫廷中已经颇有名气,与未来的安德罗尼库斯三世是同龄人,也是密友,这种亲密关系一直保持到安德罗尼库斯三世去世。1320 年,25 岁的约翰被委任为宫殿总管(megas papias),这是他第一个广为人知的头衔。② 老皇帝安德罗尼库斯二世对坎塔库震努斯与小安德罗尼库斯之间过于密切的友谊表示怀疑,因此在 1321 年,他要求坎塔库震努斯立刻离开君士坦丁堡,前往伯罗奔尼撒就职。伯罗奔尼撒对坎塔库震努斯的母亲来说,是个伤感的地方,她的丈夫去世前在那里被关押了八年,坎塔库震努斯不愿母亲伤心,婉言谢绝了老皇帝的任命。但是老皇帝执意让他离开小安德罗尼库斯的生活圈,又提出让其到塞萨利,这次坎塔库震努斯接受了命令,因为他有机会掌握军队。塞萨利位于北希腊地区,正遭受来自加泰罗尼亚雇佣兵的袭击,此时后者已经征服了雅典。

然而,待在塞萨利并不是坎塔库震努斯想要的生活,1320 年他开始与小安德罗尼库斯的支持者们密谋发动叛乱。除了坎塔库震努斯,安德罗尼库斯三世身边的支持者还有希尔扬尼斯·帕列奥列格、塞奥多利·西纳得诺斯。帕列奥列格是个有野心的冒险家,他出身高贵的皇族,他的母亲是安德罗尼库斯二世的外甥女。当时的西纳得诺斯年纪稍长,已有较高的军衔,曾是米哈伊尔九世的密友,此时率兵驻守马其顿地区。他们都希望更有魄力的皇储问鼎皇帝宝座。

1321 年,当小安德罗尼库斯试图攻打君士坦丁堡时,约翰·坎塔库震努斯及时阻止了他,劝说他时机未到,还要集聚力量、采取更谨慎的方法。坎塔库震努斯还派人向首都送信,让时刻提防叛军攻城的首都民众安心。1321—1322 年间,皇家祖孙两安德罗尼库斯之间的战争时断时续,坎塔库震努斯在其中的作用我们不是很清楚,其回忆录中对此描写的较少,他更喜欢叙述自己的成就。停战协定签

---

① D. M. Nicol, *The Reluctant Emperor*: *A biography of John Cantacuzene, Byzantine Emperor and monk*, c. 1295–1383, p. 18.
② Savvas Kyriakidis, *Warfare in Late Byzantium, 1204–1453*, Leiden&Boston: Koninklijke Brill NV, 2011, p. 46.

署后,坎塔库震努斯无私地为两位共治皇帝服务,值得一提的是,他协助安德罗尼库斯二世打退了 1323 年保加利亚人的进攻,老皇帝对他处理突发事件的能力表示赞赏,他曾说过,"如果我死以后,没有继承人,我建议让这个人(指坎塔库震努斯——笔者注)担任帝国的皇帝。"① 幸运的是,拜占庭与保加利亚之间的紧张状态随着新沙皇的上台得到缓解,新沙皇米哈伊尔·希什曼娶了前任的遗孀,即小安德罗尼库斯的妹妹。除了解决帝国与保加利亚之间的冲突,坎塔库震努斯还亲自带兵赶走了一股蒙古骑兵,当时后者穿过保加利亚平原冲向亚得里亚堡城郊进行掠夺。他在消除帝国外敌入侵危机方面表现出来的才干,使老皇帝终于相信坎塔库震努斯才是小安德罗尼库斯最可靠的朋友,坎塔库震努斯得到了祖孙俩的信任。1325 年,坎塔库震努斯被授予很高的头衔,担任皇家总司令,此后长达 15 年间,帝国的军事大权都掌握在他的手中。②

拜占庭帝国的内乱不止给了外敌以可乘之机。当时小亚细亚的奥斯曼土耳其人已经不再满足于边境线上的打劫,他们有信心攻打拜占庭那些有着高大城墙的城市。坎塔库震努斯试图率兵阻止,但是成效不大。小亚细亚西部的布鲁萨是第一个遭到土军攻击的城市,小安德罗尼库斯曾提出给围困中的布鲁萨城运送一些武器和补给,遭到老皇帝的拒绝。1326 年 4 月 6 日,饥饿难耐且孤立无援的布鲁萨投降了。奥斯曼土耳其人获得了胜利,此后几年,小亚细亚的希腊城市相继沦陷于土军之手。当时,土耳其雇佣兵在欧洲战场上频繁出现,拜占庭人已经司空见惯了这些凶猛的武士,因为内战期间,老安德罗尼库斯曾雇佣土耳其人在色雷斯作战,战争结束后,这些人并没有离开,而是就地充当强盗劫匪。③ 1326 年,坎塔库震努斯便在赶往狄迪蒙特乔的路上遭到土耳其兵匪的袭击,导致脚部受伤。

为了获得色雷斯臣民的拥戴,安德罗尼库斯三世在约翰的建议下,再次宣布

---

① D. M. Nicol, *The Reluctant Emperor: A biography of John Cantacuzene, Byzantine Emperor and monk, c. 1295 - 1383*, pp. 22 - 23.
② Timothy S. Miller, *The History of John Cantacuzenus (Book IV): Text Translation, and Commentary*, pp. 2 - 3.
③ A. A. Vasiliev, *History of the Byzantine Empire, 324 - 1453*, Vol. II, Wisconsin: The University of Wisconsin Press, 1958, pp. 604 - 607.

免除他们的赋税,并承诺将来会给他的支持者们以更加丰厚的回报。当然,他最忠实的、最有力的支持者还是约翰·坎塔库震努斯,后者不仅帮助他出谋划策,建议他减租减税以争取民众,还拿出自己的大量田产资助其反叛事业。坎塔库震努斯的母亲当时住在狄迪蒙特乔,对于其唯一儿子的举动表示完全赞同。

保加利亚和塞尔维亚先后卷入帝国的内战,都想趁机将自己的势力范围延伸到拜占庭地区。1327 年 5 月,安德罗尼库斯三世与保加利亚君主商谈合作的具体事宜,当时坎塔库震努斯并不在场,如果他在场,一定会劝告小皇帝再谨慎些,因为他很清楚保加利亚人的真正目的不是为了帮助他们,而是希望从中攫取更多的利益。当安德罗尼库斯三世与保加利亚君主谈判时,塞尔维亚国王杜尚与老安德罗尼库斯也达成了统一战线。这样,皇家内战双方依靠的军队都是外族人,从而将外部敌对势力拉入皇家内部斗争的漩涡。

1327 年年底,约翰·坎塔库震努斯陪同安德罗尼库斯三世步步逼近首都君士坦丁堡,临时驻守在首都附近的瑞吉恩,他们试探性地尝试攻城未果。于是约翰建议采取围而不打的策略,同时策动大小城市倒戈投诚。1328 年 1 月,拜占庭帝国的第二大城市塞萨洛尼基率先宣布归顺安德罗尼库斯三世。[①] 在塞萨洛尼基的影响和带动下,马其顿省的各个城镇和要塞纷纷向安德罗尼库斯三世投降。帝国内部斗争形势的转换立刻引起了盟友们的注意,他们也随之改变了策略。被安德罗尼库斯三世视为亲戚的保加利亚国王竟然背叛了小皇帝,转而支持老皇帝,老皇帝欣喜不已,信心倍增。在这关键时刻,约翰·坎塔库震努斯又一次向安德罗尼库斯三世提出建议,预先阻止了保加利亚军队可能采取的军事行动,并强调了保加利亚国王遵守协议的好处。1328 年 5 月,遭到封锁的君士坦丁堡城内遭遇了严重的食品短缺,民众对老皇帝的不满情绪日益加大,对城外的小皇帝安德罗尼库斯三世充满着期待。趁此良机,5 月 23 日,由安德罗尼库斯三世、坎塔库震努斯和西纳得诺斯三人组成了军事指挥部,决定再次发动攻城行动,并于当夜勾结内应进入城中,而老皇帝还在呼呼大睡。第二天,安德罗尼库斯三世冲进君士坦丁堡宫殿,强迫老皇帝安德罗尼库斯二世退位,安德罗尼库斯三世成为拜占

[①] D. M. Nicol, *Byzantium and Venice: A Study in Diplomatic and Cultural Relations*, p. 250.

庭帝国唯一的皇帝。此时,约翰·坎塔库震努斯率兵驻扎在君士坦丁堡城外,而城内除了老皇帝最亲密的朋友和追随者被捕外,其他人都平安无事,甚至没有发生夺城之后常见的抢劫现象。显然,这种有节制的取胜并非小皇帝的策划,而是约翰·坎塔库震努斯的设计。从1321年4月19日到1328年5月24日,持续了七年之久的内战终于结束了。①

约翰·坎塔库震努斯因为在内战期间的卓越表现,成为安德罗尼库斯三世身边最为倚重的权臣,担任了首相。战争结束后,他为了避嫌,主动要求皇帝解除他的部分职务,他把国务秘书、司库、税务官员等重要职务移交给他的亲信阿莱克修斯·阿波考库斯,将如此多重要职权集中于一个人之手是极其危险的,日后阿波考库斯的行为除了证明这一点外,还反映聪明的约翰识人能力并不强,他信任和提拔的这个人是个唯利是图、见风使舵的小人。

坎塔库震努斯虽然辞去了很多职务,但他仍是帝国最有实权的人。皇帝安德罗尼库斯三世的皇后萨伏依的安娜认为,她的丈夫对坎塔库震努斯过于信任和依赖,甚至对她的话也不太相信,故而埋怨后者有操控皇帝的嫌疑。而她的婆婆、米哈伊尔九世的妻子玛丽亚也有同样的感受,一直认为其儿皇帝的狐朋狗友不起好作用。不过玛丽亚常住塞萨洛尼基,她不喜欢君士坦丁堡宫廷尔虞我诈的生活。随着时间的推移,坎塔库震努斯对皇帝的影响越来越大,这不仅是其权力欲不断增强的结果,也是皇帝身心疲惫和能力较弱为他展露才干提供了机会。1329年,安德罗尼库斯三世重病期间,试图说服他的朋友约翰·坎塔库震努斯接受共治皇帝的头衔,因为其祖父皇帝也曾有此想法,但坎塔库震努斯坚决拒绝了皇帝的提议,他更喜欢在幕后掌握权力。1330年,安德罗尼库斯三世在狄迪蒙特乔病重,生命垂危,他再次提议授予坎塔库震努斯共治皇帝的头衔,又被后者再次决绝。皇帝把官员和皇后安娜都叫到床前,嘱咐他们在他死后,坎塔库震努斯将是他们的领袖和保护者,并作为其尚未出世儿子的监护人。约翰·坎塔库震努斯面对着聚集的人群向皇帝宣誓效忠,据说这是拜占庭人对即将死去的皇帝实施的一种古老习俗。令人惊讶的是,在喝了一些圣水之后,安德罗尼库斯三世竟然复苏了,不

---

① D. M. Nicol, *The Reluctant Emperor: A biography of John Cantacuzene, Byzantine Emperor and monk, c. 1295 – 1383*, pp. 26 – 28.

久就完全康复了。这段奇闻,不只出现在约翰·坎塔库震努斯的回忆录里,同时代的历史学家格里高拉斯和土耳其作家恩韦里(Enveri)的作品里都有相同的记载。约翰屡次三番不接受皇帝的建议是一种明智之举,因为他深知皇权血亲世袭早就深入人心,与其成为共治皇帝而受万人指责,不如继续担任皇帝最信任的重臣、维持其一人之下万人之上的地位。①

智者千虑必有一失。约翰·坎塔库震努斯在用人、识人方面缺乏眼光,他希望那些他扶植过的人既能对他心存感激,又能够对他忠心耿耿。早在1321年安德罗尼库斯三世起事时,主要的三位支持者人称"三巨头",除了坎塔库震努斯还有两位,分别是塞奥多利·西纳得诺斯和希尔扬尼斯。在安德罗尼库斯二世统治时期,希尔扬尼斯因为密谋反叛被关进监狱,后经坎塔库震努斯求情被释放。他在宣誓效忠新皇帝后,被派去管理塞萨洛尼基,当时安德罗尼库斯三世的母亲玛丽亚也住在那里。玛丽亚很喜欢他,收他作了养子,但是1333年玛丽亚去世后,他的可疑行为引起了人们的注意,最终被安德罗尼库斯三世暗中安排的警卫处死。历史学家格里高拉斯认为对于一个如此不光彩的人来说,这或许是比较恰当的结局。坎塔库震努斯后来也将他视为"引起两安德罗尼库斯战争的最主要责任人"。约翰·坎塔库震努斯喜欢的另一位下属是阿莱克修斯·阿波考库斯,后者是他一手提拔起来的,得到特别的信任,但就是这位他十分信任并委以重任的人,后来却倒向了朝廷中的外戚集团,竟然成为其政敌一方的主要干将。

约翰·坎塔库震努斯与塞尔维亚国王斯特凡·杜尚结识于1333年,当时杜尚刚刚于1331年继承王位,掌权伊始便开始谋划如何将塞尔维亚王国打造成巴尔干地区的强国。② 怀有远大政治抱负的杜尚到塞萨洛尼基参加两国协商会议,两人交谈甚欢,此后成为朋友,他们都知道各自的目的,也清楚相互可以从对方那里得到哪些利益。除了塞尔维亚国王,坎塔库震努斯还有一些类似的手握重权或重兵的朋友,例如土库曼人艾登的埃米尔(Emur of Aydin)——乌穆尔·贝格

---

① D. M. Nicol, *The Reluctant Emperor: A biography of John Cantacuzene, Byzantine Emperor and monk, c. 1295–1383*, pp. 31–34.
② A. A. Vasiliev, *History of the Byzantine Empire, 324–1453*, Vol. II, pp. 612–613.

(Umur Beg)。① 乌穆尔的父亲奥斯曼(Osman Ⅰ,1258—约 1326 年)在小亚细亚西海岸建立了一个土耳其酋长国,其军队于 1329 年征服了士麦那。② 1335 年热那亚人侵占莱斯博斯岛时,安德罗尼库斯三世向乌穆尔求助,后者亲自来到安德罗尼库斯三世的营地,在那里,约翰·坎塔库震努斯第一次见到了乌穆尔,两人意气相投,建立了不同寻常的友谊。乌穆尔是一个有教养且聪明的人,历史学家格里高拉斯曾赞扬他是一个不乏希腊文化教养的人。据说,坎塔库震努斯曾打算将自己的一个漂亮女儿嫁给乌穆尔,虽然乌穆尔被她的美貌所吸引,但还是拒绝了,他认为如果娶了自己"兄弟"的女儿,就会违背他的宗教信仰。③

约翰·坎塔库震努斯就是凭借其广泛的人脉,诚心诚意辅佐安德罗尼库斯三世。在收复伊庇鲁斯的过程中,坎塔库震努斯充分展现了他的政治手腕和雄辩口才。伊庇鲁斯的女专制君主安娜·帕列奥列吉娜愿意向皇帝俯首称臣,但是反对派拥立她的儿子尼基弗鲁斯·巴提尔兹发动叛乱,安德罗尼库斯三世下令让塞萨利的总督和坎塔库震努斯的堂兄前去镇压,约翰·坎塔库震努斯带兵赶去支援。他先后亲自劝说叛军首领阿莱克修斯·卡巴西拉斯和尼基弗鲁斯·巴提尔兹。坎塔库震努斯与卡巴西拉斯是旧识,他告诉后者归顺皇帝要比被包围至死要好得多,经过多次反复劝说,卡巴西拉斯决定归降,坎塔库震努斯带他去见皇帝,皇帝宽恕了他,并授予他贵族头衔,后来卡巴西拉斯承认自己完全是被约翰·坎塔库震努斯说服才放弃抵抗的。还有部分叛军占据伊庇鲁斯的首府阿尔塔继续反抗,坎塔库震努斯约谈叛军首领,他指出伊庇鲁斯的自治是由于第四次十字军战征导致的,自 1261 年以来,君士坦丁堡的皇帝们收复伊庇鲁斯是完全正当的,虽然多次试图收复而未果,但帝国领土迟早都会回归。他还指出,外族的意大利人不是伊庇鲁斯真正的朋友,叛军的负隅抵抗,只能加重百姓的痛苦,破坏经济和农业生产,不可能得到真正的自由,反而帮助了意大利人。坎塔库震努斯劝降无疑具有很强的说服力,半年后,尼基弗鲁斯·巴提尔兹决定降服,约翰代表皇帝接受了阿

---

① 埃米尔是对某些穆斯林统治者的尊称。
② 位于土耳其西部的一个港口城市,现称伊兹密尔。
③ D. M. Nicol, *The Reluctant Emperor: A biography of John Cantacuzene, Byzantine Emperor and monk, c. 1295 -1383*, pp. 35 - 36.

尔塔城叛军的投降。

1341年6月15日,安德罗尼库斯三世去世,留下了一个年仅9岁的继承人——约翰五世,约翰·坎塔库震努斯被委任为小皇帝的摄政。安德罗尼库斯三世的突然去世,使得政局陷入争夺继承权和摄政权危机。皇帝遗孀萨伏依的安娜被帝国各方面人士视为一个外国人,一个出生于意大利的陌生人。① 由于她对围在其身边那些说希腊语的人很难作出准确地判断,所以在他们的鼓动下,她也不像安德罗尼库斯三世那样信任坎塔库震努斯,她认为后者对帝国权力的掌控势必会阻碍她的儿子顺利继承皇位。而牧首约翰·卡莱卡斯和大将军阿莱克修斯·阿波考库斯二人都想在乱局中获取更多的权利,于是他们选择支持皇后安娜,构成了朝廷中的外戚权势集团。他们对于首相约翰极度猜疑,特别是对以其为首的相府权势集团十分恐惧。帝国很快便陷入两大势力集团日益对立导致的分裂中。②

周边邻国也趁安德罗尼库斯三世去世之际,蠢蠢欲动。1341年夏天,帝国西部的伊庇鲁斯地区土著居民阿尔巴尼亚人在塞萨利挑起事端,西北部的塞尔维亚国王斯特凡·杜尚试探性地侵入马其顿,北部的保加利亚则发生了宫廷政变,国王米哈伊尔·希什曼跑到君士坦丁堡避难,新国王约翰·亚历山大要求将其引渡回国,不然就进攻拜占庭帝国。围绕如何处理保加利亚问题,重臣们意见不一,在朝廷上展开争论,坎塔库震努斯、安娜和君士坦丁堡牧首都出席了会议,各方意见不一,讨论很快偏离了主题,从相互指责到人身攻击。会后,坎塔库震努斯向安娜和牧首表明了辞职的意向,安娜再三挽留,最终双方似乎讲和了,坎塔库震努斯继续担任摄政。1341年7月,坎塔库震努斯出兵保加利亚,临行前,皇后安娜和牧首都向他保证首都会一切安好。很快坎塔库震努斯就挫败了保加利亚新国王约翰·亚历山大,后者撤回了他的军队。与此同时,坎塔库震努斯阻止了试图在加里波利登陆的土耳其人,并说服他的朋友艾登的乌穆尔把船开到多瑙河(Danube)以南去威慑保加利亚人。此外,坎塔库震努斯与塞尔维亚国王斯特凡·杜尚也签订了和平协议。

---

① D. M. Nicol, *Byzantium and Venice: A Study in Diplomatic and Cultural Relations*, pp. 257-258.
② S. Kyriakidis, *Warfare in Late Byzantium, 1204-1453*, p. 35.

正当约翰·坎塔库震努斯在外领兵作战时,君士坦丁堡却传来坏消息,大将军阿莱克修斯·阿波考库斯阴谋作乱。1341年9月初,坎塔库震努斯带领军队赶回首都,平息了事态,阿波考库斯的所有职务都被撤销,后者跑到皇后和坎塔库震努斯的母亲面前再三表示忏悔,最终他的罪行得到了宽恕。也许约翰相信以德报怨可以感化恶人,或者他对自己的权威过于自信,无论如何,坎塔库震努斯并未认真对待反叛事件,于9月23日,向皇后安娜和母亲告别后,再次离开京都,率兵出征,这是他最后一次见到他的母亲。阿波考库斯继续留在君士坦丁堡,他不断挑动皇后安娜和牧首乘机罢免约翰·坎塔库震努斯。皇后愿意相信他的话,认定坎塔库震努斯正在密谋取代她的儿子。于是皇后安娜代表小皇帝宣布剥夺坎塔库震努斯的所有官职,并要求他的军队在其他将领率领下迅速撤回君士坦丁堡。约翰·坎塔库震努斯在首都的住宅被洗劫一空,他的亲戚也受到了牵连,其母亲被关进监狱,饥寒交迫,重病缠身,于1342年1月6日死在监狱里。① 约翰的儿子安德罗尼库斯被限制自由长达五年时间。约翰·坎塔库震努斯闻报大惊,深知自己的宽容铸下大错,于是迅速和他的军队在狄迪蒙特乔做好了战斗准备,但他首先派代表去京城与皇后商谈,但是后者和牧首绝不容许协商谈判解决矛盾,谈判之门彻底关闭。约翰主动谈判的决定说明,他对皇后和牧首都缺乏足够的认知,不仅不了解他们的险恶用心,也不了解他们的性格。最终内战爆发了。

1341年10月26日,坎塔库震努斯在狄迪蒙特乔宣布称帝,史称约翰六世。② 尽管称帝,坎塔库震努斯仍承认帕列奥列格王朝的合法继承人,他没有举行加冕礼,只有公告和授职仪式,他在公告中首先赞誉的是安娜皇后,其次排在第二位的是约翰五世,分列第三、四位的才是约翰六世·坎塔库震努斯和他的妻子伊琳妮。③ 第二天,坎塔库震努斯就脱下皇帝的服饰换成了丧服,以示对"兄弟"安德罗尼库斯三世的哀悼。这一举动显示出约翰六世·坎塔库震努斯的聪明之处,他努力向臣民表明他接受皇帝头衔是被逼无奈之举,他坚持把自己的名字放

---

① D. M. Nicol, *The Reluctant Emperor: A biography of John Cantacuzene, Byzantine Emperor and monk, c. 1295-1383*, p. 54.
② T. S. Miller, *The History of John Cantacuzenus (Book IV): Text Translation, and Commentary*, p. 4.
③ G. Ostrogorsky, *History of the Byzantine State*, translated from the German by Joan Hussey, New Brunswick and N. J.: Rutgers University Press, 1969, p. 511.

在小皇帝之后也是意在表示承认其帕列奥列格皇族的血缘正统性,在他的回忆录里,他用了很多篇幅证明他称帝是正当的行为,是被逼无奈的不情愿之举。

在约翰六世·坎塔库震努斯称帝的第二天,亚得里亚堡总督率先宣布了一份公告,谴责他的行为,下层民众被鼓动起来反抗压迫者,他们洗劫了富人的财产,在城里建立了一个起义者政权,这在拜占庭历史上是闻所未闻的。骚乱很快蔓延至色雷斯和马其顿地区,在不同地区有不同的表现形式,总体来说,富裕阶层支持约翰六世,而其他阶层选择支持约翰·帕列奥列格和君士坦丁堡摄政政府。整个帝国分裂为两大敌对势力,占人口少数的富裕阶层和多数人的贫困阶层在皇家内讧中找到了发泄怨气的机会。坎塔库震努斯家族的财富足以引起弱势群体的仇视,当他的母亲被捕时,人们在她家里查抄出大量的金银餐具、珠宝钱财、谷物粮食,从约翰六世列出的他在内战期间财产损失清单,即可见一斑,他仅在马其顿地区地产上就丢失了"5 000 头牛、1 000 头役畜、2 500 匹母马、200 头骆驼、300 匹骡子、500 头驴、50 000 只猪、70 000 只羊"[1]。他的政敌则抓住机会扩大宣传,攻击他所代表的贵族对民众生活漠不关心。

约翰六世称帝后,仍希望通过谈判解决争端,但是他所有的提议都被拒绝,他派往君士坦丁堡的使者也被关押进监狱。手无兵权的外戚集团铁了心要彻底整垮他这个相府贵族头目,牧首宣布开除坎塔库震努斯和他的所有支持者的教籍。1341 年 11 月 19 日,还不足 10 岁的约翰·帕列奥列格宣布继位,史称约翰五世。满心希望和平谈判的约翰六世被困在了狄迪蒙特乔,他继续给皇后安娜和牧首发出谈判请求,建议和平解决矛盾,但君士坦丁堡方面仍没有回应。1342 年 3 月初,约翰六世留下妻子伊琳妮驻守狄迪蒙特乔,他则率军向塞萨洛尼基进发,他的老朋友塞奥多利·西纳得诺斯是塞萨洛尼基的总督,他曾放话说,如果坎塔库震努斯带着军队来攻城,他就会打开城门迎接。坎塔库震努斯一路上多次遭遇伏击,未等他到达目的地,君士坦丁堡方面已经率先撤换了塞萨洛尼基的总督,西纳得诺斯被免职。亚得里亚堡的骚乱也传到塞萨洛尼基,本应欢迎约翰六世到来的贵族们都被迫躲藏起来。他进城的要求被反对者拒绝,被迫撤退。大将军阿莱克修

---

[1] D. M. Nicol, *The Reluctant Emperor: A biography of John Cantacuzene, Byzantine Emperor and monk, c. 1295 - 1383*, p. 60.

斯·阿波考库斯带着他的舰队,打着反坎塔库震努斯的旗号,到达塞萨洛尼基,则受到了欢迎。显然,塞萨洛尼基城是忠于帕列奥列格王朝和君士坦丁堡摄政政府的。在此后的七年里,该城一直被狂热派领导人所控制,保持着一定的独立性。

约翰六世与摄政政府开始了一场长达七年的国内战争(1341—1347),长期的内战极大地消耗了帝国所剩无几的实力和资源。约翰六世与反对派之间的政治斗争伴随着塞萨洛尼基的城市暴动,掌控该城的静默派引发的宗教纷争使得局势进一步复杂化,帝国晚期社会的政局愈发混乱。静默派的产生由来已久,至14世纪时开始在拜占庭宗教领域占据重要地位。该教派提倡禁欲苦修,相信长期坚持严格的苦修生活可以得到上帝的神秘启示。静默派的启示性教义与希腊人的思想习惯达到了某种契合,因此静默派虽然在罗马教会不受欢迎,但是在拜占庭信徒中却拥有很多支持者,阿索斯圣山修道院是静默派的中心。① 然而,拜占庭帝国内部也有一些反对静默派的激进派别,他们质疑静默派的教义,对神秘启示表示怀疑。第一个攻击静默派的人是卡拉布里亚(Calabria)的巴拉姆(Barlaam),他于14世纪30年代住在君士坦丁堡,接受挑战的是圣阿索斯修道院的院长格里高利·帕拉马斯。1341年6月,安德罗尼库斯三世主持召开了一次会议,参加会议的有君士坦丁堡的主教和各修道院院长,还有元老院、司法界人士,会议持续了一天,最终静默派的教义得到广泛的认可,巴拉姆被谴责为异教徒。就在会议举行期间,安德罗尼库斯三世病倒,四天后去世。但是宗教争端仍未结束,第二次宗教会议由约翰·坎塔库震努斯主持召开,帕拉马斯再次被证明是正确的,巴拉姆再次受到了批判。②

拜占庭帝国的政治斗争和宗教争议经常交织在一起。约翰·坎塔库震努斯主持宗教会议,对于他与君士坦丁堡牧首之间的对立关系,犹如火上浇油,在牧首看来,坎塔库震努斯的地位似乎超过了他,并且后者与阿索斯圣山修道院的关系似乎更为亲近。于是,牧首约翰·卡莱卡斯于1343年把静默派首领帕拉马斯投入监狱,第二年将其逐出教会。宗教斗争需要政治军事支持,在做这些事情时,卡莱卡斯显然得到了阿莱克修斯·阿波考库斯的支持。安德罗尼库斯三世的遗孀、

---

① W. Treadgold, *A Concise History of Byzantium*, p. 209.
② D. M. Nicol, *The Last Centuries of Byzantium, 1261-1453*, pp. 211-212.

皇后安娜是个西方人,她也不喜欢静默派,君士坦丁堡教会和当局随之改变了对静默派的态度,静默派的活动在首都被禁止。当政治对手公开反对静默派时,约翰六世选择支持静默派,这样宗教矛盾与政治斗争纠结在一起,帝国内部两大阵营的对立更加激烈。

  帝国上层的政治斗争还伴随着阶级斗争。随着帝国动乱、经济衰落,财富更加集中在少数贵族手中,下层民众的生活越发困苦,阶级矛盾日益尖锐。约翰六世的支持者大多是各地的贵族和富裕阶层,他的政治对手利用民众对贵族的不满情绪,煽动各地民众起义,其中以塞萨洛尼基最为激烈。1342年塞萨洛尼基的狂热派没收了贵族的田产,一度建立了独立政府,将支持约翰六世的总督逐出城市。狂热派的主要人物都是皇室成员,因此他们支持正统的帕列奥列格皇帝约翰五世,反对约翰六世。在君士坦丁堡摄政政府的打压之下,约翰六世曾经的追随者、朋友都相继离他而去,他自知在帝国难以立足,于是带着仅剩的2000多人逃到塞尔维亚,向国王斯特凡·杜尚求救。① 而杜尚正准备寻机向拜占庭帝国境内扩张,约翰六世的到来给他提供了一个难得的良机。因此,约翰六世于1342年7月到达塞尔维亚后,受到杜尚的热烈欢迎。② 杜尚提出援助的条件是将马其顿地区割让给塞尔维亚,这远远超出了约翰六世的预期,但经过协商,两人最终还是达成了联盟协议,杜尚会在各方面特别是军事上协助约翰六世打击他们在君士坦丁堡的共同敌人。同年夏末,在塞尔维亚军队的支援下,约翰六世准备长途跋涉返回狄迪蒙特乔,但是军队行进到马其顿东部的塞利斯就停了下来,因为塞利斯是斯特雷蒙河河谷东岸重要的战略地点和商业中心。约翰六世希望收复该城,但是徒劳无获。同时,城外驻扎的营地还感染了流行病。此时,又有消息传来,阿波卡夫科斯派来了一支军队前来阻击。约翰六世处处碰壁,陷入人生低谷,遂决定率兵返回塞尔维亚,等条件成熟再来攻城。但是他的大部分士兵都不想继续跟随他,他们宁愿去死也不愿去塞尔维亚。那些塞尔维亚雇佣军也趁乱解散撤走,约翰六世带着剩余的不足500人的军队狼狈回到了塞尔维亚。君士坦丁堡方面认为约翰六世已经穷途末路,到了最后被消灭的关头,皇后安娜两次劝说杜尚把约翰六

---

① G. Ostrogorsky, *History of the Byzantine State*, p. 516.
② D. M. Nicol, *The Last Centuries of Byzantium, 1261 - 1453*, p. 196.

世当作因犯送回来,都被杜尚拒绝了,此时的杜尚除了对朋友尚存的忠诚外,还打算用他作为军事扩张的借口。①

恰在此时,塞萨利来了一个代表团,邀请约翰六世接管该省,约翰六世立刻接受了他们的提议,任命他忠实的表兄约翰·安茞鲁斯担任该城的总督,在任命书上有他本人的亲笔签名和盖章,这是他作为皇帝发布的第一份正式而又庄严的文件。安茞鲁斯担任总督期间很有成效,他将其控制的地区延伸到伊庇鲁斯,这样除了塞萨洛尼基,整个希腊北部都归顺了约翰六世。受塞萨利事件的鼓舞,1342年底,约翰六世再次从塞尔维亚出发,试图到达狄迪蒙特乔,杜尚仍履约安排了一支队伍跟随他前往,途径塞利斯时,约翰六世还是想顺道征服该城,结果仍是徒劳。丧失信心的塞尔维亚雇佣军再次趁乱逃跑,他们担心自己不知道会被带向何处,是否还能回到家乡。

约翰六世的妻子的处境并不比他好多少,她留守狄迪蒙特乔,坚守不出,已经被君士坦丁堡的军队包围了几个月,但始终等不到援军。1342年底,她向距离最近的保加利亚国王约翰·亚历山大求救,后者很快派来一支军队,但是这支军队的到来对于困境中的狄迪蒙特乔没有任何帮助,他们甚至阻止城中的居民出去寻找食物。约翰六世向他的土耳其老朋友、艾登的乌穆尔求助,乌穆尔立刻带着一支由380艘船和29000名士兵组成的大军从小亚赶来救援。土军人数可能有些夸大,但是用来威胁保加利亚人足够了,三个月后,保加利亚人被吓跑了。伊琳妮希望乌穆尔可以赶赴塞尔维亚寻找她的丈夫,但是严寒阻碍了交通,也导致土军撤退。1343年初,天气刚一转暖,约翰六世就出发前往色雷斯。随着土耳其大军援助约翰六世的消息扩散开来,马其顿南部和西部的一些城镇在春季纷纷效仿塞萨利承认约翰六世为他们的皇帝。塞萨洛尼基以南的一些地方也宣布承认约翰六世为皇帝。约翰六世的斗志再次得到激发,他召集表兄约翰·安茞鲁斯,并从塞萨利调兵,准备进攻塞萨洛尼基。而他的塞尔维亚盟友不愿意看到拜占庭帝国的内战双方任何一方势力过于强大,于是杜尚突然抛弃了他的盟友,转而支持君士坦丁堡的摄政政府。安娜一方的阿波考库斯派出一支舰队加强塞萨洛尼基的

---

① D. M. Nicol, *The Reluctant Emperor: A biography of John Cantacuzene, Byzantine Emperor and monk, c. 1295-1383*, pp. 64-65.

防御，使约翰六世再度被困在马其顿。艾登的乌穆尔得知约翰六世的处境，带着60艘船和6000名士兵赶来救援，阿波考库斯听到土耳其军队赶来支援，立刻撤退了。① 但是塞萨洛尼基城被狂热派控制，他们拒绝约翰六世入城。

1343—1344年间，形势朝着有利于约翰六世的方向发展，阿波考库斯更加绝望了，原来支持君士坦丁堡摄政政府的人越来越少，因为他们从朝廷的举措中得不到任何好处，此时便都转向支持约翰六世阵营，后者的人马越来越多。1344年色雷斯一个要塞的指挥官约翰·瓦塔泽斯（John Vatatzes）也投奔了约翰六世，尽管他与牧首和阿波考库斯都有亲戚关系。很快，约翰六世就控制了几乎整个色雷斯南部地区。更让他欣慰的是，阿波考库斯的儿子曼努埃尔·阿波考库斯（Manuel Apokaukos）也倒戈支持约翰六世，这个曼努埃尔原先被父亲任命为亚得里亚堡总督，但是由于无法忍受父亲出尔反尔的行为，便秘密投向约翰六世阵营。1345年初，另一个著名的教会高官、耶路撒冷的主教拉扎罗斯（Lazaros）因为与同事约翰·卡莱卡斯发生冲突，从偏袒后者的君士坦丁堡投奔了约翰六世。②

以前的"两安德罗尼库斯之战"让敌对邻国明白了一个道理，参与拜占庭内战，无论支持哪一方，他们都可以从中获取丰厚的回报，现在的"两约翰之战"，同样吸引了塞尔维亚、保加利亚和土耳其人的关注，他们只想从中获得利益，至于支持谁，并不重要。塞尔维亚人、保加利亚人、土耳其人都参与了拜占庭帝国的内战，他们选择支持一方，或者随意更换支持对象，以期获得更大的利益。不只是约翰六世邀请土耳其人参战，君士坦丁堡摄政政府也向土耳其人求援。还有些私人冒险家也参与了帝国的内战，如海达克·莫姆西洛（Hajduk Momčilo），这个拥有私人军队的保加利亚强盗兼农民，曾服务于斯特凡·杜尚，1343年在色雷斯受到约翰六世雇佣，1344年和1345年他先后两次变节，最终被约翰六世杀死。另一个巴尔干冒险家凯瑞利（Chrelja）先是为塞尔维亚作战，后带兵加入约翰六世的军队，1342年12月死于保加利亚南部地区。类似这样的冒险家在那个时代很常见，

---

① D. M. Nicol, *The Reluctant Emperor: A biography of John Cantacuzene, Byzantine Emperor and monk, c. 1295-1383*, p. 68.
② D. M. Nicol, *The Last Centuries of Byzantium, 1261-1453*, pp. 200-201.

他们被拜占庭内战双方收买和利用,他们对任何一方都没有忠诚可言。①

除了塞尔维亚的国王杜尚,君士坦丁堡的摄政政府的盟友还有保加利亚沙皇,以及约翰六世曾经的朋友海达克·莫姆西洛,后者控制着拜占庭与保加利亚的边境地区。约翰六世也开始寻找新的盟友,早在安德罗尼库斯三世统治时期,他就和土耳其的乌穆尔来往密切,从1342年起,他的军事行动得到了土耳其人的援助。②

有了强大的土耳其军队的支持,局面很快发生了翻转,1343年,约翰六世攻入狄迪蒙特乔,1345年夏,征服了色雷斯的大部分地区,一直到黑海沿岸,君士坦丁堡几乎被封锁,约翰六世甚至可以在城墙附近搭建帐篷。这时,有两个圣方济各修道士来找约翰六世调查情况,后者提出只要君士坦丁堡方面释放他的所有亲戚和支持者,他愿意退位,而君士坦丁堡方面乐于接受他的退位,却不愿意和他谈判,因为皇后安娜担心自己和孩子会被谋杀。1345年春,约翰六世的土耳其朋友艾登的乌穆尔带着20 000骑兵来支援他,随行的还有里迪亚的埃米尔,萨鲁汉(Saruhan)的儿子苏莱曼。土耳其军队到达狄迪蒙特乔后,在保加利亚境内大肆劫掠。约翰六世要求他们阻止斯拉夫冒险家莫姆西洛的扩张,促使后者于1345年6月7日阵亡。与此同时,约翰六世得到报告称,塞尔维亚的斯特凡·杜尚正在攻打塞利斯城,此前约翰六世曾两次进攻该城都未能占领这个要塞,他绝不能让它落入塞尔维亚人之手。当他们逼近塞利斯时,君士坦丁堡传来消息:大将军阿莱克修斯·阿波考库斯于6月1日意外被杀,这个曾经受到约翰六世信任的约翰·阿波考库斯当时被其父亲阿莱克修斯·阿波考库斯任命为塞萨洛尼基的总督,他与其父反目成仇后投奔约翰六世,一度试图把该城交给约翰六世,但是计划还未成行,他就和父亲一样被暗杀了,塞萨洛尼基仍牢牢地掌握在狂热派手中。约翰六世的部下以及土耳其朋友乌穆尔都劝他抓住机会攻打君士坦丁堡,塞利斯可以延后处理。③

---

① D. M. Nicol, *The Reluctant Emperor: A biography of John Cantacuzene, Byzantine Emperor and monk, c. 1295 -1383*, p. 69.
② G. Ostrogorsky, *History of the Byzantine State*, pp. 517 - 518.
③ D. M. Nicol, *The Reluctant Emperor: A biography of John Cantacuzene, Byzantine Emperor and monk, c. 1295 -1383*, pp. 72 - 73.

许多人都希望借此机会停止内战,结束君士坦丁堡摄政政府,但是约翰六世的态度非常谨慎。事实上当他们接近首都时,约翰六世发现京都秩序已经恢复,皇后安娜和牧首似乎已经控制了局势。眼看军力不足一时无法取得胜利,约翰六世强令他的士兵及盟军部队撤退,年轻的苏莱曼在途中病倒去世,有人指控是乌穆尔谋杀了他,致使愤怒的乌穆尔立刻带着他的军队离开,约翰六世被盟友抛弃了,他回到狄迪蒙特乔思考下一步的行动。

此后,约翰六世又遭遇了一系列的打击。先前投诚的一个叛逃者约翰·瓦塔泽斯此时反悔了,又重回皇后安娜一边。约翰六世与君士坦丁堡城内的朋友联络,希望里应外合发动一次突然袭击,但是因他识人断事判断失误而失败,他被迫退回到塞林布里亚。更大的打击发生在1345年9月,塞尔维亚的斯特凡·杜尚成功地占领了塞利斯的马其顿城市,约翰六世很清楚占领马其顿是攻克塞萨洛尼基的关键。果然,杜尚很快自称是塞尔维亚人和罗马人的皇帝,他宣布不仅要占领塞萨洛尼基,还要接管君士坦丁堡,因为他是整个拜占庭帝国的主人。1346年复活节,杜尚在斯科普里(Skopje)加冕称帝,此举对于年轻的约翰五世和约翰六世都是一个直接的挑战。① 此时,巴尔干半岛有三个君主都声称是"罗马帝国"的皇帝,他们中间只有约翰五世是在君士坦丁堡的圣索菲亚大教堂举行的正式加冕仪式,受杜尚加冕事件的刺激,几周后也就是5月21日,约翰六世在亚得里亚堡也举行了加冕礼。② 当地的金匠为约翰六世和他的妻子伊琳妮制作了王冠,并遵守所有拜占庭传统加冕仪式的礼节,尽可能做到所有细节符合惯例。如主教为约翰六世加冕后,他按照惯例又为皇后加冕,在人群中抛撒金币和银币,接受民众欢呼,一连几天摆酒设宴。约翰六世的属下提议让其长子马修作为共治皇帝,以确保坎塔库震努斯家族的继承权。约翰六世感谢下属的忠诚,但是拒绝了他们的提议。在他看来,只要年轻的约翰五世·帕列奥列格还活着,后者正式继承皇位是迟早的事。③

奥尔汗的使者也从比提尼亚赶来,请求约翰六世将他的女儿塞奥多拉嫁给他

---

① A. A. Vasiliev, *History of the Byzantine Empire, 324 -1453*, Vol. II, p. 619.
② G. Ostrogorsky, *History of the Byzantine State*, p. 520.
③ D. M. Nicol, *The Last Centuries of Byzantium, 1261 -1453*, p. 215.

们的埃米尔（Emir），他们认为联姻将有助于强化约翰六世与奥尔汗之间现有的友谊和同盟关系。约翰六世的军官们对此表示支持。只有约翰六世的妻子对于女儿嫁给穆斯林王子的事感到不满，约翰六世劝慰她，为了帝国的利益，在他之前的几位皇帝也都把自己的女儿嫁给了外国"野蛮"的统治者，例如米哈伊尔八世把女儿嫁给了蒙古的可汗，安德罗尼库斯二世也是如此。约翰六世要求奥尔汗派一支军队到塞林布里亚接他的未婚妻。很快，30艘土耳其船只便到达了驻地，随行的还有一个骑兵团和几个土耳其贵族，奥尔汗本人并未前来。约翰六世在塞林布里亚为女儿塞奥多拉举行了盛大的出嫁仪式，皇后伊琳妮和另外两个女儿一起见证了这个重要时刻，随后，塞奥多拉被送到比提尼亚海岸东侧去见她的新郎。塞奥多拉嫁到土耳其后，尽管有很多人劝告她皈依伊斯兰教，但是她在土耳其仍坚守自己的基督教信仰，她被允许享有这样的自由，一方面反映了奥斯曼人对她的宽容，另一方面显示出土耳其人对他父亲的尊重。事实也是如此，在塞奥多拉与奥尔汗婚后的七年间，土耳其军队始终没有入侵拜占庭帝国的领土。[1]

与此同时，君士坦丁堡摄政政府内部却经历着一场巨变，先是大将军阿莱克修斯·阿波考库斯被暗杀，接着他的儿子约翰·阿波考库斯转变立场，公开支持约翰六世。安娜皇后和牧首开始恐慌起来，他们也向土耳其人寻求援助，但是土耳其人临阵倒戈。他们雇佣杀手到约翰六世在塞林布里亚的营地去行刺也未能成功。更严重的问题是阿波考库斯被暗杀后，外戚集团内部原本稳固的三角关系出现了断裂，皇后与牧首之间的矛盾日益凸显，1347年1月，皇后和牧首约翰·卡莱卡斯终于闹翻了，皇后决心利用皇家力量除掉牧首。2月2日，皇后召集了首都的主教们公开审判牧首，抓住其神学上的错误加以激烈谴责，并开除了他的教会公职。主教会议持续了几个小时，直到深夜才结束。

戏剧性的一幕出现了。就在这天晚上，约翰六世通过他在君士坦丁堡的支持者们的帮助，神不知鬼不觉地进了城，没有遇到任何抵抗。这是约翰六世五年来第一次回到首都君士坦丁堡。2月3日，天刚亮，约翰六世就到教堂向圣母感恩，然后回到营地。惊恐的皇后安娜把自己关在皇宫中，她向加拉塔港的热那亚人寻

---

[1] R. H. C. Davis and J. M. Wallace-Hadrill eds., *The Writing of History in the Middle Ages: Essays presented to R. W. Southern*, New York: Clarendon Press of Oxford University Press, 1981, pp. 47 - 93.

求帮助,后者刚越过金角湾就被人发现,偷袭不成被迫返回。① 约翰六世召集主教和神职人员,通过他们向皇后安娜表示会确保她和约翰五世的人身安全,他希望安娜放弃抵抗即刻投降,因为宫殿里的防御工事已经破损,她也没有卫兵,已经无路可走。皇后安娜打发走送信的人,依旧紧闭宫殿的大门,因为她举棋不定,难以抉择如何是好。最终,安娜被自己的儿子说服,尽管约翰五世只有15岁,但他的心智超出了他的年龄,他深知没有兵权在手,危险难以消除,故而恳求母亲不要顽固抵抗,以免局势对他们更加不利。皇后安娜听从了他的劝说,立即派了两个人去和约翰六世谈判,一个是约翰六世的岳父安德罗尼库斯·亚森,另一个是主教格里高利·帕拉马斯。1347年2月8日,一份由约翰六世提出的协议得到签署生效,它宣布约翰六世对过去几年所有冤枉和陷害过他的人都不会追究责任,提出双方必须忘记仇恨、消除敌意,要彼此尊重,协议规定约翰六世和约翰五世共同统治拜占庭帝国,约翰六世为最高的皇帝。②

约翰六世对敌人的仁慈和宽恕给同时代的人留下了深刻的印象。他下令释放所有的政治犯,要求对迫害他们的人不得进行报复,还严令禁止士兵抢劫和破坏财物,禁止人们通过制造骚乱发泄情绪。第二天,他下令他的所有支持者,还有皇后安娜的支持者,都必须向两位皇帝宣誓效忠。但是他的军官们声称只对他效忠,经过三天的争吵,他们才同意按照他的吩咐去做,他希望以此创造一种有秩序的、稳定的政治气氛,恢复社会安定。1347年2月,约翰六世进入君士坦丁堡,似乎预示着一个新时代的到来,所有的恐怖和动荡都将成为过去。几天后,约翰六世还宣布了他的女儿海伦娜将与约翰·帕列奥列格订婚,此事早在1341年9月就提议过,但是遭到皇后安娜的拒绝,此时安娜别无选择。③

前任君士坦丁堡牧首已经被免职,鉴于其地位的特殊性和重要性,1347年3月,约翰六世宣布召开会议,由主教们推选合适的人选,耶路撒冷和亚得里亚堡的主教们都参加了集会。最终主教们选择了格里高利·帕拉马斯的朋友伊西多尔

---

① D. M. Nicol, *The Last Centuries of Byzantium, 1261-1453*, p. 207.
② D. M. Nicol, *The Reluctant Emperor: A biography of John Cantacuzene, Byzantine Emperor and monk, c. 1295-1383*, pp. 80-81.
③ D. M. Nicol, "The Byzantine Family of Kantakouzenos (Cantacuzenus) ca. 1100-1460: A Genealogical and Prosopographical Study", *Dumbarton Oaks Studies*, No. 11, 1968, pp. 135-138.

(Isidore)，他也是老皇帝安德罗尼库斯二世的朋友。伊西多尔刚一上任，就公开宣布取消前任皇帝对约翰六世的训诫。伊西多尔还主持了约翰六世的第二次加冕礼。虽然一年前约翰六世在亚得里亚堡已经加冕，但是按照拜占庭传统惯例，"罗马帝国"皇帝应该在首都由牧首加冕。帕列奥列格王朝的开创者米哈伊尔八世早在尼西亚称帝时已经加冕，进入君士坦丁堡后还是举行了第二次更为隆重的加冕仪式。约翰六世认为他有必要举行第二次加冕，可惜由于条件限制，第二次加冕留下了很多遗憾。首先是著名的圣索菲亚大教堂一年前由于地震而严重受损，无法作为典礼的场地。其次是皇后王冠上的珠宝是用玻璃替代的。再者，宴席上的盘子是用锡和泥做的，表面涂抹了金粉。真正的珠宝和金银器皿都在内战时期被典当给了威尼斯人。

加冕后不久，约翰六世按照惯例颁发了一份授勋名单，他的小儿子曼努埃尔被授予专制君主头衔，他的女婿尼基弗鲁斯也成为君主，其长子马修的头衔是特别设置的，比君主地位更高一些，比皇帝低一些。马修似乎对这个头衔不满意，他认为自己被剥夺了继承父亲皇帝头衔的权利，在一些人的鼓动下，他以亚得里亚堡皇子的身份宣布独立。约翰六世对此非常生气，他派妻子伊琳妮前去劝解，马修意识到自己的错误，供出撺掇他的那些人，不久凡支持他独立的人都受到了惩罚。同时，约翰六世也注意安抚马修，他将狄迪蒙特乔和色雷斯的一大片土地授给马修作为他的自治封地。① 与君士坦丁堡摄政政府的日益衰落不同，约翰六世拥有大贵族的支持，财力雄厚，又有静默派的支持，逐渐处于统治优势地位。约翰六世获得胜利后，曾经激烈反对他的塞萨洛尼基也终于屈服于他，并为他举行盛大的欢迎仪式，在约翰五世的陪同下，约翰六世进入了塞萨洛尼基城。作为约翰六世统治的精神支柱，静默派的地位也随之上升，被视为东正教教会的官方信仰，静默派思想成为希腊教会的重要内容之一，代表人物格里高利·帕拉马斯在去世后被封为圣人。

约翰六世统治时期，拜占庭帝国的基础不再稳固，一些边远省份先后从帝国脱离出去，拜占庭所能控制的区域仅剩色雷斯地区。而周边国家却在趁机大肆扩

---

① D. M. Nicol, *The Last Centuries of Byzantium, 1261–1453*, pp. 230–231.

张。1346年热那亚人再次占领了修斯岛。在陆地方面,拜占庭处于塞尔维亚人和土耳其人的包围之中,其中最危险的敌人是塞尔维亚人,在斯特凡·杜尚的率领下,塞尔维亚占领了希腊北部的大部分领土,同时,拜占庭海上贸易陷于威尼斯和热那亚之间,被两个海上强国碾压,曾经在安德罗尼库斯三世统治时期一度恢复的海军在内战中再度被毁。①

不管是约翰六世的盟友还是君士坦丁堡摄政政府的外国支持者,他们对内战双方的军事援助都是有条件的,保加利亚人趁拜占庭内乱之际扩张到马里卡河流域。莫姆西洛得到了罗德配山以南地区,坎塔库震努斯还授予其"大贵族"的封号。土耳其人则趁机在拜占庭领土上大肆劫掠,不仅逐步掏空了拜占庭帝国的领土资源,而且还不断壮大了自己。14世纪上半期,拜占庭在巴尔干半岛的主要威胁来自塞尔维亚,杜尚统治时期的塞尔维亚军事实力达到了顶峰。趁拜占庭内战之际,杜尚带领塞尔维亚军队进入马其顿地区,1345年又攻陷了塞利斯。杜尚自封为"塞尔维亚和希腊人皇帝",1346年4月16日,杜尚由塞尔维亚大主教加冕称帝。杜尚希望建立一个从亚得里亚海向东延伸到君士坦丁堡和博斯普鲁斯海峡的帝国,成为整个希腊地区的最高霸主。1347年,塞尔维亚相继征服了伊庇鲁斯和阿尔巴尼亚,占领了阿卡纳尼亚和埃托利亚,攻陷塞萨利。至此,拜占庭帝国仅剩的领土有一半落入塞尔维亚人之手,塞尔维亚的版图由多瑙河延伸到科林斯湾,从亚得里亚海扩展到爱琴海周边。杜尚虽然掠夺了拜占庭的大片领土,但是他对拜占庭文化还是很推崇的,在被征服的希腊地区和塞尔维亚境内,杜尚仍沿用拜占庭国家的管理制度和司法制度,在社交和宫廷礼仪方面也效仿拜占庭贵族,只是,重要的官职都由塞尔维亚人担任。杜尚的下一步目标是进驻君士坦丁堡,真正成为塞尔维亚人和所有希腊人的皇帝。② 攻占君士坦丁堡绝非易事,其独特的地理位置和坚固的城墙长期阻挡着外敌的野心,只有从海上进攻可能得手,而塞尔维亚海军力量明显不足,杜尚不得不向拥有海军优势的威尼斯求助,而威尼斯并不想看到如日中天的塞尔维亚取代日趋衰落的拜占庭帝国,因此拒绝了杜尚的请求,杜尚的计划只得暂时搁置。塞尔维亚人的迅速崛起,将其军事实力

---

① D. M. Nicol, *Byzantium and Venice: A Study in Diplomatic and Cultural Relations*, p. 280.
② D. M. Nicol, *The Last Centuries of Byzantium, 1261－1453*, p. 254.

暴露出来,逐渐成为奥斯曼土耳其人军事征服的主要目标,最终酿成了几十年后的"科索沃大战"。

长年的内战极大地削弱了拜占庭帝国,土地荒芜,贸易停滞,国家的财政收入持续下降,入不敷出。约翰六世统治时期,帝国的税收不足前朝的一半。正如格里高拉斯所说,"帝国的国库里,除了空气和灰尘……别无他物。"① 拜占庭金币"伊颇皮隆"大幅贬值,市场影响力也大不如前,国库空虚已经到了相当严重的地步。为了筹集军费,1343 年 8 月,绝望的皇后安娜将皇冠珠宝抵押给威尼斯人,由于无钱偿还,皇冠珠宝一直未被赎回,至今仍保存在圣马可教堂。1350 年前后,莫斯科大公捐赠了一笔钱用于修缮圣索菲亚大教堂,而这笔钱很快就被挪用于招募土耳其雇佣军。在约翰六世的加冕礼上,国库甚至拿不出成套的金、银器皿,只能用铅、锡或者陶制用品,涂抹上金色以撑门面。

1347 年内战结束,君士坦丁堡逐渐恢复了正常秩序,人们的生活也逐渐走上正轨。然而就在这一年的夏天,可怕的黑死病开始流行并席卷了整个地中海世界,拜占庭帝国也未能幸免。② 约翰六世的小儿子安德罗尼库斯死于瘟疫,他刚从被关押五年之久的监狱里释放出来没多久便得病了,病死时还不到 13 岁。③ 约翰六世的表兄约翰·安茛鲁斯也感染瘟疫而死,他于 1342 年被任命为塞萨利的总督。他们只是瘟疫的众多受害者之一,因为历史记载中没有统计数据,具体的死亡人数不详。根据西方的编年史记载,九分之八的君士坦丁堡人口因瘟疫死亡,每天都有很多居民死亡,坟墓的数量不断增加,城内愈发空旷。④ 从约翰六世和格里高拉斯两位同时代人的作品中可以看出,这场瘟疫是由热那亚的商船从克里米亚(Crimea)带来的。瘟疫持续了大约一年时间,不只是拜占庭帝国境内,小亚细亚和土耳其地区也被波及,其中首都君士坦丁堡疫情最为严重。⑤

---

① D. M. Nicol, *The Reluctant Emperor: A biography of John Cantacuzene, Byzantine Emperor and monk, c. 1295 -1383*, p. 95.
② 研究认为,这次导致欧洲 2500 万人死亡的瘟疫就是鼠疫,其源起自 14 世纪上半叶蒙古西征,1340 年代首先爆发于蒙古大军攻占的黑海港口城市卡法,而后传遍地中海世界,拜占庭帝国首当其冲。
③ D. M. Nicol, *The Last Centuries of Byzantium, 1261 -1453*, p. 217.
④ D. M. Nicol, *Byzantium and Venice: A Study in Diplomatic and Cultural Relations*, p. 265.
⑤ T. S. Miller, *The History of John Cantacuzenus (Book IV): Text Translation, and Commentary*, pp. 185 - 187.

自 13 世纪末安德罗尼库斯二世解散拜占庭海军开始，威尼斯人、热那亚人以及后来的土耳其人都把拜占庭海域作为自由开发和随意侵占的目标。拜占庭海关也失去管控力，君士坦丁堡一年的海关税收不足 30000"伊颇皮隆"金币，而加拉大港每年向热那亚人上交的税收高达 20 万"伊颇皮隆"金币。① 更让约翰六世难以接受的是，博斯普鲁斯海峡上的关税 87% 都被热那亚人收入囊中。为了改变这种状况，解决财政困难，1347 年加冕后不久，约翰六世便召集包括商人、士兵、工匠、农民、修道院院长、主教等在内的公民大会，介绍帝国目前的民众贫困和经济衰败，呼吁富裕阶层捐款筹建一支舰队以保护商船，号召民众共同对抗遏制帝国经济复苏的大敌热那亚人。为了吸引更多的商船停靠君士坦丁堡港口，约翰六世降低了君士坦丁堡的关税，此举果然奏效，君士坦丁堡的进出口商船激增，贸易额迅速上涨，而加拉塔港的关税则受到了较大冲击。加拉塔港的海关关税是热那亚财政收入的重要来源之一，面对关税收入的日益减少，热那亚人自然是不能忍受的，他们决定用武力解决问题。

1348 年 8 月，热那亚人大举渡海，袭击了海港和码头，放火烧毁了所有他们遇到的船只。此时的约翰六世远在色雷斯，他的妻子伊琳妮和儿子曼努埃尔以及女婿尼基弗鲁斯共同指挥民众捍卫君士坦丁堡。10 月 1 日约翰六世返回京都，带病指挥战斗，他命令加快船只的建造和装备。1349 年 3 月，拜占庭方面出动了由九艘大型战舰和 100 艘小型船只组成的舰队，从城南的港口出发，由于缺乏训练，有些船员甚至从来没有驾驶过舰船，所以面对海上强国热那亚海军，海战中的拜占庭海军无疑是以卵击石。舰队很快失去了控制，百余艘战船要么被敌人击沉，要么被敌人俘虏。② 战后热那亚方面赔了一大笔钱给约翰六世，作为他们挑起战争的代价。约翰六世非常清楚地知道，拜占庭帝国必须趁此机会加强海上力量，至少要确保君士坦丁堡的安全。

当拜占庭与热那亚发生冲突时，威尼斯小心翼翼地保持中立，同时一如既往地关注热那亚商人在拜占庭水域的活动，因为他们深知热那亚人才是威尼斯人真

---

① A. A. Vasiliev, *History of the Byzantine Empire*, 324 – 1453, Vol. II, p. 625.
② D. M. Nicol, *The Reluctant Emperor: A biography of John Cantacuzene, Byzantine Emperor and monk, c. 1295 – 138*, p. 97.

正的对手。1349年,威尼斯向君士坦丁堡运送大批拜占庭舰队所需的武器和装备,同年,威尼斯与拜占庭之间重新讨论签约问题,由于上任皇帝拖欠威尼斯的一大笔钱尚未归还,谈判工作变得较为复杂和艰难。经过多次商讨,拜占庭答应支付欠款的六分之一,其余部分采用分期付款方式。1349年9月9日,约翰六世和约翰五世两位皇帝都与威尼斯人在文件上签字盖章。①

热那亚继打败拜占庭舰队之后,为了控制黑海地区的贸易,又与威尼斯展开了一场争夺海上霸权的战争。战争的导火索是热那亚扣押了威尼斯的几艘商船,威尼斯讨要未果,遂与西班牙阿拉贡的彼得四世(Peter IV of Aragon)结盟,同时拉拢拜占庭人加入。约翰六世经过反复考虑,决定带领拜占庭的14艘船组成的小舰队加入联盟,三者结为同盟,共同抵抗热那亚。1352年2月13日,交战双方在博斯普鲁斯海峡开打,战争打打停停处于僵持状态,一直未能分出胜负,到1355年时交战双方都已疲惫不堪,威尼斯和阿拉贡竟然与热那亚握手言和,被盟友背叛的约翰六世不得不妥协,向热那亚低头认输。

随后,威尼斯人又选择站在了约翰六世的对立面。威尼斯与热那亚和解后,转而与约翰五世结盟,威尼斯向约翰五世提供20000金币贷款,后者则割让特奈多斯岛给威尼斯以示酬谢。②塞尔维亚也表示支持约翰五世,有了威尼斯和塞尔维亚的支持,约翰五世的力量得到了加强,他已经不再满足于管辖罗德山以南地区。1352年,约翰五世率军攻入马修的领地亚得里亚堡,势不可当,马修仓促应战,退守至卫城城堡。约翰六世得知消息,立即向土耳其人求助。在强大的土军面前,约翰五世连连败退,情势危急,约翰五世遂向塞尔维亚和保加利亚发出求援信,塞尔维亚当即派出了一支4000多人的骑兵参战。土耳其方面则立刻派出由苏莱曼带领的10000多人的土耳其军团赶来支援约翰六世。约翰六世与约翰五世之间的内战转变成土耳其人与塞尔维亚人之间的战争,最终约翰六世赢得了胜利。③

---

① D. M. Nicol, *The Reluctant Emperor: A biography of John Cantacuzene, Byzantine Emperor and monk, c. 1295-1383*, p.101.
② D. M. Nicol, *Byzantium and Venice: A Study in Diplomatic and Cultural Relations*, p.300.
③ D. M. Nicol, *The Last Centuries of Byzantium, 1261-1453*, p.238.

约翰六世统治时期,中央集权制度遭到了很大的破坏,皇帝已经不能独自掌握帝国大权,国家被分割成一个个相对独立的封建小政权。为了稳定统治,约翰六世效仿安德罗尼库斯二世统治时期的政策,将帝国各个地区分封给皇室成员作为封地分别辖制。约翰六世将莫利亚分封给二儿子曼努埃尔,与塞尔维亚接壤的色雷斯西部地区,包括从狄迪蒙特乔到赫里索堡之间的广大地区则交由大儿子马修掌管。通过分封各地政权给自己的儿子们,约翰六世建立了一种新的相对稳定的政权联合体,将家族成员与自己控制的朝廷利益捆绑在一起。①

约翰六世注重帝位的合法性问题,自称帝以来,他一直与合法皇帝约翰五世维持着一种合作共治状态,然而,借助土耳其军队打败约翰五世之后,约翰六世在政治斗争中明显处于上风。此时,他似乎认识到帝国末代王朝不可能容纳他的家族,因此必须打破目前这种平衡,建立坎塔库震努斯家族的长久统治。1353年,约翰六世为其长子马修加冕为共治皇帝,马修成为其皇位继承人,地位仅次于皇帝,帕列奥列格王朝的正统皇帝约翰五世被架空。对于各方因此提出的质疑,如君士坦丁堡的牧首卡利斯图斯(Callistus)的抗议,约翰六世置之不理。1354年,马修在布拉海尔奈皇宫接受了共治皇帝的皇冠。

14世纪中叶,土耳其人已经在欧洲立足。1352年,土耳其军队占领了加里波利附近的特兹姆配。② 两年后,拜占庭人为躲避地震,大举搬迁离开该城堡,土耳其人趁机进驻了加里波利城。加里波利濒临马尔马拉海和爱琴海,是一处重要的防御阵地,守护着首都的海上安全,土耳其人更把这里视为进攻巴尔干半岛的桥头堡。③ 君士坦丁堡城内居民对于即将到来的威胁,感到惶恐不安。对于将土耳其军队引入帝国的约翰六世更是极度反感,约翰六世在战斗中赢得了短暂的胜利,但却丧失了民心,他的下台已经迫在眉睫。

约翰六世素来与热那亚人的关系不睦,敌人的敌人就是自己的朋友,秉承这一原则,约翰五世迅速与热那亚结盟,为表示诚意,约翰五世将自己的妹妹玛丽亚嫁给了热那亚人,并将帝国最大的岛屿莱斯博斯海岛作为陪嫁。1354年11月,在

---

① S. Kyriakidis, *Warfare in Late Byzantium, 1204-1453*, p.36.
② G. Ostrogorsky, *History of the Byzantine State*, p.530.
③ A. A. Vasiliev, *History of the Byzantine Empire, 324-1453*, p.622.

热那亚人的大力协助下,约翰五世带兵攻入君士坦丁堡,约翰六世被迫退位,约翰五世成为唯一的皇帝。①

约翰六世在位期间,努力扩展拜占庭的对外关系。他派主教拉扎罗斯去见埃及的苏丹马利克·纳斯尔·哈桑(Malik Nasir Hasan)。拉扎罗斯原是耶路撒冷的基督徒正式推选的主教,后被对手驱逐出境。拉扎罗斯的工作颇有成效,埃及苏丹不仅帮助他恢复了他在耶路撒冷的主教地位,还给约翰六世写信,赞美后者的才能,并祝贺其即位。苏丹称约翰六世是"希腊人、保加利亚人、阿兰人和俄国人的皇帝,是基督教信仰的庇护者"。他同意耶路撒冷的东正教教堂向信徒自由开放,承诺所有朝圣者在访问时会得到当地埃米尔的保护。约翰六世俨然成为圣地的基督教保护者。

但是,拜占庭皇帝在改善与西方拉丁人的关系上进展不大。1347年秋,约翰六世派了三位使者前往阿维尼翁(Avignon)教廷求见教宗克雷芒六世(Clement Ⅵ)。他在信中向教宗解释内战中雇佣土耳其士兵的原因。约翰六世和他的顾问知道教宗希望重建一个反对土耳其人的基督教联盟,以保护西方基督徒在小亚细亚沿海和莱斯博斯群岛等地的商贸活动。他们的打击目标之一就是约翰六世的老朋友艾登的乌穆尔,以及他管理的城市和士麦那港口。约翰六世在信中提出他会全力支持教宗的行动。1348年3月初,约翰六世的特使将他的信件送达教宗。他建议教宗可以来君士坦丁堡讨论东西方教会的联合问题。他认为实现基督教联合的唯一途径是成立一个真正的普世委员会。教宗克雷芒六世对约翰六世的建议置之不理,1352年克雷芒六世去世后,英诺森六世继位,衰落中的教廷再没有人提起教会联合的事。②

作为拜占庭帝国皇帝,约翰六世在与俄罗斯教会的东正教教徒打交道时,还是比较有把握的。他得到了新任牧首伊西多尔的支持,1347年9月,他写信给莫斯科大公,提醒后者:拜占庭帝国、最神圣的大教堂和君士坦丁堡牧首,才是所有虔诚和神圣的源泉。约翰六世借此澄清了前任君士坦丁堡牧首约翰·卡莱卡斯

---

① G. T. Dennis, *The Reign of Manuel II Palaeologus in Thessalonica, 1382 – 1387*, Romae: Pont. Institutum Orientalium Studiorum, 1960, p. 31.
② D. M. Nicol, *The Last Centuries of Byzantium, 1261 – 1453*, pp. 234 – 235.

造成的混乱。约翰六世能对俄罗斯世俗和宗教当局施加压力,并任命基辅的主教,充分说明了他的外交才能。

拜占庭帝国周边形势并不乐观。1348 年,希腊北部被塞尔维亚人占领,雅典和底比斯仍被加泰罗尼亚人控制,而伯罗奔尼撒北方和莫利亚则被法国王子阿凯亚(Achaia)占据。首都君士坦丁堡以南,仍是拜占庭帝国的一个省,但是与首都的联系很松散。从陆地上看,拜占庭与希腊之间被加泰罗尼亚人和塞尔维亚人隔绝;海上由于土耳其海盗的出没,使得往来君士坦丁堡的航程变得十分危险。尽管如此,约翰六世仍未放弃梦想,他希望有一天,帝国的领土再次从希腊半岛一直延伸到君士坦丁堡。1349 年,与热那亚的战争刚一结束,约翰六世就任命次子曼努埃尔掌管伯罗奔尼撒,首都在米斯特拉,曼努埃尔年仅 23 岁,但是约翰对他很信任,当他十几岁时,约翰六世就指派他为马其顿的一个地方总督。1348 年受命保卫君士坦丁堡时,他的表现也很突出。1349 年 10 月 25 日,曼努埃尔前往米斯特拉上任,直到 1380 年逝世,他都在米斯特拉任职,并将当地治理得井然有序。① 1342 年起,约翰六世的表兄约翰·安茞鲁斯被任命为塞萨利的终身总督。此外,约翰六世的长子马修掌管色雷斯,其女婿尼基弗鲁斯驻守达达尼尔海峡,他的另一个女婿约翰五世与他共治帝国,掌控比提尼亚的土耳其埃米尔奥尔汗也是他的女婿。通过将帝国分割成一块块自主的藩属封地,交由自家人或者亲戚治理,约翰六世希望借此控制整个帝国,并使其保持统一。约翰六世很明智,他知道依照帝国目前的形势,不可能将所有的权力都掌握在皇帝一个人手里,当帝国已经如此支离破碎时,通过家族力量来维护帝国的统一是唯一可行的办法。但是,这种大家族内封土建制只不过是在科穆宁王朝开始的家族政治发展的必然结果,是瓦解拜占庭帝国中央集权制的最终阶段。

在位的短短几年间,约翰六世镇压了塞萨洛尼基的宗教狂热分子,并且在君士坦丁堡的地方议会中支持静默派(Palamism)。在"两约翰"即约翰五世与约翰七世这对祖孙之间交战的暂时停歇期间,相对平和的状态很快被 1352 年的一场

---

① D. M. Nicol, *The Reluctant Emperor: A biography of John Cantacuzene, Byzantine Emperor and monk, c. 1295 – 138* , p. 106.

新内战打破。尽管有奥斯曼军队的援助,约翰六世还是战败了,被迫退位。此时的奥斯曼势力已经开始在欧洲立足,他们不再关心拜占庭人的内战,也不再从中寻找征服的借口。

约翰六世退位后,作为修道士约萨又生活了30多年。最初,他在曼加纳修道院,后来去了凯西恩奈迪斯(Charsianeites)。在那期间,他至少去过两次米斯特拉,他的儿子曼努埃尔·坎塔库震努斯(Manuel Kantakouzenos)在1347年至1380年间是莫利亚的执政总督。事实上,约翰六世隐居到修道院并不意味着完全退出公共生活,他退位后在政治和宗教领域仍然持续发挥着影响,直到他去世为止。①

退位后的约翰六世将主要精力用于写作其长篇回忆录《历史》(Historiai),其中一部分主要素材来自14世纪前半叶的历史书籍。在他的四卷本书里,约翰六世叙述了1320年到1356年间发生的重大事件,依据是他自己的记忆,或许还有日记。在约翰六世的著作里,他力图解释自己的行为和政策,为自己的错误辩解,还把自己描述为一个悲剧英雄和所有事件的中心人物。同时,约翰六世的《历史》也是对拜占庭学者尼基弗鲁斯的作品的有益补充和说明。尽管他的作品带有明显自辩自夸的偏见,但是他为后人提供了很多重大事件的第一手资料,还有那些精确的年表,一些原始文件档案的引用等等,都是弥足珍贵的史料。约翰六世的作品充满着对阿南刻(Ananke)和提喀(Tyche)的笃信,②他认为自己最终的失败不是由于个人因素,而是一种超然的、强大的神力使然。约翰六世在写作时方法单一,缺乏修辞,他的作品深受古希腊历史学家修昔底德的影响。③ 约翰六世还写了一些抨击伊斯兰教(Islam)和犹太教(Judaism)的文章,及多篇神学论文,驳斥了约翰·克珀利西奥迪斯(John Kyparissiotes)和普罗考罗斯·克多恩尼斯(Prochoros Kydones)等人的观点。约翰六世做皇帝时和做修士时的肖像,都保留

---

① J. Meyendorff, "Projets de Concile Oecuménique en 1367: Un dialogue inédit entre Jean Cantacuzène et le légat Paul", *Dumbarton Oaks Papers*, 14, 1960, pp. 147–177.
② 前者为希腊神话中的必然定数女神,而后者是希腊宗教中的命运女神。
③ Thucydides,古希腊历史学家、文学家,代表作《伯罗奔尼撒战争史》在西方史学史上占有重要地位。T. Miller, "The Plague in John VI Cantacuzenus and Thucydides", *Greek, Rome and Byzantine Studies*, vol. 17, 1976, pp. 385–395.

在他的神学作品的手抄本中。现存的约翰六世的书信大多是有关政府文件或是外交方面的,没有一封他自己的私人信件。①

1383年6月15日,坎塔库震努斯在米斯特拉去世,不久,他的儿子马修·坎塔库震努斯(Matthew Kantakouzenos)也在米斯特拉去世。② 约翰六世有多重身份,他既做过拜占庭皇帝,又当过修道士,还是一位神学家,到底哪种角色在历史上的影响更大,至今还没有定论。但是,他毫无疑问属于末代王朝中头脑清醒的君主,能够合理地认识当时东地中海世界的深刻变化和拜占庭帝国无可挽回的衰落。也许是其母亲的悉心培养,约翰六世在宰相和皇帝位置上都能够洁身自好,其内外政策均保持着稳定平和的特点,无论是对政敌还是外敌,他都施行宽容,消弭暴力冲突的意图非常明确,也一以贯之,这是该王朝近两百年统治期间罕见的。然而,末代王朝的总体气氛已经恶化,政治生态环境业已败坏,在这种环境中,他为生存只能处处自保,在自保中"有病乱投医",与其他君主同流合污。笔者排除他自我辩解的作品中不可靠的倾向性,客观分析其在末代帝国政治体制瓦解中的作用,不得不说,自几个世纪前科穆宁王朝开始的拜占庭帝国家族政治模式发展后,传承自罗马帝国中央集权制传统日益瓦解。在皇族内推行封土建制则是将家族政治模式具体化,不仅皇族内血缘关系等级与帝国公共权力等级相融合,而且统一帝国的领土的分化也与皇家血缘关系等级相融合,从而使拜占庭帝国彻底蜕化为西欧地方集权制模式。唯一有所区别的是,此时的拜占庭国家资源所剩无几,可供分封的土地不足以形成封建关系的纽带,皇族成员间已经没有足够的时间确立类似于西欧流行的相对稳定的封建关系规则,包括皇帝所在的君士坦丁堡在内的各个弱小的封地无法对抗统一强大的奥斯曼土耳其军事力量,最终被各个击破,先后灭亡。

---

① D. M. Nicol, *The Reluctant Emperor: A biography of John Cantacuzene, Byzantine Emperor and monk, c. 1295-138*, p. 3.
② G. Ostrogorsky, *History of the Byzantine State*, p. 531.

第七节

安德罗尼库斯四世（Andronikos Ⅳ）

1376—1379 年在位

安德罗尼库斯四世（Andronikos Ⅳ Palaiologos，Ανδρονικός Παλαιολόγος，生于 1348 年 4 月 11 日，卒于 1385 年 6 月 25 日或 28 日）是帕列奥列格王朝第七位皇帝，1376 年在内战中夺取皇位，次年 10 月 18 日加冕为帝，至 1379 年在内战中被废，在位三年。

安德罗尼库斯四世是在拜占庭帝国皇帝约翰五世在位期间，发动叛乱并夺取皇权的，他也是拜占庭帝国帕列奥列格王朝的第七位皇帝。① 安德罗尼库斯四世是皇帝约翰五世与皇后海伦娜所生的长子。由于皇后海伦娜是皇帝约翰六世最小的女儿，所以安德罗尼库斯四世也是约翰六世的外孙。安德罗尼库斯四世于 1348 年 4 月 11 日出生在君士坦丁堡，于 1385 年 6 月 25 或 28 日在塞林布里亚逝世。②

安德罗尼库斯作为皇帝约翰五世的长子，最初其皇位继承权是确定无疑的。至少从 1355 年 8 月中旬起，年仅 7 岁的安德罗尼库斯即获得了"瓦西勒斯（basileus）"的头衔，意味着他将继承皇位。而他的弟弟们——曼努埃尔、塞奥多利，③以及米哈伊尔，都按照晚期拜占庭帝国的传统，被授予"专制君主"的头衔，后面这种头衔是晚期拜占庭帝国皇帝的儿子们拥有的头衔，它意味着拥有者不具有皇位继承权。当年 8 月，安德罗尼库斯与保加利亚国王伊凡·亚历山大·阿山（Ivan Alexander Asan）的女儿玛丽亚（Maria，即 Kyratza）订婚。④ 订婚是为他们成年之

---

① 陈志强：《拜占庭文明》，北京：北京师范大学出版社 2018 年版，第 346 页。
② A. P. Kazhdan, ed., *The Oxford Dictionary of Byzantium*, p. 95. 另见 G. T. Dennis, *The Letters of Manuel II Palaeologus: Text, Translation, and Notes*, Dumbarton Oaks Center for Byzantine Studies, Trustees for Harvard University, Washington, District of Columbia, 1977, Prosopography, p. 26, 45.
③ 塞奥多西的出生日期不详，可能在 1350 年之后。见 J. W. Barker, *Manuel II Palaeologus (1391 -1425): A Study in Late Byzantine Statesmanship*, New Brunswick, New Jersey: Rutgers University Press, 1969, pp. 5 - 6.
④ J. W. Barker, *Manuel II Palaeologus (1391 -1425): A Study in Late Byzantine Statesmanship*, pp. 5 - 6. 另见 G. T. Dennis, *The Reign of Manuel II Palaeologus in Thessalonica, 1382 -1387*, pp. 11 - 14.

后正式结婚生育子女而获得继承人做铺垫,也是巩固安德罗尼库斯皇位继承人身份的一项重要措施。1364 年 10 月 8 日,安德罗尼库斯与曼努埃尔分别获得了皇帝(emperor)、专制君主的头衔。① 作为长兄,安德罗尼库斯皇位继承人的身份更加凸显。

当时约翰五世和年幼的儿子们面临的政治形势极为严峻。虽然塞尔维亚国王斯特凡·杜尚的去世导致了塞尔维亚的逐渐衰落,使拜占庭帝国免除了一个巨大的威胁,但是奥斯曼土耳其人却占据着控扼达达尼尔海峡的要塞加里波利。埃米尔穆拉德一世此时正率领庞大的土耳其军队在巴尔干半岛攻城略地,越来越成为拜占庭帝国生存的巨大威胁。面对危局,约翰五世决定寻求拉丁基督教世界的援助,以对抗日益强大的奥斯曼土耳其。为此,约翰五世设想将年幼的次子曼努埃尔送给教宗做养子,并且让曼努埃尔皈依天主教,以换取教廷对拜占庭帝国的支持。② 该计划未能付诸实施,③但是他的这种设想对于年幼的安德罗尼库斯巩固其皇位继承权无疑是有利的。

1366 年,约翰五世携同次子曼努埃尔和三子米哈伊尔前往拉丁基督教各国寻求援助,这是拜占庭帝国皇帝首次出访外国,可见政治形势的严峻。约翰五世任命安德罗尼库斯为代理摄政王,留守君士坦丁堡,④显示出父亲对于长子的信任,也使安德罗尼库斯的皇位继承权得到进一步的认可。这也是安德罗尼库斯第一次担任重要职务、掌控大权。

约翰五世此次出访,毫无成效,却备受屈辱。约翰五世带着儿子曼努埃尔和米哈伊尔先后拜访了匈牙利王在布达的宫廷,又觐见匈牙利国王。在谈判期间,约翰五世允诺其个人将接受天主教洗礼,成为天主教徒,并且允诺他的两个儿子曼努埃尔、米哈伊尔也将皈依天主教。为此,他把这两个儿子留在匈牙利做人质。在由匈牙利返回君士坦丁堡途中,约翰五世经过保加利亚,被保加利亚国王伊凡·希什曼(Ivan Šišman)扣押在维丁城中。幸好约翰五世的表哥即拉丁伯爵、萨

---

① G. T. Dennis, *The Reign of Manuel II Palaeologus in Thessalonica,1382 -1387*, pp. 11 - 14.
② J. W. Barker, *Manuel II Palaeologus (1391 -1425): A Study in Late Byzantine Statesmanship*, pp. 4 - 5.
③ G. T. Dennis, *The Reign of Manuel II Palaeologus in Thessalonica,1382 -1387*, pp. 11 - 14.
④ J. W. Barker, *Manuel II Palaeologus (1391 -1425): A Study in Late Byzantine Statesmanship*, pp. 7 - 8.

伏依的阿马迪奥六世向伊凡·希什曼施加巨大压力,才迫使他释放了约翰五世。此外,阿马迪奥六世还迫使伊凡·希什曼割让了部分土地给拜占庭帝国,并且从奥斯曼土耳其手中夺回加里波利,将之交还给拜占庭帝国,① 这是衰亡中的拜占庭帝国难得的幸运,此后幸运之神再也不照顾皇帝了。由于安德罗尼库斯的妻子正是保加利亚国王伊凡·希什曼的妹妹,所以某些学者推测,安德罗尼库斯在伊凡扣押约翰五世一事上可能扮演了某种角色。② 笔者认为,这种可能性是存在的。约翰五世仅年长安德罗尼库斯四世16岁,若等待父亲在高龄过世之后继承皇位,则彼时安德罗尼库斯四世可能也处于年龄偏大,老迈力衰,可能面临短期执政即去世的风险。因此,安德罗尼库斯谋求提前继位,具有一定的合理性。如果在外访问的父亲因为某种原因无法回国,那么安德罗尼库斯即可利用自己明确的皇位继承人身份,以及担任代理摄政王实际掌权的有利形势,登基称帝。同时,由于弟弟曼努埃尔、米哈伊尔均被扣押在匈牙利做人质,所以诸弟对皇位的竞争力大大减弱,基本无法阻止安德罗尼库斯称帝。因此,安德罗尼库斯有可能串通妻子的哥哥伊凡·希什曼,在约翰五世途径保加利亚时将其扣押,为自己提前登基称帝做准备。然而,阿马迪奥六世协助约翰五世脱离了这场可能存在的阴谋。

不过,自保加利亚回到君士坦丁堡之后,约翰五世并未怀疑安德罗尼库斯的忠诚度。1367年6月,安德罗尼库斯与父母、弟弟曼努埃尔商议了"教会合并"事宜。显然,曼努埃尔在此之前已经被匈牙利释放,米哈伊尔很有可能一起获释。但是他们获释的具体情形,后人不得而知了。1369年6月之前,约翰五世决定去罗马,以个人的名义接受天主教,以换取教皇支持拜占庭帝国对抗奥斯曼土耳其。他安排自己确定的继承人、长子安德罗尼库斯再度担任代理摄政王,留守君士坦丁堡,任命曼努埃尔担任塞萨洛尼基的总督。③ 此时,安德罗尼库斯的皇位继承权依然稳固。然而,弟弟曼努埃尔获得了独立统治帝国第二大城市塞萨洛尼基的权力,拥有了挑战安德罗尼库斯的资源,为之后二人的博弈埋下了伏笔。

安德罗尼库斯真正与父亲交恶,进而导致皇位继承权动摇,还是发生在约翰

---

① J. Harris, *The End of Byzantium*, New Haven and London: Yale University Press, 2010, p. 13.
② J. W. Barker, *Manuel II Palaeologus (1391 -1425): A Study in Late Byzantine Statesmanship*, pp. 7 - 8.
③ J. W. Barker, *Manuel II Palaeologus (1391 -1425): A Study in Late Byzantine Statesmanship*, pp. 7 - 9.

五世被扣押在威尼斯的事件中。1369年,约翰五世前往罗马访问,未取得实质性的援助,次年3月,约翰五世离开罗马,在那不勒斯短暂停留,之后前往威尼斯。约翰五世与威尼斯人重申了为期五年的威尼斯—拜占庭条约,但是由于欠下威尼斯人大量债务,约翰五世被威尼斯人扣留。为此,约翰五世向长子、留守君士坦丁堡的代理摄政王安德罗尼库斯四世紧急寻求援助。这说明此时约翰五世是信任长子安德罗尼库斯的。然而时年22岁的安德罗尼库斯却令父亲大失所望。安德罗尼库斯为了能够在父亲离开期间长久地掌握权力,宣称他对于父亲的求助无能为力,理由是他不能动用教会的财产去援救父亲。①

约翰五世无奈,只得转而求助于驻守塞萨洛尼基的次子曼努埃尔。与长兄安德罗尼库斯的做法相反,曼努埃尔独自承担起援救父亲约翰五世的重任。他没有丝毫耽搁,迅速筹集到了足够的资金(可能动用了教会的财产),并且从塞萨洛尼基乘船迅速地出发,于1370年底的冬季抵达威尼斯,并与威尼斯人展开谈判,以救援父亲。② 经过谈判,约翰五世同意割让特奈多斯岛给威尼斯,以抵销债务,而威尼斯则同意向拜占庭帝国归还之前被约翰五世抵押的皇冠大珍珠。③ 之后,约翰五世于1371年4月获得释放,离开威尼斯。不过,曼努埃尔仍继续留在威尼斯,一方面继续进行可能的谈判,另一方面,作为人质,以保证约翰五世履行承诺。约翰五世经过长时间的航行,可能于1371年10月28日之前,抵达君士坦丁堡。当年冬季,约翰五世逮捕了五位希腊贵族,他们涉嫌参与安德罗尼库斯拒绝援助自己之事,对其以诡计误导皇储进行惩罚。此时约翰五世并没有采取直接针对安德罗尼库斯的行动。但是,约翰五世毫无疑问笃信次子曼努埃尔二世的忠诚,增加了对他的喜爱,并且在曼努埃尔返回塞萨洛尼基(至晚在1371—1372年冬季,具体时间不详)之后,即正式任命曼努埃尔为塞萨洛尼基的总督,而且把马其顿的土地封赐予他,使他可以同塞尔维亚人联手,对付奥斯曼土耳其人。④ 曼努埃尔地位的上升,对安德罗尼库斯的皇位继承权构成了威胁。

---

① J. W. Barker, *Manuel II Palaeologus (1391-1425): A Study in Late Byzantine Statesmanship*, pp. 11-12.
② G. T. Dennis, *The Reign of Manuel II Palaeologus in Thessalonica, 1382-1387*, pp. 11-14. 另见 J. W. Barker, *Manuel II Palaeologus (1391-1425): A Study in Late Byzantine Statesmanship*, pp. 10-14.
③ 陈志强:《拜占庭文明》,第61页。
④ J. W. Barker, *Manuel II Palaeologus (1391-1425): A Study in Late Byzantine Statesmanship*, pp. 13-14.

1371年9月26日,塞尔维亚国王乌卡什亚(Vukašia)和塞尔维亚统领马其顿的专制君主伊万(Iovan Uglješa)在马里卡河畔的色诺门(černomen)战役中败于土耳其人,两人均战死沙场。此战之后,塞尔维亚开始逐渐丧失其独立地位。一方面,这有利于暂时减轻拜占庭帝国来自西部的压力,另一方面,这更有利于奥斯曼土耳其的扩张,长期来看对拜占庭帝国更加危险。在这场战役中,约翰五世与拜占庭帝国持有的态度非常模糊,既不帮助同为东正教教徒的塞尔维亚人,也不支持奥斯曼土耳其人。有学者就此推测,安德罗尼库斯可能审慎地协助了穆拉德一世,他比父亲更早地转向了亲土耳其的政策,因此扩大了与父亲的分歧。[1] 如果这种推测符合实际,那么这种举措对于他保持皇位继承权无疑是不利的。

1370—1371年"皇帝被扣押"事件之后,约翰五世虽然没有采取直接针对安德罗尼库斯的惩罚措施,但是却日益喜爱次子曼努埃尔,以至于大臣塞多尼斯(Cydones)猜测,约翰五世产生过把皇位继承权由安德罗尼库斯手中收回,转交给曼努埃尔的想法。随着约翰五世对曼努埃尔的宠爱与日俱增,安德罗尼库斯不仅感到恐惧,也更会感到愤怒。[2]

在无知青年愤怒冲动促使下,或者可能还夹杂着被取代皇储第一顺位继承人忧惧情绪驱使下,安德罗尼库斯铤而走险,与奥斯曼土耳其王子即穆拉德一世的儿子萨乌德兹,相互勾结,联合起兵反叛各自的父亲。他们发动叛乱的时间很有可能在1372年底和1373年春。此时,约翰五世正随同穆拉德一世在小亚细亚征战,安德罗尼库斯再次以代理摄政王的身份留守君士坦丁堡,而萨乌德兹恰好也以摄政苏丹的身份,留守在奥斯曼土耳其人在欧洲的统治区。[3]

两位父亲得知叛乱的消息之后,怒不可遏,他们联合行动,迅速镇压了叛乱。1373年5月6日,安德罗尼库斯逃离君士坦丁堡,与叛乱的土耳其王子萨乌德兹汇合,与此同时,约翰五世协助穆拉德一世渡过博斯普鲁斯海峡到达欧洲。1373年5月25日,安德罗尼库斯与父亲的军队交战,可能在距离首都的郊区大约40公里的德尔科斯(Derkos)镇附近,遭到失败。5月30日,安德罗尼库斯在安西鲁

---

[1] J. W. Barker, *Manuel II Palaeologus (1391-1425): A Study in Late Byzantine Statesmanship*, pp. 16-18.
[2] J. W. Barker, *Manuel II Palaeologus (1391-1425): A Study in Late Byzantine Statesmanship*, pp. 17-19.
[3] J. W. Barker, *Manuel II Palaeologus (1391-1425): A Study in Late Byzantine Statesmanship*, pp. 19-20.

斯（Anthyros）向他的父亲投降，他和他的妻子玛丽亚都被监禁起来。当年9月29日，在狄迪蒙特乔之战中，穆拉德一世俘虏了他的儿子，并将其刺瞎，同时无情地屠杀了叛乱王储的支持者。穆拉德一世还命令约翰五世也刺瞎安德罗尼库斯，约翰五世很不情愿地执行了命令，但是只刺瞎了儿子的一只眼睛，同时刺瞎了安德罗尼库斯的儿子约翰（七世）的一只眼睛，以示取消其皇位继承资格。①

此次叛乱之后，约翰五世的对外政策由尽力寻求拉丁基督教世界的援助，转变为亲近奥斯曼土耳其，甘心做土耳其人的仆从；拜占庭帝国无论从实力上还是从名义上看，都下降为"二等小国"②。而且，安德罗尼库斯轻率的叛乱和被俘，彻底断送了自己的皇位继承权，也打乱了约翰五世的皇位传承计划，由曼努埃尔取而代之。1373年9月25日，即叛乱被彻底平定之前第四天，曼努埃尔被约翰五世授予了瓦西勒斯的头衔，正式确认了新的皇位继承人的身份。③

1373年叛乱失败之后，安德罗尼库斯与妻子玛丽亚被监禁在君士坦丁堡内的阿尼玛斯塔堡垒中——这是一处毗邻大皇宫的地牢，周边地形复杂，怪石林立，令人恐怖。他虽然被刺瞎了一只眼睛，但是他和儿子的视力不久就在一定程度上恢复了。原因可能是其父并没有真的打算刺瞎他与他的儿子（未来的约翰七世）。更重要的是，安德罗尼库斯不甘心失败，伺机逃跑。1376年，约翰五世对安德罗尼库斯的监禁放松了，将他监禁在库勒斯（Kauleos）修道院中。当年，安德罗尼库斯携同妻子和儿子，成功地逃跑至热那亚人控制的加拉塔特区。由于当年夏季约翰五世将控扼达达尼尔海峡的特奈多斯岛割让给了威尼斯人，所以威尼斯人的竞争对手热那亚人极为不满，后者把安德罗尼库斯视为向约翰五世和威尼斯人发难的工具，收留了安德罗尼库斯。④

安德罗尼库斯仅仅获得热那亚人的帮助尚不足以挑战父亲，想夺回皇位，必须依赖土耳其人——此时，土耳其人早已成为掌控拜占庭帝国命运的主人。安德

---

① J. W. Barker, *Manuel II Palaeologus (1391 - 1425): A Study in Late Byzantine Statesmanship*, pp. 20 - 21. 另见 John J. Norwich, *A History of Venice*, p. 246.
② J. Chrysostomides, *Manuel II Palaeologus Funeral Orationon on His Brother Thodore*, Introduction, p. 5. 陈志强：《拜占庭帝国史》，第334—335页。
③ J. W. Barker, *Manuel II Palaeologus (1391 - 1425): A Study in Late Byzantine Statesmanship*, pp. 21 - 24.
④ J. W. Barker, *Manuel II Palaeologus (1391 - 1425): A Study in Late Byzantine Statesmanship*, pp. 24 - 26.

罗尼库斯拜见了奥斯曼土耳其苏丹穆拉德一世，允诺夺回皇位之后，做穆拉德一世的奴仆，并且向穆拉德一世缴纳年贡。穆拉德一世正在策划更深地插手拜占庭事务，因此马上同意了，并且向其提供了多达4 000名步兵和6 000名骑兵的援助。1376年7月10日或11日，安德罗尼库斯率军抵达君士坦丁堡，并于8月12日在内应协助下攻进城中，与守城军队巷战激战三天。约翰五世及曼努埃尔等家庭成员依靠黄金门附近的堡垒进行抵抗。安德罗尼库斯不得不对他们发动了围攻。当年10月，安德罗尼库斯终于获胜，把父亲约翰五世，以及两个弟弟曼努埃尔、塞奥多西，投入监狱，这里曾是他自己被监禁的阿尼玛斯塔。根据曼努埃尔的叙述，塞奥多西原本有机会逃跑。在安德罗尼库斯发动此次叛乱之前，约翰五世已经任命他接替曼努埃尔，担任塞萨洛尼基的专制君主，围攻者和被围攻者都允许他离开首都去赴任。但是，曼努埃尔说，他本人在这场战斗中身受重伤，而塞奥多西拒绝离开哥哥曼努埃尔，尽管这是他们父母的意愿，塞奥多西仍然愿意与其他家庭成员一起坐牢。① 从这场叛乱可以看出，安德罗尼库斯与父亲、弟弟们的关系比较疏远，而曼努埃尔与塞奥多西的关系亲密深厚。在家庭关系中的不如意，可能是安德罗尼库斯行事轻率，动辄叛乱的重要原因。通过此次叛乱，安德罗尼库斯成功地推翻了父亲约翰五世的统治，登上帝位，成为安德罗尼库斯四世。由于个人的轻率，以及土耳其人、威尼斯人、热那亚人的复杂斗争将其裹挟为政治工具，安德罗尼库斯四世先是丢失了原本确信无疑的皇位继承权，后来又通过叛乱获得皇位，其过程极富戏剧性，显示出晚期拜占庭宫廷斗争的曲折复杂，以及皇帝权力的脆弱。

因禁父亲约翰五世、弟弟曼努埃尔等家庭成员之后，安德罗尼库斯四世完全控制了首都君士坦丁堡，遂于1377年10月18日正式加冕称帝，其称号为"瓦西勒斯"。② 安德罗尼库斯四世的叛逆行为遭到贵族的唾弃，在国内严重缺乏支持，大臣塞多尼斯拒绝为其服务，并继续与曼努埃尔二世交好。③ 为了巩固皇权，安

---

① J. W. Barker, *Manuel II Palaeologus (1391 - 1425): A Study in Late Byzantine Statesmanship*, pp. 27 - 29. 另见 J. Chrysostomides, *Manuel II Palaeologus Funeral Orationon on His Brother Thodore*, Thessalonike: Association for Byzantine Research, 1985, pp. 103 - 108.
② J. W. Barker, *Manuel II Palaeologus (1391 - 1425): A Study in Late Byzantine Statesmanship*, p. 29.
③ G. T. Dennis, *The Letters of Manuel II Palaeologus: Text, Translation, and Notes*, p. 39.

德罗尼库斯四世罢黜了约翰五世时期的牧首菲洛西奥斯（Philotheos），并且将其囚禁于一座修道院中，他任命马卡里奥斯（Macarios）为新的牧首。然而，这次牧首变更好像并没有为安德罗尼库斯四世赢得广泛的支持，来自罗斯教会的一些著名教士，谴责安德罗尼库斯四世不经过教会选举就完全按照自己的意愿选择牧首，违反了教会的传统。他们指责皇帝安德罗尼库斯四世选择的牧首马卡里奥斯是一个"神经病"，而且"毫无理性可言"。在安德罗尼库斯四世的统治被推翻后，马卡里奥斯的牧首之位也被罢黜。他们形容安德罗尼库斯四世政变后"很快就被推翻了"，"生命极其痛苦"，也谈到马卡里奥斯"被罢黜了牧首之位"，"被指斥为异端"，愤懑得以发泄之情溢于言表。可见他们对于安德罗尼库斯四世的统治充满敌视。①

除了内政与宗教事务上存在反对势力之外，安德罗尼库斯四世在对外政策方面也遭遇严重危机。安德罗尼库斯四世甘做热那亚人、土耳其人的政治工具，以换取他们对自己叛乱夺权的支持，当其掌握政权之时，必然要对这些"金主"投以丰厚的回报，否则决难维系自己的统治。1376年8月23日，即安德罗尼库斯四世进入君士坦丁堡之后第11天，他就与热那亚人签署条约，同意把特奈多斯岛割让给后者。但是，当热那亚人携带安德罗尼库斯四世的命令前往特奈多斯岛接收政权时，遭到了守岛军队的明确拒绝。守岛军队反而把特奈多斯岛交给了威尼斯人（1376年10月）②。安德罗尼库斯四世闻讯大怒，但也只能把怒火发泄在君士坦丁堡城内的威尼斯人身上，他大肆逮捕了城内的威尼斯人，并且没收了他们的财物。③ 热那亚人也不肯善罢甘休，强迫安德罗尼库斯四世出兵帮他们攻打特奈多斯岛。安德罗尼库斯四世不得不从，但是由于实力的差距，其攻打特奈多斯岛的计划一开始就注定是失败的。在安德罗尼库斯四世实施攻击计划之前，他就遭到了来自威尼斯人"先发制人"的打击。1377年7月，特奈多斯岛的威尼斯守军派

---

① J. Meyendorff, *Byzantium and the Rise of Russia: A Study of Byzantino-Russian Relations in the Fourteenth Century*, St Vladimirs Seminary Pr, 1997, pp. 300 - 301. J. W. Barker, *Manuel II Palaeologus (1391 - 1425): A Study in Late Byzantine Statesmanship*, p. 31. 关于牧首菲洛西奥斯，一说他于1376年意外逝世，因此安德罗尼库斯四世很顺利地获得了任命新的牧首的机会。J. W. Barker, *Manuel II Palaeologus (1391 - 1425): A Study in Late Byzantine Statesmanship*, p. 29.

② John J. Norwich, *A History of Venice*, p. 246.

③ G. T. Dennis, *The Reign of Manuel II Palaeologus in Thessalonica, 1382 - 1387*, p. 39.

出一艘战舰驶入君士坦丁堡附近海域,并且对君士坦丁堡城郊发动了袭击,劫掠一番之后扬长而去,返回了特奈多斯岛。这是对安德罗尼库斯四世和衰落的拜占庭帝国的无情嘲讽。但是安德罗尼库斯四世迫于热那亚人的压力,不得不于1377年秋季派兵攻打特奈多斯岛,其军队甫一登陆即遭惨败。从此以后,安德罗尼库斯四世和拜占庭帝国再也没有直接介入热那亚与威尼斯之间的战争。①

1376年10月或1377年春季,已夺得皇位的安德罗尼库斯四世本人觐见了穆拉德一世,在此时或者在此之前,土耳其人开出来协助安德罗尼库斯四世夺取皇位的价码,即拜占庭帝国须割让加里波利要塞给奥斯曼土耳其。该要塞控制着达达尼尔海峡水上要道,至关重要。安德罗尼库斯四世无奈只能履约。从此以后,这座要塞就永远地脱离了拜占庭帝国的掌控。②

安德罗尼库斯四世虽然夺取了皇权,但是难以巩固和维系它。登基称帝之后不久,他就陷入了内外交困的境地。不过,安德罗尼库斯四世对待被囚禁的父亲约翰五世、弟弟曼努埃尔等人,非常宽厚,超出人们的预期。安德罗尼库斯四世仅仅将他们囚禁起来,并没有对他们进行更多的伤害。其宽厚的程度在拜占庭历代皇帝争斗中都是罕见的,特别是在帕列奥列格家族中更为罕见。而且,安德罗尼库斯四世遭到了几乎整个家庭的反对,加之他刚刚经历过囚禁的生活,却成功获得了报仇的机会,此时,他能够克制自己,没有虐待父亲和弟弟们,实属难能可贵。③ 显然,此前约翰六世的宽容举措影响了他。

安德罗尼库斯四世严重依赖国外势力的援助维护其统治,缺乏国内的支持,使其统治难以长久。其父约翰五世和弟弟曼努埃尔等人安然无恙,也为外国势力干涉拜占庭政局提供了契机。事实上,君士坦丁堡城内一直有一些政治力量尝试营救约翰五世和曼努埃尔等人,他们最终在1379年获得成功。这一年大约在6月,约翰五世和儿子们成功地逃出了君士坦丁堡,抵达斯库塔里,之后从这里出

---

① J. W. Barker, *Manuel II Palaeologus (1391 -1425): A Study in Late Byzantine Statesmanship*, pp. 29–31.
② J. W. Barker, *Manuel II Palaeologus (1391 -1425): A Study in Late Byzantine Statesmanship*, p. 30. 另见 C. Imber, *The Ottoman Empire, 1300 - 1650, The Structure of Power*, Basingstoke: Palgrave macmillan, 2009, p. 10.
③ J. W. Barker, *Manuel II Palaeologus (1391 -1425): A Study in Late Byzantine Statesmanship*, p. 32.

发,去拜访穆拉德一世。① 约翰五世和曼努埃尔父子以缴纳巨额贡金为条件,获得了穆拉德一世的支持。当年7月1日,约翰五世和曼努埃尔率军进入君士坦丁堡,安德罗尼库斯四世未做抵抗就仓皇逃跑,带着母亲海伦娜以及外公约翰六世·坎塔库震努斯(此时已是修道士)作为人质,一起逃到了热那亚人控制的加拉塔特区。②

不过,在逃跑的同时,安德罗尼库斯四世留下了300名热那亚士兵守卫君士坦丁堡,负责断后,以抵挡约翰五世和曼努埃尔为数不多的军队。约翰五世和曼努埃尔在进军途中,争取到了几艘威尼斯战船加入己方阵营,扩大了势力。7月28日,约翰五世和曼努埃尔率军向君士坦丁堡的留守军队发起了攻击,经过激战之后降服了热那亚守军,夺回了对君士坦丁堡的控制权。然而,安德罗尼库斯四世仍然在对岸的加拉塔特区负隅顽抗。于是,约翰五世、曼努埃尔与他的盟友们一起围攻加拉塔特区。威尼斯人从海上发起进攻,土耳其人则在陆地上发起进攻。其他盟友也来援助约翰五世。被围困的加拉塔特区缺乏粮食,发生了严重的饥荒,同时也遭到了瘟疫的侵袭,困苦不堪。③

双方自1379年7月鏖战至1381年初,均感精疲力竭。随着时间的流逝,双方的精力和仇恨在逐渐消减,争取和平的谈判开始了。但争取热那亚人、土耳其人、威尼斯人同意进行和谈是必要的前提,因为他们分别是安德罗尼库斯四世、约翰五世的主要支持者与操纵者。1381年,两败俱伤的威尼斯人与热那亚人停战。④ 当年4月24日之前,土耳其人与加拉大的热那亚人达成了和平协议;不久,分别仰赖他们支持的约翰五世、安德罗尼库斯四世也达成了和解。1381年5月,约翰五世与安德罗尼库斯四世、约翰七世正式签署了和解协议。⑤ 这份协议的原

---

① J. W. Barker, *Manuel II Palaeologus (1391–1425): A Study in Late Byzantine Statesmanship*, pp. 31–33.
② G. T. Dennis, *The Reign of Manuel II Palaeologus in Thessalonica, 1382–1387*, pp. 41–42. 另见 G. T. Dennis, *The Letters of Manuel II Palaeologus: Text, Translation, and Notes*, Prosopography, p. 45. 另见 D. M. Nicol, *Byzantium and Venice: A Study in Diplomatic and Cultural Relations*, p. 320.
③ G. T. Dennis, *The Reign of Manuel II Palaeologus in Thessalonica, 1382–1387*, pp. 41–42. 另见 G. T. Dennis, *The Letters of Manuel II Palaeologus: Text, Translation, and Notes*, Prosopography, p. 45.
④ J. J. Norwich, *A History of Venice*, p. 256.
⑤ G. T. Dennis, *The Reign of Manuel II Palaeologus in Thessalonica, 1382–1387*, pp. 43–44. 另见 D. M. Nicol, *Byzantium and Venice: A Study in Diplomatic and Cultural Relations*, p. 321.

件已佚,但是其内容通过当时作家的作品保存了下来。协议规定:约翰五世同意安德罗尼库斯四世及其儿子约翰七世为皇位继承人。该协议牺牲了曼努埃尔二世的利益,剥夺了曼努埃尔二世在1373年获得的皇位继承权。该协议还同意,安德罗尼库斯四世以"瓦西勒斯"的名义统治色雷斯的塞林布里亚、达奈昂(Daneion)、希拉克利亚,以及瑞德斯托(Rhaidestos)、潘尼多斯(Panidos)等地。而且,他的儿子约翰七世将在色雷斯获得一个王国。该协议只字未提曼努埃尔二世,这是对其原有权力的巨大损害。①

签署该协议之后,双方又于1381年8月23日签署了土伦条约。土伦条约规定,威尼斯人放弃特奈多斯岛的防御工事;威尼斯人不得将特奈多斯岛归还给拜占庭;热那亚人与约翰五世和解;威尼斯人接受安德罗尼库斯四世对皇位的继承权;威尼斯人和热那亚人将合力促成约翰五世和他的继承人皈依天主教。签署土伦条约之后,双方又酝酿更为长久的和平协议。1382年4月,热那亚人派出使臣于当年夏季抵达君士坦丁堡,与拜占庭帝国谈判。双方于11月2日达成协议,并签署条约。② 1382年11月条约规定如下:

第一,约翰五世的义务:(1)不对安德罗尼库斯四世及其子约翰七世发动战争,不侵犯他们的封地。(2)帮助安德罗尼库斯四世及约翰七世对付所有的入侵者,但穆拉德一世领导的土耳其人除外。(3)在战争中帮助安德罗尼库斯四世。

第二,加拉塔的热那亚人的义务:(1)如果约翰五世遭到安德罗尼库斯四世及约翰七世的攻击,那么热那亚人帮助约翰五世。(2)如果约翰五世遭到第三方的攻击——穆拉德一世领导的土耳其人除外,那么热那亚人应当使安德罗尼库斯四世帮助约翰五世。(3)如果约翰五世遭到约翰七世的攻击,那么热那亚人将迫使安德罗尼库斯四世帮助约翰五世。③

该条约对穆拉德一世的例外规定并非谨慎,而是约翰五世、安德罗尼库斯四

---

① G. T. Dennis, *The Reign of Manuel II Palaeologus inThessalonica, 1382 -1387*, pp. 45 - 46. 另见 D. M. Nicol, *Byzantium and Venice: Byzantium and Venice: A Study in Diplomatic and Cultural Relations*, p. 321.
② G. T. Dennis, *The Reign of Manuel II Palaeologus inThessalonica, 1382 -1387*, p. 47. 另见 D. M. Nicol, *Byzantium and Venice: A Study in Diplomatic and Cultural Relations*, p. 322. J. W. Barker, *Manuel II Palaeologus (1391 -1425): A Study in Late Byzantine Statesmanship*, p. 40.
③ G. T. Dennis, *The Reign of Manuel II Palaeologus inThessalonica, 1382 -1387*, pp. 50 - 51.

世和约翰七世作为土耳其苏丹的仆从,需要对穆拉德一世这位主人保持忠诚。①

约翰五世与安德罗尼库斯四世的妥协显然触怒了曼努埃尔二世。1381年5月前二者的和解协议一经签署,曼努埃尔二世即前往土耳其,跟随穆拉德一世在亚德里亚堡或布鲁萨活动。在1382年夏季或之前,曼努埃尔二世返回了君士坦丁堡,但是不久就秘密地离开这里,前往塞萨洛尼基。当年秋季,曼努埃尔二世开始"像皇帝一样地"统治塞萨洛尼基。② 于是,曼努埃尔二世以塞萨洛尼基为基础,与统治君士坦丁堡的约翰五世、统治色雷斯塞林布里亚等地的安德罗尼库斯四世,在事实上形成了三方割据的局面。正如陈志强教授所指出的:"政治上的分裂和中央集权的瓦解是帕列奥列格王朝统治时期最明显的特征。"③安德罗尼库斯四世虽然与约翰五世妥协,但是双方的愤恨并未消除,自1382年秋季起,他们又感受到了来自塞萨洛尼基方向的压力,其处境并不安全。

然而,安德罗尼库斯四世并不满足于土伦条约和1382年11月协议带给自己的利益,也无视上述三方割据的事实,与约翰五世发生了争吵。具体原因我们已经不得而知。可以肯定的是,两人的矛盾日益尖锐,最终于1385年春公开化。当年,安德罗尼库斯四世派遣儿子(约翰七世)拜访穆拉德一世,希望穆拉德一世支持自己占有统治区外的一处城堡——位于米利提阿斯镇(Militias)附近。可能是由于穆拉德一世没有答应,也可能是因为安德罗尼库斯四世没有耐心等待最终的结果,安德罗尼库斯四世亲自率军占领了这座城堡。约翰五世显然没有把安德罗尼库斯四世的这次行动看做孤立的事件,而是把它看作针对自己的反叛行动。因此,他亲自率军反击安德罗尼库斯四世。双方展开了一场激战,最终安德罗尼库斯四世败退回塞林布里亚。几天之后,安德罗尼库斯四世即病逝,时间是1385年6月25日或28日。之后,他的儿子约翰七世继承了其统治区域,并且在热那亚人的支持下继续反叛约翰五世,拜占庭帝国的内讧仍然在持续。④

学界普遍认为,安德罗尼库斯四世的短暂统治使拜占庭帝国遭受了严重的损

---

① G. T. Dennis, *The Reign of Manuel II Palaeologus in Thessalonica, 1382 - 1387*, pp. 50 - 51.
② G. T. Dennis, *The Reign of Manuel II Palaeologus in Thessalonica, 1382 - 1387*, pp. 48 - 49 and 57 - 60.
③ 陈志强:《拜占庭文明》,第60页。
④ J. W. Barker, *Manuel II Palaeologus (1391 - 1425): A Study in Late Byzantine Statesmanship*, pp. 51 - 52. Also see G. T. Dennis, *The Reign of Manuel II Palaeologus in Thessalonica, 1382 - 1387*, pp. 45 - 46.

失。他使拜占庭帝国彻底沦为外敌的剥削对象,对奥斯曼土耳其更加卑躬屈膝,将战略地位极为重要的加里波利割让给了土耳其人。他与热那亚人的联盟只是造成了威尼斯人对君士坦丁堡的攻击。而且,攻打特奈多斯岛的战争,使拜占庭帝国直接损失了大量的士兵和装备。尤为严重的是,安德罗尼库斯四世与父亲约翰五世的内战,沦为热那亚人与威尼斯人战争的一部分,充当了外国势力争夺拜占庭帝国资源的工具。①

"晚期拜占庭国家战乱不断,最为恶劣的莫过于帕列奥列格王朝的多场皇族内战。"安德罗尼库斯四世与约翰五世的内战正是其中之一。"他们分别代表着争夺拜占庭商业特权的威尼斯人和热那亚人。对于拜占庭人而言,内战没有胜利者,因为最终占据上风的威尼斯人摄取了所有贸易利益。"②安德罗尼库斯四世一生的主要事迹,即多次反叛父皇约翰五世。他举止轻率,反复叛乱,给拜占庭帝国带来深重的灾难。他在位期间推行的措施亦未能改善拜占庭帝国的处境,反而加剧了拜占庭帝国的衰落,他是一个短视而无能的皇帝。唯一值得肯定的是,他于1376年夺取皇权,囚禁父亲、兄弟之后,保持了克制,没有加害或虐待他们。残酷的权力斗争尚未使其泯灭人性。这一点使其避免了进入"暴君"的行列。

第八节

约翰七世(John Ⅶ)

1390 年 4 月—1390 年 9 月在位

附安德罗尼库斯五世

约翰七世(John Ⅶ Palaiologos, Ιωάννης Παλαιολόγος,生于 1370 年,卒于 1408 年 9 月 23 日)是帕列奥列格王朝第八位皇帝,1390 年 4 月在内战中夺取皇

---

① G. T. Dennis, *The Reign of Manuel II Palaeologus in Thessalonica, 1382 - 1387*, p. 40. Also see J. W. Barker, *Manuel II Palaeologus (1391 - 1425): A Study in Late Byzantine Statesmanship*, p. 26. Also see D. M. Nicol, *Byzantium and Venice: A Study in Diplomatic and Cultural Relations*, p. 321.
② 陈志强:《拜占庭文明》,第 63 页。

位,与其子安德罗尼库斯五世一同登基,共同统治到同年9月,在内战中被废,在位仅数月。

约翰七世是在皇帝约翰五世统治期间起兵反叛,推翻约翰五世的统治,并且短暂地占有皇位的拜占庭帝国皇帝。约翰七世大约在1370年出生于君士坦丁堡,1408年逝世于塞萨洛尼基。他的父亲是拜占庭帝国皇帝安德罗尼库斯四世,母亲是保加利亚国王伊凡·希什曼的妹妹玛丽亚。约翰七世也是约翰五世的长子长孙。① 约翰七世的妻子是莱斯博斯岛的统治者弗朗西斯科二世·加蒂露西奥(Francesco Ⅱ Gattilusio)的女儿伊琳妮。②

约翰七世的父亲安德罗尼库斯四世反复无常,多次叛变其父约翰五世,这使约翰七世的一生也命运多舛。他一生追随父亲反叛祖父,长大成人后再度反叛祖父,其曲折的一生是在反叛和对抗叔叔曼努埃尔二世的曲折经历中度过的。自幼年至去世,约翰七世始终被裹挟于拜占庭皇家内讧之中,也被外族的土耳其人、热那亚人当作政治军事斗争的工具。

1373年,安德罗尼库斯四世与土耳其王子萨乌德兹联合起兵,反叛各自的父亲约翰五世、穆拉德一世,遭到两位父亲的联合镇压。穆拉德一世刺瞎了其子萨乌德兹,并且要求约翰五世也如此惩罚安德罗尼库斯四世。约翰五世很不情愿执行这道命令,也刺瞎了两只眼睛,只不过是刺瞎了长子安德罗尼库斯四世和长孙约翰七世各自一只眼睛——其保全子孙视力的良苦用心表现在这种小聪明中。不久之后,安德罗尼库斯四世与儿子约翰七世的视力得到一定程度的恢复。约翰五世可能并没有真的打算刺瞎他们,只不过是被苏丹所逼无奈糊弄过去而已。③ 无论如何,约翰七世受父亲安德罗尼库斯四世的牵连,幼年即遭囚禁,所受伤害不可谓不重。这可能是他日后不断地反叛祖父、对抗二叔曼努埃尔二世的一

---

① J. W. Barker, *Manuel II Palaeologus (1391 – 1425): A Study in Late Byzantine Statesmanship*, pp. 7 – 8 and 20 – 21. C. J. Hilsdale, *Byzantine Art and Diplomacy in an Age of Decline*, Cambridge: Cambridge University Press, 2014, pp. 206 – 207. A. P. Kazhdan ed., *The Oxford Dictionary of Byzantium*, p. 1052.

② J. W. Barker, *Manuel II Palaeologus (1391 – 1425): A Study in Late Byzantine Statesmanship*, p. 164. C. Malatras, *Social Structure Relations in Fourteenth Century Byzantium*, A thesis submitted to the University of Birmingham for the degree of doctor of philosophy, Centre for Byzantine, Ottoman and Modern Greek Studies Institute of Archaeology and Antiquity College of Arts and Law University of Birmingham, unpublished thesis/dissertation, March 2013, p. 300. A. P. Kazhdan ed., *The Oxford Dictionary of Byzantium*, p. 1052.

③ J. W. Barker, *Manuel II Palaeologus (1391 – 1425): A Study in Late Byzantine Statesmanship*, pp. 24 – 26.

个重要原因。

　　1376年10月,安德罗尼库斯四世在土耳其人、热那亚人的支持下,率军攻占君士坦丁堡,囚禁了父亲约翰五世、弟弟曼努埃尔二世等人,并且登基称帝。然而,安德罗尼库斯四世并没有处决或伤害父亲、弟弟等对自己皇位具有威胁的亲属,为其统治埋下了隐患。1379年6月,可能在威尼斯人等外部力量的协助下,约翰五世、曼努埃尔二世等人逃脱,并且以更高的价码获得土耳其埃米尔穆拉德一世的支持,之后他们也争取到了威尼斯舰队的协助,于当年7月28日攻入君士坦丁堡。安德罗尼库斯四世未做抵抗,与妻子和儿子约翰七世一同仓皇逃至热那亚人控制的加拉大特区,同行的还有母亲海伦,海伦的两个姐姐,外祖父约翰六世。父亲安德罗尼库斯四世在君士坦丁堡的短暂统治结束了,约翰七世随父亲困守加拉塔特区。土耳其人、威尼斯人支持约翰五世、曼努埃尔二世,热那亚人则支持安德罗尼库斯四世和约翰七世,双方在加拉塔展开激战,持续至1380末或1381年初,均感精疲力竭,遂启动和谈。①

　　1381年,两败俱伤的威尼斯人与热那亚人停战。② 当年4月24日之前,土耳其人与加拉塔的热那亚人达成了和平协议。不久,分别仰赖他们支持的约翰五世、安德罗尼库斯四世也达成了和解。1381年5月,约翰五世与安德罗尼库斯四世、约翰七世正式签署了和解协议。③ 这份协议的原件已佚,但是其内容通过其他作家的作品保存了下来。协议规定:约翰五世同意安德罗尼库斯四世及其儿子约翰七世为皇位继承人。该协议没有顾及曼努埃尔二世的利益,剥夺了曼努埃尔二世在1373年获得的皇位继承权。该协议还同意,安德罗尼库斯四世以"瓦西勒斯"的名义统治色雷斯的多地。而且,他的儿子约翰七世将在色雷斯获得一个地区。该协议只字未提曼努埃尔二世,是对其原有权力的巨大损害。④

　　签署该协议之后,双方又于1381年8月23日再签土伦条约。土伦条约规

---

① D. M. Nicol, *Byzantium and Venice: A Study in Diplomatic and Cultural Relations*, pp. 320-321.
② J. Julius Norwich, *A History of Venice*, p. 256.
③ G. T. Dennis, *The Reign of Manuel II Palaeologus in Thessalonica, 1382-1387*, pp. 43-44. 另见 D. M. Nicol, *Byzantium and Venice: A Study in Diplomatic and Cultural Relations*, p. 321.
④ G. T. Dennis, *The Reign of Manuel II Palaeologus in Thessalonica, 1382-1387*, pp. 45-46. 另见 D. M. Nicol, *Byzantium and Venice: A Study in Diplomatic and Cultural Relations*, p. 321.

定,威尼斯人放弃特奈多斯岛的防御工事,并不得将特奈多斯岛归还给拜占庭,热那亚人与约翰五世和解,威尼斯人接受安德罗尼库斯四世对皇位的继承权,还规定威尼斯人和热那亚人将合力促成约翰五世及其继承人皈依天主教。签署土伦条约之后,双方又酝酿更为长久的和平协议。1382年4月,热那亚人派出使臣于当年夏季抵达君士坦丁堡,与拜占庭帝国谈判。双方于11月2日达成协议,并签署条约。① 1382年11月条约规定如下:

第一,约翰五世的义务:(1)不对安德罗尼库斯四世及其子约翰七世发动战争,不侵犯他们的封地。(2)帮助安德罗尼库斯四世及约翰七世对付所有的入侵者,但穆拉德一世领导的土耳其人除外。(3)在安德罗尼库斯四世发动的战争中帮助安德罗尼库斯四世。

第二,加拉塔的热那亚人的义务:(1)如果约翰五世遭到安德罗尼库斯四世及约翰七世的攻击,那么热那亚人帮助约翰五世。(2)如果约翰五世遭到第三方的攻击——穆拉德一世领导的土耳其人除外,那么热那亚人应当使安德罗尼库斯四世帮助约翰五世。(3)如果约翰五世遭到约翰七世的攻击,那么热那亚人将压迫安德罗尼库斯四世帮助约翰五世。②

该条约未对穆拉德一世提出要求,并非谨慎,而是约翰五世、安德罗尼库斯四世和约翰七世作为其仆从国,对穆拉德一世这位主人要保持忠诚。③

上述条约以牺牲曼努埃尔二世的皇位继承权为代价,换取约翰五世与安德罗尼库斯四世的和解。此协议激怒了曼努埃尔二世,刺激他于1382年夏季或之前秘密地离开君士坦丁堡,前往塞萨洛尼基,建立起"像皇帝一样的"独立统治。④ 这样,拜占庭帝国实际上形成了"多方割据"的局面:统治君士坦丁堡的约翰五世,统治塞萨洛尼基的曼努埃尔二世,统治莫利亚地区的塞奥多西,以及统治着以塞林布里亚为首府的色雷斯及其附近地区的安德罗尼库斯四世、约翰七世。

---

① G. T. Dennis, *The Reign of Manuel II Palaeologus in Thessalonica, 1382-1387*, p. 47. 另见 G. M. Nicol, *Byzantium and Venice: A Study in Diplomatic and Cultural Relations*, p. 322. 另见 John W. Barker, *Manuel II Palaeologus (1391-1425): A Study in Late Byzantine Statesmanship*, p. 40.
② G. T. Dennis, *The Reign of Manuel II Palaeologus in Thessalonica, 1382-1387*, pp. 50-51.
③ G. T. Dennis, *The Reign of Manuel II Palaeologus in Thessalonica, 1382-1387*, pp. 50-51.
④ G. T. Dennis, *The Reign of Manuel II Palaeologus in Thessalonica, 1382-1387*, pp. 48-49 and 57-60.

1385年春,安德罗尼库斯四世因不满足于1382年11月协议中所取得的利益,与父亲约翰五世的矛盾再度公开化。当年,安德罗尼库斯四世派遣儿子约翰七世拜访穆拉德一世,希望穆拉德一世支持自己占有统治区外的一处城堡——位于米利提阿斯镇附近。可能是由于穆拉德一世没有答应,也可能是因为安德罗尼库斯四世没有耐心等待最终的结果,安德罗尼库斯四世亲自率军占领了这座城堡。约翰五世显然没有把安德罗尼库斯四世的这次行动看做孤立的事件,而是把它看作针对自己的反叛行动。因此,他亲自率军反击安德罗尼库斯四世。双方展开了一场激战,最终安德罗尼库斯四世败退撤军。几天之后,安德罗尼库斯四世即病逝,时间是1385年6月25日或28日。之后,他的儿子约翰七世继承了其统治区域,并且在热那亚人的支持下继续反叛约翰五世,拜占庭皇室内讧仍然在持续。①

在约翰七世统治着以塞林布里亚为首府的色雷斯及其附近地区期间,他的叔叔曼努埃尔二世正在塞萨洛尼基抵御土耳其人的围攻,战况胶着。② 由于安德罗尼库斯四世的逝世,约翰五世的衰老,统治莫利亚的塞奥多西一直置身中央权力之外,所以约翰七世与曼努埃尔二世成为皇位继承人的激烈竞争对手。1387年4月,由于塞萨洛尼基居民难以忍受长期围城的煎熬,决意投降土耳其人,所以他们迫使曼努埃尔二世及其亲信乘船出走;随后,塞萨洛尼基城落入土耳其人之手。曼努埃尔二世及其亲信,先是在莱斯博斯岛逗留了一段时间,之后经过土耳其苏丹穆拉德一世的允许,来到了土耳其人在布鲁萨的宫廷,与穆拉德一世和解。穆拉德一世之所以同意和解,是因为他担心曼努埃尔二世逃亡至拉丁基督教世界可能会激起反土耳其人的十字军。另外,他设想继续玩弄利用一个拜占庭皇帝或王子去反对另一个的把戏,以从中渔利。与穆拉德一世和解之后,身为土耳其附庸的约翰五世最终允许曼努埃尔二世返回君士坦丁堡,并且再次于1389年夏末确立曼努埃尔二世为皇位继承人。③

---

① J. W. Barker, *Manuel II Palaeologus (1391 – 1425): A Study in Late Byzantine Statesmanship*, pp. 51 – 52. 另见 G. T. Dennis, *The Reign of Manuel II Palaeologus in Thessalonica, 1382 – 1387*, pp. 45 – 46.
② G. T. Dennis, *The Reign of Manuel II Palaeologus in Thessalonica, 1382 – 1387*, p. 77.
③ G. T. Dennis, *The Reign of Manuel II Palaeologus in Thessalonica, 1382 – 1387*, pp. 157 – 158.

这一变化意味着1382年11月条约中约翰七世的皇位继承权被废黜了。约翰七世不甘罢休,决心以武力夺回皇位继承权,甚至直接夺取皇位。他试图在热那亚与土耳其人的帮助下达到这一目的。1389年,约翰七世抵达热那亚,被热那亚人视为拜占庭皇帝,而且,他成功地获得了热那亚人的贷款。不久,约翰七世返回东方,获得了土耳其苏丹拜齐德一世的支持。这位苏丹是穆拉德一世的儿子,在1389年穆拉德一世于科索沃战役被刺杀后,继承了父亲的苏丹权力,而后顶住了十字军袭击,掌控了土耳其人。约翰七世在这些外族军事力量支持下于1390年4月13—14日夜晚进入了君士坦丁堡,登基称帝。但是他的统治非常短暂,仅仅维持了约五个月就宣告结束了。他的统治是被曼努埃尔二世直接推翻的。曼努埃尔二世以君士坦丁堡蕴藏的大量教会财产做抵押,换取了罗德岛的医院骑士团的支持,迅速推翻了约翰七世的统治,把约翰五世重新推上皇位。① 1391年,约翰五世逝世,曼努埃尔二世冒险自拜齐德一世的宫廷中逃出,返抵君士坦丁堡继承了皇位。自此以后直至逝世,曼努埃尔二世都比较牢固地掌握着皇权,约翰七世虽然多次向他发起挑战,但是都未能动摇其统治。②

1390年上半年,约翰七世被曼努埃尔二世驱逐出君士坦丁堡之后,他便陷入了长期的消沉之中,拜占庭帝国政局似乎平静下来。1393—1394年冬季,拜齐德一世突然征召曼努埃尔二世、约翰七世、莫利亚的专制君主塞奥多西,以及曼努埃尔二世的岳父君士坦丁·杜拉戈斯、塞尔维亚国王斯特凡·拉扎雷维克(Stefan Lazarevic)至土耳其人在塞利斯的宫廷。拜齐德一世分别向各位君主私下发出命令,使他们相互之间并不知晓其他人的指令。这些仆从国君主无人敢于拒绝拜齐德一世的命令。于是,上述各位君主抵达赛里斯私下聚集在一起时,十分惊惧,猜测拜齐德一世准备对他们搞集体屠杀。然而,拜齐德一世仅想以此展示自己无可抗拒的权威,以威慑这些仆从国君主,却未加害他们。此时,拜齐德一世的目的已经达到,于是允许上述仆从国君主返回各自的国家。曼努埃尔二世心有余悸,他返回君士坦丁堡之后就不再奉行拜齐德一世的命令。拜齐德一世闻报后大怒,率

---

① C. Mango ed., *The Oxford History of Byzantium*, pp. 272 – 273.
② D. M. Nicol, *The Last Centuries of Byzantium, 1261 – 1453*, Cambridge: Cambridge University Press, 1993, pp. 296 – 297, p. 322.

军围攻君士坦丁堡,迫使约翰七世屈辱地承认继续做拜齐德一世顺从的奴仆。① 上述"征召"事件令投奔苏丹的约翰七世深感恐惧。之后几年里,约翰七世设法脱离拜齐德一世的掌控,与曼努埃尔二世合作,共同抗击土耳其人,其中重要原因很有可能与这种恐惧感密切相关。对拜齐德一世的极端恐惧驱使约翰七世逃离了苏丹宫廷,并且拼尽全力对抗土耳其人的攻击。

1396 年十字军在尼科波利斯战败之后,约翰七世继续作为拜齐德一世围攻君士坦丁堡的工具。但是到 1397 年,约翰七世厌倦了做土耳其人的工具,开始更多地向拉丁基督教世界寻求支持。当年,他任命纳韦尔(Jean Comte de Nevers),也就是未来的勃艮第大公,以及亨利(Henri de Bar)作为他的使臣,并且以热那亚人弗朗西斯科二世·加蒂露西奥为中间人,致信法兰西国王查理六世求援,此时弗朗西斯科二世已经是约翰七世的岳父。他为争取到外援提出高额价码,愿意向查理六世提供 25 000 佛罗琳金币(gold florins)和自己在法兰西的一座城堡,以换取查理六世支持他做拜占庭帝国皇帝。这封信分为两部分:第一部分签署的日期是 1397 年 7 月 15 日,签名地点可能是塞林布里亚,第二部分是该信的主要部分,落款日期是 1397 年 8 月 15 日,签名地点在弗朗西斯科二世·加蒂露西奥控制下的莱斯博斯岛的首府米蒂里尼。查理六世及其大臣们对于这个提议不感兴趣,因为他们已经与曼努埃尔二世确立了友好关系,因而不再理会实力弱小的约翰七世。②

1399 年,君士坦丁堡意外获得了一场援助,这使约翰七世与曼努埃尔二世由对抗走向合作。当年,效力于法兰西国王查理六世的著名将军——"元帅"布西科(Marshal Boucicaut,原名 Jean le Meingre),出于驱逐"异教徒"的热忱,自愿率领一支小型舰队前来支援君士坦丁堡。布西科率领的这支舰队,成功突破了土耳其人的封锁,进入君士坦丁堡城内,受到了曼努埃尔二世与城中军民的热烈欢迎。入城后不久,布西科向曼努埃尔二世建议,君士坦丁堡必须获得庞大的军援和物

---

① D. M. Nicol, *The Last Centuries of Byzantium, 1261 - 1453*, pp. 300 - 302. 另见 J. W. Barker, *Manuel II Palaeologus (1391 - 1425): A Study in Late Byzantine Statesmanship*, p. 164.

② J. W. Barker, *Manuel II Palaeologus (1391 - 1425): A Study in Late Byzantine Statesmanship*, p. 164. 另见 A. Cameron, *the Byzantines*, Hoboken Blackwell Publishing, 2006, p. 56. 另见 D. M. Nicol, *The Last Centuries of Byzantium, 1261 - 1453*, p. 320.

资救助,才能坚守得住,为此曼努埃尔二世应亲赴拉丁基督教世界求援,而他本人可以陪同。布西科还建议,在曼努埃尔二世离开君士坦丁堡期间,应由他的侄子约翰七世代行皇帝职权留守这座城市。曼努埃尔二世最终采纳了他的建议。之后,布西科冒险出城,来到约翰七世统治下的塞林布里亚,调和约翰七世与曼努埃尔二世的关系,劝说约翰七世接受上述求援与留守的计划。最终,约翰七世接受了布西科的建议,与之一起于1399年12月4日返回君士坦丁堡。在布西科的调解下,约翰七世与曼努埃尔二世会谈,最终达成和解协议。双方约定,曼努埃尔二世与布西科一起前往拉丁基督教世界各国寻求援助,约翰七世则代行皇帝职权,留守君士坦丁堡。待曼努埃尔二世返回之后,君士坦丁堡仍然交由曼努埃尔二世直接统治,曼努埃尔二世则承诺,将塞萨洛尼基赐予约翰七世。尽管当时塞萨洛尼基仍然在土耳其人手中。可见,约翰七世做出了非常大的让步。这份协议的达成非常难得,因为这样一项把帝国利益摆在首位、把私人利益置于次要位置的协议在末代王朝非常罕见,这份协议的达成也意味着拜占庭帝国持续数十年的内讧的终结。①

1399年12月10日,即约翰七世进入君士坦丁堡之后七天,曼努埃尔二世与布西科乘坐威尼斯船舶离开帝国首都,前往拉丁基督教世界求援。他们首先航行到伯罗奔尼撒半岛莫利亚地区。此次出行,曼努埃尔二世将他的主要家庭成员悉数带出来,至莫利亚地区后,将他们托付给他的兄弟塞奥多西——此时任莫利亚专制君主。这些家庭成员包括曼努埃尔二世的妻子皇后海伦,海伦此行前已经生育的儿子约翰八世、塞奥多西。曼努埃尔二世此举说明,他并不信任约翰七世的忠诚度,担心他会加害自己的家人,因此将他们带到莫利亚地区,托付给自己信任的弟弟塞奥多西。曼努埃尔二世试图争取最好的结果,但也做出了最坏的打算。② 约翰七世及其父亲安德罗尼库斯四世长年与曼努埃尔二世对抗,相互间水火不容,此次合作主要由于面对共同的强大敌人才达成和解协议,因此曼努埃尔二世对约翰七世的戒备也在情理之中。

---

① J. W. Barker, *Manuel II Palaeologus (1391-1425): A Study in Late Byzantine Statesmanship*, p. 165.
② J. W. Barker, *Manuel II Palaeologus (1391-1425): A Study in Late Byzantine Statesmanship*, pp. 169-170.

最初，约翰七世不愿担负留守君士坦丁堡的重任，他深知城中军民力量薄弱，也深知土耳其人的强大和拜齐德一世的残暴。他表示，除非有一定数量的军队留守君士坦丁堡，帮助自己守城，否则自己无法担负留守的重任。布西科答应了他的要求，为他留下了一支精锐的部队，助其守城，最终使约翰七世接过了留守君士坦丁堡的重任。布西科为约翰七世留下的这支精锐部队包括100名武装士兵、100名武装侍从、若干弓箭手。然而，这支部队不是由拜占庭将军指挥，而是由布西科的部将塞格努尔（Seigneur Jean de Chateaumorand）指挥。布西科还为这支部队留下必要的给养，以及按月支付给他们留守君士坦丁堡期间的军饷，这些物资由塞格努尔保管掌控。此外，威尼斯人、热那亚人也为君士坦丁堡的防守各自提供了四艘桨帆战舰（galleys）①。

获得必要的军队和物资之后，约翰七世开始领导城中军民坚守君士坦丁堡，他们面临着极为严峻的形势。拜齐德一世围城严紧，即使面临东方帖木儿军队的步步紧逼，也没有丝毫放松对君士坦丁堡的围困。君士坦丁堡城内的形势日益窘迫。首先，君士坦丁堡城内奸商乘机哄抬物价，粮食价格大幅上涨，借贷的利息也随之大幅上涨，更由于商人囤积居奇，城内出现了食物短缺和饥荒。一些在围城之前尚能保持富足的家庭，也不得不出售房屋以换取生活必需品，原本就挣扎在贫困中的大批民众更是难以生存。其次，土耳其大军压境引发恐慌，君士坦丁堡城内大批民众逃亡。他们有的深夜缒城而出，投向土耳其人的营地，有的逃向热那亚人控制的加拉塔特区，还有的逃往克里特岛。逃亡者中许多都是贵族。当时人心惶惶，盛传某些高官或贵族正与土耳其人密谈，准备投降，甚至有人指控时任牧首马塞奥斯（Matthaios）也在密谋向土耳其人投降，以换取城破之后保住自己的性命和教会财产。最骇人听闻的是，有谣传约翰七世本人也在秘密同拜齐德一世沟通洽谈，准备向后者献城投降，以换取后者同意他成为莫利亚地区的统治者。② 面对危局，约翰七世不得不采取一些强硬的措施，限制贵族和官员逃亡，并且极力阻止他们向城外转移资金，取得了某些效果。再者，民众的逃亡造成了君士坦丁堡城内大量房屋废弃，房屋价格剧烈下降，昔日繁华的大竞技场（Hippo-

---

① J. W. Barker, *Manuel II Palaeologus (1391 -1425): A Study in Late Byzantine Statesmanship*, p. 200.
② J. W. Barker, *Manuel II Palaeologus (1391 -1425): A Study in Late Byzantine Statesmanship*, p. 201.

drome）及其周围地区，现在变得一片荒凉。①

然而，某些贵族家庭却在围城中受益，发了"国难财"。君士坦丁堡虽然处于围城之中，但是土耳其人海军力量薄弱，无法完全封锁君士坦丁堡的海上交通，这是君士坦丁堡能够获得一定给养并长期坚持抵抗的关键因素。正是通过海路，君士坦丁堡从加拉大特区运进一定量的粮食和其他生活物资，一些贵族、高官和商人还通过海上商业冒险活动而获利。有传言称，在海上商业冒险活动中获利最丰厚的可能是约翰七世本人。例如，约翰七世的代理人布里恩纽斯·莱昂塔里奥斯（Bryennios Leontarios）与另外两个热那亚人合作，在加拉塔特区配拉区（Pera）购入谷物，运至君士坦丁堡后以非常高的差价售出，赚取了高达11000海伯龙金币的利润。但是，这种获利行为毕竟局限于少数人，而且时间短暂。实际上，大部分贵族、高官等上层人士在围城期间都遭受了沉重的打击。他们在城外的土地被土耳其人占领，洗劫一空，同时他们在城内也遭遇了严重的资金困难，艰难度日。14世纪上半期，他们所拥有的家庭财产，往往价值数千或数万希帕皮隆金币，但在围城期间，大部分贵族的家庭财产缩减为仅仅价值数百希帕皮隆金币②。

总的来说，围城期间，君士坦丁堡的社会与经济生活遭受了严重破坏。人口大量减少，物价大幅上涨，无论贵族还是普通民众，社会各个群体都遭受了贫穷、饥荒和痛苦的沉重打击。在围城的煎熬之下，约翰七世可能试图做出一些让步，以换取拜齐德一世停止对君士坦丁堡的攻击。1391年，拜齐得一世要求曼努埃尔二世在君士坦丁堡城内设置一位土耳其法官，并且把君士坦丁堡城外的所有土地，包括塞林布里亚都割让给土耳其。曼努埃尔二世没有答应。不过，约翰七世可能都答应了。③ 然而，约翰七世始终不肯献城投降。他回复土耳其人前来劝降的使臣说："我方虽然实力微弱，仅仅依靠我们自身的力量无法摆脱强大敌人的攻击，但是我们有上帝的庇佑，上帝会扶助弱小一方的，会帮助我们战胜强大的敌人。回去告诉你的主人，如果他想做任何事情（指拜齐德一世威胁约翰七世，土耳其人将毁灭君士坦丁堡城外的一切），就都悉听尊便吧！"尽管如此，约翰七世仍

---

① C. Malatras, *Social Structure Relations in Fourteenth Century Byzantium*, pp. 294 – 304, p. 325.
② C. Malatras, *Social Structure Relations in Fourteenth Century Byzantium*, pp. 298 – 299, p. 303.
③ J. W. Barker, *Manuel II Palaeologus (1391 –1425): A Study in Late Byzantine Statesmanship*, p. 201.

反复不断地试图与拜齐德一世达成一项协议,设法将君士坦丁堡保留在拜占庭帝国手中,同时答应拜占庭帝国成为听命于拜齐德一世的忠实仆从国,但是都遭到了拜齐德一世的拒绝。①

最有可能达成协议的一次谈判发生在1401年8月。当时,拜齐德一世面临帖木儿大军日益逼近的巨大压力,于是产生了与约翰七世和谈的意愿。几乎与此同时,约翰七世与加拉塔特区的热那亚人,以及君士坦丁堡城内的威尼斯人商谈之后,派遣了一位使臣到拜齐德一世那里,提出商议和谈条件,其中可能包括以下内容:热那亚人每年向土耳其人支付5000希帕皮隆金币,但是"作为礼物,而不是纳贡",拜占庭人则收回开战之前航海线上的岛屿等。显然这并非谈判的全部内容,占据优势的土耳其人理所当然地会提出很高的要求,但由于流传至今的史料记载模糊,后人尚无法得知此次会谈的全貌。最终,双方未能达成协议,而拜齐德一世则继续围攻君士坦丁堡,没有丝毫的放松。②

约翰七世长期坚持守城,没有屈服,一方面可能出于对拜齐德一世的恐惧,一旦放弃抵抗就有可能遭其毒手,尤其是1393—1394年的"集体召见"事件带给约翰七世的恐惧可能是极深的。另一方面,他可能对外国的援助仍抱有较大的希望,特别是他不希望自己成为丢失都城的王朝罪人。1399—1402年约翰七世留守君士坦丁堡期间,热那亚人和威尼斯人都为其守城提供了一定的援助。上述约翰七世的商业代理人莱昂塔里奥斯与热那亚人合作,从加拉塔特区向君士坦丁堡城内运送谷物,实际上也是对君士坦丁堡的援助。热那亚人、威尼斯人于1399年向君士坦丁堡各自提供了四艘战舰,也是他们的实际支援。但是,此后约翰七世所得到的实际支援就非常少了,所谓援助往往是空口许诺。威尼斯人的一位指挥官,奉威尼斯议会之命,根据威尼斯议会于1400年3月26日做出的一项决议留驻君士坦丁堡,他警告约翰七世不要听信土耳其人那些"荒谬的承诺",并且向他

---

① C. Malatras, *Social Structure Relations in Fourteenth Century Byzantium*, p. 324. 另见 John W. Barker, *Manuel II Palaeologus (1391 -1425): A Study in Late Byzantine Statesmanship*, pp. 201 - 206.
② J. W. Barker, *Manuel II Palaeologus (1391 -1425): A Study in Late Byzantine Statesmanship*, pp. 211 - 212. 在数次谈判中,拜齐德一世做出的唯一明显让步是,1401年,他在帖木儿西进的压力下,把塞布里亚交还给了约翰七世。但是,拜齐德一世并未放松对君士坦丁堡的围攻。J. W. Barker, *Manuel II Palaeologus (1391 -1425): A Study in Late Byzantine Statesmanship*, p. 201.

保证,威尼斯人愿意与拜占庭帝国保持良好的友谊,并且会为君士坦丁堡的防守提供支援。曼努埃尔二世在出访拉丁基督教世界期间,一直同约翰七世保持着联系,向他通报求援谈判的情况。约翰七世由此得知,曼努埃尔二世已经与热那亚人、医院骑士团谈判,希望他们能够为君士坦丁堡提供援助。而且,1400年10月16日,阿拉冈国王马丁一世在写给曼努埃尔二世的信中,承诺组织十字军出征,援助君士坦丁堡。后来再度写信给约翰七世,把自己对曼努埃尔二世的承诺同样告知约翰七世,并且向约翰七世保证,援助正在途中。另外,卡斯蒂利王朝的国王亨利三世答应曼努埃尔二世,为拜占庭帝国提供援助,他同时写信给约翰七世表达了同样的承诺。但令人失望的是,以上"援助"均为空口许诺,从未真正落实。[①]

此外,约翰七世与时任牧首马塞奥斯也分别致信基督教各国君主,恳请他们无论如何为君士坦丁堡提供一些援助。但是这些求援行动也未见成效。1402年春,在拉丁基督教世界访问的曼努埃尔二世意识到他的求援谈判所获得的都是空口许诺,至少英格兰国王亨利四世的许诺是热情而空洞的。曼努埃尔二世将这些情况通报给了约翰七世。约翰七世得知上述情况后,亲自于1402年6月写信给亨利四世,急切地恳请他无论如何要给君士坦丁堡一些援助,否则他只能向土耳其人献城投降了。当然,约翰七世可能在故意表示想"投降",以引起亨利四世的注意,敦促其采取救援行动。然而亨利四世始终没有为君士坦丁堡提供实质性的援助。[②] 围城期间的1399年末,时任牧首马塞奥斯写信给基辅都主教(Metropolitan of Kiev),阐述了君士坦丁堡面临的严峻政治军事局势,向其通报了拜占庭人面临的危险,并告知他皇帝曼努埃尔二世已经前往法兰西等拉丁基督教国家求援,曼努埃尔二世的侄子约翰七世代行皇帝职权,留守君士坦丁堡,率领城中军民抵御土耳其人的攻击。他在信中恳请同为基督徒的罗斯人为君士坦丁堡提供支援,但最终仅能获得俄罗斯人的一点点金钱援助。[③]

[①] J. W. Barker, *Manuel II Palaeologus (1391 – 1425): A Study in Late Byzantine Statesmanship*, p. 176, pp. 204 – 205.
[②] J. W. Barker, *Manuel II Palaeologus (1391 – 1425): A Study in Late Byzantine Statesmanship*, p. 213. 另见 C. Malatras, *Social Structure Relations in Fourteenth Century Byzantium*, p. 324. D. M. Nicol, *The Last Centuries of Byzantium, 1261 – 1453*, pp. 311 – 313.
[③] J. W. Barker, *Manuel II Palaeologus (1391 – 1425): A Study in Late Byzantine Statesmanship*, pp. 202 – 204.

被围困的生活极其艰苦,而援军又迟迟不到,约翰七世所处的形势"几乎令人绝望"。他准备向拜齐德一世献城投降,如果后者能够结束其与帖木儿之间的冲突的话。① 实际上,约翰七世也寄希望于来自东方的帖木儿蒙古大军能够击败拜齐德一世的土耳其军队,以解君士坦丁堡之围。1401年8月,约翰七世派遣了一位来自多米尼加的托钵会修士作为使臣,前去拜见帖木儿,向帖木儿承诺,如果蒙古军队击败了拜齐德一世的土耳其军队,那么拜占庭帝国将把原来缴纳给拜齐德一世的贡赋如数缴纳给帖木儿。② 约翰七世的这种策略显然是拜占庭帝国历史上常用的"挑唆一个民族去进攻另外一个"的手段。③ 但是在拜占庭帝国实力极其微薄的形势下,这种手段即使获得暂时的成功,也很难应对由此引发的新的严峻形势。1402年7月28日,安卡拉战役爆发,拜齐德一世的土耳其军队惨败于帖木儿的蒙古军队,拜齐德一世本人被俘虏,不久被处决。土耳其帝国崩溃了。君士坦丁堡之围因此被消除。安卡拉战役"意外"拯救了君士坦丁堡。④

然而,约翰七世的权威和能力,以及拜占庭帝国当时的微弱国力,都使他无力应对安卡拉战役之后新出现的危险形势。拜齐德一世有四个儿子在安卡拉战役失败后成功逃出,在奥斯曼土耳其帝国各地割据称雄,其中拜齐德一世的长子苏莱曼抢于其他兄弟之前进入巴尔干半岛,于1402年8月20日抵达加里波利,随后驻扎在亚德里亚堡,逐步巩固了对原土耳其人治下的欧洲领土的统治。与此同时,拜齐德一世的幼子穆罕默德一世控制了原奥斯曼土耳其领土的东北部地区。而拜齐德一世的另外两个儿子伊萨(Isa)和穆萨(Musa)则占据了布鲁萨附近地区,两人对布鲁萨展开激烈争夺。在这种形势下,许多奥斯曼土耳其人,尤其是大量的土耳其士兵,从小亚细亚涌向巴尔干半岛。威尼斯人、热那亚人,以及拜占庭人,纷纷用船舶协助这些土耳其人渡过海峡,收容他们前来欧洲——因为人们都恐惧万状,担心帖木儿军队的进一步进攻,因而相互之间暂时达成了联合。这种

---

① J. W. Barker, *Manuel II Palaeologus (1391 – 1425): A Study in Late Byzantine Statesmanship*, p. 215.
② D. M. Nicol, *The Last Centuries of Byzantium, 1261 – 1453*, p. 314.
③ A. Cameron, *the Byzantines*, p. 47.
④ D. M. Nicol, *The Last Centuries of Byzantium, 1261 – 1453*, p. 315.

局面无疑会给拜占庭帝国的生存带来更大的威胁,但是约翰七世无力阻挡,只能听之任之。①

面对帖木儿有可能继续西进的压力,以及安卡拉战役失败后的割据混战局面,占据土耳其欧洲部分的苏莱曼,急于同周边政权谈判,以较大的让步换取和平的局面,以解决上述迫在眉睫的困难。这对拜占庭帝国和约翰七世无疑都是有利的。此外,1402年9月,曼努埃尔二世在巴黎也获得安卡拉战役的消息,于是一边动身回国,一边在沿途各国继续开展外交活动,因此旅途漫长而行程缓慢,直到1403年6月9日才回到君士坦丁堡。苏莱曼绝无耐心等到曼努埃尔二世回到君士坦丁堡再展开谈判。实际上,1402年冬季,苏莱曼就与约翰七世,以及威尼斯人、希俄斯的热那亚人、纳克索斯(Naxos)的雅各布一世·克莱斯珀(Jacopo Ⅰ Crispo)公爵(Duke)、罗德岛的医院骑士团、塞尔维亚的斯特凡·拉扎雷维克展开了谈判。谈判各方于1403年2月20日达成协议并签署了条约。由于苏莱曼急于达成协议,所以他对各基督教政权做出了显著的让步,明显有利于各基督教政权。显然,安卡拉战役对崛起中的奥斯曼土耳其人打击极为沉重,使他们征服基督教各国政权的事业受挫,尤其是对拜占庭帝国的征服更难以完成。这份协议的大部分内容包括,在欧洲的土耳其人处理与该"谈判联盟"中的基督教拉丁人的关系,以及处理与塞尔维亚的关系。该协议授予威尼斯人广泛的商业特权,并对其他基督教政权也做出了普遍的让步。但是毫无疑问的是,拜占庭帝国从中获得了最丰厚的利益。②

苏莱曼同约翰七世达成了如下协议:③一、苏莱曼保证与约翰七世及拜占庭帝国保持和平和友谊。二、苏莱曼把塞萨洛尼基及其附近地区归还给拜占庭帝国,包括塞萨洛尼基周边的军事堡垒。三、苏莱曼还把卡尔西迪西半岛、斯科佩洛斯岛、斯基亚索斯岛(Skyathos)、斯基洛斯岛等岛屿归还给了拜占庭帝国。四、

---

① D. M. Nicol, *The Last Centuries of Byzantium, 1261-1453*, pp. 316-317. 另见 J. W. Barker, *Manuel Ⅱ Palaeologus (1391-1425): A Study in Late Byzantine Statesmanship*, pp. 217-218.
② D. M. Nicol, *The Last Centuries of Byzantium, 1261-1453*, pp. 318-319. 另见 J. W. Barker, *Manuel Ⅱ Palaeologus (1391-1425): A Study in Late Byzantine Statesmanship*, p. 224.
③ J. W. Barker, *Manuel Ⅱ Palaeologus (1391-1425): A Study in Late Byzantine Statesmanship*, p. 224. 另见 D. M. Nicol, *The Last Centuries of Byzantium, 1261-1453*, p. 319.

苏莱曼同时把色雷斯地区从梅塞布里亚到潘尼多斯的沿海地区归还给了拜占庭帝国。这是黑海沿岸的一片广阔地区。同时，苏莱曼还向拜占庭帝国归还了马尔马拉海沿岸的一块飞地。而且，苏莱曼还把阿索斯圣山归还给了拜占庭帝国。五、苏莱曼取消了拜占庭帝国曾缴纳给土耳其的贡赋，税收，以及拜占庭帝国担负的其他义务，改变拜占庭帝国作为土耳其仆从国的地位，相反，苏莱曼成为拜占庭帝国皇帝的仆从。六、对于土耳其人在君士坦丁堡内从事的有利于希腊人的商业活动，苏莱曼将予以资助。七、苏莱曼下令释放所有"希腊人"俘虏，同时释放参与谈判的成员国的俘虏，这些俘虏在获释之前被拘押在苏莱曼或其仆从国的监狱中。八、苏莱曼承诺，如果帖木儿对君士坦丁堡发动任何攻击，那么他将会支援君士坦丁堡。九、苏莱曼还承诺，土耳其人的军舰永远不会进入海峡，无论是达达尼尔海峡或还是博斯普鲁斯海峡，除非得到拜占庭帝国皇帝以及各参与谈判成员国的同意。

显然，苏莱曼在重新组建奥斯曼土耳其统一国家中，急需与各方恢复友好关系，对于拜占庭人提出的任何不合理要求也通通接受，本着"先答应下来"的原则达成谈判协议。约翰七世对于这些条款非常满意。拜占庭帝国不仅从安卡拉战役之前近乎毁灭的危机中解脱了出来，而且面对分崩离析的土耳其国家处于一个非常有利和有影响的地位。其中特别重要的是，塞萨洛尼基重回拜占庭帝国，这使1399年他与曼努埃尔二世达成的和解协议具备了可执行的条件——曼努埃尔二世应将塞萨洛尼基赐予约翰七世进行独立的统治。①

1403年5月前后，曼努埃尔二世抵达加里波利，在这里会见了约翰七世与苏莱曼。随后，曼努埃尔二世认可了约翰七世与苏莱曼签署的上述协议，并且与苏莱曼再次签署了一份内容相同的协议。尔后，曼努埃尔二世将自己的侄女嫁给苏莱曼，以巩固双方的联盟，她是莫利亚专制君主塞奥多西的私生女，以此强化与土耳其人的关系。② 曼努埃尔二世回到君士坦丁堡，重新掌握了皇权，但是并未遵守承诺——将塞萨洛尼基封授给约翰七世，而是打发约翰七世去了利姆诺斯岛。约翰七世心怀怨恨，遂与其岳父弗朗西斯科二世·加蒂露西奥密谋以武力夺取塞

---

① J. W. Barker, *Manuel II Palaeologus (1391–1425): A Study in Late Byzantine Statesmanship*, p. 226.
② D. M. Nicol, *The Last Centuries of Byzantium, 1261–1453*, pp. 319–320.

萨洛尼基,但最终没有付诸行动。这使拜占庭帝国避免了另一场可怕的内战。经过短暂的僵持,1403 年底,曼努埃尔二世与约翰七世再次达成和解,曼努埃尔二世履行 1399 年的和解协议,赐予约翰七世"全塞萨利皇帝"(Emperor of all Thessaly)的头衔,使其以此头衔正式且独立地统治塞萨洛尼基。① 约翰七世在塞萨洛尼基平静地度过了他生命中的最后几年,心满意足地享受了最后的岁月,于 1408 年 9 月 22 或 23 日逝世。②

根据约翰七世同时代作家的记载,他可能于 1390 年前后使用了其父亲的名字——安德罗尼库斯,以显示自己对于皇位继承权的合法性,但只是短暂地使用这个名字。大约 1400 年,约翰七世有了一个儿子,他为儿子取名"安德罗尼库斯",于是至晚在这个时候,约翰七世就放弃了对"安德罗尼库斯"名字的使用,因为它已经成为其子的名字。③ 他的这个儿子即学界普遍认为被忽略的"安德罗尼库斯五世"。他可能逝世于 1407 年,早于其父约翰七世的去世时间。这位安德罗尼库斯出生于约翰七世代行皇权留守君士坦丁堡期间,据说约翰七世曾经指定他为皇位继承人,并且为其加冕,因此后人也称其为"安德罗尼库斯五世"④。1403 年 6 月曼努埃尔二世返回君士坦丁堡时,最初没有履行 1399 年和解协议,而是冷落了约翰七世,将之驱逐到利姆诺斯岛,直到当年年底双方才和解,曼努埃尔二世也履行了 1399 年和解协议,将塞萨洛尼基交于约翰七世独立统治。据称,曼努埃尔二世冷落约翰七世的缘由,可能正是约翰七世为其子安德罗尼库斯五世加冕,有侵夺皇权之意,触怒了曼努埃尔二世。安德罗尼库斯五世因其夭折,所以于历史的长河中仅存姓名而无事迹。⑤ 安德罗尼库斯五世、约翰七世的相继逝世,避免了拜占庭帝国再起内战的可能,也使曼努埃尔二世在日后的统治中再无实质性的挑战者,其皇权得到巩固,拜占庭帝国进入了一段难得的和平时期。

约翰七世幼年坎坷,迭遭不幸,他的人生一开始就同父亲安德罗尼库斯四世

---

① D. M. Nicol, *The Last Centuries of Byzantium, 1261 -1453* , pp. 319 - 321.
② A. P. Kazhdan ed. , *The Oxford Dictionary of Byzantium* , p. 1052 and 1291.
③ E. A. Zachariadou, "John VII (Alias Andronicus) Palaeologus", in *Dumbarton Oaks Papers* , Vol. 31 (1977), pp. 339 - 342.
④ A. P. Kazhdan ed. , *The Oxford Dictionary of Byzantium* , p. 96.
⑤ D. M. Nicol, *The Last Centuries of Byzantium, 1261 -1453* , pp. 320 - 321.

的反叛密切相连。其后他的活动,实质上是对父亲反叛行动的延续——1391年之前反叛祖父约翰五世,并于1390年取得短暂的成功,1391年之后又不断地挑战或反叛其叔叔曼努埃尔二世,直至他的儿子安德罗尼库斯五世与他本人相继离世。同时,约翰七世挑战或反叛的过程,也是充当土耳其人、热那亚人蚕食掠夺拜占庭帝国残余资源之工具的过程。他一生中的高光时刻在于1399—1402年留守君士坦丁堡之时,在此期间,他与叔叔曼努埃尔二世和解,勇敢地长期留守这座首都,面对围城的强敌,巧妙利用各种矛盾,坚守住拜占庭帝国最后的希望,真正做出了有利于拜占庭帝国及其臣民的努力,尤其在残暴的土耳其人围城日紧,救援谈判迟迟没有结果,城中局势愈发窘迫的形势下,仍能率领军民坚持抗敌,实属不易。虽然在此期间他也可能有所动摇,但是毕竟没有投降,并最终拖延到安卡拉战役的巨变。

约翰七世的一生浓缩了晚期拜占庭帝国皇家政治乱局,充分说明承自晚期罗马帝国的中央集权制传统已经瓦解,统一的拜占庭帝国逐渐蜕变为家族内各个成员在争权夺利的博弈中逐步确立地方集权政治。在此背景下,作为帝国最高权力象征的皇帝深陷个人和各小家族利益缠斗中,而不能为帝国大业思考问题。他们之目光短浅、自私自利、肆意妄为使得他们看不到西欧各国君主忙于本国中央集权的事实,误以为拜占庭帝国可以信赖和依靠西欧援军的救助,从而放弃了图强自救的意愿,错失了难得的机遇,最终走向灭亡。

第九节

曼努埃尔二世(Manuel Ⅱ)

1391—1422 年在位

曼努埃尔二世(Manuel Ⅱ Palaiologos, Μανουήλ Παλαιολόγος,生于1350年7月27日,卒于1425年7月21日)是帕列奥列格王朝第九位皇帝,1370年被立为约翰五世的共治皇帝,1381年其兄安德罗尼库斯夺取皇位后被废黜储君,1391年正式即位并加冕为皇帝,至1422年突发脑溢血退位,在位31年。

曼努埃尔二世是继约翰五世之后的拜占庭帝国皇帝。曼努埃尔二世于1350年7月27日出生于君士坦丁堡,1425年逝世于君士坦丁堡,日期可能是当年7月21日。曼努埃尔二世是皇帝约翰五世与皇后海伦娜·坎塔库震努斯所生的第二个儿子(也有可能是他们生育的第三个孩子),其长兄为安德罗尼库斯四世(1376—1379年在位),有两个弟弟分别为塞奥多利、米哈伊尔。由于其母后海伦娜是拜占庭皇帝约翰六世最小的女儿,所以曼努埃尔二世与安德罗尼库斯四世、塞奥多利、米哈伊尔等兄弟,同为约翰六世的外孙。①

曼努埃尔二世登上皇位的过程漫长而曲折,与拜占庭帝国的内战,和土耳其人、威尼斯人、热那亚人在拜占庭领土上的角逐密切相关。曼努埃尔二世最初与皇位继承无缘。1355年,时年7岁的长兄安德罗尼库斯获得"瓦西勒斯"的头衔,意味着他将继承皇位,而比他小两岁的曼努埃尔似乎不可能成为皇位传承人。同年,他又与保加利亚国王伊凡·亚历山大·阿山的女儿玛丽亚订婚,进一步巩固了皇位继承权。而按照晚期拜占庭帝国的传统,时年5岁的曼努埃尔,与弟弟塞奥多西、米哈伊尔一起被授予"专制君主"的头衔。早年的曼努埃尔一直享有这一头衔。该头衔是晚期拜占庭帝国皇帝为其他儿子们设置的头衔,它意味着拥有者不具有皇位继承权。② 当年,父亲约翰五世设想将年幼的次子曼努埃尔送给教宗做养子,并且希望曼努埃尔皈依天主教,以换取教宗对拜占庭帝国的支持,对抗势力日益庞大的土耳其人,但是该计划未能付诸实施。③

1366年,约翰五世决定前往拉丁基督教世界寻求援助,以扼制奥斯曼土耳其的扩张。临行前,约翰五世任命安德罗尼库斯为摄政王,留守君士坦丁堡。而后,皇帝携同曼努埃尔、米哈伊尔出访。约翰五世与两个儿子一起拜访了匈牙利国王刘易斯。在谈判期间,约翰五世允诺其个人将皈依天主教,并且让他的两个儿子曼努埃尔、米哈伊尔也皈依天主教。为显示诚意,他将儿子曼努埃尔、米哈伊尔留

---

① A. P. Kazhdan ed., *The Oxford Dictionary of Byzantium*, p. 1291.
② J. W. Barker, *Manuel II Palaeologus (1391-1425): A Study in Late Byzantine Statesmanship*, pp. 5-6. 另见 G. T. Dennis, *The Reign of Manuel II Palaeologus in Thessalonica, 1382-1387*, pp. 11-14.
③ J. W. Barker, *Manuel II Palaeologus (1391-1425): A Study in Late Byzantine Statesmanship*, pp. 4-5.

在匈牙利宫廷做人质。① 但是他仍然未能获得西欧国家实质性的援助。随后,约翰五世经由保加利亚返回君士坦丁堡。我们无从知晓曼努埃尔与米哈伊尔何时被释放,但是在1367年6月,曼努埃尔已经出现在君士坦丁堡,与他的父母、长兄安德罗尼库斯在一起,争论关于教会合并的事情。② 当年11月6日,教宗写信给曼努埃尔,以及安德罗尼库斯四世,敦促他们谈判教会合并的事情。约翰五世决定再次前往拉丁基督教世界求援。1369年6月约翰五世临行前,再次任命安德罗尼库斯四世担任摄政王,留守君士坦丁堡,同时任命曼努埃尔二世为塞萨洛尼基总督,统治拜占庭帝国的这座第二大城市。③ 约翰五世虽然没有改变皇位继承人,但是给予了曼努埃尔二世独立治理一方的机会,使其获得了宝贵的统治经验,掌握了不菲的政治资本,为其日后的崛起奠定了基础。这也为他后来挑战安德罗尼库斯四世的皇位继承权造成了有利的态势。

真正使曼努埃尔二世动摇安德罗尼库斯四世皇位继承权的事件是约翰五世被扣押在威尼斯的事件。1370年3月,出访拉丁基督教世界依旧毫无成效的约翰五世,离开罗马,经由那不勒斯抵达威尼斯。由于欠下威尼斯人的大量债务,约翰五世被威尼斯人扣留。为此,约翰五世通报长子、留守君士坦丁堡的代理摄政王安德罗尼库斯四世,希望得到后者的帮助。但是安德罗尼库斯四世为了能够在父亲离开期间长久地掌握权力,宣称他对于父亲的求助无能为力,因为他一时无法凑齐所需金钱。④

约翰五世无奈,只得转而告知驻守塞萨洛尼基的次子曼努埃尔。与长兄安德罗尼库斯的冷漠态度相反,曼努埃尔立即独自承担起援救父亲约翰五世的重任。他没有丝毫耽搁,迅速筹集到了足够的资金(可能动用了教会的财产),并且迅速地从塞萨洛尼基乘船出发,于1370年末冬季抵达威尼斯,并与威尼斯人展开谈判,以救援父亲。⑤ 双方谈判的结果是,约翰五世同意割让特奈多斯岛给威尼斯,

---

① J. W. Barker, *Manuel II Palaeologus (1391 – 1425): A Study in Late Byzantine Statesmanship*, pp. 7 – 8.
② J. W. Barker, *Manuel II Palaeologus (1391 – 1425): A Study in Late Byzantine Statesmanship*, pp. 7 – 8.
③ J. W. Barker, *Manuel II Palaeologus (1391 – 1425): A Study in Late Byzantine Statesmanship*, p. 9.
④ J. W. Barker, *Manuel II Palaeologus (1391 – 1425): A Study in Late Byzantine Statesmanship*, pp. 11 – 12.
⑤ G. T. Dennis, *The Reign of Manuel II Palaeologus in Thessalonica, 1382 – 1387*, pp. 11 – 14. 另见 J. W. Barker, *Manuel II Palaeologus (1391 – 1425): A Study in Late Byzantine Statesmanship*, pp. 10 – 14.

以抵销债务。同时,威尼斯同意向拜占庭帝国归还被约翰五世抵押给威尼斯的皇冠珠宝。最终,约翰五世于1371年4月离开威尼斯。而曼努埃尔则继续留在威尼斯,一方面继续进行谈判,另一方面,作为人质,以保证约翰五世履行承诺。约翰五世的归途经历了长时间的航行,史籍记载直到1371年10月28日他才出现在君士坦丁堡。大约在当年冬季,约翰五世逮捕了五位涉事贵族,可能是对他们参与安德罗尼库斯拒绝援助其归国一事有关,但是并没有采取直接针对安德罗尼库斯的行动。然而,约翰五世对次子曼努埃尔二世倍加感激,愈发宠爱。在曼努埃尔二世由威尼斯返抵塞萨洛尼基时即1371年末的冬季前后,约翰五世签署命令,确认曼努埃尔为塞萨洛尼基总督,并且把马其顿的土地分封赐予他,使他可以同塞尔维亚人联手,对付土耳其人。① 这进一步增强了曼努埃尔二世的实力,使其具备了与安德罗尼库斯四世竞争皇位继承权的实力。

不过,约翰五世暂时尚无改变皇位继承顺序的实质行动。曼努埃尔二世亦未向安德罗尼库斯四世的皇位继承权发起直接挑战,而是全力应对色诺门战役之后的复杂形势。1371年9月26日,塞尔维亚国王乌卡什亚和马其顿的塞尔维亚专制君主伊万在马里卡河畔的色诺门战役中败于土耳其人,二人亦阵亡。塞尔维亚的失败减轻了拜占庭帝国来自西部的入侵压力,并使拜占庭帝国趁机收复了马其顿首府塞利斯,以及马其顿地区的其他一些土地。然而,拜占庭帝国很快就陷入更大的危机之中。奥斯曼土耳其人趁着色诺门战役的胜利,大量移民涌入定居在马其顿,并且围攻塞利斯,甚至围攻塞萨洛尼基。曼努埃尔二世被迫剥夺修道院的土地以补充军需,来应对奥斯曼土耳其越来越猛烈的扩张。②

此时,由于寻求拉丁基督教世界的援助遭到可耻的失败,约翰五世转而推行亲土耳其的政策,试图通过甘当土耳其人的附庸,换取和平的局面和帝国的生存。③ 1373年,约翰五世作为土耳其人的附庸,随同穆拉德一世在小亚细亚征战。他们意想不到的是,安德罗尼库斯四世联合穆拉德一世的儿子萨乌德兹,共同起

---

① J. W. Barker, *Manuel II Palaeologus (1391 - 1425): A Study in Late Byzantine Statesmanship*, pp. 11 - 14. 另见 D. M. Nicol, *Byzantium and Venice: A Study in Diplomatic and Cultural Relations*, pp. 307 - 308.
② J. W. Barker, *Manuel II Palaeologus (1391 -1425): A Study in Late Byzantine Statesmanship*, pp. 16 - 17.
③ C. J. Hilsdale, *Byzantine Art and Diplomacy in an Age of Decline*, p. 203.

兵反叛各自的父亲。约翰五世和穆拉德一世非常震怒,他们联合镇压了叛乱,安德罗尼库斯四世、萨乌德兹均被各自的父亲俘获。穆拉德一世刺瞎了萨乌德兹,同时无情地屠杀了萨乌德兹的支持者,同时强令约翰五世刺瞎安德罗尼库斯四世。约翰五世不情愿地执行这项命令,仅刺瞎了安德罗尼库斯四世的一只眼睛,同时也刺瞎了安德罗尼库斯四世的儿子约翰(即未来的约翰七世)的一只眼睛。① 安德罗尼库斯四世由于对曼努埃尔二世获得父亲宠爱的不满与愤怒,对自己皇位继承权的担忧,轻率地发动了叛乱,且卷入了土耳其人的内讧,最终惨败。他虽然保住了性命,但是丧失了皇位继承权。之后,曼努埃尔二世顺理成章地取而代之,成为皇位继承人。1373 年 9 月 25 日,曼努埃尔二世被授予了瓦西勒斯的头衔,正式成为皇位继承人。② 皇位继承人的易位,一方面是由于安德罗尼库斯四世过于贪恋权力,举止轻率,既疏远了同父亲的关系,又陷自己于叛乱失败的绝境。另一方面是由于曼努埃尔二世掌控帝国第二大城市,声势已成,且忠于父亲,获得认可,从安德罗尼库斯四世的失败之中获利,这一事件加剧了皇室内讧。

  曼努埃尔二世成为皇位继承人之后约三年,拜占庭帝国再次遭遇安德罗尼库斯四世的叛乱,曼努埃尔二世被投入监狱,在监禁中度过了约三年的时光。1376 年,安德罗尼库斯四世携同妻子和儿子(约翰七世)逃离君士坦丁堡,并且以服从土耳其人的命令,缴纳高额年贡为条件,获得穆拉德一世的支持,同时也获得了热那亚人的支持。③ 当年 7 月 10 日或 11 日,安德罗尼库斯四世在土耳其和热那亚舰队的簇拥下抵达君士坦丁堡,并且于 8 月 12 日进入城中,与约翰五世、曼努埃尔二世的守城部队展开了激战。在战斗中,曼努埃尔二世身受重伤。10 月,安德罗尼库斯四世最终获胜,夺取皇权,并将约翰五世、曼努埃尔二世、塞奥多西等人投入监狱。随后,安德罗尼库斯四世于 1377 年 10 月 18 日正式举行了加冕仪式。为了报答支持自己的"金主",安德罗尼库斯四世将特奈多斯岛割让给热那亚人,但是遭到了守卫岛屿、忠于约翰五世的总督的拒绝,最终未成。安德罗尼库斯四

---

① J. W. Barker, *Manuel II Palaeologus (1391-1425): A Study in Late Byzantine Statesmanship*, pp. 19-21, p. 24.

② J. W. Barker, *Manuel II Palaeologus (1391-1425): A Study in Late Byzantine Statesmanship*, p. 23. 另见 C. J. Hilsdale, *Byzantine Art and Diplomacy in an Age of Decline*, pp. 205-206.

③ J. W. Barker, *Manuel II Palaeologus (1391-1425): A Study in Late Byzantine Statesmanship*, pp. 26-28.

世还将至关重要的加里波利要塞割让给了土耳其人,使这座要塞永远脱离了拜占庭帝国的掌控。这座要塞此后成为奥斯曼土耳其人的第一个海军基地,增强了土耳其人掌控达达尼尔海峡、向欧洲扩张的能力。① 学界普遍认为,安德罗尼库斯四世的统治严重削弱了拜占庭帝国的实力,加剧了帝国的衰落。由于严重缺乏国内力量的支持,安德罗尼库斯四世的统治很难维持长久。尽管安德罗尼库斯四世在残酷的权力斗争中保持克制,没有加害或虐待约翰五世、安德罗尼库斯四世等亲属,但其恶劣的表现加速了帝国的灭亡。②

1379年6月,约翰五世、曼努埃尔二世等人成功逃出君士坦丁堡,抵达斯库塔里,随后前往穆拉德一世的宫廷,以缴纳更加高昂的年贡为条件,换取了穆拉德一世的支持。尔后,约翰五世、曼努埃尔二世又争取到部分威尼斯人的支持。借助土耳其人和威尼斯人的军事力量,他们于1379年7月1日进入君士坦丁堡,安德罗尼库斯四世未加抵抗即仓皇逃跑,同行的还有其母亲海伦娜、海伦娜的两个姐姐,以及外公约翰六世,他们都是作为人质被押解走的。一行人撤退至加拉塔特区,在热那亚人的支持下负隅顽抗。约翰五世、曼努埃尔二世则乘胜追击,在土耳其人和威尼斯人的协助下进攻加拉塔特区,但一时难以得手。双方鏖战至1381年初,相互之间的仇恨有所缓和,争取和平的谈判逐渐展开。最终,土耳其人、威尼斯人与热那亚人约在1381年4月达成和解,而他们分别支持的约翰五世、安德罗尼库斯四世也大约在1381年5月达成和解,并相继签署了1381年5月和解协议、1381年8月23日土伦条约,以及1382年11月条约。③ 令人意想不到的是,约翰五世与安德罗尼库斯四世的和解是以牺牲曼努埃尔二世的利益为前提,且完全剥夺了曼努埃尔二世的皇位继承权。约翰五世与安德罗尼库斯四世签署的上述协议规定,约翰五世同意安德罗尼库斯四世及其儿子约翰七世为皇位继承人,安

---

① D. Nicolle, A. Hook, *Ottoman fortifications 1300 - 1710*, Osprey Publishing Limited, 2010, p. 8. 另见 C. Imber, *The Ottoman Empire, 1300 - 1650, The Structure of Power*, p. 10. 另见 J. W. Barker, *Manuel II Palaeologus (1391 - 1425): A Study in Late Byzantine Statesmanship*, pp. 27 - 31.
② J. W. Barker, *Manuel II Palaeologus (1391 - 1425): A Study in Late Byzantine Statesmanship*, pp. 27 - 33.
③ J. W. Barker, *Manuel II Palaeologus (1391 - 1425): A Study in Late Byzantine Statesmanship*, p. 33. 另见 G. T. Dennis, *The Reign of Manuel II Palaeologus in Thessalonica, 1382 - 1387*, pp. 41 - 51. N. Necipoglu, *Byzantium Between the Ottomans and the Latins (Politics and Society in the Late Empire)*, Cambridge: Cambridge University Press, 2009, pp. 126 - 128.

德罗尼库斯四世以"瓦西勒斯"的头衔统治以塞林布里亚为首府的部分色雷斯地区,同时约翰五世不对安德罗尼库斯四世及其子约翰七世发动战争,不侵犯他们的封地,并规定如果约翰五世遭到安德罗尼库斯四世及约翰七世的攻击,那么热那亚人帮助约翰五世,等等。①

上述三份协议只字未顾及曼努埃尔二世的权益。他虽然多年来追随父亲,忠诚而勤勉,但是仍然被父亲放弃,成为和解协议的牺牲品。曼努埃尔二世的愤慨显而易见。1381年5月,约翰五世与安德罗尼库斯四世初步签署和解协议时,曼努埃尔二世即离开了君士坦丁堡,跟随穆拉德一世在亚德里亚堡或布鲁萨活动。曼努埃尔二世很可能在1382年夏季返回了君士坦丁堡,但是很快又秘密离开了首都,抵达塞萨洛尼基。② 显然,内战双方各自以老皇帝和长子安德罗尼库斯为首脑,而不把曼努埃尔作为谈判的一方,而约翰五世不辨是非,不分好歹的做法彻底伤透了次子的心。

曼努埃尔二世的出走是对父亲的公开反叛,他占据塞萨洛尼基,并且说服当地居民接受自己的统治,试图以此为基地,抗击土耳其人,逐步壮大拜占庭帝国的力量。1382年秋季,曼努埃尔二世即已开始"像皇帝一样"地统治着塞萨洛尼基,割据称雄,与掌控君士坦丁堡的约翰五世和以塞林布里亚为首府而统治部分色雷斯的安德罗尼库斯四世形成事实上的"三足鼎立"局面。③

曼努埃尔二世一改父亲甘做土耳其附庸的政策,以塞萨洛尼基为基地,主动进攻土耳其人,取得了难得的胜利。1382年秋,曼努埃尔二世率军攻击集结在塞利斯附近的土耳其军队,不仅打败了他们,而且驱逐了可能占领马其顿大部分乡村并定居下来的土耳其人,迫使他们逃跑,粉碎了他们对该城的围攻。拜占庭军队把一部分战利品拿到君士坦丁堡展览,引起轰动。此战过后,曼努埃尔二世回到塞萨洛尼基,准备迎接土耳其人可能到来的更大规模的进攻。1383年春季或夏季,随着军事力量的增长,曼努埃尔二世又取得了针对土耳其人的三场重要胜

---

① G. T. Dennis, *The Reign of Manuel II Palaeologus in Thessalonica, 1382 -1387*, pp. 43 - 51.
② G. T. Dennis, *The Reign of Manuel II Palaeologus in Thessalonica, 1382 -1387*, pp. 45 - 60.
③ G. T. Dennis, *The Reign of Manuel II Palaeologus in Thessalonica, 1382 -1387*, pp. 57 - 61. J. W. Barker, *Manuel II Palaeologus (1391 -1425): A Study in Late Byzantine Statesmanship*, pp. 51 - 52. N. Necipoglu, *Byzantium Between the Ottomans and the Latins (Politics and Society in the Late Empire)*, pp. 127 - 128.

利。其中一场是在陆地战斗中取得的,另外两场则是在海战中取得的。值得一提的是在海战中,他取得了一场桨帆战舰之间战斗的胜利,还取得了另一场海盗式轻型船之间战斗的胜利。塞萨洛尼基人为曼努埃尔二世取得的胜利而欢欣鼓舞,他们还认为,曼努埃尔二世在陆地上取得的胜利超过在海洋上取得的胜利,因为土耳其人原本在陆地上占据优势,现在也被打败了,由此信心大增。①

曼努埃尔二世主动进攻土耳其人连续取得重大胜利的消息迅速扩散,尤其在君士坦丁堡城内广为流传,其战果也在流传中被加以夸大,君士坦丁堡内外很多民众视曼努埃尔二世为抗击蛮族人的英雄。更有不少人,其家庭和财产遭受过土耳其人的侵害和劫掠,现在则志愿前往塞萨洛尼基,加入曼努埃尔二世的阵营,为其效力,寻求向土耳其人复仇。还有大量一无所有者,前来塞萨洛尼基投奔曼努埃尔二世,为了在战争中获得军功和战利品。很多曼努埃尔二世原来的支持者,对约翰五世与安德罗尼库斯四世在和解协议中剥夺曼努埃尔二世的皇位继承权非常不满,他们对于曼努埃尔二世取得的胜利欢欣鼓舞,在君士坦丁堡表达对他的支持,其中有一部分人前往塞萨洛尼基,继续追随曼努埃尔二世。这些志愿者数量庞大,他们的到来,一方面增加了曼努埃尔二世的人力、兵力,另一方面,也给曼努埃尔二世带来了巨大的财政压力。志愿者们大都是孤身而来,除了随身必需品外,几乎一无所有,大臣塞多尼斯是曼努埃尔二世的好友,此时身在君士坦丁堡,与曼努埃尔二世时常联系,他表示"只有天上下一阵黄金雨,才能供养得起这么多志愿者"②。由于主动出击土耳其人而获得的多次胜利,曼努埃尔二世在君士坦丁堡以及塞萨洛尼基都获得了民众的广泛拥护和支持,其声望达到了其政治生涯的高峰。这也为其日后进入君士坦丁堡称帝时获得城内民众的普遍支持奠定了民意基础。此时的拜占庭帝国居民,大都不认可奥斯曼土耳其的统治,视其为蛮族人带来的奴役,仍然愿意保持其"罗马人"的生活状态。因此,一旦看到抗击土耳其人有获胜的希望,他们就燃起了爱国的热情,大量的志愿者摩拳擦掌,投入到抵抗运动中去。正是曼努埃尔二世带给了拜占庭人这种希望。

然而,这种希望很难维持长久。双方军事力量对比之悬殊,使曼努埃尔二世

---

① G. T. Dennis, *The Reign of Manuel II Palaeologus in Thessalonica, 1382－1387*, pp. 71－73.
② G. T. Dennis, *The Reign of Manuel II Palaeologus in Thessalonica, 1382－1387*, pp. 64－73.

很难抵抗奥斯曼土耳其的全力反击。曼努埃尔二世的胜利使穆拉德一世感到震惊,他任命哈尔拉丁帕夏(Khairaddin-Pasha)为奥斯曼土耳其第一位大维齐尔,命令他进军塞萨洛尼基,不仅要镇压曼努埃尔二世的叛乱,而且要吞并整个马其顿地区,并且要抓捕曼努埃尔二世,把他押解到穆拉德一世的面前。1383年初或夏季,哈尔拉丁帕夏率领土耳其军队向马其顿地区进发。至9月,已经控制了马其顿的大部分土地。① 尤为重要的是,土耳其军队于9月19日攻克了塞利斯,这使拜占庭帝国处于非常不利的地位,因为此时土耳其军队就可以毫无顾忌地围攻塞萨洛尼基了。哈尔拉丁帕夏致信曼努埃尔二世,要求其投降,遭到曼努埃尔二世的断然拒绝。于是,土耳其军队开始围城,1383年11月初开始切断了塞萨洛尼基与外界的陆上联系。②

1383年秋至1387年4月,塞萨洛尼基一直处于土耳其军队的陆地围攻之中,但由于土耳其人海军力量有限且海战技术欠缺,难以封锁海面,所以塞萨洛尼基的海路一直保持畅通,物资的补给和使臣的往还仍旧继续。海路供给线直到城破的最后一刻,依然保持畅通,这也是塞萨洛尼基在土耳其的围攻下能够长久支撑的原因。③

土耳其人围城之初,哈尔拉丁帕夏向曼努埃尔二世发出了最后通牒:要么臣服于土耳其人,缴纳巨额贡金,要么死于土耳其人的刀剑之下。曼努埃尔二世毫不畏惧,他召集塞萨洛尼基的民众,举行大规模群众集会,向他们阐明自己坚决抵抗的决心。曼努埃尔二世叙述道:对于所有("罗马人")人来说,"尤其是对于塞萨洛尼基人来说,宁愿死也不愿意失去自由。"特别是当统治者将是蛮族人的时候。在讲话中,曼努埃尔二世称土耳其人为蛮族人,表达其对土耳其人的蔑视。他继续讲道,"丧失自由,向蛮族人屈服,认蛮族人做主人,是令'罗马人'羞耻的事情。""我们是罗马人,我们祖先的土地是菲利普和亚历山大的土地,我们曾经征服强大的蛮族,而土耳其人只是曾经被我们征服过的、最受鄙视的一个蛮族。""向土耳其人缴纳贡金本身就是可耻的,而且土耳其人想要的更多,如果我们缴纳

---

① G. T. Dennis, *The Reign of Manuel II Palaeologus in Thessalonica, 1382－1387*, p. 74.
② G. T. Dennis, *The Reign of Manuel II Palaeologus in Thessalonica, 1382－1387*, pp. 74－76.
③ G. T. Dennis, *The Reign of Manuel II Palaeologus in Thessalonica, 1382－1387*, p. 77.

了贡金,那么他们下一步就会把我们变成奴隶。""做蛮族人的奴隶比死亡还要糟糕。""塞萨洛尼基的守护者圣迪米特里多次显出神迹,帮助塞萨洛尼基人战胜了蛮族人,他仍然会继续帮助我们取得胜利。""最终的胜负取决于上帝,而上帝从不放弃公义。"曼努埃尔二世还表示,自己并不拒绝同蛮族人谈判,签署和平协议,但那必须是真正的和平协议,而不是向蛮族人纳贡求和的协议,因为蛮族人正是通过迫使其他人签署这种纳贡求和的协议,从而把对方变成奴隶的。① 曼努埃尔二世的发言,贬低土耳其人,一直称他们为"蛮族人",他号召塞萨洛尼基居民捍卫祖先的荣耀和自己的自由,拒绝做"蛮族人"的奴隶,为此英勇抵抗,宁愿战死,绝不屈服。曼努埃尔二世还试图使民众相信,获胜的希望在于上帝的庇护,以及圣迪米特里的保护。然而,曼努埃尔二世并没有提到双方的实力对比,显然军事力量的巨大差异是对塞萨洛尼基人极为不利的一面。这种叙述充满了悲壮的色彩。它重点传达了抵御土耳其人的正义性、正当性,以激发抵抗的热情,但是无法从实力对比、智谋运用等现实层面去分析获胜的可能,仅将获胜的希望寄托于上帝和圣迪米特里,反映出这场抵抗从一开始就力不从心,注定失败,因为单独依靠塞萨洛尼基一城之力抵抗庞大的土耳其军队,几无获胜的可能。

在围城期间,曼努埃尔二世从追随者中提拔了一批官员,建立起一套比较完整的指挥体系,以保证内政的顺畅处理。例如,他任命阿卡西乌斯(Acacius)为抄写员,负责抄写塞多尼斯的信件,任命塞多尼斯喜爱的学生拉迪诺斯(Rhadenos)为施行官(counsellor)之一(1383年),任命迪米特里·卡巴西拉斯(Demetrius Cabasilas)为皇帝秘书(imperial secretary),任命木扎伦为大总管(chancellor),后者可能还兼任着财务总管(treasurer),等等。由于他们追随曼努埃尔二世抵抗土耳其人,所以在历史上留下了各自的名字。曼努埃尔二世还在文件上签署了自己的名字,并且予以发布,通常,这一签名是在位主皇帝(head emperor)而非共治皇帝(associate emperor)才有的权力。这一切都说明,曼努埃尔二世像真正的皇帝一

---

① 曼努埃尔二世的这篇演说辞,篇幅较长,且充满了修辞技巧,应当不是他面对塞萨洛尼基居民讲话的原稿,它包含了曼努埃尔二世此次演说的基本观点。见 G. T. Dennis, *The Reign of Manuel II Palaeologus in Thessalonica, 1382–1387*, pp. 79–84.

样,完全独立地统治着塞萨洛尼基。① 这也为他独立进行军事指挥,独立推行对外政策,奠定了基础。由于围城之下的生活极为艰苦,所以塞萨洛尼基人对曼努埃尔二世的不满日益增长,他们试图与土耳其人讲和,付出任何代价也在所不惜。所以此后他们不断发动针对曼努埃尔二世的叛乱,最终迫使曼努埃尔二世在城破之前,即1387年4月乘船离开了这座城市,前往莱斯博斯岛。塞萨洛尼基人随即打开城门,向土耳其人投降。② 曼努埃尔二世以塞萨洛尼基为基地抗击土耳其人的事业最终悲壮地结束了。

曼努埃尔二世及其追随者抵达莱斯博斯岛时,受到了该岛的统治者、曼努埃尔二世的表弟弗朗西斯科·加蒂露西奥的迎接。但是加蒂露西奥禁止曼努埃尔二世及其追随者进入该岛首府米蒂里尼,以避免激怒穆拉德一世。逗留莱斯博斯岛期间,曼努埃尔二世与穆拉德一世展开了谈判。穆拉德一世试图继续玩弄利用一位拜占庭皇帝以反对另一位的游戏,以从中牟利,同时也试图阻止曼努埃尔二世流亡拉丁基督教世界,以避免激起大规模的十字军运动,最终允许曼努埃尔二世与他的一些追随者前往驻扎在土耳其人设在布鲁萨的宫廷。在这里,穆拉德一世与曼努埃尔二世达成和解。这就为曼努埃尔二世与亲土耳其的父亲约翰五世提供了和解的机会,为他重回君士坦丁堡清除了障碍。但是,约翰五世仍然禁止曼努埃尔二世返回君士坦丁堡,而是命令他居住在利姆诺斯岛,直至1389年6月15日穆拉德一世死于科索沃战役,才解除禁令。当年夏末,曼努埃尔二世与父亲约翰五世完全和解,得以回到君士坦丁堡,并且再次成为约翰五世的正式继承人。③ 由此可见,约翰五世是个不明是非、难分亲疏远近的人,导致皇家内战不已。

曼努埃尔二世能够重新成为皇位继承人与其长兄安德罗尼库斯四世、侄子约翰七世的相继反叛密切相关。1385年,在曼努埃尔二世尚在塞萨洛尼基与土耳其人鏖战之际,其长兄安德罗尼库斯四世再次反叛父亲约翰五世,被打败之后,于1385年6月25日或28日病逝。他的儿子约翰七世继承了安德罗尼库斯四世的

---

① G. T. Dennis, *The Reign of Manuel II Palaeologus in Thessalonica, 1382–1387*, pp. 96–97, p. 102.
② G. T. Dennis, *The Reign of Manuel II Palaeologus in Thessalonica, 1382–1387*, pp. 151–155.
③ G. T. Dennis, *The Reign of Manuel II Palaeologus in Thessalonica, 1382–1387*, pp. 157–158.

统治区域,并且在热那亚人的支持下继续反叛祖父约翰五世,拜占庭帝国的内讧仍然在持续。① 显然,面对长孙约翰七世的叛乱,约翰五世选择回到自己身边的曼努埃尔二世做皇位继承人是顺理成章的。但是,由于他头脑糊涂、已经铸成大错,忠心耿耿的曼努埃尔也对他心存不满。

曼努埃尔二世在约翰七世叛乱称帝之后,还设法推翻了其侄子的统治。在曼努埃尔二世回到君士坦丁堡之后,约翰七世即感受到自己的皇位继承权受到威胁,遂决定寻求土耳其人与热那亚人的帮助,以推翻祖父约翰五世的统治,夺取皇权。1389年,约翰七世抵达热那亚,被热那亚人视为拜占庭皇帝,他还成功地获得了热那亚人的贷款,显然热那亚人要利用他夺取东地中海贸易霸权。不久,约翰七世返回东方,获得了土耳其苏丹拜齐德一世的支持,穆拉德一世的这个儿子脾气暴躁,在1389年穆拉德一世死于科索沃战役后继承了父亲的苏丹权力,统一了土耳其人各派势力。约翰七世似乎找到了新的强大靠山。尔后,约翰七世于1390年4月13—14日夜晚进入了君士坦丁堡,登基称帝。但是他的统治非常短暂,仅仅维持了约五个月就宣告结束了。他的统治是被曼努埃尔二世直接推翻的,因为曼努埃尔二世以君士坦丁堡隐藏的大量教会财产做抵押,换取了罗德岛医院骑士团的支持,迅速推翻了约翰七世的统治,把约翰五世重新扶上皇位。② 1391年,约翰五世逝世,曼努埃尔二世冒险自拜齐德一世的宫廷中逃出,返抵君士坦丁堡继承了皇位。自此以后直至逝世,曼努埃尔二世都比较牢固地掌握着皇权,侄子约翰七世虽然多次向他发起挑战,但是都未能动摇其统治。③

此事多有曲折。1391年3月,曼努埃尔二世得知父亲的死讯之后,立即趁夜色逃出布鲁萨的土耳其宫廷,赶在侄子约翰七世之前,进入君士坦丁堡,登基称帝。曼努埃尔二世时年40岁,饱经风霜。④ 从最初的与皇位无缘,到意外获得挑战皇权的机会,再到自己真正成为皇位继承人,之后又历经囚禁、内战,一度丧失皇位继承权,并在塞萨洛尼基抵抗土耳其人,最终回归君士坦丁堡,将约翰七世从

---

① J. W. Barker, *Manuel II Palaeologus (1391–1425): A Study in Late Byzantine Statesmanship*, pp. 51–52. G. T. Dennis, *The Reign of Manuel II Palaeologus in Thessalonica, 1382–1387*, pp. 45–46.
② C. Mango ed., *The Oxford History of Byzantium*, pp. 272–273.
③ D. M. Nicol, *The Last Centuries of Byzantium, 1261–1453*, pp. 296–297, p. 322.
④ D. M. Nicol, *The Last Centuries of Byzantium, 1261–1453*, p. 296.

皇位上拉下马,驱逐出首都,经历虽然曲折坎坷,但终于成功登上帝位。为了最后的胜利,他还忍辱负重随同土耳其人征战,"很少有哪位皇帝像曼努埃尔二世那样,在登上皇位之前经历了一个如此漫长的见习期。"①

但是,曼努埃尔二世又不得不服从拜齐德一世的命令,率领军队随同拜齐德一世在小亚细亚征战。② 1393 年,土耳其军队镇压了保加利亚的反抗起义,于当年 7 月 17 日占领其首都特诺沃,从而使保加利亚成为土耳其在巴尔干半岛占有的第一个永久性省区。保加利亚人在臣服于土耳其人的条件下,获准仅控制维丁一地。尔后,为了展示奥斯曼土耳其人的权威,驯服各仆从国君主,拜齐德一世于 1393—1394 年冬季,分别单独致信曼努埃尔二世、时任莫利亚地区的专制君主塞奥多西、约翰七世,曼努埃尔二世的岳父君士坦丁·杜拉戈斯,以及塞尔维亚国王斯特凡,命令他们前来自己的驻地塞利斯。这些巴尔干各国君主中无人敢于拒绝拜齐德一世的命令,但对暴虐的苏丹为什么召集他们抵达塞利斯不明就里。他们互相见面时都非常惊讶和恐惧,猜测拜齐德一世可能要对他们所有人下毒手。然而,拜齐德一世并未加害他们,而是以此展示自己震慑仆从国君主的威严,从而赢得了一场心理战的胜利。拜齐德一世训诫了他们一番后,允许各位君主离开塞利斯,返回各自的统治区。③ 曼努埃尔二世迅速离开塞利斯后,顺利返抵君士坦丁堡。当拜齐德一世再次征召曼努埃尔二世时,后者称病没有服从命令。拜齐德一世盛怒之下,于 1394 年 9 月派兵洗劫了君士坦丁堡的城郊,继而又率领大军围攻君士坦丁堡。曼努埃尔二世率领城中居民奋力抵抗。由此他在对外政策方面作出了调整,由亲土耳其变为反土耳其,并不可避免地向拉丁基督教世界各国寻求援助。④

不久,拉丁基督教世界多国君主组织起一支规模较大的十字军,试图将土耳其人驱逐出巴尔干地区。1396 年 7 月,这支十字军在布达地区集结,9 月开进尼

---

① J. W. Barker, *Manuel II Palaeologus (1391 -1425): A Study in Late Byzantine Statesmanship*, p. 1.
② D. M. Nicol, *The Last Centuries of Byzantium, 1261 -1453*, pp. 296 -297. K. Fleet ed., *The Cambridge History of Turkey*, vol. 1, Cambridge: Cambridge University Press, 2009, p. 217.
③ D. M. Nicol, *The Last Centuries of Byzantium, 1261 -1453*, pp. 300 -301. J. W. Barker, *Manuel II Palaeologus (1391 -1425): A Study in Late Byzantine Statesmanship*, pp. 112 -113.
④ D. M. Nicol, *The Last Centuries of Byzantium, 1261 -1453*, p. 302.

科波利斯(Nikopolis),与土耳其军队展开决战,结果十字军惨败。此次十字军战征,是拉丁基督教世界各国为了自己而非拜占庭人的行动,其直接目的是保卫信仰天主教的匈牙利,以及把"异教徒"土耳其人赶出欧洲。部分十字军将士可能把夺回圣地耶路撒冷作为第二步目标,但是没有一个君主明确提到救援君士坦丁堡的问题。而且,此次十字军筹备阶段,他们几乎未同拜占庭帝国商议,在筹备过程中也未把拜占庭帝国计算在内。不过,此次十字军战征仍然使君士坦丁堡受益,因为拜齐德一世不得不暂时撤围,以集中兵力对付十字军。在十字军战败之后,其首领之一的匈牙利国王西吉斯孟德(Sigismund of Hungary)逃跑至君士坦丁堡,曼努埃尔二世热情地接待了他。① 几乎与此同时,获胜的拜齐德一世回师围攻君士坦丁堡,并且派兵侵入莫利亚地区,攻占雅典,进一步分割了拜占庭帝国的资源。拜齐德一世还以支持约翰七世称帝威胁曼努埃尔二世。拜占庭形势非常严峻。威尼斯人、热那亚人出于维护自身商业利益,避免遭受土耳其人侵害的目的,曾给予君士坦丁堡一定的援助,为君士坦丁堡的防卫提供了一定量的资金和战船。1397年,围城的土耳其军队稍有松懈,威尼斯人便不断地向曼努埃尔二世空口保证,拉丁基督教的援助很快就会到来。在其催促和建议下,曼努埃尔二世于1397、1398年与时任牧首安东尼奥(Antonios)分别向其他基督教君主致信或派遣使团,乞求援助,但最终毫无成果。②

不过,曼努埃尔二世不久之后意外获得了一次深度联络拉丁基督世界的机会。1399年年初,效忠法兰西国王查理六世的武士"元帅"布西科主动联系拜占庭帝国,并提议共同讨伐"异教徒",他率领一支小规模的舰队,突破土耳其人的封锁,成功抵达君士坦丁堡,受到曼努埃尔二世与城中居民的热烈欢迎。曼努埃尔二世当即授予"元帅"布西科"大康斯特布尔(Grand Constable)"头衔。而且,曼努埃尔二世还派遣部队,与"元帅"布西科的部队联合出城作战,多次劫掠了土耳其人营地。当然,这些小规模的胜利远远不足以保卫君士坦丁堡,"元帅"布西科

---

① D. M. Nicol, *The Last Centuries of Byzantium, 1261–1453*, pp. 304–305.
② 曼努埃尔二世派出使团向教皇、法兰西国王、英格兰国王、阿拉贡国王求救,也向莫斯科大公求救;与此同时,牧首安东尼奥派遣使团向波兰国王求救,恳求他与匈牙利国王一起组织十字军,但是匈牙利国王西吉斯孟德再也没有举起十字军的旗帜。D. M. Nicol, *The Last Centuries of Byzantium, 1261–1453*, pp. 306–307.

认为，他们须获得一支庞大的军队，以及大量的物资援助，才能守住这座首都。在"元帅"布西科的调停下，曼努埃尔二世与约翰七世终于和解。根据他们达成的和解协议，曼努埃尔二世与"元帅"布西科前往拉丁基督教世界求援，约翰七世则以"摄政王"身份留守君士坦丁堡。①

1399年12月10日，曼努埃尔二世一行从君士坦丁堡出发，于1400年4月抵达威尼斯。访问威尼斯之后，曼努埃尔二世又访问了帕多瓦(Padua)、维秦察(Vicenza)、帕维亚和米兰(Milan)。之后，曼努埃尔二世于1400年6月抵达巴黎，受到了法兰西国王查理六世的热情接待，查理六世允诺组织一次大规模的十字军，以救援君士坦丁堡。曼努埃尔二世在法兰西还与卡斯蒂利、阿拉贡国王取得了联系。在法兰西逗留一段时间之后，曼努埃尔二世一行渡过英吉利海峡，到达英格兰，并于1400年12月21日在布莱克希斯(Blackheath)得到英格兰国王亨利四世的热情接待。1401年2月末，曼努埃尔二世回到巴黎，继续与查理六世商谈组织十字军事宜，同时与葡萄牙国王、阿拉贡国王，以及驻跸于阿维尼翁的教宗商谈此事。拜占庭皇帝所到之处都受到热烈欢迎和高规格接待，但得到的大多是空口许诺，而非实际援助。② 一门心思寻求西欧十字军援助的曼努埃尔未能洞悉世事巨变和西欧中古晚期各国强化王权的大趋势，他们全身心投入本国内政外交事务，根本无暇顾及拜占庭人的请求。

虽然曼努埃尔二世的长期出访并无成效，但是事情却意外地出现了转机。1402年9月，曼努埃尔二世在巴黎获悉土耳其军队在安卡拉战役中惨败，拜齐德一世遭俘被杀，君士坦丁堡解围。得知"喜讯"后，曼努埃尔二世当年11月末便从巴黎启程回国，于1403年9月抵达君士坦丁堡。③

安卡拉战役结束之后，拜齐德一世幸存的几个儿子纷纷独立建国，其长子苏

---

① D. M. Nicol, *The Last Centuries of Byzantium, 1261–1453*, pp. 307–308. C. Mango ed., *The Oxford History of Byzantium*, p. 274.
② D. M. Nicol, *The Last Centuries of Byzantium, 1261–1453*, pp. 310–311.
③ 安卡拉战役：1402年春，拜齐德一世率领土耳其及其仆从国军队，在安卡拉附近与帖木儿率领的蒙古及其仆从国军队展开决战，即安卡拉战役。拜齐德一世战败被俘，不久被杀；拜齐德一世的几个幸存的儿子分别占据欧、亚的不同地区，割据对抗，土耳其陷入分裂状态，即土耳其历史上的"大空位时期(1402—1413年)"。[美]斯坦福·肖:《奥斯曼帝国》，许序雅、张忠祥译，西宁：青海人民出版社2006年版，第50—52页。D. M. Nicol, *The Last Centuries of Byzantium, 1261–1453*, pp. 318–319.

莱曼占据亚德里亚堡、加里波利，控制了土耳其在巴尔干的统治区。为了巩固自己的统治，防御帖木儿有可能发动的进攻，苏莱曼愿意付出巨大的代价与拜占庭帝国缔结和解。此时曼努埃尔二世尚未返回君士坦丁堡，摄政皇帝约翰七世与苏莱曼谈判，并签署了协议。这份协议非常有利于拜占庭帝国。根据该协议，拜占庭帝国免除了支付给土耳其的年贡，也不再做土耳其的附庸国。同时，土耳其人将塞萨洛尼基、圣阿索斯等土地归还给拜占庭人。① 1403 年 9 月曼努埃尔二世回到君士坦丁堡之后，会见了约翰七世和苏莱曼。曼努埃尔二世与苏莱曼再度签署了一份与上述协议内容相同的协议，算作对约翰七世所签署协议的认可。同时，曼努埃尔二世把其弟塞奥多西的私生女嫁给了苏莱曼，以巩固和平协议。② 此外，据说约翰七世担任摄政王期间，曾给他的儿子安德罗尼库斯五世加冕为"共治皇帝"，并且指定其为皇位继承人，此事可能属实，虽然其真实性受到质疑。这就触怒了曼努埃尔二世，因此他回到君士坦丁堡之后，没有兑现册封约翰七世为塞萨洛尼基专制君主的诺言，而是将他流放到了利姆诺斯岛。不过，1403 年底两人再次和解，曼努埃尔二世正式册封约翰七世为塞萨洛尼基的专制君主。1408 年，约翰七世死于塞萨洛尼基，其子安德罗尼库斯五世已经先于他去世。于是，约翰七世及其后人对曼努埃尔二世皇权的威胁最终消除。③ 与苏莱曼签署和平协议，以及约翰七世、安德罗尼库斯五世的去世，使拜占庭帝国暂时解除了内忧外患，曼努埃尔二世的皇权因此得到前所未有的巩固，尤其是在拜占庭帝国内部，已经没有足以挑战其皇权的力量了。

曼努埃尔二世并没有止步于此。他继续采取一系列加强皇权、巩固统治的措施。④ 1407 年，曼努埃尔二世的弟弟，莫利亚的专制君主塞奥多西在米斯特拉去世，曼努埃尔二世立即任命自己年仅 8 岁的儿子塞奥多西二世为莫利亚的专制君主。1408 年 9 月，约翰七世去世，曼努埃尔二世随即任命自己的儿子安德罗尼库斯为塞萨洛尼基的专制君主。由于这两个儿子尚在幼年，所以他们都服从父亲的

---

① D. M. Nicol, *The Last Centuries of Byzantium, 1261–1453*, pp. 319–320.
② D. M. Nicol, *The Last Centuries of Byzantium, 1261–1453*, p. 320.
③ D. M. Nicol, *The Last Centuries of Byzantium, 1261–1453*, pp. 320–321, p. 325.
④ J. Chrysostomides, *Manuel II Palaeologus Funeral Orationon His Brother Thodore*, the Author, p. 7.

命令,从而使曼努埃尔二世加强了对地方重镇的控制,似乎巩固了皇权。① 此外,曼努埃尔二世确立长子约翰(即未来的约翰八世)的皇位继承权,予以专门培养,使其诸弟无力与其竞争,以稳固政治局势,避免内战。而且,曼努埃尔二世为约翰八世选择了莫斯科大公瓦西里一世的女儿安娜作为妻子,以加强与俄罗斯人的联盟,同时巩固约翰八世的皇位继承人身份,在安娜于1418年去世之后,曼努埃尔二世又为约翰八世安排了其与意大利的蒙特菲拉特的索菲娅的婚姻,并帮助两人于1421年1月19日完婚,随后曼努埃尔二世为约翰八世举行了盛大的共治皇帝加冕典礼,正式宣告了约翰八世将继承皇位。当年,曼努埃尔二世将皇权实际交付约翰八世行使,自己退居二线,成为其太上皇。因此,牢固掌握皇帝权力的约翰八世在1425年曼努埃尔二世逝世时正式继承皇位,由于帝国最高权力交接顺理成章,避免了内讧。曼努埃尔二世对皇位继承的妥善安排功不可没。②

另外,曼努埃尔二世继续向拉丁基督教世界求援,希望能够借助他们的力量,把正处于分裂中的土耳其人驱逐出欧洲和小亚细亚。为此,他不断地写信催促拉丁基督教各国君主采取联合打击土耳其人的行动。他还派遣好友、大臣曼努埃尔·克里斯多利斯(Manuel Chrysdores)于1408—1409年出使法兰西、英格兰和西班牙求援,但是得到的仍然只有空口许诺。曼努埃尔二世还指示克里斯多利斯同威尼斯人谈判,试图收回威尼斯人在希腊和莫利亚地区的特权,但是未能成功。曼努埃尔二世还请求威尼斯舰队封锁博斯普鲁斯海峡,以维持土耳其"两个苏丹"并立的分裂局面。但是威尼斯出于眼前利益的需要,拒绝了曼努埃尔二世的请求,而且按照土耳其人的愿望摆渡他们往来海峡两岸。不仅如此,曼努埃尔二世还被迫在1402年就将整个东方贸易的垄断权拱手让给威尼斯,以换取其外交上的支持。尽管竭力经营,但是曼努埃尔二世仍然无法抓住安卡拉战役带给拜占庭帝国的难得的自救机会,仅能苟且偷生。③

1402年安卡拉战役结束之后,面对土耳其的分裂割据状态,曼努埃尔二世仍

---

① D. M. Nicol, *The Last Centuries of Byzantium, 1261 – 1453*, pp. 322 – 324.
② D. M. Nicol, *The Last Centuries of Byzantium, 1261 – 1453*, pp. 330 – 331.
③ D. M. Nicol, *The Last Centuries of Byzantium, 1261 – 1453*, p. 317, pp. 323 – 331. 陈志强:《拜占庭帝国通史》,上海:上海社会科学院出版社2013年版,第263页。

无法取得拉丁基督教世界的援助,也无法将土耳其人驱逐出欧洲和小亚细亚,只得适度参与土耳其人的内战,谋求一定的有利局面。最初,曼努埃尔二世支持苏莱曼,但是1410年7月苏莱曼在亚德里亚堡被弟弟穆萨击败,不久即被杀死。穆萨愤怒地率军围攻君士坦丁堡。危局之下,曼努埃尔二世联络统治小亚细亚东北部的穆罕默德一世,鼓动他进攻穆萨,并且将塞尔维亚军队拉入他们的同盟。几经征战,穆罕默德一世最终于1413年7月5日,在塞尔维亚的卡莫尔鲁(Čamurlu)击败了穆萨,并杀死了他。此战之后,土耳其再度统一,穆罕默德一世成为统一的土耳其苏丹。获胜后的穆罕默德一世给予曼努埃尔二世丰厚的报偿。他同意原苏莱曼归还给拜占庭帝国的土地仍归拜占庭帝国所有,并且表示愿意做曼努埃尔二世的"儿子"和"臣属"。穆罕默德一世一直遵守承诺,他于1421年5月21日去世。总体上,拜占庭帝国与土耳其于1413—1421年间基本上处于和平状态,曼努埃尔二世也度过了人生之中难得的一段平静岁月。①

然而,平静之中的曼努埃尔二世并没有放弃自己的职责。在其统治后期,他致力于经营莫利亚地区,试图稳固该地的防御体系,逐步恢复拜占庭帝国的力量。从1414年7月25日开始,曼努埃尔二世命令长子约翰八世留守君士坦丁堡,自己巡视拜占庭各地,加强统治,直至1416年3月返回君士坦丁堡。在此期间,他促进修建了莫利亚北部著名的希克西米亚城墙(Hexamilion),为日后防御土耳其军队做准备,为此不惜征收重税,征发大量民工,仅用25天即告完工。此外,曼努埃尔二世还收容了反叛穆罕默德一世的土耳其人首领假穆斯塔法,为将来同土耳其人的博弈做准备。穆罕默德一世对此采取了容忍的态度。②

1421年,曼努埃尔二世将皇权实际交付长子、共治皇帝约翰八世行使。当年,穆罕默德一世逝世,其子穆拉德二世即位为新苏丹,立足未稳,故而对外和亲,对内争斗。约翰八世鲁莽地利用假穆斯塔法发动反新苏丹的叛乱,老迈且已交权的曼努埃尔二世无力阻止。假穆斯塔法很快败亡,恼怒的穆拉德二世率军围攻君

---

① D. M. Nicol, *The Last Centuries of Byzantium, 1261 – 1453*, pp. 326 – 327. Elizabeth A. Zachariadou, "Süleyman çelebi", in Rumili and the Ottoman chronicles, *Orientalia Christiana Periodica*, vol. 33 (1967), p. 268. K. Fleet ed., *The Cambridge History of Turkey*, vol.1, p.184.

② D. M. Nicol, *The Last Centuries of Byzantium, 1261 –1453*, pp. 328 – 329.

士坦丁堡。危难之际,曼努埃尔二世策动安纳托利亚的穆斯塔法王子(他自称是穆拉德二世的弟弟)发动反穆拉德二世的叛乱。① "这是拜占庭帝国最后一次利用一个土耳其王子去反对另外一个。"②于是,穆拉德二世被迫撤走围攻君士坦丁堡的军队,前往安纳托利亚对付穆斯塔法王子等人的叛乱。1423年2月,穆拉德二世击败了穆斯塔法王子并且处死了他,同时制服了卡拉曼王国,使其重新变成苏丹的臣属。之后,穆拉德二世率军返回欧洲,围攻塞萨洛尼基,侵入阿尔巴尼亚,并且突破曼努埃尔二世苦心修筑的希克西米亚城墙,攻入莫利亚地区,大肆劫掠。③ 面对土耳其军队的猛烈攻势,拜占庭帝国不得不再次寻求拉丁基督教世界的援助。1423年11月14日,约翰八世离开君士坦丁堡,前往意大利求援,曼努埃尔二世与儿子君士坦丁留守君士坦丁堡。1424年11月1日约翰八世回到君士坦丁堡,没有带回任何实质性的援助。④

在约翰八世出访拉丁基督教世界期间,曼努埃尔二世、君士坦丁被迫与穆拉德二世签署了和平协议。根据该协议,拜占庭帝国的地位重新下降为土耳其人的臣属,拜占庭帝国拥有的土地仅剩下首都君士坦丁堡,以及塞萨洛尼基等地。而苏莱曼、穆罕默德一世曾经归还给予拜占庭帝国的土地,几乎被土耳其人完全收回。由于塞萨洛尼基早在1423年就被约翰八世的弟弟安德罗尼库斯让与了威尼斯人,所以上述和平条约签署之后,拜占庭帝国实际控制的土地几乎仅剩君士坦丁堡一座孤城。此外,根据这份和平条约,拜占庭皇帝每年须向土耳其苏丹支付10万杜卡特贡金,作为给帝国"反叛"的代价。⑤ 该协议签署之后,拜占庭帝国与土耳其恢复了和平,曼努埃尔二世得以平静地度过余生,于1425年逝世于君士坦丁堡(具体逝世日期可能是7月21日),终年75岁。⑥ 他被安葬于君士坦丁堡的潘托克拉特教堂⑦。

---

① C. Mango ed., *The Oxford History of Byzantium*, p. 276.
② D. M. Nicol, *Byzantium and Venice, A Study in Diplomatic and Cultural Relations*, pp. 358-359.
③ D. M. Nicol, *Byzantium and Venice, A Study in Diplomatic and Cultural Relations*, p. 359.
④ D. M. Nicol, *The Last Centuries of Byzantium, 1261-1453*, p. 334.
⑤ D. M. Nicol, *Byzantium and Venice: A Study in Diplomatic and Cultural Relations*, pp. 360-361 and 365-366.
⑥ C. Mango ed., *The Oxford History of Byzantium*, pp. 276-277.
⑦ D. M. Nicol, *Byzantium and Venice: A Study in Diplomatic and Cultural Relations*, p. 366.

曼努埃尔二世不仅具有丰富的政治军事经历，而且是一位知识渊博的学者，他创作的多部作品流传至今，在拜占庭文学史上具有重要的地位，同时也是非常宝贵的史料。曼努埃尔二世的书信尤为重要。① 曼努埃尔二世酷爱文学，一生笔耕不辍。1376—1379 年被囚禁于君士坦丁堡期间，他"补习自己忽略的文学研究"，通过阅读和研究文学作品来避免精神上的孤独。1383—1387 年，曼努埃尔二世在艰苦的塞萨洛尼基防御战中，仍然没有停下手中的笔，他不断地与精神导师塞多尼斯等人通信，并且创作了多部文学作品，为我们了解当时塞萨洛尼基的情形留下了宝贵的史料。曼努埃尔二世与弟弟塞奥多西关系亲密，在后者逝世后，曼努埃尔二世十分悲痛，为他创作了一篇悼词，也成了重要的史料。②

曼努埃尔二世逝世后，拜占庭帝国军民诚挚地、深切地悼念他，这是他的前任皇帝们都不曾享有的。他的政策为衰亡中的拜占庭帝国增添了一道转瞬即逝的光彩，提高了末代帝国军民的自豪感，以及他们排斥对外国人的民族认同感。因为 30 多年以来，曼努埃尔二世保护他的臣民免遭敌人侵害，而且没有对拉丁人做出不必要的让步。在君士坦丁堡，他抵制了威尼斯人日益蛮横的要求，捍卫了希腊商人和关税官员的权利。他访问了拉丁基督教世界，但是他从不贱卖自己的尊严以换取廉价的报偿。他从不放弃东正教信仰以取悦于某位教皇并换取拉丁人的一丝好感，他没有重蹈其父放弃东正教立场的覆辙。③

后世学者多给予曼努埃尔二世肯定的评价。学界普遍认可，伊拉克略一世、利奥三世、阿莱克修斯一世、米哈伊尔八世等杰出的拜占庭政治家能够力挽狂澜，解除帝国面临的危险，不仅仅在于个人卓越的才能，而且在于当时拜占庭帝国仍存有足以应付危机的资源。而曼努埃尔二世作为皇帝统治拜占庭帝国之时，拜占庭帝国已经丧失了可以自救的资源。在约翰·巴克尔教授（John W. Barker）看来，曼努埃尔二世是拜占庭帝国历史上最具有天赋的政治家之一，但是他作为皇帝统治拜占庭帝国时期，帝国面对的军事上的威胁已经无法解除。他是一位睿智

---

① G. T. Dennis, *The Reign of Manuel II Palaeologus in Thessalonica, 1382 -1387*, p. 95.
② G. T. Dennis, *The Letters of Manuel II Palaeologus: Text, Translation, and Notes* , Dumbarton Oaks Center for Byzantine Studies, Trustees for Harvard University, Washington, District of Columbia, 1977, pp. 52 - 53.
③ D. M. Nicol, *Byzantium and Venice: A Study in Diplomatic and Cultural Relations* , p. 366.

的、精力充沛的、个性鲜明的人物,他不辞辛劳地工作,试图扭转局势,但是最终失败了——因为局势已经不可挽回。尽管如此,他在书信中为我们呈现出一位颇具个人魅力的、几乎完美的政治家、睿智的学者的形象。① 后世研究者的评价均有其一定的合理性。

  但是,本书还是要客观中立地分析曼努埃尔二世的历史作用,讨论其功过是非。他一生经历曲折,迭遭变乱,但他能保持顽强的意志,坚忍不拔,在顺境中不懈怠,在逆境中不消沉,能够尽力在乱局中开创新的局面,以衰落的拜占庭帝国的残余之力,不失主动地进攻强悍的土耳其军队,并取得几次重要的胜利。这种胜利在之后的拜占庭帝国再也没有取得过。② 然而,不得不说的是,曼努埃尔二世统治时期的拜占庭帝国获得了极为难得的外部和平,一度几乎灭亡了拜占庭帝国的奥斯曼土耳其国家分崩离析,其内部争斗使得他们无力构成拜占庭人的强敌。曾几何时遭到土耳其军事征服的巴尔干地区各基督教强国也未能恢复元气,也难以构成拜占庭人的威胁。在这大约一代人的"和平时期",作为拜占庭帝国最高统治者的曼努埃尔及其统治团队,几乎无所作为,将大量机会白白浪费在向西方拉丁世界君主求援的努力中,而这条道路早已证明无效而耗时。他们或者继续拜占庭帝国末代王朝的内讧,或者参与其他外敌如土耳其人的内讧,前者的规模比之前要小得多,但性质一样,而后者提供给拜占庭人的不仅仅是时间还有大量的资源,可惜都再度被以曼努埃尔为首的拜占庭人浪费掉了,他们未能推行富国强兵的有效措施,也没有集中衰落帝国难得一聚的资源,继续着皇家成员间的争斗。③ 他的奋斗、挣扎也与父兄、儿子们一样,缺乏雄才大略君王的远见卓识和运筹帷幄的能力,只能延缓帝国末日的到来,却无力挽回帝国衰落的趋势。

---

① J. W. Barker, *Manuel II Palaeologus (1391 – 1425): A Study in Late Byzantine Statesmanship*, Foreword, pp. 7 – 8.
② "(1382—1387 年之间)马其顿地区的希腊军队,在曼努埃尔二世的领导下,在四百年里最后一次击败土耳其军队", G. T. Dennis, *The Reign of Manuel II Palaeologus in Thessalonica, 1382 – 1387*, Foreword, p. 5.
③ J. W. Barker, *Manuel II Palaeologus (1391 – 1425): A Study in Late Byzantine Statesmanship*, Foreword, pp. 7 – 8.

第十节

约翰八世（John Ⅷ）

1421—1448 年在位

约翰八世（John Ⅷ Palaiologos，Ιωάννης Παλαιολόγος，生于 1392 年 12 月 17 日或 18 日，卒于 1448 年 10 月 31 日）是帕列奥列格王朝第十位皇帝，1408 年前被立为曼努埃尔二世的共治皇帝，1421 年 1 月 19 日正式成为皇帝，在位 27 年。①

约翰八世于 1392 年 12 月 17 日或 18 日出生在君士坦丁堡，于 1448 年 10 月 31 日逝世在君士坦丁堡。他是拜占庭帝国倒数第二位皇帝，如果将皇家所有称帝者计算在内，他也是帕列奥列格王朝第 10 位皇帝。② 约翰八世是皇帝曼努埃尔二世与皇后海伦娜·杜拉戈斯（Helena Dragaš）的长子。他一生经历过三次婚姻，但是都未能养育出成年的子女。约翰八世的第一位妻子是莫斯科大公瓦西里一世的女儿安娜，她于 1418 年去世。他的第二位妻子是意大利的蒙特菲拉特的索菲娅，两人于 1421 年 1 月 19 日完婚，随后曼努埃尔二世为约翰八世举办了共治皇帝的加冕典礼，正式宣告了约翰八世将继承皇位。但是约翰八世很快冷落了妻子索菲娅，致使她难以忍受，最终于 1426 年逃回意大利。③ 1427 年，约翰八世举行第三次结婚，妻子是特拉比宗帝国皇帝阿莱克修斯四世的女儿玛丽亚，她于 1440 年初逝世。④ 由于约翰八世没有子女，所以他选择了四弟君士坦丁继承皇位，"这在政治和军事上是一个明智的选择。"⑤然而，其余几位弟弟并不乐于遵守约翰八世的这项安排，他们在约翰八世逝世之后即展开了对皇位的争夺，最终母后拍板，君士坦丁继位，称为君士坦丁十一世，使约翰八世对皇位继承的安排得以实现。⑥

---

① A. P. Kazhdan ed., *The Oxford Dictionary of Byzantium*, p. 1291. 曼努埃尔二世可能逝世于 1425 年 7 月 1 日，早在 1421 年就已经是共治皇帝、手握实际统治权的约翰八世随即正式继承了皇位。
② 陈志强：《拜占廷帝国史》，第 323、523—524 页。
③ D. M. Nicol, *The Last Centuries of Byzantium, 1261 -1453*, pp. 330 - 331.
④ D. M. Nicol, *The Last Centuries of Byzantium, 1261 -1453*, pp. 347 - 359.
⑤ D. M. Nicol, *The Last Centuries of Byzantium, 1261 -1453*, p. 368.
⑥ D. M. Nicol, *The Last Centuries of Byzantium, 1261 -1453*, pp. 369 - 370.

相比父亲、弟弟在皇位继承过程中的惊险曲折,约翰八世继承皇位非常顺利。在拜占庭帝国的皇位继承传统中,皇帝的长子拥有继位的优先权,①约翰八世作为长子,拥有继承皇位的天然优势。而且,老皇帝曼努埃尔二世的支持起到了关键作用。首先,作为拜占庭帝国皇帝的曼努埃尔二世自身的皇权比较稳固,他能够自主地选择皇位继承人,其他人难以挑战他的权威,他传位给约翰八世的决定也没有遇到实质性的挑战。曼努埃尔二世自1391年登基称帝以来,一直稳固地统治着拜占庭帝国直至1421年将政权交付长子约翰八世,他于1425年平静去世。在曼努埃尔二世执掌皇权期间,他的那位曾经短暂称帝的侄子约翰七世(1390年4—9月在位)虽然与他时有仇恨和冲突,但约翰七世直至1408年9月22或23日逝世于塞萨洛尼基,也始终未能对曼努埃尔二世的统治构成实质性的损害。② 因此,曼努埃尔二世统治期间,其皇权稳固,也为皇权的顺利交接铺平了道路。

其次,曼努埃尔二世支持约翰八世继位的态度非常明确,步骤清晰且有效,使约翰八世的五个弟弟没有争夺皇位的可乘之机。曼努埃尔二世依照帝国的传统,在生前就确定皇位继承人——长子约翰,③并且倾尽全力排除不稳定因素,保障约翰八世顺利继位,以避免儿子遭受自己早年经历过的内讧之苦。为此,曼努埃尔二世很早就对约翰八世进行帝王教育和训练,为他编辑了很多指导手册和冗长的论文,以使他接受一位王子应当接受的教育,使他的行为符合一位王子的道德要求。1408年之前,曼努埃尔二世就确认约翰八世为共治皇帝,1421年,曼努埃尔二世又为约翰八世举办了婚礼和共治皇帝的加冕典礼,把帝国的实际统治权交付于长子,使之自1421年起就实际上行使皇帝的权力。而曼努埃尔二世则自动

---

① 陈志强:《拜占廷学研究》,北京:人民出版社2001年版,第119—122页。
② A. P. Kazhdan ed., *The Oxford Dictionary of Byzantium*, p.1052 and 1291. D. M. Nicol, *The Last Centuries of Byzantium, 1261-1453*, pp. 319-321. 据前述资料,1403年9月曼努埃尔二世自西方返回君士坦丁堡之后,迅速从留守君士坦丁堡的约翰七世手中取回了统治权,并且打发约翰七世去了利姆诺斯岛,而不是之前承诺的塞萨洛尼基;但是,1403年底,两人和解,曼努埃尔二世册封约翰七世为"塞萨洛尼基的君主",于是,约翰七世在塞萨洛尼基平静地度过了余生。笔者认为,由上述史实可见,在两人发生矛盾时,约翰七世服从了曼努埃尔二世的安排,未对曼努埃尔二世的皇权构成实质性的损害。
③ "拜占庭皇帝在理论上拥有指定继承人的权力,而且他们大都在生前确定皇权继承人。"陈志强:《拜占庭文明》,第71页。

地退居二线，为儿皇帝提供政治支持和参谋，①于是1425年曼努埃尔二世逝世时，早已大权在握的约翰八世正式继承皇位就是顺理成章的事情了。继位如此之顺利，在帕列奥列格王朝的历史上，都是难得的事情。

约翰八世有五个弟弟。1425年曼努埃尔二世逝世时，约翰八世的四弟君士坦丁在名义上管辖黑海沿岸的梅塞布里亚和安奇亚洛斯的城镇，这位君士坦丁获得了苏丹穆拉德二世的青睐。但是不久这位君士坦丁就去了莫利亚地区，与时任莫利亚专制君主的哥哥塞奥多西二世汇合了。三弟安德罗尼库斯当时已经从塞萨洛尼基逃跑到了莫利亚地区，而最小的弟弟托马斯也在莫利亚地区的米斯特拉。五弟迪米特里尚无领地和职务。②曼努埃尔二世对约翰八世的五个弟弟做出上述安排，显示出曼努埃尔二世对莫利亚地区的极端重视，因为拜占庭帝国想要复兴，那么莫利亚地区是唯一的机会。③而且，曼努埃尔二世把上述皇子派到莫利亚地区，以及帝国仅存的其他地区，显然意在巩固帕列奥列格家族对帝国各地的统治，使它们与君士坦丁堡互相支援。另外，此种安排也使约翰八世的五个弟弟远离君士坦丁堡或远离权力是非漩涡，使得他们无力同约翰八世竞争皇位。曼努埃尔二世正是在自己牢固掌握皇权的形势下，依照拜占庭帝国的皇位继承传统，把皇位传给长子约翰八世，使约翰八世的继位非常顺利。

约翰八世继承皇位时获得了宝贵的国内和平环境。在曼努埃尔二世统治期间，危若累卵的拜占庭帝国幸运地避免了内战，没有再发生"两安德罗尼库斯之战""两约翰之战""约翰祖孙之战"之类的惨剧。④在土耳其人步步紧逼、拜占庭帝国国势日蹙的形势下，曼努埃尔二世的稳固统治得益于国际环境的相对安定，进而使帝国仅剩的一点土地、人口资源不必消耗在战争中，而是比较完整地传递到了约翰八世手中。同时，这一和平时期为拜占庭帝国军民赢得了宝贵的喘息之机，也为约翰八世的继位与统治提供了难得的国内和平环境。对于约翰八世来说，国内的和平与皇位一样宝贵。

---

① D. M. Nicol, *The Last Centuries of Byzantium*, 1261 - 1453, p. 331, pp. 337 - 339. A. P. Kazhdan ed., *The Oxford Dictionary of Byzantium*, pp. 1053 - 1054, p. 1291.
② D. M. Nicol, *The Last Centuries of Byzantium*, 1261 - 1453, p. 339.
③ D. M. Nicol, *The Last Centuries of Byzantium*, 1261 - 1453, p. 339.
④ 陈志强：《拜占庭帝国通史》，第154页。

约翰八世坚决抵抗土耳其人的扩张,采取了比其父亲更为激进冒险的行动。① 1421 年,约翰八世初接实权,即冒险支持假穆斯塔法发动叛乱,以打击土耳其人的新苏丹穆拉德二世,可谓孤注一掷。假穆斯塔法名叫穆斯塔法·切勒比(Mustafa Çelebi),他宣称自己是拜齐德一世失散已久的儿子,于 1418 年占领埃迪尔内(即亚德里亚堡),②自称"苏丹",反抗时任苏丹穆拉德二世的父亲穆罕默德一世,但是在 1420 年被穆罕默德一世击败。于是,假穆斯塔法逃亡至君士坦丁堡,被曼努埃尔二世收留。③ 1421 年,穆罕默德一世猝死,他的儿子穆拉德二世年仅 17 岁,继苏丹之位。但他权力并不稳固,因为穆拉德二世有三个或四个弟弟,在穆罕默德一世生前的安排下,穆斯塔法王子在哈米特统治安纳托利亚,小王子优素福(Yusuf)和马赫穆特(Mahmut)被送到拜占庭帝国接受保护,以使他们在兄长穆拉德二世继位之后能够生存下来。此时,安纳托利亚的卡拉曼王国等势力也准备伺机而动,以谋求脱离奥斯曼土耳其的控制。面对这种形势,穆拉德二世希望同拜占庭帝国保持和平,以逐步巩固自己的权力。在他的要求之下,曼努埃尔二世送还了他的两个弟弟即优素福和马赫穆特。但是,鲁莽冒失的约翰八世认为穆拉德二世继位之初地位不稳,是拜占庭人打击土耳其人的难得机会,于是决定利用拜占庭帝国收留的假穆斯塔法采取冒险行动,以削弱穆拉德二世的统治。④ 此时年事已高,且已实际交权的曼努埃尔二世无力阻止约翰八世的行动。⑤

1421 年 9 月,约翰八世释放了假穆斯塔法和他的同党楚那特,并且把他们送到加里波利,支持他们夺取苏丹大位,回报条件是拜占庭帝国将恢复对加里波利和塞萨利的统治。假穆斯塔法顺利占领加里波利后,安纳托利亚的卡拉曼王国利用土耳其内乱的时机,重新占领了哈密特原有的领土。几乎与此同时,门特塞、艾登和萨姆松则摆脱了对土耳其苏丹的臣属地位。⑥ 在这种形势下,穆拉德二世多

---

① A. P. Kazhdan ed., *The Oxford History of Byzantium*, p. 275.
② [法]雅克·勒高夫著,徐家玲译:《中世纪文明(400—1500 年)》,上海:格致出版社、上海人民出版社 2011 年版,第 110 页,图 31"14 世纪早期的西方"。
③ [美]斯坦福·肖:《奥斯曼帝国》,第 61 页。
④ [美]斯坦福·肖:《奥斯曼帝国》,第 62—63 页。A. P. Kazhdan ed., *The Oxford History of Byzantium*, p. 276.
⑤ D. M. Nicol, *The Last Centuries of Byzantium, 1261 –1453*, p. 332.
⑥ [美]斯坦福·肖:《奥斯曼帝国》,第 62—63 页。

处受敌,无力对抗拜占庭人,拜占庭帝国似乎有取胜的希望。但是这一希望很快就破灭了。首先,拜占庭帝国怂恿假穆斯塔法率军进入安纳托利亚同穆拉德二世决战,以使假穆斯塔法尽可能地远离君士坦丁堡,加剧土耳其人内乱。假穆斯塔法在拜占庭帝国的怂恿下,进军布尔萨,结果惨败于穆拉德二世之手,随后假穆斯塔法在逃跑途中被俘虏并被处决。"假穆斯塔法犯了同拜齐德一世失去王位同样的错误。"①这个"同样的错误"就是在没有胜算的情况下,贸然离开根据地,赌博式地与政敌决战,最后草草地断送了好不容易聚集的军队,也赔上了自己的性命。假穆斯塔法的肉体和政治生命迅即退出了历史舞台,而拜占庭帝国也失去了一支重要的盟军。

更重要的是,假穆斯塔法占据加里波利时,其在欧洲声势陡增,有希望再次在土耳其人内部形成欧洲区与亚洲区的分裂局面,正如"大空位"时期苏莱曼与穆罕默德一世相互对峙的形势,②而这种分裂局面对于拜占庭帝国最为有利。一方面,在欧、亚分裂状态下,土耳其人很难组织对君士坦丁堡的围攻,使拜占庭帝国的处境比较安全。另一方面,因为分裂的土耳其敌对双方都会极力争取拜占庭帝国的支持,使得拜占庭帝国可以坐收"渔翁之利"③。但是假穆斯塔法的迅速败亡使形成上述局面的希望立即化为泡影。约翰八世和拜占庭帝国的错误不在于冒险支持假穆斯塔法叛乱,而在于短视地怂恿假穆斯塔法远离君士坦丁堡与敌军决战,过早地断送了形成上述有利局面的希望。

"假穆斯塔法"彻底败亡之后,约翰八世面临穆拉德二世的疯狂报复。1422年6—9月间,穆拉德二世率军猛烈围攻君士坦丁堡,约翰八世率领城中军民奋力抗击。同时,曼努埃尔二世策动自称是穆拉德二世的弟弟穆斯塔法王子在安纳

---

① [美]斯坦福·肖:《奥斯曼帝国》,第63页。
② D. M. Nicol, *The Last Centuries of Byzantium, 1261-1453*, pp. 316-319. 1402-1413年为奥斯曼土耳其帝国历史上的"大空位时期",[美]斯坦福·肖:《奥斯曼帝国》,第419页。
③ 穆罕默德一世在曼努埃尔二世的支持下获得胜利;苏莱曼与穆罕默德一世对峙时,无法完成对君士坦丁堡的包围。一方面双方都想争取拜占庭帝国的支持,另一方面,君士坦丁堡三面临海,一面环海;如果欧、亚分裂,那么欧洲部分只能从陆地围攻,却无法切断君士坦丁堡的海上补给;而亚洲一方只能从海上攻击君士坦丁堡,却无法切断它的陆地交通。根据 D. M. Nicol, *The Last Centuries of Byzantium, 1261-1453* 的叙述,引申而来。D. M. Nicol, *The Last Centuries of Byzantium, 1261-1453*, pp. 316-317. "拜占庭帝国生存下去的希望就在于保持土耳其人在欧洲、亚洲的分裂状态。"

利亚发动反穆拉德二世的叛乱。① "这是拜占庭帝国最后一次利用一个土耳其王子去反对另外一个。"②于是,穆拉德二世被迫撤走围攻君士坦丁堡的军队,前往安纳托利亚对付穆斯塔法王子等人的叛乱。1423 年 2 月,穆拉德二世击败了穆斯塔法王子并且处死了他及其党羽,同时制服了卡拉曼王国,使其重新变成苏丹的臣属国。而且,穆拉德二世恢复了对哈米特地区的占领,兼并了西土库曼王国、艾登、门特塞和泰凯,结束了对安纳托利亚的远征,巩固了自己的统治。③ 随后,穆拉德二世率军返回巴尔干,围攻塞萨洛尼基,侵入阿尔巴尼亚,并且突破曼努埃尔二世苦心修筑的希克西米亚城墙,攻入莫利亚地区,大肆劫掠。④ 此次扫荡使得除首都君士坦丁堡之外,拜占庭帝国残存的土地几乎都遭受着土耳其人的蹂躏,而约翰八世只能坐困于首都之中,无可奈何。他唯有寄希望于拉丁基督教世界各国君主前来救援,于是像父亲和祖父一样,亲自出访西方,乞求援助。

约翰八世第一次出访拉丁基督教世界,短暂而毫无实效。⑤ 1423 年 11 月 14 日约翰八世离开君士坦丁堡,前往意大利。他的父亲曼努埃尔二世与弟弟君士坦丁留守君士坦丁堡。此时,英国与法国正处于"百年战争"的交战状态,无暇顾及远方的拜占庭帝国,因而未成为约翰八世的出访对象国。对约翰八世来说,有希望为他提供援助的国家或政权,比父亲曼努埃尔二世出访欧洲时期又有所减少,但他别无选择不得不踏上行程。1423 年 12 月 15 日,约翰八世抵达威尼斯,在此受到威尼斯官方的热情接待。但是,威尼斯人表示,他们愿意与其他基督教国家一起保卫君士坦丁堡,却不能单独行动。1424 年 3 月,约翰八世在米兰短暂停留,同年夏季,他抵达匈牙利,与匈牙利王国西吉斯孟德会谈,而西吉斯孟德没有答应提供援助,反而敦促约翰八世尽快将东正教会并入罗马天主教。1424 年 11 月 1 日约翰八世回到君士坦丁堡,可以说是"无功而返"。

他出访意大利诸国与匈牙利等国之行引起穆拉德二世的警惕,穆拉德二世认

---

① A. P. Kazhdan ed., *The Oxford History of Byzantium*, p. 276.
② D. M. Nicol, *Byzantium and Venice, A Study in Diplomatic and Cultural Relations*, pp. 358 – 359.
③ [美]斯坦福·肖:《奥斯曼帝国》,第 64 页。
④ D. M. Nicol, *Byzantium and Venice, A Study in Diplomatic and Cultural Relations*, p. 359.
⑤ D. M. Nicol, *Byzantium and Venice, A Study in Diplomatic and Cultural Relations*, p. 365.

为基督教东、西方教会有可能会联合起来对付他。① 于是,在约翰八世尚在欧洲访问期间,穆拉德二世就采取果断行动,进一步压缩拜占庭帝国的生存空间。1424 年 2 月 20 日,穆拉德二世迫使留守君士坦丁堡的曼努埃尔二世、君士坦丁与其签署了和平条约。根据这份条约,拜占庭帝国重新下降为土耳其人的臣属,此时拜占庭帝国拥有的土地仅剩下首都君士坦丁堡,以及塞萨洛尼基等地。苏莱曼、穆罕默德一世曾经给予拜占庭帝国的土地因此几乎被土耳其人完全收回。由于塞萨洛尼基早在 1423 年就被约翰八世的弟弟安德罗尼库斯让与了威尼斯人,所以上述和平条约签署之后,拜占庭帝国实际控制的土地几乎仅剩君士坦丁堡一座孤城。此外,根据这份和平条约,拜占庭皇帝每年须向土耳其苏丹支付 10 万杜卡特贡金,作为给帝国"续命"即土耳其暂时性停止围攻君士坦丁堡的代价。② 因此,1424 年约翰八世回到君士坦丁堡之后,他面临着更加绝望的局面。雪上加霜的是,他的父亲曼努埃尔二世于 1425 年 7 月 21 日与世长辞。③ 他既失去了一位亲人,更失去了一位竭尽全力辅佐自己的谋士。

此后,约翰八世面临的国际局势进一步恶化。1430 年 3 月,穆拉德二世亲自率领 19 万大军攻占塞萨洛尼基,大肆劫掠三天三夜,将城中 7 000 余人掠俘售卖为奴隶。塞萨洛尼基的失陷使威尼斯人认识到,能否保护自己在地中海东部、黑海等地的利益,取决于同土耳其苏丹能否保持和平。④ 于是,威尼斯人向穆拉德二世求和,最终于 1430 年 9 月签署和平协议,威尼斯人向土耳其苏丹缴纳一笔数量可观的贡金,而苏丹保证威尼斯人在土耳其人控制的区域内享有航行自由,并且承诺土耳其人的战船,无论来自加里波利还是其他地区,向南、向西航行途中都不会越过特奈多斯岛。双方对于该条约都表示满意。当年 10 月,威尼斯人在塞萨洛尼基的领事馆得以重建。而在拜占庭帝国方面,约翰八世眼睁睁地看着土耳其人攻占塞萨洛尼基,无力采取任何措施。在塞萨洛尼基失陷之后,约翰八世徒劳地派遣使者访问威尼斯、罗马,试图说服他们联合起来对抗土耳其人,等到的最

---

① D. M. Nicol, *Byzantium and Venice, A Study in Diplomatic and Cultural Relations*, p. 365.
② D. M. Nicol, *Byzantium and Venice, A Study in Diplomatic and Cultural Relations*, pp. 360 – 361 and 365 – 366.
③ D. M. Nicol, *Byzantium and Venice, A Study in Diplomatic and Cultural Relations*, p. 366.
④ D. M. Nicol, *Byzantium and Venice, A Study in Diplomatic and Cultural Relations*, p. 372.

终结果却是威尼斯人单独与土耳其人签署了和平协议,毫不犹豫地抛弃了拜占庭帝国。① 事实上,威尼斯人清楚地知道单靠本国的力量已经不能战胜奥斯曼土耳其人了。

此外,威尼斯人趁火打劫,逼迫约翰八世于1431年5月26日签署条约,把拜占庭帝国仅存的一点商业特权转让给威尼斯人,同时确认了自1390年以来拜占庭帝国拖欠威尼斯的债务,并承诺将继续偿还这些债务,其中包括约翰八世的大伯安德罗尼库斯四世留给其子约翰七世17 163希帕皮隆金币的债务,1343年拜占庭帝国以大皇冠为抵押借贷的30 000杜卡特,以及其他贷款5 000杜卡特。但是,拜占庭帝国实际上已经没有能力偿还任何债务了,因为它早已无力支付宫廷的开销。另外,在该条约中,双方对于特奈多斯岛的归属问题未能达成一致。② 实际上,自1430年之后,威尼斯就在外交上采取中立政策,尽力维持与土耳其、拜占庭帝国的和平关系,确保罗马—君士坦丁堡—黑海的航线向威尼斯开放,并尽可能获得商业优惠权利。威尼斯人向拜占庭帝国表示,当有其他基督教政权与自己联合对土耳其作战时,自己可以参加,但是不会采取单独行动。

约翰八世第一次出访拉丁基督教世界,所做的仅仅是乞援,并没有准备付出"教会合并"的代价。③ 但是乞援的失败、塞萨洛尼基的陷落、威尼斯人与土耳其媾和,并且对拜占庭帝国施压,这些日趋恶化的国际形势和外交"成果"使约翰八世已经"无牌可打",除了向拉丁基督教世界献上"教会合并"的大礼以争取援助之外,似乎也没有别的选项了。此外,坚持东正教信仰的父皇已经去世,约翰八世推行"教会合并"的阻力也减轻了。万般无奈之下,约翰八世放弃了父亲曼努埃尔二世坚持东正教主张的政策,不再把"教会合并"当作吓阻土耳其人的幌子,而是寻求真正的教会合并,即以东正教并入天主教,拜倒在教宗脚下为代价,换取教宗与西欧、中欧各国再度组织十字军对付土耳其人,解救君士坦丁堡和拜占庭帝国。④ 拜占庭帝国的资源几近枯竭,约翰八世在宗教和外交上不得不采取此种新

---

① D. M. Nicol, *Byzantium and Venice, A Study in Diplomatic and Cultural Relations*, pp. 371 – 373.
② D. M. Nicol, *Byzantium and Venice, A Study in Diplomatic and Cultural Relations*, p. 373.
③ 即"将东正教会并入天主教教会"。
④ D. M. Nicol, *The Last Centuries of Byzantium, 1261 – 1453*, pp. 337 – 338, p. 351.

政策,把自己与帝国的命运完全押注在拉丁基督教世界的援助上。然而,这种一厢情愿的外交只是拜占庭人短视和无能的手段,西欧各国早已不是联合发动十字军东征时代的封建领主主宰了,他们在各自民族国家王权集中的博弈中,相互攻击,大打出手,更不无暇顾及东正教的拜占庭人。

拉丁基督教世界与拜占庭东正教嫌隙颇深,很难实现真正的联合。虽然同为基督徒,但是双方在语言、宗教教义、礼拜仪式、教阶制度,以及教会与世俗权力的关系等诸多方面,分歧明显,且掺杂了利益之争,难以达成一致,仅凭"基督徒"之名无法填平双方之间巨大的鸿沟。更何况,双方积怨已久,难以化解。1054 年,东、西方教会公开决裂,分道扬镳。而且,拉丁基督教世界长期以来仇视希腊人,抨击拜占庭人虚伪的处事方式,认为他们满口外交托词。在 1204 年第四次十字军攻占君士坦丁堡之前,拉丁基督教世界就一面唾骂拜占庭帝国的狡猾欺诈,一面又对其财富垂涎三尺。① 1204 年十字军占领君士坦丁堡,建立起了拉丁帝国,直到 1261 年拜占庭帝国重新夺回君士坦丁堡,实现"复国"。双方对此都记忆犹新,相互仇恨。而且,拉丁基督教世界从未放弃向东方扩张,甚至重建拉丁帝国、复辟拉丁王朝。威尼斯人、热那亚人、加泰罗尼亚人等拉丁基督教政权都试图把爱琴海变成自己的内湖,这无疑是对拜占庭帝国的严重侵犯。② 拉丁基督教的仇恨同样也招致了"希腊人拜占庭人"的憎恨。拜占庭著名史学家安娜·科穆宁娜(Anna Comnena)将参加第一次十字军的西方人描述为粗鲁的、絮叨的、刚愎自用、反复无常的蛮族,打心眼里讨厌,③而亲历 1204 年西方十字军洗劫君士坦丁堡的拜占庭史学家尼基塔斯·侯尼雅迪斯则不无讽刺地写道:"相比那些肩负基督教十字之人,萨拉森人(指称穆斯林)还算是心慈手软的。"④此外,1430 年塞萨洛尼基陷落之后,威尼斯人对土耳其人的妥协退让,对拜占庭帝国的趁火打劫、威逼施压,更加强化了拜占庭人对拉丁基督教世界的仇恨。在这种氛围之下,约翰八世仍然卑躬屈膝,谋求将拜占庭东正教并入罗马天主教,以此争取援军,完全是基于

---

① [法]雅克·勒高夫:《中世纪文明(400—1500 年)》,第 144—146 页。
② Steven A. Epstein, *Purity Lost: Transgressing Boundaries in the Eastern Mediterranean, 1000 - 1400*, Baltimore: The Johns Hopkins University Press, 2006, p.110.
③ [法]雅克·勒高夫:《中世纪文明(400—1500 年)》,第 146 页。
④ [法]雅克·勒高夫:《中世纪文明(400—1500 年)》,第 148 页。

政治形势而做出的违心之举。

此外,拉丁基督教世界自身四分五裂,难以联合对抗奥斯曼土耳其军队。此时,英国与法国仍处在"百年战争"中,无暇东顾。威尼斯人与热那亚人势同水火,与匈牙利人也充满仇恨。① 威尼斯人为称霸海上贸易与米兰人处于战争状态。热那亚人则时常协助土耳其人作战,对抗强敌威尼斯人。② 此外,"教会至上主义者"正在向教宗叫板,③风雨飘摇的西欧囿于各自利益,很难实现真正的联合。约翰八世寻求援助的希望比其父在1400—1403年间出访西方时更加渺茫。④ 无论如何,约翰八世都只能伸手去抓这根"救命稻草"。1430年,他派遣使臣雅阁里斯(Iagaris)出使罗马教廷,与教皇马丁五世洽谈教会合并事宜,并提议在君士坦丁堡召开大公会议,教宗马丁五世虽然同意召开大公会议,但是把开会地点选在了巴塞尔(Basel)。会议尚未召开,马丁五世即于1431年2月逝世,接替其职位的是威尼斯人尤金四世(Eugenius Ⅳ)⑤。

新教宗尤金四世与"教会至上主义者"分别向约翰八世的宫廷派出了自己的使臣,都竭力拉拢拜占庭帝国和东正教。作为回应,约翰八世也分别向他们派出了使臣,进行磋商,最终毫无结果。约翰八世和他的大臣们对于拉丁教会内部的这种争吵可能并不理解,也无力干预,只能静候争吵的结果,空耗着时间与精力。幸运的是,约翰八世等待的结果不久之后就浮出了水面,教宗尤金四世战胜了"教会至上主义者",成为"教会合并"唯一的谈判对象。尤金四世随即邀请约翰八世与大教长约瑟夫二世(Joseph Ⅱ)前来费拉拉(Ferrara)参加基督教大公会议。⑥

---

① R. Gertwagen, "The Venetian Colonies in the Ionian and Aegean Seas in Venetian Defense Policy in the Fifteenth Century", in *Journal of Mediterranean Studies, Mediterranean Institute*, University of Malta, Volume 12, Number 2, 2002, pp. 351 - 353.
② R. Gertwagen, "The Venetian Colonies in the Ionian and Aegean Seas in Venetian Defense Policy in the Fifteenth Century", p. 353. D. M. Nicol, *Byzantium and Venice, A Study in Diplomatic and Cultural Relations*, p. 374.
③ D. M. Nicol, *Byzantium and Venice, A Study in Diplomatic and Cultural Relations*, p. 374.
④ 曼努埃尔二世出访西方,见 D. M. Nicol, *The Last Centuries of Byzantium, 1261 - 1453*, pp. 308 - 319.
⑤ "1438年,雅阁里斯作为约翰八世的使臣,去与教皇马丁五世谈判。""1438年"显然是错误的,应为1430年,因为教皇马丁五世逝世于1431年2月。G. T. Dennis, *The Letters of Manuel Ⅱ Palaeologus: Text, Translation, and Notes*, Prosopography, p. 56; D. M. Nicol, *The Last Centuries of Byzantium, 1261 -1453*, p. 351.
⑥ D. M. Nicol, *The Last Centuries of Byzantium, 1261 -1453*, pp. 351 - 355.

约翰八世与约瑟夫二世当即应允,率领一支多达700人的庞大使团,于1437年11月27日乘船从君士坦丁堡出发,开始了第二次访问拉丁基督教世界的旅程。他们经过两个多月的航行,终于抵达意大利,并于1438年3月到达威尼斯,并再次受到威尼斯官方的热烈欢迎。尔后,约翰八世一行走陆路于3月4日在瓢泼大雨中抵达费拉拉,几天之后,约瑟夫二世也抵达这里。谈判是痛苦而艰难的,约翰八世、约瑟夫二世与教宗之间就礼仪问题进行了激烈争论,最终基本上达成了一致。1438年4月9日,这场基督教大公会议终于召开。1438年底,费拉拉暴发瘟疫,教宗一方面为了躲避瘟疫,另一方面为了纾解资金困难的局面,于1439年1月将会议场地转移到佛罗伦萨,因为教宗在佛罗伦萨可以获得美第奇家族的资金支持。约翰八世与约瑟夫二世完全服从教宗的决定,赶至佛罗伦萨继续参加会议。① 值得注意的是,在抵达费拉拉之前,约翰八世就不停地写信发往拉丁基督教世界的各国,敦促国王们参加此次会议,或者派遣代表参加会议,没有得到任何回应。② 约翰八世与约瑟夫二世,不辞劳苦,长途跋涉,辗转奔波,忍受痛苦的教义争论,寄全部的希望于此次宗教会议。

约翰八世为这次会议在人员配备方面做了充分的准备。拜占庭帝国的代表团由皇帝本人和牧首领衔,这是前所未有的最高规格的代表团。之前虽有拜占庭皇帝出访拉丁基督教世界,但尚未有牧首出访西方,此次牧首前来参会,实属空前。代表团成员,也大都是饱学之士,在东、西方教会中均享有很高的声望。③ 根据文献,择其要者举例如下:④杰米斯塔斯·普里松(Gemistos Plethon),他在参加会议时已经放弃基督教信仰,愿意参会完全出于自己的责任心,因为他熟悉希腊语和拉丁语,与谈判双方沟通均无语言障碍,同时也没有宗教教义上的负担。乔治·斯科拉里奥斯(George Scholarios)担任使臣(delegate),他博学多才,拥有渊博的拉丁语知识,是一位优秀的神学家、哲学家,也是一位出色的律师,并且熟悉东正教静修派教义。乔治·阿梅霍兹(George Amiroutzes)也担任使臣,他是一位哲

---

① D. M. Nicol, *The Last Centuries of Byzantium, 1261–1453*, p.357.
② J. J. Norwich, *A History of Venice*, p.319.
③ D. M. Nicol, *The Last Centuries of Byzantium, 1261–1453*, pp.353–354.
④ D. M. Nicol, *The Last Centuries of Byzantium, 1261–1453*, p.354.

学家和柏拉图主义者。此外,代表团中还有来自特拉比宗帝国的乔治、莫斯科主教伊西多尔,以及耶路撒冷、安条克和亚历山大教区的代表。①

约翰八世通过艰苦的说服工作统一代表团成员的思想,以使他们坚持进行冗长而痛苦的教义谈判,最终双方达成协议,于1439年7月6日签署了《佛罗伦萨东西教会统一协议》,②宣布东正教教会与天主教教会合并,拜占庭东正教接受罗马天主教的教义,并且服从罗马教皇的权威。③

"教会合并"的实现使拜占庭基督教付出了惨重的代价。首当其冲的是教会礼仪和教义。拜占庭东正教同意采用罗马天主教的圣餐礼,即在圣餐礼中使用未发酵的面饼。而且,牧首约瑟夫二世同意拉丁人坚持的"圣灵出自圣子"等同于希腊人认为的"圣灵通过圣子而显现"的神学说辞。不久约瑟夫二世病故。④ 这导致了东正教内部的严重分裂。参加会议的耶路撒冷教区、安条克教区、亚历山大教区的代表反对教会合并,拒绝签字。参会的莫斯科主教伊西多尔回到莫斯科之后,发现拜占庭帝国之外的东正教教徒,与拜占庭人一样,普遍地仇恨这场"教会合并"谈判,伊西多尔本人也遭到莫斯科大公瓦西里二世以及当地群众的严厉谴责,被迫逃亡意大利。⑤ 而且,莫斯科公开拒绝教会合并,视皇帝与牧首为"叛徒"。尔后,莫斯科教区逐步脱离了君士坦丁堡教区的管辖,并于1448年选举出本民族的牧首约纳(Iona),实现了教会独立与自治。⑥ 同一时期,波兰—立陶宛教会也拒绝接受佛罗伦萨"教会合并"决议。⑦ 至此,某些东正教人士担心的"教会合并有可能会导致君士坦丁堡丧失下属教会,尤其是莫斯科教会"成了残酷的

---

① D. M. Nicol, *The Last Centuries of Byzantium, 1261 -1453*, pp. 354 - 360.
② D. M. Nicol, *The Last Centuries of Byzantium, 1261 -1453*, p. 359. 陈志强:《拜占庭文明》,第64页。
③ D. Obolensky, *The Byzantine Commonwealth: Eastern Europe, 500 - 1453*, London: Phoenix Press, 2000, p. 267.
④ 大教长约瑟夫二世病逝于教会合并协议签署之前。D. M. Nicol, *The Last Centuries of Byzantium, 1261 - 1453*, pp. 356 - 358. S. Runciman, *the Fall of Constantinople 1453*, Cambridge: Cambridge University Press, 1965, pp. 17 - 18. J. J. Norwich, *A History of Venice*, pp. 325 - 326.
⑤ D. M. Nicol, *The Last Centuries of Byzantium, 1261 -1453*, p. 360. Gyula Moravcsik, *The Role of the Byzantine Church in Medieval Hungary*, p. 150.
⑥ D. Obolensky, *The Byzantine Commonwealth: Eastern Europe, 500 - 1453*, pp. 267 - 269.
⑦ Ihor Ševčenko, *Ideology, Letters and Culture in the Byzantine World*, IX, London: Variorum Reprints, 1982, p. 14.

现实。①

　　最为严重的是,"教会合并"导致了拜占庭帝国内部的严重分裂。拥护"教会合并"的仅仅是皇帝和少数高级教士、高级官员,他们与广大的底层教士、普通民众接触甚少,他们推行的"教会合并"遭到了部分高级官员、高级教士,以及广大的底层教士、普通民众的愤怒抵制,引发了严重的社会分裂。反对"教会合并"者视皇帝为叛徒,当时的人们争相传说"皇帝约翰的尸体已经被狗吃掉"。同时,他们对于十字军不信任,认为教宗及拉丁教会组织的十字军,绝非援助君士坦丁堡,而是谋求重新占领该城。他们也并非看不到土耳其人攻占拜占庭帝国的危险,但是他们希望本国以及东正教能够在西方拉丁教会与土耳其人之间扮演一种平衡的角色,避免完全倒向西方拉丁教会以招致土耳其人的决定性攻击,同时也抱有幻想,认为东正教教徒只要忠于自己的信仰,上帝就会在最后的时刻挽救君士坦丁堡,正如1402年的安卡拉战役那样。② 此外,反对"教会合并"的贵族还表示,宁愿看到土耳其人占领君士坦丁堡,也不愿意接受拉丁教会的统治。③ 约翰八世由于缺乏足够的统治力量而无法强推"教会合并",只能将其搁置。因此,"教会合并"并没有真正实现,而社会分裂却实实在在地加深了。④ "教会合并"破坏了拜占庭帝国和东正教会内部难得的和平环境,产生了自"约翰祖孙之战"结束以来最为严重的社会分裂,导致拜占庭帝国自身力量的严重削弱,使拜占庭帝国在强敌土耳其人面前更难以组织自身的力量进行抵抗。

　　约翰八世以拜占庭帝国和东正教会严重分裂为代价,屈服于罗马教宗脚下,实现纸面上的"教会合并",他完全寄希望于拉丁教会的十字军,然而十字军的组建却步履维艰。直至1444年6月,教宗应允的十字军才准备完毕。随后,十字军向土耳其人进军,最初取得了一些胜利,但最终于1444年11月10日在瓦尔纳战

---

① Ihor Ševčenko, *Ideology, Letters, and Culture in the Byzantine World*, Ⅸ, p. 18.
② Ihor Ševčenko, *Ideology, Letters, and Culture in the Byzantine World*, Ⅸ, pp. 5 – 10. D. M. Nicol, *The Last Centuries of Byzantium, 1261 – 1453*, p. 360. J. Shepard ed., *The Cambridge History of the Byzantine Empire c. 500 – 1492*, Cambridge: Cambridge University Press, 2008, p. 853.
③ M. Rautman, *Daily Life in the Byzantine Empire*, Westport: Greenwood, 2006, p. 23.
④ Ihor Ševčenko, *Ideology, Letters, and Culture in the Byzantine World*, Ⅸ, p. 10. D. M. Nicol, *The Last Centuries of Byzantium, 1261 – 1453*, p. 361.

役中全军覆没。① 约翰八世忍辱含垢换来的西方援助轻易地化为泡影。

而且,我们注意到,1444年十字军数量最多时也不过25000名将士,远远少于土耳其军队。原因在于,教宗在四分五裂的拉丁基督教世界组织十字军困难重重,最终仅有匈牙利、塞尔维亚、瓦拉吉亚(Wallachia)提供了军队,而其他基督教封建君主并未派兵参战,导致兵力不足。② 因此这是一支"小规模的、意义不大的十字军"③。特别是在实战中,十字军领袖们满足于最初取得的部分胜利,而与土耳其人媾和(1444年7月),给了巴尔干地区的土耳其军队喘息之机。之后,十字军虽然再次出击(1444年9月),但是规模已明显缩小,因为塞尔维亚人退出了军事行动。所剩无几的联军进军至瓦尔纳(Varna)时,遭遇大约三倍于己的土耳其军队,最终惨败。④ 由此可见,"教会合并"换来的这支十字军,规模不大,力量不强,驱逐土耳其人的意志并不坚定,且内部分歧明显,缺乏统一指挥,其失败亦在情理之中。因此,1444年十字军从一开始就无法给拜占庭帝国带来多少希望,相对于拜占庭帝国付出的"教会合并"的惨重代价,实在是不相称。然而这是约翰八世能够从教宗那里乞得的所有"援助"。

著名学者约翰·诺里奇(John Julius Norwich)指出,约翰八世是一位悲剧人物。他正式继承皇位时,其统治区域几乎仅剩君士坦丁堡孤城一座。他的内心已经知晓,帝国的毁灭已不可避免,但是他仍然盼望着奇迹的出现。他认为这个奇迹只能是整个欧洲基督教世界联合起来,团结一致,全力救援拜占庭帝国。只有教宗才具有这种号召力。约翰八世极力争取教宗的支持,为此与牧首约瑟夫二世一起,亲率代表团前往拉丁基督教世界访问,并且最终接受了"教会合并",屈服于教宗的权威,使他和他的臣民付出了精神上最大的牺牲。⑤ 事实上,此时的教廷和教宗早已从凌驾一切世俗君主的顶峰滑落下来了,其在西欧的号召力也远没有那么强大了,那个英诺森三世时代的教宗形象已成明日黄花,因此不谙世事的

---

① D. M. Nicol, *The Last Centuries of Byzantium, 1261–1453*, pp. 361–363.
② 此外,教皇、威尼斯人和勃艮第公爵提供了船舶,组成舰队。D. M. Nicol, *The Last Centuries of Byzantium, 1261–1453*, pp. 361–362.
③ J. J. Norwich, *A History of Venice*, pp. 325–326.
④ D. M. Nicol, *The Last Centuries of Byzantium, 1261–1453*, pp. 362–363.
⑤ J. J. Norwich, *A History of Venice*, pp. 317–318.

约翰八世只能竹篮打水一场空。

还应当看到,虽然约翰八世继承皇位非常顺利,而且获得了宝贵的国内和平环境,但是,他面临的国际环境比其父皇曼努埃尔二世统治时期更为恶劣,他能够行使皇帝权威的区域大大缩小,塞萨洛尼基的陷落、莫利亚地区惨遭蹂躏,这些对于日薄西山的拜占庭帝国都是灾难性的。面对日益令人绝望的局面,约翰八世冒冒失失、铤而走险,错误地支持了假穆斯塔法叛乱,却未能给予后者实质性的帮助,最终导致其迅速地失败。他此后率领君士坦丁堡军民奋力抗击穆拉德二世的疯狂报复,只能算作末日帝国的最后挣扎。为了挽救拜占庭帝国,约翰八世着力推行"教会合并",向教皇乞援,却未能获得有力的援助,反而引发了拜占庭帝国内部的社会分裂,严重削弱了自身的力量,不能不说是对末日帝国的另一种伤害。综观拜占庭史,所谓拜占庭人的身份认同不外乎包括三个主要因素,其一是罗马帝国大一统帝国的政治传统,其二是以包括希腊语在内的古希腊文明的文化传统,其三是基督教东方正统信仰的宗教传统,所有具备了或者接受了这些主要因素的人都可以自认为或者被认为是东罗马帝国人即拜占庭人。但是随着帝国的衰败,罗马帝国的政治传统消失了,东正教的神学主张被认定为错误了,末代拜占庭人丧失了最后的精神家园,约翰八世摧毁了他们的精神归属感。约翰八世自1421年实际执掌皇权起,直至1448年逝世,虽然忠实地履行皇帝的职责,但是无力扭转败局,在帝国灭亡的道路上苦苦挣扎,这既是他个人政治上的悲剧,也是国势日衰的时代悲剧。

第十一节

君士坦丁十一世(Constantine XI)

1449—1453 年在位

君士坦丁十一世·帕列奥列格(Constantine XI Palaiologos, Κωνσταντῖνος Παλαιολόγος,生于1405年2月8日,卒于1453年5月29日)是帕列奥列格王朝

第 11 位皇帝,也是该王朝最后一位皇帝和拜占庭帝国末代皇帝,1449 年 3 月 12 日至 1453 年 5 月 29 日在位近四年。

君士坦丁十一世是继约翰八世之后的拜占庭帝国皇帝,他于 1405 年 2 月 8 日出生在君士坦丁堡,于 1453 年 5 月 29 日在君士坦丁堡去世。他是帕列奥列格王朝第 11 位皇帝,也是拜占庭帝国最后一位皇帝。① 君士坦丁十一世是皇帝曼努埃尔二世与皇后海伦娜·杜拉戈斯的第四个儿子,即皇帝约翰八世的四弟。② 由于皇帝约翰八世没有子女,所以他选择了四弟君士坦丁继承自己的皇位。约翰八世逝世(1448 年 10 月 31 日)之后,诸弟争夺皇位,后来母后一言九鼎,指定君士坦丁继承皇位,成为君士坦丁十一世。这使约翰八世生前对皇族成员继承人的安排得以实现。③ 1453 年 5 月 29 日,奥斯曼土耳其人攻破君士坦丁堡,标志拜占庭帝国灭亡,而君士坦丁十一世"不知所踪",有可能死于城中战乱。君士坦丁十一世因此成为拜占庭帝国末代皇帝。④

君士坦丁十一世的父亲曼努埃尔二世是采用分封诸子的方式来加强帕列奥列格家族对拜占庭帝国仅存领土的统治。除长子约翰被作为皇位继承人进行培养之外,比君士坦丁年长的塞奥多西被任命为莫利亚专制君主(1407),安德罗尼库斯被任命为塞萨洛尼基的专制君主(1408)。这样一来,拜占庭帝国再无土地可供分封。因此,曼努埃尔二世把君士坦丁留在身边,以待合适的机会出现,再给他安排职务。然而,我们对于君士坦丁十一世的童年,以及青年的早期时代,几乎一无所知。1422 年,君士坦丁 17 岁。这一年,土耳其苏丹穆拉德二世率军围攻君士坦丁堡,持续至年末。1423 年,安德罗尼库斯承受不住重重压力,将塞萨洛尼基出售给了威尼斯人。同年,约翰八世出访拉丁基督教世界,寻求援助,临行前任命君士坦丁为"摄政王",并且授予他"专制君主"的头衔,委托他留守君士坦丁堡。他们的父亲曼努埃尔二世则作为太上皇辅佐君士坦丁。这是君士坦丁政治

---

① A. P. Kazhdan ed., *The Oxford Dictionary of Byzantium*, p. 505. [南斯拉夫]乔治·奥斯特洛格尔斯基:《拜占廷帝国》,第 515—517 页。
② A. P. Kazhdan ed., *The Oxford Dictionary of Byzantium*, p. 505.
③ D. M. Nicol, *The Last Centuries of Byzantium, 1261–1453*, p. 368.
④ A. P. Kazhdan ed., *The Oxford Dictionary of Byzantium*, p. 505. 陈志强:《原始文献不一定可靠——以一个拜占廷专题研究为例》,《史学理论研究》2019 年第 3 期,第 131 页。

生涯中第一次担任的正式职务。① 此前,他与比他年长 13 岁的长兄约翰八世一直保持着亲密的关系,长大后也全力支持约翰八世,因此获得约翰八世的信任,得以被任命为摄政王,担负起留守首都的重任。②

1424 年 2 月 20 日,留守君士坦丁堡的君士坦丁与父亲曼努埃尔二世被迫与穆拉德二世签署了和平条约。根据这份条约,拜占庭帝国重新成为土耳其人的臣属,帝国拥有的土地仅剩下首都君士坦丁堡及附近郊区,以及伯罗奔尼撒半岛上的少量零散封地,以及爱琴海中的个别小岛。而苏莱曼、穆罕默德一世曾经给予拜占庭帝国的土地,几乎被土耳其人完全收回。此外,拜占庭皇帝每年须向土耳其苏丹支付 10 万杜卡特贡金,作为土耳其人暂停围攻首都的代价。③ 1424 年 11 月 1 日约翰八世回到君士坦丁堡,君士坦丁也卸任了"摄政王"。1425 年 7 月 21 日,他们的父亲曼努埃尔二世逝世。同年,君士坦丁被约翰八世任命为"专制君主",占有黑海西岸的梅塞布里亚等重要地区。④ 这里直面土耳其人的军事压力,形势危如累卵。

不久,巴尔干半岛的局势变幻给了君士坦丁前往莫利亚地区从事政治军事活动的机会,也使婚姻生活进入了他的人生经历。1420 年前后,占据爱奥尼亚海中的凯法利尼亚岛与莱夫卡斯岛(Leucas)的国王卡洛·托科(Carlo Tocco)不断地向伊庇鲁斯扩张势力,并且渗入莫利亚地区,且于 1421 年占领了非常重要的格拉伦扎(Glarentza)港,之后于 1427 年侵入拜占庭帝国的盟友阿尔巴尼亚人的土地,大肆劫掠。时任莫利亚专制君主的塞奥多西率军前去支援阿尔巴尼亚人,与卡洛·特克的军队作战。拜占庭皇帝约翰八世得知此讯,携四弟君士坦丁于 1427 年 12 月赶到莫利亚地区,与塞奥多西汇合,同卡洛·托科作战。⑤

---

① D. M. Nicol, *The Immortal Emperor: The Life and Legend of Constantine Palaiologos, Last Emperor of the Romans*, Cambridge: Cambridge University Press, 1992, pp. 3 – 6.
② M. Philippides, *Constantine XI Dragaš Palaeologus (1404 – 1453): The Last Emperor of Byzantium*, introduction, London: Routledge, 2018, p. 2 and 87.
③ D. M. Nicol, *Byzantium and Venice, A Study in Diplomatic and Cultural Relations*, pp. 360 – 361 and 365 – 366.
④ D. M. Nicol, *The Immortal Emperor: The Life and Legend of Constantine Palaiologos, Last Emperor of the Romans*, pp. 6 – 7.
⑤ M. Philippides, *Constantine XI Dragaš Palaeologus (1404 – 1453): The Last Emperor of Byzantium*, p. 107.

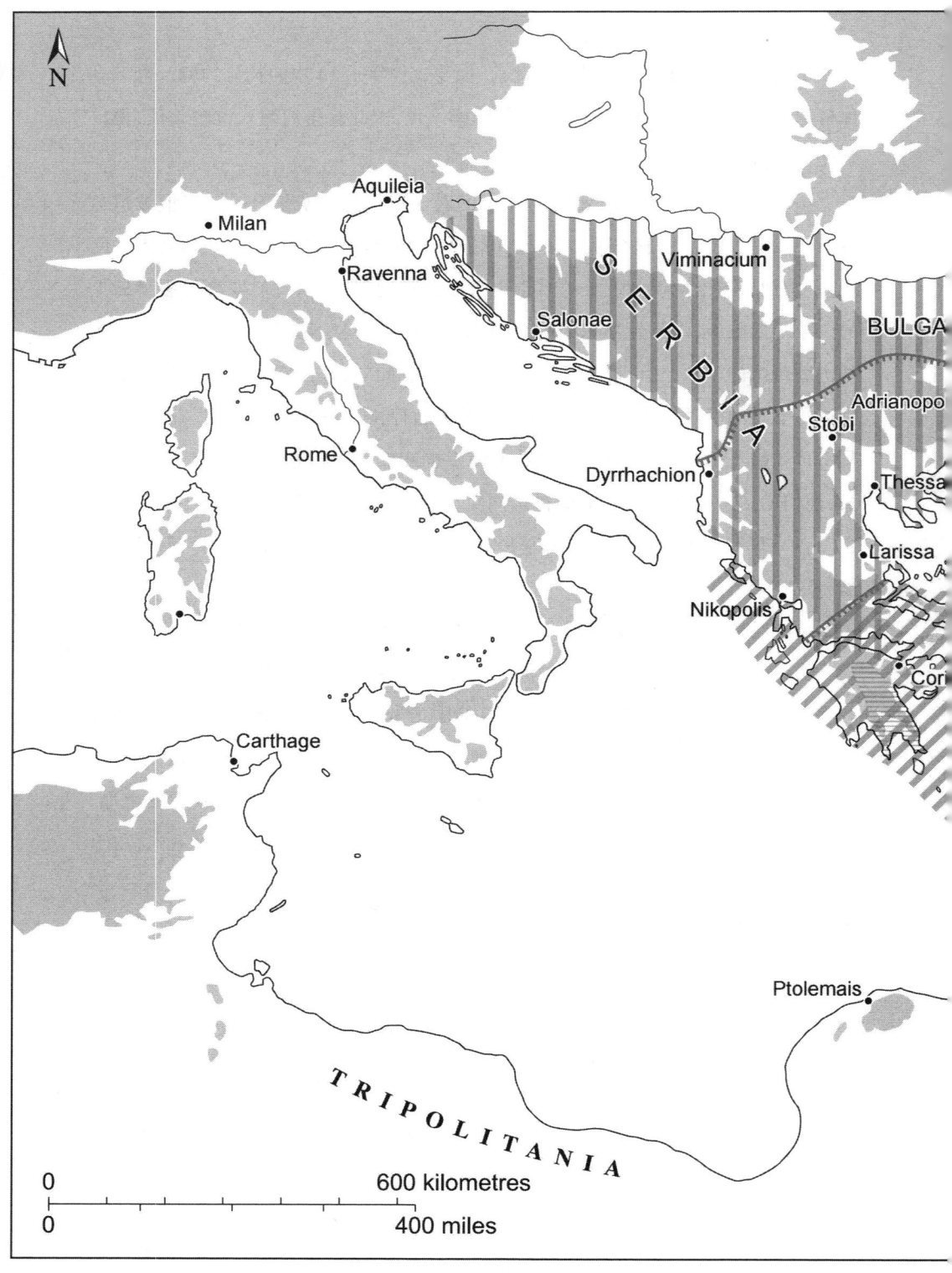

- Milan 米兰
- Aquileia 阿奎莱亚
- Ravenna 拉文纳
- Salonae 萨罗纳●[Salonae 为拉丁文，即 Salona（萨罗纳），参见 http://www.perseus.tufts.edu/hopper/text?doc=Perseus:text:1999.04.0006:entry=salona-1&highlight=salonae。——译者]
- Dyrrhachion[又拼写为 Dyrrachium。] 迪拉基乌姆
- Rome 罗马
- Viminacium 维米尼库姆
- SERBIA 塞尔维亚
- BULGARIA 保加利亚
- Tomi 托米
- Constantinople 君士坦丁堡
- Philippopolis 菲利普波利斯
- Adrianopole 亚得里亚堡
- Stobi 斯托比（拉丁文）
- Thessalonica 塞萨洛尼基
- Herakleia 希拉克利亚●[拜占庭时代称为 Herakleia 的城市有三座，此图中的 Herakleia 位于色雷斯，马尔马拉海北岸。关于这座城市，参见 Alexander P. Kazhdan (editor in chief), The Oxford Dictionary of Byzantium, 3 vols., New York: Oxford University Press, 1991, p.915.]
- Larissa 拉里萨
- Nikopolis 尼科波利斯
- Corinth 科林斯
- Gortyna 戈提那
- Nikomedeia 尼科米底亚
- Kyzikos 西奇库斯
- Sardis 撒尔迪斯●[参见 Alexander P. Kazhdan (editor in chief), The Oxford Dictionary of Byzantium, 3 vols., New York: Oxford University Press, 1991, p.1843.]
- Synnada 辛纳达
- Laodikeia 劳迪西亚●[参见 Alexander P. Kazhdan (editor in chief), The Oxford Dictionary of Byzantium, 3 vols., New York: Oxford University Press, 1991, p.1177.]
- Iconium 科尼亚，或伊科尼姆
- Side 赛德●[参见 Alexander P. Kazhdan (editor in chief), The Oxford Dictionary of Byzantium, 3 vols., New York: Oxford University Press, 1991, p.1892.]
- Perge 佩吉●[又拼写为 Perga，古代潘菲利亚（Pamphylia）地区的重要城市。参见 https://www.britannica.com/place/Perga.]
- Aphrodisias 阿佛洛狄西亚
- Ephesos 以弗所
- Myra 米拉●[参见 Alexander P. Kazhdan (editor in chief), The Oxford Dictionary of Byzantium, 3 vols., New York: Oxford University Press, 1991, p.1428.]
- Rhodes 罗德岛
- EMIRATE OF KASTAMONU c. 1430 卡斯塔莫努埃米尔国（约 1430 年）
- Klaudiopolis 克劳狄奥波利斯
- Ankyra 安基拉●[现代城市安卡拉（Ankara）的古名。参见 Alexander P. Kazhdan (editor in chief), The Oxford Dictionary of Byzantium, 3 vols., New York: Oxford University Press, 1991, p.102.]
- Pessinos 佩西努斯
- EMIRATE OF KARAMAN c. 1430 卡拉曼埃米尔国（约 1430 年）

- Tyana 提亚那●[参见 Alexander P. Kazhdan (editor in chief), The Oxford Dictionary of Byzantium, 3 vols., New York: Oxford University Press, 1991, p.2130.]
- Tarsus 塔尔苏斯（圣经中旧译"大数"）
- Seleukeia 塞琉西亚●[参见 Alexander P. Kazhdan (editor in chief), The Oxford Dictionary of Byzantium, 3 vols., New York: Oxford University Press, 1991, p.1866.]
- Anazarbos 阿纳萨尔波斯●[参见 Alexander P. Kazhdan (editor in chief), The Oxford Dictionary of Byzantium, 3 vols., New York: Oxford University Press, 1991, p.90.]
- Neokaisareia 新凯撒里亚
- Amaseia 阿马西亚●[现代 Amasya（阿马西亚）城的古名。参见 Alexander P. Kazhdan (editor in chief), The Oxford Dictionary of Byzantium, 3 vols., New York: Oxford University Press, 1991, p.74.]
- Gangra 冈格拉
- AKKOYUNLU (White Sheep Turks) 阿科云鲁（白羊王朝突厥人）
- Melitene 梅利蒂尼
- Kaisareia 凯撒里亚
- Amida 阿米达●[今天土耳其迪亚巴克尔(Diyarbakır)的古名。参见 Alexander P. Kazhdan (editor in chief), The Oxford Dictionary of Byzantium, 3 vols., New York: Oxford University Press, 1991, p.77.]
- Edessa 埃德萨
- Hierapolis 希拉波利斯，意为"圣城"●[有两座城市名叫希拉波利斯，一座在安纳托利亚弗里吉亚（Phrygia），一座在叙利亚，此图中的希拉波利斯在叙利亚。参见 Alexander P. Kazhdan (editor in chief), The Oxford Dictionary of Byzantium, 3 vols., New York: Oxford University Press, 1991, p.928.]
- KARAKOYUNLU (Black Sheep Turks) until 1467 卡拉科雍鲁（黑羊王朝突厥人）（1467 年之前）
- Antioch 安条克
- Resapha 雷萨法
- Apamea 阿帕梅亚
- Constantia 康斯坦提亚
- Damascus 大马士革
- Bostra 波斯特拉
- Tyre 提尔，或译推罗
- Caesarea 凯撒里亚，又译凯撒城●[罗马帝国有多个 Caesarea，位于今天土耳其、巴勒斯坦和北非等地。参见《大英百科全书》，《拜占庭历史词典》第 363—364 页。]
- Jerusalem 耶路撒冷
- Petra 佩特拉
- Alexandria 亚历山大城，或译亚历山大里亚
- Ptolemais 托勒迈斯●[今利比亚（Libya）境内城市托尔梅塔（Tolmeita 或 Tulmaythah）的古名。参见 https://www.britannica.com/place/Ptolemais-Libya.]
- TRIPOLITANIA 的黎波里塔尼亚
- Carthage 迦太基

- Venetian/Italian possessions 威尼斯人或意大利人的殖民地
- Border of Byzantine empire c. 1340 约 1340 年拜占庭帝国的边界
- Byzantine territory c. 1402 约 1402 年的拜占庭领土
- Ottoman possessions c. 1450 约 1450 年奥斯曼人的殖民地
- Empire of Trebizond (until 1461) 特拉比宗帝国（1461 年）

就在约翰八世离开君士坦丁堡(1427年11月),赶赴莫利亚地区之前,在他主持之下,君士坦丁以自己统治的黑海西岸的梅塞布里亚和安奇亚洛斯等地,换取了塞奥多西统治下的莫利亚地区,于是,君士坦丁成为莫利亚新的专制君主。① 也许巴尔干西部地区比东部更为安全些。

约翰八世、塞奥多西与君士坦丁三兄弟在战争中取得了一些胜利,但是没有信心完全战胜卡洛·托科。感受到三兄弟军队巨大压力的卡洛·托科也愿意与他们和谈。于是,双方经过谈判,于1428年5月达成了和平与合作的协议。该协议规定:一,卡洛·托科成为拜占庭帝国的盟友;二,卡洛·托科把侄女马黛伦娜·托科(Maddalena Tocco)嫁给君士坦丁为妻,她因此成为君士坦丁十一世的第一位妻子;三,卡洛·托科把格拉伦扎港等他在莫利亚地区占据的土地交给君士坦丁,作为马黛伦娜·托科的嫁妆,这使拜占庭帝国收复了莫利亚的土地。显然,这场婚姻是交战双方为平息战事,巩固联盟而安排的政治联姻。从谈判结果来看,君士坦丁三兄弟占据优势,卡洛·托科做出了较大的妥协。对于君士坦丁来说,他既获得了一位妻子,同时通过这场婚姻巩固了收复的土地。②

马黛伦娜·托科是卡洛·托科的弟弟莱昂纳多二世(Leonardo Ⅱ)的女儿。莱昂纳多二世是莱夫卡斯岛公爵,兼凯法利尼亚岛、扎金索斯岛伯爵,逝世于1414年。之后,他的女儿马黛伦娜·托科就在其伯父卡洛·托科的抚养下长大,因此卡洛·托科与她情同父女,将她嫁给君士坦丁,充分显示出结盟双方的诚意。君士坦丁与马黛伦娜·托科举办婚礼后,马黛伦娜·托科便皈依了东正教,改名为塞奥多拉。③ 这反映出君士坦丁三兄弟在政治军事上占了上风,在同盟中处于有利的地位,而卡洛·托科一方不得不在宗教方面向他们让步妥协。

此后,君士坦丁在莫利亚地区展开一系列政治军事行动,占领了米斯特拉的多座城堡,1429年6月初征服了帕特拉(Patras),从莫利亚地区的一些拉丁小王

---

① M. Philippides, *Constantine Ⅺ Dragaš Palaeologus (1404 -1453): The Last Emperor of Byzantium*, pp. 106 - 107.
② M. Philippides, *Constantine Ⅺ Dragaš Palaeologus (1404 -1453): The Last Emperor of Byzantium*, pp. 107 - 109.
③ M. Philippides, *Constantine Ⅺ Dragaš Palaeologus (1404 -1453): The Last Emperor of Byzantium*, pp. 109 - 110.

国手中收复了部分土地,取得了一定的胜利。但是这些胜利往往是通过政治谈判获得的,军事行动仅发挥了一定的辅助作用。君士坦丁虽然也发动过战争,但是从未取得快速的、决定性的胜利。而且,君士坦丁在莫利亚地区的"胜利"都是在苏丹穆拉德二世的允许或默许下取得的,土耳其统治当局就是希望通过拜占庭人之手完成巴尔干南部地区的统一。例如,他征服帕特拉时,向苏丹保证,占领该城是为了"效忠苏丹",以避免它落入加泰罗尼亚人(Catalans)之手,从而得到苏丹的允许。在服从苏丹的前提下,君士坦丁在莫利亚地区取得的胜利,削弱了众多拉丁小王国的势力。但是,他完全无法摆脱土耳其人的控制,他的胜利只是有利于土耳其人的扩张。因此,君士坦丁的政治军事才能比较平庸,他也算不上是一位"优秀的战士"。他在莫利亚统率的军队,不仅数量较少,而且战斗素质较低,无力同土耳其人、威尼斯人相抗衡,这也是他无法取得决定性胜利的重要原因。① 故而,君士坦丁作为莫利亚地区的专制君主,也只是在土耳其、威尼斯等强权的夹缝中求生存,尽可能地谋发展,主动出击,收复部分失地,取得了一些小的胜利,期望以小胜积累为大胜。其政治军事才能的平庸,以及其忠于职守的品质显然是与他的软弱性格相符合的,据时人记载,他从不称勇斗狠,喜欢和稀泥,遇到难事好哭,有些娘娘腔。在兄弟们的帮衬下,他敢于参战值得肯定,其主动出击的政治军事行动,是在资源匮乏的不利条件下,尽力扩大生存空间的尝试。

在君士坦丁征伐莫利亚期间,他的妻子马黛伦娜·托科不幸逝世(1429 年 11 月),原因不明,可能是死于难产。这场婚姻仅存在了一年又六个月,两人并未生育子女。② 为此他十分苦恼,在生命的最后阶段一直忙于寻找富有的新娘。

1437—1440 年,约翰八世再次出访拉丁基督教世界,不惜以"教会合并"为代价,寻求西欧君主的援助。此次出访期间,约翰八世再次任命君士坦丁十一世为摄政王,委托他留守君士坦丁堡。约翰八世看中的仍然是君士坦丁对自己的忠诚。然而,后人对于君士坦丁此次担任摄政王期间的事迹,知之甚少,据说他的大部分心思都在寻找合适的新娘。当约翰八世返回君士坦丁堡之后,君士坦丁随即

---

① M. Philippides, *Constantine XI Dragaš Palaeologus (1404 -1453): The Last Emperor of Byzantium*, pp. 112 - 120 and 135 - 136. S. Runciman, *The Fall of Constantinople 1453*, pp. 4 - 5.

② M. Philippides, *Constantine XI Dragaš Palaeologus (1404 -1453): The Last Emperor of Byzantium*, p. 115.

卸任摄政王的职务。不久,君士坦丁被约翰八世赐予塞林布里亚作为封地。但他统治一个危险之地的时间非常短暂,很快就回到了莫利亚地区,尔后经历了人生之中的第二次婚姻。①

君士坦丁十一世的第二位妻子是控制莱斯博斯岛的德里诺·加蒂露西奥(Dorino Gattilusio)的女儿爱卡特琳(Aikaterine),但是人们已无从知晓他们缔结婚姻联盟的谈判过程。后人所能够了解的,是他们订婚及之后的些许事情。据时人斯弗兰基斯记载,1440年12月6日,斯弗兰基斯奉君士坦丁之命抵达莱斯博斯岛,为君士坦丁与爱卡特琳的订婚及婚礼做准备。1441年7月27日,君士坦丁从莫利亚地区出发,前往莱斯博斯岛,当年7—8月之间与爱卡特琳在该岛举办了婚礼,君士坦丁于8月份滞留在该岛上,后于9月份返回莫利亚地区,而他的妻子爱卡特琳仍然留在该岛。君士坦丁此次返回莫利亚的原因不明,也许是发生了某些紧急事件。1442年4月,迪米特里反叛,率军围攻君士坦丁堡。约翰八世命令君士坦丁率军前来支援。当年夏季,君士坦丁从希腊南部出发,从容不迫地行军,且绕道前行,并在莱斯博斯岛停驻。之后,君士坦丁携带妻子爱卡特琳来到利姆诺斯岛,在该岛的科基诺(Kokkinos)城,他们遭到土耳其军队的围困。土耳其人不允许君士坦丁的军队增援君士坦丁堡。君士坦丁显然没有预料到土耳其人的阻击,因此才会带着妻子随军前行,陷入重围之中。这说明君士坦丁行事草率,缺乏审慎的品质,对于可能遭遇的灾难缺乏预见性,并且缺乏应对的准备。此时,君士坦丁已经无力救援君士坦丁堡,反而需要君士坦丁堡的救援。但约翰八世全力防守首都,难以分兵救援君士坦丁。幸好君士坦丁堡城内的威尼斯人出兵相救,他们装备了八条桨帆船战舰出征,成功地解救出君士坦丁。但是由于受困期间生活条件恶化,君士坦丁已经身怀六甲的妻子爱卡特琳不幸染疾逝世,她被安葬在利姆诺斯岛。君士坦丁的第二段婚姻就此结束,此次婚姻也未能给他带来子女。②

君士坦丁十一世经历过两次婚姻之后,又谋划新的婚姻。继承皇位之后,他

---

① M. Philippides, *Constantine XI Dragaš Palaeologus (1404-1453): The Last Emperor of Byzantium*, p. 152, pp. 175-176.
② M. Philippides, *Constantine XI Dragaš Palaeologus (1404-1453): The Last Emperor of Byzantium*, pp. 171-174. D. M. Nicol, *The Last centuries of Byzantium, 1261-1453*, pp. 373-374. A. P. Kazhdan ed., *The Oxford Dictionary of Byzantium*, p. 505.

大费周章地为自己寻找第三位妻子。君士坦丁十一世及其朋友、大臣们认为,第三位妻子应为皇帝带来丰厚的嫁妆,以及政治军事上的盟友。君士坦丁十一世有可能是接受了母亲海伦娜的建议,同时为了安抚拜占庭军民反对拉丁人的情绪,拟于东正教教徒之中遴选新娘。由此拉开了一场复杂外交活动的序幕。拜占庭帝国的使臣们前往意大利、格鲁吉亚、特拉比宗、塞尔维亚诸国,寻找合适的新娘,但最终都未能找到合适的人选。深受君士坦丁十一世信任的斯弗兰基斯曾经建议,以穆拉德二世的遗孀——塞尔维亚的玛拉(Mara of Serbia)作为新娘,因为此时她已经被土耳其人礼送回塞尔维亚。皇帝的理由很单纯,即玛拉回到塞尔维亚时携带着大量的财产,且玛拉在土耳其宫廷中拥有良好的人际关系,很可能对其继子穆罕默德二世具有一定的影响力,可以通过她尽力争取与土耳其人保持和平。同时,迎娶寡妇也有先例,并非不道德。但是,由于玛拉发誓"如果自己能够从异教徒的宫廷里解脱出来,那么余生将奉行独身生活",最终这一婚姻成为设想作罢。因此,君士坦丁十一世未能实现第三次婚姻,他死亡或失踪之时,既无妻子,也无儿女。[1]

君士坦丁十一世的婚姻,作为政治婚姻的特点尤为突出,而且着眼于解决眼前的政治问题,婚姻本身的目的被最大限度地忽略了,而政治工具的作用被尽可能地发挥出来,反映出帝国末期时局的艰危。君士坦丁十一世的婚姻大致上反映出他在继承皇位之前曲折的政治经历,也反映出他继位之后,无可奈何地忍受时代对其个人造成的人生悲剧。

君士坦丁十一世继承皇位的过程有惊无险。"父死子继"在拜占庭帝国多种皇位继承方式中占据主导地位,且长子在拜占庭皇帝继承人中的地位极为重要。"兄终弟及"则是皇位继承制度的重要补充方式。[2] 君士坦丁十一世的长兄约翰八世是老皇帝曼努埃尔二世的长子,所以自幼被曼努埃尔二世作为皇位继承人加以培养,皇位继承权非常稳固,包括君士坦丁在内的诸子无力挑战约翰八世的皇

---

[1] D. M. Nicol, *The Last centuries of Byzantium, 1261-1453*, pp. 373-374. S. Runciman, *The Fall of Constantinople 1453*, pp. 54-55.
[2] 陈志强:《拜占廷帝国史》,第361页。

位继承权。① 然而,约翰八世没有子女,在其预料到自己将要不久于人世时,选择了四弟君士坦丁继承自己的皇位。从皇位继承看,"这在政治和军事上是一个明智的选择。"②但是从帝国统治看,"君士坦丁是所有兄弟们之中能力最强的"说法并不可靠,③至少他缺乏其他兄长具有的杀伐决断的能力和狠劲。

君士坦丁十一世能够继承皇位含有幸运的因素。首先,其长兄约翰八世无儿无女,为君士坦丁继承大哥皇位提供了契机。其次,二哥塞奥多西本是更合适的皇帝人选,但是过早去世。塞奥多西继承了父皇曼努埃尔二世的文学天赋,并且是一位优秀的数学家,虽然他喜怒无常,但是有志于继承皇位,是君士坦丁的强劲对手。塞奥多西于1446年统治色雷斯的塞林布里亚,此地距离君士坦丁堡仅40英里,他如果一旦得知约翰八世身故的消息,一定会争抢皇位,并抢先尽早进入皇宫。但是,他于1446年夏季在瘟疫流行中染病,并很快于6月或7月逝世,早于约翰八世的逝世时间约四个月,使君士坦丁减少了一位强有力的竞争者。④ 此外,君士坦丁十一世的三哥安德罗尼库斯体弱多病,在政治军事方面无足轻重,他的政治行为中唯一具有重要影响力的就是在1423年将塞萨洛尼基出售给了威尼斯人。此后他就退隐于君士坦丁堡的潘托克拉特修道院中,并且以阿卡西乌斯的名字在此度过了隐居修道的晚年生活,直至1428年3月逝世。⑤ 因此他对君士坦丁继承皇位毫无兴趣,即便有心也无力。这样,在约翰八世逝世之后,君士坦丁成为所有在世的王子中最为合适当选的一个,⑥这无疑有利于皇位大统的平稳继承。

君士坦丁十一世获得了长兄约翰八世和母亲海伦娜的全力支持,也是他能够顺利继承皇位的关键因素。在早年的生涯中,君士坦丁与长兄约翰八世的关系非

---

① M. Philippides, *Constantine XI Dragaš Palaeologus (1404 – 1453): The Last Emperor of Byzantium*, p. 24. D. M. Nicol, *The Last centuries of Byzantium, 1261 – 1453*, pp. 330 – 331.
② D. M. Nicol, *The Last centuries of Byzantium, 1261 – 1453*, p. 368.
③ S. Runciman, *The Fall of Constantinople 1453*, p. 49.
④ D. M. Donald M. Nicol, *The Last centuries of Byzantium, 1261 – 1453*, p. 368. S. Runciman, *The Fall of Constantinople 1453*, pp. 48 – 49.
⑤ S. Runciman, *The Fall of Constantinople 1453*, p. 48.
⑥ A. P. Kazhdan ed., *The Oxford Dictionary of Byzantium*, p. 505. S. Runciman, *The Fall of Constantinople 1453*, p. 48. D. M. Nicol, *The Last centuries of Byzantium, 1261 – 1453*, p. 370.

常密切。当约翰八世与父皇曼努埃尔二世发生冲突的时候,君士坦丁总是全力支持约翰八世这位长兄。当约翰八世离开君士坦丁堡的时候,君士坦丁则担任摄政王,留守这座首都,1423—1424年间与父亲曼努埃尔二世一起担任摄政王,1437—1440年间单独担任摄政王,表现出对长兄的忠诚。① 君士坦丁既与皇帝约翰八世关系密切,又担任过摄政王,代行过皇权,犹如"共治皇帝"一样,故而距皇位仅一步之遥,在皇帝逝世时继承皇位便顺理成章了,也容易得到拜占庭帝国军民的认可与接纳。因此,当君士坦丁以皇帝的身份进入君士坦丁堡之时(1449年3月12日),虽然迟到了将近半年,但还是受到城中军民诚挚地、热烈的欢迎。② 而且,君士坦丁也最有可能在继位后继续执行约翰八世的政策,因此,无论约翰八世还是军民们选择和欢迎君士坦丁继承皇位,也在情理之中。

君士坦丁十一世在继承皇位过程中,依靠母亲海伦娜的坚决支持,凭借其年长于弟弟托马斯(Thomas)和迪米特里而顺利即位。托马斯、迪米特里在得知约翰八世死讯之后,也有意去君士坦丁堡争抢皇位。尤其是迪米特里,他一直持有反对拉丁基督教会、反对"教会合并"的立场,是约翰八世着力防范的反对派后人,他长期觊觎皇位,还暗中勾结土耳其苏丹穆拉德二世,企图借助土耳其人的力量实现自己的野心。③ 在君士坦丁的皇位继承权受到严重威胁的时刻,他们的母亲海伦娜公开表态,明确支持君士坦丁继承皇位,并且亲自行使摄政王的大权,直至君士坦丁进入君士坦丁堡。作为母亲的海伦娜,在拜占庭帝国的政治和宗教生活中一直具有重大影响力,在其丈夫曼努埃尔二世,以及儿子约翰八世、君士坦丁十一世统治时期,直至其于1450年去世,她都发挥作用。儿子们都非常尊敬且服从她的权威。当海伦娜实际掌握了摄政王之权,并且明确支持君士坦丁继承皇位后,其他儿子不再持有异议,均服从母亲的决定。1448年12月,海伦娜派出大臣乔治·斯弗兰基斯(George Sphrantzes)出使土耳其,争取到了苏丹穆拉德二世对君士坦丁继位的支持。同时,海伦娜派出两位大臣前往米斯特拉,宣告君士坦丁

---

① M. Philippides, *Constantine XI Dragaš Palaeologus (1404-1453)*, p. 2 and 87.
② S. Runciman, *The Fall of Constantinople 1453*, p. 53.
③ M. Philippides, *Constantine XI Dragaš Palaeologus (1404-1453): The Last Emperor of Byzantium*, pp. 86-87. D. M. Nicol, *The Last centuries of Byzantium, 1261-1453*, pp. 369-370.

继承皇位。于是,在海伦娜的保驾护航之下,君士坦丁于1449年1月6日在米斯特拉加冕称帝,成为君士坦丁十一世。1449年3月12日,君士坦丁十一世进入君士坦丁堡,正式作为皇帝开始统治这个国家,值得注意的是他没有按照惯例在圣索菲亚大教堂再次举行加冕仪式。① 尔后,在母亲海伦娜的主持之下,托马斯、迪米特里各自分得莫利亚地区的一部分领土,成为当地的专制君主,相互间还划定了疆界。同时,在母后的压力下,他们承认了君士坦丁十一世为皇帝,并且在母亲面前发誓,还表示相互尊重对方的领土。尔后,他们于1449年夏季回到各自的领地,使一场有可能产生的皇家内战得以消弭,君士坦丁十一世的皇位得以巩固。然而,数月之后,托马斯与迪米特里两兄弟间再次发生冲突,并且争相雇佣土耳其人、威尼斯人为外援。君士坦丁十一世对他们的纷争进行了调解,终于在1450年末使他们的冲突缓和下来,但是仅存的莫利亚省区的力量在这场内讧中消耗严重。这使软弱的君士坦丁十一世极为悲痛。②

在曼努埃尔二世与海伦娜生育的所有子女中,君士坦丁十一世与母亲的关系可能是最为亲密的,这可能是他获得母亲坚决支持的一个重要原因。海伦娜出身于塞尔维亚家族,而君士坦丁十一世一直自称"杜拉戈斯",显然是以母亲的塞尔维亚家族及血统为荣。而且,君士坦丁是曼努埃尔二世的所有儿子中唯一一个采用母亲海伦娜的姓氏的,可能意味着他与母亲的关系更为亲密,超过其他兄弟。③ 此外,君士坦丁十一世担任过莫利亚专制君主长达20年,其间曾一度收复了希克西米亚(1444年)、帕特拉(1429年)、雅典和底比斯(Thebes,1444年),从而在一定程度上加强了拜占庭帝国的实力。④ 而君士坦丁多年担任摄政王,与皇帝的职位最为接近,也积累了较多的统治帝国的经验,显示其具备一定的政治军事管理能力,明显胜过两位弟弟迪米特里和托马斯。⑤ 久经政治军事风浪的母亲海伦娜不会不注意到君士坦丁的这一系列优势,支持君士坦丁登上皇位的确是当

---

① M. Philippides, *Constantine XI Dragaš Palaeologus (1404 -1453)*, p.11. S. Runciman, *The Fall of Constantinople 1453*, p.53.
② D. M. Nicol, *The Last centuries of Byzantium, 1261 -1453*, pp.370-371.
③ M. Philippides, *Constantine XI Dragaš Palaeologus (1404 - 1453): The Last Emperor of Byzantium*, pp.22-23.
④ A. P. Kazhdan ed., *The Oxford Dictionary of Byzantium*, p.505.
⑤ "君士坦丁是所有兄弟们之中能力最强的。"S. Runciman, *The Fall of Constantinople 1453*, p.49.

时拜占庭帝国皇家最优的选择。此外,选择在世的儿子中最为年长的,且与自己关系最为亲密的君士坦丁做皇帝,于情理之中也是母亲海伦娜所希望的。

因此,君士坦丁以自己的年龄、资历为基础,依靠与长兄约翰八世、母亲海伦娜的亲密关系以及他们的大力支持,加之某些幸运因素,成为拜占庭帝国皇帝君士坦丁十一世,竞争皇位的局面看似剑拔弩张,其实在母亲海伦娜的安排之下早已尘埃落定,君士坦丁十一世对皇位的继承可谓有惊无险。然而,君士坦丁十一世作为皇帝所面对的局势却是前所未有的险恶。

君士坦丁十一世继承皇位之时,土耳其苏丹穆拉德二世的统治进入到最后的两年。在穆拉德二世的统治下,奥斯曼土耳其帝国继续迅速崛起,并且对拜占庭帝国的合围之势日益紧密。穆拉德二世在安纳托利亚取得一系列胜利,吞并了艾登和杰尔米彦(Germiyan),并对卡拉曼(the Karamanians)形成威慑之势。此外,他还迫使西诺普和安塔拉(Sinope and Attalla)等自治政权接受了奥斯曼土耳其苏丹的宗主权。[1] 这使奥斯曼土耳其人在小亚细亚的统治更为稳固,所能汲取的人力物力资源也更加强大。此外,穆拉德二世重新组建了禁卫军加尼沙里军团(Janissary regiments)增强军事力量,并且设立了一项常规的制度:该军团从基督教家庭中遴选男童,送到专门的学校进行伊斯兰教的教育,使他们成为穆斯林,并且对他们进行严格的军事训练,最终使他们成长为优秀的战士,组成苏丹的禁卫军。禁卫军将士终身不婚,将一生奉献给苏丹。[2] 这种严格的遴选,以及宗教、军事训练,可以保障禁卫军对苏丹的忠诚,并且长期保持强大的战斗力,使土耳其帝国周边各国军队难以望其项背。

此外,穆拉德二世获得了统治区内的基督徒的广泛欢迎。在其统治下,土耳其帝国秩序井然,欣欣向荣。对于许多讲希腊语的基督徒来说,生活在穆拉德二世治下更有秩序,信仰上比较宽容,在强有力的政权统治下,更为安定,比生活在焦虑的、备受折磨的拜占庭帝国政府下,负担要更轻一些。[3] 于是,当穆拉德二世

---

[1] S. Runciman, *The Fall of Constantinople 1453*, p. 47.
[2] S. Runciman, *The Fall of Constantinople 1453*, p. 47.
[3] S. Runciman, *The Fall of Constantinople 1453*, p. 47.

在 1451 年 2 月 13 日逝世于亚德里亚堡时,他为土耳其帝国留下了丰厚的遗产,①并为穆罕默德二世的进一步扩张,尤其是攻占君士坦丁堡,做好了深厚的铺垫工作。

穆拉德二世逝世后,其子、年仅 19 岁的穆罕默德二世迅速继位,成为新的苏丹,并于 1451 年 2 月 18 日于亚德里亚堡举行登基仪式,成为君士坦丁十一世最危险的对手。穆罕默德二世的母亲曾经是女奴,穆罕默德本人自幼遭受父亲的冷落,只是因为他的两个哥哥早死,所以他才获得了王位继承权。穆罕默德二世在科学和哲学方面接受了良好的训练,并且熟读伊斯兰教、希腊语文学作品。除了母语土耳其语之外,穆罕默德二世还认真学习了希腊语、阿拉伯语、拉丁语、波斯语和希伯来语,力求熟悉它们,而且跟随父亲穆拉德二世学习行政管理的艺术。② 幼年的坎坷遭遇使穆罕默德二世形成了不轻易相信他人,不达目的誓不罢休的性格,其卓越的才能又能够使得他充分自信,尽管土耳其高官们几乎没有人质疑他的苏丹继承权,但是他仍迫切希望获得一场巨大的胜利,以证明自己的继位并非由于幸运,而是由于天赋才能的卓越,如此才能进一步巩固自己的苏丹之位。③ 因此,穆罕默德二世甫一继位就把攻占君士坦丁堡确定为自己的第一个征伐目标,也是最伟大的战争目标。④ 穆拉德二世在 1424 年条约之后奉行的和平政策在新苏丹继位时即意味着终结,君士坦丁十一世面临的国际形势发生巨变,他将不得不同土耳其人做最后的决战。⑤

穆罕默德二世开始精心编织围攻君士坦丁堡的大网。他继位之后,进行了重要的人事调整,限制和削弱主和派的力量,扩大和增强主战派的力量。穆罕默德二世确认主和派哈利尔帕夏(Halil Pasha)仍然担任大维齐尔(The Grand Vizier)的职务,以稳定人心,使其继续支持自己的苏丹权位,同时把哈利尔帕夏的盟友、副维齐尔(Second Vizier)伊沙克帕夏(Ishak Pasha)调至安纳托利亚担任总督(Governor of Anatolia)。这是一个非常重要且具有崇高荣誉的职位,易于为伊沙

---

① S. Runciman, *The Fall of Constantinople 1453*, p.47
② S. Runciman, *The Fall of Constantinople 1453*, pp.55 – 58.
③ [美]斯坦福·肖:《奥斯曼帝国》,第 75—77 页。
④ S. Runciman, *The Fall of Constantinople 1453*, pp.58 – 59. [美]斯坦福·肖:《奥斯曼帝国》,第 75—77 页。
⑤ A.P. Kazhdan ed., *The Oxford Dictionary of Byzantium*, p.277.

克帕夏所接受,同时也使他远离哈利尔帕夏,削弱了哈利尔帕夏的影响力。此外,穆罕默德二世任命宦官总管舍海伯·艾德—丁为副维齐尔(assistant viziers),他是战争政策的坚决支持者。苏丹同时任命忠于穆拉德二世,但是平素与哈利尔帕夏不和的萨鲁贾帕夏(Saruja Pasha)和扎格努斯帕夏(Zaganos Pasha)为副维齐尔,以牵制哈利尔帕夏。另外,穆罕默德二世使其他高官各自担任原来的职务,维持统治秩序的安定,并赢得他们的支持。[①] 上述人事安排无疑有利于穆罕默德二世大权独揽,巩固其个人统治,同时也使高官们各安其位,稳定人心,巩固奥斯曼土耳其帝国的统治秩序,凝聚全国力量,为即将到来的大规模征伐做好了组织准备。主战派的力量开始增强,使未来的战争政策更容易推行。

继人事调整之后,穆罕默德二世开始以"和平"之名麻痹敌人,并且分化瓦解拜占庭帝国可能存在的盟友。他与奥斯曼土耳其周边国家或政权逐一签署和平协议,以避免他们援助拜占庭帝国,从而免除后顾之忧,彻底孤立拜占庭帝国。1451年,穆罕默德二世即位后不久就在亚德里亚堡接见一批接一批的使臣,向他们传达和平的信息。当年9月10日,他接见威尼斯使臣,重申了穆拉德二世与威尼斯人在五年前签署的条约,保持与威尼斯人的和平。10天之后,他与约翰·胡亚迪的使臣签署了一项为期三年的停战协议,他估计三年时间足以攻克君士坦丁堡。拉古萨人愿意向这位新苏丹增加年贡,每年新增500金币,获得了苏丹的礼遇。此外,罗德岛的骑士团、瓦拉几亚国王、莱斯博斯岛的国王,希俄斯岛(Chios)的国王都派遣使臣携带厚礼抵达新苏丹的宫廷,他们都受到了这位年轻苏丹的礼遇,并且得到苏丹愿意与他们保持友好关系的承诺。另外,这位新苏丹还礼送自己的继母即穆拉德二世的妻子、塞尔维亚的玛拉返回塞尔维亚,与她的父王、塞尔维亚国王乔治·布兰科维奇(George Branković)团聚。为了示好,他允许塞尔维亚恢复对斯特鲁马河上游河谷(upper Struma valley)几座城镇的占有,充分表达了与塞尔维亚友好相处的愿望。新苏丹甚至对阿索斯圣山(Mount Athos)的修道院团体表示善意,继续接受他们在穆拉德二世攻占塞萨洛尼基之后就承认的土耳其帝国宗主权,穆罕默德二世还向他们保证,其自治不会受到干扰。此外,令人意想不

---

① S. Runciman, *The Fall of Constantinople 1453*, pp. 58 - 61.

到的是，君士坦丁十一世的使臣，原本满怀忧惧地来到穆罕默德二世的宫廷，却也受到了这位新苏丹的礼遇。穆罕默德二世在拜占庭使臣们面前向古兰经起誓，宣称自己尊重拜占庭帝国的领土，并且会向拜占庭皇帝缴纳年贡，以供养寓居在君士坦丁堡的土耳其王子奥尔汗。虽然穆罕默德二世做足了"和平"的姿态，但是当时的一些精明的观察者仍然意识到，"新苏丹与周边国家保持友好关系，恰好说明他在准备一场庞大的战争。"①

他们的判断力非常准确，只是一个意外事件的出现加快了战争的到来。这一事件也是君士坦丁十一世的误判。1451 年秋季，小亚细亚的卡拉曼人趁穆罕默德二世身在巴尔干之机，起兵反叛土耳其帝国，穆罕默德二世迅速赶至小亚细亚，很快平定了叛乱。然而，君士坦丁十一世却过高地估计了卡拉曼人的能力，他以为后者能给土耳其人带来大麻烦，故而派遣使臣向穆罕默德二世传达其"威胁性"意愿，表示希望土耳其人能够与拜占庭帝国继续保持和平，否则拜占庭帝国将"册立手中掌握的土耳其王子奥尔汗为新苏丹"。这显然是草率和愚蠢的行为，是失去皇太后提供治国建议后的鲁莽举措。孱弱的拜占庭帝国和毫无实权的奥尔汗王子根本无法对穆罕默德二世构成任何威胁，反而使穆罕默德二世找到了违背自己誓言的借口，他不再履行"不侵入拜占庭帝国的土地"的承诺。穆罕默德二世当面对拜占庭使臣反应冷淡，实际上却加快了围攻君士坦丁堡的进程。1451年冬季，穆罕默德二世下令征集大批工匠，在博斯普鲁斯海峡一侧，即拜齐德一世修建的阿纳多利·希萨尔(Anadolu Hisar)要塞的对面，增修了一座新的要塞，以彻底封锁博斯普鲁斯海峡。这是围攻君士坦丁堡的备战开端。该要塞于 1452 年 4 月 15 日正式开工建设，于当年 8 月 31 日完工，实现了对博斯普鲁斯海峡的水上封锁。土耳其人称这座新完工的要塞为"博哈兹-凯森(Boghaz-kesen)"，即今天的鲁米利·希萨尔城堡(Rumeli Hisar)②。

作为对穆罕默德二世修建新要塞的回应，君士坦丁十一世逮捕了君士坦丁堡城内的所有土耳其人，但随即认识到此种行动毫无意义，于是释放了被捕的土耳

---

① S. Runciman, *The Fall of Constantinople 1453*, pp. 60 – 61.
② S. Runciman, *The Fall of Constantinople 1453*, pp. 64 – 65. 张莹、王振坤：《奥斯曼土耳其帝国攻陷君士坦丁堡述略》，《史学月刊》1982 年第 6 期，第 75 页。

其人。君士坦丁十一世又派出使臣至苏丹之处,乞求苏丹不要损害博斯普鲁斯海峡欧洲一侧的希腊人村庄,穆罕默德二世不予理睬。1452年6月,君士坦丁十一世做出最后一次外交努力,派出使臣至苏丹之处,试图获得一项苏丹的保证,即该要塞的修建并不意味着接下来土耳其军队会进攻君士坦丁堡。结果,使臣被投入监狱,随后被斩首。这意味着穆罕默德二世已经决心同拜占庭帝国开战了。①

穆罕默德二世迅速组建了莫利亚军团和阿尔巴尼亚军团,用以阻止可能从希腊、马其顿西部出现的拜占庭援军。他还组织大规模军事生产,尤其是不惜重金聘请匈牙利工匠乌尔班(Urban),在其指导下制作出当时世界上最大的巨型火炮,其口径达99厘米,可发射重量超过448公斤的大型石弹,用以破坏君士坦丁堡巨大而厚实的城墙。② 经过充分准备之后,穆罕默德二世于1453年初,亲率大军开始围攻君士坦丁堡。他征发了20余万人的攻城部队,投入围攻作战。土耳其攻城部队拥有50多门大炮分成14个炮群,布置在君士坦丁堡陆地城墙外。在博斯普鲁斯海峡,土耳其军队集中了120艘军舰对海峡进行严密封锁。当年4月,土耳其军队顺利完成外围作战,攻占了所有通往君士坦丁堡的道路和重要据点,在距离城墙中心主门圣罗曼努斯城门正面约1200米的地方扎下大营。③

面临日益逼近的战争,君士坦丁十一世无计可施,只能被迫应战。他缺乏足够的军费,无法购买武器装备,也缺乏足够的兵力和作战物资,守城作战的资源极为匮乏。他不得不做出最后的努力,派遣使臣携带书信前往教皇尼古拉五世、拉丁基督教世界各国政府与宫廷,恳请他们派兵支援。为了获得西方援助,他强制推行教会合并,于1452年12月12日,在伊西多尔的监督之下,拜占庭帝国在圣索菲亚大教堂举办了东正教并入天主教的庆典。尽管遭到大多数教士和民众的反对,但是君士坦丁十一世仍然公开推行"教会合并",以期获得教皇和拉丁基督教世界的援助。④ 但是,包括教宗在内的西欧君主都未能给君士坦丁堡带来实际

---

① S. Runciman, *The Fall of Constantinople 1453*, pp. 65–67.
② 陈志强:《拜占廷帝国史》,第346—347页。M. Philippides and Walter K. Hanak, *The Siege and Fall of Constantinople 1453 in 1453, Historiography, Topography, and Military Studies*, Farnham: Ashgate, 2011, pp. 565–568.
③ 陈志强:《拜占廷帝国史》,第346—347页。
④ M. Philippides and Walter K. Hanak, *The Siege and Fall of Constantinople in 1453, Historiography, Topography, and Military Studies*, pp. 565–568. 陈志强:《拜占廷帝国史》,第346—347页。

的援助。此时,君士坦丁堡城内的人口仅存约50 000人,防守力量严重匮乏,[1]兵力更是严重不足,作为皇帝的君士坦丁十一世能够直接指挥的军队仅约5 000人,其中包含200名外国雇佣军。[2] 真正具有战斗力的是外国雇佣军约3 000人,其中以热那亚贵族乔万尼·贵斯亭尼安尼(Johwani Giustiniani)指挥的雇佣军最为精锐,他们配备的单发火枪更是当时地中海世界最精良的武器。在海上,拜占庭人将仅有的26艘船,其中包括意大利商船,在金角湾的铁链后一字排开,全力防守。[3]

1453年4月6日,攻城战正式开始。土耳其军队的数十门大炮一齐开火,大型石弹不断地向君士坦丁堡的城墙倾泻,在巨大的轰鸣声中部分城墙倒塌出现缺口,土耳其士兵则运载灌木填塞护城河,向缺口冲击。君士坦丁十一世亲临城头坐镇乔万尼指挥作战,将有限的兵力划分散在14个防区,并留有后备队随时增援防守薄弱之处。君士坦丁堡守军以大无畏的英雄气概奋起反击,相信首都保护神随时降下神迹击退敌人,他们利用敌军填塞护城河的时机和夜晚加紧堵塞缺口。经过十几天的试探性进攻之后,土耳其军队于18日对几处缺口同时发起陆地进攻,守军拼死抵抗,双方矢石如雨,火油沸腾,战况极为惨烈,最终土耳其人损失惨重,不得不停止进攻。4月19日,土耳其军队发起海上进攻,舰队强攻黄金角湾,但是被击退。22日夜晚,土耳其军队牛拉人推,把17艘战船拖上陆地山丘滑入黄金角湾,他们采用木板铺地,上涂黄油的方式,把这些战船拉上了41米高的佩拉山丘,之后使战船顺坡滑入黄金角湾深处,攻击临海湾的城墙薄弱处。但是由于土耳其人不擅长水面作战,所以他们在黄金角湾未能取得实质性的进展,仅牵制和分散了君士坦丁堡守军的兵力和注意力,并造成其心理压力。[4]

双方交战期间,君士坦丁十一世于4月23日遣使向穆罕默德二世求和,遭到穆罕默德二世的断然拒绝。穆罕默德二世下决心攻占这座千年古都。5月7日至25日,土耳其军队不断地对君士坦丁堡发动陆地进攻,守城部队则进行了殊死

---

[1] M. Rautman, *Daily Life in the Byzantine Empire*, p. 68.
[2] 陈志强:《一四五三年君士坦丁堡战役参战人数考辨》,《历史研究》2015年第6期,第182、185页。
[3] 陈志强:《拜占廷帝国史》,第346—347页。陈志强:《一四五三年君士坦丁堡战役参战人数考辨》,第185页。
[4] 陈志强:《拜占廷帝国史》,第347—349页。

的抵抗。一连多日,土耳其军队损失惨重。土耳其人用来掩护攻城部队的高大的活动塔楼被守军抛出的希腊火焚毁,塔楼上的土耳其士兵葬身火海,土耳其将士在守军的火弹、矢石等的攻击之下不断地倒毙,城墙下堆满了土耳其士兵的尸体。土耳其人还挖掘地道,试图潜入城内,但是被守军发现,地道均被破坏,进入地道的土耳其士兵或葬身其中,被烟火呛死,或被守军所俘。此时,君士坦丁堡守军精神大振。他们已经从土耳其人兵临城下最初的恐惧中摆脱了出来,在大约20倍于己的敌军的轮番攻击下坚守了40多天。但是,在土耳其人的优势兵力和炮火、箭矢的攻击下,君士坦丁堡守军也付出了大量的伤亡,他们从城中收集一切可以用来加固城墙的东西以修补缺口,而这些物资似乎要消耗殆尽了,①而土耳其军队的补充则源源不断。

5月28日,穆罕默德二世举行战前首脑会议,下令全军休整为最后的决战做准备。他亲自视察军队,许诺攻占君士坦丁堡之后全军将士抢劫三日,除了城市本身,城内一切财产,包括居民和金银财宝都属于胜利的将士。顿时,土耳其军队士气大振。几乎与此同时,君士坦丁十一世下令举行全城祈祷仪式,人们像以往遇到危难时那样,将圣母子像抬出圣索菲亚大教堂,并且抬上城头进行祈祷和巡行,之后抬回圣索菲亚大教堂,希望圣母子像能够显灵护佑都城。君士坦丁十一世在圣索菲亚大教堂发表悲壮的演说,号召守城将士服从指挥,奋力作战,在上帝的庇佑之下战胜敌人,赢得胜利。②

5月29日凌晨,土耳其军队发起总攻。他们海陆并进,三面同时猛攻城墙,但是均未能奏效,反而死伤枕藉。而守军一方,也几乎弹尽粮绝。此时,土耳其人的攻击仍在持续。不久,有利于土耳其人的转折点出现,防守圣罗曼努斯城门的乔万尼·贵斯亭尼安尼受重伤撤离战场,他手下的将士也随之撤离。土耳其人遂攻破圣罗曼努斯城门,杀入城中。③ 差不多同时,土耳其军队也从崩溃的守军防

---

① 陈志强:《拜占廷帝国史》,第348—350页。
② 陈志强:《拜占廷帝国史》,第350页。
③ 陈志强教授指出:"事实上,作为热那亚雇佣兵的领袖,乔万尼在战役最后阶段根本无法抵抗住数十万土耳其大军的猛烈攻击,战败之责不应归于他,而应归于拜占庭帝国末代皇帝。在帝国末期,拜占庭军队已经放弃了守土自卫的重任,雇佣兵在拜占庭内外战争中成为主力,最后一伙战败的军事责任应该由末代皇帝君士坦丁及其王朝承担。"陈志强:《谁该为1453年君士坦丁堡战役的失败负责》,《史学月刊》2015年第1期,第51页。

线其他方向突入城内,很快击败残余的守军,占领了全城。君士坦丁堡陷落了。土耳其人在城中展开残酷的杀戮与抢劫,以发泄愤怒和胜利的狂喜。但是抢劫仅进行了一天,穆罕默德二世即下令提前停止抢劫,因为他想要的是一座完整的城市,而不是一座废墟。土耳其人终于占领了君士坦丁堡。而拜占庭帝国,在顽强地生存千余年之后,最终灭亡了。①

在土耳其人疯狂攻入君士坦丁堡时,君士坦丁十一世的表现及最终结局如何? 留存至今的原始文献给出了不同的记载,有"英勇战死"说,"仓皇出逃"说,以及"上吊自杀"说等,但是相关原始文献记载人大多不是最后时刻的现场目击者,其局限性决定了他们提供的原始文献是靠不住的,即他们只能证明末代皇帝在 1453 年战役中"消失了"。如果在谈及这个问题时,说他"消失了",或者"不知所踪",就是比较客观的说法。由于缺乏目击者的记载,所以"英勇战死"说,"仓皇出逃"说,以及"上吊自杀"说等史料的说法均不足信,而且说他"死去"了也没有确凿的证明。②

尽管如此,由于作为拜占庭帝国最后一位皇帝的特殊性,也由于 1453 年君士坦丁堡"最后一战"的惨烈,所以后人很容易记住这位末代皇帝,很多人把哀思和"解脱异教徒统治"的希望寄托在君士坦丁十一世身上,为他的生平和"最后一战"披上了神话的外衣。在一些东正教教徒中,人们纷纷传说,城破当天君士坦丁十一世并没有死亡,而是沉睡过去了,这位"不死的皇帝"变成了一块大理石,等待着某一天被天使唤醒,尔后他将把土耳其人驱逐出君士坦丁堡和他的帝国。③ 然而剥开这些神话的外衣,我们可以看到,君士坦丁十一世实际上是一位平庸的皇帝。在其多灾多难的统治期间,君士坦丁十一世缺乏创造力,也缺乏守

---

① 陈志强:《拜占廷帝国史》,第 351—352 页。M. Philippides and Walter K. Hanak, *The Siege and Fall of Constantinople in 1453, Historiography, Topography, and Military Studies*, p. 568.

② 陈志强教授指出,"我们遍查 1453 年战役幸存者的记载,发现对末代皇帝正面描述的原始文献主要出自拜占庭作家。"例如斯弗兰基斯等;"同样,那些并不看好拜占庭人的拉丁人也因为心存偏见而众口一词地记载了一个低于正常人素质的末代皇帝。"陈志强:《原始文献不一定可靠——以一个拜占廷专题研究为例》,第 131 页。D. M. Nicol, *The Immortal Emperor: The Life and Legend of Constantine Palaiologos, Last Emperor of the Romans*, pp. 83 - 86. J. Shepard ed., *The Cambridge History of the Byzantine Empire c. 500 - 1492*, p. 866.

③ D. M. Nicol, *The Immortal Emperor: The Life and Legend of Constantine Palaiologos, Last Emperor of the Romans*, p. 1.

卫国土以及谋求各方力量平衡的能力。他在外交方面没有取得成效，未能促成拉丁基督教世界组成十字军前来援助君士坦丁堡，也没有为东正教的西南欧地区提供援助。由于在莫利亚地区的征伐收效甚微，以及君士坦丁堡的陷落，他在军事上也是失败的。① 此外，君士坦丁十一世并不是一位作家，他对文学缺乏兴趣，没有留下书信或其他文学作品以供后人研究，这与他的父亲曼努埃尔二世迥然不同。②

不过，君士坦丁十一世在莫利亚地区担任专制君主期间，在父兄们的帮助下能够主动出击，收复部分土地，在1453年君士坦丁堡之战期间，能够尽其所能，率领微弱兵力抵抗到最后一天，亦可谓尽忠职守，颇有勇气。正因为他坚持到了战斗的最后一天，所以他的最终的表现和结局虽然目前尚不可考，但是人们还是按照一般推理将他塑造为最后的英雄。

君士坦丁十一世与拜占庭帝国一起逝去了，这不仅是君士坦丁十一世个人的悲剧，也是时代的悲剧。14—17世纪的数百年间，奥斯曼土耳其人迅速崛起，势头正盛，不断地在亚、欧扩张势力，攻占君士坦丁堡仅仅是"其中一个情节"罢了，但这个情节却意义重大，非常引人注目，它使奥斯曼土耳其国家真正进入其帝国时代，直到1683年奥斯曼土耳其军队受挫于维也纳（Vienna）城下，才停止了大规模扩张的步伐。③

"拜占庭帝国于1453年灭亡了，但是它的精神永存，其信仰、文化和关于政治生活的理念继续活跃着，不仅在那些以前曾经是拜占庭的土地上，而且在古老帝国的边界以外地区仍然能感受到它的影响，成为欧洲各国文明和政治发展的促进因素。以希腊特有的信仰形式保存的基督教作为拜占庭精神的象征和罗马天主教的对立物被希腊人、南斯拉夫人和东斯拉夫人视为神圣。在土耳其人统治的几个世纪期间，希腊人、保加利亚人、塞尔维亚人将东正教看作其精神和民族独立的象征，正是东正教教会真正保护了巴尔干人民在土耳其人的汪洋大海中未被吞

---

① M. Philippides, *Constantine XI Dragaš Palaeologus (1404 -1453): The Last Emperor of Byzantium*, Preface, p. 1.
② M. Philippides, *Constantine XI Dragaš Palaeologus (1404 -1453): The Last Emperor of Byzantium*, Introduction, p. 11.
③ A. Cameron, *the Byzantines*, p. 56.

没,因此,也使他们有可能在19世纪进行民族复兴。""拜占庭帝国的伟大传统、信仰、政治理想和精神在俄罗斯帝国存在了几个世纪。""拜占庭帝国保存了古代世界的遗产,因此,也就完成了它在世界历史发展中的使命。它从毁灭中拯救并保存了罗马法、希腊文学、希腊哲学和学问,使得这笔宝贵的遗产能够流传给西欧各民族,他们至今仍在接受这笔遗产。"① 故而,在1453年君士坦丁堡之战中,君士坦丁十一世及守城军民,不仅仅是在保卫一座城市、一个国家,而且是在保卫一种精神、一种文化,后人对于君士坦丁十一世的研究,其实是对其捍卫这种精神和文化的褒扬。

---

① [南斯拉夫]乔治·奥斯特洛格尔斯基:《拜占廷帝国》,第470—471页。

BYZANTINE
拜占庭帝国通史

拜占庭黄金耳环
镶嵌有珍珠和蓝宝石，6-7世纪

拜占庭宝石手镯（一对）
5-7世纪

拜占庭玻璃手镯
绘有鸟类和几何图案，12世纪

拜占庭式手镯
9-10世纪

拜占庭金镂空嵌珠石手镯
约5世纪

拜占庭手链
约6世纪

拜占庭项链
6-7世纪

拜占庭
帝国
大通史

BYZAN
TINE

拜占庭项链
约5世纪

拜占庭马赛克镶嵌片
6-15世纪

拜占庭圣物箱
约8世纪

叶子图案景泰蓝珐琅碎片
10世纪

拜占庭蓝色玻璃盘碎片
10世纪

Part II 下编

下编各章作者：

　　拜占庭帝国衰败的综合分析　（陈志强）

　　拜占庭帝国的族群政策：以犹太人政策为例　（疏会玲）

　　第四次十字军与东地中海世界格局　（罗春梅）

　　拉斯卡利斯王朝的尼西亚帝国　（孙丽芳）

　　晚期拜占庭帝国的军事与外交　（马　锋、徐一卯）

　　陈志强　南开大学历史学院教授，希腊亚里士多德大学博士

　　疏会玲　华侨大学国际关系学院讲师，南开大学博士

　　罗春梅　中南大学马克思主义学院副教授，南开大学博士

　　孙丽芳　山东大学历史文化学院讲师，南开大学博士

　　马　锋　西北大学历史学院副教授，东北师范大学博士

　　徐一卯　天津理工大学马克思主义学院讲师，南开大学博士

下编

拜占庭帝国的衰亡

The Decline and Fall of the Byzantine Empir

第一章

拜占庭帝国衰败的综合分析

第一节

物质基础的瓦解

拜占庭帝国是如何衰落并最终灭亡的？这个问题长期困扰着人们，为了得到答案，学界一直从探讨其原因的角度寻求答案。毫无疑问，帝国首都君士坦丁堡于1453年的陷落是个最明显的标志。因此，长久以来，很多人认为拜占庭帝国灭亡最直接的原因是军事失败，并假设这个千年京都如果没有被攻陷的话，帝国还会继续维系。但是，军事上的败亡似乎只是表面上的答案，随之而来的问题是拜占庭帝国为什么会发生军事败亡。于是又有人提出是帝国宫廷贵族打压军事贵族乃至解散军队造成的恶果，因此政治原因又引起人们的关注，并进行了深度的解读。涉及间接原因的探讨打开了人们的眼界，有人进行宗教文化角度的考察，以至于认为拜占庭人放弃东正教的立场而屈服于罗马教廷是决定性因素的看法，如今这一观点还有很大影响。如果说政治的和宗教文化的原因是间接原因的话，那么在这些间接原因背后是否存在着更深层次的物质利益问题。人们追踪帝国衰亡原因的探索一直没有停止,对拜占庭经济衰败的研究历来受到高度关注。由于帝国经济生活非常丰富,因此探究的视角也多种多样。在大量相关研究中,是否能够抓住其中的主要点就显得特别关键了。我们认为,从物质层面研究相关问题具有特殊的意义,而其中最核心的内容是决定着经济运行的制度变革,因此需首先关注军区制的瓦解。

一、军区制消亡

苏俄时代著名的拜占庭学者乌达里曹娃对拜占庭帝国衰亡原因的观点特别明确,她曾在全面讨论相关学术观点的基础上指出,把奥斯曼土耳其人的军事胜利视作拜占庭帝国灭亡的原因过于简单化了,研究的视野应扩展到历史的深层次,"想顺利完成这个任务,必须研究晚期拜占庭的社会经济和政治关系。"① 她与另一位苏俄学者列夫臣柯都力主从理论上阐明晚期拜占庭帝国社会生产关系不适应生产力发展而导致的社会革命,即遍及帝国各地的阶级矛盾激化。列夫臣柯在其《拜占庭》一书也持有相似的看法,他特别用力于收集大量人民革命和城市暴动的事例,以说明压迫阶级和被压迫阶级之间阶级斗争冲突激化的原理。② 他们的分析对相关研究提供了有益的启示,但是他们的理论分析带有教条主义色彩,而未能深入拜占庭历史的实际进程,没有抓住影响拜占庭帝国衰亡的关键因素,进而使人难以将经济衰败与拜占庭灭亡挂起钩来,也无法解释经济衰败的原因,及经济衰败何以导致帝国灭亡。③

苏俄以外的国际拜占庭学者长期注重从政治、军事和文化史角度研究相关问题,他们对拜占庭帝国灭亡的经济原因展开的探讨取得了丰硕的成果。西方学者彼得·卡兰尼斯也充分注意到拜占庭小农经济的兴衰对帝国存亡的深刻影响,并将城市经济衰败看做最重要的因素。这些见解略显缺乏说服力,因为其分析不够

---

① [苏]乌达里曹娃:《论十五世纪拜占庭帝国灭亡的内在原因》,《史学译丛》1955年第1期,第100页。
② [苏]列夫臣柯:《拜占庭》,北京:生活·读书·新知三联书店1962年版,第346页。尹曲认为拜占庭灭亡"主要是因为帝国经济的衰落,人民大众的贫困,阶级斗争和封建集团的内讧所造成"。尹曲:《拜占廷帝国是怎样灭亡的》,《历史教学》1956年第3期,第28页。
③ 拜占庭经济史家拉伊奥认为,"拜占庭经济无论如何发展都无法抵御奥斯曼的征服"。A. E. Laiou ed., *The Economic History of Byzantium: from the Seventh through the Fifteenth Century*, Washington, D.C.: Dumbarton Oaks Research Library and Collection, 2002, Ⅲ, p.1164.

深入,理论说明的逻辑性稍浅,具体证据也不充分。① 1950年代初,我国个别作者涉猎过拜占庭帝国灭亡的问题,但都不够深入,特别是缺乏足够史料佐证。② 还有的国际拜占庭学专家提出非常具有启发性的观点,分析也非常全面,只是描述现象多于原因分析,似乎没有抓住其中的关键环节。③ 拜占庭千年帝国也曾辉煌,几度沉浮,一朝覆灭,不复再生,其原因必然异常复杂,在其诸多因素中,其制度性的衰败是特别重要的观察点。本章节作者认为,虽然拜占庭帝国灭亡的因素很多,但其中"必有一种是主要的矛盾,由于它的存在和发展,规定或影响着其他矛盾的存在和发展……捉住了这个主要矛盾,一切问题就迎刃而解了"④。这个主要矛盾就在于拜占庭军区制保护下的小农经济彻底瓦解,而军区制的消亡是拜占庭帝国灭亡的制度性因素。在拉伊奥列举的诸多因素中,小农经济衰败是导致拜占庭帝国基本物质资源枯竭的主因,而军区制的崩坏使小农无以依托、缺乏国家制度性的保护,进而加速小农破产,其他后续恶果接踵而至,国势日衰是拜占庭经济陷入恶性循环的外在表现,最终导致帝国灭亡。

自拜占庭帝国初期,东地中海世界的小农经济就明显比西地中海和西欧发达,小农既是东罗马帝国远比西罗马帝国稳定的压舱石,也是拜占庭帝国后续发展的支撑力量。从理论上看,拥有小土地经营权的小农虽然以一家一户为基本的生产生活单位,但其小规模生产足以支撑再生产和适当的国家税收,在国家提供的经济网络和安全环境中,小农经济成为中央集权制帝国的财政基础。拜占庭帝国的小农就是如此,他们的生产和消费活动在国家武装力量的保护下能够形成发达的小农经济,并担负了帝国财税的大部分。⑤ 伊拉克略王朝开始推行的军区制

---

① P. Charanis, *Social Economic and Political Life in the Byzantine Empire, Collected Studies*, London: Variorum Reprints, 1973, pp. 412 – 424.
② 王莹、张振中:《奥斯曼土耳其帝国攻陷君士坦丁堡述略》,《史学月刊》1982年第6期。尹曲:《拜占庭帝国是怎样灭亡的》,《历史教学》1956年第3期。
③ "1340年代,诸多因素的叠加对人口、农业和交换经济产生了灾难性影响。加之地方性战争、前此对小土地的侵蚀、农民赤贫化、袭击整个欧洲的瘟疫、奥斯曼的扩张,以及此后东地中海世界商贸的漫长恢复,这都导致持续的衰落。" A. E. Laiou ed., *The Economic History of Byzantium*, Ⅲ, pp. 1160 – 1161.
④ 《毛泽东选集》第1卷,北京:人民出版社1968年版,第295—297页。
⑤ 小农经济问题是拜占庭学研究的重要问题之一,其理论概念的复杂性使学者们争论不休。本书所谓小农是泛指的一般意义上的小农。P. Lemerle, *The Agrarian History of Byzantium*, Galway: Galway University Press, 1979. 拉伊奥以为农业岁入占税收总量的81%。A. E. Laiou ed., *The Economic History of Byzantium*, Ⅲ, p. 1155.

改革有力地促进了小农经济的恢复,减少了中间环节的层层盘剥,使6世纪末以后遭到极大破坏的小农经济得到重新发展的良好环境。军区制重新组合了人力物力资源,军政权力合一提高了管理效率,特别是帝国迅速适应了战争加剧的新形势,使这种特殊的经济运作方式在相当长时间里保证了帝国军队的人力资源和军需的经济来源。帝国军事化提高了军政管理效率,军队实力增强,安全得到保障,小农经济迅速发展的外部环境大为改善,这种良性的互动关系为国家综合实力的增强创造了有利条件。小农数量的急剧增加既得益于小农经营生产率的提高,也得益于7、8世纪百余年间帝国王朝有组织的移民政策,除了自由移民外,自上而下的移民达到30万。[1] 他们以军区制下农兵为骨干形成了稳定的小农阶层,补充了因为大瘟疫造成严重损失的劳动力缺口,因此丰富了农村生活,其变化生动地反映在8世纪中期出现的《农业法》中。拜占庭小农经济的发展具有重要意义,其奠定的物质基础为10、11世纪拜占庭帝国"黄金时代"的到来创造了条件。

中古世界中央集权制国家多以小农经济的发展为强盛的经济标志。但是,王朝统治的政治基础在大地主贵族,他们倾向于通过土地兼并获得经济实力,因为作为农本国家的帝国,其投资效率最高的方向在地产。拜占庭军区制在一段时期内缓和了国家管理中的矛盾,但没有解决大土地兼并和占有制与小规模个体经营和使用权之间的矛盾。这个决定拜占庭帝国兴盛与衰败的深层次矛盾最终以小农的破产为结局,进而导致其衰亡。军区制从中央向地方放权的过程为大土地贵族的兴起提供了机会,地方军事贵族在强化其权力的同时,也千方百计增强其经济实力,其中最主要的途径就是扩大地产。土地兼并是以小土地为侵蚀对象的,大地主贵族的兴起是以小农的衰败为代价的。王朝统治者在政治上依靠大贵族,因此不可能真正保护小农利益,缺乏国家保护的小农经济逐渐暴露其脆弱性,其暂时获得的有利地位也不可能长久维持。不断强化的地方军事贵族权力在保证军事安全的同时,也必然扩张自身的实力,进而损害小农利益。军事贵族利用自上而下授予的权力,通过占有优质土地资源和兼并,逐步控制其辖区内小农的发

---

[1] Theophanes, *The Chronicle of Theophanes*, trans. H. Turtledove, Philadelphia: University of Pennsylvania Press, 1982, II, p. 432. Theophanis, *Chronographia*, ed. C. de Boor, Leipzig: Teubner, 1883 (repr. Hildesheim: Olms, 1963), TLG, No. 4046001.

展,而大地主贵族的发展必然导致小农经济的衰败。为一些拜占庭经济史学家津津乐道的"贵族经济"自9世纪后悄然兴起,贵族势力的发展不仅在经济上削弱了帝国财政经济基础,也在政治上对帝国中央集权制造成严重威胁。王朝中央集权和地方分裂势力之间"这一斗争成为10世纪拜占庭帝国全部内政演化的核心……不仅决定了农业状况嗣后的变化,而且决定了拜占庭帝国的命运"①。这场斗争在政治上的反映便是大土地军事贵族的代表阿莱克修斯一世登上皇位,以及推行了一系列强化贵族势力的措施。这以后,小农经济的衰落趋势形成、无可挽回,马其顿诸帝挽救小农的努力无果而终。大地产经济逐渐占主导地位的恶果是拜占庭国家经济基础逐渐瓦解,皇朝政治更加险恶,帝国军事失败不断,小亚细亚、南意大利和巴尔干半岛地区逐渐脱离帝国的有效控制,1204年第四次十字军攻占君士坦丁堡显然拉开了拜占庭帝国衰亡的大幕。

拜占庭帝国小农经济衰落的负面影响主要表现如下:首先,拜占庭帝国灭亡的直接原因是军事败落,而其晚期历史上军事失败的根本原因在于小农经济的衰落和军区制的瓦解,拜占庭武装力量赖以维持的兵源和财源基础遭到破坏,导致其国力军力的整体下降。农兵为核心的小农破产首先导致拜占庭帝国军力下降,军区制发展鼎盛阶段那种士兵自备所需粮草、武器和铠甲的情形改变了,小农再也没有能力提供每个应征农兵至少配备马匹和铠甲枪械的开销。② 而小农的消失更加速了以农兵为骨干的军队实力的下降,9世纪约占拜占庭人口总数2.4%、总兵员达到12万人的盛况再也无法维持了,③君士坦丁七世对农兵及小农经济在国家安全方面的重要作用的认识都成为过眼烟云,他明确指出的"农兵对于国家恰如头颅对于身体一样……谁忽视了它即忽视了国家的安全"竟然也变成了事

---

① G. Ostrogorsky, "Agrarian Conditions in the Byzantine Empire in the Middle Ages", in *Cambridge History of European Economy*, Cambridge, G. Ostrogorsky, "Agrarian Conditions in the Byzantine Empire in the Middle Ages", in *Cambridge History of European Economy*, Cambridge: Cambridge Univerrsity Press, 1952, vol. 1, p. 216.
② I. Zepos, *Ius Graeco-Romanum*, Athens, I. Zepos, *Ius Graeco-Romanum*, Athens: Georgii Fexis et Filii, 1931, Ⅱ, p. 116.
③ 查士丁尼时代军队人数为15万。N. H. Baynes and H. Moss eds., *Byzantium. An Introduction to East Roman Civilization*, Oxford: The Clarendon Press, 1948, pp. 299 – 300. S. Runciman, *Byzantine Civilization*, London: Methuen & Co. Publishers, 1933, 1959, p. 146.

实,①不幸被他言中的恶果表现在 11、12 世纪一系列的军事失败上。在战争频发的环境中,类似于 927 年提前到来的严冬造成的歉收打击,接踵而至,小农加速破产,小农经济一蹶不振,整个形势迅速恶化。以往,个别被困难压倒的小农还可以通过逃亡改变暂时的困境,12 世纪以后,他们很少再选择逃亡了,因为农村地区普遍的恶劣环境对他们而言,逃到哪里都一样。与此同时,教俗权贵阶层凭借财力和特权,大肆兼并小农土地,把破产小农变为依附农。当时的立法记载了破产农兵的困境,说他们"陷入了极端贫困的境地,已经无力履行军役义务了"②。作为军区制基础的农兵和小农破产迅速削减了他们总体人数规模,军区也随之瓦解,11 世纪的军区制名存实亡,12 世纪则再也见不到其踪影了。③ 拜占庭军事实力的下降特别明显,1071 年的曼兹科特战役实实在在地检验了帝国军力,其惨败成为帝国军力由强变弱的一个重要转折点。

正是由于农兵为核心的小农破产,拜占庭军队兵源和财源不足的短板再度暴露无遗。迫于外敌入侵的压力,从国外招募雇佣兵成为帝国唯一可以采取的权宜之计。自 11 世纪后半期逐渐增加的"普洛尼亚"农民取代了农兵,这些在普洛尼亚土地上耕作的农民被奥斯特洛格尔斯基等同于西欧的农奴,④他们大都受雇于大土地贵族,人身受到控制,也失去了迁徙的自由。普洛尼亚农民的主人为了履行占有普洛尼亚土地所承担的义务,也会派遣农民参战。但是与他们的前辈农兵相比,他们既缺乏热情也没有作战主动性,因为他们把受委派出征打仗视同劳役。更由于他们仅仅是受其主人派遣作战,不是为保卫自己的土地利益而战,显然缺乏起码的战斗力。可以想见,主人们在派遣普洛尼亚农民出征时,一定是以次充好,用老弱病残或智力低能者充数,同时把精壮劳力留在农田里劳作以营利。这种普洛尼亚农民构成的军队更加虚弱,很快便消失了。阿莱克修斯一世就曾组建

---

① I. Zepos, *Ius Graeco-Romanum*, Ⅲ, p. 262.
② I. Zepos, *Ius Graeco-Romanum*, Ⅲ, p. 286.
③ J. Karayannopoulos, *Die Entstehung der byzantinischen Themenordnung*, Munich: De Gruyter, 1959. J. V. A. Fine, "Basil Ⅱ and the Decline of the Theme System", *Studia slavico-byzantina et mediaevalia Europensia*, vol. 1, Sofia, 1989, pp. 44 – 47.
④ G. Ostrogorsky, "Pour l'histoire de la Feodalite byzantine", *Zbornik radova Vizantoloskog Instituta*, 12 (1970), pp. 41 – 54.

了一支普洛尼亚农民构成的队伍,但其战斗力极其低下,且军费开支过大而被迫解散,不得不代之以雇佣兵。① 在他们消失的同时,雇佣兵的使用更为频繁,其作用也日益增强,而拜占庭皇帝们似乎越来越偏好依赖雇佣兵,也许在他们看来,招募雇佣兵只在战时,比长期供养本国常备军在经济上更划算,在作战中更专业。事实也是如此,科穆宁、安茞鲁斯和帕列奥列格三个王朝都大量使用雇佣兵作为其主要的武装力量,文献材料也证明,这个时期的雇佣兵数量多,来源广泛,几乎涉及周边欧亚各族群,个别雇佣兵的领袖还担任帝国高级军职。②

雇佣兵的危害很大,其对拜占庭帝国最后衰亡的影响不可小视,本卷或有专门章节进行讨论。雇佣兵在战时的不可靠性是最大的危害,历史证明他们在拜占庭对外战争中作用极不可靠,他们或者为金钱而战,故常在内战中任意倒戈,或者稍不满意便临时罢兵,譬如于1204年负责城防的雇佣兵因为临战时提高军饷的要求没有得到满足便拒绝作战,致使仅有数千人的十字军骑士轻易占领了君士坦丁堡。又如在末代王朝统治期间的外国雇佣兵,任意在"两安德罗尼库斯之战"和"两约翰之战"中选择雇主,谁支付的军饷更多就选择谁。再如尚处于初期发展阶段的土耳其雇佣兵不仅榨取帝国的金钱财富,而且不断扩大势力,最终成为埋葬拜占庭帝国的掘墓人。此外,雇佣兵极大加速了拜占庭国家的经济崩溃,因为雇佣兵的军饷常常是吞噬帝国财税收入的无底洞,特别是在内战连绵不断的时期,其没有限度的大笔开支通常超过皇帝的预算,使拜占庭帝国本已经捉襟见肘的财政连续陷入危机。从朝廷到地方,在内乱中毫无节制地增加税收,或剥夺教会财产,或没收贵族产业,以便填补财政赤字。末代王朝的经济运行陷入恶性循环,新的政治内乱加剧社会动荡,加重税收的措施进一步把破产的农民推入绝境,小农经济的彻底崩溃使得城乡商业贸易和手工业失去了原材料产地和消费市场。最后,雇佣兵不断排斥拜占庭本土士兵的恶果最终摧毁了帝国军事系统。负有保家卫国使命的农兵不见了,为金钱而战的雇佣兵成为学习的榜样,拜占庭下层民

---

① Anna Komnene, *The Alexiad*, trans. E. Dawes, London: Rontledge, 1928, trans. E. Sewter, Harmandsworth: N. Y. Penguin 1969, pp. 208 – 267. Anna Comnène, *Alexiade*, ed. B. Leib, 3 vols., Paris: Les Belles Lettres, 1937, 1943, 1945, TLG, No. 2703001.

② I. Zepos, *Ius Graeco-Romanum*, Ⅲ, p. 373. 其中提到来自欧洲和西亚地区多族群雇佣兵。

众为生活所迫也走上了雇佣兵的道路,并逐渐成为一种时尚,当时的史家记载,几乎"所有的人都希望成为士兵,他们有的将辛勤劳动赖以为生的缝纫针丢弃一旁,有的离开马厩,有的掸去身上的砖灰、或面包烘炉飘落的烟尘,纷纷奔向招兵的军官"①。普通民众如此,贵族王公也蔑视和猜忌军队,有的削弱甚至解散军队以防兵变,末代王朝最终到了无兵可用的地步,1453年的守城战只能依靠热那亚雇佣兵领袖担任总指挥。②

其次,拜占庭小农经济衰落的同时,掌控帝国实权的大地产贵族兴起,特别是地方军事贵族形成了与中央集权相抗衡的分裂势力。他们从最初的干预朝政,发展到兴废君主左右政局,甚至登上皇帝宝座,由于其代表着利益各异的分裂势力,中央集权制的拜占庭国家权力遭到破坏,民众最终不再认同拜占庭帝国臣民的身份了。

小农破产与大地产主崛起互为因果,拜占庭国家对小土地的保护难以发挥作用是个决定性环节。除了拜占庭王朝统治依靠贵族的政治因素外,一些皇帝为了笼络军事贵族,出台法令推翻前任皇帝保护小农的立法。例如代表大地主利益的皇帝尼基弗鲁斯二世(Nikephoros Ⅱ Phokas,963—969年在位)就在其立法中批评前代皇帝"完全不注意关心权贵的财产,甚至不许他们保有已经得到的产业"③。这种与保护小农立法相悖的法令一经颁布便立即受到大地主的热捧,也必然刺激大地主的发展。对于短视的皇帝而言,他只求在位期间的统治稳定,而不顾帝国发展的长远利益。对于大地主而言,这种立法被视为难得的机遇,他们必然闻风而动,加速对小农土地的侵蚀兼并。但是对于小农而言,其自身经济的脆弱性暴露无遗,他们经受不住各种灾变动乱的冲击,也会在短暂的政策变动打击下随时处于破产的境地,且一旦破产便难以重新恢复。部分皇帝的短视行为不仅加速了小农经济的衰落,增加了前任皇帝本来就难以落实的限制大地产扩张政

---

① N. Choniates, *City of Byzantium, Annals of Niketas Choniatēs*, trans. H. Magoulias, Detroit: Wayne State university Press, 1984, p. 273. Nicetae Choniatae, *Historia*, ed. J. van Dieten [Corpus Fontium Historiae Byzantinae 11], Berlin: De Gruyter, 1975, TLG, No. 3094001.
② 陈志强:《谁该为1453年君士坦丁堡战役的失败负责》,《史学月刊》2015年第1期(总第411期),第51—57页。
③ I. Zepos, *Ius Graeco-Romanum*, I, pp. 253-254. Eric McGeer, *The Land Legislation of the Macedonian Emperor*, Toronto: Pontifical Institute of Mediaeval Studies, 2000, p. 68.

策实施的难度,也使大地主贵族势力得到鼓励,愈发不可遏止地发展起来。小农群体无法享受获得耕地的优先权,常常选择自动放弃,有的则将其优先权变相转让给大地主。小农经济仅仅经过几代人便从其鼎盛阶段迅速衰落,充分证明了国家保护对于维系小农地位的极端重要性。这里,笔者一再强调小农的脆弱性就是因为它揭示出拜占庭晚期经济落入恶性循环的内在原因,这个隐藏在帝国经济深层次的因素常常被人忽视。① 事实上,这也是中古世界大地产占有和小土地经营之间的矛盾何以形成后者最终普遍破产的趋势之道理所在,前者抗打击的韧性远超过后者,因此双方博弈的结果必然不利于后者。

总体而言,拜占庭皇帝中保护小农的还是少数,以马其顿王朝诸帝为例,多数还是采取青睐大地产贵族的政策。自军区制在全国推行以后,多数皇帝的政策倾向是扶植大地产主。10世纪以前推行的军区制在客观上为地方军事贵族发展和扩大其家族大地产创造了条件,中央政府下放权力给地方军区将领更多机会利用其权力占有和扩大家族地产。军区制的普遍推行同时意味着以大土地为经济基础的军事贵族崛起,大土地的兴起又以小农经济为牺牲。马其顿王朝部分皇帝强制推出保护小农和发展农兵小土地占有制的立法,在一定程度上延缓了大土地发展的速度。问题在于多数皇帝们何以放弃保护小农的政策,而有意无意地采取支持大土地贵族的政策。这里就需要分析两者的利益关系。保护小农和发展小农经济对于拜占庭帝国而言是一个具有长远效益的举措,而笼络大地主贵族则是维护皇帝统治的短期可见成效的措施。从阶级利益的角度分析,拜占庭皇帝在政治上与贵族结盟,无论是宫廷贵族还是军事贵族,皇帝的统治始终依靠贵族的支持。正因为如此,与贵族属于一个利益共同体的皇帝,总是以各种方法争取或是拉拢官僚贵族和军事贵族以及教会贵族势力。通常情况下,他们打击的贵族多属于敌对势力。这种情况在晚期拜占庭社会表现得更加明显。11、12世纪及以后的皇帝为得到大贵族的拥护,总是赏赐他们大量财产,其中地产是重要组成部分。杜

---

① 拉伊奥以为国家丧失控制权是拜占庭晚期经济下滑的关键因素,这一认识无疑是正确的,但是她未能指出农业经济发展需要国家保护的根本原因在于小农经济天然的脆弱性。A. E. Laiou ed., *The Economic History of Byzantium*, Ⅲ, pp. 1156 – 1157.《罗马—拜占庭经济史》更是完全绕开这一点,把小农经济置于其模型的决定性位置上。厉以宁:《罗马—拜占庭经济史》,北京:商务印书馆2006年版,第864页。

卡斯王朝(1057—1081)以后的科穆宁王朝(1081—1185)、安茞鲁斯王朝(1185—1204年)、帕列奥列格王朝(1261—1453年),以及散在拜占庭各地的自立政权,都是拜占庭皇帝扶植起来的大贵族家族的代表。他们通过没收、抢夺、强占和低价购买等手段获得破产小农的土地,扩大各自领地的范围,还得到皇帝的认可。保存至今的大量地契、账簿和合同书都生动地反映出大地产兴起的过程。而农民的普遍贫困化在这一过程中也表现得同样显著,他们迅速沦落为普洛尼亚地产主的农奴。后者最初只能终身占有土地的权利很快变为世袭领地权利,他们在其领地上自行征税、组建自卫武装力量和自行设立行政司法的机构。很多学者都认为这种大土地与西欧的封建领地并没有本质区别,因此,当十字军骑士奉拉丁帝国皇帝之命在巴尔干半岛建立西欧式领地时,"他们发现了非常熟悉的环境,并能不作多少修改就习惯这一环境。"①很明显,皇帝们在长远利益和短期利益之间更倾向于选择后者,考虑到皇帝在位时间大多短暂,其注重眼前利益的选择就是顺理成章的。

以大地产为后盾的贵族对帝国中央集权制的政治危害十分明显,他们成为拜占庭帝国晚期历史上政治分裂的主要因素。这样的危害何以不能得到清除,皇帝们何以不能采取措施克服地方大贵族势力的弊端?事实上,皇帝及其皇族就是拜占庭帝国大贵族的一部分,他们在野时不仅凭借其经济实力与朝廷抗衡,而且其目标就是直接参与宫廷内讧,其中成功者便爬上皇帝的宝座。他们中最具有代表性的人物是约翰·坎塔库震努斯,此人在"两安德罗尼库斯之战"中曾利用其雄厚的家产帮助安德罗尼库斯三世在内战中获胜。待后者去世后,他又动用大笔财产雇佣土耳其士兵打赢内战,成为皇帝。晚期拜占庭帝国的皇帝逐渐失去了帝国最高神圣权威的象征,他们只不过是获得暂时胜利的大家族的代表,因此,未能夺取君士坦丁堡正统大位的皇亲国戚和大贵族便各霸一方,在伊庇鲁斯、特拉比宗和巴尔干南部拥兵独立,自立为王,甚至连君士坦丁堡皇帝的最高宗主权也不认可。最为凄惨的是末代皇帝君士坦丁十一世,连他自己都看不起皇帝的宝座,迟迟不愿前往君士坦丁堡登基。而各地大贵族各自为政,对危在旦夕的首都坐视不

---

① G. Ostrogorsky, "Agrarian Conditions in the Byzantine Empire in the Middle Ages", in *Cambridge History of European Economy*, vol. 1, p. 227.

救，直到15世纪拜占庭帝国灭亡前夕，他们还在相互厮杀，甚至那些被围困在君士坦丁堡城内的教、俗贵族也不把帝国视为自己的帝国，宁肯把金钱埋藏在地下留给自家使用，也不肯借钱给皇帝以解燃眉之急。1453年君士坦丁堡的失陷并未改变大贵族的心态，可能那个古城的失守对他们而言不过是帕列奥列格家族的损失，他们在莫利亚和特拉比宗等地继续相互厮杀，直至全部成为外族的奴隶。

再者，财政税收制度的破坏是小农经济瓦解最直接的恶果。中央集权君主专制制度是拜占庭帝国最重要的政治制度，靠着这一制度，帝国以皇帝为首的庞大国家机器组织协调各种力量，保证整个帝国运转的稳定和安全。因此，帝国需要以巨大的财政开支支撑军队、政府、司法等国家机构，其中战争消耗最大，如6世纪拜占庭将领贝利萨留领导的对非洲远征，即动用了上千艘舰船和十余万将士，军费开支高达13万金镑，相当于拜占庭帝国的全年收入。① 包括军费、皇室开销等在内的国家巨额财政需求主要从国家税收中得到满足，帝国预算需要得到财政支付。因此，拜占庭帝国从一开始便建立起完善的税收和财政管理制度。除了查士丁尼一世这个铁腕皇帝在位时确立起完整的税收体制，12世纪期间的拜占庭财税制度也达到完善的程度，其组织机构之严密、制度之严谨、各级税吏之精干和其工作效率之高在中古欧洲和西亚地区均属首屈一指。② 军区制和小农经济稳步发展后，曾一度陷入混乱的财政税收体制重新恢复，帝国岁入逐渐增加，国库持续得到补充，帝国财税实力加强。10世纪初年的拜占庭帝国岁入增加明显，年收入曾达到642 000金镑，皇帝瓦西里二世(Basil Ⅱ，976—1025年在位)也是个铁腕君主，他打仗在行，还是理财能手，虽然对外战争不断，但到他去世时，仍给其后人留下了25万金镑的国库结余。③

---

① 普罗柯比记载为13万金镑，约合900万诺米斯玛金币，G. Ostrogorsky, *History of the Byzantine State*, tr. J. Hussey, Oxford: Blackwell & Mott, 1956, 1968, p. 57. 而同期查士丁尼一世统治下的帝国年收入估计为11万金镑，S. Runciman, *Byzantine Civilization*, p. 96.
② A. E. Laiou ed., *The Economic History of Byzantium*, Ⅲ, pp. 1154-1155.
③ S. Runciman, *Byzantine Civilization*, p. 96.

二、小农经济的破产

军区制的瓦解和小农经济的衰败注定大量减少国家税户,这是由以下几个方面的因素造成的。其一是由于农兵破产、兵源减少和军事失败促使帝国疆域日益缩减,小农集中的纳税区域大幅度缩小,税户减少。其二是由于小农破产和流亡,使得纳税农户纷纷改变身份,转由教、俗大地主掌控,逐渐脱离帝国税收体系。11世纪末以后的拜占庭军队大举后撤,放弃外高加索地区和两河流域防线,使这个生产谷物的地区脱离帝国控制,特别是1071年曼兹科特战役惨败后,拜占庭人丧失了对小亚细亚农业区的控制,使其失去了最重要的粮食产地和纳税区。几乎同一时期,诺曼人对意大利南部地区的征服,特别是1072年多股北欧海盗胜利完成了其征服活动,拜占庭人从此离开了这个农业区,帝国财税来源因此失去了一个重要地区。一方面是纳税人数锐减,另一方面是维持税收总量不减而采取的增加税额和增设新税种等措施,进一步加重了税收负担。帝国对人数急剧减少的国家税户变本加厉的盘剥加快了小农经济的衰败。安德罗尼库斯即通过增加税收的方式使其年收入达到14 000金镑。① 这样的重税政策加剧了小农的破产,加快了税源枯竭的速度,最终榨干了帝国仅存的财税资源。

小农经济的发展必需稳定和平的环境,普遍的动乱和朝不保夕的恐惧感直接损害帝国官僚机构的管理效率。动乱中的行政机构不仅处于瘫痪状态,官员们也抱着乱中取利的心态大肆贪腐,严谨的税制被破坏,国家和农户都受到严重影响。安德罗尼库斯二世朝廷中的四名最高法官,有三人因贪污被革职流放。官员们为了在任期内迅速聚敛财富,完全不顾法律法规,想方设法搜刮民脂民膏,千方百计拖延或克扣上缴国库的税款。朝廷对此无计可施,逐渐推行包税制度,由包税人按招标税额向国库缴纳税金,国库则授予他们代征税赋的权力。国家失去对税收控制的结果是任由包税人足额缴纳后便可以在其包税区域内肆意征税,促使纳税

---

① Nikephoras Gregoras, *Historia Byzantina*, ed. L. Schopen and I. Bekker, Bonn: Weber, 1829 – 1830, I, p. 317. Nicephori Gregorae, *Historiae Byzantinae*, ed. L. Schopen and I. Bekker, 3 vols., [Corpus Scriptorum Historiae Byzantinae 25 – 27] Bonn: Weber, 1829, 1830, 1855, TLG, No. 4145001. 其中记载为100万金币,按照查士丁尼时代的换算比率,大约为1.4万金镑。

民众遭到更加沉重的压力,民间反抗重税的声浪高涨,"宁要外国奴役之火,不要本国重税之烟"的谚语广为流传。推行包税制未能改善帝国财政危机的状况,安德罗尼库斯二世时的年收入仅相当于查士丁尼时代年收入的 12.37%,比小农发展鼎盛时期的拜占庭帝国中期情况就更差了,大约仅相当于那时年收入的 2.18%。① 拜占庭帝国末代王朝的财政窘境是人所共知的事实,为了维持皇室奢侈生活的开销,皇帝们不得不出卖宫中财物,有据可查的典型案例就是 14 世纪中期的安妮皇后将皇冠上的大珍珠以 30 000 杜卡特金币抵押给威尼斯人。瓦西列夫也举皇帝约翰五世的婚礼为例,认为其寒酸窘迫反映的正是末代王朝的财政危机。②

最后,晚期拜占庭商业贸易和手工业发展的停滞也是小农经济衰落产生的间接消极影响。拜占庭帝国虽属农本国家,但其工商业经济也在国家经济整体发展中发挥积极作用。帝国商贸活动在中古世界留下鲜明印记,并促进其手工业发展水平相当高,形成了特色鲜明的拜占庭民族手工业。约占拜占庭国民生产三分之一的工商业在帝国现金收入方面的占比几乎达到总额的一半。③ 直到 13 世纪意大利各城市共和国商业崛起前,拜占庭商业贸易凭借其得天独厚的经济地理位置和军事战略天然优势,称雄东地中海国际贸易,掌控东西远途过境商贸的垄断地位,其手工业的发展水平在欧洲和地中海世界首屈一指,马克思经典作家因此称之为"沟通东西方的金桥"。7 世纪以后逐渐兴起的小农经济显然对拜占庭工商业发展产生了积极影响,以至于 8 世纪"拜占庭商业经济史才真正开始"④。但是,随着小农经济的下滑,帝国工商业也受到连带不利影响,如果说小农经济衰败造成帝国财税体系崩溃是伤害了其经济机体的一条腿,那么城市工商业、特别是国际贸易的破坏就使帝国难以保持立足能力了。

关税收入下降是拜占庭国际贸易衰败的另一个标志。拜占庭帝国首都君士

---

① M. F. Hendy, *Studies in the Byzantine Monetary Economy c. 300 – 1450*, Cambridge: Cambridge University Press, 1985, p. 620 and 626.
② A. A. Vasiliev, *History of the Byzantine Empire, 324 – 1453*, Madison: The University of Wisconsin Press, 1958, 1970, vol. II, p. 680.
③ A. E. Laiou ed., *The Economic History of Byzantium*, III, p. 1154.
④ S. Runciman, "Byzantine Trade and Industry", in *Cambridge History of European Economy*, vol. 2, pp. 132 – 137.

坦丁堡处于东西南北商路的交会点,在此集散的商品不仅来自欧洲、西亚各国,而且还远至中国、印度和西伯利亚,又被称为古代丝绸之路的西端城市,就是在这里,进出口商品一律被课以10%—12%的关税,①其他各口岸进出的商人都要缴纳交通税和港口税等。据12世纪犹太旅行家图德拉的便雅悯(Benjamin of Tudela)记载,皇帝曼努埃尔一世(Manuel Komnenos, 1143—1180年在位)时期,国家每年对君士坦丁堡外国商人征收20000金镑。②拜占庭帝国凭借其经济发展的稳定性,长期保持其索里达金币的国际信誉。考古学和古币学家研究证明,其流通范围既包括整个欧洲、北非和西亚,还包括古代中国西域边陲,甚至远抵蒙古中部地区。拜占庭经济发展也依托于活跃的国内贸易,以若干大中城市为中心形成的经济区域遍及帝国各地,有力地促进了手工业产品的销售。朝廷对军工和丝绸业严加管制。例如丝绸工商业具有特殊重要性,帝国对其实行国家控制和官营,从养蚕、收茧、抽丝,到纺织、染色、制衣的丝织品生产,以及原料进口、丝织物成品出售的商业活动,全部由皇室严密控制,实行全流程垄断。每磅生丝最高价格达到15诺米斯玛金币。③各类集市和市集定期或不定期地为农副产品和手工业商品交换提供机会,它们也是城乡物资交流的场所,满足拜占庭城乡居民的需求。这种城乡经济的良性循环在11世纪末以后就不再出现了。

  小农经济的瓦解对工商业发展产生了极大的消极影响。第一,军事失败无法保证工商业必需的安定环境。持续恶化的安全形势使拜占庭各地都处在动乱之中,远途和近程商贸活动都非常危险,国际贸易和国内商业活动逐步减少,商业投资变得无利可图。科穆宁王朝初期的皇帝为了得到意大利海军支援出让贸易特权,这一做法一直受到后人诟病,但也有研究者指出,其实这一做法是拜占庭人承认既成事实的权宜之计。当时的拜占庭帝国,已经丧失了其在东地中海的霸主地位,威尼斯人海上武装力量的兴起就是在此背景下发生的。无论如何,拜占庭工商业的主要竞争对手此后迅速发展起来,他们取代了拜占庭人的地位,各航海城

---

① 有些学者如卡拉扬诺布鲁斯教授认为拜占庭关税占商品价值的12.5%,代表了大多数学者的意见。I. Karagiannoulos, *To Βυζαντινον Κρατος*, Θεσσαλοικη, 1983, σ. 92.
② S. Runciman, "Byzantine Trade and Industry", in *Cambridge History of European Economy*, vol. 2, p. 148.
③ 相当于4头牛的价格。R. S. Lopez, "Silk Industry in the Byzantine Empire", in *Speculum*, XX (1945), pp. 1 – 42.

市共和国甚至为争夺海上航线和商业霸权而大打出手。1204 年,威尼斯人借西欧十字军骑士之手彻底摧毁了以君士坦丁堡为中心的东地中海商贸结构,拜占庭工商业中心地位也逐渐丧失,新的中心西移到亚平宁半岛。作为意大利商人和冒险家乐园的君士坦丁堡常驻的意大利人多达 60 000 人,而 14 世纪中期的拜占庭人失去了大部分关税,其 87% 被热那亚人所控制,后者设在君士坦丁堡的海关年收入达到 20 万金币,拜占庭人的海关收入则大为下降,仅相当热那亚人的 15%。① 1204 年君士坦丁堡被拉丁人占领后,拜占庭商业贸易和手工业便再也未能恢复昔日的辉煌。

第二,小农经济的衰落给工商业的发展带来严重影响。小农破产何以会缩小工商业必需的国内外市场？小农经济的持续衰落必然减少了自由行动的农民,而占人口多数的农民数量规模下降是与其普遍降低生产和生活标准同时发生的。农民没有足够的金钱购买必要的手工业产品,缺乏提高消费的热情和能力,也无力增加提高生产水平和改善生活环境的资金。随着经济形势的持续恶化,农民劳动的强度不断加大,耕作时间持续延长,他们没有足够的时间和精力外出,或进城进行城乡产品的交易。工商业市场的萎缩加快农副业原材料产品的减少和价格的提高,高端手工业产品不得不降低质量水平以压缩成本开支。破产农民还因其地位下降或自由身份的改变,不能或没有必要离开其所在农村进城消费,一些依附农的活动、特别是外出活动受到主人越来越严格的限制。城乡交易活动的减少和购买力普遍的降低首先加快了小工商业者的破产,因为他们更依赖国内贸易和低端手工业产品消费,他们和小农一样脆弱,缺乏抵抗经济压力的韧性。富商大贾虽然比小手工业小商贩具备更强的抗压能力,但也每况愈下,特别是帝国失去了海内外市场的控制权,迫使他们转而寻求与意大利商人的合作。原本由拜占庭人主导的贸易网逐渐被意大利人掌控,拜占庭商人从东地中海商贸圈的主角变为配角。② 拜占庭城市普遍败落,君士坦丁堡再也难以找回昔日的繁盛景象,因为这个人口一度达到百万的大都市的存在几乎就是靠强大的市场贸易支撑的,城市居民的吃穿用行全都离不开城乡产品的交流,特别是可能会造成饥荒的粮食供给

---

① G. Ostrogorsky, *History of the Byzantine State*, pp. 526 - 527.
② A. E. Laiou ed., *The Economic History of Byzantium*, Ⅲ, p. 1161.

几乎构成了城市的生命线。活跃的贸易不仅解决城市居民的衣食住行问题,还为城市手工业输送必需的原料和输出各种产品。随着农民的普遍破产,城市失去了充足的生产生活物资来源,也丧失掉应有的经济作用。城市生活更加艰难,导致人口大量流失,1453年时的君士坦丁堡市区人口不足70000人,城区内的花园绿地或者变为杂草丛生的荒地,或者变成小块农田和菜地,城市乡村化日益严重。

由于小农破产导致的工商业经济衰败也引发金融货币体系的崩溃,晚期拜占庭经济生活出现劣币驱逐良币现象,伪币劣币盈市,货币贬值严重。具有稳定国际信誉的拜占庭金币也大幅度贬值,金币成色越来越差,含金量仅相当足值金币的三分之一,即由24克拉降低到8克拉。12世纪以后,其金币再度贬值。13世纪末代王朝开始重铸货币,不仅减轻金币重量,①而且加大金币中合金比例。② 14世纪初以后的拜占庭金币彻底丧失了国际货币地位,地中海货币流通以威尼斯、佛罗伦萨和热那亚的金币为主。拜占庭经济的整体衰败使帝国失去了自立能力和复兴希望,当时作家都预感到"现在这座都城的末日已经来临,此时我们已经看到我们民族灭亡的死光"③。帝国末代皇帝君士坦丁十一世也无奈地哀叹:我们已经别无出路,一无所靠,只有"依靠我主上帝和救世主耶稣基督之名,依靠我们自己的双手和上帝全能之力赋予我们的力量"④。

---

① 帕列奥列格王朝的一枚拜占庭希帕皮隆金币重量为4.15克,比前朝减少了0.22克。E. Lianta, *Late Byzantine Coins: 1204–1453, in the Ashmolean Museum, University of Oxford*, London: Spink, 2009, p. 12.
② 拉伊奥认为末代王朝的金币将银和铜的比例提高到11%。见A. E. Laiou ed., *The Economic History of Byzantine*, Ⅲ, p. 945. 莫里森认为每个金币减少1克拉黄金重量,由15克拉纯金和9克拉其他合金铸造新币。见C. Morrison, "Money, coins and the economy", in Paul Stephenson ed., *The Byzantine World*, London and New York: Routledge, 2010, p. 41.
③ Doukas, *Decline and Fall of Byzantium to the Ottoman Turks*, an annotated translation of "Historia Turco-Byzantina" by Harry J. Magoulias, Wayne State University, Detroit: Wayne State University Press, 1975, XXXVIII, 3–4, p. 238. Ducas, *Istoria Turco-Bizantina (1341–1462)*, ed. V. Grecu, [Scriptores Byzantini 1] Bucharest: Academia Republicae Popularis Romanicae, 1958, TLG, No. 3146001.
④ G. Sphrantzes, *The Fall of the Byzantine Empire, A Chronicle by G. Sphrantzes, 1401–1477*, trans. by Marios Philippides, Amherst: The Uniersity of Massachusetts Press, 1980, Ⅲ, vi, p. 273. Georgios Sphrantzes, *Memorii 1401–1477*, ed. V. Grecu, [Scriptores Byzantini 5] Bucharest: Academia Republicii Socialiste România, 1966, TLG, No. 3143001.

第二节

军事体系的崩坏

本卷涉及的拜占庭晚期历史就是一部帝国衰亡的历史，国家经济陷入恶性循环加速了物质基础的瓦解，但帝国衰亡的直接原因在于拜占庭军事体系的崩坏。这个最直观的因素可以在1453年君士坦丁堡防卫战的失败中看到，帝国皇帝和中央机构所在的都城陷落标志着帝国的灭亡，包括帝国军队在内的国家核心部门的消亡意味着帝国失去了东山再起的活力。如果君士坦丁堡能够取得守城战的胜利，则拜占庭帝国继续存在，拜占庭社会生活的其他方面还将延续。拜占庭帝国的生命到1453年完结，导致这一结局的直接原因就在军事层面。

纵观拜占庭军事史，维系帝国安全的军队长期占有东地中海地区强权博弈的优势地位。君士坦丁大帝的军事改革在晚期罗马帝国皇帝戴克里先改革基础上，进一步加强了帝国中央政府对军队的控制，强化了武装力量的专业化特征，使得帝国武装力量全面提升了对外战争的综合实力。在皇帝为首的中央集权统一指挥下的帝国军队，在查士丁尼大帝时代稳步趋于辉煌的顶峰阶段，当时的杰出军事将领辈出，其东征西讨的战绩将早期拜占庭帝国的疆域扩展到最大限度。但是欧亚大陆古代民族迁徙浪潮的高涨，持续冲击着晚期罗马帝国陈旧的军事体系，导致早期拜占庭帝国边患四起，内乱加剧。新形势迫使中期拜占庭帝国统治者做出军事结构的调整，伊拉克略王朝开始施行的军区制改革及其在帝国全境的推广，引导帝国走出危机。军区制施行的500年是拜占庭帝国军事化不断加强的时期，帝国军事建设进入良性循环，军力持续提升，从防御性战略走向攻击性战略，马其顿王朝的鼎盛时期使帝国军区制的优势得到充分发挥，瓦西里二世时代的帝国军事胜利从外部加强了"黄金时代"的特征。然而，晚期拜占庭帝国军区制衰败，中央政府丧失了对军队的严格掌控，地方军事贵族分裂势力加剧了拜占庭军事体系的严重失调，帝国武装力量在很短时间内便丧失了其长期保持的战场优势。这个过程发展得过于迅速，以至于12世纪的拜占庭人还来不及做出反应，便在13世纪初的突发事件中被第四次十字军的数千骑士赶出了帝国首都君士坦丁堡。此后的拜占庭军事史如同帝国衰亡史一样,再也没有走出失败的命运,军队的规模越来越小,人数越来越少,军事技术越来越差,军人的地位越来越低,军事变革进展越来越慢,最终被彻底放弃,代之以大批雇佣兵,以至于在最后一战中,末代皇帝将守卫君士坦丁堡的最高指挥权也交给了热那亚雇佣兵队长。尽管历史赋予了拜占庭人太多的机遇,但都被他们慷慨地浪费掉了,其最终战败灭亡就是必然的了。

一、军事体系失调

军事衰败首先表现在帝国军事结构失调,帝国中央政府统一控制下的军事体制瓦解。其原因复杂难辨,影响深远恶劣,不得不察。

拜占庭帝国军事体制继承自晚期罗马帝国,基本上实行中央集权制控制下的专职军队制度,也就是帝国政府财政支持的武装力量,其来源主要是本土居民。至拜占庭时代开始的4世纪,君士坦丁一世在罗马军事制度基础上进行了改革,其解决的问题集中在强化中央集权控制,减少军队地方化和私人化特征,进而消除军阀割据。新的军事改革将罗马军团制转变为按照需要设置的军种制,原来的军团变身为边防军、野战军、城防卫戍部队和御林军(禁卫军)等。五大军种分别驻扎在首都郊区、多瑙河和幼发拉底河边境地区。这个时期的部分同盟者军队是由外族人构成,仅仅是帝国主力部队的辅助部队,统一由帝国将领指挥。外族雇佣军服从其首领的独立指挥,数量极少。① 中期拜占庭军事变革主要是军区制改革,深刻地反映了当时东地中海和西亚战争环境的变化,来自西亚、东欧地区的草原民族入侵越来越频繁,小股机动骑兵的攻击令大兵团作战方式处于被动地位,莫里斯的《战略》详细记载了拜占庭军事变革的背景。② 军区制问题的争论一直

---

① A. P. Kazhdan ed., *The Oxford Dictionary of Byzantium*, pp.183 - 185.
② Maurice, *Das Strategikon des Maurikios*, ed. G. T. Dennis and E. Gamillscheg, Vienna: Wien, 1981. [拜占庭]莫里斯一世:《战略》,王子午译,北京:台海出版社,2019年版。Mauricius, *Arta Militara*, ed. H. Mihaescu, [Scriptores Byzantini 6] Bucharest: Academie Republicii Socialiste România, 1970, TLG, No. 3075001.

在持续,很多观点分歧在于其名称来源、最初建立的时间、军区的性质、其作用和影响等,但对于其长期存在的事实并无争议。① 军区制是在中央集权控制下、自上而下的军政管理体系的军事化,也是帝国军事指挥权的下放过程,其应对新战争形态的高效率反映在拜占庭军队得到重组。军区制改革不仅扭转了帝国总兵力从60万下降到查士丁尼时代末期15万的颓势,②而且使军事指挥制度变得更加灵活高效,骑兵技战术和弓箭手新战法极大地提高了拜占庭军队的战斗力,其在7、8世纪期间取得的对波斯人、阿拉伯人、阿瓦尔人、保加利亚人和伦巴第人的胜利无疑都与军区制改革及其全国性推行有密切关系。直到马其顿王朝末期以后,情况发生了根本性转变。

晚期拜占庭军事史的一个重要转折点发生在12世纪。众所周知,马其顿王朝统治结束(1057年)后,拜占庭帝国迅速进入衰败阶段,其衰败程度之严重、衰败速度之迅猛,似乎令后人难以理解。当曾经被无数人视作固若金汤的首都君士坦丁堡被数千名西欧十字军骑士攻占时,历史留下的许多难以解释的谜团便困扰着人们,至今学者们还在探讨其中的答案。③ 这一转变对于后人和现代研究者来说之所以难以理解,还在于这个时期的史料太少,当时拜占庭社会生活动荡不安,作家们缺乏系统的史料来源和安定的写作环境,历史写作困难重重。因此这个时期缺乏历史文献而难以研究,至今有关晚期拜占庭帝国历史的研究滞后于其他阶段的研究,这也是学界的共识。④ 正因为如此,皇帝的长女安娜·科穆宁娜留下的《阿莱克修斯传》就显得特别珍贵,该书完整地记述了该书传主阿莱克修斯一世这位皇帝的生平,特别是其在位期间发生的一系列重大事件,忠实地记录了晚

---

① A. Pertusi, *La formation des themes byzantine*, Munich: Beck, 1958. J. Karayannopoulos, *Die Entstehung der byzantinischen Themenordnung*, Munich De Gruyter, 1959. J. V. A. Fine, "Basil II and the Decline of the Theme System", *Studia slavico-byzantina et mediaevalia Europensia*, vol. 1, Sofia, 1989, pp. 44–47.

② N. H. Baynes and H. Moss eds., *Byzantium. An Introduction to East Roman Civilization*, pp. 299–300. 其后的皇帝伊拉克略能够投入其重大战事——波斯战争的兵力只有区区6000人而已。S. Runciman, *Byzantine Civilization*, p. 146. 人们对此给出的解释是查士丁尼对外战争导致兵力下降,目前这一解释看来需要调整。陈志强:《拜占廷学研究》,第59—60页。I. Καραγιαννόπουλος, *Ιστόρια Βυζαντινού Κράτους*, Εκδόσεις Βάνιας, Θεσσαλονίκη, 1991, τόμος Α', σ. 638–639.

③ 有人以为是杜卡斯王朝统治铸成的大错是第四次十字军攻陷君士坦丁堡的主要原因,但这解释不了何以帝国军事衰败由此开始。A. A. Vasiliev, *History of the Byzantine Empire, 324–1453*, 1958, I, p. 354.

④ 尼科尔谈到过晚期拜占庭历史研究的落后和史料贫乏有关。B. M. Nicol, *The Last Centuries of Byzantium, 1261–1453*, London: Hart-Davis, 1972, Cambridge: Cambridge University Press, 1993, ch. 1.

期拜占庭帝国社会生活各方面发生的深刻变化,是研究拜占庭帝国由盛而衰开始走下坡路的重要史料。①

如前所述,11、12世纪拜占庭军区制瓦解消亡,最初设立的各大军区被分划为更小的军区,还被剥夺了行政权和司法权,使它们仅仅保留作战功能,而失去了其他存在的价值。帝国军事指挥权重新收归中央政府控制,君士坦丁堡再度成为拜占庭各地军队的总司令部。② 本地士兵的减少虽然能够节省大笔的军事预算,但是为应对紧急军情,帝国朝廷被迫加大使用雇佣兵的力度。一方面是本国兵源枯竭,不得不增加雇佣兵的数量,另一方面是地方失去军事指挥权,更难应对频繁的外敌入侵,而日益增多的对外战争要求帝国政府加大雇佣兵的使用,拜占庭军队进入自废武功的恶性循环。原本只是作为帝国武装力量辅助部队的雇佣兵,越来越占据主力地位。

纵观拜占庭军事史上的雇佣兵制,人们可以得到这样的印象:他们的发展经历了从小到大、从少数到多数、从辅助部队到主力部队的过程。早在罗马帝国时代,雇佣兵便登上历史舞台,罗马军团和同盟者军团之外,还有部分雇佣兵。拜占庭帝国也继承了前人使用雇佣兵的传统,但在12世纪以前,雇佣兵只是拜占庭帝国军队的辅助力量。12世纪是帝国军事制度深刻变革的时代,雇佣兵制从此逐步形成和发展,这是拜占庭帝国军区制瓦解的必然结果。

对于这个重要的转变时期,我们需要更多笔墨加以论述。从科穆宁王朝第二位皇帝阿莱克修斯统治开始,雇佣兵的使用更为频繁,其原因就在于军区制瓦解后农兵逐渐消失。为了保证经济上的岁收,皇帝加强推广"普洛尼亚"土地制度的力度,以便尽快填充国库。当时国库"是如此的空空如也,甚至国库的大门都不用上锁,任何想从此穿越的人都不会被阻止"③。阿莱克修斯推广的"普洛尼亚"土地制度、税收私人承包制、发行新货币等财政治理措施很快见到了成效,那些

---

① Anna Komnene, *The Alexiad*, trans. E. Dawes, London: Routledge, 1928; trans. E. Sewter, Harmand sworth N. Y. Penguin, 1969;中文译本有两个,一个译自英文本,李秀玲译的《阿莱科休斯传》(上海:上海三联书店2018年版);另一个译自俄文本,谭天宇、秦艺芯译的《阿莱克修斯传》(哈尔滨:东北林业大学出版社2017年版)。

② N. Oikonomides, "L'evolution de l'organisation administrative de l'empire byzantine au XIe siècle (1025 – 1118)", *TM*, 6 (1976), pp. 125 – 52.

③ *The Alexiad of Anna Comnena*, trans. by E. Sewter, V, pp. 156 – 157.

"普洛尼亚"土地的接受者此时被称为领主(pronoiar, pronoιάr)①,他们得到的土地中含有大量国有土地,包括土地上的农户。② 无论领主还是农民都负有军事服役的义务,③都要履行维修要塞、为士兵提供给养等劳役,通常领主服军役是作为骑兵,而农民则替代主人服役成为步兵,或者根据其得到土地的面积提供一定数量的步兵军需。④ 他们虽然被称为"士兵"(stratióteV),但他们不再是以前的自由农兵,而成为拥有普洛尼亚份地及其耕作者农民的地主,享有土地上的税收权。⑤ 阿莱克修斯凭借新制度大肆征募军队,不仅采用欺骗的方式将一部分摩尼教移民编入军队,还广泛招聘雇佣军。⑥ 他下令所有帝国高级将领和"凯撒"尼基弗鲁斯·梅里塞诺斯前往游牧民族中招募骑兵和步兵,⑦还在占领卡斯托里亚后,便第一时间招募诺曼人士兵加入帝国军队。⑧ 为后世广泛诟病的阿莱克修斯引进十字军骑士,事实上是他征召外国雇佣兵的一部分,他并未预见到这一措施嗣后给帝国造成了巨大灾难。根据安娜公主提供的第一手资料信息,阿莱克修斯一世原本打算重新强化本国军队和舰队,但遭到许多大臣的抱怨,他们都认为他不应该为此耗费巨额费用。⑨ 正是由于使用雇佣兵得心应手,他越来越倾向于这一加强军队建设的方法,并形成了相关的制度:其一是将雇佣兵纳入帝国主力部队,归属于帝国将领指挥;其二是严格控制雇佣兵群体,以各种方法令他们臣服;其三是牢牢掌控雇佣兵议价权,即出多少钱雇佣多少士兵由皇帝说了算。就是为了控制凯尔特雇佣兵,他采取伪造信件的方式在博希蒙德雇佣兵官兵之间制造不和,分裂凯尔特人军队。⑩ 还是为了控制库曼人雇佣兵,他要求其首领宣誓效

---

① J. M. Hussey, ed., *The Cambridge Medieval History*, Cambridge: Cambridge University Press, 1967, vol. 4, Part Ⅱ, p. 76.
② Michael Angold, *The Byzantine Empire, (1025-1204): a Political History*, London: Longman, 1984, p. 126.
③ G. Ostrogorsky, *History of Byzantine State*, p. 329.
④ J. M. Hussey, ed., *The Cambridge Medieval History*, vol. 4, part Ⅱ, p. 42.
⑤ G. Ostrogorsky, *History of Byzantine State*, p. 330.
⑥ *The Alexiad of Anna Comnena*, pp. 182-184, p. 214 and 167.
⑦ *The Alexiad of Anna Comnena*, pp. 298-252.
⑧ *The Alexiad of Anna Comnena*, p. 182.
⑨ *The Alexiad of Anna Comnena*, p. 379.
⑩ *The Alexiad of Anna Comnena*, Ⅴ, p. 173; ⅩⅢ, pp. 405-408.

忠,①还软硬兼施强迫十字军领袖也对他举行庄重的效忠仪式。② 为了迫使十字军首领宣誓效忠,他甚至邀请他们拜访皇宫并亲自与之谈判。③ 也是为了打一派压一派,他收养外族雇佣兵军官为义子,有学者认为,他是拜占庭历史上第一个正式将外族人收养为义子的皇帝。④ 其中,最为他重用的是撒克逊人塔提修斯,甚至委任他掌握帝国军事大权,后者以军队指挥官的身份几乎出现在安娜记述的所有重大战役和政治危机中。⑤ 还有萨尔马特人欧扎斯、⑥优秀的战士斯基泰人卡拉扎斯都因他们的勇敢而著名,⑦均深受皇帝器重。

此后,拜占庭雇佣兵的数量越来越多,其在拜占庭内外战争战场上发挥越来越重要的作用,从辅助部队逐渐变为主力部队。12 世纪下半叶的犹太旅行家便雅悯敏锐地观察到,拜占庭人不再投身战场了,他们已经把作战的事情都交给雇佣兵了。⑧ 研究表明,12 世纪以后的拜占庭政府失去了对雇佣兵的控制,拜占庭雇佣兵完成了从量变到质变的飞跃。这一质变对于拜占庭帝国军事系统而言是灾难性的,其主要表现在如下诸方面。首先是雇佣兵的数量大幅度增加,来源成分更为复杂多样,帝国之外几乎周边所有族群都加入雇佣兵的行列。特别重要的是,这些雇佣兵纷纷建立独立兵团,不再纳入帝国将领指挥下的部队,其指挥权自然也随之脱离帝国将领的控制。譬如,来自西班牙的加泰罗尼亚雇佣兵团受雇于皇帝安德罗尼库斯二世,其主要受雇任务是对抗入侵小亚细亚的突厥人,但在任务完成后,他们在首领罗杰的率领下决定常驻拜占庭帝国,特别是后者被杀后,他们长期肆虐色雷斯、马其顿和希腊中部地区,以抢劫为生,成为拜占庭帝国难以根除的军事毒瘤。其次是雇佣兵群体不再受制于帝国政府。最初,根据雇佣兵合

---

① *The Alexiad of Anna Comnena*, Ⅷ, pp. 253 - 254.
② J. Shepard, "'Father' or 'Scorption'? Style and Substance in Alexius's Diplomacy", in *Alexios I Komnenos, I: Papers*, ed. by Margaret Mullet and Dion Smythe, p. 105.
③ *The Alexiad of Anna Comnena*, Ⅹ, p. 325.
④ J. Shepard, "'Father' or 'Scorption'? Style and Substance in Alexius's Diplomacy", p. 112.
⑤ *The Alexiad of Anna Comnena*, Ⅳ, p. 141; Ⅵ, pp. 201 - 203 and 213 - 216, p. 224 and 232; Ⅹ, p. 299; Ⅺ, pp. 336 - 337; Ⅺ, p. 341; Ⅺ, p. 360; Ⅸ, p. 279, 282 and 288.
⑥ *The Alexiad of Anna Comnena*, Ⅴ, pp. 172 - 173.
⑦ *The Alexiad of Anna Comnena*, Ⅶ, p. 224 and 241; Ⅹ, p. 306.
⑧ Benjamin, *The Itinerary of Benjamin of Tudela*, ed. M. N. Adler, London: Philipp Feldheim, Inc, 1907, pp. 35 - 36.

同,他们只是临时参与某次作战,获得胜利后如约取得报酬后离开帝国,因为,为了满足他们的军需和扎营,雇佣兵临时参战的住宿按照"米塔盾"(Mitaton,客栈)制度进行安排,即帝国居民为他们提供"客栈"作为扎营的临时性住所,其吃穿住用的开销自负,武器装备自给自足。但是,这一制度随后便遭到废弃,很多雇佣兵军队作战之后也不再离开帝国疆域。这样一来,他们原本与皇帝建立的雇佣兵军饷利益关系就发生重要变化,他们转而成为晚期拜占庭帝国内部的利益群体,参与争权夺利的武装团伙。再者是雇佣兵的话语权越来越大,在雇佣他们的价钱方面不再被动接受皇帝的安排,而是随时随地随意提高价码,更有甚者提出占有土地的要求。从这个角度看问题,普洛尼亚制度在拜占庭帝国的流行与雇佣兵势力大有密切关系。

当外国雇佣兵尚未成气候时,一些拜占庭皇帝有感于御林军和亲兵的威胁,一度更加信任和依赖雇佣兵组成贴身护卫和保镖,这些受到皇帝信任和优厚待遇的雇佣兵也确实恪守其忠于主人的"职业道德",拜占庭历史上长期存在的瓦兰吉亚亲兵就是如此。① 但是晚期拜占庭的雇佣兵大多不满足于从皇帝那里得到的好处,他们在人数足够强大和时机合适时便会毫不犹豫地脱离皇帝控制,以武力夺取物质利益。因此,在末代王朝统治时期,人们很难在皇宫里看到他们的身影了,末代皇帝的亲兵大多是他从莫利亚带来的贵族亲信,他们不仅成为皇帝的贴身护卫,还是他的统治助手。就像大贵族斯弗兰基斯一样,他作为皇家的亲戚和几代皇帝的好友,积极参与最后一战的城防兵力协调工作,根据他的记载,围绕皇帝身边的卫士大多是忠心耿耿的贵族,而没有外国雇佣兵了。②

拜占庭军事体制的这一重大变动导致雇佣兵迅速占据了帝国武装力量的优势地位,其后果非常严重。首先最直观的后果是帝国武装力量的不稳定性,科穆

---

① S. Blondal, *The Varangians of Byzantium*, revised by S. Benedikz, Cambridge: Cambridge University Press, 1978, pp. 66 – 76.
② 乔治·斯弗兰基斯(George Sphrantzes)是位具有拜占庭贵族家庭背景的高官,他之所以成为末代皇帝君士坦丁十一世的亲信近臣,一方面是他与末代皇帝有多重亲戚关系,另一方面是他有一定的才能。他的妹妹嫁给了占据伯罗奔尼撒半岛莫奈姆瓦夏的皇族王公马莫纳斯(Mamonas),他本人则与皇族公主海伦娜结婚,青年时期便任职朝廷,服侍过三朝皇帝。在守卫都城最后一战的日子里成为皇帝最信任的人,时刻陪伴在皇帝身边,参与调动部署全城防务。G. Sphrantzes, *The Fall of the Byzantine Empire, A Chronicle by G. Sphrantzes, 1401 –1477*, preface, p. 129.

宁王朝时代尚能保持对雇佣兵的控制,但其后便失去了控制力,一发不可收拾。有研究认为,1204年君士坦丁堡的陷落是与雇佣军因为临时变价不成而放弃抵抗有直接关系。末代王朝更为依赖的雇佣军在最后的守城战役中,因主帅提前撤退导致整个防线松动,守军阵脚大乱,最终战败。① 其次,大量使用雇佣兵进一步耗尽了帝国的资源,雇佣兵的开支是随着战争压力加大而增加的,这就造成帝国严重的财政危机,在没有足够的金钱用作雇佣兵军饷时,皇帝不得不出让商贸主权,使得拜占庭人丧失了国际贸易优势地位,这也是后世责怪阿莱克修斯一世的重要一点。同样,在国库空虚而急需雇佣兵军费时,皇帝们只好以土地海岛为支付方式了。事实上,雇佣兵取代拜占庭本土士兵还有更广泛的社会影响,这可以被视为第三点严重后果。当拜占庭人把作战的任务都交给了雇佣兵时,他们也逐渐形成了只有"野蛮人"才诉诸武力的观念,这有些类似于我国古代社会形成的"好铁不打钉,好男不当兵"的民间思潮。进而造成了晚期拜占庭社会的"非军事化"和"无兵文化"的形成,整个社会不重视军队建设,仇视军事贵族,厌恶军人的社会意识直接催生了反对当兵、讨厌尚武、嘲笑武人习俗的形成。以至于拜占庭人不知道如何作战,如何正确运用早先已有的战略战术,一败涂地。② 末代拜占庭国家无兵的结果是其文化的尚武倾向和阳刚之气的消失,健康的文化价值倾向迅速转向崇尚奢靡的消费型文化,与之相应的所有尚武精神和习俗都消失了。可以说,晚期拜占庭帝国的衰亡就是其雇佣兵占据其武装力量主导地位的必然的结果。

二、军事技术落后

拜占庭末代王朝军事技术的落后也是帝国军事衰败的重要表现,这在1453年帝国京都陷落中呈现得特别充分。学者们就此写道:"君士坦丁堡的灭亡和预期的结果一样不幸,对土耳其人来说它是一个伟大胜利,但却是希腊人的终结和拉丁人的耻辱。"后人评论说:"君士坦丁堡陷落的消息震惊了西方世界。""西方

---

① Doukas, *Decline and Fall of Byzantium to the Ottoman Turks*, XXXVIII, 3-4, p.213.
② 罗春梅:《1204年君士坦丁堡的陷落》,北京:人民出版社2012年版,第243—247页。

得到的最恐怖的消息莫过于君士坦丁堡陷落和皇帝战死。"①西方在恐惧什么呢？主要是土耳其人强大的军事力量。事实上，早在军区制式微的 12 世纪末，帝国实力便明显衰弱，曾几何时，早期和中期一度强大的帝国武装力量的雄风不再，海、陆军技术发展停滞，兵器老旧，技术带来的战场优势大幅度倒退。特别是由于帝国放弃保持强大常备军的政策，致使其军队没有跟上欧洲地中海世界从冷兵器向热兵器转变的潮流。相比而言，同一时期的意大利各城市共和国和奥斯曼土耳其帝国军工业发展十分迅速，他们凭借武装商贸活动囤积起雄厚的物质基础，在频繁的战事中，强化新军事技术发展，满足战场旺盛的需求，推动冷兵器逐渐向热兵器的转变。在中古晚期和近代早期的地中海丛林世界，国家强弱、帝国兴灭常常决定于战争的胜负，而战场形势和胜负结果极大地依赖于兵器发展的水平。末代拜占庭帝国军事技术的落后与拜占庭帝国的衰落相吻合，其最终的军事败亡与帝国灭亡的趋势同步。晚期拜占庭军事问题专家巴图西斯在《晚期拜占庭军队：武装与社会》一书中比较系统地探讨了晚期拜占庭军队的衰败，重点分析了军队衰落与帝国衰亡之间的内在联系，也涉及拜占庭兵器问题，他认为 13、14 世纪以后相关史料非常少见，其原因在于拜占庭人落后了，丧失了本国的特点，使得后人完全忽视了"拜占庭武器装备的特点"研究。②

末代拜占庭军队兵器落后首先表现为其数量少，缺乏数量基础就没有质量水平。而其武器装备数量少的原因又在于帝国军队规模小，兵源枯竭，帝国军队人数从早期和中期接近 20 万，衰减至数万，1453 年最后参战的拜占庭军人不足 5000 人。据亲身参与统计守军人数的斯弗兰基斯记载，"守军总数却只有 4973

---

① ［法］罗伯特·福西耶主编：《剑桥插图中世纪史（1250—1520）》，郭方、李桂芝等译，济南：山东画报出版社 2009 年版，第 270、271 页。史家们更将这一事件"看做是欧洲中世纪结束"最重大的标志性事件之一。［美］布莱恩·蒂尔尼等：《西欧中世纪史》，袁传伟译，北京：北京大学出版社 2011 年版，第 579 页。甚至称之为"整个世界历史上最重大的事件之一"。A. A. Vasiliev, *History of the Byzantine Empire, 324 – 1453*, Ⅱ, p. 648.
② 巴图西斯援引根据图画研究拜占庭武器甲胄学者们的成果，认为他们的研究出现了偏差，造成"高度的风格化倾向和拟古主义"。M. C. Bartusis, *The Late Byzantine Army, arms and society, 1204 – 1453*, Philadelphia: University of Pennsylvania Press, 1992, p. 322. T. Kolias, *Byzantinische Waffen: ein Beitrag zur byzantinischen Waffenkunde von den Anfangen bis zur lateinischen Eroberung*, Vienna: Wien, 1988, pp. 30 – 35. P. Underwood, *The Kariye Djami*, New York: Pantheon Books, 1966, I, pp. 252 – 258.

个希腊士兵,以及正好大约200名外国士兵。"①没有大量的本国将士当然就不需要大量的武器装备。对此产生重要影响的因素是帝国大量使用外国雇佣兵,完全依赖雇佣兵的军事技术。放弃本国军队建设毫无疑问是拜占庭帝国衰亡最直接的恶果,而大量使用雇佣兵又与帝国停止发展本国军队互为因果,致使军备数量急剧减少。

当时的作家对末代拜占庭军队武器装备落后的程度感到惊讶,留下了许多文字记载。例如教宗的特使助理莱昂纳多就写道,守城的"大部分希腊人都是使用盾牌和长矛的平民,他们操用自己的弓箭刀剑,完全凭着本能而没有任何技能功夫",有限的火药还"常常点不着火儿,因为我们缺少火药和石弹……不能用它们来对敌人造成伤害"。守军总指挥乔万尼为了优先使用小型火炮,和拜占庭贵族发生了激烈的争吵,乔万尼愤怒地大叫,"'现在谁能阻止我用我的利剑刺穿你这家伙的身体?'而大公对这一侮辱也大为光火。"②斯弗兰基斯也详细描写了两位将领之间的冲突,"乔万尼称大公为毫无价值的人,一个伪君子和叛徒,而大公也反唇相讥。"③文献清楚地表明,末代拜占庭军队几乎没有军备建设,陷入武器数量奇缺和实战兵力不足的窘境。拜占庭士兵大多是临时召集来的普通民众,他们毫无作战经验,也未接受过军事训练,不会使用弓箭和十字弩,只会使用刀剑和长矛,在近战肉搏时基本上属于滥竽充数,难以对抗使用"手持火枪、活动火枪、十字弩、抛石机和弩箭"等具有强大的杀伤力的且具有远距离攻击优势武器的土耳其将士,④拜占庭军队的兵器远远落后于周边其他国家。

---

① "同年(1453年)4月4日,苏丹返回战场,以其全部各种军械和陆海军队,包围了京城。他在京城18英里长的城墙下,部署了400艘大小船只封锁海面,以20万军队围困陆地城墙(διακοσίων δὲ Χιλιάδων ἀνδρῶν ἀπὸ τῆς στερεᾶς)。尽管我们的京城面积巨大,我们的守军总数却只有4973人。" G. Sphranzes, Historia, ed. V. Grecu, Thesaurus Linguae Graecae from Homer to the fall of Byzantium in AD 1453, no. 3143, work 001, Mich 3.18.2, XXXV, 6; George Sphrantzes, The Fall of the Byzantine Empire, A Chronicle by G. Sphrantzes, 1401 – 1477, p.70.

② Vatican ms. Lat. 4137号档案整理出来的文本,J. P. Migne, Patrologia Graeca 159, cols 923 – 943,以及意大利文版本 F. Sansovino, Historia Universale dell'Origine et Imperio de Turchi, Book III, pp. 304 – 313, col. 927. 转引自 The Siege of Constantinople 1453: Seven Contemporary Accounts, trans. by J. R. Melville Jones, Amsterdam: Adolf M. Hakkert-Publisher, 1972, p. 130, 16, 29 – 30.

③ G. Sphrantzes, The Fall of the Byzantine Empire, A Chronicle by G. Sphrantzes, 1401 – 1477, p. 118 and 115.

④ Leonard of Chios, The Siege of Constantinople 1453: Seven Contemporary Accounts, p. 16.

末代王朝不重养兵而依赖外国雇佣兵拱卫帝国，是个不争的事实。他们最后将城防总指挥权和大部分防守重任交给外国雇佣兵，就是将帝国的命运托付给并不可靠的雇佣兵，这样做也是事出无奈，因为拜占庭"军队人数很少，士气低下，他面临战斗没有信心，而把自己的全部希望都寄托在其总指挥乔瓦尼身上"，当得知再没有任何外援时，"最尊贵的皇帝殿下开始痛苦地失声痛哭，因为威尼斯人没有派来援兵。"[1]拜占庭人如此依赖雇佣兵在大战在即时是可以理解的，因为后者的装备更精良，他们大多"能够熟练使用弓箭和十字弩"，而拜占庭士兵使用的则是原始的刀剑和长矛。威尼斯外科医生巴尔巴罗也记载了雇佣兵武器的精良，"他们随身带着精致的大炮和精良的火枪，还有大量弓弩和其他装备。"[2]拜占庭贵族杜卡斯也记载了这种新式火枪的威力，说它"每次能够射出 5~10 枚……弹丸具有可怕的穿透力……这种武器的一颗弹丸就有可能杀死两三名士兵"[3]。正是由于兵器的落后，古老的城防工事也未能按照火炮需求重新调整设计思路，缺乏发射炮台。莱昂纳多明确提到，"我们最大的加农炮还不得不停止发射，因为担心发射的震动会损害我们自己的城墙。"[4]在长达数月的备战期间，拜占庭人为什么没有加固炮台呢？原来他们根本没有掌握这一军事技术，更没有在实战中加以使用的经验。当奥斯曼帝国苏丹高薪聘请匈牙利工匠铸造巨型火炮时，拜占庭末代皇帝忙于四处求援，在穆罕默德二世大张旗鼓进行围城备战时，君士坦丁十一世只是消极等待意大利雇佣军的援兵。

拜占庭军队兵器质量低下和军事技术落后的事实与他们长期持有的防守型战争理念有关。晚期帝国军队将士面对军事实力江河日下，不思进取，苟且偷生，在强敌威胁下一味退让屈辱求和，在作战思想上更倾向于采取筑城坚守的策略。他们长期依赖的雇佣兵虽然掌握某些新式武器，但在防守型作战中也不能充分发挥其杀伤力。根据记载，雇佣兵除了使用安装在车架上的大弓弩和便携式弓弩外，还使用早期的小型火器，如小火炮和火绳枪。莱昂纳多记载说，火炮"不能非

---

[1] Leonard of Chios, *The Siege of Constantinople 1453: Seven Contemporary Accounts*, pp. 25 – 26, p. 45.
[2] Nicolo Barbaro, *Diary of the Siege of Constantinople, 1453*, trans. J. R. Jones, New York: Exposition Press, 1969, p. 50.
[3] Doukas, *Decline and Fall of Byzantium to the Ottoman Turks*, p. 212.
[4] Leonard of Chios, *The Siege of Constantinople 1453: Seven Contemporary Accounts*, p. 25.

常频繁地发射,因为火药和弹丸都很缺少"。另外,守军的加农炮不能频繁发射,因为拜占庭人并没有为城墙构筑炮台。另据劳尼科斯记载,"轰击苏丹的火炮……使得城墙晃动起来,造成的损害比敌人轰击造成的更严重。另外,其最大的火炮一开始发射就爆炸了。"① 同一时期的土耳其军队在军事技术上占尽了优势,不仅动用所有攻城机械,而且采用各种新式火器。特达尔迪特记载,土耳其军队在"围城战期间,有许多大炮和大量重炮,以及用来发射炮弹的装置……有一种……可以发射……超过 1200 磅(544.31 公斤)重的石弹。其他的炮可以发射 800、1000、1200 磅重的石弹。……除了加农炮外,还有上万支火枪也在发射"②。兵器水平相差悬殊,拜占庭人焉有不败之理。

晚期拜占庭兵器落后是其军工制造业发展长期停滞不前的结果,这是与末代帝国城市经济特别是手工业大幅度萎缩有密切关系。末代拜占庭国家既缺乏制造高水平军械的财政支持,也缺少技术保证。专门探讨该问题的学者克劳斯—彼得·马特什科认为,拜占庭帝国灭亡前一个世纪左右期间,像君士坦丁堡和塞萨洛尼基这样的大城市普遍出现了农村化现象,城市人口回流到农村。一度发达繁荣的手工业急剧衰败,工商区悄然消失,或者降格为粗制日用手工业品的作坊。原来聚集在皇宫内的兵器工场不见了,过去加工军用靴子和铠甲军服的手工作坊区域也越来越小,很多手工工匠为了基本生计也不得不转行或在城里开辟农田种植菜地和果园。他认为,拜占庭末代王朝统治期间丧失工商业优势的原因非常多,其中最重要因素是土耳其人不断增强的军事威胁和意大利商人优质廉价商品的竞争。③ 在贝尔格莱德附近古代遗址挖掘出土的晚期拜占庭军刀长约一米,其刀体下宽上窄,最宽处 4.2 厘米,其质量远不能与早期闻名地中海世界的拜占庭军刀相媲美,比同时期的土耳其弯刀也差了许多,无论就刀体的硬度和刀刃的锋

---

① Leonard of Chios, *The Siege of Constantinople 1453: Seven Contemporary Accounts*, p. 25 and 17. Nicolo Barbaro, *Diary of the Siege of Constantinople, 1453*, pp. 50 - 51. *The Siege of Constantinople 1453: Seven Contemporary Accounts*, p. 46. Doukas, *Decline and Fall of Byzantium to the Ottoman Turks*, p. 335.
② *The Siege of Constantinople 1453: Seven Contemporary Accounts*, p. 3.
③ Klaus-Peter Matschke, "The Late Byzantine Urban Economy, 13—15th Centuries", *The Economic History of Byzantium, from the Seventh through the Fifteen Century*, ed. by Angeliki E. Laiou, Washington, D. C.: Dumbarton Oaks Research Library and Collection, 2002, pp. 471 - 488.

利程度也不能与意大利兵器相比,落后于周边邻国。① 在战事频繁的东地中海多国武力较量中,拜占庭人惨遭淘汰实属必然。

事实上,强盛时期的拜占庭军队掌握诸多像"希腊火"一样的"先进"武器,但是,衰落中的拜占庭军队更多依赖雇佣兵,进而缺乏研制新式武器装备的需求,放弃了原有的军事技术,将原有的骑射技术都变为王公贵族的游戏。即便出现了发展研制新式武器的机会,也被他们轻易放弃。一度作为拜占庭帝国"最高机密"的新式武器"希腊火"曾在守城战和海战战场上大发神威,所谓"希腊火"又被拜占庭人称为"液体火焰"(ὑγρόν πῦρ, liquid flame),是7世纪下半叶拜占庭人在抵抗阿拉伯海军进攻君士坦丁堡时发明的火器。② 拜占庭人利用它多次挫败正在扩张势头上的哈里发军队,还一度凭借这一武器扭转了不利的战局,古今拜占庭学者对此都深信不疑。③ 但是,这种7世纪诞生的"秘密"武器经过数百年的使用,到末代拜占庭王朝时,没有得到任何改进,已经不再是克敌制胜的利器了。根据加科莫记载,拜占庭守军在君士坦丁堡保卫战中也使用了"希腊火","基督徒们为了对付他(苏丹)也挖掘反地道坑道,时刻监听和确定他们挖掘的地点。他们用浓烟或用燃料,以及气味难闻的东西灌入地道令土耳其人窒息。"这里提到的燃料就是指"希腊火"④。因为莱昂纳多记载的更为详细:守军进行反地道战,"敌人被守军用液体火焰和硫黄烧跑了。"⑤可以确定的是,末代拜占庭军队并没有对"希腊火"加以改进,他们还使用这种古老的"火攻"兵器,但此时的新式火器早已发生革命性的变革,它与14、15世纪欧洲地中海世界正在迅速发展起来的远距离发射的火炮和便携式火器性质完全不同。

拜占庭人并非对军事技术的发展一无所知,早在13世纪初十字军攻陷君士坦丁堡前百余年时,他们就谈到过新式武器的巨大杀伤力。科穆宁王朝公主安娜在作品中写到,弩箭是十字军骑士和拉丁海盗带来的新武器,"弩箭是蛮族人的一

---

① Bartusis, *The Late Byzantine Army, arms and society, 1204-1453*, p. 328.
② A. P. Kazhdan, ed., *The Oxford Dictionary of Byzantium*, p. 873.
③ 根据帕廷顿的《希腊火和火药的历史》一书,"希腊火"类似于石油。J. R. Partington, *History of Greek Fire and Gunpowder*, Cambridge: Cambridge University Press, 1960, pp. 18-30.
④ F. G. Tedaldi, *The Siege of Constantinople 1453: Seven Contemporary Accounts*, p. 5.
⑤ Leonard of Chios, *The Siege of Constantinople 1453: Seven Contemporary Accounts*, p. 18.

种武器,希腊人完全不了解它……弩箭虽然很短,但相当重,有一个沉重的箭头。在发射过程中,弓弦产生极大的弹射力和攻击力,因此,发射物不管发射到哪里都不会反弹开。事实上,它们能射穿盾牌,射穿厚重的铁质胸甲并继续向更远处飞去,因此,弩箭的发射是不可抵挡和极其有力的。这种弩箭据说可以直接射穿铜像,当射向一座大城市的城墙时,其箭头或者穿墙而过或者射入墙中,外面完全看不见箭了。这就是弩箭,一种真正凶残的武器。被它不幸击中的人根本察觉不到被击中便死去了,尽管它的射击力强大,但伤者对此一无所知。"①她还曾记载当时的拜占庭军队使用过"多种攻城机械",包括投石机、石弹弩,参战的还有包括轻装盾牌兵、弓箭手、矛手和重装步兵在内的多种士兵。可惜的是,后来拜占庭人因这些"凶残"的武器杀人过于残酷而被轻视,他们认为只有野蛮人才使用它们,"文明的"拜占庭人由此放弃了它们。史料表明,末代王朝统治下的拜占庭武器装备大为退化,不仅放弃了 12 世纪从十字军骑士那里学会使用的弩箭技术,而且连多兵器兵种联合作战都没有了,完全退回到使用刀剑长矛的原始状态了。

那么,拜占庭人原有的军人技战术都是如何消失的呢?笔者得到的一个文献给出了答案,原来骑马射箭这些拜占庭军人熟练掌握的战场武艺都不再用于实战,直到末代拜占庭军队完全自废武功,它们便逐渐演变为王公贵族走马放鹰骑马射箭的游戏了。据 1432 年到访君士坦丁堡的法国人勃特朗顿·布罗基耶记载,骑马射箭是王公贵族们的一种娱乐活动,他在大赛场亲眼看到,"皇帝的弟弟、莫利亚专制君主在那里与随身的骑士练习骑射。他们每人都携带弓箭,沿着赛道疾驶狂奔,还不时将骑帽扔向前方,当他们飞马驶向前时便搭弓放箭射向帽子,凡是能射中帽子或者几乎射中帽子的人都会得到热烈喝彩。这种骑射训练是他们从土耳其人那里学来的。"②还有一份 14 世纪拜占庭人武器装备清单,也可以揭示出当时拜占庭军队装备落后。这份清单提到,全副武装的骑兵应该随身携带"两匹按照希腊人或者土耳其人方式阉割的小马,或者两匹母驴。他要根据这些马匹和驴子的体力装备武器铠甲,包括软甲(pourpoint)、锁子甲(hauberjon)和护甲(gorgere)、披风(cuiriee),以及铠甲内穿戴的军服(gambison)、头盔(chapel-de-

---

① Anna Comnena, *Alexiad*, New York: Kegan Paul, 2003, X, viii, pp. 255 – 256.
② Bartusis, *The Late Byzantine Army, arms and society, 1204 –1453*, p. 323.

fer),他们应该将长剑、马刀(glaive)和长矛放在一侧,将护腿甲(greaves)和盾牌放在另一侧"①。据巴图西斯研究,"软甲"是指带有衬垫的铠甲,"锁子甲"则指短袖或长及膝盖和手指的金属甲,常用于轻装骑兵防护装备的上身防护,重装骑兵的甲胄外层用薄金属片或厚实皮革防护,保护下身和腿部的"护甲"则轻、重骑兵都使用。特别值得关注的是他们配备的兵器,除了刀剑、长矛外,并没有提到弓箭和弩箭。② 显然,强弓硬弩就是随着拜占庭本土将士退出实战部队而从拜占庭兵器库中逐步消失,直到末代皇帝指挥的最后一战。

海军武备也遭遇了与陆军一样的军事技术退化。拜占庭军事史家曾对帝国主力战舰展开细致研究,其中"德龙猛"(δρόμωνες,dromons)是研究的重点。一般认为,这种战船最早出现于 5 世纪的东地中海,7 世纪成为拜占庭海军主力战船。可能正是在查士丁尼发动的多次海战中,这种改进型战船"德龙猛"以其机动灵活的特点成为海军主力战船的首选。③ 这种战船适合于东地中海浅海航行,其轻便快捷的特点与更小的船只"哈兰迪亚"(χελάνδια,chelandia)和更大的帆船"亚雷埃"(γαλέαι,galeai)不同。该问题专家普赖尔认为,这种战船的重大变革在于防护甲板、船首撞击角和船帆三个方面,这种木船继承了地中海世界传统,以船桨和船帆为主要动力,具有吃水浅、船体轻、机动灵活等特点,符合拜占庭中期防御性战略要求。④ 它与罗马帝国征服时代常用的大型战船有别,也与后世沿袭罗马人战船在西地中海普遍使用的大帆船(galley)不同。"德龙猛"作为主力战船活跃在 7 至 11 世纪期间,而后随着拜占庭帝国海军力量衰落退出历史舞台,直到拜占庭末代皇帝麾下仍有"德龙猛"的身影,只不过其数量屈指可数。有文献称,"港湾里停泊着 8 艘大船……有皇帝的战船'德龙猛',以及威尼斯的三层

---

① T. Palaiologos, *Les Enseignements de Theodore Paleologue*, ed. C. Knowles, London: Modern Humanities Research Association, 1983, p. 58.
② Bertrandon de la Brocquiere, *Early Travels in Palestine*, trans. T. Wright, Londong, 1848, p. 339, 转引自 Bartusis, *The Late Byzantine Army, arms and society, 1204 – 1453*, p. 330.
③ J. H. Pryor and E. H. Jefereys, *The Age of the Dromon, the Byzantine Nave ca 500 – 1204*, Leiden: Brill NV., 2006, pp. 126 – 127.
④ J. H. Pryor and E. H. Jefereys, *The Age of the Dromon, the Byzantine Nave ca 500 – 1204*, pp. 147 – 157. 陈志强:《拜占庭主力战船"德龙猛"》,李庆新主编:《海洋史研究》第 10 辑,北京:社会科学文献出版社 2017 年版,第 25—45 页。

桨帆船,以及更多的小船。"①这里明确提到末代皇帝只有一条主力战船和若干条小船了。② 可见,当时拜占庭帝国衰弱到了何种程度。主力战船"德龙猛"成为拜占庭帝国称霸地中海特别是东地中海的主要海军利器,有效地服务于帝国近海防御的总体战略。

11世纪以后,拜占庭海军舰队地方化严重影响了海军的整体实力,特别是随着军区制的迅速瓦解,帝国舰队实力迅速下降,一些军区建制无力建造"德龙猛"舰队,收回海军统一指挥权的中央政府虽然重新设立海军总司令部,但海军建设的财政支持和水兵招募都捉襟见肘,巡游在沿海各地的帝国舰队勉强拱卫着进出首都的航线,但其总体实力大为下降,帝国舰队日益缩小。12世纪后半叶,帝国舰队难以对外作战,被迫借助威尼斯、热那亚、比萨等城市共和国的舰队,以勉强维护其东地中海权益。1204年君士坦丁堡陷落时,拜占庭海军残余舰船参与了朝野贵族紧急撤离的行动。③ 末代海军实力愈发严重的衰败和建造战舰以及维修舰队的庞大开支压垮了帝国财政,于是皇帝下令解散海军,遣散舰队,取消了帝国海军。在拜占庭帝国最后的岁月里,帝国海军肯定早就消失了,文献提到的那艘"德龙猛"其实是皇帝的私人家产。

三、 军事变革落伍

晚期拜占庭帝国时代(1204—1453)正好处于地中海世界军事技术变革的重要时期,其中最主要的变革是冷兵器向热兵器转变,随之发生了军事技术、武器装备和战略战术的转变。当时具有典型意义的火器两极化变革,即重型火炮和手持火枪的发展在这一时期独领风骚,成为地中海各强国优先发展的尖端武器装备。由于巨型火炮需要更强大的财政支持,而便携式火器要求更高的手工业制造工艺,因此火器技术的发展充分反映各国军事工业的水平,更反映出各国的综合国力。在这一轮军事变革中,拜占庭帝国明显落伍了,其尖端武器火炮技术停留在

---

① Doukas, *Decline and Fall of Byzantium to the Ottoman Turks*, pp. 213–214.
② S. Runceman, *The Fall of Constantinople, 1453*, Cambridge: Cambridge University Press, 1965, pp. 83–85.
③ A. P. Kazhdan, ed., *The Oxford Dictionary of Byzantium*, p. 1444.

火炮发展的初级阶段,甚至还出现了大幅度的倒退,因此没能跟上军事变革时代的步伐,也没有调整和摆脱陈旧的军事传统,进而决定性地退出了当时军事变革的大国博弈,最终无法改变灭亡的命运。

当时,地中海各国特别是各个强国都在积极铸造火炮,或者购买引进各种类型的火炮,促使火炮技术快速发展。尤其是意大利各航海商业城市共和国在火炮技术方面发展突出,他们不仅在作战中配置火器,而且有针对性地改造中古城市垂直型城防工事,其中有效应对火炮攻击的棱堡城防工事逐渐普及,而拜占庭人一直恪守古代传统,在攻击性火器和防御性城防方面都没有进步。奥斯曼土耳其人随着其帝国实力的提升,在接受先进技术方面表现突出,他们积极参与了这场军事变革,并凭借其征服战争中强力打造起来的雄厚财力,建立起独立的火炮制造业,在铸造最大口径的火炮方面独树一帜。其组建的攻城炮兵是当时世界上规模最大的火炮集群,其投入到1453年围攻拜占庭帝国首都战役中的14个火炮群不仅创造了当时世界上最大规模且口径最大火炮的纪录,而且正是在这些重型火炮的轰击下,号称"坚不可摧"的君士坦丁堡城墙主塔楼轰然倒塌,成为土耳其将士攻陷城墙的缺口。拜占庭帝国的灭亡加速了世界冷兵器向热兵器转变的进度。[1]

曾经长期称雄于战场的"希腊火"与这一时期重大的军事变革其实关系不大,[2]因为它是一种防御性的武器,更适合防守型作战,其在水面上漂浮燃烧、易于喷洒和附着物体表面等性状都不适用于战场进攻,而适用于退却和防守。这种古老的火器和笔者讨论的热兵器本质上不同,后者的火源是炸药而非火油。诚如世界战争史专家帕克指出的那样,"'火器',特别是大炮的引进,以及新的防御工事体系,确实'革命'了战争。""12世纪时,宋朝军队已经既使用金属炮又使用枪榴弹了。这种新科技在14世纪早期才逐渐向西传播。"从1330年代开始,"西欧主要国家相继配备了火炮。"其"火炮已经可以成功地在几天之内将传统的垂直

---

[1] M. C. Bartusis, *The Late Byzantine Army, arms and society, 1204－1453*, p. 322. T. Kolias, *Byzantinische Waffen: ein Beitrag zur byzantinischen Waffenkunde von den Anfangen bis zur lateinischen Eroberung*, pp. 30－35. P. Underwood, *The Kariye Djami*, I, pp. 252－258. 陈志强:《拜占庭火炮研究》,《社会科学家》2014年第2期,第6—11页。

[2] J. R. Partington, *History of Greek Fire and Gunpowder*, pp. 18－30.

式防御堡垒变为瓦砾废墟"①。

当时风靡欧洲的火器首先在地中海地区发展起来,1364年意大利贾佩鲁军火库的清单上就记载"500门炮",而后它们很快就被安置在木制发射架上,②不久之后那场著名的1389年科索沃战役中也使用了火炮,"到处充斥着人们的尖叫和武器的嘈杂声,飞箭遮天蔽日,炮火轰鸣,大地颤抖。空中回荡着塞尔维亚人火炮的怒吼,充满了炮火硝烟。"塞尔维亚人已经拥有了"能够像引发闪电雷鸣的发射"装置。③ 火炮的巨大威力带来巨大的心理震撼,各国争相发展这一夺取战场上优势的尖端武器,多种类型以青铜或铸铁为主的加农炮管口径大多为600毫米左右,能够发射大约300磅的石弹。这种初级火炮缺点不少,炮兵作为步兵的一部分还没有独立的建制,但是火炮强大的攻击力展现了良好的前景,其技术向重型和便携两极化发展,火器的地位迅速上升,逐步取代了骑兵的地位。当时的拜占庭人还像奥斯曼土耳其人一样没有注意到新式火器的强大生命力,仍然沿袭中古时代的武器传统。1422年穆拉德二世(Murad Ⅱ,1403—1451)围攻君士坦丁堡时,才首次动用了小型的火器,据说是从穆拉德部下的德意志加农炮炮手那里学来的新技术。④ 几乎同一时期,拜占庭人从意大利雇佣兵处学到了新式火器技术,但他们很快便落后于同时起步的土耳其人。

仅仅过了一代人的时间,奥斯曼土耳其人的火炮铸造便领先欧洲各国了,奥斯曼土耳其苏丹穆罕默德二世不仅高薪聘请匈牙利火炮专家乌尔班主持火炮制造,而且给予他全力的财政支持,投入大量人力物力的火炮工场先后制造出大型火炮70多门,其大小规格不等,"可以发射……超过1200磅(544.31公斤)重的石弹。其他的炮可以发射800、1000、1200磅重的石弹。"⑤它们分14个炮阵全都投入战场。当时,欧洲火炮为避免铸铁火炮炸膛,多采用青铜、紫铜、黄铜铸造,铸

---

① [美]杰弗里·帕克:《剑桥战争史》,傅景川等译,长春:吉林人民出版社1999年版,第174—175、177页。
② [美]杰弗里·帕克:《剑桥战争史》,第179—180页。
③ D. Petrovic, "Fire-arms in the Balkans on the Eve of and After the Ottoman Conquest of the Fourteenth and Fifteenth Centuries," in *War, Technology and Society in the Middle East*, ed. V. Parry and M. Yapp, London: Oxford University Press, 1975, p. 172.
④ D. Petrovic, "Fire-arms in the Balkans on the Eve of and After the Ottoman Conquest of the Fourteenth and Fifteenth Centuries," p. 177 and 190.
⑤ *The Siege of Constantinople 1453: Seven Contemporary Accounts*, p. 3.

造金属火炮的冶炼温度要求在 1350 摄氏°以上,有长管火炮、榴弹炮和迫击炮等多种类型,因此火炮铸造需要强大的经济和科技实力的支撑,还需要雄厚的财力支撑。在这种全方位的比拼中,拜占庭人败下阵来。

巴尔干半岛地区在稍晚时候也开始火器变革的进程,巴图西斯认为该地区"使用火器革命性地改变了战争",但是,"拜占庭军队本身却很少受到其影响。巴尔干半岛火器的发展,恰好与拜占庭帝国军队的实质性消亡和最终废弃同步发生。"他进行了大量考证后得出结论:拜占庭人"在1390 年围城战中不太可能涉及火炮"[1],他还否定拜占庭人在14世纪末土耳其人围攻君士坦丁堡之战,和1414年拜占庭内战中使用火炮的意见,他甚至认为在1453年末代帝国最后一战中,拜占庭人都没有使用火炮。这种意见在巴尔巴罗的记载中得到佐证,后者明确记载说:"4 月 12 日到 4 月 18 日,我们的战士用火枪弓弩向他们射击……5 月 3 日,(我们)制定了一个计划把两门相当大的重炮安置在土耳其舰队停泊的盆地那门大炮附近,也就是击沉我们福斯特战船的那门炮附近,这样我们的大炮就可以攻击土耳其人的福斯特战船,也让他们尝尝其炮火制造的痛苦。当土耳其人看到我们的大炮击沉了他们的船只并杀死了他们很多人后,他们决定以攻击我们的大炮来阻止我们的射击;他们在其福斯特战船舰队附近又安置了三门新的大炮,靠近我们的大炮,并日夜不停地打炮,因为双方的大炮相距很近,造成了重大损失。这次两方面的相互炮击持续了十天……我们的大炮在城内,而他们的大炮得到了胸墙工事的完好保护。"他后面解释说使用这些火器的"都是外国人,其中没有一个希腊人,因为希腊人都胆小如鼠",从而排除了拜占庭人使用火炮的可能。[2] 据此,人们只能得出拜占庭人没有火炮的结论。

拜占庭人缺乏火炮的原因十分复杂,但其财力不足是最主要的原因。莱昂纳多提到了守军使用火炮,"我们(守军)从作战经历中也学会了打仗,装备了加农炮来打击他们(土耳其人)……我们最大的加农炮被迫不发射,因为担心发射的震动会损害我们自己的城墙。"[3]这段史料似乎告诉后人,拜占庭守军是刚刚学会

---

[1] M. C. Bartusis, *The Late Byzantine Army, arms and society, 1204 – 1453*, p. 335 and 336.
[2] Nicolo Barbaro, *Diary of the Siege of Constantinople, 1453*, p. 32, 43 and 50.
[3] *The Siege of Constantinople 1453: Seven Contemporary Accounts*, pp. 16 – 17.

使用火炮的,且事先也没有做好使用火炮的准备。就此劳尼科斯·乔尔克堪代勒斯(Laonikos Chalkokandyles)也提供了相应的信息,他写道,"起初,希腊人也从城墙上发射加农炮……苏丹的火炮专家名叫乌尔班,达吉亚地方人,他先前供职于希腊人,但是后来因为他挣的钱不足以糊口而离开了。"①这里提供的信息似乎帮助笔者找到了答案,原来拜占庭人在最后一战备战时还制造过火炮,一度曾经雇佣过匈牙利的火炮专家乌尔班,只是由于没有足够的金钱支付这个火炮工匠的薪俸而作罢,进而促使他投靠了财大气粗的土耳其苏丹。这就更印证了笔者关于火炮铸造深刻反映了国家综合实力的意见。相比而言,奥斯曼帝国苏丹不仅使用70多门重型火炮,"他们每天要使用1000磅火药用来发射,因此55天共使用了55000磅火药,别的数字也要记住,因为除了加农炮外,还有10000支火枪也在发射。"②其战争实力远在拜占庭人之上。

总之,拜占庭人和奥斯曼土耳其都不是地中海军事重大转型的领军者,也不是世界冷兵器向热兵器转变中的先锋。也许他们在这一转变过程的最初阶段一度领先,且大体处在相同的起点上。但是,崛起中的奥斯曼土耳其帝国发展迅速,很快便赶上了意大利和德意志雇佣军,而衰落中的拜占庭帝国却停滞不前。他们虽然都不是欧洲地中海世界火炮发展的开拓者,但是奥斯曼帝国很短时间里便发展起独立的火炮制造业,并凭借其世界最大规模的火炮和战场实践占据了军事变革的优势地位,而同一时期的拜占庭帝国不仅停留在火炮制作水平的最初阶段,而且其火炮口径小、数量少、质量差,最终弃之不用。这种军事变革的落伍,在欧洲地中海地区民族国家通过战争逐步形成的时代就成为致命的短板。拜占庭帝国在地中海多民族激烈较量中,失去了曾经拥有的发展优势,在战争成为民族国家形成之最终手段的关键时期,固守传统的中古冷兵器及其军事艺术,未能跟上世界军事变革的发展,被世界军事革命促成的热兵器时代所淘汰,随着冷兵器时代的终结而灭亡。

---

① *The Siege of Constantinople 1453: Seven Contemporary Accounts*, p. 46 and 45. 另见 Doukas, *Decline and Fall of Byzantium to the Ottoman Turks*, p. 335,他也在记载中提到了这个故事,并称其为"基督教的叛徒"。
② *The Siege of Constantinople 1453: Seven Contemporary Accounts*, p. 3.

第三节

帝国统一政治体制的崩溃

一、中央集权制瓦解

拜占庭帝国衰落的重要原因还在于中央集权制的瓦解,这是11世纪以后拜占庭政治体制最深刻的变化之一,其根源是地方大贵族分裂势力逐渐形成尾大不掉的局面。

随着军区制深层次矛盾的发展,地方军事贵族势力悄然崛起。由于皇帝们为强化统治必须借重大军事贵族政治势力的支持,便不断向地方放权,企图通过相对自主的地方管理有效地维护和保证中央集权统治。其结果是扩大了地方权力,削弱了中央集权。大贵族势力的兴起在政治上直接威胁皇帝为首的帝国中央集权制,他们成为晚期拜占庭社会政治动荡和国家分裂的主要因素。王室内讧通常都有大贵族特别是军事贵族的参与,尤其是军事将领的武装叛乱,多次造成王朝更迭。而军事贵族集团与官僚贵族集团直接卷入皇室内的明争暗斗,他们常常成为晚期拜占庭帝国政治动乱的主角。铁腕皇帝为了克服地方分裂势力,不断采取措施削弱地方贵族势力,譬如将原有的大军区分划为小军区,以防地方作乱。朝廷将地方军、政权力分开,恢复7世纪以前军、政两套权力系统体制,其核心意图也是削弱地方权力。

然而,自杜卡斯王朝以后,大贵族势力越来越难以控制,诸如科穆宁王朝、安茹鲁斯王朝、帕列奥列格王朝都是地方大贵族势力推翻前朝统治建立的新王朝。其中科穆宁王朝统治时期,政治变动最为剧烈。该王朝创立者伊萨克一世曾强制推行中央集权政策,加大打击大贵族集团的力度,其改革措施包括没收贵族产业,增加官僚贵族的纳税金额,严厉惩罚拖欠国家税收的官吏,对教俗贵族课以重税,以图瓦解大贵族的经济基础,同时裁减官吏人数,减少官吏薪俸。这些措施沉重

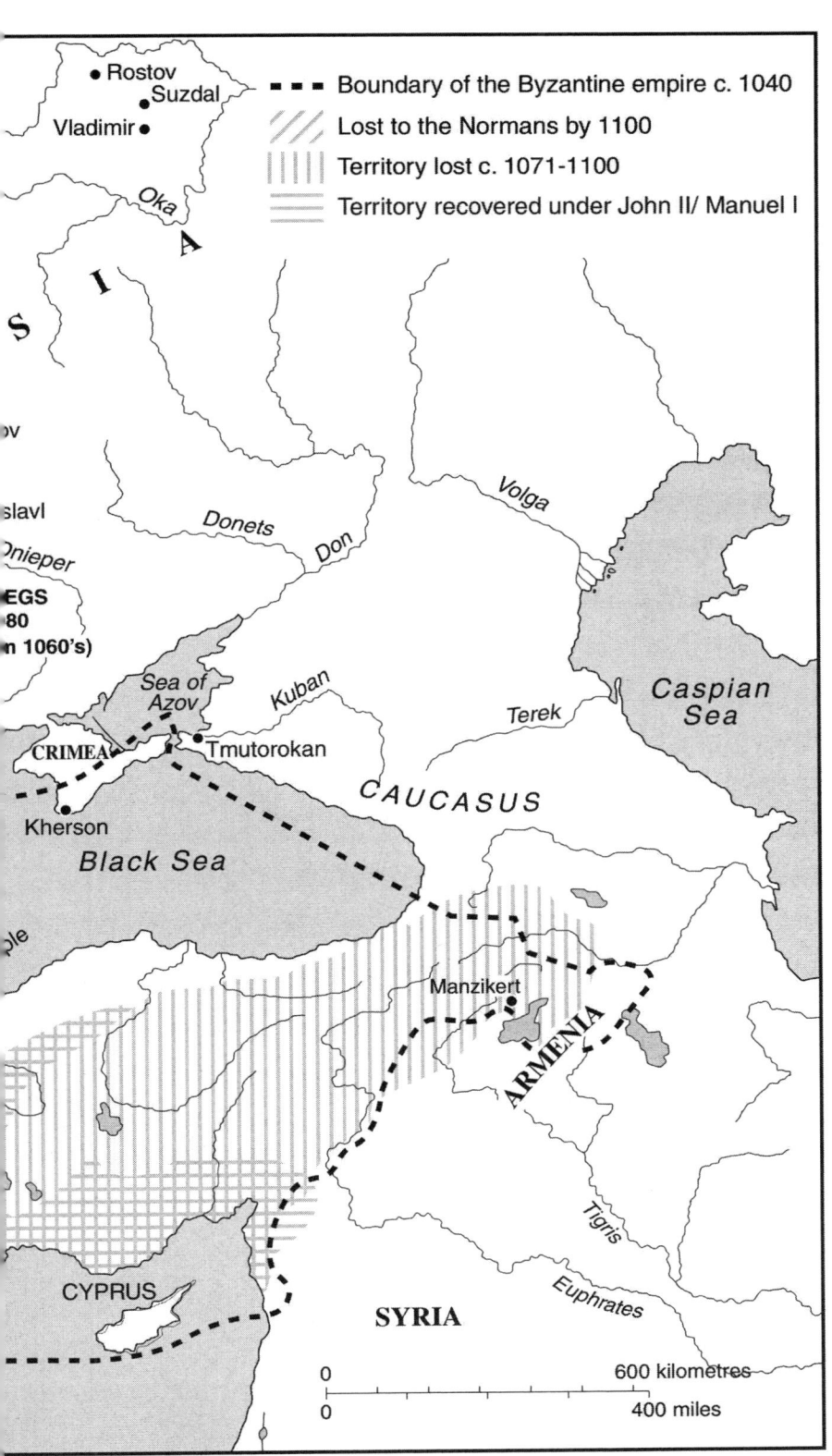

- North Sea 北海
- Baltic Sea 波罗的海
- Mediterranean Sea 地中海
- Ionian Sea 爱奥尼亚海
- Adriatic Sea 亚得里亚海
- Black Sea 黑海
- Aegean Sea 爱琴海
- Caspian Sea 里海
- HARZ MTS 哈茨山脉
- Danube 多瑙河
- Inn 艾恩河
- ALPS 阿尔卑斯山
- BOHEMIA 波希米亚
- MORAVIA 摩拉维亚
- KINGDOM OF HUNGARY 匈牙利王国
- Prague 布拉格
- Elbe 易北河
- Oder 奥德河
- Vistula 维斯图拉河，或译维瓦河
- Bug 布格河
- GALICIA 加利西亚
- Prut 普鲁特河
- CARPATHIANS 喀尔巴阡山脉
- Tisza 提萨河
- TRANSYLVANIA 特兰西瓦尼亚
- Drava 德拉瓦河
- Sava 萨瓦河
- Venice 威尼斯

- ISTRIA 伊斯特里亚
- SLOVENIA 斯洛文尼亚
- CROATIA 克罗地亚
- BOSNIA 波斯尼亚
- Sirmium 西尔米乌姆（在今 Sremska Mitrovica[斯雷姆斯卡米特罗维察]●[参见 https://www.britannica.com/event/Battle-of-Mursa/.]）
- Morava 莫拉瓦河●[欧洲名叫 Morava 的河流不止一条，此图中的 Morava 位于塞尔维亚境内，可译为"莫拉河"；还有一条著名的 Morava 主要流经摩拉维亚，且摩拉维亚名称源自此河，可译为"摩拉瓦河"。]
- Belgrade 贝尔格莱德
- TRANSYLVANIAN ALPS 特兰西瓦尼亚阿尔卑斯山
- Silistria 希利斯特利亚
- Niš 尼什
- Trnovo 特诺沃●[又拼写为 Turnovo，或 Tărnovo，或 Trnova，或 Tirnovo，或 Türnovo，译为"特诺沃"。参见 https://www.britannica.com/place/Veliko-Turnovo.]
- BALKAN MTS 巴尔干山脉
- RASKA 拉斯卡
- Serdica 塞迪卡（拉丁文，Sofia●[索非亚]的古名）[参见 Alexander P. Kazhdan (editor in chief), The Oxford Dictionary of Byzantium, 3 vols., New York: Oxford University Press, 1991, p.1876. https://www.britannica.com/place/Sofia/.]
- Maritsa 马里察河
- Skopje 斯科普里
- Philippopolis 菲利普波利斯
- THRACE 色雷斯
- MACEDONIA 马其顿
- Thessalonica 塞萨洛尼基
- Constantinople 君士坦丁堡

- Mesembria 梅塞布里亚
- DALMATIA 达尔马提亚
- Kotor 科托尔
- Ohrid 奥赫里德
- THESSALY 塞萨利
- PINDUS 品都斯山脉
- EUBOEA 埃维厄岛（旧译优卑亚）
- Athens 雅典
- Nicopolis 尼科波利斯，或译尼科堡
- TAYGETUS 泰格特斯山脉
- CRETE 克里特岛
- CYPRUS 塞浦路斯
- SICILY 西西里
- CALABRIA 卡拉布里亚
- APULIA 阿普利亚
- Bari 巴里
- Dniester 德涅斯特河
- Galich 加利奇
- CUMANS (from 1060's) 库曼人（11世纪60年代之后）
- PECHENEGS 1040-1080 帕臣涅格人（1040-1080年）
- Dnieper 第聂伯河
- Pereyaslavl 佩雷亚斯拉夫
- Kiev 基辅
- Chernigov 切尔尼戈夫
- RUSSIA 俄罗斯
- Niemen 尼曼河
- Smolensk 斯摩棱斯克
- W. Dvina 西德维纳河
- Donets 顿涅茨河
- Don 顿河
- Volga 伏尔加河
- Oka 奥卡河
- Vladimir 弗拉基米尔
- Suzdal 苏兹达尔
- Rostov 罗斯托夫
- Sea of Azov 亚速海
- Kuban 库班河
- Tmutorokan 特穆托罗坎
- Terek 捷列克河
- CAUCASUS 高加索
- CRIMEA 克里米亚
- Kherson 克尔松● [Kherson 又拼写为 Cherson。]
- Manzikert 曼兹科特
- ARMENIA 亚美尼亚
- Tigris 底格里斯河
- Euphrates 幼发拉底河
- SYRIA 叙利亚

- Boundary of the Byzantine empire c. 1040　约 1040 年拜占庭帝国的疆界
- Lost to the Normans by 1100　1100 年前被诺曼人夺走的领土
- Territory lost c. 1071-1100　大约 1071-1100 年丧失的领土
- Territory recovered under John II/ Manuel I　约翰二世或者曼努埃尔一世统治期间收复的领土

地打击了官僚贵族,也遭到各级贵族的普遍反对,皇帝也因此被软禁推翻。伊萨克一世的侄子阿莱克修斯一世吸取了前人的教训,凭借其掌控的军事力量,运用娴熟的政治手段,进一步强化皇权。他不仅继续打击大官僚贵族的政策,排除异己,而且改革贵族体制,重用皇族子弟,建立严格的皇家亲等制度,还通过联姻方式吸纳各地大军事家族,编织起以皇帝血亲为主的贵族官僚体系。他采取整治吏治、削减爵位等措施打击了大贵族势力,皇帝集权专制似乎得到加强,他统治下再没有出现地方军事叛乱,宫廷内争也一时平息。他对帝国政治的治理效果明显,一时稳定了中央集权制,因此被后世学者称为"复兴"[①]。

事实上,以皇帝为代表的中央集权与地方贵族势力长期博弈,查士丁尼一世时代靠铁腕统治,沉重打击了贵族势力,皇帝专制权力一度强势。但是,皇帝集权难以应对中亚西亚和北欧移民在帝国周边造成的入侵威胁。伊拉克略完成推行的军区制就是中央集权王朝向地方军事贵族放权,给予地方军事将领更大的自主权,特别是在各自辖区内的最高决定权。于是便产生了地方贵族势力日益强大,进而威胁中央集权的趋势。为此,皇帝为首的王朝采取分割地方权力的措施,包括将大军区划分为小军区,将行政区剥离出军事首脑"将军"的控制。以各种借口惩罚和打击大贵族势力,特别是对异己势力毫不手软。但是,皇帝为首的中央集权统治是以贵族势力为政治基础的,皇帝本身就来自于大贵族家族。因此,拜占庭皇帝对贵族势力的打压通常只是暂时的和有选择性的,他们还是要拉拢和重用大贵族,依靠他们维持帝国国家机器的运转,指派他们指挥军队作战。科穆宁王朝的"政治治理"只是调整了皇帝及其家族和其他大贵族的关系,将他们纳入以皇帝为首的中央集权关系网中。故而,中央和地方、集权与分权、统治与被统治等矛盾并没有解决,这些矛盾暂时的缓和掩盖着暗流涌动,矛盾对立方的冲突不断积累,并最终集中于王朝内部和核心大家族之间。其最后的爆发形式表现为皇室内讧,皇亲国戚,甚至兄弟姐妹之间大打出手。科穆宁王朝之后的拜占庭帝国政治生活最突出的现象就是宫廷斗争异常激烈,以至于给启蒙时代思想家们留下

[①] 李秀玲:《安娜·科穆宁娜及其笔下的拜占庭帝国》,第316页。陈志强、李秀玲:《皇帝阿莱克修斯的帝国政治治理研究》,《华中师范大学学报(人文社会科学版)》2016年第1期,第117—125页。

了拜占庭史不过是"连篇累牍的反叛、起义和阴谋诡计"的深刻印象。[①] 第四次十字军数千骑士攻击君士坦丁堡能够轻易得手，主要还是借助拜占庭皇室内乱。

十字军骑士对君士坦丁堡的洗劫和占领，特别是拉丁政权长达半个多世纪（1204—1261）的统治，彻底破坏了拜占庭帝国原有的中央集权制。他们在拜占庭帝国的废墟上建立起来的一系列拉丁人政权结束了拜占庭帝国的政治传统，塞萨洛尼基王国、雅典和提比斯公国、阿凯亚侯国、安条克王国、耶路撒冷王国等大小封建领地与拉丁帝国皇帝的关系，如同西欧各地各级封建主与国王的关系一样。拉丁帝国实际上就是按照西欧封建领主等级关系组成的联合体。他们虽然占据着拜占庭都城，却实行着与拜占庭帝国中央集权制完全不同的政治制度。他们按照西欧分封制的原则改造拜占庭政治结构，其对帝国的破坏较之对帝国的财富掠夺更为严重。他们不仅把拜占庭帝国疆域分裂成碎片，还将其首都君士坦丁堡一分为三，分别由鲍德温占据其中的三分之二，由丹多洛占据其中的三分之一，各自独立管理。鲍尔温凭借其皇帝头衔对其他独立小国保持宗主权。这些小国以皇帝为最高封主，在理论上附属于皇帝，实际上政治经济、军事外交独立。皇帝以下各级封建领主依次结成以土地分封为纽带的领主与附庸之间的主从关系，相互履行封主与封臣的权利和义务。上级封建主将土地分封给自己的下属，并对附庸的土地财产和人身安全提供保障，附庸则要向领主宣誓效忠，履行封臣义务。

拉丁帝国对拜占庭政治传统的破坏非常严重，一方面这个拉丁人政权并非严格意义上的王朝统治，其57年统治期间，内部混乱不堪，外部战乱不断，虽有"帝国"称号却无帝国之实。另一方面，十字军战争及其拉丁统治彻底摧毁拜占庭统一帝国的物质基础和政治基础，开启了中央与地方封建主之间的博弈，拉开了此后长达数百年的内战模式。各自独立的帝国、王国、公国、专制君主国、骑士领地和自由城市共和国相互攻讦，武装冲突伴随着矛盾错综的较量，经过大体两代人的博弈，使得拜占庭帝国再也不能重新统一起来，陷入类似于西欧中古社会的无政府状态，中央集权制帝国也因此彻底消失了。拜占庭帝国与同期的西欧各国，

[①] G. Ostrogorsky, *History of the Byzantine State*, tran. by J. Hussey, p. 5. [南斯拉夫]乔治·奥斯特洛格尔斯基：《拜占廷帝国》，第5页。

在政治体制的本质方面有巨大差异,前者统一国家的政治结构和框架与后者分裂的政权实体完全不同;前者存在中央和地方权力间的博弈、平衡和此消彼长,后者只有地方实体权力间的厮杀争斗;前者以最高权力的皇帝及其王朝为政治核心,后者以各地等级封建领主的地方权力为核心;正因为如此,后者存在各种规模、层次的战争,其爆发的频率、数量、烈度都远远超过前者。当拜占庭中央集权制遭到破坏以后,这个统一帝国也被卷入西欧的政治体系了,拜占庭末代王朝的政治生活就展现出西欧政治生活的特点。

帕列奥列格王朝统治时期的拜占庭国家政治生活陷入长期混乱,虽然皇帝米哈伊尔八世重新入主故都,并建立其新王朝统治,但是从此卷入内政外交更加凶险的动乱,直到末代皇帝君士坦丁十一世死于1453年君士坦丁堡战役,这个王朝的统治长达192年,成为拜占庭帝国史上十余个王朝中统治时间最长的,但同时也是拜占庭帝国史上中央集权制最衰弱的时期,甚至末代的帕列奥列格王朝一直担忧那个远在东方黑海东南角的"大科穆宁"王朝比自身更有合法性。专门研究末代王朝的现代拜占庭学家尼科尔认为,末代王朝的政治算不上大国政治,是走向政治衰亡的过程。①

帕列奥列格王朝治下的拜占庭帝国已经不是严格意义上的"帝国",既不同于13世纪初以前的那个帝国,更不是当时欧洲西亚新兴的那些帝国,与其周边的列强相比较,"它已经下降到二等小国的地位,是个处于守势的国家。"②从政治上观察末代王朝的政治情况之前,需要了解它的生存环境。

从尼西亚流亡之地迁回君士坦丁堡虽然近在咫尺,但拜占庭人经历了两代人的不懈努力。新王朝的创立者米哈伊尔八世在有些破败的皇宫里环顾四周,也深知处境的艰难。首先是帝国领土和人口大幅度减少,当时属于他或者他能够控制的疆域大体上包括尼西亚为中心的小亚细亚西部、从君士坦丁堡向西经过以塞萨

---

① 尼克尔对晚期拜占庭的观点代表了大多数研究者的看法。D. M. Nicol, *The Last Centuries of Byzantium, 1261-1453*, 2nd edition, Cambridge: Cambridge University Press, 1993, Preface. D. M. Nicol, *The Immortal Emperor: The Life and Legend of Constantine Palaiologos, Last Emperor of the Romans*, Cambridge, Eng.: Cambridge University Press, 1992. D. M. Nicol, *Studies in Later Byzantine History and Prosopography*, Cambridge: Cambridge University Press, 1985.

② Louis Brehier, *The Life and Death of Byzantium*, trans. in English by Margaret Vaughan, Oxford: North-Holland Publishing Company, 1977, p. 287.

洛尼基为中心的巴尔干半岛中部、直到半岛西部伊庇鲁斯地区和由此向南抵达半岛南端地区,以及爱琴海诸岛。其中巴尔干半岛已经出现的拉丁人领地,乃至拜占庭人占据的莫利亚和伊庇鲁斯地区与中央王朝仅存若即若离的关系。这意味着他统治下的疆土是帝国有史以来最小的领土,同时意味着他可以控制和调度的人力物力资源极其有限。前此拜占庭帝国的军区制早就消失不见了,在尼西亚王朝时期成功复兴的军事和政治经济管理制度也难以推行。这种能够有效化解内外紧迫危机的制度至少曾大幅度增加了中央政府的财政收入,[1]但11世纪末军区制逐步瓦解和小农破产改变了帝国财政的良性循环,[2]12世纪军区制消亡造成的恶果,[3]就是开启了晚期拜占庭的衰亡史。米哈伊尔皇帝力图重新恢复帝国原有的中央集权制,努力强化末代王朝对帝国资源的控制,但直到他去世也没有取得实质上的成效,当时的年收入仅仅是中期年收入的四十分之一。[4] 没有足够的金钱就无法支撑大国的外交,他只能凭借其老辣的手段在强国之间周旋,或游说于教宗,或贿赂法兰西国王,千方百计阻止了西西里国王发动的攻击,瓦解了拉丁王朝的复辟计划。最终,他虽然通过和亲和封授等方式恢复了中央王朝对伊庇鲁斯、特拉比宗和莫利亚等地的宗主关系,但它们的独立自治使他无法掌控和调配各地资源,王朝政治的经济基础极为浅薄。

二、 政局动荡的内外因素

新王朝的政治统治并不稳固,首先面临着外部多种势力的威胁。在多种外部敌对势力中,最大的威胁来自刚刚被推翻的拉丁帝国残余势力的复辟活动,其他危险程度不等的势力包括正在兴起的塞尔维亚王国、保加利亚王国、希腊地区的

---

[1] G. Ostrogorsky, "Agrarian Conditions in the Byzantine Empire in the Middle Ages", p. 208. 年收入达到584000金镑这个拜占庭史上最高水平。S. Runciman, *Byzantine Civilization*, p. 96.
[2] G. Ostrogorsky, *Quelques problemes d'histoire de la paysannerie byzantine*, Bruxelles: Editionsde Byzantion, 1956, chpt. 4.
[3] G. Ostrogorsky, *History of the Byzantine State*, p. 368.
[4] S. Runciman, *Byzantine Civilization*, p. 96. S. Runciman, *The Fall of Constantinople, 1453*, pp. 83–91.

拉丁人小公国和伊庇鲁斯君主国,他们结成反帕列奥列格同盟。① 这种威胁不仅仅停留在紧锣密鼓的准备阶段,而且在安茹的查理统领下进入实施阶段,即攻击科孚岛,②这里将成为敌对同盟的军事基地。在此情况下,米哈伊尔八世被迫以牺牲东正教为代价争取教宗的支持,③而后又以大量金钱文物为诱饵贿赂法王。这样的做法一方面使得帝国皇帝无暇顾及重建中央集权制秩序,另一方面因"出卖"教会造成内部分裂,为其恢复秩序的努力增加了国内阻力。在与安茹的查理的激烈博弈中,后者将被废除的尼西亚皇帝约翰四世(John IV Laskaris,1258—1261年在位)④和威尼斯人拉入同盟,扩大了反对派阵营,而新教宗马丁四世(Martin IV,1281—1285年在位)改变了前任的政策,也加入反帕列奥列格同盟。⑤ 这就意味着帝国皇帝前期的努力成果均付之东流,而敌对势力更加强大,难怪查理的雄心膨胀到打算实现其重新"夺取君士坦丁堡,占有朱利乌斯.凯撒和奥古斯都的王国"⑥的程度。只是由于"西西里晚祷"⑦事件的突然爆发,才使得西欧敌对势力复辟拉丁帝国的阴谋彻底破产。⑧ 同样,在新王朝克服外部干扰因素、强化中央集权制统治的过程中具有举足轻重严重影响的还有小亚细亚方向的威胁。帝国皇帝没有能力对敌进行实力较量,只能在蒙古西侵大军、金帐汗国、罗姆苏丹国和马木路克王朝(1250—1517)之间巧妙周旋,以黑海地区贸易特权为筹码,灵巧地保持与各派强敌的平衡关系,⑨甚至将其私生女嫁给金帐汗国的诺盖,勉强维持了这种平衡。⑩ 在这种情况下,帝国皇帝没有精力和能力解决重建

---

① D. Geanakoplos, *Emperor Michael Palaeologus and the West, 1258 – 1282: A Study in Byzantine-Latin Relations*, London: Oxford University Press, 1959.
② A. A. Vasiliev, *History of the Byzantine Empire, 324 – 1453*, II, pp. 594 – 595.
③ W. Norden, *Das Papsttum und Byzanz*, Berlin: E. Beck, 1903, p. 468.
④ C. Chapman, *Michael Paleologue restaurateur de l'empire byzantin 1261 – 82*, Paris: E. Figuière, 1926, p. 124.
⑤ W. Norden, *Das Papsttum und Byzanz*, p. 604.
⑥ Nikephoras Gregoras, *Historia Byzantine*, ed. L. Schopen and I. Bekker, I, p. 123.
⑦ 西西里人民起义引发了长达十三年的战争,从而赋予拜占庭人喘息的机会。
⑧ "Autobiography of Michael Palaeologus", *Byzantinische Zeitschrift*, 29 – 30(1959 – 1960), pp. 447 – 476.
⑨ Nikephoras Gregoras, *Historia Byzantine*, I, p. 101.
⑩ P. Schmid, *Die diplomatischen Beziehungen zwischen Konstantinopel und Kairo zu Beginn des 14 Jahrhunderts im Rahmen der Auseinandersetzung Byzanz-Islam*, Inaugural-Dissertation zur Erlangung der Doktorwürde der Philosophischen Fakultät der Ludwig-Maximilians-Universität, Munich, 1956, p. 120.

中央集权制统治也是可以理解的。

新王朝恢复中央集权制统治更大的威胁还不是来自外部,而是内部越来越频繁和激烈的内斗,特别是皇室内部的战争,而外部敌对势力乘机介入内战。帕列奥列格王朝的内战持续不断,首先是持续了八年的"两安德罗尼库斯之战",而后是延续了七年的"两约翰之战",最后是"约翰祖孙之战"。在内战中交战的多方面都是皇亲国戚中与皇帝关系最密切的人,前者交战双方是祖孙关系的安德罗尼库斯二世和安德罗尼库斯三世两位皇帝,"两约翰"则指的是女婿约翰五世和岳父约翰六世两位皇帝,最后的"约翰祖孙"是指约翰五世和其长子安德罗尼库斯和长孙约翰。由于末代王朝时期,拜占庭帝国已经无兵可用,所以他们之间的交战都是通过雇佣外国士兵的方式进行的,在此期间,帝国周边所有族群都成为雇佣兵的来源。参与第一场内战的外部势力就包括新兴的土耳其人、塞尔维亚人和保加利亚人,第二场内战则主要依靠的是塞尔维亚人和土耳其雇佣军,第三场内战则以商业特权和殖民地为代价雇佣威尼斯人和热那亚人,在这些雇佣兵中还有大量其他族群的散兵游勇。外族势力对拜占庭皇家内战的介入后果极其严重,不仅反映帝国中央集权皇帝专制已经名存实亡,帝国政治统一彻底瓦解,而且将大量敌对势力融入末代王朝政治中。正是在这种内外不分的政治博弈和混战中,帝国仅存的资源被耗尽,奥斯曼土耳其人从众多势力中脱颖而出,成为拜占庭帝国最后的掘墓人。

内外因素对末代王朝恢复帝国中央集权制度造成的负面影响表现在以下方面。其一是改变了末代帝国政治治理的政策导向。由于帕列奥列格王朝皇帝们陷入内外紧急挑战,无暇考虑或顾及关注帝国传统政治秩序的重建,总体政策指导思想出现偏差。其内外政策没有成为强化皇权改革措施的主导,更没有创造出有利的外部条件,其仓促寻求外部援助的多种势力反倒是加剧了重建中央集权制的阻力。在该王朝长达 200 年的统治期间,后人几乎找不到任何皇权统一领导下的富国强兵措施,甚至连在尼西亚流亡期间成功恢复的政治传统和军政改革也放弃了。[1] 他们忙于争权夺利而寻找外援的做法显然多次错过了从内部挽救帝国

---

[1] M. Angold, *A Byzantine Government in Exile: Government and Society under the Laskarids of Nicaea (1204 – 1261)*, London: Oxford University Press, 1975, ch. 3 – 6.

的时机,也逐渐失去了从外部减少敌对力量的可能性。13世纪时,拜占庭帝国朝野有人预感到小亚细亚地区的隐患,也预见到潜在的威胁,但是他们忙于更为急迫的内外战争而无力采取有效措施。① 当拜占庭朝野贵族卷入皇室内战期间,为了占据优势地位,更是将正在崛起的土耳其人作为内外战争的主要依靠。历史不是没有赋予拜占庭人自救的时机,只是其政治治理的思维被误导,因此错失了良机,延误了强化帝国统一权力以自救的时间,并养成了帕列奥列格王朝君主只求外援不求自强的思维模式。以约翰五世、曼努埃尔二世和约翰八世为突出代表的帝王们虽然先后访问西欧各国,短则数月长则数年,却成效甚微,乃至于末代皇帝翘首以待意大利雇佣兵的救助直至灭亡。②

其二是在内外战争中耗尽了维持皇权的最后资源。帝国政治统一的瓦解促使国家丧失管理权,加剧了资源枯竭。该王朝动辄割让土地和商贸特权,使国土资源持续萎缩,商贸利益损失殆尽。如1298年安德罗尼库斯二世被塞尔维亚人击败后割让的大片领土,③1302年、1308年、1331年和1355年多次割让给土耳其人的土地,特别是帝国最后的谷仓色雷斯地区和加拉塔商业特区的丧失意味着拜占庭人失去了自救的最后资源。1423年,帕列奥列格王朝将第二大城市塞萨洛尼基卖给威尼斯后,④就到了无地可割,无税可收的地步,末代皇帝预支给热那亚雇佣兵首领乔万尼的雇佣兵军饷是利姆诺斯岛。⑤ 拜占庭人不仅在11世纪末即把君士坦丁堡的商业特权赋予威尼斯人以换取其舰队的援助,1267年又许可热那亚人在首都近郊的加拉塔建立商业特区,次年又使该区升格为商业殖民区,促使拜占庭国际贸易的优势完全丧失,⑥1402年再将整个东方贸易的交通控制权拱

---

① GrhgorioV AkindunoV, *Epistolai* , Paris, 1927, I, p. 277.
② B. M. Nicol,*The Last Centuries of Byzantium,1261 -1453* , p. 309.
③ B. M. Nicol,*The Last Centuries of Byzantium, 1261 -1453* , p. 120.
④ B. M. Nicol,*The Last Centuries of Byzantium, 1261 -1453* , pp. 333 -334.
⑤ 杜卡斯记载,"如果穆罕默德被击退打垮不能达到其夺取君士坦丁堡的目标的话,将把利姆诺斯岛赏赐给乔瓦尼。"Doukas, *Decline and Fall of Byzantium to the Ottoman Turks* , XXXVIII, 3 -4, p. 211.
⑥ D. Geanakoplos, *Emperor Michael Palaeologus and the West, 1258 -1282: A Study in Byzantine-Latin Relations* , pp. 213 -216.

手让给威尼斯人以换取其外交上的支持。① 一方面是割地赔款、出让特权,加速资源枯竭,另一方面是雇佣兵和外交活动的巨额开支有增无减。例如安德罗尼库斯二世在热那亚和威尼斯战争后,向双方支付的大笔赔偿几乎掏空了国库,约翰五世和曼努埃尔二世游说西欧国家的庞大开销,特别是雇佣兵军费开支完全超出了末代王朝的经济能力。② 约翰六世因无法支付土耳其雇佣兵军饷,不得不于1351年没收教产充作军费。③ 约翰八世与土耳其人签署的协议多以纳贡的形式支付,使土耳其人榨干了帝国最后的油水。元气已尽的帝国根本谈不上中央集权了,因为它已经没有中央权力了。

其三是使政治分裂和社会分裂合法化、常态化。晚期拜占庭王朝政局动荡,多次大规模内战与外敌入侵交错互动,政治分裂几乎变成普遍存在的政治生活状态。该王朝统治一开始,皇帝为取得朝野贵族的支持,实行政治高压,监禁反对派贵族,流放异己分子,大肆没收他们的财产,开启了政治内斗的序幕。安德罗尼库斯二世加重打击反对派的力度,大开杀戒,甚至连其兄弟君士坦丁也不放过,后轻判为没收家产,流放边疆。④ 安德罗尼库斯二世和共治皇帝米哈伊尔九世在对待西班牙雇佣兵的政策上的分歧导致雇佣兵哗变,给希腊地区带来巨大灾难,1342年爆发的塞萨洛尼基起义混杂着王朝政争的复杂因素。⑤ "两安德罗尼库斯之战"和"两约翰之战"结束不久,约翰五世因废长立次引发1374年激烈的宫廷斗争。⑥ 除了政治分裂外,威尼斯和热那亚都乘机卷入皇室内争,他们与土耳其势力都希望从王朝政治混乱中渔利,后者于1383年至1387年还攻占了塞萨洛尼基。⑦ 晚期拜占庭国家政治上的分裂是以其社会分裂解体为背景,围绕着东正教与天主教的和解问题,社会各阶层分裂为立场观点迥然对立的两派,1273年"里

---

① B. M. Nicol, *The Last Centuries of Byzantium, 1261 – 1453*, pp. 318 – 320. J. Barker, *Manuel II Palaeologus 〈1391 – 1425〉: A Study in Late Byzantine Statesmanship*, New Brunswick, NJ: Rutgors University Press, 1969, 1979, pp. 218 – 238.
② B. M. Nicol, *The Last Centuries of Byzantium, 1261 – 1453*, p. 136.
③ B. M. Nicol, *The Last Centuries of Byzantium, 1261 – 1453*, pp. 240 – 241.
④ L. Brehier, *The Life and Death of Byzantium*, p. 289.
⑤ B. M. Nicol, *The Last Centuries of Byzantium, 1261 – 1453*, pp. 194 – 199.
⑥ B. M. Nicol, *The Last Centuries of Byzantium, 1261 – 1453*, pp. 275 – 276.
⑦ B. M. Nicol, *The Last Centuries of Byzantium, 1261 – 1453*, p. 288.

昂教会和解令"在君士坦丁堡和帝国各地引起激烈反对,形成了教会自上层到普通信徒的两派,①1312年至1323年间,由于这一分裂造成教会五易牧首,其中还有两年空缺。直到1453年帝国京都城破在即,大公卢卡斯甚至公开喊出"宁可在都城内看到头裹方巾的土耳其人统治,也不愿意看到顶着三重教冠的拉丁人统治"②。

其四是朝野内外不分敌我,养虺成蛇、养虎遗患,使得奥斯曼土耳其人敌对势力得以从小变大、从弱变强,不仅没有被扼杀在发展的初期阶段,也没有陷入各国相互牵制、难于发展的窘境。可以说,奥斯曼土耳其人的每一步扩张均获得了合法的理由和借口。自约翰六世推行亲土政策后,土耳其人便获得了大肆扩张的合法性,在很短的时间里便完成了对小亚细亚的征服,并登陆欧洲,开始其对整个巴尔干半岛的征服。1345年至1356年间,土耳其人在约翰六世的邀请和支持下先后五次对巴尔干半岛大规模增兵。约翰六世还将亲生女儿许配奥斯曼土耳其苏丹奥尔汗(Orkhan,1326—1362年在位)以示友好。③ 约翰五世则对西方国家充满幻想,他于1366年和1369年两度前往匈牙利和罗马游说西方君主出兵援助,结果一无所得,却丧失了大量利益,尤其是威尼斯人落井下石,把他扣为人质,胁迫拜占庭人缴纳大笔赎金。④ 当1371年土耳其人大败巴尔干各国反土联盟于马里卡河右岸后,约翰五世才认识到奥斯曼土耳其人已经不可战胜。⑤ 拜占庭皇帝们此后积极主动讨好土耳其苏丹并未阻止其征服扩张,他们缴钱纳贡,送交人质,甘心沦为后者附属国也未能换来和平,反而助长了敌人的气焰。⑥ 他们曲意迎合奥斯曼土耳其军队逐个灭亡波西尼亚、瓦兰吉亚人、罗马尼亚、塞尔维亚人和保加利亚人的国家,并未给拜占庭人带来生机。1374年,皇帝约翰五世正式承认苏丹的宗主地位后不久,还在苏丹的胁迫下刺瞎了亲生长子安德罗尼库斯和长孙约翰的眼睛。⑦ 同样,自曼努埃尔二世于1391年成为皇帝直至帝国灭亡的半个多世纪

---

① B. M. Nicol, *The Last Centuries of Byzantium, 1261 – 1453*, pp. 61 – 62.
② Doukas, *Decline and Fall of Byzantium to the Ottoman Turks*, XXXVIII, 3 – 4, p. 210.
③ A. Arnakys, *The Early History of the Ottomans*, Athens, 1947, pp. 162 – 197.
④ J. Barker, *Manuel II Palaeologus〈1391 – 1425〉: A Study in Late Byzantine Statesmanship*, pp. 1 – 83.
⑤ G. Ostrogorsky, *Serboi under Stefan Dusan*, Belgrade, 1965, pp. 127 – 146.
⑥ Nikephoras Gregoras, *Historia Byzantine*, ed. L. Schopen and I. Bekker, II, p. 842.
⑦ J. Barker, *Manuel II Palaeologus〈1391 – 1425〉: A Study in Late Byzantine Statesmanship*, pp. 18 – 36.

里,末代王朝出让各种权益以换取西欧国家的救援,直到最终灭亡也没有得到任何实质性的帮助。拜占庭帝国早先出让给威尼斯、热那亚等城市共和国的商贸特权和殖民区除了削弱自己增强了敌人外,丝毫无助于阻止苏丹拜齐德(Bayezid,1389—1402年在位)征服了整个巴尔干半岛的步伐,皇帝曼努埃尔二世祈求威尼斯人向被封锁的首都运送粮食也以失败告终,城内饥荒没能得到缓解,①教皇、法、英、阿拉冈、威尼斯各国对拜占庭人的求援请求只是口头响应,俄国人和法国人的些许援助如杯水车薪、于事无补。当1444年弗拉迪斯拉夫(Vladislav Ⅲ Jagello,1434—1444年在位)统率的十字军在瓦尔纳战役中惨遭土耳其大军重创后,拜占庭人自知末日来临,只能听凭崛起的奥斯曼帝国的摆布,放任自己苟延残喘无所作为,消极等待最终的末日。

第四节

精神家园的丧失

末代帝国民众思想混乱,信仰迷失,精神颓废,其状况之严重集中表现在罗马天主教和君士坦丁堡东正教合并之争事件上。这一事件将拜占庭民众撕裂为两大阵营,皇帝为首的主流派官僚拥护两大教会合并,以求得西方君主和教宗的军事援助,被称为"统一派"。其反对者被称为"分裂派",主张坚持东正教,绝不向天主教屈服。②"拜占庭民众极为愤怒……他们对这个违背其宗教感情的事件的仇恨就越带有感情色彩。"③后世研究者普遍关注这一事件的原因是从中可以观

---

① Doukas, *Decline and Fall of Byzantium to the Ottoman Turks*, p. 50.
② E. Gibbon, *The History of the Decline and Fall of the Roman Empire*, London: George Bell and Sons, 1889, Ⅶ, pp. 259 - 262. Donald M. Nicol, *The Immortal Emperor: The Life and Legend of Constantine Palaiologos, Last Emperor of the Romans*, pp. 49 - 51. D. M. Nicol, *The Last Centuries of Byzantium, 1261 - 1453*, 1972.
③ Geory Ostrogorsky, *Byzantinische Geschichte, 324 -1453*, Munchen: Verlag C. H. Beck OHG, 1996. [南斯拉夫]乔治·奥斯特洛格尔斯基:《拜占廷帝国》,第468页。

察拜占庭人思想的混乱程度,即现实救亡需求和彼岸世界追求的冲突。① 由于有关信仰之争的史料相对充分,且一直以东正教捍卫者自诩的俄罗斯至今坚持认为,拜占庭人最终失落的主要原因之一是背弃了东正教,所以俄语作家更为重视两大教会合并之争。② 1369 年和 1433 年,拜占庭皇帝两度率团亲赴意大利签署"教会统一令",以示拜占庭官方立场,教廷还派遣特使前往君士坦丁堡落实教会合并的具体事宜,③结果引发拜占庭信徒更大规模的反对,皇帝对社会骚乱的压制措施也没能解决问题。直到奥斯曼土耳其大军兵临城下、发动最后总攻时,"统一和分裂"问题仍旧困扰着拜占庭朝野内外、社会上下。本节力图从中管窥末代拜占庭人的精神世界,分析他们是如何失去了精神家园的。

一、 东正教信仰分裂

末代帝国民众普遍缺乏信仰的重要原因在于王朝统治者放弃了坚持了几个世纪的东正教立场,实行天主教和东正教两大教会合并的政策。事实上,地中海东、西两大教会原本秉持统一的基督教信仰,但随着地中海政治格局的巨变,原来由帝国皇帝控制的教会逐渐分道扬镳,两大教会在信仰解释、宗教礼仪、教会制度和信徒要求等方面形成了差异,为了争夺基督教最高权威地位,他们都强调自己的原创性、神圣性、正统性和普世性。1054 年双方互相开除教籍,标志着基督教教会的第一次大分裂。在强化各自正确性的过程中,他们之间的对立愈发尖锐,直到晚期拜占庭帝国为了获得西方封建君主的支持而主动求和。然而,拜占庭君主们为了现实解困救亡而放弃东正教的"正确性"政策对末代帝国民众打击太

---

① 几乎所有拜占庭史专家都有类似的叙述,见 J. J. Norwich, *A Short History of Byzantium*, New York: A Division of Random House, Inc., 1997, pp. 373 – 375. L. Brehier, *The Life and Death of Byzantium*, pp. 361 – 363. S. Runceman, *The Fall of Constantinople, 1453*, p. 178. J. Freely, *Istanbul, the Imperial City*, London: Penguin Books Ltd., 1996, p. 173. W. Treadgold, *A History of the Byzantine State and Society*, California: Stanford University Press, 1997, pp. 824 – 825.
② 瓦西列夫则以大量篇幅详细介绍了这一事件的来龙去脉。A. A. Vasiliev, *History of the Byzantine Empire*, *324 – 1453*, Ⅱ, pp. 657 – 676.
③ 巴图西斯还具体提到了 1452 年末前往君士坦丁堡举行教会合并盛典的教宗代表团。M. C. Bartusis, *The Late Byzantine Army, Arms and Society, 1204 – 1453*, p. 127.

大,他们大多数不能理解祖辈坚持的信仰为何一夜之间就错了,这一冲击将他们心中仅存的一丝"理想"和"追求"抹杀掉,使他们瞬间陷入思想混乱。普通信徒不理解皇帝们为什么会承认东正教"真理"是错误的,而他们一直反对的天主教"邪说"怎么突然变成了正确的信仰,这被他们视为君主们为利益而屈服于邪恶。民众在感到无所适从的同时,怨恨和苦闷都发泄到皇帝为首的帝国统治者身上。作为国教最高祭坛的圣索菲亚教堂,其崇高地位荡然无存,对皇帝的怀疑加重了,拜占庭民众丧失了"正确"信仰和理想追求,陷入严重的思想混乱。

对上帝的虔诚信仰和对东正教"真理"的长期坚守一度是晚期帝国民众的精神依托和思想支柱,他们将捍卫东正教的使命感与帝国"万世永存"的荣誉感结合在一起,诚如末代皇帝君士坦丁十一世所说的,"我的弟兄们,你们都十分清楚我们有四大共同义务……那就是:第一、我们的信仰和虔诚,第二、我们的祖国,第三、神圣上帝任命的皇帝,第四、我们的亲戚朋友。"[①]末代皇帝在这里强调的是拜占庭信仰传统,即虔诚的信仰和神圣的帝国,它们都高于皇帝和亲人。但是,同一个皇帝为了争取军事援助,接受屈服于天主教的条件:承认罗马天主教信仰的正确性和罗马教宗为教会最高领导权,这是他们无法理解的。因为这就等于承认了东正教信众捍卫的"真理"是错误的,要遵循天主教礼仪了。

对于这种宗教信仰政策的突然变化东正教普通信徒都难以接受,他们并不认为东正教犯了错误,反而指责帝国君主向错误屈服,是皇帝被现实危机吓破了胆。罗马教宗特派代表的助手莱昂纳多就此写道,拜占庭人"还在极力谴责拉丁人对他们的侵犯,说什么'就是因为我们接受了教会合并的决定,并更加服从罗马教宗,我们才引起上帝的愤怒,遭此大难'"。他还注意到,许多公开拥护合并政策的人并非诚心,说他们"公开庆祝教会合并,但是却私下里拒绝合并。他们……为什么要这么虚伪呢?"[②]这一事件在普通民众中引起严重的思想混乱和分歧,杜卡斯记载,"民众中又出现了激烈的争论。当基督徒前往告解悔罪时,反对合并派分子就要问每一个人……是否曾偶然听过合并派教士主持的圣礼宣道。如果是的

[①] G. Sphrantzes, *The Fall of the Byzantine Empire, A Chronicle by G. Sphrantzes, 1401–1477*, p. 121.

[②] F. Sansovino, *Historia Universale dell'Origine et Imperio de Turchi*, Book III, pp. 304–313, col. 927. 转引自 *The Siege of Constantinople 1453: Seven Contemporary Accounts*, p. 13, 19 and 25.

话,就要强制实行……严厉的惩处。……(圣索菲亚)大教堂被视作恶魔的庇护所和古希腊异教的祭坛。""黑暗笼罩了一切,没有任何人阻止黑暗的降临。圣殿被抛弃了……圣殿将遭受抛弃而荒芜。"他目睹了当时普通信徒丧失精神家园的沮丧,自1452年12月举行两大教会合并仪式后的"这天起,大教堂里,人们就认为合并开始实现了,君士坦丁堡人却躲避它,把它视为犹太人的犹太会所,既不来教堂里献祭也不来奉献,更不来焚香祈祷……还要说什么好? 他们都把这个教堂看成是异教的祭坛和崇拜阿波罗的圣地"。正是在此气氛中,反对教会合并派领袖卢克大公"胆敢公然说出反对拉丁人的话:'宁可看到首都中心区出现土耳其人的缠头巾,也不愿看到拉丁人的三重法冠'"①这一事件引发的信仰危机和思想分歧如此严重,必然强化了信徒们离心离德的心理和强烈的逆反情绪,大多数民众陷入传统信仰的崩溃和迷茫,他们对其世代遵从的信仰理念和礼仪习俗遭到扭曲而愤怒,对信仰的正确性感到无所适从,进而失去了对彼岸世界的希望和追求,生出自暴自弃的想法。末代帝国民众因此将信仰与帝国分离开,进而丧失了捍卫帝国的意志,在最后一战中全无斗志。

在土耳其大军兵临城下的危急关头,末代帝国民众出现了从上到下的"异常"行为,他们对抗击外敌入侵毫无兴趣,对奥斯曼土耳其将士即将杀入城中麻木不仁,因此拒绝参战者有之,讨价还价出征者有之,贪污城防物资者有之,临阵逃脱者有之,以至于莱昂纳多在行文中惊呼"希腊人中怎么那么多叛徒,这个国家怎么这么多贪婪的背信弃义者! 皇帝要一而再再而三地恳求他们,希望他们借一些钱给他,但是他们发誓说他们的钱借光了,因为世事艰难早已耗尽了他们的钱财。但敌人后来发现他们隐藏了相当多的钱财"②。巴尔巴罗也记载到,当城墙急需修复时,"我们的总管下令希腊人把它们马上运上城墙,却遭到希腊人的拒绝,他们说除非支付给他们报酬才执行命令,当晚就此发生了争执……最终由于希腊人的贪婪,我们最后也没有用上这些东西。"③甚至皇帝本人也哀求其臣民,"我请求、祈求你们了,如果你们还对我有些微的情感,那么就展示出应有的荣誉感,服

---

① Doukas, *Decline and Fall of Byzantium to the Ottoman Turks*, XXXVIII, 3-4, pp. 207-210.
② *The Siege of Constantinople 1453: Seven Contemporary Accounts*, p. 26.
③ Nicolo Barbaro, *Diary of the Siege of Constantinople, 1453*, p. 60.

从你们的领导、将领、百夫长,每个人都根据各自的官阶、军职和职责行事。"①拜占庭帝国及其臣民的精神支柱是东正教信仰,也是维系末代帝国与民众的精神纽带,这一传统千余年以来持续强化普通信众效忠于皇帝。笃信上帝,忠于皇帝是拜占庭民众的价值取向,是帝国臣民坚守的世界观和人生观,更是其区别于其他民族的身份认同。一旦东正教信仰被动摇,这一信仰传统便被否定,也意味着其精神家园的丧失,进而便失去了精神支柱,其战斗意志和士气便被击垮。

二、 共同身份认同缺失

末代王朝统治下的拜占庭民众因为东正教屈服于天主教而陷入信仰危机和思想混乱,进而严重挫伤其挽救帝国的信心,之所以如此,是因为其宗教信仰直接关乎他们的身份认同。关于拜占庭帝国民众身份认同的问题,学界素有讨论,本书也在适当的章节中加以分析。总体而言,那些笃信东正教信仰、认同古希腊文明、忠实于"罗马帝国"皇帝的臣民就是拜占庭人身份认同的标志。纵观拜占庭历史,出身于任何地区或任何族群的人,只要接受了这三点就可以被视为拜占庭人,相反,缺少其中任何一点也难以称为拜占庭人。不信仰东正教的人被拜占庭人称作"异教徒",没有纳入"罗马帝国"且效忠于皇帝的人被看作是"蛮族",而讲不好希腊语或不能背诵古希腊史诗的人被视为"野蛮人"。诚如末代皇帝强调的那样,"虔诚信仰"、热爱"祖国(帝国)"和忠于皇帝是所有拜占庭臣民的义务,更是其身份认同的共同准则。②

末代帝国上自皇帝贵族,下至黎民百姓,似乎都缺乏对其拜占庭人身份的强烈认同。末代帝国艰难时世,拜占庭人生存更为困苦,不仅普通民众对此认识不清,而且皇帝和贵族对此也认识模糊。如果不是记述者斯弗兰基斯有意塑造英雄形象的话,那么前引末代皇帝的话表面上看似乎说出了拜占庭人身份认同的要

---

① George Sphrantzes, *The Fall of the Byzantine Empire, A Chronicle by G. Sphrantzes, 1401-1477*, p. 124.
② George Sphrantzes, *The Fall of the Byzantine Empire, A Chronicle by G. Sphrantzes, 1401-1477*, p. 121. 斯弗兰基斯作为末代皇帝的心腹为皇帝美言是可以理解的,他效仿修昔底德在记载中大段叙述后者的演讲,其真实可靠性令人生疑。

点,但事实上皇帝并不清楚这一点,证据就在他动员臣民抗敌的演讲中。在土军重兵压境即将发动总攻前的动员讲演中,他本应该高举捍卫东正教真理和保卫京都圣战的旗帜,以捍卫帝国古老传统和辉煌文明激励将士,以勇武皇帝不惧强敌的气概凝聚人心。可是这个演讲通篇逻辑混乱,说辞相当苍白,"如果一头哑巴的动物都能够促使猎人去追杀,那么我们这些骏马和动物的主人就注定能够更好地打击进攻我们的敌人,因为敌人都是哑巴畜生,甚至是比猪还糟糕的野兽。挥舞你的盾牌、刀剑、弓箭和长矛杀向他们,想象着你们就是在追击野猪的狩猎者,也让这些邪恶的人知道他们正在对付的不是哑巴畜生而是他们的主子和主宰,是我们这些希腊人和罗马人的后裔。"①这样的演讲真的让人大跌眼镜,且不说其语言粗俗逻辑混乱溢于言表,一会儿谩骂土耳其人是哑巴畜生,一会儿又说他们是邪恶的人,毕竟畜生和人有本质区别,其击败敌人的理由是追杀猎物,这样的比附极大降低了保卫首都的重大意义,难怪他丝毫激发不起来守城将士的意志。

末代皇帝的思想境界确实不高,因为他自己和末代贵族们一样早就失去了对帝国、对皇帝的兴趣,其拖延数月进京、很不情愿登基就说明了这一点。末代帝国朝野上下、教俗君臣中难以找到思想深邃、对时局具有洞察力、对帝国前途富于政治远见的人才,更没有登高一呼万众响应的杰出领袖,皇帝本人也非众望所归的英雄人物。根据幸存者的记述,大战临头,"可怜而悲伤的皇帝开始喃喃自语,惊恐万状,生怕土耳其人会在哪天夜里发动总攻,因为我们基督徒还没有准备好抵抗住攻击,这使得他非常悲伤……最尊贵的皇帝殿下开始痛苦地失声痛哭……'由于整个基督教世界都不愿意帮助我抵抗毫无信仰的土耳其人这个基督教世界的敌人。'"因此他绝望地自暴自弃,甚至采取"自杀式"的搏杀。② 莱昂纳多也有类似的记载,"皇帝稀里糊涂不知道该如何应对这样的局面。……皇帝优柔寡断,对于那些拒不服从其命令的人从不进行惩处,也不杀了他们。这样一来,所有的人都随心所欲为所欲为……这个老好人很容易就被其属下伺弄得服服帖帖,丑恶地被他们戏弄,还常常假装对那些正在做的坏事视而不见。"③杜卡斯也记下了他

---

① George Sphrantzes, *The Fall of the Byzantine Empire, A Chronicle by G. Sphrantzes, 1401 -1477*, p.122.
② Nicolo Barbaro, *Diary of the Siege of Constantinople, 1453*, pp. 32 - 45.
③ *The Siege of Constantinople 1453: Seven Contemporary Accounts*, pp. 27 - 31.

慌乱中手足无措,"他陷入彻底的绝望无助之中。他向暴君派出使节,恳求后者除了其他事情外,退兵,达成和解。作为回报,皇帝愿意支付穆罕默德要求的年贡,即便超出皇帝能够支付的也答应。"[1]后人从这里找不到英雄皇帝的影子,看到的是一个心理脆弱、绝望哭泣的懦夫,这也反映出作为帝国最高形象的皇帝已经失去了拜占庭人传统的身份认同感。

作为拜占庭社会精英的贵族也和皇帝一样昏庸,既看不到京都失守的灾难性后果,也拿不出救亡方略。斯弗兰基斯就此写道,皇帝"组织城防计划完成,但是一些元老、教士、市民坚持说,我们不要招惹他(苏丹)发怒……这使得皇帝改变了主意;他们一致阻止皇帝采取行动,直到苏丹的计划最终完成了,他们才清醒过来,看到这个城堡要塞完工了,认识到他们自己的行动多么愚蠢"。"一些毫无价值无所事事的贵族和城里的居民带着他们的金银细软仓皇逃亡,因为他们恐惧战争和我们的敌人。当这一消息报告给皇帝后,他没有采取任何行动阻止他们,而是陷入了深深的沉思。"[2]莱昂纳多记载说,皇帝"向其大臣会议寻求办法,他们建议他不要惹恼那些市民,因为目前局势艰难。但他们建议还是用惯常的办法收集圣器。于是皇帝下令,从各个教堂收集敬献给上帝的神圣器皿,把它们熔化后制成硬币,发放给士兵、坑道工兵和建筑工兵……他们对皇帝阿谀奉承,献媚安抚他的怒火,这是他们惯常的做法"[3]。显然社会上层人士丧失了自卫的决心,因此也不会费尽心思策划保卫君士坦丁堡的谋略了。皇帝面对首都军民的人心涣散毫无作为,听之任之,没有应对之策。这既反映出民众的失败情绪,也反映出统治阶层的无能。事实也是如此,当苏丹穆罕默德二世有条不紊地周密部署围城战役时,末代帝国朝廷忙于游说西方援兵,大多数王公贵族还深陷自相残杀的争斗,直到京都失陷,皇帝的亲弟弟们没有派出一兵一卒勤王。末代帝国君臣尚且丧失掉共同的身份认同,就不能指望黎民百姓坚守这种虚幻的荣耀了。

末代帝国上层阶级糟糕的精神状态决定了普通民众的消极情绪,他们上行下

---

[1] Doukas, *Decline and Fall of Byzantium to the Ottoman Turks*, p. 218.
[2] George Sphrantzes, *The Fall of the Byzantine Empire, A Chronicle by G. Sphrantzes, 1401 - 1477*, pp. 99 - 103.
[3] *The Siege of Constantinople 1453: Seven Contemporary Accounts*, pp. 26 - 31.

效,毫无斗志,消极备战,坐以待毙,将自己的命运完全寄托于圣母保佑的"神迹"。莱昂纳多就嘲笑"他们天生的愚钝和办事拖拖拉拉"①。前引斯氏记载说,"有些人笃信装备精良,有些人信赖骑兵、武力和人数,但是我们相信我主上帝和救世主的圣名……我们……就像逐渐暗淡下去的月亮,逐渐消失在天空。"②其实普通民众并不真心相信有什么超然的力量解救他们脱离险境,巴尔巴洛轻蔑看待拜占庭人,说奋战在城头的"都是外国人,其中没有一个希腊人,因为希腊人都胆小如鼠"③。城破之际,"许多希腊人立即向港湾方向逃跑,朝着威尼斯和热那亚船只上拥挤……大批人混乱地涌上小船,当小船沉没时他们也都淹死了……其他希腊人有些在城里四处乱窜,不久也都被俘虏或者杀死……几乎所有爱琴海岛居民都开始逃亡。希腊人的领袖们和那些尚在伯罗奔尼撒半岛的人都被这场灾难吓坏了,纷纷出海逃难。"④"他们天生的愚钝和办事拖拖拉拉使他们未能完成这些事情。"⑤崇高的理想和远大的抱负通常是英勇奋战的内在动力,共同的认同也能提升人的智能和效能,英雄领袖的榜样还能激发人的无限潜能。反之亦然,末代帝国王朝和民众在国破家亡之际集体缺失共同的身份认同感,必然导致其整体抗击外敌能力的下降,而精神家园的丧失加剧了整个社会离心离德,加速末代帝国的崩溃。

三、普遍的精神颓废

末代帝国从上到下军无斗志,民心涣散,朝野内外心怀异志,君臣贵族各怀鬼胎,对即将降临的没顶之灾陷入绝望,精神崩溃,对京都陷落在即麻木不仁,自暴自弃,城内谣言蜚语四起,宗教迷信巫术交织,耸人听闻的传说在街头巷尾流传,

---

① *The Siege of Constantinople 1453: Seven Contemporary Accounts*, p. 31.
② George Sphrantzes, *The Fall of the Byzantine Empire, A Chronicle by G. Sphrantzes, 1401 - 1477*, pp. 121 - 124.
③ Nicolo Barbaro, *Diary of the Siege of Constantinople, 1453*, p. 50.
④ *The Siege of Constantinople 1453: Seven Contemporary Accounts*, pp. 50 - 53.
⑤ *The Siege of Constantinople 1453: Seven Contemporary Accounts*, pp. 26 - 31.

乌七八糟的预兆成为坊间热门话题。① 拜占庭人早已失去了明确的生活目标，也完全抛弃了对未来美好的追求，陷入绝望的末代帝国君臣呈现出精神萎靡、思想颓废的状态。

拜占庭帝国灭亡前的君士坦丁堡城内众生态非常真实地揭示出拜占庭人的末日心态，也是老迈帝国精神衰亡的典型表现。后人从当时留下的文献中看到了其中的种种恶劣行径。莱昂纳多记载，修复破损城墙的"希腊士兵劳工很少关心公共福祉，他们极端自私，甚至拒绝去干活，除非他们首先拿到工钱……我们不止一次地发现希腊人胆战心惊，离开他们的战斗岗位……有些人表面上看老实可靠，声称他们的家里有事需要处理，但有些人指责他们根本没钱养家，被迫来此找个活计挣点钱"②。拜占庭民工也是如此，他们拒绝搬运修复城墙急需的木材，还"说除非支付给他们报酬才执行命令，当晚就此发生了争执……希腊人却不想支付报酬。最终……它们还是没有被运到城垛之间用于抵抗进攻……由于希腊人的贪婪，我们最后也没有用上这些东西"③。显然，普通民众认为守卫京都并非他们自己的责任，缺乏责任感促使其极端自私，以至于认识不到城破的灾难也会落到自己头上。连拜占庭贵族斯弗兰基斯都指责拜占庭人毫无责任心，在防御战的关键时刻，或者逃离废都，或者擅离职守，"贵族和城里的居民带着他们的金银细软仓皇逃亡，因为他们恐惧战争和我们的敌人。""当皇帝听闻这些离开港外的事情，以及普遍擅离战场的理由，他当场严厉批评了这些部队的将领。"④

更恶劣的是末代拜占庭人普遍道德沦丧，是非不分。莱昂纳多记载，当皇帝下令给民众配发面包时，他们竟然"藏匿食物，或者借机高价出售这些食品"。作者愤怒指责他们的堕落行为说："我最好叫你们掠夺者……你们却把这些（用于城防的）钱当做无主的遗产一样看待，把它们浪费掉了，它们本应该花费在修复城墙上，但是却发现都流入了你们的腰包。这些叛徒……将大约 70000 金币秘密藏

---

① 爱德华·吉本生动地描述了当时君士坦丁堡城内的恐慌状况。E. Gibbon, *The History of the Decline and Fall of the Roman Empire*, Ⅶ, che. 68.
② *The Siege of Constantinople 1453: Seven Contemporary Accounts*, p. 27.
③ Nicolo Barbaro, *Diary of the Siege of Constantinople, 1453*, p. 60.
④ George Sphrantzes, *The Fall of the Byzantine Empire, A Chronicle by G. Sphrantzes, 1401 – 1477*, pp. 103 – 114.

匿在钱罐中,后来交给了土耳其人……呸!你们这些希腊人,我真为你们感到悲哀……你们拒不提供给你们国家的这些财富,最后都落入土耳其人手里!"①皇帝的无能加剧了是非不分的城内居民为非作歹,他们不仅对抵抗土耳其人进攻没有信心,而且对皇帝离心离德,暗中捣乱的人越来越多,牢骚满腹,怪话连天,一些人肆意散布"邪恶的情绪,他们每天都在市中心各处的广场和周边地区煽动骚乱和示威游行,发表演讲,从他们无耻的嘴里吐出责难和指责"。由于他们人数太多势力太大,皇帝对此假装没有看到,喃喃自语地说:"那些错误地仇恨我的人都是不幸的。"②无能的皇帝不辨是非,对瓦解军心者不予惩处,听之任之,既拿不出说服臣民一致抗敌的理由,也缺乏凝聚民心的个人魅力,其失败是必然的。

　　内心的错乱导致胆怯懦弱情绪迅速蔓延,莱氏见证了民众的恐慌,"由于我们预料土耳其人将在不远的将来发动进攻,我们都在希望和绝望之间徘徊,惶惶不可终日。""我们这一方的一些人开始丧失信心,因为再不会有援助到来了……也没有其他来源会提供任何援助了,只剩下上帝的援手。""我们感到非常害怕……处于极大的恐惧中。""我们只能将自己的慰藉托付于上帝了,继续在内心的绝望中度日如年痛苦挣扎,不断举行虔诚的仪式,向上帝崇拜、连祷、供奉、焚香、祈祷……以便使我主上帝将胜利赋予我们一方。"③"整个城市陷入痛苦恐惧之中,所有人都痛哭流涕,祈祷上帝和圣母玛利亚,挽救我们避开这些异教徒的怒火。我无法形容这一天大炮对城墙造成的巨大破坏,特别是圣罗曼努斯城门损害严重,它被巨型大炮击中,此时我们遭受的损失极为严重,我们都胆战心惊,极度恐慌。"守军兵力不足,城防压力巨大,体力严重透支,士气极度低下,"这天夜晚,我们都精疲力竭,为应付进攻累得要死。"④这里,我们看到的不是对自卫战争必胜的信心和高昂的斗志,而是战败前心理防线崩溃后的惨状,疲惫、伤亡、恐惧、害怕、恐慌、痛苦、哭啼淹没了守军,这样的精神状态想不败也难,城破是必然的,帝国灭亡也是必然的。

---

① *The Siege of Constantinople 1453: Seven Contemporary Accounts*, pp. 27 – 30.
② George Sphrantzes, *The Fall of the Byzantine Empire, A Chronicle by G. Sphrantzes, 1401 – 1477*, p. 115.
③ *The Siege of Constantinople 1453: Seven Contemporary Accounts*, p. 13, 19, 21 and 25.
④ Nicolo Barbaro, *Diary of the Siege of Constantinople, 1453*, p. 57 and 55.

失去了是非标准和道德规范的民众相互敌视,互相怀疑,将士不和,争执不断。前引斯氏记载说,守军内部"总是产生出分歧意见、冲突争执,甚至出现骚乱……相互较量、争吵,互相保持着戒备,互相监视。……乔万尼与大公(卢克)争执起来……相互指责互倒脏水"①,他们几乎要动起手来,乔万尼放出狠话说:"'现在谁能阻止我用我的利剑刺穿你这家伙的身体?'大公卢克对这一侮辱也大为光火……其他的希腊人也都对拉丁人充满疑虑,因为拯救这个城市的荣耀已经落到了拉丁人头上"。末代帝国废都守军各部队之间矛盾深刻,纷争不断,前引莱氏还记载"加拉塔城里的威尼斯人和热那亚人也发生了口角,双方都指责对方想要临阵脱逃"②。守军这种一盘散沙的情况注定了失败的结局。

丧失了理想信念和生活目标的末代拜占庭人,在末日来临时极度恐慌,他们祈求上帝保佑,但更相信谣言传闻,特别是对各种预测灾难降临的预言深信不疑。巴尔巴洛的日记记载:"这个预言是圣君士坦丁做出的,他是第一个据守君士坦丁堡的皇帝,他预言君士坦丁堡永远不会失守,直到升起的月亮满月之时又被黑暗遮挡,也就是说……城市被摧毁和帝国的灭亡正在临近。"巧的是1453年5月22发生了月食,这一天象被惊恐万状的民众视为大难临头的预兆,"当我们基督徒和异教徒都目睹这一奇异的天象时,君士坦丁堡皇帝对此极为恐惧,他的所有贵族也都非常恐惧,因为希腊人有个预言,说只要月亮发出征兆,君士坦丁堡就将陷落,这就是为什么希腊人感到恐惧的原因。""所有古代的预言都得到了应验,特别是由圣君士坦丁首先做出的预言,他的雕像骑在马上,矗立在这个城市圣索菲亚教堂旁边的圆柱上,他用自己的手势这样预言:'从这个方向将会到来一个人,他将使我从这里消失。'他的手指向了东方也就是土耳其。他做出的另一则预言是,当这里出现一个叫作海伦之子的君士坦丁皇帝时,在他统治下,君士坦丁堡将失陷。还有一则预言是说,当月亮在天上发出征兆时,几天之内君士坦丁堡将被土耳其人占领。所有这三条预言都出现了。……我们基督徒此时都非常害怕,皇

---

① George Sphrantzes, *The Fall of the Byzantine Empire, A Chronicle by G. Sphrantzes, 1401 – 1477*, p. 118 and 115.

② *The Siege of Constantinople 1453: Seven Contemporary Accounts*, p. 30 and 23.

帝下令敲响全城的警钟,在城墙的各个战场上,所有的人都高声尖叫。"①斯弗兰基斯也记载,君士坦丁堡失守前的"晚上,有一团火从天空滑下来,停止在城市的上空,把整个城市都笼罩在整夜的光亮中",全城人惊恐万状。② 这些谣言和迷信使他们紧绷的神经彻底崩溃,土耳其大军总攻尚未开始,拜占庭人已经倒在精神崩溃的防线上了。后人根据君士坦丁堡战役幸存者们提供的信息,全景式地再现了处于衰亡的帝国君臣集体丧失精神家园的种种表现,向人们清晰地展现了末代帝国的真实状况。

总之,末代拜占庭人丧失了精神家园,也失去了崇高的理想追求,他们缺乏战胜奥斯曼土耳其军队的斗志和信心,朝野上下军心民心离散,精神涣散颓废堕落,在犹豫彷徨前途未卜的痛苦中自甘堕落,惶惶不可终日。

---

① Nicolo Barbaro, *Diary of the Siege of Constantinople, 1453*, p. 49, 56, 61 and 65.
② George Sphrantzes, *The Fall of the Byzantine Empire, A Chronicle by G. Sphrantzes, 1401 – 1477*, p. 116.

第二章

拜占庭帝国的族群政策：
以犹太人政策为例

第一节

族群政策概述

作为一个拥有众多族群和不同宗教派别的中世纪帝国，拜占庭历史上的族群政策在政治、经济、文化和宗教等方面都呈现出多样性和复杂性的特征。在民族概念并不清晰的时代，从早期的罗马城市公民到边疆地区的行省居民，从罗马人、希腊人到斯拉夫人、波斯人以及犹太人等，不同族群在拜占庭帝国的定位不同，社会地位也不尽相同。族群的多样化决定了拜占庭帝国的主流群体与边缘化群体，多数派与少数派，大规模族群与小规模族群之间既有相互交融的一面，也存在对立和冲突。拜占庭帝国在履行政治统治的职能并发挥社会治理的作用同时，也通过族群政策推动族群融合并化解族群矛盾，在自由和约束、包容和打压之间进行动态调整。

拜占庭帝国具有政教合一的特性，其族群政策与宗教政策往往不可分割。在宗教关系方面，自基督教化进程开启后，帝国的宗教政策具有一定的连贯性和一致性，主要表现为：确立基督教正统派地位；平息基督教内部的神学之争；消除宗教异端势力；推动多神教徒和犹太教徒等其他宗教群体皈依基督教等。基督教化早期，不同宗教势力之间长期和平共处，随着基督教势力的壮大，诸如多神教徒、犹太教徒等宗教少数派以及阿里乌斯派、聂斯托利派等基督教异端逐渐边缘化，甚至与基督教和帝国对立，实行同化政策还是排斥政策常常摆在帝国统治者的面前。总体而言，自由与宽容是拜占庭帝国宗教政策的常态，与此同时，强制与迫害也是特殊时期帝国宗教政策的组成部分。

犹太人是拜占庭帝国的少数族群之一，在拜占庭历史上留下了不容忽视的印迹，帝国的犹太人政策是其族群政策的一个缩影。从多神教罗马帝国到基督教拜占庭帝国，帝国与犹太社团之间的关系处在紧张与缓和、冲突与友好并存的状态，同时，犹太人始终不同于多神教和基督教的宗教属性以及其较少被外部社会同化的特征则决定了帝国犹太人政策的复杂性。从罗马帝国统治巴勒斯坦开始，犹太人只要交纳必要的赋税，不触犯帝国利益、不威胁国家安全，罗马政府就允许他们按照"祖先的律法"生活。① 随着多神教衰微和基督教化进程在拜占庭帝国的发展，早期和中期拜占庭帝国皇帝开始有意打压和限制犹太社团的发展。到帝国中后期，以强制犹太人改宗基督教的极端政策多次出台，恶化了帝国与犹太人之间的关系，成为中世纪反犹主义的典型范例。

罗马帝国时期和拜占庭帝国早期对犹太人的政策相对友好。其中，安东尼·庇护（Antoninus Pius）和塞维鲁王朝的卡拉卡拉（Caracalla,198—217）是早期对犹太人友好和宽容的代表，安东尼在位时期曾废除哈德良针对犹太人的迫害政策，允许犹太人为自己的孩子行割礼，并享有一些特权和自由。正如爱德华·吉本所说："罗马当局对多神教实施宽容政策，加上安东尼的温和性格，犹太人很快重新拥有各种古老特权……获得罗马法令所规定的自由，享有市民的荣誉，免除掉担任那些费力费钱的社会公职的义务。"②一些非犹太文献中提到卡拉卡拉（原名"Marcus Aurelius Antoninus",206—217 之间被称为卡拉卡拉）对犹太人的友好政

---

① 宋立宏：《罗马的犹太政策》，《学海》2006 年第 1 期。
② ［英］爱德华·吉本：《罗马帝国衰亡史》第 1 卷，席代岳译，长春：吉林出版集团有限责任公司 2008 年版，第 411 页。

策。哲罗姆也提到过"塞维鲁和他的儿子安东尼非常喜欢犹太人"①。卡拉卡拉本人曾经两次到访巴勒斯坦,并颁布《卡拉卡拉敕令》,表达了罗马政府对犹太社团的宽容态度。此外,戴克里先对犹太人的态度也相对宽容,他在位期间曾规定:所有人都需要(向多神教偶像)献祭,但犹太人除外。②

君士坦丁至查士丁尼一世时期,除了朱利安短暂复兴多神教并宽容犹太教以外,帝国对待犹太人态度的整体基调受到基督教国教化的渲染,在情感上保持敌视,实践上则着手离析、孤立犹太社会。③ 随着与犹太教"分道扬镳"的基督教在罗马帝国境内的地位上升并完成合法化和国教化后,犹太人的合法公民身份以及犹太教的合法宗教地位有所动摇。查士丁尼一世时期出台的法典增加了对犹太社团的限制,诸如:禁止犹太人拥有基督徒奴隶;禁止犹太人与基督徒混浴;禁止犹太人担任军队将领或高级官员;禁止修建新的犹太会堂,等等。此后的拜占庭和西欧立法大多以此为基础,不断重申和固化犹太人的族群异己和异教徒的特殊身份。

莫里斯至伊拉克略时期,皇帝个人对犹太人的态度难以考察,但从犹太人的处境来看,情况较之查士丁尼王朝更为恶化。6世纪末,犹太人的政治地位已经大为下降,生存环境日益恶劣,在狂热分子的煽动下,不断出现针对犹太个人和社团的暴力袭击。诸如,592年,莫里斯统治时期,叙利亚首府安条克的犹太人由于被当地基督徒怀疑侮辱圣母玛利亚而遭受攻击。610年,拜占庭帝国东部再次爆发动乱,犹太人遭到屠杀。④ 对犹太人的敌视态度也反映在帝国上层群体中,例如7世纪初的宫廷史家曾如此描绘犹太人:"犹太民族是狡猾和最不值得信任的种族,爱惹麻烦,蛮狠无道,彻底忘记了什么是友情,他们还喜欢争风吃醋,嫉妒他

---

① M. Avi-Yonah, *The Jews under Roman and Byzantine Rule*, Jerusalem: The Hebrew University, 1984, p. 41.
② *Palestinian Talmud*, Abodah Zarah 2, 1 – 40c. M. Avi-Yonah, *The Jews under Roman and Byzantine Rule*, p. 125.
③ Nicholas de Lange, "Jews and Christians in the Byzantine Empire: Problems and Prospects", in Diana Wood ed., *Christianity and Judaism*, Oxford: Blackwell Publishers, 1992, pp. 15 – 32, p. 22.
④ Andrew Sharf, *Byzantine Jewry: From Justinian to the Fourth Crusade*, London: Routledge & Kegan Paul, 1971, pp. 47 – 48.

人,顽劣地固守心底的仇恨……"①

在伊拉克略开启强制犹太人改宗基督教的先河后,8世纪至10世纪,拜占庭帝国在利奥三世时期、瓦西里一世(Basil I,867—886年在位)时期以及罗曼努斯一世时期自上而下爆发了强迫犹太人改宗的浪潮。这些反犹太人和反犹太教的政策继续恶化了犹太群体的生存环境,并在一定程度上加速了犹太人向外流散的步伐,很多犹太社团的规模急剧缩小,并随着晚期拜占庭帝国疆域的萎缩而最终退出帝国的历史舞台。

第二节

犹太人的法律和社会地位

一、罗马法与犹太人

罗马法是考察拜占庭帝国犹太人法律地位的重要原始文献。尤其在5—6世纪法典化时期编纂完成的《塞奥多西法典》(Theodosian Code)和《查士丁尼法典》(Justinian Corpus)对犹太人的政治地位、宗教实践以及社会活动等方面设置了统一规范,集中反映了犹太群体的法律地位,是考察古代晚期至中世纪罗马—拜占庭帝国犹太人的生存状况、社会参与、经济行为以及宗教文化生活等诸多问题的重要依据。从涉及犹太人的法令可见,一方面,犹太人在享受罗马法保护的同时日益沦为帝国的"二等"公民,另一方面,犹太教维持合法宗教的地位,在"见证神学"的框架下与多神教和基督教共存,与此同时也受到诸多限制。

---

① Wout Jac. Van Bekkum, "Jewish Messiah Expectations in the Age of Heraclius", in Gerrit J. Reinink & Bernard H. Stolte eds., *The Reign of Heraclius (610 -641): Crisis and Confrontation*, Paris: Peeters, 2002, pp. 95 - 112, p. 109. Michael and Mary Whitby, *The History of Theophylact Simocatta*, Oxford: Clarendon Press, 1986. Theophylacti Simocattae, *Historiae*, ed. C. de Boor, Leipzig: Teubner, 1887, repr. Stuttgart, 1972, TLG, No. 3130003.

罗马法在 5—6 世纪得到系统汇编与整理,在此之前,罗马—拜占庭帝国在事实上不存在被称作"codex"的法令条例。① 罗马法的法典化过程建立在西罗马帝国的零散律例、东西罗马并立阶段的法令以及拜占庭帝国早期法典的基础上。② 其中,最具有代表性的两部法典是《塞奥多西法典》和《查士丁尼法典》。前者由塞奥多西二世(Theodosius Ⅱ,408—450)于 439 年颁布,后者在近一个世纪后问世。此后,法学家又先后完成《法学汇编》《法学总论》以及《新律》的编纂。到 6 世纪末,欧洲历史上第一部系统完整的法典——《罗马民法大全》的编辑工作最终完成,为拜占庭帝国以及西欧基督教国家规范各种社会关系提供了法律依据。罗马法的划分方式多样,根据所调整的不同对象可划分为公法与私法,犹太人问题通常属于私法范畴;根据适用范围,罗马法可划分为自然法、市民法和万民法,犹太人在罗马帝国早期不具有罗马公民权,通常由万民法管理,3 世纪初罗马公民权范围逐步扩大后,犹太人成为受市民法约束的对象。

罗马法中涉及犹太人问题的法律条文大约有上百条,《塞奥多西法典》和《罗马民法大全》是涉犹法令的主要来源。《塞奥多西法典》共十六卷本,其中,有不少于 65 条法令针对宗教异端,③其中,明确包含犹太群体的大约 45 条。涉及犹太人问题的法令主要集中在该法典的第十六卷。在《罗马民法大全》中也有近 40 条涉犹法令,分散在《查士丁尼法典》《法学汇编》以及《新律》中。另有一部分涉犹法令来自戴克里先时期编纂的《格里高利法典》和《赫尔摩根尼法典》、塞奥多西二世的第二部新律以及其他。④

早期罗马法文本中对犹太人的称谓多为拉丁文形式。在不同的法律文献中,犹太人通常被称为"人民"(gens)、"种族"(natio)、"民众"(populus)以及"犹太

---

① Simon Corcoran, "The Novus Codex and the Codex Repetitae Praelectionis: Justinian and His Codes", in Benoist and Daguet-Gagey and Hoët-van Cauwenberghe eds., *Figures d'empire, fragments de mémoire: pouvoirs et identités dans le monde romain imperial*, Presses Universitaires du Septentrion: Villeneuve d'Ascq, 2011, p. 429.
② Amnon Linder, *The Jews in Roman Imperial Legislation*, Detroit: Wayne State University Press, 1987, p. 19.
③ [英]西里尔·曼戈主编:《牛津拜占庭史》,陈志强、武鹏译,北京:北京师范大学出版社 2015 年,第 144 页。
④ A. Linder, *The Jews in Roman Imperial Legislation*, p. 17.

人"(Iudaeus)等。① 由于犹太人多为犹太教信徒,罗马法文本也常用表示犹太教的词汇来指代犹太人,具有代表性的是"*religio-superstitio*"(宗教-迷信)这一复合词组。在5世纪前的法律文献中,"宗教"和"迷信"两个词都用于指代犹太人,有时甚至会出现在同一个文本中,表明基督教化早期,承认多神教、宽容犹太教的传统仍然具有一定影响力,帝国尚未有对犹太教的明确定位。5世纪后,一般情况下,前者指代基督教,后者用于指称犹太教(也即犹太人)。② 不仅如此,罗马法文本中在指称犹太人或犹太教时还通过使用不同的名词或形容词来表达并强化立法者的态度,诸如"*deformitas*"(畸形的)、"*perversity*"(怪癖的)、"*execrable*"(恶劣的)以及"*nefarious*"(邪恶的)等词汇就明显具有消极的含义,表明帝国试图通过嘲讽、丑化的用语来突出犹太教与基督教的对立。③

　　罗马法有法(*ius*)和律(*lex*)的区别,前者是将社会结构本身用法律术语加以表述的体系,后者是以协议形式确立下来,并且具有权威性的实在规范。④ 随着罗马帝国向外发展,不再囿于意大利本土后,罗马法体系也随之更加具有包容性,不仅传统的市民法(*ius civile*)适用于帝国公民,其他法律体系也得到了罗马法的认可。早在1世纪末,古罗马学者朱维纳尔(Juvenal)曾提到的犹太法律体系"*ius Iudaicum*"就享有和罗马市民法几乎同等的地位,4世纪后的基督教法律体系"*lex christiana*"同样也得到罗马帝国的承认。除此以外,还有"*lex Iudaica*","*Iudaicus ritus*","*Iudarorum*"……等众多由法(*lex*)和犹太(*Iudaicum*)组合、变异形成的语汇,都是罗马法律文献当中对犹太法的称谓。古代晚期的罗马法总体上尊重犹太法学家以及犹太社会独特的法律体系,在涉及犹太人问题时,由罗马法、基督教法和犹太法组成的律法体系经常共同发挥效用,但三种体系在处理涉犹案件时的作用力是递减的,犹太法在实践中较为脆弱。尤其在相互冲突的法律纠纷中,罗马

---

① R. W. Mathisen, "The Citizenship and Legal Status of Jews in Roman Law during late Antiquity (300–540)", in John Tolan, Nicholas de Lange eds., *Jews in Early Christian Law: Byzantium and the Latin West, 6th—11th Centuries*, Belgium: Brepols Publishers, 2014, p. 36.
② A. Linder, *The Jews in Roman Imperial Legislation*, p. 57.
③ A. Linder, *The Jews in Roman Imperial Legislation*, pp. 55–61.
④ 朱塞佩·格罗索:《罗马法史》,黄风译,北京:中国政法大学出版社2009年,第299页。

法和基督教法享有优先权。①

随着基督教化进程的加快,多神教对犹太人的宽容传统逐渐被侵蚀,代之以基督教的限制和打压,罗马法律文本中对犹太群体的负面称谓增多正是这一转变最直观的体现。在对犹太人、犹太教以及犹太律法采用不同称谓的基础上,罗马法通过具体的涉犹法令为犹太群体的公民身份、社会地位、经济活动以及宗教实践等设置了统一规范,犹太人在其中所享受的权利,得到的保护以及所遭遇的限制折射出其在拜占庭帝国独特的公民身份和宗教地位。

罗马法是一个相当宽泛的规范体系,其中既有传统罗马法的基本原则,也有基督教会法规和神学政治的存在。罗马法本质上是一种人意法而非神意法,是世俗法而非宗教法,因而通常扮演犹太人和犹太教的"监护人",并基于其公平正义的立法原则和传统对后者予以保护。另一方面,基督教在4世纪上升为罗马——拜占庭帝国的国教后开始限制、排挤与主流社会格格不入的犹太人,要求后者作为一种信仰共同体让位于基督教权威,保持低层次的社会参与。尽管犹太教的生存发展权遭遇限制,但罗马法中针对犹太人的限制法令在根本上不同于中世纪中后期西欧的宗教反犹主义,其出发点更多的是通过贬低犹太人的存在价值来抬高正统基督徒的身份和地位,赋予、强化后者在处理犹太人问题时的法律权威,同时通过削弱犹太教的势力来为基督教提供必要的发展空间。

罗马法是帝国实行政府管理、调整社会关系的律法工具,但总体而言,古代晚期的皇权对罗马法的实践效率是有限的。例如,根据考古资料显示,在查士丁尼明令禁止建造犹太教会堂的地区(如北非),到6世纪末仍然不乏新建的会堂。② 6世纪末,格里高利一世曾在信中欣然承诺一位犹太农场主瓦西里,同意他

---

① R. W. Mathisen, "The Citizenship and Legal Status of Jews in Roman Law during late Antiquity (CA. 300 – 540CE)", pp. 37 – 41. 此外,林德尔在其相关成果中曾提出三层律法体系的理论,用于解释基督教上升为国教后,罗马帝国在处理涉犹法律问题时的有关调整。帝国在该领域所做的最大调整是认可基督教法的权威,但由于这一时期,基督教会尚未完成内部整合,教会法律体系也尚未建立,因此,教会法在处理犹太人问题时并不系统,多数情况下从属于罗马法。
② C. Brewer, "The Status of the Jews in Roman Legislation: The Reign of Justinian 527 – 565CE", *European Judaism*, vol. 38, no. 2 (Autumn 2005), p. 131.

继续利用基督徒奴隶作为劳动力,维持农场的运作,①由此可见,罗马法中关于犹太奴隶主持有基督徒奴隶的禁令有流于形式的现象。此外,尽管政府机关早在5世纪初就开始驱逐犹太人,但在随后几个世纪里,仍然有犹太人在不同行省的公共机构中担任高官。可见,尽管罗马法为犹太社团和犹太教设置了很多限制性的规范,但并没有从根本上中断犹太历史发展的连续性。

二、"二等人"的社会地位

(一)"合法臣民"的地位

古代晚期至中世纪,生活在拜占庭帝国的犹太社团拥有自治权,并享有合法公民身份,这一合法地位主要得益于帝国早期奠定的法律基础,其由来可以追溯到罗马帝国时期。公元212年,西罗马帝国皇帝卡拉卡拉颁布《卡拉卡拉敕令》(又称《安托尼亚那敕令》)②。作为主要管理和协调罗马人和外邦人(peregrini)之间关系的万民法,该敕令将罗马的公民权赋予了意大利以外地区的帝国男性自由民,事实上将行省居民提升到与罗马城居民同等的地位,其中就包括犹太人。该敕令由此成为犹太人获得罗马公民权的合法性来源。

罗马法中蕴涵人人平等、公正至上的法律观念,具有超越时间、地域和民族的价值,正如伯恩斯对罗马法的权威代表——《罗马民法大全》所做的评价:《罗马民法大全》就像《圣经》一样,乃是一个巨大的材料库,可以从中引出各种不同的原则和格言……法典通篇都一致地强调法律的道德特性,把法律看作'善良和公正的科学',强调法律与正义的关系,旨在赋予每一个人其应有的权力……③

这种立法精神以及由此衍生出来的立法原则和理念同样贯彻在帝国处理犹太人问题的过程中,这表现在对犹太人相关权益的尊重和保护上,诸如:尊重犹太

---

① S. Grayzel, "The Jews and Roman Law", *The Jewish Quarterly Review*, vol. 59, no. 2, Oct., 1968, pp. 93 – 117, p. 107.
② J. Tolan, N. s de Lange eds., *Jews in Early Christian Law: Byzantium and the Latin West, 6th— 11th Centuries*, p. 35.
③ J. H. 伯恩斯主编:《剑桥中世纪政治思想史(350年至1450年)》(上),程志敏等译,北京:生活·读书·新知三联书店2009年,第64页。

人按照自己的方式组织社团生活的传统;允许犹太人遵守安息日和其他犹太节日;在一定程度上承认犹太法庭的权威以及维护其在特定形势下的权力;保护犹太商人的经贸活动,等等。以罗马法对犹太人经济权益的保障为例,396年,一条来自帝国东部的立法就允许犹太人为所售的商品自主定价。而在政府严格把控、限制私人参与的丝绸贸易领域,拜占庭帝国也对犹太丝绸商的存在抱以宽容。例如,被称为"撒母耳之父"的阿巴(Abba)拉比是一位著名学者,但也常常以商人的身份从事贸易,而他的贸易对象之一正是丝绸。①

在前朝保护犹太人的诸多法令基础上,6世纪中期完成法典化的《罗马民法大全》也明确提出对犹太人权益的保护。如鼓励犹太商人从事各种贸易,对其贸易内容、贸易方式和价格实施保护性监管,甚至规定非犹太人不得对犹太人所售卖的商品货物讨价还价。② 亦有法律规定,被不公正地剥夺了私有财产的犹太人,会得到其财产损失的至少两倍赔偿。③ 得益于罗马—拜占庭帝国的贸易保护,犹太人广泛涉足各个商业领域,尤其查士丁尼时期,除了生丝出口,君士坦丁堡的玉米和其他大宗粮食的运输和贩售几乎为犹太商人所垄断。到拜占庭帝国中后期,犹太人仍然活跃在商贸领域,与其他民族的商业精英共同保障了东西方商业关系甚至是文明的延续:"这几个世纪中,君士坦丁堡还是卓越的首都、国际的枢纽、东西方贸易的自然中心。尽管有战争和外敌的侵扰,它的商业关系从未中断过。由希腊人、犹太人、叙利亚人、阿拉伯人、保加利亚人、意大利人转运的黎凡特产品,甚至在最混乱时期,仍然能达到西欧的市场上。哲学理论、艺术、文学和法律也跟着商人的足迹而来……"④

(二)基督教化与犹太人的地位

4世纪,拜占庭帝国开启基督教化进程,此后,犹太人的合法公民身份和地位开始受到外部社会更大规模的冲击。以雅各·马库斯(Jacob Marcus)为代表的学

---

① Ze'ev Safrai & Aren M. Maeir, "אתאאגרתאממערבא (An Epistle Came from the West): Historical and Archaeological Evidence for the Ties between the Jewish Communities in the Land of Israel and Babylonia during the Talmudic Period", *The Jewish Quarterly Review*, vol. 93, no. 3/4, 2003, p. 511.
② A. Sharf, *Byzantine Jewry: From Justinian to the Fourth Crusade*, p. 21.
③ M. Avi-Yonah, *The Jews under Roman and Byzantine Rule*, p. 248.
④ 詹姆斯·W. 汤普逊著,耿淡如译:《中世纪经济社会史:300—1300年》,北京:商务印书馆1961年,第330页。

者认为,君士坦丁大帝是严格限制犹太人公民权益的首位罗马—拜占庭帝国皇帝。5世纪初,罗马法进入法典化时期,针对犹太人的保护性立法进一步减少,代之以日益增多的歧视性立法和限制性禁令。随着罗马法撤销犹太人此前所享受的一些特权,驱除在政府机构中任职的犹太人,以及增加对犹太人的限制,犹太人的公民地位显著下降,在事实上沦为帝国的"下等"公民。

对犹太人地位的下降,尼古拉斯·兰格曾评价道:"……犹太人二等公民的地位……确立的基础根植于……基督教皇帝的立法中,并在随后的查士丁尼统治时期得到迅速发展。"①斯蒂芬·伯曼(Steven Bowman)同样认为:"自君士坦丁首次承认基督教具有'首屈一指'(primus inter pares)的地位以后,塞奥多西一世又将其确立为国教,导致犹太地位迅速下降,成为罗马—拜占庭帝国的二等公民,这个过程到查士丁尼统治时期达到高潮。"②本-萨松在其《犹太民族史》中更为详细地阐明了这一观点:"查士丁尼在527年上台后……5世纪开始出台的律法现在被重申,同时,加重对违反法律的犹太人的惩罚,而对犹太人财产被盗的赔偿在下降。……一些涉及保护犹太人权利以及犹太教地位的法律被删略,取而代之的是,增加了歧视犹太人以及强化犹太教下等地位的新法令。"③

多神教罗马时期的统治者曾给予犹太人众多特权,其中具有代表性的就是免除犹太宗教领袖在市政委员会(Curiae)中任职的义务以及允许犹太族长制度(Patriarchate)的存在。由古老的区议会(Comitia Curiata)发展而来的市政委员会是罗马帝国的地方政治单位,具有管理市政,为市民提供服务的职能。多神教罗马帝国时期,政府没有硬性要求犹太人在该机构中服务,但321年后,任职于市政委员会开始被作为一种义务,强加给犹太人。383年,塞奥多西一世刚上台不久,即宣布此前免除"宗教犹太人"(通常指犹太教拉比)在市政机构任职义务的法律无效。

犹太人丧失特权更为突出的例子体现在巴勒斯坦犹太流亡政权的衰微和终结上。2世纪上半叶,哈德良攻占耶路撒冷后,巴勒斯坦犹太族长制作为一种流

---

① N. De Lange, "Hebraism and Hellenism: The Case of Byzantine Jewry", *Poetics Today*, vol. 19, no. 1 (Spring 1998), p. 132.
② W. D. Davies and L. Finkelstein eds., *The Cambridge History of Judaism: The Late Roman-Rabbinic Period*, Vol. 4, Cambridge: Cambridge University Press, 2008, p. 1036.
③ H. H. Ben-Sasson, *A History of the Jewish People*, London: Weidenfeld and Nicolson, 1976, p. 359.

亡性质的自治政权存在,延续着犹太社团的生存和发展。以拉比为首的流亡政权在组织和重建犹太社团内部的同时,也代表犹太群体处理与罗马帝国之间的关系,是得到统治者认可的犹太集体代言人。《塞奥多西法典》明确保护犹太族长的权力,例如规定当犹太族长已经决定驱逐某位犹太社团的成员后,帝国的法官不得撤销这一判决。然而,随着君主专制的加强和对独一权威的强调,统治者对与地方政府分庭抗礼的犹太自治政权的存在越来越难以容忍。在此背景下,425年,塞奥多西二世借时任族长迦玛列六世(Gamliel Ⅵ,400—425年)死后无子嗣的契机,宣布不再任命新族长,在事实上废除了延续数个世纪的犹太流亡政权,犹太群体在罗马—拜占庭帝国行省制的框架内享受自治权的时代宣告终结。

统治者通过罗马法逐步将犹太人驱逐出军、政、法系统甚至是教育机构同样是犹太人身份地位下降的重要体现。5世纪初,帝国军队开始驱逐服役的犹太士兵,418年,霍诺留颁布首个将犹太人全面驱逐出中央机构的法令后,到425年,行政系统和军政系统都不再接收犹太人。[1] 527年4—7月间,查士丁尼再次重申一条禁止犹太人在公共机构中任职的法令。[2] 与此同时,犹太人在涉法领域的权威也日益丧失。415年,塞奥多西二世禁止犹太族长处理犹太人和基督徒之间的案子;而《罗马民法大全》规定并重申拒绝接受犹太人针对正统基督徒所出具的证词。这些禁令不仅是对犹太人的公开歧视,更是对犹太人享有和基督徒同等地位的明确否认。537年颁布的《新律》第45条甚至规定,犹太人的职位高于基督徒将会被罚款。此类立法的根源在于基督教对上述罗马法平等公正原则的侵蚀:即犹太人在法律层面不具备凌驾于基督徒之上的权威。

罗马—拜占庭帝国的税收制度既是经济问题,也是政治问题,其中,针对特定群体征收的特殊税是诸多税种之一。罗马帝国从公元70年(一说公元72年)开始征收犹太特殊税(*fiscus Iudaicus*)[3]。苇斯巴芗(Titus Flavius Vespasianus,69—79年在位)此举是为了惩罚犹太人的反罗马起义,此后的图密善(Domitian,81—96年在位)和涅尔瓦(Nerva,公元96—98年在位)将这种税制沿革下来,税收直

---

[1] A. Sharf, *Byzantine Jewry: From Justinian to the Fourth Crusade*, p.21.
[2] A. Linder, *The Jews in Roman Imperial Legislation*, p.356.
[3] S. T. Katz ed., *The Cambridge History of Judaism: The Late Roman-Rabbinic Period*, vol.4, p.137.

接纳入国库;后来的有关资料也表明罗马—拜占庭政府仍然对犹太人征收特殊的人头税。① 尽管犹太人口规模有限,其所上缴的赋税对帝国财政的影响力并不显著,但犹太税作为一种特殊身份的表征,在很大程度上凸显并强化了犹太人"他者"的身份,以及作为帝国下等公民的特殊地位。

(三) 拜占庭中后期的犹太人地位

随着基督教化程度的进一步加深,拜占庭帝国的犹太人因宗教空间的日趋萎缩而遭遇公民地位的动摇。尽管迟至5世纪犹太人合法公民身份的地位还得到了《塞奥多西法典》的重申,但犹太人被降为帝国二等公民的趋势已不可逆转,且伴随多神教没落和基督教一统地位的确立而不断加快。

692年,根据基督教大公会议的要求,基督徒不得与犹太人共同庆祝逾越节,基督徒不得与犹太人共浴;禁止犹太医生医治基督徒病人。这类来自教会的规定与早期基督教会打压犹太社团的禁令类似,并一直延续到拜占庭帝国的中后期。据资料记载,12世纪在弗里吉亚曾出现过强制犹太人只能从事低等级的工作的现象。一些拜占庭帝国的城市还规定犹太人不得拥有或者管理不动产。犹太商人的利益得不到保障,遭遇抢劫或谋杀,没有法律可以保护犹太商人群体。面对艰难的生存环境,一些犹太社团不惜走上奴隶贸易的道路,尤其是假装改宗为基督徒的秘密犹太人,他们利用自己基督徒的身份从事奴隶贸易,该贸易在中世纪的拜占庭帝国是禁止非基督徒插足的。

尽管拜占庭帝国中后期犹太社团遭遇了诸多限制,但学界普遍认为,很多限制犹太人的法令流于形式,在现实生活中并不能发挥实际作用。例如,意大利常常出现医术高超的犹太医生位居高位。再如11世纪,在尼西比斯,当地的神学家以利沙·什纳瓦(Elisha bar Shinaya)就曾强调犹太人有权自由建造会堂。② 由此可见,法令禁止新建犹太会堂的规定并没有得到严格执行。在生存环境恶化的条件下,仍然有一些非常突出的犹太人突破社会限制,取得了杰出的成就。据称,曼努埃尔一世皇帝(Manuel Ⅰ Comnenus,1143—1180)身边曾有一位名叫亚伦·伊

---

① R. Bonfil ed., *Jews in Byzantium: Dialectics of Minority and Majority Cultures*, Leiden: Brill, 2012, pp. 214 - 215.

② J. Starr, *The Jews in the Byzantine Empire (641 -1204)*, New York: Burt Franklin, 1970, p. 24.

萨克努斯(Aaron Issakios)的犹太人,是一位资政官,在宫廷中颇有威望。并且,皇宫中还活跃着扮演御医角色的犹太医生。同时期,还有一位跟随在皇帝身边的税收官——阿斯塔夫特(Astafortis),来自匈牙利,是一位改宗了东正教的犹太人。

进入14世纪后,拜占庭帝国对犹太人的态度和政策发生转变,采取了相对宽容的政策,为犹太社团的生存和发展营造了宽松自由的外部环境。实际上,这一时期,犹太社团在巴尔干半岛上广泛分布,并且在经济和宗教领域也具有一定的影响力,而巴尔干半岛上的主要政权——诸如拜占庭、保加利亚以及奥斯曼等——都采取了宽容犹太人的政策。与此同时,14世纪的东正教会由于将主要精力放在与罗马天主教和亚美尼亚人的斗争方面,无暇顾及犹太群体,也放松了对犹太人以及那些犹太化的异教徒的限制,这为后两者的发展和壮大提供了有利的条件。基于此,尤其是在14世纪上半叶,拜占庭帝国犹太人的生存状况得到较大改善,经济地位有所提高。

随着犹太人经济地位和社会地位的提高以及犹太教影响力的扩大,晚期拜占庭帝国统治者疑虑犹太势力的崛起,在指责犹太人试图在保加利亚和塞尔维亚复兴犹太教的同时,也采取了一定的打压政策。但总体而言,14世纪巴尔干半岛上的统治者对犹太人都比较宽容,犹太社团的定居规模也有一定的增长,与此同时,犹太人的经济地位和宗教影响力也得到提高,成为犹太社团在拜占庭帝国末期的一段短暂的"黄金期"[①]。

三、犹太教地位及其演变

(一)犹太教的合法地位

古代晚期与中世纪犹太人具有宗教属性,因而,和犹太人一样,犹太教在罗马—拜占庭帝国也拥有"合法宗教"(religio licita)的地位,该词最早由基督教父德尔图良(Tertullian,约150—220年)在3世纪初使用。[②] 基督教在4世纪后期上升为国教后,该词不再用于指称犹太教,但后者的存在仍具有合法性。

[①] S. B. Bowman, *The Jews of Byzantium (1204-1453)*, Alabama: University of Alabama Press, 1985, p.40.
[②] S. Grayzel, "The Jews and Roman Law", p.95.

事实上，罗马法对犹太教合法宗教地位的明确规定只有一条，一般认为是由塞奥多西一世在393年所公开宣称的："犹太教不被任何律法所禁止（*Jusaeorum sectam nulla lege prohibitam satis constat*）。"① 该条法令为考察犹太教地位提供了直接的文本依据。罗马法承认并允许犹太教以合法宗教的身份存在，即使是为早期罗马法法典化工作收尾的查士丁尼也从未明确废除犹太教作为"合法宗教"的地位，不仅如此，早期基督教社会也很少公开否认或取缔犹太教，而是将犹太教置于基督教真理性和最终胜利之"鲜活见证"的特殊地位。犹太教形成这一特殊地位主要得益于"见证神学"（*Testimonium*）。

"见证说"最早由基督教神学家奥古斯丁于397年提出，强调由于犹太人是弑神者而必须降低犹太人的地位，但同时也要对之给予适当的保护，因为他们是"真理的见证者"（*testes veritatis*）。随着基督教化进程的发展，这一概念在世俗和宗教权力操纵下逐步渗透入普通基督教徒中间，为"鲜活见证"神学赢得广泛的群众基础和宗教认同。6世纪后期，大格里高利（Gregory the Great，590—604年）在其《教皇训谕》中将这种思想进一步归纳并重新阐释，为中世纪的基督教欧洲在对待犹太人和犹太教问题上树立了牢不可破的规范，对此，塞西尔·罗斯这样评价道："他（格里高利）总结并重新阐述了晚期罗马帝国的理想。他并不鼓励……但他认为，犹太人为《圣经》的真理提供了不容更改的证据，并且在他们横遭贬黜的过程中已经最终证明"有罪"（由于被认为是有史以来最大的罪孽而获罪）……"②

在"见证神学"形成及传播初期，其中的反犹内涵尚未被基督教神学家充分利用，反而衍生出与此相反的宗教思想——保护犹太人这一见证者（群体和宗教）是神权与世俗政权的职责。尽管对犹太人来说，陷入基督教"鲜活见证"这一怪诞境地饱含屈辱，但无疑又具有某种积极作用，在其作为基督教世界指责、排斥、敌视甚至迫害自身的有力手段之前，犹太教依然享有一定的合法生存空间。

除了"见证神学"，犹太教的生存和发展还受到其他因素的影响，其中最为主要的因素来自罗马—拜占庭帝国政府以及4世纪以后因基督教国家化而势力上

---

① C. Pharr trans., *The Theodosian Code*, Princeton: Princeton University Press, 1952, p.468.
② 塞西尔·罗斯著，黄福武等译：《简明犹太民族史》，济南：山东大学出版社2005年，第173页。

升的基督教会势力。推动基督教化的主力来自基督教会上层,因此对犹太教地位的影响也最为显著。

其一,基督教大公会议。313 年,米兰敕令颁布,基督教得到世俗政权认可,成为合法宗教,但基督教社会仍然处在内部的整合阶段,很多神学问题尚未得到有效解决,例如:对耶稣本性的定义仍然没有统一;基督教徒当中仍然有"犹太化"行为(Judaizing practices)出现,等等。基于此,君士坦丁于 325 年在尼西亚召集第一次基督教大公会议,会议的主要议题围绕"三位一体(Trinity)"的神学理论展开,初步确立圣父、圣子和圣灵三位一体教义的雏形,并将阿里乌斯派斥为异端。会议期间没有明确提及犹太人问题,但却强化了基督教和犹太教之间的界限,在事实上成为基督徒处理自身和犹太教关系的风向标。此后,基督教会在达尔马提亚召开西尔米乌姆(Sirmium)会议,就规定:基督徒不得用犹太人的视角去解释《圣经》当中的内容。364 年在劳迪西亚召开的基督教会议更广泛地禁止基督徒的犹太化行为——诸如,在安息日休息、在逾越节吃无酵饼、和犹太人一起庆祝节日。其中的教规第 29 条、第 37 条、第 38 条都是集中处理基督徒和犹太教徒之间关系的教会法令。① 正是在以上几次会议召开后的一段时期,犹太教当中的逾越节和基督教当中的复活节基本完成了分离。

尼西亚基督教大公会议召开不久,君士坦丁大帝完成了迁都工作,帝国政治中心从罗马古城转移到君士坦丁堡,第二次大公会议就在新都君士坦丁堡召开。在会议召开之前的几十年,基督教会内部仍然在争论圣子神人两性关系和圣灵地位等问题,为了解决争端,塞奥多西一世在 381 年召集第二次基督教全体会议,并在会议期间就一系列神学问题达成了一致,史称《尼西亚—君士坦丁堡信经》。去除基督教徒的犹太化倾向也是这次会议的内容之一,会议达成一致:将"Sabbatiani"(即守犹太安息日的人)、"Quattuordecimani"(在尼散月 14 日庆祝复活节的人)以及遵从犹太历法的人视为异端。②

《尼西亚—君士坦丁堡信经》确立后,基督教会维持了一段相对稳定的时期,

---

① James Everett Seaver, *Persecution of the Jews in the Roman Empire (300 -438)*, Lawrence: The University of Kansas Press, 1952, p. 35.
② S. Grayzel, "Jews and the Ecumenical Councils", *The Jewish Quarterly Review*, vol. 57, 1967, p. 290.

然而，随着 428 年安条克教士聂斯托利升任君士坦丁堡主教，并提出"基督神人两性分离"的神学观点后，基督教社会再度纷争四起。431 年，第三次基督教大公会议正是在这样的背景下在以弗所召开。和聂斯托利对立的亚历山大主教西里尔（Cyril）最终获胜，前者在会议结束后被斥为异端。但是，基督教会内部的神学争端并没有就此平息，此后，451 年召开的卡尔西顿会议和 553 年召开的君士坦丁堡会议，仍然致力于基督教会内部的整合。犹太人和犹太教问题没有得到后三次基督教大公会议的特别关注。

尽管早期基督教大公会议（尤其是第三至第五次）并没有将犹太人问题列为会议讨论重点，但基督教从未放弃降低犹太人地位的努力，在这一方面，基督教神学家和史作家针对犹太人的著作占据主导。

其二，基督教作家笔下的犹太人和犹太教。在罗马—拜占庭帝国早期，基督教尚未实现合法化和国教化，基督教上层和犹太教的互动多集中在神学争论上，前者对后者的态度总体上欠缺友好，但由于政治因素的参与并不明显，双方之间较少爆发严重冲突，反而常有积极正面的交流。首先值得一提的是德尔图良，他生于北非迦太基，是早期基督教著名的神学家和哲学家，他因提出本质和位格的观念而在基督教义史上享有崇高地位。德尔图良的代表性神学作品有《护教篇》（*Apologeticus*）、《灵魂的见证》（*On the Evidence of the Soul*）等，其中包含众多关于对犹太教和犹太人态度和看法的内容。德尔图良还在 3 世纪初首创"合法宗教"一词，该词不见于任何宫廷或教会的官方文本，但却被很多学者用以指代犹太教在中世纪早期的罗马—拜占庭帝国所拥有的地位。

奥利金（Origen, 184/185—254/255 年）是基督教早期最著名的神学家之一，著作等身，尤西比乌斯曾在自己的著作中罗列过奥利金的著作，多达 2000 种。① 奥利金了解犹太教和犹太人的宗教习俗，并精通希伯来语，因此致力于通过比对希伯来语原文来校勘希腊文《圣经·旧约》，发展了很多重要的解经法，享有"众圣之师"的美誉，对基督教和犹太教的历史发展都产生了深远影响。由他所著的《教义大纲》系统论述了"上帝""圣灵""创世"等基督教的基本教义，他的

---

① M. Edwards & M. Goodman, eds., *Apologetics in the Roman Empire: Pagans, Jews, and Christians*, Oxford: Oxford University Press, 1999, p. 131.

众多思想为后世基督教神学的发展奠定了基础。奥利金还曾就《雅歌》(Song of Songs)的内容及其阐释与同时代的犹太拉比约哈南有过争论。

基督教合法化,尤其是国教化以后,多神教逐渐退出历史舞台,反犹太人和犹太教的政治宣传开始增多,成为很多基督教会作家的书信、布道词、对《圣经》评论的重要内容之一。① 4 世纪,具有代表性的基督教神学家有尼撒的格里高利(Gregory of Nyssa,335—394 年)以及纳齐昂的格里高利(Gregory of Nazianzus,329/330—390 年),他们和瓦西里(Basil the Great,330—379 年)并称"卡帕多西亚三杰"。他们对犹太人问题的论述是研究早期基督教对犹太教态度的重要文献资料,尤其是尼撒的"伪君子"格里高利所著的护教作品《反犹见证》(Testimonies against the Jews),通篇包括 22 个辩护主题,从神学角度驳斥犹太教的思想、教义,通过否定犹太教信仰的价值和贬低犹太教的地位来彰显基督教作为真理宗教的优越性,是基督教早期典型的护教学作品,历来被视为基督教社会"见证神学"写作风格的重要代表。

另外两位同时代人——米兰主教圣安布罗斯(Saint Ambrose,340—397 年)和哲罗姆(Jerome,340—420 年)都是早期基督教的拉丁教父。安布罗斯对包括犹太教徒在内的异教徒的态度和看法通过他一生所写的 90 余封信件得到广泛流传。哲罗姆号称最有教养和学问的学者之一,同样精通希伯来语,曾根据《圣经》的希伯来语原版翻译完成《通俗拉丁文圣经》译本,该译本在 16 世纪被定为天主教钦定版本。他的很多思想来源于犹太教,对犹太传统的继承和传播发挥了重要作用。但也正因为对犹太教的了解,他对后者的驳斥也甚为激烈,例如,他认为:任何人不通过正确的方式寻觅上帝,就不会发现平和安宁;犹太人经邪恶之道寻上帝,妄想不通过基督就找到上帝。

相比哲罗姆,奥古斯丁对待犹太人的态度更为温和。奥古斯丁作为早期基督教父哲学的代表人物,是教父思想的集大成者,他的《忏悔录》《论三位一体》以及《上帝之城》在神学界和哲学界都占有重要地位,影响至今。他的护教学作品《反

---

① J. E. Seaver, *Persecution of the Jews in the Roman Empire (300 -438)*, p. 20.

犹太人》对基督教会处理犹太人问题以及与犹太教关系提供了重要借鉴。① 君士坦丁堡主教约翰(John Chrysostom,347—407年)生于叙利亚首府安条克,早年在安条克城担任传教士,②从事基督教布道和传教工作,后升任首都君士坦丁堡牧首。约翰既是一个注释家也是一位演说家,并因长于辩论和讲道而被称为"金口"约翰。他是继早期基督教父后,罗马—拜占庭时期另一位系统论述犹太人问题的基督教神学家,代表性护教作品是《反犹太人》(Against the Jews)。《反犹太人》由8篇讲道词组成,每一篇讲道词分若干部分,少则三四条,多则数十条,对犹太教的思想、犹太人的宗教实践甚至是生活习俗进行逐一叙解、驳斥,并通过引用耶稣、保罗等针对犹太人的言论来为自己的观点加以佐证。

在痛恨犹太人的情绪方面,叙利亚的以法莲(Ephraem Syrus,约306—373)可谓"前无古人,后无来者"。以法莲生于尼西比斯(Nisibis),少年时期就学于尼西比斯的雅各主教,经历过尼西亚会议,当时叙利亚地区的两教冲突对他产生重要影响,他在大量的反犹著作中表达了自己对犹太人极端对立的态度,称犹太人是"行过割礼的流氓(circumcised vagabonds)"、"犹太教是一块一文不值的场院,结不出任何果实"。叙利亚的以法莲生活在朱利安时代,当这位"背教者"战死沙场后,他随即完成四首圣歌:第一首反对朱利安,第二首反对异端,第三首反对叛教者,第四首反对犹太人,其中就包括以下内容:"犹太人爆发出令人发狂的噪音;他们在割礼的时候吹小号……朱利安是一位巫师和偶像崇拜者。他们又看见那兽的形象……他们又围绕它跳舞……观看公牛喇叭和铜鼓,因为他们……认可金牛犊。异教徒的公牛烙印在他们的心中……是谁迷恋他。割礼的时候他们吹小号,表现得像个疯子。耶路撒冷,谁胆敢……诅咒被钉十字架的人,他们将重建……废墟。火摧毁了阅读《但以理书》的学者们……看呐,基督徒生活和平,自由,不必和恶魔的仆人接触。"③

继叙利亚的以法莲之后,叙利亚教父阿发哈特(Aphrahat)以及亚历山大主教

---

① P. Fredriksen, *Augustine and the Jews: A Christian Defense of Jews and Judaism*, New Haven: Yale University Press, 2010.
② I. Sandwell, *Religious Identity in Late Antiquity: Greeks, Jews and Christians in Antioch*, Cambridge: Cambridge University Press, 2007, p. 4.
③ J. E. Seaver, *Persecution of the Jews in the Roman Empire (300-438)*, pp. 36-37.

阿塔纳修斯(Athanasius)也是坚定的反犹论者,他们对犹太人和犹太教的观点有些碎片化,但反犹的传统却被延续下来。5世纪中期的拜占庭基督教会史家索佐门(Sozomen)是巴勒斯坦本地人,他曾在其著作当中提到过,他祖父经希莱里恩(Hilarion)之手改宗为正统派基督教徒,生活在加沙附近的第一个基督教社区中。索佐门在其《教会史》的开头,就开篇明义地指出:"如今,连蛮族都开始改宗基督教了,只有犹太人还是不肯承认基督耶稣。"①

早期教父、神学家在探索护教实践的同时构建了基督教社会的宗教反犹话语体系,不同时期的传记、对话录等基督教著作又对此话语体系进行了补充。具有代表性的诸如:那不勒斯的利奥提乌斯的《反犹太人谦辞》(Apology against the Jews)、《与帕皮斯库斯和斐洛对话录》(Dialogue of Papiscus and Philo)、由耶路撒冷的哲罗姆所记录的一个犹太人与基督徒之间的对话录《"三位一体"对话录》(Dialogue on the Trinity),等等。

早期基督教神学家对待犹太人的态度具有几点共性。他们认为:首先,犹太人不再是上帝的"特选子民"(Chosen People),取而代之的是基督教徒;其次,犹太人是弑神者,负有杀害耶稣的罪责……由此衍生出基督教会所强调的两点:强化和犹太教之间的隔离;推动犹太人改宗基督教。然而,无论早期基督教上层对犹太人和犹太教秉持何种态度、这种态度导向何种政策,其在总体上都没有超越为犹太人设置的"见证神学"这一基本框架。

(二)犹太教地位的演变

得益于罗马法传统的延续以及基督教"见证神学"的传衍,犹太教在很多方面受到罗马-拜占庭帝国保护,如犹太社团可以建造会堂,守安息日,庆祝自己的节日,延续割礼传统等。继4世纪初罗马法对犹太人各项权利的认可和保护后,412年,帝国西部法律重申犹太人可以按自己的习俗生活的权利,并规定安息日是犹太人的官方休息日,允许犹太人在安息日不被强行召集参加任何公共或私人

---

① G. G. Stroumsa, "Religious Contacts in Byzantine Palestine", Numen, vol. 36, fasc. 1 (June, 1989), pp. 16-42, p. 24.

的诉讼会议。① 同样是在 5 世纪初,塞奥多西二世也公开立法保护犹太教会堂,并承认犹太人的宗教节日。此后,《查士丁尼法典》延用《塞奥多西法典》中的规定,宣布犹太会堂是合法的祈祷场所,保护其免受暴力和亵渎的破坏,作为帝国最高统治者的查士丁尼也始终承认犹太教存在和犹太人按照传统进行宗教实践的合法性。②

在保护犹太教的同时,罗马法对犹太教的规定中体现更多的是隔离和限制。罗马法本身并无特别限制不同种族间接触和融合的传统,阻止犹太人与基督徒之间交往的力量主要来自基督教会。强调两大宗教间的差异、推行两教隔离的思想则主要受到基督教父的影响,早期神学家在护教过程中树立了犹太人有罪于基督的负面形象。奥利金就曾指出:"……犹太人……犯下了最严重的罪行,阴谋杀害了人类的救世主耶稣基督。"尼瑟的格里高利更是对犹太人痛加斥责,称他们是"上帝的谋害者,先知的暗杀者,憎恨上帝的反叛者……魔鬼的同伙和耳目,毒蛇的同类,世界上所有美好事物的敌人。"③圣奥古斯丁也在《反犹太人》一书中对犹太人进行了猛烈的攻击。正是基于犹太人不可饶恕的罪责和自身的恶劣品性,基督教始终反对两教接触,并试图在各个领域推行隔离政策,如,禁止所有基督徒与犹太人一起斋戒、庆祝节日,接受犹太人的礼物;禁止基督徒给多神教神殿或犹太教会堂供应膏油,或在犹太人的宗教节日点油灯。随着基督教化进程的发展,教会推行更加广泛的社会隔离,如 691 年召开的基督教五、六次大公会议(Quinisext Council)就规定基督徒:不可与犹太人接触和联系,不可在生病时找他们,不可吃他们开的药,也不可与他们共浴……④禁止与基督徒通婚也是犹太人遭遇歧视和限制的重要内容。多神教罗马皇帝并不反对通婚,但基督教皇帝认为基督徒与犹太人的通婚等同于通奸,理应受严厉惩罚。早在 388 年,塞奥多西一世就颁令禁止基督徒与犹太人通婚,428 年的一条法令也规定罗马人的婚姻应该发生"两个

---

① R. W. Mathisen, "The Citizenship and Legal Status of Jews in Roman Law during late Antiquity (CA. 300 - 540CE)", p. 40.
② C. Brewer, "The Status of the Jews in Roman Legislation: The Reign of Justinian 527 - 565 CE", p. 135.
③ L. Poliakov, *History of Anti-semitism*, New York: Schocken, 1974, pp. 23 - 25.
④ R. Bonfil ed., *Jews in Byzantium: Dialectics of Minority and Majority Cultures*, p. 200.

地位平等的人之间"①。

不仅如此,罗马法还极力控制犹太教会堂和犹太教信众的规模,以实现剥蚀犹太教合法地位和削弱犹太教影响力的目的。犹太教遭遇生存挑战,首当其冲的是犹太会堂的存在危机。第二圣殿毁灭后,会堂在犹太社团的宗教生活中扮演了重要角色,但《罗马民法大全》中却规定不能兴建新的犹太会堂,而对原有的会堂进行维护和修缮也不合法,假如犹太社团成员执意冒险兴建和维修,会堂建筑就会被充公为教堂并辅以金额不等的罚款。有资料显示,530—531年,外约旦(Transjordan)地区的格拉萨(Gerasa)会堂就曾被改建成基督教堂。② 545年,查士丁尼颁布一条新法令,规定私自占用基督教会机构用地的犹太会堂不合法。③ 实际上,罗马法中有关宗教土地的使用、流转等问题的规范并不完备,基督教依靠其正统地位往往在土地纠纷中占尽优势,因而,此举无疑是为基督教会变相挤占犹太教的发展空间提供法律依据。

另一方面,削弱犹太教的影响力体现在减少犹太教徒的数量和扩大基督徒的规模,而改宗是达到这一目的的重要手段,包括两方面内容,其一是限制基督徒和多神教徒皈依犹太教。基督徒改宗犹太教,被视为"比死亡更让人悲哀,比谋杀更残忍",堕入犹太之道的基督徒也就此背负对罗马帝国的叛国罪。基督教会与教父都力图以各种方式阻止基督教徒改宗犹太教。其二是吸引犹太教徒改宗基督教,同时保护改宗为基督教徒的犹太人不受犹太教徒的攻击。鼓励犹太人皈依基督教被基督徒视为神圣的职责,早期传教士不遗余力地推动犹太人改宗,成效显著。根据学者推测,在君士坦丁时代,基督徒大约占罗马帝国总人口的10%;到4世纪末期,数量增长到50%;5世纪晚期则达到90%,占据绝对的优势地位。④ 对于改宗为基督徒的犹太人,基督教立法者也颁布相关法令,旨在保护这一改宗群体免遭其他犹太人的报复性攻击。

古代晚期和中世纪罗马—拜占庭帝国仍然是以奴隶占有作为生产关系主导

---

① C. Pharr trans., *The Theodosian Code*, p. 70.
② N. De Lange, "Jews in the Age of Justinian", in Michael Maas ed., *The Cambridge Companion to the Age of Justinian*, Cambridge: Cambridge University Press, 2005, p. 406.
③ A. Linder, *The Jews in Roman Imperial Legislation*, pp. 398 – 402.
④ [英]西里尔·曼戈主编:《牛津拜占庭史》,第154页。

要素的社会。罗马法继续承认奴隶制,但是规定教俗各界应释放奴隶,改善奴隶的地位和生存状况。对异教徒持有、买卖、迫害基督徒奴隶的规定最早可追溯至君士坦丁在329年颁布的法令。① 此后,罗马法中普遍禁止犹太人拥有基督徒奴隶,君士坦丁的这一法令自出台后,分别在335年、339年、384年、415年以不同形式和说法出现,查士丁尼上台后又曾在法典中两次加以重申。在禁止持有基督徒奴隶外,有关法令还要求无条件释放改宗基督教的非犹太奴隶,且不对犹太奴隶主进行任何补偿,即使犹太主人自己改宗基督教后也不得追索已释奴隶的所有权。534年,查士丁尼还进一步强调各地的基督教主教和世俗官员有责任保护犹太奴隶主所拥有的基督徒奴隶的权益。罗马法如此频繁地限制犹太奴隶主的所有权,确实符合奴隶制度衰落的时代趋势,但其根本出发点却是否定和压制犹太人对基督徒所具有的法律权威,而从宗教角度出发,这种规定也响应了基督教化进程中降低犹太教地位的要求。

正是基于罗马法日益限制犹太教生存发展权的事实,近年来,不断有学者对自巴尔·科赫巴起义后犹太人享有宗教自由提出质疑。② 随着基督教化进程的持续推进,很快侵蚀犹太教享受罗马法保护的基础,动摇了其作为合法宗教的地位。尤其在7世纪上半叶,拜占庭皇帝伊拉克略在迦太基出台著名的"632年法令(一说634年)",强制要求帝国境内所有犹太人接受洗礼,改宗为基督徒,在事实上推翻了犹太教存在的合法性。至此,犹太教在中古早期作为"合法宗教"的地位在形式上荡然无存。

10世纪后,基督教对待犹太人和犹太教的态度仍然在延续着传统的敌对。教会一以贯之地试图在基督徒和犹太人之间树立社会屏障。在这方面,奥赫里德主教迪米特里(Demetrios Khomatianos,1217—1235年在任)是典型的代表。这位主教一贯秉持罗马法的规定,允许犹太人、亚美尼亚人和穆斯林生活在东正教土地上,但坚持认为这些异教徒应该与东正教徒保持隔离状态,以免基督徒的信仰受到影响,并且,这些群体除了享有基本的生存权以外,不得再享受更多的自

---

① A. Linder, *The Jews in Roman Imperial Legislation*, pp. 82-84.
② S. Grayzel, "The Jews and Roman Law", p. 94.

由。① 再如,14世纪,马太·布拉斯塔里整理了一部关于此前拜占庭帝国世俗和宗教法律法规的百科全书《宪法大全》(*Syntagma*),当中也包含了教会对犹太人问题和东正教内部犹太化问题的态度,诸如,教会上层警告基督徒不得在社会和宗教领域与犹太人接触,也不得与犹太人共同庆祝节日,也不得对犹太教传统表示尊重。

第三节

犹太人的政治妥协与抗争

一、犹太人的政治妥协

传统观点认为,巴尔·科赫巴起义失败后,亡国的经历导致犹太人在政治和军事领域逐渐"去政治化"和"去军事化",犹太群体在政治上毫无作为。但实际上,"去政治化"是一个缓慢和波动的历史过程。反罗马起义失败后的几个世纪里,以巴勒斯坦犹太社团为代表的犹太人群体并未完全放弃政治抗争。与此同时,由于进入大流散阶段,犹太社团势力衰微,无力与罗马—拜占庭帝国保持对抗,在此过程中,政治妥协的传统逐渐形成。

政治妥协的态度与犹太社团的生存状况息息相关。第二圣殿被毁与犹太大流散的现状对犹太政治产生了深远的影响,尤其是两次反抗罗马的军事失败,向残存的犹太人昭示:武装斗争不能使犹太人摆脱异族的统治;相反,他们应当为自己居住的国家祈求和平。② 从表面上看,犹太人向罗马—拜占庭帝国妥协折中的思想似乎是军事失败的结果,但实际上,这种思想并非偶然的"发明",归根溯源,

---

① S. B. Bowman, *The Jews of Byzantium (1204 - 1453)*, p. 30.
② 张倩红:《犹太史研究新维度——国家形态·历史观念·集体记忆》,北京:人民出版社2015年,第73页。

犹太人安于流散、不抗拒的思想早在《圣经》时代就已经存在:"我将你们流放(exile)到的那座城,你们应当为那城祈求安宁,为那城祷告上帝,因为那城得安宁,你们也便能得安宁。"① 百姓若说,上帝,我们的神,为什么要对我们做这一切事? 你就告诉他们,你们怎么离弃我,在你们的土地上侍奉外邦诸神,也将同样在不属于你们的土地上侍奉外邦的陌生人。"②

生活于罗马—犹太战争期间的副祭司哈尼纳,也体会到承认外邦政府的必要性:"为朝廷的安宁而祈祷吧。要是没有了对朝廷的敬畏,人就会活活吞噬他的同类。"③这种妥协、合作的精神在雅布内革命领袖约哈南·本·扎该那里也得到了很好的体现,有关他的传奇故事流传广远:当耶路撒冷被罗马人围攻时,约哈南让门徒将他藏在一口棺材里,假装出殡,成功逃离,后辗转到达苇斯巴芗的营地,预言后者将成为罗马新皇。预言成真后,约哈南请求苇斯巴芗允许他在雅布内建造犹太学院,后者欣然同意。和罗马当局保持和平——哪怕以牺牲耶路撒冷为代价——的举动使约哈南得以招聚战争中幸存下来的犹太学者,延续了犹太民族的火种。④ 在约哈南之后的巴勒斯坦犹太族长也大多秉持和罗马—拜占庭帝国之间妥协的理念,注重培养和帝国政权的友好关系。例如,伊拉拉比(Judah ben Il-ai)就表示欣赏罗马人的成功,夸赞他们的街道和城市广场(plazas)、桥梁和浴池,高度赞扬他们的成就。⑤

在继承并发扬约哈南对罗马帝国的温和态度以及政治妥协思想的力量当中,约哈南众门徒发挥了显著作用。首先是约瑟·哈尼纳(Yose bar Haninah),他提出应该缓和对罗马统治的不满态度,⑥因为帝国的成功和繁荣应该被视为上帝公正的一个表现,⑦也是上帝计划的一部分,即罗马和以色列应该互相尊重:以色列

---

① *Jeremiah* 29:7.
② *Jeremiah* 5:19.
③ 张倩红:《犹太史研究新维度——国家形态·历史观念·集体记忆》,第 73 页。
④ J. Boyarin and D. Boyarin, *Powers of Diaspora: two essays on the relevance of Jewish culture*, Minnesota: University of Minnesota Press, 2002, p. 52.
⑤ K. Kogman-Appel, Mati Meyer eds., *Between Judaism and Christianity: Art Historical Essays in Honor of Elisheva (Elisabeth) Revel-Neher*, Boston: Brill, 2009, p. 42.
⑥ N. De Lange, "Jewish Attitudes to the Roman Empire", in P. D. A. Garnsey and C. R. Whittaker eds., *Imperialism in the Ancient World*, Cambridge: Cambridge University Press, 1978, pp. 255 – 373, p. 280.
⑦ *Ecclesiastes Rabba* 5.7.1.

不应该反抗罗马,当然,罗马帝国也不应给以色列施加过重的负担①。《塔木德》中又补充了一条关于犹太人不应该急于从流散中回归的观点,这样就形成了约瑟拉比有关政治妥协的较为系统的看法:"犹太人不应该反对自己的统治者;不应急于寻求末日的到来;不应将自己的秘密揭示给其他民族;不应尝试从流散中回归(否则,为何会需要一位弥赛亚王,将流亡的以色列民招聚起来呢?)。"②

在多数情况下,犹太人对罗马—拜占庭帝国的妥协、合作态度是对统治者宽容政策的回应。例如塞维鲁时期(Alexander Severus,222—235年在位),罗马当局奉行宽容犹太人的政策,③基于此,一些巴勒斯坦拉比对罗马帝国的态度就转为温和,甚至主张同后者合作。④ 塞维鲁统治后期的新任族长——犹大二世甚至改变前任纳西(也即他的父亲迦玛列三世)的消极合作(unenthusiastic-cooperation)态度,和罗马展开适度的积极合作(enthusiastic-cooperation)政策。除了犹大二世,还有两位拉比-查玛(Rabbi Chanina bar Chama)和利未(Rabbi Joshua ben Levi)同样秉持与罗马帝国妥协、合作的态度。查玛和利未曾奉命前往凯撒利亚的罗马总督处,见到两人的罗马总督站起身欢迎他们,总督助手非常震惊:"您居然起身欢迎犹太人?"总督回应说:"这两位犹太人的脸庞像天使。"卡特勒(Allan Harris Cutler)据此认为,因为查玛和利未支持犹太人同罗马合作,罗马总督称他们"天使"是有可能的。⑤

犹太人和罗马—拜占庭帝国的政治妥协与合作的典型表现是参与中央权力机构以及地方的市政管理。⑥ 尽管关于犹太人在罗马政府中任职的直接材料较少,但却可以从罗马法的有关禁令中看出犹太人对罗马—拜占庭帝国政治管理的参与。例如,5世纪初的罗马法规定犹太人不能在特殊的政府岗位中任职,418

---

① *Song of Songs Rabba* 2.7.1.
② N. De Lange, "Jewish Attitudes to the Roman Empire", p. 280.
③ A. H. Cutler, "Third-Century Palestinian Rabbinic Attitudes towards the Prospect of the Fall of Rome", *Jewish Social Studies*, vol. 31, no. 4 (Oct., 1969), pp. 275 – 285, p. 276.
④ A. Harris Cutler, "Third-Century Palestinian Rabbinic Attitudes towards the Prospect of the Fall of Rome", p. 276.
⑤ A. Harris Cutler, "Third-Century Palestinian Rabbinic Attitudes towards the Prospect of the Fall of Rome", p. 278.
⑥ S. T. Katz ed., *The Cambridge History of Judaism: The Late Roman-Rabbinic Period*, vol. 4, p. 413.

年,公共机构开始排除犹太人;到425年,无论是行政系统还是军政系统都不再接纳犹太人;①438年,塞奥多西二世禁止犹太人和撒玛利亚人在中央政府中任职。② 帝国将犹太人逐出行政和军政机构,背后反映的正是这一群体的普遍存在。不仅如此,537年,卡帕多西亚的约翰内斯(Johannes of Cappadocia)试图谏言请求将犹太人和异教徒驱逐出自罗马时代延续下来的库利亚(Curias)机构时,查士丁尼未予采纳,为犹太人保留了任职资格,更是说明在肃清政治机构中的犹太人一个世纪后,后者仍然没有远离帝国的权力系统。此外,拉比文献和犹太铭文在提到一些犹太人时会带有罗马—拜占庭政府官员的官衔,诸如"bouleutai""archiripaRios""palatinus""comes",等等,③这些官衔尽管大小不同、背后的权力各异,但足以说明犹太人在罗马-拜占庭帝国的政治参与程度。

最能够代表犹太政治妥协传统的是"王国之法是法(dina de-malkhuta dina, The Law of the State is Law)"的理念。一般认为,这种理念起源于巴比伦拉比——撒母耳(Samuel,约165—257)。撒母耳强调,外邦统治者是上帝的工具,因此,反抗外邦统治者即是反抗上帝;与外邦统治者的合作对于犹太人在散居地的生存延续至关重要。④ 撒母耳对"王国之法是法"的表述主要见于《塔木德》。诸如,撒母耳说:王国之法是法?撒母耳说:王国之法是法。为什么撒母耳"王国之法是法"的格言不适用于关税征收官?难道撒母耳没有制定王国之法是法?⑤ 撒母耳的这种理念也通过其他拉比的言论、以其他的形式得到了体现,例如,《塔木德》中就明确指出:凡非犹太法庭下达的所有法律文书,即使签署者不是犹太人,都是有效的,但离婚判决除外。⑥

"王国之法是法"的理念代表着散居犹太人对于所在地国家权威的深刻认知,既是对散居生活的积极回应也是对现实秩序的政治默许。⑦ 但另一方面,"王

---

① A. Sharf, *Byzantine Jewry: From Justinian to the Fourth Crusade*, p.21.
② S. T. Katz ed., *The Cambridge History of Judaism: The Late Roman-Rabbinic Period*, vol.4, p.415.
③ S. T. Katz ed., *The Cambridge History of Judaism: The Late Roman-Rabbinic Period*, vol.4, p.414.
④ 张倩红:《犹太史研究新维度——国家形态·历史观念·集体记忆》,第73页。
⑤ *Talmud*, Nedarim 28a.
⑥ *Talmud*, Gittin 9b. 迈克尔·沃尔泽编,刘平译:《犹太政治传统(卷一)》,上海:华东师范大学出版社2011年,第396页。
⑦ 张倩红,艾仁贵:《犹太文化》,北京:人民出版社2013年,第113页。

国之法是法"限制了哲人们所阐释的托拉律法的适用性,因为它承认非犹太的民事法可超越托拉律法,而且这种超越具有道德上的约束力——这一限制使得托拉律法真正能在中世纪及以后被保存在广泛的社会政治形势中。① 犹太人与包括拜占庭帝国在内的外部统治者之间保持政治妥协,其背后是犹太社团大流散时期形成的应事变通的生存哲学和政治哲学。

二、 犹太人反抗加鲁斯起义

罗马—拜占庭帝国统治时期,犹太社会形成了占据主流的政治妥协传统,但也不乏主张武力抗争的社会力量存在。自君士坦丁王朝开始的几场规模较大的起义正是拜占庭犹太人政治抗争的代表。

加鲁斯·凯撒(Gallus Caesar)是康斯坦提乌斯二世(Constantius Ⅱ,337—361年在位)的侄子,被后者任命为帝国东部地区的副皇帝,于公元351—354年任职。犹太人反抗加鲁斯起义爆发于公元351—352年之间,当时的多神教史家阿利乌斯·维克多(Aurelius Victor)、基督教史家哲罗姆以及苏格拉底(Socrates)都不同程度地记载了这一军事事件。②

君士坦丁死后,拜占庭帝国一分为三,由君士坦丁二世(Constantine Ⅱ,337—340年在位)、康斯坦斯一世(Constans Ⅰ,337—350年在位)以及康斯坦提乌斯二世统治,政治分权不均衡埋下了政治动乱的伏笔。350年初,高卢总督马格尼提乌斯(Magnentius)在奥古斯都城举行起义,反抗康斯坦斯,后者死于这场起义,马格尼提乌斯成功篡位,于350—353年在位。当年,与马格里提乌斯同时上台的还有维特里亚诺(Vetriano)和尼波提亚努斯(Nepotianus)。不仅如此,波斯人在帝国东部也造成了政治紧张局势。君士坦丁统治末期,急于想收复北部的美索不达米亚地区(该地区在公元3世纪末失于罗马人加利利乌斯之手)的波斯王沙普尔二世(Shapor Ⅱ)重新开始与罗马帝国展开政治竞争。加鲁斯起义爆发前,波斯皇

---

① 罗伯特·M.塞尔茨著,赵立行等译:《犹太的思想》,上海:上海三联书店1995年,第262页。
② Barbara Geller Nathanson, "Jews, Christians, and the Gallus Revolt in Fourth-Century Palestine", *The Biblical Archaeologist*, vol. 49, no. 1 (Mar., 1986), pp. 26 – 36, p. 32.

帝已经三次围攻尼西比斯城，虽然全部失败，但却牵扯了帝国的军力和注意力，为犹太人的起义提供了条件。

犹太人的这场起义也和加鲁斯的腐败统治直接相关。作为一个失败的地方统治者，加鲁斯不仅在帝国宫廷内树敌无数，而且因倒行逆施在叙利亚地区臭名昭著，甚至被自己的手下排斥。加鲁斯在东部统治的最显著特点就是无谓地滥用暴力。正如基督教史家阿米亚努斯所记载的那样，"他（加鲁斯）已经超越了被赋予的权力界限……由于过分严厉，他给整个世界带来了伤害。"① 爱德华·吉本在其《罗马帝国衰亡史》中也直言不讳地称："加鲁斯既没有天分和才气，更缺乏不耻下问的精神来弥补学识和经验的不足，就这样从监狱擢升到帝王的宝座。他自小身遭惨祸生长在孤独的环境，没有人给予指导和纠正，养成阴郁而粗暴的乖戾性格。忍受回忆的痛苦使他失去同情和宽厚，抱着睚眦必报的心理，对于接近的人员或权力压制下的臣属，会突然发作无法控制的狂怒，甚至给这些人带来致命的危险。"②

关于起义爆发的原因，还有一种观点认为是经济压迫政策导致的，而犹太人面临的经济压力与当时帝国的奴隶政策有关。4世纪中期，巴勒斯坦地区的太巴列、塞弗里斯以及利达是著名的犹太手工业中心，尤其是纺织和印染工业。而这些手工业属于劳动密集型产业，劳动力的巨大需求决定了奴隶劳动者的广泛使用。罗马—拜占庭法令中对异教徒持有、买卖、迫害基督徒奴隶的禁令由来已久且数目众多。329年，君士坦丁规定，禁止犹太人拥有基督徒奴隶，否则罚款并释放奴隶，此后，该法令分别在335年、339年以不同形式和说法出现。康斯坦提乌斯的奴隶政策对犹太人的纺织工业造成严重打击，这成为犹太人加入起义队伍的间接动机。

反抗加鲁斯的起义由一位叫作帕提修（Patricius）的犹太人领导，当时的多神教作家维克多在其著作中仅仅记载了帕提修的名字，关于这位犹太领袖的生平以及其他信息不得而知，帕提修的简要记载如下："与此同时，犹太人（Iudaeorum seditio）在帕提修的领导下，发动一场起义，反对所有针对某种官位（in regni speci-

---

① [英]西里尔·曼戈:《牛津拜占庭史》,第41页。
② [英]爱德华·吉本:《罗马帝国衰亡史》第4卷,第83—84页。

em)的法律,最后被镇压。"①

尽管当时的拉比文献、《塔木德》当中都没有记载这场起义的具体信息,但毫无疑问的是,犹太人为这场起义做了很多准备。351年6月,犹太人在塞弗里斯正式起事。根据相关记载,一小支起义军首先突袭了驻扎在塞弗里斯的罗马军队,占领了罗马帝国在当地所建的军械库,继而利用这些武器继续进行武力抗争。

起义队伍取得最初的胜利后,开始向其他地区扩散,所到之处吸引了众多犹太民众加入其中,尤其是太巴列和利达的犹太居民,并一直向巴勒斯坦南部沿海平原扩散。起义军在赶走罗马军队,占领利达城后,就切断了联结安条克和亚历山大之间的交通,拖延罗马帝国的增援。当时的耶路撒冷城中有大量由摩尔人组成的雇佣兵防守,而且是骑兵,犹太起义队伍并没有急于攻取圣城。关于起义期间的人员伤亡情况,并没有详细的记载,基督教史家似乎全部一致地保持了沉默,约拿据此认为,犹太起义军并没有对基督徒(尤其是非罗马军队成员的普通信众)造成太大伤害,甚至是哲罗姆也不得不承认"死亡人数不多"。

对塞弗里斯以西的城镇伯珊进行的考古挖掘表明,当时的战争导致这座城市完全被毁,并出现常见于战争期间的集体埋葬场。罗马军队攻占塞弗里斯后,洗劫并焚毁了城市,留下很多烧毁的遗迹。记载这次起义的非犹太文献几乎都提到塞弗里斯在这次起义中被毁。在塞弗里斯被罗马军队攻克后,很多卷入起义的人不得不伪装后逃走。根据后世学者的研究,这种说法最初是出自《巴勒斯坦塔木德》当中的记载,拉比西亚·巴尔·阿巴(Hiyya bar Abba)隐喻性地提到:在尤西努斯(Ursicinus)时代,塞弗里斯的王被审判,他们戴上面具,没有被认出来,但之后,他们还是被认出,并遭到逮捕。一般认为,拉比所说的"尤西努斯"应该就是加鲁斯,尽管"戴上面具(以伪装)"的真实性很小,但对当时遭到搜捕的塞弗里斯犹太人而言,想方设法躲避罗马当局的搜捕是极有可能的。其他没有卷入起义的居民也遭遇了迫害和搜查。按照拉比胡那(Huna)的说法:"我们不得不在哥特人到来之前逃走,并藏在太巴列的山洞中,用手举着油灯,要是灯火烧得低,就是白

---

① S. T. Katz ed., *The Cambridge History of Judaism: The Late Roman-Rabbinic Period*, vol. 4, p. 411.

天,要是烧得亮,我们就知道是黑夜了。"①

阿卡平原一战是犹太人反抗加鲁斯起义的转折点,通过这场战役,罗马军队一举击溃犹太起义队伍,宣告了罗马帝国的军事和政治胜利。而加鲁斯本人则在随后的354年被罗马帝国解职并处决。

加鲁斯起义失败后,很多加利利周边的城镇受到战事影响,但大部分在战后都逐渐得到了重建。在战争期间被毁的塞弗里斯到4世纪末也逐渐恢复,并成为犹太人口占多数的城市。而根据哲罗姆的说法,犹太重镇——太巴列和利达保留完好。尽管文献当中没有相关记载,而考古证据又很难证实,但开放的乡镇可能比设防的城市遭到的毁灭更加严重。

起义失败还造成了巴勒斯坦犹太人生命、财产的损失,一些犹太官员、流亡领袖以及拉比因参与起义而遭到惩罚。根据哲罗姆在其《编年史》(Chronicon)中的记载:"加鲁斯皇帝镇压犹太人,他们在夜里屠杀罗马军队后发动武装起义;加鲁斯杀害上千人,其中甚至有儿童,加鲁斯还放火烧毁了迪奥·凯撒利亚(Diocaesarea)、太巴列、迪奥波利斯(Diospolis)以及大量的犹太村庄。"②苏格拉底的记载内容和哲罗姆基本一致:大约同时,在帝国东部出现内部骚动:生活在巴勒斯坦地区的迪奥·凯撒利亚犹太人起而反抗罗马人,开始蹂躏附近地区。但是加鲁斯本人在被任命为凯撒后,被派往东部,率领部队镇压,犹太人的势力被摧毁,加鲁斯下令彻底摧毁迪奥·凯撒利亚。③

三、犹太人在7世纪的抗争

加鲁斯起义后,犹太人还曾于查士丁尼时期参与尼卡起义和撒玛利亚起义,但规模较小,影响力有限。随后的伊拉克略王朝,犹太人利用拜占庭与波斯、拜占庭与阿拉伯人之间的混战反抗帝国统治。关于巴勒斯坦犹太人在伊拉克略时期的政治抗争,亚美尼亚主教塞贝奥斯的《历史》、《复活节编年史》(截至628年)以

---

① M. Avi-Yonah, *The Jews under Roman and Byzantine Rule*, p. 180.
② J. E. Seaver, *Persecution of the Jews in the Roman Empire (300 -438)*, pp. 12 - 13.
③ J. E. Seaver, *Persecution of the Jews in the Roman Empire (300 -438)*, p. 13.

及修道士"坚信者"塞奥法尼斯的编年史是主要的资料来源。

巴勒斯坦犹太人在伊拉克略时期的政治抗争和 7 世纪拜占庭帝国边疆危机的爆发息息相关。在这场危机中,首先登上历史舞台的是波斯帝国。3 世纪早期,萨珊波斯开始向西扩张,开启了持续数百年的争霸战争,两大帝国之间分别于君士坦丁时期、朱利安时期、查士丁尼时期爆发数次战争。7 世纪上半叶是萨珊波斯的最后历史阶段,波斯对拜占庭帝国统治下的地中海东岸地区保持了强劲攻势。603 年,波斯入侵拜占庭帝国在幼发拉底河沿岸的军事要塞,标志着波斯人与拜占庭人之间的最后一场战争打响。

在波斯入侵拜占庭帝国的过程中,犹太人给予波斯军队以大量协助,而参与对抗拜占庭帝国的犹太人主要来自人口居多的地中海东部犹太社团。据犹太史学家估计,7 世纪初,拜占庭帝国统治下的犹太人口数为 50 万左右,① 分布在南意大利、巴尔干半岛、小亚细亚以及埃及等地区。巴勒斯坦地区早在 2 世纪中后期即为罗马帝国行省,到拜占庭时期成为基督教徒的重要聚居区,但该地的犹太人口仍然比较集中。② 606 年,波斯开始入侵叙利亚—巴勒斯坦。各地犹太社团纷纷举行起义予以响应,尽管起义多被镇压,但犹太人的投诚趋势紧随波斯大军向南发展。根据塞贝奥斯记载,卡帕多西亚的凯撒利亚犹太人很快也在当地基督徒溃逃后为波斯打开城门,降服于波斯沙王,后者驻城一年。③

概括来说,犹太人对波斯的协助主要有两种方式。一种是以事实上的盟友身份,为所到之处的波斯大军提供军事援助。北至凯撒利亚,南达耶路撒冷,很多城镇的犹太人都为波斯打开了入侵的城门。另一种方式更为直接——加入波斯军队。据称,当波斯著名将领沙赫巴拉兹(Shahrbaraz)率部从叙利亚一路南下时,曾有两万左右来自安条克和太巴列的犹太人加入前者的队伍,此与吉本的说法两度重合:"科斯罗埃斯为了进行神圣的战争,征召一支两万六千犹太人的军队,后者具有狂热的传统成见,可以弥补勇气和纪律之不足。""教长撒迦利亚和真十字架

---

① 阿巴·埃班著,阎瑞松译:《犹太史》,北京:中国社会科学出版社 1986 年,第 124 页。
② M. Gilbert, *Jewish History Atlas*, London: Weidenfeld and Nicolson, 1981, p. 9.
③ Sebeos, *History*, trans. Robert Bedrosian, New York: Sources of the Armenian Tradition, 1985, Chapter 23, p. 90.

被运到波斯。有九万基督徒遭到屠杀,这要归咎于犹太人和阿拉伯人,他们加入波斯人的行军行列,使得秩序混乱不堪。"①不仅如此,加入波斯大军的犹太人还由于熟悉地形、路线和本地基督徒情况而作为先遣部队引导波斯人攻城略地。

伊拉克略时期,地中海东部的犹太社团处在拜占庭统治之下,是帝国臣民,为何选择支持波斯、背叛拜占庭? 其中的原因可以从两个层面考察。一方面,随着基督教化进程的发展,犹太社团在拜占庭帝国的生存环境持续恶化,摆脱后者的统治是其政治背叛的重要动机。另一方面,生存环境的恶化导致弥赛亚思潮在犹太社团内部再度兴盛,7世纪初波斯入侵恰好迎合了这一思潮,借助波斯势力实现弥赛亚降临也是犹太人协助前者的一大动机。由于阿契美尼德王朝的居鲁士大帝(Cyrus the Great,公元前558—公元前530年在位)和萨珊王朝的沙普尔二世(Shapur Ⅱ)都曾施行宽容犹太人的政策,塑造了犹太人对于波斯是犹太民族解放者的集体记忆。在弥赛亚思想和集体记忆的双重影响下,波斯的到来被犹太人视为拯救本民族的弥赛亚降临。

在犹太人的协助下,波斯的入侵步伐加快,拜占庭人则节节败退。拜占庭帝国先后丧失北部的加利西亚、陶鲁斯山脉据点、亚美尼亚以及小亚细亚等疆域。波斯势力甚至进入博斯普鲁斯海峡,直接威胁帝国首都君士坦丁堡;北非的埃及地区也在619年陷落,导致首都的粮食供应严重受阻;整个近东在短时间内系数落入波斯统治下,尤其耶路撒冷的沦陷和圣十字架被夺"对基督徒造成严重的精神打击",震惊了整个基督教世界。按照斯塔特吉斯的说法,耶路撒冷城大量教堂和修道院被毁(这一点也得到了考古资料的证实):"神圣的教堂被付之一炬,其他的也遭到严重毁坏,庄严的祭坛倒塌,神圣的十字架被践踏,圣洁的神像也被不洁之物所侮辱……当人们被掳至波斯以后,耶路撒冷只剩下犹太人,他们就着手毁坏、焚烧那些幸存下来的神圣教堂。"②

客观而论,拜占庭在近东对波斯战败的主要原因在于这一时期帝国军事力量相对弱小,综合国力远不及查士丁尼的盛期,帝国推行的宗教政策也没有赢得在

---

① [英]爱德华·吉本:《罗马帝国衰亡史》第4卷,第340页。
② G. Avni, "The Persian Conquest of Jerusalem (614 c. e.)—An Archaeological Assessment", *Bulletin of the American Schools of Oriental Research*, no. 357 (February 2010), pp. 35 – 48, p. 41.

东部省份占主流的一性论派的支持,对比之下,波斯帝国在科斯罗埃斯的强权政策下国力强盛,对外扩张的热情高涨,很快取得战争主动权。与此同时,在拜占庭—波斯两方的力量对比中,叙利亚—巴勒斯坦地区的犹太人发挥了不容忽视的作用。

犹太人参与的第二次军事活动主要发生在阿拉伯入侵拜占庭帝国期间。伊斯兰教兴起前,分散的阿拉伯各部落已经侵扰巴勒斯坦地区数个世纪,伊拉克略甚至招募过阿拉伯雇佣兵充实帝国军队。634 年,阿拉伯军队在奥马尔的领导下入侵巴勒斯坦,并在两年后,占领叙利亚首府安条克。① 在阿拉伯势力一路侵袭过程中,犹太人同样协助后者入侵。当打着星月旗号、奉行"圣战"理念的阿拉伯军队向西挺进时,犹太人确实将穆斯林视为拯救本民族的另一个弥赛亚,甚至在文献中也毫不掩饰对于新"解放者"到来的喜悦:"如今,这个神圣的民族——愿上帝保佑,终结罗马(Edom)的统治,废止压迫性的法令。"由于希望阿拉伯人能够将他们从邪恶的拜占庭帝国的统治下解救出来,犹太人加入阿拉伯骑兵,以更大的热情与阿拉伯人为伍,据生活在 6—7 世纪的拜占庭编年史家塞贝奥斯在其《编年史》第 30 章中的记载:"犹太人所有部落派出十二位代表,聚集在埃德萨城,当他们发现伊朗人的部队撤走,城市归于和平后。这些犹太人就紧闭城门,加固守卫。他们拒绝罗马领袖率领的部队进入。拜占庭帝国皇帝伊拉克略于是下令,围攻埃德萨。当犹太人意识到他们的军事力量不足以抵抗伊拉克略后,他们便同意与拜占庭帝国讲和。城门打开后,犹太人来到伊拉克略面前,后者下令让犹太人回到自己的地方。这样,犹太人便离开,横越沙漠,前往伊斯玛仪后裔所在的塔克康斯坦。犹太人请求阿拉伯人的救助,利用《圣经·旧约》拉拢他们和后者之间的关系。尽管有些阿拉伯人被说服,但并没有得到所有人的一致同意,因为,当时的阿拉伯人内部正处在宗教分裂阶段。伊斯玛仪的后裔中,有一位叫做穆罕默德(Muhammad)的商人,随后成为阿拉伯人的领袖……② 每个(阿拉伯)部落安置

---

① Theophanes, *The Chronicle of Theophanes Confessor-Byzantine and Near Eastern History* (284 – 813), trans. Cyril Mango and Roger Scott, Oxford: Clarendon Press, 1997, p. 473. Theophanis, *Chronographia*, ed. C. de Boor, Leipzig: Teubner, 1883 (repr. Hildesheim: Olms, 1963), TLG, No. 4046001.

② Sebeos, *History*, p. 50.

1000个犹太人,这些投诚的犹太人后来在阿拉伯军队中效力,并作为向导,为阿拉伯人入侵巴勒斯坦指引方向。"①

犹太人投诚后,阿拉伯人很快征服拜占庭帝国不久前从波斯手中收复的失地,再次变更地中海东部的地缘政治版图,敲响了拜占庭帝国在巴勒斯坦地区长达五个多世纪统治的暮钟。

第四节 犹太人与拜占庭经济

一、犹太人在拜占庭经济中的作用

以农业生产、手工业和商业(以零售业为主)为代表的内部经济行为是犹太人个人和集体生活的基础,也是维系犹太社团作为一个整体的重要手段。犹太社会内部的经济活动类别繁多,涵盖衣、食、住、行等几乎所有领域。犹太社团内部的经济活动主要表现在以下几个方面。

其一是基础设施建设。罗马—拜占庭帝国时期,巴勒斯坦归属罗马行省统治,相关基础设施建设由帝国财政负担,但对于犹太社会来说,尚有很多特殊基建(尤其是非生产性基建)需要社团自身完成,例如犹太会堂的建造就是建筑活动中的代表。围绕会堂和其他犹太建筑的建造、修缮,采石工、凿石工、运输工构成巴勒斯坦地区经济生态链的重要一环。② 考古资料显示,7世纪(尤其是莫里斯、福卡斯和伊拉克略时期),叙利亚—巴勒斯坦南部建筑领域经历了飞跃式的

---

① M. Avi-Yonah, *The Jews under Roman and Byzantine Rule*, p. 273.
② M. Avi-Yonah, "The Economics of Byzantine Palestine", *Israel Exploration Journal*, vol. 8, no. 1, 1958, pp. 39 – 51, p. 42.

发展。①

其二是对希伯来教育的投资。重视教育是犹太社会自古以来的传统。对教育的投资是巴勒斯坦犹太社团经济支出的重要项目之一。一般认为，社会化的通识教育或高等教育往往掌握在罗马—拜占庭帝国政府和基督教会（尤其自5世纪以后）手中，因此，巴勒斯坦犹太人对教育的投资集中在内部的希伯来专业教育领域，主要用于维持犹太学院（例如早期的贾布奈学院、乌沙学院以及后期的太巴列学院等）的运转，为从事教育的学者（主要是拉比）提供生活资助，培养年轻的犹太男性学生。

其三是洁净食品的制作和销售。根据《塔木德》规定，犹太民族需遵守特殊饮食法。《密释纳》第五卷"圣事（Seder Kodashim）"的第三部"不洁（Hullin）"就是对这一饮食法的详细规定。内容主要有两类：有关屠宰的律法；有关饮食规定的律法，例如禁止食用的肉类。特殊的犹太饮食法诞生了特殊的职业群体——"可食（Kosher）"食品和饮品的制作群体。② 除了家庭主妇可以承担的部分，其他诸如动物屠宰、酒品酿造等部分，都具有很强的职业性特征，也因此很容易走向市场化和商业化，成为犹太社团内部独特的经济活动。据资料记载，巴勒斯坦地区的各类酒品曾长期作为大宗商品向外出口。

其四是朝圣活动的经济效益。135年巴尔·科赫巴起义失败后，犹太人被全部驱逐出耶路撒冷，此后，回归圣地进行朝拜就成为生活在其他地区的犹太人（以及非犹太人）重要的宗教活动，为朝圣者提供各项生活物资和食品是巴勒斯坦犹太人经济生活的重要部分，例如，西奈山附近是埃及方向的朝圣者必经之路，该地区因此种植了很多水果和蔬菜；不少手工艺人还会编织篮筐、织网，售卖给来往的朝圣者。③ 值得注意的是，朝圣经济对主要的朝圣城市诸如耶路撒冷和伯利恒等所产生的影响远大于对其他城市和边远地区的影响。而在这方面，基督教僧侣和修道院则能够发挥弥补作用。由于基督教修道院主要从事农业而形成较小的经

---

① A. Walmsley, "Economic Developments and the Nature of Settlement in the Towns and Countryside of Syria-Palestine, ca. 565 – 800", *Dumbarton Oaks Papers*, vol. 61 (2007), pp. 319 – 352, p. 336.
② J. Holo, *An Economic History of the Jews of Byzantium*, Chicago: Bell & Howell, 2001, p. 78.
③ M. Avi-Yonah, "The Economics of Byzantine Palestine", p. 48.

济单位，加上大部分都建造在内盖夫沙漠、西加利利等地区，它们的存在因而常被视为拜占庭时期巴勒斯坦边缘地区经济发展的重要影响因素。

最后，和其他流散地犹太社会的经贸往来也是拜占庭犹太社团内部的经济活动内容之一。例如，拜占庭统治时期的巴勒斯坦犹太社团和巴比伦犹太社团之间的文化交往就承载了一定程度的经济活动，这种特殊的经济活动类型往往被称为"学院经济"（The economics of the academies），即两大社团之间在进行宗教文化往来的同时，也会从事贸易互通。巴勒斯坦犹太学者（往往同时也是贸易商）前往巴比伦时，会随身携带部分商品，沿途出售，或到达巴比伦以后再行销售，但货品往往在路途当中就会销售一空。前往巴比伦的犹太学者大部分是受巴勒斯坦犹太领袖派遣，肩负学术交流和建设流散地犹太学术的重任，因此，留居当地的人居多，但也有一部分学者会返回巴勒斯坦，这一部分人会重复此前的行为：携带巴比伦当地的商品货物，在巴勒斯坦的途中进行出售，抑或到达巴勒斯坦以后再转手。从巴比伦前往巴勒斯坦地区的犹太人通常也从事类似的经济行为。7 世纪阿拉伯势力兴起后，巴勒斯坦和巴比伦的犹太学院都处在穆斯林势力统治下，拜占庭帝国的犹太社团仍然保持着与太巴列和巴格达这两大犹太宗教文化重镇之间的紧密联系，并向后者提供资金和人力的投资和资助。早在 9 世纪，就有不少拜占庭犹太知识精英前往巴格达的犹太学院，与此同时，也有大量说阿拉伯语的犹太人移居到拜占庭帝国。

犹太人作为拜占庭帝国的少数派，在拜占庭经济体系中所占的地位并不突出，但由于犹太人在经济领域尤其是手工业和商业领域比较活跃，因而成为中世纪拜占庭经济史中不可忽视的组成部分。

首先，拜占庭帝国是一个农业社会，土地是十分宝贵的资源。基督教化进程开启后，由于犹太人在信仰上与主流社会格格不入，拜占庭帝国不允许犹太人拥有土地，另一方面，由于犹太人四处流散的属性，也在客观上决定了犹太人很难从事相对固定的农业生产。大多数资料显示拜占庭犹太人的活动空间主要在城市，并且更倾向于生活在交通便利、城镇化程度高、手工业和商业较发达的城市。尽管如此，仍有少量犹太人生活在农村地区，从事农业生产。图德拉的本雅明认为农业领域一直有拜占庭帝国犹太人的参与，比如在克利萨（Krissa）附近，就有一个完全依靠土地和农业生产生存的犹太社团。①

其次,犹太人的职业分布十分广泛,从技术性较低的浆洗工、裁缝、面包师到专业程度较高的教师、医生等等,犹太人从事的职业包罗万象。例如,根据资料显示,很多拜占庭犹太人从事医疗工作,并因此诞生了不少知名的犹太医生。例如,沙巴泰·杜努诺曾是拜占庭帝国统治下的意大利的知名医生;他的同时代人亚伯拉罕·萨森(Abraham b. Sasson)在巴里的医学界也享有盛名。692年,基督教大公会议明确禁止基督徒找犹太医生看病,从相反的角度可以看出犹太医生群体可能较庞大,并且可能在基督徒的日常生活中扮演了重要角色。对犹太人而言,从事医生行业的回报可能较为丰厚。例如,11世纪一位不知名的犹太医生曾在一封信中提到:"我已经建造了一所房子,价值200第纳尔,我还拥有400桶酒。"②

再次,手工业和商业是拜占庭犹太人广泛从事的行业。古代晚期至中世纪,制陶、玻璃制造(加利利、卡迈尔地区曾发现一些玻璃工坊)、纺织和印染是拜占庭犹太社团较为普遍的手工行业,尤其后两者在很长时间内占据犹太经济生活的主导。公元4世纪左右,太巴列、塞弗里斯以及利达发展成为巴勒斯坦犹太社团的手工业中心,尤其是纺织和印染工业。其他手工业同样很发达,这一点反映在拜占庭时期巴勒斯坦地区的出口商品种类当中。根据考古资料和犹太文献记载,酒饮、编织篮、地毯、亚麻布、椰枣、鱼干、水壶等历来是巴勒斯坦地区的经常性出口货品。③ 当然,在出口的同时也有大量进口,诸如优质葡萄酒、无花果、陶器、小麦、豆类和木材。基于优越的地理位置,7世纪阿拉伯势力兴起前,巴勒斯坦地区经常也是拜占庭帝国境内(尤其是东地中海地区)商业贸易的中转站。

到拜占庭帝国中后期,手工业生产和商业贸易仍然在犹太社团的经济生活中占据重要地位。10世纪,在科林斯就有一位著名的染匠卡莱布,因技艺精湛而在行业内享有极高的声誉。另有资料显示,生活在11—12世纪的君士坦丁堡犹太

---

① S. B. Bowman, *The Jews of Byzantium (1204 -1453)* , p.131.
② J. Holo, *Byzantine Jewry in the Mediterranean Economy* , Cambridge: Cambridge University Press, 2009, p. 61.
③ E. Ribak, *Religious Communities in Byzantine Palestina: the Relationship Between Judaism, Christianity and Islam, AD 400 -700* , Oxford: Archaeopress, 2007, p. 5.

人奥巴蒂亚(Obadiah)就是一位在当时非常著名的、手艺精湛的工匠。① 通过手工业和商业完成资本积累后,处在灰色地带借贷业务也逐渐成为犹太人从事的重要行业之一。根据早期基督教会的规定,基督徒不得从事借贷行业,尤其是高利贷,犹太人利用自己非基督徒的身份填补了这一空缺。

最后,通常被归为政治问题的赋税制度实际上也反映了拜占庭帝国和犹太人作为赋税征、缴两方的经济关系。如前所述,犹太第二圣殿被毁初期,苇斯巴芗开始向犹太人征收两个"*denarii*"的税,用于建造前一年(公元 70 年前)毁于大火的朱庇特(Jupiter Capitolinu)神庙。② 安东尼王朝的涅尔瓦皇帝在位时期,犹太特殊税制度化、常态化,拟征对象为所有 3—70 岁之间的犹太人;第二种针对犹太人的税赋"*aparchai*"几乎在同时征收,并一直持续到 4 世纪。此外,"*Aurum Coronarium*"也是犹太人向国库上缴的集体税种之一。③

帝国的税收往往通过犹太族长制度收取,族长会通过各地犹太社团的代理人收取年税,税种大致有"*Pensio*"、"*Anniversa-rium Canon*"等,这两种税赋都针对全体犹太人征收。④ 直到 5 世纪塞奥多西二世时期,犹太族长仍然享有帝国认可的法律地位,作为帝国政府的代理人,他们会通过被称为"*archisynagogoi*"的地方犹太社团领袖协商和征收犹太税。犹太族长制度被废除后,犹太社团丧失某些特权的同时也面临着赋税加重的困境。例如,查士丁尼时期就曾将市政的财政负担直接转嫁到犹太人身上。

关于拜占庭帝国中后期的犹太社团是否需要缴纳犹太特殊税的问题,学界历来观点分歧,通常认为,中后期的拜占庭没有针对犹太人征收特殊税,但也有零星记载提到"*telos*"一词,被视为一种类似于租金的犹太税,主要在帕列奥列格王朝时期征收。⑤ 对生活在拜占庭帝国第二大城市塞萨洛尼基的说阿拉伯语的犹太人来说,他们还需要缴纳一种被称为"*onashim*"(可能是一种惩罚性的税收)的

---

① J. Starr, *The Jews in the Byzantine Empire (641 -1204)*, p. 28.
② M. Goodman, "Nerva, the Fiscus Judaicus and Jewish Identity", *The Journal of Roman Studies*, vol. 79 (1989), pp. 40 - 44, p. 40.
③ R. Bonfil ed., *Jews in Byzantium: Dialectics of Minority and Majority Cultures*, pp. 214 - 215.
④ R. Bonfil ed., *Jews in Byzantium: Dialectics of Minority and Majority Cultures*, p. 164.
⑤ S. B. Bowman, *The Jews of Byzantium (1204 -1453)*, p. 42.

赋税。

在特殊情况下，犹太社团也会被皇帝免除赋税。根据尼西亚的主教格里高利记载，瓦西里一世曾认为未改宗的犹太人赋税较重，因而，为了鼓励和奖赏改宗基督教的犹太人，瓦西里会将改宗者纳入特权阶层，享受政府津贴，并免除部分税赋。① 820—829 年，重新发起圣像破坏运动的拜占庭帝国皇帝米哈伊尔二世曾受到民众的指责，原因是民众质疑他偏爱犹太人，并因此而免除了后者的税收负担。基督教史家甚至将米哈伊尔二世视为异教徒，称他："折磨基督教……宣布免除所有犹太人的税负，只因为他喜爱犹太人，敬重这些人。"②

尽管缺乏有关拜占庭帝国中后期犹太特殊税的确切记载，但作为帝国臣民，和其他东正教徒、穆斯林以及多神教徒一样，犹太人同样需要向帝国缴纳多种直接税和间接税。有些城市还会向犹太人征收地方税，11—15 世纪，塞萨洛尼基的犹太人就时常需要向当地政府缴纳地方税。也有资料提到，大约在 9 世纪，拜占庭帝国存在一种所有人都需要缴纳的人头税（hearth-tax），缴付金额是每年六个迪纳姆（dirhem）。此外，还有一种每年征收一个第纳尔的税赋，不仅针对犹太人收取，信仰波斯宗教的信徒（Magians）也不例外。③

11 世纪，马其顿王朝末代皇帝君士坦丁九世（Constantine Ⅸ，1042—1055 年在位）曾在希俄斯岛建造了一座修道院，然后向当地犹太居民征收一种叫作"*kephaletion*"的特殊税赋，专门用来维持修道院的运转。并且，在征收这一税种的同时，君士坦丁九世免除了其他类型的税负。此后，在 1062 年的君士坦丁十世时期和 1079 年的尼基弗鲁斯三世时期，这一政策被两度重申。大约同一时期，塞萨洛尼基的犹太人也需要缴纳一种被称为"*gulgolet*"的赋税，有些文献也称其为"*kephaletion*"。据 12 世纪拜占庭史学家佐拉拉斯的记载，利奥三世时期曾强迫意大利的卡拉布里亚人（Calabrians）和西西里人像犹太人一样，向教会缴纳"*kephaletion*"赋税。④

---

① J. Starr, *The Jews in the Byzantine Empire* (641 - 1204), p. 13.
② J. Holo, *Byzantine Jewry in the Mediterranean Economy*, pp. 137 - 138.
③ J. Starr, *The Jews in the Byzantine Empire* (641 - 1204), p. 13.
④ J. Starr, *The Jews in the Byzantine Empire* (641 - 1204), p. 14.

"kephaletion"在不少文献资料中被提及,可见这种宗教类的税赋在中世纪的拜占庭帝国比较常见,不同城市的犹太社团时常需要向基督教会缴纳此类赋税。帝国的其他地区也出现过类似的向犹太人收取的宗教税。例如,12世纪中期,斯托比鲁斯(Strobilos)的犹太人就需要向君士坦丁堡的圣索菲亚大教堂缴纳赋税,甚至那些已经移民到其他地方的犹太人仍然需要继续缴纳。迟至1333年,生活在兹齐纳(Zichna)的犹太人每年还需要向当地的基督教修道院缴纳一种集体税。

税赋有时会以其他形式征缴。根据12世纪中后期图德拉的本雅明记载,拜占庭帝国首都君士坦丁堡的民众所交的年税不仅包括黄金,还包括丝绸和紫色的皇室服装。他还提到,底比斯、塞萨洛尼基和君士坦丁堡的犹太人需要参与制作这些华贵的宫廷服饰。有资料显示,在拜占庭帝国末期,生活在君士坦丁堡的犹太人作为帝国臣民,需要缴纳一种间接税,即向帝国提供一种被称为"angaria"的服务,除此以外,还需要无偿履行各种为港口服务的义务。[1]

二、地中海经济圈中的犹太人

在商业方面,中世纪拜占庭犹太人一直比较活跃。他们积极参与帝国内部的经济活动,不仅有从事手工业和小商业的犹太手艺人和小商贩,随着商业主义的发展以及海外贸易线路的增加,还诞生了一些专门从事海外贸易的国际商贾,后者是地中海经济圈当中的重要组成部分。

2世纪中期大流散时代开始后,犹太社团开始四处流动。7世纪阿拉伯势力兴起,随后的哈扎尔王国改宗犹太教,马其顿王朝的两次反犹浪潮,都先后引发了大规模的犹太移民潮,拜占庭犹太社团因此持续向欧洲、亚洲和北非等地区流散。从拜占庭犹太人流散的路径可以看出,到帝国中期,地中海周边——北至意大利、东至叙利亚—巴勒斯坦、南至北非——分布着大量的犹太社团。与图德拉的本雅明几乎同时代的亚伯拉罕·伊本·达乌德(Abraham ibn Da'ud)曾提到,"犹太社团分布在爱琴海所有的岛屿上,从威尼斯、热那亚到拜占庭首都君士坦丁

---

[1] S. B. Bowman, *The Jews of Byzantium (1204 -1453)*, p.46.

堡。"①不同社团之间的宗教文化来往构建了一个庞大的犹太社团网络,为社团成员的经济活动提供了坚强的基石,加上语言天赋和犹太社团之间的密切联系,大大便利了犹太商人的四处流动。犹太社团所在之处以及犹太行商的所到之处都有商业活动的痕迹,其经济行为带有很强的跨国性和跨区域性的特征。

实际上,拜占庭犹太人很早就开始了跨地中海的贸易。有些生活在其他国家的犹太人会前往拜占庭帝国从事贸易,将中国的瓷器丝绸等货物运到君士坦丁堡,也会与意大利商人和俄国商人之间进行商业往来。10 世纪后,由于意大利商人大量涌现并逐渐掌握地中海周边的经济贸易,拜占庭犹太人面临着强有力的竞争。例如,960—992 年,威尼斯人和拜占庭人都曾通过法规将犹太人排挤出威尼斯的航运业。② 因此,传统观点认为,10—12 世纪,拜占庭犹太人在经济领域的活跃度和影响力都经历了一个下降的过程。但随着更多资料的出现,表明这一时期犹太人的经济活动仍然比较活跃,并带动了市场的繁荣。中世纪中后期,得益于海上交通工具的进一步发展,与威尼斯和热那亚商人一样,犹太商人也在地中海经贸领域发挥着越来越重要的作用。亨利·皮朗(Henri Pirenne)甚至认为犹太人控制了墨洛温和加洛林时期的欧洲贸易。随着重商主义的兴起和早期资本主义的萌芽,犹太人与各国商人进一步开辟了新的海上贸易航线,打开了更广阔的市场,与东地中海区域建立了更为密切的经济关系。

犹太商人所从事的贸易涵盖诸多种类,有服装、丝绸、羊毛、棉花等等。9 世纪,阿拔斯王朝有一位叫作伊本·科尔达德(Ibn Khordadhbeh)的邮政局长留意到一群犹太人,他们是四处流动的行商,被称为"拉德汉尼人"(Radhanites)。他描绘了这些犹太商人从远东到西欧的经商路线,还提到他们所售卖的商品包括奴隶、织锦、皮草、香料以及铸剑等。"拉德汉尼人"及其贸易的细节不详,但贸易足迹相对清楚,他们的活动范围主要是东地中海和东南亚,他们会在很多地方停留售卖商品,诸如君士坦丁堡、吉达(Jidda)、埃及、巴格达、安条克以及哈扎尔首都易提尔(Itil)等。③ 在本雅明的笔下,首都君士坦丁堡有很多犹太商人常年在外经

---

① J. Holo, *Byzantine Jewry in the Mediterranean Economy*, p. 24.
② J. Holo, *Byzantine Jewry in the Mediterranean Economy*, p. 157.
③ J. Holo, *Byzantine Jewry in the Mediterranean Economy*, p. 65.

商,穿梭在不同城市,从事海外贸易。例如,克里特岛盛产上好的符合犹太饮食法的葡萄酒,尽管生产者一般是基督徒,但生产过程却由犹太人监督,并且,克里特至君士坦丁堡的酒类贸易和运输也主要由犹太商人主导。另根据13世纪—15世纪的有关记载,在巴尔干半岛的杜拉斯,有犹太商人向海外售卖海盐;在勒潘托(Lepanto),有犹太商人向帕特拉运输生铁。①

值得一提的是,奴隶也是拜占庭犹太商人的贸易对象。根据一些圣徒传记和编年史记载,在拜占庭帝国及其周边国家分布了很多从事奴隶贸易的犹太商人。在保加利亚、布拉格、威尼斯等城市,有犹太人从事奴隶贸易,这些奴隶大多是斯拉夫人。但在犹太人的奴隶贸易中也不乏基督徒奴隶,例如,文献中提到11世纪末克尔松(Cherson)的犹太人参与过买卖基督徒奴隶的交易。② 有些记载显示,到帕列奥列格王朝时期,奴隶贸易中仍然有犹太商人的身影,例如,1394年,君士坦丁堡有一位叫作卡洛·犹迪欧(Callo Iudeo)的奴隶贸易商人。③

通过在地中海经济圈中参与经济贸易活动,拜占庭犹太人跨越了国家和宗教的边界,推动着商品和人员在更大范围内的流动,为地中海经济圈的发展做出了不可忽视的贡献。随后,大航海时代到来,以港口犹太人为代表的新兴商业群体进一步扩大了贸易网络,在全球经济交往中发挥了更加突出的作用。

第五节 帝国犹太人政策分析

一、朱利安的犹太人政策

朱利安(361—363年在位)是拜占庭帝国历史上极具争议性的一位皇帝,他

---

① S. B. Bowman, *The Jews of Byzantium (1204-1453)*, p. 118.
② J. Starr, *The Jews in the Byzantine Empire (641-1204)*, p. 31.
③ S. B. Bowman, *The Jews of Byzantium (1204-1453)*, p. 119.

因复兴多神教和宽容犹太教而被基督教学界称为"背教者"(the Apostate,有译"叛教者")①。根据基督教和多神教史料记载,朱利安的犹太人政策主要集中在允许并协助犹太人在耶路撒冷重建第二圣殿上。

对朱利安重建犹太圣殿及其犹太政策的记载主要出自以下几种史料:朱利安本人的书信;与朱利安同时代的多神教史家阿米亚努斯·马尔切利努斯(Ammianus Marcellinus)的记载;耶路撒冷主教西里尔(Cyril)的信件。其中,阿米亚努斯·马尔切利努斯的记载留存下来,朱利安和西里尔的信件虽有存世但不完整,散轶在利巴尼乌斯(Libanius)、鲁菲努斯(Rufinus)、纳齐昂的格里高利、"金口"约翰等人笔下以及《复活节编年史》②和《塞奥法尼斯编年史》等作品中。近现代,以纳撒尼尔·拉德纳和爱德华·吉本等为代表的西方学者曾穷尽史料,对重建圣殿始末进行了重构,也因此回应并进一步引发了欧洲学界对该问题的持续争论,形成两种主流的对立观点。

第一种观点认为朱利安确实试图重建耶路撒冷圣殿,但以失败告终,威廉·沃伯顿(William Warburton)主教是持这一观点的代表,他曾在1750年出版了长达300页的内容,证明朱利安确实曾试图重建圣殿。③ 海因里希·格拉茨(Heinrich Graetz)是最早以犹太人的视角书写犹太民族史的历史学家之一,他在代表作《犹太史》(Geschichte der Juden)中就曾提到朱利安重建圣殿一事。苏格兰圣公会教士詹姆斯·克莱基·罗伯逊(James Craigie Robertson)曾写作《基督教会史》(History of the Christian Church),该书时间跨度极长,从使徒时代一直到宗教改革时期,他对重建事件着墨不多,但未否认其真实性。亨利·哈特·米尔曼(Henry Hart Milman)是一位英国的历史学家和基督教牧师,他在1829年出版的《犹太史》(History of the Jews)一书中提到朱利安重建圣殿及其失败的事件,但他因将犹太人视为一支东方部落而遭到攻击,致使其自己的宗教职业生涯也一度受阻。

---

① W. Bacher, "Statements of a Contemporary of the Emperor Julian on the Rebuilding of the Temple", *The Jewish Quarterly Review*, vol. 10, no. 1 (Oct., 1897), pp. 168-172.

② *Chronicon Paschale, 284-628 AD*, trans. Michael Whitby and Mary Whitby, Liverpool: Liverpool University Press, 1989. *Chronicon Paschale*, ed. L. Dindorf, [Corpus Scriptorum Historiae Byzantinae 1-12] Bonn: Weber, 1832, TLG, No. 2371001.

③ M. Adler, "The Emperor Julian and the Jews", *The Jewish Quarterly Review*, vol. 5, no. 4 (Jul., 1893), p. 616.

第二种观点认为朱利安从未重建过犹太圣殿,持该观点的学者主要有法国学者雅克·巴兹纳吉·布瓦勒(Jacques Basnage De Beauval,)和英国学者纳撒尼尔·拉德纳(Nathaniel Lardner)。前者曾写作一部《犹太史》,并在书中明确表达了自己的观点;后者曾于1764年至1767年间先后出版了4卷本的《犹太人和异教徒对基督教启示真理的见证汇编》,①在第四卷中用不少篇幅分析了关于朱利安重建犹太圣殿的争论。布瓦勒与拉德纳不仅立场鲜明地否认朱利安曾重建过犹太圣殿,还提出了一种新见解,认为朱利安重建计划及其失败纯粹是基督教父的"杜撰"②。

朱利安宽容多神教和犹太教的动机首先是受到其导师扬布利克斯(Iamblichus)的影响。③朱利安推崇多神教,也相信犹太教是真正的、纯粹的信仰,他在362—363年冬天完成的7卷本(现存3部残卷)著作中,曾公开表达对犹太教的支持。④另一方面,公元1世纪后,基督教在巴勒斯坦地区呈扩张态势,以朱利安时期的基督教中心之一——波斯特拉(Bostra)为例,当时城中的基督徒已经占到50%。⑤朱利安对诸多宗教变化——多神教的衰微、基督教的兴盛、教会势力的崛起等深感不安,认为"教会和帝国自君士坦丁以来的结盟构成了毁灭罗马帝国的不良因素"。

此外,宽容犹太人也是朱利安对波斯战争的计划之一。波斯帝国一直是威胁罗马—拜占庭帝国的外部势力之一:3世纪早期,萨珊波斯势力壮大,开始向西扩张,开启了持续数百年的争霸战争,⑥两大帝国之间分别于君士坦丁时期、朱利安时期爆发数次战争。因此,消除这一威胁帝国安全的势力是整个君士坦丁王朝的重要军事目标。不仅如此,崇尚多神教信仰的朱利安还希望通过对波斯战争的胜利来昭示奥林匹亚神的力量。

上台后,朱利安着手对既有的宗教政策进行调整:宣布宗教自由、废除基督教

---

① N. Lardner, *A Large Collection of Ancient Jewish and Heathen Testimonies to the Truth of the Christian Revelation, with Notes and Observations*, 4 vols., London: M. DCC. LXIV, 1754 – 1767.
② M. Adler, "The Emperor Julian and the Jews", p. 616.
③ M. Avi-Yonah, *The Jews under Roman and Byzantine Rule*, p. 187.
④ M. Adler, "The Emperor Julian and the Jews", p. 595.
⑤ M. Avi-Yonah, *The Jews under Roman and Byzantine Rule*, p. 189.
⑥ 陈志强:《拜占庭帝国通史》,上海:上海社会科学出版社2013年,第108页。

传教士的特权、重建多神教神殿、修造多神教偶像、建立多神教祭司系统,等等,以此复兴正处在衰亡阶段的多神教。他曾在一封信中直言不讳地说道"比起新的宗教(及基督教),旧的宗教信仰更好、更强大"。由此,自亚历山大·塞维鲁以来,犹太人首次感受到了宗教自由,不仅如此,早期罗马皇帝尤其是哈德良的残暴法令在这一时期都被废除。①

362年年中,朱利安开始向小亚细亚地区进军,并很快到达叙利亚行省中心安条克,筹划对波斯的战事。正是在此期间,巴勒斯坦犹太人派出代表团,前往安条克,与朱利安会面。根据当时安条克的基督教史家"金口"约翰和同时代基督教史家路弗鲁斯记载,朱利安接见了犹太人代表团,②并与后者展开对话,核心是献祭问题。朱利安询问犹太人为何放弃了献祭仪式,犹太社团指出,放弃献祭是因为失去了耶路撒冷的圣殿,因而,恢复献祭的前提是重修圣殿。此时持多神信仰并崇尚献祭仪式的朱利安无疑被触动,很快便在安条克(大约362年末至363年初)公布了一条针对所有犹太人的声明:"致犹太社团,过去,你们遭受过很多压迫……我亲眼见过也听说过,深知你们的税赋沉重。我阻止了一项准备对你们征收的赋税……今后,没有人再可以通过这类赋税来压迫你们……可能有些人……不敢举起双手祈祷,但只有那些无所顾忌、全心全意的人才能更好地为帝国的福祉向最高神祈祷——它能让我的统治充满荣耀。只要你们如此为之(即为他祈祷),从波斯征战中安全返回后,我会尽我所能重建耶路撒冷圣城,允你们定居其中,正如你们一直以来所渴望的那样,届时,我会和你们一起在圣殿中向最高神祈祷。"③

与安条克犹太人会面后,朱利安先后给犹太社团写了四封信,但只有两封信的零散内容保存下来。根据后世学者的重构,其中一封书信的收件人应该是当时的巴勒斯坦流亡领袖希勒尔二世(Hillel Ⅱ),朱利安在信中安排了协助犹太人重

---

① M. Adler, "The Emperor Julian and the Jews", p. 594.
② M. Avi-Yonah, *The Jews under Roman and Byzantine Rule*, p. 191.
③ Julian, Letters 51, "To the community of the Jews", in Julian, *The Works of the Emperor Julian*, vol. 3, trans. W. C. Wright, London and Cambridge Massachusetts: Harvard University Press, 1923, p. 157. *L'empereur Julien*, *Oeuvres Complètes*, ed. J. Bidez, vol. 1. 2, 2nd edn, Paris: Les Belles Lettres, 1960, TLG, No. 2003013.

建耶路撒冷圣殿的工作计划,包括预计的花费、建筑材料清单(尤其是大理石、木材等价格高昂的建筑材料)以及所需工匠的种类和数量等。

除了写给犹太人的信件外,朱利安的命令也传达给了巴勒斯坦的行省总督,以通知后者执行其政策命令。与此同时,朱利安还任命了具体执行该政策的特殊使臣——安条克的阿里皮乌斯(Alypius)。① 重建犹太教圣殿是一项浩大的工程,其前期准备工作十分耗时,"召集流散各地的犹太人(冬天远行比较艰难),收集、运输建筑材料以及必需品都需要时间。"②朱利安于362年夏天在叙利亚首府安条克发布允许犹太人重建圣殿的政策公告后,到圣殿重建工程真正开始可能经过了半年以上的时间。根据拜占庭史家苏格拉底、索佐门以及塞奥多莱(Theodoret)的有关记载,当犹太工匠开始掀开并移除第二圣殿旧址废墟的时候,一切都已经准备就绪。

犹太人对朱利安政策的回应是狂热的,甚至将其视为弥赛亚的降临。③ 据当时的史家叙利亚的以法莲记载,"犹太人群情激动,他们吹响朔法尔(羊角号),喜悦不已。"拿撒勒的格里高利记载,"犹太人(生活在小亚细亚地区的)已经欣然地准备好了离开家乡(前往耶路撒冷,重建圣殿)。"路弗鲁斯也写道,"意大利的犹太人感到弥赛亚已经到来,他们(犹太人)已经变得很不谨慎,似乎先知时代已经回归。他们开始侮辱我们(基督徒),似乎他们的王国时代已经到来。"他还提到流散犹太人开始向耶路撒冷聚集;其他作家也提到世界各地的犹太老妇人开始(为重建圣殿)捐钱、捐珠宝。④

犹太人重建圣殿的工作大约在363年3月开始实施。帝国政府的财政拨款为圣殿重建工作提供了可观的资金;能工巧匠从巴勒斯坦各个地区甚至是地中海周边来到耶路撒冷;木材、石料、石灰以及其他建筑材料已经被运输到耶路撒冷圣殿旧址;普通的犹太人自发聚集在耶路撒冷,准备协助工匠。但出人意料的是,仅

---

① Ammianus Marcellinus, *History*, Book XXIII. 1. 2 – 3, trans. J. C. Rolfe, London and Cambridge Massachusetts: Harvard University Press, 1935 – 1940. 阿里皮乌斯是安条克本地人,也是一位多神教徒,曾是朱利安的密友之一。朱利安在担任高卢总督的时候,这位使臣曾是他手下的一位将军。
② M. Avi-Yonah, *The Jews under Roman and Byzantine Rule*, p. 199.
③ W. Bacher, "Statements of a Contemporary of the Emperor Julian on the Rebuilding of the Temple", p. 169.
④ M. Avi-Yonah, *The Jews under Roman and Byzantine Rule*, p. 194.

仅两个多月后,即犹太教历以珥月(Iyyar),建筑工地突发大火,导致这项工作突然中断。根据多神教作家阿米亚努斯·马尔切利努斯的记载,"……尽管在阿里皮乌斯的推动和行省总督的协助下,(圣殿开始被重建),但在地基处出现了很多巨大的火球,这些火球出现了很多次,将圣殿焚毁数次,施工的工人无法靠近,这一无法抗拒的自然力量就这样继续着,几乎决心要把这里的人赶走,工程被迫放弃了。"①

此记载后被叙利亚的以法莲和纳齐昂的格里高利等基督教作家转述。② 阿米亚努斯是安条克的多神教徒,曾在拜占庭军队中担任军官,他在379年记载了这一历史事件,简短地总结了负责监管工程的特使阿里皮乌斯的官方报告,并强调了"大自然的奇迹"(火的出现)。除了阿米亚努斯的记载外,当时以及随后的众多史家留下了关于该事故的其他版本。例如《塞奥法尼斯编年史》中提到:"朱利安试图违背上帝,下令重建犹太人的圣殿,并安排一位多神教徒阿里皮乌斯——他是一位狂热的基督的反对者——监督工作的开展……后来刮起一场大风,彻底摧毁了早已准备好的200,000摩底(*modii*)③石灰。犹太人仍然坚持重建,于是遭遇一场大火,终结了他们的厚颜无耻。"④

由于该事件历来是基督教史家乐此不疲的书写主题,并和其他奇迹和神迹故事一样,不断在后人的修饰下被赋予了更多传奇的细节,但实际上,这起事件的核心并不复杂:在犹太教圣殿的重建过程中,有"火"从天而降,吞没了犹太工匠,地震随之而来,白天所建的所有东西都在夜晚被毁尽。⑤

对于以上记载,需要厘清以下几个问题。首先,为何会出现大火? 火灾在基督徒的笔下并不少见,它们是将普通事件赋予神迹的良好工具,例如,朱利安曾下令重建安条克附近达芙妮的阿波罗圣殿时,该建筑在基督徒的笔下,也是最终被火烧毁了。而且,由于《圣经》中禁止使用铁质工具建造圣坛,⑥木材被大量使用,

---

① A. Marcellinus, *History*, Book XXIII. 1. 2-3.
② S. P. Brock and Cyril, "A Letter Attributed to Cyril of Jerusalem on the Rebuilding of the Temple", *Bulletin of the School of Oriental and African Studies*, University of London, vol. 40, no. 2 (1977), p. 267.
③ "摩底"为罗马时期的度量单位,1摩底约等于7千克。
④ Theophanes, *The Chronicle of Theophanes Confessor-Byzantine and Near Eastern History (284-813)*, p. 81.
⑤ M. Avi-Yonah, *The Jews under Roman and Byzantine Rule*, p. 200.
⑥ *Deuteronomy* 27:5.

火灾在建筑工地并不罕见。关于火灾起因,后世学者推断认为可能是蓄意纵火。其次是地震的问题。阿米亚努斯在记载中没有提到地震,①这一说法来自几乎同时代的路弗鲁斯。他可能看到并使用了同样的官方报告,描绘了从天而降的大火以及其他奇迹事件,同时保留了一个十分重要的内容,即火球的出现是由前一晚的地震所引发。关于这场地震的考古资料非常零散,②但据多方史料共同验证,363年在耶路撒冷及其周边地区所发生的地震应当是确凿的自然灾害事件。由此可以认为,当时在耶路撒冷地区发生的地震可能导致了圣殿建筑的地下密封房间的气体泄漏,恰巧周围的建筑材料(尤其是木材)着火,最终引发了更大规模的火灾。在朱利安宽容政策直接影响下的犹太教圣殿复建工作也由此宣告失败。③

历史的深渊吞噬了朱利安重建耶路撒冷圣殿事件的细节,但通过对有关史料的分析和对犹太历史与传统的认识,可以认为重建圣殿事件并非空穴来风。朱利安有比较合理的动机允许犹太人回归耶路撒冷重建圣殿,犹太人也有理由予以回应并参与重建。由于基督教势力的反对和抵制以及自然灾害的发生,重建工作未能充分开展,反而以草草失败收场。

在一定程度上,重建事件背后体现了朱利安所施行的较为宽容的宗教政策。一方面,倡导多神教的朱利安并不鼓励基督教的发展,废除了君士坦丁赋予基督教神职人员的部分特权,且为基督教的发展设置了一些障碍。另一方面,他对犹太人和犹太教的宽容同样是奉行宗教自由的初衷使然,或许还有因波斯战争需要拉拢犹太社团这一务实的军事因素影响。朱利安重建犹太教圣殿是多神教和基督教、犹太教和基督教之间漫长历史纷争的缩影,其背后蕴藏着基督教和犹太教之间复杂关系的节点:往前,长达数个世纪的分道扬镳接近尾声;往后,持续久远的两教对立和纷争拉开了帷幕。

---

① Jacob R. Marcus, *The Jew in the Medieval World: A Source Book 315 – 1791*, Cincinnati: The Union of American Hebrew Congregations, 1938, p. 12.
② K. W. Russell, "The Earthquake Chronology of Palestine and Northwest Arabia from the 2nd through the Mid-8th Century A. D.", *Bulletin of the American Schools of Oriental Research*, no. 260 (Autumn, 1985), pp. 51 – 52.
③ M. Adler, "The Emperor Julian and the Jews", p. 616.

二、查士丁尼的犹太人政策

查士丁尼时代是东罗马帝国脱离罗马—拉丁文化圈,向以希腊—东正教文化为特征的拜占庭身份转换的重要阶段,这一时期的拜占庭犹太人也经历着从古代晚期到中世纪早期的重要转折期。查士丁尼奉行民族保护与宗教限制相结合的犹太人政策,保护犹太人公民身份和权益的同时固化其二等公民地位;限制犹太教势力的发展并干预犹太民族传统。

查士丁尼时期的拜占庭帝国是法制健全的中央集权国家,其时的犹太政策主要体现在《罗马民法大全》(Corpus Juris Civilis)中的涉犹法令,尤以《查士丁尼法典》(Codex Justinianus)中的数目为多。用沙尔夫的话说:"考察查士丁尼统治时期的犹太人问题,就必须考虑为犹太人设置了一种生活模式、解决了很多牵涉犹太人行政和立法框架问题的《罗马民法大全》。"①通过立法活动,查士丁尼在一定程度上保护了犹太人作为合法公民所享有的权益,但也将君士坦丁时代确立的犹太人下等公民地位进一步固化,同时通过限制犹太教势力、干涉犹太传统习俗,推动犹太文化与希腊—基督教文化日益趋同,最终实现这一群体与帝国在最大限度上的互相融合。②

查士丁尼始终未曾否认过犹太人享有合法的公民身份。537 年,卡帕多西亚的约翰内斯试图谏言请求将犹太人和异教徒驱逐出自罗马时代延续下来的库利亚机构时,查士丁尼未予采纳,为犹太人保留了任职资格,尽管这种职责本身是一种义务,且不享有荣誉和特权。在保护犹太人公民权以外,查士丁尼还允许犹太人施行传统的割礼。早在罗马帝国时代,割礼就被认为是导致他人身体残缺的非法手段,会招致死刑和没收财产的严重惩罚,3 世纪末以降,基督教社会只认可血统犹太人的割礼,因此,查士丁尼对割礼的容忍某种程度上是给予了犹太人以特权。第二圣殿被毁后,曾经在犹太群体中发挥重要作用的犹太教公会(Sanhedrin)不复存在,其职能分别为最高拉比院(Chief rabbinate)和犹太教律法法庭(Bet-

---

① A. Sharf, *Byzantine Jewry: From Justinian to the Fourth Crusade*, p. 19.
② [法]罗伯特·福西耶主编:《剑桥插图中世纪史(350—950)》,陈志强等译,济南:山东画报出版社 2006 年版,第 172 页。

din)所取代,查士丁尼在强调王国法至高权威的同时承认后者的存在并给予其在某些特定领域中的权力。①

和保护性条款同时出现在《查士丁尼法典》中的是为数更多的禁止性规范,这些禁令通过世俗和宗教权力的共同运作将犹太人的下等地位逐步落实并固化。《查士丁尼法典》延续了此前限制犹太人担任公职的规定。早在5世纪初,犹太人就不能在特殊的政府岗位中任职,418年,公共机构开始排除犹太人,到425年,无论是行政系统还是军政系统都不再接纳犹太人。② 527年,查士丁尼与查士丁一世(Justin Ⅰ,518—527年在位)共同颁布限制犹太人担任公职和规定其下等地位的法令。③ 531、537年,查士丁尼规定并重申拒绝接受犹太人针对正统基督徒所出具的证词,除非其于基督徒当事人有利。④ 查士丁尼还禁止犹太人持有基督徒奴隶。犹太人拥有基督徒奴隶造成犹太教凌驾于基督教之上的假象,与基督教作为国教的现实地位不相符,这是他设立法律限制甚至完全禁止犹太人拥有基督徒奴隶的重要动机。⑤

《米兰敕令》颁布和塞奥多西一世上台使得基督教在罗马帝国境内先后实现合法化和国家化,包括犹太教在内的其他宗教和泛神信仰由是被迫站在主流宗教的对立面。正如奥斯特洛格尔斯基所说,"基督教在教义上的排他性,意味着其禁止所有其他宗教信仰,并完全否认任何其他宗教保护。"⑥查士丁尼首先从限制犹太会堂的数目入手对犹太教实施严格管控。《罗马民法大全》中规定不能兴建新的犹太会堂,而对原有的会堂进行维护和修缮也不合法,假如犹太社团成员执意冒险兴建和维修,会堂建筑就会被充公为教堂并辅以罚款,这使得查士丁尼成为首个下令变更犹太会堂为基督教堂的统治者。有资料显示,530—531年,外约旦地区的格拉萨会堂曾被改建成基督教会堂。⑦

查士丁尼对犹太教的限制还表现在对犹太宗教权威的压制之上,具体体现为

---

① C. Brewer, "The Status of the Jews in Roman Legislation: The Reign of Justinian 527 – 565 CE", p. 133.
② A. Sharf, *Byzantine Jewry: From Justinian to the Fourth Crusade*, p. 21.
③ A. Linder, *The Jews in Roman Imperial Legislation*, p. 356.
④ A. Linder, *The Jews in Roman Imperial Legislation*, p. 393.
⑤ A. Linder, *The Jews in Roman Imperial Legislation*, p. 82.
⑥ G. Ostrogorsky, *History of the Byzantine State*, p. 70.
⑦ N. De Lange, "Jews in the Age of Justinian", p. 406.

否定《密释纳》(Mishnah)在阐释《托拉》(Torah)上的有效性。犹大·哈纳西(Yehudah HaNasi)主持编撰的《密释纳》约成书于公元200年,主要包括犹太教教规、戒条和婚姻、家庭、宗教生活等内容,是对《托拉》的重要补充和解释,在犹太社团的宗教生活中扮演重要角色。尽管《密释纳》对《托拉》的解释基本上为犹太社团所普遍接受,但拜占庭统治者认为只有《圣经》(包括《旧约》与《新约》)才是上帝的话语和意志,是神的启示,而《密释纳》仅是世人的著作,两者在性质上迥然不同,且后者作为一种阐释性文本,其不可避免带有作者的主观意图,对那些普通犹太教徒产生某种误导。为了让犹太信众少受除耶稣基督以外的其他人影响,保证其接受的启示是纯粹的真理,查士丁尼在553年的《新律》第146条中明确禁止犹太人使用"deuterosis"(即《密释纳》)阐释《托拉》,并下令将违逆者逐出犹太社团,①这在很大程度上限制了犹太社团领袖的宗教权威。

在推行限制性宗教政策之外,查士丁尼还对犹太民族传统进行干预和引导,推动犹太群体逐步融入主流社会。塞西尔·罗斯曾指出,"查士丁尼一世不仅是首位开始剥夺犹太人公民权的拜占庭皇帝,也是开始干预犹太人习俗和传统的皇帝。"②查士丁尼首先从语言上干预犹太社团。随着希腊语在东地中海世界的口语化和书面化进程不断加快,用希腊语沟通和写作的犹太人日趋增多。③ 与希腊语的大众化相反,希伯来语日益精英化,能够熟练运用这一民族语言的人日趋减少;另一方面,公元6—7世纪,萨博拉(Savora)④们最终完成了《巴比伦塔木德》的定本,这一定本随着宗教学术中心——耶希瓦(Yeshivah)在地中海不同地区的建立而流传、扩散,对《塔木德》的研究和阐释进一步推动了犹太社团的内化和排他,犹太人尤其是犹太儿童接受不到精良的希腊语教育,逐渐丧失正确阅读和写作希腊语的动力,也就无从获取参与主流社会文化生活的通行证。⑤ 在此情况下,犹太社团内部在使用希腊语和希伯来语诵读《圣经》的问题上出现严重分

---

① C. Roth, ed., *Encyclopaedia Judaica*, Jerusalem: Keter Publishing House, 2007, p.1551.
② C. Roth, ed., *Encyclopaedia Judaica*, pp.1550 – 1551.
③ N. de Lange, "Hebraism and Hellenism: The Case of Byzantine Jewry", p.131.
④ 萨博拉是公元6—7世纪犹太教律法学者的称谓,特指《巴比伦塔木德》的定稿者。
⑤ N. de Lange, "Hebraism and Hellenism: The Case of Byzantine Jewry", p.132.

歧。① 鉴于此，查士丁尼于553年颁布法令，规定：犹太社团享有使用任何语言的自由；但用希腊语诵读的经文必须出自七十士希腊文《圣经》；且犹太权威不得违抗语言自由的原则。② 查士丁尼的立法从表面看没有强迫意味，但却客观上起到了推动犹太人在语言文化和意识形态领域融入希腊—东正教主流社会的作用。

逾越节在第二圣殿被毁后成为极为重要的犹太宗教节日，一般在犹太教历的尼散月15—22日（公历3—4月之间）举行。而查士丁尼出于宗教目的人为限制犹太逾越节的举行。尼西亚大公会议（公元325年）曾规定，每年过春分月圆后的第一个星期天为基督教的复活节（Easter Day），复活节的日期大致在3月22日—4月25日之间。两大节日的具体日期都因在同一区间内变动而存在先后问题，而查士丁尼认为逾越节先于复活节是可耻的，因此下令"即使是由于季节的原因导致逾越节出现在复活节之前，也要禁止犹太人庆祝，他们应该向上帝祈祷或施行合法的仪式"③。对此，普罗柯比（Procopius）在其《秘史》中有着这样的描绘："似乎皇帝还嫌这不足以废除罗马人的法律，他又尽力破坏犹太人的传统。不论按照犹太立法他们的逾越节将要确定在基督教复活节的什么时候，他都禁止犹太人在那一天庆祝其节日，严禁他们向上帝或按他们的风俗举行仪式。他们当中有许多人都因在这个节日吃了羊肉而受到地方官员的罚款，似乎这违法了国家的法律。"④

查士丁尼强制叫停犹太教三大节日之一的逾越节是对节庆日的变相废止，对犹太人而言，逾越节不仅仅是宗教节日，更是对"摩西出埃及"这一民族历史的集体记忆形式，否认这一节日的合法性就意味着否认犹太教及其民族传统的合法性。

总体而言，无论在主观态度上还是在具体政策中，查士丁尼所推行的犹太人政策都并非单一保护或绝对限制，而是宽严并济。主要的涉犹立法保证了犹太人继续享有公民身份、在基督教体制内遵行犹太教，未触犯犹太人的根本利益，但法

---

① N. de Lange, "Hebraism and Hellenism: The Case of Byzantine Jewry", p. 134.
② A. Linder, *The Jews in Roman Imperial Legislation*, p. 403.
③ A. Sharf, *Byzantine Jewry: From Justinian to the Fourth Crusade*, p. 23.
④ 普罗柯比：《秘史》，吴舒屏等译，上海：上海三联书店2007年，第138页。Procopii Caesariensis, *Opera Omnia*, ed. G. Wirth (post J. Haury), vol. 3, Leipzig: Teubner, 1963, TLG, No. 4029002.

令同时又极力贬低犹太人的社会地位、将其降格为帝国二等公民,[1]干涉其宗教生活和习俗,一些禁令性条文因此在针对犹太人的立法方面开了先河。然而,正如查士丁尼复兴帝国的理想最终难逃失败一样,其犹太政策没有推动犹太人最终归顺入主流民族,犹太教也并没有沿着查士丁尼设想的路径融合于基督教。

查士丁尼对犹太人的政策存在民族保护与宗教限制的双重性,但其诸多的限犹政策毫无疑问为后续统治者提供了一种样板,并借助《罗马民法大全》的持续生命力而贯穿拜占庭帝国至亡的历史,为后继者不断重申、强化、负面演绎和运用,成为中世纪基督教社会滋生反犹主义的法律依据。查士丁尼时代结束后的7—10世纪,拜占庭犹太人先后于伊拉克略一世、利奥三世、瓦西里一世以及罗曼努斯一世时期遭遇反犹迫害,不间断的暴力改宗成为反犹浪潮从地中海东部逐步蔓延至西部地中海以及欧洲大陆的前奏。

三、 伊拉克略的犹太人政策

罗马法在查士丁尼时期法典化以后,犹太人的二等公民身份和地位随之得以确立,帝国对犹太人的态度虽然暧昧不清,但在限制其发展的同时保持了一定的宽容。由此,在很长时间内,犹太社团平静地生活在拜占庭帝国的诸多城市,直到伊拉克略上台后打破了这种状态。

伊拉克略时期是拜占庭帝国统治叙利亚—巴勒斯坦行省的最后历史阶段。波斯帝国和阿拉伯人的先后侵扰,使得帝国在该地的统治岌岌可危,既经历了"真十字架"流落波斯的宗教耻辱,也遭遇过屡败于穆斯林的军事惨祸,最终以边境线永久后退的历史悲剧收场。在这场边疆危机中,原本属于拜占庭帝国臣民的犹太人(以叙利亚—巴勒斯坦犹太社团为主)却背离帝国,投靠波斯、阿拉伯人,引导战局加速向不利于拜占庭人的方向发展。由于犹太群体积极参与帝国与波斯和阿拉伯人之间的政争,导致这一时期的犹太人问题尤为突出。基于此,伊拉克略改变早期帝国相对宽容的犹太政策,驱逐、屠杀甚至强制犹太人改宗基督教,使得

---

[1] N. de Lange, "Hebraism and Hellenism: The Case of Byzantine Jewry", p. 132.

"犹太人首次经历中世纪风格——以强制洗礼为形式——的迫害"①。

伊拉克略针对犹太人的第一项措施是将全体犹太人驱逐出耶路撒冷,这一政策既是对罗马政策的延续,也是对波斯政策的终止。公元2世纪,哈德良铲平耶路撒冷,并将所有犹太人赶出圣城。君士坦丁一世上台后,耶路撒冷成为基督教中心,其母海伦娜曾在335年巡游到此,在耶稣墓地修建圣墓大教堂。帝国设立耶路撒冷大教区,并在451年的卡尔西顿会议上确立其为宗主教教区的地位后,更是严令禁止犹太人定居耶路撒冷。据尤西比乌斯记载,犹太人甚至不能在远处观望曾经的所罗门圣殿旧址。② 犹太人只能通过贿赂方式前往耶路撒冷朝圣,在西墙脚下"买眼泪"。"叛教者"朱利安时代,犹太人短暂回归圣地,但很快就又被完全驱逐。尽管不排除存在少数犹太人定居耶路撒冷的现象,但早期拜占庭帝国并没有明确废除不允许犹太人居住的禁令,因此,伊拉克略的驱逐政策实则是对哈德良政策的重申。从另一个角度出发,波斯入侵期间曾允许犹太人回归耶路撒冷,此虽为一段插曲,却是伊拉克略驱逐政策的导火索。近东危机解除后,伊拉克略顺理成章地下令所有犹太人离开耶路撒冷,并不允许在距城5公里(一说3公里)以内的地方居住。对此,塞奥法尼斯有如下记载:"进入耶路撒冷后,皇帝恢复了前主教撒迦利亚的职务(塞奥法尼斯在此处的记载有误,撒迦利亚主教被掳到波斯后,死于当地。),将真十字架复原。感谢过上帝后,伊拉克略就将犹太人驱逐出耶路撒冷,同时下令,圣城方圆三公里内,犹太人不得靠近。"③

驱逐令导致大部分犹太人逃离圣城,避难于附近的犹太城镇,也有一部分人躲到深山地区,甚至途径西奈半岛逃往埃及。发布驱逐令的同时,伊拉克略开始审判不愿撤离或未及时撤离圣城的犹太人。在审判期间,犹太人被指控曾在管理耶路撒冷的三年时间里,杀害基督徒,变卖基督教修士为奴隶,并参与焚烧耶路撒冷和加利利地区的基督教堂。根据当时的目击者马尔萨巴(Mar Saba)修道院的修士斯塔特基乌斯(Strategius)回忆,耶路撒冷被攻陷后,犹太人和波斯人四处搜

---

① J. Holo, *An Economic History of the Jews of Byzantium*, p. 10.
② L. Di Segni-Yoram Tsafrir, "The Ethnic Composition of Jerusalem's Population in the Byzantine Period (312-638 CE)", *Liber Annuus*, 62, 2012, pp. 405-454, p. 441.
③ Theophanes, *The Chronicle of Theophanes Confessor-Byzantine and Near Eastern History (284-813)*, p. 459.

寻基督徒教士,"神圣的教堂被付之一炬,其他的也遭到严重毁坏,庄严的祭坛倒塌,神圣的十字架被践踏,圣洁的神像也被不洁之物所侮辱……当人们被掳至波斯以后,耶路撒冷只剩下犹太人,他们就着手毁坏、焚烧那些幸存下来的神圣教堂。"①随后,约有4500人被囚禁在干涸的马米拉水池中,被迫面对改宗或死亡的抉择。按基督教史家的说法,除很少一部分基督徒修士如来自阿卡(Acre)的教士利奥提乌斯(Leontius)等改宗犹太教以外,大部分基督徒都选择了殉教。

继驱逐和审判犹太人后,伊拉克略在630年下令屠杀耶路撒冷周边及加利利山区的犹太人。相关史料中没有提及伊拉克略屠杀耶路撒冷周边以及加利利山区的犹太人的原因,但由于此前加利利地区曾爆发了由当时的太巴列犹太富商便雅悯领导的大规模起义,公开反对拜占庭帝国的统治,因此,伊拉克略的屠杀可以被理解为镇压起义过程中以及镇压结束后的暴力行为及其后续。

除了被驱逐和审判,计划失败后的犹太人还面临强迫改宗。据文献记载,伊拉克略曾命令所有统治区内的犹太人接受洗礼,改宗为基督徒。和其他措施一样,这一改宗令同样没有具体的条文可供考证。但在《雅各教义录》(*Doctrina Jacobi*)以及632年北非"坚信者"马克西姆斯(Maximus Confessor)的一封信中有模糊记载。马克西姆在写给索弗罗尼乌斯的信中提到,伊拉克略在632年要求犹太人和撒玛利亚人强制改宗基督徒,该法令由非洲行省长官乔治(George)执行。大规模改宗发生在632年5月的犹太五旬节(Pentecost)期间。《雅各教义录》则描绘了伊拉克略在北非发布强制改宗令后,君士坦丁堡的犹太学者兼商人雅各前往迦太基,在伪装成基督徒的计划破败后,遭强迫改宗,并最终虔诚皈依基督教的系列事件。②

尽管史料匮乏,不同时期的史学家却很少质疑伊拉克略改宗法令的存在,只是在政策实施的时间和地点问题上存有争议。记载或转述该法令的大部分拜占庭史料指出伊拉克略于632年发布了这一针对犹太人的强迫改宗令,但叙利亚的编年史家米哈伊尔(Michael the Syrian)却持不同意见,认为伊拉克略的强迫改宗

---

① G. Avni, "The Persian Conquest of Jerusalem (614 c. e.) — An Archaeological Assessment", p. 41.
② Pieter W. van der Horst, "A Short Note on the Doctrina Jacobi Nuper Baptizati", *Zutot*, vol. 6, no. 1, 2009, pp. 2–3.

政策是在634年出台。这一观点影响了包括约拿在内的后世史学家。此外，米哈伊尔认为强迫改宗的对象是帝国全境的犹太人，但多数史料提供的信息是，该政策在北非迦太基（Carthage）出台，并未对帝国其他地区的犹太人产生影响。塞奥法尼斯和米哈伊尔所依据的史料不可靠，但考虑到伊拉克略的迦太基军阀出身，且上台初期曾一度打算将指挥部迁往迦太基，加上北非地区犹太社团规模和影响力较大，伊拉克略选择迦太基显然具有一定合理性。强迫犹太人接受洗礼后，伊拉克略曾试图在更大范围内推广这一政策，于是写信给法兰克国王达格博特（Degobert）以及西班牙的西哥特国王西基伯特（Sigibert），要求后两者效仿。[1]

在伊拉克略的暴力威胁下，确实出现犹太人逃往以及改宗基督教的现象，据米哈伊尔记载："（强迫改宗政策实施后，）犹太人逃离罗马（拜占庭）……他们中也有很多人接受了洗礼，成为基督徒。"[2]更多的犹太人对此政策的回应是"用脚投票"，流亡到诸如哈扎尔王国等当时更为宽容的其他国家，开启了犹太人的大规模移民运动。随着拜占庭帝国大片领土的丧失和易主，希腊、小亚的犹太社团与埃及、巴勒斯坦和叙利亚等地犹太社团之间的联系被阻隔。然而，总体而言，暴力迫害和强迫改宗没有让拜占庭犹太人整体陷入恐慌：意大利南部、巴尔干半岛等犹太社团没有受到大范围波及；地中海东岸的犹太社团随后迎来穆斯林时代，也很快摆脱政策的阴影，如阿穆尔在642年成功夺取亚历山大里亚后，就曾写信称城中仍有4万个缴人丁税的犹太人。[3] 至于君士坦丁堡，早在5世纪即已出现一定规模的犹太社团，按照《雅各教义录》的说法，在一系列迫害实施期间，君士坦丁堡犹太人的生活并没有受到影响。这一点可以通过其他材料得到印证：641年和651年，犹太人曾两次参与袭击圣索非亚大教堂；不仅如此，首都的犹太社团还在655年向政府提出重建犹太会堂的要求（自查士丁尼时代开始，犹太人被禁止兴建会堂）。[4]

伊拉克略犹太政策的象征意义远远大于政策本身对犹太人产生的直接影响，

---

[1] M. Avi-Yonah, *The Jews under Roman and Byzantine Rule*, p. 273.

[2] J. Holo, *An Economic History of the Jews of Byzantium*, p. 29.

[3] 陈志强：《拜占庭帝国通史》，第149页。

[4] E. Ravel-Neher, *The Image of the Jew in Byzantine Art*, Oxford: Pergamon Press, 1992, p. 32.

更多地体现为一种集合古代晚期至中世纪基督教世界在意识形态和具体实践上的反犹符号。正是由于不宽容的对犹措施，无论是当时的犹太人还是后世的犹太学者都倾向于指摘伊拉克略是犹太民族的罪人。伊拉克略因此作为反弥赛亚式的人物——"阿米洛斯（Armilos）"被定格在当时的犹太启示录文献——《所罗巴伯书》以及《弥赛亚的迹象》（*The Signs of the Messiah*）中。① 此后，伊拉克略的反弥赛亚式人物形象连同其政策不断被近现代犹太史学家征引、重申，融入犹太民族有关流散阶段创伤性经历的集体记忆中，与其他不宽容犹太人的历史人物、迫害行为共同作为反面素材，服务于 20 世纪兴起的犹太复国主义运动。从拜占庭帝国角度出发，伊拉克略的一系列对犹措施颁行于波斯侵略危机解除后与阿拉伯征服危机全面爆发前，首要目的是惩罚犹太人的政治背叛。正如塞奥法尼斯所强调的，驱逐耶路撒冷犹太人这一政策在政治上的象征意义就是惩罚犹太人此前曾将城市拱手让与波斯人。惩罚的目的看似得到了实现，但没有真正威慑犹太人，反而加速了犹太人口的流失，使得帝国在亟须借助社会成员的贡献补充因战争而消耗的国力时，失去犹太人此前作为农民、手工业者、商贩、医生、神学家以及文化生产者等为帝国所带来的物质和精神利益。

四、 帝国中后期的反犹浪潮

8 世纪至 10 世纪，拜占庭帝国自上而下爆发了数次强迫犹太人改宗的浪潮，主要发生在利奥三世时期、瓦西里一世时期以及罗曼努斯一世时期。这些反犹太人和犹太教的政策进一步恶化了犹太群体的生存环境，并在一定程度上加速了犹太人向外流散的步伐，很多犹太社团的规模急剧缩小，并随着拜占庭帝国疆域的萎缩而最终脱离帝国的统治。

（一）利奥三世时期

在伊拉克略之后，拜占庭帝国再次强迫犹太人改宗潮发生在利奥三世时期。继伊拉克略强迫犹太人改宗以后，利奥三世也在 721—722 年试图让帝国境内所

---

① A. Sharf, *Byzantine Jewry: From Justinian to the Fourth Crusade*, p. 54.

有犹太人改宗为基督徒。利奥三世出身贫寒,年幼时随父母从叙利亚北部山区迁移到色雷斯地区,后来在阿纳斯塔修斯二世时期得到重用,在帝国最大最重要的省份——安纳托利亚担任将军,并最终进入君士坦丁堡,成功加冕为皇帝。利奥三世反对圣像崇拜的仪式,并由此引发了帝国持续一个多世纪的混乱和内讧。圣像崇拜早在4世纪就已经盛行于基督教社会内部,有些神学家对此表示支持,有些神学家则表示反对。这一时期,犹太人当中也出现了塑造偶像的现象,例如在著名的杜拉-尤罗普斯(Dura-Europus)会堂、巴勒斯坦的贝特阿法(Beit-Alpha)会堂以及一些北非和西班牙的会堂,出现过描绘鸟类、动物甚至《圣经》人物的马赛克画。这些现象给基督教社会留下了犹太人与崇拜偶像的基督徒关系密切的口实。

根据史料记载,利奥三世一直质疑犹太人对拜占庭帝国不够忠诚。这背后有着特殊的原因。首先,阿拉伯势力对外征服时期,犹太人的弥赛亚运动和民族主义,趁机发动针对拜占庭帝国的起义,645年,美索不达米亚,有一位来自帕鲁塔的犹太人宣称弥赛亚已经到来,并组织一些暴徒发动起义,杀害了当地的总督,最终被拜占庭当局绞杀。[1] 犹太人还与撒马利亚人联合,反抗拜占庭帝国的统治,加上整个社会怀疑犹太人和穆斯林勾结,密谋推翻基督教国家的统治。这些都为利奥三世质疑并迫害犹太人提供了土壤。

不仅如此,在利奥法令颁布的前一年,有一位叫作塞维鲁(Severus)的人在叙利亚领导了一场起义,他自称是摩西的化身,将带领犹太人回归应许之地,但实际上,他是一位改宗了犹太教的基督徒。塞维鲁四处招徕犹太人加入自己的队伍,甚至在西班牙都有自己的追随者。虽然不少犹太人视其为弥赛亚,但是塞维鲁的下场比较凄惨,起义遭到镇压后他本人也被折磨致死,这场被后世学者称为"军事弥赛亚"的运动也就此以失败告终。尽管这场弥赛亚运动没有成功,但却被视为利奥三世迫害犹太人的导火索之一。

基于此,利奥三世上台后不久就开始实施迫害犹太人的政策,于721至722年间颁布法令,强迫所有犹太人和孟他努派异端(Montanists)接受基督教。《塞奥

---

[1] A. Sharf, *Byzantine Jewry: From Justinian to the Fourth Crusade*, p. 63.

法尼斯编年史》留下了相关记载:"当年(721/722),皇帝强迫犹太人和基督教孟他努派信徒接受基督教正教派的洗礼。犹太人违背自己的意愿,接受洗礼,改宗为正教徒,并参加教会举办的宗教活动。"①

面对强迫改宗的政策,一部分犹太人逃离拜占庭帝国,定居在穆斯林王国甚至前往奉行宽容政策的哈扎尔王国;一部分选择伪装成基督徒。这些群体在随后的西班牙大量出现,成为规模庞大的新基督徒(或称"秘密犹太人")。与此同时,在利奥三世的强制改宗政策下被迫成为基督徒的犹太人则通常被称为"新公民"。一般认为,利奥三世的强迫改宗政策一直持续到统治结束,但由于725年爆发的圣像破坏运动以及持续不断的外部入侵,帝国的行政能力有限,秘密犹太人因而得以在夹缝中以基督徒的身份存活下来。

(二) 瓦西里一世时期

第二次强迫犹太人改宗潮的发起者是马其顿王朝的开创者——瓦西里一世。尽管是一位杀害米哈伊尔三世的篡权者,瓦西里一世却有着复兴希腊文明和罗马帝国的理想,曾收复了帝国在南意大利的领地,并试图在拜占庭帝国复兴罗马法律。如同其他拜占庭帝国的皇帝,瓦西里一世也十分关心教会事务,于869年至870年在君士坦丁堡召开了第八次基督教大公会议(又称第四次君士坦丁堡会议),是东正教和天主教大分裂前的最后一次宗教大会。

实际上,瓦西里一世是否强迫犹太人改宗是一个尚有争议的问题。一方面,瓦西里一世在位时期强力推行正教化政策,一直在致力于解决保罗派(Paulician)异端问题以及东西教会日益分裂的问题,因此,犹太人问题反而显得并不突出。而且,瓦西里一世并未废除和更改过前朝认可犹太教地位的法律。另一方面,号称《罗马民法大全》修订版的《皇帝法典》(*Basilika*,892年由利奥六世颁布)对此没有任何记载,虽然并不排除编者是为了粉饰瓦西里一世而故意隐去了这段历史。瓦西里一世之子——身为多产作家的"智者"利奥六世(Leo Ⅵ,886—912年在位)也没有提到过自己的父亲曾残酷对待和迫害犹太人一事,据说瓦西里一世的女儿还曾接受过犹太医生的治疗。据此,有些学者推测,很多资料缺乏对这起

---

① Theophanes, *The Chronicle of Theophanes Confessor-Byzantine and Near Eastern History (284 -813)*, p.554.

改宗事件的记载,最有可能的原因是瓦西里从来都没有颁布过正式的强迫改宗令。

然而,在奥里亚的阿西马斯以及尼西亚的主教格里高利(Gregory Asbestas)看来,瓦西里一世确曾在874年下令在帝国全境强迫犹太人改宗基督教。① 此外,11世纪初出现的一部编年史也记载道:6382年(即873—874年),犹太人接受洗礼,但没有提到他们是受到强迫还是鼓励而改宗。据说,在强迫犹太人改宗之前,为了解决犹太人的信仰问题,瓦西里曾赐予犹太学者和社团领袖奥里亚的谢法提亚(Shefatiah of Oria)礼物,并邀请他前往皇宫,向皇帝解释为什么犹太人不应该成为基督徒。② 后有史学家认为,犹太人实际上接受了皇帝的提议,成为基督徒,是为受到鼓励而改宗。也有一些学者认为瓦西里一世曾强制那些违抗自己命令的犹太人接受基督教的洗礼,然后将这些犹太人作为奴隶售卖,但缺乏资料证实。有些资料更为谨慎地指出,瓦西里一世的强迫改宗法令所针对的只是生活在意大利半岛上的犹太社团。

除了强迫改宗,瓦西里一世还在其他领域限制犹太人,诸如,禁止犹太人在帝国军队中服役;禁止犹太人在公共机构和政府机构任职等。不仅如此,他还试图恢复和重申前朝皇帝所颁布的所有律法(包括涉犹立法)。关于改宗法令的持续时间,阿西马斯提到这场迫害持续了25年,大约到利奥六世上台后的899年才结束。这也就意味着,瓦西里皇帝于886年去世,但是强制犹太人改宗的政策并没有终止。阿西马斯提到:"在瓦西里一世之后,他的儿子利奥六世当朝,废除了父亲曾颁布的邪恶的法令,并允许犹太人像从前那样继续信仰自己的宗教。"③这场针对犹太人的迫害持续时间长,波及范围广,加上根据史料的模糊记载,瓦西里一世在位时统治着1000个犹太社团,因而强迫犹太人改宗的宗教政策无疑严重打击了犹太社团。随后,上台后不久的利奥六世就转变了对犹政策,不仅结束了前朝对犹太人的迫害,还承认犹太教的合法地位。

---

① J. Tolan, Nicholas de Lange, eds., *Jews in Early Christian Law: Byzantium and the Latin West, 6th—11th Centuries*, p. 241.
② J. Starr, *The Jews in the Byzantine Empire (641 -1204)*, p. 4.
③ A. Sharf, *Byzantine Jewry: From Justinian to the Fourth Crusade*, p. 94.

(三) 罗曼努斯一世时期

最后一次大规模强迫犹太人改宗的皇帝是罗曼努斯一世。同为马其顿王朝的皇帝,罗曼努斯一世和瓦西里一世一样,也是一位篡权者,并曾因平定伯罗奔尼撒和南意大利的多次起义而在拜占庭帝国历史上赫赫有名,但也因迫害犹太人、强迫犹太人改宗而受到后世犹太史学家的诟病。

罗曼努斯一世的强迫改宗政策发生在931年底至932年初。根据史料记载,这起强迫改宗事件的导火索与犹太社团有关。据称,耶路撒冷犹太人曾与基督徒开展了一场宗教大辩论,取得了胜利,并因此而大肆庆祝,最终招致了包括被强制改宗基督教在内的一系列迫害。关于强迫改宗政策的出台过程和具体措施等内容并没有可靠记载。但当时的威尼斯总督彼得二世(Peter Ⅱ)写给德皇亨利一世(HenryⅠ)的一封信中提到了事件发生前的情况:"随后,耶路撒冷主教派出自己的代表带着写给皇帝罗曼努斯一世的信件前往君士坦丁堡……信中提到,耶路撒冷的犹太人已经全部变成了基督徒,上帝已经表明自己,要求皇帝将帝国境内所有犹太人改宗为基督徒。而犹太人自己,已经听到上帝的声音,自愿接受改宗。"①

如信中提到,在罗曼努斯一世强迫所有犹太人改宗之前,已经出现一些改宗者。考虑到10世纪基督教在耶路撒冷的影响力,这种情况在当时是有可能的。对此,曾有犹太学者抱怨:"不割礼的人(指基督徒)已经嚣张到了这种程度,他们可以随意攻击我们,甚至能将我们逐出耶路撒冷。"彼得二世的这封信实际上是在借上帝之口,诱导皇帝对犹太人采取极端措施。

鉴于耶路撒冷教区的地位以及基督教会的巨大影响,罗曼努斯一世选择了听从,于931年底出台了强制犹太人改宗基督教以及迫害犹太社团的政策。迫害潮开启后,意大利半岛的很多地方都出现了当局将杰出的犹太人处死、焚毁希伯来文献的现象。在巴里,拜占庭当局将犹太教经典——《塔木德》及其他作品尽数焚毁;事件发生后,奥特兰托的犹太社团得到消息,及时将托拉经卷保管好而躲过一劫;犹太社团拉比——曼海姆(Menhem)则不幸被捕,被投入监狱。他的其中一

---

① A. Sharf, *Byzantine Jewry: From Justinian to the Fourth Crusade*, p. 95.

位门徒——经商的伊利亚被人活活掐死,另一位撒母耳遭到毒打,所幸最后逃脱。博学的以赛亚拉比因不堪忍受折磨而举刀自刎。与此同时,奥里亚的不少犹太社团成员都选择了逃离拜占庭帝国。[1]

8世纪末至9世纪初,哈扎尔王国皈依犹太教。罗曼努斯一世的强迫改宗政策因而导致大批拜占庭帝国犹太人逃往临近的哈扎尔王国。10世纪后出现一本希伯来语的神秘主义文献——《但以理幻象》(Vision of Daniel),当中评价了瓦西里一世和罗曼努斯一世的强迫改宗政策,认为罗曼努斯虽然迫害犹太人,但方式却是驱逐,不是毁灭犹太人,这种方式有其仁慈之处,言外之意是指罗曼努斯的强迫改宗更多的结果是犹太人逃离拜占庭帝国,前往哈扎尔王国等国家和地区。另外,通常认为,在罗曼努斯一世实施迫害政策期间,拜占庭帝国犹太社团的人口规模达到最低值,并引发了向外移民潮。此后意大利和西西里的领土不再归属拜占庭,疆域萎缩最终导致帝国犹太社团的大幅缩减。

1202—1204年,教皇英诺森三世发动第四次十字军战征,原本计划攻占埃及,后将目标转向拜占庭帝国,先后攻占君士坦丁堡、亚得里亚海沿岸诸港口以及克里特岛等拜占庭领土,并建立了两个依附君士坦丁堡的拉丁帝国——雅典公国和亚该亚公国。由此,大量拉丁人进入东方,席卷了拜占庭帝国的众多城市,导致帝国疆域急剧萎缩,失去了大约八分之三的领土,包括爱琴海周边的港口和克里特岛。加上当时出现的内部纠纷,拜占庭帝国在内忧外患下很快分裂成了尼西亚帝国、伊庇鲁斯专制君主国和特拉比宗王国,曾经的拜占庭政治核心沦为尼西亚流亡帝国(又称拉斯卡利斯王朝)。

政治形势的巨大变化对拜占庭人而言无疑是灾难,对犹太社团而言却是机遇。权力的更替使得拜占庭帝国境内绝大部分犹太社团摆脱了拜占庭人的统治,并因此而最终摆脱了长期受帝国压制和迫害的历史困境。

---

[1] A. Sharf, *Byzantine Jewry: From Justinian to the Fourth Crusade*, p. 99.

第三章

第四次十字军与东地中海世界格局

1204 年 4 月 13 日拉丁人征服君士坦丁堡后,在原拜占庭帝国领土上建立起诸多独立小国和众多封地,拜占庭人独立国家或地方贵族势力也纷纷兴起,保加利亚沙皇企图入主君士坦丁堡,拉丁人、拜占庭人和保加利亚人等各种势力激烈角逐,原拜占庭帝国四分五裂,东地中海世界政治格局风云变幻。经过半个世纪的不懈努力,流亡尼西亚的拜占庭政府最终在 1261 年收复了君士坦丁堡。然而,东地中海世界已经分崩离析,拜占庭人也无法重建中央集权制强国。这一切都始于第四次十字军攻占君士坦丁堡。[1]

---

[1] 在本文,"西方"指的是信奉罗马天主教的欧洲国家和势力;"拉丁人",指的是当时信奉罗马天主教的西方各民族;"罗马人""希腊人"指的是拜占庭人。当时的拉丁人称拜占庭人为"希腊人",12 世纪末 13 世纪初一些拜占庭人开始自称"希腊人",以区别于拉丁人。拜占庭皇帝一直自称"罗马人皇帝",其臣民自称"罗马人",称自己的国家为"罗马帝国"。"拜占庭"(Byzantium)、"拜占庭帝国"(the Byzantine Empire)、"拜占庭人"(the Byzantines)等称谓是近代以来学者们在研究工作中采用的。参见陈志强:《拜占廷帝国史》,北京:商务印书馆 2003 年,第 4—6 页;罗春梅:《1204 年君士坦丁堡的陷落》,北京:人民出版社,第 21—22 页,第 58—271 页,2012 年。

第一节

十字军战争与拜占庭帝国

十字军战争(the Crusades)通常译为十字军争战、十字军运动等,一般指的是罗马教宗发动的军事远征,最初是为了攻打异教徒穆斯林,解放耶路撒冷和收复圣墓。参与人员带有十字架标志,通常由布做成,缝在衣服上。他们称为十字军战士(Crusaders),组成十字军。1095 年,在克莱蒙宗教会议(Council of Clermont)上,教宗乌尔班二世(Urban Ⅱ,1088—1099 年在位)呼吁人们前往东方援助那里的基督徒,攻打穆斯林,把位于耶路撒冷的圣墓从穆斯林的控制下解放出来,规定所有前往东方为基督徒兄弟战斗的人必须带有十字架标志。狂热的人们纷纷发誓响应,马上使用十字架作为十字军战士的特殊标志。他们因此成为"持十字架者"(staurophoros),这个词早在 4 世纪就已出现于希腊语文献中,但指的是修道院生活,而不是十字军战士。① 有关十字军战争相关问题的研究成果很多,本书不能一一详细论及。

关于十字军战争的定义,学术界意见多有分歧。传统上,学者们认为前往解救耶路撒冷的是十字军战争,后来,一些学者认为不仅仅如此,他们主张 1123—1492 年伊比利亚半岛基督徒的收复失地运动、1147 年起北欧的反异端战争、1199 年后反罗马教宗政治对手的圣战、1209—1229 年间法国西南部讨伐阿尔比异端的十字军战争(Albigensian Crusade)、1420—1431 年间波希米亚(Bohemia)反胡斯派(Hussites)的战争、14 世纪中叶后反奥斯曼人的战争、16 世纪反新教徒(Protestants)的活动,等等,也都是十字军战争。②

根据吉勒斯·康斯特布尔(Giles Constable)、乔纳森·赖利—史密斯(Jonathan

---

① A. P. Kazhdan et al. ed., *The Oxford Dictionary of Byzantium*, p. 557. A. V. Murray ed., *The Crusades: an Encyclopedia*, Santa Barbara, California: ABC-CLIO, 2006, pp. 301 – 302.
② Jonathan Riley-Smith ed., *The Oxford Illustrated History of the Crusades*, Oxford; New York: Oxford University Press, 1995. T. F. Madden ed., *Crusades: The illustrated History*, Ann Arbor, Mich.: Univ. of Michigan Press, 2004.

Riley—Smith)、诺曼·豪斯利(Norman Housley)等学者的研究,关于十字军战争的定义主要可分为四派意见:传统主义者的,多元论者的,可称为通才的学者的,以及坚持从精神上或心理上加以定义的学者的。传统主义派如汉斯·埃伯哈德·迈尔(Hans Eberhard Mayer)、让·理查德(Jean Richard),他们认为真正的十字军战争必须指向东方,不管是帮助东方的基督徒还是解放耶路撒冷和圣墓,始于1095年克莱蒙会议结束于1291年阿卡陷落。多元论派如吉勒斯·康斯特布尔、乔纳森·赖利-史密斯、诺曼·豪斯利,他们认为十字军战争必须由教宗批准,不管其目标指向哪里,因此十字军战争史至少延伸到整个16世纪。可称为通才的史学家如埃德曼(C. Erdmann)、厄斯特-迪特尔·黑尔(Ernst-Dieter Hehl),他们把十字军战争等同于圣战,是上帝命令和授权的战争,认为十字军战争的根本特征是在人间实现上帝的意愿以宽恕罪行,是为反对基督教世界的内外敌人以恢复基督教世界的财产或为保卫教会或基督徒而进行的圣战,参与圣战者期待罪行得到宽恕,不一定非要教宗批准,不一定非要到东方、到耶路撒冷。坚持从精神上或心理上进行定义的学者,如阿尔方德希(Alphandéry)、德拉吕埃勒(Delaruelle),强调十字军内在的精神和动机,认为唯一真正的十字军战争是第一次,第一次十字军战争有着广泛的宗教狂热和民众响应的特征,他们因此认为十字军战争结束于1228/1229年。[①]

十字军战争兴起的原因较为复杂,主要有以下方面。[②] 首先是当时的欧洲处于扩张时代。史学界一般认为,11世纪初到13世纪末在西方历史上属于中世纪全盛期或者后期,从11世纪起或者更早,西方就已经开始对外扩张。据克里斯托弗·泰尔曼(Christopher J. Tyerman)研究,参加十字军战征的,有贵族及其仆人、市民和神职人员、乡村精英和工匠、农民、商人等,这些人通常比较年轻,很多是罪犯,人数最多的是骑士,他们通常有一定的财物,当时的欧洲正处于扩张之中,普

[①] J. Riley-Smith ed., *The Oxford Illustrated History of the Crusades*, Oxford; New York: Oxford University Press, 1995. J. Riley-Smith, *What were the Crusades?* Houndmills, Basingstoke, Hampshire; New York: Palgrave Macmillan, 2009 (fourth edition). G. Constable, "The Historiography of the Crusades", *The Crusades from the Perspective of Byzantium and the Muslim World*, ed. Angeliki E. Laiou and Roy Parviz Mottahedeh. Washington, D. C.: Dumbarton Oaks Research Library and Collection, 2001, pp. 12 – 16. N. Housley, *Contesting the Crusades*, Malden, MA; Oxford: Blackwell, 2006.

[②] 参见罗春梅:《1204年君士坦丁堡的陷落》,第34—41页。

遍富裕,经济繁盛和社会多元且有序,能够维持依赖组织和金钱的十字军运动。①

第二,穆斯林威胁着圣地。1070 年塞尔柱人占领耶路撒冷,1071 年他们大败拜占庭军队,俘虏拜占庭皇帝,此后塞尔柱人利用拜占庭内乱在小亚细亚建立起罗姆苏丹国,后来又攻占安条克等叙利亚地区,结果西方朝圣者在耶路撒冷等地受到骚扰。例如,据拜占庭公主、历史作家安娜·科穆宁娜(Anna Comnena/Komnene,1083—1153? 年)记载,当时突厥人和萨拉森人(Saracens)劫掠了整个小亚细亚,隐士彼得(Peter the Hermit)去圣墓朝拜,在饱受他们的虐待之后,艰难地回到了家乡。②

第三,西方人具有到耶路撒冷朝圣的传统,这种朝圣传统开始发生变化。中世纪的基督徒深信人有罪,担心将永世受到地狱烈火的惩罚,因此急于以苦行赎罪来逃避这种惩罚,长期以来最流行的苦行方式是到圣地耶路撒冷朝圣。11 世纪,中欧道路交通得到改进,意大利人在地中海的海上运输量增加,因而更多西方人能够前往圣地耶路撒冷朝圣。③ 西方的扩张趋势导致西方长期的朝圣传统开始发生变化。首先,到圣地朝圣的人越来越多,朝圣的规模越来越大。据统计,8 世纪有六次大规模朝圣,9 世纪有 12 次,10 世纪有 16 次,11 世纪有 117 次。④ 到 11 世纪中期,朝圣行动已由个别朝圣者或少数人的朝圣集团发展到几百甚至几千人的朝圣群体。这些频繁的大规模朝圣活动使西方人逐渐熟悉沿途情况,有助于后来十字军选定行进路线,并把东方的富庶情况介绍给西方。其次,越来越多的朝圣者抱有世俗的商业动机,朝圣者"具有宗教热忱或商业动机,或两者兼有"⑤。其中意大利商人把宗教和贸易紧密结合起来。再次,西方人的朝圣热情开始被人利用,并广泛宣传。例如,原始资料记载表明,隐士彼得和教宗乌尔班二

---

① Christopher J. Tyerman, "Who Went on Crusades to the Holy Land?", in B. Z. Kedar ed., *The Horns of Hattin: Proceedings of the Second Conference of the Society of the Crusades and the Latin East*, Jerusalem: Yad Izhak Ben-Zvi, 1992. https://deremilitari.org/wp-content/uploads/2013/06/tyerman.pdf
② Anna Comnena, *The Alexiad of Anna Comnena*, p. 309. Anna Comnène, *Alexiade*, ed. B. Leib, 3 vols., Paris: Les Belles Lettres, 1937, 1943, 1945, TLG, No. 2703001.
③ J. Riley-Smith ed., *The Oxford Illustrated History of the Crusades*, pp. 25 – 27.
④ 詹姆斯·W. 汤普逊:《中世纪经济社会史:300—1300 年》(上册),第 480 页。
⑤ 詹姆斯·W. 汤普逊:《中世纪经济社会史:300—1300 年》(上册),第 480 页。

世都利用了西方人的朝圣热情,宣传远征耶路撒冷。① 最后,这种朝圣日益军事化,发展成为武装朝圣。11 世纪晚期,欧洲完成朝圣军事化,②加上穆斯林的威胁,这种朝圣逐渐发展成为武装朝圣。

第四,当时形成了圣战思想。圣战思想盛行于伊拉克略一世(Heraclius Ⅰ,610—641 年在位)远征攻打波斯人期间。在教宗格里高利七世(Gregory Ⅶ,1073—1085 年在位)的作品中,圣战思想重新出现。在 1095 年教宗乌尔班二世的布道中,圣战思想最终形成。③ 这种思潮变化反映出西欧各阶层的欲望,其背后是西欧社会的剧烈变动,封建主在几百年的武力较量中完成了领地的划分,骑士也因为战争逐渐减少而失去作战取财的机会,商人们更希望拓展其商业范围乃至夺取东地中海贸易霸权,农奴们更渴望逃脱苦难的环境,一股向东方寻求土地和财富、改善自身处境的狂潮就这样与宗教思想结合起来。

第五,教宗乌尔班二世发动了第一次十字军战征。例如,《法兰克人及其他到耶路撒冷的朝圣者功绩纪》(*Gesta Francorum*)、阿吉勒的雷蒙(Raymond of Aguilers)和沙特尔的富尔彻(Fulcher of Chartres)等一些原始资料都持这种看法。④ 11 世纪中叶以来天主教会的改革运动使得教宗具有动员能力。到 11 世纪末,教宗乌尔班二世能够动员许多神职人员和宗教团体的资源,调动他们的热情。⑤ 而且,当时教宗乌尔班二世地位虚弱,德皇扶持了一个对立教宗与他作对,乌尔班想借助发动十字军战争加强自己的实力,进而确立自己的最高地位。十字军战征还可能把东西方教会重新联合起来,1089 年,乌尔班二世曾与阿莱克修斯一世协商东西方教会的重新统一问题。

第六,隐士彼得煽动了第一次十字军战征。持这种看法的主要有亚琛的阿尔

---

① Susan Edgington, "The First Crusade: Reviewing the Evidence", *The First Crusade: Origins and Impact*, ed. Jonathan Phillips, Manchester, UK; New York, NY: Manchester University Press; New York, NY: Distributed exclusively in the USA by St. Martin's Press, 1997, p. 59, pp. 63 – 64. Anna Comnena, *The Alexiad of Anna Comnena*, p. 309. Edward Peters ed., *The First Crusade: The Chronicle of Fulcher of Chartres and Other Source Materials*, Philadelphia: University of Pennsylvania Press, 1998 (2nd edition), pp. 27 – 32, p. 49, pp. 52 – 53.
② J. Riley-Smith ed., *The Oxford Illustrated History of the Crusades*, pp. 18 – 19.
③ A. P. Kazhdan et al. ed., *The Oxford Dictionary of Byzantium*, p. 558.
④ S. Edgington, "The First Crusade: Reviewing the Evidence", p. 59, pp. 63 – 64.
⑤ J. Riley-Smith ed., *The Oxford Illustrated History of the Crusades*, pp. 22 – 24.

伯特(Albert of Aachen)和安娜·科穆宁娜。据安娜记载,隐士彼得说,一个神圣的声音命令他向法国所有伯爵宣布,所有人都应该离开家园前去圣墓朝拜,竭尽全力把耶路撒冷从穆斯林手中解放出来。他的话好似神谕一般激励了每一个人。拉丁人携带着武器、马匹和所有其他战争装备,从四面八方聚集起来。无数平民百姓包括妇女和儿童跟着这些武士一起出发,他们肩上缝着十字架。①

第七,阿莱克修斯一世向西方求援无意引发十字军运动。一些原始资料的记载持这种观点,例如,奥拉的埃克哈德(Ekkehard of Aura)、圣布莱斯的贝诺尔特(Bernold of St Blaise)、科尔默里修道院文献(Cormery text)、诺让的吉贝尔(Guibert of Nogent)等。据埃克哈德记载,阿莱克修斯给教宗乌尔班二世写了许多信,呼吁他"若可能号召整个西方……来帮助他'保卫'东部各教会"。据贝诺尔特记载,拜占庭使者在皮亚琴察(Piacenza)"谦卑地乞求"援助攻打异教徒"以保卫圣墓教堂(Holy Church)";使者报告说"异教徒……几乎消灭了[圣墓教堂]……[并]占领了直到君士坦丁堡城墙的那些地区"。根据科尔默里修道院文献,阿莱克修斯为对付突厥人的入侵,"派使者携带书信来到各地,信中充满了抱怨和眼泪,哭哭啼啼地寻求所有基督徒的援助,向那些愿意提供帮助的人们承诺极大的报酬。"信中描述了突厥人的暴行、教堂的毁坏、对修道士和神职人员的屠杀或侵犯。吉贝尔则对拜占庭人向西方寻求军事援助做出了他的解释,他认为原因在于阿莱克修斯的"著名法令",该法令使一些女性成为妓女,召妓利润归阿莱克修斯国库,还使一些男性被阉割因而不能服军役,结果士兵缺少,不得不向西方求援。② 1095年3月,阿莱克修斯派出的使者在皮亚琴察会见乌尔班二世,呼吁西方援助攻打塞尔柱突厥人。教宗公开敦促援助拜占庭帝国。1095年11月27日,乌尔班二世在克莱蒙再次呼吁援助东方基督徒,呼吁拯救圣墓。关于阿莱克修斯是否给佛兰德(Flanders)的罗贝尔(Robert)伯爵写信求援、是否派使者在皮亚琴察求援,学术界有争议。③ 但根据原始资料的记载,阿莱克修斯确实曾向西方请求雇佣军,但

---

① S. Edgington, "The First Crusade: Reviewing the Evidence", pp. 63 – 64. Anna Comnena, *The Alexiad of Anna Comnena*, p. 309.
② J. Shepard, "Cross-purposes: Alexius Comnenus and the First Crusade", *The First Crusade: Origins and Impact*, ed. Jonathan Phillips, p. 107, pp. 113 – 114, p. 117.
③ 罗春梅:《1204年君士坦丁堡的陷落》,第60页。

不是十字军。① 西方前往东方的是十字军，但拜占庭帝国要的只是雇佣军，这也是后来十字军和拜占庭帝国之间发生矛盾冲突的原因之一。

传统意义上的十字军战争，从1095年开始到1291年结束，持续了近两百年，所有这些十字军战征都由罗马教宗宣传发动，教会承诺参加十字军战征能够赦免其罪过。1095年，教宗乌尔班二世在克莱蒙宗教会议宣布圣战，呼吁人们军事援助拜占庭帝国皇帝阿莱克修斯一世抵抗塞尔柱突厥人，宣传武装朝圣把耶路撒冷从穆斯林的统治下解放出来。教宗的呼吁得到了西欧各个阶层的广泛响应，人们公开发誓加入圣战。于是开始了第一次十字军出征，十字军在地中海东岸建立起四个十字军国家，即埃德萨伯国（County of Edessa）、安条克公国（Principality of Antioch）、耶路撒冷王国（Kingdom of Jerusalem），以及的黎波里伯国（County of Tripoli）。从这时起到1291年阿卡陷落，以及其后十字军所属黎凡特其他土地的丧失，十字军一直出现在地中海东岸。那之后不再有旨在收复圣地的十字军出征。这近两百年期间一共有多次出征，其中最著名的是第一次和第四次十字军出征，学术界研究成果也最多。

早期十字军出征由陆路前往耶路撒冷，军队经过拜占庭帝国领土，或者从多瑙河的布兰尼切沃经索菲亚（Sofia）到达君士坦丁堡，或者从迪拉基乌姆（Dyrrachion/Dyrrachium）经塞萨洛尼基到达君士坦丁堡，再渡过博斯普鲁斯海峡，穿越拜占庭人领土和突厥人领土，到达安条克和圣地。拜占庭人在境内为通行的十字军军队提供市场，供十字军战士购买食物，同时要防止他们劫掠乡村。由于这些西方人缺乏纪律，难以控制，他们经常劫掠沿途各地，而拜占庭帝国通常用来维持治安的帕臣涅格人骑兵野蛮粗暴，加上拜占庭人出售食物时往往有缺斤少两的问题，十字军和拜占庭人之间经常有误解，双方的宗教仪式也存在差异。多种日常

---

① Anna Comnena, *The Alexiad of Anna Comnena*, p. 229, pp. 232 – 233, p. 252, pp. 311 – 313 and 355 – 356. E. Peters ed., *The First Crusade: The Chronicle of Fulcher of Chartres and Other Source Materials*, p. 27 and 52. S. Edgington, "The First Crusade: Reviewing the Evidence", p. 65. E. A. Hanawalt, "Norman View of Eastern Christendom: from the First Crusade to the Principality of Antioch", in V. Goss and C. C. Bornstein, *The Meeting of Two Worlds: Cultural Exchange Between East and West During the Period of the Crusades*, Michigan: Medieval Institute Publications, 1986, pp. 116 – 117. J. Shepard, "Cross-purposes: Alexius Comnenus and the First Crusade", pp. 113 – 114, p. 117. 罗春梅：《1204年君士坦丁堡的陷落》，第60—62页。

矛盾结果导致双方经常发生小规模冲突，双方日益相互厌恶和仇视，加上其他原因，最终，在威尼斯人等的操控性下，第四次十字军出征转向攻打君士坦丁堡，造成了震惊地中海世界的君士坦丁堡陷落事件，深刻影响了拜占庭帝国的历史发展和世界历史的进程。①

第一次十字军出征（1095—1099）的先锋部队由隐士彼得等人率领，通常称为穷人十字军，他们在1096年到达君士坦丁堡，骚乱不已，拜占庭皇帝阿莱克修斯见状赶紧把他们运送到小亚细亚，他们在那里大多被突厥人消灭，其余人死里逃生，把其厄运归咎于阿莱克修斯，指责皇帝构陷他们。

1096年底1097年初，布永的戈弗雷（Godfrey of Bouillon, 1100年去世）和博希蒙德（Bohemund，生于约1050年到1058年间，死于1109年或1111年）等贵族率领十字军部队来到君士坦丁堡。阿莱克修斯送给十字军首领大量礼物，以谋求他们的好感，要求他们宣誓效忠拜占庭皇帝，承诺把突厥人最近占领的所有土地归还给拜占庭帝国，并让他们劝说后到的十字军首领向他宣誓效忠。其中一些人同意了，例如，韦尔芒杜瓦的休（Hugh of Vermandois, 1101年去世）和博希蒙德；一些人如戈弗雷则拒绝接受。戈弗雷在其手下同拜占庭人吵架后攻打君士坦丁堡，但被击退，之后他与阿莱克修斯和好，宣誓效忠皇帝。

1097年5—6月间，十字军和拜占庭军队联合攻打尼西亚，在尼西亚城向拜占庭人投降后，十字军首领们很是不满，阿莱克修斯则以礼物安抚他们。他派遣塔提修斯（将军，活跃于1057—1099年间）率领一小支军队支援他们出征安纳托利亚，在围攻安条克期间，塔提基奥斯被迫率领军队离开那里，博希蒙德后来以此为借口，夺取安条克后据为己有，建立起安条克公国。1098年，布洛涅的鲍德温（Baldwin of Boulogne, 1118年去世）离开十字军主力，2月来到埃德萨，说服其统治者托罗斯（Thoros, 1095—1098年在位）收养自己为儿子，娶托罗斯的女儿阿尔达（Arda of Armenia）为妻，成为那里的继位人。1098年3月，托罗斯被杀或者退位，鲍德温继位，采用伯爵头衔，建立起埃德萨伯国。1099年7月15日，十字军军队占领了耶路撒冷，建立起耶路撒冷王国，布永的戈弗雷当选国王（1099—1100年

---

① 陈志强：《拜占廷帝国史》，第290—302页。陈志强：《巴尔干古代史》，第372—406页。罗春梅：《1204年君士坦丁堡的陷落》，第50—83页，第177—287页。

在位)。1100年,布永的戈弗雷去世,他的弟弟、埃德萨伯国统治者鲍德温继位(1100—1118年在位)。

1100年,一支伦巴第人(Lombards)十字军和一些法国贵族从西欧出发,途径拜占庭帝国领土时遭遇重重困难,结果一些伦巴第人甚至攻打君士坦丁堡西北角的布拉海尔奈宫。1101年,他们因行为鲁莽而遭遇不幸,却指责阿莱克修斯背信弃义,把他们出卖给了突厥人。拜占庭帝国主张安条克的所有权,直到1180年,一直努力控制其统治者。阿莱克修斯的进攻导致博希蒙德劝说教宗发动十字军出征攻打拜占庭帝国,但他的侵略军在1108年被打败。1109年,法国十字军占领了的黎波里地区,图卢兹的贝特朗(Bertrand of Toulouse,1112年去世)建立起的黎波里伯国,成为那里的统治者。这是十字军在地中海东岸建立的最后一个小国家,这些国家后来逐渐被伊斯兰国家一一消灭。

1144年,赞吉(Imad al-Din Zengi,约1085—1146年)占领了埃德萨,两年后教宗尤金三世(Eugenius Ⅲ,1145—1153年在位)发动了第二次十字军出征(1147—1149年),参与的有德王康拉德三世领导的德意志人分队和法王路易七世率领的分队。1147年,康拉德的军队和拜占庭人在色雷斯发生了冲突,曼努埃尔一世赶紧在法兰克十字军到来之前把他们运送到小亚细亚。法国人虽然受到曼努埃尔的友好接待,但是朗格勒主教戈弗雷(Godfrey of Langres)提议占领君士坦丁堡。德意志人和法兰克人在小亚细亚遭遇突厥人,损失惨重。1148年1月,曼努埃尔用船把幸存者从阿塔雷亚(Attaleia)运送到安条克,但是十字军再次谴责拜占庭人背叛了十字军出征。7月,法国人在攻打大马士革失败后撤退。

随后几十年里,随着努尔丁(Nūr al-Din,1118—1174年)和萨拉丁(Saladin,1138—1193年)的不断进攻,耶路撒冷国王们寻求与拜占庭帝国结盟。鲍德温三世(Baldwin Ⅲ,1143—1163年在位)及其继位人阿马尔里克一世(Amalric Ⅰ,1163—1174年在位)娶科穆宁家族公主为妻。1169年,耶路撒冷王国联合拜占庭帝国攻打达米埃塔(Damietta),但是双方的分歧和相互猜忌导致远征失败。1171年,阿马尔里克在君士坦丁堡向曼努埃尔宣誓效忠。1177年,曼努埃尔企图再次结盟远征,但是未能成功。

1187年,萨拉丁征服了大半个耶路撒冷王国,教宗发动了第三次十字军东征。伊萨克二世试图与他建立友好关系，为此，1189 年，他引诱弗雷德里克一世"巴巴罗萨"率领的那部分十字军军队进入色雷斯企图加以剿灭。恼羞成怒的弗雷德里克写信给儿子亨利六世（Henry Ⅵ，1191—1197 年在位），命令后者率领一支舰队攻打君士坦丁堡。伊萨克于是很快屈服，允许弗雷德里克率领军队通行。但 1090 年 6 月 10 日，弗雷德里克在西里西亚意外落水淹死，他的军队随即解散。第三次十字军出征的另外一支部队由英王理查德一世（Richard Ⅰ Lionheart，1189—1199 年在位）率领，从拜占庭人统治者伊萨克·科穆宁手中夺取了塞浦路斯（Cyprus）。法国军队和英国军队未能夺回耶路撒冷，但是在 1191 年 7 月 12 日占领了阿卡。1195—1197 年，亨利六世计划十字军出征，并以此勒索拜占庭帝国，但是他的突然死亡拯救了拜占庭帝国。

十字军战征是 11 世纪以来西方对外扩张的结果和反映。西方的侵略扩张促使拜占庭衰落内乱。西方人丑化阿莱克修斯一世和拜占庭的形象，拜占庭与西方之间很难和解，拜占庭人与拉丁人关系恶化，相互仇视。安娜·科穆宁娜、约翰·金纳莫斯（John Kinnamos/Cinnamus，约 1143—1203 年）以及尼基塔斯·侯尼雅迪斯（Niketas/Nicetas Choniatēs，约 1155—约 1215/1216）等拜占庭作家的作品对十字军战征的敌视和厌恶非常明显。西方人如阿吉勒的雷蒙、德伊的奥多（Odo of Deuil，约 1100—1162 年）以及安斯伯特（Ansbert）等人的作品也充斥着对拜占庭人的仇视。博希蒙德和弗雷德里克一世都曾提议发动十字军出征攻打拜占庭帝国。教宗英诺森三世则致力于统一东西方教会。君士坦丁堡的富庶因多次十字军战征而在西方广为人知。德王士瓦本的菲利普（Philip of Swabia，1198—1208 年在位）和蒙特菲拉特侯爵卜尼法斯（Boniface of Montferrat，1207 年去世）觊觎拜占庭帝国皇位。威尼斯企图征服拜占庭，在君士坦丁堡贸易中取得垄断地位，为其商业贸易扩张扫除障碍。12 世纪末，拜占庭帝国衰落内乱为这些西方势力提供了良好时机，拜占庭帝国前太子阿莱克修斯·安苴鲁斯企图夺回皇位则为他们提供了借口。最后，威尼斯总督丹多洛、德王菲利普、十字军首领卜尼法斯抓住时机，利用拜占庭的衰落和拜占庭国内的皇位争夺之机，策划并实施了十字军出征转向攻击君士坦丁堡的阴谋，罗马教宗对此予以默许。结果，第四次十字军出征最终转向进攻君士坦丁堡。流亡王子阿莱克修斯如愿以偿当上皇帝，即阿莱克修斯四世,不久被阿莱克修斯五世推翻。十字军在不能得到阿莱克修斯四世承诺的报酬时,他们在 1204 年 4 月 12 日占领了君士坦丁堡,次日,君士坦丁堡市民投降,但城市遭到十字军的残酷洗劫。随后十字军在原拜占庭帝国领土上建立起了短命的拉丁帝国(Latin Empire,1204—1261 年)和塞萨洛尼基王国(Kingdom of Thessalonike,1204—1224 年),以及存续时间更长的阿凯亚公国(Principality of Achaea/Achaia,1205—1430 年),等等。

1261 年拉丁帝国灭亡后,西方人认识到突厥人的威胁,为了保卫君士坦丁堡,西方人又发动了几次十字军战征。1344 年十字军占领了士麦那,但是 1396 年十字军在尼科波利斯战役中溃败。1444 年,奥斯曼突厥人在瓦尔纳战役中打败十字军,最后一次企图拯救君士坦丁堡的努力失败,最终 1453 年奥斯曼土耳其人征服了拜占庭帝国。

十字军战争是世界历史的重要内容,产生了重大影响。从政治上看,1204 年君士坦丁堡的陷落以及随后拉丁人对拜占庭各地的征服与殖民统治,导致拜占庭陷入长期衰落,埋下了巴尔干半岛近现代复杂矛盾和混乱局面的祸根,对世界历史的进程造成深远的影响。君士坦丁堡的陷落、拉丁帝国的建立极大消耗了西方本来可用于收复圣地的资源,也削弱了拜占庭人抵抗穆斯林侵略的能力,加速了拜占庭帝国的衰亡。从宗教文化上看,十字军战征促进了西欧和拜占庭帝国以及地中海东岸伊斯兰世界之间的文化交流,但促使拜占庭人和西方人之间日益相互敌视,拜占庭和西方之间关系逐渐恶化,加剧了拜占庭和西方之间的教会分裂。①

特别是从经济上看,十字军战征损害了君士坦丁堡的利益,促使威尼斯、热那亚和比萨迅速发展,威尼斯贸易极大扩张并几乎垄断了东地中海商业贸易。1204 年拉丁人攻陷君士坦丁堡之后,对原拜占庭帝国领土进行瓜分、分封、征服和统治,这并没有改变原拜占庭帝国经济的性质,原拜占庭领土仍然以农业生产为主,土地仍然是收入、财富和税收的主要来源,但拉丁人征服结束了拜占庭人地方权贵(archontes)在经济活动的财务处理中的统治地位,扼杀了希腊中西部和爱琴海各岛屿的丝绸业和玻璃制造业。13 世纪上半叶起,意大利银行家、商人和管理人

---

① 罗春梅:《1204 年君士坦丁堡的陷落》,第 257—280 页,第 284—286 页。

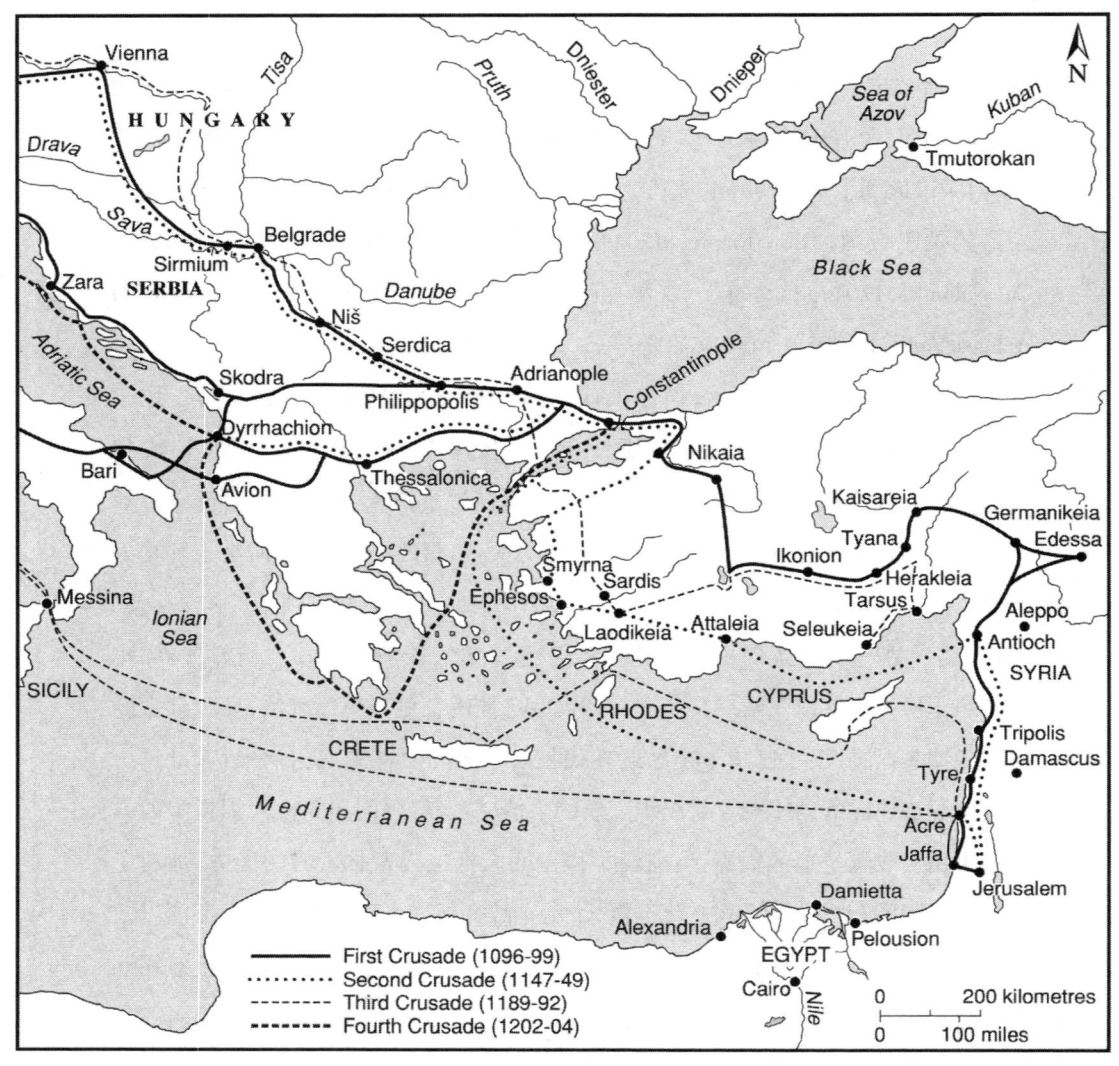

图4 十字军时期的东地中海世界

- Vienna 维也纳
- Drava 德拉瓦河
- Tisa 即 Tisza，提萨河
- Sava 萨瓦河
- Sirmium 西尔米乌姆
- Zara 扎拉
- Belgrade 贝尔格莱德
- Danube 多瑙河
- Niš 尼什
- Serdica 塞迪卡
- Skodra 斯科德拉
- Philippopolis 菲利普波利斯
- Adrianople 哈德良堡，或译亚得里亚堡
- Dyrrhachion 迪拉基乌姆，又拼写为 Dyrrachium
- Avion 阿维安
- Thessalonica 塞萨洛尼基
- Constantinople 君士坦丁堡
- Bari 巴里
- Messina 墨西拿
- Pruth 普鲁特河
- Dniester 德涅斯特河
- Dnieper 第聂伯河
- Kuban 库班河
- Tmutorokan 特穆托罗坎
- Nikaia 即 Nicaea，尼西亚
- Ikonion 伊科尼姆，现在的科尼亚（Konya）
- Tyana 提亚那
- Kaisareia 凯撒里亚
- Germanikeia 日耳曼尼基亚
- Edessa 埃德萨
- Smyrna 士麦那
- Ephesos 以弗所
- Sardis 撒尔迪斯
- Laodikeia 劳迪西亚
- Attaleia 阿塔雷亚
- Seleukeia 塞琉西亚
- Tarsus 塔尔苏斯（圣经中旧译"大数"）
- Herakleia 希拉克利亚
- Aleppo 阿勒颇
- Antioch 安条克
- Tripolis 的黎波里斯，今天黎巴嫩的黎波里（Tripoli）城市
- Damascus 大马士革
- Tyre 提尔，或译推罗
- Acre 阿克
- Jaffa 雅法
- Jerusalem 耶路撒冷
- Pelousion 佩卢西翁
- Damietta 达米埃塔
- Nile 尼罗河
- Cairo 开罗
- Alexandria 亚历山大城，或译亚历山大里亚
- HUNGARY 匈牙利
- SERBIA 塞尔维亚
- SYRIA 叙利亚
- EGYPT 埃及
- Adriatic Sea 亚得里亚海
- Ionian Sea 爱奥尼亚海
- SICILY 西西里
- CRETE 克里特岛
- Mediterranean Sea 地中海
- Rhodes 罗德岛
- CYPRUS 塞浦路斯
- Black Sea 黑海
- Sea of Azov 亚速海
- First Crusade (1096-99) 第一次十字军东征（1096-99 年）
- Second Crusade (1147-49) 第二次十字军东征（1147-49 年）
- Third Crusade (1189-92) 第三次十字军东征（1189-92 年）
- Fourth Crusade (1202-04) 第四次十字军东征（1202-04 年）

的出现和活动推动拉丁人占领的原拜占庭西部地区经济迅速发展,希腊中西部地区和爱琴海各岛屿日益融入一个把原拜占庭帝国(Romania)同意大利以及利凡特联系起来的三角贸易模式之中,希腊中西部和爱琴海各岛屿的长途出口产品在1204年之前主要是运到君士坦丁堡,1204年之后则部分调整到西方。1204年后,威尼斯与罗姆的塞尔柱人苏丹(Seljuq sultans of Rum)、尼西亚皇帝,以及位于东地中海君士坦丁堡与埃及之间海上航线其他各个势力签订条约,君士坦丁堡的经济因而迅速发展,但受益者却是拉丁人。威尼斯商人在君士坦丁堡的贸易中占据优势地位,比萨商人、安科纳商人、阿马尔菲商人以及普罗旺斯(Provençal)商人也参与这种贸易,热那亚商人从1232年起参与这种贸易。此外,1204年拉丁人对君士坦丁堡的征服导致西欧贸易深入黑海,拉丁人控制下的君士坦丁堡成为重要的中转站,在黑海和地中海贸易系统一体化中发挥着关键作用,1261年拜占庭人收复君士坦丁堡后的十年内,热那亚和威尼斯在黑海地区的贸易和运输迅速扩张。总之,1204年后东地中海海上贸易全面发展,但整体上拜占庭人并没有受益,拉丁人以损害拜占庭人为代价从中获益,拉丁人的贸易量日益增加。①

第二节

1204年后的东地中海世界

1204年4月第四次十字军攻占并洗劫君士坦丁堡之后,到处征战,在原拜占庭帝国领土上建立起拉丁帝国和众多封地。与此同时,拜占庭人在各地建立起自己的政权和势力,主要有尼西亚帝国(Empire of Nicaea 或 Nicene Empire,1204—1261年)和伊庇鲁斯君主国(Despotate of Epirus,1205—1318年)。而在君士坦丁

---

① 罗春梅:《1204年君士坦丁堡的陷落》,280—284页。D. Jacoby, "The Latin Empire of Constantinople and the Frankish States", in *The Cambridge History of the Byzantine Empire c. 500 – 1492*, ed. Jonathan Shepard, Cambridge, UK; New York: Cambridge University Press, 2008, pp. 774 – 777.

堡陷落之前,保加利亚人势力已经独立,建立起"第二保加利亚帝国"。君士坦丁堡陷落后半个世纪里,原拜占庭帝国领土上,拜占庭人、保加利亚人、拉丁人这三种主要政治势力相互混战,激烈角逐,争夺君士坦丁堡,加剧了原拜占庭帝国领土的四分五裂。

三种势力逐鹿巴尔干半岛和安纳托利亚,力量此消彼长。一开始保加利亚势力最为强大,尼西亚帝国和拉丁帝国势力较弱。尼西亚帝国一开始处境艰难,但很快得到不断涌入的拜占庭同胞的拯救,大约从 1205 年 2 月开始,巴尔干地区的拜占庭人联合保加利亚人攻打拉丁人。1205 年 4 月,拉丁人皇帝鲍德温(Baldwin of Flanders,1204—1205 年在位)被保加利亚人俘获。在保加利亚和尼西亚帝国的夹攻下,1205 年夏,拉丁人一度只剩下四座孤城:除了君士坦丁堡,在巴尔干半岛只控制着罗多斯托(Rodosto)和塞林布里亚,在亚洲只占领着斯皮加(Spiga/Pegae)①。后来几种势力的力量对比发生变化。拉丁帝国在亨利皇帝(Henry of Hainault,1206—1216 年在位)统治期间最为强大,此后苟延残喘。伊庇鲁斯君主国在塞奥多利·科穆宁·杜卡斯(Theodore Komnenos Doukas,约 1215—1230 年在位)统治期间迅速扩张,但 1230 年被保加利亚大败,从此衰落。但这也是保加利亚的巅峰时刻,约翰·亚森二世(John Asen Ⅱ,1218—1241 年在位)统治期间,保加利亚处于鼎盛时期,占领了伊庇鲁斯君主国大量领土,但是由于他在 1230 年巨大胜利后沉迷于享乐,实施错误的外交政策等,联合尼西亚帝国攻打拉丁帝国,结果帮助了尼西亚的拜占庭人,1241 年他去世后保加利亚逐渐衰落。最终强大起来的是尼西亚帝国,历经拉斯卡利斯(Lascaris/Laskaris)家族三位皇帝和米哈伊尔八世·帕列奥列格(Michael Ⅷ Palaeologus/Palaiologos,1259—1282 年在位)的励精图治和精明外交,最终在 1261 年收复君士坦丁堡。这一过程需要梳理清楚。

1204 年 4 月 13 日第四次十字军攻陷君士坦丁堡之后,拉丁人开始根据分赃协议瓜分拜占庭帝国的领土和权利,按照西欧分封制原则改造拜占庭社会结构。分赃协议签订于 1204 年 3 月备战期间,当时,卜尼法斯侯爵、鲍德温伯爵、布卢瓦的路易(Louis of Blois)伯爵和圣波尔的休(Hugh of Saint Pol 或 Hugues de Saint—

---

① Geoffrey of Villehardouin, "The Conquest of Constantinople", in Joinville and Villehardouin, *Chronicles of the Crusades*, trans. M. R. B. Shaw, New York: Dorset Press, 1985, p. 129.

Pol)伯爵代表非威尼斯人十字军,总督恩里克·丹多洛(Enrico Dandolo,1192—1205年在任)代表威尼斯人,双方共同签署了一份分赃协议,称为《三月条约》。该条约规定了对原拜占庭帝国的领土、皇权、教权和掠夺的财宝等的瓜分方案,并确定了以西欧分封制改造拜占庭社会结构的基本原则,为随后形成的拉丁帝国奠定了基础。条约全文如下:

"以永恒上帝的名义,阿门。我们真诚地以蒙特菲拉特侯爵卜尼法斯、佛兰德和埃诺(Hainaut)伯爵鲍德温、布卢瓦和克莱蒙伯爵路易、圣波尔伯爵休代表我们一方,同您、尊敬的威尼斯、达尔马提亚与克罗地亚(Croatia)的总督恩里克·丹多洛大人,还有您的一方,在上帝的帮助下,一起拟定一份由双方宣誓遵守的协议,以确保我们之间的团结和持久和睦并避免所有纷争,上帝使我们和睦,得到我们的赞美和极大荣耀。

"首先,我们应该在奉了基督之名后,把我们所有人武装起来猛攻这座城市,如果我们在上帝帮助下进入了这座城市,我们应该在军队首领的领导下留下来行动,并按照规定追随他们。事实上,在这座城市中发现的所有金银财宝,不管是谁发现的,都应该放在一个指定的共同地点。而且,这些金银财宝三份用于支付您和威尼斯人,以代替前皇帝阿莱克修斯(四世)必须支付您和我们的那笔财富;第四份,我们确实应该自己保留,只要我们同样参与了解放这座城市。而且,如果有剩下的,我们应该把剩下的在您和我们之间平分,只要您已经得到所有欠债。如果实际上不够支付前述欠债,那么,不管金银财宝最初是在哪里获得的,我们都应该遵守前述关于金银财宝的协定,食物除外,食物应该在您的人们和我们的人们之间平分,以便从那时起双方都能够得到充足的食物供应。而且,不管有什么剩余,都应该根据前述协定进行分割。

"此外,毫无争议,您和威尼斯人们应该在整个帝国自由地、无条件地拥有您们以前持有的所有荣誉称号和财产,不管是宗教的还是世俗的,以及所有合法权利或者关税,不管是书面的还是未成文的。

"还有,应选出六人代表您一派,选出六人代表我们一派,这些代表发誓从军队中选出他们认为更了解如何为了上帝、罗马教会以及帝国的荣誉占据、更好据有以及如何组织土地和帝国的那个人。如果他们意见一致,则我们应该让他们选出的那个人当皇帝。如果实际上一派六个人一致支持一个人,另一派六个人一致支持另一个人,那么应该抽签选定皇帝;如果更多人支持一派选出的那个人而不是另一派选出的,那么我们应该让多数人赞成的这个人当皇帝。当然,如果推选出来的不只两个人,那么让更多人支持的那个人当皇帝。确实,这个皇帝应该拥有获得的整个帝国的四分之一,还有布拉海尔奈宫和大皇宫(Bucoleon Palace 或 Great Palace)。其余四分之三,应该在我们和您之间平分。

"没被选出皇帝的那一派,其神职人员有权为了上帝、神圣罗马教会、以及帝国的荣耀,组织圣索菲亚大教堂(Church of Sancta Sophia)并选出牧首(patriarch)。当然,每一派的神职人员应该组织由他们那派占有的那些教堂。应该给神职人员和教堂提供数量充足的教堂财产,以便神职人员能够体面地生活,教堂得到合适的维护。剩余的教堂财产应该按照前述协定分配。

"除此之外,我们一派和您一派当然应该发誓,从这个三月最后一天起,我们应该在这里待一整年,目的是为了上帝、神圣罗马教会和帝国的荣耀支持帝国和皇帝。当然,从那以后到将来,所有待在帝国的人应该按照良好的合理的习俗向皇帝宣誓,那时仍在帝国的人应该发誓牢牢控制分得的封地。

"而且,应该从我们一派和您的一派各选出 12 个人(或者代表各派),他们应该遵守誓言把封地和头衔分给人们,并指定这些人必须对皇帝和帝国履行的义务,让人们认为很好,感到满意。毫无疑问,分得封地的每个人将自由持有封地,且世代持有封地,不管是男性还是女性,此后他们将有权做任何他们想做的事情,当然,除了皇帝和帝国的权利和义务之外。事实上,皇帝应该履行其他应该履行的义务,除了持有封地和头衔的人按照责成他们的安排必须履行的那些义务之外。

"任何与您和您的继任者们或者与威尼斯人公开战争的人不会在帝国得到接待,直到战争变为和平为止。

"每一派也必须诚信经营,以便我们能从教宗那里得到一项规定:任何违背本法令的人将被革出教门。除此之外,皇帝应该发誓,他将永远保证按照以上约定所做的分配不变。如果确实需要增加或者减少什么,那么,您和您的六位顾问以及侯爵大人和他的六位顾问有权自行决定。

"还有,您,即前述总督大人没有义务因任何应该给您的让步、封地或者荣誉而向将被选出的皇帝和帝国发誓履行任何义务。然而,您安排代替您控制分配给您的这些东西的那些人或者那个人,应该按照上述规定发誓为皇帝和帝国提供所有服务。

颁布于公元 1204 年 3 月,十五年纪期的第七年。"①

概括说来,《三月条约》的主要内容是:攻占君士坦丁堡后,所获财宝的四分之三归威尼斯人以支付阿莱克修斯四世的欠债,四分之一归非威尼斯人;在支付欠债后,剩余的由威尼斯人和非威尼斯人平分。威尼斯人在原拜占庭帝国的特权得到保留。非威尼斯人和威尼斯人双方各选出六位代表选出皇帝。皇帝将拥有所获帝国的四分之一以及布拉海尔奈宫和大皇宫,其余四分之三由非威尼斯人和威尼斯人平分。未被选上皇帝的一方有权组织圣索菲亚大教堂并选出牧首,教堂财产除了满足神职人员和教堂的需要,剩余的按照前述约定分配。从 3 月的最后一天起,所有人将在京都待一整年,以支持帝国和皇帝;那之后,所有待在帝国的人应该向皇帝宣誓效忠,发誓占据获得的封地。非威尼斯人和威尼斯人双方各选出 12 位代表,24 位代表负责给人们分配封地和头衔。每个获得封地的人将自由拥有封地,并将世袭,男性和女性都有权继承。总督恩里克·丹多洛不必向皇帝和帝国发誓,履行为任何让步、封地或荣誉而承担的义务,但其他威尼斯人和总督的继任者须发誓为皇帝和帝国服务。可见,该条约规定了攻占君士坦丁堡之后对所有战利品(金银财宝和食物等)的具体分配方案、皇帝的选举办法、教会事务的处理和教堂财产的分配方案,以及土地分封和头衔分配方案,皇帝、威尼斯总督、威尼斯人、非威尼斯人的权利和义务等。

因此,按照威尼斯人代表恩里克·丹多洛总督和非威尼斯人代表卜尼法斯侯爵、鲍德温伯爵、布卢瓦的路易伯爵和圣波尔的休伯爵的设计,威尼斯人和非威尼斯人在攻陷君士坦丁堡之后将共同统治原拜占庭帝国领土,威尼斯人占有原拜占庭帝国领土的八分之三,非威尼斯人占有八分之五。这样,原拜占庭帝国的领土主要分为威尼斯人的殖民地和非威尼斯人的殖民地两大部分,所有封地的持有

---

① "The Registers of Innocent Ⅲ", in Alfred J. Andrea ed., *Contemporary Sources for the Fourth Crusade*, Leiden · Boston · Koln: Brill, 2000, pp. 141 – 144.

人,除了威尼斯总督恩里克·丹多洛,其他的都要向选出的皇帝宣誓效忠,发誓为皇帝和帝国服务,并持有世袭封地。

4月13日君士坦丁堡陷落后,拉丁人开始草拟具体的瓜分协议(Partitio Romaniae)。由12位威尼斯人和12位非威尼斯人组成的委员会,以《三月条约》为基础,草拟了一份新的瓜分协议,大约于1204年10月1日签署公布,威尼斯人和非威尼斯人双方开始正式瓜分原拜占庭帝国领土。这份瓜分协议使用了拜占庭帝国的专业术语,例如,"地产"(episkepsis),含义为:一、最经常指的是属于皇室领地的特定地产,由皇帝和皇室、有时候其他个人的地产构成的税收单位。二、指的是军区财政部门。三、指的是对地产特别是皇室地产的日常管理。① 其中还单独列出了一些大地产主的位置,如位于曲流谷(Meander valley)、加里波利(Kallipoli/Gallipoli/Gelibolu)半岛、伯罗奔尼撒半岛等地,以及前皇后埃芙菲罗丝奈·杜凯娜·卡玛特拉(Euphrosyne Doukaina Kamatera,1195—1203年在位)位于塞萨利和她女儿伊琳妮位于伯罗奔尼撒半岛的土地,因此,其中列出的地方和地区应该是来自拜占庭帝国的文件,特别是税务登记簿。关于该协议公布的时间,学术界有争议。海德(Heyd)、扎基西诺斯(Zakythinos)和卡里莱(Carile)认为是1204年9月到10月初,伊科诺米基斯(Oikonomides)认为是1204年4月12日到5月9日之间。笔者认为,这份瓜分协议的确定有一段时间,很可能在4月13日君士坦丁堡陷落后拉丁人就开始了这份瓜分协议的草拟工作,直到9月底才完成这项工作,然后在10月初拉丁人签署了这份瓜分协议,开始正式瓜分土地。由于原拜占庭帝国领土广大,加上要接受土地分配的人数众多,且拉丁人相互之间有矛盾,因此,这份协议的草拟很可能花费了几个月时间。据杰弗里·德·维拉杜安(Geoffroy de Villehardouin/Geoffrey of Villehardouin)记载,1204年5月16日鲍德温加冕为皇帝后,卜尼法斯去找他兑现关于给他小亚细亚的土地和希腊群岛(Isle of Greece)的承诺。可见,这之前拉丁人已经在商议瓜分原拜占庭帝国领土了。②

---

① episkepsis,希腊文为 ἐπίσκεψις,字面意思是"照顾、检查",财政术语。A. P. Kazhdan et al. ed., *The Oxford Dictionary of Byzantium*, p. 717.
② Geoffrey of Villehardouin, "The Conquest of Constantinople", pp. 97 – 106. A. P. Kazhdan et al. ed., *The Oxford Dictionary of Byzantium*, p. 1591.

按照这一协议，威尼斯人和非威尼斯人各自获得了《三月条约》规定的份额。君士坦丁堡由皇帝和威尼斯人瓜分；皇帝还分得周边地区如黑海的阿伽索波利斯（Agathopolis）和马尔马拉海（Sea of Marmora）的祖鲁洛斯之间的地区，威尼斯人分得亚得里亚堡到马尔马拉和西到加里波利的土地；剩余土地由非威尼斯人十字军瓜分。① 具体情况如下：

威尼斯人获得君士坦丁堡城区的八分之三，包括君士坦丁堡商业区、圣索菲亚大教堂、"全能者"基督（Christ *Pantokrator*）修道院、"可敬"圣母（Virgin *Peribleptos*）修道院、"全知者"基督（Christ *Pantepoptes*）修道院等。他们还分得色雷斯地区很多地方，例如，马尔马拉海地区的阿卡地奥波利斯地产［episkepsis of Arcadiopolis，包括阿卡地奥波利斯和保加罗菲特城（Bulgarophygon）等城市］、普扎（Poutza）地产、希拉克利亚（Heraclea Perinthus）城、卡尔基斯（Chalcis）地产、雷德斯托斯（Raidestos）城及其属地、潘尼多斯城及其属地、亚得里亚堡及其属地、加诺斯（Ganos）地产、几个定居点［乔托科佩昂（Chortokopeion）、乔特里基（Chortriki）、克拉西亚（Kerasia）、米里奥非顿（Myriophyton）、劳拉顿（Raulaton）、希克西米亚（Hexamilion）、萨古达乌斯（Sagoudaous）］、派力斯塔西斯（Peristasis）地产、布兰奇里昂（Branchialion）地产、加里波利地产、拉祖（Lazou）和拉克图（Laktou）、莫提曼尼（Mountimanoi）地产和西哥斯河（Sigos River）及其属地等；分得众多岛屿，例如，优卑亚岛（Euboea/Euboia）的奥利奥斯（Oreos）城和卡里斯托斯（Karystos）城，基克拉泽斯群岛［Cyclades（archipelago）］的安德罗斯（Andros）岛，萨罗尼克湾（Saronic Gulf）的埃伊纳（Aegina）岛和萨拉米斯岛（Salamis），爱奥尼亚群岛（Ionian Islands）的扎金索斯［Zacynthos，即赞特（Zante）］岛、凯法利尼亚（Cephalonia/Kefalonia/Cefalonia）岛、莱夫卡斯（Lefkada/Lefkas/Leukas）岛以及科孚（Corfu/Kerkyra）岛；伯罗奔尼撒半岛的拉克迪蒙尼亚（Lacedemonia）军区、卡拉夫里塔（Kalavryta）城、一些贵族家族的地产等；马其顿的奥斯特罗沃斯（Ostrovos）城和奥赫里德（Ohrid）军区等；还有伊庇鲁斯（Epirus/Epiros）的大量地区，例如，科洛尼亚（Koloneia）军区，克莱伦农（Chlerenon）和坎尼纳（Kanina），尼科波利斯（Nicopolis）军区，阿尔塔

---

① D. M. Nicol, *Byzantium and Venice: A Study in Diplomatic and Cultural Relations*, Cambridge and New York and Melbourne: Cambridge University Press, 1988, p. 149.

(Arta)和阿彻鲁斯(Achelous)地产,安纳托利亚地产,迪拉基乌姆军区和阿尔巴农(Arbanon)地区,约阿尼纳(Ioannina)军区和德莱诺波利斯(Dryinopolis)军区。①

拉丁帝国皇帝鲍德温获得君士坦丁堡城区的八分之五,包括布拉海尔奈宫和大皇宫,分得色雷斯地区很多地方,从金门和布拉海尔奈宫以及博斯普鲁斯海峡西岸一直到黑海沿岸的米迪亚(Mideia)和阿伽索波利斯,从比兹(Bizye)延伸到祖鲁洛斯和马尔马拉海的塞奥多罗波利斯(Theodoropolis),分得特霍尔卢(Tchorlu)和塞林布里亚等城市,博斯普鲁斯海峡与达达尼尔海峡的海岸地区;分得大部分小亚细亚,包括奥普提马多(Optimatoi)军区,尼科米底军区,普卢西亚斯(Plousias)军区、梅塔宝勒(Metabole)和塞尔沃乔里亚(Servochoria)及其属地,帕夫拉戈尼亚军区和布凯拉里安(Bucellarians)军区,奥诺(Oenoe)、西诺普和帕夫雷(Pavrae),彼莱(Pylae)军区、皮提亚(Pythia)和克拉马(Kerama),马拉基纳(Malagina)军区,阿西拉奥斯(Achyraous)军区,阿德拉米迪乌姆(Adramyttium)军区、克利亚拉(Chliara)和帕加马(Pergamon),新卡斯特拉军区,米拉萨和迈拉努迪昂军区,劳迪西亚(Laodicea/Laodikeia)军区和迈安德河,萨普森(Sampson)和萨马基翁(Samakion)地区;还有爱琴海和马尔马拉海上一些大岛,如莱斯博斯岛、利姆诺斯岛、斯基洛斯岛、马尔马拉岛(Proconnesus)、萨摩斯(Samos)岛、蒂诺斯(Tinos)岛、萨莫色雷斯(Samothrace)岛和希俄斯岛。②

拉丁帝国皇帝和威尼斯分得土地之外的其他地区,分给其他十字军,例如,色

---

① Gottlieb Lukas Friedrich Tafel, Georg Martin Thomas, *Urkunden zur älteren Handels-und Staatsgeschichte der Republik Venedig, mit besonderer Beziehung auf Byzanz und die Levante: Vom neunten bis zum Ausgang des fünfzehnten Jahrhunderts. 1. Theil (814 – 1205)*, Vienna: Kaiserlich-Königliche Hof-und Staatsdruckerei, 1856, pp. 464 – 473. Geoffrey of Villehardouin, "The Conquest of Constantinople", p. 116, 128, 133, and 137. Robert of Clari, *The Conquest of Constantinople*, trans. E. H. Mcneal, New York: Columbia University Press, 2005, p. 125. Steven Runciman, *A History of the Crusades*, Ⅲ, Cambridge: Cambridge University Press, 1951, pp. 126 – 127. 陈志强:《巴尔干古代史》,第 388 页。陈志强:《拜占廷帝国史》,第 298 页。
② G. L. F. Tafel, G. M. Thomas, *Urkunden zur älteren Handels-und Staatsgeschichte der Republik Venedig, mit besonderer Beziehung auf Byzanz und die Levante: Vom neunten bis zum Ausgang des fünfzehnten Jahrhunderts. 1. Theil (814 -1205)*, pp. 473 – 479. Geoffrey of Villehardouin, "The Conquest of Constantinople", p. 98, pp. 115 – 116, p. 128. S. Runciman, *A History of the Crusades*, Ⅲ, pp. 124 – 125. J. Godfrey, *1204, The Unholy Crusade*, Oxford: Oxford University Press, 1980, p. 136. 陈志强:《巴尔干古代史》,第 388 页。陈志强:《拜占廷帝国史》,第 298 页。罗春梅:《1204 年君士坦丁堡的陷落》,第 263 页。

雷斯地区、马其顿地区、塞萨利地区、爱琴海地区、阿提卡(Attica)等。①

1204年《三月条约》确定了以西欧分封制改造原拜占庭帝国的基本原则,"瓜分协议"确定了威尼斯人和非威尼斯人对原拜占庭帝国领土的具体瓜分方案,但实际情况相当复杂。由于十字军首领之间的矛盾,由于拜占庭人、保加利亚人等各种势力的阻碍等原因,拉丁人最后获得的土地和"瓜分协议"出入较大,且始终未能完成对原拜占庭帝国领土的征服。

"瓜分协议"公布之后,拉丁人开始正式土地分封,依据的是西欧分封制。据克拉里记载,分得土地的多少由财富、地位和追随者的规模来决定,有人分得200个骑士的封地,有人分得100个骑士的封地,还有人分得70或60或40或20或10个骑士的封地,只有六七个骑士的人获得的封地仅相当300安茹(Anjou)金币里弗。每个地位高的人分封土地给他的附庸或愿意成为其附庸的人,最后每个人都得到封地。②

10月1日,鲍德温给其大约600位封臣授与了封地。③ 据杰弗里·德·维拉杜安记载,在之前的8月间,鲍德温授予卜尼法斯塞萨洛尼基王国,10月份,他授予布卢瓦的路易伯爵尼西亚公国,这是帝国内最重要的封地之一。之后不久,雷尼尔·德·特里特(Renier de Trit)分得菲利普波利斯公国,圣波尔的休(不久去世)伯爵分得德莫迪卡(Demotika)要塞,鲍德温的弟弟亨利分得阿德拉米迪乌姆,路易伯爵的表兄弟佩舍的斯蒂芬(Étienne du Perche 或 Stephen of Perche)分得费拉德尔菲亚公国,杰弗里·德·维拉杜安的外甥安索·德·库塞勒(Anseau de Courcelles)分得马克里(Makri)、特拉亚诺波斯(Trajanopohs)和贝拉修道院(monastery of Bera),皮埃尔·德·布拉西厄(Pierre de Bracieux)分得斯皮加、西奇库斯和马木拉,总管迪特里希·冯·洛斯(seneschal Dietrich von Los)分得尼科米底。④

所有这些封地都需要他们自己去征服。例如,1204年10月,路易伯爵派皮埃

---

① G. L. F. Tafel, G. M. Thomas, *Urkunden zur älteren Handels-und Staatsgeschichte der Republik Venedig, mit besonderer Beziehung auf Byzanz und die Levante: Vom neunten bis zum Ausgang des fünfzehnten Jahrhunderts. 1. Theil (814 -1205)*, pp. 480 – 488.
② Robert of Clari, *The Conquest of Constantinople*, p. 123.
③ S. Runciman, *A History of the Crusades*, vol. 3, p. 125.
④ Geoffrey of Villehardouin, "The Conquest of Constantinople", pp. 108 – 110, p. 115, 128, 147 and 153. 罗春梅:《1204年君士坦丁堡的陷落》,第264页。

尔·德·布拉西厄和佩伊昂·德·奥尔良（Payïen d'Orléans）率领大约 120 名骑士前去征服其封地，他们打败了塞奥多利一世·拉斯卡利斯，占领了帕诺尔莫斯（Panormos）城堡、波厄曼内诺斯（Poemanenos）城堡、洛帕迪昂（Lopadium）城以及阿波罗尼亚（Apollonia）城堡。不久，鲍德温的弟弟亨利率领大约 120 名优秀的骑士占领阿比多斯（Abydos）、阿德拉米迪乌姆城及其周边地区，打败塞奥多利·拉斯卡利斯的兄弟君士坦丁·拉斯卡利斯（Constantine Lascaris），迫使小亚细亚的拜占庭人臣服。大约在同时，雷尼尔·德·特里特率领 120 名骑士占领封地菲利普波利斯，与保加利亚国王交战，胜负未定。同时，鲍德温派马凯尔·德·圣梅内霍尔德（Macaire de Sainte-Menehould）率领大约 100 名骑士军队到小亚细亚，他们占领了尼科米底，与拜占庭人塞奥多利·拉斯卡利斯交战。①

后来，经常出现领主把占领的土地分给封臣的情况。例如，鲍德温的弟弟亨利任摄政期间，阿西拉斯分给了佩伊昂·德·奥尔良，把亚得里亚堡和德莫迪卡及其属地授予塞奥多利·布拉纳（Theodore Branas）及其法国妻子阿涅丝（Agnes of France）②，布拉纳为此要为拉丁人皇帝和拉丁帝国服务。1207 年，卜尼法斯向皇帝亨利宣誓效忠，成为皇帝的封臣，随后让拉丁帝国和香槟地区将军（Marshal of Romania and Champagne）杰弗里·德·维拉杜安从摩西诺波斯（Mosynopohs）和塞利斯（Serres/Serrai）两座城市中选择一座，杰弗里·德·维拉杜安于是成为了卜尼法斯的封臣，同时他继续效忠君士坦丁堡皇帝。③

由于拉丁帝国境内十字军人数不够，难以对付环伺四方的众多敌人，例如拜占庭人、保加利亚人等，因此，在 1205 年 10 月，亨利皇帝签署了一个新条约，规定了威尼斯人与拉丁帝国皇帝的关系，由威尼斯人和非威尼斯人贵族组成的委员会能够有效否决皇帝的举措。随着拉丁人征服活动的进行，他们最终在原拜占庭帝

---

① Geoffrey of Villehardouin, "The Conquest of Constantinople", pp. 108 – 112.
② 阿涅丝是法王路易七世的女儿，法王菲利普二世·奥古斯都（Philip Ⅱ Augustus, 1180—1223 年在位）的妹妹，大约 1171 或 1172 年出生，拜占庭皇后（1180—1185）。她于 1179 年到达君士坦丁堡，1180 年改名为安娜，与阿莱克修斯二世举行婚礼，安德罗尼库斯一世杀害阿莱克修斯二世之后，和她结婚，1204 年后她嫁给了塞奥多利·布拉纳。N. Choniates, *O City of Byzantium, Annals of Niketas Choniatēs*, trans. H. Magoulias, Michigan: Detroit, 1984, p. 153 and 183. Geoffrey of Villehardouin, "The Conquest of Constantinople", p. 136. A. P. Kazhdan et al. ed., *The Oxford Dictionary of Byzantium*, p. 37.
③ Geoffrey of Villehardouin, "The Conquest of Constantinople", pp. 137 – 139 and 158 – 159.

国领土上建立起拉丁帝国,除了皇帝个人直接控制的土地和威尼斯控制的土地之外,主要包括塞萨洛尼基王国、阿凯亚公国、雅典公国(Principality/Duchy of Athens)、爱琴海公国(Duchy of the Archipelago 或 Duchy of Naxos 或 Duchy of the Aegean)几个属国,其土地范围与前述"瓜分协议"的规定并不完全一致,甚至差别较大。拉丁人占领的土地主要在欧洲部分,亚洲部分极少征服。

第三节 拉丁帝国的统治及其结构

按照1204年《三月条约》,原拜占庭帝国被拉丁人瓜分,主要分为威尼斯统治下的殖民地和非威尼斯人十字军统治下的殖民地两大部分,十字军殖民地主要包括拉丁帝国皇帝分得和直接控制的地区,以及拉丁人分封和征服建立起来的一些独立小国和诸多封地,主要包括塞萨洛尼基王国、阿凯亚公国、雅典公国和爱琴海公国。所有这些殖民地名义上都以拉丁帝国皇帝为最高统治者。

拉丁帝国一共主要有六位皇帝,第一位是鲍德温一世,第二位是鲍德温的弟弟亨利,第三位是鲍德温的妹夫考特尼的彼得(Peter of Courtenay,1217—1219?年在位),同时在任的有鲍德温的妹妹尤兰达担任摄政(1217—1219年在任),之后的皇帝先后是考特尼的罗贝尔(Robert of Courtenay,1221—1228年在位)、约翰(John of Brienne,1231—1237年在位),以及鲍德温二世(Baldwin Ⅱ,1240—1261年在位)。其中亨利在位期间拉丁帝国最为强大,此后日益衰败,最后到鲍德温二世在位期间难以维持统治,只能到西方到处请求军事和经济援助,甚至抵押耶稣受难的荆棘冠冕等来渡过难关,并将其唯一儿子作为人质。最终在1261年,尼西亚人收复了君士坦丁堡,鲍德温二世和其他大量拉丁人仓促逃往西方。关于拉丁帝国的统治,前文拉丁帝国皇帝列传已有详细阐述,这里主要介绍拉丁帝国的构成。

关于塞萨洛尼基王国的建立,据杰弗里·德·维拉杜安记载,1204年5月16日鲍德温加冕为皇帝后,卜尼法斯要求他兑现关于给他小亚细亚的土地和希腊群岛的承诺,鲍德温说乐意履行承诺,卜尼法斯见他这么痛快,就请求他以那些承诺的土地来换取塞萨洛尼基王国。鲍德温经与贵族们认真讨论之后把塞萨洛尼基地带授予卜尼法斯,但随后鲍德温食言,二人决裂,争夺塞萨洛尼基。据克拉里的罗贝尔(Robert of Clari)记载,卜尼法斯请求鲍德温把塞萨洛尼基分给自己,鲍德温只愿意分给他一小部分塞萨洛尼基。随后二人反目成仇,兵戎相见,争夺塞萨洛尼基。最后在1204年8月,经过威尼斯总督恩里克·丹多洛、路易伯爵等重要人物的调解,鲍德温把塞萨洛尼基给了卜尼法斯。① 据尼基塔斯·侯尼雅迪斯记载,鲍德温加冕为皇帝之后出征,卜尼法斯跟随,期间得知鲍德温无意放弃对著名塞萨洛尼基城的权利要求,二人关系遂恶化,后来经过威尼斯总督丹多洛和那些留守君士坦丁堡的伯爵们的调解,二人和解。随后卜尼法斯占领塞萨洛尼基,不久诈取塞萨洛尼基人的钱财,没收他们的豪宅,分给自己的骑士。②

卜尼法斯在塞萨洛尼基建立起统治后,开始打着拥立其妻子、匈牙利的玛格丽特-玛丽亚(Margaret-Maria of Hungary)与伊萨克二世所生长子曼努埃尔的旗号四处征讨,占领了大量土地和城市,例如,塞利斯和维洛亚(Verroia)附近直到塞萨利的坦培(Tempē)的许多城市、拉里萨平原、阿提卡、底比斯、雅典、优卑亚岛。结果,他统治了最强大的地区和最多的城市,包括塞萨洛尼基、延伸到哈米洛斯(Halmyros)的整个沿海地区、拉里萨平原、希腊和伯罗奔尼撒半岛等。③ 卜尼法斯很快以塞萨洛尼基为首府建立起塞萨洛尼基王国。他把雅典给了自己的封臣勃艮第骑士奥顿·德·拉罗谢(Othon/Otho de la Roche),后者在希腊阿提卡半岛及其沿海岛屿建立起雅典公国,成为其统治者。他的另一个封臣、来自法国香槟伯爵家族的骑士尚普利特的威廉(William of Champlitte,法语为 Guillaume de Cham-

---

① 塞萨洛尼基,拜占庭帝国仅次于君士坦丁堡的第二大城市。Geoffrey of Villehardouin, "The Conquest of Constantinople", pp. 97 – 106. Robert of Clari, *The Conquest of Constantinople*, pp. 118 – 121.
② N. Choniates, *O City of Byzantium: Annals of Niketas Choniatēs*, pp. 329 – 330.
③ Nicetas Choniates, *O City of Byzantium, Annals of Niketas Choniatēs*, p. 330, 334 and 350. Geoffrey of Villehardouin, "The Conquest of Constantinople", p. 147 and 158.

plitte),在伯罗奔尼撒半岛建立起阿凯亚公国。①

但塞萨洛尼基王国存在时间不长。1207年9月4日,卜尼法斯遭保加利亚人伏击身亡。他和匈牙利的玛丽亚所生儿子迪米特里(Demetrius,1207—1224年在位)继位。当时迪米特里只有两岁,伦巴第人贵族控制了实权,他们在摄政王比安德拉特的奥贝托二世(Oberto II of Biandrate)伯爵的领导下阴谋叛乱,企图扶卜尼法斯的长子蒙特菲拉特的威廉六世(William VI of Montferrat)上台,公然藐视拉丁帝国皇帝亨利的权威。1209年,亨利率军出征,迫使他们臣服,亨利的弟弟尤斯塔斯(Eustace)成为迪米特里的摄政。同年,阿凯亚公国、波多尼察侯国(Marquisate of Bodonitza/Bodonitsa)、雅典公国、萨罗纳领地(Lordship of Salona)、内格罗蓬特领地(Triarchy of Negroponte)中断与塞萨洛尼基王国的封建联系,成为拉丁帝国的直接附庸国。② 此后,保加利亚人和伊庇鲁斯的拜占庭人不断攻打塞萨洛尼基王国属地,拉丁帝国无力援助,最终,伊庇鲁斯的塞奥多利·科穆宁·杜卡斯于1224年占领了塞萨洛尼基。塞萨洛尼基王国不复存在。

阿凯亚公国有时称为莫利亚公国(Principality of Morea),莫利亚是伯罗奔尼撒半岛的别称。③ 关于阿凯亚公国的建立,据杰弗里·德·维拉杜安记载,他当时是拉丁帝国和香槟地区将军,他的侄子小杰弗里·德·维拉杜安(Young Geoffrey of Villehardouin)率军离开叙利亚,恰好海风把他的船刮到了莫顿(Modon/Methone/Methoni)港,船只受损严重,他只好在那里过冬。他和当地一个希腊人贵族结盟,一起征服了很多地方,后来那个贵族去世,小杰弗里·德·维拉杜安驻军的城堡大多数也反叛了。当他听说卜尼法斯在围攻纳夫普利亚(Nauplia)时,他带领尽可能多的人去见卜尼法斯,邀请好友尚普利特的威廉、卜尼法斯的封臣前往征服莫利亚,表示愿意成为尚普利特的威廉的封臣。在征得卜尼法斯的同意之后,两人率领大约百余名骑士和大量骑兵军士(mounted sergeants)离开那里,以少

---

① J. Longnon, "The Frankish States in Greece, 1204 – 1311", in *A History of the Crusades*, Volume II: *The Later Crusades, 1189 – 1311*, ed. Kenneth M. Setton, Robert Lee Wolff, and Harry W. Hazard, Madison: The University of Wisconsin Press, 1969, p. 238. 陈志强:《巴尔干古代史》,第389页。
② Filip van Tricht, *The Latin Renovatio of Byzantium: The Empire of Constantinople (1204 –1228)*, trans. Peter Longbottom, Leiden: Brill, 2011, pp. 162 – 163.
③ A. P. Kazhdan et al. ed., *The Oxford Dictionary of Byzantium*, pp. 11 – 12.

胜多大败米哈伊尔利斯（Michaelis）所率军队，获得大量战利品。随后他们占领了沿海城市科伦（Coron/Koroni/Korone），尚普利特的威廉把科伦给了小杰弗里·德·维拉杜安，于是后者成为威廉的封臣。接着他们占领了卡拉马塔（Kalamata）城堡。之后，莫利亚的希腊人开始大量投降。① 1205年，拉丁骑士基本控制了莫利亚，其中，埃利斯（Elis）的阿拉克洛翁（Araklovon）要塞在1213年投降；阿哥斯（Argos）、纳夫普利亚和科林斯三座城堡的统治者利奥·斯古罗斯在1208年自杀，1212年这些城堡被拉丁人征服，被组织成阿哥斯和纳夫普利亚领地。只有莫奈姆瓦夏直到1248年才被征服。② 阿凯亚公国得以建立，尚普利特的威廉一世（William I of Champlitte，1205—1209年在位）为第一任侯爵，小杰弗里·德·维拉杜安为第二任侯爵，即杰弗里一世（Geoffrey Ⅰ of Villehardouin，1209/1210—1219年在位）。由于尚普利特的威廉是卜尼法斯的封臣，因此，该侯国最初是塞萨洛尼基王国的属国，1209年成为拉丁帝国的直接附庸国。1224年，伊庇鲁斯君主塞奥多利占领塞萨洛尼基。此后，该侯国在希腊居统治地位，一直到1460年被奥斯曼土耳其人征服。

阿凯亚公国北接伊庇鲁斯和雅典公国，被威尼斯人在爱琴海的领地以及在伯罗奔尼撒半岛上的两个港口莫顿和科伦包围。其面积较小，包括伯罗奔尼撒半岛（当时称为莫利亚），但相当富有。按照瓜分协议的规定，伯罗奔尼撒半岛大部分分给了威尼斯，但是威尼斯人没能阻止尚普利特和维拉杜安的征服活动。1206年或者1207年，威尼斯人占领了莫顿和科伦。1209年，威尼斯和阿凯亚公国签署条约，相互承认对方获得的土地，威尼斯承认小杰弗里·德·维拉杜安为整个伯罗奔尼撒半岛的统治者，维拉杜安则成为威尼斯的封臣，与威尼斯永久结盟，他及其后代都要成为威尼斯公民，每年必须向威尼斯的圣马可教堂和威尼斯总督纳贡；威尼斯商人在该侯国所有城市免除关税，并有权建立教堂、市场和法庭等。此后，莫顿和科伦迅速发展成为威尼斯和地中海东岸之间贸易路线上繁荣的中途站。③

---

① Geoffrey of Villehardouin, "The Conquest of Constantinople", pp. 112 – 114.
② 少数几个地方后来被拉丁人征服。见 https://en.wikipedia.org/wiki/Principality_of_Achaea。
③ K. M. Setton, *The Papacy and the Levant (1204 – 1571)*, Vol. 1: *The Thirteenth and Fourteenth Centuries*, Philadelphia: American Philosophical Society, 1976, p. 34.

1209年，威廉一世创建一个委员会，由两位拉丁人主教、两位方旗骑士（bannerets）和五位希腊人权贵组成，由他担任委员长，委员会负责按照拉丁人做法评估土地并分封土地，他们把这个侯国分成了12个男爵领地（baronies），这些领地大多以新建的城堡为中心，这证明了法兰克人是处于当地敌对希腊人中的军事精英。12位平信徒男爵（temporal barons）之外，还有七位教会领主，由帕特拉的拉丁人大主教领导。这些教会领主中，大主教获得八块骑士封地，其他七位主教各分得四块骑士封地。军事修会圣殿骑士团（the Templars）、医院骑士团（the Hospitallers）和条顿骑士团（the Teutonic Knights）各分得四块骑士封地。12位平信徒男爵领地分别包括：阿科瓦男爵领地（Barony of Akova/Mattegrifon），有24块骑士封地，其首府是阿科瓦城堡；卡耶塔伊纳（Kaytaina）男爵领地，有22块骑士领地，其首府是卡耶塔伊纳城；帕特拉男爵领地，有24块骑士封地，以帕特拉城为中心，后来大约在13世纪中叶落入帕特拉拉丁人大主教手中；卡拉夫里塔男爵领地，有12块骑士封地，以卡拉夫里塔城为中心；沃斯蒂察（Vostitsa）男爵领地，有八块骑士封地，以沃斯蒂察城为中心；查兰德里察（Chalandritsa）男爵领地，有四块骑士封地，以查兰德里察为中心；维利戈斯迪（Veligosti 或 Veligosti-Damala）男爵领地，有四块骑士封地，以维利戈斯迪为中心；尼克利（Nikli）男爵领地，有六块骑士封地，以尼克利城为中心；杰拉基（Geraki）男爵领地，有六块骑士封地，以杰拉基城堡为中心；格里齐纳（Gritzena）男爵领地，有四块骑士封地，以格里齐纳为中心；帕萨瓦（Passavant/Passava）男爵领地，有四块骑士封地，以帕萨瓦城堡为中心；以及卡拉马塔男爵领地。这12块男爵领地中，帕萨瓦男爵领地最晚建立，大约建立于1218或1220年后，其他大约建立于1209年；卡拉马塔城由尚普利特的威廉和小杰弗里·德·维拉杜安在1205年占领，被尚普利特授予维拉杜安，成为维拉杜安的个人封地。①

雅典公国由奥顿·德·拉罗谢建立于1205年，公爵们主要以底比斯为首府。当年，卜尼法斯占领雅典后，把它给了封臣奥顿·德·拉罗谢，之后奥顿进一步征服，控制了整个希腊中部地区。雅典公国原是塞萨洛尼基王国的附庸国，1224年

---

① Kenneth Meyer Setton, *The Papacy and the Levant (1204–1571), Vol. 1: The Thirteenth and Fourteenth Centuries*, pp. 30–31.

塞萨洛尼基被伊庇鲁斯君主塞奥多利占领后,阿凯亚公国声称对它的宗主权,1267 年《维泰博条约》签订后,它承认西西里国王查理一世(Charles Ⅰ of Sicily, 1266—1285 年在位)的宗主权。① 奥顿·德·拉罗谢还被指控把希腊人司祭(priests)当作农奴。由于法兰克人给当地人强加沉重的劳役(corvée),希腊人高级神职人员把许多当地农奴提升为司祭,以帮助他们逃脱沉重的劳役负担。②

爱琴海公国是威尼斯贵族马可·萨努多(Marco Sanudo)于 1207 年在爱琴海的基克拉泽斯群岛建立的海上国家,以纳克索斯岛(Naxos)和帕罗斯岛(Paros)为中心,包括基克拉泽斯群岛除米科诺斯岛(Mykonos)和蒂诺斯岛之外的所有其他岛屿。马可·萨努多是威尼斯总督恩里克·丹多洛的外甥,参加了第四次十字军出征。1207 年,未经拉丁帝国皇帝亨利的允许,他和马里诺·丹多洛(Marino Dandolo)、安德烈亚·吉西(Andrea Ghisi)、杰雷米亚·吉西(Geremia Ghisi)等威尼斯贵族擅自率领八艘战舰前往爱琴海,历经三年占领了整个基克拉泽斯群岛,他自立为爱琴海公国公爵(Duke of the Archipelago),以纳克索斯为中心。他在纳克索斯岛重建了强大的城堡,把这座岛屿分成 56 块封地分给自己的封臣,这些封臣大多高度自治。马可·萨努多本人承认拉丁帝国的权威,没有使这个公国成为威尼斯的附庸国。一起出征的马里诺·丹多洛成为他的封臣,安德烈亚·吉西和杰雷米亚·吉西兄弟俩则没有承认他的宗主权,他们和萨努多一样是拉丁帝国皇帝的直属封臣。③ 该公国在 1248 年成为阿凯亚公国的附庸国,在 1278 年成为西西里王国的附庸国。④ 希腊群岛其他一些岛屿则臣服于威尼斯,例如,基西拉岛和安提基西拉岛。

这些岛屿处于通往小亚细亚和东地中海的贸易路线之上,为威尼斯提供了安全的贸易路线。威尼斯对于这些岛屿的控制,促进了威尼斯海上霸权的确立。威

---

① 《维泰博条约》,西西里的查理一世和君士坦丁堡的鲍德温二世以及阿凯亚王公威廉二世·德·维拉杜安(William Ⅱ Villehardouin)于 1267 年 5 月 24—27 日签订,该条约把拉丁帝国的大多数权利由鲍德温二世转让给了查理一世,威廉成为查理的封臣。K. M. Setton, *The Papacy and the Levant (1204 - 1571)*, Vol. 1: *The Thirteenth and Fourteenth Centuries*, pp. 103 - 105.
② 见 https://en.wikipedia.org/wiki/Othon_de_la_Roche#CITEREFLongnon1978.
③ K. M. Setton, *The Papacy and the Levant (1204 - 1571)*, Vol. 1: *The Thirteenth and Fourteenth Centuries*, p. 19, n. 78.
④ A. P. Kazhdan et al. ed., *The Oxford Dictionary of Byzantium*, p. 1445.

尼斯人在当地强制推行天主教，马可·萨努多的继任者们强迫当地居民改信天主教，限制东正教神职人员，禁止东正教徒担任重要职务。

如前所述，1204年拉丁人攻占君士坦丁堡之后，威尼斯通过1204年"瓜分协议"获得拜占庭大量土地，例如，君士坦丁堡城区的八分之三，色雷斯和马尔马拉海（Propontis）的大量城市，众多岛屿，伯罗奔尼撒半岛、马其顿和伊庇鲁斯的大量地区。不过，实际占领情况与"瓜分协议"出入较大，例如，加里波利、马尔马拉海东海岸的兰普萨库斯、亚得里亚海东部沿海的迪拉基乌姆和科孚岛、阿尔塔、约阿尼纳等地不久都被拜占庭人夺回。在伯罗奔尼撒半岛，威尼斯只占领了科伦和莫顿，但威尼斯分得富庶的色雷斯沿海城市罗多斯托，但该城在1206年6月之前又被保加利亚人夷为平地。威尼斯占领亚得里亚堡，但不久城中居民反叛，保加利亚人不断进攻，最后拉丁人首领们在君士坦丁堡召集会议，把亚得里亚堡授予拜占庭人贵族塞奥多利·布拉纳及其妻子，后者是法王菲利普二世·奥古斯都的妹妹、前拜占庭帝国皇后阿涅丝-安娜，不过塞奥多利·布拉纳及其妻子愿为拉丁帝国及其皇帝服务，并承认威尼斯对该城的统治权，对威尼斯特别是对总督承担各种军事和财政义务，同时保持该城的自治权。另外，1204年"瓜分协议"没有提到的一些地方，例如，克里特岛曾被阿莱克修斯四世授予卜尼法斯，因而处于瓜分的土地之外，1204年8月，威尼斯花费1000金马克从卜尼法斯手中买来占领克里特岛的权利和资格，该岛处于威尼斯与埃及、叙利亚和君士坦丁堡的贸易路线之上，1207年后，威尼斯人与盘踞在那里的热那亚人不断交战，直到1218年威尼斯最终征服克里特岛。又如，1231年协定表明，威尼斯和拉丁帝国皇帝共同持有某些没有瓜分的村庄，那里的农民须向双方履行义务。① 此外，一些地区由半独立的威尼斯骑士而不是威尼斯国家占领。1205年，威尼斯新总督皮耶罗·齐亚尼（Pietro Ziani）规定，威尼斯所有公民可自由占领希腊的土地和岛屿并使之成为自己的世

---

① Geoffrey of Villehardouin, "The Conquest of Constantinople", pp. 98 – 159. George Akropolites, *The History*, trans. R. J. Macrides, Oxford; New York: Oxford University Press, 2007. Georgii Acropolitae, *Opera*, ed. A. Heisenberg, vol. 1. Leipzig: Teubner, 1903, TLG, Nos. 3141002 and 3141003. A. P. Kazhdan et al. ed., *The Oxford Dictionary of Byzantium*, p. 2158. D. Jacoby, "The Venetian Presence in the Latin Empire of Constantinople (1204 – 1261): the Challenge of Feudalism and the Byzantine Inheritance", in David Jacoby, *Byzantium, Latin Romania and the Mediterranean*, Aldershot; Burlington, USA: Ashgate/Variorum, 2001, pp. 151 – 152 and 156 – 157.

袭财产，无须获得君士坦丁堡的威尼斯人政府的批准。①

在拉丁帝国，威尼斯重新获得其在拜占庭人统治之下所享受的所有权利和免税特权。因此，威尼斯人不用支付商业税，但那些获得封地的威尼斯人必须履行通常的封建义务。威尼斯人在君士坦丁堡占领了圣索菲亚大教堂和最富庶的修道院，在圣索菲亚大教堂安置一批神职人员，这些神职人员选举威尼斯贵族托马斯·莫罗西尼担任君士坦丁堡宗主教。②

这样，随着君士坦丁堡的陷落和随后各派势力的相互较量，威尼斯最终控制了都拉斯（Durazzo，即迪拉基乌姆）以南的海岸线、希腊西部沿海、伯罗奔尼撒半岛西部沿海、色雷斯沿海重要港口等，占领了位于威尼斯与君士坦丁堡之间贸易路线上的岛屿，致力于统治岛屿和主要港口。威尼斯人控制了东地中海最重要的岛屿和沿海港口，控制了连接亚得里亚海到君士坦丁堡的海上航道，他们在亚得里亚海、爱奥尼亚海、爱琴海、达达尼尔海峡、马尔马拉海、博斯普鲁斯海峡甚至黑海通行无阻。通过占领这些岛屿和沿海据点，通过恢复商业特权和获得否决拉丁帝国皇帝举措的权利等，威尼斯实际上达到了长期以来追求的目标，即垄断东地中海的商业贸易。

第四节

拜占庭人独立政权实体的兴起

1204 年君士坦丁堡陷落前后，拜占庭贵族纷纷逃离他们的首都，其中一些在帝国各地占领土地，占据险峻的堡垒和城防坚固的城市，建立起独立统治。杰弗里·德·维拉杜安说大量希腊人贵族逃到小亚细亚，每个希腊人贵族都随心所欲

---

① D. M. Nicol, *Byzantium and Venice: A Study in Diplomatic and Cultural Relations*, pp. 152 – 154.
② A. P. Kazhdan et al. ed., *The Oxford Dictionary of Byzantium*, p. 1184.

地占领土地,为自己牟利。希腊的即拜占庭的贵族在帝国各地就是这样建立了许多独立政权实体。①

在原拜占庭帝国的东部地区,塞奥多利·拉斯卡利斯建立起尼西亚帝国,统治着小亚细亚西部沿海,包括尼西亚、普鲁萨(Prusa)、里迪亚、士麦那和以弗所(Ephesos)以及它们之间的土地。曼努埃尔·马夫罗佐米斯(Manuel Mavrozomēs)是伊科尼姆(Iconium/Ikonion)苏丹凯伊·库斯鲁(Kaykhusraw/Kai-Khusru)的岳父,他统治着科奈(Chonai/Chonae)、弗里吉亚(Phrygia)的劳迪西亚和迈安德河流向大海途经地区,这些土地是塞奥多利·拉斯卡利斯割让给他的。阿德布兰迪努斯统治着阿塔雷亚(1207年被凯伊·库斯鲁占领。)莱昂·加巴拉斯(Leon Gabalas)则与威尼斯人合作占据罗得岛(Rhodes)。②

在原拜占庭帝国的西部地区,流亡皇帝阿莱克修斯三世占据了莫西诺波利斯等大量地区,流亡皇帝阿莱克修斯五世占据了特霍尔卢城。不过,他们的下场都非常悲惨,阿莱克修斯五世和阿莱克修斯三世先后被拉丁人俘虏,前者被拉丁人残酷处死,后者先是被拉丁人监禁,后来落入女婿塞奥多利·拉斯卡利斯手中,被关进修道院,老死在那里。③ 利奥·斯古罗斯在君士坦丁堡陷落之前开始趁乱闹独立,他于1202年占领阿哥斯,1203年劫掠科林斯,1204年夏攻打雅典,占领底比斯,后来统治着科林斯和纳夫普利亚。④ 伊萨克二世的伯父"至尊者"约翰·杜卡斯(sebastokrator John Doukas)的私生子米哈伊尔建立起伊庇鲁斯君主国,控制着希腊西北沿海和塞萨利许多地方,包括埃托利亚(Aitolia)和尼科波利斯临近地区,以及延伸到埃庇丹努斯(Epidamnos)即迪拉基乌姆的地区。此外,米哈伊利斯占领着阿尔塔城,莱昂·沙马雷托(Leon Chamaretos)控制着拉凯泽蒙(Lake-

---

① Geoffrey of Villehardouin, "The Conquest of Constantinople", p. 98.
② Nicetas Choniates, *O City of Byzantium, Annals of Niketas Choniatēs*, pp. 350 – 351, 410, n. 1724. Geoffrey of Villehardouin, "The Conquest of Constantinople", p. 110.
③ Nicetas Choniates, *O City of Byzantium, Annals of Niketas Choniatēs*, pp. 333 – 334, 339. Geoffrey of Villehardouin, "The Conquest of Constantinople", pp. 108 – 109. Robert of Clari, *The Conquest of Constantinople*, p. 124.
④ Geoffrey of Villehardouin, "The Conquest of Constantinople", p. 98 and 106. Nicetas Choniates, *O City of Byzantium, Annals of Nicetas Choniates*, pp. 332 – 333, p. 350.

daimon)溪谷和拉科尼亚(Laconia),还有一个拜占庭人占据着塞萨利高地。①

此外,在君士坦丁堡陷落之前,安德罗尼库斯一世的两个孙子大卫·科穆宁(David Komnenos)和阿莱克修斯·科穆宁,大约在1200年逃出首都,大卫在帕夫拉戈尼亚建立起统治(约1204—1212年),控制包括希拉克利亚(Heraclea/Herakleia,位于黑海)、奥因内翁(Oinaion)和西诺普城在内的地区,大卫死后他的土地被尼西亚帝国吞并。阿莱克修斯在特拉比宗建立起特拉比宗帝国(Empire of Trebizond/Trapezuntine Empire,1204—1461),统治着黑海东南沿岸狭长地带。②

在众多的独立国家和势力中,亚洲地区的尼西亚帝国和特拉比宗帝国、欧洲地区的伊庇鲁斯君主国脱颖而出,其他势力则逐渐湮灭,或者并入这三个国家。

尼西亚帝国由塞奥多利一世·拉斯卡利斯建立。他是拜占庭帝国前皇帝阿莱克修三世的二女婿,1199年和公主安娜·科穆宁娜·安吉丽娜(Anna Komnene Angelina,约1176—1212)结婚,在其岳父于1203年7月被推翻之后和妻子逃到小亚细亚。他在那里开始以尼西亚为中心,组织抵抗拉丁人,控制当地统治者,奠定了一个流亡帝国的基础。在亚得里亚堡战役(1205年)拉丁人溃败后,他于1205年夏,在尼西亚被宣布为皇帝,1208年3月新任牧首米哈伊尔四世·奥托雷亚诺斯(Michael Ⅳ Autoreianos)为他加冕。③ 由于尼西亚帝国第一位皇帝是前皇帝阿莱克修三世的女婿,并任命了君士坦丁堡牧首,在尼西亚召开宗教会议,并且尼西亚帝国后来收复了君士坦丁堡,因此,史学界通常把尼西亚政府看作是1204年君士坦丁堡陷落之后拜占庭帝国的正统继承者。

尼西亚是座繁荣的大城市,树木繁茂,非常宜居,位于阿斯卡尼亚(Askania)湖畔,水质非常好,湖里鱼类成群,湖水还为尼西亚城提供了天然防御。尼西亚离海不是太远,有利于商业,又不太接近沿海,不易遭到海盗掠夺。所处的比提尼亚

---

① Nicetas Choniates, *O City of Byzantium, Annals of Niketas Choniatēs*, p. 350. Geoffrey of Villehardouin, "The Conquest of Constantinople", pp. 106 – 107.
② Nicetas Choniates, *O City of Byzantium, Annals of Niketas Choniatēs*, pp. 350 – 351. A. P. Kazhdan et al. ed., *The Oxford Dictionary of Byzantium*, pp. 63 – 64 and 589 – 590.
③ A. P. Kazhdan et al. ed., *The Oxford Dictionary of Byzantium*, pp. 2039 – 2040.

平原土地肥沃,供应充足的谷物和酒水。① 但是,尼西亚帝国从一开始就处境艰难。当时小亚细亚主要由伊科尼姆的塞尔柱人苏丹、西里西亚的亚美尼亚王国(Cilician kingdom of Armenia)、大科穆宁(Grand-Comnenus)的特拉比宗帝国占据,此外,塞奥多利·曼加法斯占据着费拉德尔菲亚,马夫罗佐米斯统治着迈安德河地区,阿尔德布兰迪努斯统治着阿塔雷亚。② 同时,拉丁帝国皇帝鲍德温分得小亚细亚大部分地区,他把土地分给众多封臣,拉丁人于是纷纷入侵小亚细亚,占领了潘德尔马(Panderma)、洛帕迪昂、阿德拉米迪乌姆和尼科米底等城市,征服了富裕的奥普斯金省(province of Opsicium)和邻近地区,从阿德拉米迪乌姆到尼科米底的整个西北部小亚细亚都承认拉丁帝国,只有尼西亚和普鲁萨支持塞奥多利一世·拉斯卡利斯。

但尼西亚帝国得到其巴尔干同胞的拯救。大约从 1205 年 2 月开始,欧洲各地区的拜占庭人发动起义,与保加利亚人结盟攻打拉丁人。拉丁帝国皇帝鲍德温被迫把小亚细亚的拉丁人召集回巴尔干地区对付敌人,塞奥多利一世·拉斯卡利斯得到喘息之机,趁机占领拉丁人撤离的地方,促使拉丁人在小亚细亚只剩下沿海的斯皮加城。塞奥多利一世与拉丁帝国皇帝亨利休战。③ 他驱逐了曼加法斯和马夫罗佐米斯等,后者是突厥人苏丹凯伊·库斯鲁的岳父,塞奥多利一世与他签订和约,给他保留了一条狭长地带。塞奥多利一世还打败特拉比宗帝国的大卫,迫使特拉比宗帝国边境局限于希拉克利亚,大卫于是向法兰克人求援。

1206 年底,亨利派出拉丁人军队攻打小亚细亚,占领斯皮加、西奇库斯、尼科米底、赫里克(Hereke)、杰姆利克(Gemlik/Civitot)等地。塞奥多利一世于是与保加利亚沙皇卡洛扬结盟,劝他攻打拉丁帝国,拉丁人军队再次撤回巴尔干地区。塞奥多利一世再次攻打拉丁人撤离的地区,亨利再次被迫率军前来解救。亨利疲于奔命,于是与塞奥多利一世签署两年休战协定,规定拜占庭人释放俘虏,法兰克人撤离西奇库斯和尼科米底,并摧毁其防御工事。只有赫里克仍然在法兰克人手

---

① J. B. Bury planned., J. R. Tanner, C. W. Previté-Orton, and Z. N. Brooke eds., *The Cambridge Medieval History*, IV, New York: The Macmillan Company, 1923, pp. 478 – 479.
② J. B. Bury ed., *Cambridge Medieval History*, pp. 479 – 480.
③ Geoffrey of Villehardouin, "The Conquest of Constantinople", p. 116, 129 and 147.

中。但和约再次遭到违反,特拉比宗的大卫在法兰克人援军的帮助下侵略塞奥多利一世的领土,但被击败,希拉克利亚和阿马斯特里斯(Amastris)被并入尼西亚帝国。①

1211年,突厥人苏丹凯伊·库斯鲁借口帮助拜占庭前皇帝阿莱克修斯三世恢复皇位,大举侵略尼西亚帝国,激战中塞奥多利一世杀死凯库斯鲁,俘获阿莱克修斯三世,把他关进修道院。塞奥多利一世虽然取得重大胜利,但战争中有800位拉丁人雇佣兵被突厥人歼灭。随后,亨利趁机侵略尼西亚帝国,获得巨大胜利,但是拉丁人兵力不足以占据小亚细亚,于是双方达成协议,西北部小亚细亚[包括比提尼亚沿海地区和米西亚大部分地区]归拉丁帝国,以东和从阿德拉米迪乌姆向南到士麦那划归尼西亚帝国,两个帝国之间是中立的无人区。这一条约的签订,对尼西亚帝国极为有利,塞奥多利一世可以全力对付突厥人,巩固其东部边境。而且,亨利的附庸大卫失去支援,于1212年被突厥人杀死,1214年,塞奥多利一世兼并了大卫的帕夫拉戈尼亚,这就切断了特拉比宗帝国和拜占庭历史主战场的联系。特拉比宗帝国成为一个"希腊人埃米尔国",其历史属于安纳托利亚和黑海而不是晚期拜占庭帝国的历史。②

1221年,塞奥多利一世去世,他是位外交家和政治家,去世前不久企图把女儿尤多奇亚(Eudocia)许配给拉丁帝国皇帝罗贝尔。随后,他的女婿约翰·杜卡斯·瓦塔泽斯(John Ducas Vatatzes)继位,即约翰三世,尼西亚帝国进入扩张阶段。约翰三世的继位遭到塞奥多利一世两个兄弟的反对,他们在拉丁帝国的帮助下发动叛乱,但约翰三世于1224年在波伊马讷农战役中取得决定性胜利,拉丁帝国在小亚细亚只剩下尼科米底。随后,约翰三世侵入巴尔干,占领亚得里亚堡,但1227年,他在那里的驻军被伊庇鲁斯和塞萨洛尼基的塞奥多利·科穆宁·杜卡斯驱逐。1230年,保加利亚的约翰·亚森二世大败塞奥多利·科穆宁·杜卡斯,结束了伊庇鲁斯和塞萨洛尼基的拜占庭人对约翰三世的威胁。随后,约翰三世和

---

① J. B. Bury ed., *Cambridge Medieval History*, p. 483. Geoffrey of Villehardouin, "The Conquest of Constantinople", p. 149 and 156.
② M. Angold, "Byzantium in Exile", in David Abulafia ed., *The New Cambridge Medieval History*, Vol. 5, c. 1198 – c. 1300, Cambridge: Cambridge University Press, 1999, p. 547. G. Ostrogorsky, *History of the Byzantine State*, New Brunswick, New Jersey: Rutgers University Press, 1969, p. 431.

约翰·亚森二世联姻结盟,约翰的儿子和亚森的女儿订婚,尼西亚帝国承认保加利亚特诺沃教会(Church of Trnovo)独立。他们共同对付拉丁帝国,攻打君士坦丁堡。1234年,约翰三世在色雷斯建立了一个永久性的据点。1235—1236年间,约翰·杜卡斯三世和约翰·亚森二世联合攻打拉丁人统治地区,约翰·杜卡斯三世征服了加里波利、马迪塔(Madyta)、整个切索内索斯(Chersonesos)地区、基索斯(Kissos)要塞、加诺斯山。亚森则征服了这些地方之外的地区,向北扩张。他们兵抵君士坦丁堡城墙下,引起拉丁人极大恐慌。① 后来约翰·亚森二世认识到与尼西亚结盟对他自己不利,试图退出,他率领军队和君士坦丁堡的法兰克人以及库曼人一起,攻打约翰三世在欧洲地区的重要要塞祖鲁洛斯,但在围攻期间,亚森得到消息说他的妻子、一个孩子以及新授封的牧首死亡,他认为这是上帝在惩罚他违约,于是他重新与约翰议和。但法兰克人和库曼人攻占了祖鲁洛斯。不过,约翰占领了法兰克人在尼科米底和君士坦丁堡之间的两座要塞格布塞(Gebseh)和图斯拉(Tusla)。

约翰三世的余生致力于扩大其欧洲领土并寻求收复君士坦丁堡。1241年亚森去世,继位人尚未成年,约翰三世利用这一有利时机,与拉丁帝国休战,全力以赴对付塞萨洛尼基的拜占庭人帝国。他笼络年老的瞎眼塞奥多利·科穆宁·杜卡斯,于1242年率军攻打塞萨洛尼基,把塞萨洛尼基皇帝约翰(John of Salonica)降为"专制君主"。

1246年秋,约翰三世听说年幼的保加利亚沙皇卡里曼死亡,他更小的弟弟米哈伊尔二世·亚森(Michael Ⅱ Asen,1246—1257年在位)继位,于是攻打保加利亚人,收复了1230年约翰·亚森二世从塞萨洛尼基帝国夺取的土地,使得马里察河(the Maritza)成为尼西亚帝国的北部边界。同年12月,已故塞萨洛尼基的约翰的弟弟、君主迪米特里拒绝向约翰三世宣誓效忠,约翰三世的军队于是占领了塞萨洛尼基,监禁了迪米特里,兼并了他的领土。1247年,他从法兰克人那里夺回祖鲁洛斯要塞。

但米哈伊尔二世·安茸鲁斯(Michael Ⅱ Angelus,即 Michael Ⅱ Komnenos

---

① G. Akropolites, *The History*, p. 191, pp. 194 - 195.

Doukas)仍然统治着包括科孚和伊庇鲁斯、东到莫纳斯提尔(Monastir)的地区,年老瞎眼的塞奥多利仍然控制着沃德纳(Vodena)水域和奥斯特罗沃(Ostrovo)湖。米哈伊尔二世决定自己的长子和继位人尼基弗鲁斯一世(Nikephoros/Nicephorus I Komnenos Doukas,约 1266/1268—约 1296/1298 年在位)与约翰三世的孙女玛丽亚订婚,但在其叔叔塞奥多利的挑唆下侵略尼西亚在巴尔干的领土。约翰三世迫使米哈伊尔二世割让卡斯托里亚的三个马其顿湖泊、普雷斯帕(Prespa)和奥赫里德(Ochrida/Ochrid)以及阿尔巴尼亚历史上著名的克罗亚(Kroja)要塞给尼西亚,还囚禁了塞奥多利,并把米哈伊尔二世的长子尼基弗鲁斯扣为人质。

约翰三世于 1254 年 11 月去世,他能力极强,目标坚定,为尼西亚帝国收复君士坦丁堡奠定了基础。他的儿子塞奥多利继位,即塞奥多利二世·拉斯卡利斯。保加利亚沙皇一听说约翰三世去世就抓住机会收复失地,促使形势急剧恶化。1255 年 1 月,塞奥多利率军跨越达达尼尔海峡,攻打保加利亚,收复了大片失地,最后只剩下切皮纳(Chepina)要塞没有征服。第二年春,他再次开启对保加利亚的战争,迫使保加利亚割让切皮纳要塞给尼西亚。保加利亚战争最终结束。不久,米哈伊尔二世·亚森被人暗杀,在两个沙皇短暂统治之后,康斯坦丁·提赫(Konstantin Tih)成为新的沙皇(1257—1277 年在位),与塞奥多利联姻结盟,他娶塞奥多利的女儿伊琳妮·杜卡娜·拉斯卡丽娜(Irene Doukaina Laskarina)为妻。

1256 年,塞奥多利二世和伊庇鲁斯君主米哈伊尔二世联姻结盟,塞奥多利二世迫使米哈伊尔二世割让两座城市塞维亚(Servia)和都拉斯给尼西亚,前者的女儿玛丽亚和后者的儿子、继位人尼基弗鲁斯一世在塞萨洛尼基举行婚礼。这时,野心勃勃的米哈伊尔·帕列奥列格逃到了塞尔柱突厥人那里,发现突厥人正面临着蒙古人进攻的威胁,于是没有带领突厥人军队回去篡位,而是表达效忠于塞奥多利二世,协助突厥人打败蒙古人。苏丹于是请求塞奥多利二世本人进行援助,答应割让劳迪西亚城和科奈城作为报酬,但突厥人还是被迫向蒙古人纳贡。米哈伊尔·帕列奥列格只好回去为前主人服务,宣誓效忠于塞奥多利二世及其儿子。

塞奥多利二世在欧洲地区的扩张使得尼西亚帝国与塞尔维亚和阿尔巴尼亚之间失去缓冲区,伊庇鲁斯君主米哈伊尔二世联合他们,组成联盟,攻打尼西亚帝国在巴尔干的领土,占领了塞萨洛尼基之外的整个马其顿。由于塞奥多利二世采用削弱贵族势力、重用寒门人士的政策,树敌过多,引起普遍不满,加上过度操劳,导致他的健康状况急剧恶化,于1258年8月去世。但他留下充盈的国库,去世前安排出身低微的重臣和密友乔治·木扎伦辅佐年幼儿子的约翰四世·拉斯卡利斯。但几天后乔治·木扎伦本人被谋反的贵族米哈伊尔杀死,塞奥多利二世的重臣们遭到清洗,米哈伊尔·帕列奥列格成为新的摄政,并于同年11月成为专制君主,第二年初成为共治皇帝。

1259年夏季或者秋季,在佩拉戈尼亚战役中,米哈伊尔·帕列奥列格取得决定性胜利,打败伊庇鲁斯的米哈伊尔二世与西西里的曼弗雷德以及阿凯亚公国王公威廉·德·维拉杜安(William de Villehardouin)组成的反尼西亚联盟。之后,米哈伊尔·帕列奥列格致力于收复君士坦丁堡。1260年,他的军队占领了塞林布里亚以及直到君士坦丁堡城墙的所有地区,除了金门之外的阿法梅亚(Aphameia)这个强大要塞之外,该地区居住着拜占庭人农民都被称为"中立派"①。他们未能占领君士坦丁堡。1260年8月,米哈伊尔·帕列奥列格与拉丁帝国皇帝鲍德温二世签订一年的休战协议。

休战期间,米哈伊尔·帕列奥列格促使保加利亚沙皇君士坦丁·亚森(Constantine Asen,1257—1277年在位)保持中立,同时其亚洲领土得到安全保证,因为当时突厥人苏丹凯-卡乌斯二世(Kai-Kā'ūs Ⅱ)及其家人在尼西亚避难,以躲避蒙古人的攻击。米哈伊尔·帕列奥列格进而与威尼斯的竞争对手热那亚结盟。1261年3月13日,双方签署《南菲宏条约》,规定热那亚在米哈伊尔·帕列奥列格的领土范围内享有贸易特权,热那亚为米哈伊尔·帕列奥列格提供海军援助。② 只是热那亚舰队还没有到达时,君士坦丁堡就落入米哈伊尔手里了。

1261年初,米哈伊尔·帕列奥列格派将军阿莱克修斯·斯特拉特戈普洛斯(Alexios Strategopoulos)率领一小支军队前往色雷斯镇压巡逻,并在君士坦丁堡城前示威。阿莱克修斯·斯特拉提勾布鲁斯从"中立派"那里得知鲍德温二世身边并无军队,其新任威尼斯长官(podesta)马可·格拉迪尼戈(Marco Gradenigo)率领

---

① J. B. Bury ed., *Cambridge Medieval History*, p. 509.
② J. B. Bury ed., *Cambridge Medieval History*, pp. 510 – 511.

几乎所有卫戍部队去攻打黑海南岸附近的达弗努西亚岛屿（当时属于尼西亚帝国）了，并且得知君士坦丁堡城墙下有一条旧的水渠，通过那条水渠士兵们能够一个接一个地偷偷进城。于是在7月24日黑夜里，阿莱克修斯·斯特拉提勾布鲁斯的巡逻队进入城墙内，7月25日凌晨不战而占领了君士坦丁堡，拉丁帝国皇帝及其亲信仓皇出逃。8月15日，米哈伊尔·帕列奥列格举行了入城仪式，并正式加冕为皇帝。同年，他下令把小皇帝约翰四世弄瞎，自己成为唯一皇帝。拜占庭人历经57年的奋斗，终于收复君士坦丁堡，帝国皇帝最终回归君士坦丁堡。

伊庇鲁斯君主国是1204年君士坦丁堡陷落之后出现的三大独立的拜占庭人小国之一，声称是拜占庭帝国的合法继承者，其统治者在1224—1242年间自称皇帝，期间它通常被称为塞萨洛尼基帝国（Empire of Thessalonike）。"君主国"（Despotate）这个术语和"拜占庭"（Byzantium）一样是后人的习惯用法，而不是当时的名称。其统治者们尽管与君士坦丁堡的安茝鲁斯王朝有亲戚关系，但其早期统治者们使用科穆宁和杜卡斯（Doukas）两个姓氏。这个国家的奠基人是米哈伊尔一世·科穆宁·杜卡斯（Michael I Komnenos Doukas，生卒年约1170—1215年，1205—1215年在位），1204年君士坦丁堡陷落之后，他曾短期服务过蒙特菲拉特的卜尼法斯，然后去伊庇鲁斯建立起自己的统治，领导当地拜占庭人抵抗拉丁人。他的首府位于阿尔塔，后扩张进入塞萨利，1212年占领拉里萨。1214年，他从威尼斯人手里收复了迪拉基乌姆和科孚。到1215年前后他被谋杀时，已经控制了从科林斯湾直到阿尔巴尼亚（Albania）的整个希腊西北地区，为伊庇鲁斯君主国奠定了基础。①

随后，他的同父异母弟弟塞奥多利·科穆宁·杜卡斯继位。他曾经效力于塞奥多利一世·拉斯卡利斯，约在1210年投奔了其同父异母哥哥米哈伊尔一世·科穆宁·杜卡斯，1215年其兄被谋杀后继位。他致力于扩张领土，收复君士坦丁堡，复兴拜占庭帝国。为此，他与塞尔维亚人以及阿尔巴尼亚人（Albanians）结盟，攻打保加利亚，扩张到马其顿，征服了塞萨利地区、奥赫里德和普里莱普（Prilep）、阿尔巴农（Albanon）和迪拉基乌姆，威胁到拉丁人的塞萨洛尼基王国。1217年，

---

① A. P. Kazhdan et al. ed., *The Oxford Dictionary of Byzantium*, p. 716 and 1362. D. M. Nicol, *Byzantium and Venice: A Study in Diplomatic and Cultural Relations*, p. 150.

他大败并俘虏了拉丁帝国皇帝考特尼的彼得(Peter of Courtenay)。接着,他开始包围塞萨洛尼基,占领了新帕特拉、拉米亚(Lamia)、普拉塔蒙(Platamon)以及普罗塞克(Prosek),最后于1224年秋夺取了塞萨洛尼基,随后加冕为皇帝,与尼西亚帝国皇帝约翰三世·杜卡斯·瓦塔泽斯争夺拜占庭皇位。1225年,他占领了亚得里亚堡,企图收复君士坦丁堡。1230年,他聚集一支大军前去围攻君士坦丁堡,接着转向攻打保加利亚,结果在克洛克特尼查(Klokotnitsa)战役中战败被俘,并被刺瞎,在监狱里待了七年。与此同时,塞奥多利原来在色雷斯、马其顿、阿尔巴尼亚的领土大多被保加利亚沙皇约翰·亚森二世占领。而塞奥多利的弟弟曼努埃尔·科穆宁·杜卡斯(Manuel Komnenos Doukas)成为沙皇的附庸。曼努埃尔在1230年到1237年间统治着塞萨洛尼基,成为保加利亚的属地。塞奥多利的侄子、米哈伊尔一世·科穆宁·杜卡斯的私生子米哈伊尔二世·科穆宁·杜卡斯成为伊庇鲁斯君主国的统治者(1230—1266/68年在位)。克洛克特尼查战役中,塞奥多利的女儿伊琳妮·科穆宁娜·杜凯娜(Irene/Eirene Komnene Doukaina)也被俘虏,在沙皇约翰·亚森二世的宫中长大,沙皇迷恋上她的美貌,于1237年娶她为妻,释放了岳父塞奥多利·科穆宁·杜卡斯。塞奥多利很快驱逐了曼努埃尔,重新占据了塞萨洛尼基,并让自己的儿子约翰·安茸鲁斯·杜卡斯(John Angelos Doukas,1237—1244年在位)和迪米特里·安茸鲁斯·杜卡斯(Demetrios Angelos Doukas,1244—1246年在位)先后统治该城,他自己则成为事实上的摄政,但居住在沃德纳。后来经过协商,曼努埃尔统治塞萨利,约翰统治塞萨洛尼基及其近郊。1242年,尼西亚攻打塞萨洛尼基,约翰被迫放弃皇帝称号,接受专制君主称号,承认尼西亚帝国的宗主权。1246年,约翰三世·杜卡斯·瓦塔泽斯吞并了塞萨洛尼基。①

1230年,克洛克特尼查战役之后,伊庇鲁斯君主国收缩至其在伊庇鲁斯和塞萨利的核心统治区域,被迫成为其他国家的附庸。最初它名义上依附于塞萨洛尼基帝国,实际上则保持独立地位。1246年尼西亚占领塞萨洛尼基后,它成为尼西亚帝国的附庸国,米哈伊尔二世被迫承认约翰三世的宗主权。1251年,在塞奥多利的影响下,米哈伊尔二世攻打塞萨洛尼基。次年,约翰三世攻打他们,迫使米哈伊尔二世屈

---

① G. Akropolites, *The History*, pp. 139-140, p. 145 and 162, pp. 172-173, p. 178. A. P. Kazhdan et al. ed., *The Oxford Dictionary of Byzantium*, p. 2042.

服,米哈伊尔二世的长子尼基弗鲁斯成为人质,塞奥多利被囚禁,不久去世。米哈伊尔二世·科穆宁·杜卡斯联合拉丁人对抗尼西亚人,他先后与阿凯亚王公威廉二世·德·维拉杜安(William II Villehardouin of Achaea)以及西西里国王曼弗雷德联姻结盟,但三方联盟在 1259 年佩拉戈尼亚战役中被尼西亚帝国打败,伊庇鲁斯君主国只剩下约阿尼纳和沃尼察(Vonitsa),其首府阿尔塔也被占领。虽然第二年,该首府被夺回,但伊庇鲁斯的米哈伊尔二世还是于 1264 年被迫接受米哈伊尔八世·帕列奥列格名义上的宗主权。1268 年,米哈伊尔二世去世,伊庇鲁斯君主国分裂为两个部分,他的儿子尼基弗鲁斯一世·科穆宁·杜卡斯统治着伊庇鲁斯(1268—约 1297 年在位),他的私生子约翰一世·杜卡斯统治着塞萨利(1268—1289 年在位)。约翰一世·杜卡斯曾在 1259 年佩拉戈尼亚战役中叛逃尼西亚,促使联盟军队失败。不久,他回到父亲和弟弟一边,1268 年起统治塞萨利,成为帕列奥列格王朝的重要反对者,首府设在新帕特拉,西方史料通常错误地称他为"新帕特拉公爵"。1268 年后,尼基弗鲁斯一世·科穆宁·杜卡斯不得不应付西西里查理一世的侵略。1278 年他与查理一世以及塞萨利的约翰一世联盟。1279 年,尼基弗鲁斯一世承认自己为查理一世的附庸。1282 年西西里晚祷事件(Sicilian Vespers)爆发后,这一联盟遭到沉重打击。之后,尼基弗鲁斯一世与拜占庭帝国结盟。此后,其属地大多被帕列奥列格王朝的拜占庭帝国收复,不久后又被塞尔维亚人统治,最终于 15 世纪被奥斯曼人征服,其最后一个要塞沃尼察于 1479 年被奥斯曼人占领。

  远在黑海东南岸的特拉比宗帝国是在 1204 年君士坦丁堡陷落之前由安德罗尼库斯一世的两个孙子阿莱克修斯一世·科穆宁和大卫·科穆宁建立的,其领土范围仅限于黑海西南沿岸一窄条地带,与君士坦丁堡没有直接的土地联系,虽然面积狭小,不断遭到突厥人征服的威胁,但在大科穆宁家族的统治下,该帝国存在了 250 年。由于小亚细亚山区(Pontic Mountains)构成的天然屏障,和首都特拉比宗的强大防御工事,以及皇帝们实施精明的外交,使得该帝国长期存在。它先后是塞尔柱突厥人、蒙古人、奥斯曼突厥人的附庸国,最后在 1461 年 9 月遭到奥斯曼人军队的海陆进攻时被迫投降。[1]

---

[1] A. P. Kazhdan et al. ed., *The Oxford Dictionary of Byzantium*, pp. 2112 – 2113.

综上所述,1204 年君士坦丁堡陷落之后,由于拉丁人按照西欧分封制原则改造原拜占庭社会结构,拜占庭人也兴起了众多独立小国,加剧了原拜占庭帝国政治上的四分五裂,1261 年拜占庭人收复君士坦丁堡也不能扭转这一格局。

第五节

第二保加利亚帝国的崛起

1185 年,拜占庭帝国境内的保加利亚人和瓦拉几人在彼得和亚森一世兄弟俩的领导下发动大规模叛乱,在库曼人的帮助下,最终建立起第二保加利亚帝国。亚森和彼得先后于 1196、1197 年被人杀害后,他们的弟弟卡洛扬(Kalojan/Ioannitsa/Joannitsa/Johanitza/John,1197—1207 年在位)继位。据尼基塔斯·侯尼雅迪斯记载,1185 年,伊萨克二世向巴尔干地区征税以满足他与匈牙利公主玛格丽特(又称玛丽亚)的婚礼费用,当地瓦拉几人拒绝缴纳。当伊萨克驻扎在基普塞拉平原时,彼得和亚森兄弟俩前去请求伊萨克准许他们参军并赐予他们一块地产,遭到拒绝,伊萨克的伯父约翰还因亚森傲慢无礼下令打他耳光。于是兄弟俩回到家中决定报复。他们利用当地人们的宗教信仰,特别是对殉道士圣迪米特里(St Demetrius)的崇拜,蛊惑人们争取自由、摆脱拜占庭人的统治,争取到大量追随者,掀起了声势浩大的瓦拉几人和保加利亚人反叛运动。目前学术界不能确定彼得和亚森兄弟俩的身份,拜占庭人的史料和十字军的史料称他们为瓦拉几人(Vlachs),还有史料称之为保加利亚人、库曼人或罗斯人。[1] 大约 1202 年,阿莱克修斯三世与卡洛扬达成协议,拜占庭正式承认保加利亚独立,认可卡洛扬占领康斯

---

[1] N. Choniates, *O City of Byzantium, Annals of Niketas Choniatēs*, pp. 204 – 207, p. 215, pp. 217 – 219, 236 – 240, 245 – 246, 255 – 260 and 275 – 276, p. 280 and 294. R. L. Wolff, "The 'Second Bulgarian Empire'. Its Origin and History to 1204", *Speculum*, Vol. 24, No. 2 (Apr., 1949), pp. 182 – 189. C. M. Brand, *Byzantium Confronts the West, 1180 – 1204*, Cambridge, Mass.: Harvard University Press, 1968, p. 89. A. P. Kazhdan et al. ed., *The Oxford Dictionary of Byzantium*, p. 204, 1095 and 1639.

坦提亚(Constantia)、瓦尔纳和马其顿大部分地区。此前,1197年,卡洛扬开始联系教宗英诺森三世,此后数年双方保持通信往来,卡洛扬自称皇帝,请求英诺森三世承认并赐予皇冠,请求加入罗马天主教。1204年2月,英诺森三世最终答应授予卡洛扬国王称号,要求他向教宗宣誓效忠,允许他铸币,任命瓦西里(Basil)为保加利亚大主教(primate),瓦西里有权为未来的国王们加冕,有权任命神职人员。1204年11月7日,教宗使节利奥给瓦西里行涂油礼,8日,加冕卡洛扬为国王。但卡洛扬采用"保加利亚和瓦拉几亚皇帝"(emperor of Bulgaria and Vlachia)称号。① 这样,在十字军攻占君士坦丁堡之后,保加利亚和拉丁帝国成为邻国,都处于罗马教宗保护之下,但二者势不两立。

据克拉里的罗贝尔记载,1204年春,在君士坦丁堡陷落之前,卡洛扬曾派使者去向十字军首领们示好,提出如果他们加冕他为保加利亚人国王,那么,他将成为他们的附庸,率10万大军前去援助他们攻打君士坦丁堡,但遭到拒绝,为此后来他报复了拉丁人。② 据尼基塔斯记载,卡洛扬曾派使者前去与拉丁人建立友好关系,却被命令成为拉丁人的奴仆,否则拉丁人会攻打他。卡洛扬于是命令前来投奔的罗马人(即拜占庭人)回家乡攻打拉丁人,援助色雷斯和马其顿各个城市叛乱,杀死或驱逐拉丁人。③ 随后,拉丁帝国皇帝鲍德温率军前往镇压叛乱。1205年4月14日,卡洛扬设下埋伏大败拉丁人,俘虏皇帝鲍德温,杀死许多拉丁人,其中包括布卢瓦的路易伯爵,威尼斯总督丹多洛等人率领残军连夜逃走。④ 拉丁人遭受重创。

随后,卡洛扬写信给教宗英诺森三世,告诉他说自己曾想与拉丁人和平相处,但遭到拒绝,拉丁人要他交还占领的土地,而他认为他比拉丁人更有权占领这些土地,因为他是在收复他祖先的土地,并且他已被教宗加冕,而拉丁人是在侵占本不属于他们的土地,占领了不属于他们的君士坦丁堡,篡夺了属于他的皇位,他们

---

① R. L. Wolff, "The 'Second Bulgarian Empire'. Its Origin and History to 1204", pp. 190 – 198. M. Angold, *The Byzantine Empire 1025 – 1204*, p. 275. A. P. Kazhdan et al. ed., *The Oxford Dictionary of Byzantium*, p. 1095.
② Robert of Clari, *The Conquest of Constantinople*, pp. 78 – 79 and 86 – 88.
③ Nicetas Choniates, *O City of Byzantium, Annals of Niketas Choniatēs*, p. 336.
④ Nicetas Choniates, *O City of Byzantium, Annals of Niketas Choniatēs*, pp. 336 – 337. Geoffrey of Villehardouin, "The Conquest of Constantinople", pp. 119 – 122. George Akropolites, *The History*, pp. 139 – 140.

虚伪地在肩上缝上十字架,因此他将攻打他们。① 这表明他已经视十字军为敌,把争夺君士坦丁堡定为自己的主要目标。

卡洛扬在向拉丁人示好遭拒之后,联合拜占庭人,率领主要由保加利亚人、瓦拉几人和库曼人组成的联军横扫原拜占庭帝国的巴尔干领土。1205 年,卡洛扬先后攻占了塞利斯和菲利普波利斯等城市,所到之处,屠杀居民,毁灭城市。1206 年,卡洛扬占领了阿普洛斯、罗多斯托、潘内多(Panedor)、希拉克利亚、雷泽斯托斯(Rhedaistos)、达奥尼乌姆(Daonium)、特霍尔卢、阿卡迪奥波利斯(Arkadiopolis)、梅塞尼(Mesenē)、祖鲁洛斯、阿西拉斯、德莫迪卡等城市,所有这些城市都被摧毁,夷为平地,居民遭到屠杀或掳走为奴或高价出售。结果,到 1206 年 6 月,君士坦丁堡周边五天路程范围内的土地,除了君士坦丁堡,留在拉丁人手中的只有两座城市,即比佐埃(Bizoë)和塞林布里亚。1207 年 9 月 4 日,在莫西诺波利斯,保加利亚人击溃卜尼法斯率领的小股拉丁人军队,杀死很多拉丁人,割下卜尼法斯的脑袋送给了卡洛扬。② 拉丁人再次遭受沉重打击。随后,卡洛扬围攻塞萨洛尼基,但 1207 年秋死于疾病或者谋杀。

卡洛扬的外甥鲍里尔(Boril,1207—1218 年在位)继位,和自己的斯基泰人舅母结婚。③ 鲍里尔入侵拉丁帝国后,于 1208 年在菲利普波利斯、于 1211 年在塞萨洛尼基附近先后被拉丁人击败。他的统治软弱,其家族成员纷纷成为半独立小国的统治者。他的兄弟斯特雷兹(Strez)在塞尔维亚统治者"首位加冕者"斯特凡一世(Stefan I the First Crowned)的支持下控制了普罗塞克。鲍里尔于是在 1213 年与拉丁帝国皇帝亨利结盟,次年他们联合攻打塞尔维亚,但被击退。1218 年,鲍里尔被表弟、亚森一世的长子约翰·亚森二世推翻,双眼被弄瞎。④

---

① *The Deeds of Innocent III*, by an Anonymous Author; translated with an introduction and notes by James M. Powell, Washington, D. C.: The Catholic University of America Press, pp. 201 - 202.
② Nicetas Choniates, *O City of Byzantium, Annals of Niketas Choniatēs*, pp. 335 - 339 and 342 - 349. Geoffrey of Villehardouin, "The Conquest of Constantinople", pp. 128 - 138, p. 144 and 159. Robert of Clari, *The Conquest of Constantinople*, pp. 86 - 88 and 125 - 127. *The Deeds of Pope Innocent III*, p. 201.
③ G. Akropolites, *The History*, p. 140.
④ G. Akropolites, *The History*, p. 161. A. P. Kazhdan et al. ed., *The Oxford Dictionary of Byzantium*, p. 309.

约翰·亚森二世的妻子是匈牙利公主玛丽亚（Maria of the Hungarians），他统治期间保加利亚达到鼎盛。1228年，他提出担任拉丁帝国未成年皇帝鲍德温二世的摄政，企图借此入主君士坦丁堡，但遭到拒绝。1230年，他在克洛克特尼查战役中大败并俘获伊庇鲁斯君主国统治者塞奥多利·科穆宁·杜卡斯及其众多亲属和官员。他踌躇满志，立碑纪念这一丰功伟绩，并开始提出他对君士坦丁堡的皇位要求，自称保加利亚人和希腊人的沙皇。随后他占领了塞奥多利的大部分领土，例如，亚得里亚堡、狄迪蒙特乔、沃勒隆（Voleron）军区、塞利斯、佩拉戈尼亚、普里莱普、阿尔巴农地区和塞萨洛尼基以及周边地区。① 此时，他人生到达巅峰，但随后开始走下坡路。1232年，尼西亚皇帝约翰三世向他提议联姻结盟，安排自己的11岁儿子塞奥多利和约翰·亚森二世的9岁女儿海伦订婚，并结为军事同盟。约翰·亚森二世想要为保加利亚教会谋求牧首地位。于是双方很快达成协议。1234年前后，尼西亚皇帝约翰三世·杜卡斯从威尼斯人那里夺回加里波利，约翰·亚森二世带着妻子玛丽亚和女儿海伦到达那里，双方会见后，约翰·杜卡斯带着玛丽亚及其女儿海伦渡过赫勒斯滂海峡来到兰普萨库斯，尼西亚帝国皇后伊琳妮（1239年去世）在那里等候，由牧首日耳曼努斯二世主持仪式，他们共同为双方儿女正式订婚。同时，保加利亚的特诺沃主教于1235年取得了独立地位，他原来是隶属于君士坦丁堡牧首的，被尼西亚皇帝和君士坦丁堡牧首授予牧首地位。1235—1236年间，约翰·亚森二世和约翰·杜卡斯联合进攻拉丁人统治地区，征服了大片地区，兵抵君士坦丁堡城墙下，引起拉丁人极大恐慌。但约翰·亚森二世很快认识到这一联盟对尼西亚的扩张极为有利，却不利于自己夺取君士坦丁堡，于是，他于1237年找借口接回女儿海伦，退出同盟，转而跟拉丁人和解。②

---

① G. Akropolites, *The History*, pp. 178 – 181. A. P. Kazhdan et al. ed., *The Oxford Dictionary of Byzantium*, pp. 1056 – 1057.
② G. Akropolites, *The History*, p. 191, pp. 194 – 198.

第六节

拜占庭人无力恢复帝国政治秩序

1204年第四次十字军攻占君士坦丁堡之后,拉丁人在原拜占庭帝国领土上建立起拉丁帝国和大大小小的诸多封地,拜占庭人独立小国和势力也纷纷涌现,原拜占庭帝国领土四分五裂,政治上分崩离析。拜占庭人虽然在1261年收复君士坦丁堡,重建以君士坦丁堡为首都的拜占庭帝国,但无法改变原拜占庭帝国领土四分五裂的局面,也无法重建统一的中央集权制强国,拜占庭国家沦为"二等小国",最终被奥斯曼土耳其人灭亡。

1204年拉丁人攻占君士坦丁堡后,东地中海海上贸易全面发展,原拜占庭领土、意大利和地中海东岸(Levant)之间的贸易联为一体,黑海和地中海之间的贸易也呈现出一体化态势。① 但在政治方面,东地中海世界则四分五裂,主要体现在政治上分崩离析,以及社会、教会和思想上的多元化。

在1204年之前,拜占庭境内的保加利亚人和瓦拉几人已经兴起独立运动,于1185年建立起保加利亚第二帝国,1188年,拜占庭政府承认了巴尔干山脉以北的保加利亚的独立地位,塞尔维亚也长期保持相对独立,只是处于拜占庭的影响范围之内,阿尔巴尼亚则实际上是自治的。② 由于保加利亚、塞尔维亚和阿尔巴尼亚在1204年之前已经处于独立或半独立地位,因此,本节的分析主要涉及的是这三个小国之外的地区。

1204年,拉丁人攻陷君士坦丁堡之后,对原拜占庭帝国领土进行瓜分、分封、征服和统治,原拜占庭帝国领土上出现大小不一的众多拉丁人政权,主要有拉丁帝国、塞萨洛尼基王国、阿凯亚公国、雅典公国和爱琴海公国等。与此同时,拜占

---

① D. Jacoby, "The Latin Empire of Constantinople and the Frankish States", pp. 774 – 777.
② A. P. Kazhdan et al. ed., *The Oxford Dictionary of Byzantium*, p. 312 and 334, pp. 578 – 579, p. 987. A. Ducellier, "Balkan powers: Albania, Serbia and Bulgaria (1200 – 1300)", in *The Cambridge history of the Byzantine Empire c. 500 – 1492*, pp. 779 – 781.

庭人也建立起众多政权,主要有尼西亚帝国、伊庇鲁斯君主国和特拉比宗帝国等。这样,原拜占庭帝国主要地区于1204年后分裂成拉丁人统治地区和拜占庭人统治地区。在拜占庭人统治地区,实行的基本上仍然是各小国的中央集权制,其中尼西亚帝国极力重建军区制。① 拉丁人统治地区则发生了本质变化。

拉丁人统治地区分为威尼斯直接统治的殖民地和非威尼斯人拉丁人统治的殖民地,拉丁人把西欧分封制移植到被占领的领土上,在那里建立起鲍德温统治的拉丁帝国,卜尼法斯统治的塞萨洛尼基王国、雅典公国、阿凯亚公国,威尼斯人的爱琴海公国等许多独立国家。这些王国、公国、侯国和骑士领地在理论上隶属于拉丁帝国,但拉丁帝国只是各自独立的西欧封建主的联合体,实行的是分封制。各独立小国内部实行的也是分封制。鲍德温把塞萨洛尼基王国分封给卜尼法斯,卜尼法斯再分封雅典公国给奥顿·德·拉罗谢,分封阿凯亚公国给尚普利特的威廉,威廉再进一步把土地分封给12个贵族,各个贵族再分封土地给骑士。后来,这种层层分封的封建关系发生了变化,阿凯亚公国和雅典公国成为拉丁帝国的直接附庸国,阿凯亚公国还成为威尼斯的附庸国。爱琴海公国也是拉丁帝国的直接附庸国,其公爵再把土地分封给自己的封臣。② 这样,在原拜占庭领土上,出现了拉丁人建立的众多独立小国和大大小小许多封地,帝国、王国、公国、侯国、骑士领地散布于各地,这些小的政权实体相互间独立,仅对直接的上级封主履行封建等级义务。由于他们相互间战乱不止,拉丁人还在各自的领地上建造西方式的城堡,例如米斯特拉城堡、克雷蒙城堡、克勒矛奇(Chlemoutsi)城堡。③ 原拜占庭领土被彻底分裂。

在拉丁帝国,威尼斯占据着特殊地位,威尼斯殖民地与拉丁帝国有着颇为复杂的关系,同样体现了原拜占庭领土政治上的分裂状况。威尼斯因其强大的海军力量和经济实力,在第四次十字军战征期间发挥了关键性作用,因此作为一个政治实体与整个非威尼斯人群体处于平等地位,这在第四次十字军战征期间历次交

---

① M. Angold, *A Byzantine Government in Exile: Government and Society Under the Laskarids of Nicaea (1204 - 1261)*, pp. 147 - 235 and 243 - 278.
② A. P. Kazhdan et al. ed., *The Oxford Dictionary of Byzantium*, p. 1184.
③ 陈志强:《拜占廷帝国史》,第301页。Geoffrey of Villehardouin, "The Conquest of Constantinople", p. 159. https://en.wikipedia.org/wiki/Elis_(regional_unit)

涉中得到体现,例如,在 1204 年《三月条约》中,一方是作为威尼斯母邦(Venetian Commune)代表的威尼斯总督恩里克·丹多洛,另一方是率领几大部队的各非威尼斯人封建领主,双方处于平等地位,平分战利品,各选出同等数目的代表选举拉丁帝国皇帝,平分皇帝所得土地之外的土地,各选出同等数目的代表负责分配土地和头衔。征服君士坦丁堡之后,威尼斯继续保持这种地位。1204 年"瓜分协议"首先把土地分给威尼斯,然后分给拉丁帝国皇帝,最后分给其他十字军。此后,威尼斯和拉丁帝国皇帝之间签订的各种协议,是地位平等的双方签署的双边协议,相互发誓遵守共同的义务,而不是以皇帝特许权的形式颁布。① 另一方面,1204 年《三月条约》表明,总督恩里克·丹多洛作为条约缔结双方中的一方,他分得条约规定的一切,他本人无须向拉丁帝国及其皇帝履行任何义务,但代替他控制其封地和其他所得的代理人均须按照规定发誓为皇帝和帝国提供所有服务。② 这意味着总督丹多洛的继任者和作为封地持有人的威尼斯人个人都臣服于拉丁帝国及其皇帝。这样,在 1205 年总督丹多洛去世之后,威尼斯总督既隶属于拉丁帝国皇帝又与皇帝地位平等,威尼斯总督在东地中海世界代表的政治实体威尼斯殖民地既附属于拉丁帝国又与帝国地位平等。

在威尼斯直接统治的殖民地,最高统治者是威尼斯总督及其顾问委员会,总督派代表统治殖民地,这位代表主要是他派驻君士坦丁堡的城市行政长官(Podestà)。这位长官及其顾问委员会服从威尼斯总督及其在威尼斯的顾问委员会,③管理殖民地的威尼斯人。城市行政长官受到威尼斯政府的严密控制。1205 年 10 月,威尼斯新总督皮耶罗·齐亚尼迫使长官马里诺·芝诺同意把希腊西北部所有土地让给威尼斯直接统治,包括都拉斯和科孚岛。皮耶罗·齐亚尼规定,将来长官必须向威尼斯总督和威尼斯母邦宣誓效忠;每个新的长官将由威尼斯派出而不是由君士坦丁堡的威尼斯人选出;长官必须向威尼斯总督宣誓成为总督的

---

① D. Jacoby, "The Venetian Presence in the Latin Empire of Constantinople (1204 – 1261): the Challenge of Feudalism and the Byzantine Inheritance", p. 146.
② "The Registers of Innocent Ⅲ", *Contemporary sources for the Fourth Crusade*, p. 144.
③ A. P. Kazhdan ed., *The Oxford Dictionary of Byzantium*, p. 1184. D. M. Nicol, *Byzantium and Venice: A Study in Diplomatic and Cultural Relations*, pp. 153 – 154.

忠实代理人；"统治者"的头衔转给威尼斯总督。①

值得注意的是，威尼斯总督代表殖民地封地持有人集体对拉丁帝国皇帝履行义务，总督的代理人即他派驻君士坦丁堡的城市行政长官具体负责封地持有人集体履行军事义务。② 如前所述，1204 年"瓜分条约"规定，威尼斯获得的所有封地由威尼斯总督控制。1205 年 6 月 29 日和 10 月，长官马里诺·芝诺发布声明，指出拉丁帝国的威尼斯人获得授予的封地，其持有人须对总督而不是对皇帝履行义务。这种规定的目的在于保护威尼斯的利益。长官马里诺·芝诺于 1205 年 6 月 29 日颁布的法令规定，威尼斯获得的所有封地，不管在君士坦丁堡还是在拉丁帝国其他地方，只能转让给威尼斯人，转让给外国人是非法的，受到严格禁止，违者重罚。9 月 29 日，他重申这些原则。1205 年 10 月，马里诺·芝诺和拉丁帝国摄政王亨利签署条约，确认 1204 年《三月条约》关于军事服役的规定：所有封地持有人必须对皇帝履行军事义务，由威尼斯人和非威尼斯人双方组成的顾问委员会对皇帝提供建议；并规定，皇帝和封地持有人在履行相互的义务时如果出现争端，皇帝不得没收封地，争端由皇帝的顾问委员会任命的混合法庭（由威尼斯人和非威尼斯人双方组成）解决。由此可见，这些规定目的在于维护威尼斯的利益，保护威尼斯对其殖民地和封地持有人的权利，防止土地减少。这些规定也表明，在拉丁帝国皇帝、威尼斯政府，以及威尼斯封地持有人之间存在着复杂的三重关系，威尼斯政府是拉丁帝国皇帝和殖民地封地持有人之间的中介。威尼斯总督、威尼斯封地及其持有人之间联系密切。威尼斯殖民地上的封地持有人，不同于"法兰克人"封地持有人处于拉丁帝国皇帝的最高权威之下，他们虽然必须对拉丁帝国皇帝履行军事义务，但他们由威尼斯总督直接指挥，保持独立性。他们对威尼斯政

---

① 这是针对长官马里诺·芝诺做出的规定，因为马里诺·芝诺是在 1205 年 6 月 1 日丹多洛死后由君士坦丁堡的威尼斯人选出的，他采用的头衔是"八分之三罗马帝国的长官和领主"（Podestà and Lord of three-eighths of the Empire of Romania）。1207 年，奥塔维阿诺·奎利诺（Ottaviano Quirino）由威尼斯派出，取代马里诺·芝诺，他是第一个向总督宣誓的人。D. M. Nicol. *Byzantium and Venice: A Study in Diplomatic and Cultural Relations*, pp. 152 – 154.

② D. Jacoby, "The Latin Empire of Constantinople and the Frankish States", pp. 765 – 766.

府承担军事和财政义务,向总督宣誓效忠。①

由上可见,在拉丁帝国,威尼斯总督既隶属于拉丁帝国皇帝又与皇帝地位平等,威尼斯殖民地既附属于拉丁帝国又与帝国地位平等。威尼斯殖民地名义上处于拉丁帝国皇帝的权威之下,是皇帝授予威尼斯总督的封地,实际上由威尼斯政府控制,威尼斯殖民地所有封地持有人向总督宣誓效忠,总督或其代理人即驻君士坦丁堡的城市行政长官代表所有封地持有人集体对皇帝履行义务。因此,1204年后,拉丁人政权与统治地区和拜占庭人政权与统治地区形成了极为复杂的关系,拉丁人统治地区按照西欧分封制统辖,导致原拜占庭政治版图发生深刻分裂。威尼斯的殖民地、非威尼斯人拉丁人的殖民地和拜占庭人统治区各行其是,在政治上呈现出四分五裂的局面。各种独立国家或势力各自为政,相互混战,进一步瓦解了原拜占庭的基层社会结构。

1204年君士坦丁堡陷落前,拉丁人签署了瓜分拜占庭帝国的《三月条约》,该条约规定了对原拜占庭帝国的领土、皇权、教权和掠夺的财宝等的瓜分方案,并确定了以西欧分封制改造拜占庭社会结构的基本原则,为随后形成的拉丁帝国奠定了基础。拉丁人在原拜占庭帝国的所有殖民地都被改造成西欧的分封制社会结构,所有封地的持有人,除了威尼斯总督恩里克·丹多洛,都要向选出的拉丁帝国皇帝宣誓效忠,发誓为皇帝和帝国服务。所有封地是独立的、世袭的,领主在封地内享有独立的行政、司法、税收等权力,封君封臣之间履行相互制约的封建权利义务。各级封建领主以土地分封为基础、以封建等级义务为纽带,结成领主与附庸之间的主从关系。② 他们构成西欧分封制下封君封臣之间的权利义务关系。拉丁帝国皇帝主要依靠拉丁人封臣提供的军事服役和雇佣军维持统治。③ 这样,在拉丁人社会,西欧式封建等级关系形成,原拜占庭社会结构遭到抛弃。

---

① D. Jacoby, "The Venetian Presence in the Latin Empire of Constantinople (1204 – 1261): the Challenge of Feudalism and the Byzantine Inheritance", pp. 154 – 157. D. Jacoby, "The Latin Empire of Constantinople and the Frankish States", pp. 765 – 767.
② 除威尼斯人统治的克里特(Venetian Crete)、加泰罗尼亚人统治的雅典(Catalan Athens)和热那亚人统治的希俄斯之外,在这些地方,不实行西欧的分封制,但实行统治者拉丁人与被统治者当地人的隔离。D. Jacoby, "The Encounter of Two Societies: Western Conquerors and Byzantines in the Peloponnesus after the Fourth Crusade", *The American Historical Review*, Vol. 78, No. 4 (Oct., 1973), pp. 903 – 904.
③ A. P. Kazhdan et al. ed., *The Oxford Dictionary of Byzantium*, p. 1184.

阿凯亚公国一篇称为《罗马帝国法令》(Assizes of Romania)的私人法律汇编充分反映了这种封建等级制度,这份汇编完成于1333年至1346年之间,使用的是法语,但幸存下来的是威尼斯译本,该译本很可能编写于14世纪晚期的内格罗蓬特。1248年,阿凯亚公国的宗主权扩大到爱琴海大部分岛屿,诸如雅典公爵们和波多尼察侯爵们等法兰克人领主更大规模卷入该侯国的政治、军事,尤其是封建生活之中。1261年拉丁帝国崩溃后,这种卷入进一步加强。阿凯亚公国的封建等级制度扩大到所有处于该侯国宗主权之下的地区。① 从1211年起,威尼斯派代表担任内格罗蓬特城[Negroponte,今卡尔基斯(Chalkis)]的法官(baili),处理有关威尼斯人及其在该岛上财产的案件,并逐渐把司法权扩大到封地事务,采用阿凯亚公国的做法,但1262年遭到阿凯亚公国侯爵的阻止,随后大约半个世纪里,威尼斯没有在优卑亚岛行使封地司法权。不过爱琴海上的一些威尼斯人领主继续把封地案件提交给内格罗蓬特的威尼斯人法官。1452年,威尼斯最终批准了威尼斯版本的《罗马帝国法令》,它在克里特之外的整个威尼斯殖民帝国具有法律效力。② 至此,西欧封建等级制度盛行于东地中海世界的拉丁人统治地区,只有个别地方除外。

拉丁人统治地区西欧分封制的确立,严重瓦解了原拜占庭社会,导致拉丁人统治地区社会开始高度分层,社会上层、骑士阶层和社会其他阶层之间界限分明。例如,在阿凯亚公国,在该侯国侯爵之下,男爵们(barons,其中一位是帕特拉拉丁人大主教)享有权势地位,参与侯爵宫廷的决策,行使高级司法权。侯爵的直接封臣之下有几个等级的封臣。从13世纪下半叶起,侯爵为了换取财政援助还给一些意大利银行家和商人授予骑士身份和封地。最低等级包括那些不属于骑士阶层的军士(sergeants)和地方权贵,前者承担骑兵军事义务以换取土地和报酬,后者是原拜占庭地方权贵,是当地社会精英成员。《罗马帝国法令》充分反映了这种封建等级制度的分层特征,它确认了阿凯亚公国侯爵强大的法律和政治地位,反映了男爵们与侯爵宫廷之间的合作,以及侯爵与其男爵

---

① D. Jacoby, "The Latin Empire of Constantinople and the Frankish States", pp. 770 – 771.
② D. Jacoby, "The Latin Empire of Constantinople and the Frankish States", pp. 770 – 771. A. P. Kazhdan et al. ed., *The Oxford Dictionary of Byzantium*, p. 1805.

们之间的偶尔紧张关系,涉及大量的封臣身份、封地、封臣应尽的军事义务、领主对其农民的权利等文件,少量涉及非封地财产、商业案件、以及遗嘱的起草文件。①

这种高度分层的社会迥异于原拜占庭社会。1204年之前的拜占庭社会,其基本的社会和法律区别只是存在于自由民和奴隶之间,自由民享有平等的法律地位,受制于同样的帝国法律和法庭。其中情况有些特殊的是帕拉克(paroikos,在封地上劳作的居民)的地位问题,他们被认为是自由的,但是受制于一些重要的个人制约因素并与国家或其地主存在法律上的依赖关系。然而,皇帝授予帕拉克个人或者教会机构的权利并不意味着决定性的转让国家特权或者私人司法权,后者不可取代帝国司法权。拜占庭社会精英,包括帝国的达官贵人、中上层官员、地方权贵、大地产主等,他们大多居住在城市里,并没有在法律上分成各个等级。拜占庭社会因此缺乏正式的法律分层,帝国并不存在同一时期封建的西欧各国那种严格的社会和法律分层现象。②

而且,在非威尼斯人殖民地,原拜占庭帝国政府的所有特权和功能都被转移到封建领主手中,司法事务和财政事务方面的国家权力全面私有化,权力分散到各个封建领主手中,社会关系日益封建化,地方分裂势力兴起,迥异于中央集权制下的原拜占庭社会。在1204年之前,拜占庭的司法权和财政权具有公共性质,是排他性的国家特权。但威尼斯殖民地有所不同,据大卫·雅各比(David Jacoby)研究,在那里,威尼斯人采用了西欧的封建等级制度,把农民应纳税收私有化,但同时威尼斯政府保持着对其封地和封地持有人的控制,并维护原拜占庭司法权和财政权的公共性质。③ 有学者认为,拜占庭帝国在1204年之前就已经"封建化",

---

① D. Jacoby, "The Latin Empire of Constantinople and the Frankish States", pp. 770–771.
② D. Jacoby, "The Latin Empire of Constantinople and the Frankish States", p. 772. D. Jacoby, "From Byzantium to Latin Romania: Continuity and Change", in *Latins and Greeks in the Eastern Mediterranean after 1204*, eds. Benjamin Arbel, Bernard Hamilton, and David Jacoby, London: Totowa, N. J. Cass, in association with The Society for the Promotion of Byzantine Studies, The Society for the Study of the Crusades and the Latin East, 1989, pp. 3–4.
③ D. Jacoby, "The Latin empire of Constantinople and the Frankish states", p. 774.

呈现出类似西欧的状况,①这种说法遭到质疑。② 笔者也不认同这种看法。如果1204年前拜占庭帝国已经封建化,那么,1204年后拉丁人征服和统治的原拜占庭帝国领土,其政治和社会结构应该基本上不受影响,但这不符合历史事实。如上所述,随着拉丁人的征服和统治,原拜占庭领土上西欧分封制得以确立,社会高度分层,西欧的封君封臣权利义务关系形成,出现承担军事服役的大量封地,且封地是独立的、世袭的,领主在封地内享有独立的行政、司法、税收等权力,国家的司法特权和财政特权全面私有化,地方分权迅速发展。这些都是移植西欧分封制的结果。③

随之而来的是,在拉丁人殖民地,社会日益分裂为殖民者与被殖民者两大阶层,④罗马天主教会的拉丁人是自由民,处于社会的上层,而仍然忠诚于东正教会的当地人社会则被集体贬低,除了地方权贵外。由于拉丁人殖民者在当地人口中占极少数,被殖民者占据人口的绝对多数,因此,殖民者主要出于经济和安全的考虑,通常常年居住在城市中心或卫城。他们还往往对拜占庭人采取安抚态度,主

---

① 例如,奥斯特洛格尔斯基认为,最先出现于11世纪中叶的普洛尼亚制度,其功能是组建军队,结果是创建了一支剥削依附农民的封建贵族;普洛尼亚或多或少是一种封地,因此普洛尼亚的存在进一步证明了中世纪时期封建生产方式的普遍存在(转引自:Mark C. Bartusis, *Land and Privilege in Byzantium: the Institution of Pronoia*, Cambridge, UK; New York: Cambridge University Press, 2012, p. 7.)。又如,安戈尔德认为,1204年灾难后拜占庭未能恢复,原因在于十字军攻陷君士坦丁堡使得一个多世纪不利于拜占庭的趋势最终定型(参见 Michael Angold, *The Fourth Crusade: Event and Context*, Harlow: Pearson/Longman, 2003, p. xii.)。关于拜占庭帝国封建化问题,一些学者进行了深入研究,可参考:J. Haldon, "The Feudalism Debate Once More: The Case of Byzantium", *Journal of Peasant Studies*, 17/1 (October 1989), pp. 5 – 40. 陈志强:《古史新话——拜占庭研究的亮点》,北京:人民出版社,2019年,第295—322页。还可参考哈维《拜占庭帝国经济扩张》导言部分和巴图西斯《拜占庭帝国土地和特权:普洛尼亚制度》导言部分:Alan Harvey, *Economic Expansion in the Byzantine Empire, 900 –1200*, Cambridge [England]; New York: Cambridge University Press, 1989, pp. 1 – 13. Mark C. Bartusis, *Land and Privilege in Byzantium: the Institution of Pronoia*, pp. 1 – 13.
② 例如,巴图西斯认为,普洛尼亚和西欧的封地是完全不相关的。参见 Mark C. Bartusis, *Land and Privilege in Byzantium: the Institution of Pronoia*, p. 12. M. C. Bartusis, *The Late Byzantine Army Arms and Society, 1204 –1453*, Philadelphia: University of Pennsylvania Press, 1992, pp. 357 – 362. D. Jacoby, "The Venetian Presence in the Latin Empire of Constantinople (1204 –1261): the Challenge of Feudalism and the Byzantine Inheritance", p. 144. D. Jacoby, "The Latin Empire of Constantinople and the Frankish States", pp. 769 – 774.
③ D. Jacoby, "The Venetian Presence in the Latin Empire of Constantinople (1204 –1261): the Challenge of Feudalism and the Byzantine Inheritance", p. 144. David Jacoby, "From Byzantium to Latin Romania: Continuity and Change", p. 3.
④ D. Jacoby, "The Encounter of Two Societies: Western Conquerors and Byzantines in the Peloponnesus after the Fourth Crusade", pp. 903 – 904. D. Jacoby, "From Byzantium to Latin Romania: Continuity and Change", p. 3.

要把地方权贵逐渐纳入其封臣等级之中,地方权贵给予简单的宣誓效忠,处于法兰克人封建等级制度的最底层。从13世纪中叶起,法兰克人首领们为了确保属下忠诚,根据封建习俗授予地方权贵封地,推动了他们社会地位的上升。法兰克人甚至授予一些地方权贵骑士身份,这是一种世袭的地位,但大多数情况下,拜占庭人并没有接受西方人的信仰,拉丁人骑士也不愿意与他们通婚。除了地方权贵,其他拜占庭人集体沦为附庸状态,成为帕拉克,不管他们在1204年之前地位如何。《罗马帝国法令》仅仅区分了两类希腊人,即地方权贵和帕拉克,后者也被拉丁人称为维兰(villani)。帕拉克在拜占庭人统治下是法律上自由的农民,他们有权进入皇宫,尽管他们属于帝国国库或教会机构或个别领主,并受制于重要的个人限制性法规。随着拉丁人统治下国家权力的私有化,依附民在法律上不再自由,更像是西欧的依附农奴或者维兰,只有通过正式的解放法令才能逃脱这一身份,他们远比在拜占庭时期更为严格地服从其领主,被认为仅仅是其领主的财产,被束缚于其领主的地产之上,领主对他们几乎有无限的权力,除了刑事司法权由有法定资格的法庭保留。他们在其处理地产和货物方面的法律行为能力也比拜占庭时期受更大限制。他们极少获得解放。比他们社会地位更低的是奴隶,其数量因频繁的战争和海盗行为而增多,许多奴隶被运到西欧或者穆斯林国家。[①]

总之,1204年后原拜占庭领土的社会情况相当复杂,大体上分裂为三大部分,一是非威尼斯拉丁人统治地区,二是威尼斯统治地区,三是拜占庭人统治地区。拜占庭人统治地区的社会结构与过去没有根本性变化。在拉丁人殖民地,社会分裂为殖民者与被殖民者两大部分,拉丁人殖民者是自由民,处于社会的上层,被殖民者即当地人地位集体降低。其中,威尼斯殖民地逐渐推行西欧分封制,只是威尼斯政府直接控制封地和封地持有人。在非威尼斯人殖民地,拉丁人全面移植西欧分封制,社会高度分层,分裂成各个等级,拉丁人殖民者逐渐把地方权贵纳入封臣等级之中,由于推行西欧分封制的主要是在拉丁人社会,拜占庭人只有地方权贵逐渐被纳入封建等级制度中。据特里萨·肖克罗斯(Teresa Shawcross)研究,在原拜占庭的希腊地区和伯罗奔尼撒半岛,形成了拉丁人的莫利亚公国及其

[①] D. Jacoby, "The Latin empire of Constantinople and the Frankish states", p. 769, pp. 772 - 774. D. Jacoby, "From Byzantium to Latin Romania: Continuity and Change", pp. 5 - 32.

属地,在那里,诸如当地统治家族戴莫诺吉尼德(Daimonogiannides)家族和米哈伊尔·侯尼雅迪斯(Michael Choniates,原雅典都主教,1182—1204年在位)之类的人在十字军到来最初阶段所进行的抗争,当地地方社会结构最终能够保持完整。① 同时,国家的司法权和财政权私有化,地方分权加剧。

随着1204年后原拜占庭帝国政治上分崩离析,信仰分歧和思想分裂也比较严重。拉丁人殖民地信奉罗马天主教,拜占庭人仍然信奉东正教,但分裂状况更为复杂。1204年君士坦丁堡陷落后,君士坦丁堡牧首移居尼西亚,一些拜占庭人地方教会企图摆脱牧首的控制,甚至承认罗马教宗的最高权威。例如,1223年,牧首日耳曼努斯二世写信给塞浦路斯教会大主教涅奥菲托斯(Neophytos),指示他们不得服从拉丁人教会,涅奥菲托斯回信捍卫塞浦路斯教会的自治地位,并请求约翰三世·瓦塔泽斯阻止牧首干预塞浦路斯教会的内部事务;到1250年,塞浦路斯教会处于尼西亚势力管辖之外;1250年,涅奥菲托斯提出其教会应该直接处于罗马教廷管辖之下,罗马应该是东正教法庭所有案件的最终仲裁法庭,这些提议在十年后得到教宗的肯定。②

一些教会脱离尼西亚的控制后,最终回归东正教。例如,伊庇鲁斯统治者塞奥多利一世·科穆宁·杜卡斯·安茞鲁斯(Theodore Ⅰ Angelos)在其鼎盛时期曾力图建立独立的伊庇鲁斯教会,牧首日耳曼努斯二世拒绝承认其自治地位,两个教会之间按照基督教教会法规的联系一度中断,不过伊庇鲁斯教会很快回到尼西亚势力范围。1230年,塞萨洛尼基皇帝塞奥多利一世·安茞鲁斯被保加利亚人击溃后俘虏,新的塞萨洛尼基皇帝曼努埃尔·安茞鲁斯地位岌岌可危,约翰三世·瓦塔泽斯要求他放弃皇帝要求权,曼努埃尔希望牧首日耳曼努斯二世进行调解,并与牧首协商恢复教会关系。1232年8月,两个教会正式恢复统一关系。特拉比宗教会在1261年1月也最终承认尼西亚牧首的权威。保加利亚和塞尔维亚在13世纪初一度服从罗马教廷:1204年11月,罗马教宗使节加冕保加利亚统治

---

① T. Shawcross, "The Lost Generation (c. 1204 – c. 1222): Political Allegiance and Local Interests under the Impact of the Fourth Crusade", Judith Herrin and Guillaume Saint-Guillain, *Identities and Allegiances in the Eastern Mediterranean after 1204*, Farnham, Surrey, UK: Ashgate, 2011, pp. 9 – 46.

② M. Angold, *A Byzantine Government in Exile: Government and Society Under the Laskarids of Nicaea (1204 – 1261)*, p. 18.

者卡洛扬为国王,把特诺沃主教提升到大主教地位;1217 年,罗马教宗使节加冕塞尔维亚大"祖潘"(Grand Župan of Serbia)斯特凡(Stefan)为国王。但它们很快回归东正教,大"祖潘"的兄弟圣萨瓦(St. Sava)后来转而寻求尼西亚人对塞尔维亚教会独立的承认,1219 年,牧首曼努埃尔一世(Manuel I Sarantenos/Charitopoulos)任命他为塞尔维亚大主教,并承认塞尔维亚教会的独立地位。保加利亚在 1232 年前不久开始和尼西亚协商,最终,保加利亚教会承认了尼西亚牧首的权威,尼西亚则承认保加利亚教会独立,并把特诺沃大主教职位提升为牧首地位。①

这些回归东正教的教会保持着独立性。例如,塞尔维亚和保加利亚在政治上和教会上牢牢确立了独立性。伊庇鲁斯教会在回归东正教后,牧首日耳曼努斯二世积极参与其事务,甚至亲自监督其组织,许多修道院被置于牧首的直接控制之下,皇帝也似乎干预教会内部事务,但塞奥多利·安茞鲁斯(大约 1237 年后成为伊庇鲁斯的实际统治者)尽管名义上服从尼西亚皇帝,实际上对其领地内的教会保持了相当大的控制权,如约翰三世·瓦塔泽斯在统治末期确认了拉里萨都主教对其教区内一座修道院的权利,但不久应塞奥多利·安茞鲁斯的要求予以取消。②

尼西亚的皇帝们和牧首们被迫承认现实的政治形势,并默许君士坦丁堡东正教牧首区分裂成一系列极少忠诚于他们的独立教会,这些教会只有在奥斯曼人征服时期才与君士坦丁堡教会重新统一。③ 随着政治分裂和教会分裂而来的是人们思想上的分裂。尼西亚帝国皇帝们和牧首们坚持政治统一和教会统一,但一些著名人士则为政治分裂和教会分裂进行辩护。例如,伊庇鲁斯统治者们仅仅名义上服从尼西亚,尼西亚皇帝们认为他们不值得信任,他们的服从并不表示忠诚。对君士坦丁堡陷落以来控制罗得岛的加巴拉斯家族,尼西亚皇帝们的态度也是如此,认为他们篡夺了皇帝的权力。然而,伊庇鲁斯君主国教会官员乔治·巴登斯

---

① M. Angold, *A Byzantine Government in Exile: Government and Society under the Laskarids of Nicaea (1204 - 1261)*, pp. 20 - 24. M. Angold, *Church and Society in Byzantium under the Comneni, 1081 - 1261*, Cambridge [England]; New York: Cambridge University Press, 1995, p. 534, pp. 536 - 538.

② M. Angold, *A Byzantine Government in Exile: Government and Society Under the Laskarids of Nicaea (1204 - 1261)*, p. 24 and 27.

③ M. Angold, *A Byzantine Government in Exile: Government and Society Under the Laskarids of Nicaea (1204 - 1261)*, pp. 22 - 23.

（George Bardanes）则为教会分裂和政治分裂辩护，伊庇鲁斯君主国著名教会官员迪米特里·乔玛特诺（Demetrius Chomatianos 或 Demetrios Chomatenos）也为政治分裂辩护，他前所未有地主张皇权是有限的，认为皇权因君士坦丁堡的陷落而被粉碎，必须在不同的基础上重建，这使得政治分裂和教会分裂不可避免。尼西亚著名学者尼基弗鲁斯·布拉米德也持不同看法。他反对尼西亚皇帝因其皇权而对其他希腊人统治者拥有权威的观念，认为尼西亚皇帝甚至对罗得岛统治者莱昂·加巴拉斯也没有统治权，加瓦拉斯家族把罗得岛当作世袭财产，完全独立于尼西亚帝国，这是很自然的事情，同样的，伊庇鲁斯统治者们也是如此。①

随着拉丁人的征服和统治，拜占庭帝国政治上四分五裂，拉丁人和拜占庭人在原拜占庭领土上建立众多政权，出现众多拉丁人统治地区和拜占庭人统治地区；拉丁人还在殖民地推行西欧分封制，导致当地社会高度分层化，国家特权全面私有化，社会分裂为殖民者和被殖民者两大部分。原拜占庭领土还出现教会分裂的局面，人们在思想上也四分五裂。随之而来的更严重后果是，拜占庭人无法重建中央集权制强国，最终灭亡。

1204 年后，拜占庭人统治地区中央集权制弱化，尼西亚帝国和帕列奥列格王朝不再是中央集权国家。据安格德研究，在尼西亚帝国内部，中央集权开始弱化，中央权力向地方让渡。② 尼西亚皇帝们给欧洲地区的城市和城镇颁布一系列法令，正式给予它们一定程度的自治权。在君士坦丁堡陷落后的半个多世纪中，地方特权和贵族特权得到更大发展。塞奥多利二世曾企图加强皇权，但最终失败。③

---

① 乔治·巴登斯出生于 12 世纪中叶，大约于 1240 年去世，是雅典都主教米哈伊尔·侯尼雅迪斯的学生，1219 年塞奥多利·科穆宁·杜卡斯未经尼西亚牧首同意任命他为科孚都主教。迪米特里·乔玛特诺出生于 12 世纪中叶，大约在 1236 年去世，1216 或 1217 年被塞奥多利·科穆宁·杜卡斯任命为独立奥赫里德大主教教区的大主教，1225 或 1227/8 年在塞萨洛尼基加冕塞奥多利为皇帝，引起尼西亚牧首日耳曼努斯二世的谴责，导致伊庇鲁斯教会和尼西亚教会的分裂（1228—1232 年）。M. Angold, *A Byzantine Government in Exile: Government and Society Under the Laskarids of Nicaea (1204-1261)*, pp. 27-28. M. Angold, *Church and Society in Byzantium under the Comneni, 1081-1261*, pp. 538-540. A. P. Kazhdan et al. ed., *The Oxford Dictionary of Byzantium*, pp. 254-255 and 426-427.

② M. Angold, *A Byzantine Government in Exile: Government and Society under the Laskarids of Nicaea (1204-1261)*.

③ A. P. Kazhdan et al. ed., *The Oxford Dictionary of Byzantium*, p. 358, 770 and 1734. G. Akropolites, *The History*, pp. 271-347.

1204年后原拜占庭世界四分五裂，政治格局发生重大变化，地方分权势力加强，这主要是第四次十字军战征造成的结果。以往，拜占庭帝国实行的是高度中央集权的皇帝专制制度和皇位世袭制度，至少在军区制推行之后，1204年君士坦丁堡陷落之前，拜占庭帝国始终存在着中央集权和地方分权之间的矛盾，每当中央权威式微或者地方势力强大，地方分裂势力就会抬头。① 例如，12世纪末，拜占庭帝国出现明显的地方分离主义倾向。② 在1182年安德罗尼库斯夺权之后，据史料记载，至少有五个地方势力建立起独立统治。③ 笔者认为，安德罗尼库斯一世上台后，大肆破坏科穆宁制度即以皇帝为中心、以皇帝的家族为基础的统治制度。安德罗尼库斯掌权后企图建立起以自己为中心的统治，但他急于求成，在缺乏坚实的依靠力量的情况下，杀害小皇帝阿莱克修斯二世及其至亲，包括他的母亲、姐姐、姐夫，弄瞎了他的同父异母哥哥，大肆屠杀军事贵族，力图消灭所有忠诚于阿莱克修斯二世世袭统治的人。这加剧了皇位争夺，引起国内广泛的反抗，甚至引起外敌入侵。为对付叛乱和入侵，安德罗尼库斯不得不起用新的势力，包括出身卑微者、文职官僚、宦官、首都民众等，安德罗尼库斯之后的伊萨克二世、阿莱克修斯三世等皇帝也是如此，结果导致科穆宁制度一度遭到彻底破坏。④ 科穆宁制度的崩溃导致拜占庭皇帝们失去坚实的统治基础，地方分裂势力因而蠢蠢欲动，一些地方权贵趁机篡夺拜占庭帝国的土地并在军事、财政和司法事务方面私自行使国家特权。1182年后，拜占庭地方分离主义的出现还跟外敌的侵略和扶持有关。小亚细亚的地方叛乱者往往得到突厥人的支持和援助，巴尔干地区的分裂势力得

---

① 参见陈志强：《拜占廷学研究》，第71、73页。罗春梅：《1204年君士坦丁堡的陷落》，第172页。
② J. Hoffmann, *Rudimente von Territorialstaaten im byzantinischen Reich (1071–1210): Untersuchungen über Unabhängigkeitsbestrebungen und ihr Verhältnis zu Kaiser und Reich*, München: Institut für Byzantinistik und Neugriechische Philologie der Universität, 1974. J.-C. Cheynet, *Pouvoir et contestations a' Byzance (963–1210)*, Paris: Publications de la Sorbonne, 1990. 转引自 Michael Angold, "The Road to 1204: The Byzantine Background to the Fourth Crusade", *Journal of Medieval History*, 25(1999), p. 263. P. Magdalino, "The Byzantine Empire, 1118–1204", in David Luscombe, Jonathan Riley-Smith eds., *The New Cambridge Medieval History*, vol. 4, Cambridge: Cambridge University Press, 2008, p. 636. P. Stephenson, "Byzantium Transformed, c. 950–1200", *Medieval Encounters*, 10 (2004), pp. 207–208. 罗春梅：《1204年君士坦丁堡的陷落》，第170页。
③ Nicetas Choniates, *O City of Byzantium, Annals of Niketas Choniatēs*, pp. 160–161, 204–206, 219–220 and 257–260, p. 267, pp. 277–285 and 293–294.
④ 罗春梅：《1204年君士坦丁堡的陷落》，第148—155页。

到西欧国家和势力的扶持,导致第二保加利亚帝国脱离了拜占庭的势力范围。因此,12世纪末,科穆宁制度的崩溃和中央权威的衰落,外敌的侵略和扶持,共同导致了地方分裂势力的迅速抬头。①

然而,这种地方分离主义只是拜占庭帝国中央集权式微时通常会出现的一种倾向,每当中央权威强大,这种倾向就会得到遏制。但是,1204年拉丁人攻占君士坦丁堡,对原拜占庭领土进行征服和统治,推行西欧分封制,建立起西欧封建等级制度,使原拜占庭帝国的地方分离主义倾向发展成为不可逆转的势力,其原因主要有以下三点。

第一,西欧分封制的推行导致地方分裂势力迅速发展,原拜占庭中央政府无力也无法重建中央集权制国家政治体制。

1204年后,原拜占庭领土分裂为三大部分,即非威尼斯拉丁人殖民地、威尼斯人殖民地和拜占庭人统治地区。拜占庭人统治地区的社会结构没有根本性变化,但是随着拉丁人的征服,占领君士坦丁堡,推翻拜占庭帝国王朝统治,很多地方权贵趁乱攫取国家权力,趁机控制当地居民,地方分裂势力迅速发展。在非威尼斯人殖民地,拉丁人全面移植西欧分封制,改造原拜占庭社会结构,社会高度分层,盛行西方的封君封臣权利义务关系,出现承担军事义务的大量封地。这些封地不同于拜占庭帝国11世纪以来出现的"普洛尼亚"土地。科穆宁皇帝授予军事贵族"普洛尼亚"地产,"普洛尼亚"地主享有"普洛尼亚"土地的税收权,但并不享诸如行政权、司法权等的其他权力,而且,11—12世纪出现的"普洛尼亚"土地不能世袭,"普洛尼亚"土地的所有权仍控制在皇帝手中。"普洛尼亚"地主直接对皇帝负责,他们需要履行一定的义务,例如,维修要塞、为士兵提供给养、服军役,不仅亲自作为骑兵服役,还要根据土地面积提供相应数量的士兵。②"普洛尼亚"的授予"使士兵的供养置于坚实的财政基础上无需流动资金,士兵只对皇帝负责"③。可见,"普洛尼亚"为政府提供了骑兵,解决了政府支付军队开支的问题,

---

① 罗春梅:《1204年君士坦丁堡的陷落》,第170—173页。D. Jacoby, "From Byzantium to Latin Romania: Continuity and Change", p. 4.
② J. M. Hussey ed., *The Cambridge Medieval History*, Ⅳ, Part Ⅱ, p. 42.
③ J. W. Birkenmeier, *The Development of the Komnenian Army: 1081-1180*, Leider & Boston: Brill, 2002, p. 152.

加强了皇帝对军队的直接控制,并没有导致地方分裂,没有造成类似西方分封制下的社会结构。然而,拉丁人建立的封地都是独立的、世袭的,封建领主在封地内享有独立的行政、司法、税收等权力,国家的司法和财政等方面的特权全面私有化,地方分裂势力因而迅速发展。

这样,诚如学者指出的那样,拉丁人"在原拜占庭帝国版图内分立起各自独立的帝国、王国、公国、专制君主国、骑士领地和弗里敦市共和国,它们相互攻讦,矛盾错综复杂,很难重新统一起来",他们"把西方封建制度引进拜占庭社会,瓦解了国家统一的社会基本结构,使晚期拜占庭帝国长期陷入类似于西欧中世纪社会的无政府状态,再也没有能力重新发展成为统一的中央集权制的强国"①。

第二,非威尼斯人殖民地中央集权制瓦解。1204年后,非威尼斯人殖民地中央集权制瓦解,据大卫·雅各比研究,威尼斯殖民地仍然实行中央集权制。②

在非威尼斯人殖民地,实行的不是中央集权制,拜占庭帝国的皇帝专制制度在那里不复存在。这些地方不像原拜占庭帝国那样由中央政府统一任命地方官员,也不具备原拜占庭帝国统一的财政税收体系。拉丁帝国皇帝是所有被征服土地的宗主,但他的地位仅仅相当于众多领主中势力较大的一个。1204年10月制定的法律规定,最重要的非威尼斯人,如法兰克人男爵们,加上君士坦丁堡的威尼斯人城市行政长官及其委员会,共同构成皇帝的政治顾问团,负责指挥军事行动,并能够撤销皇帝的行政命令。由威尼斯人和非威尼斯人双方组成的高级法庭(High Court)也确定了皇帝与封臣之间的关系。③ 1205年10月,拉丁帝国摄政王亨利与威尼斯人长官马里诺·芝诺签订了一项重要条约,其中规定:所有骑士,不管是威尼斯人还是非威尼斯人,都要为拉丁帝国战斗;拉丁帝国皇帝也要遵循威尼斯人长官及其委员会的建议;法兰克人和威尼斯人共同任命法官。从那之后,拉丁帝国新皇帝加冕时必须发誓遵守三个基本条约的所有规定,即1204年《三月条约》,1204年10月"瓜分协议",以及1205年《十月条约》。④ 拉丁帝国皇帝受到

---

① 陈志强:《巴尔干古代史》,第392页。陈志强:《拜占廷帝国史》,第302页。
② D. Jacoby, "From Byzantium to Latin Romania: Continuity and Change", p. 8.
③ S. Runciman, *A History of the Crusades*, vol. 3, p. 125.
④ R. L. Wolff, "The Latin Empire of Constantinople, 1204 – 1261", 1969, pp. 194 – 195, p. 211.

其男爵和威尼斯人组成的顾问委员会的制约,威尼斯人长官实际上独立于皇帝,他对帝国的威尼斯领地行使统治权。

各公国侯国也是如此。例如,阿凯亚公国的侯爵并非拥有绝对权力的君主。其管辖的12个领地的领主有权不经侯爵允许自行建立城堡,或者判决死刑。高级世俗领主和教会领主组成该侯国的高级法庭,担任侯爵的顾问委员会,由侯爵主持,审判与封建法律相关的事务。还有一个低级法庭(Lower Court),就习惯法事务进行判决。但所有封臣每年有义务为侯爵服役四个月并承担四个月的卫戍义务,也可提供替代人员,他们将在60岁之后履行完义务退休。①

第三,拉丁人的征服和统治还导致一些地方权贵不愿意对抗拉丁人统治。

地方权贵的命运极其多样,他们一些人逃离莫利亚和内格罗蓬特,一些人通过协议离开克里特岛,一些人被剥夺财产,还有一些人没有抗争便服从了拉丁人,与拉丁人合作,保留了他们的大部分或者全部财产。拉丁人由于需要当地人合作和缺乏足够的军事力量等原因,逐渐放松了最初由征服者设计的严格的社会和法律分层。例如在莫利亚,拉丁人首领认可了地方权贵对其世袭地产和依附农民的权利,逐渐把地方权贵纳入封臣等级之中,使之成为封建领主。13世纪中叶开始授予他们封地,以换取军事服役,甚至封他们为骑士,把他们纳入贵族阶层,他们也拥有产生经济利益的行政职位。除了拉丁人提升他们的社会地位,他们也主动寻求融入拉丁人精英群体。虽然他们并没有真正融入拉丁人精英阶层,因为除了王公级别的政治联姻,他们极少和拉丁人联姻,但是其社会地位的晋升也拉高了他们对于其拉丁人同辈的地位,加强了他们在拜占庭人社会中的权力和社会优势。这样,1278—1289年间,拜占庭人军队和法兰克人军队交战期间,他们认为自己的利益和其拉丁人领主的利益是一致的,并没有给拜占庭人军队提供真正的援助。到14世纪,他们进一步融入拉丁贵族。其中一些人信奉罗马天主教,许多地方权贵和其他拜占庭人强烈认同拉丁人封建领主的价值观、态度和阶级意识。一位无名氏拜占庭人写作了希腊语版本的14世纪《莫利亚编年史》(Chronicle of Morea),那是一部歌颂拉丁人征服莫利亚、歌颂莫利亚的拉丁人首领的史诗。尼

---

① K. M. Setton, *The Papacy and the Levant (1204 - 1571)*, Vol. 1: *The thirteenth and fourteenth centuries*, p. 32.

古拉·米西托(Nicholas Misito)到1350年时成为法兰克人统治下的莫利亚最有影响的人之一,他的儿子约翰二世在1377年时处于最有权势的人之列。绝大多数希腊人封建领主使用希腊语和拉丁语两种语言,但拉丁人和拜占庭人精英并未完全融合,两个群体都保存了他们各自的独特身份认同。尽管如此,莫利亚地方权贵普遍、持续、深刻的融入了拉丁人中,使得他们不再愿意支持东正教教会反对拉丁人统治的斗争,不愿意支持拜占庭人1262年开始在伯罗奔尼撒半岛进行的扩张活动。①

当然,不是所有拜占庭地方权贵都这样,例如在克里特岛,威尼斯实行殖民统治和社会隔离政策,13世纪当地地方权贵领导了拜占庭人叛乱,从1219年起,威尼斯开始采用类似莫利亚法兰克人采取的政策,承认他们在其大地产上的财产权,授予他们及其一些追随者军事地产,提高其社会地位。但是威尼斯在克里特岛各个社会阶层都实施社会隔离政策,禁止威尼斯人和拜占庭人联姻,威尼斯封建领主强烈反对拜占庭人参与他们的顾问会议,威尼斯还尽量阻止军事土地和其他土地转让给拜占庭人,该政策一直持续到14世纪。这样,克里特岛的地方权贵就没有像莫利亚的地方权贵那样积极融入拉丁人精英之中。②

1204年拉丁人征服君士坦丁堡之后,拜占庭帝国曾经统一的政治结构分崩离析。拉丁人移植西欧分封制导致原拜占庭社会结构发生改变,大量地方分裂势力迅速兴起,使得1204年前拜占庭帝国潜在的地方分权和分离主义趋势发展成根深蒂固的政治模式,并成为1261年末代王朝统治下的拜占庭帝国的通行制度。在帕列奥列格王朝,主要是在拉丁人曾经统治过的地区,例如,塞萨洛尼基、莫利亚等地,一些或多或少自治的地方行政单位得以创建,它们由夺取或被授予统治权力的某些个人或群体控制,结果导致出现多个中心。③ 而且,在非威尼斯人殖民地实行的也不是中央集权制。在一些拉丁人殖民地,地方权贵并不渴望回归拜占庭帝国,不愿意对抗拉丁人统治。拜占庭人重建中央集权制的社会基础消

---

① D. Jacoby, "The Latin Empire of Constantinople and the Frankish States", p. 773. D. Jacoby, "From Byzantium to Latin Romania: Continuity and Change", pp. 6 - 8.
② D. Jacoby, "From Byzantium to Latin Romania: Continuity and Change", pp. 8 - 10.
③ N. Necipoğlu, *Byzantium between the Ottomans and the Latins: Politics and Society in the Late Empire*, Cambridge: Cambridge University Press, 2009, p. 22.

失了。

尼西亚帝国及其后皇帝们控制的资源越来越少,缺乏强化中央集权所需要的资源。首先,尼西亚帝国以及帕列奥列格王朝时期的拜占庭帝国沦为一个小国,领土范围狭小,皇帝们直接控制的土地更为有限。1261 年以后的拜占庭帝国,领土仅限于君士坦丁堡、小亚细亚西部沿海地带、希腊北部、伯罗奔尼撒东南部,该半岛其余地区仍为拉丁人的阿凯亚公国势力所控制,同时,伊庇鲁斯君主国和特拉比宗帝国保持政治独立。在拜占庭帝国最后一个世纪,其边境不断收缩,突厥人逐步占据了整个小亚细亚,而拉丁人则挤压拜占庭人在伯罗奔尼撒半岛的生存空间,塞尔维亚人、保加利亚人和土耳其人侵袭拜占庭人在巴尔干半岛的领土,结果,其领土和人口不断减少,农业基础遭到严重破坏,"帝国"仅仅是名义上的了。

其次,皇帝们还大量授予大修道院和贵族免税权(exkousseia)和地产,捐赠土地给教会和修道院,大量授予"普洛尼亚"土地给政府官员和政治支持者,米哈伊尔八世成为第一位允许"普洛尼亚"地产大规模世袭的皇帝。① 据彼得·查拉尼斯(Peter Charanis)研究,"普洛尼亚"出现于 11 世纪,12 世纪得到充分发展,政府转让产生收入的财产给个人以换取某些服务,通常是军事服务,但不只是军事服务。这种授予通常包括土地,但也可能是河流或者渔场,在拜占庭称为"普洛尼亚",其持有者称为领主(pronoetes 或 pronoiar)。授予物从相当大的地区到一个村庄大小不等,通常但不总是由持有者终生使用。它既不能转让也不能作为遗产由领主后代继承,并且始终很容易被国库收回。② 但这种情况在 13 世纪发生了重要变化,"普洛尼亚"在 1204 年后日益变成可以世袭的财产,且享有免税权。③

再者,1204 年后,拜占庭帝国日益依赖雇佣军,雇佣兵军饷昂贵且要求现金支付,政府财政情况日益窘迫。1204 年后,原拜占庭帝国领土进入持久的动乱和战争环境,战事极其频繁,除了尼西亚帝国时代其小亚细亚领土曾一度(约 1216—约 1260 年)较为稳定繁荣之外,帕列奥列格王朝时期的战争大多在拜占庭

---

① A. P. Kazhdan et al. ed., *The Oxford Dictionary of Byzantium*, p.1734.
② P. Charanis, "Monastic Properties and the State", *Dumbarton Oaks Papers*, 4 (1948), p.87.
③ M. C. Bartusis, *Land and privilege in Byzantium: The institution of Pronoia*, pp. 274 – 279,600 – 602 and 611 – 613.

境内持续进行,拜占庭领土几乎无一能够幸免于屠杀和摧毁,几乎每个人都直接受到战争的影响。① 因此,军队越来越重要。如前所述,"普洛尼亚"在11—12世纪用来授予个人终生使用,主要用来换取"普洛尼亚"持有人的军事服役,但1204年后"普洛尼亚"逐渐变成个人的世袭财产,14世纪中叶之后"普洛尼亚"私有化速度进一步加快,而且"普洛尼亚"持有人常常不履行其军事义务,政府只得加强依赖雇佣军。

这样一来,来自乡村的税收收入急剧减少。到14世纪末,君士坦丁堡几乎是皇帝的唯一税收来源地,就是在君士坦丁堡,皇帝也无法获得所有收入,因为那里的收入主要来自商业贸易,但活跃于那里的意大利商人取得了全部或者部分免除关税的特权,其商贸优势很快挤垮了拜占庭商人,意大利商人控制着拜占庭的对外贸易,也掌握着拜占庭的国内贸易。② 这样,中央政府和皇帝没有财力强化中央集权。

1204年后,拜占庭皇权地位下降,中央集权制需要铁腕皇帝维持,削弱的皇权无法为建立中央集权制强国提供必要条件。1204年后的拜占庭皇权削弱的原因主要有以下几个方面。首先,随着原拜占庭帝国的分裂,皇帝不再是东正教的捍卫者。1204年后,随着原拜占庭帝国政治上四分五裂,教会也出现分裂局面。随着两个主要的拜占庭人国家即尼西亚帝国和伊庇鲁斯君主国之间争斗的发展,双方的东正教神职人员实际上已经断绝关系。1208年,尼西亚召开宗教会议,选举米哈伊尔·奥托雷亚诺斯为君士坦丁堡牧首(1208—1212年在位),由于这一选举不合教规,其合法性遭到质疑。同样,米哈伊尔·奥托雷亚诺斯为塞奥多利·拉斯卡利斯加冕皇帝头衔也遭到挑战。而在伊庇鲁斯君主国,早在米哈伊尔一世统治期间,其神职人员大多就已独立于牧首,奥赫里德大主教迪米特里·乔玛特诺(1216—1236年在位)极力加强伊庇鲁斯君主国在教会事务方面的独立性,包括自行任命主教,不受牧首干涉。这就导致尼西亚帝国和伊庇鲁斯君主国

---

① M. C. Bartusis, *The Late Byzantine Army: Arms and Society, 1204 -1453*, p. 354. M. C. Bartusis, "The Cost of Late Byzantine Warfare and Defense," Byzantinische Forschungen, 16 (1991), pp. 75 – 89.
② N. Necipoğlu, *Byzantium between the Ottomans and the Latins: Politics and Society in the Late Empire*, pp. 18 – 20.

的教会势力发生公开冲突。牧首曼努埃尔一世任命自己的主教担任伊庇鲁斯君主国主教职位,遭到伊庇鲁斯君主国的拒绝。皇帝无法控制这种教会分裂的局面。虽然后来各地教会回归东正教,承认了驻尼西亚的君士坦丁堡牧首的权威,但是它们各自仍然保持着独立或半独立的地位。在1204年前,尤其是在科穆宁王朝,皇帝是东正教统一的保护人,教会内部的分歧和争端由皇帝作出最终仲裁。但是1204年之后,皇帝已经无法保证东正教的统一性。

其次,流亡和动乱环境导致拜占庭皇权地位下降,教权地位上升。1204年后,拜占庭皇帝不仅不再能够保证东正教的统一完整,而且皇权地位下降,教权上升。在1081年阿莱克修斯建立起科穆宁王朝之后,一直到1204年君士坦丁堡被拉丁人攻陷之前,君士坦丁堡牧首一直服从皇帝,依附于皇权。然而,1204年后,拜占庭皇权地位下降,不再能够控制教权。尼西亚皇帝们想挑选乐于听命于他们的牧首,但这样的牧首并不容易找到,牧首日耳曼努斯二世并不完全听命于尼西亚皇帝。①

这种局面主要是1204年后的流亡和动乱环境导致的。在1204年后的动乱时代,东正教成为团结拜占庭人的精神中心,教权逐渐上升。1204年拉丁人攻陷君士坦丁堡后对原拜占庭领土大肆掠夺和洗劫,亵渎拜占庭人的教堂、修道院、修女院,掠夺他们的圣物,迫害东正教徒,没收拜占庭人的财产特别是地产。在拉丁人征服和统治时期,东正教成为凝聚拜占庭人的力量。拜占庭教会推动拜占庭人反对拉丁人统治和罗马天主教的最高权威,成为拜占庭人民族意识和集体身份认同的中心和推动者。经过流亡的考验,拜占庭教会变得更加强大,开始对社会各个阶层发挥更大的影响。在教会圈子里,教会至高无上几乎被认为是理所应当的。自毁坏圣像运动以来,修道士第一次开始代表信众的观点。教会的道德权威以损害皇权为代价得到增强。②

尼西亚时期及其后的帕列奥列格王朝时期,拜占庭帝国的政治思想呈现出持续性和变化性,多元化的新旧思想共存,情况复杂多变。然而,1204年后,拜占庭

---

① M. Angold, *Church and Society in Byzantium under the Comneni, 1081-1261*, p. 548.
② M. Angold, *Church and Society in Byzantium under the Comneni, 1081-1261*, pp. 561-563. D. Jacoby, "The Latin Empire of Constantinople and the Frankish States", p. 777.

帝国意识形态的主要内容和之前拜占庭帝国的一样,主要强调皇帝权威的神圣性,即主张皇帝权威是由上帝授予的。帝国的主流意识形态仍然是统一国家的意识形态,并通过皇帝神圣的观念得到表达,慷慨是皇帝首要的美德,他要效仿上帝对人类的慷慨。拜占庭皇帝在理论上拥有国家所有土地资源的所有权,他可以任意管理和再分配帝国纳税者的财富。拜占庭中央政府继续征收1204年之前的传统税收,并引进新的税收。皇帝极力在意识形态上维护其权威,尽管他们逐步丧失对其臣民的政治控制。①

随着1204年后原拜占庭领土政治、社会、教会分裂局面的形成,随着流亡状况的持续,一些著名的拜占庭教俗知识分子开始为政治分裂和教会分裂进行辩护,原拜占庭帝国的皇权专制和中央集权制难以传承,拜占庭政治思想相应地出现很多新的变化。

1204年后,拜占庭官方宣传虽然继续强调皇帝在再分配国家税收资源方面的权力,但出现了对个人特殊利益的强调。宫廷演说越来越强调皇帝的仁慈,称颂皇帝不为个人利益,歌颂皇帝的仁慈美德。同时,1204年后,拜占庭出现了统治者与臣民之间互惠关系和契约关系的新理论。官方文件中出现了君民互惠的思想,法庭公文强调皇帝作为特权授予者,和臣民个人作为特权接受者之间关系的互惠性和双边性。塞奥多利二世·拉斯卡利斯和曼努埃尔·莫斯科波洛斯(Manuel Moschopoulos)等思想家,阐述了互惠政治的合理性,运用封建誓言的词语描绘出类似于西欧封建社会的君臣关系,论证西方特征而不是拜占庭特征的政治模式。1204年后,拜占庭教会人士还阐述了类似于西方出现过的僧侣政治思想。他们主张教会权力,强调皇帝涂油礼的神圣性,使得涂油礼在流亡时期正式成为拜占庭加冕仪式的一部分。另外,秩序(taxis)和稳定(stasis)观念原为拜占庭政治的优点,但塞奥多利二世·拉斯卡利斯进行了重新评价,他把变化无常和残缺不全看作是政治的常态化特征,还认为统治者通过引起对他自己的恨而不是爱会统治得更好。他可能是1204年后第一位认识到拜占庭帝国要服从国家兴亡规律的作者,后来,大臣塞奥多利·梅托契特斯和牧首阿塔纳修斯在14世纪初,

---

① D. Angelov, *Imperial Ideology and Political Thought in Byzantium (1204-1330)*, Cambridge, UK; New York: Cambridge University Press, 2007, p. 418.

也认为拜占庭可能即将崩溃,阿塔纳修斯还认为,教会是比帝国更为长寿、真正的最有生命力的人类组织。这反映出拜占庭人对其帝国使命的观念,因 1204 年事件和 14 世纪初的政治灾难而发生了明显动摇。①

1204 年后,拜占庭政治思想呈现出官方意识形态和教俗思想家政治思想之间的明显分歧。教俗思想家开始批评旧的意识形态。例如迪米特里·乔玛特诺、塞奥多利二世·拉斯卡利斯、塞奥多利·梅托契特斯等人,批评柏拉图关于哲学王的思想。当时,拜占庭人在论文和书信中对征税进行了激烈争论,出现了关于帝国国库合法性的各种矛盾观点,其中一种观点对作为帝国政府基石的帝国征税权提出质疑。14 世纪初,托马斯·马吉斯特罗斯(Thomas Magistros)对帝国征税权进行攻击,并提出影响深远的改革计划,目标是限制帝国中央政府的权力。许多新的政治讨论也反对皇帝的独裁权利。例如,尼基塔斯·侯尼雅迪斯在尼西亚完成了史学名著《年代记》(Annals),他在书中严厉抨击皇帝专制。② 曼努埃尔·莫斯科波洛斯提出社会契约的统治思想,这一思想与神权统治理论相对立。神职人员攻击传统的皇权神授观念和皇帝对教会的"至尊权",提出一种不同的政治模式,在这种模式中,教会及其领袖牧首占据着统治地位。针对这些反对皇帝和皇权的言论,皇帝塞奥多利二世·拉斯卡利斯本人则提出,统治者不受制于法律和道德限制的另一种政治模式。但他的专制政治理想并没有像神职人员的僧侣统治思想那样流行,并深入拜占庭人心。③

自古代晚期以来,拜占庭人第一次运用柏拉图和亚里士多德哲学思想进行独立的政治讨论,或批评旧的意识形态,或反对皇权。塞奥多利二世·拉斯卡利斯和曼努埃尔·莫斯科波洛斯分别运用亚里士多德和柏拉图的观点构建新的政治模式,他们都质疑罗马和拜占庭关于利用国家机构进行统治的传统思想,都以自己的方式赞扬半封建的政治体制,他们承认在拜占庭社会里公共权力及其国家机构与强大的非法权力网共存。但皇帝塞奥多利二世·拉斯卡利斯反对把贵族看

---

① D. Angelov, *Church and Society in Byzantium under the Comneni*, 1081 – 1261, pp. 541 – 542.
② Nicetas Choniates, *O City of Byzantium*, *Annals of Niketas Choniatēs*, p. 35 and 119, pp. 225 – 226, p. 253, pp. 262 – 263, p. 275, 316 and 331.
③ D. Angelov, *Imperial Ideology and Political Thought in Byzantium* (1204 – 1330), p. 420.

作血统上的贵族,主张以最高层世袭贵族家族为牺牲,晋升新的行政部门精英。这与当时西方情况不同,西方贵族在13世纪已经变成一个封闭的法律上定义的阶层和特权群体。但塞奥多利二世·拉斯卡利斯未能成功推行其主张,他英年早逝后,其政权被以米哈伊尔·帕列奥列格即后来的米哈伊尔八世为核心的贵族集团篡夺。

可见,1204年后盛行的独立政治精神讨论直指传统的官方意识形态、皇帝权利和中央集权制度。教俗思想家批评传统的政治思想,强调个人利益,讨论征税权,反对皇帝独裁,提出新的君民关系应该是互惠关系和契约关系,阐述半封建政治体制的合理性,主张教会统治,反对帝国征税权,主张限制帝国中央政府的权力,甚至有思想家认为拜占庭帝国可能即将崩溃。这些新的政治思想削弱了拜占庭皇权和中央集权制的思想基础。

更重要的是,流亡期间的拜占庭人因对拉丁人的强烈仇恨而逐渐发展出强烈的排外思想,而中央集权制需要跨种族的普世思想,这进一步严重削弱了中央集权制强国所需要的思想基础。1204年后,拜占庭人越来越多地自称为"希腊人"(Hellenes),以与他们所说的"拉丁人"(Latins)即西方人相区分。1204年前,拜占庭人在自称时通常使用"罗马人"(Roman),这种称谓虽然在君士坦丁堡陷落之后继续使用,但是他们开始强调自己和犹太人的区别,和古代希腊人的相似性,尼西亚学者还总结出一种12世纪极少使用的用法,越来越经常使用"希腊人"称谓,这个词在以前实际上与异教徒是同义词,现在他们赋予"希腊人"一词新的含义,把这个词与他们称西方人所用的"拉丁人"相对立。流亡环境强化了拜占庭帝国历史上冲突最明显的种族意识,其普世基督教权利要求和根深蒂固的排外情绪之间鲜明对立。这样,其统一帝国的伟大理想和抱负便缺少了坚实的思想基础。①

---

① M. Angold, *A Byzantine Government in Exile: Government and Society Under the Laskarids of Nicaea (1204 – 1261)*, pp. 29 – 33.

第四章

拉斯卡利斯王朝的尼西亚帝国

1204年4月12—13日,第四次十字军攻陷了已存在近九个世纪的拜占庭帝国的首都君士坦丁堡,这是中世纪欧洲的一次重大事件。在数世纪后,拜占庭人仍称它是一场"宇宙的灾难"。① 它打断了统一的拜占庭帝国的发展进程,使拜占庭朝廷进入流亡时期。尼西亚帝国因为不被视为拜占庭历史的主流,所受的关注和研究相较而言低于其他历史时期。目前而言,国外学者对尼西亚帝国研究成果集中于两个方面。一方面,他们利用其自身在古典语言方面的优势,将这一时期的一些重要史料翻译为英文并对之做出了较为详尽的注释和研究,如穆

---

① J. Darrouzès, "Les Discours d'Euthyme Tornikès", *REB* 26 (1968), pp. 82. 28 – 83. 1. 转引自 R. Macrides, *George Akropolites, The History*, Oxford: Oxford University Press, 2007, p. 265, n. 14. 另外,米哈伊尔八世·帕列奥列格(Michael Ⅷ Palaeologus,1259—1282 年在位)曾被当时人评论称,"被这样伟大的人统治着,我们将不会经历宇宙的灾难。"参见 G. Akropolites, *The History*, pp. 259 – 263, 50. 此处"宇宙的灾难"可能也是指君士坦丁堡的陷落。

图5 第四次十字军战争后的尼西亚帝国

- Buda 布达
- R. Danube 多瑙河
- KINGDOM OF HUNGARY 匈牙利王国
- CUMANS 库曼人
- Venice 威尼斯（城市）
- VENICE 威尼斯（共和国）
- GERMAN EMPIRE 德意志帝国
- Belgrade 贝尔格莱德
- Zara 扎拉
- BOSNIANS 波斯尼亚人
- R. Morava 莫拉瓦河 *[欧洲名叫 Morava 的河流不止一条，此图中的 Morava 位于塞尔维亚境内，可译为"莫拉瓦河"；还有一条著名的 Morava 主要流经摩拉维亚，且摩拉维亚名称源自此河，可译为"摩拉瓦河"。]
- BULGARIA 保加利亚
- Trnovo 特诺沃 *[又拼写为 Turnovo，或 Tărnovo，或 Trnova，或 Tirnovo，或 Tŭrnovo。译为"特诺沃"。参见 https://www.britannica.com/place/Veliko-Turnovo。]
- Balkan Mts 巴尔干山脉
- SERBS 塞尔维亚人
- R. Drina 德里纳河
- Ragusa 拉古萨
- R. Hebrus 希伯鲁斯河 *[即马里察河，Hebrus 又拼写为 Hebros 或 Maritsa 或 Marica（马里察河），希腊语为 Évros，土耳其语为 Meriç。参见 https://www.britannica.com/place/Maritsa-River。]
- R. Strymon 斯特雷蒙河 *[现称斯特鲁马河（Struma）。参见 Alexander P. Kazhdan (editor in chief), The Oxford Dictionary of Byzantium, 3 vols., New York: Oxford University Press, 1991, p.1968。]
- Philippopolis 菲利普波利斯
- Adrianople 哈德良堡，或译亚得里亚堡
- Constantinople 君士坦丁堡
- Selymbria 塞林布里亚 *[现代锡里夫里（Silivri）的古名。参见 Alexander P. Kazhdan (editor in chief), The Oxford Dictionary of Byzantium, 3 vols., New York: Oxford University Press, 1991, p.1867。]
- THRACE 色雷斯
- Serres 塞利斯 *[Serres，又拼写为 Sérres，即 Serrai（又拼写为 Sérrai），古名 Siris（西里斯）。参见 Alexander P. Kazhdan (editor in chief), The Oxford Dictionary of Byzantium, 3 vols., New York: Oxford University Press, 1991, p.1881。https://www.britannica.com/place/Serrai。]
- Thessalonica 塞萨洛尼基
- MT. ATHOS 阿索斯山
- Skopje 斯科普里
- Prilep 普里莱普
- Ochrid 奥赫里德
- ALBANIA 阿尔巴尼亚
- Dyrrhachion[又拼写为 Dyrrachium。] 迪拉基乌姆
- Edessa (Vodena) 埃德萨（沃德纳）
- Kastoria 卡斯托利亚
- Pindus Mts 品都斯山脉
- Serbia 塞尔维亚
- Larissa 拉里萨
- Ioannina 约阿尼纳
- EPIROS 伊庇鲁斯
- THESSALY 塞萨利
- KERKYRA (Corfu) 科基拉岛（即科孚岛）
- Arta 阿尔塔
- Naupaktos 纳夫帕克托斯
- Thebes 底比斯
- Athens 雅典
- Patras 帕特拉
- Corinth 科林斯
- Nauplion 纳夫普里翁
- PELOPONNESOS (Morea) 伯罗奔尼撒（莫利亚）*[参见 Alexander P. Kazhdan (editor in chief), The Oxford Dictionary of Byzantium, 3 vols., New York: Oxford University Press, 1991, pp.1620-1621。]
- Monemvasia (Independent) 莫奈姆瓦夏（独立）
- Chandax (Candia) 汉达克斯（坎迪亚）*[参见 Alexander P. Kazhdan (editor in chief), The Oxford Dictionary of Byzantium, 3 vols., New York: Oxford University Press, 1991, p.409。]
- CRETE 克里特岛
- KEPHALLENIA 凯法利尼亚岛 *[又拼写为 Kephalonia，或 Kefallinía，或 Cephallenia，或 Cephalonia。参见 Alexander P. Kazhdan (editor in chief), The Oxford Dictionary of Byzantium, 3 vols., New York: Oxford University Press, 1991, pp.1122-1123。https://www.britannica.com/place/Cephallenia。]
- Ionian Sea 爱奥尼亚海

- KINGDOM OF SICILY 西西里王国
- Rome 罗马
- Adriatic Sea 亚得里亚海
- Mediterranean Sea 地中海
- LESBOS 莱斯沃斯岛●[参见 Alexander P. Kazhdan (editor in chief), The Oxford Dictionary of Byzantium, 3 vols., New York: Oxford University Press, 1991, p.1219.]
- EUBOEA 埃维厄岛（旧译优卑亚）
- CHIOS 希俄斯岛
- SAMOS 萨摩斯岛
- LATIN EMPIRE 拉丁帝国
- Sea of Azov 亚速海
- ALANS 阿兰人
- CRIMEA 克里米亚
- Kherson 克尔松●[Kherson 又拼写为 Cherson。]
- KINGDOM OF GEORGIA 格鲁吉亚王国
- EMPIRE OF TREBIZOND 特拉比宗帝国
- Trebizond 特拉比宗
- Black Sea 黑海
- Sinope 西诺普
- Pontic Alps 蓬托斯阿尔卑斯山
- BITHYNIA 比提尼亚
- PAPHLAGONIA 帕夫拉戈尼亚
- Nikomedeia 尼科米底亚
- Nikaia（即 Nicaea）尼西亚
- R. Sangarius 桑格里斯河，Sangarius 又拼写为 Sangarios
- R. Halys 哈里斯河
- R. Tigris 底格里斯河
- SULTANATE OF ICONIUM 伊科尼姆苏丹国
- Prousa 普鲁萨
- Lopadion 洛帕蒂翁
- Kyzikos 西奇库斯
- Lampsakos 兰普萨库斯
- Adramyttion 阿德拉米提翁●[即 Atramyttion，今天的 Edremit（埃德雷米特）。参见 Alexander P. Kazhdan (editor in chief), The Oxford Dictionary of Byzantium, 3 vols., New York: Oxford University Press, 1991, p.23, p.227.]
- R. Rhyndacus 林达库斯河

- EMPIRE OF NICAEA 尼西亚帝国
- Pergamon 帕加马●[希腊语，即 Pergamum（帕加马），今天的 Bergama（帕加马）。参见 Alexander P. Kazhdan (editor in chief), The Oxford Dictionary of Byzantium, 3 vols., New York: Oxford University Press, 1991, p.1628. https://www.britannica.com/place/Pergamum.]
- Philadelphia 费拉德尔菲亚
- Smyrna 士麦那
- Antioch 安条克
- ANTIOCH 安条克
- Khonai 科奈
- R. Meander 迈安德河●[即 Maeander 或 Menderes。参见 https://www.britannica.com/science/meander-river-system-component.]
- Attaleia 阿塔雷亚
- Ikonion●[现在的 Konya（科尼亚）。参见 Alexander P. Kazhdan (editor in chief), The Oxford Dictionary of Byzantium, 3 vols., New York: Oxford University Press, 1991, p.985.]伊科尼姆，现在的科尼亚
- CAPPADOCIA 卡帕多西亚
- Taurus Mts 托罗斯山脉
- KINGDOM OF ARMENIA 亚美尼亚王国
- R. Euphrates 幼发拉底河
- AYYUBID SULTANATE 阿尤布苏丹国
- TRIPOLI 的黎波里
- Tripoli 的黎波里
- SYRIA 叙利亚
- Acre 阿克
- KINGDOM OF ACRE 阿克王国
- PALESTINE 巴勒斯坦
- Jerusalem 耶路撒冷
- KINGDOM OF CYPRUS 塞浦路斯王国
- Rhodes 罗德岛
- RHODES 罗德岛

- State boundary 国界
- Byzantine successor state 拜占庭人继承国
- Possession of Venice 威尼斯的殖民地（属地）

尼提兹和玛库利德斯分别完成了布拉米德(1197—约1269年)的《自传》①和阿克罗颇立塔斯(1217—1282年)的《历史》的英译本。② 澳大利亚学者卡西迪则在其博士论文中将帕奇米尔斯(1242—约1310年)《历史》中关于尼西亚帝国历史的部分章节翻译为英文。③ 另一方面,在深度解读多方史料的基础上,他们也对尼西亚帝国的政治、经济、对外关系、文化教育以及民族认同等进行了专门研究。其中,除了在上个世纪以宏观视角叙述尼西亚帝国历史的伽德讷的《尼西亚的拉斯卡利斯王朝:一个流亡帝国的历史》④和侧重研究尼西亚行政管理和社会结构的安格德(M. Angold)的《一个流亡的拜占庭政府:尼西亚拉斯卡利斯王朝统治下1204—1261年的政府和社会》⑤外,近年来又有两部力作对尼西亚帝国历史作出了深度探讨。其中,科洛贝尼科夫的《13世纪的拜占庭与突厥人》⑥利用了大量的希腊语、阿拉伯语和波斯语等资料,提供了尼西亚帝国的财富和权力的新证据,并重点揭示了它与塞尔柱苏丹国和蒙古西征军之间关系的重要性。而安格洛夫的《拜占庭的希腊人:塞奥多利·拉斯卡利斯皇帝的一生和13世纪的拜占庭》,虽以研究塞奥多利二世为主,却也对同时期的尼西亚帝国历史进行了全面而深入的研究,成为21世纪以来有关尼西亚帝国历史研究最具代表性的成果。⑦

目前国内学界已有多篇学术论文和多部学术专著关乎尼西亚帝国历史,如陈志强教授在其《拜占庭帝国通史》中探讨了尼西亚帝国的政治、军事和文化等方面的变革等。⑧ 但总体而言,尽管国内外学界已有学者在论述尼西亚帝国历史时对尼西亚帝国的复兴问题做过相关论述,如哈尔顿认为尼西亚帝国历史虽短,但

---

① N. Blemmydes, *A Partial Account*, trans. J. Munitiz, Louvain: Spicilegium Sacrum Lovaniense, 1988.
② R. Macrides, *George Akropolites, The History*, Oxford: Oxford University Press, 2007.
③ N. Cassidy, *A Translation and Historical Commentary of Book One and Book Two of the Historia of Geōrgios Pachymerēs*, University of Western Austria, PhD., 2004. Georges Pachymérès, *Relations Historiques*, ed. A. Failler and V. Laurent, 2 vols., [Corpus Fontium Historiae Byzantinae 24.1-2] Paris: Les Belles Lettres, 1984, TLG, No. 3142001; *Georgii Pachymeris de Michaele et Andronico Palaeologis libri tredecim*, ed. I. Bekker, vol. 2, [Corpus Scriptorum Historiae Byzantinae] Bonn: Weber, 1835, TLG, No. 3142002.
④ A. Gardner, *The Lascarids of Nicaea, the Story of an Empire in Exile*, London: Methuen, 1912.
⑤ M. Angold, *A Byzantine Government in Exile: Government and Society under the Laskarids of Nicaea (1204-1261)*, London: Oxford University Press, 1975.
⑥ D. Korobeinikov, *Byzantium and the Turks in the Thirteenth Century*, Oxford: Oxford University Press, 2014.
⑦ D. Angelov, *The Byzantine Hellene: The Life of Emperor Theodore Laskaris and Byzantium in the Thirteenth Century*, Cambridge, New York: Cambridge University Press, 2019.
⑧ 陈志强:《拜占庭帝国通史》,第237—249页。

其战略位置优越、良好的经济基础以及高明的外交和战略政策使它的统治者能够重新建立一个拜占庭帝国。① 而著名尼西亚帝国史研究专家安格德则认为，尼西亚皇帝们之所以能够成功地复兴拜占庭帝国，是因为他们设法在与贵族的关系中保持权力平衡。他也认为，小亚细亚拥有大量的资源，从而保证尼西亚皇帝能够在欧洲地区进行征服活动，并最终收复了君士坦丁堡。② 科洛贝尼科夫也基本认同这一观点，他称小亚细亚的财富是尼西亚政权能够绝地反击的物质基础。③ 尼西亚复兴问题是理解尼西亚帝国历史和评析尼西亚帝国历史地位和价值意义的关键所在，本章将以原始史料为基础并合理借鉴现有的研究成果，从尼西亚帝国的政治、经济、文化教育和外交等方面探究这一问题，以期能加深国内学界对于这一拜占庭流亡政权的理解和认识。

第一节

尼西亚帝国的政治治理

在疆域范围缩减以及经济规模和政治格局变化的情况下，保持社会结构的延续性是当时尼西亚帝国最明显的发展策略。④ 尼西亚帝国不仅延续了旧有的政治管理理念，又在新局势下作出了变革。这些变革是尼西亚政权在同时期东地中海世界碎片化的政治新格局下，为加强统治合法性和正当性所采取的必要措施，对于其能够成功收复君士坦丁堡起了积极的推动作用。

封授宫廷头衔是拜占庭皇帝制度和政治制度的重要组成部分。专制君主、君主($\delta\epsilon\sigma\pi\acute{o}\tau\eta\varsigma$)本意为主人，与奴隶($\delta o\tilde{u}\lambda o\varsigma$)相对应，从6世纪查士丁尼一世

---

① J. F. Haldon, *The Palgrave Atlas of Byzantine History*, Basingstoke: Palgrave Macmillan, 2005, p. 120.
② M. Angold, *A Byzantine Government in Exile: Government and Society under the Laskarids of Nicaea (1204 – 1261)*, pp. 61 – 63, p. 97.
③ D. Korobeinikov, *Byzantium and the Turks in the Thirteenth Century*, p. 2.
④ 狄奥尼修斯·史塔克普洛斯著，陈友勋译：《拜占庭一千年》，北京：化学工业出版社2019年，第223页。

(Justinian Ⅰ,527—565年在位)直到15世纪政权灭亡,拜占庭皇帝们经常在官方文件、钱币和印章上使用这一尊称。如米哈伊尔八世、曼努埃尔二世以及约翰七世(1390年)在钱币上都使用了这一尊称。① 目前学者们普遍认为,它作为一种宫廷头衔,是1163年曼努埃尔一世为其女婿,即匈牙利贝拉王子(Bella Ⅲ,1173—1196年)所增设,如《牛津拜占庭词典》和《拜占庭历史词典》均采用了这一观点。② 曼努埃尔一世当时没有男性继承人,为解决皇位继承问题他将专制君主头衔授予了女婿贝拉,暗含着对贝拉作为皇位继承人身份的认可。无疑,这是曼努埃尔一世的权宜之计,1169年其子阿莱克修斯出生后,他便解除了女儿玛丽亚同贝拉的婚约,并收回了专制君主头衔。③ 之后,安茞鲁斯王朝的阿莱克修斯三世也因没有皇子继承人,把这一头衔授予了其大女婿,也就是伊琳尼的丈夫阿莱克修斯·帕列奥列格。④ 在阿莱克修斯三世的这位女婿英年早逝后,他又将专制君主的头衔转授给其二女婿塞奥多利·拉斯卡利斯。⑤ 在阿莱克修斯·帕列奥列格与伊琳妮婚姻中,他们生有一位名为塞奥多拉的女儿。她之后嫁给了尼西亚帝国大将军安德罗尼库斯·帕列奥列格,并生下了儿子米哈伊尔,即未来的皇帝米哈伊尔八世·帕列奥列格。阿莱克修斯的印章炫耀了他同伊琳妮的婚姻,上面称

---

① R. Guilland, "Etudes sur l'histoire administrative de l'Empire byzantin. Le Despote (ο' δεσπότης)", Revue des Études Byzantines, 17 (1959), pp. 52 – 53, p. 56. 在教会中,这一头衔也常用呼牧首和大主教、主教等。参见 J. Herrin, G. Saint-Guillain eds., Identities and Allegiances in the Eastern Mediterranean after 1204, p. 58. I. Giarenis, "Nicaea and the West (1204 – 1261): Aspects of Reality and Rhetoric", in Byzantium and the West: Perception and Reality (11th – 15th centuries), ed. Nikolaos G. Chrissis, Athina Kolia-Dermitzaki and Angeliki Papageorgiou, Abingdon, p. 211.
② A. P. Kazhdan, The Oxford Dictionary of Byzantium, p. 614. J. H. Rosser, Historical Dictionary of Byzantium, Lanham, Maryland: Scarecrow Press, 2001, p. 116.
③ J. Kinnamos, The Deeds of John and Manuel Comnenus, trans. Charles M. Brand, New York: Columbia University Press, 1976, p. 214. 贝拉娶了曼努埃尔一世的妻妹安娜(Anna von challtillon)。参见 N. Choniates, O City of Byzantium: Annals of Niketas Choniatēs, p. 96.
④ 另外,在十字军骑士"分赃协议"中提到,伯罗奔尼撒西部有"皇帝阿莱克修斯的女儿,伊琳妮女士的地产"。参见 D. Angelov, The Byzantine Hellene: The Life of Emperor Theodore Laskaris and Byzantium in the Thirteenth Century, p. 20 and p. 239, n. 40.
⑤ 塞奥多利的一枚残缺印章的铭文称塞奥多利为"专制君主塞奥多利·科穆宁·拉斯卡利斯,皇帝女儿安娜的丈夫"。参见 D. Angelov, The Byzantine Hellene: The Life of Emperor Theodore Laskaris and Byzantium in the Thirteenth Century, p. 20. 关于他们的婚事,参见 Niketas Choniates, O City of Byzantium, Annals of Niketas Choniatēs, p. 280; G. Akropolites, The History, pp. 114 – 115, 5.

他为"所有罗马土地的姻亲",已经娶了"排行第一的公主"。① 至于塞奥多利·拉斯卡利斯,他虽有专制君主的头衔,但因1203年第四次十字军抵达君士坦丁堡城郊致使拜占庭出现皇权更迭,他也并未能在阿莱克修斯三世逃走后登基为帝。

专制君主头衔自创设至拜占庭帝国灭亡,一直位居宫廷贵族头衔之首。但在尼西亚帝国时期,专制君主头衔的授予有了新的调整,其授予对象更为多元。② 这其中既有对旧制的沿袭,又有新形势下的变革,是尼西亚皇帝加强皇权、重建统治秩序的重要举措。在1204年后的东地中海世界,拜占庭人建立的流亡政权或势力存在封授专制君主的情况。如从君士坦丁堡出逃的前皇帝阿莱克修斯三世仍然封授该头衔。在逃亡期间,他曾将小女儿欧多基娅嫁给阿哥斯、科林斯和底比斯的统治者利奥·斯古罗斯,并授予后者专制君主头衔。③ 虽然较难准确判断阿莱克修斯三世是否将利奥视作继承人,但将这一头衔授予女婿仍符合曼努埃尔一世所设定的授予对象。在1208年利奥被拉丁人围困于科林斯卫城要塞自杀后,④阿莱克修斯三世又将该头衔授予积极抵抗拉丁人入侵的拉哥尼亚统治者沙马雷托,以奖赏并鼓励后者继续同拉丁人作战。⑤ 因阿莱克修斯三世与沙马雷托非亲非故,此举彻底打破了前朝旧制。

以君士坦丁堡为都的拉丁帝国皇帝亨利也曾将专制君主头衔授予其女婿阿莱克修斯·斯拉沃斯(Alexios Sthlavos),⑥这是目前所知拉丁皇帝唯——次授出该头衔。斯拉沃篡夺,斯拉沃斯也乘机在马其顿东北部的麦尔尼克和罗多彼等地区建立统治。大约在1215—1218年期间,斯拉沃斯统治的中心在麦尔尼克。在

---

① 参见 D. Angelov, *The Byzantine Hellene: The Life of Emperor Theodore Laskaris and Byzantium in the Thirteenth Century*, p. 20.
② 本人在博士论文《阿克罗颇立塔斯〈历史〉研究》中第二章第一节的第三部分曾对尼西亚帝国时期的专制君主头衔做过初步探讨,详见孙丽芳:《阿克罗颇立塔斯〈历史〉研究》,南开大学博士论文2014年。
③ N. Choniates, *O City of Byzantium: Annals of Niketas Choniatēs*, p. 96; R. Guilland, "Etudes sur l'histoire administrative de l'Empire byzantin. Le Despote (ο' δεσπότης)", p. 55 and n. 25 e; P. Magdalino, "A Neglected Authority for the History of the Peloponnese in the Early Thirteenth Century: Demetrios Chomatenos, Archbishop of Bulgaria", *BZ* 70 (1977), pp. 316–323.
④ 在斯古罗斯死后,欧多基娅可能前往尼西亚避难。参见 J. Herrin, G. Saint-Guillain eds., *Identities and Allegiances in the Eastern Mediterranean after 1204*, p. 27.
⑤ P. Magdalino, "A Neglected Authority for the History of the Peloponnese in the Early Thirteenth Century: Demetrios Chomatenos, Archbishop of Bulgaria", p. 321.
⑥ G. Akropolites, *The History*, pp. 171–173, 24.

1230年后,他的领土被保加利亚王国占有。① 在亨利的女儿去世后,斯拉沃斯娶了伊庇鲁斯地区的望族之女。② 她来自佩特拉利法斯家族,很可能是伊庇鲁斯的塞奥多利一世的妻子的侄女。③ 斯拉沃斯借此同塞奥多利保持了友好关系,这也使他亲近伊庇鲁斯政权,疏远了拉丁帝国,故而他专制君主的头衔便失去了实质意义。在约翰二世·亚森统治保加利亚后,斯拉沃斯最终在特诺沃消失。另外,威尼斯人驻君士坦丁堡的行政长官(Podesta)也经常使用这一头衔,但尚不清楚这一头衔是否由鲍德温一世授予。基于现有的资料,也很难准确判断威尼斯行政长官在拉丁帝国宫廷中的地位。④ 攻陷君士坦丁堡后,威尼斯总督在威尼斯、达尔马提亚和克罗地亚总督(Dux Venetiarum, Dalmatiae Croatiaeque)的旧有头衔上,又增加了八分之三罗马帝国统治者的头衔(Dominus quartae partis et dimidie totius lmperii Romaniae),这是威尼斯人在这次战征中的重要收获之一。⑤ 在1205年6月威尼斯总督丹多洛去世后,新任总督和新任驻君士坦丁堡行政长官进行了权力博弈。最终,行政长官效忠并臣服于总督,同时罗马帝国统治者这一尊称属于总督,行政长官则保留了专制君主头衔。⑥

在专制君主头衔的授予方面,尼西亚帝国也沿袭旧制,将这一头衔授予皇帝的女婿兼继承人。塞奥多利一世曾先将专制君主头衔授予其长女伊琳妮的丈夫安德罗尼库斯·帕列奥列格,但在后者早逝后,他于1216年2月将伊琳妮嫁给了君士坦丁·杜卡斯·帕列奥列格(Constantine Ducas Palaeologus),但伊琳妮的这次婚姻也没能长久。伊琳妮的第三任丈夫为首席配剑贵族约翰·瓦塔泽斯,他精明强干并最终继承了大统。⑦ 尽管伊琳妮再婚两次,但塞奥多利一世并未再授予

---

① D. M. Nicol, *The Despotate of Epiros*, Oxford: Blackwell, 1957, p. 33. J. Herrin, G. Saint-Guillain eds., *Identities and Allegiances in the Eastern Mediterranean after 1204*, pp. 102 – 104.
② G. Akropolites, *The History*, pp. 171 – 173, 24.
③ D. M. Nicol, *The Despotate of Epiros*, p. 59. 关于斯拉沃斯这位妻子身份的讨论,详见 R. Macrides, *George Akropolites, The History*, pp. 175 – 176, n. 12.
④ F. van Tricht, *The Latin Renovatio of Byzantium: The Empire of Constantinople (1204 – 1228)*, p. 181; pp. 235 – 236.
⑤ Ş. Marin, "Dominus quartae partis et dimidiae totius Imperii Romaniae. The Fourth Crusade and the Dogal Title in the Venetian Chronicles' Representation", *Quaderni della Casa Romena* 3 (2004), pp. 119 – 120.
⑥ D. M. Nicol, *Byzantium and Venice: A Study in Diplomatic and Cultural Relations*, pp. 152 – 154.
⑦ G. Akropolites, *The History*, pp. 148 – 149, 15; pp. 159 – 160, 19.

这两位女婿专制君主头衔。关于约翰三世印章上的专制君主称号问题尚无定论，可能塞奥多利一世并未授予约翰三世专制君主的头衔，而是授予其较低等级的首席佩剑贵族一职。约翰三世最后能够成为皇帝，在很大程度上可能与瓦塔泽斯家族的影响力有关。① 此外，尼西亚皇帝还做出了重要变革，将专制君主头衔授予其兄弟们。如在君士坦丁堡陷落前，塞奥多利一世·拉斯卡利斯的兄长君士坦丁曾被推举为皇帝，但他并未接受。② 在十字军破城之际，他从该城逃往小亚细亚与塞奥多利会合。塞奥多利之后将专制君主头衔授予了君士坦丁，③这也是拜占庭历史上首次将该头衔授予统治者的兄弟。而尼西亚政府之所以如此改革，在很大程度上是为了夯实统治基础。皇帝的兄弟专制君主与皇室利益紧密相连，是皇帝统治集团的重要成员。在一份可以追溯到1208年到1210年的主教文件中，塞奥多利一世统治下的尼西亚政权被描述为"我们强大而神圣的皇帝的血亲，接着是显贵和其他要员，和他们身后的整个文武官员阶层，以及这个罗马政权统治下的城市和土地上的居民"。④ 除了君士坦丁成为显赫的专制君主外，塞奥多利一世另三位兄弟乔治、阿莱克修斯和伊萨克也位居高位，都获得了大贵族头衔。他们是塞奥多利一世初期抗击拉丁人入侵的主力，也是其建立和稳固政权的重要支持者。1207年，"塞奥多利·拉斯卡利斯和他的兄弟们"发动了一次针对拉丁帝国所占据的尼科米底的军事行动。⑤ 作为大贵族，乔治还在1212年曾帮助塞奥多利一世对付地方权贵。⑥ 尼西亚帝国的第三位专制君主是首席雇佣军长官米哈伊尔·帕列奥列格。塞奥多利二世去世后，米哈伊尔在逐步篡夺幼帝约翰四世皇权的过程中，曾谋得专制君主头衔。⑦ 而伊庇鲁斯统治者可能是仿效尼西亚皇帝们，也将专制君主头衔授予其兄弟们。1224年，塞奥多利占领塞萨洛尼基后在该

---

① V. Puech, "The Aristocracy and the Empire of Nicaea", in J. Herrin, G. Saint-Guillain eds., *Identities and Allegiances in the Eastern Mediterranean after 1204*, p. 72.
② Niketas Choniates, *O City of Byzantium, Annals of Niketas Choniatēs*, p. 314.
③ R. Macrides, *George Akropolites, The History*, pp. 167 – 168, n. 1.
④ 参见 D. Angelov, *The Byzantine Hellene: The Life of Emperor Theodore Laskaris and Byzantium in the Thirteenth Century*, p. 29.
⑤ 参见 D. Angelov, *The Byzantine Hellene: The Life of Emperor Theodore Laskaris and Byzantium in the Thirteenth Century*, pp. 29 – 30.
⑥ 参见 V. Puech, "The Aristocracy and the Empire of Nicaea", p. 71.
⑦ G. Akropolites, *The History*, pp. 346 – 347, 77.

城称帝,并于1227年由奥赫里德①大主教迪米特里·乔玛特诺为其加冕。他在任命政府官员和封授头衔时,便将专制君主头衔授予自己的两个弟弟曼努埃尔和君士坦丁。②曼努埃尔作为专制君主的证据也在13世纪30年代塞萨洛尼基的一份法庭案件记录中得到印证,其中提到"当前皇帝塞奥多利·杜卡斯和他的弟弟最有权力的专制君主曼努埃尔当政时",目前发现的文物也证实曼努埃尔曾为专制君主。③

然而,尼西亚时期对于专制君主头衔还做出了另一重大调整,将该头衔授予伊庇鲁斯统治者。早在阿莱克修斯三世流亡期间,他曾将这一头衔授予伯罗奔尼撒半岛的地方统治者沙马雷托,可能意在表彰和激励沙马雷托抵抗拉丁人的英勇行为。④但随着拉丁人向伯罗奔尼撒半岛深入进军,以及当地一些独立统治者归顺和臣服于拉丁人,专制君主沙马雷托能发挥的作用越来越小。之后,尼西亚皇帝可能受此影响,将授予专制君主头衔作为在特殊政治形势下处理与伊庇鲁斯统治者关系的重要方式。1241年,尼西亚皇帝约翰三世围攻塞萨洛尼基,这迫使该城统治者约翰不得不放弃皇帝称号,转而接受了尼西亚皇帝授予的专制君主头衔,⑤至少在名义上臣服于尼西亚皇帝。之后,约翰的弟弟迪米特里、其堂兄米哈伊尔二世(Michael II Komnenos Doukas,约1230—1267/68年在位)以及米哈伊尔的儿子尼基弗鲁斯(Nikephoros I Komnenos Doukas,约1267/8—1297年在位)都曾被尼西亚皇帝授予专制君主头衔。⑥在尼基弗鲁斯的第一任妻子去世后,米哈伊

---

① 奥赫里德是马其顿共和国西南部的一座历史文化和旅游名城,被联合国教科文组织列入《世界文化和自然遗产名录》。
② G. Akropolites, *The History*, pp. 162-163, 21; p. 182, 26; pp. 206-207, 38; pp. 210-211, 39. 乔玛特诺与尼西亚牧首日耳曼努斯曾多次通信,关于这些信件的相关研究,详见 R. Macrides, "Bad Historian or Good Lawyer? Demetrios Chomatenos and Novel 131", *DOP*, 46 (1992), pp. 187-196.
③ R. Macrides, *George Akropolites, The History*, p. 183, n. 3; J. Herrin, G. Saint-Guillain eds., *Identities and Allegiances in the Eastern Mediterranean after 1204*, p. 137.
④ P. Magdalino, "A Neglected Authority for the History of the Peloponnese in the Early Thirteenth Century: Demetrios Chomatenos, Archbishop of Bulgaria", p. 321.
⑤ G. Akropolites, *The History*, pp. 215-216, 40.
⑥ G. Akropolites, *The History*, pp. 222-223, 42 and 249-251, 49. R. Macrides, *George Akropolites, The History*, p. 244, n. 9.

尔八世将其侄女安娜嫁于尼基弗鲁斯,并再次授予他专制君主头衔。① 然而无论是将专制君主头衔授予皇帝的女婿还是其兄弟,该头衔都与皇室有密切关系。很明显,伊庇鲁斯专制君主与尼西亚皇帝并没有直接的亲属关系,这是尼西亚帝国时期专制君主头衔授予发生的最大变化。实际上,尼西亚帝国此举是出于政治考量,是增强统治权威的重要保证。

首先,专制君主头衔位居宫廷头衔之首,对于政权的稳固和发展至关重要。拜占庭晚期宫廷头衔中地位最高的三个头衔分别为专制君主、大贵族和凯撒,它们的排序在12世纪曼努埃尔一世统治时期确立。这可从1166年3月6日的大皇宫主教会议记录中看出,其中专制君主头衔位列宫廷贵族头衔首位,大贵族和凯撒紧随其后。② 这一排序直到帕列奥列格王朝时也未改变,如安格德根据阿克罗颇立塔斯、帕奇米尔斯以及伪科迪努斯的记载给出了大约在1226年、1259年和1350年时拜占庭宫廷头衔排序的相似情况。③ 在获得了伊庇鲁斯统治者的效忠宣誓后,尼西亚皇帝将专制君主这一最高宫廷头衔授予了来自科穆宁—杜卡斯家族的伊庇鲁斯统治者。这可能出于两方面的考虑,一是借专制君主头衔的位高显赫来凸显伊庇鲁斯统治者的政治地位,以达到笼络之目的,使他们忠诚和臣服。另一方面也是为了控制他们的政治野心,使他们放弃对拜占庭皇位的权利主张。

此外,因为专制君主头衔同拜占庭其他宫廷头衔一样不能世袭,这便将该头衔的授予权牢牢地掌控在尼西亚皇帝手中,从而利于加强对伊庇鲁斯政权的控制。当伊庇鲁斯专制君主去世后,其继承人必须获得尼西亚皇帝的授权才能成为新任专制君主。如伊庇鲁斯专制君主约翰去世后,尽管其弟迪米特里作为合法继承人掌管政权,但并未随之继承专制君主头衔。1244年,他派使节前往尼西亚宫廷,请求约翰三世授予他这一头衔。④ 之后,尽管米哈伊尔二世及其子尼基弗鲁

---

① N. Cassidy, *A Translation and Historical Commentary of Book One and Book Two of the Historia of Geōrgios Pachymerēs*, p. 131.
② P. Magdalino, *The Empire of Manuel I Komnenos, 1143 – 1180*, Cambridge: Cambridge University Press, 1993, pp. 505 – 507.
③ M. Angold, *A Byzantine Government in Exile: Government and Society under the Laskarids of Nicaea (1204 – 1261)*, p. 64.
④ G. Akropolites, *The History*, pp. 222 – 223, 42. 圣阿索斯山奇兰德利修道院的一份14世纪的财产清单描述了迪米特里作为专制君主签发的文件,参见 R. Macrides, *George Akropolites, The History*, p. 224, n. 3

斯同为专制君主，但都是由尼西亚皇帝封授的。这一惯例在尼基弗鲁斯去世后也被遵从，其妻请求安德罗尼库斯二世将这一头衔转授予他们的儿子托马斯（Thomas，大约1297—1318年在位）。① 总体而言，尼西亚时期专制君主头衔的授予不再具有排他性，与皇帝女婿继承人的身份已无必然联系，其授予对象更为宽泛。而授予伊庇鲁斯统治者这一头衔是尼西亚皇帝为恢复统治秩序的权宜之计，也是重新构建中央权力的重要措施。

在拜占庭帝国，头衔系统对于帝国的内部发展和帝国在外部世界中的地位有着特别意义。② 君士坦丁堡的陷落导致拜占庭中央集权缺失，也使其皇帝专制制度和帝国观念受到冲击。相对统一有序的拜占庭帝国陷入了无序混乱之中，帝国四分五裂。如14世纪著名史家格里高拉斯所言，"罗马人的国家，就像是一艘商船被狂风巨浪撕成了无数的碎片。"③在曼努埃尔一世于1180年去世后，科穆宁王朝末期中央权力弱化，地方行省乘机叛乱，帝国陷入了分裂和动荡。④ 至安茞鲁斯王朝的伊萨克二世和阿莱克修斯三世统治时期，他们将地方行省的一些地区授予皇室成员或当地权贵，这进一步加剧了地方势力的独立倾向。1203年末和1204年初，小亚细亚已有许多城市和地区处于地方领主的统治之下。⑤ 如小亚的费拉德尔菲亚的曼加法斯（Mangaphas of Philadelphia）便被拥立为帝，甚至开始铸造带有个人肖像的银币和铜币。⑥ 曼加法斯于1188年伊萨克二世统治时期叛乱，他获得了费拉德尔菲亚及其周边地区居民的支持。之后他虽在被拜占庭军队击败后，逃亡塞尔柱苏丹国避难，但1204年他在该国苏丹的支持下，占有了里迪亚和费拉德尔菲亚。⑦ 另外，拜占庭帝国的亚洲领土中很多都没有出现在十字军和威尼斯人的《分赃协议》中，这也说明一些地方可能已经处于独立状态，如塞莱乌

---

① R. Guilland, "Etudes sur l'histoire administrative de l'Empire byzantin. Le Despote (ο' δεσπότης)", p. 68.
② G. Ostrogorsky, "Urum-Despotes. Die Anfänge der Despoteswürde in Byzanz", *Byzantinische Zeitschrift*, 44 (1951), p. 448.
③ 转引自 A. Stravridou-Zafraka, "The Political Ideology of The State of Epiros", in. A. E. Laiou ed., *Urbs Capta: The Fourth Crusade and its Consequences*, p. 311.
④ D. M. Nicol, *The Despotate of Epiros*, p. 1.
⑤ D. Angelov, *The Byzantine Hellene: The Life of Emperor Theodore Laskaris and Byzantium in the Thirteenth Century*, p. 24.
⑥ N. Choniates, *O City of Byzantium, Annals of Niketas Choniatēs*, pp. 119–120.
⑦ 参见 D. Korobeinikov, *Byzantium and the Turks in the Thirteenth Century*, p. 52, n. 86.

科亚（今土耳其 Silifke）到阿塔利亚沿海、甚至远到里迪亚的地区可能已经由阿塔利亚的统治者占有。① 特拉比宗、希腊东北部的尼科波利斯等也逐渐成为相对独立的统治区域。② 另外，在十字军、威尼斯人和保加利亚人等乘机瓜分拜占庭领土的同时，拜占庭地方分裂势力也得到进一步发展。如在希腊，斯古罗斯占领了阿哥斯和科林斯，并在抗击拉丁人的入侵中谋求独立。

无疑，授予专制君主头衔是拜占庭流亡政权重新恢复统治秩序、加强中央集权的政治举措。君士坦丁堡是拜占庭帝国政治理念和东正教信仰的精神活动中心，夺回君士坦丁堡是各拜占庭小政权外交和军事政策的最大动力。在1237年写给教宗的信中，尼西亚皇帝约翰三世称"我们将不停地同君士坦丁堡的征服者开战"，直到夺回首都。伊庇鲁斯的塞奥多利于1227年在塞萨洛尼基加冕前，纳夫帕克托斯都主教约翰·阿波考库斯（John Apokaukos）给其写信称，"愿上帝如你所愿，据我猜测，就是踏着敌人的尸体进入君士坦丁堡和那里的皇宫花园"。③ 故而，夺回君士坦丁堡、重建统一的政治秩序成为诸多流亡小政权竞争的重要目标。尼西亚和伊庇鲁斯政权都以12世纪的拜占庭帝国为榜样，模仿其政治制度、行政体系和皇室仪轨。④ 但因塞奥多利一世较早称帝，尼西亚皇帝优于其他拜占庭流亡统治者的观念已在尼西亚政权内确立，相应地，其他人试图获得皇帝称号的行为都被他们解释为对皇权的侵犯。尼西亚统治者十分重视伊庇鲁斯统治者的称帝问题，并将迫使这些统治者臣服作为对外政策的重要组成部分。⑤ 再加上伊庇鲁斯的塞奥多利曾宣誓效忠于尼西亚皇帝，所以在尼西亚史家看来，伊庇鲁斯统治者的称帝行为违反了既定的政治秩序。在塞奥多利称帝和加冕后，两个流亡政权之间的敌对公开化。尼西亚牧首日耳曼努斯二世与代表塞奥多利的奥赫里德大主教乔玛特诺、阿波考库斯和巴登斯（Bardanes）之间的通信展

---

① 参见 D. Korobeinikov, *Byzantium and the Turks in the Thirteenth Century*, pp. 128 - 129.
② D. M. Nicol, *The Despotate of Epiros*, pp. 8 - 9.
③ 转引自 D. Angelov, "Byzantine Ideological Reaction to the Latin Conquest of Constantinople", in. A. E. Laiou ed., *Urbs Capta: The Fourth Crusade and its Consequences*, p. 296.
④ J. Harris, *The Lost World of Byzantium*, New Haven and London, Yale University Press, p. 202.
⑤ M. Angold, *A Byzantine Government in Exile: Government and Society under the Laskarids of Nicaea (1204 - 1261)*, p. 24; G. Ostrogorsky, "Observations on the Aristocracy in Byzantium", trans. C. Mango and J. Parker, *DOP*, vol. 25 (1971), pp. 21 - 22.

示了两大政权统治者之间激烈的政治博弈。① 最终,伊庇鲁斯统治者在武力威胁下,被迫放弃了皇帝称号,成为尼西亚帝国的专制君主。② 通过授予专制君主头衔的方式,尼西亚皇帝承认这些新政治单元的存在,这些专制君主则承诺放弃皇帝主张,对尼西亚皇帝宣誓效忠。可见,这成为尼西亚政权加强权威,重建拜占庭帝国统治秩序的重要举措。

在收回君士坦丁堡后,帕列奥列格王朝也延续了授予专制君主头衔的传统,如米哈伊尔八世在1267年或1268年将专制君主头衔授予米哈伊尔二世的私生子塞萨利的约翰·杜卡斯(John Doukas of Thessaly,1267/1268—1289年在位),这对其政治构建产生了重要影响。1282年9月,特拉比宗的约翰二世(John II Megas Komnenos,1280—1297年在位)在前往君士坦丁堡迎娶帕列奥列格王朝公主时,被迫接受了米哈伊尔八世授予的专制君主头衔。尽管如此,特拉比宗的统治者一直称自己为"大科穆宁家族在整个东方、伊庇利亚(Iberians)和佩拉蒂亚的皇帝和君主"。③ 约翰二世去世后,其子阿莱克修斯二世(1297—1330年在位)也接受了其舅舅安德罗尼库斯二世授予他的专制君主头衔。④ 米哈伊尔八世还曾将专制君主头衔授予其弟约翰,这一方面是奖励约翰率军取得了1259年佩拉戈尼亚战役的胜利,另一方面可能也是想使约翰同其对手专制君主米哈伊尔二世拥有同样的等级。⑤ 从安德罗尼库斯二世开始,末代王朝皇帝们也将该头衔授予作为非皇位继承人的皇子。从14世纪中期开始,拜占庭还出现了有封地的皇子专制君主。这些封地多是半自治性质,其中最知名的是莫利亚专制君主国(The Despotate of Morea,1349—1460年)。相比流亡时期,帕列奥列格王朝常设专制君主头衔,并且还出现了较为清晰的排序。一般而言,身为皇子的专制君主位置最高,排

---

① A. Stravridou-Zafraka, "The Political Ideology of The State of Epiros", p. 321.
② G. Akropolites, *The History*, pp. 215 – 216, 40.
③ D. Angelov, *The Byzantine Hellene: The Life of Emperor Theodore Laskaris and Byzantium in the Thirteenth Century*, pp. 15 – 16; D. Angelov, *Imperial Ideology and Political Thought in Byzantium (1204 -1330)*, p. 3, n. 5.
④ R. Guilland, "Etudes sur l'histoire administrative de l'Empire byzantin. Le Despote (ὁ δεσπότης)", p. 70.
⑤ G. Akropolites, *The History*, pp. 365 – 366, 82; N. Cassidy, *A Translation and Historical Commentary of Book One and Book Two of the Historia of Geōrgios Pachymerēs*, pp. 52 – 53, p. 234.

在其后的专制君主多是皇帝的兄弟和姻亲。①

上述可知,尼西亚皇帝通过授予专制君主头衔将伊庇鲁斯统治者纳入以其为中心的统治体系,大大减弱了后者继承拜占庭皇位的合法性。尽管之后伊庇鲁斯专制君主再三起事叛乱,在很大程度上保留了独立性,但其斗争的主要目标是反抗尼西亚帝国的统治,而非是对拜占庭皇位的争夺,这便在客观上强化了尼西亚政权是拜占庭帝国唯一继承者的身份。因而,尼西亚政府为应对新的政治形势所采取的这一政治变革是其政治治理成果的重要代表,对于其能够最终收复君士坦丁堡起了积极的推动作用。

在尼西亚帝国时期,宫廷礼仪的一个新变化是尼西亚皇帝普遍注重在加冕时使用涂油礼,涂油礼也逐渐成为他们加冕仪式的惯常内容。如同古代专制集权政体一般都采用繁杂的宫廷礼仪,以捍卫王权的正统和权威,尼西亚皇帝使用加冕礼,也主要是出于加强尼西亚政权与皇权的合法性和正当性的考虑。②

关于拜占庭皇帝们最早使用涂油礼的确切时间,根据现有资料较难做出准确判断。涂油礼最早可能出现于拜占庭 9 世纪的史料中。③ 有学者由此认为,涂油礼最早出现于瓦西里一世统治时期。尽管在 12 世纪有为数不多的几处关于涂油礼的记载,相较其他世纪更为密集一些,④但学者们对这些记载的看法并不一致。其中安格德是持有 1204 年以前拜占庭皇帝的加冕礼中确实包含了涂油礼这一观点的代表性学者。⑤ 图多里(Ionuț-Alexandru Tudorie)也提到科穆宁王朝皇帝曼努埃尔一世在位期间开始使用涂油礼。⑥ 而尼科尔(D. M. Nicol)和布莱特曼(E. Brightman)等学者则认为 1204 年以前的涂油礼只是史家使用的比喻表达,而

---

① R. Guilland, "Etudes sur l'histoire administrative de l'Empire byzantin. Le Despote (οʹ δεσπότης)", p. 65. 这一头衔还从 13 世纪、14 世纪开始在保加利亚和塞尔维亚使用。参见 A. P. Kazhdan, *The Oxford Dictionary of Byzantium*, p. 614.
② 关于尼西亚帝国时期的涂油礼,本人曾在博士论文《阿克罗颇立塔斯〈历史〉研究》中的第二章第三节第一部分以及论文《浅议 13 世纪尼西亚帝国的涂油礼》中有相关探讨,论文参见孙丽芳:《浅议 13 世纪尼西亚帝国的涂油礼》,载《古典学评论》,第 4 辑,上海:三联书店,2018 年版。本部分是在重新思考上述成果,并增补相关资料的基础上写成。
③ 转引自 R. Macrides, "Bad Historian or Good Lawyer? Demetrios Chomatenos and Novel 131", p. 194.
④ 孙丽芳:《阿克罗颇立塔斯〈历史〉研究》,南开大学博士论文 2014 年,第 126—127 页。
⑤ M. Angold, *Church and Society in Byzantium under the Comneni, 1081 – 1261*, pp. 543 – 544.
⑥ Ionuț-Alexandru Tudorie, "Old and New in the Byzantine Imperial Coronation in the 13th Century", *Ostkirchliche Studien*, 60 (2011), p. 102.

非实际发生,真实的涂油礼发生于尼西亚皇帝的加冕礼中。① 此外,也有学者认为是帕列奥列格王朝的皇帝们在他们的加冕仪式中引入了西方的涂油礼。② 总之,学者们的主要分歧体现在 1204 年以前涂油礼是否真实发生这一问题上。本书认为尽管在 1204 年以前拜占庭皇帝有可能已使用涂油礼,但根据散见于史籍这一事实推测,涂油礼很可能并未成为加冕仪式中的固定内容。而在尼西亚时期关于皇帝们使用涂油礼的史料更为丰富和多样,这说明 1204 年以后尼西亚皇帝们更有可能普遍地使用了涂油礼。

在君士坦丁堡陷落后,牧首卡玛特鲁斯流亡于第二保加利亚帝国(The Second Empire of Bulgaria,1185—1396 年)治下的地盘。③ 这一政权也加入到了争夺君士坦丁堡的政治博弈中。之后,它的统治者在巴尔干半岛大肆扩张势力,并着力于成为保加利亚人和拜占庭人的皇帝。这在保加利亚君主约翰二世·亚森身上表现得最为突出。在 1230 年大胜伊庇鲁斯军队后,他在发布的文件和钱币上公然自称"保加利亚人和希腊人的沙皇"。④ 很有可能是由于年事已高不便于长途跋涉,牧首卡玛特鲁斯并未接受塞奥多利一世的邀请前往尼西亚帝国统领教会事宜。他于 1206 年去世后,已在尼西亚城称帝的塞奥多利一世急需一位新牧首来重建教会的权威。而最重要的是为他加冕,这样其皇位便可获得教会的支持和认可。⑤ 为此他曾专门致信君士坦丁堡的东正教教士,要求他们准时前往尼西亚城选出新牧首。他之所以强调准时,是想确保新选出的牧首能按照传统在复活节前一周的"神圣周"(Holy Week)完成圣油的制作,以免延误使用圣油的涂油礼。教士们应该是遵命准时到达了尼西亚城,并选出奥托雷亚诺斯(1208—1213 年在

---

① D. M. Nicol, "Kaisersalbung: The Unction of Emperors in Late Byzantine Coronation Ritual", *BMGS*, 2 (1976), p. 37; F. E. Brightman, "Byzantine Imperial Coronations", *Journal of Theological Studies*, II (1901), p. 385; R. Macrides, "Bad Historian or Good Lawyer? Demetrios Chomatenos and Novel 131", pp. 195 - 196. 孙丽芳:《阿克罗颇立塔斯〈历史〉研究》,第 127 页。
② S. Runciman, *The Byzantine Civilization*, New York: Meridian Books, 1959, p. 66. 也有学者认为最先是帕列奥列格王朝的奠基者米哈伊尔八世在尼西亚帝国末期夺取皇权后使用了涂油礼。参见 Ionut-Alexandru Tudorie, "Old and New in the Byzantine Imperial Coronation in the 13th Century", pp. 88 - 89.
③ N. Choniates, *O City of Byzantium: Annals of Niketas Choniatēs*, p. 347.
④ G. Akropolites, *The History*, p. 182, n. 15.
⑤ D. M. Nicol, "Kaisersalbung: The Unction of Emperors in Late Byzantine Coronation Ritual", p. 40.

位)为新牧首,后者按照塞奥多利一世的意愿为其举行了涂油礼大典。① 安格德曾提到这次涂油礼的时间是在1208年4月6日。② 此后,流亡在外的雅典大主教米哈伊尔·侯尼雅迪斯听闻此事后,特意致信新任牧首,对其劝说皇帝选出了牧首并使皇帝重视涂油礼表示了祝贺。③ 基于这些记载,再加上1204年5月16日,首位拉丁皇帝鲍德温一世已在圣索菲亚大教堂加冕时按照西方传统接受了涂油礼,④ 奥斯特洛格尔斯基认为塞奥多利一世使用涂油礼可能是受此影响,也很可能是对来自西欧教会的政治礼仪传统的模仿。⑤ 此外,也有史料明确提及尼西亚帝国第三任皇帝塞奥多利二世使用了涂油礼。其中布拉米德在其《自传》中称,塞奥多利二世继承大统后急于寻求合适人选以填补牧首空缺。这样一来,新牧首可以为他施涂油礼,他也可以借此来捍卫自己统治的合法性。⑥ 此外,他也急于发动针对保加利亚人的军事行动。最终在多位牧首候选人中,阿西尼奥斯(Arsenios Autoreianos,1255—1260年,1261—1267年在位)当选。基于阿克罗颇立塔斯的记载,推测阿西尼奥斯很快为塞奥多利二世加冕,并使用了涂油礼是合理的。⑦ 根据帕奇米尔斯的记载,这位牧首还为在塞奥多利二世去世后夺取皇权的米哈伊尔八世施涂油礼。牧首先是在米哈伊尔八世的额头上画十字完成涂油礼,之后才给他带上皇冠。⑧ 至于

---

① 参见奥斯特洛格尔斯基:《拜占廷帝国》,第364—365页;D. M. Nicol, "Kaisersalbung: The Unction of Emperors in Late Byzantine Coronation Ritual", p. 40.
② M. Angold, *Nicholas Mesarites: His Life and Works in Translation*, Liverpool: Liverpool University Press, 2017, p. 218.
③ 参见M. Angold, *A Byzantine Government in Exile: Government and Society under the Laskarids of Nicaea (1204 -1261)*, p. 44.
④ Robert of Clari, *The Conquest of Constantinople*, p. 116.
⑤ G. Ostrogorsky, "Zur Kaisersalbung und Schilderhebung im spätbyzantinischen Krönungszeremoniell", *Historia*, 4 (1955), pp. 246 - 249. 参见 M. Angold, *A Byzantine Government in Exile: Government and Society under the Laskarids of Nicaea (1204 -1261)*, p. 43; D. Angelov, *Imperial Ideology and Political Thought in Byzantium (1204 -1330)*, p. 388 and n. 129; D. Angelov, *The Byzantine Hellene: The Life of Emperor Theodore Laskaris and Byzantium in the Thirteenth Century*, p. 242, n. 94.
⑥ N. Blemmydes, *A Partial Account*, I, pp. 85 - 86, 74. D. Angelov, *The Byzantine Hellene: The Life of Emperor Theodore Laskaris and Byzantium in the Thirteenth Century*, p. 151.
⑦ G. Akropolites, *The History*, pp. 277 - 278, 53.
⑧ N. Cassidy, *A Translation and Historical Commentary of Book One and Book Two of the Historia of Geōrgios Pachymerēs*, pp. 49 - 50; p. 221. 帕列奥列格王朝皇帝们的加冕仪式中也包括涂油礼,如约翰六世便在其《历史》中提到自己使用了涂油礼,参见 John VI Cantacuzenus, *The History*, IV, trans. T. Miller, Ann Arbor (Mich.): Xerox University Microfilms, 1975, p. 166.

约翰三世的涂油礼,我们可以综合多种史料来说明。尽管阿克罗颇立塔斯在《历史》中并没有给出约翰三世在加冕仪式中使用涂油礼的直接信息,但却记载了伊庇鲁斯专制君主国塞奥多利一世由奥赫里德大主教迪米特里·乔玛特诺加冕并被施加涂油礼的信息。① 这也是他在《历史》中关于涂油礼最为详细的记载。阿克罗颇立塔斯没有对这位伊庇鲁斯统治者利用涂油礼来提升和巩固地位表示不解,并且他笔端还传达出了对这一行为的愤怒,或许都说明尼西亚皇帝已使用涂油礼。因此时在位的尼西亚皇帝为约翰三世,阿克罗颇立塔斯也是在这位皇帝统治期间到达尼西亚帝国,因而相较于塞奥多利一世,他更为熟悉约翰三世。据此可推测,使用涂油礼的可能是约翰三世皇帝。此外,围绕着伊庇鲁斯的塞奥多利的加冕和使用涂油礼,尼西亚牧首日耳曼努斯与奥赫里德大主教乔玛特诺曾通过信件表达各自的观点。先是日耳曼努斯在信中表达了自己的气愤,他认为这位大主教没有资格为塞奥多利加冕,其行为冒犯了牧首。乔玛特诺也不甘示弱,他回击称自己的行为不过是模仿尼西亚牧首。② 也就是说尼西亚牧首已为其统治者施涂油礼,这位牧首大概是曼努埃尔一世(1217—1222 年在位),他可能在 1222 年为约翰三世施涂油礼。③ 综上所述,可大体上推测尼西亚皇帝们在加冕时都使用了涂油礼。

需要注意的是,尼西亚皇帝们采用涂油礼在很大程度上出于政治方面的考虑。在君士坦丁堡陷落后,他们在小亚细亚新建立的政权面临严峻的外部威胁和内部挑战。为应对这一新局面,他们采用涂油礼以强化其政权和统治权的合法性。君士坦丁堡失陷后,东地中海世界的政治格局被重塑,多极政治态势更加明显。这一区域的数个政权围绕着夺君士坦丁堡、占有拜占庭故土展开了激烈的争斗。其中,拜占庭流亡政权更是将收复君士坦丁堡为己任,尼西亚帝国和伊庇鲁斯专制君主国便都较早地展现出继承拜占庭帝国政治衣钵的意图。相比之下在

---

① G. Akropolites, *The History*, pp. 162 - 163, 21. 具体情况可参见 D. M. Nicol, *The Despotate of Epiros*, pp. 69 - 71; A. Stavridou-Zafraka, "The Political Ideology of The State of Epiros", pp. 319 - 320.
② R. Macrides, "Bad Historian or Good Lawyer? Demetrios Chomatenos and Novel 131", pp. 190 - 192.
③ 关于约翰三世的加冕,参见 G. Akropolites, *The History*, pp. 159 - 160, 19. 此外,图多里认同约翰三世使用了涂油礼,参见 Ionut-Alexandru Tudorie, "Old and New in the Byzantine Imperial Coronation in the 13th Century", *Ostkirchliche Studien*, 60 (2011), p. 85.

13世纪初期,位于黑海东南沿岸的特拉比宗帝国的建立者尽管是拜占庭皇帝安德罗尼库斯一世的孙子大卫和阿莱克修斯两兄弟,但并未有能力与周边政权进行博弈,在东地中海世界发挥着有限的政治影响力。然而,在该区域崭露头角的尼西亚帝国和伊庇鲁斯专制君主国因主要政治目标相同,很难共同抗击外敌,它们更多的是就各自政权作为拜占庭帝国继任者的合法性展开了竞争。

这一竞争体现在多个方面,首先,尼西亚帝国和伊庇鲁斯专制君主国的统治者强调他们各自与拜占庭皇室之间的亲属关系,如有皇室血统或与皇室成员有婚配关系,这是拜占庭皇帝统治合法性和正当性的依据和惯例。同时在统一的拜占庭中央政权不复存在的情况下,这种关系也是确保流亡政权作为拜占庭帝国继承者的合法性和正当性的重要前提。对尼西亚帝国而言,其首位皇帝塞奥多利一世身为前皇帝阿莱克修斯三世的女婿,在备受后者器重的大女婿去世后,他被授予了专制君主这个明显具有继承人意义的头衔,这是尼西亚帝国政权合法性的最初来源。与之相对应的是,伊庇鲁斯政权的建立者是米哈伊尔和塞奥多利这对同父异母的兄弟,他们的父亲是前皇帝伊萨克二世和阿莱克修斯三世的兄弟大贵族约翰。[①] 再加上塞奥多利的曾外公还是科穆宁王朝的真正奠基人阿莱克修斯一世,他们便凭借与科穆宁、杜卡斯和安茞鲁斯王室的紧密关系,也展示了自己的政治野心。相较于塞奥多利一世以及以其女婿的身份即位的约翰三世,伊庇鲁斯统治者似乎在血统方面更具有优势。

由于双方都与拜占庭皇室有密切关系,也都具有继承拜占庭皇权的正当性和合法性,于是尼西亚皇帝便另寻他法,即使用涂油礼,借此强调上帝对他们皇权的认可。于是,早在1208年,首位皇帝塞奥多利一世便在加冕仪式中便采用了涂油礼,他也较早地在地中海世界树立起拜占庭政权正统继承者的政治形象,此后的诸位皇帝也都沿袭了这一传统,进一步申明和捍卫这一形象。这便很容易理解,在1227年伊庇鲁斯统治者使用涂油礼后,尼西亚官方为何便将之视作对自身统治权威的挑战。实际上,伊庇鲁斯政权的崛起是以对抗拉丁人为重要前提的,其在希腊西北部地区压缩拉丁人的生存空间方面做出了积极贡献,尤其是在1224年成功收复了拜占庭帝国的第二大城市塞萨洛尼基,这更增强了其希腊西北部拜

---

① D. Angelov, *The Byzantine Hellene: The Life of Emperor Theodore Laskaris and Byzantium in the Thirteenth Century*, p.14.

占庭人对于其作为拜占庭帝国继承者的身份认同。三年后,该政权的统治者塞奥多利也仿效尼西亚皇帝在加冕时使用了涂油礼。① 此举必然激起尼西亚政府的强烈反对,这可从尼西亚史家阿克罗颇立塔斯在叙及相关问题时态度的转变看出。最初在提到伊庇鲁斯政权及其统治者们时,其态度由最初对他们抵抗拉丁人的赞赏,转变为对他们越权行为的批评。在他笔下,伊庇鲁斯统治者多被贴上了反叛者和背节者的标签。② 综上可见,无论是尼西亚皇帝使用涂油礼,还是伊庇鲁斯统治者对尼西亚皇帝涂油礼行为的积极效仿乃至双方围绕涂油礼展开的激烈争执,都说明涂油礼具有深刻的政治意涵,其关乎两政权拜占庭继承者的正统身份。

除了外在的竞争压力,尼西亚皇帝采用涂油礼也与国内政局有密切关系,他们意在借此来增强统治的合法性。立国之初,塞奥多利一世便面临着诸多对皇权的挑战。如其岳父阿莱克修斯三世尽管在君士坦丁堡陷落前早已出逃,但他却企图东山再起。为增强自己的政治势力,他曾将寡居的三女儿嫁给希腊的斯古罗斯,并授予其专制君主的头衔。显然,这一局势使在小亚细亚初步建立政权的塞奥多利一世面临着统治合法性的挑战。此外,在安茸鲁斯王朝统治时期,在小亚细亚西北部已经形成了多个割据势力。而君士坦丁堡的陷落,则给了更多的当地势力谋求独立的机会。对于初登皇座的塞奥多利一世而言,它们的存在直接危及其皇权。因而使用涂油礼可以从政治仪式层面来说明塞奥多利一世的皇位获得了上帝的认可,这便可以增加他统治拜占庭人的权威性。接着,塞奥多利一世利用外交和军事打击相结合的方式,成功应对了阿莱克修斯三世的夺权意图和小亚西北部的分裂势力。其中,他借1211年的迈安德河上的安条克战役,一举击败了携阿莱克修斯三世及其背后以打击尼西亚新生政权为目标的塞尔柱苏丹国,并俘获了这位皇帝,使其再无与塞奥多利一世争夺权力的可能,③ 这便进一步提升了尼西亚政权在拜占庭人心中的政治形象。另外,对于小亚的割据势力,他则各个击破。④ 这不仅扩大了

---

① G. Akropolites, *The History*, pp. 162 – 163, 21.
② G. Akropolites, *The History*, pp. 323 – 324, 68; pp. 328 – 329, 70; pp. 330 – 331, 71; pp. 332 – 333, 72; pp. 335 – 336, 74; pp. 343 – 344, 76; pp. 346 – 347, 77; pp. 354 – 355, 79; pp. 356 – 357, 80; pp. 360 – 361, 81 and pp. 365 – 366, 82.
③ G. Akropolites, *The History*, p. 131, 10.
④ G. Akropolites, *The History*, pp. 119 – 120, 7; Niketas Choniates, *O City of Byzantium, Annals of Niketas Choniatēs*, pp. 350 – 351.

尼西亚帝国的领土，也使其获得了更广阔的发展和战略伸缩空间，还极大地加强了其在小亚地区的政治影响力。之后以塞奥多利一世女婿身份登基的约翰三世，所面临的皇权挑战主要来自其岳父的两位兄弟阿莱克修斯和伊萨克。① 这两兄弟曾试图通过将塞奥多利一世的女儿嫁给拉丁皇帝来获取拉丁人的支持打击约翰三世，从而谋求尼西亚皇位。但在登基时，约翰三世很有可能已预感到由他继承大统引发的不满，所以他沿袭塞奥多利一世的先例使用涂油礼便具有了增强皇权合法性的现实意义。此后约翰三世的表兄安德罗尼库斯曾意欲推翻其统治，考虑到事态严重，约翰三世遂中断与拉丁人的战争，对此进行彻查并对主使者做出了惩戒。② 约翰三世此举有以儆效尤之效，此后直至 1253 年被控有谋反罪的米哈伊尔·帕列奥列格在腓力比受审，在长达 30 年左右的时间内，尼西亚帝国未有大型谋逆事件的发生。需要注意的是，审判米哈伊尔·帕列奥列格也是尼西亚帝国的一项重大政治事件。据史家记载，米哈伊尔曾试图伙同外敌颠覆约翰三世的统治，约翰三世对他予以严查。③ 这些政治动荡尽管并未对约翰三世的皇权构成重大威胁，但无疑会使他的儿子塞奥多利二世意识到国内政治局势的不确定性。除了对外公塞奥多利一世和父亲约翰三世的惯例的延续外，这很可能是塞奥多利二世在加冕时使用涂油礼的另一原因。塞奥多利二世也非常注重涂油礼，并且为了尽快选出新牧首为他施涂油礼。在阿克罗颇立塔斯看来，他破例在一天内使修士阿西尼奥斯升至执事、再到司祭终至牧首。④ 直到完成涂油礼后，塞奥多利二世才决定离开小亚西征。⑤ 无疑，塞奥多利二世将涂油礼视作加冕仪式中不可或缺的内容，同时这也是他加强皇权的合法和正当性、稳定国内政局的重要举措。

在君士坦丁堡陷落所带来的东地中海世界更为碎片化的政治格局中，尼西亚皇帝们为了捍卫政权的正统地位和自身统治的合法性采用了涂油礼，这确实具有重要的意义。涂油礼的实施为尼西亚政府实施复国计划提供了有利的支撑。这主要体现在两个方面，其一，涂油礼的实施使得尼西亚政权增强了其作为拜占庭继承者的

---

① G. Akropolites, *The History*, pp. 165 – 166, 22.
② G. Akropolites, *The History*, pp. 169 – 170, 23.
③ G. Akropolites, *The History*, pp. 259 – 263, 50.
④ G. Akropolites, *The History*, pp. 277 – 278, 53.
⑤ N. Blemmydes, *A Partial Account*, I, pp. 85 – 86, 74.

合法性和正当性。在塞奥多利一世加冕并被施以涂油礼后,尼西亚政权受到散落在地中海世界的拜占庭人的重视。① 他们大多将该政权视为精神家园,希望它能完成收复君士坦丁堡的大业。1261 年正是在君士坦丁堡城内的拜占庭人内应的帮助下,尼西亚军队才得以趁拉丁主要兵力外出之际进入城里,夺回了君士坦丁堡。② 这些拜占庭人之所以愿意积极配合尼西亚军队也从在很大程度上显示了尼西亚帝国在东地中海世界的政治威望,而这一成就的取得与尼西亚皇帝采用涂油礼不无关系。其二,尼西亚皇帝通过实施涂油礼捍卫了皇权的合法性,稳定了国内政局。在半个多世纪的流亡生涯中,尽管外有群敌且肩扛领导所有流亡拜占庭人复国的重任,但与其竞争对手相比,尼西亚政局更为安定,这成为其全力攘外收复失地的重要保证。

总体而言,尼西亚政府在很大程度上沿袭了 12 世纪拜占庭政府的政治管理体系,这使其能够在短时间内组织起高效的政府,确保了政权的稳固运转。同时,尼西亚政府也根据 1204 年东地中海世界政治格局的新变化,作出了新的政治管理形式的调整,这主要体现在专制君主头衔的授予以及坚持施行涂油礼两个方面。在诸多政权对于拜占庭帝国正统衣钵的激烈争夺中,这些举措在很大程度上增强了尼西亚政权作为拜占庭继承者的合法性和正当性,极大地促进了其夺取君士坦丁堡这一最高政治目标的实现。

第二节

尼西亚帝国的经济政策

尼西亚帝国可控的领土范围远小于 12 世纪的拜占庭帝国,其经济规模也明显小于之前的帝国。而君士坦丁堡的陷落虽然是场灾难,但却也为尼西亚政权深

---

① A. Vasiliev, *History of the Byzantine Empire, 324 – 1453*, vol. 2, Madison: The University of Wisconsin Press, 1952, p. 512.
② G. Akropolites, *The History*, pp. 375 – 376, 85.

度经营小亚提供了机会。立足于小亚的尼西亚政权实施了更为稳健的经济发展政策,对小亚资源进行了有效利用和合理开发,从而为小帝国的发展和顺利收复君士坦丁堡提供了坚实的经济基础。

　　收缩的国土面积和相对紧缩的财政收入,使尼西亚皇帝们采取了务实的经济政策。① 在诸位尼西亚皇帝中,约翰三世的经济政策最为有效,对帝国经济发展的作用也最大。他奉行自给自足的经济政策,大力发展和保护本土经济。尼西亚帝国统治的核心区域在小亚,而小亚尤其是其西部沿海地区肥沃的土地、丰沛的水源、优质的农田牧场以及成熟的海港,为尼西亚帝国提供了赖以生存和发展的基础。在1211年迈安德河上的安条克战役后,尼西亚帝国和塞尔柱苏丹国虽有小规模的冲突和摩擦,如据叙利亚编年史家伊本·纳提夫(Ibn Natif,1210—1288年)记载,双方在1231年达成了和平协议,可能是经过阿尤布王朝(The Ayyubid Dynasty,1171—1250年)的中间斡旋,②但在1232—1254年期间双方未曾爆发战事,保持了相对友好而稳定的关系,这也为尼西亚帝国境内的经济发展提供了绝好时机。约翰三世统治时期,尼西亚帝国事实上已经控制了小亚西部沿海地区。在此基础上,他高度重视开发该地区的农业潜力,极大地推进了帝国农业的发展。塞奥多利二世也曾高度赞扬凯斯特罗斯(Kaystros)谷地、士麦那和撒尔迪斯周围地区的肥沃土地,并认为其父约翰三世对此局面的形成有积极贡献。③ 尼西亚帝国时期,士麦那周围的沿海平原是帝国重要的谷物生产中心,这也为帝国能将谷物出口到塞尔柱苏丹国提供了可能。其中,格里高拉斯便称尼西亚帝国曾向塞尔柱苏丹国出口了大量的谷物、牛、羊以及食物。④

---

① 关于尼西亚帝国时期经济发展的相关情况,详见孙丽芳:《13世纪拜占庭——尼西亚帝国"陪都"研究》,济南:山东大学出版社,2021年,第85—94页。
② D. Korobeinikov, *Byzantium and the Turks in the Thirteenth Century*, pp. 79, 156-159. 关于尼西亚帝国与塞尔柱苏丹国在1215—1231年间的军事冲突的具体情况,可参见 J. Langdon, *Byzantium's Last Imperial Offensive in Asia Minor: The Documentary Evidence for and Hagiographical Lore about John III Ducas Vatatzes' Crusade against the Turks, 1222 or 1225 to 1231*, New Rochelle, N. Y.: Aristide D. Caratzas, 1992, pp. 1-85.
③ 参见 M. Angold, *A Byzantine Government in Exile: Government and Society under the Laskarids of Nicaea (1204-1261)*, p. 102.
④ 参见 A. E. Laiou, "Byzantine Trade with Christians and Muslims and the Crusades", in A. E. Laiou and R. P. Mottahedeh eds., *The Crusades from the Perspective of Byzantium and the Muslim World*, Washington, D. C.: Dumbarton Oaks Research Library and Collection, 2001, p. 189.

约翰三世还致力于发展自给自足的皇室经济,为此他专门在皇家田产上建农场,其中饲养有马、羊、牛、骆驼、猪和鸡等。① 他亲自躬身示范,精心经营养鸡场,并用出售鸡蛋所获利润为皇后伊琳妮购买了一顶王冠。② 斯库塔里欧忒斯曾大力赞扬约翰三世向臣民展示如何通过自己农场饲养的动物来增加财富的成功经验。据称,为抵抗潜在的蒙古入侵的威胁,约翰三世还在多地建立了专事农业的皇家地产和庄园。农民们被安置在这些地产上,为附近驻防的城镇提供食品供给。③ 为了管理皇室地产,约翰三世专门挑选了知识渊博的地产管理人,他们在提供生产指导意见的同时,还监督皇室地产的运营。约翰三世的皇室地产发挥了重要作用,它不仅可以满足皇室和宫廷对食物和葡萄酒的需求,还可以提供税收。此外,皇室地产还能培育和传播农业专门知识。由于约翰三世对于农业的重视和倡导,布拉米德甚至抱怨说农业科学在他的时代比哲学更有价值。④

为了保证经济的健康运行,约翰三世还严格挑选诚实的税收官,解雇那些腐败贪婪的税收官。当约翰三世西征时,作为皇子的塞奥多利二世可能也负责执行父亲的经济政策,旨在改善城市供应、刺激农业和纺织业生产。⑤ 塞奥多利二世也对皇室田产进行了监管,并将这些地产的管理者直接置于自己的控制之下。作为皇帝,塞奥多利二世非常熟悉特定的村庄和农作物的质量。例如,他知道最适合充当牛马饲料的大麦来自与库库洛斯(Koukoulos)相邻的阿里斯蒂诺(Aristenos)庄园。他也非常了解农时,并描绘了农村的生活场景。他称农人夏季在小亚细亚平原上收割庄稼,而老人们则保护着田野免受野生动物的侵害。秋天时,人们采摘葡萄然后酿酒,并把谷物和橄榄油储存在仓库中。他极为尊重农民的农艺

---

① 参见 D. Angelov, *The Byzantine Hellene: The Life of Emperor Theodore Laskaris and Byzantium in the Thirteenth Century*, p. 41, 104.
② 参见 R. Macrides, *George Akropolites, The History*, p. 57; D. Angelov, *The Byzantine Hellene: The Life of Emperor Theodore Laskaris and Byzantium in the Thirteenth Century*, p. 104; D. M. Nicol, *The Last Centuries of Byzantium, 1261-1453*, p. 25.
③ D. Angelov, *The Byzantine Hellene: The Life of Emperor Theodore Laskaris and Byzantium in the Thirteenth Century*, pp. 103-104.
④ 参见 D. Angelov, *The Byzantine Hellene: The Life of Emperor Theodore Laskaris and Byzantium in the Thirteenth Century*, pp. 103-104. 孙丽芳:《13 世纪拜占庭——尼西亚帝国"陪都"研究》,第 80—81 页。
⑤ D. Angelov, *The Byzantine Hellene: The Life of Emperor Theodore Laskaris and Byzantium in the Thirteenth Century*, p. 103.

和劳动,认为将军、医生和农民这些职业是相关的,都是建立在教育和文化基础之上的。他也反对农民没有学问的说法,指出农艺是富于理性的。① 无疑塞奥多利二世同约翰三世一样也十分重视农业,这也在很大程度上对尼西亚帝国农业的发展起了助推作用。

在农业耕作之外,畜牧业也在帝国经济中占有不小比重。畜牧业是小亚西部传统的经济部门。尼西亚帝国边界的居民常拥有大型牧群,如迈安德河谷因在冬季仍能供应充足的牧草,且有大量的羊群和牛群而成为尼西亚重要的畜牧基地。② 尼西亚皇帝十分重视牧场的经营,严格制定牧场休牧制度,让牧场休养生息。一般在春初,羊群被赶出公共草地,使牧草能够自由生长,在秋季时则切割干草为羊群提供草料。并且,他们还严禁这些牧场被侵占为农田,保证经济形态的多样性。在发展牧业的基础上,尼西亚帝国不仅获得了充足的牛奶、蜂蜜以及黄油、奶酪和酸奶等乳制品,还征收牧业税,牧场上的牛、羊和蜜蜂等都是征税对象。③ 这在活跃国内经济的同时,还在很大程度上充实了国库。此外,尼西亚帝国也重视经济作物的种植,尤其是在山区及其附近常有茂密的橄榄树丛、果树园和葡萄园。安格德研究认为,在尼西亚帝国统治时期一些重建的村庄种植有新的橄榄树丛和葡萄园,也建有新的磨坊。更重要的是,乡村人口出现了明显的增长迹象,这些都标志着小亚西部经济逐步走向繁荣。④ 尼西亚皇帝们立足小亚,在自给自足的经济政策的指导下,多举并重发展农业和畜牧业,极大地推进了国内经济的发展。在尼西亚帝国晚期,城市和乡村中都囤积着大量的谷物,⑤这在很大程度上为政权的稳固和帝国的良性运转提供了可能。

此外,为有效实施自给自足的经济政策,尼西亚皇帝还特别重视保护国内市

---

① D. Angelov, *The Byzantine Hellene: The Life of Emperor Theodore Laskaris and Byzantium in the Thirteenth Century*, pp. 104 – 105.
② M. Angold, *A Byzantine Government in Exile: Government and Society under the Laskarids of Nicaea (1204 – 1261)*, p. 102.
③ M. Angold, *A Byzantine Government in Exile: Government and Society under the Laskarids of Nicaea (1204 – 1261)*, pp. 102 – 103. 孙丽芳:《13世纪拜占庭——尼西亚帝国"陪都"研究》,第81—82页。
④ M. Angold, *A Byzantine Government in Exile: Government and Society under the Laskarids of Nicaea (1204 – 1261)*, pp. 103 – 107.
⑤ M. Angold, *A Byzantine Government in Exile: Government and Society under the Laskarids of Nicaea (1204 – 1261)*, pp. 103 – 104.

场。塞奥多利一世于1219年8月授予威尼斯人为期五年的优惠商业特权,允许他们在尼西亚进行自由贸易。但尼西亚商人若在君士坦丁堡进行商业交易,却需要支付关税。① 与此不同,约翰三世曾立法保护本土产品,禁止进口外国奢侈品。目前较难确定这一经济政策的具体出台时间以及它持续的时间,但约翰三世之所以禁止对外奢侈品贸易可能是出于两方面的考虑,一是尼西亚境内可以提供充足的货物和粮食供应以满足生活所需。其次,据格里高拉斯称,约翰三世对从西欧和东部的伊斯兰国家进口的服装实行贸易禁运,是因为他看到周围的人愿意高价购买丝绸和其他珍贵材料制成的外国服装。这些丝绸很大一部分是在意大利卢卡大规模生产、由热那亚商人在东地中海销售。② 为避免重蹈投机商业的覆辙,防止人民的财富转移到外国人手中,约翰三世明令禁止此类贸易,并将从事此类贸易视作不爱国。③ 通过对1261年之后在君士坦丁堡流行的一段逸闻趣事的记载,帕奇米尔斯很好地展示了约翰三世厉行节俭以及他对于丝绸等奢侈品的态度。当皇子塞奥多利穿戴金衣外出打猎归来时,恰巧碰到父亲约翰三世。他向父亲问安,但父亲对此置之不理,他走上前来询问原因,父亲则责备他说:"你有意识地对罗马人做过什么好事,以至于你抛洒他们的热血在不必要的追求上?难道你不知道金衣和丝绸是罗马人的血汗,它们属于他们,应为他们所用?你到什么时候能明白?当有外国使节到来时,我们才应穿戴精美的服饰向他们显示我们人民的富有。"这一记载可能是杜撰的,因为帕奇米尔斯称两位皇帝之间的谈话是私下进行的,他的信息应该来自于其中一位,但实际上他应该没有机会获得这样的信息。另外,其中的一些用句也出现在了帕奇米尔斯的其他表述中,这说明他是使

---

① D. M. Nicol, *Byzantium and Venice: A Study in Diplomatic and Cultural Relations*, pp. 163 – 164. A. Gardner, *The Lascarids of Nicaea: The Story of an Empire in Exile*, p. 95. Ilias Giarenis, "Nicaea and the West (1204 – 1261): Aspects of Reality and Rhetoric", p. 214.
② 参见 D. Angelov, *The Byzantine Hellene: The Life of Emperor Theodore Laskaris and Byzantium in the Thirteenth Century*, p. 104. D. Jacoby, "Genoa, Silk Trade and Silk Manufacture in the Mediterranean Region (ca. 1100 – 1300)", in D. Jacoby ed., *Commercial Exchange across the Mediterranean: Byzantium, the Crusader Levant, Egypt and Italy*, Aldershot: Ashgate, 2005, pp. 20 – 25.
③ 参见 I. Giarenis, "Nicaea and the West (1204 – 1261): Aspects of Reality and Rhetoric", p. 214.

用了自己的语言来书写这段内容。①

然而,需要注意的是,尽管约翰三世奉行自给自足的经济政策并规定保护本国市场,但并未完全禁止对外贸易。自13世纪蒙古军队进入小亚,尤其是在1243年重创塞尔柱苏丹国后,尼西亚帝国同塞尔柱苏丹国之间的政治和商业联系变得更为紧密。双方之间农产品和牲畜交易非常频繁,尼西亚从中获得了可观的利润。尤其是在塞尔柱苏丹国大饥荒时期,大量突厥人家庭进入尼西亚,高价购买谷物和鸡肉并以黄金来支付,这给当地的生产者和经营者带来了暴利。在写给约翰三世的颂词中,塞奥多利二世自豪地称,约翰三世从那些背井离乡的塞尔柱突厥人处获得了财富。② 供旅客使用的客栈在13世纪尼西亚帝国可能已经存在,位于麦格尼西亚附近由约翰三世建立的叟桑德拉修道院便可以为病人和旅途者提供住宿。③ 在13世纪50年代,塞尔柱苏丹国在边界的修建了一条道路,并且在劳迪西亚附近还建有一座客栈,这既便于商旅的往来以及商品的集散和买卖,也适应了日益增长的尼西亚帝国和塞尔柱苏丹国之间的贸易交流。④

此外,在尼西亚帝国时期,仍有外国商人进驻帝国市场。在约翰三世统治时期,有来自埃及、印度以及其他地区的商人将产品带到了麦格尼西亚,威尼斯商人和比萨商人也被证实曾出现在尼西亚帝国。⑤ 尼西亚帝国位于地中海东部的两条主要贸易线路上,其中一条被威尼斯人掌控,通过克里特和内格罗蓬特到君士坦丁堡。第二条是从克里米亚到西诺普,然后穿小亚到塞尔柱苏丹国的首都科尼亚。这一路线还延伸到与塞浦路斯、叙利亚和埃及等有直接联系的小亚南岸的安塔利亚和阿拉尼亚(Alanya)。尼西亚时期,东地中海世界的国际贸易集中在君士

---

① A. Failler ed., *Georges Pachymérès. Relations Historiques*, I, pp. 61. 25 – 63. 10: Ὃς ἐπεί ποτε Χρυσοφόρ ῶν ἐξῄει εἰς κυνηγέσιον……Οὕτω καὶ ἐπὶ τούτοις ὁ εἰς βασιλείαν ἀναχθησόμενος ἐπαιδε ύετο. 转引自 George Akropolites, *The History*, p. 74. N. Cassidy, *A Translation and Historical Commentary of Book One and Book Two of the Historia of Geōrgios Pachymerēs*, p. 16 and pp. 132 – 133.
② 参见 D. Angelov, *The Byzantine Hellene: The Life of Emperor Theodore Laskaris and Byzantium in the Thirteenth Century*, p. 96.
③ D. Angelov, *The Byzantine Hellene: The Life of Emperor Theodore Laskaris and Byzantium in the Thirteenth Century*, p. 101 and n. 92.
④ M. Angold, *A Byzantine Government in Exile: Government and Society under the Laskarids of Nicaea (1204 – 1261)*, p.116. 孙丽芳:《13世纪拜占庭——尼西亚帝国"陪都"研究》,第84页。
⑤ D. Angelov, *The Byzantine Hellene: The Life of Emperor Theodore Laskaris and Byzantium in the Thirteenth Century*, p. 105.

坦丁堡和科尼亚,尽管海盗起初严重威胁着跨越博斯普鲁斯海峡的旅程,但商人们仍旧进行从君士坦丁堡到尼西亚的航程。故而,上述两地可能是尼西亚境内国外货物的重要来源地。此外作为小亚西部海滨最重要的港口之一,士麦那也有大量船只从事海上运输和贸易,如有些船只前往以弗所附近港口和叙利亚海滨港口。① 其中也有来自西方的船只,可能负责朝圣者的贸易。② 这些航线和重要的港口使得尼西亚并未完全闭关锁国,国外的奢侈品像鱼子酱等都可以被摆上尼西亚皇室的餐桌。③

尼西亚政权以小亚西北部为腹地,积极发展本土经济,建立了稳健的财税体系。较之以往,尼西亚政权更为注重发展国内贸易,活跃国内市场。尼西亚时期,安纳托利亚平原西部边缘的周边地区,成为沿河流域富庶之地谷物生产、手工加工及贸易商品的集合地。④ 并且围绕迈安德河谷,形成了包括尼姆法雍在内的、最重要的尼西亚帝国经济圈。拜占庭经济史专家亨迪(M. Hendy)认为,尼姆法雍地区欣欣向荣的农业为尼西亚帝国的经济发展提供了强大助力。同时他也称一些主要城市包括士麦那、以弗所、麦格尼西亚、尼姆法雍以及撒尔迪斯等,奠定了尼西亚帝国繁荣的经济基础。⑤ 无疑,尼西亚帝国时期的经济政策一方面减少了外部势力对本土经济的干扰,另一方面也增强了其经济的抗压能力,从而为尼西亚经济的健康发展提供了可能。同时,在经济良性发展的基础上,尼西亚政权还革除贪官污吏,重视整顿税收,从而确保税收能够切实充盈国库。得益于尼西亚政府的经济政策,小亚西北部地区出现了近两个世纪以来不曾出现的经济兴盛

---

① M. Angold, *A Byzantine Government in Exile: Government and Society under the Laskarids of Nicaea (1204 - 1261)*, pp. 115 - 116.
② 参见 M. Angold, *A Byzantine Government in Exile: Government and Society under the Laskarids of Nicaea (1204 -1261)*, p. 114.
③ M. Angold, *A Byzantine Government in Exile: Government and Society under the Laskarids of Nicaea, (1204 - 1261)*, p. 114. D. Angelov, *The Byzantine Hellene: The Life of Emperor Theodore Laskaris and Byzantium in the Thirteenth Century*, p. 114 and p. 284, n. 4. 孙丽芳:《13世纪拜占庭——尼西亚帝国"陪都"研究》,第84页。
④ 西里尔·曼戈:《牛津拜占庭史》,第344页。
⑤ M. Hendy, *Coinage and Money in the Byzantine Empire 1081 - 1261*, Washington, D. C.: Dumbarton Oaks Centre for Byzantine Studies, Trustees for Harvard University, 1969, p. 320.

局面,目前学者们也普遍认为,尼西亚时期的经济状况要远好于安茸鲁斯王朝时期。①

此外,尼西亚帝国皇帝们十分注重社会公正和社会福利事业。约翰三世曾给予出身低下之人步入仕途的机会,借此来打破贵族对为官之路的垄断,来自新卡斯特拉军区的一名农民出身的士兵君士坦丁·马伽利提斯便因受到皇帝的赏识而被重用。② 并且,约翰三世可能还曾将严刑拷打引入到司法体系中,用以处罚违法的贵族。在叙述米哈伊尔·帕列奥列格叛国罪的审判时,阿克罗颇立塔斯提到了用烧红的烙铁使米哈伊尔认罪伏法的建议。③ 还是皇子时,20多岁的塞奥多利二世便常穿梭于各地巡视城市和乡村,听取来自地方的申诉,匡扶公平正义。他以这种方式了解社会疾苦,积极参与社会治理,同时也实现了对统治区域的严密管控。安格洛夫对此给予很高评价,他认为塞奥多利二世的巡视检查对尼西亚帝国的稳定和发展有积极的贡献。④

另外,尼西亚皇帝还注重发展和构建公共医疗体系,他们曾捐助修建了一些医院,如约翰三世和皇后伊琳妮便是一些医院的直接捐助者。据梅托契特斯称,尼西亚皇帝曾帮助维持数座尼西亚城的医院。⑤ 不仅约翰三世支持尼西亚城和小亚西部其他城镇的一些医院的发展,塞奥多利二世在秉承其父这一做法的同时,还鼓励地方主教如费拉德尔菲亚的主教福卡斯尽力修建他们自己城镇的医院,⑥福卡斯不负君望确实建立了一座医院。⑦ 塞奥多利二世得知此事后,立即写信向他表示祝贺,并建议他再增设一个浴室。在皇帝的支持下,13世纪末尼西亚城的麻风病医院仍在运作,这是模仿金角湾对岸的佩拉(加拉塔)的拜占庭麻风病医院建造的。而约翰三世在马格尼西亚附近建立的叟桑德拉修道院里也有医

---

① 如奥斯特洛格尔斯基曾指出,约翰三世治下的尼西亚帝国比科穆宁王朝晚期和安格洛斯王朝治下拜占庭帝国的财政状况更为健康。参见乔治·奥斯特洛格尔斯基:《拜占庭帝国》,第376页。
② G. Akropolites, *The History*, pp. 297 – 298, 60.
③ G. Akropolites, *The History*, pp. 259 – 263, 50.
④ D. Angelov, *The Byzantine Hellene: The Life of Emperor Theodore Laskaris and Byzantium in the Thirteenth Century*, p. 108.
⑤ 参见 T. S. Miller, *The Birth of the Hospital in the Byzantine Empire*, Baltimore: Johns Hopkins University Press, 1985, p. 191.
⑥ 参见 T. S. Miller, *The Birth of the Hospital in the Byzantine Empire*, p. 191.
⑦ T. S. Miller, *The Birth of the Hospital in the Byzantine Empire*, p. 197.

疗设施。①

　　除了支持医院建设,尼西亚皇帝们还助推了慈善事业的发展,如约翰三世曾大力建设教堂、孤儿院、救济院以及老人院等公共福利机构。② 虽然这些经费来自帝国的纳税人,但皇帝却精打细算,取之于民与之于民,从不铺张浪费。③ 约翰三世个人厉行节俭、用财有度。帕奇米尔斯曾记载他在一次生病时,因医生爱莫能助,意欲模仿上帝的悲悯行为将一些钱财施舍给有需要的人。在分发钱财之前,他特意让牧首检查这些钱财,以证明它们不是来自国库而是他自己的钱财。④ 约翰三世因其慷慨乐施,去世后获得了"乐施者"的圣徒称号。他在麦格尼西亚地区受到很长时间的崇敬,直至今天东正教历法中仍有纪念他的节日。⑤ 总之,尼西亚皇帝大力发展经济的务实政策、对经济活动和公共财富的谨慎态度都为帝国财富的积累起了积极的推动作用,而他们对社会公正的追求和对社会福利的关注则有益于民生的改善和政权的稳固。

第三节

尼西亚帝国的教育和文化发展

　　尽管帝国在领土规模上远小于之前的拜占庭帝国,但尼西亚皇帝们更着意于重塑帝国的文化形象。他们十分注重发展教育,并将之视作提升文化形象的关

---

① 参见 D. Angelov, *The Byzantine Hellene: The Life of Emperor Theodore Laskaris and Byzantium in the Thirteenth Century*, p.106.
② R. Macrides, "Saints and Sainthood in the Early Palaiologan Period", in S. Hackel ed., *The Byzantine Saint*, London: Fellowship of St Alban and St Sergius, 1981, pp. 69 – 71.
③ 参见 R. Macrides, "Saints and Sainthood in the Early Palaiologan Period", p. 69.
④ N. Cassidy, *A Translation and Historical Commentary of Book One and Book Two of the Historia of Geōrgios Pachymerēs*, p. 32. R. Macrides, "Saints and Sinthood in the Early Palaiologan Period", p. 69.
⑤ R. Macrides, "Saints and Sainthood in the Early Palaiologan Period", pp. 70 – 71.

键,同时,这在彰显帝国声誉的同时,还可保证有受教育之士补充政府管理队伍。① 尼西亚帝国之所以大力发展教育,首先与帝国初期相对贫乏的教育状况难以满足帝国发展对人才的需求有直接关系。传统的拜占庭教育可大致划分为三个阶段:阅读、拼写和算术的简单学习可视为初等教育,中等教育(Εγκύκλιος Παιδεία)主要学习内容为三通(Trivium,语法、修辞、哲学)和四术(Quadrivium,算术、几何、音乐、天文学),而高等教育是对中等教育的深化,其内容与中等教育大体相同,学生有可能根据需要学习法律、医学、物理等。② 布拉米德在《自传》中详细记载了自己的求学历程,这是了解尼西亚帝国初期教育状况最为重要的史料。在君士坦丁堡陷落后,他与家人一同来到尼西亚帝国。他先在普鲁萨(Prousa)学习了语法,后在尼西亚城完成诗歌、修辞以及哲学中逻辑部分的学习。③ 布拉米德的求学之路表明,尽管在初期的尼西亚帝国可以接受中等教育,但他只能学习哲学中逻辑部分的事实证明那时的中等教育并不完备。之后,由于尼西亚帝国缺乏高等教育教师及机构,他只好冒险前往被拉丁人占领的斯卡曼德罗斯(Skamandros)去求学。④ 著名学者朗西曼认为,在君士坦丁堡陷落前,拜占庭的高等教育机构主要是君士坦丁堡大学,而布朗宁在对牧首学校做了深入研究之后,认为12世纪的牧首学校也是重要的高等教育机构。⑤ 布拉米德在斯卡曼德罗斯便是师从曾在牧首学校学习的普罗德洛姆斯(Prodromos),此人学识渊博,可能在君士坦丁堡陷落后前往斯卡曼德罗斯隐居,是当时著名的文人。⑥ 因为这段学习经历,布拉米德在很大程度上可被认为是在流亡时期拜占庭传统知识和文化的一位重要传承者。综合布拉米德的记述来看,尼西亚帝国初期的教育状况不容乐

---

① 狄奥尼修斯·史塔克普洛斯:《拜占庭一千年》,第228页。
② C. N. Constantinides, *Higher Education in Byzantium in the Thirteenth and Early Fourteenth Centuries, 1204 – ca. 1310*, Nicosia: Cyprus Research Centre, 1982, p. 1.
③ M. Angold, *A Byzantine Government in Exile: Government and Society under the Laskarids of Nicaea (1204 – 1261)*, p. 178; E. Fryde, *The Early Palaeologan Renaissance (1261 – c. 1360)*, Leiden: Brill, 2000, pp. 73 – 74.
④ Nikephoros Blemmydes, *A Partial Account*, I, pp. 45 – 46, 6; II, pp. 97 – 98, 7.
⑤ S. Runciman, *The Last Byzantine Renaissance*, London: Cambridge University Press, pp. 53 – 54. R. Browning, "The Patriarchal School at Constantinople in the Twelfth Century", *Byzantion*, 32 (1962), pp. 167 – 202; 33 (1963), pp. 11 – 40; Browning, "Byzantine Scholarship", *Past & Present*, 28 (1964), pp. 5 – 6.
⑥ C. N. Constantinides, *Higher Education in Byzantium in the Thirteenth and Early Fourteenth Centuries, 1204 – ca. 1310*, p. 8.

观,其显然难以为一个新政权的高效运转提供持续而有力的支撑。因而解决教育问题,刻不容缓。

尼西亚帝国曾积极通过多种渠道发展教育,① 首先完善人才选拔机制,为受教育之人提供发展机遇。11 世纪中期,君士坦丁九世(Constantine Ⅸ Monomachus,1042—1055 年在位)设首席哲学家(Ὕπατος τῶν Φιλοσόφων),使其肩负行政管理和教育双重责任。② 经历了君士坦丁堡陷落的劫难后,在小亚西北部重建政权的尼西亚帝国初期重设首席哲学家,埃林尼库斯二世(Theodore II Eirenikos,1214—1216 年在位)在成为牧首前便曾担任首席哲学家。而尼西亚帝国另一位有史可查的首席哲学家是卡卢开斯,他同时也是法官和财政大臣。③ 根据布拉米德对卡卢开斯的诸多记载,我们可以较为清晰地了解这一时期首席哲学家的职责。布拉米德提到,约翰三世令卡卢开斯负责考察从斯卡曼德罗斯学成归来的布拉米德的逻辑推理和表达能力,④ 此举很可能为尼西亚政府挑选堪用之人。其间,布拉米德很好地展现了自己严谨的推理和合理的表达能力,他很可能借此受到了约翰三世的赏识。在尼西亚帝国时期,东正教和天主教曾多次就统一问题开展神学辩论。布拉米德便曾受命与教宗使节进行过两次辩论,他凭借自己良好的知识素养,有力地回击了他们。约翰三世在辩论中现身并十分关切辩论结果,这说明布拉米德代表尼西亚教会"出战"应该是得到了约翰三世的首肯。⑤ 此外,这位皇帝还委托布拉米德为国家培养人才,这也可看作他对布拉米德的器重。因而,尼西亚帝国重设首席哲学家拓展了国家选拔人才的渠道,这不仅便于为国家和教会甄选优秀人才,还可为教育发展提供驱动力。

此外,尼西亚皇帝还曾双管齐下,鼓励有较高知识素养之人进行私人教学和

---

① 关于尼西亚帝国发展教育的举措,详见孙丽芳、赵法欣:《浅议尼西亚帝国的教育发展》,载《社会科学家》,2014 年第 4 期。本部分是在上述论文的基础上,增补相关材料以及重新思考后写成。
② R. Macrides, "Nomos and Kanon on Paper and in Court", in R. Morris ed., *Church and People in Byzantium*, Birmingham: Centre for Byzantine, Ottoman and Modern Greek studies, University of Birmingham, 1991, p. 70.
③ N. Blemmydes, *A Partial Account*, Ⅱ, p. 98, 8. M. Angold, *A Byzantine Government in Exile: Government and Society under the Laskarids of Nicaea (1204 -1261)*, p. 179.
④ N. Blemmydes, *A Partial Account*, Ⅱ, pp. 98 - 103, 8 - 16.
⑤ 关于这两次辩论,详见 Nikephoros Blemmydes, *A Partial Account*, Ⅱ, pp. 106 - 108, 25 - 28; pp. 119 - 125, 50 - 60.

学生求学，并为之提供必要的支持和资助。根据阿克罗颇立塔斯的记载，约翰三世亲自选派他以及其余四名学生①跟随赫卡特卢高斯（Theodore Hexapterygos）学习诗歌和演说技巧。此人虽不擅长哲学，但对修辞有深入研究也精于演说技巧，这些使他声名鹊起。② 因已在拉丁人占领的君士坦丁堡完成了中等教育，③阿克罗颇利塔斯此时可能是在接受高等教育。根据现有的资料来判断，这很有可能是尼西亚皇帝积极发展高等教育的先例。约翰三世持续关注这五位年轻人的教育问题，在赫卡特卢高斯去世后，他说服了才高气盛的布拉米德担任他们的老师，继续培养他们。④ 并且为了使教师和学生都没有后顾之忧，约翰三世每年不仅为他们提供生活必需品，还给予他们一定的资金支持。⑤ 跟随布拉米德学习无疑使阿克罗颇立塔获得了更为渊博的知识，他对日食的认识便很可能是便来自这位老师。布拉米德曾在自己的《物理手册》和《自然科学手册》中谈论过日食和月食现象。并且在写给约翰三世的政治诗中，他还用日食现象来说明光明和黑暗之间的天然联系，从而显示了自己了对日食原理的熟悉。⑥ 跟随布拉米德学习的阿克罗颇立塔斯曾在宫廷中正确地对日食发生原因作出了解释，他对自己具有较高知识水平的这一成功展现，⑦也为他日后"学而优则仕"打下了基础。因而，尼西亚皇帝实施的教育资助政策在很大程度上为推进教育发展和人才培养提供了切实保障。阿克罗颇立塔斯曾感念约翰三世在自己受教育问题上的帮助，他直言"正是由于他（约翰三世），我们接受教育，成为现在的我们"。⑧

值得注意的是，在君士坦丁堡陷落后，该城所存的大量书籍要么被毁坏，要么

---

① 关于这四名学生，详见 Nikephoros Blemmydes, *A Partial Account*, Ⅰ, pp. 71 - 72, 49. L. G. Westerinck, "Some Unpublished Letters of Nicephorus Blemmydes", *Byzantinoslavica*, 12 (1951), p. 51, 19 - 20. C. N. Constantinides, *Higher Education in Byzantium in the Thirteenth and Early Fourteenth Centuries, 1204 - ca. 1310*, p. 11, n. 33.
② G. Akropolites, *The History*, pp. 192 - 193, 32.
③ G. Akropolites, *The History*, p. 189, 29.
④ N. Blemmydes, *A Partial Account*, Ⅰ, pp. 71 - 72, 49; G. Akropolites, *The History*, pp. 192 - 193, 32.
⑤ N. Blemmydes, *A Partial Account*, Ⅰ, pp. 71 - 72, 49.
⑥ G. Akropolites, *The History*, p. 212, n. 7. J. Bury, "An Unpublished Poem of Nicephorus Blemmydes", *Byzantinische Zeitschrift*, 10 (1901), p. 422.
⑦ G. Akropolites, *The History*, pp. 210 - 212, 39.
⑧ A. Heisenberg ed., *Georgii Acropolitae Opera*, vol. 2, Leipzig: Teubner, 1903, p. 19, 29 - 32.

遗失，①这不仅是对拜占庭文化的重击，同时也限制了尼西亚帝国的教育活动。为应对这一局面，尼西亚皇帝曾支持学者在旧有的拜占庭世界进行书籍的搜集和抄录工作，尽可能地为教育的顺利进行提供支撑。在约翰三世的授命和资助下，布拉米德肩负起了这一重任。他曾前往当时往被其他政权管控的一些大城市和重要地区，如塞萨洛尼基、阿索斯圣山、拉里萨以及奥赫里德等。布拉米德此行收获颇丰，他或是抄写或是直接将一些搜寻到的书籍带回了尼西亚帝国。② 在此基础上，他创作了两部教科书《逻辑手册》和《物理手册》，这无疑对其教学提供了重要帮助。其中，《物理手册》不仅使还在求学的阿克罗颇立塔斯获得了关于日食的认识，还成为帕列奥列格王朝非常流行的教科书，对后世学者影响深远。③ 再加上在受约翰三世之托收集书籍之前，布拉米德还曾在罗德岛的阿塔姆泰斯（Artamytes）修道院日夜研读那里收藏的精美书籍。④ 他或许也曾抄录一些书籍，并将之带回了尼西亚帝国。布拉米德的这些积累不仅使他能够著述颇多，促使他进一步传承了拜占庭传统知识和文化，还使得约翰三世建立公共图书馆的计划得以实施。与约翰三世一样，其子塞奥多利二世也对教育发展抱有很大的热情。他不仅继续支持书籍收集活动，还用这些书籍来丰富其建立的图书馆。目前较难确定这些图书馆的具体位置，它们很可能对公众开放，公众也可从中借阅书籍。⑤ 无疑，尼西亚皇帝着力于搜寻书籍和设立图书馆为拜占庭文化的保存和教育的发展提供了更为便利的条件，同时这也促进了教育的发展。斯库塔里欧忒斯曾称，在尼西亚帝国的小亚城市中有"许多有知识的人，他们常聚在一起谈论学问。"⑥这一景象虽有夸张，但这种文化氛围的形成便可能与上述举措有很大关系。

　　碍于中等教育不够完善以及高等教育资源稀缺且不稳定的局面，尼西亚皇帝

---

① 关于12世纪还被拜占庭学者提及而在君士坦丁堡陷落之后丢失的书籍，详见 N. G. Wilson, "The Libraries of the Byzantine World", in D. Harlfinger ed., *Griechische Kodikologie und Text-überlieferung*, Darmstadt: Wissenschaftliche Buchgesellschaft, 1980, pp. 284 - 285.
② N. Blemmydes, *A Partial Account*, Ⅰ, pp. 79 - 80, 63 - 64.
③ E. Fryde, *The Early Palaeologan Renaissance (1261 - c. 1360)*, pp. 75 - 76.
④ N. Blemmydes, *A Partial Account*, Ⅱ, p. 105, 22.
⑤ 参见 D. Angelov, *The Byzantine Hellene: The Life of Emperor Theodore Laskaris and Byzantium in the Thirteenth Century*, p. 106.
⑥ A. Heisenberg ed., *Georgii Acropolitae Opera*, vol. 1, pp. 297, 18 - 298, 4.

还曾积极筹建国家学校。布拉米德在致信牧首曼努埃尔二世（Manuel Ⅱ，1243—1254年在位）时提到，约翰三世有建立国家学校的计划，而布拉米德则成为学校校长一职的合适人选。但权衡之后，布拉米德并未接受，这很有可能使得约翰三世的计划不了了之。① 塞奥多利二世是有名的学者皇帝，他继任后重启这一计划，并最终在圣特里丰教堂内建立了国家学校。为了保证学校的良性运转，他也资助学校的教师和学生。② 总体而言，这所学校有着良好的师资力量，应该能够提供中等和高等教育。其中，菲拉努普卢斯（Andronicus Phrangopoulos）在学校教授语法和诗歌。而塞那克瑞姆（Michael Senachereim）教授修辞，他还曾评注过《荷马史诗》。③ 根据塞奥多利二世与这两位老师的通信，可以看到这位皇帝对学校教育情况的密切关注。他不仅询问在校六名学生的学习进度，还在满意于他们的学习成果后，鼓励他们进行更高阶段的学习。④ 因而，国家学校这一国家教育机构的建立为中高等教育提供了更稳定的支撑。在尼西亚皇帝为发展教育所采取的诸多举措中，这无疑是一个重要的建树。

此外还应注意，尼西亚皇帝们资助和修建的医院也在他们发展教育和文化的举措中占有一席之地。如布拉米德曾有学医和在以弗所、士麦那行医的经历，并在此基础上撰写了《论身体》。⑤ 他是拜占庭传统医学知识的传承者。在13世纪中期，塞奥多利二世在《尼西亚颂词》中也曾写道，尼西亚城居民学习了古希腊知识的所有分支，其中也包括医术。⑥ 同时，由于君士坦丁堡的医院是培训医生的地方，也是专业的医学博物馆，因而尼西亚皇帝以它们为例在小亚支持建立的医院不仅有益于慈善，也推动了13世纪的知识复兴。此外，尼西亚政府也曾设置医

---

① C. N. Constantinides, *Higher Education in Byzantium in the Thirteenth and Early Fourteenth Centuries, 1204 - ca. 1310*, p. 14. J. Munitiz, "Blemmydes Revisited: The Letters of Nicephorus Blemmydes to Patriarch Manuel Ⅱ", in Ch. Dendrinos, J. Harris, E. Harvalia-Crook and J. Herrin eds., *Porphyrogenita, Essays on the History and Literature of Byzantium and the Latin East in Honour of Julian Chrysostomides*, Aldershot: Ashgate, 2003, pp. 370 - 374.
② C. Foss, *Nicaea: A Byzantine Capital and Its Praises*, Brookline, Mass.: Hellenic College Press, 1996, p. 69.
③ R. Browning, "Homer in Byzantium", *Viator*, 6 (1975), p. 29.
④ N. Festa ed., *Theodori Ducae Lascaris Epistulae CCXVII*, Florence: Istituto di Studi Superiori Pratici e di Perfezionamento, 1898, no. 217, p. 271, 1 - 5; p. 274, 92 - 102.
⑤ N. Blemmydes, *A Partial Account*, Ⅰ, pp. 44 - 45, 5; Ⅱ. pp. 132 - 133, 5.
⑥ 参见 T. S. Miller, *The Birth of the Hospital in the Byzantine Empire*, pp. 191 - 192.

官,这一官职曾经与君士坦丁堡大皇宫的大医院紧密相关,也负责监督大医院的医学教学。因而,这一官职的设置也说明在尼西亚城或者是其他地方的医院中,也有官员承担着与之前这一官职担任者相同的职责。确实,在约翰三世统治时期,担任医官的米利普索斯(Nicholas Myrepsos)著有一本关于药理学的著作,这是医院医生和医学学生非常合适的参考书。①

尽管尼西亚帝国采取多种举措促进教育发展,但因少有关于这些举措所取得的实际成效的史料,目前较难准确地概述尼西亚帝国教育发展的水平。塞浦路斯的乔治,也就是之后在帕列奥列格王朝担任过牧首的格里高利二世(Gregory Ⅱ,1283—1289年在位)曾在完成中等教育后,因不满于当地的教育质量,故前往尼西亚帝国寻求接受高等教育的机会。② 他可能曾在尼西亚国家学校学习。在1261年君士坦丁堡被收复后,他继而在该城的高等学校求学。这些教育经历使他成为帕列奥列格王朝初期有名的学者和教师。该王朝的首席大臣木扎伦、著名学者科姆努斯(Nikephoros Choumnos,1255—1305年)以及牧首约翰十三世(John ⅩⅢ Glykys,1315—1320年在位)等都曾受教于他。同乔治一样,侯罗博洛斯和斯库塔里欧忒斯(Theodore Skoutariotes,约1230—1290?年)也可能曾有在尼西亚国家学校学习的经历。③ 其中,侯罗博洛斯曾在帕列奥列格王朝初期担任国家秘书,并在重建的牧首学校任教。他的宫廷演说词对研究帕列奥列格王朝初期的教育发展有重要价值。④ 而斯库塔里欧忒斯在尼西亚帝国时期曾是塞奥多利二世的学者圈的成员,之后在帕列奥列格王朝初期,他还曾担任过西奇库斯主教。整体而言,上述三位学者很可能都有在尼西亚国家学习的经历,他们关于尼西亚帝国教育发展情况的相关记载不容忽视。然而,他们就这一问题所表达的观点并不一致。塞浦路斯的乔治和侯罗博洛斯都不认可尼西亚帝国的教育水平,他们提到

---

① 上述关于尼西亚帝国医官的具体情况,可参见 T. S. Miller, *The Birth of the Hospital in the Byzantine Empire*, p. 192.
② 详见 W. Lameere ed., *La Tradition Manuscrite de la Correspondance de Grégoire de Chypre Patriarche de Constantinople (1283 - 1289)*, Brussels-Rome:Palais des académies, 1939, pp. 177 - 179, 12 - 15.
③ C. N. Constantinides, *Higher Education in Byzantium in the Thirteenth and Early Fourteenth Centuries, 1204 - ca. 1310*, p. 26.
④ 侯罗博洛斯的《宫廷演说词》见 M. Treu ed., *Manuelis Holoboli Orationes*, Potsdam:typis P. Brandt, 1906.

尼西亚国家学校仅能提供有限的教学内容，而且教学水平也不高，学生受益并不多。① 与此不同的是，斯库塔里欧忒斯在其《编年史概要》中称，在塞奥多利二世统治时期，在尼西亚帝国的小亚城市中有"许多有知识的人，他们常聚在一起谈论学问。"② 显然，斯库塔里欧忒斯更为肯定尼西亚帝国教育发展的成效。在他笔下，帝国晚期呈现出一派教育兴盛和知识复兴的景象。

围绕着尼西亚帝国教育发展的水平这一问题，后世学者也有不同认识。如安格德更为认可塞浦路斯的乔治和侯罗博洛斯的看法，③ 而康斯坦丁尼德斯则认为尼西亚国家学校并非教育的水平不高，而是在帝国晚期改朝换代的过程中失去了发展的动力，因此出现了关于其衰落的记载。④ 然而应当加以注意的是，关于上述三位史家记述的评析不能忽视他们的写作的环境和目的。在尼西亚帝国晚期，米哈伊尔·帕列奥列格篡夺了小皇帝约翰四世的皇位，因而他需要构建自己统治的合法性和正当性。为了服务于米哈伊尔的政治目的，完成于他统治期间的著述多是对他的颂扬和对之前的尼西亚皇帝们的贬抑。在这些著述中，比较有代表性的是阿克罗颇立塔斯的《历史》。阿克罗颇立塔斯是米哈伊尔八世的亲戚，后者还曾对他有救命之恩。被囚于伊庇鲁斯政权的阿克罗颇立塔斯便是在米哈伊尔八世派往欧洲作战的军队的帮助下，逃离了牢狱之灾。⑤ 而且在米哈伊尔夺取皇位后，诸多前朝旧臣受到了政治清洗，阿克罗颇立塔斯不但免于此劫，还被委以重任。再加上帕列奥列格王朝初期宣传其奠基者米哈伊尔八世功绩的政治氛围，这些都可能使得阿克罗颇立塔斯写作时选择支持米哈伊尔八世及帕列奥列格王朝。如在《历史》中，米哈伊尔八世多以聪敏机智和果敢坚决的形象示人。⑥ 此外，在理解了阿克罗颇立塔斯的写作倾向后，这位史家对尼西亚皇帝特别是刚愎自用、

---

① W. Lameere ed., *La Tradition Manuscrite de la Correspondance de Grégoire de Chypre Patriarche de Constantinople (1283 –1289)*, p. 183, 8 – 13; M. Treu ed., *Manuelis Holoboli Orationes*, p. 95, 13 – 24, 31.
② A. Heisenberg ed., *Georgii Acropolitae Opera*, vol. 1, pp. 297, 18 – 298, 4.
③ M. Angold, *A Byzantine Government in Exile: Government and Society under the Laskarids of Nicaea (1204 – 1261)*, p. 178.
④ C. N. Constantinides, *Higher Education in Byzantium in the Thirteenth and Early Fourteenth Centuries, 1204 – ca. 1310*, p. 26.
⑤ G. Akropolites, *The History*, pp. 354 – 355, 79; pp. 365 – 366, 82.
⑥ G. Akropolites, *The History*, pp. 351 – 352, 78.

犹疑不决的塞奥多利二世的一些记载可能并非出于本意,不过是应时之作。这是因为:其一,阿克罗颇立塔斯发迹于尼西亚帝国,并受到尼西亚皇帝的重用,在感情上可能不会轻易否定他们。其二,塞奥多利二世在写给阿克罗颇立塔斯的信件中称赞他,"你是明智的人","我的阿克罗颇立塔斯","我赞美你,哲学家",虽然阿克罗颇立塔斯回复塞奥多利二世的信件没有保存下来,但从上述赞美词中可以发现他们的关系较为融洽。其三,阿克罗颇立塔斯曾为塞奥多利二世的信件集作序,在序言中他称赞了后者的写作技巧,也并未流露出对其有不满情绪。①

无疑,尼西亚帝国晚期的篡位事件以及随之而来的改朝换代,使很多史家的记载具有了明显的政治倾向性。塞浦路斯的乔治和侯罗博洛斯的上述观点出现在他们为米哈伊尔八世创作的颂词和演说词中,这便使他们记载的可信度打了一定的折扣。在这一背景下,显然他们更倾向于以贬低尼西亚帝国晚期的教育水平,其目的是强调收复旧都后米哈伊尔八世为帝国的教育发展所作出的贡献以及取得的成就。所以,这两位学者的记述不应成为判定尼西亚帝国教育发展情况的主要依据。那么是否可以完全依赖斯库塔里欧忒斯提供的更为正面和积极的信息呢?同前两位学者一样,斯库塔里欧忒斯也是在帕列奥列格王朝写作,在很大程度上也要受限于时局。但不同于前两位学者在任职期间写作,他写作时已经卸任西奇库斯主教一职。此外,他写作《编年史概要》并非是要呈给皇帝,因而他可以更为自由地书写。这主要表现在,尽管关于尼西亚帝国的部分,他主要以阿克罗颇立塔斯的《历史》为蓝本,但他并未全盘照搬这部著作,尤其是关于尼西亚皇帝塞奥多利二世和米哈伊尔八世的部分。这也使得《编年史概要》具有了重要的史料价值,玛库利德斯便曾直言,此书对于研究13世纪尼西亚帝国历史的重要性要多于对它的初步认识。② 斯库塔里欧忒斯在一定程度上修正了阿克罗颇立塔斯关于塞奥多利二世和米哈伊尔八世形象的记载。在他笔下,前一位皇帝的形象更为正面,而后一位皇帝也在很大程度上失去了其光辉。③ 这一处理可能与他同

---

① R. Macrides, *George Akropolites*, *The History*, Introduction, p. 11 and n. 53.
② 关于《编年史概要》的价值及其同《历史》的比较,详见 R. Macrides, *George Akropolites*, *The History*, Introduction, pp. 66 - 69; R. Macrides, "Saints and Sainthood in the Early Palaiologan Period", p. 77.
③ R. Macrides, "Saints and Sainthood in the Early Palaiologan Period", p. 77.

塞奥多利二世的私交有关系。他曾进入过塞奥多利二世身边的学者圈子,再加上他对这位皇帝在出征保加利亚前的梦境以及临终忏悔的描述,可能说明他们关系密切。① 这便不难理解他更容易流露出对塞奥多利二世在情感上的支持。他对那位前朝皇帝多有赞赏,还认为其对尼西亚帝国的教育发展有重要贡献。② 如此一来,鉴于斯库塔里欧忒斯也难免有厚塞奥多利二世薄米哈伊尔八世之嫌,我们也应理智客观地看待他所提到的塞奥多利二世统治时,尼西亚帝国的城镇中教育兴盛和知识复兴的场景,自然也就不能全部依赖他的观点,来评价尼西亚帝国教育发展的水平和成就。

最后,客观评价尼西亚帝国教育发展的水平还不能忽视 13 世纪拜占庭中央政权缺失这一大背景。若是结合这一背景来看,实际上尼西亚帝国教育发展的水平是值得肯定的。在君士坦丁堡陷落后,流亡的拜占庭人建立的尼西亚政权尽管有帝国之名,但它整体上却不具备与之前的拜占庭帝国比肩的实力。其疆域最初只是在小亚西北部,之后虽也恢复了欧洲的色雷斯和马其顿的部分地区,但并未能真正能恢复之前的拜占庭帝国的疆界。同时,在旧有的拜占庭帝国疆域内,除了另外两个拜占庭人建立的政权伊庇鲁斯专制君主国和特拉比宗帝国外,还有以拉丁帝国为首的十字军政权。保加利亚人和塞尔柱突厥人也乘机抢夺拜占庭旧有领土。为增强自身实力,并在东地中海世界政局中掌握更多主动权,它们曾多番兵戎相向。为了图存以及实现收复君士坦丁堡这一政治目标,尼西亚帝国也不可避免地卷入多场战争之中。因而,东地中海世界政局的动荡不安对尼西亚帝国的稳定发展提出了挑战,也客观上使其难以支持大规模和高水平的教育。尽管约翰三世积极支持阿克罗颇立塔斯和他的同学们求学,但这批学生的规模并不大,仅有五人。最初在塞奥多利二世建立的国家学校学习的也只有六名学生。尽管不能仅仅以这些数据来判定尼西亚帝国教育的整体情况,但我们应该更为谨慎地回答这一问题。另外,在君士坦丁堡陷落后,虽然原君士坦丁堡牧首学校的一些教师来到了尼西亚帝国,但他们的新职位多与教学无关,如牧首学校福音书教师

---

① 参见 R. Macrides, *George Akropolites, The History*, Introduction, p. 68.
② C. N. Constantinides, *Higher Education in Byzantium in the Thirteenth and Early Fourteenth Centuries, 1204 - ca. 1310*, p. 20.

卡罗塞斯(Constantine Kaloethes)和首席修辞教师克茹索白格斯(Nikephoros Chrysoberges)分别担任玛都图斯(Madytos)和撒尔迪斯主教,再加上尼西亚帝国未能建立起牧首学校,①这也限制了其教育发展的规模。有鉴于此,认为尼西亚帝国教育发展的整体水平不可能太高的评价是大体是合理的。然而,流亡期间尼西亚帝国采取的发展教育的举措在很大程度上促成其都城尼西亚城出现了文化相对兴盛的局面。根据君士坦丁·阿克罗颇立塔斯(Constantine Akropolites,1250—1324年)和梅托契特斯对尼西亚帝国时期尼西亚城的教育和知识状况的记载,上述斯库塔里欧忒斯所描述的教育兴盛和知识复兴的场景可能是出现在尼西亚城,同时该城的教育发展水平成为帝国发展教育措施成效的最好见证,代表了尼西亚帝国教育发展的最高水平。君士坦丁是乔治·阿克罗颇立塔斯的长子,他曾在帕列奥列格王朝皇帝安德罗尼库斯二世统治期间担任首席大臣。此外他还是著名学者,其留存下来的作品有圣徒传记、圣徒颂词和演说词等。他称尼西亚城有很多受过很好教育的人。② 同君士坦丁·阿克罗颇立塔斯一样,梅托契特斯也曾在安德罗尼库斯二世统治期间担任首席大臣。他著述颇丰,其《尼西亚城》对研究尼西亚帝国以及尼西亚城的知识复兴有重要意义。他认为尼西亚城因知识复兴保持了昔日的荣耀。③ 据此也可推论,在尼西亚帝国时期该城的教育发展有不小的成效。因而总体而言,尽管尼西亚帝国实力有限且处于动荡的时局中,这限制了其教育发展的整体水平,但从尼西亚城的情况来看,帝国为促进教育发展所采取的诸多举措是值得肯定的。

此外,这些举措也对尼西亚帝国的正常运转和提升帝国的文化地位起了积极作用。并且从长时段来看,它们还在很大程度上搭建起传承拜占庭文化的桥梁,为保存拜占庭文化做出了重要贡献。具体来看,尼西亚帝国初期,政府和教会事务的处理在很大程度上要依靠从君士坦丁堡逃往到尼西亚帝国的那些有经验、有

---

① R. Browning, "The Patriarchal School at Constantinople in the Twelfth Century", *Byzantion*, 32 (1962), pp. 184 - 186, 197; 33 (1963), pp. 39 - 40. C. N. Constantinides, *Higher Education in Byzantium in the Thirteenth and Early Fourteenth Centuries, 1204 - ca. 1310*, p. 52.

② D. I. Polemis, "The Speech of Constantine Akropolites on St. John Merciful the Younger", *Analecta Bollandiana*, 91 (1973), p. 44, 8 - 13.

③ Theodore Metochites, "Νικαεύς", in C. Foss, *Nicaea: A Byzantine Capital and Its Praises*, pp. 188 - 193, 16 - 18.

学识的官员和教士。维拉杜安曾称"一些高级官员、贵族渡过（博斯普鲁斯）海峡到达了尼西亚帝国"。① 其中便有著名学者侯尼雅迪斯，他曾为安茞鲁斯王朝的首席大臣，后来在尼西亚帝国担任宫廷演说家和高级司法官。② 而当这些人退出政府和教会事务，尼西亚帝国便面临着人才短缺的困境。尼西亚帝国对教育的重视和发展，在很大程度上满足了其规模相对较小的政府和教会对人才的需求。阿克罗颇立塔斯曾受到尼西亚皇帝约翰三世的重点栽培，他在接受良好的教育后，曾出任国家秘书、财务大臣以及首席大臣等职位。他也常陪同皇帝西征，不仅拟写文书给皇帝新占领的一些地区，还曾亲自出使这些地区完成外交使命。③ 为了缓和尼西亚帝国同拉丁帝国的关系，他还曾前往君士坦丁堡。阿克罗颇立塔斯的才干得到尼西亚皇帝们的赞赏，如塞奥多利二世便极为肯定他的外交能力，并称经过他的协商，没有什么敌意是化解不了的。④ 除阿克罗颇立塔斯外，尼西亚帝国晚期还任用其他一些受过较高教育的官员和教士，他们都在尼西亚帝国接受教育，例如塞奥多利二世的秘书中有跟随布拉米德进行较高哲学训练的哈吉欧塞奥多利泰斯和在阿克罗颇立塔斯指导下完成修辞学习的库布拉里奥斯（Kouboularios），而圣索菲亚教堂执事西非林努斯（Xiphilinos）也因其丰富的神学知识而得到塞奥多利二世的高度赞扬。⑤ 因而，以阿克罗颇立塔斯为代表的那些在尼西亚帝国接受教育的拜占庭人无疑为该政权的有效运转提供了重要支撑。

君士坦丁堡自建成并成为拜占庭帝国的首都后，长时间内都是地中海世界重要的文化中心，并产生了重要的文化影响力。但因1204年十字军占领了君士坦丁堡，拜占庭人便失去了这一优势。尼西亚政权不仅力图成为拜占庭帝国的继承者，也重视重建拜占庭文化的影响力。在长达千余年的历史中，拜占庭人都自称

---

① Joinville and Villehardouin, *Chronicles of the Crusades*, trans. M. R. B. Shaw, London: Penguin, 1963, p. 98.
② 参见 M. Angold, *A Byzantine Government in Exile: Government and Society under the Laskarids of Nicaea (1204 -1261)*, p. 149. 关于逃亡到尼西亚帝国的前拜占庭官员和教会职员的情况，参见 C. Foss, *Nicaea: A Byzantine Capital and Its Praises*, pp. 58 - 59. 关于侯尼雅迪斯逃亡尼西亚的过程，参见 N. Choniates, *O City of Byzantium*, *Annals of Niketas Choniatēs*, pp. 323 - 326, 348, 354 - 355.
③ G. Akropolites, *The History*, pp. 230 - 232, 44; pp. 249 - 251, 49;
④ 参见 R. Macrides, *George Akropolites, The History*, Introduction, p. 11.
⑤ C. N. Constantinides, *Higher Education in Byzantium in the Thirteenth and Early Fourteenth Centuries, 1204 - ca. 1310*, pp. 21 - 23.

为"罗马人"。但当1204年同样自诩为罗马人后裔的拉丁人进入东地中海世界并抢占了拜占庭人的首都后,尼西亚学者发现"罗马人"这一称谓也适用于拉丁人。① 因而,为了与这些拉丁人区分开来,尼西亚学者们将"希腊人"作为自己新的身份标识。例如到达斯卡曼德罗斯时,布拉米德称该地还没有处于"希腊人"的统治下,阿克罗颇立塔斯则认为"品都斯山把伊庇鲁斯同我们的'希腊'土地分割开来"。② 此时对尼西亚学者而言,"希腊"可能更多是文化地理概念,他们以此强调自身文化的优越性。③ 现代学者瓦卡罗普洛斯还将尼西亚学者的这种倾向视为近现代希腊民族主义的起源。④ 需要注意的是,尼西亚学者们的上述倾向与该政权意图塑造自身的文化形象,以增加收复君士坦丁堡的合法性密切相关。尼西亚君主们十分关注树立自身文化的优越性,其中比较有代表性的是塞奥多利二世。因担心拉丁人在哲学方面胜过尼西亚帝国的拜占庭人,他认为自己肩负促进哲学发展的责任。⑤ 这也就不难理解他为何亲自参与同弗雷德里克二世(Frederick Ⅱ,1220—1250年在位)使节的哲学辩论。之后,他兴奋地写信给撒尔迪斯主教安德罗尼库斯和他的老师布拉米德,宣称在辩论中取胜。在他看来,这次胜利是对拜占庭人传统荣耀的捍卫。⑥ 他还提到朝臣们因"希腊人战胜了意大利人"而十分喜悦。⑦ 尼西亚君主们之所以热爱知识、尊重知识,并积极推动教育发展,在很大程度上可能也是为了提升帝国的文化形象。通过阿克罗颇立塔斯的记载可知,约翰三世将哲学家与皇帝并称,认为他们最值得庆贺,他以此鼓励学生们求学,获得更大的荣誉和奖励。⑧ 而塞奥多利二世曾跟随布拉米德和阿克罗颇立塔

---

① M. Angold, *A Byzantine Government in Exile: Government and Society under the Laskarids of Nicaea, 1204 – 1261*, p. 30.
② N. Blemmydes, *A Partial Account*, Ⅰ, p. 46, 6; G. Akropolites, *The History*, pp. 356 – 357, 80.
③ M. Angold, "Byzantine 'Nationalism' and the Nicaean Empire", *Byzantine and Modern Greek Studies*, 1 (1975), p. 64.
④ A. E. Vakalopoulos, *Origins of the Greek Nation: the Byzantine Period, 1204 – 1461*, trans. I. Moles, New Brunswick, N. J.: Rutgers University Press, 1970, pp. 43 – 45.
⑤ M. Angold, "Byzantine 'Nationalism' and the Nicaean Empire", p. 65.
⑥ 参见 C. N. Constantinides, *Higher Education in Byzantium in the Thirteenth and Early Fourteenth Centuries, 1204 – ca. 1310*, p. 23.
⑦ D. Angelov, *The Byzantine Hellene: The Life of Emperor Theodore Laskaris and Byzantium in the Thirteenth Century*, p. 143.
⑧ G. Akropolites, *The History*, pp. 192 – 193, 32.

斯等知名学者学习,具备良好的知识素养。从他存世的多封信件和著述中可以看出,他对知识的热爱和较高的知识情趣。他十分喜爱哲学,认为有思想和哲学知识的人才是一个城市真正的灵魂。① 塞奥多利二世周围还形成了一个学者圈,他们追求知识、讨论哲学,这使得尼西亚宫廷有着浓厚的求知氛围,成为学者的摇篮。② 尼西亚君主为推动教育发展所采取的一系列举措,也促进其都城尼西亚城在东地中海世界拥有了较高的文化地位。塞奥多利二世曾将尼西亚城与古代雅典进行了对比,他认为尼西亚城不但拥有世俗哲学家,还拥有大量的基督教哲学家,因而要优于黄金时期的雅典。③ 从塞浦路斯的乔治远道而来尼西亚帝国寻求更高阶段的教育这一事实,说明当时尼西亚帝国在东地中海世界已经具有了文化影响力。此外,约翰三世和塞奥多利二世支持书籍搜集、发展教育还是他们的政权对西方学者产生了吸引力的原因之一。西方学者曾专程造访尼西亚,并在这里阅读和抄录了一些亚里士多德和希波克拉底的著作。④ 与过往数个世纪的拜占庭帝国一样,尼西亚帝国的都城也具有了文化声望,这便利于增强东地中海世界的拜占庭人对该政权的政治认同,进而也为成功收复君士坦丁堡做了必要的准备。

从拜占庭帝国的整体历史来看,尼西亚政权的重要贡献之一在于其在很大程度上保持了拜占庭教育和文化的连续性,而这主要得益于该政权对教育的重视和发展。第四次十字军战征不仅导致拜占庭帝国四分五裂,其教育体系也遭到了极大破坏,并且随着拜占庭皇室和牧首的相继流亡,其教育发展也失去了强有力的支持。而尼西亚帝国以搜集图书、建立图书馆以及国家学校为代表的发展教育的诸多举措,不仅在一定程度上恢复了拜占庭教育体系,还减弱了君士坦丁堡陷落拜占庭文化和教育受到的重创。在尼西亚帝国接受教育的学者们,对于拜占庭文化的保存和传承有积极贡献。其中,布拉米德在尼西亚帝国接受中等教育,又前

---

① Theodore II Laskaris, "Εγκώμιον εις την Μεγαλόπολιν Νίκαιαν", in C. Foss, *Nicaea: A Byzantine Capital and Its Praises*, p. 134, 22 – 25.
② 参见 S. Georgiopoulou, *Theodore II Dukas Laskarids (1222 –1258) as an Author and an Intellectual of the XIII Century*, Harvard University, Cambridge, Mass., Ph. D, 1990, pp. 13 – 14.
③ Theodore II Laskaris, "Εγκώμιον εις την Μεγαλόπολιν Νίκαιαν", p. 138, 7 – 19.
④ 参见 D. Angelov, *The Byzantine Hellene: The Life of Emperor Theodore Laskaris and Byzantium in the Thirteenth Century*, p. 144.

去求教于学成于 12 世纪拜占庭帝国的普罗德洛姆斯,之后他将自己储备的拜占庭知识和文化又传授给了学生阿克罗颇立塔斯等新一代尼西亚学者。此外,尼西亚学者也曾自觉地尝试保存拜占庭的知识和文化,现存牛津大学博得利图书馆(Bodleian Library)的一份尼西亚时期的手稿(MS. Barocci 131.)就包含有活跃于 11 和 12 世纪的拜占庭学者的大量作品,见证了尼西亚学者试图保存之前两个世纪文化遗产的努力。① 尼西亚帝国的教育发展也为之后回到君士坦丁堡统治的帕列奥列格王朝的文化繁盛局面有重要意义。这主要体现在两个方面,其一是尼西亚帝国时期所搜集和整理的书籍被带回君士坦丁堡,②为帕列奥列格王朝教育和文化的进一步发展提供了有利条件。其二是尼西亚帝国培养的学者为帕列奥列格王朝的教育作出了较大贡献。阿克罗颇立塔斯曾担任时为尼西亚皇子的塞奥多利二世的老师,1261 年后他在君士坦丁堡重建的高等学校任教,主要教授哲学。他的门生中有一些成了当朝的知名学者,在政府和教会中任职。其中,最有代表性的是塞浦路斯的乔治,他曾出任君士坦丁堡牧首一职。③ 而布拉米德也在以弗所附近的修道院开展教学活动,直至去世。他认为十岁是进入修道院学习的合适年龄,由此可以推测他接收的学生可能已完成了初等教育。④ 无疑,尼西亚帝国对教育的重视和发展为帕列奥列格王朝早期的文化繁盛积蓄了一定的力量。从米哈伊尔八世统治开始,拜占庭帝国形成了崇古、求知和好学的风气,在安德洛尼库斯二世统治期间尤甚。大批知名学者像帕奇米尔斯、科姆努斯、梅托契特斯、格里高拉斯等都曾积极参与其中,他们不仅校对了一些古典作品,也留下了大量著述,以实际行动进一步诠释和弘扬了古典和拜占庭文化,并对之后的意大利文

---

① E. Fryde, *The Early Palaeologan Renaissance (1261 - c. 1360)*, p. 74. 关于尼西亚时期其它手稿的情况,参见 N. G. Wilson, *Scholars of Byzantium*, London: Duckworth, 1983, p. 221.
② C. N. Constantinides, *Higher Education in Byzantium in the Thirteenth and Early Fourteenth Centuries, 1204 - ca. 1310*, p. 134 and n. 7.
③ G. Akropolites, *The History*, Introduction, pp. 12 - 14.
④ N. Blemmydes, "Typikon of Nikephoros Blemmydes for the Monastery of the Lord Christ-Who-Is at Ematha near Ephesos", trans. J. Munitiz, in J. Thomas and A. Constantinides eds., *Byzantine Monastic Foundation Documents: A Complete Translation of the Surviving Founders' Typika and Testaments*, Washington, D. C.: Dumbarton Oaks Research Library and Collection, 2000, p. 1202; C. N. Constantinides, *Higher Education in Byzantium in the Thirteenth and Early Fourteenth Centuries, 1204 -ca. 1310*, p. 24, n. 129. 布拉米德曾为这些学生写了赞美诗的评论,详见 H. I. Bell, "The Commentary of the Psalms by Nicephorus Blemmydes", *Byzantinische Zeitschrift*, 30 (1930), pp. 295 - 300.

艺复兴有积极意义。①

总体而言,尼西亚帝国在拜占庭历史上有重要地位不仅仅是因为成功收复了君士坦丁堡,恢复了拜占庭人在君士坦丁堡的统治,还在于它通过发展教育保存和传承了拜占庭文化,这又在一定程度上增强了拜占庭人的政治和文化认同感。尼西亚帝国历史学者安格德便称,尼西亚帝国是一座至关重要的桥梁,它连接起了1204年被毁灭的拜占庭帝国和1261年被重建的拜占庭帝国。②

第四节
尼西亚帝国的军事与外交

尼西亚帝国极为注重构建东部战略防御体系,这有效地确保了小亚核心区域的军事安全、政治稳定与经济增长,并为该政权顺利实施西征战略,进而收复君士坦丁堡、光复拜占庭帝国提供了重要保障。

据安格洛夫研究,阿莱克修斯三世的女婿也就是未来的尼西亚帝国的建立者塞奥多利·拉斯卡利斯,可能在1203年9月前已经带着自己的妻女渡海逃到小亚。③ 1205年在夺取尼西亚城后,他于该城称帝,并在1208年由新任牧首奥托雷亚诺斯为其加冕。④ 塞奥多利以尼西亚城为根据地,初步确立了其都城的地位,该城亦随之成为帝国和教会的中心。然而,在尼西亚城作为都城的同时,帝国还

---

① 孙丽芳:《浅议尼西亚帝国的教育发展》,第144页,注释1。关于帕列奥列格王朝早期文化繁盛与意大利文艺复兴的比较,详见 E. Fryde, *The Early Palaeologan Renaissance (1261 - c. 1360)*, pp. 388 - 398.
② M. Angold, *A Byzantine Government in Exile: Government and Society under the Laskarids of Nicaea (1204 - 1261)*, Introduction, p. 1.
③ D. Angelov, *The Byzantine Hellene: The Life of Emperor Theodore Laskaris and Byzantium in the Thirteenth Century*, p. 23.
④ G. Akropolites, *The History*, pp. 117 - 118, 6.

以尼姆法雍为"陪都"。① 尼姆法雍位于尼西亚城西南约290公里处,在两城之间往来最快约需一周时间。② 在《历史》中,阿克罗颇立塔斯提到除非有军事计划或军事行动,尼西亚皇帝们都会尽力在秋末或冬初赶往尼姆法雍过冬。③ 以尼姆法雍为基地,尼西亚政府继而全面部署东部战略防御体系。

首先,提升边界城市教区的地位,发挥教会在边界城市的积极作用。随着尼西亚政府扎根小亚,此地原本在拜占庭帝国统治下的一些主教区被提升为都主教区。如从塞奥多利一世统治时起,之前从属于撒尔迪斯都主教区的费拉德尔菲亚教区成为独立的都主教区,而从属于克劳迪奥波利斯的本都的希拉克利亚亦被提升至都主教区。④ 因这些主教区所在的城市位于帝国的边界,尼西亚政府的这些举措便在一定程度上提升了这些城市的重要性。主教们主持教会法庭,并建立慈善机构,他们在边界居民的日常生活中发挥了重要作用,⑤进而密切了尼西亚边界城市居民与中央政府的关系。

此外,东部边界防卫是约翰三世主要关心的问题之一。他曾在边界建立了很多要塞、塔楼和城墙等防御工事。其中既能储存武器,装有防守器械,又有工匠从事军事生产。⑥ 同时,他还在靠近要塞的地方建村庄,很好地保证了驻军的食物和金钱供应。⑦ 1243年,当约翰三世听闻蒙古军队进入塞尔柱苏丹国领土时,他一方面命令在边境要塞中提前储存可用几年的谷物,另一方面集结大量军队并仔

---

① 关于尼西亚帝国"陪都"的详细研究,参见孙丽芳:《13世纪拜占庭—尼西亚帝国的"陪都"研究》,济南:山东大学出版社2021年。

② D. Angelov, *The Byzantine Hellene: The Life of Emperor Theodore Laskaris and Byzantium in the Thirteenth Century*, p. 46.

③ G. Akropolites, *The History*, pp. 194 – 195, 33; pp. 241 – 242, 46; p. 245, 47; pp. 369 – 371, 84.

④ M. Angold, *A Byzantine Government in Exile: Government and Society under the Laskarids of Nicaea (1204 – 1261)*, pp. 48 – 49. 此外,尼西亚帝国时期普鲁萨、迈安德河上的安条克、佩盖、帕加马主教区也被升为都主教区,劳帕丁则成为大主教。参见 D. Angelov, *The Byzantine Hellene: The Life of Emperor Theodore Laskaris and Byzantium in the Thirteenth Century*, p. 50.

⑤ D. Angelov, *The Byzantine Hellene: The Life of Emperor Theodore Laskaris and Byzantium in the Thirteenth Century*, p. 50.

⑥ 转引自 C. Foss, *Cities, Fortresses and Villages of Byzantine Asia Minor*, Ⅵ, Aldershot: Variorum, 1996, p. 320.

⑦ N. Cassidy, *A Translation and Historical Commentary of Book One and Book Two of the Historia of Geōrgios Pachymerēs*, p. 31.

细登记在册,①以加强对东部地区的防守。费拉德尔菲亚是尼西亚帝国的东部哨站,也是其持续占有安纳托利亚西部地区的关键要塞。② 塞奥多利二世登基伊始,便由尼姆法雍出发前往费拉德尔菲亚巡视东部防线,并同塞尔柱苏丹重续约翰三世主政时签订的和平条约。③ 米哈伊尔八世称帝后也仿效塞奥多利二世,前往费拉德尔菲亚稳定边界。他通过巡视边界一方面可以显示军威,震慑敌方,另一方面也借机厚待戍守力量,加强边界防守。④

除了依靠帝国军队力量,边民和移民也曾担纲防卫,他们成为尼西亚帝国构建东部战略防御体系的支撑。⑤ 尼西亚时期的边民多居住在安纳托利亚边境,特别是桑加里奥斯河和迈安德河上游附近的高地,这一地区面临土库曼游牧民族入侵的巨大威胁。边民便提供了阻挡这些游牧民族进入尼西亚帝国腹地的第一道防线。⑥ 他们多擅长用箭作战,具有极为丰富的实战经验。再加上也是为保卫家园而战,他们在同突厥人作战时便更为勇敢,具有较强的战斗力。⑦ 尼西亚皇帝看重边民守卫边境的重要性,因而作出政策倾斜,给予他们免税特权和额外补贴。免税是有一定的限制的,它可能仅是免除土地税,贸易税并不免除。另外,边民若是离开边界前往其他地区居住,他们则不再享受免税待遇。⑧ 这一政策很可能始于塞奥多利一世,约翰三世继位后继续推行,并取得了较好的成效。这有利于培育边民防御力量,加强边界

---

① N. Cassidy, *A Translation and Historical Commentary of Book One and Book Two of the Historia of Geōrgios Pachymerēs*, p. 66. M. Angold, *A Byzantine Government in Exile: Government and Society under the Laskarids of Nicaea (1204–1261)*, p. 194.
② N. Cassidy, *A Translation and Historical Commentary of Book One and Book Two of the Historia of Geōrgios Pachymerēs*, p. 89.
③ G. Akropolites, *The History*, pp. 277–278, 53.
④ N. Cassidy, *A Translation and Historical Commentary of Book One and Book Two of the Historia of Geōrgios Pachymerēs*, pp. 47–48.
⑤ D. Korobeinikov, "How 'Byzantine' Were the Early Ottomans? Bithynia in ca. 1290–1450", in I. V. Zaitsev, S. F. Oreshkova eds., *Osmanskii mir i osmanistika*, Moscow: Institut vostokovedeniia RAN, 2010, p. 231.
⑥ N. Cassidy, *A Translation and Historical Commentary of Book One and Book Two of the Historia of Geōrgios Pachymerēs*, p. 92.
⑦ G. Akropolites, *The History*, pp. 277–278, 53.
⑧ N. Cassidy, *A Translation and Historical Commentary of Book One and Book Two of the Historia of Geōrgios Pachymerēs*, pp. 3–4 and pp. 92–93.

防卫。① 此外,约翰三世还实行了移民充实边塞的政策。他"使他们(库曼人)转变了野蛮的本性,把他们从马其顿带走,转移到东部地区"。② 这些人被安置于帝国东部边界,抵抗塞尔柱苏丹国的西进。③ 这便在一定程度上扩充了尼西亚帝国的军事资源,缓解了东部边界的防守压力。因而,作为尼西亚政府施政的重要内容,以尼姆法雍为"陪都"进而推进东部防御战略,有助于其严控东部边界、威慑塞尔柱苏丹国,从而为稳步推进西部战略提供了必要的前提和基础。尼科尔曾评论称,在尼西亚时期,拜占庭的东部边疆确实比十世纪盛时以来受到了更有效的保护。④

尼西亚帝国的东部战略防御体系颇具成效,靠近疆界的费拉德尔菲亚恢复安全,特里波利斯也逐渐繁荣起来,成为抵抗突厥人西侵的重要堡垒。⑤ 据现有资料所示,在长达半个多世纪的时间里,除 1211 年迈安德河上的安条克一役外,尼西亚帝国和塞尔柱苏丹国之间虽有军事摩擦,但基本上避免了大规模的军事冲突和武装对抗,保持了较为稳定的边界。⑥ 这与其东部边界防守体系的构建有着重要关系,拜占庭晚期史家帕奇米尔斯将此视作尼西亚帝国取得的最重要成就之一。⑦ 东部边境相对和平,则带来了尼西亚帝国疆域内经济的繁荣。⑧ 这些都为尼西亚政

---

① M. Bartusis, *The Late Byzantine Army, Arms and Society, 1204 – 1453*, p. 25. N. Cassidy, *A Translation and Historical Commentary of Book One and Book Two of the Historia of Geōrgios Pachymerēs*, p. 92. 孙丽芳:《13 世纪拜占庭——尼西亚帝国的"陪都"研究》,第 75 页。
② G. Akropolites, *The History*, pp. 215 – 216, 40.
③ 参见 M. Bartusis, "On the Problem of Smallholding Soldiers in Late Byzantium", *DOP*, 44 (1990), p. 12; M. Bartusis, *The Late Byzantine Army, Arms and Society, 1204 – 1453*, p. 26; R. Macrides, George Akropolites, The History, p. 217, n. 5. 孙丽芳:《13 世纪拜占庭——尼西亚帝国的"陪都"研究》,第 75—76 页。
④ D. M. Nicol, *The Last Centuries of Byzantium, 1261 – 1453*, pp. 24 – 25.
⑤ C. Foss, *Cities, Fortresses and Villages of Byzantine Asia Minor*, VI, p. 300.
⑥ D. Korobeinikov, *Byzantium and the Turks in the Thirteenth Century*, p. 79 and pp. 156 – 159. 关于这一问题,还可参见 D. Angelov, *The Byzantine Hellene: The Life of Emperor Theodore Laskaris and Byzantium in the Thirteenth Century*, pp. 54 – 55 and p. 255, n. 128; J. Langdon, *Byzantium's Last Imperial Offensive in Asia Minor: The Documentary Evidence for and Hagiographical Lore about John III Ducas Vatatzes' Crusade against the Turks, 1222 or 1225 to 1231*, pp. 90 – 104.
⑦ N. Cassidy, *A Translation and Historical Commentary of Book One and Book Two of the Historia of Geōrgios Pachymerēs*, pp. 3 – 4.
⑧ 关于尼西亚帝国经济的评论,可参见 S. Vryonis, Jr., *The Decline of Medieval Hellenism in Asia Minor and the Process of Islamization from the Eleventh through the Fifteenth Century*, Berkely: University of California Press, 1971, p. 244; J. Langdon, *Byzantium's Last Imperial Offensive in Asia Minor: The Documentary Evidence for and Hagiographical Lore about John III Ducas Vatatzes' Crusade against the Turks, 1222 or 1225 to 1231*, p. 65, n. 103.

府筹谋西方战略,进而稳步推进收复故都、光复故国事宜提供了重要保障。在东部边境稳定的前提下,1259年尼西亚军队在佩拉戈尼亚战役中击败了由伊庇鲁斯专制君主国、莫利亚公国和西西里王国军队组成的联军,①这为其此后收复君士坦丁堡扫清了障碍。1261年,趁君士坦丁堡城内守备空虚之际,尼西亚军队在该城居民的帮助下成功进城。这迫使拉丁皇帝逃离,拉丁帝国在该城的统治也由此结束。② 拜占庭人夺回了被拉丁人占有半个多世纪的都城君士坦丁堡,并开启了拜占庭末代王朝帕列奥列格王朝长达近两个世纪的统治。因而,尼西亚政府的东方战略防御体系有效遏制了塞尔柱突厥人的西进,保证了东部边界的稳定和统治的稳固,这进而为顺利实施西部反击,并最终夺取君士坦丁堡打下了良好的基础。

拜占庭地处欧、亚、非三大陆交汇点,虽得享商贸和文化交流之便,同时也是兵家必争的军事战略重地。在处理与外敌关系时,拜占庭政府不仅借助于军事战争,更常使用外交谋略以达御敌的目的。在13世纪第四次十字军战征和蒙古西征的双重影响下,东地中海世界出现了由尼西亚帝国、伊庇鲁斯专制君主国、拉丁帝国、第二保加利亚帝国、伊科尼姆的塞尔柱苏丹国和蒙古政权等多种势力主导的碎片化政治格局。围绕争夺君士坦丁堡、继承拜占庭政治遗产,诸多政权在政治、经济、军事和文化等领域展开了激烈博弈。因实力所限,尼西亚帝国除了直接而不可避免的军事冲突,还将外交视作处理与上述政权关系的重要方式。

首先,因腹地在小亚,尼西亚帝国在诸多对外关系中最为看重也最优考虑其与近邻伊科尼姆的塞尔柱苏丹国的双边关系。在1211年迈安德河上的安条克战役之前,塞奥多利一世多次通过与塞尔柱苏丹签署和约的方式,确保其东部边境的安全。③ 而在这次战役之后,尽管两政权在边界时有摩擦,但在约翰三世统治

---

① G. Akropolites, *The History*, pp. 356-357, 80 and pp. 360-361, 81.
② G. Akropolites, *The History*, pp. 375-376, 85.
③ G. Akropolites, *The History*, p. 131, 10. D. Korobeinikov, *Byzantium and the Turks in the Thirteenth Century*, p. 129.

期间基本没有发生大型战事,双方保持了较长时间的和平稳定局面。① 塞奥多利二世登基伊始,便同塞尔柱苏丹重续其父约翰三世时期签署的和约,从而有效地稳固了东部边界的安全。② 在处理同伊庇鲁斯专制君主国的关系中,尼西亚政府的着力点则在于迫使其承认尼西亚皇帝和牧首的权力,并放弃对君士坦丁堡的争夺。在约翰三世多次用兵塞萨洛尼基后,伊庇鲁斯专制君主被迫放弃皇帝头衔,承认了尼西亚皇帝的权威。为稳固双方关系,约翰三世还曾同专制君主米哈伊尔二世联姻,将其孙女也就是未来皇帝塞奥多利二世的女儿玛丽亚婚配米哈伊尔二世的儿子尼基弗鲁斯。但之后米哈伊尔二世反叛,约翰三世起兵征讨并迫使其在1248—1250年间签署和约。③ 1259年,米哈伊尔二世集结大军在佩拉戈尼亚败于尼西亚帝国军队。整体而言,尼西亚帝国在处理与伊庇鲁斯政权的关系时大多居于优势地位。此外,因尼西亚帝国的最高政治目标是收复君士坦丁堡,其必然与在该城统治的拉丁帝国产生冲突。在拉丁帝国初期,其主要依靠军事力量打击尼西亚政权。而在尼西亚帝国逐步实现了对君士坦丁堡的包围后,拉丁帝国转而主动求和。碍于攻城计划困难重重,尼西亚帝国在1260年春与拉丁帝国达成了为期一年的和约。④ 拉丁帝国很可能因这一和约而防守有所松懈,尼西亚军队也借此机会趁虚而入,最终占领了君士坦丁堡。最后,尼西亚帝国也曾与保加利亚达成反拉丁同盟。在1230年重挫处于上升势头的伊庇鲁斯专制君主国后,⑤ 保加利亚成为巴尔干地区的强势力量。尼西亚帝国积极施展外交手段,与保加利亚联姻并制定了合攻君士坦丁堡的军事计划。⑥ 尽管这两大政权达成的军事联盟最终破裂,但它们的联姻却使得尼西亚帝国在随后的保加利亚政局动荡中发挥了很大的影响力。在保加利亚国王卡里曼(Kaliman II, 1256 年在位)去世后,因为没有

---

① J. Langdon, *Byzantium's Last Imperial Offensive in Asia Minor: The Documentary Evidence for and Hagiographical Lore about John III Ducas Vatatzes' Crusade against the Turks, 1222 or 1225 to 1231*, p. 3, 13 and 65, n. 103; D. Angelov, *The Byzantine Hellene: The Life of Emperor Theodore Laskaris and Byzantium in the Thirteenth Century*, pp. 54 – 55, p. 255, n. 128.
② G. Akropolites, *The History*, pp. 277 – 278, 53. R. Macrides, *George Akropolites, The History*, p. 279. n. 4.
③ G. Akropolites, *The History*, pp. 249 – 251, 49.
④ G. Akropolites, *The History*, pp. 367 – 368, 83.
⑤ G. Akropolites, *The History*, pp. 178 – 179, 25.
⑥ G. Akropolites, *The History*, pp. 194 – 195, 33.

合适的王位继承人,保加利亚贵族们会面协商后,决定立提霍米尔为王。为增加提霍米尔统治的合法性,保加利亚派出使节,请求尼西亚皇帝塞奥多利二世将其与保加利亚公主海伦娜所生的大女儿伊琳妮嫁给提霍米尔。① 最终,这桩婚事顺利达成。这既稳定了提霍米尔的统治,也增进了两政权之间的关系。此后在1260—1261年冬,阿克罗颇立塔斯也曾出使保加利亚,他此行的目的很可能是为了确保保加利亚在尼西亚同伊庇鲁斯政权的冲突中保持中立。若这一推测准确的话,此次外交活动应该是成功的,因为在收复君士坦丁堡前,保加利亚未曾与伊庇鲁斯联手对抗尼西亚帝国。总体而言,尼西亚帝国在处理与其他政权的关系时都曾使用外交手段,这也是它能够逐渐在同这些政权的竞争中逐步取得优势地位的关键因素之一。然而,这一时期真正展现尼西亚帝国灵活高超的外交策略的是,它有效地处理了同蒙古人的关系,避免了被打击甚至被颠覆的命运。

蒙古西征无疑改变了世界历史的进程,而它对同时期东地中海世界政治格局造成的影响,直接迫使尼西亚帝国积极借助外交化解蒙古威胁。在《历史》中,阿克罗颇立塔斯首次记载蒙古人是他们在1237年进攻保加利亚,并致使库曼人进入马其顿地区。② 自此开始,阿克罗颇立塔斯又数次提及蒙古人,他们成为1204年以后影响东地中海世界政治格局的重要力量。在第二次西征时,蒙古军队兵分两支。其中一支由拔都率领进入东欧,并于1240年攻陷了基辅。而一支军队则在1242年初到达埃尔泽乌姆(Erzurum)。③ 该城的基督徒和穆斯林居民拒绝投降,并对城外驻守的蒙古军队进行言语挑衅,这促使蒙古军队最终以武力夺城。④ 此后,蒙古军队占领了包括埃尔泽乌姆的整个亚美尼亚地区,并计划侵入小亚,这直接威胁着塞尔柱苏丹国和特拉比宗帝国的安危。在得知这一消息后,镇守小亚的皇子塞奥多利迅即派信使前去告知正在围攻塞萨洛尼基的约翰三世。约翰三世获悉后,他先令知晓内情的部下严守秘密,以免走漏风声,之后他迅速与该城的专制君主约翰和解,并签署和约。在处理好塞萨洛尼基的事务后,约翰三

---

① George Akropolites, *The History*, pp. 334 – 336, 73.
② George Akropolites, *The History*, p. 199, 35.
③ A. A. 瓦西列夫:《拜占庭帝国史》,第807—808页。
④ D. Angelov, *The Byzantine Hellene: The Life of Emperor Theodore Laskaris and Byzantium in the Thirteenth Century*, p. 93.

世迅速回军小亚,以确保其小亚领土的安危。① 1243 年 6 月 26—27 日,塞尔柱苏丹率领一支规模大但纪律差的联军在克塞山（Kösedağ）战役中败于蒙古军队。② 自此,蒙古人开始深度插手小亚事务,小亚历史也进入了新的阶段。③ 战后,小亚的地缘政治格局发生了深刻的变化。其中,塞尔柱苏丹国陷入了长期的政治动荡。塞尔柱苏丹国、特拉比宗帝国以及西里西亚的亚美尼亚政权都成了蒙古的附庸国。④ 在小亚诸政权中,尼西亚帝国保持了并力图一直保持独立。

在克塞山战役后,约翰三世深感蒙古威胁的严重性和紧迫性,进行了比较务实的战略部署。他一方面积极备战,命令在城市公共建筑中储存各种武器如弓箭、盾牌、盔甲和投石机以及大麦、小麦等谷物以备不时之需。⑤ 此外,他还重视东部边境的防守,为此他不仅善待边民,还于 1241 年将因蒙古西侵而涌入马其顿地区的大量库曼人转移到帝国的东部边境和其他小亚的防守要地,⑥这对于补充边境地区的兵力和形势稳定起了关键作用。另一方面,他还同塞尔柱苏丹达成了战略合作关系,将塞尔柱苏丹国作为抵挡蒙古人入侵的重要屏障。在此之前,塞尔柱苏丹曾于 1242 年向教宗格里高利九世派出使节,之后他也友好地接待了拉丁使团。他们此番交往,可能是协商苏丹同拉丁皇帝鲍德温二世的联姻事宜,他们的目标可能是共同对抗约翰三世。⑦ 但蒙古人击败塞尔柱苏丹军队彻底消解了这一联盟的可能性,苏丹及其继任者更倾向于同临近的尼西亚皇帝结好,而非与遥远的法兰克人结盟。克塞山战役失利后,塞尔柱苏丹派出使节前往尼西亚帝国,力陈唇亡齿寒的道理,希望获得支持以抗敌。尼西亚皇帝约翰三世欣然接待

---

① G. Akropolites, *The History*, pp. 215 – 216, 40.

② G. Akropolites, *The History*, pp. 220 – 221, 41.

③ R. Shukurov, "Trebizond and the Seljuks (1204 – 1299)", in G. Leiser ed., *Mésogeios. Revue trimestrielle d'études méditerranéennesp*, Paris, 2005, p. 113.

④ K. Murata, "The Mongols' Approach to Anatolia and the Last Campaign of Emperor John III Vatatzes", *Greek, Roman, Byzantine Studies*, 55 (2015), pp. 482 – 483.

⑤ D. Angelov, *The Byzantine Hellene: The Life of Emperor Theodore Laskaris and Byzantium in the Thirteenth Century*, p. 95.

⑥ George Akropolites, *The History*, pp. 215 – 216, 40. R. Macrides, *George Akropolites, The History*, p. 217. n. 5.

⑦ C. Cahen, *The Formation of Turkey: The Seljukid Sultanate of Rum, Eleventh to Fourteenth Century*, trans. and ed. P. M. Holt, London: Routledge, 2001, p. 69.

了使节并选择支持苏丹。随后，两位君主在特里波利斯会面签署和约。① 西方史料还补充提及约翰三世派出 400 匹战马以及金银援助苏丹。② 在这位苏丹于 1245 年离世后，约翰三世成功帮助苏丹的长子凯考斯（Izz al-Din Kay Kawus Ⅱ, 1246—1261 年在位）获取王位，并建立了对塞尔柱宫廷的政治影响。③

在约翰三世统治时期，他很可能主动与蒙古可汗取得了直接联系。在克塞山战役后，由于 1248 年贵由汗突然去世，蒙古内部展开了激烈而漫长的王位争夺战，这在很大程度上缓解了小亚诸多小政权对蒙古再次入侵的恐惧。其中，亚美尼亚政权和尼西亚帝国可能都获得了确切消息，它们暂时不会被攻击。因而，在暂时免除了来自蒙古人入侵的威胁后，约翰三世全心专注于西征巴尔干半岛。他不断收复失地，极大地压缩了保加利亚、伊庇鲁斯专制君主国以及拉丁帝国在该地区的统治空间，并逐步确立了在东地中海世界的政治影响力。13 世纪西欧历史家巴黎的马修（Matthew of Paris, 1259 年左右去世）曾提到，1248 年，两位蒙古特使前往罗马教廷，并受到教皇英诺森四世的热情接待。而蒙古特使此行的目的是说服教宗共同对付约翰三世，教宗对此的回复是，如果蒙古人皈依基督教，他便向约翰三世开战。④ 尽管这一信息未必准确可信，却从侧面说明，尼西亚帝国以及约翰三世日益增长的重要性和影响力。⑤

1251 年蒙哥（1251—1259 年在位）即汗位后，蒙古政局逐渐恢复稳定。约翰三世面对新即位的可汗，采取了谨慎的外交举措。13 世纪，法国圣方济各会会士鲁布鲁克的威廉（William of Rubruk）曾作为法王路易九世的使节出使蒙古，他称自己在哈拉和林遇到了一位为蒙古人服务的使节。此人精通多种语言，并受命于

---

① G. Akropolites, *The History*, pp. 220-221, 41.
② J. Giebfried, "The Mongol Invasions and the Aegean World (1241-1261)", *Mediterranean Historical Review*, 28 (2013), p. 134.
③ J. Langdon, "Byzantium's Initial Encounter with the Chinggisid: An Introduction to the Byzantino-Mongolica", *Viator*, 29 (1998), p. 120.
④ D. Korobeinikov, *Byzantium and the Turks in the Thirteenth Century*, p. 183; G. Guzman, "Simon of Saint Quentin and the Dominican Mission to the Mongol Baiju: A Reappraisal", *Speculum*, 46 (1971), pp. 232-249; D. Angelov, *The Byzantine Hellene: The Life of Emperor Theodore Laskaris and Byzantium in the Thirteenth Century*, p. 95.
⑤ A. A. 瓦西列夫：《拜占庭帝国史》，第 809 页。

蒙古大汗在 1251—1252 年间出使了尼西亚帝国。① 这可能发生于蒙哥登基的同年,此举很可能意在告知尼西亚皇帝他已继承蒙古大统。② 约翰三世不清楚蒙哥的真实意图,为避免重蹈塞尔柱苏丹国被击溃的覆辙,他极为慷慨地奖赏和贿赂这位使节,并且在使节的建议下,于 1251 年或 1252 年派使团前往哈拉和林斡旋。③ 鲁布鲁克的威廉还提到,在此次出使活动后,约翰三世不再担忧蒙古人的进攻。其中的一个原因可能是,尼西亚使节获得了来自蒙哥不会进攻他们的承诺。④ 之后在 1253 年 12 月 27 日和 1254 年 1 月 4 日间,鲁布鲁克的威廉还亲自见到了来自尼西亚帝国的使节,他们煞费苦心地强调约翰三世和路易九世之间的和平关系,以淡化基督教世界的分裂。⑤ 这些使节应该是在 1253 年由当时的皇子塞奥多利二世派遣的,因为约翰三世当时还在巴尔干地区征战。⑥ 尼西亚帝国的这次外交活动在很大程度上也是成功的,因为在接下来的两年多时间里,蒙古并未发动针对尼西亚帝国的军事行动。

1254 年,蒙哥派其弟旭列兀(1256—1265 年在位),即未来的伊儿汗国(Il-khanate,1256—1335 年)可汗重启西征,以图完成对近东的征服。旭列兀直到 1256 年才到达近东,拜住不得不将其营地迁出穆干平原(Mughan),以便为新来的蒙古军队腾出空间。他率军进入安纳托利亚高原寻找补给和牧场。⑦ 由于塞尔柱苏丹抵制拜住军队的这一行为,双方于 1256 年 10 月 14 日在阿克萨雷(Aksaray)开战,塞尔柱苏丹再次战败,这引起了当地诸多小政权的恐慌。塞奥多利二世沿袭其父约翰三世与塞尔柱苏丹交好以共同防御蒙古人的政策,他一登基便前往费拉德尔菲亚边界,同苏丹再续和约并重申反对蒙古人的防御协定。之后,得知塞尔柱苏丹国军队在阿克萨雷战役中败北的消息时,塞奥多利二世正在西征,

---

① 《柏朗嘉宾蒙古行纪 鲁布鲁克东行纪》,耿昇、何高济译,北京:中华书局,1985 年,第 262 页。
② K. Murata, "The Mongols' Approach to Anatolia and the Last Campaign of Emperor John Ⅲ Vatatzes", p. 486.
③ 《柏朗嘉宾蒙古行纪 鲁布鲁克东行纪》,第 262 页。
④ K. Murata, "The Mongols' Approach to Anatolia and the Last Campaign of Emperor John Ⅲ Vatatzes", p. 478.
⑤ 《柏朗嘉宾蒙古行纪 鲁布鲁克东行纪》,第 262 页。
⑥ D. Angelov, *The Byzantine Hellene: The Life of Emperor Theodore Laskaris and Byzantium in the Thirteenth Century*, p. 134. 关于尼西亚和蒙古之间互派使节的问题,详见孙丽芳:《13 世纪拜占庭—尼西亚帝国的"陪都"研究》,第 68—70 页。
⑦ D. Angelov, "Theodore II Laskaris on the Sultanate of Rum and the Flight of 'Izz al-Dīn Kay Kāwūs II", *Journal of Turkish Studies*, 36 (2011), p. 33.

他迅速妥善安排好西部事务,并集合军队于10月23日拔营回师。阿克罗颇利塔斯评价称,塞奥多利二世不是关心塞尔柱苏丹国而是关心他自己的事务,"因为他怀疑一个很大的危险将降临到罗马土地上"。① 在1256年末至1257年年初,苏丹逃亡到尼西亚帝国。1257年1月,塞奥多利二世派军前往麦格尼西亚平原,他本人则前去撒尔迪斯欢迎塞尔柱苏丹。之后,他们一起前往麦格尼西亚,并在这里签署了条约。同年5月,塞奥多利二世给予苏丹一支400人规模的军队,护送他回国,苏丹割让了四座要塞城镇作为回报。② 塞奥多利二世在巴尔干地区也取得了军事胜利,他难掩喜悦地在写给挚友乔治·木扎伦的信中称,他惊叹于尼西亚在与塞尔柱苏丹国的外交中取得优势,"波斯(塞尔柱苏丹国)的伟大统治者(苏丹)处于希腊政权的统治下。"他称,塞尔柱苏丹国因为被蒙古人重挫,不再是安纳托利亚的主导力量。他也将塞尔柱边界的稳定和安宁视作上帝的恩赐,故而称"上帝在中心,上帝在边界"。他身边的谋臣预测,塞尔柱苏丹国可能会因此"彻底毁灭",他也乐观地将此解释为拜占庭人复兴的开始,并将之视作拜占庭帝国重建的重要内容,这是迅速而全面地恢复拜占庭帝国的神圣计划的第一步。③ 在与塞尔柱苏丹国交好并将之作为蒙古进攻的重要缓冲地带的同时,塞奥多利二世也曾积极与蒙古政权联系。帕奇米尔斯记载了1257年或1258年塞奥多利二世会见蒙古使节时所展现出的聪明手段、外交技巧和政治智慧。④ 蒙古使节可能由旭列兀于1257年春天派往尼西亚帝国,目的是告知苏丹他已被允许回到科尼亚。⑤

蒙古人迫使特拉比宗和塞尔柱苏丹国成为其附庸,同时也使尼西亚帝国从其东方邻居的衰弱中获得了极大的好处。尼西亚皇帝塞奥多利二世接待蒙古使者的结果是成功的,他避免了与蒙古人的直接军事对抗。为了应对蒙古使节,塞奥多利二世先是派出特使,并许诺如果他们在外遭遇不幸,他们妻儿的生活将会得

---

① G. Akropolites, *The History*, pp. 315 – 316, 65 and p. 319, 66.
② G. Akropolites, *The History*, pp. 325 – 326, 69. D. Angelov, *The Byzantine Hellene: The Life of Emperor Theodore Laskaris and Byzantium in the Thirteenth Century*, p. 170.
③ D. Angelov, *The Byzantine Hellene: The Life of Emperor Theodore Laskaris and Byzantium in the Thirteenth Century*, pp. 56, 171.
④ 卡西迪曾详细地分析了帕奇米尔斯的记载,详见 N. Cassidy, *A Translation and Historical Commentary of Book One and Book Two of the Historia of Geōrgios Pachymerēs*, pp. 291 – 293.
⑤ D. Angelov, *The Byzantine Hellene: The Life of Emperor Theodore Laskaris and Byzantium in the Thirteenth Century*, p. 171.

到保证，将获得充足的食品、衣物和住所。之后，他将特使派往塞尔柱苏丹国的特定地区，散布尼西亚军队不可战胜的消息。在蒙古使节抵达尼西亚帝国边境时，他还派出向导去为他们引路。向导带领蒙古使节选择了一条早已规划好的崎岖路线，并且当使节们在路途中疲惫不堪时，再告知他们尼西亚境内国土大抵如此，以让他们相信该政权不值得蒙古人耗费武力去夺取。在使节经历千难万阻面见塞奥多利二世时，他又精心安排了盛大而威严的仪式。塞奥多利二世还将大军集结在附近，向蒙古使节示强，给使节们这样的印象：若是蒙古军队前来攻城，尼西亚拥有不可战胜的兵力进行抵抗。① 在1204年陷落之前，君士坦丁堡经常会接待异国来的外交使团和高级访客，10世纪的《典礼之书》提供了关于此类接待事宜的详细描述。拜占庭人需根据来访国的重要性决定接待使节的奢华程度。其目的在于向使节们展示都城的雄伟壮观，强调帝国在文化、政治和精神层面的优越。② 塞奥多利二世极为重视蒙古使节的到来，这很可能是尼西亚时期最为重要的一次接待活动。塞奥多利二世特意让达官贵族们穿着奢华的服饰在蒙古使节面前循环出现，以给后者留下帝国强大和富有的印象。而塞奥多利二世自己则穿戴皇帝华服，手持宝剑威严而庄重地坐在高座上。当他面前的帘布突然而神奇地打开时，使节方可看清他的面容。而在听到皇帝寥寥数语以及翻译铿锵有力的语音后，他们可能会感到恐惧。在会见结束后，向导们再沿原路送返使节。③ 卡西迪认为这一时期的蒙古使节多次出使中亚、西亚乃至东欧地区，他们应该是训练有素的专业外交人士，可能不会轻易相信他们的所见所闻。上述帕奇米尔斯关于蒙古使节出使尼西亚帝国的详细记载，可能是为了赞扬尼西亚皇帝较为主动和强硬地处理与蒙古人之间的事务，他们不仅动用高明的外交策略还准备发动战争应对蒙古入侵，与此形成鲜明对比的则是米哈伊尔八世懦弱的求和表现。④ 尽管缺乏其他资料佐证，但塞奥多利二世很可能采取了谨慎和郑重的方式对待蒙古使

---

① N. Cassidy, *A Translation and Historical Commentary of Book One and Book Two of the Historia of Geōrgios Pachymerēs*, pp. 66 – 67.
② 彼得·弗兰科潘著，欧阳敏译：《十字军东征：来自东方的召唤》，海口：海南出版社2019年，第94页。
③ N. Cassidy, *A Translation and Historical Commentary of Book One and Book Two of the Historia of Geōrgios Pachymerēs*, pp. 65 – 66. 孙丽芳：《13世纪拜占庭——尼西亚帝国的"陪都"研究》，第71—72页。
④ N. Cassidy, *A Translation and Historical Commentary of Book One and Book Two of the Historia of Geōrgios Pachymerēs*, p. 296.

节。蒙古当时对东地中海世界诸政权的安危造成了严重威胁,塞奥多利二世很可能知悉这两次历史教训,即1218年和1241年由于蒙古使节受到不公对待,最终导致花剌子模灭亡和欧洲惨遭入侵。

总体而言,如若帕奇米尔斯的记载可信,塞奥多利二世此次外交举措是成功的,这在一定程度上使尼西亚避免了塞尔柱苏丹国被击溃最终走向解体的命运。同时,塞奥多利二世还可能与蒙古使节就他与旭列兀的联姻问题进行了初步的协商,以确保双方的友好关系。① 回国后,塞尔柱苏丹与蒙古西征军和解,并承诺向蒙古人纳贡。1261年4月,苏丹因不能偿还旭列兀要求的贡赋,以及被指控同埃及的马穆鲁克政权结盟对抗蒙古人,在其宰相背叛后,苏丹再次出逃至尼西亚帝国。他希望当时的尼西亚皇帝米哈伊尔八世要么与他结盟共同抵抗蒙古人以及他的政敌,要么在帝国山区给他一块领地,以便他和随从隐居。② 米哈伊尔八世熟知蒙古人的实力和塞尔柱苏丹国的混乱,他一方面与塞尔柱人结盟,热情接待了逃难而来的苏丹及其家人,③寄希望后者继续充当蒙古入侵的缓冲区。但可能为免激怒蒙古人,进而危及其东部边境,米哈伊尔八世逐渐放弃了给予苏丹永久庇护的可能性。④ 另一方面,他也积极谋求与旭列兀结盟。此前,旭列兀将主要注意力转移到用兵巴格达和叙利亚,并于1258年2月洗劫了巴格达。直到1260—1261年间,他才开始再次审视小亚细亚事务,而此时米哈伊尔八世已经取代塞奥多利二世成为皇帝。⑤ 朗顿称米哈伊尔八世试图邀请蒙古人进入小亚细亚,以恐吓尼西亚帝国边界的土库曼人。但是,根据帕奇米尔斯的记载,米哈伊尔

---

① N. Cassidy, *A Translation and Historical Commentary of Book One and Book Two of the Historia of Geōrgios Pachymerēs*, p. 67.
② N. Cassidy, *A Translation and Historical Commentary of Book One and Book Two of the Historia of Geōrgios Pachymerēs*, p. 286.
③ N. Cassidy, *A Translation and Historical Commentary of Book One and Book Two of the Historia of Geōrgios Pachymerēs*, p. 64. D. Angelov, *The Byzantine Hellene: The Life of Emperor Theodore Laskaris and Byzantium in the Thirteenth Century*, p. 252.
④ D. Korobeinikov, *Byzantium and the Turks in the Thirteenth Century*, pp. 203–205.
⑤ Rashīd al-Dīn Ṭabīb, *The Successors of Genghis Khan*, trans. J. Boyle, New York and London: Columbia University Press, 1971, pp. 190–191.

八世试图同土库曼人和解,再造尼西亚和伊尔汗国之间的缓冲地带。① 米哈伊尔八世同伊儿汗旭列兀频繁接触,并最终于 1265 年达成了其女儿玛丽亚与旭列兀之间的婚事,②基本上保证了两大政权关系的和平和稳定。因而,尼西亚帝国借塞尔柱苏丹国被蒙古打击而衰落之机,在处理与塞尔柱苏丹国的关系时占据了上风,并在很大程度上稳定了东部边界。

除了探讨尼西亚帝国对蒙古潜在威胁的应对外,还应更加客观地看待蒙古西征对于尼西亚帝国的影响。在蒙古第二次西征时,其强大的军队曾入侵东欧和巴尔干半岛,使俄罗斯、波兰、波西尼亚、摩拉维亚、匈牙利以及多瑙河下游地区全都沦陷,保加利亚也被迫纳贡求和。其中,蒙古西征直接导致了保加利亚政权由盛转衰,这使得尼西亚帝国在马其顿、色雷斯地区与保加利亚的竞争中占据了优势,它也借机收复了大片失地。此外,蒙古西征还在很大程度上打击了拉丁帝国。在 1241—1244 年间,拉丁帝国实际上是东地中海世界的主导力量。在保加利亚和尼西亚联手围攻君士坦丁堡之际,拉丁皇帝鲍德温二世曾前往西方游历,并成功招募了一支数量可观的军队。这支军队在 1239 年到达君士坦丁堡,并且凭借它的帮助,鲍德温二世于次年夏天便从尼西亚军队手中获得了具有重要战略意义的城市祖鲁洛斯,从而重新恢复了对色雷斯的控制。③ 鲍德温二世还成功地使保加利亚君主约翰二世·亚森同尼西亚皇帝约翰三世决裂,解除了这一同盟对于拉丁帝国的威胁。鉴于鲍德温二世的作为,塞尔柱苏丹也曾积极与其结盟,双方签署了友好条约共同对敌。④ 1241 年 4—6 月间,在威尼斯海军的帮助下,拉丁帝国军队还大胜尼西亚海军并迫使约翰三世签订了两年和约。⑤ 因而,鲍德温二世成功地遏制了这一时期尼西亚帝国在东地中海地区的扩张势头。但是蒙古西征改变

---

① J. Langdon, "Byzantium's Initial Encounter with the Chinggisid: An Introduction to the Byzantino-Mongolica", p. 137 and n. 241. N. Cassidy, *A Translation and Historical Commentary of Book One and Book Two of the Historia of Geōrgios Pachymerēs*, p. 289.

② 由于玛丽亚在到达伊儿汗国宫廷时,旭列兀已经去世,她转而嫁给了旭列兀的儿子和继承人阿巴哈(1265—1282 年在位)。参见 M. Ramos, "Maria Paleologina and the Il-Khanate of Persia. A Byzantine Princess in an Empire Between Islam and Christendom", *Imago Temporis. Medium Aevum*, XI (2017), pp. 217-231.

③ J. Giebfried, "The Mongol Invasions and the Aegean World (1241-61)", p. 130.

④ J. Giebfried, "The Mongol Invasions and the Aegean World (1241-61)", p. 131.

⑤ G. Akropolites, *The History*, pp. 202-204, 37.

了拉丁帝国的有利形势,先是在从匈牙利退兵的过程中,一支蒙古军队曾侵入拉丁帝国,使他们所经地区受到严重的破坏。鲍德温二世曾率军抵抗但被打败,他因此消失了一段时间,险些引起君士坦丁堡的权力更迭。① 特别是在克塞山战役后,随着塞尔柱苏丹国、特拉比宗帝国和亚美尼亚政权成为蒙古人的附庸,拉丁帝国也难寻盟友来对付日益强大的尼西亚帝国。② 因而蒙古西征既在很大程度上打击了塞尔柱苏丹国和保加利亚等拉丁帝国对付尼西亚帝国的潜在盟友,还直接摧毁了拉丁帝国可以用来抗击诸多对手的兵力,这些可能造成了拉丁帝国不可逆转的衰落。这也促使尼西亚帝国在其主要敌手遭蒙古打击后,能够崛起成为当时决定东地中海世界格局的决定性力量。从这一角度看,蒙古入侵不仅没有牵制尼西亚帝国的发展,反而在很大程度上为其扩张势力提供了便利。③

总体而言,尼西亚皇帝们在面临蒙古入侵的巨大压力下,一方面积极备战以增强抵抗能力,另一方面还与塞尔柱苏丹国达成战略合作同盟,支持后者抵抗蒙古人的入侵以强化后者的战略缓冲地位。与此同时,他们还极为重视同蒙古政权取得直接联系。在多次派出使团接待蒙古使节的过程中,他们一方面给予蒙古使节以厚礼使他们成为自己的说客,另一方面还精心准备接见仪式,以给使节留下尼西亚帝国强大不可入侵的印象。尼西亚帝国避免了同蒙古大军的军事冲突,成为同时期小亚细亚唯一未受蒙古直接影响的政权,这一事实足以说明其外交策略的成功。同时还应注意,蒙古西征有力地冲击了尼西亚帝国夺取君士坦丁堡的诸多重要对手,如第二保加利亚帝国、塞尔柱苏丹国以及拉丁帝国等,这为尼西亚帝国最终夺取该城提供了绝好的外部条件。尼西亚帝国正是巧妙地利用了蒙古入侵所导致的东地中海世界政局的变动,逐步崛起成为收复君士坦丁堡的重要乃至唯一势力。因而,除了上述诸政权在巴尔干地区的相互攻伐和牵制削弱了彼此实力外,蒙古西征在一定程度上也是尼西亚帝国能够实现其最高政治目标的重要外因。此外还应注意,13世纪尼西亚政权和蒙古汗国以及蒙古西征军的外交互动

---

① J. Giebfried, "The Mongol Invasions and the Aegean World (1241-61)", pp. 132-133.
② J. Langdon, "Byzantium's Initial Encounter with the Chinggisid: An Introduction to the Byzantino-Mongolica", pp. 116-119.
③ 关于蒙古西征对尼西亚帝国影响的分析,详见 J. Giebfried, "The Mongol Invasions and the Aegean World (1241-61)", pp. 129-139.

是中古多元文明交流的重要内容,也开启了文明交流的新阶段。因而,这一内容还待进一步深入研究,以期能充实和完善我们对于中古多文明交流互动的历史认知。

君士坦丁堡陷落后,东地中海世界近九个世纪以拜占庭为主导或拜占庭占有重要地位的区域政治格局被打乱,继而呈现出明显的多极化和碎片化。该区域的主要政权围绕争夺君士坦丁堡、继承拜占庭政治遗产展开了激烈竞争。尽管三个拜占庭人小政权都自视为旧有拜占庭帝国的继承者,但它们起初的影响力远不如之前的帝国。其中尼西亚帝国和伊庇鲁斯专制君主国实力较强,为了各自的图存与其他外族政权进行了激烈的军事较量。但之后为继承拜占庭正统,它们在政治、军事、宗教和文化等方面展开了竞逐。在逐步将拉丁势力逐出小亚细亚并与塞尔柱苏丹国达成了较为稳定的东部边界关系后,尼西亚帝国巩固了根基。之后,它开始图谋西进收复失地,最终战胜伊庇鲁斯专制君主国成为唯一有望收复君士坦丁堡的拜占庭流亡政权。同时,它也在同拉丁帝国、第二保加利亚帝国以及塞尔柱苏丹国等政权的角逐中优势日显。最终,尼西亚军队在1261年7月25日成功夺下君士坦丁堡。于是,拜占庭人在长达57年后又重新回到该城统治,拜占庭历史也借此又延续了近200年。

本书认为尼西亚帝国之所以能够成功收复君士坦丁堡,首先得益于尼西亚政府在政治、经济和文化教育等方面所采取的得力举措。就政治而言,它以拜占庭传统政治体制为蓝本,短时间内组建起了高效而稳定的中央政权。与此同时,面对新局势,它还在官职头衔、宫廷礼仪等方面作出了变革,增强了其统治的合法性和正当性。在经济方面,它遵循因地制宜,大力发展本国经济。其一方面合理利用小亚细亚资源发展农牧业,另一方面还制定了对外贸易中的奢侈品贸易禁令,保护本土经济良性发展。这些举措促进了小亚细亚西部诸多省份的经济复苏和繁荣,为尼西亚帝国在东地中海世界收复失地提供了较为坚实的经济基础。最后,它还积极通过多种途径恢复和发展教育,这既为帝国政府培养了堪用之才,还加强了帝国在东地中海世界的文化凝聚力。

然而还应看到,尼西亚帝国之所以能够复国还离不开其对东部战略防御体系的成功构建和务实高效的外交策略。尼西亚帝国因腹地在小亚,更为重视防守东部边界,这关乎其统治的安危存亡。尼西亚皇帝们建立了以边境堡垒为主、边民和移民防守为辅的多层次防御体系,从而有效地捍卫了边境安全,为政权的稳定发展以及西征战略的实施乃至最终收复君士坦丁堡提供了重要保证。此外,在同时期的东地中海世界,以战争为主的交流机制仍旧占据主导,尼西亚帝国与拉丁帝国、第二保加利亚帝国、塞尔柱苏丹国以及伊庇鲁斯专制君主国等政权之间都曾有战事发生,在战争中取胜无疑是其压制敌手进而成功收复君士坦丁堡的重要保证。但还应注意尼西亚皇帝们还开展了一系列高明有效的外交活动,其中他们与蒙古人的机智周旋最具代表性。这不仅使尼西亚帝国成功地避免了与蒙古人进行直接的军事冲突的可能,还使其免于这一地区的强势政权塞尔柱苏丹国因受蒙古冲击而陷入衰落的命运。因而,战争与外交手段对尼西亚帝国收复失地作用重大。简而言之,以上对于尼西亚帝国何以能成功地夺回君士坦丁堡,并在很大程度上光复拜占庭帝国这一问题的回答并不能涵盖所有答案,还需要进行深入研究,特别是关于尼西亚时期拜占庭政治理念的变化。这既是末代王朝统治的基础和前提,也是探讨拜占庭帝国继续衰落乃至最终走向灭亡的重要视角。

第五章

晚期拜占庭帝国的军事与外交

拜占庭帝国地处欧亚大陆交汇处，水陆交通便利。这使拜占庭帝国千余年的发展具有得天独厚的优势，也带来诸多问题。其中最严重的压力来自四面八方持续不断的入侵威胁。为了消除外敌挑战，拜占庭人形成了一整套完整的对外关系处理策略，既有诉诸武力的战争手段，也有灵活多变的外交计谋。这里所谓拜占庭帝国的"外交"并非现代意义上的外交，因为在工业文明席卷全球以后形成的外交具有国际公认规则的约束性，而古代世界的"外交"缺少文明世界的整体规范化。仅就拜占庭帝国的边界而言，就不存在当今世界所能理解的"国界"，一条大江大河，或者一片无法逾越的地理障碍，就是拜占庭帝国与其他国家或族群之间的边界"线"了。外交也是如此，拜占庭人认为，外来入侵者大多是一些落后贫穷的野蛮人，他们侵扰拜占庭领土，无非是要抢夺一些财物。那么，与其使用耗费金钱和人力的战争手段解决争端，不如用拜占庭帝国富有的金钱和贵重礼物满足他们的需要，或者以结亲方式扩大拜占庭帝国的影响力，消除冲突。

纵观拜占庭帝国历史，当其强盛时期，在对外关系方面，拜占庭人多使用武力征服的手段，金钱赎买和和亲政策属于辅助方式。但是，当帝国衰落时期，他们则更多采用金钱外交和联姻结盟的办法。由于古代世界缺乏国际公认的约束力，因此拜占庭外交关系常常给人留下灵活狡诈、言而无信的印象，他们或者利用外部敌对势力之间的矛盾，策划诡计，挑拨离间，或者制造借口不履行协议，而后者在实践中是涉事各方普遍实用的。晚期拜占庭帝国国力衰微，地区地位下滑，拜占庭人千方百计维护自身利益，阴谋诡计层出不穷，比较全面地展示了所谓的拜占庭"外交技巧"，后人也能从中更全面地了解拜占庭帝国的对外交往方式。为了更好地理解这个问题，本章将适度简略回顾拜占庭帝国外交活动全貌，重点考察晚期拜占庭帝国对外关系的情况。

第一节

拜占庭外交概述

一、君士坦丁时代的拜占庭外交史（324—378）

君士坦丁王朝统治时间不长，但因帝国东部实力强盛，故而其外交活动展现出大帝国的霸气。作为继承着罗马帝国中央集权制传统的东罗马帝国，历任皇帝充分利用其强大且完善的武装力量，对外保持军事高压，常常在国家间发生利益纠葛时，诉诸武力，并在取得胜利后，强令战败者割地赔款，或者直接加以吞并。外交活动只是帝国对外扩张的辅助手段。

君士坦丁王朝与波斯的关系需要从戴克里先时期开始谈起。戴克里先任命马西安为共治皇帝之后,把西部的防御重任留给后者,他自己负责东部的防务。在287年,戴克里先与波斯签订了一项和平协定。这项协定确保美索不达米亚边境的安全,并且明确了罗马帝国对亚美尼亚的宗主权。① 为了更好地防御波斯入侵,戴克里先长期驻扎在尼科米底。这是因为尼科米底位于博斯普鲁斯海峡东侧,便于皇帝及时处理边防事务。

296年,波斯国王纳塞赫(Narseh)率军入侵亚美尼亚。亚美尼亚按照此前的协定是罗马人的被保护国。297年,戴克里先命令加莱里乌斯带领军队援助亚美尼亚人,然而加莱里乌斯被波斯人打败。加莱里乌斯在这年秋天率领从多瑙河防线征召的25000人大军再次进入亚美尼亚,②击败了波斯军队,并且俘获了纳塞赫的家人。加莱里乌斯乘胜进入美索不达米亚南部,兵锋直指波斯首都泰西封。波斯人被迫求和。双方经谈判于299年再定和约。依据和约,亚美尼亚和伊庇利亚成为罗马帝国的被庇护国,波斯割让边界的部分领土给亚美尼亚和罗马人。③ 在消除了波斯的威胁之后,戴克里先把亚美尼亚南部的许多小的总督辖地纳入帝国的管辖之下,但是仍由当地的总督治理。299年的和约保证了双方边境长期的安定状态。

但是在波斯国王沙普尔二世(Shapur Ⅱ)统治时期,波斯人频繁侵扰帝国边境,并且通过入侵亚美尼亚,使其变成波斯的附庸国。年老的君士坦丁大帝决定率军远征波斯,为此他宣布他的侄子汉尼拔利阿努斯(Hannibalianus)为未来的亚美尼亚国王。然而,君士坦丁在出征前,于337年病死于尼科米底。远征波斯的任务遂落在了君士坦丁大帝的儿子康斯坦提乌斯身上。此时,波斯人已经入侵了美索不达米亚的大部分地区。康斯坦提乌斯年复一年地在东部与波斯作战,恢复了帝国对亚美尼亚的保护,重建了东部防线。康斯坦提乌斯对波斯的战争总体上是成功的,343年,拜占庭军队越过底格里斯河发动突袭,344年,帝国军队俘获了

---

① 287年和平协定的具体内容, M. H. Dodgen and Samuel N. C. Lieu, *The Roman Eastern Frontier and the Persian Wars (AD 226 -363)*, London and New York: Routledge, 1991, p. 106.
② W. Treadgold, *A History of the Byzantine State and Society*, p. 23.
③ 299年和约的具体内容, M. H. Dodgen and Samuel N. C. Lieu, *The Roman Eastern Frontier and the Persian Wars (AD 226 -363)*, p. 116.

波斯大军的营帐。与此同时,多瑙河防线牵制了康斯坦提乌斯,他不得不分身去对付哥特人。沙普尔二世利用时机,加紧入侵美索不达米亚地区,围攻帝国要塞尼西比斯和辛加拉(Singara)。康斯坦提乌斯决定迅速解决多瑙河防线的问题,集中兵力对付波斯人,他与哥特人签订了和平协定,并征召一些哥特人加入拜占庭的军队。康斯坦提乌斯把重兵部署在波斯防线,双方于348年在辛加拉附近进行了一场决战,互有胜负。

不久,康斯坦提乌斯和沙普尔都遇到新的麻烦,影响了双方在美索不达米亚的战事。波斯东部的贵霜(Kushan)部落入侵波斯帝国。贵霜帝国是公元55年至425年由大月氏人在中亚地区建立的国家,其势力鼎盛时期的活动范围从里海绵延到印度河流域。公元初三个世纪期间,贵霜帝国统治着印度次大陆北部大部分地区、阿富汗和中亚部分地区。它与罗马、安息、汉朝并列为"旧大陆"四大强国。贵霜帝国一直是波斯人的劲敌,是萨珊波斯帝国东部的最大威胁。[①] 贵霜人的入侵是波斯的长期隐患,经常成为制约波斯人在西部开展军事行动的因素。沙普尔在赢得了对贵霜人的胜利之后,向西继续入侵美索不达米亚。波斯人在359年迫使亚美尼亚结城下之盟,占领了阿米达(Amida),在360年劫掠了辛加拉。康斯坦提乌斯准备集结帝国大军对付这一最危险的敌人波斯人。他要求当时的凯撒,也是他的堂弟朱利安派遣麾下高卢的部分军队驰援波斯防线。然而,高卢军队不愿意听从康斯坦提乌斯的指挥,拥护朱利安称帝。361年,朱利安率军进攻东部,但两兄弟未及交战,康斯坦提乌斯就去世了。朱利安继续进行此前康斯坦提乌斯对波斯的战争。363年春,朱利安率领主力军讨伐波斯人。朱利安计划发动两面夹攻的入侵。一支军队沿着幼发拉底河进军,一支军队沿着底格里斯河进军,亚美尼亚人也加入了拜占庭军队对波斯作战。两支军队在波斯首都泰西封会师。但是,在战场取得优势之时,朱利安被一长矛刺中,不治身亡。

朱利安去世之后,帝国军队后撤,继任者乔维安(Jovian)为防止阵脚大乱,对皇帝之死秘不发表,在军队从波斯撤出过程中,拜占庭军队损失惨重。乔维安被迫接受波斯人提出的一份为期30年的和约。根据和约,拜占庭帝国放弃辛加拉、

[①] 见美国不列颠百科全书公司编著,中国大百科全书出版社不列颠百科全书编辑部编译:《大不列颠百科全书》(国际中文版)(第9卷),北京:中国大百科全书出版社1999年,第384页。

尼西比斯和亚美尼亚总督区的大部分辖区,把帝国对亚美尼亚王国的保护权转让给波斯人。① 到瓦伦斯统治时期,拜占庭军队重新获得了战场主导权,把波斯人从亚美尼亚和部分伊庇利亚的土地上驱逐出去。瓦伦斯暗杀了不忠诚的亚美尼亚国王,进一步加强了对亚美尼亚的控制。

这一时期拜占庭帝国与波斯的关系以战争为主,双方除了短暂的停战时期外,在美索不达米亚和亚美尼亚地区展开了长期的争夺。双方的战争基本上延续了罗马帝国与波斯的传统争霸格局,战争主要集中在幼发拉底河和泰西封之间。双方争夺的重心是具有战略意义的军事要塞尼西比斯、辛加拉等地。而亚美尼亚作为两大帝国之间的缓冲国,在双方争夺战频繁之际,越来越失去了独立地位,沦为双方争夺的附庸。

君士坦丁大帝统治时期,拜占庭帝国的北方威胁主要是萨尔马特人和哥特人。君士坦丁大帝先是在332年抗击哥特人,此后在334年出兵对付萨尔马特人。萨尔马特人是东欧草原的游牧民,与斯基泰人有关,生活在咸海东岸地区。他们在公元前6世纪向西迁徙。此后逐渐征服斯基泰人,控制了南俄草原,分布在黑海北岸和多瑙河下游以北地区。在公元1世纪时,萨尔马特人成为罗马人的劲敌。萨尔马特人在南俄草原的霸主地位受到哥特人、匈人和阿瓦尔人的冲击。他们于323年君士坦丁一世统治时期渡过多瑙河。君士坦丁一世在334年征服了他们,此后他们作为农民和士兵定居在帝国境内。萨尔马特人在6世纪时期完全融合在帝国内。② 336年,君士坦丁大帝的军队越过多瑙河作战,在多瑙河北岸建立了堡垒。这些堡垒虽然具有前哨意义,但是由于缺乏后方的稳定联系和供应,孤悬于多瑙河以北的游牧区,很难固守。君士坦丁大帝去世后,康斯坦提乌斯继续在多瑙河防线与萨尔马特人战斗。但是康斯坦提乌斯用兵的重心在波斯防线。

在康斯坦提乌斯与沙普尔二世斗争正酣之时,哥特人于345年前后深入到巴尔干半岛腹地,入侵色雷斯地区。康斯坦提乌斯面临两面作战的困境,他审时度

---

① 和约的资料,见 M. H. Dodgen and Samuel N. C. Lieu, *The Roman Eastern Frontier and the Persian Wars (AD 226—363)*, p.206.
② J. H. Rosser, *Historical Dictionary of Byzantium*, Plymouth: The Scarecrow Press, Inc., 2001, p.352.

势,与哥特人签订了协定,获得了哥特人的兵力援助。而凯撒朱利安也在阿根托拉杜姆(Argentoratum,今斯特拉斯堡)附近打败了日耳曼人,成功地把日耳曼人赶出莱茵河以南地区,完成了解救高卢的任务。到359年,康斯坦提乌斯把日耳曼人和萨尔马特人驱逐出多瑙河防区。

拜占庭帝国与北方民族斗争的重大事件发生在瓦伦斯统治时期。瓦伦斯发动了一场为期三年的对哥特人的战争,并取得了胜利,根据重新订立的协定,帝国停止向他们赠送岁币。此后,哥特人主要面对匈人的威胁。从中亚而来的匈人驱使哥特人向多瑙河迁移。376年,走投无路的哥特人乞求瓦伦斯皇帝,允许他们在色雷斯避难,他们愿意作为皇帝的臣民在边境服役。帝国朝廷经过讨论后接纳了20多万哥特人越过多瑙河避难。① 帝国朝廷从哥特人中招募士兵,派驻到色雷斯和叙利亚地区。但是,由于帝国官员虐待哥特人,再加上哥特人陷入生活的困境,遂发动了叛乱。瓦伦斯为了镇压哥特人,进行了多方面的准备工作。瓦伦斯与波斯人签订了停战协定。377年,瓦伦斯从东方征调叙利亚和亚美尼亚的军队。同时,瓦伦斯向帝国西部求援。378年,瓦伦斯在没有获得西部援军的情况下,率领40 000人军队主动发动了对哥特人的进攻。亚得里亚堡之役,哥特军队获得了决定性的胜利。拜占庭军队战死25 000人,②皇帝瓦伦斯也战死沙场。亚得里亚堡之役严重地削弱了帝国东部的野战部队,使其丧失了防卫巴尔干半岛的能力。哥特人虽然没有能够攻占亚得里亚堡和君士坦丁堡,但是在巴尔干半岛大肆劫掠,且很少遇到有效的抵抗。

在亚得里亚堡战役之前,帝国军队在多瑙河防线仍旧占有一定的优势。帝国尚能够维持多瑙河防线。但是瓦伦斯把哥特人放入巴尔干半岛的行动,使得哥特人成为帝国的内患。如果考虑到帝国军队主要驻扎在多瑙河防线的实际情况,巴尔干半岛的腹地并没有有效的战略防御,这种把对手放入防线之后的行为是一种最严重的战略决策错误。事实上,帝国在巴尔干半岛的驻军缺乏战略措施,无法

---

① W. Treadgold, *A History of the Byzantine State and Society*, p. 67.
② W. Treadgold, *A History of the Byzantine State and Society*, p. 67.

应对哥特人在帝国腹地的叛乱。① 虽然瓦伦斯集中东部野战军的主力与哥特人决战,但是由于指挥不当,拜占庭军队主力几乎倾覆。从此之后,帝国军队失去了在巴尔干半岛的军事主导权和战略布局,哥特人得以肆虐,只是由于他们不善于攻城,才使得亚得里亚堡等大城市幸免于难。

总之,这个时期罗马拜占庭帝国在对外关系上,基本延续罗马帝国鼎盛时代的传统,但是却从对外扩张转变为战略防御。帝国在东部和北部勉力维持边疆防线,虽然与敌对各方互有攻守,但其总的对外政策重在保持帝国原有疆域现状。这种情况的出现表明,君士坦丁时代的罗马拜占庭帝国早已达到了其扩张的自然地理极限,能够保持罗马帝国原有的疆域确属不易。另外,在此阶段,罗马拜占庭人强硬的武力对抗是主要手段,而谈判达成和平协议则是辅助手段,服务于战争策略方面的需求。

君士坦丁王朝之后,帝国外交因其军事实力下降而趋于保守。

由于亚得里亚堡之役的惨败,东部失去了野战军主力部队,无力驱逐巴尔干半岛上肆虐的哥特人。继承大位的塞奥多西不得不寻求与哥特人议和。382年,拜占庭帝国与哥特人缔结了一份协定,结束了战争状态。此后,塞奥多西借助帝国西部的力量,重建东部军队。386年,东哥特人大举入侵色雷斯,此时的东部军队已经足够强大,他们击败并俘获了许多哥特人。塞奥多西一世把这些哥特俘虏安置在弗里吉亚荒芜的土地上,希望他们作为劳动力开垦这些地区的荒地。

塞奥多西一世去世后,哥特人的威胁更加严重。西哥特人在匈人的压迫下移居色雷斯地区。他们此时的领导人是著名的阿拉里克(Alaric)。阿拉里克有一定的政治头脑,利用帝国东西两部分的矛盾,率兵进发到君士坦丁堡近郊。阿卡狄乌斯皇帝的摄政鲁菲努斯说服哥特人退兵,条件是允许他们控制塞萨利地区。西部皇帝霍诺留的摄政斯蒂利科(Stilicho)准备介入此事,出兵塞萨利驱逐阿拉里克,但是斯蒂利科却受到鲁菲努斯的阻拦,未能实现他的目标。此后,东部朝廷放任哥特人在希腊半岛劫掠。哥特人劫掠了雅典周围地区和伯罗奔尼撒半岛,蹂躏

---

① 这种情况与帝国的军事防御战略有关。这暴露了前沿防御战略的缺陷,一旦敌人突破重兵防御的边境前沿防线,进入内地缺乏防御的地区,帝国就很难组织有效的抵抗了。马锋:《查士丁尼时代军事战略研究》,博士学位论文,东北师范大学 2013 年,第 64 页。

了维奥蒂亚和阿提卡。雅典的海港比雷埃夫斯港陷落了，但雅典城得以幸免。希腊半岛的许多著名城市科林斯、阿哥斯、斯巴达都受到极大破坏。397 年，斯蒂利科准备出兵伯罗奔尼撒对付哥特人，他率军在科林斯地峡上的科林斯湾切断了哥特人的后路。但是，此时控制东部朝政的尤特罗皮厄斯（Eutropius）却要求皇帝阿卡狄乌斯宣布斯蒂利科为公敌，阻止斯蒂利科在伯罗奔尼撒半岛的进一步行动。斯蒂利科不得不再次放弃驱逐哥特人的目标，从伯罗奔尼撒半岛撤军。在尤特罗皮厄斯的主导下，拜占庭帝国与西哥特人达成条款，允许西哥特人居住在伊庇鲁斯地区。阿拉里克也获得了伊利里亚士兵长官的头衔。此后，西哥特人与拜占庭帝国维持了一段和平。在尤特罗皮厄斯担任执政官期间，弗里吉亚的东哥特人发动叛乱。帝国派遣出身哥特人的将领盖纳斯（Gaïnas）去对付叛乱的东哥特人，但是盖纳斯却转而与叛乱者私下合作。在叛乱的东哥特人的威胁下，尤特罗皮厄斯先被解职，后被处决。

入侵欧洲的西哥特人逐渐离开了拜占庭的管辖地区。401 年，阿拉里克率领西哥特人向意大利进军。402 年，西哥特人与西部的帝国军队发生了多次战斗，他们停驻在伊利里亚地区。伊利里亚大区此时属于帝国西部政府管辖。此后，西哥特人主要威胁西欧，他们两次围攻罗马，并于 409 年扶植了一位傀儡皇帝，且在 410 年攻陷了旧都罗马城。

4 世纪末和 5 世纪前期，哥特人问题关系着帝国的生死存亡。塞奥多西一世去世时没有能够解决这个危险，把困难留给了后人。直到 5 世纪中期，拜占庭帝国才逐渐摆脱了哥特人的威胁。利奥王朝充分利用蛮族伊苏里亚人的势力。伊苏里亚人在国内逐渐获得了先前哥特人的地位。同时在外部，保加利亚人和斯拉夫人在哥特人迁移之后，开始染指巴尔干半岛北部。

哥特人之后，帝国北方的最大威胁来自于匈人。在 408 年之前，匈人已经统治了多瑙河以北地区 30 年以上，与帝国并无太多的冲突，并且还在 400 年杀死了拜占庭帝国的心腹之患盖纳斯。然而在 408 年，他们在首领乌尔丁（Uldin）的率领下越过多瑙河，进入达契亚（Dacia）和色雷斯。拜占庭朝廷通过金钱收买了乌尔丁的手下，劝说乌尔丁撤回多瑙河以北地区，但拜占庭朝廷仍旧担心匈人的威胁，一方面加强色雷斯地区城镇和君士坦丁堡的防御力量，另一方面组建多瑙河舰队。此后,拜占庭帝国与匈人的斗争与波斯战争相伴随,换言之,拜占庭帝国在北方和东方两条战线上都面临危机。当拜占庭军队主力集中在波斯战线时,匈人首领卢阿(Rua)率众劫掠了达契亚和色雷斯。此前东哥特人已经应拜占庭朝廷的要求被安置在色雷斯地区,现在不得不再次转移到君士坦丁堡附近。拜占庭帝国再次使用金钱解除了这次危机。拜占庭帝国答应给予匈人年金,每年25200诺米斯玛。①

434年,当拜占庭军队正在远征汪达尔王国之时,匈人再次越过多瑙河防线大举入侵。匈人首领卢阿突然去世,由他的两位侄子布勒达(Bleda)和阿提拉(Attila)继承王位。匈人向帝国提出要求:要求拜占庭帝国遣返帝国庇护的匈人避难者,拜占庭帝国不能与其他族群结成反匈人联盟,拜占庭人需提高支付给匈人的年金,到50400诺米斯玛。② 441年,匈人再次寇边,劫掠达契亚地区,占领了边境重镇维米尼库姆(Viminacium),拜占庭帝国仍旧通过金钱达成了一份停战协定。停战期满之后,匈人再次入侵达契亚,损毁了西尔米乌姆等城市,此后侵入到色雷斯地区。拜占庭不得不把给予匈人的年金提高到151200诺米斯玛。③ 从442年之后,在五年的时间里,匈人没有大规模的入侵拜占庭领土,但是小规模骚扰仍旧惹恼了拜占庭人,他们停付年金。447年,阿提拉以要求支付年金为借口率领大军入侵,不顾拜占庭帝国的议和要求,挥师越过多瑙河,经由莫西亚进入色雷斯,直达黑海和马尔马拉海沿岸。匈人所过之处,除了君士坦丁堡和亚得里亚堡之外,帝国领土惨遭蹂躏。帝国朝廷无力抵抗,只得接受了匈人提出的苛刻条件。拜占庭人认为,匈人就是为了金钱而战,支付其要求的金钱,便可以保持和平。但是,当时掌握政权的克里萨菲乌斯(Chrysaphius)密谋刺杀阿提拉,计划泄露。这招致阿提拉更大的报复。然而,克里萨菲乌斯却利用谄媚的方式获得了阿提拉的谅解,恢复了匈人撤退之后的达契亚土地。

马西安皇帝登基后,中断了支付给匈人的年金,但阿提拉此时关注的重心转向了西部,因此没有对拜占庭帝国予以报复。拜占庭帝国对匈人的态度发生了转

---

① W. Treadgold, *A History of the Byzantine State and Society*, p. 90.
② W. Treadgold, *A History of the Byzantine State and Society*, p. 93.
③ W. Treadgold, *A History of the Byzantine State and Society*, p. 94.

变。在匈人入侵意大利之时，东部帝国朝廷派兵进攻多瑙河以北的匈人统治区，以牵制在西部的匈人。然而，这支军队最终败于匈人。匈人在 451 年进军高卢北部地区，在卡塔劳温战役（Catalaunian battle）之后，阿提拉去世，匈人帝国崩溃，匈人此后不再构成对拜占庭帝国最主要的威胁。阿提拉去世之后，他的儿子们仍旧经常劫掠色雷斯地区，但是，这时帝国的军队已经有能力反击和驱逐他们了。匈人的势力逐渐让位于那些曾经臣属于他们的部族。

此后，帝国在北部主要与日耳曼人缠斗。马西安的政府与多瑙河谷的日耳曼人结盟，分化东哥特集团，把其中一部分迁移到色雷斯和潘诺尼亚地区，并从中招募同盟者军队。

此时，帝国内部哥特人的势力也得到解决。控制朝政的哥特人阿斯帕尔（Aspar）由于 467 年拜占庭军队远征汪达尔王国的失利，以及 468 年帝国军队败于波斯人，导致朝廷归罪于阿斯帕尔家族。阿斯帕尔及其子阿德布尔（Ardabur）被杀害。其麾下哥特人部众投靠了东哥特人首领塞奥多里克·斯特拉波（Theoderic Strabo）。斯特拉波率兵蹂躏了色雷斯地区，迫使利奥一世授予他为皇帝御前士兵长官的头衔。而其他东哥特人利用时机，离开了潘诺尼亚地区，进入达契亚和色雷斯地区。属于东日耳曼人的格庇德人（Gepids）则趁机占领了西尔米乌姆。格庇德人与哥特人有亲缘关系，他们从北欧迁徙到多瑙河沿岸地区，于 4 世纪生活在达契亚北部。5 世纪时，他们臣服于匈人。在阿提拉的匈人帝国瓦解后，格庇德人成为 6 世纪多瑙河边境最强大的日耳曼族群。查士丁尼一世通过以夷制夷的手段在格庇德人与伦巴第人的敌对活动中获取利益。567 年，格庇德人与伦巴第人之间爆发了一场大战，伦巴第人在阿瓦尔人的支持下，歼灭了格庇德人。①

由于芝诺对塞奥多里克·斯特拉波的行为不满，罢免其皇帝御前士兵长官的头衔，转而赠予马其顿东哥特王阿马尔的塞奥多里克（Theoderic the Amal）②。477 年，斯特拉波侵扰帝国，次年，塞奥多里克先是参战支持帝国朝廷，不久又背叛了

---

① 格庇德人此后从历史上消失。J. H. Rosser, *Historical Dictionary of Byzantium*, p. 171.
② 塞奥多里克在英文译本中有译为 Theoderic，如：J. B. Bury, *History of the Later Roman Empire from the Death of Theodosius I to the Justinian*, New York: Dover Publications. Inc., 1958；也有译为 Theodoric，如：Averil Cameron, *The Mediterranean World in Late Antiquity, AD 395 -600*, London and New York: Routledge, 1993. 马锋：《东哥特王国的罗马化》，《世界历史》2020 年第 2 期。

帝国，与斯特拉波结盟。皇帝与两位哥特首领的关系不断变化，巴尔干地区则受到这两支哥特人的劫掠。481年，斯特拉波意外身亡之后，塞奥多里克把这两支哥特人联合起来。但塞奥多里克与芝诺皇帝之间的关系仍旧战和不定。488年，芝诺安排塞奥多里克率兵到意大利讨伐奥多亚克（Odoacer, Odovacer, 又译为奥多阿克）。奥多亚克是斯基尔人（Sciri），也被称为是托西林人（Torcilingi），前者属于东日耳曼人的一支，而托西林是斯基尔人的一个王朝，所以托西林人也经常被用来指代斯基尔人。据此可以断定，奥多亚克是匈人和斯基尔人血统的罗马雇佣军司令。然而，后来由于马尔切利努斯（Marcellinus，又译为马塞林努斯、马赛林努斯）记载的误解，很多人把奥多亚克归为哥特人。奥唐奈曾谈道："奥多亚克的父亲是匈奴人，母亲是斯基里安人（即斯基尔人），史料众说纷纭，认为他是斯基里安人、路吉人、哥特人。"斯基尔人虽然与哥特人并没有直接的血缘关系，但是他们使用哥特人语言，遵守哥特人的习俗。① 塞奥多里克在493年完成了对意大利的征服。

拜占庭帝国解除东哥特人的威胁的同时，又面临着北方的新的麻烦。493年，保加尔人联合匈人部族入侵色雷斯地区。此后，保加尔人成为帝国在巴尔干半岛的重要敌人。在阿纳斯塔修斯统治时期，保加尔人和斯拉夫人频繁侵扰多瑙河沿线地区。在当时的文献中把这些斯拉夫人称为盖塔人和西徐亚人。阿纳斯塔修斯为了防备这些族群的侵扰，在君士坦丁堡的西部修建了"长城"。

塞奥多西一世登基时的首要任务是重建东部军队，解决威胁色雷斯的哥特人问题。因此，对波斯的外交在拜占庭外交上退居次要地位。在塞奥多西登基后不久，他为了整顿军队，匆忙与波斯人缔结了一份和约，时间大约在386年。此时，塞奥多西一世面临哥特人大举入侵色雷斯的危机。波斯人最终同意了和谈。根据和约规定：拜占庭帝国与萨珊波斯帝国瓜分亚美尼亚的保护权，该地区大部分

---

① 约达尼斯著，罗三洋译：《哥特史》，北京：商务印书馆2013年，第145页；A. Cameron, *The Mediterranean World in Late Antiquity, AD 395–600*, p. 34. 詹姆斯·奥唐奈著，夏洞奇、康凯、宋可即译：《新罗马帝国衰亡史》，北京：中信出版社2013年，第111页。康凯："476年西罗马帝国灭亡"观念的形成，《世界历史》2014年第4期。约达尼斯著，罗三洋译：《哥特史》，第3页。有关奥多亚克族属的详细论述，见Robert L. Reynolds and Robert S. Lopez, "Odoacer: German or Hun?", *The American Historical Review*, vol. 52, no. 1 (Oct., 1946), pp. 36–53.

地区处于波斯人保护之下,剩余部分由拜占庭帝国提供保护。① 塞奥多西一世去世时,匈人入侵亚美尼亚和叙利亚地区,给拜占庭帝国和萨珊波斯帝国造成威胁。长期生活在南俄草原的匈人越过高加索山脉,侵入亚美尼亚,威胁叙利亚北部。掌握朝政的尤特罗皮尼斯亲自率军把这支匈人驱逐出东部帝国。拜占庭帝国与波斯帝国缔结协定:波斯人负责在高加索地区防备匈人,而拜占庭帝国要为此提供资助。同时,波斯国王允诺将更加宽容地对待他统治下的基督教臣民。②

421 年,新即位的波斯国王巴拉姆五世(Bahrām V, 420—438)在国内迫害基督教徒,引起拜占庭人的不满,双方战端再起。拜占庭军队的统帅是阿兰人阿德布尔。他及他的家族在此后的拜占庭帝国政坛上占据着重要地位。拜占庭军队包围了军事重镇尼西比斯城,同时也进入波斯控制下的亚美尼亚,援助那里的基督教叛乱者。虽然如此,拜占庭此时还面临着巴尔干半岛上的匈人威胁,不得不主动停止与波斯人的战争。422 年,由当时控制帝国朝政的埃利奥(Helio)主导,拜占庭帝国与萨珊波斯帝国签订了又一项为期一个世纪的和约。441 年,波斯人毁约再次入侵美索不达米亚地区,然而波斯人受到东方中亚地区白匈奴人入侵的压力。③ 而此时的拜占庭帝国也面临匈人的威胁,并且正在进行远征汪达尔王国的战事。两个帝国都需要结束双边的冲突,以抽出力量对付其他威胁。442 年,双方缔结停战协定,规定禁止在边界修建新防御工事。

502 年,波斯人再次挑起冲突。此前波斯国王卡瓦德一世(Kavād I, 488—496, 498—531)已经解决了国内的动乱和外部白匈奴人的威胁。卡瓦德率兵劫掠拜占庭所属的亚美尼亚,劫掠军事重镇塞奥多西波利斯(Theodosiopolis)和马蒂罗波利斯(Martyropolis),次年又包围了阿米达城。504 年,拜占庭军队夺回阿米达城,转而入侵波斯所属的亚美尼亚地区。此时,卡瓦德正陷入与东方白匈奴人的战争,不得不在 505 年与拜占庭人达成停战协定。拜占庭帝国每年付给波斯人

---

① 这一时期的战争即战后对亚美尼亚的处置,见 G. Greatrex and S. N. C. Lieu, *The Roman Eastern Frontier and The Persian Wars (AD 363 -630)*, London and New York: Routledge, 1991, pp. 27 - 30.
② 关于防御这一地区匈人威胁的详细历史,见 G. Greatrex and S. N. C. Lieu, *The Roman Eastern Frontier and The Persian Wars (AD 363 -630)*, pp. 20 - 21.
③ B. Dignas and E. Winter, *Rome and Persia in Late Antiquity*, New York: Cambridge University Press, 2007, pp. 97 - 98.

39600诺米斯玛的年金。① 此后,拜占庭皇帝阿纳斯塔修斯于506年,在边境建立了达拉(Dara,又译为达拉斯)要塞。

汪达尔人原本只是入侵西部帝国的北非领土,但是西部皇帝向东部求援,希望能够借助拜占庭力量恢复其在北非的统治。431年,塞奥多西二世应邀派兵远征汪达尔王国。率军的将领是阿斯帕尔。但是,阿斯帕尔在北非指挥战事的同时还被巴尔干半岛的战事牵绊着。434年,阿斯帕尔被召回以应对匈人在巴尔干半岛的威胁。此后,拜占庭帝国军队主要应对迫在眉睫的匈人大军的威胁,无力再参与北非战事。汪达尔人则借此时机于439年占领迦太基城,逐渐控制了北非地区,并且进入西西里岛,威胁拜占庭沿海地区。

441年,塞奥多西二世再次发动远征汪达尔人的战事,此次的统帅是阿里宾杜斯(Ariobindus),但是这次远征并没有能够威胁到汪达尔王国在北非的占领地。由于拜占庭帝国此时面临匈人和波斯人的双重侵略,不得不把这支远征军召回。第二次远征汪达尔的战争也毫无建树。这一时期,拜占庭帝国仍旧坚持援助西部,希望恢复罗马人对北非的统治。468年,利奥一世再次与西部联合远征汪达尔王国,派出由巴西利斯库斯(Basiliscus)率领的舰队。同时,利奥派遣达尔马提亚的司令官马尔切利努斯进入意大利,命令这位司令官率领西部舰队出征。这支40万的大军却由于内部的斗争和巴西利斯库斯的昏庸指挥几乎全军覆没,汪达尔人则占领了西西里岛。这次远征的失败对帝国东西部都产生了极大的影响。东部因为远征所花费的人力和物力,几乎破产。此后,拜占庭帝国朝廷对汪达尔人十分惧怕。

塞奥多西王朝和利奥王朝时期正是罗马帝国的大变革时代,帝国东西部在蛮族的入侵和威胁下风雨飘摇。西部最终没有能够摆脱灭亡的命运,而东部逐渐摆脱了蛮族威胁,赢得了发展的良好环境。这一时期,日耳曼人的威胁日益增长,他们渗透到帝国的军事和政治上层,控制了东西部朝廷的大权。东部最主要的威胁来自于哥特人,他们的威胁在5世纪阿卡狄乌斯统治时期得到缓解。而利奥一世利用境内的蛮族伊苏里亚人的力量清除了哥特人的影响。因此,日耳曼人从东部

---

① W. Treadgold, *A History of the Byzantine State and Society*, p.169.

帝国转向了帝国西部。芝诺成功地把哥特人的威胁引到西部去。所以,梳理这一时期帝国与日耳曼人的关系既涉及外交史也涉及帝国政治发展问题。

拜占庭帝国在5世纪后半期面临的外部问题有两个新现象:一是保加尔人和斯拉夫人开始活跃于多瑙河防线,他们虽然没有成为重大威胁,但是为后来埋下了隐患。二是西部帝国灭亡之后,东哥特人建立的东哥特王国逐渐成为帝国外交的重要对象。塞奥多里克是受芝诺的委派进入意大利,并且获得了阿纳斯塔修斯对其身份的承认。所以,东哥特王国名义上是帝国的藩属国。

二、 查士丁尼时代的外交关系(518—610)

拜占庭帝国与萨珊波斯帝国的关系在拜占庭帝国前期的外交中一直处于重要地位。然而,查士丁尼时期两国关系发生了变化,武力争夺与合作关系并存,双边关系呈现一种复杂状态。拜占庭帝国与波斯的争夺突破美索不达米亚和亚美尼亚地区,扩展到叙利亚地区,也影响到阿拉伯半岛的地区形势,是前伊斯兰时代阿拉比亚地区最重要的外部关系。但是,查士丁尼为了实现其恢复罗马帝国旧日辉煌的政治理想,将帝国军事外交战略中心从东部转向了西部,即在波斯前线采取守势,而在西地中海采取攻势。

拜占庭帝国与萨珊波斯帝国在阿拉伯半岛南部的争夺主要集中在海上丝绸之路的贸易问题,也涉及到也门地区的政治生态。查士丁希望能够与非洲的阿比西尼亚王国结盟,①通过他们获得对印度洋沿海地区的控制权。所以查士丁及其继承人查士丁尼支持阿比西尼亚干涉并入侵也门地区。双方以传播基督教为名义进行合作,②阿比西尼亚出兵入侵了信奉犹太教的也门国家。拜占庭朝廷的真实目的是希望阿比西尼亚人能够利用阿拉伯半岛南部的航海条件,打破波斯人对印度洋丝绸贸易的垄断权。但是这一意图未能如愿。因为拜占庭与东方的丝绸贸易主要经过波斯控制的地区。查士丁尼虽然未能通过阿比西尼亚王国完全打

---

① 即现在的埃塞俄比亚。
② 拜占庭与阿比西尼亚的关系反映了宗教作为外交的背景。参见 J. Shepard and S. Franklin, *Byzantine Diplomacy*, Aldershot, Hampshire: Variorum, 1992, p.9.

破波斯人对丝绸贸易的控制,却通过行游僧人获得了来自东方的养蚕育桑技术。拜占庭帝国在此基础上建立了丝绸织造场,分布在君士坦丁堡,叙利亚的贝鲁特、安条克,希腊半岛的中南部地区。拜占庭帝国生产的丝绸产品从此被输入到西欧各地。

但拜占庭帝国与萨珊波斯帝国的争夺仍旧集中在美索不达米亚地区、亚美尼亚和高加索地区。522 年,高加索地区的拉齐卡国王反抗波斯的压迫,寻求拜占庭帝国的支援。拉齐卡王国位于拜占庭帝国和萨珊波斯帝国之间,①是两国冲突的缓冲地带,经常在两者之间摇摆。此前拉齐卡王国是波斯的附属国,但是由于波斯王国希望在信奉基督教的拉齐卡王国内推行琐罗亚斯德教的信仰,引起拉齐卡王国统治阶层的不满。波斯人为了报复查士丁的这一行径,派兵劫掠了美索不达米亚地区,并且深入到叙利亚。伊庇利亚的基督教王国也希望仿效拉齐卡国王,寻求查士丁皇帝的支持。由于伊庇利亚紧邻波斯帝国,波斯国王不能容忍拜占庭人干涉自己的传统控制区。波斯国王派兵进入伊庇利亚,把它并入波斯领土。拜占庭军队则进入波斯所属的亚美尼亚和美索不达米亚地区。528 年,拜占庭军队在战场上失利。查士丁尼为了增强东部的战斗力,组建了亚美尼亚野战军。此前,负责东方防线,与波斯人战斗的是东方野战军。但是东方野战军防御的地域过大,从小亚延伸到埃及,导致兵力分散。此时,拜占庭能够集结的对付波斯人的东方野战军和亚美尼亚野战军的兵力总数达到 35 000 人。② 并且,查士丁尼在 529 年任命了两位杰出的将领西塔斯(Sittas)和贝利萨留(Belisarius)分别担任亚美尼亚和东方军队的军事指挥官。这两位名将统一了波斯战场的指挥权,并且互相配合,逐渐扭转了此前的战争颓势。530 年,贝利萨留率领的拜占庭军队取得了达拉战役的重大胜利,这是长期以来拜占庭人对波斯人的第一场胜利。西塔斯也率部占领了部分波斯所属的亚美尼亚地区,巩固了东部防线。

拜占庭帝国与萨珊波斯帝国的争夺也波及叙利亚南部靠近阿拉伯半岛的地

---

① 拉齐卡王国与波斯的附属国伊庇利亚人的国家接壤,但是属于不同民族。见 Procopius, *History of the Wars*, trans. H. B. Dewing, Cambridge: Harvard University Press, 2006, vol. I, pp. 97 – 99. Procopii Caesariensis, *Opera Omnia*, vols. 1 – 2, ed. G. Wirth (post J. Haury), Leipzig: Teubner, 1962, 1963, TLG, No. 4029001.

② W. Treadgold, *A History of the Byzantine State and Society*, p. 178.

区。在这里,双方主要通过扶持代理人的方式进行争夺。拜占庭人与加萨尼(Ghassanids)王国结盟,加萨尼王国是信奉基督教一性派的阿拉伯人。加萨尼人的仇敌莱赫米人(Lakhmids)则寻求波斯人的友谊。莱赫米人是信奉传统宗教的阿拉伯人。加萨尼人与莱赫米人既借助拜占庭与波斯的力量进行对抗,又在后两者的冲突中充当两大帝国盟军的角色。

531年,波斯新国王库斯劳一世(Khusrau Ⅰ,531—579)寻求与拜占庭帝国议和。查士丁尼欣然允诺,因为他正在进行战略重心调整,准备向西入侵汪达尔王国。根据532年双方签订的"永久和平"协议,拜占庭帝国支付给波斯79200诺米斯玛的黄金。① 波斯国王库斯劳极希望利用拜占庭军队在西部鏖战之机入侵拜占庭领土。查士丁尼加强备战,于536年吞并了拜占庭附属国亚美尼亚的全部领土。库斯劳利用拜占庭人与亚美尼亚人缠斗之机,发动了入侵。库斯劳率军攻占了幼发拉底河地区的拜占庭领土,入侵叙利亚地区,攻占了拜占庭帝国东方大区首府安条克城。波斯人的军队抵达地中海海岸地区。在北方,波斯人的军队意图挺进到黑海地区。此时,拜占庭的附属国拉齐卡王国也倒向了波斯。库斯劳还获得了高加索地区匈人的援助。显然,在拜占庭与波斯关系中,后者采取主动进攻的战略。

对于查士丁尼而言,东方战局危如累卵,他不得不把贝利萨留从西部战事中抽调出来。贝利萨留迅速整顿东方军队,安排兵力防守军事重镇和要塞。拜占庭军队在贝利萨留的指挥下进军波斯控制的美索不达米亚地区,同时贝利萨留命令加萨尼阿拉伯人盟友攻击底格里斯河沿岸的波斯领土。库斯劳在贝利萨留的兵力威胁和瘟疫肆虐的压力下不得不撤兵。

东部稍安后,贝利萨留又被皇帝调往西部。543年,库斯劳再次率领军队入侵拜占庭所属的亚美尼亚地区。虽然,拜占庭军队由于缺乏统一指挥,战斗力低下,但是库斯劳由于国内叛乱,再次退兵。543年和544年,双方军队仍旧在亚美尼亚和美索不达米亚地区鏖战,并且由于看不到胜利的希望,双方均倾向议和。545年,双方最终签订了一份五年和约,拜占庭帝国放弃了对拉齐卡的保护,每年

---

① W. Treadgold, *A History of the Byzantine State and Society*, p. 182. 协议的具体内容参见 J. B. Bury, *Histroy of the Later Roman Empire from the Death of Theodosius I to the Justinian*, vol. 2, p. 88.

支付28800诺米斯玛的年金。①

555年,受到波斯人围攻的拉齐卡国王与拜占庭驻军将领发生了争执,导致拉齐卡国王被杀,查士丁尼立即扶植前任国王的弟弟登上王位。557年,波斯人与拜占庭人再次签订了停战协定,但是并不包括拉齐卡地区。这份五年和约到期之后,双方在561—562年又签订了为期50年的和平条约。拜占庭帝国支付给波斯帝国大笔年金,波斯国王在境内对基督教徒实行宗教宽容政策。② 波斯人最终撤离了拉齐卡地区,拉齐卡重新恢复为拜占庭附属国。

在查士丁二世统治时期,拜占庭军事斗争的重心指向东方的波斯战场。查士丁二世撕毁了50年和平条约,拒绝继续支付波斯人年金。查士丁二世在备战和战争期间,积极寻求与中亚突厥人建立友好关系,希望能够联合西突厥汗国东西夹击波斯人。拜占庭人与突厥人的交往成为东西方关系中的重要篇章,但是在现实中却没有发挥太大的效力。572年,查士丁二世重新控制了波斯所属的亚美尼亚。并且,查士丁二世派兵入侵波斯领土阿尔扎楠(Arzanene)。573年,拜占庭军队在美索不达米亚取得胜利。然而,由于查士丁二世与统军将领的矛盾,拜占庭军队被波斯人击败。同年11月,波斯军队占领了边防军事重镇达拉城。达拉城的失陷导致查士丁二世神智错乱。凯撒提比略和皇后索菲娅与波斯人达成了停战协定,支付给波斯人45000诺米斯玛黄金。③ 然而,提比略并不甘心失败,他在稳定了巴尔干局势之后,把色雷斯和伊利里亚的军队调到东部的波斯战场。波斯国王也意识到拜占庭人寻机再战的企图,抢先攻入了拜占庭所属的亚美尼亚地区。战争持续到577年未能看到结束的希望。成为唯一皇帝的提比略任命莫里斯为东方军队统帅,再次从巴尔干半岛派去援军,同时还招募了15000人的"同盟者"军队。④

---

① W. Treadgold, *A History of the Byzantine State and Society*, p. 201. 协议的具体内容参见 J. B. Bury, *Histroy of the Later Roman Empire from the Death of Theodosius I to the Justinian*, vol. 2, p. 112.
② W. Treadgold, *A History of the Byzantine State and Society*, p. 213.
③ W. Treadgold, *A History of the Byzantine State and Society*, p. 223; A. H. M. Jones, *The Later Roman Empire (284 -602)*, vol. I, Baltimore: The Johns Hopkins University Press, 1964, p. 306.
④ Theophanes the Confessor, *The Chronicle of Theophanes Confessor-Byzantine and Near Eastern History (284 - 813)*, p. 373. Theophanis, *Chronographia*, ed. C. de Boor, Leipzig: Teubner, 1883 (repr. Hildesheim: Olms, 1963), TLG, No. 4046001.

578年,波斯人劫掠了拜占庭控制的美索不达米亚地区。拜占庭将军莫里斯则报复性地劫掠了阿尔扎楠。莫里斯在美索不达米亚地区的不断胜利震惊了波斯朝野,波斯国王库斯劳于579年郁郁而终。拜占庭与波斯的战争陷入长期拉锯战。莫里斯曾经率领军队进攻到波斯首都泰西封附近。但是波斯军队劫掠了他后方的美索不达米亚,迫使莫里斯退兵。莫里斯统治时期拜占庭对波斯的战争双方互有胜负,总体而言,拜占庭军队占有一定的优势。但是莫里斯同时也关注巴尔干战场,导致兵力在两个阵线之间不断调动,为波斯人提供了攻击的时机。同时,由于莫里斯治军严整,压缩军饷开支,导致军队的不满,无论是在东方防线还是在多瑙河防线都出现了军队叛乱。这也严重影响了拜占庭军队对波斯的战争。

真正确立拜占庭对波斯人的胜利地位,是得益于莫里斯利用了波斯国内的叛乱。波斯军队的前线统帅巴拉姆(Bahrām)受到国王霍尔米兹德四世(Hurmazd Ⅳ, 579—590)的侮辱,公开反叛。590年,叛军击败了忠于国王的军队。国王霍尔米兹德被首都贵族推翻,这些贵族扶植他的儿子库斯劳二世(Khusrau Ⅱ, 590—628)即位。巴拉姆和库斯劳二世都向莫里斯皇帝求助。支援何者,拜占庭朝廷内部争议颇大。莫里斯力排众议,决定支持合法继承王位的库斯劳二世,举兵讨伐篡位者。591年,库斯劳二世在拜占庭军队援助下成功复位,消灭了篡位者巴拉姆。库斯劳重登波斯王位后,给予拜占庭部队慷慨的捐赠,这些军队此前已经为他获得了非常丰厚的战利品。按照库斯劳二世与莫里斯皇帝此前的约定,拜占庭帝国获得了阿尔扎楠的剩余部分、伊庇利亚和波斯所属的亚美尼亚大部分地区。在战争期间,拜占庭军队已经收复了达拉和马蒂罗波利斯。莫里斯通过精明的外交决策,获得了查士丁尼王朝从未获得的对波斯的重大胜利。他不仅在政治上成为波斯国王的恩主,而且把拜占庭的领土向东扩展,占领了原本属于波斯的传统地区。此后,在其有生之年,拜占庭都与波斯保持和平关系。①

602年,莫里斯的统治被推翻,这极大地改变了拜占庭与波斯的关系。波斯国王库斯劳二世拒不承认篡位的福卡斯皇帝。库斯劳二世声称为其恩主莫里斯

---

① 拜占庭帝国早期的外交原则是建立在霸权基础上的外交,但是与波斯的关系是一种例外。拜占庭人承认萨珊波斯帝国是一个超级大国,是一个主权国家。波斯国王被视为是拜占庭皇帝的兄弟。J. Shepard and S. Franklin, *Byzantine Diplomacy*, pp. 13 – 14.

复仇,与拜占庭东方司令官纳尔泽斯(Narses)结成反对福卡斯的同盟,同时,收留了莫里斯的儿子塞奥多西,希望帮助他夺回皇位。福卡斯在稳定了巴尔干和意大利局势之后,集中兵力对付这个联盟,但是战争的形势总体上有利于波斯人。607年,库斯劳的军队入侵了美索不达米亚和亚美尼亚。更为严重的是,波斯军队入侵叙利亚地区,抵达地中海海滨,并出兵埃及。此前拜占庭帝国与萨珊波斯的战争从未把战火燃烧到埃及,只会影响到叙利亚沿海地区。在北部,波斯人不仅夺回了此前割让给拜占庭人的传统领土,而且占领了拜占庭所属的亚美尼亚。

拜占庭帝国北方战线也不平静。530年,拜占庭军队在巴尔干半岛获得了对保加尔人和斯拉夫人的胜利。拜占庭军队巩固了多瑙河防线,并且把克里米亚变成帝国的领土。540年初,保加尔人再次劫掠了巴尔干地区。此时,拜占庭帝国的主要兵力集中在其他战场,只能提供微弱的抵抗,任由保加尔人劫掠后轻易离去。

551年,查士丁尼终于有能力关注巴尔干半岛的防卫了。此时,他已经给予意大利战场足够的人力和物力,而非洲早已经恢复安定,拜占庭与波斯之间也处于休战期。他为对付频繁入侵巴尔干地区的斯拉夫人做好了准备。拜占庭军队在这一年里把斯拉夫人驱逐到多瑙河以北地区。受到刺激的格庇德人则煽动戈特里古尔匈人(Kotrigur Huns)劫掠伊利里亚地区。查士丁尼则使用以蛮制蛮的方式,利用乌提古尔匈人(Utigur Huns)和克里米亚的哥特人袭击戈特里古尔匈人的家园,利用伦巴第人去对付格庇德人。559年,戈特里古尔匈人联合保加尔人和斯拉夫人劫掠了色雷斯地区,进军到君士坦丁堡城下。查士丁尼不得不启用早已卸甲的老将军贝利萨留。贝利萨留依靠城内临时拼凑的军队击退了入侵者。为了解决戈特里古尔匈人的威胁,查士丁尼再次借助乌提古尔匈人力量,促使这两支匈人持续内斗。561年,查士丁尼还收买了其他匈人和阿瓦尔人。

除了在巴尔干半岛防御斯拉夫人和匈人外,拜占庭帝国在北方开展一些外交事务。5世纪末,匈人占领了克里米亚半岛的平原地区,威胁着拜占庭在此处的领地。查士丁尼依靠岛上的哥特人,建立了堡垒和长城,维持对保留地的统治。562年,保加尔人劫掠了色雷斯地区。查士丁二世拒绝继续向阿瓦尔人支付年金,阿瓦尔人与伦巴第人结盟,进攻格庇德人。格庇德人虽然向拜占庭求援,但是查士丁二世任由事态的发展。阿瓦尔人占领格庇德人的大部分领土之后,成为巴尔干半岛最大的威胁。他们此前的盟友伦巴第人也畏惧其势力,不得不远走西部,进入意大利半岛。阿瓦尔人把侵略的矛头指向了拜占庭帝国。

阿瓦尔人与拜占庭人的关系在查士丁二世统治时期比较复杂。最终,拜占庭人通过支付年金的方式促使阿瓦尔人帮助自己防卫多瑙河防线。[①] 拜占庭人得以不断地把巴尔干半岛的驻军抽调到波斯战场,因为那里才是关乎帝国命运的重心。阿瓦尔人则利用拜占庭的巴尔干地区兵力空虚之时,再次挑起战端。与此相伴随的是,斯拉夫人逐渐在色雷斯、马其顿和希腊地区定居,成为永久性的移民。583 年,因为莫里斯拒绝了阿瓦尔人提高年金的要求,阿瓦尔人发动新的劫掠。他们劫掠的范围直到黑海沿岸,迫使莫里斯不得不于 584 年同意增加年金。此后,斯拉夫人在 585 年被拜占庭人击败。然而随着波斯战事的加剧,拜占庭朝廷越来越重视东部战事。斯拉夫人和阿瓦尔人乘机于 586 年大举入侵。拜占庭在巴尔干的驻军只能进行有限的抵抗。

莫里斯在 591 年结束了与波斯的战事之后,集中兵力解决巴尔干半岛的问题。此前被调往东方参加波斯战争的军队在 593 年返回巴尔干驻地。莫里斯任命得力干将普里斯库斯担任巴尔干军队的统帅,他不仅攻击已经定居在伊利里亚 15 年之久的斯拉夫人,而且进军多瑙河以北的斯拉夫部落。595 年,普里斯库斯攻击了阿瓦尔人,把斯拉夫人清除出伊利里亚地区,重建并巩固了多瑙河防线。这一时期拜占庭军队的战斗力仍旧保持一定的优势,但是它的力量只能维持有限的优势。所以莫里斯先集中巴尔干半岛和东方军队的主力解决波斯战事,再把主力军队调往巴尔干对付肆虐的阿瓦尔人和斯拉夫人。巴尔干半岛的这些外族部落真实战斗力不强,无法对抗拜占庭帝国军队。这样,巴尔干局势变化便取决于拜占庭帝国用兵重点的变化。

但是拜占庭人胜利的喜悦并没有保持太久。597 年,阿瓦尔人大举入侵,次年,其兵锋直指君士坦丁堡城。莫里斯被迫签订和约以换取阿瓦尔人退兵,每年

[①] W. Treadgold, *A History of the Byzantine State and Society*, p. 224.

支付阿瓦尔人的年金从10万诺米斯玛增加到12万诺米斯玛。① 但是,莫里斯于599年获得了对阿瓦尔人战争的辉煌胜利,杀死了超过10000名阿瓦尔人及其盟友,捕获了17000名俘虏。② 滞留在伊利里亚的斯拉夫人力量涣散,不再是严重的威胁了。602年,莫里斯命令军队渡过多瑙河出击河北的斯拉夫人,他要求这些军队在斯拉夫人领地上过冬,从当地解决物资供给问题。这引发了新的叛乱,下级军官福卡斯率领叛军进军君士坦丁堡,推翻了莫里斯的统治,查士丁尼王朝结束。福卡斯称帝后,面临的最大威胁是波斯人和忠于莫里斯的东方军队结成的反福卡斯联盟的压力,他为了集中兵力对付东方的敌人,与阿瓦尔人签订了和平条约,以便从巴尔干半岛抽调兵力。此后,巴尔干半岛的威胁主要是斯拉夫人。

随着西罗马帝国的衰亡,西欧各地建立起诸多蛮族王国。其中,地中海沿岸的汪达尔王国、西哥特王国和东哥特王国,以及高卢地区建立的法兰克王国成为最主要的军事力量。随着它们独立地位的确立,这些国家逐渐与拜占庭帝国西部接壤,成为帝国新的邻居、敌人或伙伴。拜占庭帝国与西部蛮族国家的博弈史从此成为其外交史的重要内容。

东哥特王国、汪达尔王国与拜占庭的关系错综复杂。总体而言,东哥特王国保持了名义上的拜占庭帝国的藩属身份,与帝国的关系总体上维持和平和合作,他们之间的矛盾涉及巴尔干半岛的达尔马提亚地区的所属权问题,以及基督教内部的宗教问题。汪达尔王国与拜占庭帝国的关系比较复杂。拜占庭经过早期两次干涉汪达尔王国的事务失败后,逐渐放缓了进攻策略。而汪达尔王国在经历了开国君主盖萨里克于地中海世界疯狂劫掠之后,其影响力逐渐下降,后世君主主动寻求与拜占庭帝国的友好关系。

随着查士丁尼王朝的建立,查士丁和查士丁尼的对外政策越来越呈现以西部为重心的倾向,因为新皇帝极力想实现恢复罗马帝国故土。西地中海地区距离君士坦丁堡最近的两个蛮族国家东哥特王国和汪达尔王国对帝国也转向进攻态势。在东哥特王国内部,塞奥多里克在世时,意大利的罗马世俗贵族和教会贵族就频

---

① J. B. Bury, "The Chronology of Theophylaktos Simokatta", *The English Historical Review*, vol. 3, no. 10 (Apr., 1888), pp. 310 – 315.
② W. Treadgold, *A History of the Byzantine State and Society*, p. 234.

繁地向拜占庭皇帝示好，坚持认为自己是罗马皇帝的臣民。这种状况最终激怒了晚年的塞奥多里克，他处决了宠臣执事长官波埃修（Boëthius）及其岳父。然而，塞奥多里克逝世之后，这种态势愈发不可收。并且，东哥特统治阶层内部亲拜占庭的势力占据了重要地位，尤其是他的女儿阿马拉松塔（Amalasuentha）作为亲拜占庭派的首领，长期掌握了王国的实权。

  汪达尔人统治阶层中也存在亲拜占庭的势力。希尔德里克是查士丁尼皇帝的好朋友，一度废除了汪达尔王国的宗教压迫政策，积极与拜占庭帝国维持和平关系，这导致汪达尔统治阶层中传统派的不满。530 年，盖利默篡夺了其叔叔希尔德里克的王位。汪达尔人拒绝罗马化的势力占据上风，在统治阶层内部形成强大的反对罗马化的力量。查士丁尼皇帝遂以讨伐盖利默的叛逆行为为借口，出兵北非。533 年 6 月，拜占庭名帅贝利萨留率领 15000 军队远征汪达尔王国。[①] 贝利萨留利用出其不意的军事行动，迅速攻城略地，经过德西姆（Decimum）会战之后，第一次击败了汪达尔王国的主力军，于 9 月 15 日率军进入汪达尔王国首都迦太基城。533 年年底，贝利萨留在特里卡玛里乌姆（Tricamarium）再次击败汪达尔主力军，俘获其国王和贵族。534 年 11 月 21 日，拜占庭宣布兼并汪达尔王国。但是，平息反抗要到 548 年。从此之后，汪达尔王国消亡，其北非故土成为帝国总督区和新的粮仓。

  查士丁尼经由汪达尔战争的胜利，欣喜地看到了实现复兴罗马帝国伟大荣耀的希望。他在 534 年已经通过外交手段吞并了东哥特王国。535 年，东哥特王国摄政阿马拉松塔被新国王塞奥达哈德杀死，为查士丁尼提供了入侵的借口。查士丁尼此后采取外交与军事双重措施，加大对东哥特王国的政治和军事压力，希望迫使塞奥达哈德投降。拜占庭军队采取南北夹击的方式进攻东哥特王国。查士丁尼命令将军蒙都斯（Mundus）从北方入侵东哥特王国所属的达尔马提亚，命令

[①] 根据普洛科皮乌斯著，王以铸、崔妙因译：《普洛科皮乌斯战争史》，北京：商务印书馆 2010 年和普罗柯比著，崔艳红译：《战史》，郑州：大象出版社 2010 年进行整理。塞奥多里克在英译中译为 Theoderic，如 J. B. Bury, *History of the Later Roman Empire from the Death of Theodosius I to the Justinian*, New York：Dover Publications. Inc., 1958，也有译为 Theodric，如 A. Cameron, *The Mediterranean World in Late Antiquity, AD 395－600*, London and New York：Routledge, 1993. 见马锋：《东哥特王国的二元制国家结构分析》，《外国问题研究》2019 年第 2 期。

贝利萨留从北非渡海,率领7500人占领西西里岛。① 535年11月,贝利萨留攻占了意大利南部重镇那不勒斯。东哥特人废黜了塞奥达哈德,12月选举威蒂格斯为新国王。威蒂格斯成为贝利萨留的强劲对手,双方围绕罗马城的争夺展开了激战。罗马城几易其手,成为战局变动的中心。540年5月,贝利萨留率军进入东哥特王国首都拉文纳城,俘获了东哥特国王威蒂格斯。

然而,战争并没有按照拜占庭人的希望发展。贝利萨留离开意大利之后,东哥特人重新崛起,尤其是在新国王托提拉的指挥下,逐渐恢复了对意大利中北部的统治。虽然,贝利萨留再次被派往意大利应对危局,但是由于他受到皇帝查士丁尼的猜忌和朝廷命官的掣肘,缺兵少将,补给断供,于549年无功而返。查士丁尼多次易帅,于551年任命宫廷宦官纳尔泽斯为意大利战场的统帅。纳尔泽斯获得皇帝的充分信任,利用优势兵力在552和553年发动了两次会战,杀死了东哥特王国的最后两位国王,结束了东哥特战争。意大利战场的零星战斗直到562年才结束。

在进行东哥特战争之际,查士丁尼又利用西哥特王国的内乱,在551年派军远征西班牙的西哥特王国。拜占庭军队利用西哥特王国的政治形势,最终于555年在西班牙的东南部建立自己的统治地区,控制了半岛五分之一的领土。②

查士丁尼去世之后,拜占庭帝国在西部的统治形势急转直下。西班牙的情况不甚乐观,567年,西哥特人攻击了西班牙的拜占庭行省塞维利亚和科尔多瓦。最终,西哥特人于572年占领了科尔多瓦。此后,拜占庭人插手西哥特王国的内部斗争,在584年平息了西哥特王国的叛乱。总之,拜占庭对西哥特人的外交努力最终未见成效。

帝国最大的危机在意大利战场:568年,伦巴第人侵入意大利,占领了除海岸之外的维尼提亚,569年占领了除帕维亚以外的利古里亚,571年到572年,伦巴第人夺取了帕维亚、斯波莱托(Spoleto)、贝尼文托(Benevento),在意大利南部建立了伦巴第王国。576年,伦巴第人取得了对拜占庭军队的大胜,征服意大利北

---

① W. Treadgold, *A History of the Byzantine State and Society*, p. 187.
② W. Treadgold, *A History of the Byzantine State and Society*, p. 211.

部更多的领土。皇帝提比略只能通过花费金钱的方式拉拢伦巴第人中的部分贵族,使其制约伦巴第人扩张的步伐。在拜占庭人与东哥特人、西哥特人和伦巴第人争斗时,经常会出现法兰克人的身影。584年,法兰克人入侵了意大利北部,对伦巴第人造成重大伤害。

同样,在北非也出现新情况,569年,摩尔人攻击拜占庭的非洲领土,杀死了当地的帝国军队长官。在此后的三年里,摩尔人又杀死了两任帝国非洲军官。直到579年,拜占庭西部统治才看到了解救的曙光。拜占庭人在意大利夺回了部分港口,并恢复了非洲的和平。在莫里斯统治时期,帝国主要的注意力先是放在波斯战场,从591年以后主要关注巴尔干战场,没有能够为西部提供必要的援助。但是在意大利,拜占庭总督依靠有限的兵力仍旧维持了统治。到595年,意大利和北非的局势都比较稳定。

三、 拜占庭帝国中期外交(610—802)

帝国中期自伊拉克略王朝统治开始,该王朝的建立与波斯人入侵埃及的事件密切相关。在福卡斯统治时期,波斯人便入侵了埃及。非洲总督伊拉克略(Heraclius)对篡位皇帝福卡斯发动攻击,这位总督的儿子小伊拉克略(Heraclius the Younger)和他的侄子尼基塔斯(Nicetas)出兵埃及,小伊拉克略即是后来伊拉克略王朝的建立者。福卡斯不得不抽调东方的兵力去埃及对付伊拉克略的军队,这就进一步分散了抵抗波斯人的兵力。波斯人趁此机会深入到卡帕多西亚地区,兵锋指向小亚沿海地区。福卡斯在伊拉克略攻击下,在波斯人大肆扩张的威胁下,最终于610年倒台。

伊拉克略的上台并没有使形势好转。611年,波斯人举兵进攻叙利亚,攻占了安条克,并继续在安纳托利亚与拜占庭人鏖战。613年,伊拉克略准备南北夹击解救叙利亚地区,但是无果而终,并且进一步丢掉了西里西亚。614年,波斯人占领了耶路撒冷,掠走基督教世界宝贵的纪念物"真十字架"。到615年,波斯人几乎占领整个美索不达米亚、巴勒斯坦、叙利亚、西里西亚地区,并且在帝国首都外围的安纳托利亚地区开辟主战场。波斯人穿越小亚细亚,占领马尔马拉海沿海的卡尔西顿城,与君士坦丁堡隔海相望。同时,波斯军队入侵埃及,在618年或者619年,攻陷埃及。最终在620年,波斯人征服了埃及,把两河流域、叙利亚、巴勒斯坦和埃及连为一体。

伊拉克略为扭转波斯战场的颓势,采取了多种方式。首先向首都各界和教会筹借珍宝圣器,用它们铸造成金币和铜币,以筹集军费。622年,伊拉克略与阿瓦尔人签订协议后,重建军队,在卡帕多西亚寻找与波斯主力军的决战之机。在亚美尼亚地区,伊拉克略的军队第一次击败波斯人。624年,伊拉克略开始实施一项长途奔袭波斯核心地带的计划,而不管波斯人对东方行省的掠夺。伊拉克略希望通过运动战战略取胜,以获得和平。库斯劳二世则发动三路大军对抗伊拉克略,他计划采用突袭拜占庭首都及其外围地区,迫使伊拉克略投降。626年,波斯人在阿瓦尔人和斯拉夫人的援助下渡海围攻君士坦丁堡。但是伊拉克略不为所动,其军队击败了波斯的外围援军,并成功地挑拨波斯国王与军队统帅萨哈尔瓦拉兹(Shahrvaraz)的矛盾,迫使波斯人撤除了对都城的包围。

在627年,伊拉克略征服了波斯的伊庇利亚地区,并且获得了高加索地区部落的支持,也得到北高加索地区强国哈扎尔汗国的援助。哈扎尔人是高加索地区的突厥部族,中国史书称为可萨人,6世纪后在伏尔加河中下游地区建立强大的哈扎尔汗国,成为黑海沿岸与拜占庭帝国、阿拉伯帝国并立的三大强国。他们曾经是伊拉克略反抗波斯人的盟友,也为对抗阿瓦尔人和阿拉伯人提供了实质性的帮助。总体来看,哈扎尔人与拜占庭帝国关系一直比较密切。[1] 伊拉克略在628年占领了美索不达米亚大部。波斯新国王请求议和,根据达成的协议,双方边界又回到602年时的状况。同时,此前叛乱的波斯统帅萨哈尔瓦拉兹控制了埃及、叙利亚和巴勒斯坦地区,629年,伊拉克略与这位叛乱者萨哈尔瓦拉兹议和,收回了叙利亚和埃及,并且在次年把真十字架迎回耶路撒冷。[2] 伊拉克略则支持萨哈尔瓦拉兹去争夺波斯王位。在萨哈尔瓦拉兹短暂统治之后,波斯王位又转入库斯

---

[1] 查士丁尼二世避难于哈扎尔人汗国。"哈扎尔的"利奥六世是君士坦丁五世与哈扎尔公主所生的儿子。然而,哈扎尔在10世纪被拜占庭帝国和莫斯科公国毁灭。J. H. Rosser, *Historical Dictionary of Byzantium*, p.231.

[2] G. Greatrex and S. N. C. Lieu, *The Roman Eastern Frontier and The Persian Wars (AD 363 -630)*, p.226.

劳二世的女儿手中。此后波斯人忙于王位争夺,不再是拜占庭帝国的主要威胁,后来更是被新崛起的阿拉伯人灭亡。从萨珊波斯建国以来,它一直是罗马拜占庭帝国最主要的威胁。伊拉克略通过军事领域的大逆转,最终打垮了这个强敌。631年,伊拉克略返回君士坦丁堡,举行了盛大的凯旋仪式。

虽然伊拉克略解决了波斯人的威胁,但是却面临着新的更强大的敌人阿拉伯人。阿拉伯人在罗马帝国时期就对帝国造成了麻烦。[①] 帝国在叙利亚建立了"叙利亚防线"以阻止阿拉伯人的骚扰。阿拉伯人早在公元前2世纪就在叙利亚建立了独立国家。在罗马帝国时期,帕尔米拉是最重要的叙利亚—阿拉伯国家,以其在国际贸易中的地位以及与罗马人的战争在历史上留下了辉煌的一页。它曾经一度占领了埃及和小亚细亚的部分地区。在拜占庭帝国时期,阿拉伯人建立的加萨尼王国(位于叙利亚)和莱赫米王国(以幼发拉底河的希拉城为中心)在拜占庭与波斯的战争中充当了重要角色。加萨尼人接受了一性派信仰,是拜占庭的附属国,多次参加拜占庭人对波斯人的战争。同时,拜占庭帝国也支持加萨尼人对抗莱赫米人的斗争。而莱赫米人则是波斯的盟友。除此之外,南部阿拉伯人也在也门地区建立了赛白人(Sabaeans)的国家,它也受到拜占庭和波斯争夺阿拉伯半岛的影响。但是在7世纪,在阿拉伯人集中生活的阿拉伯半岛和叙利亚南部地区已经不存在独立阿拉伯人的国家了。穆罕默德建立伊斯兰教之后,阿拉伯人逐渐结束了内部的争斗,把斗争的矛头指向拜占庭帝国和萨珊波斯帝国。而此时,恰逢两大帝国经历生死大战之后,国力空虚之时。

633年,阿拉伯哈里发阿布·巴克尔派出24000人的军队进入叙利亚和巴勒斯坦地区。[②] 这支军队得到当地阿拉伯人的支持,击败了拜占庭的驻军。635年,叙利亚重镇大马士革沦陷。636年,拜占庭军队在希耶罗迈克斯(Hieromyax)河(在阿拉伯语中称为雅穆克河(Yarmūk))峡谷惨败给阿拉伯人。这使得拜占庭军

[①] 乔纳森·谢帕德(Jonathan Shepard)强调了拜占庭北部和西部邻国与穆斯林之间的区别,他提出了两个不同点:穆斯林在财富和文化上与拜占庭人平等,甚至优于拜占庭人,因此不太容易受到拜占庭式的外交手段的影响,而在东方边境上,两种信仰发生了冲突,北部和西部的邻国则信奉与拜占庭相同的基督教信仰。J. Shepard, "Information, Disinformation and Delay in Byzantine Diplomacy", *Byzantinische Forschungen*, no. 10 (1985), pp. 233–293.

[②] W. Treadgold, *A History of the Byzantine State and Society*, p. 301.

队无力再战。伊拉克略决定放弃叙利亚，集中兵力对付入侵埃及的阿拉伯人。这就为阿拉伯人控制叙利亚地区打开了大门。637 年，阿拉伯人占领了安条克，次年占领了耶路撒冷。640 年，阿拉伯人完成了对巴勒斯坦地区的征服。与此同时，阿拉伯人进攻美索不达米亚地区，占领了波斯首都泰西封。拜占庭人和波斯人不断败北。阿拉伯人把美索不达米亚、叙利亚和巴勒斯坦地区与阿拉伯半岛的疆土连为一体，成为国家的统治基础。早在 630 年代末，阿拉伯人就开始了对埃及的征服行动。641 年或 642 年，亚历山大里亚沦陷。不久，阿拉伯人完成了对埃及的征服，继续向利比亚地区推进。到 650 年，阿拉伯人从拜占庭帝国夺取的疆域已经囊括了上美索不达米亚、叙利亚、巴勒斯坦、埃及以及小亚细亚和北非拜占庭行省的部分地区。①

阿拉伯人占领叙利亚之后，开始筹建舰队。在 650 年代，穆阿威叶（Muʻāwiyah，倭马亚王朝的开创者，606—680）统帅的阿拉伯舰队已经开始从海上发动对拜占庭属地的攻击。拜占庭帝国的海上优势遭遇巨大挑战，阿拉伯海军夺取塞浦路斯岛、罗德岛，威胁克里特岛、西西里岛以及整个爱琴海。但是，阿拉伯人内部的斗争也为拜占庭收复部分失地提供了机遇，双方签订了有利于拜占庭的停战协定。659 年，穆阿威叶因为忙于阿拉伯人的内战，与拜占庭人缔结了一份停战协定。协议规定：阿拉伯人将支付年贡，数量是每日 1000 诺米斯玛、一匹马和一个奴隶。② 君士坦丁四世时期，拜占庭军队利用阿拉伯帝国的内乱，夺回了西里西亚大部和部分亚美尼亚领土。

君士坦丁四世统治时期，拜占庭帝国面临着严峻的阿拉伯人的扩张危机。670 年，阿拉伯人的海上劫掠已经深入到马尔马拉海，他们在这附近的西奇库斯过冬，此后把此地作为进攻的基地，时刻威胁君士坦丁堡城。674 年，阿拉伯海军威胁君士坦丁堡长达六个月，只是拜占庭军队借助"希腊火"的威势在 677 年粉碎了阿拉伯人对首都的围攻。685 年，哈里发阿卜杜勒·马利克（ʻAbd al-Malik）与君士坦丁四世议和，阿拉伯人给帝国的年金每年增加到 365000 诺米斯玛金币，另

---

① 威廉·穆尔著，周术情、吴彦、李婧、郑丽君译：《阿拉伯帝国》，西宁：青海人民出版社 2006 年，第 466 页。
② W. Treadgold, *A History of the Byzantine State and Society*, p. 315.

外还有365名奴隶和365匹马。①

查士丁尼二世统治时期,马尔代特人(Mardaïtes)成为影响拜占庭与阿拉伯关系的重要因素。马尔代特人被视为不受政府约束的"匪帮",长期生活在叙利亚黎巴嫩山区。由于阿拉伯人占领了叙利亚地区,马尔代特人就成为阿拉伯帝国边境地区的重大威胁。马尔代特人的威胁迟滞了阿拉伯人对小亚细亚的入侵。查士丁尼二世模仿查士丁尼大帝建立功业,在其统治早期又恰逢阿拉伯人内部斗争剧烈时期,所以他对阿拉伯人采取了攻势。686年,查士丁尼二世公开宣告对亚美尼亚和伊庇利亚提供保护。拜占庭军队劫掠了伊朗高原西部的阿尔巴尼亚和阿塞拜疆。拜占庭人在高加索地区确立战略优势。查士丁尼二世在哈里发缴纳一定贡金的条件下,答应把马尔代特人迁移到拜占庭帝国境内。② 拜占庭帝国与阿拉伯帝国分享塞浦路斯、伊庇利亚和亚美尼亚的收入。随后查士丁尼把12 000名马尔代特人及其家眷安置到卡拉维希奥诺鲁姆军区,他们成为军区舰队的优秀水手。③ 689年,查士丁尼再次发动了对阿拉伯帝国的攻击,哈里发因为内乱未平,只能继续让步,默认拜占庭控制塞浦路斯、伊庇利亚和亚美尼亚。查士丁尼二世把6 500名马尔代特人迁移到希腊军区。④ 然而,692年,查士丁尼再次入侵阿拉伯帝国的军事行动却遭到了失败。亚美尼亚王公重新投入阿拉伯人的怀抱,阿拉伯人趁机攻击西里西亚。

查士丁尼二世被废黜的695—705年间,斗争的天平重新倾向阿拉伯人。一方面,拜占庭国内政局混乱,保加尔人在巴尔干的威胁日益严重,另一方面阿拉伯帝国内部的动乱已平息。阿拉伯人此时继续先前入侵拜占庭帝国的计划。阿拉伯人与拜占庭军队的斗争集中在叙利亚北部、塞浦路斯岛、西里西亚和卡帕多西亚。总体而言,这一时期的斗争中,拜占庭军队虽然也有一定的攻势,但是阿拉伯人掌握了战争的主导权。拜占庭帝国领土逐渐被阿拉伯人蚕食,阿拉伯人的侵略

---

① W. Treadgold, *A History of the Byzantine State and Society*, p. 330.
② 查士丁尼二世把马尔代特人迁往帝国境内,从战略层面而言是一项错误决定。查士丁尼二世把黎巴嫩的马尔代特人撤走后,拜占庭与阿拉伯人之间的卫星国最终消失,拜占庭帝国与阿拉伯帝国之间失去了缓冲地带。参见 J. Shepard and S. Franklin, *Byzantine Diplomacy*, p. 19.
③ W. Treadgold, *A History of the Byzantine State and Society*, p. 332.
④ W. Treadgold, *A History of the Byzantine State and Society*, p. 333.

势力再次深入到安纳托利亚地区。

查士丁尼二世重登大位之后,借助保加尔汗国提供的援军,攻击西里西亚、亚美尼亚和拉齐卡的阿拉伯人,但是却遭新的失败。712年,阿拉伯人完全征服了西里西亚和拜占庭所属的幼发拉底河东岸领土。713年,阿拉伯人占领安条克城。此后,安纳托利亚地区成为双方争夺的重点。阿拉伯军队从陆上进攻安纳托利亚,从海上沿着西里西亚海岸线进攻,进攻的矛头指向君士坦丁堡城。

从君士坦丁四世到伊苏里亚王朝建立之前,拜占庭帝国与阿拉伯帝国之间的战争呈现出优势互相转化的态势。同时,两国内部的动乱也深深影响了对外用兵的效果。在君士坦丁四世统治早期,拜占庭帝国面临阿拉伯人的咄咄攻势,形势岌岌可危。然而,到他统治后期,君士坦丁四世能够利用重整的军队力量和阿拉伯人内乱的时机,发动对阿拉伯人的反攻,收复部分失地。查士丁尼二世继续这种态势,迫使深受内乱之苦的哈里发多次让步。在查士丁尼二世第一次退位之前,阿拉伯人的攻势已经荡然无存。然而,随着阿拉伯帝国内部动乱的平息,拜占庭帝国内乱再起,多次更换帝王,阿拉伯人则借此恢复了战场的优势,重新进行消灭拜占庭帝国的计划。

伊苏里亚王朝初建时期就面临阿拉伯人对君士坦丁堡的围困。717年,阿拉伯人海陆并进,目标指向君士坦丁堡,这支军队拥有1800条战船,总兵力达到12万人。① 利奥三世一方面通过谈判来争取时间完成备战,另一方面与保加尔人建立联盟关系,促使保加尔人保持对阿拉伯人的骚扰。拜占庭人在博斯普鲁斯海峡使用"希腊火"烧毁了阿拉伯人的20艘船只。② 围困君士坦丁堡城的阿拉伯人遭遇了严寒、物资短缺、瘟疫的多重打击,保加尔人还从其侧翼发动致命袭击。阿拉伯人最终在718年8月15日被迫撤退。然而,其海军在撤退途中,遭遇了风暴和火山喷发的袭击,船只损失严重。拜占庭军队利用这次胜利,深入到叙利亚的劳迪西亚,再次夺取了亚美尼亚西部的部分地区。720年,阿拉伯人再次恢复了对拜占庭的劫掠。阿拉伯人在亚美尼亚击败拜占庭军队,拜占庭人则在次年在伊苏里亚获得了胜利。722年,哈扎尔人也开始在亚美尼亚与阿拉伯人作战。然而,

---

① W. Treadgold, *A History of the Byzantine State and Society*, p. 346.
② W. Treadgold, *A History of the Byzantine State and Society*, p. 347.

这些都没有能够阻止阿拉伯人对小亚的入侵。723年,阿拉伯人完成了对亚美尼亚的再次征服。并且在725年,阿拉伯人劫掠了塞浦路斯。

在拜占庭帝国与阿拉伯帝国争夺之际,哈扎尔汗国也卷入其中。三大帝国在高加索地区形成了强大的对峙态势。早在伊拉克略王朝时期,拜占庭人就积极寻求与哈扎尔人的友谊。一是对抗共同的敌人阿拉伯人,二是保持草原丝绸之路的畅通,三是联合哈扎尔人对付其他游牧民族。到伊苏里亚王朝时期,随着阿拉伯人对亚美尼亚和安纳托利亚的渗透,哈扎尔人的势力于733年被排挤出亚美尼亚,而阿拉伯人则入侵了哈扎尔汗国的本土。737年,阿拉伯人迫使哈扎尔可汗皈依伊斯兰教。有关穆斯林、犹太教拉比和基督教徒前往哈扎尔汗国传教的故事在三方文献中都有重要的记载,但是由于史家记载的倾向性,哈扎尔人改变宗教信仰问题一直成为后世的悬案,故存在哈扎尔人接受犹太教之说。① 在利奥三世统治时期,利奥希望通过联姻的方式加强与哈扎尔的关系,未来的皇帝君士坦丁五世迎娶了哈扎尔公主。② 他们的儿子因为有哈扎尔血统被称为哈扎尔人利奥四世。虽然哈扎尔人此后并没有给拜占庭帝国实质上的有力支持,但是却从东方牵制了阿拉伯人的兵力,一定程度上缓解了拜占庭帝国的压力。

在利奥三世统治晚期,阿拉伯人继续入侵安纳托利亚地区。拜占庭军队也曾经取得过胜利。在君士坦丁五世时期,皇帝利用倭马亚王朝末年阿拉伯帝国改朝换代的时期,于746年主动出击,获得自718年以来拜占庭军队对阿拉伯帝国的首次胜利。此后,在利奥三世的有生之年,阿拉伯人由于哈扎尔人的威胁和内部问题,都没有发动对拜占庭帝国的大规模攻击。755年,君士坦丁五世进军亚美尼亚,把占领地的基督徒迁到色雷斯地区。757年,君士坦丁在西里西亚与阿拉伯人作战,最终签订了停战协定。这次停战协定使边境安静了十多年。直到770年,阿拉伯人再次入侵安纳托利亚地区。而拜占庭军队则攻击阿拉伯帝国治下的亚美尼亚,予以报复。772年,拜占庭军队战败,君士坦丁五世希望停战,但是未

---

① 有关哈扎尔人信仰的一部有趣的书,即米洛拉德·帕维奇著,南山、戴骢、石枕川译:《哈扎尔辞典》,上海:上海译文出版社2013年。
② 从4世纪到7世纪,王公贵族与蛮族统治者的婚姻实际上鲜为人知。7世纪末皇室与外部通婚的情况发生了重大变化。参见 J. Shepard and S. Franklin, *Byzantine Diplomacy*, p.17.

能如愿。在利奥四世统治的五年内,他也希望像他的父皇那样获得军功。利奥四世在776年和778年主动攻入阿拉伯人的领土,主要的攻击方向是幼发拉底河和安纳托利亚的南部地区。双方在战斗中互有胜负。

君士坦丁五世统治时期,由于皇帝对国内的整顿和阿拉伯帝国内部改朝换代的内乱,拜占庭帝国的国界沿着小亚细亚向前推进一大步。然而,在伊琳妮掌权时期,拜占庭军队多次败北。783年,双方签订停战协定,规定拜占庭帝国每年向阿拉伯帝国交纳70000或者90000第纳尔的年金。[①] 798年,拜占庭帝国战败后,再一次签订了赔款协定。

7世纪,巴尔干半岛出现了大量的斯拉夫移民,导致这一地区人种构成发生了巨大变化。658年,拜占庭人获得对斯拉夫人的重大胜利,但是皇帝的目标只是保护色雷斯南部残余的领土。676年,斯拉夫人围攻塞萨洛尼基。677年,君士坦丁四世在解除了阿拉伯人对君士坦丁堡城的威胁之后,发动对斯拉夫人的反击,解救了塞萨洛尼基。7世纪下半叶,巴尔干半岛迎来新的敌人保加尔人。保加尔人此前长期居住在多瑙河下游和亚速海之间。此时由于受到东面游牧民族入侵压力开始向西迁移。君士坦丁四世意识到新来的保加尔人相比斯拉夫人而言,是更可怕的敌人。他决定抽调兵力驱逐保加尔人。君士坦丁四世在679年发动了对保加尔人的战争,但是拜占庭军队在多瑙河三角洲的军事失利,为保加尔人的扩张提供了条件。君士坦丁四世被迫与保加尔人议和:拜占庭人向保加尔人支付年金,并且割让从巴尔干山脉至多瑙河的广大领土。保加尔人汗国统治的区域东到黑海,西邻阿瓦尔汗国,南到巴尔干山脉,该王国逐渐成为巴尔干半岛的强大势力。斯拉夫人与保加尔人多次面临拜占庭帝国的军事威胁,同时他们之间也存在斗争。更重要的是,保加尔人人数上的劣势,使得他们逐渐被斯拉夫化,到9世纪中期,这一进程逐渐完成。

查士丁尼二世统治时期,皇帝在巴尔干积极发动战事。此时保加尔人的势力已经深入到君士坦丁堡附近。查士丁尼二世把色雷斯南部变成了拜占庭与保加尔人之间隔绝的无人区,把斯拉夫人安置在塞萨洛尼基到斯特雷蒙河之间的地

---

① A. A. Vasiliev, *History of the Byzantine Empire, 324 -1453*, p.238.

带。此外,他还把 80 000 名斯拉夫人迁移到小亚细亚,并且从中抽调 30 000 人编入对抗阿拉伯人的拜占庭军队中。[①] 从 7 世纪开始,斯拉夫人在小亚细亚的定居已经成为一种长期现象。695 年,查士丁尼二世的统治被推翻。查士丁尼二世逃到哈扎尔汗国,受到哈扎尔可汗的热情接待。此后,查士丁尼二世又前往巴尔干的保加尔汗国,说服保加尔可汗支持他复位。705 年,查士丁尼二世借助保加尔汗国军队的支持,恢复了帝位。然而,在 710 年,哈扎尔人则支持克里米亚的克尔松背叛了查士丁尼二世。

717 年,利奥三世为了对付围攻君士坦丁堡城的阿拉伯人,寻求与保加尔人结盟。保加尔人因惧怕阿拉伯人威胁,因此很快达成了意向。拜占庭军队与保加尔人内外夹击围困君士坦丁堡城的阿拉伯军队。保加尔人的袭击消灭了数以千计的阿拉伯人。在双方的努力下,阿拉伯人不得不在次年撤兵。719 年,保加尔人认为他们从利奥三世那里获得的贡赋太少,转而支持其国内政敌,但是最终利奥三世说服了保加尔人放弃对其政敌的支持。君士坦丁五世时期,皇帝频繁地把在亚洲征服地区的居民迁移到色雷斯地区,这引起保加尔人的警觉,756 年,保加尔人因此发动袭击。君士坦丁五世在击败保加尔人之后,759 年袭击色雷斯地区的斯拉夫人。760 年,君士坦丁五世率军与保加尔人在多瑙河三角洲作战,双方损失惨重,君士坦丁五世因为阿拉伯人的入侵同意与保加尔人缔结停战协定。但是,762 年,保加尔人杀害了签订停战协定的首领。保加尔人新首领推行敌视拜占庭帝国,压迫斯拉夫人的政策。这导致保加尔人控制区域的斯拉夫人大批逃亡到拜占庭帝国境内。763 年,君士坦丁五世发动第二次对保加尔人的战争。战争断断续续地持续到 765 年。总体而言,保加尔人遭受到沉重打击,导致内部汗位不断更迭。然而,763 年 7 月,拜占庭海军却因为暴风雨遭受惨重的损失。774 年和 775 年,君士坦丁五世两次征讨保加尔人。虽然保加尔人一直处于弱势地位,但是由于海上的恶劣气候,拜占庭军队并没有获得大胜,君士坦丁五世也驾崩于 775 年征讨之后的撤军途中。

君士坦丁五世统治时期,拜占庭军队一直保持对保加尔人和斯拉夫人的战场

[①] W. Treadgold, *A History of the Byzantine State and Society*, p. 333.

优势地位。君士坦丁五世频繁在巴尔干半岛用兵,既是因为保加尔人势力扩大造成的威胁,同时也是皇帝希望通过征讨保加尔人获得军功荣耀。君士坦丁五世从叙利亚和亚美尼亚占领地迁移大批居民充实色雷斯地区,并且沿着边界修筑防御工事。同时,君士坦丁发动了八九次对保加利亚王国的战役。他因此被后人给予"屠杀保加利亚人的刽子手"的称号。虽然,君士坦丁五世并没有取得完全胜利,但是在一定程度上保持了在巴尔干半岛的军事优势,遏制了保加尔人的扩张势头。8 世纪末,保加利亚王国内部纷争逐渐结束,保加利亚人与斯拉夫人的对抗也逐渐缓和。到 9 世纪,一个斯拉夫化的保加利亚王国成为巴尔干半岛的巨大威胁。君士坦丁六世和伊琳妮掌权时期,拜占庭帝国在与保加利亚王国的关系中完全处于弱势,军事失败导致帝国被迫给予保加利亚王国年金。

在意大利,拜占庭帝国仍旧控制着伦巴第王国之外的意大利部分领土,包括中部的拉文纳总督区、罗马城、意大利南端领土、西西里岛和意大利周围的部分岛屿。君士坦丁四世统治时期,伦巴第人利用拜占庭帝国面临阿拉伯人严峻威胁的时机,占领了意大利南端拜占庭所属的卡拉布里亚。康斯坦斯二世统治时期,他在君士坦丁堡受到外敌威胁时,甚至打算在罗马人的祖地意大利寻找新的首都,只是随着康斯坦斯二世在西西里岛去世,迁都西方的计划告终。7 世纪,阿拉伯人在北非的征服行动由于受到柏柏尔人和拜占庭当地军队的有力抵抗,进展缓慢,哈里发阿里与穆阿威叶的争权也影响了阿拉伯人的对外扩张。但是,穆阿威叶获胜之后,阿拉伯人又重新恢复了对北非的征服活动。696 年,哈里发阿卜杜勒·马利克派出大军远征拜占庭所属的非洲。697 年,阿拉伯军队占领拜占庭北非行省的首府迦太基城。7 世纪末,阿拉伯人征服拜占庭的北非行省,拜占庭帝国在西部组建起撒丁尼亚军区和西西里军区,以应对阿拉伯人对地中海西部海域的劫掠。在利奥三世时期,皇帝派军到西西里岛,镇压叛乱。拜占庭军队利用伦巴第人内部混乱之际,收复了部分意大利土地。738 年和 751 年,伦巴第人两度攻占拜占庭帝国在意大利的统治中心拉文纳城,这也意味着拜占庭总督区的沦陷。此后,拜占庭帝国在意大利的统治区域主要限于西西里军区。①

---

① 拜占庭与西方外交关系的变化发生在 752/3 年,这种转变的核心是东西方关系从原来的不平衡过渡到平衡的局面。参见 J. Shepard and S. Franklin, *Byzantine Diplomacy*, p.5.

在拜占庭帝国与西方蛮族国家的关系中,查理大帝与拜占庭帝国的关系十分重要。800年,查理加冕为皇帝。西欧人从自己的立场阐释,认为查理加冕使西方出现了一个完全独立于拜占庭帝国之外的西方帝国。① 这揭示出西欧的罗马—日耳曼人世界与东方的拜占—斯拉夫人世界在罗马帝国解体之后趋向两个方向独立发展的历史状况,即东罗马帝国的中央集权制统一帝国和西欧地方集权制下的政治四分五裂。查理在加冕前后,积极与拜占庭皇帝交往。787年,查理打算将女儿嫁给拜占庭皇帝君士坦丁六世。797年伊琳妮称帝和800年查理加冕引起拜占庭人与法兰克人的矛盾。西欧人认为罗马帝国的皇权应掌握在男性手中,因此伊琳妮废黜其子君士坦丁六世之后,就意味着罗马帝国皇位的空缺,查理加冕使他成为合法的皇权继承者。② 拜占庭人则认为,查理在800年加冕是一种叛乱,类似于罗马帝国此前的多次叛乱,因为拜占庭人仍旧把往日罗马帝国的领土想象为当时皇帝的统治区,是西方行省反叛皇帝的行动。拜占庭人认为这些叛乱者妄称皇帝之后,都会用武力推翻合法的帝国皇帝,进攻帝国首都君士坦丁堡城。③ 查理也完全意识到他的加冕不符合罗马皇帝合法性的程序,他并没有称为"罗马人的皇帝"而是称为"管辖罗马人的皇帝"。因此,查理希望能够迎娶伊琳妮女皇,这样按照罗马帝国皇位继承的血亲继承原则,他就可以成为合法的罗马皇帝了。然而,伊琳妮在802年被废黜,使得查理大帝的计划落空。查理继续与后来的皇帝尼基弗鲁斯谈判,希望东部帝国承认查理的皇帝称号。直到812年,查理才获得东部皇帝的认可,承认了800年查理加冕的合法性。东部皇帝对西部皇帝的认可是罗马帝国晚期东西部分存在两个皇帝时期的一种常见的政治机构。

四、 强盛时期的拜占庭外交(800—1204)

9世纪,拜占庭帝国与阿拉伯帝国的关系主要是战争关系。双方的战争几乎

---

① 李隆国:《查理曼称帝与神圣罗马帝国的形塑》,《史学集刊》2018年第3期。
② 李隆国:《认识西罗马帝国灭亡——公元476—800年》,《北大史学》2012年第00期。
③ A. A. Vasiliev, *History of the Byzantine Empire, 324 -1453*, p.267. 拜占庭人把法兰克王国视为拜占庭帝国的卫星国。"家族等级制度"旨在强调皇帝作为唯一的领主和父亲的统治地位。卫星国统治者的土地,甚至那些被武力占领的土地,都被视为是皇帝仁慈地让与他们,只不过是帝国的省份。因此,他们对帝国的战争仅仅是反叛。参见 J. Shepard and S. Franklin, *Byzantine Diplomacy* , p. 15.

每年都会发生，双方也会彼此交换战俘。拜占庭人在小亚细亚沿着边境修筑了一系列的防御工事。9世纪的阿拉伯帝国也是多事之秋，阿拉伯帝国内部斗争和分裂割据导致哈里发地位的下降。穆斯林对边境的威胁虽然造成了巨大伤害，但是已经不至于威胁到拜占庭帝国的生存了。9世纪前期，哈里发和拜占庭皇帝都彼此认可对方在国际关系中的重要性。阿拉伯人除了在边境构成对拜占庭帝国的军事威胁之外，还插手拜占庭帝国的内部事务。阿拉伯人支持托马斯起义。这次起义发生于米哈伊尔二世统治时期，位于小亚细亚。哈里发马蒙认为可以利用托马斯起义推翻米哈伊尔二世的统治，他支持托马斯称帝。托马斯率领庞大的起义军从海陆两个方面包围了君士坦丁堡城。米哈伊尔二世在保加利亚人的支持下打败了托马斯的军队。最终，托马斯起义在823年被完全镇压了。托马斯起义的失败也意味着马蒙利用拜占庭帝国内部势力推翻米哈伊尔二世统治的失败。

同样，拜占庭帝国也插手阿拉伯帝国的内部事务，利用敌对势力打击哈里发的统治。但是，双方的斗争还主要集中在边境地区。米哈伊尔二世的儿子塞奥菲鲁斯（Theophilus）在830年率领的军队败于阿拉伯人，但是在831年他获得了一场胜利。837年，塞奥菲鲁斯再次取得了对穆斯林的胜利。然而，838年，哈里发的军队深入小亚细亚，企图向君士坦丁堡城进军。在阿莫里王朝统治的此后时间里，穆斯林忙于内乱，对拜占庭帝国的威胁减小了。只有在863年穆斯林的军队进入了黑海海滨地区，但是这支军队后来被拜占庭人击败。

9世纪初，保加利亚王国成为巴尔干半岛上拜占庭帝国的最大威胁。811年，尼基弗鲁斯一世发动了征讨保加利亚的战争，但是拜占庭军队几乎全军覆没，皇帝也战死了。813年，米哈伊尔一世再次发动征讨保加利亚王国的战争，结果仍是惨败。在这一年，保加利亚人围攻了君士坦丁堡城。在利奥五世时期，保加利亚王国与拜占庭帝国签订了为期30年的和平协定。这份协定确定了色雷斯地区的边境。此后，直到9世纪50年代初，双方都再没有发生大的冲突。在米哈伊尔二世统治时期，托马斯起义威胁到帝国的生存，起义军围困了君士坦丁堡城。米哈伊尔二世获得了保加利亚王国的支持。保加利亚人突然出现在起义军的北方，打败了陆上围攻君士坦丁堡的起义军，帮助米哈伊尔二世解除了包围。在保加利亚国王伯利斯（Boris 或 Bogoris，852—899）统治时期，保加利亚人皈依了基督教。

伯利斯在864年接受了洗礼。保加利亚王国接受基督教是来自于希腊传教士的影响，反映了保加利亚王国与拜占庭帝国在这一时期的密切关系。但是伯利斯希望保加利亚教会获得完全独立，因此寻求与罗马教廷的联系。拉丁教会与希腊教会在保加利亚王国进行角力。最终，保加利亚教会在马其顿王朝时期再次转向希腊教会。

这一时期，在帝国北方出现了一支新的蛮族，即罗斯人。860年6月18日，罗斯人第一次进攻君士坦丁堡城。但是这次军事行动的结果是罗斯人遭到惨败。838年，穆斯林的军队长驱直入小亚细亚地区，威胁到君士坦丁堡城。塞奥菲鲁斯皇帝希望能够获得西方的援助。皇帝派使者到威尼斯、法兰克王国、西班牙的后倭马亚王朝寻求援助，但是西方的统治者都未能给予支持。

阿拉伯人同时在地中海西部对帝国的领土构成了威胁。800年，阿格拉比德王朝在突尼斯兴起，利用强大的海军威胁地中海西部。在尼基弗鲁斯一世统治时期，非洲的阿拉伯人对伯罗奔尼撒半岛的斯拉夫人起义军予以支援。在米哈伊尔二世统治时期，来自西班牙的阿拉伯人占领了克里特岛。此后，克里特岛成为了海盗的巢穴，给爱琴海地区造成了长期威胁。一直到961年，克里特岛才被拜占庭人收复。在米哈伊尔二世统治时期，西西里岛出现了叛乱者。阿拉伯人应叛乱者的要求开赴西西里岛，开始了他们对西西里岛的征服活动。阿拉伯人征服西西里岛之后，把它作为进攻南意大利的拜占庭领地的跳板。在塞奥菲鲁斯统治时期，塔兰图姆（Tareutum）被阿拉伯人占领，随后阿拉伯人又占领了意大利东部的巴里。这两个城市都是拜占庭帝国在意大利的重要据点。

马其顿王朝时期，拜占庭帝国强盛，瓦西里一世主要的外交方针是与穆斯林斗争，因此与东方伊斯兰世界的关系成为帝国外交史的重中之重。9世纪70年代初，瓦西里一世进攻小亚东部。拜占庭帝国与穆斯林的战争连年不断，双方互有胜负。瓦西里一世企图联合亚美尼亚人共击阿拉伯人，但是未能实现。10世纪，穆斯林从海上严重威胁着帝国的安全。他们在904年攻克了塞萨洛尼基城。906年，拜占庭海军取得了对阿拉伯人的胜利，而在911年的海战中却惨遭失败。

皇帝罗曼努斯一世统治时期，拜占庭帝国军队占领了阿拉伯帝国所属的亚美尼亚和上美索不达米亚部分地区。经历三个世纪的战略防御态势之后，拜占庭军队开始反击阿拉伯人并且获得了一定的胜利。罗曼努斯一世重用名将,获得了20年的军事上的辉煌成就。罗曼努斯一世去世之后,拜占庭帝国的军队失去了先前的锐气。然而,帝国军队也曾经渡过幼发拉底河。在949年帝国海军舰队进攻克里特岛,惨遭失败。直到罗曼努斯二世统治时期,帝国军队才收复了克里特岛。同时,帝国军队在叙利亚北部地区夺取了阿勒颇城。在尼基弗鲁斯·福卡斯统治时期,帝国军队攻克了塔尔苏斯、西里西亚,夺回了塞浦路斯岛。尼基弗鲁斯顺势进入叙利亚地区,围困安条克城。在969年,拜占庭军队攻克了安条克城。阿勒颇城的埃米尔把皇帝视为自己的宗主。尼基弗鲁斯去世之后,他的后继者约翰·基米斯基在东方的主要战略目标是保住帝国在西里西亚和叙利亚的战果。他的军队从安条克出发,进入大马士革,攻入巴勒斯坦,夺取了凯撒里亚城,威胁到耶路撒冷。但是也有阿拉伯史家认为,基米斯基的军队并没有越过叙利亚边界。

在基米斯基的后继者瓦西里二世统治时期,皇帝在忙于与保加利亚人战争的同时,频繁与穆斯林作战。拜占庭帝国与阿拉伯帝国在叙利亚地区持续争夺。阿勒颇城多次易手,争夺的结果是阿勒颇城摆脱了作为拜占庭附属国的地位。在11世纪初,拜占庭帝国与埃及的法蒂玛王朝建立了和平关系。虽然在哈里发哈基姆(Hakim)统治时期,他推行迫害基督教的政策,但是他去世(1021年)之后,法蒂玛王朝又恢复了宗教宽容政策。瓦西里二世去世之后,马其顿王朝的统治陷入混乱,使得战争的天平倒向穆斯林。到11世纪中期,拜占庭人又迎来了新的敌人塞尔柱突厥人。①

马其顿王朝统治时期,拜占庭帝国在东方与穆斯林的战争分为两个阶段:第一个阶段从瓦西里一世到瓦西里二世去世,这一时期双方处于一种总体的均势状态。甚至在尼基弗鲁斯·福卡斯、约翰·基米斯基和瓦西里二世统治时期,拜占庭军队还获得了军事上的优势和战略上的突破。帝国军队把战线推向幼发拉底河和叙利亚地区,确保了小亚细亚不再受战乱之苦。马其顿王朝被称为拜占庭帝

---

① 塞尔柱突厥人是突厥人的一支,得名于他们的祖先塞尔柱克。塞尔柱人从中亚的吉尔吉斯大草原迁徙到锡尔河下游,接受了伊斯兰教。11世纪中期,塞尔柱人征服波斯,进入巴格达,控制了阿拔斯王朝的哈里发,塞尔柱人的苏丹掌握了国家实权。

国的第二个黄金时代,军事上的胜利和荣耀也是其显著的标志。第二个阶段是从瓦西里二世去世之后,拜占庭帝国军队又回到被动防御状态。这也说明了帝国内部政治秩序稳定对于对外战争的影响。虽然拜占庭帝国这一时期军事处于劣势,但是由于军区制的成熟和有效的纵深防御,军事状况尚可以勉强接受。从这两个阶段的战争态势来看,影响拜占庭帝国军事状态的因素主要有国内政治秩序、军事制度的完善性、战略体制发挥的效力。

在拜占庭帝国与阿拉伯帝国的关系中,亚美尼亚一直是一个重要问题。在4世纪末,罗马帝国与萨珊波斯帝国瓜分了亚美尼亚地区。① 在查士丁尼时代,查士丁尼把亚美尼亚变成帝国的一个行省。7世纪时期,亚美尼亚被阿拉伯人占领。亚美尼亚人发动长期反抗起义,招致阿拉伯人的镇压。到8世纪初,起义的领导力量亚美尼亚封建领主的势力基本被摧毁了。在9世纪中期,阿拉伯帝国在与拜占庭帝国的争夺中,希望寻求亚美尼亚人的支持(此前因为亚美尼亚人的基督教信仰,存在极大的亲拜占庭的情感),扶植了亚美尼亚人建立了王国。当然这个王国是阿拉伯帝国的附属国。拜占庭皇帝瓦西里一世也希望能够与亚美尼亚王国结盟。因此,亚美尼亚王国就成为了拜占庭帝国与阿拉伯帝国斗争中争取的对象。在10世纪早期,亚美尼亚人在拜占庭军队和伊庇利亚王国的支持下驱逐了阿拉伯人。到10世纪后期,独立的亚美尼亚王国获得了大发展,保持了与拜占庭帝国的同盟关系。在记载拜占庭外交活动的文献中,频繁提到亚美尼亚王国。然而,好景不长,塞尔柱人的入侵导致了亚美尼亚王国的动荡。在瓦西里二世统治时期,皇帝把一部分亚美尼亚的土地并入帝国内部,另一部分则成为帝国的附属国。在11世纪40年代,亚美尼亚王国最终被拜占庭帝国完全吞并了。② 但是,拜占庭人并不能保有亚美尼亚。突厥人利用拜占庭帝国内部问题和亚美尼亚人的反抗,逐渐吞并了亚美尼亚。③

---

① G. Greatrex and S. N. C. Lieu, *The Roman Eastern Frontier and The Persian Wars (AD 363 – 630)*, pp. 27 – 30.
② 亚美尼亚作为拜占庭帝国东方的卫星国在战略上具有重要意义。然而,拜占庭的政策不是保留它们作为抵御外来入侵者的屏障,而是将它们合并起来并入帝国,并重新在拜占庭领土内安置亚美尼亚人口。亚美尼亚作为帝国的屏障在11世纪被拜占庭人拆除。参见 J. Shepard and S. Franklin, *Byzantine Diplomacy*, p. 19.
③ A. A. Vasiliev, *History of the Byzantine Empire, 324 – 1453*, pp. 313 – 315.

马其顿王朝统治时期,阿拉伯人不断骚扰拜占庭所属的南部意大利地区。瓦西里一世希望能够与法兰克皇帝结盟,把阿拉伯人赶出意大利和西西里岛,但是这一计划无果而终。而阿拉伯人则占领了马耳他岛,并且在878年攻占了西西里岛的重镇锡拉库萨城。而瓦西里一世的军队夺取了意大利南部的塔兰图姆城。然而,在利奥六世统治时期,拜占庭人最终丢掉了西西里岛最后一座重要的城镇陶尔米纳(902年)。到尼基弗鲁斯·福卡斯统治时期,帝国最终把西西里岛的最后一个据点丢失给阿拉伯人。在瓦西里二世统治时期,阿拉伯人从西西里岛不断侵扰南意大利地区,瓦西里计划夺回西西里岛,但是未能成行。后来,夺回西西里岛的计划在11世纪40年代几近实现了。拜占庭军队占领了墨西拿。另外一个影响到拜占庭在意大利势力的事情是拜占庭帝国与威尼斯的关系。在9世纪中期,威尼斯脱离了拜占庭帝国的控制,成为独立的国家,在瓦西里一世时期,威尼斯与拜占庭帝国签订了平等的协议。① 威尼斯人为拜占庭军队抵抗阿拉伯人提供海军力量支持。

962年,奥托加冕为神圣罗马帝国皇帝之后,德意志统治者成为了在意大利与拜占庭人竞争的重要力量。奥托想控制整个意大利,而拜占庭皇帝认为意大利是自己的世袭的领地。尼基弗鲁斯·福卡斯希望借助德意志人的力量反抗阿拉伯人,然而奥托却在南部意大利发动了对拜占庭行省的行动。在皇帝约翰·基米斯基统治时期,拜占庭帝国公主远嫁德意志,这是解决拜占庭帝国与神圣罗马帝国在意大利竞争的政治婚姻。东西两个帝国结成了联盟关系。11世纪初,拜占庭在意大利的残余领土又面临新的敌人诺曼人。瓦西里二世的军队在坎尼(Cannae)击败了诺曼人与拜占庭叛军的联合武装。诺曼人支持罗马教会对拜占庭的斗争,借助教会势力,逐步蚕食拜占庭所属的意大利领土,后来成为拜占庭帝国在意大利的最大威胁。

在马其顿王朝时期,拜占庭帝国在巴尔干半岛最重要的关系是与保加利亚王国的关系。在瓦西里一世统治时期,拜占庭帝国与巴尔干半岛的其他族群维持和平的关系。瓦西里一世与保加利亚国王伯利斯的友好关系,有利于保加利亚教会

---

① 威尼斯与拜占庭帝国的关系,可以参见:D. M. Nicol, *Byzantium and Venice: A Study in Diplomatic and Cultural Relations*, New York: Cambridge University Press, 1988.

重新转向希腊教会。瓦西里一世借助与保加利亚王国的关系能够确保拜占庭帝国在巴尔干半岛的安全。这两个国家是巴尔干半岛最强大的两个势力,它们之间的和平或者结盟关系,无疑会抑制了其他族群的挑战。同时,巴尔干战场一直都是拜占庭帝国的三大战场之一,并且由于首都君士坦丁堡城位于巴尔干半岛,来自巴尔干半岛的陆上威胁是君士坦丁堡最重要的威胁,尤其是在拜占庭帝国丧失东地中海的制海权之前。[①] 拜占庭帝国此前诸多皇帝都由于多线同时作战,频繁调动兵力,为敌人提供了机会。比如查士丁尼和莫里斯时期莫不如是。瓦西里一世确保巴尔干半岛安全之后,集中兵力对付阿拉伯帝国。

利奥六世发动了对保加利亚王国的战争,并获得胜利。此时,保加利亚王国正处于伟大君主西蒙的统治之下,国力强盛。更重要的是,西蒙和利奥六世都放弃了父辈的睦邻政策,利奥六世正忙于与阿拉伯人的战争,选择拉拢马扎尔人的政策,希望马扎尔人从北方威胁保加利亚王国。这是拜占庭帝国常用的以蛮治蛮的外交政策。马扎尔人在史料中被称为阿瓦尔人,或者突厥人,是来自草原的芬兰—乌果儿人。在帕臣涅格人的驱逐之下,马扎尔人从南俄草原向多瑙河地区不断迁徙,活动在潘诺尼亚地区,到10世纪成为威胁日耳曼人和斯拉夫人及巴尔干半岛的重要力量。在1000年,马扎尔人建立了匈牙利王国,向定居民族转化,成为后来匈牙利人的主体民族。拜占庭与匈牙利的外交关系一直比较活跃。保加利亚王国先是败于马扎尔人,后来在帕臣涅格人的援助下打败了马扎尔人。西蒙解除了马扎尔人的威胁之后,出兵君士坦丁堡,迫使利奥六世保证不再与保加利亚人为敌。904年,西蒙利用阿拉伯人围攻塞萨洛尼基之机,迫使利奥六世割让部分领土。此后,到利奥六世去世之前,双方维持了和平的态势。

利奥六世去世之后,拜占庭帝国与保加利亚王国的战端再起。在917年的安奇亚洛斯(位于色雷斯)战役中,拜占庭军队遭受惨败。然而,918年保加利亚人与塞尔维亚人战争使得他们没能够进一步入侵拜占庭领土。在919年,战火燃烧到达达尼尔海峡,保加利亚人在922年占领了亚得里亚堡,兵临君士坦丁堡城下。

[①] 有关制海权对拜占庭帝国的影响,见钮先钟:《西方战略思想史》,桂林:广西师范大学出版社2003年,第68—69页。

923年或924年,罗曼努斯·雷卡平与西蒙在君士坦丁堡城下缔结了停战协定。①

927年温和的彼得继承了保加利亚王国的王位,与帝国联姻,签订了和平协定。这次和平协定持续了大约40年。然而,在彼得统治时期,保加利亚王国衰落了。马扎尔人和帕齐纳克人②成为巴尔干半岛的重要威胁力量。在934年和943年,他们两次入侵色雷斯地区。在10世纪后半期,马扎尔人多次入侵巴尔干半岛。拜占庭人也利用保加利亚王国的衰落之机,发动多次征伐,并且借助了罗斯人的力量。然而,罗斯人的势力威胁到帝国的安全。约翰·基米斯基皇帝打败了罗斯人,吞并了东部保加利亚,灭亡了此地的保加利亚人的王朝。在基米斯基去世之后,西部保加利亚崛起。瓦西里二世与复兴的保加利亚王国进行了长期的艰苦斗争。在11世纪早期,拜占庭人获得了优势。由于瓦西里二世对保加利亚战俘的残忍手段,他获得了"保加利亚人的屠夫"的绰号。1018年,第一保加利亚王国被拜占庭帝国吞并。

除了与保加利亚人的关系外,在马其顿王朝时期,拜占庭帝国与罗斯人的关系也是一个重点。在907年罗斯海军劫掠了君士坦丁堡城。罗斯人在与拜占庭皇帝签订的协定中获得了商业特权。③ 在911年签订的正式协定中还规定罗斯人可以参加拜占庭军队。在罗曼努斯·雷卡平时期,罗斯人两次进攻君士坦丁堡城。941年的进攻,罗斯人最终败北,拜占庭人充分发挥了希腊火的威力。944年罗斯人的进军规模庞大,拜占庭皇帝被迫求和。在945年,双方签订了和平协定。此后,罗斯人与拜占庭帝国总体上保持了友好关系。罗斯人在拜占庭帝国与保加利亚王国的战争中充当了帝国的盟友。罗斯人组成著名的"瓦拉几亚人—罗斯人亲兵团"参加拜占庭军队的战斗。在瓦西里二世时期,皇帝为了感谢罗斯人帮助他平定国内的叛乱,把公主许配给罗斯大公弗拉基米尔,罗斯人皈依了基督教(988年或者989年)。在1043年,罗斯人因为争议,发动了最后一次对君士坦丁

---

① J. Shepard, *The Cambridge History of the Byzantine Empire c. 500 – 1492*, New York: Cambridge University Press, 2008, p.508.
② 帕齐纳克人即帕臣涅格人,是来自于亚欧草原的游牧民族,在9世纪晚期出现在拜占庭北部边境。帕齐纳克人既是在巴尔干半岛与拜占庭帝国和其他族群竞争的力量,也在拜占庭军队中充当雇佣军。参见 J. H. Rosser, *Historical Dictionary of Byzantium*, pp.315 – 316.
③ D. Obolensky, *Byzantium and the Slavs*, New York: St Vladimir's Seminary Press, 1994, p.51.

堡城的进攻,同样败于"希腊火"。

在11世纪的巴尔干舞台上,帕齐纳克人是重要的一支力量。帕齐纳克人又被称为帕臣涅格人。在9世纪时期,帕齐纳克人已经活跃在从多瑙河下游到第聂伯河之间的地区。帕齐纳克人在西部与保加利亚人的领土接壤。拜占庭人把帕齐纳克人作为重要的盟友,用他们来牵制保加利亚人、马扎尔人和罗斯人。然而,在瓦西里二世吞并第一保加利亚王国之后,帕齐纳克人则成了帝国直接的邻居和最危险的敌人。在11世纪中期,帕齐纳克人越过多瑙河,频繁入侵巴尔干地区。君士坦丁·摩诺马赫统治时期,拜占庭帝国把保加利亚的一些地区和多瑙河沿岸的3个堡垒划给帕齐纳克人,希望帕齐纳克人能够充当抵御北方游牧民族入侵的屏障。然而,帕齐纳克人仍旧越过多瑙河多次入侵,甚至威胁到君士坦丁堡城。君士坦丁·摩诺马赫统治末期的一次大规模的征讨行动惨败,不得不通过贿买的方式换取和平。

在11世纪早期,拜占庭帝国在意大利的主要敌人是诺曼人。① 帝国此时正集中兵力与塞尔柱突厥人和帕齐纳克人、乌兹人进行生死之战②,无暇顾及边远地区意大利属地的安全。诺曼人利用时机不断蚕食拜占庭在意大利的领土。更为严重的是,诺曼人发展出一支实力强劲的海军,对拜占庭帝国造成了致命伤害。在此前,拜占庭帝国在意大利半岛处于被动态势,但是凭借帝国的海军优势,帝国尚能够维持君士坦丁堡与意大利剩余领土的联系,帝国能够维系的领土主要靠近沿海地区。然而,随着阿拉伯人和诺曼人海军实力的强大,拜占庭帝国就失去了它唯一可以依赖的海军优势,使得拜占庭帝国依靠海上联系维持的孤立的沿海领土变成了隔绝的领地。这一时期诺曼人的领导人罗伯特·吉斯卡尔的野心是吞并拜占庭帝国在南意大利的全部领土。诺曼人先后占领了布林迪西、塔兰图姆、里奇奥(Reggio-Rhegium)和巴里。1071年,巴里的失陷标志着拜占庭帝国在南意大利统治的结束。此后,诺曼人迅速夺取了帝国在意大利其他地区的零星的剩余

---

① 诺曼人是11到12世纪拜占庭帝国在西部的主要敌手。诺曼人是维京人,在10世纪晚期迁徙到意大利南部。见 J. H. Rosser, *Historical Dictionary of Byzantium*, p. 297.
② 乌兹人是来自亚欧草原的突厥人的部族。大部分乌兹人位于帕臣涅格人和罗斯人之间。也有部分乌兹人在拜占庭军队中充当雇佣军。见 J. H. Rosser, *Historical Dictionary of Byzantium*, p. 406.

领地。

　　罗伯特·吉斯卡尔受到战争胜利的鼓舞，野心进一步膨胀，企图推翻拜占庭皇帝的统治。米哈伊尔七世·杜卡斯皇帝希望通过联姻的方式缓和与诺曼人的关系。然而，在他下台之后，诺曼人恢复了对帝国领土的攻势，准备劫掠亚得里亚海东岸的希腊半岛。阿莱克修斯一世统治时期，诺曼人占领了科孚岛，围困迪拉基乌姆。阿莱克修斯一世向神圣罗马帝国皇帝和威尼斯人求援。但是1082年，迪拉基乌姆落入诺曼人之手。由于诺曼人的领导人突然辞世，诺曼人入侵巴尔干半岛的计划破产了，帝国收复了迪拉基乌姆。此后的50年里，诺曼人的势力衰落了，直到西西里王国建立之后，他们再次恢复了对帝国的威胁。而威尼斯人由于帮助了拜占庭帝国，在1082年获得了帝国特许权。威尼斯人可以在帝国境内自由买卖，免除关税、港口税和其他贸易税，并且在君士坦丁堡城获得了侨民区。[①]

　　约翰二世统治时期，拜占庭帝国与威尼斯人的蜜月期结束。约翰二世因为废除了与威尼斯人的商业条约，招致威尼斯人的报复，最终不得不恢复商业条约。意大利的其他城市比萨和热那亚等也获得了商业特权。1130年，诺曼人罗杰二世加冕为西西里王国国王。他统一了西西里和南意大利，严重威胁了拜占庭帝国和神圣罗马帝国在意大利的利益，促使这两个帝国结成同盟关系。在第二次十字军期间，诺曼人利用拜占庭帝国关注十字军之机，在希腊半岛登陆，劫掠了底比斯和科林斯。1154年，罗杰二世去世。继位的国王威廉一世与威尼斯人结盟，在1156年重创了拜占庭帝国远征意大利的军队。而神圣罗马帝国皇帝因为担心拜占庭皇帝对意大利的野心，断绝了与拜占庭帝国的联盟关系。1177年，威尼斯会议召开，神圣罗马帝国皇帝与罗马教宗的矛盾得以调节，西方敌对拜占庭的势力实现了内部和解，意图共同对付拜占庭帝国，为1204年占领君士坦丁堡奠定了基础。

　　皇帝曼努埃尔一世统治时期，拜占庭加强了与西方的关系。西欧人在拜占庭宫廷中任职，皇帝的两任妻子都是西欧人。曼努埃尔一世去世之后，皇太后玛丽摄政，西欧人在帝国宫廷中的权势进一步增强，引发拜占庭人的痛恨，最终导致

---

① D. M. Nicol, *Byzantium and Venice: A Study in Diplomatic and Cultural Relations*, pp. 60–61.

1182年君士坦丁堡市民发动了对拉丁人的大屠杀。拜占庭帝国与西方的关系因此更为恶化。安德罗尼库斯一世积极修复与西方的关系,1185年与威尼斯人签订条约,给予威尼斯人赔款。① 他向罗马教宗允诺给予天主教会一些特权,在君士坦丁堡城内建立天主教教堂。然而,西西里的威廉二世仍旧发动了对巴尔干半岛的远征,在1185年夺取塞萨洛尼基城。这成为科穆宁王朝统治终结的原因之一。伊萨克·安苴鲁斯登基时,诺曼军队进攻君士坦丁堡。但是诺曼人最终败北,放弃了对君士坦丁堡的围攻,也放弃了先前占领的塞萨洛尼基和迪拉基乌姆。伊萨克·安苴鲁斯与威廉二世签订和约,宣告诺曼战争结束。

在安苴鲁斯王朝统治时期,帝国统治者之间的斗争与外部势力的干涉紧密联系在一起。被废黜的伊萨克二世的王子阿莱克修斯(即后来的阿莱克修斯四世)说服第四次十字军帮助他的父亲恢复皇位。1203年,十字军攻占君士坦丁堡,帮助伊萨克二世和阿莱克修斯四世重登皇位。但是两位皇帝无法满足十字军的勒索。首都也爆发暴动,起义民众杀死这两位皇帝,拥立新皇帝阿莱克修斯五世。十字军在1204年4月13日再次攻占君士坦丁堡城,大肆抢掠。

马其顿王朝末期,帕齐纳克人已经成为帝国在巴尔干半岛的最危险的敌人。帕齐纳克人伙同乌兹人越过多瑙河向南进发。伊萨克·科穆宁成功地维持了帝国在多瑙河的威势。继位的君士坦丁·杜卡斯皇帝不重视防务,导致乌兹人大规模越过多瑙河,人数有60万之众。② 他们蹂躏马其顿、色雷斯和希腊半岛。然而,此后的乌兹人接受成为皇帝臣民的条件,获得居住地区的管理权。在米哈伊尔七世·杜卡斯统治时期,帕齐纳克人和乌兹人联合其他部族,再次向巴尔干半岛南部入侵,包围君士坦丁堡。拜占庭人一方面向西方求援,另一方面运用外交手段造成盟军不和,迫使他们撤军。

阿莱克修斯一世统治时期,帕齐纳克人对拜占庭帝国的威胁加剧。帕齐纳克人支持巴尔干半岛的保罗派教徒反抗帝国的苛政。保罗派是摩尼教的主要分支,在3世纪由萨莫萨塔的保罗创立。保罗派早期居住于帝国东部边界的小亚细亚,8—10世纪被拜占庭朝廷大批迁往巴尔干半岛。后来进一步传到欧洲。保罗派

---

① D. M. Nicol, *Byzantium and Venice: A Study in Diplomatic and Cultural Relations*, p.109.
② A. A. Vasiliev, *History of the Byzantine Empire, 324 –1453*, p.358.

又被称为"鲍格米勒派""帕塔林派""卡塔尔派""布林肯派""阿尔比派"。同时,帕齐纳克人还获得了库曼人(也称波洛伏齐人)的援助①。在11世纪90年代,拜占庭军队在多瑙河下游的德里斯特拉(Durostolus, Silitria)大败于帕齐纳克人,皇帝阿莱克修斯·科穆宁差一点被俘。1090—1091年,帕齐纳克人进军到君士坦丁堡城下。当时,海盗扎查斯发动反叛,企图夺取君士坦丁堡城,他获得帕齐纳克人和塞尔柱突厥人的支持。阿莱克修斯则获得库曼人和罗斯人的援助。1091年4月29日,拜占庭军队及其盟友打败帕齐纳克人。扎查斯也战败了,最后被他的盟友塞尔柱人杀死。塞尔柱人与阿莱克修斯一世签订和约。阿莱克修斯一世曾经在1091年的危机期间,向西欧求助。

11世纪下半期,塞尔维亚第一王国建立,定都斯考德拉(Skadar)。在拜占庭帝国与诺曼人战争中,塞尔维亚支持帝国政府。此后虽然两国关系发生波折,但是到第一次十字军战征开始前,两国关系保持友好。阿莱克修斯一世统治时期,匈牙利人与拜占庭帝国交恶。匈牙利人在11世纪末,向南方扩张,势力到达达尔马提亚海岸。在约翰二世统治时期,拜占庭军队获得对帕齐纳克人的决定性胜利。而约翰二世与匈牙利公主的婚姻缓和双方的关系。然而,匈牙利与塞尔维亚日趋接近,成为帝国的隐忧。

保加利亚人的重新崛起,成为了帝国在巴尔干半岛的新敌。1186年,第二保加利亚王国建立,定都特诺沃。保加利亚人从库曼人获得援军,不断入侵拜占庭帝国领土。保加利亚人把罗马教宗视作自己的宗教首领。11世纪,塞尔柱突厥人成为东方穆斯林中对拜占庭帝国威胁最大的群体。11世纪前半期,塞尔柱突厥人出现在帝国东部边境,威胁到拜占庭帝国的亚美尼亚和小亚地区的领土。在君士坦丁·杜卡斯统治时期,塞尔柱人征服了亚美尼亚,入侵叙利亚、卡帕多西亚和西里西亚。在罗曼努斯四世·狄奥根尼斯统治时期,帝国军队对塞尔柱人的入侵进行有效的抵抗。然而,1071年曼兹科特战役的惨败使得拜占庭军队失去了主要的战斗力,皇帝也被俘虏。曼兹科特战役标志着帝国衰落进入一个新的阶段。帝国在小亚的军队体系被彻底摧毁,帝国再无力抵抗穆斯林在东方的进攻,

---

① 库曼人是来自中亚的操突厥语的游牧部落。他们在11世纪中叶进入南俄草原,于12—13世纪在拜占庭军队中服役。参见 J. H. Rosser, *Historical Dictionary of Byzantium*, p.105.

其军事动员能力丧失殆尽，只能依靠外国雇佣兵。这改变了帝国对穆斯林斗争的态势。此前的帝国军队主要由中央政府控制的野战军构成，成员主体上是拜占庭人，军队的战斗力和忠诚度都有一定的保证。但是，随着曼兹科特战役的失败，帝国军队的精锐丧失殆尽，并且帝国领土日渐萎缩，失去能够征兵的物质资源和兵力来源，只能依靠外国雇佣兵。这种状况持续时间越久，就越会改变帝国传统的军事制度和战略战术，久而久之就会形成一个完全不同于传统的新的军事体制。而这种建立在雇佣兵基础上的新的军事体制最大的弊端是，它不是中央集权体制的一部分。在此后的东地中海的历史中，各种势力取胜的关键因素是中央集权能力保持强大。拜占庭帝国形成新的军事体制是与中央集权制度的强化背道而驰的，因此加剧地方军事贵族的分裂势力。这样的军事体制是此后帝国进一步衰败的重要因素，因此，有历史学家把这次战役称为是"拜占庭帝国死期"的预兆。[①] 曼兹科特战役之后，帝国再也没有能力去恢复亚美尼亚、卡帕多西亚和小亚细亚东部的失地。

从1071年的大灾难到1081年阿莱克修斯·科穆宁登基，帝国内部斗争的各派争相寻求突厥人势力的帮助，同时帝国的东方防线崩溃。塞尔柱突厥人的兵锋指向小亚细亚西部地区。他们在小亚建立了罗姆苏丹国，首都是伊科尼姆。罗姆苏丹国的领土北至黑海，南到地中海。罗姆苏丹国的凌厉攻势使得拜占庭军队节节败退，皇帝只能向西方求援。1095年11月，罗马教宗乌尔班二世在法国的克莱蒙召开宗教会议，煽动西欧人参与十字军运动。1096年，隐修士彼得率领的穷人、流浪汉和小骑士组成的十字军向东方进发，但这群乌合之众在尼西亚附近被穆斯林消灭。这可以被称为是第一次十字军的序曲。1096年夏，西欧的王公贵族开始真正的十字军战争，他们一路上烧杀抢掠，向耶路撒冷进发。十字军在君士坦丁堡城向拜占庭皇帝阿莱克修斯一世宣誓效忠，承诺把攻占的领土归还给拜占庭帝国皇帝。十字军在小亚占领的土地基本上归还给了拜占庭皇帝，但是他们却拒绝归还占领的叙利亚地区土地，而是建立了一系列拉丁人国家。1099年7月15日，十字军攻克耶路撒冷城，大肆屠杀，死难者也包括基督教徒。十字军随后

---

① A. A. Vasiliev, *History of the Byzantine Empire, 324－1453*, p.357.

建立了耶路撒冷王国。

然而,十字军建立的这些国家却与突厥人结成盟友,把拜占庭帝国作为自己的敌人。阿莱克修斯也希望能够收复被十字军占领的叙利亚地区。但是,拉丁人国家与穆斯林结成盟友,只是这种关系并不稳固。1104年,穆斯林在埃德萨南部的哈伦打败拉丁王公的军队,沉重打击了拉丁人的安条克公国的势力。在这之后,拉丁人在与拜占庭帝国的斗争中失利,被迫签订和约,安条克公国成为拜占庭皇帝的臣属地。约翰二世统治时期,拜占庭帝国的军事行动主要指向亚洲。这时突厥人的势力受挫,拜占庭军队主要进攻的方向是亚美尼亚人的西里西亚(或小亚美尼亚)和十字军的安条克公国。拜占庭军队征服了西里西亚,迫使安条克公国王公承认皇帝的宗主地位。

曼努埃尔一世统治时期,亚洲的国际环境比较复杂。拜占庭军队曾经进攻罗姆苏丹国的首都伊科尼姆,失败后双方媾和。基督教统治者之间互相攻击,为穆斯林的东山再起提供了条件。1144年,穆斯林统治者赞吉夺取埃德萨。此后,穆斯林与拉丁人多次争夺,最终拉丁人失去埃德萨伯国。西欧各国闻讯开始组织第二次十字军。1147年,第二次十字军到达君士坦丁堡。拜占庭皇帝把他们运送到亚洲,但是这次十字军一无所获。气急败坏的西欧人把此次失败归咎于拜占庭皇帝。

在曼努埃尔一世统治时期,拜占庭帝国军队镇压西里西亚的叛乱,再次迫使安条克公国臣服。1159年4月,曼努埃尔一世皇帝进入安条克宣示帝国皇帝的宗主权。然而,正当曼努埃尔一世在亚洲获得优势之时,却遭遇了一场惨败。1176年,曼努埃尔一世亲征罗姆苏丹国首都伊科尼姆,全军覆没,皇帝幸免于难。1176年的米利奥克法隆之役(Battle of Myriocephlum)使拜占庭帝国再也无力发动对东方穆斯林的有效进攻。安德罗尼库斯一世统治末期,拜占庭统治者与埃及苏丹萨拉丁建立联盟关系,拜占庭皇帝允许萨拉丁征服耶路撒冷,把安条克割让给萨拉丁,萨拉丁承认拜占庭皇帝的宗主权。这次联盟建立的背景是第三次十字军战征。1170年代末,萨拉丁在埃及建立阿尤布王朝,在1187年赫丁(哈丁)战役中击败了拉丁人的军队,同年占领了耶路撒冷城。西方封建主为了收复圣地发动第三次十字军战征。拜占庭帝国此时正因为1182年的君士坦丁堡对拉丁人的屠杀成为西方人全力进攻的目标,所以皇帝选择与萨拉丁建立同盟关系。此后,拉丁人利用十字军战争,在1192年占领塞浦路斯岛。

五、晚期拜占庭帝国的外交(1204—1453)

1204年十字军攻占君士坦丁堡城之后,建立诸多法兰克人的国家:以君士坦丁堡为首都的拉丁帝国、塞萨洛尼基王国、阿凯亚公国、雅典或底比斯公国。十字军在攻占君士坦丁堡之后,图谋进一步入侵小亚细亚。然而,1205年,十字军在亚得里亚堡战役中惨败于保加利亚人,拉丁皇帝鲍德温被杀死。这使得十字军的事业陷入危机状态。亚得里亚堡战役拯救了尼西亚帝国,后者最主要的敌人十字军无力进一步发动入侵行动。

在鲍德温的兄弟亨利继位为拉丁帝国皇帝之后,拉丁人又恢复对尼西亚帝国的威胁。然而保加利亚王国对拉丁帝国的攻击迫使亨利寻求与尼西亚帝国议和。同样,尼西亚帝国也面临塞尔柱人的威胁,两个先前的主要敌人握手言和。但是,尼西亚帝国以收复君士坦丁堡为其最终目标,这使得亨利惴惴不安。塞奥多利一世对突厥人的胜利,使得尼西亚帝国的这种威胁更为严峻。亨利被迫向西方求援,以便其军队入侵小亚细亚腹地。拉丁帝国最终与尼西亚帝国缔结协定,确立双方在小亚细亚的边界。① 1216年,拉丁皇帝亨利去世之后,拉丁帝国对尼西亚帝国的威胁大为缓解。

在拜占庭人与拉丁人的关系中,伊庇鲁斯君主国也是重要的因素。伊庇鲁斯君主国是流亡的拜占庭人建立的,但是处于斯拉夫人和拉丁人包围之中,有利的自然环境成为其在四敌环绕的情况下得以维持生存的关键要素。当拉丁皇帝亨利去世之后,他的妹夫法国欧塞尔(Auxerre)伯爵彼得·德·考特尼(Peter de Courtenay)被选举为新的拉丁皇帝。但是当他途经伊庇鲁斯山区前往君士坦丁堡时,伊庇鲁斯君主国逮捕并杀死他。1222年,伊庇鲁斯君主国的军队占领拉丁人的塞萨洛尼基王国。

---

① A. A. Vasiliev, *History of the Byzantine Empire, 324–1453*, pp. 516–517.

拉丁帝国遭受沉重打击后,伊庇鲁斯君主国和尼西亚帝国展开收复君士坦丁堡的竞争。二者都想成为拜占庭人解放古都的领导者。尼西亚帝国新皇帝约翰·瓦塔泽斯登基后不久,就战胜小亚细亚的拉丁人,随后占领爱琴海上的希俄斯、萨摩斯、莱斯博斯等岛屿。更为重要的是,尼西亚帝国军队占领亚得里亚堡,打开通向君士坦丁堡的大门。而伊庇鲁斯君主国的军队占领色雷斯大部,并且在1225年迫使尼西亚帝国的军队让出亚得里亚堡。伊庇鲁斯君主国的军队兵临君士坦丁堡城下。然而,伊庇鲁斯君主国受到保加利亚王国的威胁,不得不暂缓对拉丁人的进攻。

约翰三世·杜卡斯·瓦塔泽斯统治时期,拜占庭帝国与神圣罗马帝国关系一度比较密切。1240年代,两位皇帝结成友谊关系,约翰三世还迎娶德意志公主。这两个帝国都把罗马教宗视为敌人,所以能够走到一起。但是,约翰三世在1254年去世之后,这个联盟就不复存在了。尼西亚帝国与伊庇鲁斯君主国展开对巴尔干领土的争夺。伊庇鲁斯君主国与西西里王国和阿凯亚公爵组成反尼西亚帝国的同盟。① 但是在1259年的卡斯托里亚战役中,同盟军遭致惨败。尼西亚帝国在获得军事胜利之后,计划夺取君士坦丁堡。为了实现这一目标,尼西亚帝国与热那亚人在1261年签订和约,给予热那亚人商业特权,同时热那亚人派出舰队支持尼西亚帝国收复君士坦丁堡。1261年7月25日,尼西亚帝国军队收复君士坦丁堡。在此之前,尼西亚帝国很重视与威尼斯人的关系。在1219年的条约中,尼西亚帝国给予威尼斯商人在君士坦丁堡港口免于纳税的自由贸易权。② 然而,威尼斯人支持拜占庭内部的叛乱者,1234年,还从叛乱者手中获得了更多的商业特权。在尼西亚帝国攻克君士坦丁堡城之前,热那亚人在与威尼斯人的竞争中获得更为优越的特权。

尼西亚帝国的建立阻止罗姆苏丹国向爱琴海沿海地区的推进。苏丹通过庇护阿莱克修斯三世威胁塞奥多利一世。③ 在安条克迈安德河上的卡里亚战役,塞

---

① 第四次十字军战征时期法兰克人在希腊南部的伯罗奔尼撒半岛(莫利亚)建立了阿凯亚公国。
② D. M. Nicol, *Byzantium and Venice: A Study in Diplomatic and Cultural Relations*, p.163.
③ 阿莱克修斯三世是安苴鲁斯王朝的皇帝,也是拉斯卡利斯王朝开国君主塞奥多利一世的岳父。阿莱克修斯三世请求苏丹帮助他恢复皇位。

奥多利一世杀死苏丹,使得拜占庭人把尼西亚皇帝视为帝国复兴的领导人。蒙古人进入小亚地区是这一时期的重大事件。蒙古人征服亚美尼亚,进入小亚细亚,威胁着罗姆苏丹国和拜占庭人建立的特拉比宗帝国。罗姆苏丹国与特拉比宗帝国、尼西亚帝国为对抗蒙古人结成同盟。但是,罗姆苏丹国和特拉比宗帝国却败于蒙古人,不得不成为蒙古人的附庸。

1204 年之后,巴尔干半岛的国际关系错综复杂,其中保加利亚王国在这一舞台上表现得十分活跃。保加利亚国王卡洛扬希望能够与拉丁人建立友好关系的企图最终落空,因为十字军人认为拉丁帝国皇帝的地位高于保加利亚国王。除此之外,保加利亚国王还因为宗教信仰的不同,对拉丁人不满,1204—1205 年与巴尔干半岛的拜占庭人组成拜占庭—保加利亚联盟。在 1205 年 4 月 15 日的亚得里亚堡战役中,保加利亚军队在库曼人帮助下战胜十字军,拉丁皇帝鲍德温被俘遇害。亚得里亚堡战役沉重打击了新生的拉丁帝国,也使得卡洛扬野心膨胀,他希望建议一个以君士坦丁为中心的希腊—保加利亚王国。

然而,拜占庭人更期望尼西亚君主领导的帝国复兴斗争。拜占庭—保加利亚联盟从内部瓦解了。卡洛扬对拜占庭人进行疯狂报复。但是在 1207 年,他在围攻塞萨洛尼基时突然暴卒。在约翰·亚森二世统治时期,保加利亚王国继续在巴尔干半岛称霸。约翰·亚森二世对伊庇鲁斯君主国的威胁,迫使后者放弃收复君士坦丁堡的计划。1228 年,约翰·亚森二世企图成为拉丁帝国新皇帝鲍德温二世的摄政,借此机会夺取君士坦丁堡,但是最终未能如愿。1230 年,约翰·亚森二世的军队打败伊庇鲁斯君主国的军队,俘虏伊庇鲁斯君主。从此,伊庇鲁斯君主国再也没有力量去竞争夺取君士坦丁堡的历史重任,甚至不再是巴尔干半岛的活跃力量。此后,夺取君士坦丁堡的竞争者只剩下保加利亚王国和尼西亚帝国。保加利亚王国相对而言具有一定的优势,因为它占领亚得里亚堡、马其顿和阿尔巴尼亚,成为事实上的巴尔干半岛的霸主。在约翰·亚森二世的操控下,保加利亚王国、尼西亚帝国和伊庇鲁斯君主国结成反拉丁人的联盟。1235 年,保加利亚王国和尼西亚帝国联合进攻君士坦丁堡,未能攻克。但是此后,约翰·亚森二世认为尼西亚帝国是更为危险的敌人,导致联盟破裂。拜占庭军队利用约翰·亚森二世去世之后保加利亚王国瓦解之机,夺取保加利亚人占领的马其顿和色雷斯地区,尤其是占领重镇塞萨洛尼基。然而,在约翰三世·瓦塔泽斯去世之后,保加利亚人又恢复实力,重夺失地。

由于末代王朝的军事和外交活动是本章的重点内容,因此有关的论述将以专门章节展开,不再在"概述"一节中重复论述。

第二节

帕列奥列格王朝的军事与外交

1261—1453 年

一、 屡屡受挫的末代王朝外交

米哈伊尔八世重新入住君士坦丁堡后,开始了末代的帕列奥列格王朝的统治时期。起初,拜占庭人陆续收复失地,在卡斯托里亚战役中俘获阿凯亚公爵威廉·维拉杜安,① 获得伯罗奔尼撒半岛上三座要塞。但是,他统治时期的外交重点是与意大利的两西西里王国的关系。1250 年,曼弗雷德(Manfred)成为西西里的国王,他采取敌视拜占庭帝国的政策。已经亡国的拉丁帝国皇帝鲍德温二世向他寻求恢复帝位的帮助,热那亚人也派人商议在拜占庭帝国内恢复拉丁人统治的计划。米哈伊尔八世驱逐热那亚人,转而寻求威尼斯人的帮助。但是,曼弗雷德入侵拜占庭的计划未能够实现,因为 1266 年,安茹的查理率领法国军队推翻曼弗雷德的统治。然而,查理仍旧像前任一样采取对拜占庭帝国敌视态度,与拉丁皇帝鲍德温二世签订瓜分拜占庭帝国领土的协议。查理的军队还占领科孚岛,迫使米哈伊尔八世说服罗马教宗和热那亚人支持自己。他也希望查理的兄长法兰西国王路易九世能够说服查理放弃入侵计划,可惜路易九世于 1270 年突然去世,使

---

① 阿凯亚公国是第四次十字军战征之后,法兰克人于伯罗奔尼撒半岛西北沿海地区建立的封建国家。1432 年亡于拜占庭人之手。

得米哈伊尔八世的希望落空。查理的军队进入巴尔干半岛，占领迪拉基乌姆，深入到伯罗奔尼撒半岛，阿尔巴尼亚和伊庇鲁斯都成为他的附庸。同时，查理寻求与塞尔维亚人和保加利亚人结盟，查理还获得威尼斯人和尼西亚帝国最后一位皇帝约翰四世·拉斯卡利斯的支持。在面临多重危险的情况下，米哈伊尔八世希望通过允诺实现东西方教会合并，获得罗马教宗的支持，拖延查理入侵计划的实施。1274年，双方的代表在里昂达成教会联合的协议。但是，罗马教宗于1276年突然去世，使得这一计划最终落空。后来的罗马教宗则坚决支持查理。在无计可施的情况下，米哈伊尔八世于1281年与埃及苏丹谈判，共同对抗安茹的查理。1282年"西西里晚祷事件"的爆发解除了拜占庭面临的迫在眉睫的威胁。[①] 米哈伊尔八世与阿拉贡的彼得利用西西里人对法国人统治的不满，[②]于3月31日支持西西里岛起义，推翻查理的统治，阿拉贡的彼得占领西西里岛，查理仅能保有南部意大利的领土。这次起义从根本上瓦解了查理组织的国际反拜占庭的联盟，而拜占庭皇帝与阿拉贡国王保持友好关系。威尼斯人也在1285年抛弃查理，转而与拜占庭人和阿拉贡人结成亲密关系。

在安德罗尼库斯二世统治时期，拜占庭帝国为应对土耳其人的入侵，借助西班牙雇佣兵"加泰罗尼亚兵团"。加泰罗尼亚兵团早前为占领西西里岛的阿拉贡的彼得服务。他们受安德罗尼库斯二世的雇佣，来到小亚细亚与塞尔柱突厥人作战。在加泰罗尼亚兵团的支持下，拜占庭军队在小亚细亚获得部分胜利，解救被土耳其人围困的费拉德尔菲亚。然而，加泰罗尼亚兵团与拜占庭帝国朝廷和当地居民关系日益紧张，他们占领加里波利半岛，兵团首领还获得凯撒的称号。在共治皇帝米哈伊尔九世的煽动下，拜占庭人屠杀部分西班牙雇佣兵，致使被激怒的加泰罗尼亚兵团肆虐色雷斯和马其顿，在1311年消灭了希腊的法兰西人控制的雅典和底比斯公爵领地，在此地建立加泰罗尼亚人的统治，长达80年之久。

在帕列奥列格王朝统治时期，拜占庭帝国与意大利城市国家的关系也是外交史的重要内容。米哈伊尔八世和安德罗尼库斯二世都给予热那亚人特权，也希望与威尼斯人保持友好关系。威尼斯人极力维持他们在东地中海的贸易主导权。

---

① 1282年3月30日，意大利的西西里岛民众发动的反抗法国统治者的起义。
② 阿拉贡王国是西班牙伊比利亚半岛东北部阿拉贡地区的封建国家，存在时间为1035年至1707年。

但是 13 世纪末,拉丁人丢失全部的在叙利亚占领地,这对威尼斯人的商业利益是沉重打击。而热那亚人希望能够控制博斯普鲁斯海峡,垄断黑海的贸易。热那亚人和威尼斯人争夺黑海北岸的克里米亚半岛,发生了战争,但是战场则是位于拜占庭帝国境内。拜占庭皇帝支持热那亚人,君士坦丁堡的威尼斯人遭到屠杀。13 世纪末和 14 世纪,意大利城市国家除威尼斯和热那亚外,比萨、佛罗伦萨和安科纳等都在拜占庭帝国获得商贸利益。

在安德罗尼库斯三世统治时期,热那亚人在拜占庭帝国获得优势地位。热那亚人在君士坦丁堡的殖民区加拉塔成为国中之国,热那亚人的船只往来于爱琴海各个港口,并且控制黑海和海峡地区。约翰六世·坎塔库震努斯企图重建海军对抗热那亚人,促使热那亚人发动对君士坦丁堡的进攻。然而,拜占庭舰队被风暴毁灭,热那亚人仍旧控制着加拉塔殖民区。热那亚人的地位也受到它的对手威尼斯人的妒忌,威尼斯人和热那亚人在黑海和亚速海发生冲突,冲突绵延到爱琴海海岛和沿海地区。但是总体而言,热那亚人仍旧控制黑海和博斯普鲁斯海峡。1348 年的瘟疫使双方的斗争暂时停止。此后,威尼斯人与阿拉贡王国、拜占庭帝国结成反热那亚人同盟。1360 年代,双方的舰队在博斯普鲁斯海峡激战。热那亚人利用土耳其人盟友迫使约翰六世·坎塔库震努斯退出反热那亚人的同盟。威尼斯与热那亚在地中海的斗争破坏了地中海东部的商贸环境,影响拜占庭帝国与地中海其他国家的贸易。直到 1381 年,双方才宣告结束战争。

拜占庭帝国此时的威胁,除了安茹的查理之外,还有塞尔维亚人。14 世纪,塞尔维亚国王斯特凡·杜尚想要建立强大的希腊—斯拉夫人帝国。14 世纪上半期,塞尔维亚人成为巴尔干半岛上对拜占庭帝国威胁最大的族群。塞尔维亚在 12 世纪下半期建立自己的国家,他们利用拜占庭帝国与保加利亚王国的战争之机,扩大领土。塞尔维亚王国与神圣罗马帝国和拜占庭帝国都保持密切的关系,塞尔维亚教会也在罗马教会和东正教会之间摇摆。在拉丁帝国扩张时期,塞尔维亚和保加利亚成为拉丁帝国在巴尔干半岛面临的两大强敌。随着拉丁帝国和保加利亚王国的衰落,塞尔维亚王国在 1261 年之后,成为巴尔干半岛最重要的国家。1330 年,塞尔维亚人取得对保加利亚人的胜利。

在斯特凡·杜尚统治时期,塞尔维亚王国的国力达到鼎盛。杜尚利用拜占庭人忙于与土耳其作战之机,占领北马其顿,控制阿尔巴尼亚的大部分地区。阿尔巴尼亚人是巴尔干半岛上历史悠久的族群,祖先是古代的伊利里亚人。阿尔巴尼亚地区先后归属于拜占庭帝国、保加利亚王国、安茹的查理。1340 年代,塞尔维亚王国征服阿尔巴尼亚地区的大部分领土。这一时期阿尔巴尼亚人大规模地向希腊半岛移民。14 世纪下半期和 15 世纪,阿尔巴尼亚人向希腊南部移民,直到伯罗奔尼撒半岛,也到达爱琴海上的许多岛屿。

杜尚利用约翰五世统治时期拜占庭帝国的内乱,制定占领君士坦丁堡的计划。杜尚在争夺拜占庭帝位的约翰五世和约翰六世·坎塔库震努斯之间左右逢源,征服除塞萨洛尼基之外的整个马其顿地区,占领通往君士坦丁堡的门户塞利斯。1346 年,在塞尔维亚王国首都斯科普里召开的宗教会议上,建立了一个独立于君士坦丁堡教宗之外塞尔维亚教宗辖区,杜尚加冕为罗马和塞尔维亚人的沙皇。杜尚希望建立塞尔维亚—希腊帝国,以代替拜占庭帝国。① 杜尚占领君士坦丁堡城的计划受到威尼斯人和土耳其人反对和阻击。随着 1355 年杜尚的去世,塞尔维亚王国逐渐衰落。

土耳其人进入巴尔干半岛之后,开始蚕食塞尔维亚和保加利亚的领土。1389 年,土耳其人在科索沃平原上战胜塞尔维亚人,导致塞尔维亚王国的崩溃。1389 年,塞尔维亚成为奥斯曼土耳其帝国的附属国。土耳其人在 1393 年占领保加利亚首都特诺沃。至此,在巴尔干半岛上只有拜占庭帝国是土耳其人的重要敌人。在曼努埃尔二世统治时期,拜占庭帝国朝廷加强与欧洲其他国家的联系。曼努埃尔二世的外交活动促使欧洲国家组织一次新的十字军,但是这支十字军却惨遭失败。此后,拜占庭帝国的形势更是岌岌可危。1399 年,曼努埃尔二世亲自前往西欧求援,他在意大利争取威尼斯、米兰和罗马教宗的支持,在法国和英国宫廷也受到热情接待,但是西欧君主的承诺最终都未能实现。

帕列奥列格王朝最强大的敌人是奥斯曼土耳其人,他们插手帝国皇位的更迭,甚至主导王朝政治的发展。在米哈伊尔八世统治时期,拜占庭人的主要精力都放在对付安茹的查理身上,一定程度上忽视东方问题。然而蒙古人的到来削弱

---

① 杜尚的野心不同于此前的巴尔干的其他敌人。参见 Jonathan Shepard and Simon Franklin, *Byzantine Diplomacy*, Aldershot, Hampshire: Variorum, 1992, p. 4.

了穆斯林军力,减轻了拜占庭帝国的东方压力。早在 1230—1240 年代,罗姆苏丹国被蒙古人击败。13 世纪下半期,塞尔柱人成为蒙古人的附庸。事实上,蒙古人在西亚建立的伊尔汗国成为拜占庭人对付穆斯林的盟友。① 埃及的马木路克王朝与南俄草原的钦察汗国都是伊尔汗国的敌人,②他们希望通过拜占庭领土保持联系。但是,米哈伊尔八世十分依赖伊尔汗国。1265 年,钦察汗国与拜占庭帝国发生战争。在保加利亚人的支持下,钦察汗国打败拜占庭人,米哈伊尔被迫加入钦察汗国与马木路克人的联盟中。后来,米哈伊尔八世依靠钦察汗国的支持,对付保加利亚人。米哈伊尔八世与马木路克人的友好关系也有利于他们联合应对安茹的查理的威胁。因为查理希望组织十字军对付马木路克人,也抱有入侵巴尔干半岛的野心。

在安德罗尼库斯二世统治时期,共治皇帝米哈伊尔九世亲自指挥对土耳其人的战斗遭到失败。安德罗尼库斯二世借助加泰罗尼亚兵团的力量在 14 世纪初取得对土耳其人的军事胜利。然而,安德罗尼库斯祖孙俩之间的斗争,以及加泰罗尼亚兵团与拜占庭帝国的斗争都削弱了帝国抵抗土耳其人的力量。土耳其人利用这一机会,在小亚细亚大肆扩张,占领尼西亚和尼科米底,兵抵马尔马拉海海岸。塞尔柱人也同样受到土耳其人的攻击,希望与拜占庭帝国建立友好关系,对抗土耳其人的扩张。

在安德罗尼库斯三世统治末期,土耳其人几乎控制了小亚细亚的全部领土。土耳其人频繁攻击爱琴海海岛,以及欧洲沿海地区。然而,约翰·坎塔库震努斯在内战期间邀请土耳其雇佣兵进入欧洲,或者肆意蹂躏色雷斯,把加里波利半岛作为他们在巴尔干半岛的基地。土耳其人此后利用巴尔干各国的矛盾冲突,扩大征服地,占领重镇亚得里亚堡,威胁塞萨洛尼基。拜占庭皇帝约翰五世为应对危机,计划加固君士坦丁堡的城墙,但遭到土耳其人强硬反对的压力,不得不屈服放

---

① 伊尔汗国,又被称为伊利汗国、伊儿汗国,是蒙古帝国的四大汗国之一,是成吉思汗的孙子旭列兀在西亚的封地,存在时间为 1256 年至 1335 年。
② 马木路克是服务于阿拉伯哈里发的奴隶兵,是一个独特的军事贵族集团,在埃及建立了王朝,存在时间为 1250 年至 1517 年。钦察汗国是蒙古帝国四大汗国之一,是成吉思汗的孙子拔都的封地。封地面积广大,从中亚绵延到东欧,存在时间为 1219 年至 1502 年。

弃了。①

　　土耳其人除了从外部发动军事威胁,还插手拜占庭帝国内部的斗争,逐渐把拜占庭帝国变成自己的附庸。1341年,约翰五世和约翰六世·坎塔库震努斯分别称帝,他们先后从保加利亚人、塞尔维亚人、塞尔柱突厥人和奥斯曼土耳其人那里寻求军事支持。先是坎塔库震努斯在土耳其人的支持下占据优势,但是约翰五世在热那亚人的帮助下,于1354年进入君士坦丁堡城,迫使坎塔库震努斯退位。后来,热那亚人转而支持约翰五世的儿子安德罗尼库斯,在1376年废黜约翰五世。1379年,约翰五世在土耳其人的帮助下恢复皇位。但是在1390年,他的孙子约翰七世又在土耳其人的支持下发动叛乱。这一时期的拜占庭帝国已经成为奥斯曼帝国的附庸国。曼努埃尔二世在称帝之前,曾希望从土耳其人手中收复塞萨洛尼基,但苏丹的愤怒导致曼努埃尔的父亲约翰五世放弃对爱子曼努埃尔的保护。土耳其苏丹要求约翰五世把曼努埃尔作为人质送往苏丹宫廷,曼努埃尔则不得不带领拜占庭军队帮助土耳其军队作战。当约翰五世企图加固君士坦丁堡城墙时,苏丹威胁要刺瞎作为人质曼努埃尔的眼睛,迫使约翰五世屈服。

　　曼努埃尔二世登基前的经历使他深深意识到土耳其人的威胁和带给拜占庭帝国的屈辱。曼努埃尔二世只能依靠君士坦丁堡的城防工事自保,同时经常受到奥斯曼苏丹的公开羞辱。1392年,曼努埃尔二世甚至不得不帮助土耳其人去征服威尼斯人的殖民地西诺普。在土耳其人得寸进尺的强大压力面前,曼努埃尔二世转向西方求助。

　　曼努埃尔二世与威尼斯人建立了友好关系。威尼斯人为被土耳其人围困的君士坦丁堡送去一些谷物援助。匈牙利国王西吉斯孟德呼吁欧洲国家组织新的十字军对抗土耳其人,参加者包括英格兰、波兰、德意志、威尼斯和其他小国。1396年,土耳其人在尼科波利斯打败了这支十字军。此后,土耳其人向希腊半岛进军,破坏塞萨利、伯罗奔尼撒半岛。曼努埃尔二世继续向欧洲各国求援,莫斯科大公提供的金钱和法国国王提供的小股援军,都是杯水车薪,并不能解除危机。

---

① 约翰五世亲自前往西方求援,这在此前的拜占庭外交中极为少见。然而14世纪末和15世纪皇帝在外交上发挥了非常积极的作用。见 J. Shepard and S. Franklin, *Byzantine Diplomacy*, p. 5.

正当曼努埃尔二世徒劳地在西欧国家求援之时,安卡拉战争的爆发却极大缓解他的压力。1402年7月,帖木儿(Tamerlane)在安卡拉击败奥斯曼土耳其人。帖木儿是14世纪末蒙古帝国的英雄。他的势力范围达到南俄草原、中亚、北印度、波斯、美索不达米亚、叙利亚和小亚细亚。土耳其苏丹拜齐德及其儿子在安卡拉战役中战败被俘。这次战争沉重打击了奥斯曼帝国,使得拜占庭帝国的国祚又延续了50年。[1]

在奥斯曼苏丹穆罕默德一世统治早期,土耳其人继续维持与曼努埃尔二世的和平关系。然而,曼努埃尔二世的儿子约翰插手土耳其人的宫廷斗争,惹怒穆罕默德一世。1422年,穆罕默德一世的军队强攻君士坦丁堡,但被击败。与此同时,土耳其人进攻塞萨洛尼基,蹂躏希腊半岛南部。在约翰八世统治时期,拜占庭帝国的领土进一步丧失。1430年,土耳其人占领塞萨洛尼基。约翰八世一方面加紧修复君士坦丁堡城墙,一方面向西欧各国求助。约翰八世希望罗马教宗能够组建新的十字军,但这支由匈牙利人、罗马尼亚人和波兰人组成的十字军于1444年,在瓦尔纳战役被土耳其军队打败。

此后,拜占庭帝国的精力主要关注伯罗奔尼撒半岛。15世纪初,威尼斯人企图夺取拉丁人控制的伯罗奔尼撒半岛领土,然而,这些领土最终还是落入拜占庭人之手。拜占庭军队乘胜向希腊半岛中部和北部进军,却遭遇土耳其大军。土耳其人再次劫掠伯罗奔尼撒半岛。后来,土耳其人在进攻君士坦丁堡城之前,最终吞并了整个伯罗奔尼撒半岛。土耳其人做好攻陷君士坦丁堡的准备之后,开始实施占领君士坦丁堡城的计划。拜占庭末代皇帝君士坦丁十一世向西方求援,甚至屈从罗马教宗,但君士坦丁堡圣索菲亚教堂举行的东西方教会联合的宗教仪式引发市民的极大不满。真正给予拜占庭人援助的只是威尼斯人和热那亚雇佣兵。1453年4月初,土耳其人开始对君士坦丁堡城的围攻。5月29日,土耳其人攻占君士坦丁堡城。在整个围攻战期间,君士坦丁十一世率领少量军队防御庞大的城市,而君士坦丁堡数万市民却只沉浸在宗教祈祷和神学争论中,眼睁睁看着城市陷落,他们只是等待土耳其人攻破城池。

---

[1] A. A. Vasiliev, *History of the Byzantine Empire, 324-1453*, p.636.

君士坦丁堡城、沦陷之后，土耳其人又侵占拜占庭帝国的剩余领土。1456年，土耳其人占领雅典城，1461年，土耳其人占领特拉比宗，灭亡特拉比宗帝国。在此期间，土耳其人吞并伊庇鲁斯君主国的残余部分。君士坦丁十一世的侄女邹伊侥幸逃亡罗马，后来嫁给莫斯科大公伊凡（约翰）三世。因此，莫斯科大公坚称自己是拜占庭帝国的合法继承人，是东正教会的代表和保护人。

在帕列奥列格王朝统治时期，拜占庭帝国面临着三次灭国的危险。第一次是安茹的查理希望建立一个希腊化拉丁帝国，第二次是 14 世纪塞尔维国王斯特凡·杜尚希望建立一个斯拉夫—希腊人的帝国，第三次是土耳其人最终建立起土耳其人—希腊人—斯拉夫人的帝国。可以说，14 世纪对拜占庭帝国而言是一个灾难性的世纪。拜占庭帝国再次陷入持续的内战，中央集权制进一步被削弱，地方豪强武装各自为战，内战削弱帝国自身的实力，也使得复兴拜占庭帝国的所有希望化为泡影。以约翰五世为例，在他执政的 50 年间（1341—1391），曾三次被废。与此同时，塞尔维亚人雄踞北方，大有发兵南下吞并拜占庭之势，拜占庭雇佣的加泰罗尼亚军团也不时发生叛乱，加剧国内混乱的局势。①

1347 年，伴随着内战爆发的黑死病，夺走帝国三分之一的人口。② 奥斯曼土耳其帝国趁拜占庭帝国国力衰微、内乱频仍之际，大肆扩张领土，14 世纪末，奥斯曼帝国已经占领了多瑙河畔，而拜占庭帝国所能实际控制的区域仅限于君士坦丁堡、塞萨洛尼基等数座城镇和几座小岛。早在 12 世纪，拜占庭帝国首都及周边地区人口多达百万，而此时的君士坦丁堡及其郊区的人口不足 70 000。③ 昔日的宫廷禁苑也被菜地果园所取代，残垣断壁，荒草丛生，一幅乡村凄凉之景。

1453 年 5 月 29 日，拜占庭首都君士坦丁堡即将陷落之时，城中守军仅有数千人，城外则是武装到牙齿且人数众多的奥斯曼土耳其军队。由于对比悬殊，拜占庭一方毫无胜算。在土耳其军队发动第三波攻城战时，守军总指挥、热那亚雇佣兵将领乔万尼·贵斯亭尼安尼因身受重创，撤下火线，使得守城军民军心大乱。

---

① 安德罗尼库斯二世在位期间（1282—1328），加泰罗尼亚雇佣兵因为得不到报酬发动哗变。他们在色雷斯、马其顿、希腊地区进行报复性掠夺。1311 年，雇佣兵团征服雅典公国，并盘踞此地直到 1388 年。J. Shepard ed., *The Cambridge History of the Byzantine Empire c. 500 - 1492*, p. 835.
② S. Runciman, *The Fall of Constantinople, 1453*, p. 4.
③ 陈志强：《拜占庭灭亡的经济考察》，《世界历史》1990 年第 4 期。

随即,乔万尼雇佣的意大利士兵也陆续撤出战场,这也成为最终城陷的原因之一。拜占庭帝国都城的陷落标志着罗马帝国的彻底终结。拜占庭军队——罗马军团最后的直系后裔,也走下了历史的舞台。

尽管拜占庭帝国在最后灭亡时,已经毫无昔日帝国都城的强盛,领土萎缩,人口锐减,财政枯竭,即便没有土耳其人的致命一击,毁灭也是注定的结局。奥斯曼土耳其帝国积累世之力,穆哈默德二世毕其功于一役,所占领的君士坦丁堡也早已不是繁荣富足的国际大都市,而仅是一座困顿孤城。但是,君士坦丁堡的陷落意义重大,这一历史事件的象征意义远大于现实意义,君士坦丁堡的陷落一度被视为中世纪结束的标志之一。上帝之城变成了真主之城,君士坦丁堡也改名为伊斯坦布尔。伊斯兰强权奥斯曼土耳其帝国继阿拉伯帝国之后再度崛起,使基督教、伊斯兰教两大宗教在欧洲地中海地区的平衡再度被打破,双方之间的屏障、缓冲地区彻底消失,①两大宗教之间的斗争再次掀起高潮,给该地区的政治、经济、军事、文化带来深刻的变化和深远的影响。

二、军事外交的恶性循环及其影响②

帕列奥列格王朝是拜占庭国家末代王朝,自1261年米哈伊尔八世重新占领君士坦丁堡,建立帕列奥列格王朝政权,直到君士坦丁十一世于1453年奥斯曼土耳其帝国军队攻陷君士坦丁堡时失踪于混战的人流为止,其统治时间192年,在位皇帝十人。该王朝是拜占庭帝国历史上统治时间最长的王朝,但是,在其统治期间拜占庭皇权和国力却是拜占庭帝国历史上最衰弱的时期。该王朝的内外政策直接导致拜占庭国家迅速衰败并最终灭亡,因此,研究其军事外交政策对于了解拜占庭帝国灭亡的原因是十分关键的。

长期以来,国际拜占庭学界对这一课题的探讨不够细致,其原因是对拜占庭帝国晚期的历史研究一直因史料不足而有待深化。直到英国牛津大学教授尼科

---

① 更多的是心理上的屏障和缓冲。朗西曼认为"君士坦丁堡的安全是西方人心理上的屏障,只要这座城市还在基督徒手中,危险就似乎不那么迫切"。S. Runciman, *The Fall of Constantinople, 1453*, pp. 188 – 189.
② 此节曾发表在《南开学报》(陈志强,1997年第1期)上,鉴于本章内容需要丰富,故修改后补充在这里。

尔的成果不断问世,拜占庭帝国晚期历史研究才取得了较大的进展。① 在他的著作中,尼科尔较多地涉及这个时期拜占庭帝国内政和王朝政治,特别对末代皇帝君士坦丁十一世倾注了大量笔墨,对这位悲剧式的皇帝进行了透彻分析。但是,他没能对当时十分重要的外交问题进行必要的考察,甚至没有对这个导致拜占庭灭亡的主要因素进行足够的描述。我国学术界对这一课题的研究也有待深化。事实上,对该王朝的研究表明,末代拜占庭帝国因其弱小,故而特别注重外交活动,该王朝外交凝聚了帝国历史上全部外交活动的经验教训,或言之,该王朝军事外交活动反映出拜占庭外交的基本特征、行动原则、诡计多端、善使手段等。深入探讨帕列奥列格王朝外交活动不仅能够全面了解拜占庭帝国最终灭亡的重大事件,而且能够从一个特殊时期的外交活动,全面了解拜占庭帝国外交活动。正因为如此,本节笔者对帕列奥列格王朝军事外交政策进行探讨,以便为读者提供较为细致的参考。

1261 年 8 月 15 日,拜占庭皇帝米哈伊尔八世·帕列奥列格入主君士坦丁堡。这一天被人们视为拜占庭帝国"光复"的节日,也被后人看作是帕列奥列格王朝统治拜占庭帝国的开端。但是,这个时期的拜占庭国家已经不是"帝国","它已经下降到二等小国的地位,是个处于守势的国家。"②帕列奥列格王朝的外交活动政策经历了三个阶段:自主外交阶段、亲土耳其外交阶段和亲西方外交阶段。

1261—1341 年是帕列奥列格王朝的自主外交阶段。在这一阶段,先后有四位皇帝主持军国大政,即米哈伊尔八世、安德罗尼库斯二世、米哈伊尔九世和安德罗尼库斯三世。他们在位期间,虽然各自面临的问题有所区别,但其外交政策却具有阶段性特点。

首先,其军事外交活动表现出自主性和独立性,没有明显的倾向性。米哈伊尔八世统治期间,重新夺回首都君士坦丁堡的拜占庭国家面临西方和北方强敌的威胁,特别是刚刚狼狈逃窜的拉丁帝国残余势力和被驱逐出君士坦丁堡的西欧骑

---

① D. M. Nicol, *The Last Centuries of Byzantium, 1261 – 1453*, 2nd edition, Cambridge: Cambridge University Press, 1993, Preface. D. M. Nicol, *The Immortal Emperor: The Life and Legend of Constantine Palaiologos, Last Emperor of the Romans*, Cambridge: Cambridge University Press, 1992. D. M. Nicol, *Studies in Later Byzantine History and Prosopography*, Cambridge: Cambridge University Press, 1985.
② L. Brehier, *The Life and Death of Byzantium*, p. 287.

士的复辟活动如同悬挂在拜占庭人头上的"达摩克利斯利剑",使立足未稳的拜占庭帝国皇帝感到恐惧。可以说,复辟与反复辟是重新入主君士坦丁堡的拜占庭人面临的第一个生死攸关的斗争。当时,复辟势力以西西里国王安茹的查理和被废的原拉丁帝国皇帝鲍德温二世为领袖,他们联合对拜占庭末代王朝抱敌对态度的巴尔干国家,如塞尔维亚王国、保加利亚王国、残留在巴尔干半岛南部的拉丁人小公国和伊庇鲁斯专制君主国,结成反拜占庭帝国同盟。[①] 经过紧锣密鼓的准备,安茹的查理发动的第一次旨在复辟拉丁帝国的十字军首先夺取了巴尔干半岛西部近海的科浮岛作为进攻君士坦丁堡的军事基地。[②] 为了粉碎查理的阴谋,米哈伊尔八世展开灵活的外交活动。他一方面积极主动向教廷派遣使节,提出重新开始关于东西方教会统一问题的谈判,表示愿意领导东正教教会服从教宗,以此离间教宗和查理的关系。[③] 另一方面他紧紧抓住法国国王路易九世,主动遣使结好,并投其所好,馈赠许多希腊古代手稿和文物,同时,以谦卑的姿态请法王仲裁基督教东、西教会之间的争论,从而赢得路易的好感,促使法王出面阻止了其弟安茹的查理的东侵计划。

但是,1270 年路易客死突尼斯使米哈伊尔八世的反复辟计划遭到重大挫折,安茹的查理和鲍德温进一步扩大其反米哈伊尔八世同盟,将被后者废黜的尼西亚皇帝约翰四世和遭到后者迫害的威尼斯人拉入同盟。[④] 查理和鲍德温还结成儿女亲家,以政治联姻巩固同盟的基础。1276 年初,全力支持东、西教会和解并与米哈伊尔八世关系密切的教宗格里高利十世突然去世,新当选教宗尼古拉三世(Nicholas Ⅲ, 1277—1280 年在位)和马丁四世是查理的亲信,他们撕毁了 1274 年在法国里昂达成的东、西教会和解协议,支持并积极参加反拜占庭帝国同盟。[⑤] 教廷发生的这一重大变动对米哈伊尔八世极为不利,因为该同盟进攻君士坦丁堡的军事行动已经箭在弦上。正当"梦想成为世界君主"的查理发动第二次

---

① D. Geanakoplos, *Emperor Michael Palaeologus and the West, 1258 – 1282: A Study in Byzantine-Latin Relations*, ch. 1.
② A. A. Vasiliev, *History of the Byzantine Empire*, vol. 2, pp. 594 – 595.
③ W. Norden, *Das Papsttum und Byzanz*, p. 468.
④ C. Chapman, *Michael Paleologue restaurateur de l'empire byzantin 1261 – 82*, p. 124.
⑤ W. Norden, *Das Papsttum und Byzanz*, p. 604.

十字军、踌躇满志地计划实现其"夺取君士坦丁堡,占有朱利乌斯·凯撒和奥古斯都的王国"的计划时,①米哈伊尔八世却在悄悄地与埃及苏丹和西班牙阿拉冈国王进行秘密谈判,推动阿拉贡国王彼得三世(Peter, or Pedro Ⅲ,1276—1285年在位)远征西西里,利用"西西里晚祷"事件击败查理,②进而缓解了拜占庭帝国面临的危机,彻底粉碎了拉丁帝国遗老勾结西欧人的复辟阴谋。③

其次,该时期拜占庭外交还具有极大的灵活性。米哈伊尔八世除了巧妙地周旋在西欧各种政治宗教势力之间,利用他们之间的相互矛盾和利害冲突,达到巩固新王朝统治的目的。他还摆脱宗教信仰的束缚,大胆开展对东方各国的灵活外交活动,为维护拜占庭在西亚和东地中海地区的权利创造有利条件。当时,蒙古西侵大军横扫亚洲大部分地区,征服了小亚细亚地区塞尔柱人的罗姆苏丹国。米哈伊尔八世立即遣使于蒙古军队统帅旭烈兀(Hulegu,1217—1265),主动结好。为了保持这种友好关系,迫使拜占庭帝国东线敌对势力不敢轻举妄动,米哈伊尔八世对与蒙古人为敌的马木路克王朝(1250—1517)巧妙周旋,既不对其提出的与拜占庭人结盟的要求作出明确答复,以免引起蒙古人的不满,又不断然回绝埃及人经海峡进入黑海地区的贸易请求,④以防迅速兴起的马木路克军队对拜占庭帝国用兵。而后,当统治俄罗斯人的金帐汗国汗王别尔克(Berke,1257—1267年在位)急于建立与马木路克王朝的经济和商业联系,对米哈伊尔八世的外柔内刚的外交计策十分恼火,并派心腹战将诺盖指挥保加利亚人军队进攻拜占庭之际,米哈伊尔八世审时度势,确认旭烈兀的蒙古军队忙于内战,一时难以构成拜占庭帝国的直接威胁,而化解北方的外敌入侵是当务之急,故立即放弃与蒙古人的友好关系,转而与金帐汗国结好,并将其私生女嫁给诺盖,从而化敌为友,解除了保加利亚军队的进攻。进而,他与马木路克王朝和金帐汗国都结成同盟,⑤彻底消

---

① Nikephoras Gregoras, *Historia Byzantine*, I, p. 123.
② 西西里人民不堪忍受安茹的查理的残暴统治,1282年复活节后的星期一在巴勒莫城郊教堂举行晚祷时,当地人民杀死侮辱他们的法国士兵,从而导致西西里全境大规模人民起义。阿拉冈国王彼特罗三世以恢复被查理推翻的霍亨斯陶芬王朝在西西里的统治为借口,乘机进军该岛,从而引发了长达十三年的战争。
③ "Autobiography of Michael Palaeologus", ed. by George, *Byzantine Studies*, 1959—1960, pp. 447-476.
④ Nikephoras Gregoras, *Historia Byzantine*, I, p. 101.
⑤ P. Schmid, *Die diplomatischen Beziehungen zwischen Konstantinopel und Kairo zu Beginn des 14 Jahrhunderts*, p. 120.

除其在东方的后顾之忧,而将精力全部用于对付西方的威胁。

1341 年以后半个世纪是帕列奥列格王朝外交活动的第二阶段,即亲土耳其人外交阶段,主要指约翰五世在位时期。这个阶段的拜占庭外交政策特点之一是从利用土耳其人向依赖土耳其人政策的转变。1341 年 6 月 15 日,安德罗尼库斯三世去世,其九岁之子约翰五世即位,由母后安娜摄政。数月后,爆发了争夺宫廷最高权力的斗争,进而演化成为全面的内战,这对拜占庭外交政策产生了巨大的消极影响。"两约翰之战"进行了七年,在此期间,交战双方为了各自的利益,向周围强大的邻国求援。安娜寻求保加利亚军队的帮助,而约翰六世则投靠土耳其人。当时,势力迅速发展的奥斯曼土耳其人完全控制了小亚细亚地区,正在寻找进入欧洲的机会,约翰六世的外交政策恰恰为之提供了正当的理由。1345 年至 1356 年间,土耳其人在约翰六世的邀请和支持下先后五次对巴尔干半岛大规模增兵,约翰六世的外交政策帮了他们一个大忙。为了巩固其傀儡皇帝的地位,约翰六世还将亲生女儿许配奥斯曼土耳其苏丹乌尔罕①。

约翰五世也是如此。他在西欧人的帮助下击败约翰六世,因此,在其恢复帝位的初期,对西方国家充满幻想。1366 年和 1369 年,他前往匈牙利和罗马,企图说服西方君主再次发动援助东方基督徒的十字军,但结果使他大为失望。他们不仅没有响应他的求救的呼吁,反而大敲其竹扛。威尼斯人以其赖账为借口将他扣押在威尼斯,直到其子以大笔赎金将他赎回。② 1371 年,直接受到奥斯曼土耳其军事威胁的巴尔干各国结成反土联盟,在马利卡河右岸与土军进行决战,结果被凶猛剽悍的土耳其人击败。这一仗使约翰五世认识到,阻止奥斯曼土耳其人势力的扩张几乎是不可能的。③ 从此,他步约翰六世的后尘,改变外交政策,积极主动、低三下四地讨好土耳其苏丹,缴钱纳贡,送交人质,甘心情愿成为奥斯曼土耳其帝国的附属国。④

这个阶段帕列奥列格王朝外交的另一个特点是其外交活动丧失了独立性,转

---

① A. Arnakys, *The Early History of the Ottomans*, pp. 162 – 197.
② J. Barker, *Manuel II Palaeologus〈1391 – 1425〉: A Study in Late Byzantine Statesmanship*, pp. 1 – 83.
③ G. Ostrogorsky, *Serboi under Stefan Dusan*, pp. 127 – 146.
④ *Historia Rhomaike Nikephoros Gregoras*, trans. J. van Dieten, Stuttgart 1973, Ⅱ, p. 842.

变为唯土耳其马首是瞻的小国外交。1354年博斯普鲁斯海峡地区发生强烈地震,扼守海峡的加里波利要塞城防遭到严重破坏,土耳其人乘机占领该城。约翰六世深知此城的重要性,因此提出以大笔赎金和另一座城市交换加里波利城。但是,苏丹乌尔罕在收取了金钱后宣称他不能放弃真主赐予的东西,并拒绝会见约翰六世,使其岳丈受尽屈辱。约翰五世控制政权后,作为苟延残喘的弱小国家的皇帝,完全听从奥斯曼土耳其帝国的命令。他不仅通过与土耳其人苏丹订立条约的形式使后者对色雷斯地区的占领合法化,而且还不得不接受他们将首都从小亚细亚地区迁入欧洲巴尔干地区的事实,进而,他曲意迎合奥斯曼土耳其帝国在巴尔干半岛的扩张。① 1374年,约翰五世和其他巴尔干国家一样正式承认苏丹的宗主地位,并将次子曼努埃尔送入苏丹宫中作为人质。也是在苏丹的命令下,他将犯上作乱的长子安德罗尼库斯和孙子约翰的眼睛刺瞎。②

自曼努埃尔二世于1391年成为皇帝直至君士坦丁堡陷落的半个多世纪,是帕列奥列格王朝外交活动的亲西方阶段。其主要特点是拜占庭皇帝不断以各种形式乞求西欧国家的救援,直到最终灭亡为止。当时奥斯曼土耳其帝国已经扫清了占领君士坦丁堡的一切障碍,完成了灭亡拜占庭帝国的准备工作。新苏丹巴耶济德通过一系列战争,征服了整个小亚细亚和巴尔干半岛地区,并组建庞大的舰队控制了爱琴海,使拜占庭人龟缩在君士坦丁堡城内,成为孤岛上的绝望者。在此背景下,曼努埃尔二世只能将得救的希望寄托于西欧国家。他先是请求威尼斯人向被封锁的首都运送粮食,以缓解城中发生的饥荒,③而后,向包括教皇、法、英、阿拉贡、威尼斯在内的西方国家和俄国求援,得到各国口头响应,俄国人支援些许金钱和法国人派来1200人的骑兵对于挽救拜占庭帝国危急形势如同杯水车薪、于事无补。于是,曼努埃尔二世在法国将军布西科的陪同和保护下前往西欧进行了为期三年半的游说活动,但是得到的几乎全部是空洞的许诺。他白白浪费了拯救帝国的宝贵时间。

皇帝约翰八世也先后访问了威尼斯、匈牙利和米兰,费时一年。1438年,他

---

① 在此期间土耳其人逐个灭亡了波西尼亚、瓦兰吉亚人、罗马尼亚、塞尔维亚人和保加利亚人的国家。
② J. Barker, *Manuel II Palaeologus 〈1391-1425〉: A Study in Late Byzantine Statesmanship*, pp. 18-36.
③ Michael Dukas, *H Istoria tou Buzantiou*, Bonn: Weber, 1850, p. 50.

率领包括东正教牧首约瑟芬二世在内的希腊教会代表团再赴西欧,参加教宗主持召开的佛罗伦萨宗教会议,签署"佛罗伦萨东西教会统一协议",以图换取教皇尤金(Eugenius Ⅳ,1431—1447年在位)发动反土耳其人十字军的承诺。1444年,由匈牙利—波兰国王弗拉迪斯拉夫统率、由匈牙利、波兰和罗马尼亚等国军队组成的十字军在瓦尔纳战役中遭到重创,全军毁灭,弗拉迪斯拉夫阵亡。① 这是欧洲人抵抗奥斯曼土耳其扩张和挽救拜占庭帝国的最后尝试。此后,约翰八世停止了外交努力,听凭命运之神的摆布,消极等待最终的末日。拜占庭末代皇帝君士坦丁十一世在位的四年中,尽其所能,进行最后抵抗,并向西欧各国发出绝望的求救信,但却泥牛入海,直到死于沙场乱军之中。

显然,晚期拜占庭外交政策是随着当时西亚和欧洲、特别是小亚细亚和巴尔干半岛形势的变化而变化的,可以说帕列奥列格王朝的军事外交政策是当时国际形势发展的一个结果。但是,在充分注意帕列奥列格王朝外交政策演化的外部因素的同时,我们不能忽视其内在的原因。从拜占庭全部历史发展看,其外交活动的内部根源发挥了更重要的作用。

影响帕列奥列格王朝军事外交政策的内在因素非常复杂,但是就其主要者可概括如下。首先是军事因素,这是影响帕列奥列格王朝外交活动的一个重要因素。拜占庭帝国地处东地中海战略要地,为东西方古代地缘政治的结合部,长期成为兵家争夺之地。可以说,拜占庭帝国的历史就是一部战争史,军队的发展对于中央集权制帝国的生存具有十分重要的意义。军区制曾使国家军事化,地方军事首脑的一元化领导极大地提高了地方管理的效率和军队的应急能力,战斗力明显提高。现代拜占庭学家高度评价了军区制,认为它是"赋予拜占庭新活力的大胆改革,其意义极为深远"②。军区制衰落以后,拜占庭军队一蹶不振,兵不能战或无兵可用,雇佣兵逐步取代了农兵成为国防军主力。雇佣兵不仅是国家巨大的财政负担,③而且,雇佣兵作战的目的与本国农兵不同,极易发生哗变,是晚期拜占庭动荡衰弱的重要因素。正因为缺乏国家武装力量作为外交活动的后盾,拜占

---

① Ducas, *Istoria Turco-Bizantina (1341-1462)*, pp. 275:20-277:15.
② G. Ostrogorsky, *History of the Byzantine State*, p. 86.
③ A. H. M. Jones, *The Later Roman Empire (284-602)*, pp. 619-623.

庭的许多外交成果不能得到巩固。例如1396年,巴尔干各国组成反土同盟,联合反击土军的扩张,并将粉碎土军对君士坦丁堡的封锁作为主要的作战目标之一,但是,曼努埃尔二世却未能提供一兵一卒配合这次行动,使土军获得大胜。将近半个世纪以后,巴尔干国家反土同盟再次遭到同样的失败,而拜占庭人由于同样的原因没有为自救作出任何贡献,错失了最后的机会。[1] 当数十万进攻君士坦丁堡的土耳其军队团团围住拜占庭都城时,他们面对的仅是数千拜占庭人和雇佣兵组成的乌合之众。[2] 不是拜占庭人不想参与基督教联军对抗土耳其军队,而是他们早就放弃了国防建设,解散了作战部队,凿沉了舰船以便节省开支,即便有些许所谓"部队"也主要是用于一直没有降格的皇家仪仗队活动,他们毫无战斗力。没有武力支撑的外交是瘸腿外交,拜占庭人每每在谈判的关键时刻失败大多是因为缺乏军事实力的支持。末代拜占庭帝国正是"弱国无外交"的典型案例,此处所谓"无外交"就是指其外交接连失败。

其次,拜占庭经济基础的全面崩溃和国力资源的完全枯竭,致使国家极度衰弱。可以说,国势衰弱是该王朝外交屡屡受挫的最主要原因。早期拜占庭帝国经历长期动荡确立的军区制是成功的军事和政治经济管理制度的改革。由于军区制适应内部强化中央集权、外部游牧民族入侵频繁形势发展的需要,因此有效地缓解了外敌入侵引发的危机,并促进了以农兵为主体的小农经济的复兴,从而为军区自身的发展和帝国的强盛奠定了坚实的经济基础。军区制使拜占庭军队具有广泛而稳定的兵源和财政保证,使拜占庭兵源世代不绝,并由于下级官兵自备武器、装备和粮草,而减轻了中央政府的财政负担,也使拜占庭国家税收大幅度增加,财政状况根本好转。[3] 9、10世纪的帝国年收入达58.4万金镑,[4]为拜占庭历史上年收入最高水平。但是,10世纪末以后军区制的解体和以农兵为中心的小农日益丧失独立性和迅速破产,[5]以及11世纪国有小农几乎完全

---

[1] L. Brehier, *The Life and Death of Byzantium*, pp. 332 – 356.
[2] Doukas, *Decline and Fall of Byzantium to the Ottoman Turks*, XXXVIII, 3 – 4, p. 213.
[3] *Cambridge History of European Economy*, vol. 1, p. 208.
[4] S. Runciman, *Byzantine Civilization*, p. 96.
[5] G. Ostrogorsky, *Quelques problemes d'histoire de la paysannerie byzantine*, ch. 4.

消失和 12 世纪军区制被彻底取消,①对晚期拜占庭经济产生了灾难性后果。一方面,作为国家主要纳税人的小农的消失使国家丧失了作为主要财源的土地税、人头税和各种不定期征收的非常规税,另一方面,军区制瓦解促使形势恶化,使拜占庭国际贸易迅速萎缩,对国家财政是最后的致命打击。学者们估计,晚期拜占庭帝国年收入只是军区制发展最完善时期的年收入的 1/40。② 此时的拜占庭国家极为衰弱,既缺乏从事大国外交的经济实力,又没有维持小国外交的财力,连早中期一度推行的"金钱外交"也不得不作罢,因此,只能在强国之间周旋,苟延残喘。1370 年初,约翰五世即因为缺少必要的金钱而使其以数年游说西方、千方百计达成的救援君士坦丁堡的协议在最后一刻化为泡影,并因无力偿还债务,受到传讯,被扣押在威尼斯达一年之久。③ 奥斯曼土耳其人更是借口拜占庭不能按外交协议交纳贡赋而在巴尔干半岛攻城略地。1453 年,拜占庭人甚至因为不能支付匈牙利火器工匠乌尔班足够的报酬,促使他投奔奥斯曼土耳其苏丹大营并帮助他们铸造了当时世界上最大的火炮,土耳其军队因此装备了攻陷君士坦丁堡最关键的火器。

再者,对帕列奥列格王朝军事外交活动具有深刻影响的另一个因素是政治因素。在晚期拜占庭帝国,以大地产为基础的军事贵族势力对中央集权造成直接威胁,有些军区将军的叛乱甚至造成王朝的倾覆。大军事贵族凭借经济实力拥兵自重,直接参与皇室内讧,有的甚至爬上皇帝宝座。自 10 世纪下半叶,军事贵族便形成强大的政治势力,与中央政府的官僚贵族势力争权夺利,明争暗斗,这两大政治势力之间的较量构成晚期拜占庭政治生活的主线。13 世纪以后,拉丁帝国时期引进的西欧封建制加剧了地方势力武装割据的混乱局面,④军事贵族的叛乱愈演愈烈,他们兵临首都城下,推翻当朝皇帝,当时最有实力的军事贵族坎塔库震努

---

① G. Ostrogorsky, *History of the Byzantine State*, p. 368.
② S. Runciman, *Byzantine Civilization*, p. 96. *Historia Rhomaike Nikephoros Gregoras*, vol. 1, p. 317. S. Runciman, *The Fall of Constantinople*, pp. 83–91.
③ L. Brehier, *The Life and Death of Byzantium*, p. 321.
④ R. L. Wolff, *Studies in the Latin Empire of Constantinople*, London: Variorum Reprints, 1976, ch. 3、4.

斯自立为皇帝即是其中典型的案例。① 各地的军事贵族拥兵自重,拒不服从中央政府的命令,为了保全自己,极尽认敌为友、认贼作父、引狼入室、相互厮杀之能事,使朝廷的军机要务和外交政策无法施行。

与世俗贵族起着同样恶劣作用的教会贵族,一方面无耻地搜刮财富,将国家仅存的金钱变为教产,另一方面对国家政务指手画脚,横加干涉,稍不满意,便煽动骚乱,制造社会动荡。当国家危亡在即之时,教会上层仍然不顾民族利益,反对东、西教会和解。在土军破城之际,君士坦丁堡的教士们宁可将金银埋在地下也不肯支援政府用于购买武器。作为约翰八世外交重要成果的"佛罗伦萨东、西教会统一协议"就是由于教会的反对而流产,牧首卢克·诺塔拉斯公开宣称"宁可在都城内看到头裹方巾的土耳其人统治,也不愿意看到顶着三重教冠的拉丁人统治"②。

最后,在考察了军事、经济、政治因素之后,我们还应注意到包括拜占庭皇帝在内的帕列奥列格王朝政治家们的短视。拜占庭帝国末代王朝几乎没有出现"一言以兴邦"的卓越政治家,无论是历代皇帝,还是高官显贵,或是将军武士,都对东地中海和欧洲形势缺乏必要的理解,对国家的前途缺少应有的洞察力,以致在外交活动中采取了许多短视行为,外交政策忽左忽右。首先,他们不是将政策的重心放在整顿朝纲和内政改革方面,不是把外交确立在富国强兵的基础上并使之为加强国力服务。以该朝最有作为的皇帝米哈伊尔八世为例,他的外交活动可谓活跃,但是其活动大多出于权宜之计,仅为应付迫在眉睫的威胁,对复兴国家力量毫无帮助。其次,由于他们不能清醒地认识本国国情和周围世界的形势,因此做了不少"不可为而为之事",采取了许多愚蠢的外交措施。例如他们不能正确估计本国民众对罗马天主教反感的情绪和西欧各国内部动荡、无心东顾的局势,因此在争取西方援助的外交中付出的代价太大,损失的精力太多,浪费的时间太长,而没有取得任何成果。同样,由于他们不能正确判断土耳其人迅速崛起的趋势和其称霸地中海和黑海世界的野心,因此采取了

---

① D. M. Nicol, *The Byzantine Family of Kantakouzenos (Cantacuzenus) ca. 1100 – 1460: A Genealogical and Prosopographical Study*, Washington: Dumbarton Oaks Center for Byzantine Studies, 1968, pp. 35 – 103.
② Doukas, *Decline and Fall of Byzantium to the Ottoman Turks*, XXXVIII, 3 – 4, p. 210.

许多有利于奥斯曼土耳其人发展扩张的政策,"精明的"约翰六世就是在对自己外交失误的悔恨和世人的唾骂中病逝的。问题是为什么末代帝国缺少辨识世事的有识之士呢?这是11世纪以后拜占庭中央集权制国家政治向科穆宁家族为代表的地方集权家族政治转变的结果,帝国政治精英的眼界从观察世界转变为聚焦家族所在地区,没有人再高度关注巴尔干半岛、小亚细亚、东地中海,乃至欧洲和亚洲西部的局势变化,更没有人去思考老迈帝国的命运,文人雅士也都将自己的身家财运向地方贵族大家族靠拢,最终形成了末代帝国整体性"愚化"。

帕列奥列格王朝军事外交政策既是当时形势发展的结果,也对晚期拜占庭帝国每况愈下的衰亡发展起了推波助澜的作用,可以说它是拜占庭国家最终灭亡的重要原因之一。晚期拜占庭帝国国力持续下降,衰落之势不可阻挡,特别是到14世纪末和15世纪初,其灭亡已成定局。在这一背景下,帕列奥列格王朝的外交活动对形势的发展起了恶劣的作用。

首先,它加剧了外敌入侵的边关危机。主要表现有三:其一,由于帕列奥列格王朝历代皇帝外交政策指导思想的错误,国家的外交活动没有成为强化内部改革的补充,也没有为加强国力创造外部条件,而只是成为他们寻求援助和救护的渠道。在该王朝统治的近200年期间,人们几乎找不到任何旨在富国强兵的措施,甚至连在尼西亚流亡期间推行的军事和土地改革也被废止了。[①] 相反,从米哈伊尔八世到君士坦丁十一世的历代君主仅仅利用外交活动阻止外敌入侵或引进雇佣兵,从而错过了从内部救亡的时机,堵塞了从内部解决边防问题的可能性。其二,该王朝一度推行的亲土耳其人政策使新兴的奥斯曼土耳其国家顺利发展,其外交政策之养虺成蛇、养虎遗患的错误非常明显。早在13世纪时,拜占庭帝国完全有能力清除这个小亚细亚地区的隐患,但他们或是未能预见其潜在的威胁,或是忙于内战和其他紧迫危机,而任其发展。[②] 而后拜占庭朝野贵族便将凶猛剽悍的土耳其人作为内战和对斯拉夫人作战的主力,使之发展极为迅速。正是由于该

[①] M. Angold, *A Byzantine Government in Exile: Government and Society under the Laskarids of Nicaea (1204 – 1261)*, ch. 3 – 6.

[②] GrhgorioV AkindunoV, *Epistolai*, Paris, 1927, I, p. 277.

王朝的支持和保护,奥斯曼土耳其势力才没有被扼杀在发展的初期阶段,也没有像巴尔干半岛各小国那样相互牵制、难于发展。也是由于该王朝的亲土政策,使奥斯曼土耳其人获得充足的理由和借口大肆扩张,在很短的时间里便完成了对小亚细亚和巴尔干半岛地区的征服,其崛起速度之快在整个世界历史上都极为罕见。还是由于该王朝的屈服,奥斯曼土耳其帝国的征服扩张活动被合法化。其三,该王朝推行的亲西方政策延误了解除边防危机和自救的时间。客观观察,上天不是没有赋予末代帝国自救的时间和机遇,但它们都被拜占庭人慷慨地浪费掉了。帕列奥列格王朝君主对西欧国家的游说和对教宗的争取工作几乎没有产生任何实际的成果,但是却付出了大量的时间和精力,约翰五世、曼努埃尔二世和约翰八世先后访问西欧国家,短则数月,长则数年。① 正是在这个关键时期,塞尔维亚人一度控制了巴尔干半岛,兵临君士坦丁堡城下。也是在这个关键时期,奥斯曼土耳其人迅猛崛起,为成为奥斯曼土耳其帝国打下了基础。

其次,它加剧了国家财政经济危机。拜占庭帝国的经济危机始于12世纪军区制彻底瓦解的时期,至帕列奥列格王朝统治阶段,国家的税收几乎不能保证,国库所存无几,政治分裂造成的中央直属领地的迅速缩小使国家财源和人力资源趋于枯竭。该王朝推行的外交政策非但无助于国内形势的改善,反而促使财政经济进一步恶化。其一,该王朝在外交活动中动辄割让土地,使国土资源急剧萎缩,如1298年安德罗尼库斯二世被塞尔维亚人击败后,割让大片被占领土给国王米鲁廷(Stefan Uros Ⅱ Milutin,1282—1321年在位)②;1302、1308、1331和1355年拜占庭人多次割让土地,以换取与土耳其人的暂时和平;特别是拜占庭人割让色雷斯、加拉大等对国家生死攸关的重要地区导致国家丧失了最后的自救资源,以至到1423年帕列奥列格王朝将第二大城市塞萨洛尼基卖给威尼斯后,③已经无地可割,无税可收,仅靠首都城内少许工商税收勉强度日。其二,该王朝不仅由于割地减少了资源,还通过出让经济权利断绝了最后一点经济来源。早在11世纪末,拜占庭人即用君士坦丁堡的商业特权换取威尼斯舰队对诺曼人的海上打击。这对

---

① B. M. Nicol, *The Last Centuries of Byzantium, 1261 –1453*, p. 309.
② B. M. Nicol, *The Last Centuries of Byzantium*, p. 120.
③ B. M. Nicol, *The Last Centuries of Byzantium*, pp. 333 – 334.

具有天然优势的拜占庭国际贸易是沉重的冲击。1267 年米哈伊尔八世许可热纳亚人在首都近郊的加拉塔建立商业特区,次年又出让该区全部商业特权,使拜占庭国际贸易的优势尽失。① 1402 年土军在安卡拉战役中遭到蒙古军队致命打击曾给了拜占庭帝国一代人自救的机会,但苟且偷生的心理促使他们没有抓住这一机遇,在同年将整个东方贸易的交通权拱手让于威尼斯,以换取其外交上的支持。② 其三,该王朝在外交活动中的巨额开支加重了国家的经济负担,例如,安德罗尼库斯二世原打算在热那亚和威尼斯战争中坐收渔人之利,计划落空后,不得不向双方支付大笔赔偿。约翰五世和曼努埃尔二世在游说西欧国家援助的旅途中开销巨大,他们与威尼斯人订立的协议几乎是用钱买下的,而这笔巨额钱款完全超出了王朝的经济能力。雇佣兵的军费也是国家巨大的财政负担。③ 1351 年约翰六世因使用土军作战耗尽国库最后的金钱,不得不以没收教产的方法支付军饷。④ 从约翰五世到约翰八世统治期间,拜占庭人与土耳其人签署的协议大多包括纳贡的内容,从而给了土耳其人榨干对手最后的油水的宝贵机会。

再者,它加剧了朝野上下的政治分裂。晚期拜占庭王朝政治极为动荡,几次大规模内战几乎都与外交政策的争论有关。可以说帕列奥列格王朝忽而亲西忽而亲土的外交是加剧其政治分裂的重要原因,此其一。米哈伊尔八世时,为取得朝野贵族对其外交政策的支持,推行政治高压措施,监禁和流放反对派贵族,没收其财产,开启了该王朝政治斗争的序幕。其子安德罗尼库斯二世则对"统一派分子"大开杀戒,甚至连其兄弟君士坦丁也不放过,只是由于朝臣说情,才改处没收家产,流放边疆。⑤ 中央政府外交政策的摇摆不定直接造成朝野上下的分裂,安德罗尼库斯二世和米哈伊尔九世对西班牙雇佣兵的政策分歧曾导致雇佣兵哗变,造成希腊地区巨大的灾难。1342 年宣布独立的塞萨洛尼基共和国起义的重要原

---

① D. Geanakoplos, *Emperor Michael Palaeologus and the West, 1258 – 1282: A Study in Byzantine-Latin Relations*, pp. 213 – 216.
② B. M. Nicol, *The Last Centuries of Byzantium*, pp. 318 – 320. J. Barker, *Manuel II Palaeologus 〈1391 – 1425〉: A Study in Late Byzantine Statesmanship*, pp. 218 – 238.
③ B. M. Nicol, *The Last Centuries of Byzantium*, p. 136.
④ B. M. Nicol, *The Last Centuries of Byzantium*, pp. 240 – 241.
⑤ L. Brehier, *The Life and Death of Byzantium*, p. 289.

因是对当时的外交政策不满,①1374 年约翰五世废长立次、掀起激烈宫廷斗争的原因之一也是外交政见分歧。② 该王朝外交失误还为外部敌对势力的入侵制造了借口,此其二。威尼斯和热那亚都曾利用约翰五世和其长子安德罗尼库斯四世之间关于投靠西方人还是投靠土耳其人的斗争左右王朝政治,从中渔利,获得巨大的商业特权。1383 年至 1387 年,土军利用拜占庭人外交失误夺取第二大城市塞萨洛尼基。③ 此后,土耳其人的每一步扩张几乎都是有合法的理由和外交上的借口,直到他们完成了对整个拜占庭国家陆海领地的征服占领,包围和封锁了君士坦丁堡。

最后,它加剧了社会的分裂解体。晚期拜占庭国家政治上的分裂是以其社会全面解体为背景的,其明显的表现在于帕列奥列格王朝统治时期教会内部斗争激化。以罗马为中心的西方教会和以君士坦丁堡为中心的东方教会于 1054 年互相开除教籍标志基督教历史上第一次正式分裂。这一分裂在拜占庭帝国有着深厚的社会民意基础,社会各阶层支持东正教的立场,特别是罗马教会支持的拉丁帝国统治被推翻后,东、西教会的对立进一步加深。帕列奥列格王朝统治初期出于纯粹政治目的进行的"统一教会"活动从一开始就引起社会的剧烈反应,1273 年"里昂教会和解令"一经公布,立即在君士坦丁堡掀起酣然大波,牧首约瑟夫愤然辞职,以示抗议,而支持"统一"的拜库斯取而代之,由此形成了教会上层的对立两派。④ 随之而来的政治迫害活动将教会上层的分裂推广到教会基层,并进而推广到整个社会。宗教问题本身就是非常复杂、敏感和微妙的问题,如今与政治纠缠在一起更成为晚期拜占庭社会解不开的"结"。加之中央政府政策摇摆不定,社会分裂更趋严重。1312 年至 1323 年,由于"统一教会"问题造成的分裂使教会五易教会领袖牧首,其中还有两年空缺。1342 年,对西欧人洗劫记忆犹新并因此对"统一"极端不满的教派发动民众起义,占领了马其顿重镇塞萨洛尼基。1369 年和 1433 年约翰五世和约翰八世亲赴意大利订立和签署"教会统一令"都引发了

---

① B. M. Nicol, *The Last Centuries of Byzantium*, pp. 194 – 199.
② B. M. Nicol, *The Last Centuries of Byzantium*, pp. 275 – 276.
③ B. M. Nicol, *The Last Centuries of Byzantium*, p. 288.
④ B. M. Nicol, *The Last Centuries of Byzantium*, 1261 – 1453, pp. 61 – 62.

教会更深刻的分裂和更大规模的社会骚乱,皇帝的镇压措施也没能解决问题。当土耳其军队兵临城下、围困了君士坦丁堡、准备发动最后攻击时,拜占庭教士们还在圣索菲亚教堂里喋喋不休地争论"统一和分裂"问题,一些主教甚至公开宣扬宁可欢迎伊斯兰教也不要天主教,社会解体的程度由此可见一斑。当然,教会内部之争不仅仅是教会的事务,更涉及到拜占庭人的身份认同,当长期坚持的东正教信仰在一夜之间被否定时,拜占庭人普遍感到精神家园的丧失之痛,几乎所有东正教信徒都产生了被皇家出卖的耻辱,思想分裂必定造成人心离散,在最后的首都守卫战中,没有地方势力勤王,没有地方贵族出兵救援,有钱有势的人都向西逃亡了,争吵不休的拜占庭人彻底陷入了绝望。

通过对帕列奥列格王朝军事外交政策的考察,可以看出晚期拜占庭国家已经失去了昔日强国的威风和实力,在其最后近二百年期间,维持着小国的地位,其外交活动充分反映了其实力地位的下降。值得注意的是,拜占庭统治者未能正确地使用外交武器为重整国力创造国际条件,未能有效地利用西亚、欧洲的国际环境图强自救,而是单纯地乞求和等待国际援助,在外交事务中坐失良机,一错再错,促使形势更加恶化。事实上,该王朝统治期间有多次救亡的机会,也存在重新发展壮大的国际环境,但是,由于家族政治为核心的统治阶层决策错误,使一次次自救机会失之交臂,以至最终走向灭亡。这对后人不能不是一个教训。

第三节

拜占庭军队的兴衰

为了更好地理解末代王朝统治期间,拜占庭军事体系的崩溃,这里需要简要回顾拜占庭军队发展变化的历程。拜占庭帝国的历史就是一部绵延千余年的战争史。帝国周边强敌环伺,有的是宿敌,有的是潜在的敌人,在帝国漫长历史中的大部分时间里,要么是两线作战,要么是三线作战。① 拜占庭军队继承了罗马军队的优良传统,军纪严明,战略高明,战术高超,组织得法,在中世纪的大部分时间里都是欧亚大陆西部战斗力最强的武装力量。得益于此,在西罗马帝国灭亡后,拜占庭帝国依然得享国祚近千年并形成了独特的拜占庭文明。

一、 早期军队的变革

拜占庭帝国又称东罗马帝国,其军事体系多沿袭罗马军队旧制。戴克里先皇帝(284—305年在位)对罗马军队进行过大规模的改革,新军团的人数减少到1 000人,军团驻扎在各地,在内地的相当于本地的团练民兵,在边境地区的相当于边防军。这些军团和早期罗马帝国时期的军团已经完全不同,而且也不属于新组建的机动部队野战军。君士坦丁大帝废除近卫军(the Praetorian Guard)后,建立新军作为皇帝的私人卫队,名字是帕拉丁卫队(the Scholae Palatinae),即宫廷卫队,又称禁卫军。

查士丁尼大帝时期,拜占庭帝国向东面临着实力强劲的对手——萨珊波斯帝国,为了应对来自后者的日益强大的军事威胁,查士丁尼加强军队建设。以步兵为主的罗马军团已经不复存在,取而代之的是建制较小的步骑兵部队(arithmos, tagma, numerus),人数大约300~400人。两个或多个步骑兵部队组成一个旅(brigade, moira),两个或多个旅组建成军团。

查士丁尼大帝时期的帝国军队分为六个兵种:1. 守卫都城的卫戍部队。2. 从戴克里先时代流传下来的野战军,在查士丁尼时代被称为军区(stratiotai),是拜占庭帝国的常备正规军,主要从民风剽悍的色雷斯地区、伊利里亚地区和伊苏里亚地区招募士兵。3. 边防军,也是继承自戴克里先时代,其变化较小,到查士丁尼时代依然履行着保卫边境和驻守边境哨所的传统职责,由于希腊语的普及,该军也被称为军区,边防军则有了自己的希腊语名称"阿克利提"(Akritai),该部队是专门负责守卫帝国在小亚地区领土的武装力量,其构成的士兵基本上是居

---

① J. F. Haldon, *Byzantium at War AD 600 - 1453*, New York & London: Routledge, 2003, p. 8.

住在小亚地区的希腊人,但是关于他们的身份到底是职业军人还是兵农合一的民兵,目前尚无定论,能够确定的是,这支部队灵活轻便,其主要的攻击性武器有弓箭和投枪,最擅长突然袭击,经常在安纳托利亚山区突袭土耳其轻骑兵,但也掩护常规拜占庭部队,其战术为小规模战斗和伏击,以牵制住快速移动的土耳其骑兵。4. 蛮族志愿兵(Foederati),这支新军建立于5世纪。起初,这支军队主要从蛮族中招募,由拜占庭将领指挥,"蛮族志愿兵并非是以奴隶的身份而是以平等的身份进入帝国军队的,因为他们并没有被罗马人征服。因此志愿兵原意思就是'与原来的敌人立约'。"①6世纪时,随着罗马公民入伍禁令的解除,大批罗马士兵补充进这支部队,使其成分更加复杂。5. 蛮族同盟军(Allies),这支军队也是由蛮族组成,士兵主要是匈人(Huns)、赫卢利人(Heruli)、哥特人(Goths),与志愿兵不同的是,他们在自己部落首领的带领下,为拜占庭帝国作战,帝国则赏赐给他们土地和军饷。6. 帝国权贵们的私人部队(Bucellarii),隶属并依附于帝国军队的各级军官和富豪,由于是权贵的私人武装,因此装备精良,成为帝国骑兵部队的重要组成部分。这支部队士兵装备的精良程度往往取决于他们所依附的权贵财富多寡。品级低的组成普通士兵,被称为持盾者(shield-bearer),装备较好,出身较高的组成军官,被称为持投枪者(spear-bearer)。这支部队既要忠于自己赞助人也要效忠于皇帝。查士丁尼时代的名将贝利萨留就是出身于这种部队。早在查士丁尼登基之前,贝利萨留就作为私人部队为查士丁尼效命。到后期,匈人、哥特人及色雷斯、小亚地区的游牧民补充进来,这支部队也愈加善于骑兵作战。

查士丁尼时代帝国军队总兵力尚不明晰,英国学者伯里接受阿伽提阿斯《历史》的说法,认为559年时,军队人数是15万。② 还有些学者估算人数大约是30万~35万。③ 常规部队大约有15万~25万人,主要有野战部队和蛮族志愿兵组成,战事吃紧兵力不足时私人部队和蛮族同盟军也要跟随野战军作战。553年,贝利萨留从汪达尔人手中收复迦太基的战争中,就抽调了各兵种,汇集成一支大

---

① Prokopios, *the Wars of Justinian*, translated and noted by H. B. Dewing & Anthony Kaldellis, Indianapolis: Hackett Publishing Company, Inc., 2014, p. 169.
② J. B. Bury, *History of the Later Roman Empire, from the Death of Theodsius I to the Death of Justinian I*, Ⅱ, p. 78.
③ M. Maas, *The Cambridge Companion to the Age of Justinian*, p. 118.

军。根据普罗柯比的记载,远征军包括10 000名步兵和5 000名骑兵。这支军队主要从野战军和蛮族志愿兵中抽调,此外还有400名赫卢利人和600名蛮族同盟军组成的骑射兵(mounted archers),加上500艘船只和30 000名桨手组成运输船队,另有92艘"德龙猛"战船和2 000名水兵兼桨手负责护航。① 尽管步兵依然是军队的主力,但是骑兵的重要性逐渐增加。虽然组建、维持骑兵的成本比较高,但是骑兵在远征军中依然占据三分之一的比重。

查士丁尼时代拜占庭军队在与萨珊波斯帝国旷日持久的战争中,不断在实践中改良武器装备、技战术和调整军事单位。随着战事的深入,骑兵愈加受到重视。为了应对萨珊波斯帝国重装骑兵的冲击,拜占庭帝国仿照波斯人组建自己的重装骑兵部队,并从对手那里借鉴了锁子甲、头盔和护胫甲等装备为己所用。重装骑兵部队(cataphracts, κατάφρακτος)名称意为"全身披甲"之意,指的就是人、马均披挂铠甲的骑兵。重装骑兵因为人、马皆披重甲,因此行动较之于轻骑兵相对缓慢,其较差的机动性使其无法进行独立的游击式作战。重装骑兵在战斗中往往结成严密的阵型,以相同的步伐前进。不见面目的神秘骑手,闪亮发光的重型铠甲,密林一样的长矛,隆隆的马蹄声以及排山倒海般的碾压式进攻冲击着敌人的心理防线,让敌人不寒而栗。

随着轻重骑兵的分划,拜占庭骑兵既要承担大规模野战时的阵地战猛攻,也不时用小股骑兵部队对敌实施游击奇袭。他们或组成楔形阵势冲击敌方阵地相对薄弱的部分,或者利用弓箭对实力较强的敌人实施远距离打击。机动性强是骑兵的主要优势,他们可以对敌人展开一击即走、再击再走式的打击,既给敌人造成损伤,令敌人防不胜防、疲于奔命、情绪焦躁,同时也有效地保全了己方人马。

成书于6世纪末的《战略》一书,展现了拜占庭军队的全貌。由于常年和游牧民族作战,拜占庭人逐渐借鉴敌方的装备技术,然后根据己方实际情况加以改装。尤其是莫里斯皇帝在位时期(582—602),帝国常年和阿瓦尔人、斯拉夫人作战,因此一些武器装备都是学习自敌方。骑兵们戴着装饰有羽毛的头盔,从头颈到脚踝披挂锁子甲,用皮带和扣眼固定住,手上还带有防护手套,配备有依据每个人力

---

① Prokopios, *the Wars of Justinian*, pp. 169 – 170.

量不同而制作的弓,斜挂着装有 30~40 支羽箭的箭袋。骑兵一般配备两条长枪,其中一支作为备用。长枪不仅可以近距离击刺,还可以投掷杀伤一定距离外的敌人。长枪的装饰风格也是仿照阿瓦尔军队,枪柄中间拴着一条皮带和一面狭长的三角旗。战马的背部和颈部装饰有流苏。总之,骑兵部队无论是装备还是装饰都是一流的,而且借鉴了游牧民族的特点。骑兵越是盔明甲亮,他们越是信心十足,敌人则越是心惊胆战。①

《战略》还记载军队的马具和士兵的服色。军官、骑兵部队的战马以及位于军阵前列的战马配备有铁制或皮制的头盔和胸甲,或者像阿瓦尔人的战马那样覆盖住容易受伤的颈部和胸部。马具除马鞍、缰绳外,还包括马镫。马鞍上系有可盛放三四天食物的干粮袋。② 关于军人的服色,《战略》记载:"他们身穿亚麻布和羊毛制的宽松束腰外衣。此外,每位军人还配备衣领袖子宽大的斗篷或带帽的披风,足以覆盖披挂铠甲腰悬弓箭的士兵……每个战斗小队都有一束帐篷,还配有镰刀和斧子用于各种突发状况。帐篷也参照了阿瓦尔人,不仅实用而且美观。"③根据《战略》记载,"拜占庭军队的士兵被要求雇佣仆役,这些仆役或奴仆负责在战斗时守护士兵的行李,这样就避免从前线再另行抽调士兵。士兵们为节省开支,往往三四名士兵雇佣一个仆人。除了雇佣仆人,数名士兵往往还会联合购买一匹牲畜,用来驮运铠甲和帐篷。"④出征的军队往往汇集国内数支武装,为了相互区分,同一个战斗单位佩戴同一种颜色的长条旗帜,每支部队都有自己独特的颜色标识,这也成为中世纪徽章的前身。每支战斗队的主将军官的服色也是易于辨识的。总之,依靠不同颜色的旗帜作为标识,有助于在战场上分清敌我,有助于上下级之间的统领和战斗队之间的协同。

《战略》对于拜占庭帝国步兵着墨较少,只是记载:"他们身穿哥特式的及膝外衣,足登厚底宽面的哥特军鞋,鞋子穿脱非常方便,仅有不超过两个鞋扣,鞋底

---

① G. T. Dennis, *Maurice's Strategikon, Handbook of Byzantine Military Strategy*, Philadelphia: University of Pennsylvania Press, 1984, pp. 12-13. Mauricius, *Arta Militara*, ed. H. Mihaescu, [Scriptores Byzantini 6] Bucharest: Academie Republicii Socialiste România, 1970, TLG, No. 3075001.
② G. T. Dennis, *Maurice's Strategikon, Handbook of Byzantine Military Strategy*, p. 13.
③ G. T. Dennis, *Maurice's Strategikon, Handbook of Byzantine Military Strategy*, p. 13.
④ G. T. Dennis, *Maurice's Strategikon, Handbook of Byzantine Military Strategy*, pp. 13-14.

镶有几个钉子，以便更耐用。靴子和护胫甲在步兵中并不普及，因为不便于行军。步兵的斗篷轻便简约，不如保加利亚人的那种宽大厚重。"关于步兵的发型，拜占庭军队也有严格规定。《战略》中记载，步兵的发型必须要短。①

重装步兵尽管十分重要，但是在莫里斯皇帝的笔下着墨不多。根据其《战略》记载：为了相互识别区分，"每一支重装步兵的队伍都是用同一种颜色的盾牌。重装步兵使用的是赫卢利式剑（Herlian swords），手擎着长矛（lances），头上戴着有羽毛饰的头盔，头盔两侧有穗状流苏垂下，身披锁子甲。此外，重装步兵还配备有投石器和铅尖飞镖。至少在阵列的前两列，这些重装步兵还装备有铁制或皮制的护胫甲。"关于轻装步兵，莫里斯记载："轻装步兵斜挎着弓，背着能容纳 30—40 支箭的大箭袋，他们使用的盾牌比较小，另外还配备弩箭。"轻装步兵不仅可以充作弓箭手，也可以使用投枪和斯拉夫短矛从远距离打击敌军。② 根据《战略》的记载，两军对垒时，轻装步兵可以利用弓箭、投枪、短矛、飞镖、投石器对敌人实施远距离打击。由此可见，轻装步兵更像是技术兵种，防护性比较优越的重装步兵则负责近身肉搏战。

综上所述，6 世纪拜占庭军队的实力比较强悍，无论是武器装备，还是建制兵种，都比较成熟，不仅继承了罗马帝国的优秀传统，还擅长借鉴周边游牧民族的长处。帝国军队的强大为查士丁尼时代收复疆土，恢复昔日罗马帝国盛期的荣光提供了强有力的保障，因此查士丁尼大帝时代也是拜占庭帝国历史上的第一个黄金时代。关于这一时期的军队人数，学者特里高德（Treadgold）推测，拜占庭帝国在 565 年时的陆军海军总兵力大概是 379 300 人，其中野战部队和皇帝精锐卫队共 150 300 人，边防军和其他负责保卫的军队、划桨手共 229 000 人。但好景不长，到莫里斯皇帝执政时期，拜占庭军队人数持续下降。据其《战略》记载，野战军的人数只有 34 384 人，包括重装步兵 16 384 人、轻装步兵 8 000 人、骑兵 10 000 人。莫里斯还规定，当军队人数超过 24 000 人时，就应该分成四个部分；当人数低于 24 000 人时，就应该分为三部分。在《战略》中，莫里斯还强调，骑兵的建制分为三个等级，分别是近卫骑兵（tagmas，300~400 人）、重骑兵（morias，2 000~3 000 人）、

---

① G. T. Dennis, *Maurice's Strategikon*, *Handbook of Byzantine Military Strategy*, p. 138.
② G. T. Dennis, *Maurice's Strategikon*, *Handbook of Byzantine Military Strategy*, p. 139.

轻骑兵（meros,6 000~7 000人）①。专家推测,此时总兵力减少的重要原因是地中海大瘟疫。

查士丁尼时代,拜占庭帝国的战略重心自东向西转移,重于收复陷于蛮族之手的西罗马旧地,因此以位于高加索南部、叙利亚、两河流域的东方战线处于防御态势。伊拉克略一世举全国之力攘除东方的萨珊波斯威胁后,阿拉伯人借伊斯兰教完成内部统一,开始了环地中海的军事征服,没有给拜占庭帝国丝毫喘息之机。637年,阿拉伯人占领原属于拜占庭帝国的叙利亚,639年又夺走了亚美尼亚和埃及,652—654年,阿拉伯人占领北非和突尼斯,拜占庭的北非属地全部沦丧。随着帝国疆域的锐减,人口数量也从560年查士丁尼大帝鼎盛时代的1 950万人,减少到了641年的1 050万人。由于战乱导致的领土缩小、鼠疫流行造成的人口锐减和战斗减员,拜占庭军队缺乏补充兵员,从查士丁尼时代的379 300减少到了129 000人。②

二、军区制改革推进帝国军事化

610年新王朝建立,皇帝在紧急抵抗萨珊波斯大军中,根据其原来所在的迦太基总督区管理体制的经验,迫于帝国兵源和财源亟待充实的情况,开始进行军区制改革,并在其后继承者统治时期,逐渐推行到拜占庭全境。640年代末,在穆斯林第一次军事扩张之后,拜占庭帝国根据现状改变军事体制,将惨遭败绩的野战部队重新整编,按照军事防区划分军区。军区"塞姆"("thema")希腊语原意为"花名册"。每一个军区有一名将军统领,其官职名称为将军("strategos")。军区将军负责军事和民事,军事、行政、司法大权集于一身。军区将军之下,设有旅长（tourmarchai）,旅长是军区将军的首席助理,③分别执掌2—4个团的士兵和土地。每一个旅下设有若干团长（droungarioi）,每个团（droungoi）的建制为1000人。团

---

① W. T. Treadgold, *Byzantium and Its Army, 284 - 1081*, Stanford: Stanford University Press, 1995, p. 162; G. T. Dennis, *Maurice's Strategikon, Handbook of Byzantine Military Strategy*, p. 140.
② W. T. Treadgold, *Byzantium and Its Army, 284 - 1081*, p. 162.
③ A. P. Kazhdan, ed., *The Oxford Dictionary of Byzantium*, p. 2100.

以下还有连队(banda)人数 300~500 人。军区以下的等级分支较细,主要还是出于避免将军势力做大,发动军事政变,威胁中央皇权。以 902—936 年的色雷斯军区为例,整个军区总兵力 9 600 人,分为四个旅,每个旅 2 400 人,每个旅又分为 6 个团,每个团 400 人,每个团分为两个连,每个连 200 人左右。

662 年,拜占庭已经丧失了超过一半的国土。为巩固国防,抵抗阿拉伯人的长期进攻,帝国把定期换防的野战军固定在相应的地区,作为地方驻军。对于常年驻防的士兵,帝国用土地替代军饷,这样士兵也具备了农民的第二重身份。① 拜占庭帝国对于符合条件的男性公民都授予一定数量的田地,男性公民也就成为国家的农兵,平时耕田,闲时训练,战时自备武装参战。国家授予的田地就成为士兵一家赖以生存的物质基础,购置武器装备的钱也都出自土地。阿拉伯人的进攻狂潮从 7 世纪一直持续到 11 世纪,其间军区制下的农兵们成为抵御外族入侵,保家卫国的中流砥柱。

最早设立的五个军区全部位于小亚地区,其中亚美尼亚军区(the Armeniac Theme, Θέμα 'Αρμενιάκων)包括本都地区、卡帕多西亚地区的北部,治所位于本都地区伊里斯河畔的阿马西亚,驻军以当地人为主;安纳托利亚军区(the Anatolic Theme, Θέμα 'Ανατολικῶν),驻防军队来自早先的东方部队[the Army of the East ('Ανατολῆ)],防区包括小亚中部,治所位于弗里吉亚的阿莫里(Amorium);奥普斯金军区(the Opsician Theme, Θέμα 'Οψικίου)是皇帝的扈从部队,防区包括小亚的西北部地区如比提尼亚(Bithynia)、帕夫拉戈尼亚,以及加拉提亚部分地区,治所位于尼西亚。这支卫戍部队的长官被称为伯爵(komēs)②。

色雷斯军区(the Thracesian Theme, Θέμα Θρακησίων)的驻防部队原是欧洲色雷斯地区的野战军,后移师到此,防区包括小亚西海岸(爱奥尼亚 Ionia,里迪亚和卡里亚 Lydia and Caria),治所位于以弗所;第五个军区被称为卡拉比斯阿尼军团(the corps of the Carabisiani, Καραβησιάνοι)。其士兵来自伊利里亚地区的军队,防区包括小亚南部海岸和爱琴海诸岛,治所位于南部沿海城市阿塔雷亚。这

---

① W. T. Treadgold, *Byzantium and Its Army*, 284 –1081, pp. 23 – 24.
② 该词原意指国王、权贵的扈从、家臣。Cf. A. P. Kazhdan, ed., *The Oxford Dictionary of Byzantium*, p. 484.

是一支海军部队(κάραβις,"ship"),长官为海防总指挥("droungarios", Greek: δρουγγάριος)①,8世纪初,该军区被"基比拉奥特"军区(Cibyrrhaeot Theme, θέμα Κιβυρραιωτῶν)取代,②一直存在至12世纪末。

由于军区制效果显著,拜占庭帝国在巴尔干地区同样设置了军区,用于抵抗塞尔维亚人和保加尔人的进攻。由于北方的游牧民族经常南下,帝国的国境线已经从多瑙河天然边界南移到色雷斯和伯罗奔尼撒地区,形势异常严峻。③ 因此符合当时客观条件的军政新体制的设立,起到力挽狂澜的效用,在危难的关头挽救了拜占庭帝国。8世纪,帝国的陆军和海军兵力维持在118 000人左右。军队序列如下:帝国最初设置的十个军区下辖农兵62 000人(其中包括海军军区:希腊军区和"基比拉奥特"的海军4 000人;6支精锐卫戍部队共18 000人;分别隶属于帝国中央舰队和地方海军军区的划桨手38 400人。到840年前后,帝国人口有所增加,军队的数量也随着增加到154 600人,其中军区农兵、海军共96 000人,卫戍部队24 000人,桨手34 200人。④

随着军区制的发展,某些军区兵多将广,田地广袤,经济实力雄厚,逐渐形成尾大不掉之势。掌管军区的将军大权独揽,势力盘根错节,渐生不臣之心。由此,原本为了拱卫京畿、守卫边疆的军区形成军功贵族集团(military clans),对中央皇权造成巨大的威胁。有鉴于此,从8—9世纪开始,拜占庭帝国多位皇帝如利奥三世(Leo Ⅲ the Isaurian)、塞奥菲鲁斯、利奥六世(Leo Ⅵ the Wise)等开始着手解决这一难题。拜占庭的皇帝们采取"众建其地而少其力"的策略,增加军区的数量,把原有规模、势力庞大的军区划分为多个相对较小的军区,同时任命更多军区将军。原本执掌大军区的将军所掌握的军队数量也随着军区的重新划分而减少。这样一来,威胁皇权的地方军阀势力得以有效削弱。842年前后,帝国有18个军

---

① 该军职最早出现于7世纪初,在军区体制下,品级高于komēs,低于tourmarchai,负责掌管一支千人部队,大体上相当于团长。A. P. Kazhdan, ed., *The Oxford Dictionary of Byzantium*, p.663.
② "Cibyrrhaeot"的意思是"men of Cibyrrha"(基比拉人)。基比拉地处安纳托利亚半岛南部,位于西里西亚和利西亚(Licia)之间的帕弗里亚地区。基比拉奥特海防军区在建立之初曾一度隶属于卡拉比斯阿尼军团。J. H. Pryor & E. M. Jeffreys, *The Age of the ΔΡΟΜΩΝ: The Byzantine Navy ca. 500 - 1204*, Leiden & Boston: Brill, 2006, p. 28.
③ W. T. Treadgold, *Byzantium and Its Army, 284 - 1081*, pp. 24 - 25.
④ W. T. Treadgold, *Byzantium and Its Army, 284 - 1081*, p. 67 and 162.

区;940年时,军区的数量已经增加到了28个;到了970年代,军区数量接近90个。① 10世纪时,随着帝国实力得到恢复,收复了东部小亚地区的部分疆土,帝国政府在此基础上又设置诸多区划较小的军区,因这些军区内居住着很多亚美尼亚人,因此这些军区被统称为"亚美尼亚军区"(Armenian themes)。

不同于地方军区(Themata)的农兵,精锐军团(tagmata)是由职业军人组成,由君士坦丁五世创立。741—743年,在平定奥普斯金军区的叛乱后,为了镇压地方军区频繁发动的武装叛乱,君士坦丁五世把原有的驻扎在君士坦丁堡的卫队升级为一支完全听命于自己、无限忠诚于皇帝的精锐近卫部队。② 这支卫队的总部位于君士坦丁堡,随时听命于皇帝,受皇帝派遣到各军区执行任务。重装骑兵在战争中是军队的核心主力,战斗中组成楔形阵是冲破敌军阵线的最有力武器。其中,禁卫军和重装骑兵卫队在各卫队序列中,资格最老,其前身可追溯到君士坦丁大帝时代。"精兵"(the Able Ones)由尼基弗鲁斯一世于810年建立。另外还有辅助部队,如君士坦丁堡驻军(Noumeroi),包括城防部队,依托君士坦丁堡的城防工事实施军事防御。③

从8世纪中叶起,由于某种政治上的考量,原来隶属于精锐卫戍部队序列的"内卫队"(the Best)被降级,负责给其他卫戍部队提供后勤保障和物资供应。④ 特里高德估算,773—899年,四支卫戍部队[包括"御林军团"(the Schools)、"岗哨军团"(Excubitors)、"警卫军团"(Watch)、"勇武军团"(Hicanati)]共有16 000人,全部由骑兵组成。另外,还有作为辅助的城防部队4 000人和负责骡队安全的护卫部队4 000人。到870年前后,帝国中央直属舰队建立,人数也为4 000人。因此隶属于中央的卫戍部队,海陆军总共为28 000人。⑤ 直属皇帝统辖的军队还有雇佣军"扈从"(Hetaireia)和"卫兵"(Companions,

---

① A. Kazhdan ed., *Oxford Dictionary of Byzantium*, p. 1964.
② J. Haldon, *Warfare, State and Society in the Byzantine World, 565 – 1204*, London: UCL Press, 1999, p. 78.
③ J. B. Bury, *History of the Later Roman Empire, from the Death of Theodosius I to the Death of Justinian I*, II, p. 48.
④ J. Haldon, *Warfare, State and Society in the Byzantine World, 565 – 1204*, p. 158.
⑤ W. Treadgold, *Byzantium and Its Army, 284 – 1081*, p. 67, 76.

ἑταιρεία),分为大中小三个等级的战斗单位。

除了这些常规卫戍部队,还有个别皇帝执政期间临时组建的卫队。如约翰一世仿照古波斯帝国,组建绰号为"不朽军"的重装骑兵部队。这支部队的人马都全身披挂铠甲,极具冲击力、震慑力和机动性,是军中精锐,在后来的普利斯拉夫之战和多利斯多隆①攻城战役中发挥了重要作用,这支精锐武装在约翰一世去世后旋即解散。1071年曼兹科特战役后,皇帝米哈伊尔七世从东部军区的残兵败将中,精挑细选重新组建了"不朽军",以应对惨败后的危机。当时的文献似乎把"不朽军"归为国外雇佣军之列,但是现代学者通常将其视为帝国本土军队。②

因为原始史料的夸张修辞和语焉不详,拜占庭军队在不同时期的总人数后人不得而知。后世学者们只是根据现有史料进行估算和推测。当然,学者们在估算时一般都把海军中的划桨手算入其中。一般的估计是,5世纪以前,人数大约是30万—31万人。③查士丁尼大帝时代的6世纪,以查士丁尼瘟疫为界限,瘟疫前军队人数大约为34万,④瘟疫后,军队仅有15万人(565年)⑤。

从阿拉伯人不断进犯的7世纪到马其顿王朝时期,拜占庭军队一直在10万—11万之间。⑥瓦西里二世去世后,帝国从中古时代的顶峰开始了漫长的衰落时期。至11世纪科穆宁王朝时,拜占庭军队在曼兹科特惨遭失败后,军队总人数降至20 000—25 000人。⑦本国兵员的减少,导致雇佣兵的大量使用,以及其他族裔归化士兵的大量涌入,因此在12世纪,拜占庭军队人数保持在50 000人左右。⑧13世纪初,第四次十字军战征使帝国遭受重创,陷入四分五裂的状态,至末

---

① 多利斯多隆(Dorystolon or Dorostolon,古典时期为"Durostorum",中世纪时的名称是"Slavic Dristra",现名"Silistra")是今保加利亚地区多瑙河南岸的一座城市兼军事要塞, A. Kazhdan ed., *Oxford Dictionary of Byzantium*, vol. 1, p. 653.
② A. Kazhdan ed., *The Oxford Dictionary of Byzantium*, p. 220.
③ W. T. Treadgold, *A History of the Byzantine State and Society*, p. 145.
④ W. T. Treadgold, *A History of the Byzantine State and Society*, p. 277.
⑤ J. J. Norwich, *Byzantium: The Early Centuries*, Penguin Books, 1996, p. 259.
⑥ W. T. Treadgold, *A History of the Byzantine State and Society*, p. 374 and 412; J. Haldon, *Warfare, State and Society in the Byzantine World, 565 -1204*, p. 103.
⑦ J. W. Birkenmeier, *The Development of the Komnenian Army: 1081 -1180*, p. 62; W. T. Treadgold, *A History of the Byzantine State and Society*, p. 612.
⑧ W. T. Treadgold, *A Concise History of Byzantium*, New York: Palgrave Macmillan, 2002, p. 236; J. Haldon, *Warfare, State and Society in the Byzantine World, 565 -1204*, p. 104.

代王朝帕列奥列格家族掌权时,军队才恢复到 2 万人水平。① 进入 14 世纪后,历史上曾显赫一时、动辄数万人远征的拜占庭军队业已凋零。以 1320 年为例,全军上下仅有 4 000 人。② 1453 年,已经老迈不堪的"帝国"迎来决定命运的终极一战,除了几千人的意大利雇佣兵,本国军队仅 1 500 人。③ 军队实力是国家实力的核心组成部分,军队规模是国家治乱兴衰的指标。曾经雄霸地中海的拜占庭军队随着千年的兴衰演变最终湮没在历史的长河中。

纵览拜占庭帝国 1123 年的历史(330—1453),作为罗马帝国的正统继承者,尽管经历了查士丁尼大帝和马其顿王朝的两个黄金期、以及科穆宁王朝的短暂中兴,帝国的实力和领土日渐萎缩,军队的人数也逐代骤减。文官皇帝主政、军区制瓦解、农兵凋零、大量使用雇佣兵,以及周边新兴势力的轮番挑战使帝国最终难以摆脱被征服的命运。

拜占庭帝国的海军是拜占庭军队和国防作战力量的重要组成部分,曾参加过查士丁尼大帝时代的跨海远征,在阿拉伯人崛起之后,海军在维持帝国守势战略的过程中,还偶有斩获,如尼基弗鲁斯二世时期远征并最终收复克里特岛,随后,在对抗南下的罗斯人、保加利亚人以及诺曼人战争中发挥了重要作用。到帕列奥列格王朝时期,拜占庭帝国的统治集团对海军的发展漠不关心,国防军费开支更是捉襟见肘,以至于海军名存实亡,更多的是依靠威尼斯和热那亚共和国的海军充作海防力量。到 15 世纪时,奥斯曼帝国海军称霸爱琴海,拜占庭帝国已无可御敌之舰队。海军的衰落伴随着拜占庭帝国的衰落,而海军的衰落也最终成为帝国灭亡的原因之一,二者互为因果。

罗马帝国时期,除了迦太基人,地中海其他民族难以挑战罗马帝国的地中海霸权,海军处于辅助地位,负责警戒和运输,船只也比较小。因此,海军在罗马帝国时期的国防体系中,无论是声望地位,还是实际效用均低于罗马陆军。4 世纪初,君士坦丁大帝与李锡尼(Licinius,263—325 年)争夺天下时,罗马帝国海军已

---

① G. Ostrogorsky, *History of the Byzantine State*, p. 483.
② W. T. Treadgold, *A Concise History of Byzantium*, p. 224.
③ I. Heath, *Byzantine Armies AD 1118 – 1461*, Men-at-arms series. 287, illustrated by Angus McBride, Oxford Osprey Publishing, 1995, p. 37.

经名存实亡,①争霸双方只能重新建立舰船或从地中海东部其他海洋民族征调船只,②争霸战争促进了海军的重新发展。东西罗马帝国于395年的分治,以及其他民族如阿拉伯人、诺曼人、罗斯人海上力量的兴起,使得地中海日益走向四分五裂、群雄逐鹿的状态。海洋对于拜占庭帝国而言尤为重要,爱琴海和博斯普鲁斯海峡是拜占庭帝国的核心区域,甚至有的历史学家称拜占庭帝国为"海洋帝国"③。因此,拜占庭帝国时期,海军扮演着极为重要的角色。譬如,在拜占庭海军较为强大的9—10世纪,海军在远征克里特岛战争中以及北伐基辅罗斯人战争中发挥着运输、巡察、封锁的重要作用。

西罗马帝国灭亡后,首先挑战拜占庭帝国(东罗马帝国)地中海霸权的是汪达尔人。汪达尔王国建立后,依靠其强悍的战斗力和破坏力,在亚平宁半岛肆虐后,前往北非原迦太基王国故地建国。在国王盖萨里克(Geiseric,428—478年在位)的领导下,汪达尔人对意大利和希腊海岸不断发动突袭,甚至在455年洗劫了罗马。④ 东西分治后的西罗马帝国由于没有海军,因此处于被动挨打的局面。477年,盖萨里克去世后,汪达尔人对地中海北岸的攻势减退。5世纪,拜占庭海军舰队都是战前抽调集结,战后解散回到各地。到阿纳斯塔修斯一世(Anastasius Ⅰ,491—518年在位)统治时期,为了镇压弗拉维乌斯·维塔利安(Flavius Vitalianus)发动的叛乱(513—515)而组建了一支常备海军,这也是拜占庭帝国历史上第一支常备海上武装。⑤

查士丁尼大帝统治时期,拜占庭帝国耗费大量金钱加强海军建设,使这支常备海军愈加强大。与此同时,海军还大规模配备了名为"德龙猛"的战船。早在大约5世纪时,"德龙猛"战船就开始装备拜占庭海军,6—11世纪时成为拜占庭

---

① J. J. Norwich, *Byzantium: The Early Centuries*, pp. 48-49.
② L. Casson, *The Ancient Mariners: Seafarers and Sea Fighters of the Mediterranean in Ancient Times*, Princeton: Princeton University Press,1991, p. 213.
③ A. Ross Lewis & T. J. Runyan, *European Naval and Maritime History, 300-1500*, Bloomington: Indiana University Press, 1985, p. 20; M. P. Scafuri, *Byzantine Naval Power and Trade: The Collapse of the Western Frontier*, Master's thesis, Texas A & M University, 2002, p. 1.
④ J. H. Pryor & E. M. Jeffreys, *The Age of the ΔPOMΩN: the Byzantine Navy ca. 500-1204*, p. 9.
⑤ R. Gardiner, ed., *Age of the Galley: Mediterranean Oared Vessels since pre-Classical Times*, London: Conway Maritime Press, 2004, p. 90.

海军的主力战船,①而后随着拜占庭海军的衰落而消亡。根据考证,"德龙猛"一词来自古希腊语,原意为"快船",相当于拉丁语"mobilitas",形容作战中行动敏捷,后来引申为"机动灵活"。② 这种战船发端于古典时期的战船,但船体更细长、更轻便,船桨长约4.6米,时速大约3.5节(合6.5公里)③。随着时代的发展,战船也不断革新,到10世纪时,"德龙猛"战船已经拥有两或三列桨手,当时的编年史家"执事"利奥(Leo the Deacon)在《历史》中常称其为"三列桨战船"(triremes)。桨手被甲板隔开,第一列桨手的位置靠船内侧,位置也较低,在甲板之下,每边需要约25名;第二列桨手则坐于甲板上,每边需要35名。操控两列桨"德龙猛"战船一共需要120名桨手,再加上替补桨手和其他技术人员,"德龙猛"船上的人员可能更多。君士坦丁七世的《论礼仪》记载,"德龙猛"船配备230名桨手和70名水兵。④ 在"希腊火"发明并投入使用后,"德龙猛"战船的船头位置又安装了能够喷射"希腊火"液体油脂的虹吸管和用于撞击敌军战船的"撞角"。拜占庭人吸取了前人的经验教训,将过去安装在吃水线以下的"撞击角"改到吃水线以上的船端部位,这也是与古罗马战船的重要区别之一。⑤ 除了使用"希腊火"和用撞角撞击外,肉搏也是海军长久以来的常用战术,桨手往往还要同水兵一道参加战船间的肉搏战。

"德龙猛"战船凭借其机动灵活的特点,以主力舰船的地位长期服役于拜占庭海军。尤其是装备有"希腊火"之后,在"德龙猛"战船加持下,拜占庭帝国总体上能够应付其他海军强国的进攻,能够在对外战争中发挥重要作用,维护了拜占

---

① 除了"德龙猛"战船之外,拜占庭海军还有其他三种战船。第一种是帕菲罗斯船(pamphylos, pl. Pamphyloi),船上配备120—150名船员;第二种是海兰蒂昂船(Chelandion, pl. Chelandia),配备108—110名船员;第三种就是加利船(galley, 源自Greek: γαλέα),配备60名船员。Constantine Ⅶ: *The Book of Ceremonies*, translated by Ann Moffatt and Maxeme Tall with the Greek edition of the CSHB(Bonn, 1829),Queensland: Canberra, 2012, pp. 664 - 665. *Constantini Porphyrogeniti imperatoris de cerimoniis aulae Byzantinae libri duo*, ed. J. J. Reiske, vol. 1, [Corpus Scriptorum Historiae Byzantinae] Bonn: Weber, 1829, TLG, No. 3023010; *Le livre des cérémonies*, ed. A. Vogt, vols. 1 - 2, Paris: Les Belles Lettres, 1935, 1939, repr. 1967, TLG, No. 3023011.
② 陈志强:《古史新话——拜占庭研究的亮点》,北京:人民出版社2019年,第165页。
③ J. H. Pryor, "Type of Ships and Their Performance Capabilities", in *Travel in the Byzantine World*, Hampshire: Ashgate Publishing Ltd., 2002, p. 50.
④ Constantine Ⅶ: *The Book of Ceremonies*, p. 652. 这一数字包括替补桨手。
⑤ 陈志强:《古史新话——拜占庭研究的亮点》,第173页。

庭帝国在东地中海、爱琴海、博斯普鲁斯海峡、黑海、多瑙河区域的经济、政治、军事利益。"德龙猛"战船为拜占庭帝国所施行的近海防御战略立下了汗马功劳。

533 年，查士丁尼麾下大将贝利萨留率领海陆两军及 92 艘"德龙猛"战船和 500 艘运输船只跨海远征汪达尔王国。① 在对汪达尔的战争中，拜占庭海军为陆军提供了及时、充足的后勤补给，并对汪达尔海军实施沉重打击，对于战争的胜利发挥了重要作用。535 年，为收复东哥特人占据的意大利地区，贝利萨留再度挥师西向。拜占庭海军把远征军成功运送到西西里岛、亚平宁半岛和达尔马提亚地区。540 年，在海路两军的默契配合下，拜占庭帝国得以成功占领亚平宁半岛。然而，541 年后，东哥特王国在新王托提拉（Totila，541—552 年在位）的带领下展开反击。拜占庭海军与东哥特海军展开长达十年的持久较量。551 年秋，在意大利亚得里亚海近海塞尼加利亚（Sena Gallica，Senigallia），双方爆发了一场具有决定意义的海战。经验丰富的拜占庭海军取得决定性胜利，标志着拜占庭海军开始重新称霸地中海。在查士丁尼一世征服意大利和西班牙南部之后，地中海再次成为罗马帝国的内海"罗马湖"（Roman lake）②。尽管随后意大利的大部分地区被伦巴第人所控制，但是拜占庭人依然控制着亚平宁半岛周围的海域。由于伦巴第人不习海战，拜占庭帝国依靠强大的海军依然能够掌控意大利南部地区。

在地中海局势稳定后，拜占庭帝国依据各地区地理条件和重要程度设置海防和驻军，构建多层次的海防体系。譬如，在汪达尔王国的故都北非迦太基（今突尼斯）设有驻军，以便控制西地中海。此外，在一些相对偏远的地区，查士丁尼均安置少量驻军和战船，如克里米亚的克尔松（今塞瓦斯托波尔）、以色列港口埃拉特（Eilat）、摩洛哥北部的港口休达（Ceuta）等。这些地区悠久的海军传统和完善的基础设施使维持舰船变得更加容易，海军被分别安置于地中海、黑海、多瑙河的沿海、沿河港口，不仅有利于攘除边患，巩固拜占庭帝国的海防，而且降低了运营维护大型舰队的成本。

在拜占庭帝国海防系统中，首都君士坦丁堡经常遭遇来自海上的攻击。君士坦丁堡东、南、北三面环水，西面是平坦宽阔的色雷斯平原，坚固完善的城防系统

---

① J. J. Norwich，*Byzantium：The Early Centuries*，p. 207.
② R. Gardiner，ed.，*Age of the Galley：Mediterranean Oared Vessels since pre-Classical Times*，p. 90.

塞奥多西城墙几乎坚不可摧。城市处于东西交通的咽喉要道,气候适宜,富裕繁荣,成为周边所有民族觊觎的目标,堪称是"四战之地"。而拜占庭帝国作为盘踞在东地中海、巴尔干、小亚地区的"大帝国",也不断面对临新兴势力的轮番挑战,帝国实力强大时,应付自如,实力稍逊时也只能疲于应对。广阔的海上贸易带来商贸之便的同时,也使得君士坦丁堡时常面临周边民族的海上攻击。626年,萨珊波斯、阿瓦尔人和斯拉夫人围攻君士坦丁堡,在此次战役中,拜占庭帝国海军发挥了至关重要的作用,先后摧毁斯拉夫人舰队,成功阻止萨珊波斯军队穿越博斯普鲁斯海峡,并迫使阿瓦尔军队撤兵,为最后的胜利奠定了坚实的基础。6世纪晚期,因为敌对势力威胁减弱,海军的规模也相应缩减,但是拜占庭海军依然驻守在各个战略要地,例如数支小舰队游弋在多瑙河一线,两支规模较大的舰队防卫拉文纳(Ravenna)和君士坦丁堡,①以及北非的亚历山大里亚港,其中多瑙河则是阻击北方游牧民族南下的天然屏障,拉文纳是拜占庭帝国在意大利总督区的行政中心,亚历山大里亚是拜占庭帝国从埃及运回粮食的重要港口。

640年代,阿拉伯国家完成内部统一后,调转矛头以迅雷不及掩耳之势占领叙利亚和埃及,这两个地区不仅拥有得天独厚的港口条件,而且当地的造船航海技术较为成熟,民众多习水性。因此,原本是生活于沙漠地带的游牧民族阿拉伯人迅速招募水手,建造舰船,建立起强大的海军。② 可以说,埃及和叙利亚地区控制权的易手对拜占庭、阿拉伯双方海军实力的此消彼长产生深远影响。由此,地中海也从"罗马湖"、"我们的海"(mare nostrum),变成拜占庭帝国与阿拉伯帝国鏖战的战场。

649年,阿拉伯海军占领塞浦路斯,随后更是以此为跳板不断袭击克里特岛、罗德岛和西西里岛。655年,双方海军展开决战,这场战役史称"马斯特之战"(Battle of the Masts)。拥有200艘战船的阿拉伯海军在阿拉伯叙利亚总督穆阿威叶率领下,利用近距离肉搏战,在付出惨重代价后,终于战胜了拥有500艘舰船的拜占庭海军。亲临战场指挥的皇帝康斯坦斯二世(Constans Ⅱ,641—668年在位)侥幸逃脱。这场战役确立了阿拉伯海军在地中海的优势地位。由此,双方海

---

① J. F. Haldon, *Warfare, State and Society in the Byzantine World, 565–1204*, p. 68.
② 644年,拜占庭海军曾短暂收复埃及港口亚历山大里亚,这也让阿拉伯人认识到发展海军的重要性。

军在地中海展开了长达400余年的较量。对拜占庭帝国而言幸运的是,在这场灾难性的失败之后,阿拉伯帝国爆发内战,无暇乘胜追击,因此拜占庭帝国得到喘息的机会。

678年,阿拉伯军队对东罗马帝国发动陆地和海上进攻,在陆上受阻后。穆阿威叶随即调集海上力量,攻占马尔马拉海东南的西奇库斯,以此作为发动大规模海上进攻的基地。6月25日,阿拉伯舰队向君士坦丁堡发动总攻,拜占庭海军出动装有"希腊火"的小船,对载有攻城器械和士兵的阿拉伯舰船发动火攻。阿拉伯舰队尽管及时撤退,但依然有大约三分之二的船只被焚毁。

717年夏,阿拉伯人兵分两路,再度攻打拜占庭帝国,史称"阿拉伯帝国第二次围攻君士坦丁堡",这场战役也标志着阿拉伯帝国对拜占庭帝国进攻达到顶点。阿拉伯军队水陆并进,步兵10万人由玛斯拉马(Maslama ibn Abd al-Malik,705—738年)统率,跨过达达尼尔海峡,从色雷斯方向严密封锁君士坦丁堡与欧洲的陆上联系。与此同时,近2000艘阿拉伯战船自北、东、南三面对君士坦丁堡展开围攻,此外还有后备部队不断从其他地区前来增援。由于君士坦丁堡城墙城高池深,固若金汤,阿拉伯军队屡次攻城未果。随即,阿拉伯海军开始突入金角湾,试图从海上围攻君士坦丁堡。拜占庭皇帝利奥三世(Leo Ⅲ,717—741年在位)命令海军迎敌,在"希腊火"的帮助下,烧毁20艘阿拉伯战舰,余者均被俘获。在目睹"希腊火"的强大威力之后,阿拉伯舰队再也不敢突破金角湾,坐视拜占庭运粮船向君士坦丁堡运去补给。

718年春天,利奥三世在得到准确情报之后,伺机出兵,利用"希腊火"焚毁大部分阿拉伯舰船。在这次围城战中,阿拉伯军队一共调集海军、桨手共12万人,各类舰船2560艘。① 718年8月15日,因为保加利亚人从阿拉伯军队背后袭击,阿拉伯海军被迫撤围,在撤军途中又遭遇夏季风暴,最终仅有五艘战船得以幸免。这也是阿拉伯海军对君士坦丁堡的最后一次大规模进攻。在此之后的30余年,双方订立和约,虽然小范围冲突依然时有发生,但总体上双方的战势趋于稳固。拜占庭海军在此期间奋起反击,重点针对阿拉伯海军控制的岛屿和港口发动袭

---

① W. Treadgold, *A History of the Byzantine State and Society*, pp. 346 – 347.

击,如739年拜占庭海军调集390余艘战舰袭击阿拉伯水军控制的埃及达米埃塔,746年又在塞浦路斯对倭马亚王朝的海军取得重大胜利。此外,拜占庭海军不仅以阿拉伯海军为作战目标,而且还对阿拉伯人商船队进行围追堵截,给阿拉伯人的海上贸易带来消极影响。

由于忌惮"希腊火"的强大威力,阿拉伯帝国在占领北非的马格里布地区(Maghreb,埃及以西的北非地区)之后,在突尼斯建立新的海军基地,从8世纪初开始,阿拉伯海军转而实行新的战略,即蚕食拜占庭帝国在西地中海的领地(尤其是意大利南部、西西里岛),以及西哥特王国控制的伊比利亚半岛。8世纪中叶,倭马亚王朝倾颓,穆斯林世界陷入四分五裂的状态,拜占庭海军成为地中海世界唯一实力强劲的海上力量。① 可以说,8世纪下半叶是拜占庭海军继查士丁尼大帝时代之后,第二次称雄于地中海。② 由于,阿拉伯人攻势减弱,拜占庭皇帝君士坦丁五世(Constantine Ⅴ,741—775年在位)抽调地中海舰队北上黑海,参加对保加利亚人的战争。763年,君士坦丁集结800艘舰船,取得对保加利亚人的重大胜利,收复大片领土,形势对拜占庭帝国极为有利。然而,君士坦丁五世及数位继任者的圣像破坏政策导致国内陷入意识形态领域、政治领域的分裂状态。由于,耽于内斗内耗,加之阿拉伯海军难以在短时间内形成威胁,因此皇帝们逐渐忽视拜占庭海军的发展,对维持海军优势地位的重大意义认识不足,甚至由于海军反对毁坏圣像政策而不为皇帝所容,其军区数量、规模均被缩减。这种自毁海上实力的行径直接导致9世纪初以后,拜占庭海军失去对阿拉伯海军的优势。

除了武器装备方面的发明创造,拜占庭海军在编制方面也有所创新。7世纪以降,拜占庭帝国实行军政合一、兵农合一的军区制改革。除了陆上武装力量被划分为驻扎于各个省区的军区外,8世纪以后,海上力量也划分为三大军区(Greek: θέματα ναυτικā),包括:基比拉奥特军区(the Theme of the Cibyrrhaeots, θέμα Κιβυρραιωτῶν),这是建立最早的海上军区,一说建立于719年,③一说建立

---

① J. H. Pryor & E. M. Jeffreys, *The Age of the ΔPOMΩN: the Byzantine Navy ca. 500 - 1204*, p.33.

② R. Gardiner ed., *Age of the Galley: Mediterranean Oared Vessels since pre-Classical Times*, p.91.

③ J. H. Pryor & E. M. Jeffreys, *The Age of the ΔPOMΩN: The Byzantine Navy ca. 500 - 1204*. p.32.

于727年,①负责小亚半岛西南部的海防,在阿拉伯帝国兴盛的数百年中,该军区因距离黎凡特地区最近,因此成为海军主力的所在地,文献最后一次提及该军区是在1043年;②爱琴海军区(the Theme of the Aegean Sea, θέμα τοῦ Αἰγαίου Πελάγους),负责北爱琴海、达达尼尔海峡、马尔马拉海的防御,建立于9世纪中期,一说843年;③萨摩斯军区(the Theme of Samos, θέμα Σάμου),负责东爱琴海防御,建立于9世纪晚期。除了上述三大海上军区外,还有专门常年守卫君士坦丁堡的卫戍舰队,这支舰队极少启航远征,常由基比拉奥特军区的海军代劳出征。中央卫戍舰队与基比拉奥特军区的海军构成拜占庭海军主力。另外,有着较长海岸线和良港的西西里军区(the Theme of Sicily, θέμα Σικελίας)和希腊军区(the Theme of Hellas, θέμα Ἑλλάδος)也有一些属于自己的舰船,但它们主要作用在于防御、巡察。

824年(一说827年),④来自西班牙安达卢西亚地区的阿拉伯人占据克里特岛,并在汉达克斯(Chandax,今克里特岛伊拉克利翁[Heraklion, Ηράκλειο]以西)建立城池堡垒,据险防守。从824年到949年,拜占庭帝国对盘踞在克里特岛上的阿拉伯人发动六次大规模进攻,但均遭败绩。克里特酋长国(The Emirate of Crete,824—961年)建立后,克里特岛成为穆斯林船只的避风港和实施海盗式袭击的根据地。此后拜占庭帝国南部爱琴海海防门户洞开,核心统治区域暴露在阿拉伯海军的侵扰范围之内。827年,阿拉伯人又占领西西里岛的部分地区,此举有利于他们随时袭扰亚得里亚海沿海地区、意大利本土尤其是南部的拜占庭领地。⑤ 840年和859年,拜占庭海军两次试图驱逐西西里岛的阿拉伯海军均以惨败告终。西西里岛一度被阿拉伯人完全占据,克里特岛则不断遭受阿拉伯军队的

---

① W. T. Treadgold, *A History of the Byzantine State and Society*, p. 352.
② A. Kazhdan ed., *The Oxford Dictionary of Byzantium*, p. 1127.
③ W. T. Treadgold, *Byzantium and Its Army, 284 - 1081*, p. 76.
④ V. Christides, *The Conquest of Crete by the Arabs (ca. 824), a Turning Point in the Struggle between Byzantium and Islam*, Athens: Akadēmia Athēnōn, 1984, pp. 85 - 88.
⑤ J. H. Pryor & E. M. Jeffreys, *The Age of the ΔΡΟΜΩΝ: The Byzantine Navy ca. 500 - 1204*, pp. 46 - 49. M. Whittow, *The Making of Byzantium, 600 - 1025*, Berkeley and Los Angeles: University of California Press, 1996, pp. 151 - 152. 9世纪40年代,意大利南部的塔兰托布林迪西、巴里是阿拉伯海军重点攻击的对象。846年,阿拉伯海军甚至一度进逼罗马。

蚕食，这两个具有重要战略意义的岛屿的易手，标志着以拜占庭海军稍占优势的"平衡"局面被彻底打破。从9世纪中叶起，阿拉伯海军重新崛起迫使拜占庭海军处于守势。拜占庭帝国不仅要应对从南面爱琴海进攻的阿拉伯海军，而且还要防范不时穿越黑海南下的基辅罗斯军队。如860年，罗斯人乘坐200艘船只顺第聂伯河南下，经黑海抵达博斯普鲁斯海峡，陈兵于君士坦丁堡郊外。由于罗斯人难以逾越君士坦丁堡坚固的城防，便在郊区大肆破坏劫掠后北返。拜占庭海军长期两线作战，有时甚至数条战线作战，不得不疲于奔命，往返于各个战场。

9世纪末和10世纪，阿拉伯帝国再次分裂为多个国家，实力骤降，拜占庭帝国再次迎来反击的良机。在马其顿王朝（867—1056）数位皇帝和战将的努力下，拜占庭帝国实现军事上的复兴，抗击外敌，收复失地，马其顿王朝被后世称之为拜占庭帝国历史上"第二个黄金时代"。马其顿王朝的开创者、第一位皇帝瓦西里一世（Basil I，867—886年在位）采取主动进攻的对外政策，而且尤为重视发展海军。在他统治期间，拜占庭海军在海防总指挥（Droungarios of the Fleet, δρουγγάριος τοῦ πλοΐμου）尼基塔斯·奥利法斯（Niketas Ooryphas）的率领下接连取得对阿拉伯海军的胜利。868年，尼基塔斯亲率海军解了西西里岛拉古萨（Ragusa）之围，赶走阿拉伯海军，在该城重新建立起拜占庭帝国的统治秩序。① 在随后的数年中，拜占庭海军分别在爱琴海东北岸萨罗斯湾（Gulf of Saros）和科林斯湾（the Corinthian Gulf）对来自克里特岛的阿拉伯海军予以重创，巩固爱琴海海防。此后，双方在西西里岛、意大利南部地区以及西里西亚地区东西两线展开反复争夺。870—880年代，拜占庭海军成功守卫意大利南部阿普利亚和卡拉布里亚地区，并于873年建立隆戈巴蒂亚军区（the thema of Longobardia）辖制意大利东南部，包括巴里、布林迪西、塔兰托等城市。然而，西西里岛始终是拜占庭海军难以彻底收复的海外领地。888年，拜占庭海军在西西里岛东北的米拉佐（Milazzo）和墨西拿海峡遭遇惨败。② 此后近一个世纪里，拜占庭海军难以在附近海域组织大规模海上军事行动。

---

① M. MacCormick, *Origins of the European Economy: Communications and Commerce, A. D. 300 - 900*, Cambridge: Cambridge University Press, 2002, p. 413.
② J. H. Pryor & E. M. Jeffreys, *The Age of the ΔPOMΩN: The Byzantine Navy ca. 500 - 1204*, p. 66.

利奥六世在位时期(886—912年),拜占庭帝国面临着保加利亚王国的严重威胁,为了抗击不断南侵的保加利亚人,拜占庭帝国联合另一个游牧民族马扎尔人(Magyars)从北方袭击保加利亚人。拜占庭海军帮助马扎尔人渡过多瑙河,进攻保加利亚人。为从事与保加利亚王国经年鏖战,拜占庭海军抽调精锐到博斯普鲁斯海峡和黑海海域,导致爱琴海防御日渐薄弱,游弋在东地中海的阿拉伯海军趁机再次掀起海上进攻,帝国核心海疆爱琴海海域几成阿拉伯海军随意肆虐之地。904年,阿拉伯海军深入爱琴海北部,袭击拜占庭帝国第二大城市、重要的经济贸易港市——塞萨洛尼基,给这座城市造成严重的破坏。

君士坦丁七世(Constantine Ⅶ,912年至959年在位)继位后,其岳父、海军司令罗曼努斯·雷卡平(Romanus Lekapenos,920—945年执政)任摄政,注意发展海军。从君士坦丁七世开始,帝国政府再次积极发展海军,对阿拉伯海军采取主动进攻的策略。942年,拜占庭海军在第勒尼安海使用"希腊火"击败阿拉伯海军。949年,拜占庭帝国集结上百艘战船,再次征讨克里特岛,尽管最终失败,但是也昭示了拜占庭帝国收复南部海疆的决心。进入950年代,拜占庭海军与法蒂玛王朝(Fatimid Caliphate,909—1171)海军在西西里岛和亚平宁半岛南部海域展开数次海战,互有胜负。967年,因多年战争而疲敝的双方终于坐到了谈判桌前。形势对拜占庭帝国依然不利,西西里岛被法蒂玛王朝占领的事实已经不可逆转,拜占庭海军在西地中海的行动受到极大限制,所幸的是,帝国保住了在意大利半岛的南部地区的统治。

10世纪下半叶,拜占庭海军最重要的一次战绩就是收复克里特岛。克里特岛横亘于爱琴海南部,是连接地中海南北岸的重要中转站和补给基地。自从被阿拉伯人占领后,这里成为他们从事海盗式军事突袭的重要基地,袭击拜占庭帝国沿海腹地的阿拉伯海军舰队多出自于这个岛屿。收复克里特岛的名将尼基弗鲁斯在战前演讲时对这种海盗式袭击大加斥责:"难道不是因为他们四处劫掠,我国的沿海地区才几乎沦为了无人区?难道不是因为他们的袭击,以致大部分岛屿荒无人烟?"① 因

---

① *The History of Leo the Deacon: Byzantine Military Expansion in the Tenth Century*, trans. Alice-Mary Talbot and Denis F. Sullivan, Washington, D. C.: Dumbarton Oaks Research Library and Collection, 2005, p. 65. Leonis diaconi, *Caloënsis Historiae Libri Decem*, ed. K. B. Hase, [Corpus Scriptorum Historiae Byzantinae] Bonn: Weber, 1828, TLG, No. 3069001.

此,夺取克里特岛对于拜占庭帝国维持在东地中海的强势地位、保卫帝国南部海疆和沿海地区具有重大战略意义。

960 年夏初,拜占庭海陆两军启航,远征军包括水兵、桨手 27 000 名和步骑兵、后勤和技术兵(负责辎重和攻城器械)50 000 人,共 77 000 人,另有 307 艘各类船只,数量几乎是 911 年远征军的两倍,是 949 年远征军的三倍。[①] 961 年 3 月 6 日,经过长达十个月的围攻,拜占庭军队攻占了阿拉伯人在伊拉克利翁的重要据点。海陆两军联合行动,迅速肃清残敌,清缴岛上财富,修建防御工事,留守军队驻防。拜占庭帝国收复克里特岛使阿拉伯人失去重要的海上基地,从而消除了阿拉伯海军对爱琴海长达 130 年的骚扰。拜占庭帝国经此一役几乎彻底清除阿拉伯人对帝国南部海疆的军事威胁。克里特岛被收复后,在尼基弗鲁斯的经营下,再次成为帝国南部海疆防御的重要据点,此后,拜占庭军队又于 963 年收复西里西亚地区,于 968 年收复东地中海另一个座重要岛屿——塞浦路斯岛。到 969 年,拜占庭军队甚至已经扩张到叙利亚沿海。尼基弗鲁斯二世的继任者约翰一世(John Ⅰ,969—976 年在位)夺取大马士革、凯撒里亚、贝鲁特、的黎波里等地区。这些军事征服行动基本上清除了曾经强大的阿拉伯海军的威胁,重建拜占庭帝国在东地中海的霸主地位。瓦西里二世掌权后,拜占庭海军与法蒂玛王朝的海军进行初次交锋,尽管瓦西里二世深谙军事,但是帝国军队不得不进行两线作战,甚为疲敝。999 年,瓦西里二世与法蒂玛王朝订立为期十年的停战合约。[②] 东地中海地区的罢兵休战使瓦西里二世能够专心于对保加利亚人的战事,为最终灭亡保加利亚第一王国创造了有利条件。

值得一提的是,除了在地中海的军事行动,拜占庭海军在应对北方游牧民族的战争中也发挥了重要作用。970—971 年,拜占庭帝国与基辅罗斯人爆发战争。由 300 艘舰船组成的拜占庭海军挥师北上,利用"希腊火"迅速封锁黑海和多瑙河,切断罗斯人撤退归路,使罗斯人最终龟缩在多瑙河南岸的多利斯多隆。最终,在拜占庭海陆两军的默契配合下,罗斯人投降北返,多瑙河再次成为拜占庭帝国

---

① W. Treadgold, *A History of the Byzantine State and Society*, p. 495.
② J. H. Pryor & E. M. Jeffreys, *The Age of the ΔΡΟΜΩΝ: The Byzantine Navy ca. 500 -1204*, pp. 75 - 76.

的北方边界。总之,在尼基弗鲁斯二世、约翰一世和瓦西里二世的统治时期(963—1025),拜占庭帝国收复之前丧失的大片领土,拜占庭海军积极配合陆军,英勇作战,重新巩固其在黑海和东地中海的优势地位,拜占庭帝国也进入中古时期最强盛的时代。

"助祭"利奥在《历史》中记载了数次战争,其中最为重要的有两场:一是960—961年收复克里特之战,另一场是971年多利斯多隆战役,拜占庭海军在两次战役中均出动了大约300多艘战船和数以万计的桨手。利奥详细记载下战役的整个过程。从史家的记载中我们可以总结归纳出拜占庭海军在10世纪下半叶的扩张战争中发挥的重要作用。

首先,海军在战争中能够起到军事封锁的作用。用于军事封锁的战船需要具备应对突发事件的能力,要有灵活的作战能力。拜占庭海军的主力战船"德龙猛"是海上作战实施封锁战术的主要力量。尼基弗鲁斯登陆克里特后,命令拜占庭海军利用"希腊火"的优势,对附近海域进行全面封锁。海军的封锁切断了克里特岛的阿拉伯人同北非、西西里等地的联系,使岛上阿拉伯人处于孤立无援的境地,动摇了敌人的军心。在海军力量的震慑下,其他地区的阿拉伯人未能对克里特地区展开救援。尼基弗鲁斯在海军的帮助下,专心于岛内作战。在拜占庭海军、陆军的通力协作下,帝国最终收复丧于敌手超过百年的领土,加强了南部海疆的军事防御。971年,约翰一世在多瑙河畔的多利斯多隆对罗斯人展开最后的决战,拜占庭海军对多瑙河实施严密封锁,切断罗斯人同多瑙河北岸的联系与补给线,使多利斯多隆成为被拜占庭军队围困的孤城。由于海军的封锁,城内的罗斯军队内无粮草,外无援兵,战斗力和士气日渐下降,为陆军的最后完胜提供了有力帮助。而且配备"希腊火"的海军战船给城中守军造成极大的心理威慑,因为斯维亚托斯拉夫(Sviatoslav)的父亲就曾在君士坦丁堡附近海域惨败给帝国的秘密武器"希腊火"。直到战争结束,罗斯人被迫同拜占庭人和谈之时,还郑重请求拜占庭海军不要用"希腊火"攻击沿多瑙河撤退的罗斯军队。在拜占庭帝国同阿拉伯人开战时,海军在《历史》中的出场次数极少,但是从"助祭"利奥的记载依然可以看出尼基弗鲁斯对海军的倚重:在进攻地中海东岸港口城市的黎波里时,拜占庭海军由于逆风迟迟未到,尼基弗鲁斯于是下令停止攻城,绕城而过。① 这一案例从反面证明海军在进攻沿海军事目标中的重要作用。

其次,在拜占庭军队劳师远征期间,海军还承担了运输人员、装备、补给以及侦察的任务。负责运输任务的船只主要是潘菲隆战船,这种船起源于帕弗里亚地区,船体较大,便于运输。"助祭"利奥在记载克里特岛首战登陆时,提到运送士兵的船只专门加装了便于人、马上下船的木板通道。② 这种便于登陆的木板架设在船体与沙滩之间,全副武装的骑兵能够直接上岸。运输船的改装提高了抢滩登陆的效率,让阿拉伯人"大为震惊"③。10 世纪的帝国海军用于侦察的战船主要是单列桨帆船($\mu o\nu \acute{\eta}\rho\eta s$)加利船($\gamma\alpha\lambda\epsilon\alpha$)④,用于侦察或在战斗中担任侧翼支队。这种船船体细长,吃水浅,海平面与船栏之间的距离短,灵活机动,适用于海岸突袭和登陆作战。

尽管在"助祭"利奥笔下,这一时期的拜占庭海军一直扮演着辅助角色,但是海军在战争中的作用是无可替代的。虽然《历史》中关于战争的记载基本上是登陆战、围城战等辅助作战,但"助祭"利奥在关键战役中重点突出海军的作用。拜占庭海军在实战中不仅能够为本方军队起到运输、巡逻的作用,而且还能对敌方进行军事封锁。在希腊火的帮助下,拜占庭海军不仅可以对敌军造成实质性伤害,而且威慑敌人军心。"拜占庭海军在 10 世纪期间达到其历史发展的高峰期,961 年以海军为主力的远征军夺取克里特这个爱琴海最南端的第一大岛,因此,皇帝尼基弗鲁斯对德意志皇帝的使节吹嘘说:'罗马帝国是大海的主宰。'"⑤"助祭"利奥记载皇帝约翰·基米斯基视察金角湾时,海湾里停靠着 300 多艘战船,包括"三列桨战船"(triremes,也就是当时的"德龙猛"战船),还有"轻便快捷的加利巡逻艇"⑥。由此可见,10 世纪的拜占庭海军无论是在战船数量上,还是在战船种类上都是十分强大的,这一时期的拜占庭帝国因此能够在地中海与阿拉伯海军交

---

① Leo the Deacon, *History*, p. 122.
② Leo the Deacon, *History*, p. 61.
③ Leo the Deacon, *History*, p. 61.
④ "加利"的中世纪希腊语形式为"$\gamma\alpha\lambda\acute{\epsilon}\alpha$"可能源自 $\gamma\alpha\lambda\epsilon os$(dogfish 狗鲨,一种小型鲨鱼,极富攻击性)。
⑤ 陈志强:《拜占庭帝国史》,北京:商务印书馆 2001 年,第 452 页。
⑥ Leo the Deacon, *History*, p. 176.

战中占据优势地位。依靠强大的海军,拜占庭帝国收复克里特岛、塞浦路斯岛,击溃罗斯人进攻,恢复帝国在爱琴海、黑海、亚得里亚海等海域的制海权,巩固了帝国的海防,为帝国在10—11世纪的复兴做出重要贡献。

但是,"拜占庭海军辉煌的时期极为短暂,皇帝们对于海军反叛的恐惧超过对陆军的担忧,7—8世纪海军将领反叛自立的阴影始终笼罩在忐忑不安的皇宫上空。10世纪末拜占庭皇帝分散军权的措施和此后限制军事贵族的政策也极大地降低了帝国海军的战斗力,更依赖于船只和海上装备的海军在缺乏政府资助的情况下衰落极为迅速。"①

11世纪,随着拜占庭国势衰败,海军开始衰落。面对来自西方国家海军挑战,拜占庭人越来越依赖于意大利城市共和国的海军,如威尼斯和热那亚,这对拜占庭的经济和海上主导权造成灾难性的影响。尽管,海军在阿莱克修斯一世时曾有过短暂的复兴,但倾颓之势在所难免。阿莱克修斯一世去世后,人亡政息,海军复兴犹如昙花一现。1204年,第四次十字军攻占君士坦丁堡使得帝国虽无覆灭之虞,却也四分五裂,元气大伤。偏安小亚西部的尼西亚政权尽管维持着海军,但也是日薄西山,惨淡经营。1261年,拜占庭帝国复国后,帕列奥列格王朝耽于内乱,面对奥斯曼土耳其人的崛起和咄咄逼人的进攻态势,帝国上层仅仅寄希望于乞求西援,或满足于利用外交手段在诸强之间行合纵连横之事,不仅耗费帑币,而且错失良机。尽管此时海军舰队依然存在,但赖于国库空虚,只能苦苦维持,实力已然大不如前。到14世纪中叶,曾雄霸东地中海的拜占庭舰队仅剩约十艘小艇,拜占庭人只能眼看着爱琴海乃至东地中海上威尼斯共和国与奥斯曼帝国双雄争夺海上霸权。至1453年拜占庭国灭之时,拜占庭海军也随着帝国覆灭退出历史舞台。

总体言之,自11世纪东地中海的穆斯林政权海军实力日渐消亡,对拜占庭海军难以形成威胁。而拜占庭帝国与法蒂玛王朝之间的友好关系也给东地中海地区带来和平。史料所记载的穆斯林海军对拜占庭帝国的最后一次进攻发生于

---

① 陈志强:《拜占庭帝国史》,第452—453页。

1035年，并于第二年被击退。① 1043年，北方基辅罗斯人的进攻也被拜占庭海军轻而易举地击溃。相对和平的外部局势以及已取得的战绩使得帝国上下弥漫着一股志得意满的骄傲情绪，这也导致统治集团对军队建设置若罔闻。在瓦西里二世统治时期，拜占庭帝国已略显颓象，瓦西里把亚得里亚海的海上防务彻底交给威尼斯人。到君士坦丁九世时期，陆军与海军的服役人数已经骤然下降，本该服兵役的公民通过缴纳现金来避免服役，国家只能用代役之钱去雇佣外籍雇佣兵。②

由于军队发展迟滞，拜占庭原有海军军区难以为继，逐渐被各沿海军区所豢养的小型舰队代替，这些隶属于各军区的小舰队只服从军区将军的调动，其作战目标也缩减为扫清附近海域的海盗，运送军用、民用物资，而非打击来自海上的敌对势力。③ 由于外部海上势力难以对拜占庭帝国形成挑战，因此统治集团忽视海军建设。到11世纪末期，海军不仅缺少经费，而且人员匮乏，舰船老化。拜占庭帝国处四战之地，周边诸多民族多有取而代之之心，加之海上疆域极大，沿海地区和岛屿极多，因此维持一支高效、强大的海军是维系帝国生存的必要举措。拜占庭帝国自身忽视海军发展无异于自废武功，当新兴敌对势力崛起之时，拜占庭帝国必然会因为缺乏海上力量而无力应对，"海上防务完全陷入绝望境地。"④

11世纪末期，西西里岛上的穆斯林势力衰微，诺曼人于1091年完全控制了西西里岛。到1130年代时，诺曼人建立的西西里王国还控制意大利南部的卡拉布里亚和阿普利亚地区，拜占庭帝国势力被彻底清除。随后，诺曼人把目光放眼于东方，善于航海的诺曼人渡过亚得里亚海，于1081年登陆巴尔干半岛。1081—1085年，诺曼人在拜占庭帝国腹地横冲直撞，如入无人之地。诺曼人在吉斯卡尔、博希蒙德父子的率领下，先后占领迪拉基乌姆、科孚岛，围攻希腊中部的拉里萨。拜占庭帝国被迫再次祭起重金收买的法宝，耗费大量国帑贿赂神圣罗马帝国皇帝亨利四世（Henry Ⅳ，1084—1105年在位）进攻意大利。1085年，在神圣罗马

---

① J. H. Pryor & E. M. Jeffreys, *The Age of the ΔPOMΩN: The Byzantine Navy ca. 500 - 1204*, pp. 87 - 88. 1035—1036年，穆斯林海军进攻南爱琴海的基克拉泽斯群岛（the Cyclades）。
② J. F. Haldon, *Warfare, State and Society in the Byzantine world, 565 -1204*, pp. 90 - 91.
③ J. H. Pryor & Elizabeth M. Jeffreys, *The Age of the ΔPOMΩN: The Byzantine Navy ca. 500 -1204*, p. 88.
④ ［南斯拉夫］乔治·奥斯特洛格尔斯基：《拜占廷帝国》，第304页。

帝国和威尼斯共和国的帮助下,拜占庭帝国趁吉斯卡尔去世之际,扫除掉为祸希腊地区的诺曼人。

三、晚期帝国的军事衰败

相比于西面,东方强势崛起的塞尔柱突厥人对帝国的威胁更甚。1071年,塞尔柱人在曼兹科特战役中重创拜占庭军队,俘虏御驾亲征的皇帝罗曼努斯四世。十年后,塞尔柱人在尼西亚建都,距离君士坦丁堡仅有160公里左右。在塞尔柱人建成海军后,拜占庭海军已无法维持在爱琴海、黑海的优势地位,所谓"地中海霸主"地位名存实亡,难以应对周边势力的挑战。

面对诺曼人、塞尔柱人的崛起,拜占庭皇帝阿莱克修斯一世为了守护拜占庭帝国广阔的海疆,不得不向威尼斯共和国寻求帮助。1082年双方订立协议,拜占庭帝国不得不出让更多的贸易优惠特权以换取威尼斯海军的援助。根据双方于1082年5月签订的协议,威尼斯的总督、主教获得"大贵族"和"上等贵族"的称号;威尼斯人被允许无限制从事任何贸易,在帝国境内甚至君士坦丁堡城内也能够享受免关税特权;另外,威尼斯人还被获准使用君士坦丁堡的货仓和加拉塔地区的三个码头。① 不久,热那亚和比萨两大航海共和国也获取了类似的商贸特权,成为拜占庭帝国的海上的保护者。

拜占庭帝国前门拒虎,后门进狼。威尼斯在拜占庭帝国攫取大量的商业特权,几乎形成东地中海垄断地位。在强大海军力量的支撑下,威尼斯成为能够影响拜占庭帝国政治的重要力量。拜占庭帝国统治集团的有识之士,对于威尼斯势力在帝国的急速扩张十分警惕,但是在威尼斯人严密防控下,任何不利于威尼斯的行为都会被扼杀于萌芽状态。由于威尼斯掌握了拜占庭帝国的海防,因此外部侵略者如诺曼人、十字军能否入侵拜占庭帝国也是由威尼斯人操控的。② 尽管衰落是拜占庭海军的主基调,但是在个别有为皇帝的主持下,海军间或有振兴之象。譬如,曼努埃尔一世在位时期,拜占庭海军在威尼斯人的帮助下曾有短暂的复兴,

---

① [南斯拉夫]乔治·奥斯特洛格尔斯基:《拜占廷帝国》,第304页。
② J. W. Birkenmeier, *The Development of the Komnenian Army: 1081–1180*, p.39.

甚至还一度击败威胁君士坦丁堡的诺曼海军。1169年时,为配合耶路撒冷王国(1099—1291)进攻埃及,拜占庭帝国调集150艘加利船、10—12艘大型运输船和60艘专门运送马匹的船只参战。尽管战事失败,损兵折"舰",但也足以说明当时的拜占庭海军已然恢复一定的实力。然而,在曼努埃尔一世统治后期,海军经费屡被挪用,因为船只维修和船员军饷是一笔不小的开支,因此当时短暂的复兴无法解决早已积重难返的难题。至科穆宁王朝后期,拜占庭海军继续衰落,愈发难以抵挡诺曼人和穆斯林海军的海盗式突袭。

到安茞鲁斯王朝时,拜占庭海军继续雇佣威尼斯海军对抗诺曼人的进攻。1185年,拜占庭海军在马尔马拉海挫败诺曼人的海上进攻,是役,拜占庭海军尚能调集上百艘战船。① 但是帝国政府意识到耗费巨资维持海军与敌作战难以持久,不如出让部分商贸权益,订立和约。因此,历来擅长优先使用外交策略的拜占庭人与诺曼人、威尼斯人订立和约,以巨大的贸易优惠、特权换取对方海上力量的支援。1186年,拜占庭皇帝伊萨克二世与威尼斯人订立和约,威尼斯共和国依约须在半年内为拜占庭提供40—100艘加利战船,而拜占庭方面则出让贸易优惠特权。②

由于12世纪的地中海上海盗盛行,帝国政府偶尔也会收买海盗充当雇佣兵。出让贸易特权、雇佣他国海军或海盗仅能救一时之急而非长久良策,这类饮鸩止渴之法却被拜占庭帝国视之救急的办法,甚至为能够减少平时供养、维修、训练海军的经费开支而凿沉战船。一些高级将领损公肥私,倒卖海军资产以自肥。如海军司令(Megas Doux)米哈伊尔(Michael Stryphnos)私自倒卖拱卫京畿的皇家海军的装备,被编年史家尼基塔斯·侯尼雅迪斯大加申斥。③ 地方权贵已成尾大不掉之势,无视中央政府的权威,一些地方军区利用所属战船为私人利益服务,不经中央政府允许擅自调动舰船发动突袭,掠夺战利品。有的将官如君士坦丁(Constantine Phrangopoulos)暗地受皇帝阿莱克修斯三世指派,率领舰队到黑海掠夺商船,

---

① J. Julius Norwich, *Byzantium: The Decline and Fall*, London: Penguin Books, 1996, p. 151.
② J. H. Pryor & E. M. Jeffreys, *The Age of the ΔPOMΩN: The Byzantine Navy ca. 500 – 1204*, p. 121.
③ Hélène Ahrweiler, *Byzance et la mer. La marine de guerre, la politique et les institutions maritimes de Byzance aux VIIe-XVe siècles*, Paris: Presses Universitaires de France, 1996, pp. 290 – 291.

行径堪比海盗。①

拜占庭海军缺少经费,兵员、装备严重不足,而且军官腐败,士气涣散,内不能戡乱,外不能抗敌,只能依靠掠夺商船获取资财。1203—1204年,当威尼斯海军载着十字军战士兵临城下之时,驻守君士坦丁堡的海军仓促之间只能调集20艘年久失修的战船迎敌,根本无力抗击强大的威尼斯海军。1204年1月初,阿莱克修斯四世派亲信点燃了盛满引火材料的17艘小艇,并将其冲向威尼斯舰队,但这一行动被威尼斯人识破而宣告失败。② 威尼斯海军旋即突破金角湾防线,占领北岸的加拉塔地区,并最终与十字军一道攻占拜占庭帝国首都君士坦丁堡。

1204年,君士坦丁堡被十字军攻占之后,拜占庭的贵族建立了三个流亡的小政权,这三个政权对于是否维持海军、如何发展海军有着不同的理念。其中,伊庇鲁斯君主国虽以今天亚得里亚海东岸的阿尔巴尼亚为核心统治疆域,但是该国历代国主把战略重心置于希腊中部的塞萨利地区和北部的马其顿地区,对陆上领土的争夺远胜于对海疆的控制,因此伊庇鲁斯君主国并未建立海军。而特拉比宗帝国利用在黑海南岸的有利地位,积极发展贸易,因此维持着一支小型舰队,专门负责巡逻治安、运送军队,既能抵御外敌,又可保护贸易。三者中实力相对强大的是盘踞在小亚西部的尼西亚帝国,但是尼西亚帝国建国之初奉行的是海上防御政策,因此海军的目标是不求收复领土,只求防御海疆。随着局势稳定,国力恢复,约翰三世继位后,尼西亚帝国的对外政策更加具有进攻性。1225年,尼西亚帝国舰队收复莱斯博斯岛、希俄斯岛、萨摩斯岛和伊卡利亚岛(Icaria)。③ 尼西亚海军还试图于1235年、1241年收复君士坦丁堡,但均被威尼斯舰队击溃。米哈伊尔八世上台后,充分认识到己方海军孱弱的实力,因此他运用自己高超的外交谋略,借用另一个航海强国热那亚的海军抵抗威尼斯海军的威胁。1261年3月13日,双方签订了《南菲宏条约》(the Treaty of Nymphaion),根据约定,热那亚一方需为尼西亚帝国提供最多达50艘战船,而尼西亚帝国一方则要购买热那亚武器和马匹,

---

① H. Ahrweiler, *Byzance et la mer. La marine de guerre, la politique et les institutions maritimes de Byzance aux VIIe-XV e siècles*, pp. 291 – 292.
② D. Nicolle, *the Fourth Crusade 1202 – 04: the Betrayal of Byzantium*, Oxford: Osprey Publishing Ltd., 2011, p. 65.
③ D. M. Nicol, *Byzantium and Venice: A Study in Diplomatic and Cultural Relations*, p. 166 and 171.

同时允许热那亚人进入尼西亚政府任职。除此之外,热那亚人还获准了在税收和贸易方面的优惠和特权,占据金角湾北岸的配拉作为定居点。该条约与1082年拜占庭帝国与威尼斯人签订的合约内容大体相仿。拜占庭帝国为了维持海上防御,作出重大让步。

1261年7月25日,拜占庭军队收复君士坦丁堡,米哈伊尔八世返回首都,拜占庭帝国开启了末代王朝帕列奥列格王朝的统治。在收复君士坦丁堡之后的岁月里,米哈伊尔八世也曾关注海军的建设,但是受国家整体实力所限,海军依然羸弱,因此主要是依靠热那亚海军的支援。即便有热那亚为援手,拜占庭海军依然不是威尼斯海军的对手。1263年,威尼斯海军以弱胜强,战胜了由48艘舰船组成的拜占庭—热那亚联合海军。① 擅长在夹缝中求生存的米哈伊尔八世趁威尼斯热那亚战争(1256—1270)之机,暗中积蓄力量,调拨国帑发展海军。1270年,拜占庭海军的大小舰船数目一度达到80艘,并于同年在优卑亚岛战胜西欧拉丁人的舰队。这一时期,拜占庭海军短暂摆脱了对热那亚海军的依赖,凭借自身实力打赢海战,收复数座岛屿,但是海军的复兴并未持续多久,皇权体制人亡政息的天生缺陷再一次凸显出来。

1282年,米哈伊尔八世去世后,他的儿子安德罗尼库斯二世继位。安德罗尼库斯认为,倚仗热那亚海军力量的同时维持本国的常备海军是画蛇添足的,徒使国库开支捉襟见肘。另外,在与塞尔柱突厥人的历次交战中,海军发挥的作用非常有限,主要战事要靠陆军来完成,因此安德罗尼库斯二世解散拜占庭海军,遣散船员,任凭舰船在海水中腐烂。② 短视之举招致无穷后患,塞尔柱人发展迅猛,占领小亚细亚海岸,而缺少海军的拜占庭帝国对此束手无策。同时,热那亚海军难敌威尼斯海军,君士坦丁堡动辄即遭后者袭击。

由此可见,安德罗尼库斯二世解散海军的短视行为,虽然暂时"缓解"了国库开支困难的窘境,却给后人长久地遗留下海防松懈的困局。由于爱琴海、黑海、马

---

① D. J. Geanakoplos, *Emperor Michael Palaeologus and the West, 1258 – 1282: A Study in Byzantine-Latin Relations*, pp. 153 – 154.
② H. Ahrweiler, *Byzance et la mer. La marine de guerre, la politique et les institutions maritimes de Byzance aux VIIe-XV e siècles*, pp. 374 – 376; A. E. Laiou, *Constantinople and the Latins: The Foreign Policy of Andronicus II, 1282 – 1328*, Cambridge, Mass: Harvard University Press, 1972, pp. 74 – 76, p. 114.

尔马拉海缺少拜占庭海军的巡弋,威尼斯人、热那亚人、医院骑士团纷纷在爱琴海割占岛屿,划定势力范围,尤其是塞尔柱人海军长驱直入,使之能够从海上对君士坦丁堡展开围攻,加速了拜占庭帝国的灭亡。"试想,如果拜占庭人一如既往地掌控海洋,那么拉丁人就不会如此趾高气扬,土耳其人也不会觊觎爱琴海的沙滩,拜占庭人也不用耗费国库给他们交纳年贡。"①尽管安德罗尼库斯二世在内外压力下,不得不重新建成一支由 20 艘小艇组成的小型舰队,但在各国强大舰队的夹缝中很难发挥效用,最终也难逃被解散的命运。安德罗尼库斯二世后的数位拜占庭皇帝也曾极力试图恢复拜占庭海军,用以守卫君士坦丁堡,使海防摆脱热那亚人的控制,然而受实力所限,最终难有成效。

相比于拜占庭海军的衰亡,土耳其海军则是不断取得发展。安德罗尼库斯三世统治时期(1328—1341 年在位),土耳其海军在马尔马拉海建立第一座海军基地,并频繁袭击色雷斯沿岸地区,危及君士坦丁堡。面对着土耳其海军咄咄逼人的攻势,安德罗尼库斯三世和约翰六世(1347—1354 年在位)均曾尝试组建小型舰队,然而这些舰船要么在内战中空耗实力,要么毁于风暴。此后,拜占庭帝国仅余约 10 艘舰船,而且几乎全被用于拱卫君士坦丁堡。这些硕果仅存的战船在 1411 年土耳其人围攻君士坦丁堡时发挥了作用,使土耳其海军包围君士坦丁堡的意图未能实现。拜占庭海军最后一次出场是在 1453 年,拜占庭、威尼斯、热那亚三方组成联合舰队对抗奥斯曼土耳其舰队。1453 年 4 月 20 日,拜占庭历史上最后一次海战爆发,三艘热那亚加利船护送拜占庭运输船突破土耳其舰队的封锁抵达金角湾。1453 年 5 月 29 日,君士坦丁堡陷落,拜占庭帝国灭亡,拜占庭海军也随之湮灭。

关于海军的人数,现代学者沃伦·特里高德做了比较详细的考证和推算:在 9 世纪末和 10 世纪初,拜占庭海军的划桨手有 34 200 人,战斗人员大约有 8 000 人。比较重要的海防军区基比拉奥特军区拥有 5 710 名桨手,1 000 名战斗人员;

---

① H. Ahrweiler, *Byzance et la mer. La marine de guerre, la politique et les institutions maritimes de Byzance aux VIIe-XV e siècles*, pp. 375 – 378; D. Angelov, *Imperial Ideology and Political Thought in Byzantium (1204 – 1330)*, pp. 175 – 176, p. 317; A. E. Laiou, *Constantinople and the Latins: The Foreign Policy of Andronicus II, 1282 – 1328*, p. 115.

爱琴海军区有桨手 2 610 人,战斗人员 400 人;萨摩斯军区的桨手有 3 980 人,战斗人员有 600 人;除了三大海防军区,其他拥有海岸线的军区也配备了一定数量的海军人员,例如希腊军区的桨手多达 2 300 人,而且为了保卫海防,原本以陆防为主的希腊军区抽调 2 000 名士兵组成海军战斗人员。① 此外,他还对不同时代的海军桨手数量做了统计,其中 4—6 世纪,海军中的桨手人数为 30 000—32 000 人;②在圣像破坏时代(717/726—843 年),由于国家陷入分裂和混乱,海军发展陷入迟滞,规模锐减。775 年,海军桨手数量为 18 500 人,到 842 年人数更是减少到 14 600 人;③直到 10 世纪中叶以后,拜占庭海军才重新壮大起来,959 年,桨手人数为 34 200 人,这个数量一直持续到瓦西里二世去世时的 1025 年;④在帕列奥列格王朝中期,拜占庭海军已经日薄西山,桨手人数仅有 3 080 人。⑤

从上述数字不难看出,国家内部形势稳定,实力雄厚,有为君主上位采取对外扩张战略时,对海军的需要更加旺盛,对海军的建设也尤为关注。国家强则海军兴,海军兴则国防强。相反,海军与国势相互影响,同步衰落。一叶落而知天下秋,通过桨手数量的增减可以看出拜占庭帝国海军实力的衰落。

第四节

君士坦丁堡的陷落

1453 年 5 月 29 日,星期二,21 岁的土耳其苏丹穆罕默德二世(Mehmed Ⅱ,1451—1481 在位)下达总攻命令,土耳其军队在进行了长达 54 天(4 月 6 日—5

---

① W. T. Treadgold, *Byzantium and Its Army, 284 -1081*, p. 67.
② W. T. Treadgold, *A History of the Byzantine State and Society*, p. 277 and 412.
③ W. T. Treadgold, *A History of the Byzantine State and Society*, p. 412 and 576.
④ W. T. Treadgold, *A History of the Byzantine State and Society*, p. 576.
⑤ W. T. Treadgold, *A History of the Byzantine State and Society*, p. 843. 这一时期桨手的数量还包括威尼斯、热那亚援军。

月29日)的猛烈围攻后,最终攻破曾挡住无数次游牧民族进攻的君士坦丁堡的城墙。该事件史称"君士坦丁堡陷落"('Αλωση της Κωνσταντινούπολης),君士坦丁堡的陷落标志着国祚绵延1123年的拜占庭帝国最后灭亡,拜占庭帝国的灭亡也是中世纪结束的标志性事件。拜占庭帝国的灭亡令基督教欧洲失去了对抗穆斯林入侵的屏障,为土耳其军队在巴尔干和东欧地区的扩张扫清了障碍。因此,"君士坦丁堡陷落给西欧人留下了可怕的印象,他们一想到即将长驱直入的土耳其人就陷入了沮丧……教宗、国王、主教、大公和骑士留存的很多信件描述了整个局势的恐怖,并呼吁对抗伊斯兰教及其代表穆罕默德二世。"①

西欧人对于土耳其人扩张的恐慌,对失去拜占庭屏障的沮丧早在四个世纪前就已经埋下了伏笔:1054年的宗教大分裂与1204年第四次十字军占领君士坦丁堡,都极大加深了拜占庭帝国与西方国家间的仇恨。当土耳其人兵锋所向披靡之际,拜占庭皇帝约翰八世曾试图与罗马教宗尤金四世(Eugenius Ⅳ,1431—1447年在位)商讨东西方教会合并事宜。1439年佛罗伦萨会议后,教宗也发布了由双方共同认可的训谕诏书(a Bull of Union)。然而,君士坦丁堡的反合并势力大肆宣传,他们宣称"宁可把都城让裹头巾的土耳其人统治,也不想被顶着三重冠冕的拉丁人主宰"②。东正教徒们就是否合并一事分为两派,且分歧严重,斗争激烈。由于反合并势力的阻挠,经过长期争执,东西教会合并终究未能实现。这令继任教宗的尼古拉五世(Nicholas Ⅴ,1447—1455年在位)乃至整个西方天主教会极为恼火。值得一提的是,拜占庭帝国与西方拉丁人试图联合的消息让土耳其苏丹穆拉德一度十分担忧,他担心双方结盟后海路并进,将他逐出欧洲,在得知教会合并没能成功的确切消息后,他备感轻松。③

事实上,彼时的西欧局势对土耳其方面是有利的。欧洲其他国家和地区的国王及封建领主们自顾不暇,难以援助拜占庭帝国。英、法两国因为百年战争(the Hundred Years' War)而两败俱伤,伊比利亚半岛的基督教政权正处于"再征服运动"(the Reconquista)的最后关键阶段,"神圣罗马帝国"境内的封建诸侯们则热

---

① A. A. Vasiliev, *History of the Byzantine Empire*, 324-1453, Vol. Ⅱ, p. 655.
② 陈志强:《拜占庭帝国通史》,第265页。
③ Ducas, *Decline and Fall of Byzantium to the Ottoman Turks*, p. 181.

衷于互相攻击，自相残杀，匈牙利和波兰在1444年瓦尔纳战役中被土耳其军队战败，无力再次兴兵。尽管最终威尼斯和热那亚两个城市共和国派出了援军，但是根本无法抵挡土耳其大军的强大攻势。

在奥斯曼帝国不断鲸吞蚕食下，拜占庭帝国的疆域日渐缩小，灭亡的到来只是时间上的问题。此外，由于君士坦丁堡遭受数次几尽毁灭性的围困，该市人口从12世纪的大约40万人下降到1450年代的数万人。此时的拜占庭帝国仅仅控制着首都及周边的一些地区，包括周边海域的若干小岛，如马尔马拉海的王子群岛、伯罗奔尼撒半岛以米斯特拉城堡为中心的部分地区，民生凋敝，财力匮乏，城中的大部分宫殿苑囿仅剩下残垣断壁，荒草丛生，整座都城更像是一个被塞奥多西城墙（Theodosian Walls）环绕的农村。此时的拜占庭帝国，与其说是帝国，不如说更像是一座城邦。位于黑海南岸的特拉比宗帝国仅仅是名义上奉拜占庭帝国为宗主，实际上从1204年第四次十字军攻破君士坦丁堡之后便作为独立的政治实体，一直存在了250年。

相比于拜占庭帝国，奥斯曼土耳其人持续奉行对外扩张战略。1430年，土耳其军队占领了拜占庭帝国第二大城市、重要的港口和经济中心塞萨洛尼基。到14世纪下半叶，奥斯曼帝国几乎占领了整个巴尔干半岛和安纳托利亚半岛，而且为最后征服君士坦丁堡，他们还占领了首都西侧的几个原属于拜占庭帝国的城市，如亚得里亚堡（埃迪尔内），并迁都于这个城市。此举使奥斯曼帝国灭亡拜占庭帝国取而代之的野心和意志路人皆知。

但是，拜占庭帝国地理位置重要，东临小亚奥斯曼帝国，西枕巴尔干东欧腹地，处于伊斯兰文明与基督教文明的交界处，加之城池坚固，防御工事历久弥坚，是抵抗奥斯曼土耳其大军的重要堡垒。因此奥斯曼土耳其帝国若想控制东地中海、染指欧洲，必然要征服君士坦丁堡，征服拜占庭帝国。拜占庭帝国此时仅剩下君士坦丁堡及其周边地区，已经在事实上沦为奥斯曼土耳其帝国的附庸。奥斯曼土耳其人已经直接面对西方拉丁世界和东欧其他基督教国家。匈牙利王国成为能够在陆上阻击土耳其军队西进的主要障碍。意大利的城市国家如威尼斯和热那亚依靠其长久以来形成的海上优势，在黑海和爱琴海海域对土耳其海军形成强大威慑。

1422年，奥斯曼帝国苏丹穆拉德二世指挥军队围攻君士坦丁堡，但由于国内发生了叛乱，不得不撤围回师平叛。在镇压了自己谋反的弟弟穆斯塔法后，穆拉德二世卷土重来。1443年，穆拉德败于波兰兼匈牙利国王弗拉迪斯拉夫三世和亚诺什·匈雅提将军指挥的军队。1444年，他再度调集40 000军队，在瓦尔纳战役中打败波兰、匈牙利、瓦拉几亚联军，并击毙其统帅弗拉迪斯拉夫三世。穆拉德二世又两次进入阿尔巴尼亚与斯堪德培交战，在克鲁亚保卫战中受挫。这一时期，土耳其军队与东欧军队屡次交手，爆发多次大规模会战，但总的来说是互有胜负。这对于遭受过蒙古人沉重打击的土耳其人来说，无疑重振了军威。

1444年，穆拉德在与基督教联军持续的鏖战中感到身心俱疲，遂把大位传给儿子穆罕默德二世。不过两年后，担心年轻的儿子难服众望，他重新振作起来，恢复掌控权力，再度执掌苏丹大权。1448年，穆拉德二世率军在科索沃战役战胜了匈雅提指挥的匈牙利－瓦拉几亚联军。1451年，穆拉德二世去世后，他的儿子，19岁的穆罕默德再次登上苏丹之位。当穆罕默德即位之初，因为正值弱冠而被认为软弱无能，不会对巴尔干和爱琴海地区的基督教政权产生威胁。[1] 其他国家派往奥斯曼帝国的使节也被新苏丹的友好态度所蒙蔽。[2] 然而，正是这位新苏丹继承了穆拉德二世的遗志，加强了数代苏丹在欧洲的进攻态势，最终灭亡拜占庭帝国，他也因此得到"征服者"（法提赫）的称号。

穆罕默德二世尽管不到20岁，却是一位非常老练的战略家。1452年，为了攘除外部干扰，彻底断绝拜占庭帝国的外部援助，他与匈牙利和威尼斯签订和约，为他最后攻陷君士坦丁堡铺平了道路。当年，穆罕默德二世的曾祖父拜齐德一世（Bayezid Ⅰ，1360—1403，1389—1402年在位）曾经在博斯普鲁斯海峡的亚洲一侧修建了一座名为阿纳多利（Anadolu Hisari）的堡垒。1452年初，初登大位的穆罕默德，在此基础上更进一步，在博斯普鲁斯海峡最窄处，同时也是海峡欧洲一侧建造了一座名为鲁米利的堡垒（Rumeli Hisari），另称为"博哈兹－凯森"（Boghaz-kesen），在土耳其语中有"锁喉""封锁"之意，由此可见，该堡垒战略地位之重要。他刻意修筑这个堡垒的目的是为了封锁黑海和地中海之间的通道，使君士坦丁堡

---

[1] S. Runciman, *The Conquest of Constantinople: 1453*, Cambridge: Cambridge University Press, 1965, p.60.
[2] J. J. Norwich, *A Short History of Byzantium*, p.373.

北面的沿海城墙暴露在土耳其海军面前。在土耳其军队的严密封锁下,即便威尼斯、热那亚舰队有救援之心,也很难通过博斯普鲁斯海峡。到1452年夏,这座封锁博斯普鲁斯海峡两岸的堡垒竣工,并开始发挥作用。此举表明,奥斯曼帝国苏丹代代传承着灭亡拜占庭帝国,进而称霸欧亚大陆成为世代相传的基本国策。事实上,"阿纳多利"和"鲁米利"分别是奥斯曼土耳其帝国在亚、欧两洲疆域的代称。

穆罕默德二世虽外表柔弱,却意志坚定。为了能够实现攻破君士坦丁堡的目标,他不仅封锁君士坦丁堡附近的海、陆要道,而且还扫清外围。1452 年 10 月,穆罕默德二世派遣图拉罕·贝格(Turakhan Beg)率领军队进驻伯罗奔尼撒半岛,以威慑米斯特拉的统治者托马斯和迪米特里,阻止他们在君士坦丁堡被围之时发兵救援。① 与此同时,穆罕默德二世重金聘请匈牙利铸炮师乌尔班加紧施工,铸造能够摧垮君士坦丁堡城墙的大炮。到1453 年 3 月,已经铸造好的巨炮从奥斯曼帝国首都亚得里亚堡运抵君士坦丁堡郊外。土耳其军队的大炮总数超过 50 门,其中乌尔班青铜巨炮是当时世界上最大的火炮,口径达 99 厘米,可发射 1200 磅(相当于 448 公斤)重的石弹,是攻击君士坦丁坚固的城墙最有效的武器。② 凭借着巨型火炮,"穆罕默德成为人类历史上第一位拥有火炮阵地的君主。"③君士坦丁堡陷落后不久,造访该城的编年史家米哈伊尔·克利托布鲁斯说:"无论是从城下攀登还是挖掘地道都是徒劳无功的,是大炮决定了一切。"④

4月,土军以迅雷不及掩耳之势扫清了拜占庭人在黑海和马尔马拉海沿岸的定居点,在鲁米利和安纳托利亚的土军部队也聚集到拜占庭首都城外。土军舰队从加里波利移动到君士坦丁堡北面的迪普罗基翁(Diplokionion)。苏丹对海军即将发挥出的作用很有信心,他还亲自去迎接这支舰队。

面对奥斯曼帝国咄咄逼人的攻势,拜占庭帝国也没有坐以待毙。就在穆罕默德二世调集大军,封锁博斯普鲁斯海峡之时,拜占庭末代皇帝君士坦丁十一世派

---

① K. M. Setton, *The Papacy and the Levant (1204 –1571)*, Volume II: *The Fifteenth Century*, DIANE Publishing, 1978, p. 146.
② 陈志强:《拜占廷帝国史》,第 346 页。
③ A. A. Vasiliev, *History of the Byzantine Empire, 324 –1453*, vol. II, p. 650.
④ M. Critobulus, *Fragmenta historicorum graecorum*, ed. by C. Muller, Paris, 1870, p. 80.

出使节到基督教世界的主要大国求援。匈牙利拒绝施以援手,而天主教最高首脑教宗尼古拉五世把这场岌岌可危的局势视为推动东正教和罗马天主教会统一的良机,以东西教会重新合并作为谈判的主要条件。毕竟这是自 1054 年基督教分裂以来历任教宗优先考虑的重大事项。拜占庭帝国的部分教会人士对于教宗的提议表示赞同,但是君士坦丁堡的下层民众对此极力反对,并发动反对教会合并的暴乱。到 1452 年 12 月 12 日,博斯普鲁斯海峡战云密布,君士坦丁十一世已经感受到形势的严峻。为了获取外援,他迫使反对合并的一方勉强接受合并法案。[1]

从拜占庭帝国获取大量商业利益且一直在拜占庭派驻海军的威尼斯和热那亚提供了支援。对于拜占庭方面的求援,热那亚反应迅速,派遣乔万尼·贵斯亭尼安尼率领 700 人的武装赶往君士坦丁堡助战,其中 400 人为热那亚士兵,另外 300 名士兵是从希俄斯岛、罗德岛临时招募的雇佣兵,他们于 1453 年 1 月 29 日抵达。[2] 君士坦丁十一世任命善于守城的贵斯亭尼安尼为城防总指挥官。整个冬季,拜占庭人和热那亚人都在为抵御即将到来的土耳其大军攻城而备战。为了扭转局势,君士坦丁十一世派遣使节携带重礼觐见苏丹,试图劝告他不要进攻君士坦丁堡,结果使节被苏丹处决,外交解决途径宣告失败。[3]

相较于热那亚,威尼斯共和国的应对稍显迟滞。当热那亚和教宗分别派遣援兵之际,威尼斯内部还在就提供何种方式的援助进行商讨。土耳其海军在博斯普鲁斯海峡对威尼斯舰队发动攻击,促使威尼斯的市议院终于做出决定:向拜占庭帝国方面派遣一支由 15 条加利战船和 800 名士兵组成的援军。此时已经到了 4 月末,对拜占庭帝国而言,救援为时已晚。[4] 即便如此,在君士坦丁堡经商、侨居的威尼斯人仍然战斗热情高昂,决心保卫这座城市,保护他们的身家财产,守护好这座令他们发财致富的"东西方贸易的金桥"。

15 世纪,火炮虽然用于实战,但是君士坦丁堡高大的城墙依然被普遍认为是

---

[1] J. J. Norwich, *A Short History of Byzantium*, p. 373.
[2] S. Runciman, *The Conquest of Constantinople: 1453*, pp. 83 – 84.
[3] J. J. Norwich, *A Short History of Byzantium*, p. 373.
[4] S. Runciman, *The Conquest of Constantinople: 1453*, p. 85.

当时最坚固、最难攻破的防御工事。城墙总长度超过20公里,修筑于4世纪的塞奥多西城墙长约5.5公里,由两道城墙组成,城墙外面还有一条平均宽度达18米、深5米的护城河。两道城墙中,内城墙略高,大约有12米,基座厚度达5米,内外墙上每隔四五十米就有一座高大的塔楼。毗邻大海沿金角湾南岸修建的城墙大约有7公里,依傍马尔马拉海海岸修建的海墙高6米,长7.5公里。这套城防系统在约翰八世时期全面修缮,设施状况良好,让守军有足够的理由相信可以固守待援。①

君士坦丁堡的陆墙自修建以来,固若金汤,是冷兵器时代一道几乎不可逾越的屏障。君士坦丁堡北面的金角湾出口与博斯普鲁斯海峡交汇处有一道金属铁链,横亘于金角湾口处,连接着君士坦丁堡海墙与北岸的加拉塔地区。海墙不如陆墙坚固,且海岸线绵长,难以集中防守。若能突破金角湾海墙,就有可能攻入君士坦丁堡。1204年,第四次十字军之所以能攻入君士坦丁堡,原因即在于十字军凭强大的威尼斯海军,从金角湾海墙偷袭,突破攻入城中。

君士坦丁十一世相信,凭借着有效的城防系统,拜占庭人尽管兵微将寡,但是能够抵御土耳其军队从陆上和海上即将发起的进攻,能够凭借城防固守待援。然而,君士坦丁皇帝即便有凭借城防固守的勇气与决心,但客观条件限制了他守卫这座城市的能力。城中守军与城外的土军在人数、装备方面相差悬殊。城中全体军民大约有50 000人,还包括战前从周边地区涌入城中的难民。② 米蒂里尼·莱昂纳多主教(the archbishop of Mytilene Leonardo di Chio)认为城中本土武装人员大约有6 000人。③ 战争亲历者斯弗兰基斯回忆,能够拿起武器抵抗的拜占庭本土士兵仅有4 773人(他称之为"希腊人"),还有大约200名外国士兵。④ 斯弗兰基斯出身贵族,是君士坦丁十一世的亲信近臣,曾参与城防部署,斯弗兰基斯对外援士兵人数记载似乎人数很少,仅有200人,但根据前文可以看出,仅热那亚得援军就有700人,因此有学者指出,斯弗兰基斯提到的数百名外国士兵是指那些编入

---

① D. Nicolle, *Constantinople 1453: The End of Byzantium*, Oxford: Osprey Publishing, 2000, p.39.
② D. Nicolle, *Constantinople 1453: The End of Byzantium*, p.32.
③ S. Runciman, *The Conquest of Constantinople: 1453*, p.85.
④ G. Sphrantzes, *The Fall of the Byzantine Empire: A Chronicle by George Sphrantzes 1401–1477*, p.69.

拜占庭军队并服从拜占庭将领指挥的人。朗西曼认为"城中能够参战的男性希腊居民包括神职人员在内有 4 983 人,外国士兵则有 2 000 人左右",①合计不到 7 000 人。沃伦·特里高德认为守军大约 8 000 人,"其中外国士兵 3 000 人和拜占庭士兵 5 000 人。"②巴图西斯也认为"守军总数应该是 7 000 或 8 000 人"③,所不同的就是外国士兵人数究竟是 2 000 人还是 3 000 人。我国学者陈志强在考辨最后一战的人数时,赞同特里高德的说法,同时指出除了常规作战的守城部队 8 000 人外,还要考虑到城中民众能够辅助作战者超过 30 000 人,如此算来拜占庭一方的参战人数大概在 40 000 左右。④

贵斯亭尼安尼把守军的大多数集中在陆地城墙的核心区圣罗曼努斯城门区域,因为他认为这是城防系统中最脆弱、最容易被攻破的地段,而苏丹大营和主炮阵地也设在城外。皇帝君士坦丁十一世亲自率领拜占庭士兵驻守在陆墙中段(the Mesoteichon),莱库斯河(the river Lycus)两侧的城墙上。贵斯亭尼安尼则率领热那亚援军在查理希安门(the Charisian Gate and the Myriandrion)防守。威尼斯的援军在米诺托(Minotto)、忒奥多罗(Teodoro Caristo)和莱昂纳多主教的率领下驻防在君士坦丁堡西北角的布拉海尔奈宫。陆墙南段尤其是佩贾门(the Pegae Gate)的防守则交给了由宗室将领塞奥菲鲁斯(Theophilus Palaeologus)指挥的本土士兵和卡塔内奥(Cataneo)率领的少部分热那亚援兵。从佩贾门至南端金门的这段陆墙的防守由威尼斯人菲利波·康塔里尼(Filippo Contarini)负责。重要的金门则由热那亚人曼努埃尔守卫。拜占庭将领迪米特里·坎塔库震努斯(Demetrius Kantakouzenos)则被安排守卫塞奥多西城墙的最南端。

马尔马拉海一侧的海墙由于海岸线绵长、港口泊位众多、守军人手匮乏,防守极为薄弱。一批东正教会神职人员也拿起武器,加入到守卫海墙的阵营中。受人数所限,守军只能重点防守能够停靠船只的埃琉塞利乌斯港(the Harbour of Eleutherius)和斯托迪恩(Stoudion)。佩里·朱利亚(Péré Julia)、基辅主教伊西多

---

① S. Runciman, *The Conquest of Constantinople: 1453*, p. 85.
② W. Treadgold, *A History of the Byzantine State and Society*, p. 799.
③ M. C. Bartusis, *The Late Byzantine Army, Arms and Society, 1204-1453*, p. 131.
④ 陈志强:《古史新话——拜占庭研究的亮点》,第 76 页。

尔（cardinal Isidore of Kiev）率领部分热那亚士兵守卫君士坦丁堡东南部大皇宫处的海墙。君士坦丁堡北侧，位于金角湾南岸的海墙则由加布里埃尔·特雷维萨诺（Gabriele Trevisano）集中率领威尼斯和热那亚水手进行防守。尽管守军人数少，需要守卫的城墙长，但是君士坦丁十一世和贵斯亭尼安尼还是决定抽调部分武装人员组成两个战术预备队，充当救急队员。其中，一支预备队由卢卡斯（Lucas Notaras）率领，驻扎于陆墙北段查理希安门附近的佩特拉区（the Petra district）；另一支由宗室尼基弗鲁斯率领，驻守在圣使徒教堂（the Church of the Holy Apostle）附近，便于对陆墙中段提供候补兵员。此外，守军还包括一支由 26 艘海军舰只和武装商船组成的舰队，①这支舰队由热那亚人阿尔维索·迪耶多（Alviso Diedo）指挥，一字排开扎锚在金角湾巨型铁链后面，负责保卫横亘两岸的铁链。这是一支由拜占庭帝国与其他西方拉丁援军组成的联合舰队，其中"来自威尼斯和热那亚舰船各 5 艘，从克里特岛前来支援的舰船 3 艘，安科纳、加泰罗尼亚、普罗旺斯各 1 艘，拜占庭本国舰队有 10 艘"②。

局势已经比较明朗，如果没有外部支援，君士坦丁堡数量极其有限的守军将分散在绵延十多公里的城墙，兵力分散，难以保证战斗力。坚固高大的城防只有辅之以数量充足且训练有素、装备齐全的将士才能发挥御敌于城门之外的效果，反观此时的君士坦丁堡守军，每一位士兵所需要防御的阵线比较长，防御难度极大，使得本来易守难攻的城墙变得易攻难守。

亲历者乔治·斯弗兰基斯留下的文字中提到土军人数为 20 万；③米蒂里尼·莱昂纳多·迪乔大主教推测人数为 30 万，但爱德华·吉本认为数字被夸大。④ 著名拜占庭学者奥斯特洛格尔斯基也认为攻守双方的比例大体上为 20∶1。⑤ 法国学者布莱赫尔还进一步指出"土耳其军中有 16—20 万人，其中战斗人员有 60 000 人，他们中许多都是正规军"⑥。按照参战人员和战斗部队的标准进一步划分，有

---

① D. Nicolle, *Constantinople 1453: The end of Byzantium*, p. 45.
② S. Runciman, *The Conquest of Constantinople: 1453*, p. 85.
③ G. Sphrantzes, *The Fall of the Byzantine Empire: A Chronicle by George Sphrantzes 1401-1477*, p. 69.
④ E. Gibbon, *The History of the Decline and Fall of the Roman Empire*, Ⅶ, p. 303.
⑤ ［南斯拉夫］乔治·奥斯特洛格尔斯基：《拜占廷帝国》，第 469 页。
⑥ L. Brehier, *The Life and Death of Byzantium*, p. 365.

些学者认为土耳其军队中的正规部队约有80 000人。① 我国学者陈志强认为土耳其军队参战总人数为25万,其中步兵20万,水军50 000。②

除了强大的陆军之外,穆罕默德二世还筹建了一支海军,用来围攻君士坦丁堡的海墙,封锁金角湾和马尔马拉海,阻断海上力量较为强劲的拜占庭盟军。这支海军部分由加里波利的希腊裔水手组成。有关土耳其海军的规模也是众说纷纭,贾科莫·泰塔尔迪认为有大约100支舰船;巴尔巴罗(Nicolo Barbaro)估算约有145艘,包括大帆船12艘、小帆船70—80艘,快船20—25艘;还有从辛诺堡(Sinopolis)出发的满载石质炮弹等军用物资的补给船;③巴尔巴罗是一位来自威尼斯的外科医生,在围城期间,他负责救治伤员。他在城破之际带着日记本乘船返回家乡,这本日记对研究拜占庭帝国最后一战来说是极为重要的史料,"因为在所有现存的目击者的记载中,没有任何一部比它记载得更详细,更准确。"④斯弗兰基斯认为有大小战船400艘。⑤

总之,战场纷繁混乱,仅凭耳闻目见,很难统计出确切的参战将士总数,但是上述这些数字为我们提供了重要的参考。不可否认的是,拜占庭军队数以千计,海军几乎可以忽略不计,而土耳其军队海陆相加有数十万之多,舰船数以百计,这注定是一场差距悬殊的战争。土耳其海军由巴尔托格鲁·苏莱曼·贝伊(Baltaoğlu Süleyman Bey)指挥,这支海军舰队驻扎在迪普罗基翁,约有70艘战舰,⑥还有20艘加利船。⑦ 穆罕默德的进攻策略简单粗暴:他派遣海军舰队和陆军从四面八方封锁、围攻君士坦丁堡,同时用大炮轰击城市的陆地城墙,以倒塌的城墙瓦砾填塞护城河,为攻城部队提供通道。尽管土军无论是人数还是武器方面都占据绝对优势,但是穆罕默德很清楚,他必须在西方援军抵达前攻破城池或者迫使城中守

---

① 持8万人说的学者有朗西曼、约翰·弗雷利和沃伦·特里高德。S. Runciman, *The Conquest of Constantinople: 1453*, p. 76; J. Freely, *Istanbul, the imperial city*, pp. 173-174; W. Treadgold, *A History of the Byzantine State and Society*, p. 799.
② 陈志强:《古史新话——拜占庭研究的亮点》,第76页。
③ Nicolo Barbaro, *Diary of the Siege of Constantinople, 1453*, p. 27, 62 and 31.
④ N. Barbaro, *Diary of the Siege of Constantinople, 1453*, introduction.
⑤ G. Sphrantzes, *The Fall of the Byzantine Empire: A Chronicle by George Sphrantzes 1401-1477*, p. 69.
⑥ D. Nicolle, *Constantinople 1453: The End of Byzantium*, p. 44.
⑦ M. Uyar & E. J. Erickson, *A Military History of the Ottomans: from Osman to Atatürk*, Santa Barbara: Praeger, 2009, p. 37.

军放下武器投降。

穆罕默德二世计划进攻陆墙塞奥多西城墙,该城墙虽然城防结构复杂,布有沟渠,但城外为平坦开阔的色雷斯平原,易于开展大兵团作战,较之于海墙更易围攻。1453年4月2日,复活节后的星期一,土耳其军队集结驻进入君士坦丁堡城外的进攻阵地。

4月6日,土军的炮队开始发挥威力,①大炮数轮齐射,轰塌了一段城墙。4月7日,土耳其陆军开始对君士坦丁堡陆地城墙发动冲击,但是城中守军英勇还击打退了土军的一次次攻势,并趁乱修缮坍塌的城墙。穆罕默德二世下令重新排摆炮位,每天都对君士坦丁堡城墙要害部位集中炮击。

4月12日,穆罕默德派遣一支部队攻占了君士坦丁堡附近的两座防御堡垒,同时命令巴尔托格鲁向守护金角湾铁链的拜占庭舰队发动进攻,试图在海墙附近取得进展。然而,土耳其舰队的两次进攻均未成功,巴尔托格鲁不得不在17日夜率舰队暂时撤退到迪普罗基翁。土耳其海军尽管未能攻破金角湾,但是回师后迅速占领了马尔马拉海的王子群岛,该群岛位于君士坦丁堡东南方向,战略位置十分重要,以往是重要犯人的流放关押地。与此同时,土耳其陆军对陆墙(the Mesoteichon section of the wall)继续发动进攻。

尽管处于劣势,但是君士坦丁堡的守军再次顽强地守住防线。4月20日,受罗马教宗委派的三条战船和另一艘拜占庭战船也抵达君士坦丁堡附近,这也极大地提升了守军的士气。② 尽管土耳其海军占领了王子群岛,但是这四艘舰只几乎没有受到任何阻拦。土耳其海军的舰船精悍但短小,无法对高大的欧洲战舰形成有效威胁,在驻守金角湾的舰队的帮助下,这四艘支援战船安全地通过守军铁链。对于这微小的胜利,君士坦丁堡的居民甚至一度认为这座城市得救了。事实上,这几条援助船对整个战局毫无影响。③ 穆罕默德获悉战况后,勃然大怒,罢免了巴尔托格鲁,并任命了新的海军指挥官。

---

① 战役开始的时间有"4月1日"、"4月6日"之说,但更多的是"4月初"。陈志强:《古史新话——拜占庭研究的重点》,第69页。
② 教宗派出的三艘船满载军需物资,从3月底启航,于4月20日抵达。S. Runciman, *The Conquest of Constantinople: 1453*, p.81.
③ A. A. Vasiliev, *History of the Byzantine Empire, 324–1453*, vol. II, p.650.

为了打击守军士气,迫使守军投降,穆罕默德决意冲破金角湾防线。苏丹下令土军建造一条涂满油脂的木制坡道,以便使舰队中的小型战船从陆上绕过铁索运入金角湾。为加紧完工,土军还运来大炮用以威慑守卫金角湾的援军舰队。4月22日,土军用这种方式把一支小型舰队拉上金角湾北侧山丘,绕过横亘海湾的铁链,滑入湾内。这支舰队进入金角湾后,很快就控制了君士坦丁堡北边的水道。至此,土军彻底包围君士坦丁堡,热那亚船队从加拉塔地区到君士坦丁堡的补给线被切断,金角湾防线被攻破也对城中守军心理防线造成极大冲击。但土军偷袭进入金角湾的战船并没有发挥作战效力,只是牵扯了守军的兵力,造成城内军民恐慌。4月28日深夜,热那亚人企图用火攻的方式偷袭土耳其舰队,但是因为情报泄露而惨遭失败。由于土耳其舰队进入到金角湾,守军也不得不调拨兵力增加此处海墙的防御,直接导致其他处城防力量被削弱。

在彻底包围君士坦丁堡后,穆罕默德二世下令继续炮击君士坦丁堡陆墙。在火炮的连日轰击下,君士坦丁堡的城墙出现数段坍塌,被打开多个缺口,只是由于缺口处过于狭窄,大部队难以迅速涌入通过。城中的守军继续趁着夜色抓紧修缮城墙,并在受损较为严重的城墙中段圣罗曼努斯门和位于城墙西北角的布拉赫那处加固防守。

进入5月份之后,土耳其陆军发动的数次进攻仍未成功,反而伤兵损将。因此,从5月中旬开始到5月25日,土耳其军队转变进攻策略,试图以挖掘地道的方式突破城防。5月16日夜到25日,攻守双方的部分士兵在地道内展开激烈争夺。负责挖掘地道的工兵大多来自于奥斯曼帝国的附庸国塞尔维亚。城中守军在一位名为约翰尼斯·格兰特(Johannes Grant)的苏格兰工程专家的率领下,反向挖掘地道,城中守军进入地道,利用"希腊火"将敌人消灭殆尽。其中,5月23日,拜占庭人在地道中俘虏了两名土耳其军官,通过严刑拷打,土耳其的军官泄露了所有地道的位置,土军地道尽皆被毁。[①] 土耳其军队的"地道战"宣告失败。

穆罕默德二世最后一次派遣使节入城劝降:只要君士坦丁十一世放弃守城,就可以带着属下和财产到任何想去的地方,城中军民也免遭屠戮。君士坦丁似乎

[①] R. Crowley, *1453: the holy war for Constantinople and the clash of Islam and the West*, New York: Hyperion, 2005, pp. 168 – 171.

以为上帝真的在庇护圣城逃过一劫,相信圣母护城的奇迹将再次降临,因此拒绝了劝降,并表明下定决心与城市共存亡。① 得知消息后,穆罕默德召集全体将士,发表演说,用城中财富激励全军,同时确定了发动总攻的日期。

5月29日凌晨,土耳其军中的民夫首先填满了环绕城市的护城河。在黎明到来前,穆罕默德二世命令,土耳其的陆军、海军、炮兵同时对君士坦丁堡发起猛攻。第一波发动进攻的是土军的辅助部队,这支部队的士兵训练、装备较差,多为仆从国将士。显然,穆罕默德二世是为了消耗守军的体力、人数,他是让辅助部队充当疲敌的"炮灰"。第一波进攻之后不久,由安纳托利亚士兵组成的第二波攻击又开始了,他们攻击的重点是城市西北端的布拉海尔奈地区,该地区的大部分城墙已经被土军大炮损坏。②

土军两次试图冲进中段的圣罗曼努斯门和西北段的布拉海尔奈,但是都遭到激烈的抵抗,土耳其士兵被迫后退。穆罕默德命令3 000名战斗力强悍且一直守护在苏丹左右的禁卫军加尼沙里军团(Janissary,土耳其语 yeniçeri,意为"新军")与陆军精锐部队的士兵一道发起第三波进攻。一个小队通过另一座城门登上了城墙上的一座瞭望塔,但是很快就被守军消灭。同时,守军内部也出现了重大变故。一直奋战在一线的城防总指挥官贵斯亭尼安尼被土军击伤,腿部受伤严重,失血过多,生命垂危。贵斯亭尼安尼被部下仓皇抬下火线,从内城小门撤走,这导致守军阵线大乱,士气骤降,组织混乱,防线松动,而攻方则为之一振,加紧进攻。③

由于事发突然,守军只能在慌乱中继续迎战。由于守军的疏忽,布拉海尔奈段城墙的一座被瓦砾遮盖了的小城门(the Kerkoporta gate)没有关闭,50名土耳其军人趁机从该座城门涌入城中。④ 与此同时,穆罕默德二世派遣另一支禁卫军部队助战,中段的圣罗曼努斯门也被攻破。土耳其军队如潮水般涌入君士坦丁堡,一座座的城门先后被攻破,一面面土耳其军旗竖立于城墙堡垒上。城中守军已经

---

① Ducas, *Decline and Fall of Byzantium to the Ottoman Turks*, p. 220.
② 布拉海尔奈处的城墙修建于11世纪,较之于其他处陆墙相对薄弱。1204年,第四次十字军就是从此处陆墙突破,攻入君士坦丁堡。
③ Ducas, *Decline and Fall of Byzantium to the Ottoman Turks*, pp. 222-223.
④ Ducas, *Decline and Fall of Byzantium to the Ottoman Turks*, p. 223.

彻底溃败,守军中的威尼斯和热那亚士兵迅速撤退到他们停泊在金角湾的船上。君士坦丁手持武器与表兄弟塞奥菲鲁斯、弗朗西斯科(the Castilian Don Francisco of Toledo)、约翰(John Dalmatus)及部分士兵在城中与土军展开巷战,最终死于乱军之中,也有记载称他在战乱中"失去踪迹"。民众极为同情这位亡国之君的遭遇,因为没有找到他的尸体,有关他的传说广为流传:像亚瑟王一样,他没有死,总有一天会回来带领人民取得胜利。①

城破之后,土军士兵在城中大肆抢劫。苏丹穆罕默德尽管曾许下城破之日,抢劫三天的承诺,但是作为一位理智的政治家,他迅速制止了抢劫行为。当君士坦丁堡大多数城区已经肃清残敌之时,穆罕默德二世亲自骑马穿过城市的街道,来到了圣索菲亚大教堂。他在教堂门前下马,进入教堂参观祷告,然后下令土军立即停止劫掠行为。因此,有学者认为"与1204年第四次十字军相比,1453年攻占君士坦丁堡的土耳其军队尚显得温和、有人性"②。

穆罕默德二世及其军队在君士坦丁堡陷落之后保持城内建筑的完好,因为他要将一个完整的都城变为奥斯曼帝国的首都。土军将士按照习惯,将城中已经投降的大部分平民和贵族俘虏为奴,向被俘的所属国索要赎金。值得一提的是,这些幸存者们虽然免遭屠戮,但是他们丧失了人身自由,多被变卖为奴隶。后来他们中的大部分人被集中迁居到城中西北部的法纳尔区(Phanarion)和金角湾北岸的加拉塔区,其中貌美的男孩和妇女被纳入苏丹的后宫,或者赠送给贵族。后来"法纳尔人"(Phanariots)一词被用来称呼1453年以后,在奥斯曼土耳其帝国治下居住在君士坦丁堡(伊斯坦布尔)且服从服务于苏丹政府的希腊人。他们也被欧洲基督教世界的民众视为叛徒。

穆罕默德二世在攻占君士坦丁堡之后并没有废弃这座城市,而是采用了相对宽容的移民政策和宗教政策,鼓励周边城市的居民移居到君士坦丁堡,因为雄才大略的苏丹要使奥斯曼帝国新都迅速发展起来,尽快变成繁荣的城市。当君士坦丁堡城内秩序彻底恢复之后,穆罕默德将奥斯曼土耳其帝国的首都从亚得里亚堡迁移到此,为多元文化并存的奥斯曼帝国设置了一座崭新的且同样多元文化并存

---

① J. Haldon, *Byzantium at War*, p. 89.
② A. A. Vasiliev, *History of the Byzantine Empire*, 324 –1453, vol. II, p. 653.

的首都。

穆罕默德二世自少年时代便接受了系统的教育，知识广博，欣羡于昔日罗马帝国统治整个地中海世界的荣光，也对地中海古典文化欣赏有加。他在占领君士坦丁堡之后，自诩为罗马帝国的继承者，自比罗马的凯撒（Kayzer-i Rum）。这也预示着穆罕默德的野心并不仅限于灭亡拜占庭帝国，而是要称霸东地中海和欧洲。为了实现这一目标，穆哈默德二世在攻占君士坦丁堡之后继续对巴尔干地区和希腊地区用兵，扫平拜占庭帝国的残余势力和盟友。15 世纪末，奥斯曼帝国征服了整个巴尔干地区，用实际行动诠释了这位年轻苏丹的野心。在攻破君士坦丁堡，灭亡拜占庭帝国后，苏丹穆罕默德二世并没有满足，而是继续清剿拜占庭贵族建立的各个小政权。1461 年，由拜占庭帝国科穆宁家族后裔建立的特拉比宗帝国遭遇灭顶之灾，这个偏安黑海东南角一隅达 257 年（1204—1461）的最后一个罗马（拜占庭）帝国势力也归于灭亡，这个与拜占庭帝国有继承关系、血缘关系的政治实体被土耳其军队剿灭。至此，信奉东正教的拜占庭帝国不复存在，穆罕默德二世在其废墟上建立了新的帝国，并把首都从亚得里亚堡迁至君士坦丁堡，君士坦丁堡也从此更名为"伊斯坦布尔（Istamboul）"①。

对于基督教世界而言，穆罕默德二世灭亡拜占庭帝国意味着基督教国家与伊斯兰教国家之间的缓冲和屏障地带消失了。匈牙利、奥地利、意大利成为抵抗奥斯曼土耳其帝国西扩的主要力量，双方之间的争斗持续了数百年，直到奥斯曼帝国在与哈布斯堡王朝的决战中败下阵来，其北上扩张的步伐才停止下来。

拜占庭帝国长期保留、传抄古典时期流传下来的大量书籍，谨守古典世界留下的各种知识，学富五车的拜占庭学者在战乱期间流亡意大利，他们成为一道文明传播的桥梁。拜占庭人到西方拉丁世界交流访学从 11—12 世纪时就已经开始了。起初，拜占庭学者最经常访问的地方是意大利北方的城市共和国，如威尼斯、热那亚、比萨，它们与拜占庭帝国有着密切的经贸往来，并在拜占庭帝国境内有着巨大的商业利益和投资。经济上的联系推动了文化上的往来。随着时间的推移，双方的文化交往扩大到中部的一些城市。例如，1396 年，佛罗伦萨大学校长科卢

---

① A. A. Vasiliev, *History of the Byzantine Empire*, 324－1453, vol. II, p.654.

乔(Coluccio Salutati)邀请拜占庭学者前往讲学,由此开启了佛罗伦萨与拜占庭帝国之间的文化学术交往,为佛罗伦萨后来成为文艺复兴的发祥地创造了有利条件。在拜占庭学者的帮助下,"西方的思想家们呼吸得更加自由,更加轻松。"[1]

拜占庭帝国被土耳其人征服后,由于生存环境日渐险恶,部分希腊人向西欧地区移民,他们携带了大量的书籍和文稿。[2] 他们从希腊地区流亡到意大利,为经济富裕且喜欢品鉴古典文明的意大利人提供了便利。意大利的知识分子通过向拜占庭学者学习希腊语,得以对拜占庭学者们保留下来的古典著作进行深入解读。正是得益于拜占庭学者和意大利学者的相互交流与深入探讨,古典文化得以在意大利复兴。拜占庭帝国虽然灭亡了,但是它的历史、文化和精神以拜占庭式建筑、镶嵌画、圣像、珍玩、古代文献抄本等各种实物的形式留存后世,成为人类文化宝库中的珍贵遗产。

---

[1] J. Kulakovsky, *History of Byzantium*, vol. I, Kiev, 1913, p. 12.
[2] A. A. Vasiliev, *History of the Byzantine Empire, 324 -1453*, p. 722.

征引书目

西文书目

- Abulafia, D. ed., *The New Cambridge Medieval History*: c.1198 – c.1300, Vol.5, Cambridge: Cambridge University Press, 1999.
- *Actes du Prôtaton* (Archives de l'Athos 7), édition diplomatique par Papachryssanthou, D., Paris: P. Lethielleux, 1975.
- Adler, W., *Time Immemorial: Archaic History and its Sources in Christian Chronography from Julis Africanus to George Syncellus*, Washington, D.C.: Dumbarton Oaks Research Library and Collection, 1990.
- Aetius of Amida, *The Gynaecology and Obstetrics of the VIth Century, A. D.*, Philadelphia: Blakiston, 1950.
- Aetius of Amida, *The Ophthalmology of Aëtius of Amida*, Oostende, Belgium: J. P. Wayenborgh, 2000.
- Agathiae Myrinaei, *Historiarum libri quinque*, ed. Keydell R., [Corpus Fontium Historiae Byzantinae 2] Berlin: De Gruyter, 1967, Thesaurus Linguae Graecae (以下简称 TLG), No. 4024001.
- Agathias, *The Histories*, translated with an introduction and short explanatory notes by Frendo J. D., Berlin: Walter de Gruyter & Co., 1975.
- Agnellus (of Ravenna), *The Book of Pontiffs of the Church of Ravenna*, trans. Deliyannis D. M., Washington: Catholic University of America Press, 2004.
- Ahrweiler, H., *Byzance et la mer. La marine de guerre, la politique et les institutions maritimes de Byzance aux VIIe – XVe siècles*, Paris: Presses Universitaires de France, 1996.
- Ahrweiler, H. and Laiou, A. E. eds., *Studies on the Internal Diaspora of the Byzantine Empire*, Washington, D. C.: Dumbarton Oakes Research Library and Collection; Cambridge, Mass.: Distributed by Harvard University Press, 1998.
- Ahrweiler, H., *Byzance et la mer: la marine de guerre, la politique et les institutions maritimes de Byzance aux VIIe-XVe siècles*, Paris: Presses universitaires de France Vendôme, 1966.
- Al-Baladhuri, *The Origins of the Islamic State*, trans. by Hitti, Ph. K., Beirut, 1966.
- Alberigo, G. ed., *Christian Unity*: The Council of Ferrara-Florence, Leuven: Leuven University Press, 1991.
- Albucasis, *De chirurgia*: Arabica et Latine, Cura Johannis Channing, Oxford: Clarendon Press, 1778.
- Alexakis, A., Ιστορίαι, Athens: Ekdoseis Kanakē, 2008.
- Alexander, P. J., *The Patriarch Nicephorus of Constantinople*: Ecclesiastical Policy and Image Worship in the Byzantine Empire, Oxford: At the Clarendon Press, 1958.
- Allen, P. and Neil, B., *The Oxford Handbook of Maximus the Confessor*, New York: Oxford University Press, 2015.
- Ammianus Marcellinus, *History*, 3 vols, with an English translation by Rolfe J. C., London and Cambridge Massachusetts: Harvard University Press, 1935–1940; Delphi Classics, 2016; London: William Heinemann Ltd., 1986; London: Bohn, 1862; MA: Harvard University Press, 1935.
- Amory, P., *People and Identity in Ostrogothic Italy, 489–554*, Cambriged: Cambridge University Press, 1997.
- Ἀναγνώστου, E. H., Το Βυζάντιο και το Κράτος του Καρόλου Ντ'Ανζου, Συμβολή στην ιστορία των σχέσεων της Βυζαντινής αυτοκρατορίας με τη Νότια Ιταλία και τη Σικελία τον 13ο αιώνα. Διδακτορική διατριβή, Αριστοτέλειο Πανεπιστήμιο Θεσσαλονίκης, 2005.
- An Anonymous Author, *The Deeds of Pope Innocent III*, ed. Powell, J. M., Washington, D.C.: Catholic University of America Press, 2011.
- Anaxagorou, N., *Narrative and Stylistic Structures in the Chronicle of Leontios Machairas*, Nicosia: A. G. Leventis Foundation, 1998.
- Andrea, A. J., ed. and trans., *Contemporary Sources for the Fourth Crusade*, Leiden; Boston; Köln: Brill, 2000.
- Angelov, D. and Saxby, M. eds., *Power and Subversion in Byzantium*, Birmingham: University of Birmingham, 2010.
- Angelov, D., *The Byzantine Hellene: The Life of Emperor Theodore Laskaris and Byzantium in the Thirteenth Century*, Cambridge and New York: Cambridge University Press, 2019.
- Angelov, D., *The Imperial Ideology and Political Thought in Byzantium, 1204–1330*, Cambridge and New York: Cambridge University Press,

2007.
- Angold, M. ed., *The Cambridge History of Christianity*, Vol.5, Cambridge: Cambridge University Press, 2006.
- Angold, M., *A Byzantine Government in Exile: Government and Society under the Laskarids of Nicaea (1204 – 1261)*, London: Oxford University Press, 1975.
- Angold, M., *Church and Society in Byzantium under the Comneni, 1081 – 1261*, Cambridge [England]; New York: Cambridge University Press, 1995.
- Angold, M., *The Byzantine Aristocracy IX to XIII Centuries*, Oxford: British Archaeological Reports, 1984.
- Angold, M., *The Fourth Crusade: Event and Context*, Harlow: Pearson Longman, 2003.
- Angold, M., *The Byzantine Empire, 1025 – 1204: A Political History*, London: Longman Publishing Group, 1996.
- Anna Comnena, *Alexiade*, ed. Leib, B., 3 vols., Paris: Les Belles Lettres, 1928, 1937, 1943, 1945, TLG, No.2703001.
- Anna Comnena, *The Alesiad of Anna Comnena*, trans. by Sewter, E. R. A., London: Penguin Books, 1969.
- *Anna Comnenae Alexias*, recensuerunt Reinsch, D. R. et Kambylis A., [Corpus Fontium Historiae Byzantinae 40: 1] Berolini: Walter De Gruyter, 2001.
- Anna Comnena, *Alexiad*, New York: Kegan Paul, 2003.
- Anthimus, *Anthimus: How to Cook an Early French Peacock: De Observatione Ciborum-Roman Food for a Frankish King*, trans. Chevallier, J., Chez Jim Books, 2012.
- Arbel, B., Hamilton, B. and Jacoby, D. eds., *Latins and Greeks in the Eastern Mediterranean after 1204*, London: Totowa, N.J. Cass, in association with The Society for the Promotion of Byzantine Studies, The Society for the Study of the Crusades and the Latin East, 1989.
- Archimedes, *The Works of Archimedes: Volume 1, The Two Books on the Sphere and the Cylinder: Translation and Commentary*, ed. Netz, R., Cambridge: Cambridge University Press, 2004.
- Arentzen, T., *The Virgin in Song: Mary and the Poetry of Romanos the Melodist*, Philadelphia: University of Pennsylvania Press, 2017.
- *Aristakēs Lastivertc'i's History*, trans. by Bedrosian, R., New York: Sources of the Armenian Tradition, 1985.
- Arjava, A., *Women and Law in Late Antiquity and the Early Middle Ages*, Oxford: Clarendon Press, 1996, 1998.
- Arlett, J., *A Dying Empire? Do Byzantine Accounts of the Period 1204 – 1261 Support or Contradict the Claim that the Byzantine Empire was 'Mortally Wounded' by the Loss of Its Capital?* Ph. D diss., University of London, 2018.
- *Armenia and the Crusades: Tenth to Twelfth Centuries: The Chronicle of Matthew of Edessa*, Transl. by Dostourian, A. E., Belmont, M.A.: National Association for Armenian Studies and Research; Lanham: University Press of America, 1993.
- Arnakys, A., *The Early History of the Ottomans*, Athens, 1947.
- Athanasius, *Arian History. Athanasius Werke*, ed. Opitz, H.G., Berlin: De Gruyter, 1940, TLG, No. 2035009.
- Athanasius, *The Life of Antony and the Letter to Marcellinus*, trans. by Gregg, R., New York: Paulist Press, 1980. Athanasius, *Vita Antonii*, in *Patrologia Graeca*, ed. Migne, J. P., vol. 26, Paris, 1887, TLG, No.2035047.
- Atiya, A. S., *The Coptic Encyclopedia*, New York, Toronto, Oxford, Singapore, Sydney: MacMillan, Collier, Maxwell, 1991.
- Aubé, P., *Les Empires nomands d'Orient, XI-XIIle siècle, la Sicile, Constantinople, les Croisades*, Paris: Tallandier, 1983.
- Augustin, *The City of God and Christian Doctrine*, ed. Schaff Ph., New York: Grand Rapids, 1890.
- Αυγερινού-Τζιώγα, Μ., *Η Σύνοψις Χρονική του Κωνσταντίνου Μανασσή: συμβολή στην υφολογική μελέτη μιας έμμετρης Χρονογραφίας*, Θεσσαλονίκη, 2013.
- Αυγερινού-Τζιώγα, Μ., *Η Χρονική Συγγραφή του Γεωργίου Ακροπολίτη: η αττικιστική διαχείριση ενός γλωσσικού κεφαλαίου*, Θεσσαλονίκη, 2012.
- Avi-Yonah, M., *The Jews under Roman and Byzantine Rule*, Jerusalem: The Hebrew University, 1984.
- Bachrach, B. S., *A History of the Alans in the West: From their First Appearance in the Sources of Classical Antiquity through the Early Middle Ages*, Minneapolis: University of Minnesota Press, 1973.
- Bagnall, R. S., *Egypt in Late Antiquity*, Princeton: Princeton University Press, 1993.
- Baker, D. ed., *Relations between East and West in the Middle Ages*, New York: Routledge, 2017.
- Bakker, E. J. ed., *A Companion to the Ancient Greek Language*, Chichester: Blackwell Publishing, 2010.
- Baldwin, J. W., *The Government of Philip Augustus: Foundations of French Royal Power in the Middle Ages*, Berkeley: University of California Press, 1991.
- Ball, W. W. R., *A Short Account of the History of Mathematics*, North Chelmsford: Dover Publications, 2012.
- Banaji, J., *Agrarian Change in Late Antiquity: Gold, Labour, and Aristocratic Dominance*, Oxford: Oxford University Press, 2001.
- Banaji, J., *Exploring the Economy of Late Antiquity*, Cambridge: Cambridge University Press, 2016.
- Barker, E., *Social and Political Thought in Byzantium: form Justinian I to the Last Palaeologus*, Oxford: Clarendon Press, 1957.
- Barker, D. ed., *The Orthodox Churches and the West*, Oxford: Basil Black Well, 1976.
- Barker, J. W., *Manuel II Palaeologus (1391 – 1425): A Study in Late Byzantine Statesmanship*, New Brunswich, N.J. 1969, 1979.
- Barker, J. W., *Justinian and the Later Roman Empire*, Madison: The University of Wisconsin Press, 1975.
- Barker, H., *Egyptian and Italian Merchants in the Black Sea Slave Trade, 1260 – 1500*, Doctoral

- dissertation of Columbia University, 2014.
- Barnes, T. D., *Constantine and Eusebius* , Cambridge: Harvard University Press 1981.
- Barnard, L. W., *The Graeco-Roman and Oriental Background of the Iconoclastic Controversy* , Leiden: E. J. Brill, 1974.
- Barnes, T. D., *Constantine and Eusebius* , Cambridge: Harvard University Press, 1981.
- Barnwell, P. S., *Emperor, Prefects & Kings : The Roman West, 395 – 565* , Chapel Hill and London: The University of North Carolina Press, 1992.
- Bassett, S., *The Urban Image of Late Antique Constantinople* , Cambridge: Cambridge University Press, 2004.
- Bartusis, M. C., *the Late Byzantine Army : Arms and Society 1204 – 1453* , Philadelphia: University of Pennsylvania Press, 1992, 1997.
- Bartusis, M. C., *Land and Privilege in Byzantium :* The Institution of Pronoia , New York: Cambridge University Press, 2012.
- Βαρζός, Κ., *Η Γενεαλογία των Κομνηνών* , τόμος Β', Θεσσαλονίκη: Κέντρον Βυζαντινών Ερευνών, 1984.
- Baynes, N. H. and Moss, H., *Byzantium : An Introduction to East Roman Civilization* , Oxford: Oxford University Press, 1948, 1953; London: Thornton Butterworth Ltd, 1925.
- Beck, H.-G., *Kirche und theologische Literatur im byzantinischen Reich* , München: Beck, 1959.
- Beck, H.-G., *Ιστορία της Βυζαντινής Δημώδους Λογοτεχνίας* , Μτφρ. Eideneier, N., Αθήνα: Morphōtko Hidryma Ethnikēs Trapezēs, 1993.
- Bekker, I. ed., *Theophanes Continuatus, Ioannes Cameniata, Symeon Magister, Georgius Monachus* , [Corpus Scriptorum Historiae Byzantinae] Bonn: Weber, 1838, TLG, No.4153001.
- Bekker, I. ed., *Georgii Pachymeris de Michaele et Andronico Palaeologis libri tredecim* , vol.2, [Corpus Scriptorum Historiae Byzantinae] Bonn: Weber, 1835, TLG, No.3142002.
- Bell, H. I., *Egypt from Alexander the Great to the Arab Conquest* , Amen House, London: Oxford University Press, 1956.
- Bellinger, A. R. and Grierson, P., *Catalogue of the Byzantine Coins in the Dumbarton Oaks Collection and in the Whittemore Collection* , vol.1 – 5 (DOC), Washington, D.C.: Dumbarton Oaks Research Library and Collection, 1966 – 1968 – 1999.
- Bellinger, A. R., *Essays on the Coinage of Alexander the Great* , New York: American Numismatic Society, 1963.
- Ben-Eliyahu, E., Cohn Y., Millar F., *Handbook of Jewish Literature from Late Antiquity, 135 – 700 CE* , Oxford: Oxford University Press, 2012.
- Benjamin, *The Itinerary of Benjamin of Tudela* , ed. Adler, M. N., London: Oxford University Press, 1907.
- Benoist, S., Daguet-Gagey, A. and Hoët-van Cauwenberghe, Ch. eds., *Figures d'empire, fragments de mémoire :* pouvoirs et identités dans le monde romain imperial , Presses Universitaires du Septentrion: Villeneuve d'Ascq, 2011.
- Ben-Sasson, H. H., *A History of the Jewish People* , London: Weidenfeld and Nicolson, 1976.
- Benson, F. S., *Ancient Greek Coins* , Privately Printed, 1900.
- Berger, A., *Encyclopedic Dictionary of Roman Law* , Philadelphia: The American Philosophical Society, 1991.
- Bernard, F. and Demoen, K. eds., *Poetry and its Contexts in Eleventh-century Byzantium* , Farnham: Ashgate, 2012.
- Besevliev, V., *Die protobulgarischen Inschriften* , Berlin: Akademie Verlag, 1963.
- Betancourt, R., *Sight, Touch, and Imagination in Byzantium* , Cambridge: Cambridge University Press, 2018.
- Bianquis, T., *Damas et la Syrie sous la domination fatimide (359 – 468/969 – 1076): Essai d'interprétation de chroniques arabes médiévales, 2 vols* ., Damas: Institut français de Damas, 1986 – 1989.
- Bidez, J. and Parmentier, L. ed., *The Ecclesiastical History of Evagrius with the Scholia* , London: Methuen, 1898 (repr. New York: AMS Press, 1979), TLG, No.2733001.
- Birkenmeier, J. W., *The Development of the Komnenian Army : 1081 – 1180* , Boston: Brill, 2002.
- Blaum, P. A., *The Days of the Warlords : A History of the Byzantine Empire, A. D. 969 – 991* , Lanham: University Press of America, 1994.
- Βλαχάκος, Π. Κ., *Ο βυζαντινός λόγιος Νικηφόρος Γρηγοράς:* η προσωπικότητα και το έργο ενός επιστήμονα και διανοουμένου στο Βυζάντιο του 14ου αιώνα , Θεσσαλονίκη, 2008.
- Blemmydes, N., *A Partial Account* , trans. by Munitiz, J., Louvain: Spicilegium Sacrum Lovaniense, 1988.
- Blockley, R. C. ed., *The fragmentary classicising historians of the later Roman Empire :* Eunapius, Olympiodorus, Priscus and Malchus , vol.2, Liverpool: Francis Cairns Ltd, 1983.
- Blockley, R. C., *The History of Menander the Guardsman, introductory Essay, Text, Translation and Historigraphical Notes* , Liverpool: Francis Cairns Ltd, 1985.
- Blondal, S., *The Varangians of Byzantium* , revised by Benedikz, S., Cambridge: Cambridge University Press, 1978.
- Blowers, P. M. ed., *The Bible in Greek Christian Antiquity* , United States: University of Notre Dame Press, 1997.
- Βλυσίδου, Β. Ν., *Βυζαντινά στρατεύματα στη Δύση (5ος – 11ος αι.):* 'Έρευνες πάνω στις Χερσαίες και ναυτικές επιχειρήσεις · σύνθεση και αποστολή των βυζαντινών στρατευμάτων στη Δύση , Αθήνα: Ε.'Ι.Ε./Ι.Β.Ε., 2008.
- Βλυσίδου, Β. επιμ., *Η αυτοκρατορία σε κρίση:* το Βυζάντιο τον 11ο αιώνα (1025 – 1081) , Αθήνα: Εθνικό 'Ιδρυμα Ερευνών, 2003.
- Boardman, J., Griffin J. and Murray O. eds., *The Oxford History of The Roman World* , Oxford: Oxford University Press, 1986.
- Boin, D., *Ostia in Late Antiquity* , Cambridge: Cambridge University Press, 2013.
- Boissevain, U. P. ed., *Excerpta historica iussu imp. Constantini Porphyrogeniti confecta, vol.4:* excerpta de sententiis , Berlin: Weidmann, 1906, TLG, No.4076005.
- Bolgar, R. R., *The Classical Heritage and Its Beneficiaries* , Cambridge: Cambridge University Press, 1958.
- Bolman, E. S., *Monastic Visions :* Wall Paintings

- in the Monastery of St. Antony at the Red Sea, New Haven and London: Yale University Press, 2002.
- Bonfil, R. ed., *Jews in Byzantium : Dialectics of Minority and Majority Cultures*, Leiden: Brill, 2012.
- Bongars, J. De ed., *Gesta Dei per Francos*, vol. II, Hanoviae: Typis Wechelianis apud heredes Ioannis Aubrii, 1611.
- Boor, C. de ed., *Excerpta historica iussu imp. Constantini Porphyrogeniti confecta, vol. 1:* excerpta de legationibus, pt. 1 – 2, Berlin: Weidmann, 1903, TLG, Nos. 3023001, 4076003 and 4076004.
- Boojamra, J. L., *Church Reform in the Late Byzantine Empire, a Study for the Patriarchate of Athanasios of Constantinople*, Thessalonki: Patriarchal Institute for Patristic Studies, 1982.
- Bosch, U. V., *Kaiser Andronikos Ⅲ. Palaiologos, Versuch einer Darstellung der byzantinischen Geschichte in den Jahren 1321 –1341*, Amsterdam: Verlag Adolf M. Hakkert, 1965.
- Bouquet, D. M. ed., *Receuil des Historiens des Gaules et de France*, vol.18, Poitiers: Imprimerie de H. Oudin Frère, 1879.
- Bouras-Vallianatos, P. and Xenophontos, S. eds., *Greek Medical Literature and its Readers from Hippocrates to Islam and Byzantium*, London and New York: Routledge, 2018.
- Bowen, J., *A History of Western Education*, vol. 1, London: Methuen and Co. Ltd., 1981.
- Bowersock, G. W., Brown, P. and Grabar, O. eds., *Interpreting Late Antiquity :* Essays on the Postclassical World, London: Belknap Press of Harvard University Press, 2001.
- Boyer, C. B., *A History of Mathematics*, Hoboken: Wiley, 1991.
- Boyle, J. S. ed., *The Cambridge History of Iran, vol. 5, The Saljuq and Mongol Period*, Cambridge: Cambridge University Press, 1968.
- Boulnois, L., *Silk Road :* Monks, Warriors & Merchants, New York: E. P. Dutton & Co., 1966.
- Bowden, W., Gutteridge A. and Machado C. eds., *Social and Political Life in Late Antiquity*, Leiden, Boston: Brill, 2006.
- Bowersock, G. W., Brown P., Grabar O. eds., *Late Antiquity :* A Guide to the Postclassical World, Cambridge: The Belknap Press of Harvard University Press, 1999.
- Bowersock, G. W., *Empires in Collision in Late Antiquity*, Waltham, Massachusetts: Brandeis University Press, 2012.
- Bowersock, G. W., *Hellenism in Late Antiquity*, Cambridge: Cambridge University Press, 1990.
- Bowes, K. and Kulikowski M. ed. and trans., *Hispania in Late Antiquity :* Current Perspectives, Leiden, Boston: Brill, 2005.
- Bowman, A. K., Garnsey P., Cameron A. eds., *The Cambridge Ancient History, Vol.XII :* The Crisis of Empire, A. D. 193 – 337, Cambridge: Cambridge University Press, 2005.
- Bowman, S. B., *The Jews of Byzantium (1204 – 1453)*, Alabama: University of Alabama Press, 1985.
- Boyarin, J. and Boyarin, D., *Powers of Diaspora :* Two Essays on the Relevance of Jewish Culture, Minnesota: University of Minnesota Press, 2002.
- Bradley, M. J., *The Birth of Mathematics :* Ancient Times to 1300, New York: Chelsea House, 2006.
- Brand, C. M., *Byzantium Confronts the West, 1180 – 1204*, Cambridge, Mass.: Harvard University Press, 1968; Aldershot: Gregg Revivals, 1992.
- Bréhier, L., *Le monde byzantin :* Vie et mort de Byzance, Paris, France: Éditions Albin Michel, 1946; trans. in English by Margaret Vaughan, Oxford: North-Holland Publishing Company, 1977.
- Brewer, D., *Greece, the Hidden Centuries: Turkish Rule from the Fall of Constantinople to Greek Independence*, London & New York: I. B. Tauris, 2010.
- Brilliantov, A., *Emperor Constantine the Great and the Edict of Milan*, London, 1937.
- Brion, M., *Alaric the Goth*, trans. by Martens F. H., New York: Robert M. McBride & Company, 1930.
- Bromiloy, G. W., *Zwingli and Bullinger*, Philadelphia: Westminster Press, 1953.
- Brongna, A., *The Generalship of Belisarius*, Boston: Boston University Master thesis, 1987.
- Brosset, M.-F., *Histoire de la Géorgie debuis l'Antiquité jusqu'au XIXe siècle*, S.- Pétersbourg: Imprimerie de l'Académie Impériale des sciences, 1849.
- Brown, P., *Augustine of Hippo :* A Biography, Berkeley and Los Angeles: University of California Press, 1967.
- Brown, P., *Power and Persuasion in Late Antiquity :* Towards a Christian Empire, Madison: University of Wisconsin Press, 1992.
- Brown, P., *The World of Late Antiquity :* AD. 150 – 750, London: Thames and Hudson Ltd, 1971; London and New York: W. W. Norton& Company, Inc., 1989.
- Brown, T. S., *Gentlemen and Officers :* Imperial Administration and Aristocratic Power in Byzantine Italy, A.D. 554 – 800, Hertford: Stephen Austin and Sons, 1984.
- Browning, R., *Byzantium and Bulgaria :* a Comparative Study Across the Early Medieval Frontier, London: Temple Smith., 1975.
- Browning, R., *Justinian and Theodora*, London: Weidenfeld and Nicolson, 1971.
- Browning, R., *The Byzantine Empire*, Washington D. C.: The Catholic University of America Press, 1992.
- Brubaker, L. and Haldon, J., *Byzantium in the Iconoclast Era c. 680 – 850:* A History, Cambridge: Cambridge University Press, 2011.
- Brubaker, L. ed., *Byzantium in the Ninth Century :* Dear or Alive? Aldershot, Brookfield: Ashgate, 1998.
- Brubaker, L., *Inventing Byzantine Iconoclasm*, Bristol: Bristol Classical Press, 2012.
- Brunswick, New Jersey: Rutgers University Press, 1969.
- Bryer, A. A. and Georghallides, G. S. eds., *The Sweet Land of Cyprus :* Papers given at the twenty-fifth Jubilee Spring Symposium of Byzantine Studies, Birmingham, March 1991, Nicosia: Cyprus Research Centre, 1993.
- Bryer, A. A. and Winfield, D., *The Byzantine Monuments and Topography of the Pontos*,

Washington, D.C.: Dumbarton Oaks Research Library and Collection, 1985.
- Bryer, A. A., *The Empire of Trebizond and the Pontos*, London: Variorum Reprints, 1980.
- Bryer, A. and Cunningham M. eds., *Mouth Athos and Byzantine Monasticism : Papers from the Twenty-Eighth Spring Symposium of Byzantine Studies*, University of Birmingham, March 1994; Ashingate: Routledge, 1996.
- Bryer, A. and Herrin J. eds., *Iconoclasm : Papers given at the Ninth Spring Symposium of Byzantine Studies*, University of Birmingham, March 1975; Birmingham: Centre for Byzantine Studies, University of Birmingham, 1977.
- Buchon, J. A. ed., *Chronique de la prise de Constantinople par les Francs écrite par Geoffroy de Ville-Hardoin,—suivie de la continuation de Henri de Valenciennes*, Paris: Verdière Libraire, 1828.
- Buchon, J. A., *Nouvelles recherches historiques sur la principaute française de More et ses hautes baronnies*, vol. 2, Paris: Comptoir des imprimeurs unis, 1844.
- Buchon, J. A., *Recherches et Matériaux pour servir à une histoire de la domination française dans le provinces démembrées de l'Empire grec*, vol. 2, Paris: Auguste Desrez, 1840.
- Buckler, G., *Anna Comnena : A Study*, Oxford: Oxford University Press, 1929, 1968.
- Buckley, P., *The Alexiad of Anna Komnene : Artistic Strategy in the Making of a Myth*, Cambridge: Cambridge University Press, 2014.
- Burckhardt, J., *Age of Constantine the Great*, translated by Hadas M., London: Routledge & Kegan Paul Ltd., 1949.
- Burgmann, L. ed., *Ecloga : das Gesetzbuch Leons III und Konstantinos' V*, Frankfurt am Main: Löwenklau-Gesellschaft, 1983.
- Burnham, D. K., *Warp and Weft, A Textile Terminology*, Toronto: Royal Ontario Museum, 1980.
- Burns, J. H., *The Cambridge History of Medieval Political Thought*, Cambridge: Cambridge University Press, 1988.
- Burns, Th. S. and Eadie J. W. eds., *Urban Centers and Rural Contexts in Late Antiquity*, East Lansing: Michigan State University Press, 2001.
- Burns, Th. S., *A History of the Ostrogoths*, Bloomington and Indianapolis: Indiana University Press, 1984.
- Burns, Th. S., *Barbarians within the Gates of Rome : A Study of Roman Military Policy and the Barbarians, ca. 375 – 435 A. D.*, Bloomington and Indianapolis: Indiana University Press, 1994.
- Bury, J. B. (planned.) Tanner, J. R., Previté-Orton, C. W. and Brooke, Z. N. eds., *The Cambridge Medieval History*, Cambridge: Cambridge University Press, 1929, 1978, 1966 – 1969.
- Bury, J. B., *History of Later Roman Empire, from Arcadius to Irene (A.D. 395 – 800)*, vols.1 – 2, London: MacMillan and Co., 1899; London: Dover Publications, 1985.
- Bury, J. B., *The Imperial Administrative System in the Ninth Century*, London: Oxford University Press, 1911. *Cletorologion*, sub auctore Philotheo, ed. Reiske J. J., vol.1, TLG, No.3023X06.
- Bury, J. B., *History of the Later Roman Empire from the Death of Theodosius I to the Justinian*, New York: Dover Publications. Inc., 1958.
- Bury, J. B., *A History of the Eastern Roman Empire from the Fall of Irene to the Accession of Basil I (A.D. 802 – 867)*, London: Macmillan, 1912.
- Butler, A. J., *The Arab Conquest of Egypt : And the Last Thirty Years of the Roman Dominion*, Oxford: Oxford University Press, 1978.
- Bydén, B., *Theodore Metochites' Stoicheiosis astronomike and the study of natural philosophy and mathematics in early Palaiologan Byzantium*, 2nd rev. ed., Göteborg: Acta Universitatis Gothoburgensis, Studia Graeca et Latina Gothoburgensia 66, 2003.
- Byron, R., *The Byzantine Achievement : An Historical Perspective, A.D. 330 – 1453*, Routledge & Kegan Paul, 1929.
- Cahen, C., *Pre-Ottoman Turkey : A General Survey of the Material and Spiritual Culture and History, c. 1071 – 1330*, trans. Jones-Williams, J., New York: Taplinger, 1968.
- Cahen, C., *The Formation of Turkey : The Seljukid Sultanate of Rum, Eleventh to Fourteenth Century*, ed. and trans. Holt, P. M., London and New York: Routledge, 2001.
- Cameron, A., *Christianity and the Rhetoric of Empire : The Development of Christian Discourse*, Berkeley: University of California Press, 1991.
- Cameron, A., *Circus Factions : Blues and Greens at Rome and Byzantium*, Oxford: Clarendon Press, 1976.
- Cameron, A., *Dialoguing in Late Antiquity*, Cambridge and London: Harvard University Press, 2014.
- Cameron, A., Garnsey, P. eds., *The Cambridge Ancient History, Volume XIII, The Late Empire, A. D. 337 –425*, Cambridge: Cambridge University Press, 1998.
- Cameron, A., Ward-Perkins, B., Whitby, M. eds., *The Cambridge Ancient History, Vol. XIV : Late Antiquity : Empire and Successors, A. D. 425 – 600*, Cambridge: Cambridge University Press, 2000.
- Cameron, A., *Porphyrius the Charioteer*, Oxford: Clarendon Press, 1973.
- Cameron, A., *The Mediterranean World in Late Antiquity AD 395 – 600*, London and New York: Routledge, 1993.
- Cameron, A., *The Byzantines*, Malden, USA, Oxford, UK & Carlton Australia: Blackwell Publishing, 2006.
- Cameron, A. and Conrad, L. I. eds., *The Byzantine and Early Islamic Near East, vol.I : Problems in the Literary Source Material*, Princeton: Darwin Press, 1992.
- Cameron, A., *Agathias*, Oxford: Clarendon Press, 1970.
- Cameron, A., *Changing Culture in Early Byzantine*, Aldershot: Variorum, 1996.
- Cameron, A., *Procopius and the Sixth Century*, London and New York: Taylor & Francis, 2005.
- Cameron, A., *The Later Roman Empire : AD 284 – 430*, Cambridge, Mass: Harvard University Press, 1993.
- Canduci, A., *Triumph and Tragedy : The Rise and Fall of Rome's Immortal Emperors*, Millers

- Point: Pier 9, 2010.
- Capizzi, P., *Piazza Armerina : The Mosaics and Morgantina*, Bologna: International Specialized Book Service Inc., 1989.
- Carr, J. C., *Fighting Emperors of Byzantium, Pen and Sword Military*, Barnsley, South Yorkshire: Pen & Sword Military, 2015.
- Casadio, G., Mastrocinque, A. and Santi, C. eds., *APEX Studi storico-religiosi in onore di Enrico Montanari*, Roma: Edizioni Quasar, 2016.
- Cassidy, N., *A Translation and Historical Commentary of Book One and Book Two of the Historia of Geōrgios Pachymerēs*, PhD. dissertation, University of Western Austria, 2004.
- Casiday, A. and Norris F. W. eds., *The Cambridge History of Christianity, Vol.2: Constantine to c. 600*, Cambridge: Cambridge University Press, 2007.
- Cassiodorus, *The Letters of Cassiodorus being a Condensed Translation of the Variae Epistolae of Magnus Aurelius Cassiodorus Senator*, with an English translation by Hodgkin Th., London: Henry Frowde, 1886.
- Cassiodorus, *Variae*, trans. Barnish S. J. B., Liverpool: Liverpool University Press, 1992.
- Casson, L., *The Ancient Mariners : Seafarers and Sea Fighters of the Mediterranean in Ancient Times*, Princeton, N. J.: Princeton University Press, 1991.
- Castiglioni, A., *A History of Surgery*, trans. Krumbhaar, E. B., New York: Routledge, 1969.
- Castiglioni, A., *Storia della medicina*, Milano: Società editrice 'Unitas', 1927.
- Cavallo, G., *The Byzantines*, Chicago: Chicago University Press, 1997.
- Chadwick, H., *The Church in Ancient Society : From Galilee to Gregory the Great*, Oxford: Oxford University Press, 2001.
- Chapman, C., *Michael Paleologue restaurateur de l'empire byzantin 1261 – 82*, Paris: Eugene Figuiere, 1926.
- Charanis, P., *Social Economic and Political Life in the Byzantine Empire, Collected Studies*, London: Variorum Reprints, 1973.
- Cheynet, J.-C., *Pouvoir et contestations à Byzance (963 –1210)*, Paris: Univ. de Paris I, 1990.
- Cheynet, J.-C., *Pouvoir et Contestations à Byzance (963 – 1210)*, Paris: Éditions de la Sorbonne, 1996.
- Cheynet, J.-C., *La société byzantine : l'apport des sceaux*, Vol.2, Paris: Association des amis du Centre d'histoire et civilisation de Byzance, 2008.
- Chiarelli, L. C., *A History of Muslim Sicily*, Venera, Malta: Midsea books, 2011.
- Chisholm, H. ed., *Encyclopædia Britannica*, Cambridge: Cambridge University Press, 1911.
- Chrisostomides, J. ed., *Manuel II Palaeologus Funeral Oration on His Brother Theodore*, Thessalonike: Association for Byzantine Research, 1985.
- Chrissis, N. G., Kolia-Dermitzaki, A. and Papageorgiou, A. eds., *Byzantium and the West : Perception and Reality (11th – 15th centuries)*, London and New York: Routledge, 2019.
- Christides, V., *The Conquest of Crete by the Arabs (ca. 824), a Turning Point in the Struggle between Byzantium and Islam*, Athens: Akademia Athenon, 1984.
- Christophilopoulou, Ai., *Byzantine History I : 324 – 610*, trans. by Phelps W. W., Amsterdam: Adolf M. Hakkert, 1986.
- *Chronicon Paschale, 284 – 628 AD*, trans. by Whitby M. and Whitby M., Liverpool: Liverpool University Press, 1989.
- *Chronicon Paschale*, ed. Dindorf L., [Corpus Scriptorum Historiae Byzantinae] Bonn: Weber, 1832, TLG, No.2371001.
- *Chronographiae Quae Theophanis Continuati Nomine Fertur Liber Quo Vita Basilii Imperatoris Amplectitur*, ed. and trans. by Ševcenko, (Corpus Fontium Historiae Byzantinae 42) Berlin: De Gruyter, 2011; ed. and trans. by Featherstone, M. and Codoñer, J. S., Berlin: De Gruyter, 2015.
- *Chronographiae Quae Theophanis Continuati Nomine Fertur Libri I-IV*, Chrysostomides, J., *Manuel II Palaeologus Funeral Oration on His Brother Thodore*, Thessalonike: Association for Byzantine Research, 1985.
- Chuvin, P., *A Chronicle of the Last Pagans*, trans. Archer B. A., Cambridge: Cambridge University Press, 1990.
- Clark, P. A., *A Cretan Healer's Handbook in the Byzantine Tradition*, Farnham, Surrey, England; Burlington, VT: Ashgate, 2011.
- Clark, G., *Late Antiquity : A Very Short Introduction*, Oxford: Oxford University Press, 2011.
- Claudian, *Claudian*, with an English translation by Platnauer M., Cambridge, Massachusetts and London, England: Harvard University Press, 1922.
- Clemens Alexandrinus, *Fragmenta*, ed. Stählin, O., Früchtel, L. and Treu, U., Berlin: Akademie-Verlag, 1970, TLG, No.0555008.
- Clément de Rome, *Épître aux Corinthiens*, ed. Jaubert, A., Paris: Cerf, 1971, TLG, No. 1271001.
- Climacus, J., *The Ladder of Divine Ascent*, New York: Paulist Press, 1982.
- Cochrane, C. N., *Christianity and Classical Culture : A Study of Thought and Action from Augustus to Augustine*, New York: Oxford University Press, 1957.
- Cohen, H., *Description historique des monnaies frappées sous l' empire Roman*, vols.1 – 7, Paris: Rollin et Feuardent, 1859 – 1868.
- Coleman-Norton, P. R., ed., *Roman State and Christian Church : A Collection of Legal Documents to AD.535*, London, 1966.
- *Concilium Quinisextum, Das Konzil Quinisextum*, übersetzt und eingeleitet Ohme, H. von, Turnhout: Brepols Publishers, 2006.
- Conrad, L. I. et al. eds., *The Western Medical Tradition 800 BC to AD 1800*, Cambridge and New York: Cambridge University Press, 1995.
- Constantelos, D. J., *Byzantine Philanthropy and Social Welfare*, New Brunswick: Rutgers University Press, 1968.
- Constantini Manassis, *Breviarium Historiae Metricum*, ed. Bekker, I., [Corpus scriptorum historiae Byzantinae] Bonn: Weber, 1837, TLG, No. 3074001.
- Constantine Porphyrogennetos, *The Book of Ceremonies*, trans. by Moffatt, A. and Tall, M., (Bonn, 1829) Canberra: Australian Association for Byzantine Studies, 2012.

- Constantine Porphyrogenitus, *De administrando imperio*, ed. Moravcsik, Gy., trans. into English by Jenkins, R. J. H., [Corpus Fontium Historiae Byzantinae 1] Washington, D. C.: Dumbarton Oaks, 1967, TLG, No.3023008.
- *Constantini Porphyrogeniti imperatoris de cerimoniis aulae Byzantinae libri duo*, vol. 1, ed. Reiske, J. J., [Corpus Scriptorum Historiae Byzantinae] Bonn: Weber, 1829, TLG, No. 3023010.
- Constantine VII, *Le livre des cérémonies*, ed. Vogt A., vols. 1 - 2, Paris: Les Belles Lettres, 1935, 1939, repr. 1967, TLG, No.3023011.
- Constantinides, C. N., *Higher Education in Byzantium in the Thirteenth and Early Fourteenth Centuries, 1204-ca. 1310*, Nicosia: Cyprus Research Centre, 1982.
- Constantino Porirogenito, *De thematibus*, introduzione, testo critico, commento, a cura di Pertusi A., Città del Vaticano: Biblioteca apostolica vaticana, 1952.
- Cooper, K., *The Virgin and the Bride*: Idealized Womanhood in Late Antiquity, Cambridge, Mass.: Harvard University Press, 1999.
- *Corpus Iuris Civilis*, ed. Schöll, R. and Kroll, W., vol. 3. Berlin: Weidmann, 1895 (repr. 1968), TLG, No.2734013.
- Cosmas Indicopleustes, *The Christian Topography of Cosmas, an Egyptian Monk*: Translated from the Greek, and Edited with Notes and Introduction, ed. Wolska-Conus, W., Paris: Cerf, 1968, 1970, 1973, TLG, No. 4061002; Cambridge: Cambridge University Press, 2010.
- Cosmas Indicopleustes, *The Christian Topography of Cosmas, an Egyptian Monk*, trans. by McCrindle, J. W., London: Printed for the Hakluyt Society, 1897; Cambridge: Cambridge University Press, 2010.
- Costantino Porfirogenito, *De thematibus*, ed. Pertusi, A., Vatican City: Biblioteca Apostolica, 1952, TLG, No.3023009.
- Cox, P., *Biography in Late Antiquity*, Berkeley, Los Angeles, London: University of California Press, 1983.
- Crawford, P., *Constantius II*: Usurpers, Eunuchs, and the Antichrist, Pen & Sword, 2016.
- Crawford, M. H., *Roman Republican Coinage*, vol.2, Cambridge: Cambridge University Press, 1975.
- Cribiore, R., *The School of Libanius in Late Antique Antioch*, Princeton and Oxford: Princeton University Press, 2007.
- Critobulus, *Critobuli Imbriotae Historiae*, Fragmenta Historicorum Graecorum, vol. XXII, ed. Reinsch, D. R., Berolini, Novi eboraci: W. De Gruyter, 1983; Berlin: De Gruyter, 1983, TLG, No.3147004.
- Crosby, A. W., *Throwing Fire*: Projectile Technology Through History, Cambridge: Cambridge University Press, 2002.
- Crowley, R., *1453*: The Holy War for Constantinople and the Clash of Islam and the West, New York: Hyperion, 2005.
- Crump, C. G. and Jacob, E. F. eds., *The Legacy of the Middle Ages*, Oxford: Clarendon Press, 1926.
- Cruta, F., *The Making of Slavs*, New York: Cambridge Press, 2004.
- Cullmann, O., *Christ and Time*: The Primitive Christian Conception of Time and History, trans. Filson F. V., Philadelphia: Fortress Press,1964.
- Cuomo, S., *Pappus of Alexandria and the Mathematics of Late Antiquity*, Cambridge: Cambridge University Press, 2007.
- Curiel, R. and Gyselen, R. eds., *Itinéraires d'Orient*: Hommages à C. Cahen, Res Orientalis: 6, Bures-sur-Yvette, 1994.
- Dadyaee, T., *Sasanian Persia*: The Rise and Fall of an Empire, London, New York: I. B. Tauris, 2013.
- Dagron, G., *Emperor and Priest*: The Imperial Office in Byzantium, Cambridge: Cambridge University Press, 2003.
- Dally, O. and Ratte, C., *Archaeology and the Cities of Late Antiquity in Asia Minor*, Ann Arbor: Kelsey Museum of Archaeology, 2011.
- Dam, R. V., *Rome and Constantinople*: Rewriting Roman History during Late Antiquity, Waco, Texas: Baylor University Press, 2010.
- Dam, R. V., *The Roman Revolution of Constantine*, New York: Cambridge University Press, 2007.
- Dandolo, A. and Pastorello, E., *Andreae Danduli Ducis Venetiarum Chronica Per Extensum Descripta Aa. 46 -1280 D. C.*, Bologna: Zanichelli, 1938.
- Darley, R. R., *Indo-Byzantine Exchange*, 4th to 7th Centuries: A Global History, Ph.D. Dissertation of University of Birminghan, 2013.
- Dashdondog, B., *The Mongols and the Armenians (1220 - 1335)*, Leiden & Boston: Brill, 2011.
- Davids, A. ed., *The Empress Theophano*: Byzantium and the West at the Turn of the First Millennium, Cambridge, Great Britain; New York, NY: Cambridge University Press, 1995.
- Davidson, I. J., *A Public Faith*: From Constantine to the Medieval World, A.D.312 - 600, Oxford, UK and Grand Rapids, Michigan: Monarch Books, 2005.
- Davis, R. H. C. and Wallace-Hadrill, J. M. eds., *The Writing of History in the Middle Ages*: Essays presented to R. W. Southern, New York: Clarendon Press of Oxford University Press, 1981.
- Davis, S. J., *The Cult of Saint Thecla*: A Tradition of Women's Piety in Late Antiquity, Oxford: Oxford University Press, 2008.
- Dawkins, R. M., *The Nature of the Cypriot Chronicle of Leontios Makhairas*, Oxford: Clarendon Press, 1945.
- Deakin, M. A. B., *Hypatia of Alexandria*: Mathematician and Martyr, Amherst: Prometheus, 2007.
- Decker, M. J., *Byzantine Dark Ages*, London: Bloomsbury, 2016.
- Delatte, A., *Anecdota Atheniensia et alia*, vol.2, Paris: E. Droz, 1939.
- Δελ έογλου, Α., Συμβολὴ ἡ στη μελέτη του ιστορικούἐργου του Ἰωάννου Κιννάμου, Σέρρες, 2016.
- Deligiannakis, G., *The Dodecanese and East Aegean Islands in Late Antiquity, AD 300 - 700*, Oxford: Oxford University Press, 2016.
- Deliyannis, D. M., *Ravenna in Late Antiquity*, Cambridge: Cambridge University Press, 2010.

- Dendrinos, Ch., Harris, J., Harvalia-Crook, E. and Herrin, J., eds., *Porphyrogenita, Essays on the History and Literature of Byzantium and the Latin East in Honour of Julian Chrysostomides*, Aldershot: Ashgate, 2003.
- Dennis, G. T., *Maurice's Strategikon*, Handbook of Byzantine Military Strategy, Philadelphia: University of Pennsylvania Press, 1984.
- Dennis, G. T., *The Reign of Manuel II Palaeologus in Thessalonica, 1382–1387*, Romae: Pont. Institutum Orientalium Studiorum, 1960.
- Dennis, G. T. ed., *The Letters of Manuel II Palaeologus*, Washington, D. C.: Dumbarton Oaks Research Library and Collection, 1977.
- Devillers, O. and Sebastiani, B. eds., *Les historiens grecs et romains : entre sources et modèles*, Bordeaux: Ausonius e'ditions, 2018.
- Dick, I., *Melkites : Greek Orthodox and Greek Catholics of the Patriarchates of Antioch, Alexandria and Jerusalem*, Boston: Sophia Press, 2004.
- *Die Schriften des Johannes von Damaskos*, ed. Kotter, B., vol. 3, Berlin: De Gruyter, 1975, TLG, No.2934005.
- Diehl, C., *Byzantium : Greatness and Decline*, translated from the French by Naomi Walford, New Jersey: Rutgers University Press, 1957.
- Diehl, Ch., *Histoire de l'empire byzantine*, Paris: A. Picard, 1932.
- Dieten, J.-L. van ed., *Nicetae Choniatae Orationes et Epistulae*, Berlin, New York: de Gruyter, 1975.
- Difederico, F. R., *The Mosaics of Saint Peter's Decorating the New Basilica*, University Park: Pennsylvania State University Press, 1983.
- Dignas, B. and Winter, E., *Rome and Persia in Late Antiquity : Neighbors and Rivals*, New York: Cambridge University Press, 2007.
- Dindorf, L. A. ed., *Chronicon Paschale*, [Corpus Scriptorum Historiae Byzantinae 16 – 17] Bonn: Weber, 1832, TLG, No.2371001.
- Dionysius (Tellmaharensis), *Chronicle*, trans. by Witakowski W., Liverpool: Liverpool University Press, 1996.
- Dioscorides, *De Materia Medica*, a New Indexed Version in Modern English by Osbaldeston, T. A. and Wood, R. P. A., Johannesburg: Ibidis, 2000.
- Dodds, E. R., *Pagan and Christian in an Age of Anxiety : Some Aspects of Religious Experience from Marcus Aurelius to Constantine*, New York: Cambridge University Press, 1992.
- Dodgen, M. H. and Lieu, S. N. C., *The Roman Eastern Frontier and the Persian Wars (AD 226 – 363)*, London and New York: Rouledge, 1991.
- Dölger, F., *Regesten der Kaiserkunden des oströmischen Reiches, vol. 2: Regesten von 1025–1204*, Munich & Berlin: Olderbourg, 1925.
- Donato, A., *Boethius' Consolation of Philosophy as a Product of Late Antiquity*, London, New Delhi, New York, Sydney: Bloomsbury, 2013.
- Doukas, *Decline and Fall of Byzantium to the Ottoman Turks*, an annotated translation of "Historia Turco-Byzantina" by Magoulias, H. J., Wayne State University, Detroit: Wayne State University Press, 1975.
- Downey, G., *The Late Roman Empire*, New York, Chicago, San Francisco, Altanta, Dallas, Montreal, Toronto, London, Sydney: Holt, Rinehart and Winston, Inc., 1969.
- Drinkwater, J. F., *The Alamanni and Rome 213 – 496 (Caracalla to Clovis)*, Oxford: Oxford University Press, 2007.
- Driver, S. D., *John Cassian and the Reading of Egyptian Monastic Culture*, London: Routledge, 2002.
- Ducas, *Istoria Turco-Bizantina (1341 – 1462)*, ed. Grecu, V., [Scriptores Byzantini 1] Bucharest: Academia Republicae Popularis Romanicae, 1958, TLG, No.3146001.
- Duda, H. W., *Die Seltschukengeschichte des Ibn Bībī*, Copenhagen: Munksgaard, 1959.
- Duffin, C. J., Moody, R. T. J. and Gardner-Thorpe, C., *A History of Geology and Medicine*, London: Geological Society of London, 2013.
- Duhem, P., *Le système du monde*, Paris: Hermann, 1913.
- Dunbabin, K., *Mosaics of the Greek and Roman World*, Cambridge and New York: Cambridge University Press, 1999.
- Durand, J., *Byzantine Art*, Paris: Terrail, 1999.
- Dunlop, D. M., *The History of the Jewish Khazars*, New York: The Princeton Press, 1954.
- Dunn, M., *The Emergence of Monasticism : from the Desert Fathers to the Early Middle Ages*, Oxford: Wiley-Blackwell, 2000.
- Dvornik, F., *Early Christian and Byzantine Political Philosophy : Origins and Background*, II, Washington: Trustees for Harvard University, 1966.
- Dvornik, F., *The Photian Schism, History and Legend*, Cambridge: Cambridge University Press, 1970.
- Dyck, A. and Takács, S. eds., *Presence of Byzantium : Studies Presented to Milton V. Anastos in Honor of His Eighty-Fifth Birthday*, Amsterdam: Hakkert, 1994.
- Dzielska, M., *Hypatia of Alexandria*, translated by Lyra F., Cambridge, Massachusetts and London, England: Harvard University Press, 1995, 1996.
- Eastmond, A. ed., *Byzantium's Other Empire : Trebizond*, Istanbul: Koç, Universitesi, Anadolu Medeniyetleri Araştirma Merkezi, 2016.
- Eastmond, A., *Art and Identity in the Thirteenth Century Byzantium, Hagia Sophia, Trebizond*, Florence: Routledge, 2004.
- *Ecloga, Das Gesetzbuch Leons III. und Konstantinos V.*, ed. Burgmann, L., Frankfurt: Löwenklau-Gesellschaft, 1983.
- Edwards, M. and Goodman, M. eds., *Apologetics in the Roman Empire : Pagans, Jews, and Christians*, Oxford: Oxford University Press, 1999.
- Edwards, I. E. S. ed., *The Cambridge Ancient History : History of the Middle East and the Aegean Region c. 1380 – 1000 B. C.*, Cambridge: Cambridge University Press, 2006.
- Eijk, P. J. van der ed., *Ancient Histories of Medicine : Essays in Medical Doxography and Historiography in Classical Antiquity*, Lieden and Boston: Brill, 1999.
- Elias, P. and Busse, A. eds., *Commentaria in Aristotelem Graeca XVIII*, Berlin: Typ. et Impensis G.

- Reimeri, 1902.
- Elliott, A. G., *Roads to Paradise; Reading the Lives of the Early Saints*, Hanover, 1987.
- Emmer, M., *Imagine Math : Between Culture and Mathematics*, New York: Springer, 2012.
- Entwistle, C. and James, L. eds., *New Light on Old Glass : Recent Research on Byzantine Glass and Mosaics*, London: British Museum Press, 2013.
- Ephraemius, *Chronicon*, ed. Bekker, I., [Corpus Scriptorum Historiae Byzantinae] Bonn: Weber, 1840, TLG, No.3170001.
- Ermerins, F. Z. ed., *Anecdota medica Graeca*, Leiden: Luchtmans, 1840 (repr. Amsterdam: Hakkert, 1963), TLG, No.0729004.
- Errington, R. M., *Roman Imperial Policy from Julian to Theodosius*, Chapel Hill: The University of North Carolina Press, 2006.
- Étienne le diacre, *La vie d'Étienne le Jeune*, introduction, édition et traduction, Auzépy, M.-F., Aldershot, Brookfield: Variorum, 1997.
- Euclid, *The Thirteen Books of Euclid's Elements*, vol.1, eds. Heath, T. L. and Heiberg, J. L., Cambridge: Cambridge University Press, 1908.
- Euclides, *Euclidis Opera Omnia*, vol. 6, ed. Menge, H., Leipzig: Teubner, 1896, TLG, No. 4075002.
- Eunapii, *Vitae Sophistarum*, ed. Giangrande, J., Rome: Polygraphica, 1956, TLG, No.205001.
- Eusèbe de Césarée, *Histoire Ecclésiastique*, 3 vols., ed. Bardy, G., Paris: Cerf, 1952, 1955, 1958, TLG, No.2018002; trans. by Williamson, G., New York: Penguin, 1965.
- Eustazio di Tessalonica, *La espugnazione di Tessalonica*, ed. Kyriakidis, S., Palermo: Istituto Siciliano di Studi Bizantini e Neoellenici, 1961, TLG, No.4083004.
- Eusebios of Caesarea, *The History of the Church from Christ to Constantine*, trans. Williamson G., New York: Penguin, 1965.
- Eusebius Pamphilus, *Church History : Life of Constantine the Great; Oration in Praise of Constantine*, ed. Schaff Ph. and Wace H., New York: Grand Rapids, 1890; by Cameron A. and Hall S. G., Oxford: Clarendon Press, 1999.
- Eusebius Werke, *Über das Leben des Kaisers Konstantin*, ed. Winkelmann F., Berlin: Akademie-Verlag, 1975, TLG, No.2018020.
- Eusebius, *The Ecclesiastical History II*, trans. Oulton, J. E. L., New York: Harvard University Press, 1994.
- Eustathios of Thessalonika, *The Capture of Thessalonika*, trans. Melville-Jones, J., Canberra, 1988. Eustazio di Tessalonica, *La espugnazione di Tessalonica*, ed. Kyriakidis, S., Palermo: Istituto Siciliano di Studi Bizantini e Neoellenici, 1961, TLG, No.4083004.
- Eustathios of Thessaloniki, *Secular Orations 1167/8 to 1179*, trans. Stone, A. F., Leidon: Brill, 2013.
- Eustathios of Thessaloniki, *The Capture of Thessaloniki : A Translation with Introduction and Commentary*, eds. Jones, J. R. M., Canberra: Australian Association for Byzantine Studies, 1988.
- Eutropius, *The Breviarium ab Urbe Condita of Eutropius*, translated with an introduction and commentary by Bird H. W., Liverpool: Liverpool University Press, 1993.
- Evagrius Scholasticus, *The Ecclesiastical History of Evagrius Scholasticus*, translated by Whitby M., Liverpool: Liverpool University Press, 2000. *The Ecclesiastical History of Evagrius with the Scholia*, ed. Bidez J. and Parmentier L., London: Methuen, 1898, repr. New York: AMS Press, 1979, TLG, No.2733001.
- Evans, J. A. S., *The Age of Justinian : the circumstances of imperial power*, London and New York: Routledge, 2000.
- Evans, J., *The History and Practice of Ancient Astronomy*, Oxford: Oxford University Press, 1998.
- Evans, J. A., *The Emperor Justinian and the Empire*, Westport: Greenwood Press, 2005.
- Every, G., *The Byzantine Patriarchate 451 – 1204*, London, 1962.
- *Excerpta historica iussu imp. Constantini Porphyrogeniti confecta*, vol. 1: excerpta de legationibus, ed. by Boor, C. de, pt. 1–2, Berlin: Weidmann, 1903, TLG, Nos. 4076003 and 4076004; ed. by Boissevain, U.P., Berlin: Weidmann, 1906, TLG, No.4076005.
- Fage, J. D., ed., *The Cambridge History of Africa*, Cambridge: Cambridge University Press, 1978.
- Fahmy, A. M., *Muslim Naval Organisation in the Eastern Mediterranean from the Seventh to the Tenth Century A.D*., Cairo: National Publication & Print. House, 1966.
- Fassoulakis, S., *The Byzantine Family of Raoul-Ral(l)es*, Athens: published privately, 1973.
- Ferrill, A., *The Fall of the Roman Empire : The Military Explanation*, London: Thames and Hudson, 1986.
- Ferjančić, B., Деспоти у Византији и Јужнословенским земљама [*Despots in Byzantium and the South Slavic Lands*], Belgrade: Српска академија наука, 1960.
- Festa, N. ed., *Theodori Ducae Lascaris Epistulae CCXVII*, Florence: Istituto di Studi Superiori Pratici e di Perfezionamento, 1898.
- Fine, J. V. A., *The Late Medieval Balkans : A Critical Survey from the Late Twelfth Century to the Ottoman Conquest, Ann Arbor*, Michigan: University of Michigan Press, 1994.
- Fine, J., *The Early Medieval Balkans, A Critical Survey from the Sixth to the Late Twelfth Century*, Ann Arbor: The University of Michigan Press, 1991.
- Finlay, G., *The History of Greece, the Empire of Trebizond, 1204 – 1461*, Edingburh and London: William Blackwood and Sons, 1851.
- Finlay, G., *History of the Byzantine Empire from 716 – 1057*, Edinburgh: William Blackwood & Sons, 1853.
- Finlay, G., *A History of Greece from the Conquest to the Present Time (BC146 – AD1864)*, Oxford: Clarendon Press, 1864.
- Fisher, G., *Between Empires : Arabs, Romans, and Sasanians in Late Antiquity*, Oxford: Oxford University Press, 2011.
- Fleet, K. ed., *The Cambridge History of Turkey*, Volume I, Cambridge: Cambridge University Press, 2009.
- Fletcher, B., *A History of Architecture*, revised by Palmes, J. C., London: University of London,

- The Athlone Press, 1975.
- Foot, S. and Robinson, C. F. eds., *The Oxford History of Historical Writing, vol.2*: 400 – 1400, Oxford, UK: Oxford University Press, 2012, 2012.
- Forbes, R. J., *More Studies in Early Petroleum History 1860 –1880*, Leiden: Brill, 1959.
- Fortescue, A., *The Orthodox Eastern Churches*, London: Catholic Truth Society, 1908.
- Fossier, R., *The Middle Ages 350 – 950*, Cambridge: Cambridge University Press, 1989.
- Foss, C., *Cities, Fortresses and Villages of Byzantine Asia Minor*, Aldershot: Variorum, 1996.
- Foss, C., *Nicaea*: A Byzantine Capital and its Praises, Brookline, Mass.: Hellenic College Press, 1996.
- Fouracre, P. ed., *The New Cambridge Medieval History, vol.1*: ca. 500 – 700, London: Cambridge University Press, 2005.
- Fowden, G., *Empire to Commonwealth*: Consequences of Monotheism in Late Antiquity, Princeton, New Jersey: Princeton University Press, 1993.
- Frakes, R. M., Digeser, E. D. & Stephens, J. eds., *The Rhetoric of Power in Late Antiquity: Religion and Politics in Byzantium, Europe and the Early Islamic World*, London, New York: I. B. Tauris Publishers, 2010.
- Franck, I. M. and Brownstone D. M., *The Silk Road*: A History, New York: Facts on File Inc., 1986.
- Frankfurter, D., *Christianizing Egypt*: Syncretism and Local Worlds in Late Antiquity, Princeton: Princeton University Press, 2017.
- Freely, J., Çakmak A. S., *Byzantine Monuments of Istanbul*, New York, 2009.
- Freely, J., *Istanbul, the Imperial City*, London: Penguin Books Ltd., 1996.
- Freese, J. H., *The Library of Photius*, vol.1, New York: Macmillan Co., 1920.
- Fredriksen, P., *Augustine and the Jews*: A Christian Defense of Jews and Judaism, New Haven: Yale University Press, 2010.
- Freeman, C., *AD381*: Heretics, Pagans and the Christian Empire, London: Pimlico, 2008.
- Frend, W. H. C., *The Rise of Christianity*, Philadelphia: Fortress Press, 1984.
- Frend, W. H. C., *The Rise of the Monophysite Movement*: Chapters in the History of the Church in the Fifth and Sixth Centuries, Cambridge: Cambridge University Press, 1972.
- Frend, W. H. C., *Orthodoxy, Pagaism and Dissent in the Early Christian Centuries*, Adershot, Burlington: Ashgate, 2002.
- Freshfield, E., *A Manual of Eastern Roman Law*: The Procheiros Nomos published by the Emperor Basil I at Constantinople, Cambridge: Cambridge University Press, 1926.
- Freshfield, E., Nicole, J., *To eparchikon biblion. The Book of the eparch, Le livre du prefet*, London: Variorum Reprints, 1970.
- Friendly, A., *The Dreadful Day*: The Battle of Manzikert, 1071, London, Hutchinson and Charlottesville: The University Press of Virginia, 1981.
- Fryde, E., *The Early Palaeologan Renaissance (1261 – c.1360)*, Leiden · Boston · Koln: Brill Academic Publishers, 2000.
- Fuller, J. F. C., *A Military History of the Western World*, New York: Funk and Wagnalls Company, 1954.
- Gabriel, R. A. and Metz, K. S., *A History of Military Medicine*, New York: Greenwood Press, 1992.
- Gaddis, M., *There is no Crime for Those Who Have Christ*: Religious Violence in the Christian Roman Empire, Berkeley: University of California Press, 2015.
- Gador-Whyte, S., *Theology and Poetry in Early Byzantium*: The Kontakia of Romanos the Melodist, Cambridge: Cambridge University Press, 2017.
- Galliazzo, V., *I ponti romani*, Vol.1, Treviso: Canova, 1995.
- Gardner, H., Kleiner, F. S. and Mamiya, C. J., *Gardner's Art Through the Ages*, Belmont: Thomson/Wadsworth, 2005.
- Gardner, A., *Theodore of Studium*: His Life and Times, New York: Burt Franklin Reprints, 1974.
- Gardner, A., *The Lascarids of Nicaea, the Story of an Empire in Exile*, London: Methuen, 1912.
- Gardner, J. F. and Wiedemann, T., *The Roman Household*: A Sourcebook, London and New York: Routledge, 1991.
- Gardner, J. F., *Women in Roman Law and Society*, Bloomington and Indianapolis: Indiana University Press, 1989.
- Gardiner, R., ed., *Age of the Galley*: Mediterranean Oared Vessels since pre-Classical Times, London: Conway Maritime Press, 2004.
- Garland, L. ed., *Byzantine Women*: Varieties of Experience A. D. 800 – 1200, Aldershot: Ashgate, 2006.
- Garland, L., *Byzantine Empresses*: Women and Power in Byzantium, AD 527 – 1204, London: Routledge, 1999.
- Garnsey, P. D. A. and Whittaker, C. R. eds., *Imperialism in the Ancient World*, Cambridge: Cambridge University Press, 1978.
- Garrison, F. H., *Notes on the History of Military Medicine*, Washington, D.C.: Assoc. of Military Surgeons, 1922.
- Gates, C., *Ancient Cities*: The Archaeology of Urban Life in the Ancient Near East and Egypt, Greece and Rome, London: Routledge, 2003.
- Gaston-Mahler, J., *The Westerners among the Fugurines of the Tang Dynasty of China*, Roma: Instituto italiano per il Medio ed Estremo Oriente, 1959.
- Gates, Ch., *Ancient Cities*: The Archaeology of urban life in the Ancient Near East and Egypt, Greece, and Rome, London: Routledge, 2003.
- Γκουτζιουκώστας, Α. Ε., *Η απονομή δικαιοσύνης στο Βυζάντιο (9ος –12ος αιώνες): Τα κοσμικά δικαιοδοτικά όργανα και δικαστήρια της πρωτεύουσας*, Θεσσαλον ίκη: Κ έντρο Βυζαντιν ών Ερευνών, 2004.
- Geanakoplos, D. J., *Byzantium*: Church, Society and Civilization Seen Through Contemporary Eyes, Chicago: University of Chicago Press, 1984.
- Geanakoplos, D. J., *Byzantine East and Latin West*: Two Worlds of Christendom in Middle Ages and Renaissance, Oxford: Basil Blackwell, 1966.
- Geanakoplos, D., *Emperor Michael Palaeologus and the West, 1258 –1282*: A Study in Byzantine-

- Latin Relations, Cambridge, Mass.: Harvard University Press, 1959.
- Geanakoplos, D. J., *Constantinople and the West*, London: University of Wisconsin Press, 1989.
- Geanakoplos, D. J., *Greek Scholars in Venice*, Cambridge, Mass.: Harvard University Press, 1962.
- Geanakoplos, D. J., *Interaction of the "Sibling" Byzantine and Western Cultures in the Middle Ages and Italian Renaissance (330 - 1600)*, New Haven: Yale University Press, 1976.
- Geanakoplos, D. J., *Medieval Western Civilization and the Byzantine and Islamic Worlds*, Lexington, Mass.: D. C. Heath, 1979.
- Geffcken, J., *The Last Days of Greco-Roman Paganism*, translated by MacCormack S., Amsterdam, New York, Oxford: North-Holland Publishing Company, 1978.
- Genesios, *On the Reigns of the Emperors*, translation and commentary by Kaldellis, A., Canberra: Australian Association for Byzantine Studies, 1998.
- Gentz, G., *Die Kirchengeschichte des Nicephorus Callistus Xanthopulus und ihre Quellen*, Berlin: Akademie-Verlag, 1966.
- Geoffroy de Villehardouin, *Histoire de la Conquête de Constantinople par Geoffroi de Villehardouin avec la Continuation de Henri de Valenciennes*, ed. and trans. by Wailly, M. N. de, Paris: Librairie Hachette et Cie, 1870; ed. Faral, E., Paris: Les Belles Lettres, 1961; Westport, Conn.: Greenwood, 1983.
- George Akropolites, *The History*, trans. by Macrides, R. J., Oxford and New York: Oxford University Press, 2007.
- George Sprantzes, *The Fall of The Byzantine Empire, a Chronicle XIV by George Spranthes, 1402 - 1477*, trans. by Philippides, M., Amherst: The University of Massachusetts Press, 1980.
- George Synkellos, *The Chronography of George Synkellos : A Byzantine Chronicle of Universal History from the Creation*, trans. by Adler, W. and Tuffin, P., Oxford: Oxford University Press, 2002.
- George the Monk, *Georgii Monachi Chronicon*, eds. Boor, C. de and Wirth, P., 2 vols. Stuttgart: Teubner, 1978.
- Georges Pachymérès, *Relations Historiques*, ed. Failler, A. and Laurent, V., 5 vols., [Corpus Fontium Historiae Byzantinae 24.1 - 2] Paris: Les Belles Lettres, 1984 - 2000, TLG, No.3142001.
- Georgii Acropolitae, *opera*, ed. Heisenberg, A., vol.1, Leipzig: Teubner, 1903, TLG, No. 3141002, No.3141003.
- Georgii Acropolitae, *Opera*, vol.1, Breviarium historiae, eds. Heisenberg, A., Wirth, P., Theodori Scutariotae additamenta, Stuttg Breviarium historiae art: Teubneri, 1978.
- Georgii monachi, *Chronicon*, 2 vols, ed. Boor, C. de, Leipzig: Teubner, 1904 (repr. Stuttgart: 1978 (1st edn. corr. Wirth, P.)), TLG, No. 3043001.
- *Georgii Pachymeris de Michaele et Andronico Palaeologis libri tredecim*, ed. Bekker, I., 2 vol., [Corpus Scriptorum Historiae Byzantinae] Bonn: Weber, 1835, TLG, No.3142002.
- Georgiopoulou, S., *Theodore II Dukas Laskarids (1222 - 1258) as an Author and an Intellectual of the XIII Century*, PhD. dissertation, Cambridge, Mass.: Harvard University, 1990.
- Georgios Sphrantzes, *Memorii 1401 - 1477*, ed. Grecu, V., [Scriptores Byzantini 5] Bucharest: Academie Republicii Socialiste România, 1966, TLG, No.3143001.
- Germanos, *On predestined terms of life*, trans. Garton, C. and Westerink, L. G., Buffalo, 1979.
- Gero, S., *Byzantine Iconoclasm during the Reign of Constantine V, with Particular Attention to the Oriental Sources*, Louvain: Louvin: Peeters Publishers, 1977; Secrétariat du Corpus SCO, 1973.
- Gerostergios, A., *Justinian the Great, The Emperor and the Saint*, The Institute for Byzantine and Modern Greek Studies, 1982.
- Gerson, L. P. ed., *The Cambridge History of Philosophy in Late Antiquity*, Cambridge: Cambridge University Press, 2010.
- Gibbon, E., *The History of the Decline and Fall of the Rome Empire*, London: George Bell and Sons, 1889; London: Methuen & Co., 1906.
- Gibbon, E., *The Decline and Fall of Later Roman Empire*, ed. by Bury J. B., New York: Fred De Fau Company, 1907.
- Gilbert, M., *Jewish History Atlas*, London: Weidenfeld and Nicolson, 1981.
- Gies, F. and Gies, J., *Daily Life in Medieval Times : A Vivid, Detail Account of Brith Marriage and Death, Clothing and Housing, Love and Labour in Europe of the Middle Age*, New York: Black Dog & Leventhal Publishers, 1999.
- Gill, J., *Byzantium and the Papacy :* 1198 - 1400, New Brunswick: Rutgers University Press, 1979.
- Gill, J., *Collected Studies :* Church Union ; Rome and Byzantium, 1204 - 1453, London: Variorum Reprints, 1979.
- Gillispie, C. C. ed., *Dictionary of Scientific Biography*, I, New York: Charles Scribner's Sons, 1970.
- Giovanni Cananos, *L'assedio di Costantinopoli*, ed. Pinto, E., Messina: EDAS, 1977, TLG, No. 3144001.
- Godfrey, J., *1204, The Unholy Crusade*, Oxford and New York: Oxford University Press, 1980.
- Goldsworthy, A., *Augustus :* First Emperor of Rome, New Haven: Yale University Press.
- Gordon, C. D., *The Age of Attila :* Fifth-Century Byzantium and the Barbarians, Ann Arbor: The University of Michigan Press, 1960.
- Gouma-Peterson, T., ed., *Anna Komnena and Her Times*, New York & London: Garland Publishing, 2000.
- Graham, M. W., *News and Frontier Consciousness in the Late Roman Empire*, Ann Arbor: University of Michigan Press, 2006.
- Greatrex, Geoffrey and Elton, Hugh eds., *Shifting Genres in Late Antiquity*, London: Taylor and Francis, 2016.
- Greatrex, G. and Lieu, S. N. C., *The Roman Eastern Frontier and The Persian Wars (AD 363 - 630)*, London and New York: Routledge, 2002.
- Greatrex, G., *Rome and Persia at War, 502 - 532*, Leeds, 1998.
- Greenhill, G. A. ed., *Theophili Protospatharii de corporis humani fabrica libri v.*, Oxford: Oxford

- University Press, 1842, TLG, No.0729005.
- Greenslade, S. L., *Church and State from Constantine to Theodosius*, London: SCM Press Ltd, 1954.
- Greenwood, W., *The Electrum Coinage of Cyzicus*, London: Rollin and Feuardent Collection cdl, 1887.
- Grégoire de Nysse, *La vie de Moïse*, ed. Daniélou, J., 3rd edn., [Sources chrétiennes 1 ter.] Paris: Cerf, 1968, TLG, No.2017042.
- Gregorii Nysseni, *Opera*, suppl., ed. Hörner H., Leiden: Brill, 1972, TLG, No.2017034.
- Gregory Abū Al-Faraj, *The Chronography of Gregory Abû'l-faraj the son of Aaron, (Bar Hebraeus' Chronography)*, X, trans. by Budge, E. A. W., London: Oxford University Press, 1932.
- Gregor von Nazianz, *De vita sua*, ed. Jungck C., Heidelberg: Winter, 1974, TLG, No.2022004.
- Gregorovius, F., *Geschichte der Stadt Athen im Mittelalter*, Stuttgart: Ginn and Co., 1889.
- Gregory, T. E., *A History of Byzantium, 306 – 1453*, Malden, Oxford, Carlton: Blackwell Publishing, 2005.
- Gregory of Nazianzus, *Autobiographical Poems*, ed. and trans. White C., Cambridge: Cambridge University Press, 1996.
- Gregory of Tours, *History of the Franks*, translated with an Introduction by Thorpe L., London: Penguin Books Ltd, 1974.
- Gregory the Great, *The Letters of Gregory the Great*, with an English translation by Martyn J. R. C., Toronto: Pontifical Institute of Mediaeval Studies, 2004.
- Grierson, P. and Mays, M., *Catalogue of Later Roman Coins in the Dumbarton Oaks Collection and in the Whittemore Collection, from Arcadius and Honorius to the Accession of Anastasius (DOC Later Roman)*, Washington, D.C.: Dumbarton Oaks Research Library and Collection, 1992.
- Grierson, P., *Catalogue of the Byzantine Coins in the Dumbarton Oaks Collection and in the Whittermore Collection, vol.3. part 2, Basil I to Nicephorus III, 867 – 1081 (DOC III.2)*, Washington, D.C.: Dumbarton Oaks Research Library and Collection, 1973.
- Grierson, P., *Catalogue of the Byzantine Coins in the Dumbarton Oaks Collection and in the Whittemore Collection, vol.3*, Washington DC: Dumbarton Oaks, 1973; London: Methuen & CO LTD, 1982.
- Grig, L. and Kelly, G. ed., *Two Romes: Rome and Constantinople in Late Antiquity*, Oxford: Oxford University Press, 2012.
- Griggs, C. W., *Early Egyptian Christianity: from its Origin to 451 CE*, Leiden: Brill, 1990.
- Grigoriadis, I., *Linguistic and Literary Studies in the Epitome Historion of John Zonaras*, Thessalonike: Kentro Byzantinon Ereunon, 1998.
- Grosvenor, E. A., *The Hippodrome of Constantinople and its still Existing Monuments*, London: Sir Joseph Causton & Sons, Eastcheap, E.C., 1889.
- Grünbart, M., Kislinger, E., Muthesius, A. et al. eds., *Material Culture and Well-being in Byzantium*, Wien: Verlag der Österreichischen Akademie der Wissenschaften, 2007.
- Guilland, R., *Essai sur Nicéphore Grégoras: l'homme et l'oeuvre*, Paris: Geuthner, 1926.
- Guillou, A., *Regionalisme et Independance dans l'Empire Byzantin au VIIe Siecle*, Roma, 1969.
- Gunther of Pairis, *The Capture of Constantinople*: The Hystoria Constantinopolitana of Gunther of Pairis, ed. and trans. by Andrea, A. J., Philadelphia: University of Pennsylvania Press, 1997.
- Gwatkin, H. M., *Studies of Arianism*, Cambridge: Cambridge University Press, 1900.
- Haarer, F. K., *Anastasius I: Politics and Empire in the Late Roman World*, Cambridge: Francis Cairns Ltd, 2006.
- Haas, C., *Alexandria in Late Antiquity: Topography and Social Conflict*, Baltimore and London: The Johns Hopkins University Press, 1997.
- Hackel, S. ed., *The Byzantine Saint*, London: Fellowship of St Alban and St Sergius, 1981.
- Hähn, W., *Moneta Imperii Byzantini, Rekonstruktion des Prägeaufbaues auf synoptisch-tabellarischer Grundlage*, band 1–3 (MIB), Wien: Österreishische Akademie der Wissenschaften, 1973, 1981.
- Haldon, J., *Byzantium in the Seventh Century*, Cambridge: Cambridge University Press, 1990, 1997.
- Haldon, J., *The Byzantine Wars*, Gloucestershire: Tempus Publishing Ltd, 2001.
- Haldon, J. F., *Byzantium at War AD 600–1453*, New York & London: Routledge, 2003.
- Haldon, J. F., *The Palgrave Atlas of Byzantine History*, Basingstoke: Palgrave Macmillan, 2005.
- Haldon, J. F., *Warfare, State and Society in the Byzantine World, 565–1204*, London: UCL Press, 1999.
- Haldon, J. ed., *The Social History of Byzantium*, Oxford: Blackwell Publishing Ltd, 2009.
- Haldon, J., *Byzantine Praetorians: An Administrative, Institutional, and Social Survey of the Opsikion and Tagmata, c. 580–900*, Bonn: R. Habelt, 1984.
- Haldon, J., *The State and the Tributary Mode of Production*, London and New York: Verso, 1993.
- Halfond, G. I. ed., *The Medieval Way of War: Studies in Medieval Military History in Honor of Bernard S., Bachrach*: Ashgate Publishing, 2015.
- Hall, A. R., Hall, M. B. and Petroni, A., *Storia della Scienza*, Bologna: Il mulino, 1991.
- Hankins, J., *Plato in the Italian Renaissance*, New York: E. J. Brill, 1994, Vol.I, p.5.
- Hamilton, F. J. and Brooks, E. W. trans., *The Syriac Chronicle Known as that of Zachariah of Mitylene*, London: Methuen & Co., 1899.
- Hannah, I. C., *Christian Monasticism: a Great Force in History*, London: G. Allen & Unwin, 1924.
- Hannay, J. O., *The Spirit and Origin of Christian Monasticism*, London: Methuen & co, 1903.
- Harl, K. W., *Coinage in the Roman Economy 300 B.C. to A.D. 700*, London: Johns Hopkins University Press, 1996.
- Harlfinger, D. ed., *Griechische Kodikologie und Text-überlieferung*, Darmstadt: Wissenschaftliche Buchgesellschaft, 1980.
- Harper, K., *From Shame to Sin*: The Christian Transformation of Sexual Morality in Late Antiquity, Cambridge, Massachusetts: Harvard Univer-

sity Press, 2013.
- Harries, J., *Imperial Rome AD 284 to 363:* The New Empire, Edinburgh: Edinburgh University Press, 2012.
- Harries, J., *Law and Empire in Late Antiquity*, Cambridge: Cambridge University Press, 1999.
- Harris, J., *Constantinople :* Capital of Byzantium, London and New York: Continuum, 2007.
- Harris, J. R. ed., *The Legacy of Egypt* (2nd edition), New York, 1971.
- Harris, J., *Byzantium and the Crusades*, London: Bloomsbury, 2014.
- Harris, J., *The End of Byzantium*, New Haven and London: Yale University Press, 2010.
- Harris, J., *Greek Emigres in the West 1400 – 1520*, Camberley: Porphyrogenitus, 1995.
- Harris, M. H., *History of Libraries in the Western World*, Metuchen, N. J. and London, 1984.
- Hashmi, S. H. ed., *Just Wars, Holy Wars, and Jihads :* Christian, Jewish, and Muslim Encounters and Exchanges, New York: Oxford University Press, 2012.
- Haskins, C. H., *The Renaissance of the Twelfth Century*, Cambridge, Mass.: Harvard University Press, 1971.
- Hassig, H. W., *A History of Byzantine Civilization*, trans. by Hussey J. M., New York, Washington: Praeger Publishers, 1976.
- Hatlie, P., *The Monks and Monasteries of Constantinople, ca. 350 – 850*, Cambridge: Cambridge University Press, 2007.
- Haussig, H. W., *A History of Byzantine Civilization*, New York: Praeger Publishers, 1971.
- Hazlett, I. eds., *Early Christianity*, Nashville: Abingdon Press, 1991.
- Heath, I., *Byzantine Armies AD 1118 – 1461*, Men-at-arms series. 287, Illustrated by McBride, A., Oxford: Osprey Publishing, 1995.
- Heath, I., *Byzantine Armies, 886 – 1118*, Illustrated by Mcbride, A., Oxford: Osprey Publishing, 2004.
- Heath, T. L., *A History of Greek Mathematics*, vol.2, Cambridge: Cambridge University Press, 2013.
- Heather, P. J., *Goths and Romans, 332 – 489*, Oxford: Clarendon Press, 1991.
- Heather, P., *The Fall of the Roman Empire :* A New History of Rome and the Barbarians, Oxford: Oxford University Press, 2006.
- Heather, P., *The Goths*, Oxford: Blackwell Publishers, 1996.
- Heather, P., *The Restoration of Rome :* Barbarian Popes and Imperial Pretenders, Oxford: Oxford University Press, 2013.
- Hefele, C. S., *History of the Councils of the Church*, New York: AMS Press 1972.
- Hefele, J., *A History of the Councils of the Church*, Edinburgh: T. & T. Clark, 1896.
- Heinle, E. and Schlaich, J., *Kuppeln aller Zeiten, aller Kulturen*, Stuttgart: Deutsche Verlags-Anstalt, 1996.
- Heisenberg, A. ed., *Georgii Acropolitae Opera*, Leipzig: Teubner, 1903.
- Hendy, M. F., *Coinage and Money in the Byzantine Empire, 1081 – 1261*, Washington, D. C.: Dumbarton Oaks Centre for Byzantine Studies, Trustees for Harvard University, 1969.
- Hendy, M. F., *Studies in the Byzantine Monetary Economy, c. 300 – 1450*, Cambridge: Cambridge University Press, 1985.
- Henri de Valenciennes, *Histoire de l'Empereur Henri*, ed. de Wailly, M. N., Paris: P. Geuthner, 1872.
- Hérodote, *Histoires*, 9 vols., Paris: Les Belles Lettres, 1930 – 1960 (repr. 1963 – 1970), TLG, No.0016001.
- Herodotus, *The Persian Wars*, with an English translation by Godley A. D., Cambridge, Massachusetts: Harvard University Press, 1995.
- Herrin, J. and Saint-Guillain, G., *Identities and Allegiances in the Eastern Mediterranean after 1204*, Farnham, Surrey, UK: Ashgate, 2011.
- Herrin, J., *Byzantium :* The Surprising Life of a Medieval Empire, Princeton and Oxford: Princeton University Press, 2007.
- Herrin, J., *Women in Purple, Rulers of Medieval Byzantium*, London: Weidenfeld and Nicolson, 2001.
- Hertzberg, G. F., *Geschichte der Byzantiner und des Osmanischen reiches bis gegen ende des 16. Jahrhunderts*, Berlin: G. Grote, 1883.
- Hertzberg, G. F., *Geschichte Griechenlands seit dem Absterben des antiken Lebens bis zum Gegenwart*, Berlin: G. Grote, 1883.
- Hesiod, *Theogony*, ed. West, M. L., Oxford: Clarendon Press, 1966 (TLG, No.0020001).
- Hill, B., *Imperial Women in Byzantium 1025 – 1204:* Power, Patronage and Ideology, London: Longman, 1999.
- Hillner, J., Prison, *Punishment and Penance in Late Antiquity*, Cambridge: Cambridge University Press, 2015.
- Hilsdale, C. J., *Byzantine Art and Diplomacy in an Age of Decline*, Cambridge: Cambridge University Press, 2014.
- Hippocrates, *Hippocrates Collected Works*, I, ed. Jones, W. H. S., Cambridge: Harvard University Press, 1868; London: Heinemann, 1931.
- Hippocrates, *Hippocrates. Volume VIII*, trans. Potter, P., Cambridge, Massachusetts; London, England: Harvard University Press, 1995, 2012.
- Hirth, F., *China and the Roman Orient: Researches into Their Ancient and Medieval Relations as Represented in Old Chinese Records*, Shanghai and Hongkong: Kelly and Walsh, 1885.
- Hodgkin, Th., *Italy and her Invaders*, Oxford: Clarendon Press, 1892.
- Hoffmann, J., *Rudimente von Territorialstaaten im byzantinischen Reich (1071 – 1210)*, Munich: Institut fur Byzantinistik und Neugriechische Philologie der Universitat, 1974.
- Holmes, W. G., *The Age of Justinian and Theodora :* A History of the Sixth Century A.D., London: G. Bell & Sons Ltd., 1905.
- Holmes, C., *Basil II and the Governance of Empire (976 – 1025)*, Oxford: Oxford University Press, 2005.
- Holo, J., *An Economic History of the Jews of Byzantium*, Chicago: Bell & Howell, 2001.
- Holo, J., *Byzantine Jewry in the Mediterranean Economy*, Cambridge: Cambridge University Press, 2009.
- Holt, P. M., Lambton, A. K. S. and Lewis, B. eds., *Cambridge History of Islam*, Cambridge: Cambridge University Press, 1970.

- Holum, K. G., *Theodosian Empresses*: Women and Imperial Dominion in Late Antiquity, Berkeley, Los Angeles, London: University of California Press, 1982.
- Hopf K., *Geschichte Griechenlands vom Beginne des Mittelalters bis auf die neuere Zeit*, New York: B. Franklin, 1960.
- Hourani, G. F., *Arab Seafaring*: in the Indian Ocean in Ancient and Early Medieval Times, Princeton, N.J.: Princeton University Press, 1951.
- Housley, N., *Contesting the Crusades*, Malden, MA; Oxford: Blackwell, 2006.
- Houts, E. van ed. and trans., *The Normans in Europe*, Manchester & New York: Manchester University Press, 2000.
- Hovannisian, R. G. and Payaslian, S. eds., *Armenian Constantinople*, Costa Mesa, Calif.: Mazda Publishers, 2010.
- Hovannisian, R. G. ed., *The Armenian People from Ancient to Modern Times, Volume I*: The Dynastic Periods: From Antiquity to the Fourteenth Century, New York: St. Martin's Press, 1997.
- Howard-Johnston, J. D. ed., *Byzantium and the West*: c.850-c.1200, Amsterdam: Adolf M. Hakkert, 1988.
- Howard-Johnston, J. and Hayward P. A. eds., *The Cult of Saints in Late Antiquity and the Early Middle Ages*: Essays on the Contribution of Peter Brown, Oxford: Oxford University Press, 1999.
- Howard-Johnston, J., *Witnesses to a World Crisis*: Historians and Histories of the Middle East in the Seventh Century, Oxford: Oxford University Press, 2010.
- Howells, J. G. and Osborn, M. L., *A Reference Companion to the History of Abnormal Psychology*, Westport: Greenwood Press, 1984.
- Hudson, G. F., *Europe and China*: A Survey of their Relations from the Earliest Times to 1800, Boston: Beacon Press, 1931.
- Hughes, I., *Imperial Brothers*: Valentinian, Valens and the Disaster at Adrianople, Barnsley: Pen & Sword Military, 2013.
- Hughes, I., *Stilicho*: The Vandal Who Saved Rome, Barnsley: Pen & Sword Military, 2010.
- Humphreys, M. T. G., *Law, Power, and Imperial Ideology in the Iconoclast Era c.680 - 850*, Oxford: Oxford Press, 2015.
- Hunger, H. ed., *Veröffentlichungen der Kommission für die Tabula Imperii Byzantini*, 2, Wien: Verlag der Österreichischen Akademie der Wissenschaften, 1977.
- Hunger, H., *Die hochsprachliche profane Literatur der Byzantiner*, Munich: Beck, 1978.
- Hunger, H., Βυζαντιν ή ΛογοτεΧν ία, τ. Β', Μτφρ. Τ. Κόλιας κτλ., Αθήνα, 2007.
- Hunger, H. and Ševčenko, I. eds., *Des Nikephoros Blemmydes Βασιλικὸς Ἀνδριάς und dessen Metaphrase von Georgios Galesiotes und Georgios Oinaiotes*, Vienna: Verlag der Österreichischen Akademie der Wissenschaften, 1986.
- Hussey, J. M., *The Cambridge Medieval History*, Vol.Ⅳ, London and New York: Cambridge University Press, 1967, 1978.
- Hussey, J. M., *The Orthodox Church in the Byzantine Empire*, Oxford: Clarendon Press, 1986.
- Hussey, J. M., *Church and Learning in the Byzantine Empire, 867 -1185*, New York: Russell & Russell. INC., 1963.
- Hutton, E., *Ravenna, a Study*, London: J. M. Dent; New York: E. P. Dutton, 1913.
- Huyghe, F.-B, Huyghe, E., *Les empires du mirage*: hommes, dieux et mythes sur la route de la soie, Paris: R. Laffont, 1993.
- Ideler, J. L. ed., *Physici et medici Graeci minores*, Berlin: Reimer, 1841 (repr. Amsterdam: Hakkert, 1963), TLG, No. 3188; TLG, Nos. 0729002, 0729003.
- Ignatios the Deacon, *The Life of Patriarch Tarasios*, trans. and commentary by Efthymiadis, S., Aldershot, Brookfield: Ashgate, 1998.
- Illes, J., *Encyclopedia of Mystics, Saints & Sages: A Guide to Asking for Protection, Wealth, Happiness, and Everything Else*, Harper Collins: Harper One, 2011.
- Imber, C., *The Crusades of Varna, 1443 -1445*, Aldershot: Ashgate, 2006.
- Ioannes Lydus, *On Powers or the Magistracies of the Roman State*, ed. Bandy, A. C., Philadelphia: American Philosophical Society, 1983, TLG, No.2580001.
- Ioannis Cantacuzeni, *Eximperatoris Historiarum libri iv*, ed. Schopen, L., 3 vols., [Corpus Scriptorum Historiae Byzantinae] Bonn: Weber, 1828, 1831, 1832, TLG, No.3169001.
- Ioannis Cinnami, *Epitome rerum ab Ioanne et Alexio Comnenis Gestarum*, ed. Meineke, A., [Corpus Scriptorum Historiae Byzantinae] Bonn: Weber, 1836, TLG, No.3020001.
- Ioannis Scylitzae, *Synopsis Historiarum*, ed. Thurn, J., [Corpus Fontium Historiae Byzantinae 5] Berlin: De Gruyter, 1973, TLG, No.3063001.
- Ioannis Zonarae, *Epitomae Historiarum*, libri xvii, vol.3, ed. Büttner-Wobst, T., [Corpus scriptorum historiae Byzantinae] Bonn: Weber, 1897, TLG, No.3135002.
- Ioannis Zonarae, *Epitome Historiarum*, 3 vols., ed. Dindorf, L., Leipzig: Teubner, 1868, 1869, 1870, TLG, Nos. 3135001 and 3135003.
- Ioannis, *Aristotelis physicorum libros octo commentaria*, 2 vols., ed. Vitelli, H., Berlin: Reimer, 1887, 1888, TLG, No.4015009.
- Ioannis Malalae, *Chronographia*, ed. Dindorf, L., [Corpus Scriptorium Historiae Byzantinae] Bonn: Weber, 1831, TLG, No.2871001.
- Ioelis, *Chronographia Compendiaria*, ed. Bekker, I., [Corpus Scriptorum Historiae Byzantinae] Bonn: Weber, 1836, TLG, No.3140001.
- Ἰωάννης Ζωναρᾶς, Ἐπιτομή ιστοριών, εισαγωγή, μετάφραση, σχόλια, Γρηγοριάδης Ι., τόμος Γ', Ἀθήνα: Ἐκδόσεις Κανάκη, 1998, 1999.
- Ἰωάννης, Ἐκκλησιαστικ ή Ιστορ ία, translated with Notes by Müller, E., Oxford, 1860.
- Imber, C., *The Ottoman Empire, 1300 - 1650, The Structure of Power*, Basingstoke: Palgrave macmillan, 2009.
- Ioannis Cinnami, *Epitome rerum ab Ioanne et Alexio Comnenis Gestarum*, ed. Meineke, A., [Corpus Scriptorum Historiae Byzantinae] Bonn: Weber, 1836, TLG, No.3020001.
- Iosephi Genesii, *Regum Libri Quattuor*, ed. Lesmüller-Werner, A. and Thurn, J., [Corpus Fontium Historiae Byzantinae 14] Berlin: De Gruyter, 1978, TLG, No.3040001.
- Jacoby, D., *Byzantium, Latin Romania and the*

- Mediterranean, Aldershot; Burlington, USA: Ashgate/Variorum, 2001.
- Jackson, P. ed., *The Cambridge History of Iran, The Timurid and Safavid Periods*, vol.6, Cambridge: Cambridge University Press, 1986.
- Jaritz, G. and Szende, K. eds., *Medieval East Central Europe in a Comparative Perspective: From Frontier to Lands in Focus*, London: Routledge, 2016.
- Jarman, L. C., *Galen in early modern English medicine: case-studies in history, pharmacology and surgery 1618 – 1794*, University of Exeter, Phd, 2013.
- Jean Caminiatès, Eustathe de Thessalonique and Jean Anagnostès, *Thessalonique: Chroniques d'une ville prise: Jean Caminiatès, Eustathe de Thessalonique, Jean Anagnostès*, intro., notes and trans. Odorico, P., Toulouse: Anacharsis, 2005.
- Jean de Joinville and Geoffroi de Villehardouin, *Chronicles of the Crusades*, trans. Shaw, M. R. B., New York: Dorset Press, 1985.
- Jean de Joinville, *The Life of Saint Louis*, New York: Sheed and Ward, 1955.
- Jean-Michel, S. and Dasen, V., eds., *Les saviors magiques et leur transmission de l'Antiquité à la Renaissance*, Florence: Edizioni del Galluzzo, 2014.
- Jeffreys, E. and Haldon, J. eds., *The Oxford Handbook of Byzantine Studies*, New York: Oxford University Press, 2008.
- Jeffreys, E. ed., *Rhetoric in Byzantium*, Aldershot & Burlington: Ashgate, 2003.
- Jeffreys, E. ed., *Digenis Akritis, the Grottaferrata and Escorial Versions*, Cambridge: Cambridge University Press, 1998.
- Jeffreys, E. and Haarer, F. K. eds., *Proceedings of the 21st International Congress of Byzantine Studies*, London, Aldershot: Ashgate Publishing Limited, 2006.
- Jenkins, D. ed., *The Cambridge History of Western Textiles*, Cambridge: Cambridge University Press, 2003.
- Jenkins, R., *Byzantium: The Imperial Centuries (AD 610 – 1071)*, Toronto, Buffalo & London: University of Toronto Press, 1966.
- Jenkins, R., *Studies on Byzantine History of the 9th and 10th Centuries*, London: Variorum Reprints, 1970.
- Jerome, *The Principal Works of St. Jerome*, ed. Schaff Ph., New York: Grand Rapids, 1892.
- Joannes Actuarius, *Opera*, Parisiis: G. Morelius, 1556.
- John Cananus, *De Constantinopoli anno 1422 oppugnata narratio*, ed. Bekker, I., [Corpus Scriptorum Historiae Byzantinae] Bonn: Weber, 1838.
- John, C., *The Deeds of John and Manuel Comnenus*, trans. by C. M. Brand, New York: Columbia University Press, 1976.
- John Cinnamus, *The Deeds of John and Manuel Comnenus*, trans. by Brand, C. M., New York: Columbia University Press, 1976.
- John Kantakouzenos, *Ioannis Cantacuzeni Eximeratoris Historiarum*, 3 vols, vol.1 ed. Schopen, L., vols.2 – 3 ed. Niehbuhr, B., Corpus Scriptorium Historiae Byzantinae, Bonn: Impensis Ed. Weberi, 1828, 1831, 1832.
- John Malalas, *The Chronicle of John Malalas*, a translation by Jeffreys E., Jeffreys M. & Scott R., Sydney: Sydney University Press, 2006. Ioannis Malalae, *Chronographia*, ed. Dindorf L., [Corpus Scriptorum Historiae Byzantinae] Bonn: Weber, 1831, TLG, No.2871001; Melbourne: Australian Assoc. for Byzantine Studies, 1986.
- John of Antioch, *Ioannis Antiocheni Fragmenta Quae Supersunt Omnia*, recensuit Anglice vertit indicibus instruxit Sergei Mariev, Berolini et Novi Eboraci: Walger de Gruyter, 2008. *Fragmenta Historicorum Graecorum*, ed. Müller K., vol.4, Paris: Didot, 1841 – 1870, TLG, No.4394001.
- John of Ephesus, *The Third Part of the Ecclesiastical History of John, Bishop of Ephesus*, trans. by Smith, R. P., Oxford: Oxford University Press, 1860.
- John of Nikiu, *The Chronicle of John, Bishop of Nikiu: Translated from Zotenberg's Ethiopic Text (Christian Roman Empire)*, trans. by Charles, R. H., Merchantville, NJ: Evolution Pub & Manufacturing, 2007.
- John of Nikiu, *Chronicle*, translated with an introduction by Charles R. H., London: Williams & Norgate, 1916.
- John Skylitzes, *A Synopsis of Byzantine History, 811 – 1057*, trans. Wortley, J., New York: Cambridge University Press, 2010.
- John Zonaras, *Epitome Historiarum*, Büttner-Wobst, T. ed., vol.3. Bonn: Corpus Scriptorium Historiae Byzantinae, Bonnae: Impensisi Ed., Weberi, 1897.
- Johnson, M. J., *The Roman Imperial Mausoleum in Late Antiquity*, Cambridge: Cambridge University Press, 2009.
- Joinville and Villehardouin, *Chronicles of the Crusades*, trans. Shaw, M. R. B., London: Penguin, 1963; New York: Dorset Press, 1985.
- Jones, A. H. M., Martindale J. R. and Morris J. eds., *The Prosopography of the Later Roman Empire*, Cambridge: Cambridge University Press, 1971.
- Jones, A. H. M., *The Decline of the Ancient World*, London: Longman, 1966,1976, 1980.
- Jones, A. H. M., *The Later Roman Empire 284 – 602: A Social, Economic, and Administrative Survey*, Oxford: Basil Blackwell, 1964, 1986.
- Jones, A. H. M., *A History of Rome Through the Fifth Century (Volume II: The Empire)*, London. Melbourne: Macmillan, 1970.
- Jongeward, D., Cribb, J. and Donovan, P., *Kushan, Kushano-Sasanian, and Kidarite Coins: A Catalogue of Coins from the American Numismatic Society*, New York: the American Numismatic Society, 2015.
- Jordanes, *The Origin and Deeds of the Goths*, trans. by Mierow, C. C., Princeton: Princeton University Press, 1908.
- Jordanes, *The Gothic History of Jordanes*, translated by Mierow Ch. Ch., Cambridge: Speculum Historiale, New York: Barnes & Noble, INC., 1960.
- Josephus, *Jewish Antiquies, Books XVIII-XIX*, with an English translation by Feldman L. H., Cambridge, Massachusetts and London, England: Harvard University Press, 1996. Flavii Iosephi, *Opera*, vols.1 – 4, ed. Niese B., Berlin: Weidmann, 1887, 1885, 1892, 1890 (repr.

1955), TLG, No.0526001.
- Joshua the Stylite, *Chronicle composed in Syriac in AD 507*: A History of the Time of Affliction at Edessa and Amida and Throughout All Mesopotamia, trans. Wright W., Ipswich: Roger Pearse, 1882.
- Julian, Emperor of Rome, *The Works of the Emperor Julian*, 3 vols, trans. by Wright, W. C., Loeb Classical Library, London: W. Heinemann & New York: Macmillan, 1913; London and Cambridge Massachusetts: Harvard University Press, 1923.
- L'empereur Julien, *Oeuvres Complètes*, ed. Bidez, J., vol.1-2, 2nd edn, Paris: Les Belles Lettres, 1960, TLG, No.2003013.
- Justinian, *Novels*, with an English translation by Blume F. H., Laramie: The University of Wyoming, 2010. *Corpus Iuris Civilis*, ed. Schöll R. and Kroll W., vol. 3. Berlin: Weidmann, 1895 (repr. 1968), TLG, No.2734013.
- Justinian, *Novella, CXXXVII. In The Civil Law*, Scotttrans S. P., Ohio: Cincinnati Press, 1932.
- Kaegi, W. E., *Army, Society and Religion in Byzantium*, Collected Studies 162, London: Variorum Reprints, 1999.
- Kaegi, W. E., *Byzantine Military Unrest 471-843*, Amsterdam: Adolf M. Hakkert Publisher Press, 1997.
- Kaegi, W. E., *Byzantium and the Decline of Rome*, Princeton: Princeton University Press, 1968.
- Kaldellis, A. and Siniossoglou, N. eds., *The Cambridge Intellectual History of Byzantium*, Cambridge: Cambridge University Press, 2017.
- Kaldellis, A., *A New Herodotos*: Laonikos Chalkokondyles on the Ottoman Empire, the Fall of Byzantium, and the Emergence of the West, Washington, D.C.: Dumbarton Oaks Research Library and Collection, 2014.
- Kaldellis, A., *Hellenism in Byzantium*: The Transformations of Greek Identity and the Reception of the Classical Tradition, Cambridge University Press, 2008.
- Kaldellis, A., *Streams of Gold, Rivers of Blood*: The Rise and Fall of Byzantium, 955 A.D. to the First Crusade, New York: Oxford University Press, 2017.
- Kaldellis, A., *The Byzantine Republic*: People and Power in New Rome, Cambridge and London: Harvard University Press, 2015.
- Καρπόζηλος, Α., Βυζαντινοί Ιστορικοί και Χρονογράφοι, τόμος Γ' (11ος-12ος αι.), Αθήνα, 2009.
- Καρπόζηλος, Α., Βυζαντινοί Ιστορικοί και Χρονογράφοι, τόμος Δ' (13ος-15ος αι.), Αθήνα, 2015.
- Kamil, J., *Christianity in the Land of the Pharaohs*: the Coptic Orthodox Church, London and New York, 2002.
- Karayannopoulos, J., *Die Entstehung der byzantinischen Themenordnung*, Munich: Beck, 1959.
- Καραγιαννόπουλος Γ., Ιστορία Βυζαντινού Κρατούς, Τόμος Α, Θεσσαλονίκη: Εκδοτικός Οίκος Βάνιας 1995.
- Καραγιαννόπουλος, Ι., Χάρται Μέσης Βυζαντινής Περιόδου (565-1081), Θεσσαλονίκη: Εκδοτικός Οίκος Σάκκουλα, 1976.
- Καραγιαννόπουλος Γ., Το Βυζάντιο Κράτος, Εκδόσεις Βάνιας, Θεσσαλονίκη, 1983; Αθήνα: Ερμής, 1985.
- Karasszon, D., *A Concise History of Veterinary Medicine*, Budapest: Akadémiai Kiadó, 1988.
- Karpozilos, A. D., *The Ecclesiastical Controversy between the Kingdom of Nicaea and the Principality of Epiros (1217-1233)*, Thessaloniki: Centre for Byzantine Studies, 1973.
- Kassel, R. ed., *Aristotelis de arte poetica liber*, Oxford: Clarendon Press, 1965, TLG, No. 0086034.
- Kasso, L., *Byzantine Law in Bessarabia*, Moscow, 1907.
- Katasri, C., *The Roman Monetary System, the Eastern Provinces from the First to the Third Century AD*, Cambridge: Cambridge University Press, 2011.
- Katz, S. T. ed., *The Cambridge History of Judaism*: The Late Roman-Rabbinic Period, Vol. 4, Cambridge: Cambridge University Press, 2008.
- Kazhdan, A. P., *A History of Byzantine Literature (650-850)*, Athens: The National Hellenic Research Foundation, Institute for Byzantine Research, 1999.
- Kazhdan, A. P. and Epstein, A. W., *Change in Byzantine Culture in the Early Eleventh and Twelfth Centuries*, Berkeley, Los Angeles, and London: University of California Press, 1985.
- Kazhdan, A. P. ed., *The Oxford Dictionary of Byzantium*, 3 vols, New York and Oxford: Oxford University Press, 1991.
- Kazhdan, A. P., *Studies on Byzantine Literature of the Eleventh and Twelfth Centuries*, Cambridge: Cambridge University Press, 1984.
- Kazhdan, A. P., *The Social Composition of Byzantine Ruling Class in the 11-12th Centuries*, Moscow, 1974.
- Kelly, C. ed., *Theodosius II*: Rethinking the Roman Empire in Late Antiquity, Cambridge: Cambridge University Press, 2013.
- Kelly, C., *Ruling the Later Roman Empire*, Cambridge and London: The Belknap Press of Harvard University Press, 2004.
- Kelly, J. N. D., *Golden Mouth*: The Story of John Chrysostom-Ascetic, Preacher, Bishop, London: Duckworth, 1995.
- Kennedy, S. ed. & trans., *Two Works on Trebizond, Michael Panaretos and Bessarion*, Cambridge, Massachusetts: Harvard University Press, 2019.
- Kennedy, H. N., *The Prophet and the Age of the Caliphates*: The Islamic Near East from the 6th to the 11th Century, Harlow, UK: Pearson Education Ltd., 2004.
- Keys, D., *Catastrophe-An Investigation into the Origins of the Modern World*, New York: Ballantine Books, 1999.
- Khvalkov, E., *The Colonies of Genoa in the Black Sea Region*: Evolution and Transformation, New York: Routledge, 2017.
- Kim, H. J., *The Huns, Rome and the Birth of Europe*, Cambridge: Cambridge University Press, 2013.
- Knorr, W., *Studies in Ancient and Medieval Geometry*, Boston: Birkhäuser, 1989.
- Kolbaba, T. M., *Inventing Latin Heretics: Byzantines and the Filoque in the Ninth Century*,

- Kalamazoo: Western Michigan University, 2008.
- Kogman-Appel, K. and Meyer, M. eds., *Between Judaism and Christianity: Art Historical Essays in Honor of Elisheva (Elisabeth) Revel-Neher*, Boston: Brill, 2009.
- Kolias, T., *Byzantinische Waffen : ein Beitrag zur byzantinischen Waffenkunde von den Anfangen bis zur lateinischen Eroberung*, Vienna: Verlag der Osterreichischen Akademie der Wissenschaften, 1988.
- Κόλιας, T., Νικηφόρος Β' Φωκάς (963-969), Ο στρατηγός αυτοκράτωρ και το μεταρρυθμιστικό του έργο, Αθήνα: Ιστορικές εκδόσεις Στ. Δ. Βασιλόπουλος, 1993.
- Κονιδάρης, I. M., Το δίκαιον της μοναστηριακής περιουσίας από του 9ου μέχρι του 12ου αιώνος, Αθήνα: Σάκκουλας, 1979.
- Kondakov, N. P., *Sketches and Notes on the History of Mediaeval Art and Culture*, Prague: Ustav dejin umeni, 1929.
- Korobeinikov, D., *Byzantium and the Turks in the Thirteenth Century*, Oxford: Oxford University Press, 2014.
- Kordosis, M., *Tang China, the Chineses Nestorian Church and Heretical Byzantium (AD 618-845)*, Ioannina, 2008.
- Kotter, B. ed., *Die Schriften des Johannes von Damaskos*, [Patristische Texte und Studien 12] Berlin: De Gruyter, 1973, TLG, No.2934004; 1975, TLG, No.2934005.
- Kratchkovsky, I. and Vasiliev, A. A. incomplete ed. and French trans., *Histoire de Yahya-ibn-Said d'Antioche, Patrologia Orientalis*, Paris: Firmin-Didot, 1924-1932.
- Kreutz, B. M., *Before the Normans : Southern Italy in the Ninth and Tenth Centuries*, Philadelphia: University of Pennsylvania Press, 1996.
- Kristeller, P. O., *Renaissance Thought and Its Sources*, New York: Columbia University Press, 2010.
- Kritovoulos, *History of Mehmed the Conqueror*, trans. Riggs, C. T., Princeton: Princeton University Press, 1954.
- Krsmanović, B., *The Byzantine Province in Change : On the Threshold between the 10th and the 11th Century*, Belgrade: Institute for Byzantine Studies, Serbian Academy of Sciences and Arts; Athens: Institute for Byzantine Research, National Hellenic Research Foundation, 2008.
- Krumbacher, K., *Geschichte der byzantinischen Litteratur von Justinian bis zum ende des ostromischen reiches (527-1453)*, Munich: C. H. Beck Verlag, 1891.
- Krumbacher, K., Ιστορία της Βυζαντινής λογοτεχνίας, Αθήνα: Γρηγοριάδης, 1974.
- Kulikowski, M., *Rome's Gothic Wars : From the Third Century to Alaric*, Cambridge: Cambridge University Press, 2008.
- Küng, H., *Christianity : Its Essence and History*, London: SCM Press, 1995.
- Kyriakides, T. ed., *Trebizond and the Black Sea*, Thessaloniki, 2010.
- Kyriakidis, S., *Warfare in Late Byzantium, 1204-1453*, Leiden & Boston: Koninklijke Brill NV, 2011.
- Kyritses, D. S., *The Byzantine Aristocracy in the Thirteenth and Early Fourteenth Centuries*, PhD. dissertation, Cambridge, Mass.: Harvard University, 1997.
- Lacombrade, C., Garzya, A., and Lamoureux J. eds., *Synésios de Cyrène*, Collection Budé, 6 vols., Paris: Belles lettres, 1978-2008.
- Laiou, A. E. eds, *The Economic History of Byzantium, from the Seventh through the Fifteenth Century (EHB)*, vol. 3, Wanshington, D. C.: Dumbarton Oaks Research Library and Collection, 2002.
- Laiou, A. E. and Mottahedeh, R. P. eds., *The Crusades from the Perspective of Byzantium and the Muslim World*, Washington, D.C.: Dumbarton Oaks Research Library and Collection, 2001.
- Laiou, A. E. ed., *Urbs Capta, The Fourth Crusade and its Consequences*, Paris: Lethielleux, 2005.
- Laiou, A. E., *Constantinople and the Latins : The Foreign Policy of Andronicus II, 1282-1328*, Cambridge: Harvard University Press, 1972.
- Laiou, A. E., *Law and Society in Byzantium : Ninth-Twelfth Centuries*, Washington, D. C.: Dumbarton Oaks Research Library and Collection, 1994.
- Laiou, A. E., *Mariage, Amour et Parenté à Byzance aux XIe-XIIIe siècles*, Paris: de Boccard, 1992.
- Lameere, W. ed., *La Tradition Manuscrite de la correspondance de Grégoire de Chypre Patriarche de Constantinople (1283-1289)*, Bruxelles: Palais des acade'mies, 1937.
- Lampsidis, O., *Beiträge zum byzantinischen Chronisten Ephraem und zu seiner Chronik*, Athens: I. Kollaros, 1971.
- Λαμπάκης, Σ., Γεώργιος Παχυμέρης: πρωτεκδικός και δικαιοφύλαξ : Εισαγωγικό δοκιμίο, Αθήνα, 2004.
- Lançon, B., *Rome in Late Antiquity : Everyday Life and Urban Change, AD 312-609*, trans. by Nevill, A., Edinburgh: Edinburgh University Press, 1995.
- Langdon, J. S., *John III Ducas Vatatzes : Byzantine Imperium in Anatolian Exile, 1222-1254: The Legacy of his Diplomatic, Military and Internal Program for the Restitutio Orbis*, PhD. dissertation, University of California, 1978.
- Langdon, J., *Byzantium's Last Imperial Offensive in Asia Minor : The Documentary Evidence for and Hagiographical Lore about John III Ducas Vatatzes' Crusade against the Turks, 1222 or 1225 to 1231*, New Rochelle, N.Y.: Aristide D. Caratzas, 1992.
- Langlois, M. E. ed., *Les registres de Nicholas IV : recueil des bulles de ce pape, D'apres les manuscrits originaux des Archives du Vatican*, vol.II, Paris: Ernest Thorin, 1886.
- Laonici Chalcocandylae, *Historiarum Demonstrationes*, 2 vols., ed. Darkó, E., Budapest: Academia Litterarum Hungarica, 1922, 1923, 1927, TLG, No.3139001.
- Laonikos Chalkokondyles, *the Histories*, II, trans. Kaldellis, A., Cambridge, Mass.: Harvard University Press, 2014.
- Lardner, N., *A Large Collection of Ancient Jewish and Heathen Testimonies to the Truth of the Christian Revelation, with Notes and Observations*, 4 vols., London: M.DCC.LXIV, 1754-1767.

- La Torre, D. R., Kenelly, J. W., Biggers, S. S. et al., *Calculus Concepts*: An Informal Approach to the Mathematics of Change, Andover: Cengage Learning, 2011.
- Lauxtermann, M. D. and Whittow, M. eds., *Byzantium in the Eleventh Century*: Being in Between: Papers from the 45th Spring Symposium of Byzantine Studies, Exeter College, Oxford, 24 - 6 March 2012, London; New York: Routledge, Taylor & Francis Group, 2017.
- Layton, R. A., *Didymus the Blind and His Circle in Late-Antique Alexandria*: Virtue and Narrative in Biblical Scholarship, Urbana and Chicago: University of Illinois Press, 2004.
- Leder, S. ed., *Crossroads between Latin Europe and the Near East*: Corollaries of the Frankish Presence in the Eastern Mediterranean (12th - 14th Centuries), Würzburg: Ergon Verlag, 2011.
- Lee, C. and Morley, N. eds., *A Handbook to the Reception of Thucydides*, Chichester: Wiley-Blackwell, 2014.
- Lee, A. D., *From Rome to Byzantium AD 363 to 565*: The Transformation of Ancient Rome, Edinburgh: Edinburgh University Press, 2013.
- Lee, A. D., *Information and Frontiers*: Roman Foreign Relations in Late Antiquity, Cambridge: Cambridge University Press, 1993.
- Lee, A. D., *War in Late Antiquity*: A Social History, Oxford: Blackwell Publishing, 2007.
- Lee, A. D. ed., *Paganisms and Christians in Late Antiquity*: A Sourcebook, London and New York: Routledge, 2000.
- Leicester, H. M., *The Historical Background of Chemistry*, New York: Dover, 1971.
- Leiser, G. ed., *Mésogeios. Revue trimestrielle d'études méditerranéennesp*, Paris.
- *Le livre des cérémonies*, ed. Vogt, A., vols.1 - 2, Paris: Les Belles Lettres, 1935, 1939, repr. 1967, TLG, No.3023011.
- Lemerle, P., *Les plus anciens recueils des miracles de saint Démétrius et la pénétration des Slaves dans les Balkans*, Paris: Éditions du Centre National de la Recherche Scientifique, 1979 - 1981.
- Lemerle, P. et al eds., *Actes de Saint-Pantéléèmon*: édition diplomatique, Paris: P. Lethielleux, 1982.
- Lemerle, P., *The Agrarian History of Byzantium*: From the Origins to the Twelfth Century, Galway, Ireland: Galway University Press, 1979.
- Lenski, N., *Failure of Empire*: Valens and the Roman State in the Fourth Century A.D., California: University of California Press, 2002.
- Leo the Deacon, *The History of Leo the Deacon*: Byzantine Military Expansion in the Tenth Century, trans. Talbot, A. M. and Sullivan, D. F., Washington, D.C.: Dumbarton Oaks Research Library and Collection, 2005.
- Leo Ⅵ, *The Book of the Eparch*, trans. Freshfield E. H., London: Variorum Reprints, 1970.
- Leonardo, R. A., *History of Surgery*, New York: Froben Press, 1943.
- Leonis diaconi, *Caloënsis Historiae Libri Decem*, ed. Hase, K. B., [Corpus Scriptorum Historiae Byzantinae] Bonn: Weber, 1828, TLG, No. 3069001.
- Lewis, A. R. and Runyan, T. J., *European Naval and Maritime History, 300 - 1500*, Bloomington: Indiana University Press, 1985.
- Lewis, N. and Reinhold M., *Roman Civilization*: Selected Readings, New York: Harper & Row, 1990.
- Lianta, E., *Late Byzantine Coins*: 1204 - 1453, in the Ashmolean Museum, University of Oxford, London: Spink, 2009.
- Lichtheim, M., *Ancient Egyptian Literature* (3 Vols), California, 1974.
- Liddell, H. G. and Scott, R., *A Greek-English Lexicon*, Oxford: Clarendon Press, 1980.
- Liebeschuetz, J. H. W. G., *Barbarians and Bishops*: Army, Church, and State in the Age of Arcadius and Chrysostom, Oxford: Clarendon Press, 1990.
- Liebeschuetz, J. H. W. G., *Decline and Fall of the Roman City*, Oxford: Oxford University Press, 2001.
- Liebeschuetz, W., *East and West in Late Antiquity*: Invasion, Settlement, Ethnogenesis and Conflicts of Religion, Leiden, Boston: Brill, 2015.
- *Life of Shenoute*, trans. by Besa, B., Kalamazoo: Cistercian Publications, 1983.
- Lillington-Martin, C. and Turquois, E. eds., *Procopius of Caesarea: Literary and Historical Interpretations*, London: Routledge, 2017.
- Lim, R., *Public Disputation, Power, and Social Order in Late Antiquity*, Berkeley, Los Angeles, London: University of California Press, 1995.
- Lindberg, D., *The Beginnings of Western Science*, Chicago: University of Chicago Press, 1992.
- Linder, A., *The Jews in Roman Imperial Legislation*, Detroit: Wayne State University Press, 1987.
- Lindsay, J., *Byzantium into Europe; the Story of Byzantium as the First Europe, 324 - 1204 A.D. and its Further Contribution till 1453 A.D.*, London: The Bodley Head, 1952.
- Liudprand, *The Complete Works of Liudprand of Cremona*, translated with an introduction and notes by Squatriti, P., Washington, D.C.: Catholic University of America Press, 2007.
- Lionel Casson, *The Periplus Maris Erythraei*, Text with Introduction, Princeton University Press 1989. Anonymi (Arriani, ut fertur) periplus maris Erythraei, ed. Müller K., Geographi Graeci minores, vol. 1. Paris: Didot, 1855 (repr. Hildesheim: Olms, 1965), TLG, No.0071001.
- Littré, É. ed., *Oeuvres complètes d'Hippocrate*, Paris: Baillière, 1839 - 1861, TLG, No.0627.
- Little, L. K. ed., *Plague and the End of Antiquity*: The Pandemic of 541 - 750, Cambridge: Cambridge University Press, 2006.
- Littlewood, A. ed., *Byzantine Garden Culture*, Washington, D. C.: Dumbarton Oaks Research Library and Collection, 2002.
- Lonergan, B., *The Way to Nicea*, Philadelphia, 1976.
- Long, J., *Claudian's In Eutropium*: Or, How, When, and Why to Slander a Eunuch, Chapel Hill and London: The University of North Carolina Press, 1996.
- Longnon, J., *L'Empire Latin de Constantinople et la Principauté de Morée*, Paris: Payot, 1949.
- Loofs, F., *Nestorius and His Place in the History of Christian Doctrine*, Cambridge: Cambridge

- University Press, 1914.
- Lopez, R., *Silk industry in the Byzantine Empire, Byzantium and the World Around It*: Economic and Institutional Relations, London: Variorum Reprints, 1978.
- Lopez, R., *Byzantine and the World around it*: Economic and Institutional Relations, London: Variorum Reprints, 1978.
- Lot, F., *The End of the Ancient World and the Beginnings of the Middle Ages*, London: Routledge & Kegan Paul Ltd, 1966.
- Louth, A., *St. John Damascene, Tradition and Originality in Byzantine Theology*, New York: Oxford University Press, 2002.
- Luard, H. R., *A Catalogue of the Manuscripts Preserved in the Library of the University of Cambridge*, Cambridge: Cambridge University Press, 2014.
- Lukonin, V. G., *Persia II*: from the Seleucids to the Sassanids, trans J. Hogarth: Barrie & Jenkins Press, 1971.
- Lurier, H. E. ed., *Crusaders as conquerors*: The Chronicle of Morea, New York and London: Columbia University Press, 1964.
- Luttwak, E. N., *The Grand Strategy of the Byzantine Empire*, Cambridge and London: Harvard University Press, 2009.
- Maas, M. ed., *The Cambridge Companion to the Age of Justinian*, Cambridge: Cambridge University Press, 2005.
- MacCormack, S. G., *Art and Ceremony in Late Antiquity*, Los Angeles & London: University of California Press, 1981.
- MacCormick, M., *Origins of the European Economy*: Communications and Commerce, A. D. 300–900, Cambridge: Cambridge University Press, 2002, 2001.
- MacCormick, M., *Eternal Victory*: Triumphal Rulership in Late Antiquity, Byzantium and the Early Medieval West, Cambridge: Cambridge University Press, 1986.
- Macmullen, R., *Christianizing the Roman Empire (A. D. 100–400)*, New Haven and London: Yale University Press, 1984, 1997.
- MacMullen, R., *Paganism in the Roman Empire*, New Haven and London: Yale University Press, 1981.
- MacMullen, R., *The Second Church*: Popular Christianity, A.D.200–400, Atlanta: Society of Biblical Literature, 2009.
- MacMullen, R., *Constantine I*, London, 1970.
- Macrides, R., *George Akropolites, The History*, Oxford: Oxford University Press, 2007.
- Macrides, R., Munitiz, J. A. and Angelov, D., *Pseudo-Kodinos and the Constantinopolitan Court*: Offices and Ceremonies, Birmingham Byzantine and Ottoman Studies, Volume 15, Farnham: Ashgate 2013.
- Madden, T. F. ed., *Crusades*: the Illustrated History, Ann Arbor, Mich.: Univ. of Michigan Press, 2004.
- Madden, T. F., *Enrico Dandolo and the Rise of Venice*, Baltimore: Johns Hopkins University Press, 2003.
- Madgearu, A., *The Asanids*: The Political and Military History of the Second Bulgarian Empire, 1185–1280, Leiden and Boston: Brill, 2017.
- Madgearu, A., *Byzantine Military Organization on the Danube, 10th–12th Centuries*, Leiden; Boston: Brill, 2013.
- Maenchen-Helfen, J. O., *The World of the Huns*: Studies in their History and Culture, Berkeley, Los Angeles, London: University of California Press, 1973.
- Magadalino, P., *L'orthodoxie des astrologues*: La science entre le dogme et la divination à Byzance, Paris: Lethielleux, 2006.
- Magdalino, P. and Necipoğlu, N. eds., *Trade in Byzantium*: Papers from the Third International Sevgi Gönül Byzantine Studies Symposium, Istanbul: Koc University Press, 2016.
- Magdalino, P., *Studies on the History and Topography of Byzantine Constantinople*, Aldershot: Ashgate Publishing Company, 2007.
- Magdalino, P., *The Empire of Manuel I Komnenos, 1143–1180*, Cambridge: Cambridge University Press, 1993.
- Magdalino, P., *The Maritime Neighborhoods of Constantinople*: Commercial and Residential Functions, Sixth to Twelfth Centuries, Washington, D.C.: Dumbarton Oaks Research Library and Collection, 2000.
- Magdalino, P., ed., *New Constantines*: The Rhythm of Imperial Renewal in Byzantium, 4th–13th Centuries: Papers from the Twenty-sixth Spring Symposium of Byzantine Studies, St Andrews, March 1992, Great Britain: Variorum; Brookfield, Vt., U.S.A.: Ashgate Pub. Co., 1994.
- Magill, F. N. ed., *Dictionary of World Biography*, vol.1, Pasadena: Salem Press, 1998.
- Maguire, H., *Byzantine Court Culture from 829 to 1204*, Washington, D. C.: Dumbarton Oaks Research Library and Collection, Harvard University Press, 1997.
- Maguire, H., *The Icons of Their Body*: Saints and their Images in Byzantium, Princeton, NJ: Princeton University Press, 1996.
- Mainstone, R. J., *Hagia Sophia*: Architecture, Structure, Liturgy of Justinian's Great Church, London, 1997.
- Malatras, C., *Social Structure Relations in Fourteenth Century Byzantium*, PhD. diss., University of Birmingham, 2013.
- Malone, E. E., *the Monk and the Martyr*, Washington, D. C.: Catholic University of America Press, 1950.
- Mango, C., *The Brazen House*: A Study of the Vestibule of the Imperial Palace of Constantinople, København: i kommission hos Ejnar Munksgaard, 1959.
- Mango, C., ed., *The Oxford History of Byzantium*, Oxford: Oxford University Press, 2002.
- Mango, C., *Byzantium*: The Empire of New Rome, New York: Charles Scribner's Sons, 1980.
- Mango, C., *The Art of the Byzantine Empire, 312–1453*: Sources and Documents, New York, 1972.
- Mango, C., *Nikephoros, Patriarch of Constantinople, Short History*: Text, Translation, and Commentary, Washington, D. C.: Dumbarton Oaks Research Library and Collection, 1990.
- Mannas, L., *Merchants, Princes and Painters*: Silk Fabrics in Northern and Italian Paintings 1300–1550, New Haven: Yale University Press, 2008.

- Manoussakas, M. and Stailos, N., *The Publishing Activity of the Greeks During the Italian Renaissance*, Athens: Greek Ministry of Culture, 1987.
- *A Manual of Roman Law*, The Ecloga published by the Emperors Leo Ⅲ and Constantine V of Isauria at Constantinople A. D. 726, trans. by Freshfield, E. H., Cambridge: Cambridge University Press, 1926.
- Marasco, G. ed., *Greek and Roman Historiography in Late Antiquity : Fourth to Sixth Century A. D.*, Leiden, Boston: Brill, 2003.
- Marcellinus Comes, *The Chronicle of Marcellinus*, trans. Croke, B., Sydney: Australian Association for Byzantine Studies, 1995.
- Marcus, J. R., *The Jew in the Medieval World : A Source Book 315 - 1791*, Cincinnati: The Union of American Hebrew Congregations, 1938.
- Margotta, R., *The Story of Medicine*, New York: Golden Press,1968.
- Markus, R. A., *Christianity in the Roman World*, London: Thames and Hudson Ltd, 1974.
- Markus, R. A., *The End of Ancient Christianity*, Cambridge: Cambridge University Press, 1990.
- Martí-Ibáñez, F., *A Prelude to Medical History*, New York: MD Publications Inc., 1961.
- Martin, E. J., *A History of the Iconoclastic Controversy*, New York: AMS Press, 1978.
- Martindale, J. R., *The Prosopography of the Later Roman Empire, Vol.Ⅱ : AD. 395 - 527*, Cambridge: Cambridge University Press, 1980.
- Masai, F., *Plethon et le Platonisme de Mistra*, Paris: Belles Lettres, 1956.
- Mathisen, R. W., *People, Personal Expression, and Social Relations in Late Antiquity*, Ann Arbor: The University of Michigan Press, 2003.
- Matthews, J., *The Roman Empire of Ammianus*, London: Duckworth, 1989.
- Mattingly, H., Sydenham, E. A., Sutherland, C. H. V. and Carson, R. A. G. et al. eds., *The Roman Imperial Coinage (RIC)*, London: Spink & Son Ltd, 1923 - 1994.
- Maurice, J., *Numismatique Constantienne*, Tome I, Paris: Ernest Leroux, 1908.
- *Maurice's Strategikon :* Handbook of Byzantine Military Strategy, trans. by Dennis G. T., Philadelphia: University of Pennsylvania Press, 1984.
- Maurice, *Das Strategikon des Maurikios*, ed. Dennis, G. T. and Gamillscheg, E., Vienna: Verlag der österreichischen Akademie der Wissenschaften, 1981.
- Mauricius, *Arta Militara*, ed. Mihaescu, H., [Scriptores Byzantini 6] Bucharest: Academie Republicii Socialiste România, 1970, TLG, No. 3075001.
- Maxwell, J. C., *Matter and Motion*, New York: D. Van Nostrand, 1878.
- Mayer, R., *The Artist's Handbook of Materials and Techniques*, New York: Viking Press, 1985.
- Mayer, W. and Allen P., *John Chrysostom*, London and New York: Routledge, 2000.
- McCabe, A., *A Byzantine Encyclopaedia of Horse Medicine :* The Sources, Compilation, and Transmission of the Hippiatrica, Oxford and New York: Oxford University Press, 2007.
- McClanan, A., *Representations of Early Byzantine Empresses*, New York: Palgrave Macmillan, 2002.
- McGeer, E., *The Land Legislation of the Macedonian Emperor*, Toronto: Pontifical Institute of Mediaeval Studies, 2000.
- McGeer, E., *Sowing the Dragon's Teeth :* Byzantine Warfare in the Tenth Century, Washington, D.C.: Dumbarton Oaks Research Library and Collection, 1995.
- Meier, M. ed., *Brill's Companion to Procopius*, Leiden: Brill, 2017.
- Meier, M., *Justinian :* Herrschaft, Reich und Religion, Munich, 2004.
- Melville-Jones, J. R. ed., *Venice and Thessalonica 1423 - 1430:* The Greek Accounts, Padova: Unipress, 2006.
- Menander the Guardsman, *The History of Menander the Guardsman*, trans. Blockley R. C., Liverpool: Fancis Cairns Ltd., 1985.
- Merrills, A. H. ed., *Vandals, Romans and Berbers :* New Perspectives on Late Antique North Africa, Aldershot: Ashgate: 2004.
- Merrills, A. H., *History and Geography in Late Antiquity*, Cambridge: Cambridge University Press, 2005.
- Merrills, A., R. Miles, *The Vandals*, West Sussex: Wiley-Blackwell, 2010.
- Meyendorff, J., *Byzantium and the Rise of Russia : A Study of Byzantino-Russian Relations in the Fourteenth Century*, St Vladimirs Seminary Pr, 1997.
- Meyendorff, J., *Byzantine Theology*, New York: Fordham University Press, 1974.
- Michael Attaleiates, *Historia*, ed. and trans. Martin, Pérez, Madrid: Consejo Superior de Investigaciones Cientificas, 2002.
- Michael Ducas, *Historia byzantina*, ed. Bekker, I., [Corpus Scriptorum Historiae Byzantinae] Bonn: Weber, 1834.
- Michael Panaretos & Bessarion, *Two Works on Trebizond, 109*, ed. and trans. Kennedy, S., Cambridge: Harvard University Press, 2019.
- Michael Psellos, *Chronographie ou histoire d'un siècle de Byzance (976 - 1077)*, ed. Renauld, É., 2 vols., Paris: Les Belles Lettres, 1926, 1928, TLG, No.2702001.
- Michael Psellus, *Chronographia*, trans. Sewter, E. R., London: Penguin Books, 1953, 1966.
- Michael Psellus, *Fourteen Byzantine Rulers :* The Chronographia of Michael Psellus, English trans. Sewter, E. R. A., Harmandsworth: Penguin Books, 1966.
- Michaelis Attaleiates, *The History*, trans. by Kaldellis, A. and Krallis, D., New York: Harvard University Press, 2012.
- Michaelis Attaliotae, *Historia*, ed. Bekker, I., [Corpus Scriptorum Historiae Byzantinae] Bonn: Weber, 1853, TLG, No.3079001.
- Michaelis Glycae, *Annales*, ed. Bekker, I., [Corpus Scriptorum Historiae Byzantinae] Bonn: Weber, 1836, TLG, No.3047.
- Michaelis Pselli, *Philosophica Minora*, ed. Duffy, J. M., Leipzig: Teubner, 1992, TLG, No. 2702010.
- Michael Psellus, *Orationes funebres, Volume 1*, Polemis, I. ed., Berlin; Boston: De Gruyter, 2014.
- Michael the Syrian, *Chronique*, ed. and trans. by Chabot, J. B., Paris: Ernest Leroux, 1899 - 1910.
- Michael, A. ed., *The Byzantine Aristocracy Ⅸ to ⅩⅢ Centuries*, Oxford: BAR International Series,

1984.
- Michael, A., *Church and Society in Byzantium under Comneni, 1081 - 1261*, Cambridge: Cambridge University Press, 1995.
- Michaelis Pselli, *Orationes panegyricae*, edidit Dennis, G. T., Stutgardiae: B. G. Teubner, 1994.
- Μιχαήλ Ψελλός, *Χρονογραφία, Τόμος Α', μετ άφραση-εισαγωγή-σχόλια*: Καραλής Β., Αθήνα: Εκδόσεις Κανάκη, 2004.
- Millar, F., *A Greek Roman Empire*: Power and Belief under Theodosius II (408 - 450), Berkeley, Los Angeles, London: University of California Press, 2006.
- Miller, T. S., *The Birth of the Hospital in the Byzantine Empire*, Baltimore: Johns Hopkins University Press, 1985, 1997.
- Miller, T. S., *The History of John Cantacuzenus (book IV)*: Text, Translation and Commentary, Dissertation, Catholic University Ann Arbor, 1975.
- Miller, T. S., *The Orphans of Byzantium, Child Welfare in the Christian Empire*, Wahington, D. C.: The Catholic University of America Press, 2003.
- Miller, W., *Trebizond*: The Last Greek Empire of the Byzantine era, 1204 - 1461, new enl. edition, historical introduction, select bibliography by Bandy, A. C., Chicago: Argonaut, 1969.
- Miller, T. S. and Nesbitt, J. W., *Walking Corpses*: Leprosy in Byzantium and the Medieval West, Ithaca & London: Cornell University Press, 2014.
- Millet, G., *Monuments byzantins de Mistra*, Paris: E. Leroux, 1910.
- Miotto, M., *Ο ανταγωνισμός Βυζαντίου και Χαλιφάτου των Φατιμίδων στην εγγύς ανατολή και η δράση των Ιταλικών πόλεων στην περιοχή κατά τον 10ο και τον 11ο αιώνα*, Θεσσαλονίκη: Κέντρο Βυζαντινών Ερευνών, 2008.
- Mitchell, S. and Greatrex, G. eds., *Ethnicity and Culture in Late Antiquity*, London: Duckworth and The Classical Press of Wales, 2000.
- Mitchell, L. L., *The Meaning of Ritual*, New York: Paulist Press, 1977.
- Moffatt, A. ed., *Maistor*: Classical, Byzantine and Renaissance Studies for Robert Browning (Byzantine Austrliensia vol.5), Canberra: Brill, 1984.
- Mogenet, J., *L'Introduction 'a l'Almageste*, [M'emoires de l'Acad'emie Royale de Belgique, Cl. Lettres, 51, fasc. 2] Bruxelles: Palais des Acade'mies, 1956.
- Momigliano, A. ed., *Conflict Between Paganism and Christianity in the Fourth Century*, Oxford: The Clarendon Press, 1963.
- Monfasani, J., *Byzantine Scholars in Renaissance Italy*, Aldershot, Hampshire & Vermont: Ashgate Publishing Company, 1995.
- Montfaucon, D. B., *Nova Collectio Patrum et Scriptorum Graecorum, Eusebii Caesariensis*, Athanasii & Cosmae Aegyptii, Parisiis, 1706.
- Moore, P., *Iter Psellianum*: a Detailed Listing of Manuscript Sources for All Works Attributed to Michael Psellos, Including a Comprehensive Bibliography, Toronto: Pontifical Institute of Mediaeval Studies, 2005.
- Moorhead, J., *Justinian*, New York: Longman Publishing, 1994.
- Moorhead, J., *The Roman Empire Divided, 400 - 700*, Second Edition, London and New York: Routledge, 2013.
- Moorhead, J., *Ambrose*: Church and Society in the Late Roman World, London and New York: Longman, 1999.
- Morkholm, O., *Early Hellenistic Coinage, from the Accession of Alexander to the Peace of Apamea (336 - 188 B. C.)*, Cambridge: Cambridge University Press, 1991.
- Morris, R., *Monks and Laymen in Byzantium 843 -1118*, Cambridge: Cambridge University Press, 1995.
- Morris, R. ed., *Church and People in Byzantium*, Birmingham: Centre for Byzantine, Ottoman and Modern Greek studies, University of Birmingham, 1991.
- Morrison, C., *Catalogue des monnaies byzantines de la Bibliothèque nationale*, Tome 1 - 2, Paris: Bibliothèque nationale, 1970.
- Moschos, J., *The Spiritual Meadow*, Kalamazoo, Mich.: Cistercian Publications, 1992.
- Moss, H. St. L.B., *The Birth of the Middle Ages (395 - 814)*, London: Oxford University Press, 1979.
- Mousourakis, G., *A Legal History of Rome*, London; New York: Routledge, 2007.
- Moutafakis, N. J., *Byzantine Philosophy*, Indianapolis and Cambridge: Hackett Publishing Company, Inc., 2003.
- Mullett, M. and Scott, R. eds., *Byzantium and the Classical Tradition*, Birmingham: University of Birmingham, 1981.
- Mullett, M. and Smythe, D. eds., *Alexios I Komnenos, I*: Papers, Belfast: Belfast Byzantine Enterprises, 1996.
- Mullett, M., *Theophylact of Ochrid*: Reading the Letters of a Byzantine Archbishop, Birmingham Byzantine and Ottoman Monographs 2, Aldershot, U. K.: Variorum, 1997.
- Murray, A. V. ed., *The Crusades*: an encyclopedia, Santa Barbara, California: ABC-CLIO, 2006.
- Muthesius, A., *Studies in Silk in Byzantium*, London: Pindar Press, 2004.
- Myrepsus, N.s, *Medicamentorum Opus*, in Sectiones Quadragintaocto Digestum, Hactenus in Germania non Visum, Basileae: Per Jo. Oporinum, 1549.
- Nathan, G. S., *The Family in Late Antiquity*: The Rise of Christianity and the Endurance of Tradition, London and New York: Routledge, 2000.
- Naymark, A., *Sogdiana, Its Christians and Byzantium*: A Study of Artistic and Cultural Connections in Late Antiquity and Early Middle Ages, Ph. D., Indiana University, 2001.
- Necipoğlu, N., *Byzantium between the Ottomans and the Latins*: Politics and Society in the Late Empire, Cambridge: Cambridge University Press, 2009.
- Neil, B. and Garland, L. eds., *Questions of Gender in Byzantine Society*, New York: Routledge, 2016.
- Nemesius of Emesa, *De natura hominis*, ed. Einarson, B., [Corpus medicorum Graecorum (in press)] TLG, No.0743001.
- Nemesius, Bp. of Emesa, *Nemesii episcopi Premnon physicon*, a N. Alfano, archiepiscopo Salerni, in latinum translatus; recognovit Carolus

- Burkhard, Leipzig: Teubner, 1917.
- Neuburger, M., *Geschichte der Medizin*, II, Stuttgart: Enke, 1911.
- Neville, L., *Anna Komnene : the Life and Work of a Medieval Historian*, New York: Oxford University Press, 2016.
- Neville, L., *Guide to Byzantine Historical Writing*, Cambridge: Cambridge University Press, 2018.
- Neville, L., *Heroes and Romans in Twelfth-century Byzantium : the Material for History of Nikephoros Bryennios*, Cambridge: Cambridge University Press, 2012.
- Niavis, P. E., *The Reign of the Byzantine Emperor Nicephorus I (AD 802 -811)*, Athens: Historical Publications St. D. Basilopoulos, 1987.
- Nicéphore Bryennios, *Histoire*, ed. Gautier, P., [Corpus Fontium Historiae Byzantinae 9] Brussels: Byzantion, 1975, TLG, No.3088002.
- Nicephori Gregorae, *Historiae Byzantinae*, ed. Schopen, L. and Bekker, I., 3 vols., [Corpusscriptorum historiae Byzantinae] Bonn: Weber, 1829, 1830, 1855, TLG, No.4145001.
- Nicephori archiepiscopi Constantinopolitani, *Opuscula Historica*, ed. de Boor C., Leipzig: Teubner, 1880 (repr. New York: Arno, 1975), TLG, Nos. 3086001 and 3086002.
- Nicephoros Bryennios, *Materials for a History*, ed. Meinecke, A., [Corpus Scriptorium Historiae Byzantinae] Bonn, 1836.
- Nicephorus, *Antirrhetici tres adversus Constantinum Copronymum*, in Patrologia Graeca, ed. Migne, J. P., Paris, vol.100, 1865.
- Nicephorus, *Breviarium*, ed. Boor, C. de, Leipzig: Teubner, 1880.
- Nicetae Choniatae, *Historia*, ed. Dieten, J. van, [Corpus Fontium Historiae Byzantinae 11.1], Berlin: De Gruyter, 1975, TLG, No.3094001.
- Nicholas I, *Patriarch of Constantinople, Letters*, ed. Jenkins, R. J. H. and Westerink, L. G., [Corpus Fontium Historiae Byzantinae 6] Washington, D. C.: Dumbarton Oaks, 1973, TLG, No. 3100001.
- Nicol, M., *The Last Centuries of Byzantium, 1261 -1453*, London: Rupert Hart-Davis, 1972; 2nd edition, Cambridge: Cambridge University Press, 1993.
- Nicol, D. M., *Byzantium and Venice : A Study in Diplomatic and Cultural Relations*, Cambridge and New York and Melbourne: Cambridge University Press, 1988.
- Nicol, D. M., *Studies in Later Byzantine History and Prosopography*, Cambridge and New York and Melbourne: Cambridge University Press, 1985.
- Nicol, D. M., *The Despotate of Epiros 1267 -1479:* A Contribution to the History of Greece in the Middle Ages, Cambridge: Cambridge University Press, 1984; Oxford: Blackwell, 1957.
- Nicol, D. M., *The Byzantine Family of Kantakouzenos*, Washington: Dumbarton Oaks Center for Byzantine Studies, 1968.
- Nicol, D. M., *The Immortal Emperor : The Life and Legend of Constantine Palaiologos, Last Emperor of the Romans*, Cambridge, Eng.: Cambridge University Press, 1992.
- Nicol, D. M., *The Reluctant Emperor :* A Biography of John Cantacuzene, Byzantine Emperor and Monk, c. 1295 – 1383, Cambridge: Cambridge University Press, 1996.
- Nicol, D. M., *The End of the Byzantine Empire*, London: Cambridge University Press, 1979.
- Nicolle, D., Haldon, J. etc., *The Fall of Constantinople :* The Ottoman Conquest of Byzantium, Oxford: Osprey Publishing Ltd., 2007.
- Niebuhr, B. G. ed., *Corpus scriptorium historiae byzantinae*, 50 vols., Bonn, 1828 – 1897.
- Niketas Choniatēs, *O City of Byzantium, Annals of Niketas Choniatēs*, trans. by Magoulias, H. J., Detroit: Wayne State University Press, 1984.
- Nicolle, D., *Constantinople 1453:* The End of Byzantium, Oxford: Osprey Publishing, 2000.
- Nicolle, D., Hook, A., *Ottoman Fortifications 1300 – 1710*, Oxford: Osprey Publishing Limited, 2010.
- Nicolle, D., *The Fourth Crusade 1202 – 1204:* the Betrayal of Byzantium, Oxford: Osprey Publishing Ltd., 2011.
- Nicolet, C., *Space, Geography and Politics in the Early Roman Empire*, Ann Arbor: University of Michigan Press, 1991.
- Nicolle, D., *Romano-Byzantine Armies 4th – 9th Centuries*, Oxford & New York: Osprey Publishing Ltd, 1992.
- Nicolo Barbaro, *Diary of the Siege of Constantinople, 1453*, trans. by Jones, J. R., New York: Exposition Press, 1969.
- Nikephoros, *Nikephoros Patriarch of Constantinople Short History*, trans. by Mango, C., Washington: Dumbarton Oaks, 1990. Nicephori archiepiscopi Constantinopolitani, Opuscula Historica, ed. Boor, C. de, Leipzig: Teubner, 1880 (repr. New York: Arno, 1975), TLG, Nos. 3086001 and 3086002.
- Nikephoros, *Short History, Nikephoros, Patriarch of Constantinople :* Text, Translation, and Commentary, trans. Mango, C., Washington, D.C.: Dumbarton Oaks Research Library and Collection, 1990.
- Niketas Choniates, *City of Byzantium, Annals of Niketas Choniatēs*, trans. Magoulias, H., Detroit: Wayne State University Press, 1984.
- Νικηφόρος Γρηγοράς, Ρωμαϊκή Ιστορία, Α' περίοδος: 1204 – 1341 (Κεφ άλαια 1 – 11), Απόδοση στην νέα ελληνική, εισαγωγή και σχόλια από Δ. Μόσχος, Αθήνα: Εκδοτικός Οργανισμός Λιβάνη, 1997.
- Νικολάου, Κ., *Η γυναίκα στη μέση βυζαντινή εποχή. Κοινωνικά πρότυπα και καθημερινός βίος στα αγιολογικά κείμενα*, Αθήνα: Ινστιτούτο Βυζαντινών Ερευνών, 2005.
- Νίκου, Δ. Μ., *Πηγές και επιδράσεις του ιστορικού έργου του Δούκα*, Θεσσαλονίκη, 2009.
- Norden, W., *Das Papsttum und Byzanz*, Berlin: E. Beck, 1903.
- Norwich, J. J., *Byzantium :* The Early Centuries, London: Penguin Books, 1990.
- Norwich, J. J., *A History of Venice*, New York: Vintage Books, 1982.
- Norwich, J. J., *A Short History of Byzantium*, New York: A Division of Random House, Inc., 1997.
- Norwich, J. J., *Byzantium :* The Decline and Fall, London: Penguin Books, 1996.
- Nuland, Sherwin B., *Doctors :* The Illustrated His-

- tory of Medical Pioneers, New York: Black Dog & Leventhal: Distributed by Workman Pub. Co., 1988.
- Nystazopoulou, M. G., Ἡ ἐν τῇ Ταυρικῇ Χερσον ήσωι πόλις Σοθηδαιά, Athens, 1965.
- Oakland, J., British Civilization—An Introduction, fourth edition, London & New York: Routledge, 1998.
- Obolensky, D., Byzantium and the Slavs, Crestwood, N. Y.: St. Vladimir's Seminary Press, 1994.
- Obolensky, D., The Byzantine Commonwealth: Eastern Europe, 500 - 1453, London: Phoenix Press, 2000; New York: St. Vladimir's Seminary Press, 1982.
- Ochir, A. and Erdenebold, L., Archaeological Relics of Mongolia, VII: Cultural Monuments of Ancient Nomads, Ulaanbaatar: Mongol Ulsyn Shinzhlékh Ukhaany Akademi, Tǔǔ kh, Arkheologiĭn Khŭrěělěn, 2017.
- Oelsner, G. H., A Handbook of Weaves, New York: Macmillan, 1915.
- Ohnsorge, W., Abendland und Byzanz: Gesammelte Aufsätze zur Geschichte der byzantinisch-abendländischen Beziehungen und des Kaisertums, Darmstadt: H. Gentner, 1963.
- Oikonomidès, N., Fiscalité et exemption fiscale à Byzance (IXe-XIe s.), Athènes: Fondation nationale de la recherche scientifique, Institut de recherches byzantines, 1996.
- Oikonomides, N., Les Listes de préséance byzantines des IXe et Xe siècles, Paris: Éditions du Centre national de la recherche scientifique, 1972.
- Olster, D. M., The Politics of Usurpation in the Seventh Century, PhD Thesis, The University of Chicago, 1986.
- Oost, S. I., Galla Placidia Augusta: A Biographical Essay, Chicago: University Press, 1968.
- Oribasii, Collectionum Medicarum Reliquiae, vols.1 - 4, ed. Raeder, J., Leipzig: Teubner, 1928, 1929, 1931, 1933, TLG, Nos. 0722001, 0722002, 0722003.
- Oribasius, Collectionum Medicarum Reliquiae, Lipsiae: In aedibus B. G. Teubneri, 1928 - 1933.
- Oribasius, Dieting for an Emperor: A Translation of Books 1 and 4 of Oribasius' Medical Compilations with an Introduction and Commentary, ed. Grant, M., Leiden: Brill, 1997.
- Oribasius, Oeuvres d'Oribase, Texte Grec, en Grande Partie Inédit, Collationnée sur les Manuscrits, Paris: Impr. nationale, 1851 - 1876.
- Origène, Contre Celse, 4 vols., ed. Borret, M., Paris: Cerf, 1967, 1968, 1969, TLG, No. 2042001.
- Origenes, Vier Bücher von den Prinzipien, ed. Görgemanns, H. and Karpp, H., Darmstadt: Wissenschaftliche Buchgesellschaft, 1976, TLG, No. 2042002.
- Orlandos, A., Palaces and Houses in Mistra, Athens, 1937.
- Ostrogorsky, G., Quelques problèmes d'histoire de la paysannerie byzantine, Bruxelles: Éditions de Byzantion, 1956.
- Ostrogorsky, G., Byzantinische Geschichte, 324 - 1453, München: Verlag C.H. Beck OHG, 1996.
- Ostrogorsky, G., History of Byzantine State, trans. Hussy, J., Oxford: Basil Blackwell & Mott, 1956; New Brunswick and N.J.: Rutgers University Press, 1956, 1969.
- Ostrogorsky, G., Serboi under Stefan Dusan, Belgrade, 1965.
- Palladii, Dialogus de vita S. Joanni Chrysostomi, ed. Coleman-Norton P. R., Cambridge: Cambridge University Press, 1928, TLG, No. 2111004.
- Palladius, The Dialogue of Palladius concerning the Life of Chrysostom, trans. by Moore H., New York: The Macmillan Company, 1921.
- Parnell, D. A., Justinians's Men, London: Palgrave Macmillan Press, 2017.
- Παναγοπούλου, Α. Γ., Οι διπλωματικοί γάμοι στο Βυζάντιο (6ος - 12ος αιώνας), Αθήνα: Λιβάνης, 2006.
- Parry, V. and Yapp, M. eds., War, Technology and Society in the Middle East, London: Oxford University Press, 1975.
- Partington, J. R., History of Greek Fire and Gunpowder, Cambridge: Cambridge University Press, 1960; Baltimore: Johns Hopkins University Press, 1999.
- Patlagean, É., Un Moyen Âge Grec: Byzance, IXe-XVe siècle, Paris: Albin Michel, 2007.
- Πατούρα, Σ., Οι αιχμάλωτοι ως παράγοντες επικοινωνίας και πληροφόρησης (4ος - 10ος αι.), Αθήνα: Κέντρο Βυζαντινών Ερευνών, 1994.
- Paul the Deacon, History of Lombards, translated by Foulke W. D., Philadelphia: University of Pennsylvania Press, 1907, 1974.
- Paul of Aegina, The Medical Works of Paulus Aegineta, London: Welsh, Treuttel, Würtz, 1834.
- Paulus Aegineta, Epitomae medicae libri septem, 2 vols., ed. Heiberg, J. L., Leipzig: Teubner, 1921, 1924, TLG, No.0715001.
- Paulus Aegineta, The Seven books of Paulus Aegineta, London: Printed for the Sydenham Society, 1844 - 1847.
- Paulus Orosius, The Seven Books of History Against the Pagans, trans. Deferrari R. J., Washington, D. C.: The Catholic University of America Press, 1964.
- Pedanii Dioscuridis, Anazarbei de materia medica libri quinque, ed. Wellmann, M., 3 vols. Berlin: Weidmann, 1906, 1907, 1914 (repr. 1958), TLG, No.0656001.
- Pelagius, I, Pelagii I Papae Epistulae Quae Supersunt, ed. by Gassó P. M. and Batlle C. M., Montserrat, 1956.
- Pelliot, P., Notes on Marco Polo, I, Paris: Impr. nationale, 1959.
- Pepagomenus, D., Peri Podagras, Parisiis: Apud Guil. Morelium, in Graecis typographum regium, MDLVIII, 1558.
- Pepagomenus, D., Prontuario Medico: Testo Edito per la Prima Volta, Napoli: Bibliopolis, 2003.
- Perrie, M. ed., The Cambridge History of Russia, Vol.1, Cambridge: Cambridge University Press, 2006.
- Pertusi, A., La formation des themes byzantine, Munich: Beck, 1958.
- Pertusi, A., Bisanzio e l'Italia. Raccolta di studi in memoria di Agnostino Pertusi, Milan: Vita e pensiero, 1982.
- Peters, F. E., Greek Philosophical Terms: A His-

- torical Lexicon, New York: NYU Press, 1967.
- Peters, E. ed., *The First Crusade : The Chronicle of Fulcher of Chartres and Other Source Materials*, 2nd edition, Philadelphia: University of Pennsylvania Press, 1998.
- Peterson, E., *Der Monotheismus als politisches Problem*, Leipzig: Hegner, 1935.
- Pevny, O. Z. ed., *Perceptions of Byzantium and Its Neighbours : 843 – 1261*: the Metropolitan Museum of Art Symposia, New York: Metropolitan Museum of Art; Yale University Press, 2000.
- Pharr, C. trans., *The Theodosian Code and Novels and the Sirmondian Constitutions : A Translation with Commentary, Glossary, and Bibliography*, Princeton: Princeton University Press, 1952.
- Philippides, M. and Hanak, W. K., *The Siege and Fall of Constantinople in 1453, Historiography, Topography, and Military Studies*, Farnham: Ashgate, 2011.
- Philippides, M., *Constantine XI Dragas Palaeologus (1404 -1453): The Last Emperor of Byzantium*, Abingdon: Routledge, 2018, 2019.
- Phillips, J. ed., *The First Crusade : Origins and Impact*, Manchester, UK; New York, NY: Manchester University Press; New York, NY: Distributed exclusively in the USA by St. Martin's Press, 1997.
- Philomathestatos, *Studies in Greek Patristic and Byzantine Texts Presented to Jacques Noret*, Janssens, B., Roosen, B. and Deun, P. van eds., Leuven: Peeters, 2004.
- Philostorgius, *Church History*, translated by Amidon Ph. R., S. J., Leiden and Boston: Brill, 2007.
- Philostorgius, *Kirchengeschichte*, ed. Winkelmann F. (post J. Bidez), 3rd edn., Berlin: Akademie-Verlag, 1981, TLG, No.2058.
- Photius, *Bibliothèque*, ed. Henry, R., 8 vols., Paris: Les Belles Lettres, 1959, 1960, 1962, 1965, 1967, 1971, 1974, 1977, TLG, No. 4040001.
- Plant, I. M., *Women Writers of Ancient Greece and Rome : An Anthology*, Oklahoma: University of Oklahoma Press, 2004.
- Plant, R., *Greek Coin Types and Their Identification*, London: Seaby Publications Ltd., 1979.
- Plotini, *Opera, vol.1. Porphyril Vita Plotini*, ed. Henry, P. and Schwyzer, H.-R., Leiden: Brill, 1951, TLG, No.2034001.
- Plumb, J. H., *The Italian Renaissance*, Newbury: New Word City Inc., 2017.
- Pohl, W., *The Avars : A Steppe Empire in Central Europe, 567 – 822*, Ithaca and London: Cornell University Press, 2018.
- Polemis, D. I., *The Doukai : A Contribution to Byzantine Prosopography*, London: The Athlone Press, 1968.
- Poliakov, L., *History of Anti-semitism*, New York: Schocken, 1974.
- Polybii, *Historiae*, vols.1 – 4, ed. Büttner-Wobst T., Leipzig: Teubner, 1905, 1889, 1893, 1904 (repr. Stuttgart: 1962; 1965; 1967), TLG, No. 0543001.
- Polybius, *The Histories*, with an English translation by Paton W. R., Cambridge: Harvard University Press, 1992.
- Πολύπλευρος νο ύς : Miscellanea für Peter Schreiner zu seinem 60. Geburtstag, herausgegeben Scholz, C. und Makris, G., Leipzig & München: Saur, 2000.
- Pontani, F., Katsaros, V. and Sarris, V. eds., *Reading Eustathios of Thessalonike*, Berlin and Boston: De Gruyter, 2017.
- Porter, R. and Rousseau, G. S., *Gout : The Patrician Malady*, New Haven: Yale University Press, 2000.
- Porter, R. ed., *The Cambridge History of Medicine*, Cambridge & New York: Cambridge University Press, 2006.
- Postan, M. M. ed., *Cambridge History of European Economy*, vol.1 – 2, Cambridge: Cambridge University Press, 1952.
- Pourshariati, P., *Decline and Fall of the Sasanian Empire*, London: I.B. Tauris & Co Ltd, 2008.
- Principe, L. M., *The Secrets of Alchemy*, Chicago: University of Chicago Press, 2012.
- Prioreschi, P., *Byzantine and Islamic Medicine*, Omaha: Horatius Press, 2001.
- *Procli Diadochi in primum Euclidis elementorum librum commentarii*, ed. Friedlein, G., Leipzig: Teubner, 1873, TLG, No.4036011.
- Procopii Caesariensis, *Opera Omnia*, ed. Wirth G. (post Haury J.), 4 vols, Leipzig: Teubner, 1962 – 1964, TLG, Nos. 4029001 – 4029003.
- Procopius, *De Aedificiis or Buildings*, trans. Dewing, H. B., with the collaboration of Glanville Downey, Cambridge, Mass.: Harvard University Press, 1916, 1996.
- Procopius, *History of the Wars*, with an English trans. Dewing H. B., Cambridge: Harvard University Press, 1958, 1996.
- Procopius, *The Anecdota or Secret History*, trans. Dewing H. B., Cambridge: Harvard University Press, 1998.
- Procopius, *The Wars of Justinian*, translated by Dewing H. B., revised and modernized, with an introduction and notes, by Kaldellis A., Indianapolis/Cambridge: Hackett Publishing Company, Inc, 2006, 2014.
- Procopius, *History of the Wars, I : The Persian War*, New York: Harvard University Press, 1961.
- Procopius, *On Buildings*, trans. Dewing, H. B., Cambridge, Mass.: Harvard University Press, 1940.
- Prokopios, *The Secret History with Related Texts*, ed. and trans. Kaldellis, A., Indianapolis and Cambridge: Hackett Publishing Company, Inc., 2010.
- Pryor, J. H. and Jefereys, E. H., *The Age of the ΔPOMΩN : the Byzantine Navy ca. 500 – 1204*, Leiden & Boston: Brill, 2006.
- Ptolemy, *Ptolemy's Almagest*, trans. Toomer, G. J., Princeton: Princeton University Press, 1998.
- Puschmann, T. ed., *Alexander von Tralles*, Vienna: Braumüller, 1878 (repr. Amsterdam: Hakkert, 1963), TLG, Nos. 0744001 – 0744004.
- Puschmann, T. ed., *Nachträge zu Alexander Trallianus*, Berlin: Calvary, 1887 (repr. Amsterdam: Hakkert, 1963), TLG, No.0744005.
- Queller, D. E. and Madden, T. F., *The Fourth Crusade : The Conquest of Constantinople*, Philadelphia: University of Pennsylvania Press, 1977, 1999.
- Ramón, M., *The Catalan Expedition to the East : From the Chronicle of Ramon Muntaner*, Barce-

- lona/Woodbridge: Barcino · Tamesis, 2006.
- Rapp, C., *Holy Bishops in Late Antiquity : The Nature of Christian Leadership in an Age of Transition*, Berkeley, Los Angeles, London: University of California Press, 2005.
- Rashdall, H., *The Universities of Europe in the Middle Ages*, Vol.3, London: Oxford University Press, 1936.
- Rashīd al-Dīn Ṭabīb, *The Successors of Genghis Khan*, trans. by Boyle, J., New York and London: Columbia University Press, 1971.
- Rautman, M., *Daily Life in the Byzantine Empire*, Westport, Conn., and London: Greenwood, 2006.
- Ravel-Neher, E., *The Image of the Jew in Byzantine Art*, Oxford: Pergamon Press, 1992.
- Reater, T., ed., *The New Cambridge Medieval History*, Cambridge: Cambridge University Press, 1999.
- Rebillard, É., *The Care of the Dead in Late Antiquity*, translated by Rawlings E. T. and Routier-Pucii J., Ithaca and London: Cornell University Press, 2003.
- Redgate, A. E., *The Armenians*, Oxford: Blackwell Publishers, 2000.
- Reinhold, M., *The History of Purple as a Status Symbol in Antiquity*, Brussels: Latomus, 1970.
- Reinink, G. J. and Stolte, B. H. eds., *The Reign of Heraclius (610 – 641): Crisis and Confrontation*, Paris: Peeters, 2002.
- Rekavandi, H. O., Wilkinson T. J., Nokandeh J., Sauer E., *Persia's Imperial Power in Late Antiquity : The Great Wall of Gorgan and the Frontier Landscapes of Sasanian Iran*, Oxford: Oxbow Books, 2013.
- Reiske, J. J. ed., *Cletorologion*, sub auctore Philotheo, vol.1, TLG, No.3023X06.
- Remijsen, S., *The End of Greek Athletics in Late Antiquity*, Cambridge: Cambridge University Press, 2015.
- Reuter, T. ed., *The New Cambridge Medieval History, Vol. Ⅲ c. 900 – c. 1024*, Cambridge: Cambridge University Press, 2006.
- *Rewriting Caucasian History : The Medieval Armenian Adaptation of the Georgian Chronicles : The Original Georgian Texts and the Armenian Adaptation*, Translated with Introduction and Commentary by Thomson, R. W., Oxford: Clarendon Press; New York: Oxford University Press, 1996.
- Reynolds, L. D. and Wilson, N. G., *Scribes and Scholars : A Guide to the Transmission of Greek and Latin Literature*, third edition, Oxford: Clarendon Press, 1991.
- Rhetorius the Egyptian, *Astrological Compendium*, trans. Holden, J. H., Tempe: Amer. Federation of Astrology, 2009.
- Ribak, E., *Religious Communities in Byzantine Palestina : the Relationship Between Judaism, Christianity and Islam, AD 400 – 700*, Oxford: British Archaeological Reports, 2007.
- Rice, T. T., *Everyday Life in Byzantium*, New York: Dorset Press, 1967.
- Rich, J. ed., *The City in Late Antiquity*, London and New York: Routledge, 1992.
- Richards, J., *Consul of God : The Life and Times of Gregory the Great*, London: Routledge & Kegan Paul, 1980.
- Richards, J., *The Popes and the Papacy in the Early Middle Ages*, New York: Routledge, 1979.
- Riess, F., *Narbonne and its Territory in Late Antiquity : From the Visigoths to the Arabs*, Farnham, Burlington: Ashgate, 2013.
- Riley-Smith, J. ed., *The Oxford illustrated history of the crusades*, Oxford; New York: Oxford University Press, 1995.
- Riley-Smith, J., *What were the Crusades?* Houndmills, Basingstoke, Hampshire; New York: Palgrave Macmillan, 2009 (fourth edition).
- Ringrose, K. M., *The Perfect Servant : Eunuchs and the Social Construction of Gender in Byzantium*, Chicago: University of Chicago Press, 2003.
- Robert of Clari, *The Conquest of Constantinople*, New York and London: Columbia University Press, 2005.
- Robinson, J. H. ed., *Readings in European History*, Boston: Ginn & Company, 1904.
- Rodd, R., *The Princes of Achaia and the Chronicles of Morea : A Study of Greece in the Middle Ages*, vol.1, BiblioBazaar, 2009.
- Rodley, L., *Byzantine Art and Architecture : An Introduction*, Cambridge: Cambridge University Press, 1994.
- Rohde, E., *Der griechische Roman und seine Vorläufer*, New York: Nabu Press, 2010.
- Rohrbacher, D., *The Historians of Late Antiquity*, London and New York: Routledge, 2002.
- Rosen, W., *Justinian's Flea : Plague, Empire, and the Birth of Europe*, New York: Viking Penguin, 2007.
- Rosenqvist, J. O. ed., *The Hagiographic Dossier of St. Eugenios of Trebizond in Codex Athous Dionysiou 154*, Uppsala: Almqvist & Wiksell International, 1996.
- Rosenqvist, J. O., *Η Βυζαντινή Λογοτεχνία από τον 6ο Αιώνα ως την Άλωση της Κωνσταντινούπολης*, μετάφραση: Ι. Βάσσης, Αθήνα, 2008.
- Ross, W. D. ed., *Aristotle's metaphysics*, 2 vols., Oxford: Clarendon Press, 1924, TLG, No. 0086025.
- Rosser, J. H., *Historical Dictionary of Byzantium*, Lanham, Maryland & Plymouth: The Scarecrow Press, Inc., 2001.
- Roth, C. ed., *Encyclopaedia Judaica*, Jerusalem: Keter Publishing House, 2007.
- Rousseau, P., *Pachomius : the Making of a Community in Fourth-Century Egypt*, Berkeley: University of California Press, 1985.
- Runciman, S., *The Byzantine Theocracy*, Cambridge: Cambridge University Press, 1977.
- Runciman, S., *The Eastern Schism : A Study of the Papacy and the Eastern Churches During the Ⅺth and Ⅻth Centuries*, Oxford: Clarendon Press, 1955.
- Runciman, S., *The Emperor Romanus Lecapenus and His Reign. A Study of Tenth-Century Byzantium*, Cambridge: Cambridge University Press, 1988.
- Runciman, S., *A History of the Crusades*, Cambridge: Cambridge University Press, 1951, 1987.
- Runciman, S., *Lost Capital of Byzantium: The History of Mistra and the Peloponnese*, New York: Tauris Parke Paperbacks, 2009.
- Runciman, S., *Byzantine Civilization*, London: Edward Arnold & Co, 1933.

- Runciman, S., *The Fall of Constantinople, 1453*, Cambridge: Cambridge University Press, 1965.
- Runciman, S., *The Last Byzantine Renaissance*, London: Cambridge University Press, 1970.
- Runciman, S., *The Sicilian Vespers*, Cambridge: Cambridge University Press, 1958.
- Russell, J. C., *The Control of Late Ancient and Medieval Population*, Philadelphia: The American Philosophical Society Independence Square, 1985.
- Russell, N., *Cyril of Alexandria*, London and New York: Routledge, 2000.
- Russell, N., *Theophilus of Alexandria*, London and New York: Routledge, 2007.
- Rutkow, I. M., *Surgery: An Illustrated History*, St. Louis: Mosby, 1993.
- Rydén, L. ed., *The Life of St Philaretos the Merciful*, written by his Grandson Niketas, A Critical Edition with Introduction, Translation, Notes and Indices, Uppsala University: Uppsala University Library, 2002.
- Sabatier, J., *Description générale des monnaies byzantines frappées sous les empereurs d'Orient depius Arcadius jusqu'à la prise de Constantinople par Mahomet II*, vols.1 - 2, Paris: Rollin et Feuardent, 1862.
- Σαββίδης, Α. Γ. Κ., *Ο βυζαντινός ιστοριογράφος του 15ου αιώνα Γεώργιος Σφραντζής (Φραντζής)*, Αθήνα, 1983.
- Sahas, D. J., *Icons and Logos: Sources in Eighth-Century Iconoclasm*, Toronto, Buffalo and London: University of Toronto Press, 1986.
- Saint Basile, *Lettres*, 3 vols., ed. Courtonne, Y., Paris: Les Belles Lettres, 1957, 1961, 1966, TLG, No.2040004.
- Salzman, M. R., *The Making of a Christian Aristocracy*, Cambridge, Massachusetts and London: Harvard University Press, 2002.
- Sambursky, S., *The Physical World of Late Antiquity*, Princeton, New Jersey: Princeton University Press, 1962.
- Sandys, J. E., *A History of Classical Scholarship*, Bristol: Thoemmes Press, 1998.
- Sangiuliani, A. C., *Atti della Società ligure di storia patria*, Genoa: La Società di storia patria, 1947.
- Sandwell, I., *Religious Identity in Late Antiquity: Greeks, Jews and Christians in Antioch*, Cambridge: Cambridge University Press, 2007.
- Σανσαρίδου-Hendrickx, Θ., *Το Χρονικόν των Τόκκων: Έλληνες, Ιταλοί, Αλβανοί και Τούρκοι στο Δεσποτάτο της Ηπείρου (14ος - 15ος αι.): η κοσμοθεωρία του αγνώστου συγγραφέα*, Θεσσαλονίκη, 2008.
- Sarantis, A. and Christie N. eds., *War and Warfare in Late Antiquity: Current Perspectives*, Leiden, Boston: Brill, 2013.
- Sarantis, A., *Justinian's Balkan Wars*, Liverpool: Francis Cairns, 2016.
- Sarris, P., *Economy and Society in the Age of Justinian*, Cambridge: Cambridge University Press, 2006.
- Sarton, G., *Introduction to the History of Science*, vol.2, Baltimore: Williams & Wilkins, 1953.
- Sayles, W. G., *Ancient Coin Collecting V. The Romaion/Byzantine Culture*, Iola: Krause Publications, 1998.
- Scafuri, M. P., *Byzantine Naval Power and Trade: The Collapse of the Western Frontier*, Master dissertation, Texas A & M University, 2002.
- Scarborough, J., *Pharmacy and Drug Lore in Antiquity: Greece, Rome, Byzantium*, Farnham: Ashgate-Variorum, 2010.
- Scarre, Ch., *The Historical Atlas of Ancient Rome*, London: Penguin Books Ltd, 1995.
- Schaff, P. ed., ANF01. *The Apostolic Fathers with Justin Martyr and Irenaeus*, Grand Rapids, MI: Christian Classics Ethereal Library, 2002.
- Schaff, P. ed., ANF03. *Latin Christianity: Its Founder, Tertullian*, Grand Rapids, MI: Christian Classics Ethereal Library, 2006.
- Schaff, P. ed., *History of the Christian Church*, Vols. 3, MI: Christian Classics Ethereal Library, 1987.
- Schaff, P. ed., NPNF2-03. *Theodoret, Jerome, Gennadius, & Rufinus: Historical Writings*, New York: Christian Literature Publishing Co., 1892.
- Schaff, P. ed., NPNF2 - 14. *The Seven Ecumenical Councils*, Grand Rapids, MI: Christian Classics Ethereal Library, 2005.
- Schirò, G., *Το Χρονικόν των Τόκκων. Τα Ιωάννινα κατά τας αρχάς του ΙΕ' αιώνος*, Ιωάννινα, 1965.
- Schleicher, D. and Lackmann, M. eds., *An Invitation to Mathematics: From Competitions to Research*, Berlin: Springer, 2011.
- Schöll, R. and Kroll, W. ed., *Corpus Iuris Civilis*, vol.3. Berlin: Weidmann, 1895 (repr. 1968), TLG, No.2734013.
- Schlumberger, G., *Un empereur byzantin au Xe siècle: Nicéphore Phokas*, Paris: Firmin-Didot, 1890.
- Schlumberger, G., *Epopee byzantine*, Paris: G. Cres, 1911.
- Schlumberger, G., *Sigillographie de l'Empire byzantin*, Paris: E. Leroux, 1884.
- Schmid, P., *Die diplomatischen Beziehungen zwischen Konstantinopel und Kairo zu Beginn des 14 Jahrhunderts im Rahmen der Auseinandersetzung Byzanz-Islam*, PhD. diss., Munchen University, 1956.
- Schmitt, J. ed., *Chronicle of the Morea*, London: Methuen, 1904, reprinted in Groningen: Bouma's Bockhuis, 1967.
- Schrijver, F. M., *The Early Palaiologan Court (1261 - 1354)*, PhD. dissertation, University of Birmingham, 2012.
- Scriptor Incertus de Leone Armenio, in Leonis Grammatici, *Chronographia*, ed. Bekker, I., Bonnae: Impensis Ed. Weberi, [Corpus Scriptorium Historiae Byzantinae 31] 1842, TLG, No. 3177001.
- Sear, D. R., *Byzantine Coins and Their Values*, London: Seaby Audley House, 1974.
- Seaver, J. E., *Persecution of the Jews in the Roman Empire (300 -438)*, Lawrence: The University of Kansas Press, 1952.
- Sebeos, *History*, trans. by Bedrosian R., New York: Sources of the Armenian Tradition, 1985.
- Sebeos, *The Armenian History Attributed to Sebeos*, trans. Thomson R. W. and Howard-Johnston, J., Liverpool: Liverpool University Press, 2000.
- Selin, H. ed., *Encyclopaedia of the History of Sci-

- ence, Technology, and Medicine in Non-Western Cultures, Berlin and New York: Springer, 2008.
- Setton, K. M., Catalan Domination of Athens, 1311-88, London: Variorum, 1975.
- Setton, K. M., The Papacy and the Levant (1204-1571), The thirteenth and fourteenth centuries, Philadelphia: American Philosophical Society, 1976, 1978.
- Setton, K. M., Wolff, R. L., and Hazard, H. W. eds., A History of the Crusades, Volume II: The Later Crusades, 1189-1311, Wisconsin: The University of Wisconsin Press, 1969.
- Ševčenko, I. ed. and trans., Life of Basil, Chronographiae quae Theophanis Continuati nomine fertur liber, quo vita Basilii imperatoris amplectitur, [Corpus Fontium Historiae Byzantinae] Berlin: De Gruyter, 2011.
- Ševčenko, I., Mango, C., Wilson, N. G. et al. eds, Byzantine Books and Bookmen, Washington, D.C.: Dumbarton Oaks Research Library and Collection, 1975.
- Ševčenko, I., Ideology, Letters and Culture in the Byzantine World, London: Variorum Reprints, 1982.
- Sezgin, F., History of the Arabic literature Vol.III: Medicine-Pharmacology-Veterinary Medicine, Leiden: Brill, 1970.
- Sharf, A., Byzantine Jewry: From Justinian to the Fourth Crusade, London: Routledge & Kegan Paul, 1971.
- Shawcross, T., The Chronicle of Morea: Historiography in Crusader Greece, Oxford & New York: Oxford University Press, 2009.
- Shea, G. W., The Iohannis or de Bellis Libycis of Flavius Cresconius Corippus, Lewiston/New York: E. Mellen Press, 1998.
- Shepard, J. and Franklin, S., Byzantine Diplomacy, Aldershot, Hampshire: Variorum, 1992.
- Shepard, J. ed., The Cambridge History of the Byzantine Empire c. 500-1492, Cambridge, UK; New York: Cambridge University Press, 2008.
- Sherrard, P., The Greek East and the Latin West: A Study in the Christian Tradition, London: Oxford University Press, 1959.
- Sherrard, Ph., Byzantium (Great Ages of Man), New York: Time, Inc, 1966.
- Siecienski, A. E., The Filioque: History of a Doctrinal Controversy, New York: Oxford University Press, 2010.
- Silberschmidt, M., Das orientalische Problem zur Zeit der Entstehung des Türkischen Reiches, Leipzig and Berlin: Teubner, 1923.
- Simplicius, in Aristotelis physicorum libros octo commentaria, 2 vols., ed. Diels, H., Berlin: Reimer, 1882, 1895, TLG, No.4013004.
- Simplicius, Simplicius: On Aristotle, Physics 1.3-4, trans. Huby, P. M. and Taylor, C. C. W., London, 2011.
- Simplicius, Simplicius: On Aristotle, Physics 1.5-9, trans. Baltussen, H., London, 2011.
- Simplicius, Simplicius: On Aristotle, Physics 2, trans. Fleet, B., London, 1997.
- Simpson, A., Niketas Choniates: A Historiographical Study, Oxford: Oxford University Press, 2013.
- Singer, C., A History of Technology: From Early Times to Fall of Ancient Empires, Oxford & Toronto: Clarendon Press, 1972.
- Singerman, R., Jewish Translation History: A Bibliography of Bibliographies and Studies, Amsterdam: John Benjamins Pub., 2002.
- Sinnigen, W. G. and Boak A. E. R., A History of Rome: To A.D.565, (six edition), New York: Macmillan Publishing Co., Inc., 1977.
- Sinor, D., Inner Asia and its Contacts with Medieval Europe, London: Variorum, 1977.
- Sinor, D., The Cambridge History of Early Inner Asia, Cambridge: Cambridge University Press, 1994.
- Sivan, H., Galla Placidia: The Last Roman Empress, Oxford: Oxford University Press, 2011.
- Sivan, H., Palestine in Late Antiquity, Oxford: Oxford University Press, 2008.
- Smith, A. ed., The Philosopher and Society in Late Antiquity: Essays in Honour of Peter Brown, Swansea: Classical Press of Wales, 2005.
- Smith, A., Philosophy in Late Antiquity, London and New York: Routledge, 2004.
- Socrates, Ecclesiastical History, ed. Bright W., 2nd edn., Oxford: Clarendon Press, 1893, TLG, No.2057001.
- Smith, W. ed., Dictionary of Greek and Roman Biography and Mythology, vol.3, Cambridge University Press, 2015.
- Smith, W., A Dictionary of Greek and Roman Antiquities, vol.1, Boston: Little, Brown, 1870.
- Smyrlis, K., La fortune des grands monastères byzantins: fin du Xe-milieu du XIVe siècle, Paris: Association des amis du Centre d'histoire et civilisation de Byzance, 2006.
- Social and Political Thought in Byzantium, From Justinian to the Last Palaeologus, Passages from Byzantine Writers and Documents, translated with an introduction and notes by Barker, E., Oxford: The Clarendon Press, 1957.
- Socrates, M. ed., The Ecclesiastical History of Socrates, London, 1853. Socrates, Ecclesiastical History, ed. W. Bright, 2nd edn., Oxford: Clarendon Press, 1893, TLG, No.2057001; trans. by Zenos A. C., Grand Rapids, Michigan: WM. B. Eerdmans Publishing Company, 1957.
- Sorabji, R. ed., Aristotle Transformed: The Ancient Commentators and Their Influence, New York: Cornell University Press, 1990.
- Sordi, M., The Christians and the Roman Empire, London & Sydney: Croom Helm Ltd., 1994.
- Southern, P. and Dixon, K. R., The Late Roman Army, New Haven and London: Yale University Press, 1996.
- Sozomen, Ecclesiastical History of Sozomen, ed. Schaff Ph., New York: Grand Rapids 1886.
- Sozomen, The Ecclesiastical History of Sozomen, trans. by Hartranft C. D., Grand Rapids, Michigan: WM. B. Eerdmans Publishing Company, 1957.
- Sozomenos, A History of the Church in Nine Books: from A.D. 324 to A.D. 440, trans. by Walford, London: S. Bagster, 1846.
- Sozomenus, Kirchengeschichte, ed. Bidez, J. and Hansen, G. C., Berlin: Akademie-Verlag, 1960, TLG, No.2048001.
- Spatharaki, s I., The Portrait in Byzantine Illuminated Manuscript, Leiden: E. J. Brill, 1976.

- Sphrantzes, G., *The Fall of Byzantine Empire, A Chronicle by George Sphrantzes, 1401 – 1477*, Amherst: The University of Massachusetts Press, 1980.
- Spieser, J.-M., *Urban and Religious Space in Late Antiquity and Early Byzantium*, Aldershot, Burlington, Singapore, Sydney: Ashgate, 2001.
- Spinka, M., *A History of Christianity in the Balkans : A Study in the Spread of Byzantine Culture among the Slavs*, Chicago: The American Society of Church History, 1933.
- St. Basil, *The Letters I*, translated by Deferrari R. J., Cambridge, Massachusetts: Harvard University Press, 1926, reprinted 1950, 1961, 1972.
- St. Jerome, *The Principal Works of St. Jerome*, translated by the Fremantle Hon. W. H., Grand Rapids, Michigan: WM. B. Eerdmans Publishing Company, 1957.
- St John of Damascus, *Three Treatises on the Divine Images*, trans. by Louth, A., New York: St Vladimir's Seminary Press, 2003.
- Starr, J., *The Jews in the Byzantine Empire (641 –1204)*, New York: Burt Franklin, 1970.
- Stathakopoulos, D. Ch., *Famine and Pestilence in the Late Roman and Early Byzantine Empire : A Systematic Survey of Subsistence Crises and Epidemics*, Aldershot: Ashgate, 2004; London and New York: Routledge, 2016
- Stephenson, P., *Byzantium's Balkan Frontier : A Political Study of the Northern Balkans, 900 – 1204*, Cambridge: Cambridge University Press, 2000.
- Stein, A., *On Ancient Central-Asian Tracks*, London: Macmillan and Co., Ltd., 1933.
- Stein, A., Serindia. *Detailed Reported of Explorations in Central Asia and Westernmost China*, vol. I - III, Oxford: The Cambridge Press, 1921.
- Stein, M. A., *Innermost Asia : detailed report of exploration in Central Asia, Kansu and Eastern Iran*, 4 vols. Oxford: Clarendon Press, 1928.
- Stephenson, P., *Byzantium's Balkan Frontier : A Political Study of the Northern Balkans, 900 – 1204*, Cambridge; New York: Cambridge University Press, 2000.
- Stern, E. M., *Roman Byzantine, and Early Medieval Glass 10 BCE – 700 CE : Ernesto Wolf Collection*, Ostfildern-Ruit: H. Cantz, 2001.
- Stevenson, W. B., Tanner, J. R., Previte-Orton, C. W., Brooke, Z. N. eds., *The Cambridge Medieval History : The Contest of Empire and Papacy*, Vol. V, Cambridge: Cambridge University Press, 1968.
- Strabo, *The Geography of Strabo*, with an English translation by Jones H. L., London: William Heinemann LTD., Cambridge: Harvard University Press, 1961, TLG, No.0099001.
- *Studies in Medieval Georgian Historiography : Early Texts and Eurasian Contexts*, by Rapp, S. H., Lovanii: Peeters, 2003.
- Suetonius, *Lives of the Caesars*, trans. by Edwards C., New York: Oxford University Press, 2008.
- Sullivan, D., Fisher E. A., Papaioannou S. eds., *Byzantine Religious Culture : Studies in Honor of Alice-Mary Talbot*, Leiden; Boston: Brill, 2012.
- Sundkler, B. and Steed C., *A History of the Church in Africa*, Cambridge: Cambridge University Press, 2000.
- Svoronos, N., *Les novelles des empereurs macédoniens concernant la terre et les stratiotes: introduction, édition, commentaires*, Athènes: Centre de recherches byzantines, F.N.R.S., 1994.
- Swain, S. and Edwards, M. eds., *Approaching Late Antiquity : The Transformation from Early to Late Empire*, Oxford: Oxford University Press, 2004.
- Swetz, F. J., *Learning Activities from the History of Mathematics*, Portland, Maine: Walch Publishing, 1993.
- Synesii Cyrenensis, *Opuscula*, ed. Terzaghi N., Rome: Polygraphica, 1944 (TLG, No.2006002).
- Syvanne I., *Military History of Late Rome, 284 – 361*, Pen & Sword, 2015.
- *The Acts of the Second Council of Nicaea (787)*, translated with an introduction and notes by Price, R., Liverpool: Liverpool University Press, 2018.
- *The Armenian History attributed to Sebeos*, translation and notes by Thomson, R. W., historical commentary by Howard-Johnston, J., Liverpool: Liverpool University Press, 1999.
- *The Book of the Pontiffs (Liber Pontificalis) : The Ancient Biographies of the First Ninety Roman Bishops to A.D. 715*, with an English translation by Davis R., Liverpool: Liverpool University Press, 2000.
- *The Book of the Popes (Liber Pontificalis), vol.I, To the Pontificate of Gregory I*, trans. with an introduction by Loomis L. R., New York: Columbia University Press, 1916.
- *The Chronicle of Zuqnīn, Parts III and IV A.D. 488 –775*, trans. by Harrack, A., Toronto: Pontifical Institute of Mediaeval Studies, 1999.
- *The Chronicle of Pseudo-Joshua the Stylite*, trans. Trombley F. R. and Watt J. W., Liverpool: Liverpool University Press, 2000.
- *The Civil Law*, trans. by Scott, S. P., New Jersey: The Lawbook Exchange, Ltd., 2001; Cincinnati: The Central Trust Company, 1932
- *The Codex of Justinian. A New Annotated Translation, with Parallel Latin and Greek Text*, ed. by Frier B. W., Cambridge: Cambridge University Press, 2016.
- *The Digest of Justinian*, trans. by latin text edited by Mommsen, Th. with the aid of Krueger, P., English translation edited by Watson, A., Philadelphia: University of Pennsylvania Press, 1985.
- *The Deeds of Pope Innocent III*, by an Anonymous Author, translated with an introduction and notes by Powell, J. M., Washington, D.C.: The Catholic University of America Press, 2004.
- *The Ecclesiastical History of Evagrius with the Scholia*, ed. Bidez, J. and Parmentier, L., London: Methuen, 1898, repr. New York: AMS Press, 1979, TLG, No.2733001.
- *The History of al-Tabari*, translated and annotated by Rosenthal, F., Albany: State University of New York Press, 1985 –1998.
- *The History of Leo the Deacon: Byzantine Military Expansion in the Tenth Century*, trans by Talbot, A. M. and Sullivan, D. F., Washington, D.C.: Dumbarton Oaks Research Library and Collection, 2005.
- *The History of Theophylact Simocatta*, an English Translation with Introduction and Notes by Whitby, M. and Whitby, M., Oxford: Clarendon Press, 1986.

- *The Imperial Administrative System in the Ninth Century*, with a Revised Text of the Kletorologion of Philotheos, by Bury, J. B., Burt Franklin, London: Oxford University Press, 1911. Cletorologion, sub auctore Philotheo, in Constantini Porphyrogeniti, *Imperatoris de Cerimoniis aulae Byzantinae libri duo*, ed. Reiske, J. J., vol.1, Bonn: Weber, 1829, TLG, No.3023X06.
- *The Land Legislation of the Macedonian Emperors*, Translation and commentary by McGeer, E., Toronto, Ont., Canada: Pontifical Institute of Mediaeval Studies, 2000.
- *The Life of Michael the Synkellos*, Text, Translation and Commentary by Cunningham, M. B., Belfast: The Queen's University of Belfast, 1991.
- *The Lives of the Eighth-Century Popes, the Ancient Biographies of Nine Popes from AD 715 to AD 817*, translated with an introduction and commentary by Davis, R., Liverpool: Liverpool University Press, 1992.
- *The Miracles of St. Artemios, A Collection of Miracle Stories by an Anonymous Author of Seventh-Century Byzantium*, translation and notes by Crisafulli, V. S. and Nesbitt, J. W., Leiden, New York and Köln: E.J. Brill, 1997.
- *The Novels of Justinian : A Complete Annotated English Translation*, trans. Miller D. J. D. and Sarris P., Cambridge: Cambridge University Press, 2018.
- *The Russian Primary Chronicle : Laurentian Text*, translated and edited by Cross, S. H. & Sherbowitz-Wetzor, O. P., Cambridge: Massachusetts: The Mediaeval Academy of America, 1953.
- *The Siege of Constantinople 1453:* Seven Contemporary Accounts, trans. by Jones, J. R. M., Amsterdam: Adolf M. Hakkert-Publisher, 1972.
- *The Scriptores Historiae Augustae*, vol.II, with an English translation by Magie D., Cambridge, Massachusetts and London, England: Harvard University Press, 1993.
- *The Seven Ecumenical Councils*, trans. Schaff Ph., Grand Rapids, MI: Christian Classics Ethereal Library, 2005.
- *The Theodosian Code and Novels and the Sirmondian Constitutions*, trans. Pharr C., Princeton: Princeton University Press, 1952.
- Al-Tabarī, *The History of al-Tabarī, Vol. V : The Sāsānids, the Byzantines, the Lakhmids, and Yemen*, translated and annotated by Bosworth C. E., New York: State University of New York Press, 1999.
- Tafel, G. L. F., Thomas, G. M., *Urkunden zur älteren Handels-und Staatsgeschichte der Republik Venedig, mit besonderer Beziehung auf Byzanz und die Levante : Vom neunten bis zum Ausgang des fünfzehnten Jahrhunderts. 1. Theil (814 – 1205)*, Vienna: Kaiserlich-Königliche Hof- und Staatsdruckerei, 1856.
- Tafel, Th. L. Fr. ed., *OPOSCULA Accedunt Trapezuntinae Historiae Scriptores Panaretus et Eugenicus*, Francofurti: Schmerber, 1832.
- Tafur, P., *Travels and Adventures, 1435 –1438*, trans., ed. and intro. by Letts, M., London: George Routledge & Sons, LTD., 1926.
- Talbot, A. M. ed., *Holy Women of Byzantium : Ten Saints' Lives in English Translation*, Washington, D.C.: Dumbarton Oaks Research Library and Collection, 1996, 1998.
- Talbot, A. M., *The Correspondence of Athanasius I Patriarch of Constantinople*, Washington: Dumbarton Oaks Center for Byzantine Studies, 1975.
- Tarán, L. ed., *Asclepius of Tralles, Commentary to Nicomachus' Introduction to Arithmetic*, Transactions of the American Philosophical Society (n.s.), 59: 4, TLG, No.4018002.
- Tartaglia, A., *Teodoro II Duca Lascari, Encomio dell'Imperatore Giovanni Duca*, Naples: M. D'Auria, 1990; Munich-Leipzig: K.G. Saur, 2000.
- Taton, R., *History of Science : Ancient and Medieval Science*, New York: Basic Books, 1966.
- Τελέλης, Ι. Γ., *Μετεωρολογικά φαινόμενα και κλίμα στο Βυζάντιο*, Αθήνα: Ακαδημία Αθηνών, 2004.
- Telfer, R. N. J. B. trans. and ed., *The Bondage and Travels of Johann Schiltberger, A Native of Bavaria, in Europe, Asia, and Africa, 1396 – 1427*, London: Printed for the Halkuyt Society, 1874.
- Theodore Palaiologos, *Les Enseignements de Theodore Paleologue*, ed. Knowles, C., London: The Modern Humanities Research Association, 1983.
- Theodoret, *Kirchengeschichte*, ed. Parmentier, L. and Scheidweiler, F., 2nd edn. Berlin: Akademie-Verlag, 1954, TLG, No.4089003.
- Theodoret, *The Ecclesiastical History of Theodoret*, trans. by Jackson, R. B., New York, 1893.
- Théon d' Alexandrie, *Commentaires de Pappus et de Théon d'Alexandrie sur l'Almageste*, ed. Rome, A., vols. 2 – 3, Vatican City: Biblioteca Apostolica Vaticana, 1936, 1943, TLG, No. 2033001.
- Theophanes Confessor, *The Chronicle of Theophanes Confessor, Byzantine and Near Eastern History, AD 284 – 813*, trans. and commentary by Mango, C. and Scott, R., Oxford: Clarendon Press, 1997.
- *Theophanes Continuatus, Ioannes Cameniata, Symeon Magister, Georgius Monachus*, ed. Bekker, I., [Corpus Scriptorium Historiae Byzantinae]. Bonn: Weber, 1838, TLG, No.4153001.
- Theophanes, *The Chronicle of Theophanes, An English translation of anni mundi 6095 – 6305 (A. D.602 – 813)*, with introduction and notes, by Turtledove, H., Philadelphia: University of Pennsylania Press, 1982.
- Theophanis, *Chronographia*, ed. Boor, C. de, Leipzig: Teubner, 1883 (repr. Hildesheim: Olms, 1963), TLG, No.4046001.
- Theophilus Protospatharius, *Philothei medici praestantissimi commentaria in aphorismos Hippocratis nunc primum e graeco in latinum sermonem conversa*, first Latin trans. by Coradus, L., Spirae: Apud Bernhardum Albinum, 1581.
- Theophilus, *De Corporis Humani Fabrica*, Oxonii: E Typographeo Academico, 1842.
- Theophylacti Simocattae, *Historiae*, ed. Boor, C. de, Leipzig: Teubner, 1887 (repr. Stuttgart, 1972), TLG, No.3130003.
- Théophylacte d'Achrida *Discours, Traités, Poésies, introduction, texte, traduction et notes par Gautier P.*, Thessalonique: Association de recherches byzantines, 1980.
- Theophylactus Simocatta, *The History of Theophylactus Simocatta : An English Translation with*

- Introduction and Notes, by Whitby, M., Oxford: Oxford University Press, 1986.
- Thomas, J. and Constantinides, A. eds., *Byzantine Monastic Foundation Documents : A Complete Translation of the Surviving Founders' Typika and Testaments*, Washington, D. C.: Dumbarton Oaks Research Library and Collection, 2000.
- Thomas, J. P., *Private Religious Foundations in the Byzantine Empire*, Washington, D.C.: Dumbarton Oaks Library and Collection, 1987.
- Thomasson-Rosingh, A. C., *Searching for the Holy Spirit : Feminist Theology and Traditional Doctrine*, London and New York: Routledge, 2015.
- Thompson, E. A., *A History of Attila and the Huns*, Oxford: Clarendon Press, 1948.
- Thompson, C. ed., *Collected Works of Erasmus, Literary and Educational Writings*, vol.2, Toronto, 1978.
- Thompson, E. A., *Romans and Barbarians : The Decline of the Western Empire*, Wisconsin: The University of Wisconsin Press, 1982.
- Thompson, E. A., *The Goths in Spain*, Oxford: Clarendon Press, 1969.
- Thompson, E. A., *The Huns*, revised and with afterword by Heather P., Oxford: Blackwell Publishers, 1996.
- *Three Byzantine Military Treatises, Text*, translation and notes by Dennis, G. T., Washington D. C.: Dumbarton Oaks Research Library and Collection, 2008.
- *Three Byzantine Saints, Contemporary Biographies*, trans. by Dawes, E. and Baynes, N. H., New York: St Vladimir's Seminary Press, 1977, 1996.
- Thucydidis, *Historiae*, ed. Jones, H. S. and Powell, J. E., 2 vols., Oxford: Clarendon Press, 1942, TLG, No.0003001.
- Thümmel, H. G., *Die Konzilien zur Bilderfrage im 8. und 9. Jahrhundert : das 7. ökumenische Konzil in Nikaia 787*, Paderborn, München, Wien, Zürich: Ferdinand Schöningh, 2005.
- Timothy, W., *The Orthodox Church : An Introduction to Eastern Christianity*, London: Penguin Books, 1993.
- Tolan, J., Lange, N. de eds., *Jews in Early Christian Law : Byzantium and the Latin West, 6th–11th Centuries*, Belgium: Brepols Publishers, 2014.
- Tomlin, R., *The Emperor Valentinian I*, University of Oxford, Thesis (Ph.D.), 1973.
- Tougher, S., *The Eunuch in Byzantine History and Society*, London and New York: Routledge, 2008.
- Tougher, S., *The Eunuch in Byzantine History and Society*, London; New York: Routledge, 2008.
- Tougher, S., *The Reign of Leo VI: (886–912). Politics and People*, Leiden; New York; Koln: Brill, 1997.
- Toynbee, A., *Constantine Porphyrogenitus and His World*, London and New York: Oxford University Press, 1973.
- *Travels of an Alchemist: the Journey of the Taoist Ch'ang Ch'un from China to the Hindukush at the summon of Chingiz Khan*, recorded by his disciple Li Chih-Ch'ang, translated with an introduction by Waley, A., London, 1931 (= London, 1979).
- Treadgold, W., *The Byzantine Revival 780–842*, Stanford: Stanford University Press, 1988.
- Treadgold, W., *The Byzantine State Finances in the Eighth and Ninth Centuries*, New York: Columbia University Press, 1982.
- Treadgold, W. T., *A Concise History of Byzantium*, New York: Palgrave, 2001.
- Treadgold, W. T., *A History of the Byzantine State and Society*, California: Stanford University Press, 1997.
- Treadgold, W. T., *Byzantium and Its Army, 284–1081*, Stanford: Stanford University Press, 1995.
- Treadgold, W., *The Middle Byzantine Historians*, Basingstoke [England]; New York: Palgrave Macmillan, 2013.
- Treu, M. ed., *Manuelis Holoboli Orationes*, Potsdam: typis P. Brandt, 1906.
- Tricht, F. V., *The Latin Renovatio of Byzantium : The Empire of Constantinople (1204–1228)*, trans. Peter Longbottom, Leiden: Brill, 2011.
- Τρωιάνος, Σπ., Οι Πηγές του Βυζαντινού Δικαίου, Αθήνα: Εκδόσεις Αντ. Ν. Σάκκουλα, 1999.
- Tsangadas, B. C. P., *The Fortifications and Defense of Constantinople*, New York: Columbia University Press, 1980.
- Tsaras, G. ed., Ἰωάννου Ἀναγνώστου, Διήγησις περὶ τῆς τελευταίας ἁλώσεως τῆς Θεσσαλονίκης, Μονῳδία ἐπὶ τῃ ἁλώσει τῆς Θεσσαλονίκης, Thessalonica: Tsaras, 1958 (TLG, No. 3145001).
- Tsougarakis, D., *Byzantine Crete from the Fifth Century to the Venetian Conquest*, Athens: Historical Publications St. D. Basilopoulos, 1988.
- Turdeanu, E., *Le dit de l'empereur Nicéphore II Phocas et de son épouse Théophano*, Thessalonike, 1976.
- Turnbull, S., *The Walls of Constantinople AD 324–1453*, Oxford: Osprey Publishing, 2004.
- Τζίφα, Ι., Ηγεμονικό πρότυπο και αντιπρότυπο στο έργο Εξήγησις της γλυκείας Χώρας Κύπρου, η
- Underwood, P., *The Kariye Djami*, New York: Pantheon Books, 1966.
- Unsöld, A. and Baschek, B., *The New Cosmos : An Introduction to Astronomy and Astrophysics*, Berlin and New York: Springer, 2001.
- Urbainczyk, T., *Writing About Byzantium : The History of Niketas Choniates*, London and New York: Routledge, 2018.
- Uspensky, Th., *A History of the Byzantine Empire*, St. Petersburg, 1914.
- Uyar, M. and Erickson, E. J., *A Military History of the Ottomans : from Osman to Atatürk*, Santa Barbara: Praeger, 2009.
- Vagi, D. L., *Coinage and History of the Roman Empire, c. 82 B.C.–A.D. 480*, Chicago: Fitzroy Dearborn Publishers, 1999.
- Vakalopoulos, A. E., *Origins of the Greek Nation : the Byzantine Period, 1204–1461*, trans. by Moles, I., New Brunswick, N. J: Rutgers University Press, 1970.
- Vanderspoel, J., *Themistius and the Imperial Court : Oratory, Civic Duty, and Paideia from Constantius to Theodosius*, Ann Arbor: The University of Michigan Press, 1995.
- Vandiver, P. et al. eds., *Materials Issues in Art and Archaeology III*, Pittsburgh: Materials Re-

- search Society, 1992.
- Varzos, K., Η Γενεαλογία των Κομνηνών, vol. 2, Thessaloniki: Centre for Byzantine Studies, University of Thessaloniki, 1984.
- Vasiliev, A. A., History of the Byzantine Empire, 324-1453, Madison: The University of Wisconsin Press, 1952; 2 vols, Wisconsin: The University of Wisconsin Press, 1958.
- Vasiliev, A. A., Justin the First: An Introduction to the Epoch of Justinian the Great, Cambridge: Harvard University Press, 1950.
- Vasiliev, A. A., The Goths in the Crimea, Cambridge: The Mediaeval Academy of America, 1936.
- Vaughan, R., Philip the Good: The Apogee of Burgundy, Woodbridge: Boydell Press, 2002.
- Venning, T. and Harris J., A Chronology of the Byzantine Empire, New York: Palgrave Macmillan, 2006.
- Vespignani, G., Polidoro: Studi Offerti Ad Antonio Carile, Spoleto: Centro Italiano Di Studi Sull'alto Medioevo, 2013.
- Veyne, P., A History of Private Life, Cambridge: The Belknap Press of Harvard University Press, 1987.
- Visser, A. J., Nikephoros und der Bilderstreit: eine Untersuchung über die Stellung des Konstantinopeler Patriarchen Nikephoros innerhalb der ikonoklastischen Wirren, Haag: Martinus Nijhoff, 1952.
- Vondrovec, K., Coinage of the Iranian Huns and Their Successors from Bactria to Gandhara (4th to 8th century CE), eds. Alram, M. and Lerner, J. A., Wien: Verlag der Österreichischen Akademie der Wissenschaften, 2014.
- Vryonis, S. ed., Byzantine Studies in Honor of Milton V. Anastos, Malibu, CA: Undena Publications, 1985.
- Vryonis, S., The Decline of Medieval Hellenism in Asia Minor and the Process of Islamization from the Eleventh through the Fifteenth Century, Berkeley and Los Angeles: University of California Press, 1971.
- Vuolanto, V., Children and Asceticism in Late Antiquity: Continuity, Family Dynamics and the Rise of Christianity, London and New York: Routledge, 2015.
- Waddams, H., Meeting the Orthodox Churches, London: SCM Press LTD, 1964.
- Waithe, M. E., Ancient Women Philosophers: 600 B.C.-500 A.D., vol.1, Dordrecht, 1987.
- Wang, H., Money on Silk Road, London: British Museum Press, 2004.
- Ward-Perkins, B., The Fall of Rome and the End of Civilization, Oxford: Oxford University Press, 2006.
- Ware, T., The Orthodox Church, Baltimore, Maryland, U.S.A.: Penguin, 1963.
- Warmington, E. H., The Commerce between the Roman Empire and India, London: Cambridge University Press, 1974.
- Weiss, G., Joannes Kantakouzenos-Aristokrat, Staatsmann, Kaiser, und Mönch-in der Gesellschaftsentwicklung von Byzanz im 14. Jahrhundert, Wiesbaden, O. Harrassowitz, 1969.
- Weitzmann, K., The Icon: Images-Sixth to Fourteenth Century, Rev. Edition, New York: Alfred A. Knopf, 1982.
- Wells, P. S., Celts B., Germans and Scythians: Archaeology and Identity in Iron Age Europe, London: Duckworth, 2001.
- Werke, E., Über das Leben Constantins, Constantins Rede an die heilige Versammlung, Tricennatsrede an Constantin, Leipzig: Hinrichs, 1902, TLG, No.2018021.
- Werke, E., Über das Leben des Kaisers Konstantin, ed. by F. Winkelmann, Berlin: Akademie-Verlag, 1975, TLG, No.2018020.
- Westbury-Jones, J., Roman and Christian Imperialism, London: Macmillan and Co., limited, 1939.
- Westerink, L. G., Michaelis Pselli Poemata, Leipzig: Teubner, 1992.
- Whitby, M., The Emperor Maurice and His Historian: Theophylactus Simocatta on Persian and Balkan Warfare, Oxford: Clarendon Press, 1988.
- Whitby, M., Rome at War AD 293-696, Oxford: Osprey Publishing, 2002.
- Whitby, M. and Whitby, M. trans., Chronicon Paschale 284-628 AD, Liverpool: Liverpool University Press, 1989.
- Whitby, M. and Whitby, M. trans., The History of Theophylact Simocatta: An English Translation with Introduction, Oxford: Oxford University Press, 1986.
- Whitting, P. D., Byzantine Coins, London: Barrie & Jenkins, 1973.
- Whittow, M., The Making of Orthodox Byzantium, 600-1025, London: Macmillan, 1996.
- Whittaker, C. R., Frontiers of the Roman Empire: A Social and Economic History, Baltimore and London: The Johns Hopkins University Press, 1994.
- Whittow, M., The Making of Byzantium, 600-1025, Berkeley and Los Angeles: University of California Press, 1996.
- Wilkinson, K., Women and Modesty in Late Antiquity, Cambridge: Cambridge University Press, 2015.
- Williams, M., The Making of Christian Communities in Late Antiquity and the Middle Ages, London: Anthem Press, 2005.
- Williams, S. and Friell, G., The Rome that did not Fall: The Survival of the East in the Fifth Century, London and New York: Routledge, 1999.
- Williams, S. and Friell, G., Theodosius: The Empire at Bay, New Haven and London: Yale University Press, 1994.
- Wilson, N. G., Scholars of Byzantium, London: Duckworth, 1983.
- Wilson, N. G., From Byzantium to Italy: Greek Studies in the Italian Renaissance, Baltimore: Johns Hopkins University Press, 1992.
- Wilson, N. G., Scholars of Byzantium, revised edition, London: Duckworth, 1996.
- With German translation in Gregoras Nikephoros, Rhomäische Geschichte, Historia Rhomaike, 5 vols, trans. by Dieten, J. van, Stuttgart: Anton Hiersemann, 1973.
- With partial translation in Geschichte, Johannes Kantakouzenos Ubersetzt und Erlautert, 2 vols, trans. by Fatouros, G. and Krischer, T., Stutgart: Hiersemann, 1982, 1986.
- Wirth, P. ed., Historiae: Theophylactus Simocatta, Bibliotheca Scriptorum Graecorum et Ro-

- manorum Teubneriana, Stuttgart: Teubner, 1972.
- Withington, E. Th., *Medical History from the Earliest Times : A Popular History of the Healing Art* , London: The Scientific Press, 1894.
- Wolf, G. ed., *Kaiserin Theophanu, Prinzessin aus der Fremde : des Westreichs grosse Kaiserin* , Cologne: Böhlau, 1991.
- Wolff, P., *The Awakening of Europe* , Harmondsworth: Penguin Books, 1985.
- Wolfram, H., *History of the Goths* , translated by Dunlap Th. J., Berkeley and Los Angeles, London: University of California Press, 1990.
- Wood, D. ed., *Christianity and Judaism* , Oxford: Blackwell Publishers, 1992.
- Wroth, W., *Catalogue of the Coins of the Vandals, Ostrogoths and Lombards and of the Empires of Thessalonica, Nicaea and Trebizond in the British Museum* , London: Oxford University Press, 1911.
- Wroth, W., *Catalogue of the Imperial Byzantine Coins in the British Museum* , vols. 1 – 2, London: Longmans & CO., 1908.
- Χριστοφιλοπούλου, Αι., *Βυζαντινή Ιστορία*, τ. Β'1, 610 –867, Θεσσαλονίκη: Βάνιας, 1998.
- Yahya ibn Said al-Antaki, *Cronache dell'Egitto fatimide e dell' impero bizantino (937 – 1033)* , traduzione di Pirone, B., Milan: Jaca Book, 1998.
- Yarshater, E., *the Cambridge History of Iran, Vol.3, The Seleucid, Parthian and Sasanian Periods* , Cambridge: Cambridge University Press, 1983.
- Yiannias, J. J. ed., *The Byzantine Tradition after the Fall of Constantinople* , Charlottesville and London: University Press of Virginia, 1991.
- Yule, H., *Cathay and the Way Thither : being a Collection of Medieval Notices of China*, I , London: Hakluyt society, 1915.
- Zacharia von Lingenthal, K. E., *Geschichte des griechisch-römischen Rechts* , Berlin: Weidmannsche Buchhhandlung, 1892.
- Zacharia von Lingenthal K. E., *Jus graeco-romanum* , Leipzig: T.O. Weigel, 1856 – 1865.
- Zacharia, K. ed., *Hellenisms, Culture, Identity, and Ethnicity from Antiquity to Modernity* , London: Routledge, 2008.
- Zacharia, Rhetor, *The Syriac Chronicke Known as That of Zachariah of Mitylene* , trans. by Hamilton F. J. and Brooks E. W., London: METHUEN & CO., 1899.
- Zachariadou, E. A. ed., *The Ottoman Emirate (1300 – 1389)*, Rethymnon: Crete University Press, 1993.
- Zachariadou, E. A., *Romania and the Turks (c. 1300 – c. 1500)* , London: Variorum Reprints, 1985.
- Zacharias of Mitylene, *The Syriac Chronicle (The Syriac Chronicle Known as that of Zachariah of Mitylene)* , trans. Hamilton, F. J. and Brooks, E. W., London: Methuen & CO., 1899.
- Zacos, G. and Veglery, A., *Byzantine Lead Seals* , Basel: J. J. Augustin, 1972.
- Zakythinos, D. A., *Le Despotat grec de Morée* , Paris: Les Belles Lettres, 1932.
- Zepos, I., *Jus Graeco-Romanum* , Athenis: In aedibus Georgii Fexis, 1931.
- Zonaras, *The History of Zonaras : From Alexander Severus to the death of Theodosius the Great* , trans. by Banchich Th. M. and Lane E. N., introd. and commen. by Banchich Th. M., London and New York: Routledge, 2009. Ioannis Zonarae, *Epitome Historiarum* , ed. Dindorf L., 3 vols., Leipzig: Teubner, 1868, 1869, 1870, TLG, No. 3135001, No.3135003; Ioannis Zonarae, *Epitomae Historiarum* , libri xviii, ed. Büttner-Wobst T., vol.3, [Corpus scriptorum historiae Byzantinae] Bonn: Weber, 1897, TLG, No.3135002.
- Zoras, G. Th. ed., *Chronicle of the Turkish Sultans* , Athens, 1958.
- Zosimus, *Histoire Nouvelle* , ed. Paschoud, F., Paris: Les Belles Lettres, 1971, 1979, 1986, 1989, TLG, No.4084001.
- Zosimus, *New History* , trans. and commen. by Ridley R. T., Canberra: Australian Association for Byzantine Studies 1982.
- Zytka, M., *Baths and Bathing in Late Antiquity* , Ph.D. thesis, 2013.

中文书目

- 《柏朗嘉宾蒙古行纪　鲁布鲁克东行纪》，耿昇、何高济译，北京：中华书局1985年。
- 《汉书》卷九四《匈奴传》，北京：中华书局1962年。
- 《汉书》卷九六上《西域传上》，北京：中华书局1962年。
- 《后汉书》卷三六《郑众传》，北京：中华书局1965年。
- 《后汉书》卷四七《班超传》，北京：中华书局1965年。
- 《毛泽东选集》，北京：人民出版社1968年。
- 《史记》卷一二三《大宛列传》，北京：中华书局1982年。
- 《隋书》卷二四《食货志》，北京：中华书局1973年。
- 《魏书》卷九《肃宗孝明帝纪》，北京：中华书局1974年。
- 《魏书》卷三二《高湖传》，北京：中华书局1973年。
- 《魏书》卷一〇二《西域传》，北京：中华书局1973年。
- 《魏书》卷一一《前废帝纪》，北京：中华书局1973年。
- 《新唐书》卷二二一下《西域传》，北京：中华书局1975年。
- 莱斯利·阿德金斯、罗伊·阿德金斯著，张楠等译：《探寻古罗马文明》，张强校，北京：商务印书馆2008年。
- 阿巴·埃班著，阎瑞松译：《犹太史》，北京：中国社会科学出版社1986年。
- 艾儒略原，谢方校释：《职方外纪校释》，北京：中华书局1996年版。
- 艾森斯塔得著，阎步克译：《帝国的政治体系》，贵阳：贵州人民出版社1992年。
- 佩里·安德森著，郭方、刘健译：《从古代到封建主义的过渡》，上海：上海人民出版社2000年。
- 安田朴著，耿昇译：《中国文化西传欧洲史》，北京：商务印书馆2000年。
- 詹姆斯·奥唐奈著，夏洞奇、康凯、宋可即译：《新罗马帝国衰亡史》，北京：中信出版社2013年。
- 奥尔森著，吴瑞诚、徐成德译：《基督教神学思想史》，北京：北京大学出版社2003年。

- 乔治·奥斯特洛格尔斯基著，陈志强译：《拜占廷帝国》，西宁：青海人民出版社 2006 年。
- 奥古斯丁著，周士良译：《忏悔录》，北京：商务印书馆 1963 年。
- 鲁道夫·奥托著，成穷、周邦宪译：《论"神圣"》，成都：四川人民出版社 1995 年。
- 奥维德著，李永毅译：《哀歌集·黑海书简·伊比斯》，北京：中国青年出版社 2019 年。
- 约翰·巴克勒、贝内特·希尔、约翰·麦凯著，霍文利等译：《西方社会史》，第一卷，桂林：广西师范大学出版社 2005 年。
- 罗伯特·拜德勒克斯、伊恩·杰弗里斯著，韩炯等译，庞卓恒校：《东欧史》（上册），上海：东方出版中心 2013 年。
- N.H.拜尼斯主编，陈志强、郑玮、孙鹏译：《拜占庭：东罗马文明概论》，郑州：大象出版社，2012 年。
- 帕特里克·贝尔福著，栾力夫译：《奥斯曼帝国六百年：土耳其帝国的兴衰》，北京：中信出版社 2018 年。
- 北京大学哲学系外国哲学教研室编译：《西方哲学原著选读》，北京：商务印书馆 1981 年。
- 米夏埃尔·比尔冈著，郭子龙译：《古代罗马帝国》，北京：商务印书馆 2015 年。
- 毕尔麦尔等编著，雷立柏译：《古代教会史》，北京：宗教文化出版社 2009 年。
- 约瑟夫·P.伯恩著，王晨译：《黑死病》，上海：上海社会科学院出版社 2013 年。
- 爱德华·麦克诺尔·伯恩斯，罗经国等译：《世界文明史》第 1 卷，北京：商务印书馆 1990 年。
- J.H.伯恩斯主编，程志敏等译：《剑桥中世纪政治思想史（350 至 1450 年）》（上），北京：生活·读书·新知三联书店 2009 年。
- 爱德华·麦克诺尔·伯恩斯，罗经国等译：《世界文明史》第 1 卷，北京：商务印书馆 1990 年。
- 罗伊·波特主编，张大庆主译：《剑桥插图医学史》，济南：山东画报出版社 2007 年。
- 博伊德、金著，任宝祥、吴元训译：《西方教育史》，北京：人民教育出版社 1985 年。
- 伯希和著，冯承钧译：《西域南海史地考证译丛》（第一卷第一编），北京：商务印书馆 1934 年。
- 波里比阿著，翁嘉声译：《罗马帝国的崛起》，北京：社会科学文献出版社 2013 年。
- M.M.波斯坦、爱德华·米勒主编，钟和译：《剑桥欧洲经济史》（第二卷），北京：经济科学出版社 2004 年。
- M.M.波斯坦、H.J.哈巴库克主编，王春法、张伟、赵海复译，《剑桥欧洲经济史》（第六卷），北京：经济科学出版社 2002 年。
- 布尔加夫：《东正教——教会学说概要》，北京：商务印书馆 2001 年。
- L.布尔诺娃著，耿昇译：《丝绸之路：神祇、军士与商贾》，昆明：云南人民出版社 2015 年。
- 雅各布·布克哈特著，何新译：《意大利文艺复兴时期的文化》，北京：商务印书馆 1979 年。
- 雅各布·布克哈特著，宋立宏等译：《君士坦丁大帝时代》，上海：上海三联书店 2017 年。
- 艾弗尔·卡梅伦·布莱恩·沃德-帕金斯、密西尔·怀特比编，祝宏俊、宋立宏等译：《剑桥古代史》，北京：中国社会科学出版社 2021 年，第 14 卷。
- 詹姆斯·布赖斯著，孙秉莹、谢德风、赵世瑜译：《神圣罗马帝国》，北京：商务印书馆 2016 年。
- 哈特温·布兰特著，周锐译：《古典时代的终结》，上海：上海三联书店 2018 年。
- 彼得·布朗著，钱金飞、沈小龙译：《布波的奥古斯丁》，北京：中国社会科学出版社 2013 年。
- 拉尔斯·布朗沃思著，吴斯雅译：《拜占庭帝国拯救西方文明的东罗马千年史》，北京：中信出版集团股份有限公司，2016 年。
- 布林顿等著，刘景辉译：《西洋文化史》第二卷中古（上），台湾：学生书局 1971 年。
- 马克·布洛赫著，张绪山译：《国王神迹》，北京：商务印书馆 2018 年。
- 坚尼·布鲁克尔著，朱龙华译：《文艺复兴时期的佛罗伦萨》，上海：三联书店 1985 年。
- 布哇著，冯承钧译：《帖木儿帝国》，上海：商务印书馆 1932 年。
- 布瓦松纳著，潘源来译：《中世纪欧洲生活和劳动》，北京：商务印书馆 1985 年。
- 查士丁尼著，张企泰译：《法学总论——法学阶梯》，北京：商务印书馆 1989 年。
- 查士丁尼著，张企泰译：《法学总论——法学阶梯》，北京：商务印书馆 1989 年。
- 查尔斯·霍默·哈斯金斯著，夏继果译：《十二世纪文艺复兴》，上海：上海三联书店 2008 年。
- 曹孚、滕大春等编：《外国古代教育史》，北京：人民教育出版社 1981 年。
- 丛日云：《西方政治文化传统》，大连：大连出版社 1996 年。
- 陈垣著：《基督教入华史略》，《陈垣学术论文集》第一集，北京：中华书局 1980 年。
- 陈志强：《巴尔干古代史》，北京：中华书局 2007 年。
- 陈志强：《拜占廷帝国史》，北京：商务印书馆 2003 年。
- 陈志强：《拜占廷学研究》，北京：人民出版社 2001 年。
- 陈志强：《盛世余辉——拜占庭文明探秘》，昆明：云南人民出版社 2001 年。
- 陈志强：《拜占庭帝国通史》，上海：上海社会科学出版社 2013 年。
- 陈志强：《拜占庭史研究入门》，北京：北京大学出版社 2012 年。
- 陈志强：《拜占庭文明》，北京：北京师范大学出版社 2018 年。
- 陈志强：《独特的拜占庭文明》，北京：中国青年出版社 1999 年。
- 陈志强：《古史新话—拜占庭研究的亮点》，北京：人民出版社 2019 年。
- 岑仲勉著：《突厥集史》（下册），北京：中华书局 1958 年。
- 戴东雄：《中世纪意大利法学与德国的继受罗马法》，北京：中国政法大学出版社 2003 年。
- 诺曼·戴维斯著，郭方、刘北成等译：《欧洲史》，北京：世界知识出版社 2007 年。
- 耿昇译：《海市蜃楼中的帝国：丝绸之路上的人、神与神话》，北京：中国藏学出版社 2013 年。
- 慧超、杜环著，张毅、张一纯译：《往五天竺国传笺释经行记笺注》，北京：中华书局 2000 年。
- 威尔·杜兰著：《世界文明史》，台北：东方出版社 1998—1999 年。
- 威尔·杜兰，幼狮文化公司译：《信仰的时代》，《世界文明史》第四卷，北京：东方出版社 1998 年。
- 杜佑：《通典》，北京：中华书局 1988 年。
- 多桑著，冯承钧译：《多桑蒙古史》，上海：上海古籍出版社 2014 年。
- 方豪：《中西交通史》（上册），长沙：岳麓书社 1987 年。
- 费尔巴哈著，荣振华译：《基督教的本质》，北京：商务印书馆 1995 年。
- 费多铎著，谢扶雅等译：《东方教父选集》，台北：基督教文艺出版社 1964 年。
- 芬利主编，张强、唐均等译：《希腊的遗产》，上海：上海人民出版社 2004 年。

- 冯承钧著：《西域地名》，北京：中华书局 1980 年。
- 伏尔泰著，王燕生译：《哲学辞典》（上册），北京：商务印书馆 1997 年。
- 保罗·福拉克主编，徐家玲等译：《新编剑桥中世纪史》第一卷，北京：中国社会科学出版社 2022 年。
- 傅海波、魏瑞德等编，史卫民等译：《剑桥中国辽西夏金元史》，北京：中国社会科学出版社 1998 年。
- 彼得·弗兰科潘著，欧阳敏译：《十字军东征：来自东方的召唤》，海口：海南出版社 2019 年。
- 罗伯特·福西耶主编，陈志强等译：《剑桥插图中世纪史（350—950）》，济南：山东画报出版社 2006 年、2018 年。
- 罗伯特·福西耶著，李桂芝等译：《剑桥插图中世纪史，（1250—1520）》，济南：山东画报出版社 2009 年。
- 理查德·A.盖布里埃尔、凯伦·S.梅兹著，王松俊等译：《军事医学史》，北京：军事医学科学出版社 2011 年。
- 火者·盖耶速丁著，何高济译：《沙哈鲁遣使中国记》，北京：中华书局 2002 年。
- 胡斯都·L.冈察雷斯著，陈泽民、孙汉书等译：《基督教思想史（第一卷）》，陈泽民、赵红军等校，南京：译林出版社 2008 年。
- 胡斯托·L·冈萨雷斯著，赵城艺译：《基督教史》（上），上海：上海三联书店 2016 年。
- 葛承雍著：《唐韵胡音与外来文明》，北京：中华书局 2006 年。
- 迈克尔·格兰特著，王乃新、郝际陶译：《罗马史》，上海：上海人民出版社 2008 年。
- 格雷戈里著，寿纪瑜、戚国淦译：《法兰克人史》，北京：商务印书馆 1998 年。
- 蒂莫西·E.格里高利著，刘智译：《拜占庭简史》，北京：华东师范大学出版社 2019 年。
- 菲利普·格里尔森著，武宝成译：《拜占庭货币史》，北京：法律出版社 2018 年。
- T.E.格里高利著，刘智译：《拜占庭简史》，上海：华东师范大学出版社 2019 年。
- 朱塞佩·格罗索，黄风译：《罗马法史》，北京：中国政法大学出版社 1996 年。
- 勒内·格鲁塞著，蓝琪译，项英杰校：《草原帝国》，北京：商务印书馆 2013 年。
- 国际中文版编辑部编译：《大不列颠百科全书》第 1 卷，北京：中国大百科全书出版社 2007 年。
- 乔纳森·哈里斯著：《拜占庭简史》，北京：中信出版社 2017 年。
- 哈里斯主编，田明等译：《埃及的遗产》，上海：上海人民出版社 2006 年。
- 哈里斯著，吴晞、靳萍译：《西方图书馆史》，北京：书目文献出版社 1989 年。
- 丹尼斯·哈伊著，李玉成译：《意大利文艺复兴的历史背景》，上海：三联书店 1988 年。
- 何光沪：《多元化的上帝观》，贵阳：贵州人民出版社 1999 年。
- 赫西俄德著，张竹明、蒋平译：《神谱》384—386，北京：商务印书馆 1998 年。
- 黄风编著：《罗马法词典》，北京：法律出版社 2001 年。
- 黄时鉴著：《东西交流史论稿》，上海：上海古籍出版社 1998 年。
- 黄维民：《中东国家通史·土耳其卷》，北京：商务印书馆 2002 年。
- 爱德华·吉本著，黄宜思、黄雨石译：《罗马帝国衰亡史》，北京：商务印书馆 2005 年。
- 爱德华·吉本著，席代岳译：《罗马帝国衰亡史》，第 1 卷，长春：吉林出版集团 2008、2014 年。
- 吉田丰著：《西安新出史君墓志的粟特文部分考释》，《粟特人在中国》（《法国汉学》第十辑），中华书局 2005 年。
- 基佐著，程洪逵、沅芷译：《欧洲文明史：自罗马帝国败落到法国革命》，北京：商务印书馆 2005 年。
- 江平、米健：《罗马法基础》，北京：中国政法大学出版社 1987 年。
- 姜椿芳总编：《中国大百科全书（考古学卷）》，上海：中国大百科全书出版社 1986 年。
- 姜伯勤著：《敦煌吐鲁番文书与丝绸之路》，北京：文物出版社 1994 年。
- 查尔斯·金著，苏圣捷译：《黑海史》，上海：东方出版社 2011 年。
- 阿尔图罗·卡斯蒂廖尼著，程之范、甄橙主译：《医学史》上册，南京：译林出版社 2013 年。
- 唐纳德·R.凯利著，陈恒、宋立宏译：《多面的历史：从希罗多德到赫尔德的历史探询》，北京：三联书店 2003 年。
- 凯特·凯利著，徐雯菲译：《医学史话：中世纪 500—1450》，上海：上海科学技术文献出版社 2012 年。
- 凯撒著，任炳湘译：《高卢战记》，北京：商务印书馆 1982 年。
- 玛丽·坎宁安著，李志雨译：《拜占庭的信仰》，北京：北京大学出版社 2005 年。
- 罗伯特·柯布里克著，张楠等译：《罗马人》，北京：世界图书出版公司北京公司 2013 年。
- 克拉维约著，杨兆钧译：《克拉维约东使录》，北京：商务印书馆 1982 年。
- 克莱门著，王来法译：《劝勉希腊人》，北京：生活·读书·新知三联书店 2002 年。
- 克里亚什托尔内编著，李佩娟译：《古代突厥鲁尼文碑铭》，哈尔滨：黑龙江教育出版社 1991 年。
- 克林凯特著，赵崇民译：《丝绸古道上的文化》，乌鲁木齐：新疆美术摄影出版社 1994 年。
- 克林木凯特著，林悟殊翻译增订：《达·伽马以前中亚和东亚的基督教》，台北：淑馨出版社 1995 年。
- 克鲁普斯娅著，中共中央马克思恩格斯列宁斯大林著作编译局译：《论列宁》，北京：人民出版社 1960 年。
- 安娜·科穆宁娜著，李秀玲译：《阿莱克休斯传》，上海：上海三联书店 2018 年。
- 安娜·科穆宁娜著，谭天宇、秦芯芯译：《阿莱克修斯传》，哈尔滨：东北林业大学出版社 2017 年。
- 拉夫连季著，朱寰、胡敦伟译：《往年纪事》，北京：商务印书馆 2011 年。
- 拉施特主编，余大钧、周建奇译：《史集》，北京：商务印书馆 1983—1985 年。
- 蓝琪主编：《中亚史》（第一卷），北京：商务印书馆 2018 年。
- 斯蒂文·郎西曼著，马千译：《1453——君士坦丁堡的陷落》，北京：时代华文书局 2014 年。
- 乐峰：《东正教史》，北京：中国社会科学出版社 1999 年。
- 雅克·勒高夫著，徐家玲译：《中世纪文明（400—1500 年）》，上海：上海人民出版社 2011 年。
- 大卫·勒斯科姆和乔纳森·赖利-史密斯主编，陈志强、郭云艳等译：《新编剑桥中世纪史》第四卷，北京：中国社会科学出版社 2021 年。
- 爱德华·勒特韦克著，时殷弘、惠黎文译：《罗马帝国的大战略》，北京：商务印书馆 2008 年。
- 李秀玲：《安娜·科穆宁娜及其笔下的拜占庭帝国》，北京：北京燕山出版社 2014 年。

征引书目

- 李雅书、杨共乐：《古代罗马史》，北京：北京师范大学出版社1994年。
- 厉以宁：《罗马—拜占庭经济史》，北京：商务印书馆2006年。
- 尼古拉·梁赞诺夫斯基、马克·斯坦伯格著，杨烨、卿文辉主译：《俄罗斯史（第七版）》，上海：上海人民出版社2007年。
- 列夫臣柯著，葆煦译：《拜占庭》，北京：生活·读书·新知三联书店1960年。
- 林英：《金钱之旅——从君士坦丁堡到长安》，北京：人民美术出版社2004年。
- 林英：《唐代拂菻丛说》，北京：中华书局2006年。
- 刘榕榕：《古代晚期地中海地区自然灾害研究》，北京：中国社会科学出版社2018年。
- 刘新成主编：《西欧中世纪社会史研究》，北京：人民出版社2006年。
- 刘新利：《德意志历史上的民族与宗教》，北京：商务印书馆2009年。
- 刘延勃等主编：《哲学辞典》，长春：吉林人民出版社1983年。
- 刘衍刚：《罗马帝国的梦魇：马塞里努斯笔下的东方战争与东方蛮族》，上海：上海人民出版社2018年。
- 罗春梅：《1204年君士坦丁堡的陷落》，北京：人民出版社2012年。
- 罗丰：《固原南郊隋唐墓地》，北京：文物出版社1996年。
- 罗丰：《胡汉之间——"丝绸之路"与西北历史考古》，北京：文物出版社2004年。
- 安德鲁·洛思著，孙毅、游冠辉译：《神学的灵泉：基督教神秘主义传统的起源》，北京：中国致公出版社2001年。
- 塞西尔·罗斯著，黄福武等译：《简明犹太民族史》，济南：山东大学出版社2005年。
- 罗斯托夫采夫著，马雍和、厉以宁译：《罗马帝国社会经济史》，北京：商务印书馆1985年。
- 罗香林著：《唐元两代之景教》，香港：中国学社1966年。
- 洛阳市文物管理局编著：《洛阳出土丝绸之路文物》，郑州：河南美术出版社2011年。
- 马长寿著：《突厥人与突厥汗国》，上海：上海人民出版社1957年。
- 洛伊斯·玛格纳著，刘学礼主译：《医学史》，上海：上海人民出版社2009年。
- 马基雅维里著，潘汉典译：《君主论》，北京：商务印书馆1986年。
- 马克垚：《中世纪西欧经济形态研究》，北京：人民出版社1985年。
- 亨利-伊雷内·马鲁著，王晓侠、龚觅、孟玉秋译：《古典教育史（罗马卷）》，上海：华东师范大学出版社2017年。
- 毛欣欣：《君士坦丁堡城市管理研究》，长春：吉林大学出版社2017年。
- 拉姆塞·麦克莫兰著，吕厚量译：《腐败与罗马帝国的衰落》，北京：中国方正出版社2015年。
- 约翰·麦克曼勒斯主编，张景龙等译：《牛津基督教史》，贵阳：贵州人民出版社1995年。
- 威廉·麦克尼尔著，余新忠、毕会成译：《瘟疫与人》，中信出版集团，2018年。
- 西里尔·曼戈主编，陈志强、武鹏译：《牛津拜占庭史》，北京：北京师范大学出版社2015年。
- 西里尔·曼戈著，张本慎等译：《拜占庭建筑》，北京：中国建筑工业出版社1999、2010年。
- 美国不列颠百科全书公司编著，中国大百科全书出版社不列颠百科全书编辑部编译：《大不列颠百科全书》（国际中文版）第3卷、第9卷，北京：中国大百科全书出版社1999年。
- 德·梅列日科夫斯基著，刁绍华、赵静男译：《叛教者尤里安》，哈尔滨：黑龙江人民出版社1998年。
- 孟德斯鸠著，婉玲译：《罗马盛衰原因论》，北京：商务印书馆2009年。
- 蒙森著，李稼年译：《君主论》，北京：商务印书馆2017年。
- 莫里斯一世著：《战略：拜占庭时代的战术、战法和将道》，北京：台海出版社2019年。
- 莫里斯一世著，王子午译：《战略》，北京：台海出版社2019年。
- 威廉·穆尔著，周术情、吴彦、李婧、郑丽君译：《阿拉伯帝国》，西宁：青海人民出版社2006年。
- G.F.穆尔著，郭舜平等译：《基督教简史》，北京：商务印书馆2003年。
- 穆尔著，福建师范大学外语系编译室：《基督教简史》，北京：商务印书馆1981年。
- 巴里·尼古拉著，黄风译：《罗马法概论》，北京：法律出版社2000年。
- 巴里·尼古拉著，黄风译：《罗马法概论》，北京：法律出版社2000年。
- 钮先钟：《西方战略思想史》，桂林：广西师范大学出版社2003年。
- 约翰·朱利叶斯·诺威奇，殷亚平等译：《地中海史》，上海：东方出版中心2011年。
- 杰弗里·帕克著，傅景川等译：《剑桥战争史》，长春：吉林人民出版社1999年。
- 米洛拉德·帕维奇著，南山、戴骢、石枕川译：《哈扎尔辞典》，上海：上海译文出版社2013年。
- 马文·佩里主编，胡万里等译：《西方文明史》，北京：商务印书馆1993年。
- 彭信威：《中国货币史》，上海：上海人民出版社2015年，第4页。
- 亨利·皮朗著，乐文译：《中世纪欧洲经济社会史》，上海：上海人民出版社1986年。
- 亨利·皮雷纳著，陈国樑译：《中世纪的城市》，北京：商务印书馆2006年。
- 普罗柯比著，崔艳红译：《战史》，郑州：大象出版社2010年。
- 普罗柯比著，吴舒屏等译：《秘史》，上海：上海三联书店2007年。
- 普洛科皮乌斯著，王以铸、崔妙因译：《普洛科皮乌斯战争史》，北京：商务印书馆2010年。
- 启良：《西方文化概论》，广州：花城出版社2000年。
- 齐思和著：《中国和拜占庭帝国的关系》，上海：上海人民出版社1956年。
- 曲可伸：《罗马法原理》，天津：南开大学出版社1988年。
- 荣新江：《中古中国与外来文明》，北京：生活·读书·新知三联书店2001年。
- 荣新江、李孝聪主编：《中外关系史：新史料与新问题》，北京：科学出版社2004年。
- 荣新江：《丝绸之路与东西文化交流》，北京：北京大学出版社2015年。
- 柔克义译注，何高济译：《鲁布鲁克东行纪》，北京：中华书局1985年。
- 芮传明：《古突厥碑铭研究》，上海：上海古籍出版社1998年。
- 路易吉·萨尔瓦托雷利著，沈珩、祝本雄译：《意大利简史》，北京：商务印书馆2014年。
- 萨里斯著，刘洪涛、陆赞译：《（牛津通识读本）拜占庭》，南京：译林出版社2021年。
- 罗伯特·M.塞尔茨著，赵立行等译：《犹太的思想》，上海：上海三联书店1995年。
- 沙畹著，冯承钧译：《西突厥史料》，北京：中华书局2004年。
- 沈福伟：《中西文化交流史》，上海：上海人民

- 出版社 2006 年。
- 狄奥尼修斯·史塔克普洛斯著，陈友勋译：《拜占庭一千年》，北京：化学工业出版社 2019 年。
- 施治生，刘欣如主编：《古代王权与专制主义》，北京：中国社会科学出版社 1993 年。
- 桑德罗·斯奇巴尼著，张礼洪译：《民法大全选译·公法》，北京：中国政法大学出版社，1999 年。
- 斯特拉博著，李铁匠译：《地理学》，上海：上海三联书店 2014 年。
- 斯塔夫里阿诺斯著，吴象婴、梁赤民译：《全球通史——1500 年以前的世界》，上海：上海社会科学院出版社 1999 年。
- 斯特伦著，金泽、何其敏译：《人与神：宗教生活的理解》，上海：上海人民出版社 1991 年。
- 宋濂、王祎《元史》卷三《宪宗纪·蒙哥》，北京：中华书局 1971 年。
- 苏维托尼乌斯著，张竹明等译：《罗马十二帝王传》，北京：商务印书馆 2000 年。
- 孙培良、杨群章：《萨珊朝伊朗》，重庆：西南师范大学出版社 1995 年。
- 塔西佗著，王以铸、崔妙因译：《编年史》，北京：商务印书馆，1981 年。
- 太原市文物考古研究所：《晋阳古城》，北京：文物出版社 2005 年。
- 谭载喜：《西方翻译简史》，北京：商务印书馆 2004 年。
- 詹姆斯·W.汤普逊著，耿淡如译：《中世纪经济社会史：300—1300 年》，北京：商务印书馆 1961 年、1984 年。
- 唐逸：《基督教史》，北京：中国社会科学出版社 1993 年。
- 特尔慈著，戴盛虞等译：《基督教社会思想史》，中国香港：基督教文艺出版社 1959 年版。
- 沃伦·特里高德著，崔艳红译：《拜占庭简史》，上海：人民出版社 2008 年。
- 布莱恩·蒂尔尼等著，袁传伟译：《西欧中世纪史》（第六版），北京：北京大学出版社 2011 年。
- 吐鲁番市文物局，吐鲁番学研究院，吐鲁番博物馆：《吐鲁番晋唐墓地——交河沟西、大丶纳尔、巴达木发掘报告》，北京：文物出版社 2019 年。
- A.A.瓦西列夫著，徐家玲译：《拜占庭帝国史》，北京：商务印书馆 2019 年。
- 王挺之、徐波、刘耀春：《新世纪的曙光：文艺复兴》，北京：中国青年出版社 1999 年。
- 王小波：《罗得海商法研究》，北京中国政法大学出版社，2011 年。
- 王晓朝主编：《信仰与理性—古代基督教教父思想评传》，北京：东方出版社 2001 年。
- 王旭东、孟庆龙：《世界瘟疫史：疾病流行、应对措施及对人类社会的影响》，中国社会科学出版社 2005 年。
- 王亚平：《德国通史》（第一卷），南京：江苏人民出版社 2019 年。
- 王亚平著：《修道院的变迁》，北京：东方出版社 1998 年。
- 王钺译注：《〈罗斯法典〉译注》，兰州：兰州大学出版社 1987 年。
- 王钺译注：《〈往年纪事〉译注》，兰州：甘肃民族出版社 1994 年。
- 王治来：《中亚通史》（古代史下），北京：人民出版社 2010 年。
- 王治心著：《中国基督教史纲》，上海：上海文海出版社 1940 年。
- 韦伯著，姚燕译：《文化社会学视域中的文化史》，上海：上海人民出版社 2006 年。
- 菲利普·沃尔夫著，郑宇建、顾犇译：《欧洲的觉醒》，北京：商务印书馆 1990 年。
- 威利斯顿·沃尔克著，孙善玲，段琦译：《基督教会史》，北京：中国社会科学出版社 1991 年。
- 沃尔克著，孙善玲等译：《基督教会史》，北京：中国社会科学出版社 1991 年。
- 迈克尔·沃兹泽编，刘平译：《犹太政治传统（卷一）》，上海：华东师范大学出版社 2011 年。
- 乌格里诺维奇著，王先睿、李鹏增译：《艺术与宗教》，北京：三联书店 1987 年。
- 吴于廑、齐世荣主编：《世界史·古代史编》（下），北京：高等教育出版社 1994 年。
- 希罗多德著，王以铸译：《历史》，北京：商务印书馆 1997 年。
- 希罗多德著，徐松岩译注：《历史》，北京：中信出版社 2013 年。
- 彼得·希瑟著，向俊逸译：《罗马帝国的陨落：一部新的历史》，北京：中信出版社 2016 年。
- 夏德著，朱杰勤译：《大秦国全录》，北京：商务印书馆 1964 年。
- 向达著：《唐代长安与西域文明》，北京：三联书店 1957 年。
- 斯坦福·肖著，许序雅、张忠祥译：《奥斯曼帝国》，西宁：青海人民出版社 2006 年。
- 谢方主编：《中西初识》，郑州：大象出版社 1999 年。
- 谢清高著，钟淑河等校点：《海录：附三种》，长沙：岳麓书社 2016 年。
- 新疆维吾尔自治区文物局：《丝路瑰宝：新疆馆藏文物精品图录》，乌鲁木齐：新疆人民出版社 2011 年。
- 新疆文物考古研究所：《吐鲁番阿斯塔那-哈拉和卓墓地》，北京：文物出版社 2018 年。
- 尼古拉·辛姆斯-威廉姆斯著，李鸣飞、李艳玲译：《阿富汗北部的巴克特里亚文献》（上册），兰州：兰州大学出版社 2014 年。
- 修昔底德，徐松岩译注：《伯罗奔尼撒战争史》，卷 1，上海：上海人民出版社 2017 年。
- 徐家玲：《拜占庭文明》，北京：人民出版社 2006 年。
- 徐家玲：《早期拜占庭和查士丁尼时代》，长春：东北师范大学出版社 1998 年。
- 徐家玲：《走进拜占庭文明》，北京：民主与建设出版社 2001 年。
- 徐家玲：《世界宗教史纲》，高等教育出版社 2007 年。
- 徐松著：《汉书·西域传补注》下，上海：商务印书馆民国二十六年。
- 许列民著：《沙漠教父的苦修主义》，上海：上海人民出版社 2009 年版。
- 玄奘、辩机著，季羡林等校注：《大唐西域记校注》（下），北京：中华书局 2000 年。
- 雅科伏列夫著，任光宣、李冬晗译：《艺术与世界宗教》，北京：文化艺术出版社 1989 年。
- 亚里士多德著，罗念生译：《诗学》，北京：人民文学出版社 1962 年。
- 亚里士多德著，吴寿彭译：《形而上学》，北京：商务印书馆 1983 年版。
- 杨威理：《西方图书馆史》，北京：商务印书馆 1988 年。
- 杨衒之：《洛阳伽蓝记校笺》，北京：中华书局 2006 年。
- 杨真：《基督教史纲》，三联书店 1979 年。
- 叶民：《最后的古典：阿米安和他笔下的晚期罗马帝国》，天津：天津人民出版社 2004 年。
- 佚名著，刘建军译：《狄吉尼斯·阿克里特：混血的边境之王》，北京：北京大学出版社 2019 年版。
- 尹忠海著：《权贵与土地：马其顿王朝社会解析》，北京：人民出版社 2010 年。

- 尤特罗比乌斯著,谢品巍译:《罗马国史大纲》,上海人民出版社 2011 年。
- 尤西比乌著,翟旭彤中译:《教会史》,三联书店 2009 年。
- 尤西比乌斯著,林中泽译:《君士坦丁传》,商务印书馆 2015 年。
- 于可主编:《世界三大宗教及其流派》,湖南人民出版社 1988 年。
- 裕尔著,考迪埃修订,张绪山译:《东域纪程录丛》,北京:中华书局 2008 年。
- 余太山主编:《西域文化史》,北京:中国友谊出版公司 1996 年。
- 余太山著:《嚈哒史研究》,济南:齐鲁书社 1986 年。
- 羽田亨著,耿世民译:《西域文化史》,乌鲁木齐:新疆人民出版社 1981 年。
- 羽田亨著,耿世民译:《西域文明史概论》,北京:中华书局 2005 年。
- 原州联合考古队编著:《北周田弘墓》,北京:文物出版社 2009 年。
- 原州联合考古队编著:《唐史道洛墓》,北京:文物出版社 2014 年。
- 约达尼斯著,罗三洋译:《哥特史》,北京:商务印书馆 2013 年。
- 泽田勋著,王庆宪、丛晓明译:《匈奴:古代游牧国家的兴亡》,呼和浩特:内蒙古人民出版社 2011 年。
- 张广达:《西域史地丛稿初编》,上海:上海古籍出版社 1995 年。
- 张广智:《西方史学史》(第二版),上海:复旦大学出版社 2006 年。
- 张倩红,艾仁贵:《犹太文化》,北京:人民出版社 2013 年。
- 张倩红:《犹太史研究新维度——国家形态·历史观念·集体记忆》,北京:人民出版社 2015 年。
- 张晓校:《罗马军队与帝位嬗递——从奥古斯都到君士坦丁》,北京:中国社会科学出版社 2006 年。
- 张星烺编注:《中西交通史料汇编》(第一册),北京:中华书局 1977 年。
- 张星烺编注:《中西交通史料汇编》(第一册),北京:中华书局 2003 年。
- 张绪山:《中国与拜占庭帝国关系研究》,北京:中华书局 2012 年。
- 张绪山:《西学研究》第一辑,北京:商务印书馆 2003 年。
- 张志伟主编:《西方哲学史》,北京:中国人民大学出版社 2010 年。
- 赵敦华:《基督教哲学 1500 年》,北京:人民出版社 1994 年。
- 志费尼著,何高济译:《世界征服者史》(下册),翁独健校,呼和浩特:内蒙古人民出版社 1980 年。
- 郑玮:《雅典:公元 267—582 年:从古典城市走向基督教城市》,天津:天津人民出版社 2009 年。
- 中共中央马克思恩格斯列宁斯大林著作编译局编译:《马克思恩格斯全集》第 10 卷,北京:人民出版社 1965 年。
- 中共中央马克思恩格斯列宁斯大林著作编译局编译:《马克思恩格斯选集》第 3 卷,北京:人民出版社 1972 年。
- 中国大百科全书总委员会《外国历史》委员会:《中国大百科全书》(外国历史 II),北京:中国大百科全书出版社 1992 年。
- 周枏:《罗马法原论》,北京:商务印书馆 1994 年。
- 朱寰主编:《亚欧封建经济形态比较研究》,长春:东北师范大学出版社 1996 年。
- 朱谦之著:《中国景教:中国古代基督教研究》,北京:东方出版社 1993 年。
- 佐西莫斯著,谢品巍译:《罗马新史》,上海:上海人民出版社 2013 年。

重要译名表

说明：

1. 部分重要译名后均附有西文原文。
2. 所列译名主要依据商务印书馆《人名地名辞典》和《百科全书》中文版，个别冷僻译名依据"名从主人"的原则翻译。
3. 所列书名的原文用斜体文字附在中文前。
4. 西文小语种译名依据"名从主人"的原则翻译。
5. 所涉《圣经》译名依据中文版《圣经》。

A

- Aachen 亚琛
- Abasgians 阿巴斯吉安人
- 'Abbadids, of Seville 阿德王朝，塞维利亚的
- 'Abbas ibn Tamim 阿拔斯·伊本·塔敏
- 'Abbasid caliphate 阿拔斯哈里发王朝
- 'Abd al-'Aziz 阿卜杜勒·阿齐兹
- 'Abd Allāh b. al-Mansūr 阿卜杜拉·本·曼苏尔
- 'Abd Allāh b. Muhammad 阿卜杜拉·本·穆罕默德
- 'Abd Allah bin Yasin 阿卜杜拉·本·亚辛
- 'Abd al-Malik 阿卜杜勒·马利克
- *Abraham* 《亚伯拉罕》
- Abu Bakr 阿布·巴克尔
- Abu Ya'qub Yusuf 阿布·雅库布·优素福
- Abu'l Faraj Yahya ibn Sa'id, *Annals of the Patriarchs of Alexandria* 阿布·法赖吉·叶海亚·伊本·赛伊德，《亚历山大里亚牧首年代纪》
- Abul-Kasim 阿布·卡西姆
- Abydos 阿拜多斯
- Abyssinia 阿比西尼亚
- Acacian schism "阿卡西乌斯分裂"
- Acacius 阿卡西乌斯，君士坦丁堡牧首
- Acarnania 阿卡纳尼亚（地名）
- Achaea（Achaia, Frankish duchy in Peloponnese）阿哈伊亚公国
- Achaea, Latin principality 阿哈伊亚，拉丁公国
- Achaemenids 阿契美尼德王朝
- Acra 阿克拉
- Acre 阿卡
- Acroinon 阿克罗伊农
- Acte 阿克拉半岛，希腊
- Adana 阿达纳
- Adela 阿德拉
- Adelaide 阿德莱德
- Adelaide of Burgundy 勃艮第的阿德莱德
- Adramyttium 阿德拉米迪乌姆军区
- Adrian I, pope 阿德里安一世，教宗
- Adrianople 阿德里安堡
- Adriatic sea 亚得里亚海
- Aegean Sea 爱琴海
- Aequitius 埃奎提乌斯
- Aetitus 埃伊希匹斯，罗马将领
- Aetolia 埃托利亚
- Agathias 阿伽提阿斯，历史学家和诗人（古罗马）
- Agnès of Montferrat 阿涅丝，蒙特菲拉特的
- Akhlat/Ahlat 阿赫拉特
- Aikaterine 爱卡特琳
- Akritai "阿克利提"（边防军的希腊文名称）

重要译名表

- Akroinon 阿克洛伊农
- al-'Aziz 'Uthman 阿齐兹·奥斯曼
- al-'Aziz Muhammad 阿齐兹·穆罕默德
- Alamanni 阿勒曼尼人
- Alans 阿兰人
- Alaric 阿拉里克
- Albania 阿尔巴尼亚
- Albanians 阿尔巴尼亚人
- Albert, patriarch of Jerusalem 阿尔伯特，耶路撒冷牧首
- Albigeois 阿尔比派（或阿尔比人，法语拼法）
- Aleppo 阿勒颇
- Alesios Kabasilas 阿莱克修斯·卡巴西拉斯
- Alexander 亚历山大
- Alexandria 亚历山大里亚
- *Alexiad* 《阿莱克修斯传》
- Alexios Apokaukos 阿莱克修斯·阿波卡夫科斯
- Alexios Axouch 阿莱克修斯·阿克苏齐
- Alexios Branas 阿莱克修斯·布拉纳斯
- Alexios I Komnenos 阿莱克修斯一世·科穆宁
- Alexios II Kommenos 阿莱克修斯二世·科穆宁
- Alexios III Angelos 阿莱克修斯三世·安苴鲁斯
- Alexios III Grand Komnenos 阿莱克修斯三世·大科穆宁
- Alexios IV Angelos 阿莱克修斯四世·安苴鲁斯
- Alexios V Ducas Murtzuphlos 阿莱克修斯五世·杜卡斯·穆尔祖夫罗斯
- Alexios Palaiologos 阿莱克修斯·帕列奥列格
- Alexios Sthlavos 阿莱克修斯·斯拉沃斯
- Alexius Apocaucus 阿莱克修斯·阿波考库斯
- Alexius Metochites 阿莱克修斯·梅托契特斯
- Alfred the Great 阿尔弗雷德大王
- Alani 阿兰
- Allan Harris Cutler 卡特勒
- allelengyon "连保制"
- Allies 蛮族同盟军
- al-Ma'mun 马蒙
- al-Mansūr 曼苏尔
- Almos of Hungary 匈牙利的阿尔莫斯
- Alopus 阿罗бюс
- Alp Arslan 阿尔普·阿尔斯兰
- Alps 阿尔卑斯山
- Alusianus 阿鲁斯阿努斯
- Amadeus of Savoy 萨伏依的阿马迪乌斯
- Amalaric 阿马拉里克，西哥特王
- Amalasuentha 阿马拉松塔
- Amandus Constantine 阿曼杜斯·君士坦丁
- Amanus mountains 阿马努斯山
- Amaseia 阿马西亚
- Amastrianon 阿马斯特里安农
- Āmed 阿米德，亦称迪亚巴克尔（Diār Bakr），今土耳其迪亚巴克尔省首府
- Amintzantarantai 阿敏赞塔派
- Amisos 阿米索斯，萨姆松别称
- Amitiotai 阿米提奥泰
- Amida 阿米达，边防城市
- Ammianus Marcellinus 阿米亚努斯·马尔切利努斯
- 'Amr ibin al-'As 阿穆尔·伊本-阿斯，穆斯林将领
- *An Easter Rule* 《复活节法则》
- Anastacia 安娜斯塔西娅
- Anastasiopolis (Dara) 阿纳斯塔西斯城（达拉）
- Anastasius I, emperor 阿纳斯塔修斯一世，皇帝
- Anastasius II, pope 阿纳斯塔修斯二世，教宗
- Anatolia 安纳托利亚
- Anatolikon thema 安纳托利亚军区
- Anazarbos 阿纳萨尔佐斯
- Ancona 安科纳
- Andrew I 安德鲁一世
- Andrew Palaiologos 安德鲁·帕列奥列格
- Andronicus Lapadas 安德罗尼库斯·兰帕达斯
- Andronikopolis 安德洛尼库波利斯（地名）
- Andronikos Doukas Aprenos 安德罗尼库斯·杜卡斯·阿普利努斯
- Andronikos Doukas 安德罗尼库斯·杜卡斯
- Andronikos I Gidos 安德罗尼库斯·吉多斯
- Andronikos I Komnenos, emperor 安德罗尼库斯一世·科穆宁，皇帝
- Andronikos II Palaiologos 安德罗尼库斯二世·帕列奥列格
- Andronikos III Palaiologos 安德罗尼库斯三世·帕列奥列格
- Andronikos IV Palaiologos 安德罗尼库斯四世·帕列奥列格
- Andronikos Komnenos 安德罗尼库斯·科穆宁
- Andros 安德罗斯岛
- Angeli dynasty 安苴鲁斯王朝
- Angelus 安苴鲁斯
- Angevin dynasty 安茹王朝
- Ani 阿尼
- Anjou 安茹
- Anna Comnena 安娜·科穆宁娜
- Anna Dalassena 安娜·达拉塞娜
- Anna Kantakouzene ('Αννα Κανταкоυ-ζηνή) 安娜·坎塔库震妮（坎塔库震努斯的女性名）
- Anna of Hungary 匈牙利的安娜
- Anna Palaiologina 安娜·帕列奥列吉娜（帕列奥列格的女性名）
- Anna Porphyrogenita 紫衣家族的安娜
- *Annals* 《年代记》
- Anne of Savoy 萨伏依的安妮
- Anseau de Courcelles 安索·德·库塞勒
- Antes (Antae) 安特人（安泰人）（斯拉夫族群）
- Anthimius 安西米乌斯
- Anthousa 安淑莎，君士坦丁堡城标
- Anthypatus 执政
- Antigonus the One-eyed 安提柯
- Antikythera 安提基西拉岛
- Antioch 安条克
- *Antirrhētikos pros Galēnon* 《驳斥盖伦》
- Antoiniadis 安托尼阿迪斯
- Antonine Order 安东尼修会
- Antony 安托尼
- Aphrodito 阿芙洛迪特
- aphthartodocetism "神性不朽"派（极端一性派异端）
- Apocaucus 阿波考库斯
- Apollonias 阿波罗尼亚
- Aprus 阿普鲁斯
- Apulia 阿普利亚
- Arabia 阿拉比亚（或阿拉伯半岛）
- Arabs 阿拉伯人
- Aragon-Catalonia 阿拉贡-加泰罗尼亚
- Araxes valley 阿拉斯河谷
- Arcadia 阿尔卡迪亚（地名）
- Arcadiopolis 阿卡地奥波利斯
- Arcadius, emperor 阿尔狄乌斯，皇帝
- Archontopouloi "英豪后裔军团"
- Arda of Armenia 阿尔达（埃德萨统治者托罗斯之女）
- Ardabil 阿尔达比勒（人名）
- Ardabur 阿德布尔（阿兰人）
- Arethas 艾黎色，弗提乌斯追随者
- argenteus, -i 银币
- Argos/Argolís 阿尔戈斯（阿尔戈利斯州）
- Argyri 阿尔吉利家族

- Argyropoulos 阿吉罗普洛斯
- Ariadne 阿里亚德妮
- Arian Christianity 阿里乌派基督教
- 'Ariani'（heretics）阿里乌派（异端分子）
- Arinthaeus 阿林萨乌斯
- Aristotle 亚里士多德
- arithmos, tagma, numerus 步骑兵部队
- Arkadiopolis 阿卡迪奥波利斯（地名）
- Armeniakon thema 亚美尼亚军区（10世纪在小亚地区设立的军区统称）
- Armenian church 亚美尼亚教会
- Armenians 亚美尼亚人
- Arpád of Hungary 匈牙利的阿尔帕德
- Arsenios 阿西尼奥斯
- Arsenites 阿西尼特
- Arta 阿尔塔
- Artabasdus 阿尔塔巴斯杜斯
- Artemius 阿特米乌斯
- Ascanian dynasty 阿斯坎王朝
- Asen dynasty 亚森王朝
- Asen Ⅰ 亚森一世
- Asen Ⅱ 亚森二世
- Asen Ⅲ 亚森三世
- Asen Andronicus 亚森·安德罗尼库斯
- Asen of Trnovo 特诺沃的亚森
- Ashot Taronites 阿邵特·塔罗尼特斯
- Asia Minor 小亚细亚
- Asomatos（'Ασωματον）阿索玛托（地名）
- Ašot Ⅲ 阿舒特三世
- Asparuch（Asparukh）阿斯巴鲁奇, 保加尔汗
- Asper/Aspron 阿斯普
- assaria, -ae 阿萨利亚, 铜币
- Assizes of Romania《罗马帝国法令》
- Astafortis 阿斯塔夫特
- Athanasius（the 'Camel-Driver'）阿塔纳修斯（"驱赶骆驼者"）, 安条克一性派教宗
- Athanasius Ⅲ 阿塔纳修斯三世
- Athanasius 阿塔纳修斯
- Athens 雅典
- Atlantic 大西洋
- Attaleia 阿塔雷亚
- Attaliates 阿塔利亚
- Attica 阿提卡
- Attila the Hun 匈人阿提拉
- Augustine, St 圣奥古斯丁
- Augustus Caesar 奥古斯都凯撒
- Authari（Flavius）奥萨里（弗拉维乌斯）, 伦巴第人国王
- Avars 阿瓦尔人
- Avignon 阿维尼翁
- Axum 阿克苏姆王国
- Ayubids, in Egypt 阿尤布朝, 在埃及
- Azerbayjan 阿塞拜疆

B

- Baalbek 巴勒贝克
- Babak 巴巴克
- Badoer, Giacomo 巴多尔, 贾科莫
- Baghdad 巴格达
- Bagrat Ⅲ 巴格拉特三世
- Bagrat Ⅳ 巴格拉特四世
- Bagratid 巴格拉提德
- Bahram 巴拉姆, 波斯总督
- baiula imperii Constantinopolitani 君士坦丁堡帝国摄政王
- Baldwin Ⅰ of Constantinople 君士坦丁堡的鲍德温一世
- Baldwin Ⅰ, king of Jerusalem 耶路撒冷国王鲍德温一世
- Baldwin Ⅱ of Constantinople 君士坦丁堡的鲍德温二世
- Baldwin Ⅲ, king of Jerusalem 耶路撒冷国王鲍德温三世
- Balkans 巴尔干人
- Baltaoğlu Süleyman Bey 巴尔托格鲁·苏莱曼·贝伊
- Baltic Sea 波罗的海
- Bandon/Banda 连队（军区的）
- Barasbakourios 巴拉斯巴库罗斯
- Barbaro 巴尔罗
- Bardanes Turcus 巴登斯·图库斯
- Bardas Phokas 巴尔达斯·福卡斯
- Bardas Skleros 巴尔达斯·斯克莱罗斯
- Bargrat Ⅴ（Παγκρατίωι）巴格拉特五世（1360—1387）, 格鲁吉亚国王
- Bari 巴里
- Barlaam 巴拉姆（人名）
- Basil bar-Sabuni 瓦西里·巴尔萨布尼
- Basil bar-Shumana 瓦西里·巴尔舒马那
- Basil Biannes 瓦西里·比安那斯
- Basil 瓦西里
- Basil Ⅰ 瓦西里一世
- Basil Ⅱ 瓦西里二世
- Basil Lekapenos 瓦西里·雷卡平
- Basil of Ani 阿尼的瓦西里
- Basil of Caesarea 凯撒里亚的瓦西里
- Basil the Bogomil 瓦西里·鲍格米尔
- Basil Trachaneiotes 瓦西里·特拉哈尼奥迪斯
- Basil, archbishop of Trnovo 瓦西里, 特诺沃大主教
- Basil, Armenian catholicos 瓦西里, 亚美尼亚大主教
- Basil, leader of Bogomils 瓦西里, 鲍格米尔派的领袖
- Basilacius 瓦西拉西乌斯（人名）
- 'Basileus'（emperor）瓦西勒斯（皇帝）头衔的使用
- Basilica《皇帝法典》
- basilicon, -a 巴西里肯
- Basilicus 瓦西里库斯
- Basilio 瓦西里奥
- Basilissa 女专制君主
- Basra, Nestorian metropolitan 巴士拉, 聂斯托利派的都主教
- Basrah 巴士拉
- Battle of Acheloos 阿彻鲁斯战役
- Battle of Ankara 安卡拉战役
- Battle of Berat 培拉特之战
- Battle of Bulgarophygon 保加罗菲特战役
- Battle of Cannae 坎尼战役
- Battle of Catalaunian 卡塔劳温战役
- Battle of Gaza 加沙战役
- Battle of Hattin 哈丁之战
- Battle of Kleidion 克雷迪昂战役
- Battle of Levunion 勒亡农战役
- Battle of Manzikert 曼齐刻尔克战役
- Battle of Nicopolis 尼科波利斯战役
- Battle of Pelagonia 佩拉戈尼亚之战
- Battle of Poimanenon 波伊马讷农之战
- Battle of Settepozzi 塞特波兹海战
- Battle of Tricamarium 特里卡马里乌姆战役
- Battle of Versinikia 维森尼吉亚战役
- Battle of Yarmuk 耶尔克战役
- Batumi/Bathys 巴统港
- Bayazid Ⅰ 拜齐德一世
- Baybars al-Jashnikir 伯拜尔斯·贾什尼吉尔
- Bayezid Bey 拜齐德·贝伊

重要译名表

- Baza（Spain）巴萨（西班牙），处于拜占庭控制下
- Beatrice 比阿特丽斯
- Bedrum 贝德鲁姆，今土耳其东北蒂雷波鲁东南部
- Beatrice of Provence 普罗旺斯的比阿特丽斯
- Beirut 贝鲁特
- Bela Ⅰ, King of Hungary 贝拉一世，匈牙利国王
- Bela Ⅲ, King of Hungary 贝拉三世，匈牙利国王
- Belgrade 贝尔格莱德
- Belisarius 贝利撒留，查士丁尼的将军
- Benedict 本尼狄克
- Benavento 贝内文托
- Benjamin of Tudela 图德拉的便雅悯
- Berengar Ⅱ of Italy 意大利的贝伦加尔二世
- Berger de Xivery 贝格尔·德西弗里
- Bernard 贝尔纳
- Bertha 贝尔塔
- Bessarion 贝萨隆
- Beyoğlu 贝伊奥卢
- *Bibliotheca*《图书集成》
- Biksit 比克希特堡
- Bileča 比莱恰战役（南斯拉夫地名）
- Blachernai 布拉赫耐（教堂）
- Black Death 黑死病
- Black Sea 黑海
- Blues 蓝党
- Bogomil heresy 鲍格米尔派异教徒
- Bogomilism 鲍格米尔派
- Bohemia 波希米亚
- Bohemund Ⅰ of Antioch, 安条克的博希蒙德一世
- Bohemund 博希蒙德
- Boilas, Eustathius 尤斯塔修斯·博伊拉斯
- Boleslav Ⅰ of Bohemia 波希米亚的波列斯拉夫一世
- Boleslav Ⅱ 波列斯拉夫二世
- Boleslaw Ⅲ ("wrymouth"; Krzywousty) of Poland 波兰的波列斯拉夫三世（"歪嘴"）
- Boniface of Montferrat 蒙特菲拉特的博尼法斯
- Bonos 博努斯
- *Book of Ceremonies*《礼仪书》
- Boril of Bulgaria 保加利亚的鲍里尔
- Boris Ⅱ of Bulgaria 保加利亚的伯利斯二世
- Boris-Michael of Bulgaria 保加利亚的伯利斯-米哈伊尔
- Bosnia 波斯尼亚
- Bosphorus 博斯普鲁斯
- Boucellarion 布塞拉隆军区
- Boucicaut 布西科
- boyars 波雅尔（俄罗斯贵族）
- Bozcaada 博兹贾阿达
- Branas family 布拉纳斯家族
- Branicevo 布兰尼切沃（军事要塞名）
- Brindisi 布林迪西
- Bringas 布林加斯
- Britain 不列颠
- Brusa 布鲁萨（地名）
- Bryennius 布林尼乌斯
- Bucellarii（帝国权贵们的）私人部队
- Bucoleon Palace 大皇宫
- Budva 布德瓦
- Bulgaria 保加利亚
- Burgundy 勃艮第
- Bursa 布尔萨
- Butrinto 布特林托
- Burtulus 布尔图鲁斯要塞
- Bythynian 比塞尼亚
- Byzantium 拜占庭城，有些研究中使用拜占廷，根据具体情况保留

C

- Cabasilas 卡巴司拉斯
- Caesar, Gaius Julius 凯撒，盖乌斯·尤利乌斯
- Caesarea of Cappadocia 卡帕多西亚的凯撒里亚
- Caesarea of Palestine 巴勒斯坦的凯撒里亚
- Caesarius 凯撒里乌斯
- Caffa（Καφά）卡法，今乌克兰城市费奥多西亚
- Cairo 开罗
- Calabria 卡拉布里亚
- 'caliph' 哈里发
- Callinicus 卡利尼库斯
- Callistus 卡利斯图斯（君士坦丁堡牧首名）
- Cambron 坎布伦
- Cameniate 卡门尼亚特
- Canca 堪加
- Cantacuzenus 坎塔库震努斯
- Cappadocia 卡帕多西亚
- Capua 卡普亚
- caput（poll tax）人头税
- Carolingian 加洛林（加洛林帝国，历史地名）
- Carpathian mountains 喀尔巴阡山脉
- Carthage 迦太基
- Časlav of Serbia 塞尔维亚的查斯拉夫
- Cassandria 卡桑德利亚
- Cassia 卡西娅
- Castamon 科斯塔莫（科穆宁家族发祥地）
- Castile 卡斯蒂尔
- Castoria 卡斯托里亚（地名）
- Catacalon Cecaumenus 卡塔卡隆·塞考麦努斯
- Catalan Duchy 加泰罗尼亚雇佣兵公国
- Catalans 加泰罗尼亚人
- Catalonia 加泰罗尼亚
- cataphracts 重装骑兵部队
- *Catechism*《教理问答》
- catepano 首长
- Cathar 卡塔尔派（清洁派）
- Catherine de Courtenay 凯瑟琳·德·考特尼
- Catherine of Valois 瓦卢瓦的凯瑟琳
- Caucasus 高加索
- Cecaumenus 塞考门努斯
- Cedrenus 塞德林努斯
- Cekaumenos Catakalon 凯考迈努斯·卡塔卡隆
- Cephalonia 凯法利尼亚岛
- Cernikum 凯尔尼库姆城
- Černomen 色诺门（地名/战役名）
- Cesarini 塞萨尼
- Cetina river 采蒂纳河（克罗地亚南部）
- Chagan 汗王
- Chalandritsa 查兰德里察（男爵领地）
- Chalcedon 卡尔西顿
- Chalcidice 哈尔齐迪基（地名）
- Chaldia 查尔迪亚
- Chalke Gate 皇宫大门
- Chandax 汉达克斯（今克里特岛伊拉克利翁 [Heraklion, Ηράκλειο] 以西）
- Charles 查理
- Charles of Anjou 安茹的查理
- Charlemagne 查理曼
- Charles Ⅰ of Anjou 安茹的查理一世
- Charsianon 查尔西农（军区）
- chartoularios 财政官（拜占庭的）
- Cherchere 车尔车利（地名）
- Cherson 克尔松
- Cherian（Χεριαν）海里安，今土耳其希兰（Şiran），也称卡拉加（Karaca）
- Chersonesos 切索内索斯（地区）

- Chilandari 圣阿索斯山奇兰德利修道院
- Chioggia 基贾奥
- Chintila 基恩提拉，西哥特人的国王
- Chios 希俄斯岛
- Chomatianus, Demetrius 迪米特里乌斯·科马提安努斯
- Choniates 侯尼亚迪斯
- Chorobe 霍洛威
- Chosroes Ⅱ Parviz 科斯罗埃斯二世·帕维兹
- Chosroes Ⅰ Anushirwan 科斯罗埃斯一世·阿努什尔旺
- Christopher 克里斯托弗
- Christopolis 克里斯托波利斯要塞
- Chrysopolis 克里索波利斯
- Cilicia 西里西亚
- Clarenza 克拉伦萨(地名)
- Clement Ⅳ, Pope 克雷芒四世，教宗
- Clement Ⅴ, Pope 克雷芒五世，教宗
- Cleofe Malatesta Palaiogina 克利奥菲·马拉泰斯塔·帕列奥列格
- *Codex Gregorianus*《格雷哥里安法典》
- *Codex Justinianus*《查士丁尼法典》
- Colchis 科尔齐斯，今格鲁吉亚西部
- Coloman, king of Croatia and Hungary 科洛曼，克罗地亚与匈牙利国王
- coloni 科洛尼(半自由农民)(晚期罗马)
- comes civitatis 城市长官，西哥特王国
- comes rei privatae 皇室私产司长官(拜占庭土地的管理者)
- comes sacrarum largitionum 财政司长官(拜占庭财政管理者)
- Cometopuli dynasty 科米托普里王朝
- comitatenses 野战军(拜占庭的)
- commentator 政区长官，大教区管理者(西班牙)
- Commentiolus 科曼恩提卢斯，卡塔赫纳的拜占庭管辖者
- Comnenian family system 科穆宁家族世系
- *Concise Chronicle*《简明编年史》
- condottiere 雇佣兵
- Conrad Ⅲ, King 康拉德三世，国王
- consistorium 教廷公共执法官
- consorterie 塔形社会等级
- Constance of Sicily 西西里的康斯坦丝
- Constance of Antioch 安条克的康斯坦丝
- Constance of Edessa 埃德萨的康斯坦丝
- Constaninople 君士坦丁堡
- Constantine Palaiologos 君士坦丁·帕列奥列格
- Constans Ⅱ 君士坦斯二世
- Constantin Tis of Bulgaria 保加利亚的君士坦丁大帝
- Constantina 康斯坦提娜
- Constantine (Maghreb) 君士坦丁(马格里布)
- Constantine Ⅲ 君士坦丁三世
- Constantine Ⅳ 君士坦丁四世
- Constantine Bodin 君士坦丁·博丹
- Constantine Chabaron 君士坦丁·卡巴伦
- Constantine Doukas 君士坦丁·杜卡斯
- Constantine Ducas Limpidaris 君士坦丁·杜卡斯·林皮达利斯
- Constantine Dragaš 君士坦丁·德拉加什
- Constantine Gabras 君士坦丁·加布拉斯
- Constantine Gongylas 君士坦丁·贡吉拉斯
- Constantine Harmenopulus 君士坦丁·哈蒙瑙普拉斯
- Constantine Ⅰ 君士坦丁一世
- Constantine Ⅸ Monomachos 君士坦丁九世·摩诺马赫
- Constantine Kabasilas 君士坦丁·卡巴西拉斯
- Constantine Kaloethes 君士坦丁·卡罗塞斯

- Constantine Leichoudes 君士坦丁·利户迪斯
- Constantine Loukites 君士坦丁·路基斯
- Constantine Maliasenos 君士坦丁·马里亚塞诺斯
- Constantine Manasses 君士坦丁·马纳赛斯
- Constantine Margarites 君士坦丁·马伽利提斯
- Constantine Mesopotamites 君士坦丁·美索不达米特斯
- Constantine Palaeologus Graitzas 君士坦丁·帕列奥列格·格雷塞扎斯
- Constantine Ⅶ Porphyrogenitus 君士坦丁七世·波尔菲洛格尼托斯
- Constantine Ⅷ Porphyrogenitus 紫衣家族的君士坦丁八世
- Constantine Ⅹ Doukas, emperor 君士坦丁十世·杜卡斯，皇帝
- Constantine Ⅺ Palaiologos 君士坦丁十一世·帕列奥列格，拜占庭皇帝
- Constantius 康斯坦提乌斯，米兰的助祭
- Constantius Ⅱ 康斯坦提乌斯二世，皇帝
- Contostephanus 康托斯特法努斯
- Coppa 科帕(地名)
- Coptic church 科普特教会
- Copts 科普特人
- Córdoba 科尔多瓦
- Corfu 科孚岛
- Corinth 科林斯
- Corone 科罗内(地名)
- *Corpus Hippocraticum*《希波克拉底文集》
- *Corpus Juris Civilis*《民法大全》
- Corsica 科西嘉
- Co-rule, co-Emperor 共治皇帝
- Cos 科斯
- Cosmas of Bulgaria 保加利亚的科斯马斯
- Cosmas 科斯马斯
- Cosmas Ⅰ Hierosolymites 科斯马斯一世·西罗索里米特斯
- Cosmos 科斯莫斯
- Council of Chalcedon 卡尔西顿会议
- Council of Nicaea 尼西亚大公会议
- Council of Sardica 撒尔底迦宗教会议
- County of Edessa 埃德萨伯国
- County of Tripoli 的黎波里伯国
- Courtrai 库特赖
- Crete 克里特岛
- Crimea 克里米亚
- Critobulus 赫里多布鲁斯
- Croatia 克罗地亚
- Crusaders 十字军战士
- Ctesiphon 泰西封，波斯首都
- Cumans 库曼人
- Cumbria 坎布里亚
- Curiae 市政委员会
- Curopalates 宫廷总管
- custodies 监察，教堂财物的管理者
- custumals (Weistümer) 习惯法汇编
- Cyclades 基克拉泽斯群岛
- Cynegius 辛乃格乌斯
- Cyprus 塞浦路斯
- Cyrenaica 昔兰尼加
- Cyril 西里尔
- Cyril Ⅱ 西里尔二世
- Cyril of Alexandria 亚历山大里亚的西里尔
- Cyril-Constantine, St 圣·西里尔-君士坦丁
- Cyrus 希鲁斯
- Cyzicus 基兹库斯

D

- Dacia 达契亚
- Dalmatia 达尔马提亚
- Damalis 大马里斯（地名）
- Damascus 大马士革
- Damietta 达米埃塔
- Danishmendid amirs 丹尼斯蒙蒂德埃米尔
- Danube 多瑙河
- Daphnous 达弗努斯港口
- Dara（Anastasiopolis）达拉（阿纳斯塔西奥波利斯）
- Dastagird 达斯塔基德
- David Comnenus 戴维·科穆宁
- David II 戴维二世
- David Komnenos 戴维·科穆宁
- David Grand Komnenos 戴维·大科穆宁
- *De Administrando Imperio*《论帝国政府》
- *De Ceremoniis*《礼仪书》
- *De Excrementis Alvinis*《论分区》
- *De medicina*《论医学》
- *De observatione ciborum*《食物观察》
- *De Usu Partium Corporis Humani*《论人体各部器官功能》
- Deabolis（Δεάβολις）狄阿波利斯，今阿尔巴尼亚德沃尔（Devoll）
- Decimum 德西姆（地名/会战）
- Demes 竞技党人
- Demetrias 迪米特里亚斯（地名）
- Demetrios Chomatenos, archbishop of Ohrid 迪米特里·乔玛特诺，奥赫里德大主教
- Demetrios Khomatianos 奥赫里德主教迪米特里
- Demetrius 迪米特里
- Demetrius Cabasilas 迪米特里·卡巴西拉斯
- Demetrius Cydones 迪米特里·塞多尼斯，拜占庭作家
- Demetrius of Montferrat 蒙特菲拉特的迪米特里
- Demetrius Sophianus 迪米特里·索菲亚纳斯
- Demetrius, patron saint of Thessalonica 迪米特里，塞萨洛尼基的守护圣徒
- denarius 第纳里（钱币名称）
- Dervan 德万，塞尔维亚人领袖
- Despoina 女君主
- Despotate of Epiros 伊庇鲁斯君主国
- Despotes 专制君主
- Develtus 德维特斯
- Devoll 德沃尔
- Didymoteichos 底迪摩提克斯（地名）
- *Dieting for an Emperor*《献给皇帝的食谱》
- *Digenis Akrites*《狄吉尼斯·阿卡里特斯》
- *Digest*《学说汇纂》
- Dimitri Progoni 迪米特里·普罗戈尼，阿尔巴农大公
- Dimitrias 迪米特里亚（地名）
- Dioceses 大区长官
- Diocletian 戴克里先
- Diogenes family 狄奥根尼斯家族
- Diogeni 迪奥格尼斯
- Dionysius 狄奥尼修斯
- Dionysos 狄奥尼索斯
- Dioscorus 迪奥斯库鲁斯
- Diplokionion 迪普罗基翁
- Dnepr river 第聂伯河
- Dobromir Chrysos 多布罗米尔·克里索斯
- Dobrudja 多布罗加（地区名）
- Dodecanese islands 多德卡尼斯群岛
- domestic of the scholai 军区总司令
- Domestics（Dienstmänner）家仆、管家（或地产商品，视上下文语境而定）
- Dominum mundi 世界统治权
- Don 顿河
- Donation of Constantine 君士坦丁赠礼
- Dortmund 多特蒙德
- Dorylaeum 多里莱乌姆
- Doukas family 杜卡斯家族
- Dragutin 德拉古丁
- Drȧma 兹拉马
- dromones 德隆猛
- Drungarius of the Fleet 海军舰队司令
- drungarius vigiliae 皇宫卫队司令
- drungus 德鲁古斯
- druzhina 卫队、亲随（波西米亚的）
- dryhten 指挥官
- Dryinopolis 德莱诺波利斯（军区）
- Dubrovnik 杜勃罗夫尼
- Ducas 杜卡斯
- Ducas Michaelis 杜卡斯·米哈伊利斯
- ducat 杜卡特，金币
- duces 都督
- Duchy of Athens 雅典公国
- Duke of the Archipelago 爱琴海公国公爵
- Dux 大公、伯爵
- Dvin 第温（又作杜比奥斯 Doubios）
- *Dynameron*《药典》
- Dyrrachium 迪拉基乌姆

E

- Echinades Islands 埃奇纳德群岛
- *Ecloga*《法律选编》
- *Eclogae de re rustica*《农业选集》
- Edessa 埃德萨
- Egypt 埃及
- Ehrbarkeit "身负声望者"
- Eirene Angelos 伊琳妮·安茸鲁斯
- Eirene Komnena 伊琳妮·科穆宁娜
- Elias 埃利亚斯
- Emeric 埃默里克
- Enghien 昂吉安
- Enric Dandolo 恩里科·丹多洛
- Eparchos of the City 君士坦丁堡市长
- Eparch 城市长官
- Ephesus 以弗所
- Ephraem Syrus 叙利亚的以法莲
- *Epidemics*《流行病论》
- epikernes 执杯者
- Epirus 伊庇鲁斯
- Episkepsis "地产"
- *Epitome on the Curing of Ailments*《治愈疾病的提要》
- Eretnids 埃雷特纳（贝伊政权）
- Erzerum 埃尔泽乌姆
- Ethiopia 埃塞俄比亚
- Euboea 埃维厄岛（旧译优卑亚）
- Eudochia 欧多基娅
- Eudocia Angela 尤多奇亚·安哲拉
- Eudokia 欧多基娅，拜占庭皇后，伊拉克略之妻
- Eugenius III, pope 尤金三世，教宗
- Eugenius IV, Pope（Gabriel Condulmaro）尤金四世，教宗（加布里尔·康杜尔马罗）
- Eulogia 尤洛吉亚
- Eunomius 尤诺米乌斯
- Euphrates 幼发拉底河
- Eusebius of Caesarea 凯撒里亚的尤西比乌斯
- Eusebius of Nicomedia 尼科米底的尤西比乌斯
- Eusebius 尤西比乌斯

- Eustratios 尤斯特拉提厄斯
- Euthymius 优西米乌斯
- Eutychios 尤提奇乌斯
- Evagrius 埃瓦格里乌斯
- excubitores "岗哨军团"
- Excubitorum, comes 野战军伯爵
- Exkousseia 免税权
- Ezbider 艾兹比德尔要塞

F

- Fabia 法比亚
- Faffaele Adorno 拉菲勒·阿多诺（1443—1447 年在位），热那亚总督
- Farmer's Law《农业法》
- Fatimid dynasty 法蒂玛王朝
- Fausta 福斯塔
- Fazlullah 法兹鲁拉
- Ferrara, war of 费拉拉战争（1482—1484 年）
- Feudalism 封建主义
- Fikanoy 费卡诺伊
- filioque clause "和子"说
- Flemings 弗莱芒人
- Florence 佛罗伦萨
- Foederati 蛮族志愿兵
- follis, -es 弗里斯铜币
- France 法兰西
- Francia 法兰克
- Franks 法兰克人
- Franks, the kingdom 法兰克王国
- Frederick I 'Barbarossa' 弗雷德里克一世 "巴巴罗萨"
- Frederick II 弗雷德里克二世

G

- Gabriel-Radomir of Bulgaria 保加利亚的加布里埃尔-拉多米尔
- Gagik I 加吉克一世
- Gaïnas 盖纳斯（哥特人）
- Gaiseric 盖塞里克
- Galate 加拉达（塔），原名希凯（Sykai）（地名）
- Galen 盖伦
- Galicia 加利西亚
- Galley 桨帆战船
- Galilee 加利利
- Gallipoli 加利波利
- Ganzak 甘扎克
- Gardiki 加第基（地名）
- Gattilusio 加提卢西奥
- Gaul 高卢
- Geisa II 杰萨二世
- Gelimer 盖利默
- Gengis Khan 成吉思汗
- Gennadios II Scholarios 根纳迪奥斯二世·斯科拉里奥斯
- Genoa 热那亚
- Geoffrey I de Villehardouin 杰弗里一世·德·维拉杜安
- George Acropolites 乔治·阿克罗波里特
- George Amiroutzes 乔治·阿梅霍兹
- George Brankovic 乔治·布兰科维奇
- George I of Georgia 格鲁吉亚的乔治一世
- George of Cyprus 塞浦路斯的乔治
- George Pachymeres 乔治·帕奇米尔斯
- George Pisides 乔治·皮西德斯
- George the Monk 修道士乔治
- Georgia 格鲁吉亚
- Gepids 格庇德人
- Germanus 日耳曼努斯
- Germany 日耳曼
- Geza I 盖扎一世
- Gibraltar 直布罗陀
- Giovanni 乔瓦尼
- Giresun 吉雷松
- Glabas 格拉巴斯
- gold florins 佛罗琳金币
- Golden Gate 金门海峡
- Golden Horde 金帐汗国
- Golden Horn 金角湾
- Gonia 哥尼亚（地名）
- Gothic War 哥特战争
- Goths 哥特人
- Grado 格拉多
- Gralilce 加利利
- grand chamberlain 御前大臣
- Grand Duke 大公
- Grand Master 大团长
- Gratian 格拉先
- Grattzianous 格拉齐亚努斯
- Great Moravia 大摩拉维亚
- Greece 希腊
- Greek Fire 希腊火
- Greens 绿党人
- Gregory Chioniades 格里高利·西奥尼亚德斯
- Gregory Palamas 格里高利·帕拉马斯
- Gregory I 格里高利一世
- Gregory II 格里高利二世
- Gregory III 格里高利三世
- Gregory X 格里高利十世
- Gregory of Nyssa 尼瑟的格里高利 尼萨
- Gregory VII 格里高利七世
- Gregoy of Nazianzus 纳齐昂的格里高利
- Gregoy, exarch of Carthage 格里高利，迦太基总督
- grosso 格罗索，银币
- Guillou 吉洛
- Guria 古里亚，格鲁吉亚西部
- Gü mü shane 居米什哈内
- Guy II de la Roche 居伊二世·德·拉·罗奇
- Guy of Lusignan 吕西尼昂的居伊

H

- Hadath 哈代斯
- Hadrian I, pope 哈德良一世，教宗
- Hagia Sophia 圣索菲亚大教堂
- Halan 哈兰，拜占庭边境城市
- Halki 哈基岛
- Hamdanid 哈姆丹尼德
- Hannibalianus 汉尼拔利阿努斯（君士坦丁大帝之侄）
- Harold Godwineson 哈罗德·哥德文森
- Harşit River 哈希特河
- Hebrides 赫布里底群岛
- Helena 海伦娜
- Helena (wife of Constantine VII) 海伦娜（君士坦丁七世之妻）
- Helena (daughter of Asen II) 海伦娜（阿森二世之女）
- Helena 海伦纳（地名）（地名）
- Hellas 希腊

- Hellespont 赫勒斯滂海峡
- Henry II 亨利二世
- Henry IV 亨利四世
- Henry of Constantinople 君士坦丁堡的亨利
- Henry of Hainault 埃诺的亨利
- Henry the Bearded of Silesia 西里西亚的"胡子"亨利
- Henry VI 亨利六世
- Heraclea 希拉克利亚城
- Heracleonas 希拉克隆纳斯（伊拉克略之子）
- Heraclius 伊拉克略
- Heraclius, exarch of Carthage 伊拉克略，迦太基总督
- Heraklonas 伊拉克洛纳斯
- Hermus 赫尔穆斯河（今土耳其盖迪兹河，Gediz）
- Hesychasts 静默派
- Hetaereia 御林军
- Hetaireia 雇佣军"扈从"
- hexagram 六克钱
- Hexamilion 希克西米亚城墙
- Hicraklion 希克拉科隆
- Hierapolis 希拉波利斯
- Hiereia 海尔里亚
- Hijaz 汉志
- Himerios 海姆里奥斯
- Hippocrates 希波克拉底
- Hippodrome 大竞技场
- Hispania 伊比利亚半岛
- histmenon, -a (τὸ στάμενον, -α) 西斯塔麦农，足重的"诺米斯玛"金币
- *Historiai*《历史》
- Holsteinius Lucas 霍斯泰纽斯·卢卡斯
- Holy Church 圣墓教堂
- Holy Roman Empire 神圣罗马帝国
- Honorius 霍诺留
- Honorius I 霍诺留一世
- Hugh I of Cyprus 塞浦路斯的休一世
- Hugh of Provence 普罗旺斯的休
- Hulegu (Mongol leader) 旭烈兀（蒙古人首领）
- Humbert 亨伯特
- Hungary 匈牙利
- Huns 匈人
- hyperpers 金币
- Hyperpyra 海伯龙金币
- hyperpyron, -a 希帕皮隆，金币

I

- Iaropolk 埃罗波尔克
- Iaroslav ('the Wise') of Kiev 基辅的"智者"雅罗斯拉夫
- Ibas, bishop of Edessa 伊巴斯，埃德萨主教
- Ibas, Ostrogothic dux 伊巴斯，东哥特公爵
- Iberia 伊比利亚
- Iberian peninsula 伊比利亚半岛
- Ibn al-Wasiti 伊本·瓦西提
- Icaria 伊卡利亚岛
- Icon 圣像
- Iconium 伊科尼姆（或科尼亚）
- Iconoclasm 毁坏圣像运动
- Iconomium palace 伊科诺米乌斯宫
- Ierissós 耶里索斯主教区
- Ignatius 伊格纳提乌斯
- Igor of Kiev 基辅的伊戈尔
- Ikhshidids 伊赫希德王朝
- Il-khanate 伊儿汗国
- Illustres "杰出者"
- Illyria (Illyricum) 伊利里亚
- Imbros 因布罗斯（地名）
- Immortals 不朽军
- imperial protospatharios "御前首席带刀侍卫"
- imperial secretary 皇帝秘书
- India 印度
- Innocent II 英诺森二世
- Innocent III 英诺森三世
- Innocent IV 英诺森四世
- Innocent V 英诺森五世
- Innocent VI 英诺森六世
- *Institutes*《法学阶梯》
- interventor 代理主教
- Ioannes Kaminiates 约翰·卡米尼亚特斯
- Ioannikios Komnenos 约翰尼克斯·科穆宁，意为"小约翰"
- Ioannina 约阿尼纳
- Ioannoupolis 约翰波利斯
- Iona 约纳，莫斯科都主教
- Iona monastery 艾奥纳修道院
- Ionian Islands 爱奥尼亚群岛
- Ionicus 伊奥尼库斯
- Iran 伊朗
- Iraq 伊拉克
- Irene Doukaina Laskarina 伊琳妮·杜凯纳·拉斯卡丽娜
- Irene Asanina 伊琳妮·阿萨妮娜
- Irene Asen 伊琳妮·亚森
- Irene Syrikaina 伊琳妮·叙丽凯娜
- Iris River 埃里斯河
- Isaac Angelus 伊萨克·安茱鲁斯
- Isaac Comnenus 伊萨克·科穆宁
- Isaac I Komnenos 伊萨克一世·科穆宁
- Isaac II Angelos 伊萨克二世·安茱鲁斯
- Isaac Komnenos, brother of Alexios I 伊萨克·科穆宁，阿莱克修斯一世的兄弟
- Isaac Komnenos, brother of John II 伊萨克·科穆宁，约翰二世的兄弟
- Isaac Komnenos, ruler of Cyprus 伊萨克·科穆宁，塞浦路斯统治者
- Isauria 伊苏里亚
- Isidore of Kie 基辅的伊西多尔
- Isidore of Seville 塞维利亚的伊西多尔
- Isle of Greece 希腊群岛
- Isoyaw IV 伊索尤四世
- Ispela 伊斯佩拉
- Issac Nestongos 伊萨克·奈斯通格斯
- Istamboul 伊斯坦布尔
- Ister River 伊斯特河
- Istria 伊斯特里亚
- Istronopolis 伊斯特罗诺波利行省
- Italy 意大利
- Ivan Alexander Asan 伊凡·亚历山大·阿山（保加利亚国王名）
- Ivan II Asen of Bulgaria 保加利亚的伊凡二世·亚森
- Ivanko 伊万科
- Izmir 伊兹密尔
- Izyaslav I 伊扎斯拉夫一世

J

- Jacobite Christianity 雅各派基督教
- Jader 亚德尔
- Jaffa 雅法
- Jagiellonians 亚盖洛家族
- janissaries 新军

- Jannina 雅尼纳
- Jarmuk 亚穆克
- Jaroslav 雅罗斯拉夫
- Jerusalem 耶路撒冷
- Jews 犹太人
- Jezid 吉兹德
- Jiddah 吉达
- Jihād 吉哈德（圣战）
- Joan of Constantinople 君士坦丁堡的若昂
- Joasaph 约萨（人名）
- Joel 约埃尔
- John 约翰
- John VIII Xiphilinus 约翰八世·西非林努斯
- John Anagnostes 约翰·阿纳格诺斯特斯
- John Apokaukos 约翰·阿颇卡夫科斯
- John Athalatichos 约翰·阿纳纳提斯
- John Avramios 约翰·阿夫拉米奥斯
- John Cananus 约翰·卡南努斯
- John Chryselios 约翰·赫里塞利奥斯
- John Chrysostom 约翰·克里索斯托
- John Cinnamus 约翰·金纳莫斯
- John Climacus 约翰·克利马库斯
- John Palaiologos 约翰·帕列奥列格
- John Doukas，约翰·杜卡斯
- John Eugenikos 约翰·欧根尼科斯
- John I 约翰一世
- John II Asen of Vlacho-Bulgaria 弗拉乔-保加利亚的约翰二世·亚森
- John II Comnenus 约翰二世·科穆宁
- John III Doukas Vatatzes of Nicaea 尼西亚的约翰三世·杜卡斯·瓦塔泽斯
- John III 约翰三世
- John Ises 约翰·伊塞斯
- John Kalekas 约翰·卡勒卡斯
- John Kinnamos 约翰·金纳莫斯
- John Kyparissiotes 约翰·克珀利西奥迪斯
- John Laskaris Kalopheros 约翰·拉斯卡利斯·卡洛菲罗斯
- John Laskaris of Nicaea 尼西亚的约翰·拉斯卡利斯
- John of Cappadocia 卡帕多西亚的约翰
- John of Cyprus 塞浦路斯的约翰
- John of Damascus 大马士革的约翰
- John of Thessaly 塞萨利的约翰
- John Phokas 约翰·福卡斯
- John the Deacon 执事约翰
- John the Exarch 总督约翰
- John the Orphanotrophos "孤儿"约翰
- John Tzetzes 约翰·特茨特慈
- John Tzimisces 约翰·基米斯基
- John V Palaeologus 约翰五世·帕列奥列格
- John Vatatzes 约翰·瓦塔泽斯
- John VI Kantakouzenos 约翰六世·坎塔库震努斯
- John VII Palaeologus 约翰七世·帕列奥列格
- John VIII Palaiologos 约翰八世·帕列奥列格
- John Vladislav of Bulgaria 保加利亚的约翰·弗拉迪斯拉夫
- John X Kamateros 约翰十世·卡玛特罗斯
- John XI Palaeologus 约翰十一世·帕列奥列格
- Johwani Giustiniani 乔万尼·贵斯亭尼安尼
- Jordan river 约旦河
- Jovian 乔维安
- Julian the Apostate "背教者"朱利安
- Julius Caesar 尤利乌斯·恺撒
- Jundishapur 君迪沙普尔（地名）
- Justin I 查士丁一世
- Justin II 查士丁二世
- Justinian I 查士丁尼一世

- Justinian II 查士丁尼二世
- Justiniana prima 查士丁尼城

K

- Kabad 卡瓦德（488—496），波斯国王
- Kaiserfibel 罗马皇帝的徽章
- Kalamita 卡拉米塔港
- Kallinikus 卡利尼库斯
- Kalojan 卡洛扬
- Kapanion 卡潘尼翁山口
- Kapisa 罽宾（迦毕试）
- kapnikon "灶头税"
- karat 克拉，重量单位
- Karadeniz Ereğli 靠近土耳其海峡的埃雷利（Karadeniz 是黑海）
- Karaman 卡拉曼
- Kastoria（Καστοριά）卡斯托利亚，希腊北部的西马其顿地区
- katepano 凯特潘诺
- Kavad-Siroe 卡瓦德·西罗埃
- Kavaka 卡巴卡堡
- kellia 静修者
- Kerasous（Κερασούντ）凯拉苏斯，今土耳其吉雷松（Giresun）
- Keration 银币
- khagan 可汗
- Khazar khaganate 哈扎尔突厥汗国
- Khazars 哈扎尔人
- Khurramites 库拉米特派
- Kibyrrhaiot 西比莱奥特军区
- Kiev 基辅
- Kilic Arslan II, sultan of Iconium 基里克·阿尔斯兰二世,科尼亚（或伊科尼姆）素丹
- Kilij Arslan, Seljuk sultan of Rum 基利杰·阿尔斯兰,卢姆的塞尔柱索丹
- Kinte 金特,此城旧称可能是安科纳（Ancona）
- Kipchak khanate 钦察汗国（金帐汗国）
- Kitāb al-Fihrist《书籍目录》
- Kitab as-Saidana《乌斯德纳书》
- Kizilirmak 克泽尔河,旧称哈里斯河（Halys）
- Klokotnica 克洛科特尼卡（地名）
- knez 克涅兹
- Knights Hospitallers 医护骑士团
- Knights of St John of Jerusalem,耶路撒冷的圣约翰骑士团
- knights of St Peter 圣彼得骑士团
- Knights Templar 圣殿骑士
- Koloman of Rus' 基辅罗斯的科洛曼
- Koloneia 科洛尼亚（军区）
- Komēs 伯爵（卫戍部队的长官）
- kommerkiarioi 商务代理人
- kommerkion 商业交易税
- Komnena 科穆宁娜
- Komnenos family 科穆宁家族
- Konstantin Dejanović 君士坦丁·德扬诺维奇,塞尔维亚领主
- Kordyles 科迪勒斯
- Kosovo 科索沃
- Koyulhisar 科尤尔希萨尔（地名）
- Kroja 克罗亚（地名）
- Krum of Bulgaria 保加利亚的克鲁姆
- Kudama 库达马
- Kulin 库林
- Kurtun 库尔屯
- Kyzikos（Cyzikus）西奇库斯

L

- Labarum 拉伯兰军旗
- Lacedaemon 拉斯第孟
- Laconia 拉科尼亚（地名）
- Lachanodracon 拉查诺德拉孔
- Lactantius 拉克坦提乌斯
- Ladislas Hunyadi 拉迪斯拉斯·洪约迪
- Ladislas I, king of Hungary 拉迪斯拉斯一世，匈牙利国王
- Ladislas II, king of Hungary 拉迪斯拉斯二世，匈牙利国王
- Lala Sahin 拉拉·萨辛
- Laraxanes/Larxan/Larhan 拉拉哈尼
- Lamía 拉米亚
- Lampas 兰帕斯
- Lampoudius 拉普底乌斯（人名）
- Lampsacus 兰普萨库斯
- Langobards 伦巴第人
- Laodikeia 劳迪塞西亚，今土耳其西南部城市代尼兹利（Denizli）
- Lasia 拉西亚
- Lárissa 拉里萨
- Latins 拉丁人
- Lavra 劳拉
- Laz 拉兹人
- Lazar III Brankovic 拉撒尔三世·布兰科维奇，塞尔维亚亲王
- Lazica 拉齐卡
- Lazio 拉齐奥
- Lebanon 黎巴嫩
- Lecapenus, Christopher 克里斯多佛·利卡本努斯
- l'Ecluse 莱克吕斯
- Lemnos 利姆诺斯岛
- Leontokastron 狮堡
- Lent 大斋节（若是人名，可译伦特）
- Leo III 利奥三世
- Leo Argyrus 利奥·阿尔吉鲁斯
- Leo Cephalas 利奥·凯发拉斯
- Leo Cephlas 利奥·克弗拉斯
- Leo I, Pope 利奥一世，教宗
- Leo I 利奥一世
- Leo IX 利奥九世
- Leo Katakylas 利奥·卡塔凯拉斯
- Leo Nikerites 利奥·尼基里特斯
- Leo Phokas 利奥·福卡斯
- Leo the Deacon 执事利奥
- Leo the Sacellarius 撒塞拉里乌斯的利奥
- Leo Tornikios 利奥·托尔尼基奥斯
- Leo VI ('the Wise') "智者"利奥六世
- Leo, bishop of Chalcedon 利奥，卡尔西顿主教
- Leonardus of Chios 希俄斯岛的莱奥纳杜斯
- Leonico Tomeo 列奥尼克·陶麦
- Leontarion 莱翁达里昂（地名）
- Leontius II 利奥提乌斯二世
- Leontius of Byzantium 拜占庭的利奥提乌斯
- Leontius 利奥提乌斯
- Leovigild 莱奥维吉尔德
- Lesbos 莱斯沃斯岛
- Levant 利凡特（黎凡特）
- Lex militaris 《士兵法》
- Lex Rhodia/Rhodian Sea Law 《航海法》
- Lex rustica/Farmer's Law 《农业法》
- *Lexikon* 《词典》
- Libadenos 李巴德诺斯
- Libanius 利巴尼乌斯
- Licario 里卡利奥（拉丁骑士）
- Licinius 李锡尼

- limitanei 拜占庭边防军
- Limnia 利姆尼亚，今土耳其恰尔尚巴（Çarşamba）以北
- Lithuania 立陶宛
- Little Armenia 小亚美尼亚
- Liutprand 利乌特普兰德
- Loches Castle 罗切斯城堡
- logothete of genikon 总务部大臣
- logothete of the sekreta 秘书官
- Logothetes 重臣
- Lombard 伦巴第
- London 伦敦
- Longanikos 隆尼亚尼科斯（地名）
- Loos 鲁斯
- Lothar III 洛塔尔三世
- Louis I of Hungary 匈牙利的路易一世
- Louis II 路易二世
- Louis IX ('Saint Louis') 路易九世（圣路易）
- Louis of Blois 布卢瓦的路易
- Louis the German 日耳曼人路易
- Louis the Great of Hungary 匈牙利的路易大王
- Louis VII of France 法兰西的路易七世
- Loveč 洛维奇（地名）
- Lusignan 吕西尼昂
- Lycandus 利堪多斯
- Lydia 里迪亚（地名）

M

- Macedonia 马其顿
- Maçka 马奇卡区
- Macrobius 马克罗比乌斯
- magister officiorum 执事官
- magistri militum 军事指挥官
- magistrates 长官
- Magistrus 宰相
- magnate 权贵者
- Magnaura 玛格纳乌拉
- Magnentius 马格尼提乌斯
- Magnesia 马格尼西亚，今土耳其马尼萨（Manisa）
- Magnus Maximus 马格努斯·马克西姆斯
- Magyar 马扎尔
- Maina 麦纳地区
- Maksim 马克西姆
- Malalas 马拉拉斯
- Malamir 马罗米尔
- Maleini 马莱尼家族
- Malikites 马立克派
- Malikshah 马利克沙
- Malta 马耳他
- Mamluks 马穆鲁克王朝（马木路克）
- Mamun 马蒙
- manaig (monastic tenants) 马奈伊格（修道院佃农）
- Manfred of Sicily 西西里的曼弗雷德
- Maniach 马尼亚克
- Manichaesim 摩尼教
- Manichees 摩尼教徒
- Mansur bin Sarjun 曼苏尔·本·苏尔俊
- Manuel 曼努埃尔
- Manuel Anemas 曼努埃尔·亚尼马斯
- Manuel Angelos Philanthropenos 曼努埃尔·安苴鲁斯·费兰斯罗比诺斯（约1389—1394年在任），塞萨利领主
- Manuel Chrysoloras 曼努埃尔·克里索多拉斯
- Manuel I Comnenus 曼努埃尔一世·科穆宁
- Manuel II Palaiologos 曼努埃尔二世·帕列奥列格

- Manuel II, patriarch 牧首曼努埃尔二世
- Manuel III Palaeologus, 曼努埃尔三世·帕列奥列格
- Manuel Palaeologus Iagrus 曼努埃尔·帕列奥列格·亚格鲁斯
- mappa 玛帕, 表现皇帝权威的权杖
- Marcellae fortress 马尔塞利要塞
- Marcian 马西安
- Margaret 玛格丽特
- Margaret of Hungary 匈牙利的玛格丽特
- Maria 玛丽亚
- Maria Argyra 玛丽亚·阿尔基拉
- Maria Asen 玛丽亚·亚森
- Maria Ducas 玛丽亚·杜卡斯
- Maria Komnena 玛丽亚·科穆宁娜
- Maria Palaeologina 玛丽亚·帕列奥列格
- Marica River 马里卡河
- Marinos 马林努斯
- Mark Eugenikos 马克·欧根尼科斯
- Marko, zupan of Raska 马尔科, 拉斯卡的祖潘
- Marmora 马莫拉
- Marshal of Romania and Champagne 拉丁帝国和香槟地区将军
- Martin I of Aragon 马丁一世, 阿拉贡的
- Martin Ⅳ Pope (Simon Mompifus) 马丁四世, 教宗（西蒙·孟匹图斯）
- Martin V Pope (Oddo Colonna) 马丁五世, 教宗（奥多·科隆纳）
- Martina 玛蒂娜
- Martyropolis, Arzanene 马蒂罗波利斯, 阿尔扎内尼
- Masud 马苏迪
- Matthaios 马塞奥斯（牧首名）
- Matzouka 马祖卡
- Maurice, St 圣莫里斯
- Mauropotamus 莫罗河
- Mauropous 莫罗普斯
- Maximian, bishop of Ravenna 马克西米安, 拉文纳主教
- Maximian, co-emperor with Diocletian 共治皇帝马克西米安
- Maximos IV 马克西姆斯四世
- Maximos the Confessor 忏悔者马克西姆斯
- Meander valley 曲流谷
- Mé dé a 麦迪亚
- Mesochaldia 查尔迪亚
- Mediterranean 地中海
- Mé gara 迈加拉
- Megadux 大公
- Megas Agros 梅洛斯·阿戈斯修道院
- megas archon 首席执政官
- Megas Doux (μέγτας δούκα) 大统领
- megas logothete 首相
- megas papias 宫殿总管
- Megollo Lercari 梅加洛·雷卡里
- Mehemmed II 穆罕默德二世
- Melanoudion 迈拉努迪昂（军区）
- Melas 米拉斯河
- Melenikon (Μελένικο) 麦雷尼康, 今保加利亚东南部
- Meliares 迈里阿瑞斯关口
- Melias 美里阿斯
- Melik 马雷克（一种官职）
- Melisseni 迈利西尼（家族名）
- Melissenus 迈利西努斯
- Melitene 梅利蒂尼
- Melito 梅利托
- Menander the Guardsman 保护者米南德
- Mengü-Temür 蒙哥-帖木儿, 旭烈兀之子
- Merovingian dynasty 墨洛温王朝
- mesazon 总务大臣、首相
- Mesarites 梅萨利特
- Mesembria 梅塞布里亚
- Mesopotamia 美索不达米亚
- Messana 墨西拿, 位于西西里东北
- Methodius 圣美多迪乌斯
- Methodius Patriarch 牧首美多迪乌斯
- Mezezius 梅兹祖斯
- Michael Angelos 米哈伊尔·安茱鲁斯
- Michael Apostolis 米哈伊尔·阿堡斯陶利斯
- Michael Asen of Bulgaria 米哈伊尔·亚森
- Michael Attaleiates 米哈伊尔·阿塔雷亚特斯
- Michael Autoreianos 米哈伊尔·奥托雷亚诺斯
- Michael Burtzes 米哈伊尔·布尔奇斯
- Michael Calaphates 米哈伊尔·卡拉发特斯
- Michael Cerularius 米哈伊尔·塞鲁拉利乌斯
- Michael Doukas 米哈伊尔·杜卡斯
- Michael I Doukas of Epiros 伊庇鲁斯的米哈伊尔一世·杜卡斯
- Michael II Angelos Komnenos of Epiro 伊庇鲁斯的米哈伊尔二世·安茱鲁斯·科穆宁
- Michael II, Jacobite patriarch of Antioch 安条克的雅各派牧首米哈伊尔二世
- Michael III of Anchialos 安奇亚洛斯的米哈伊尔三世
- Michael III 米哈伊尔三世
- Michael Italikos 米哈伊尔·伊塔利科斯
- Michael IV 米哈伊尔四世
- Michael Maleinos 米哈伊尔·马林努斯
- Michael Marullus Tarchaneiotes 米哈伊尔·马拉卢斯·塔坎尼奥提斯
- Michael of Ephesus 以弗所的米哈伊尔
- Michael of Serbia 塞尔维亚的米哈伊尔
- Michael Palaiologos 米哈伊尔·帕列奥列格
- Michael Panaretos 米哈伊尔·帕纳雷托斯
- Michael Pratanos 米哈伊尔·普拉特诺斯
- Michael Psellos 米哈伊尔·普塞洛斯
- Michael Rhangabe 米哈伊尔·拉加贝
- Michael Senachereim 塞那克雷姆
- Michael Stratiotikos "尚武者"米哈伊尔
- Michael Taronites 米哈伊尔·塔罗尼特斯
- Michael the Paphlagonian 帕夫拉戈尼亚人米哈伊尔
- Michael the Syrian 叙利亚的米哈伊尔
- Michael V, emperor 米哈伊尔五世, 皇帝
- Michael VI, emperor 米哈伊尔六世, 皇帝
- Michael VII Doukas 米哈伊尔七世·杜卡斯
- Michael VII, emperor of Byzantium 米哈伊尔七世, 拜占帝皇帝
- Michael VIII Palaeologus 米哈伊尔八世·帕列奥列格
- Michael, Georgian catholicos 格鲁吉亚大主教米哈伊尔
- Michael, prince of Zeta 泽塔王公米哈伊尔
- Michael·Iassites 米哈伊尔·伊萨斯
- michaelaton, -i "米哈伊尔钱"
- Middle East 中东
- Mideia 米迪亚（黑海沿岸城市）
- Mikhail Borisovich of Tver' 特维尔的米哈伊尔·波里梭维奇
- Milan 米兰
- Mileto monastery 米列托修道院
- military clans 军功贵族集团
- Military Logothete 军事重臣
- military orders 军事修会
- milites Christi 基督的斗士

- milites ecclesiae 教会的斗士
- milites 士兵
- Militia of Jesus Christ 耶稣基督骑士团
- Milutin Stefan of Serbia 塞尔维亚的米卢廷·斯特凡
- Minister for Petitions 谏议官
- Mingerelia 明格列尼亚
- Minthrion (Μινθρίον) 米特拉山，今土耳其博兹特佩（Boz Tepe）
- Mircea of Wallachia 瓦拉几亚的米尔西亚
- Mistislav 米斯提斯拉夫
- Mistra 米斯特拉
- Mitaton "米塔盾"（客栈）
- Modon 莫顿
- Moesia 默西亚
- Moldavia 摩尔达维亚
- *Monemvasia Chronicle*《莫奈姆瓦夏编年史》
- Mongolia 蒙古
- Monomachos family 摩诺马赫家族
- Monophysites 一性论派
- monostrategos 最高指挥官
- Monotheletism 基督单一意志说
- Montanists 孟他努派异端
- Monte Cassino 卡西诺山
- Monte Cassino Abbey 卡西诺山修道院
- Montenegro 黑山
- Moors 摩尔人
- Mopsuestia 莫普苏埃斯提亚
- Morava river 莫拉瓦河
- Moravia 莫拉维亚
- Morea 莫利亚
- Morea, principality 莫利亚公国
- Morocco 摩洛哥
- Moscow 莫斯科
- Moses 摩西
- Mosynopolis 莫西诺波利斯
- Mount Athos 阿索斯山
- mounted archers 骑射兵
- mounted sergeants 骑兵军士
- *Mousai*《歌集》
- Mstislav of Rus' 罗斯的姆斯基斯拉夫
- Mstislav 基辅大公姆斯基斯拉夫
- Mu'awiya 穆阿维亚
- Muhammed 穆罕默德
- Muhammed Ⅰ of Ottoman 穆罕默德一世
- Muhammed Ⅱ of Ottoman 穆罕默德二世
- Muhammad, Prophet 先知穆罕默德
- Muhammad, qadi of Seville 穆罕默德, 塞维利亚的卡迪（法官）
- Mundus 蒙都斯（查士丁尼时期将军）
- Murad Ⅰ 穆拉德一世
- Murad Ⅱ 穆拉德二世
- Musa 穆萨
- Musele 穆塞雷
- Muslims 穆斯林
- Mustafa Çelebi 穆斯塔法·切勒比
- Mutasim 穆塔西姆
- Muzalon 木扎伦
- Mykonos 米科诺斯岛
- Mylasa 米拉萨（军区）
- Myriokephalon 米利奥克法隆
- Mysia 米西亚地区

N

- Naissus（Nis）纳伊苏斯（尼什）
- Namur 那慕尔
- Naples 那不勒斯
- Narses 纳尔泽斯
- Naupaktos 纳夫帕克托斯
- Navarre 纳瓦拉
- Náxos 纳克索斯
- Nazareth 拿撒勒
- Neboulos 内布鲁斯
- Neckar 内卡河
- Nemanja Stefan of Serbia 塞尔维亚的内马尼亚·斯特凡
- Neocastron 奈奥卡斯托恩
- Neopatras 新帕特拉
- Neoplatonism 新柏拉图主义
- Nephon Ⅰ 尼丰一世（君士坦丁堡牧首）
- Nestorian 聂斯托利派
- Nestorian Christianity 聂斯托利派基督教（景教）
- Nestorius 聂斯托利
- Nestus 奈斯托斯河
- Netherlands 尼德兰
- Nevers 纳韦尔
- Nicaea empire 尼西亚帝国
- Nicaea 尼西亚
- Niccolo Niccoli 尼科洛·尼科利
- Nicephoritzes 尼基弗里奇斯
- Nicephoros Ⅰ 尼基弗鲁斯一世
- Nicephoros Pastilas 尼基弗鲁斯·帕斯提拉斯
- Nicephorus Chumnos 尼基弗鲁斯·库慕诺思
- Nicephorus Loukanis 尼基弗鲁斯·洛卡尼斯
- Nicetas 尼基塔斯
- Nicholas 尼古拉斯
- Nicholas Cabasilas 尼古拉·卡巴西拉斯
- Nicholas Eudaimonoioannes 尼古拉·尤戴莫诺安尼斯
- Nicholas Ⅰ, Pope 尼古拉一世，教宗
- Nicholas Ⅲ, Pope (Caietanus Ursinus) 尼古拉三世，教宗（凯耶塔努斯·乌尔西努斯）
- Nicholas Myrepsos 尼古拉·米利普索斯（尼西亚帝国医官）
- Nicolo Barbaro 巴尔巴洛
- Nicomedes Ⅳ Philopator 尼科米底斯四世
- Nicomedia 尼科米底亚
- Nicopolis 尼科波利斯
- Nika riot 尼卡起义
- Nike 尼科，胜利女神
- Nikephoritzes 尼基弗利齐斯
- Nikephoros Blemmydes 尼基弗鲁斯·布拉米德
- Nikephoros Bryenios 尼基弗鲁斯·布里恩纽斯
- Nikephoros Chrysoberges 尼基弗鲁斯·克茹索白格斯
- Nikephoros Ⅲ Botaneiates 尼基弗鲁斯三世·博塔尼埃蒂兹
- Nikephoros Mystikos of Constantinople 君士坦丁堡的尼基弗鲁斯·梅斯蒂科斯
- Nikephoros of Epiros 伊庇鲁斯的尼基弗鲁斯
- Nikephoros Phokas Ⅱ 尼基弗鲁斯·福卡斯二世
- Nikephoros Phokas 尼基弗鲁斯·福卡斯
- Nikephoros, patriarch of Constantinople 君士坦丁堡牧首尼基弗鲁斯
- Nikephorus Botaneiates 尼基弗鲁斯·伯塔奈亚特斯
- Nikephurus Bryennius 尼基弗鲁斯·布林纽斯
- Nikephurus Melissenus 尼基弗鲁斯·迈里西努斯
- Niketas Choniates 尼基塔斯·侯尼雅迪斯
- Niketiatou 尼基提阿图
- Nikiu 尼基乌
- Nile river 尼罗河
- Nineveh 尼尼微
- Nis 尼什
- Nisibis 尼西比斯

- Nissa 尼萨
- Nobilissimus 大贵族
- *Noctes Atticae* 《阿提喀之夜》
- Noghai 那海
- nomisma hyperpyron 伊颇皮隆
- nomisma, -mata 诺米斯玛
- Nordin 努尔丁（赞吉王朝苏丹名）
- Noricum 诺利库姆
- Normandy 诺曼底
- Normans 诺曼人
- Noumeroi 君士坦丁堡驻军
- nummus 努姆斯（辅币）
- Nuremberg 纽伦堡
- Nymphaeum 尼穆非乌姆

- Orsini 奥尔西尼
- Orthodox Church 东正教教会（正教）
- Orvieto 奥尔维耶托
- Osma 奥斯马
- Osman Bey 奥斯曼贝伊
- Ostrogoths 东哥特人
- Othman 奥斯曼
- Othon de La Roche 奥顿·德·拉罗谢
- Otto Ⅰ (the Great) 奥托一世（大帝）
- Otto Ⅱ 奥托二世
- Otto Ⅲ 奥托三世
- Otto of Brunswick 布伦瑞克的奥托
- Ottoman Empire 奥斯曼帝国
- Ouzas 欧扎斯（萨尔马特人名）
- Oxus river 阿姆河（奥克苏斯河）

O

- Ochrid 奥赫里德
- Ocakli 奥卡克里
- Oda 奥达
- Oder river 奥德河
- Odoacer 鄂多亚克
- Odocia 欧多吉娅
- Oghuz Turks 乌古兹突厥人
- Ogodei 窝阔台
- Ohrid 奥赫里德（军区）
- Oleg of Kiev 基辅的奥列格
- Olga 奥尔加
- Olympia 奥林匹亚
- Olympios 奥林匹欧斯
- Olympiodorus 奥林匹欧多鲁斯
- Olympius 奥林匹乌斯
- Olympos 奥林波斯山
- Omar 奥马尔
- Omortag 奥穆尔塔格
- Omur 奥穆尔
- *On Acute and Chronic Diseases* 《急性和慢性病》
- *On Burning Glasses* 《论燃烧的玻璃》
- *On Crises* 《论病危》
- *On Critical Days* 《论关键时刻》
- *On Mixtures* 《论混合物》
- *On Nutriment* 《饮食论》
- *On predestined terms of life* 《论生命的预定条件》
- *On Signs and Observation of Birds and the Sound of Crows* 《论鸟和乌鸦声音的标志和观察》
- *On Signs of Fractures and On Bandages* 《关于骨折的迹象和绷带》
- *On the Differences among Fevers* 《论发烧的各种区别》
- *On the eye* 《论眼》
- *On the Inundation of the Nile* 《论尼罗河的泛滥》
- *On the Natural Capacities* 《论自然机能》
- *On the Rising of the Dog [-Star]* 《论犬星的升起》
- *On the Sects for Beginners* 《论初学者的流派》
- Opsikion thema 奥普斯金军区
- Optimatoi 奥普提马多军区
- Order of the Temple 圣殿骑士团
- Ordu 奥都（地名）
- Oribasius 欧利巴休斯
- Oriens 奥林斯大区
- Origen 奥利金
- Orila 奥里拉堡
- Orkhan 乌尔罕
- Orontes river 奥隆特斯河
- orphanotrophos 孤儿院院长

P

- *Pachal Chronicle* 《复活节编年史》
- Pachomios 帕科米乌斯
- Palaeologus dynasty 帕列奥列格王朝
- Palaiomatzouka 老马祖卡，可能是今哈姆西柯伊（Hamseköy）
- Palamism 静默派
- Palatia 帕拉提亚
- Palermo 巴勒莫
- Palestine 巴勒斯坦
- Panaretus 潘纳累图斯
- Panedor 潘内多
- Panhypersebastos 上等大贵族
- Panidos 潘尼多斯
- Pankaleia 潘卡莱亚
- Pankratios of Trebizond 特拉比宗的潘克拉蒂奥
- Pannonia 潘诺尼亚
- Pantocrator monastery 潘托克拉特修院
- Paphlagonia 帕夫拉戈尼亚
- parakoimomenus 寝宫大总管
- Paris 巴黎
- Paros 帕罗斯岛
- Partitio Romaniae 瓜分协议
- Patmos 帕特莫斯
- Patmos monastery 帕特莫斯修院
- Patzinaks 帕齐纳克人（即佩彻涅格人 Pechenegs）
- Paul 保罗
- Paulician heresy 保罗派异端
- Pavia 帕维亚
- Pechenegs 佩彻涅格人
- Pegae (Πρίαπος) 佩加，旧称普里阿普斯（Priapus or Priapos），今土耳其马尔马拉海地区的卡拉比加（Karabiga）
- Pegai 佩盖
- Pelekanon 佩勒卡农
- Peloponnese 伯罗奔尼撒
- Pempton Gate 彭普顿门
- Pentapolis 彭塔波利斯
- Pentecost 圣灵降临节
- Pera 佩拉，今土耳其伊斯坦布尔北部的贝依奥卢区（Beyoğlu）
- Pergamum 帕加马
- *Peri Chreias tō Ouraniō Sōmatō* 《论天体的效用》，西蒙·希斯
- Peroz 卑路斯（459—484 年在位），波斯国王
- Persia 波斯
- Peter de Courtenay 彼得·德·考特尼
- Peter Frankopan 彼得·弗兰克潘
- Peter Ⅲ of Aragon 阿拉贡的彼得三世
- Peter Ⅳ of Aragon 阿拉贡的彼得四世

- Peter of Bulgaria 保加利亚的彼得
- Peter of Cyprus 塞浦路斯的彼得
- Peter of Serbia 塞尔维亚的彼得
- Peter Phokas 彼得·福卡斯
- Peter the Deacon 执事彼得
- Peter the Hermit 隐士彼得
- Peter the Subdeacon 副执事彼得
- Peter, king of Croatia 克罗地亚国王彼得
- Peter, Metropolitan 都主教区的彼得
- Peter, patriarch of Constantinople 君士坦丁堡牧首彼得
- Peter, tsar of Bulgaria 保加利亚沙皇彼得
- Peter's Pence 彼得税
- Petra 佩特拉
- Petraliphas family 佩特拉利法斯家族
- Petria Gate 佩特里亚门
- Petronas 佩特洛纳斯
- Petroniius Maximus 彼得罗纽斯·马克西姆斯
- Phanariots 法纳尔人
- Philadelphia 费拉德尔菲亚
- Philaretus 菲拉雷图斯,塞奥菲鲁斯的别名
- Phileas 菲利斯
- Philip II Augustus 菲利普二世·奥古斯都
- Philip IV ("the Fair") ("美男子")菲利普四世
- Philip of Germany 德意志的菲利普
- Philip of Swabia 士瓦本的菲利普
- Philip of Taranto 塔兰托的菲利普
- Philip, count of Flanders 佛兰德伯爵菲利普
- Philippopolis 菲利普波利斯
- Philokales 菲洛卡勒斯
- Philopation 菲罗帕提昂
- Philumenus 菲路梅努斯
- Phirygia 菲利吉亚
- Phocis 福西斯(地名)
- Phoinix 菲利克斯
- Phokas family 福卡斯家族
- Phokas 福卡斯皇帝
- Photinus 弗提努斯
- Photius 弗提乌斯
- Phrangopoulos 弗朗哥波洛斯
- Phrangopoulos 菲拉努普卢斯
- Phrantzes 法兰奇斯
- Phrygia 弗里吉亚
- Pindus 品都斯山脉
- Pisa 比萨
- Pitsounda 皮聪大
- Placidia 普拉西迪亚
- Platamón 普拉塔蒙(地名)
- Plato's academy 柏拉图学院
- Platonism 柏拉图主义
- Pliska, Bulgar capital 普利斯卡,保加利亚人的首都
- Plousias 普卢西亚斯(军区)
- Ployeucht, Patriarch 普罗尤科特,牧首
- Poitiers 普瓦蒂埃
- Poland 波兰
- Polima 帕里马堡
- Politian 堡利西安
- Polyeuctes 伯利埃乌克特斯
- Pomerani/Pomerania 波美拉尼亚
- Pomorie 波摩莱港,古称 Anchialos
- Pondos 旁都斯(地区名)
- Pontic Mountains 本都山脉
- Pontus 本都(地区名)
- Popelicani (Paulicians) 保罗派
- Port of Ascalon 阿什凯隆港口
- praetor "行政司法官"
- praetorian prefecture 大区长官
- Praetorium 总督府
- Pragmatic Sanction 《国事诏书》
- Preslav 普雷斯拉夫
- Prespa 普雷斯帕
- pretorian prefect 大区行政长官
- Prilep 普里莱普
- Primate (保加利亚)大主教
- Principes 元首
- Principo 普林西波岛
- Priscus 普里斯库斯
- Pristina 普里斯第纳
- Prizren 普里兹伦
- Prochoros Kydones 普罗考罗斯·克多恩尼斯
- Proclus 普罗克洛斯
- Proconnesus 马尔马拉岛
- Procopius 普罗柯比
- Prognostic 《预后论》
- Prokopia 普罗柯比娅
- pronoia system 普洛尼亚制
- Prosek 普罗塞克
- proskynesis 吻脚礼
- Proterius 普罗特里乌斯
- protimesis 先占权原则
- Protoasekretis 宫廷首席文书
- protonotarios 总管
- Protosebastohypertatos 首席贵族
- Protosebastos "首尊"
- Protospatharius 首席佩剑贵族
- protosynkellos "大主教区首席联络官"
- protos 总督
- protovestiarios 首席配剑贵族
- Protovestiarites 侍卫长
- Prousa 普鲁萨
- Psellos 普塞洛斯
- Pseudo-Maurice 伪莫里斯
- Ptolemy 托勒密
- Pulcheria 帕尔切里亚
- Pylae 彼莱(军区)
- Pyrrhus 皮尔胡斯
- Pythia 皮提亚

Q

- Qayrawan 凯鲁万
- Quadi 奎代人
- Quadrivium 《四艺》
- quaestor, 拜占庭司法主管
- Quinisext Synod of Constantinople 君士坦丁堡第五—六次基督教公会议

R

- Rabban Sauma 拉班·索马(即巴索马,也译为扫马·拉班)
- Radonic 拉多尼奇
- Radoslav of Zeta 泽塔的拉多斯拉夫
- Ragusa (Dubrovnik) 拉古萨(杜布罗夫尼克)
- Raphanea 拉斐尼亚
- Ramon Muntaner 拉蒙·蒙塔内尔
- Rascia 拉齐亚
- Raška 拉斯卡
- Ratislav 拉提斯拉夫
- Ravenna 拉文纳
- Raymond of Poitiers 普瓦蒂埃的雷蒙
- Raymond of Toulouse 图卢兹的雷蒙
- Red Sea 红海

- regnum（Reich）and imperium 王国（王国）与帝国
- Reiske 瑞斯克
- Renauld 雷诺德
- Rendina 雷迪纳城堡
- Res Gestae《罗马史》
- Rhadenos 拉迪诺斯
- Rhaedestus 雷德斯图斯
- Rhaetia，province of 雷蒂亚，行省
- Rhine 莱茵河
- Rhodes 罗得岛
- Rhodian Sea law 罗德海事法
- Rhodope Mountains 罗多彼山脉
- Rhyndacus 林达科斯河
- Richard Ⅰ "Lionheart" "狮心"理查德一世
- Richer 里歇尔
- Rita 瑞塔（亚美尼亚公主）
- Riurikid dynasty 留里克王朝
- Robert de Flor 弗洛尔的罗贝尔
- Robert Guiscard 罗伯特·吉斯卡尔
- Robert Ⅰ, count of Flanders 罗贝尔一世，佛兰德伯爵
- Robert Ⅱ, duke of Normandy 罗伯特二世，诺曼底公爵
- Robert Ⅱ, of Sicily 罗伯特二世，西西里国王
- Roger Ⅰ 罗杰一世
- Roger Ⅱ 罗杰二世
- Rogoi 罗戈伊
- Romanesque 罗曼式（建筑）
- Romania 罗马尼亚
- Romanos Diogenes 罗曼努斯·狄奥根尼斯
- Romanos Ⅰ Lekapenos 罗曼努斯一世·雷卡平
- Romanos Ⅱ 罗曼努斯二世
- Romanos Ⅲ 罗曼努斯三世
- Romanos Skleros 罗曼努斯·斯克莱罗斯
- Romanos the Melodist 圣咏作者罗曼努斯
- Romanos-Simeon of Bulgaria 保加利亚的罗曼努斯-西蒙
- Romulus Augustulus 罗慕洛·奥古斯都（西罗马帝国末世皇帝）
- Rostov-na-Don 顿河畔罗斯托夫
- Rouphos 鲁佛斯
- Rousion 鲁斯昂
- Rousseau 罗塞亚
- Roussel 卢塞尔
- Rovine 罗文内
- Rua 卢阿（匈人首领）
- Ruben Ⅰ 鲁本一世（小亚美尼亚国王）
- Rudolf Ⅰ of Habsburg 哈布斯堡的鲁道夫一世
- Rum 卢姆
- Rumelia 鲁米利亚
- Rurik of Rus' 罗斯的留里克
- Rus' 基辅罗斯
- Russia 俄罗斯
- Rusudan 鲁苏丹，格鲁吉亚公主

S

- Sabbatius 萨巴提乌斯
- Sabasta 塞巴斯蒂亚
- Saburrus 萨布鲁斯
- Sahin 萨因
- Sahrbaraz 沙赫巴拉兹
- Saif al-Dawlah 国家之剑
- Saint John the Baptist's Day 圣施洗者约翰节
- Saladin 萨拉丁
- Salagora 萨拉戈拉
- Salamís 萨拉米斯岛
- Salona 萨罗纳
- Samegrelo 萨梅格列罗
- Samion 萨米翁
- Samo 萨莫
- Sámos 萨摩斯岛
- Samosata 萨莫萨塔
- Sampson 萨普森
- Samsun 萨姆松
- Samtskhe 萨姆茨赫
- Samuel Aba 萨缪尔·阿巴
- Sanseverino 圣塞韦里诺
- Santoríni 桑托林岛
- Sapkarahisar 谢宾卡拉希萨尔
- Saracens 萨拉森人
- Saraçhane 萨拉尚
- Sardinia 撒丁
- Sarmatians 萨尔马特人
- Sassanids 萨珊波斯人
- Sava river 萨瓦河
- Savoy 萨伏依
- Saxons 撒克逊人
- Scanderbeg 斯坎德贝格，阿尔巴尼亚民族英雄
- Schiza 斯基扎
- scholae "御林军团"
- Scholarantai 斯侯拉派
- Sciri 斯基尔人
- Sclavinia 斯克拉维尼亚
- Sclerus 斯科莱鲁斯
- Scodra 斯库台
- Scorta 斯科塔平原
- Scutariotes 斯卡塔留特
- Scylitzes 斯基里兹斯
- Scythia 西徐亚
- Sebastopolis 萨巴斯托城
- sebatos provestiarites 高级侍卫长
- Selection of Chronography《年代纪选编》
- Seleucia 塞琉西亚
- Selim Ⅰ 塞利姆一世
- Seljuqs 塞尔柱人
- Selymbria 塞林布里亚
- semissis 塞米西斯（晚期罗马钱币）
- Sena Gallica 塞尼加利亚
- Senate 元老院
- Seneschal of Romania 拉丁帝国的总管
- Septai 塞皮塔
- Septem 塞普特姆（休达的异名）
- Serbia 塞尔维亚
- Serdica 塞迪卡
- Seres 赛里斯
- Sergios of Constantinople 君士坦丁堡的塞尔吉奥
- Sergius Ⅲ 塞尔吉乌斯三世
- Sergius Nicetiates 塞尔吉乌斯·尼基提亚提斯
- Serinda 赛林达
- Sermium 塞尔米乌姆
- Serres 塞利斯
- Serverus Alexander 塞维鲁·亚历山大
- Sérvia 塞尔维亚
- sestertius, -i 塞斯特提乌斯
- Seven Clans 七部落
- Severs 塞维尔人
- Shahanshah "众王之王"，波斯王的头衔
- Shaikh Safi ad din Ardabili 谢赫·莎菲·丁
- Shapor Ⅱ 沙普尔二世
- Shi'ites 什叶派
- shield-bearer 持盾者
- Shirkuh 希尔库赫
- Siaous 西奥乌斯

- Sicilian Vespers 西西里晚祷事件
- Sicily 西西里
- Sidon 西顿
- Sigismund 西吉斯孟德
- Sigos River 西哥斯河
- Silesia 西里西亚
- Sikyon 锡克永
- Silivri 锡利夫里
- siliqua, -ae 西里夸, 银币
- Silistria 希利斯特利亚
- Silvan 锡尔万
- Simon Atumano 西蒙·阿图曼诺
- Simonis 西蒙尼丝
- Sinai 西奈
- Sinai, Mt 西奈山
- Singara 辛加拉
- Singidunum 锡吉杜姆
- Sinope 西诺普
- Sinope Gospels 西诺普福音书
- şiran 希兰, 也称卡拉加（Karaca）
- Sirmium 西尔米乌姆
- Sis 西斯要塞
- Sision 西西翁
- Sittas 西塔斯（查士丁尼时期将领）
- Sivas 锡瓦斯, 旧称塞巴斯提亚（Sebastea）
- Sixth Ecumenical Synod of Constantinople 君士坦丁堡第六次基督教普世公会议
- Skadar 斯库台
- Skadar 斯考德拉（塞尔维亚第一王国首都）
- Skamandros 斯卡曼德罗斯
- Skanderbeg (George Castriotes) 斯堪德培（乔治·卡斯特里奥特斯）
- Skiathos 斯基亚索斯岛
- Skopelos 斯科佩洛斯岛
- Skoplje 斯科普里
- Skylolimne 斯凯洛利姆尼（地名）
- Skyros 斯基洛斯岛
- Slavs 斯拉夫人
- Smederevo 斯梅代雷沃
- Smyrna 士麦那
- Socrates 苏格拉底
- Sogdian 粟特人
- solidus, -i 索里达
- Sophia Palaiologa 索菲娅·帕列奥列格
- Sophronius 索弗洛尼乌斯
- Soteropolis 索特罗波利斯
- Sozomen 索佐门
- Sozomenos 索卓门诺斯
- Sozopetra 索佐佩特拉
- Spain 西班牙
- spatharii 私人卫兵
- Spatharocandidatus 白袍佩剑者
- spear-bearer 持投枪者
- St John of Jerusalem 耶路撒冷的圣约翰
- St Sophia 圣索菲亚
- St Thecla 塞克拉
- St Theodosius 圣塞奥多西
- Stadia 斯塔德
- Stauracios 斯达乌拉焦斯
- Stauracius 斯达乌拉西乌斯
- Staurophoros "持十字架者"
- Stefan Dusan 斯特凡·杜尚
- Stefan II the "First-crowned" "第一个加冕者"斯特凡二世
- Stefan Nemanja 斯特凡·内马尼娅
- Stefan Radoslav 斯特凡·拉多斯拉夫
- Stefan Uros II 斯特凡·乌罗什二世
- Stefan Urosh IV Dushan 斯特凡·乌罗什四世·杜尚
- Stephan Lazarevic 斯特凡·拉扎雷维克
- Stephanie of Milly 米利的斯蒂法妮
- Stephanites 斯蒂法尼派
- Stephen (Istvan) V of Hungary 匈牙利的斯蒂芬（伊斯特万）五世
- Stephen Contostephanos 斯蒂芬·康托斯蒂法诺斯
- Stephen Dušan 斯蒂芬·杜尚
- Stephen I, king of Hungary 斯蒂芬一世, 匈牙利国王
- Stephen II, king of Hungary 斯蒂芬二世, 匈牙利国王
- Stephen III, king of Hungary 斯蒂芬三世, 匈牙利国王
- Stephen IV, king of Hungary 斯蒂芬四世, 匈牙利国王
- Stephen Nemanja 斯蒂芬·内马尼亚
- Stephen of Hungary, St 圣徒匈牙利的斯蒂芬
- Stephenson 斯蒂芬森
- Steven Bowman 斯蒂芬·伯曼
- Stilicho 斯蒂利科
- Stip 什蒂普
- Stoumpion 斯托皮昂
- Stousites 斯都底特斯
- Strabo 斯特拉波
- Straits of Gibraltar 直布罗陀海峡
- *Strategikon*《战略》
- Strategius 斯塔特基乌斯
- Stratē gos 将军
- Struma 斯特鲁马河
- Strymon 斯特雷蒙河
- Studenica monastery 斯图德尼卡修道院
- Studium 斯达迪尔修道院
- Stylianos Zautzes 斯提连努斯·扎乌奇斯
- Sueves 苏维汇人
- Sufetula 苏非杜拉
- Suidas 修达
- Suleiman 苏莱曼
- Sü leyman I 苏莱曼一世
- Suma Kale 苏玛堡
- Sumela 苏梅拉修道院
- Šumen 苏门
- Sü rmene 叙尔梅内（地名）
- Sunni 逊尼派
- Svetoslav 斯维托斯拉夫
- Sviatopolk 斯维亚托波尔克
- Sviatopolk of Great Moravia 大摩拉维亚的斯维亚托波尔克
- Sviatoslav of Rus' 罗斯的斯维亚托斯拉夫
- Svyatopolk of Kiev 基辅的斯维亚托波尔克
- Swabia 士瓦本
- Sybilla of Flanders/Hainaut 西比拉
- Symbatius 辛巴提乌斯
- Symbolon 辛伯伦
- Symeon of Bulgaria 保加利亚的西米恩
- Symeon 'of Trebizond' "特拉比宗的"西米恩
- Symeon, tsar of Bulgaria 保加利亚沙皇西米恩
- Synaxarion of Sughdaq 苏达克的"圣徒传记"
- Synesius 辛尼修斯
- synkellos "大主教区联络官"
- *Synopsis tō n Physikō n*《关于自然的探究概要》
- *Syntagma peri Trophō n Dynameō n*《论食物的性质》
- Syracuse 叙拉古
- Syrgiannes Palaiologos 希尔扬尼斯·帕列奥列格
- Syria 叙利亚
- Syros 锡罗斯岛

T

- Tabari 塔巴里
- Tabennan 塔本纳
- Taceddino ġullari 塔吉·阿丁贝伊领地
- Tactica《战术》
- Tacitus 塔西佗
- tagma 塔格玛
- Tana 塔纳港,亦称塔奈斯港(Tanais)
- Tancred of Antioch 安条克的坦克雷德
- Tancred of Sicily 西西里的坦克雷德
- Taormina 塔奥米纳
- Taprobane 塔普罗巴奈
- Taranto 塔兰托
- Tarasius 塔拉西乌斯
- Tarchaniotes 塔查尼奥特斯
- Tareutum 塔兰图姆
- Tarsus 塔尔苏斯
- Tatars 鞑靼人
- Tatikios 塔提基奥斯
- Taurus mountains 托罗斯山脉
- Telerig of Bulgaria 保加利亚的泰勒里格
- Teluch 泰鲁赫
- Templars, Order of 圣殿骑士团
- Temujin 铁木真
- Tenedos 特奈多斯岛,今土耳其博兹贾岛(Bozcaada)
- Terina 特里纳,地名
- Tervel 特尔维尔
- Teutonic Knights, 条顿骑士团
- Thamar 泰玛
- Thásos 萨索斯
- The Büyük Menderes River 大门德雷斯河
- the church of Blachernae 布拉海尔奈教堂
- the Church of the Holy Apostle 圣使徒教堂
- the corps of the Carabisiani, Καραβησιάνοι 卡拉比斯阿尼军团
- the Crusades 十字军战争
- The Emirate of Crete 克里特酋长国
- the Golden Gate 金门
- The Grand Vizier 大维齐尔
- the Kerkoporta gate 小城门(君士坦丁堡城内)
- The Ladder of Divine Ascent《圣灵的阶梯》
- the Maritza 马里察河
- the Mese 梅希大道
- the Mesoteichon 陆墙
- The Miracles of St. Demetrius《迪米特里奇迹》
- the Pegae Gate 佩贾门
- the Praetorian Guard 近卫军
- the river Lycus 莱库斯河
- Thermaïkós Gulf 塞尔迈湾
- the Scholae Palatinae 帕拉丁卫队
- The Spiritual Meadow《圣灵的草地》
- the theme of Boleron 博莱隆军区
- the Theme of Hellas 希腊军区
- the Theme of Sicily 西西里军区
- the Theme of the Aegean Sea 爱琴海军区
- the True Cross 耶稣受难真十字架
- Thebes 底比斯
- theios dikastes 帝国法官
- themata 军区
- Themistius 泰米斯蒂乌斯
- Theobald 塞奥博尔德
- Theocritus 塞奥克里特斯
- Theodahad 塞奥达哈德
- Theoderic of Fleury 弗勒里的塞奥多里克
- Theoderic of Metz 梅斯的塞奥多里克
- Theoderic the Amal 阿马尔的塞奥多里克(马其顿东哥特王)
- Theoderic the Ostrogoth 东哥特人塞奥多里克
- Theodisclus 塞奥迪斯克鲁斯
- Theodora 塞奥多拉
- Theodore Calliopas 塞奥多拉·卡里奥帕斯
- Theodore Daphnopates, the Constantinopolitans 君士坦丁堡的塞奥多利·达帕诺帕特
- Theodore Doukas of Epiros 伊庇鲁斯的塞奥多利·杜卡斯
- Theodore I Laskaris 塞奥多利一世·拉斯卡利斯
- Theodore I Palaeologus 塞奥多利一世·帕列奥列格
- Theodore II Eirenikos 埃林尼库斯二世(牧首)
- Theodore II Laskaris 塞奥多利二世·拉斯卡利斯
- Theodore II Palaiologos 塞奥多利二世·帕列奥列格
- Theodore III Palaiologos 塞奥多利三世·帕列奥列格
- Theodore Laskaris 塞奥多利·拉斯卡利斯
- Theodore Metochites 塞奥多利·梅托契特斯
- Theodore Mouzalon 塞奥多利·木扎伦
- Theodore Myakios 塞奥多利·米亚基乌斯
- Theodore the Studite 斯图迪特派的塞奥多利
- Theodoret 塞奥多利特
- Theodoropolis 塞奥罗波利斯
- Theodosian Code《塞奥多西法典》
- Theodosia 塞奥多西亚
- Theodosiopolis 塞奥多西波利斯
- Theodosius 塞奥多西
- Theodosius, Count of Africa 塞奥多西,非洲伯爵
- Theodosius, Monophysite patriarch of, Alexandria 塞奥多西,亚历山大里亚一性论派牧首
- Theodosius, patriarch of Antioch 塞奥多西,安条克牧首
- Theodosius I, Emperor of the East 塞奥多西一世,东部皇帝
- Theodotos Phokas 塞奥多图斯·福卡斯
- Theodotus 塞奥多图斯
- Theophanes Continuatus《塞奥法尼斯编年史续》
- Theophanes 塞奥法尼斯
- Theophano 塞奥法诺
- Theophilitzes 塞奥非利斯特
- Theophilus 塞奥菲鲁斯
- Theophylact of Constantinople 君士坦丁堡的塞奥菲拉克特
- Theophylact Simocatta 塞奥菲拉克特·西摩卡塔
- Theophylaktos 塞奥非拉克图斯
- Theorianos 塞奥里亚诺斯
- Therapeutic Method《治疗方法》
- Therasia 锡拉夏岛
- Thermae 塞迈城
- Thermaic Gulf 塞迈湾
- Thessaloníke 塞萨洛尼基
- Thessaly 塞萨利
- The Theme of Sámos 萨摩斯军区
- Thomas Aquinas 托马斯·阿奎那
- Thomas Magistros 托马斯·马吉斯特罗斯
- Thomas Palaiologos 托马斯·帕列奥列格
- Thomas Warwick 托马斯·沃里克
- Thoros 托罗斯
- Thrace 色雷斯
- Thrasekion thema 色雷斯军区
- 'Three Chapters' "三章案"
- Tiberius 提比略
- Tiberius II 提比略二世
- Tiberius Apsimar 提比略·阿普西马尔
- Tigris-Euphrates valley 底格里斯-幼发拉底河河谷
- Tigranocerta/Tigranakert 迪亚巴克尔地区,可能是

重要译名表

今土耳其锡尔万(Silvan)
- Timur 帖木儿
- Tínos 蒂诺斯岛
- Tirebolu 蒂雷博卢
- Tocco 托科
- Tomislav of Croatia 克罗地亚的托米斯拉夫
- Tormás of Hungary 匈牙利的托马斯
- tornesi 托内西
- Totila 托提拉
- Torrul 托鲁尔,也称亚琳卡巴克(Yalinkavak)或索里纳(Sorina)
- Tourmarchai 旅长(军区的)
- tourmarch 军团指挥官
- Tragos《典章》
- Trajan 图拉真
- *Treatise on the Astrolabe*《论星盘》
- *Treaty of Caltabellotta*《卡尔塔贝洛塔条约》
- *Treaty of Christburg*《基督堡条约》
- *Treaty of Devol*《迪沃尔条约》
- *Treaty of Nymphaion*《南菲宏条约》
- *Treaty of Viterbo*《维泰博条约》
- Trebizond 特拉比宗
- Tremisses 泰米赛斯
- Tribonian 特里波尼安
- Tripoli 的黎波里
- Triremes 三列桨战船
- Trnovo 特诺沃
- Trois Fontaines 特鲁瓦方丹
- Tulunids 突伦王朝
- Tunis 突尼斯
- Turcomans 土库曼人
- Turkestan 突厥斯坦
- Turks 突厥人/土耳其人
- Tver' 特维尔
- Tvrtko 特维尔托克
- *Twelve Books on Medicine*《医学十二卷》
- Tyrach 提拉赫
- Tyre 提尔(推罗)
- Tyrian purple 腓尼基紫
- Tzachas 扎查斯
- Tzurulum/Chorlu 乔尔卢

U

- Uighurs 回鹘人
- Ukraine 乌克兰
- Uldin 乌尔丁(匈人首领)
- Ulfila 乌尔菲拉
- 'Umar 欧麦尔
- Umayyad dynasty 倭马亚王朝
- Uniate Church 合一教会
- Urban II 乌尔班二世
- Urban IV 乌尔班四世
- Uros I 乌罗什一世
- Uros II 乌罗什二世
- 'Uthman 奥斯曼
- Utigur Huns 乌提古尔匈人
- Uzès 乌寨斯

V

- Vaclav I of Bohemia 波希米亚的瓦茨拉夫一世
- Vakfikebir 瓦克菲克比尔
- Valens 瓦朗斯
- Valentinian I, emperor 瓦伦提尼安一世,皇帝

- Valentinian II, Emperor of the West 瓦伦提尼安二世,西罗马皇帝
- Valentinian III, emperor 瓦伦提尼安三世,皇帝
- Valerian 瓦勒里安
- Van 凡城
- Vandals 汪达尔人
- Varangians 瓦兰吉亚人
- Vardar 瓦尔达尔河
- Varna 瓦尔纳
- Vatican 梵蒂冈
- Velbužd 韦尔布德
- Venice 威尼斯
- Veria 韦里亚
- Verona 维罗纳
- Veronica 维罗尼卡
- Via Egnatia 艾格纳提亚大道
- Vicenza 维琴察
- Vidin 维丁
- Vienna 维也纳
- Vikings 维京人(北欧海盗)
- Villehardouin 维莱哈登
- Viminacium 维米尼库姆
- Visigoths 西哥特人
- Vitalian 维塔利安,教宗
- Vitlinitsa 维特里尼察
- Vitislav of Bohemia 波希米亚的维蒂斯拉夫
- Vlach 弗拉希部落
- Vladimir I 弗拉基米尔一世
- Vladimir Monomakh, 弗拉基米尔·莫诺马赫
- Vladimir of Bulgaria 保加利亚的弗拉基米尔
- Vladimir of Rus' 罗斯的弗拉基米尔
- Vladimiri, Paulus 鲍卢斯·弗拉基米里
- Vladislav I of Bohemia 波希米亚的弗拉迪斯拉夫一世
- Vladislav III 弗拉迪斯拉夫三世
- Voleron 沃勒隆(地名)
- Volga river 伏尔加河
- Vonitsa 沃尼察
- Vostitsa 沃斯蒂萨
- Vukan of Zeta 武坎,泽塔的
- Vukan, zupan of Raska, 武坎,拉斯卡的祖潘
- Vukašia 乌卡什亚(塞尔维亚国王)

W

- Wallachia 瓦拉几亚
- Walter of Brienne 布里恩的瓦尔特
- Welfs 韦尔夫王朝
- William I, king of Sicily 西西里国王威廉一世
- William II of Morea 莫利亚的威廉二世
- William II the Norman of Sicily 西西里的诺曼人威廉二世
- William of Champlitte 尚普利特的威廉
- Witiza 维蒂札
- Witteric 维特里克
- Wladislas I of Hungary 匈牙利的弗拉迪斯拉斯一世

X

- Xiphias 西非雅斯
- Xyleas 科里阿斯

Y

- Yevpatoria 叶夫帕托里亚
- Yarmuk 雅穆克河
- Yaropolk 雅罗波尔克
- Yemen 也门
- Yeşil Irmak 耶希勒马河
- Yolanda of Montferrat 尤兰达

Z

- Zaccaria, Benedetto 贝内德托·扎卡里亚
- Zacharias of Mytilene 米蒂里尼的扎卡里亚
- Zakynthos 扎金索斯（即赞特 Zante）
- Zangi 赞吉
- Zara 扎拉
- Zealots 狂热派
- Zengid dynasty 赞吉王朝
- Zeno 芝诺
- Zeta 芝塔
- Zigon 泽岗堡
- Zoe 邹伊
- Zoilos 佐伊罗斯
- Zonaras 仲纳拉斯
- Zoroastrianism 琐罗亚斯德教
- Zosimus, Roman historian 佐西莫斯
- Zubayr 祖拜尔

BYZAN
TIN
TINE

拜占庭帝国大通史

拜占庭帝王代表性货币

皇帝君主列传附图片信息

说明 1： 从第 2 卷开始，个别皇帝或君主的货币图片尚在寻找中，皇帝配以历史画像，其他君主空缺；第 3 卷中除皇帝的货币图片外，还列出每一位皇帝的历史画像。

说明 2： 货币图片均来自"顿巴登橡树园线上展览之'钱币上的拜占庭皇帝'"（https://www.doaks.org/resources/online-exhibits/byzantine-emperors-on-coins），仅说明直径与重量，来源不再一一注明；个别例外者另注。

说明 3： 皇帝画像来自约翰·仲纳拉斯（John Zonaras）《历史》中的插画，该插画版本收录在 15 世纪用希腊语编写的《摩德纳法典》（*Codex Mutinensis graecus*）中，其中第 122 卷为仲纳拉斯的《历史》，书中绘制了历任罗马帝国皇帝的肖像。现藏于意大利摩德纳埃斯滕斯图书馆（Biblioteca Estense），系列编号：Mutinensis gr.122, f. 294r。图片来自埃斯滕斯电子图书馆（2023/11/08：https://edl.cultura.gov.it/item/2xjky-m1rzq）。下面说明仅列出编号加图片序号。

第一卷 330-610 年

君士坦丁一世索里达
336-337 年君士坦丁堡生产，直径 20 毫米，重 4.34 克。
登记号：BZC.1957.4.24；

君士坦丁二世索里达
332-333 年君士坦丁一世时期为担任凯撒之职的君士坦丁二世在塞萨洛尼基生产，重 4.5 克。
钱币档案网站，标号 Lot 7366（https://www.coinarchives.com/5fbcf0cd80a1a8b0c29c932be08ef8f3/img/leu_winterthur/014/image00248.jpg）；

康斯坦提乌斯二世索里达
348-350 年安条克生产，直径 22 毫米，重 4.50 克。
登记号：BZC.1948.17.588;

康斯坦斯一世索里达
337-338 年君士坦丁堡生产，直径 21 毫米，重 4.36 克。
登记号：BZC.1948.17.539;

朱利安索里达
362 年安条克生产，直径 20 毫米，重 4.30 克。
登记号：BZC.1948.17.718;

乔维安索里达
363-364 年君士坦丁堡生产，直径 20 毫米，重 4.42 克。
登记号：BZC.1948.17.752；

瓦伦提尼安一世索里达
367-368 年安条克生产，直径 21 毫米，重 4.49 克。
登记号：BZC.1948.17.765；

瓦伦斯索里达
367-369 年安条克生产，直径 21 毫米，重 4.53 克。
登记号：BZC.1948.17.789；

塞奥多西一世索里达
379-383 年君士坦丁堡生产，直径 20 毫米，重 4.40 克。
登记号：BZC.1948.17.866；

阿卡狄乌斯索里达
395-402 年君士坦丁堡生产，21.5 毫米，4.47 克。
钱币档案网站，标号 Lot 698（https://www.coinarchives.com/6f01778cc9f76e32483bd09c14605869/img/cng/e/493/image00698.jpg）；

塞奥多西二世索里达
423-425 年君士坦丁堡生产，直径 22 毫米，4.46 克。
钱币档案网站，标号 Lot 550（https://www.coinarchives.com/ec5807194fbf17f7578a239f1b4bdfed/img/roma/029/image00550.jpg）；

马西安索里达

450-457 年君士坦丁堡生产，直径 21 毫米，重 4.40 克。
登记号：BZC.1956.6.35；

利奥一世索里达

467-473 年君士坦丁堡生产，直径 19 毫米，重 4.47 克。
登记号：BZC.1948.17.1213；

利奥二世索里达

474 年君士坦丁堡生产，直径 20 毫米，重 4.47 克。
登记号：BZC.1948.17.1239；

芝诺索里达

476-491 年君士坦丁堡生产，直径 20 毫米，重 4.47 克。
登记号：BZC.1948.17.1240；

巴西利斯库斯索里达

475-476 年君士坦丁堡生产，直径 21 毫米，重 4.49 克。
登记号：BZC.1948.17.1259；

阿纳斯塔修斯一世索里达

491-498 年君士坦丁堡生产，直径 21 毫米，重 4.47 克。
登记号：BZC.1948.17.1268；

查士丁一世索里达

518-519 年君士坦丁堡生产,直径 21 毫米,重 4.43 克。

登记号:BZC.1956.23.2;

查士丁尼一世索里达

538-545 年君士坦丁堡生产,直径 20 毫米,重 4.39 克。

登记号:BZC.1956.6.61;

查士丁二世索里达

565-578 年君士坦丁堡生产,直径 20 毫米,重 4.41 克。

登记号:BZC.1948.17.1596;

提比略索里达

579–582 年君士坦丁堡生产，直径 21 毫米，重 4.48 克。
登记号：BZC.1948.17.1716;

莫里斯索里达

583–601 年君士坦丁堡生产，直径 22 毫米，重 4.44 克。
登记号：BZC.1948.17.1774;

福卡斯索里达

603–607 年君士坦丁堡生产，直径 21 毫米，重 4.40 克。
登记号：BZC.1948.17.1971;

第二卷 610-1057 年

伊拉克略一世索里达

610-613 年君士坦丁堡生产,直径 22 毫米,重 4.24 克。

登记号:BZC.1948.17.1982;

君士坦丁三世索里达

616-625 年君士坦丁堡生产,正面右侧短须者为君士坦丁三世,直径 20.5 毫米,重 4.49 克。

钱币档案网站,标号 Lot 391(https://www.coinarchives.com/db23e75c8f82109c8b934442813e69c/img/nomos/022/image00391.jpg);

伊拉克洛纳斯索里达

637-638 年君士坦丁堡生产，正面左侧人像为伊拉克洛纳斯，直径 19 毫米，重 4.46 克。钱币档案网站，标号 Lot 393（https://www.coinarchives.com/c203b631e4a15caa1b8525dde3f6e9cc/img/nomos/022/image00393.jpg）；

康斯坦斯二世索里达

663-668 年君士坦丁堡生产，直径 20 毫米，重 4.50 克。
登记号：BZC.1948.17.2193；

君士坦丁四世索里达

681-685 年君士坦丁堡生产，直径 20 毫米，重 4.36 克。
登记号：BZC.1948.17.2303；

查士丁尼二世（第 1 次统治）索里达
692-695 年君士坦丁堡生产，直径 19 毫米，重 4.46 克。
登记号：BZC.1948.17.2348；

查士丁尼二世（第 2 次统治）索里达
705 年君士坦丁堡生产，直径 21 毫米，重 4.42 克。
登记号：BZC.1948.17.2391；

利奥提乌斯索里达
695-698 年君士坦丁堡生产，直径 19 毫米，重 4.13 克。
登记号：BZC.1948.17.2372；

提比略三世索里达
698-705 年君士坦丁堡生产，直径 19 毫米，重 3.89 克。
登记号：BZC.1948.17.2380；

菲利彼库斯索里达
711-713 年君士坦丁堡生产，直径 20 毫米，重 4.44 克。
登记号：BZC.1948.17.2417；

阿纳斯塔修斯二世索里达
713-715 年君士坦丁堡生产，直径 20 毫米，重 4.47 克。
登记号：BZC.1948.17.2426；

塞奥多西三世索里达

715-717 年君士坦丁堡生产,直径 19 毫米,重 4.46 克。
登记号:BZC.1948.17.2430;

利奥三世索里达

720 年君士坦丁堡生产,直径 21 毫米,重 4.43 克。
登记号:BZC.1948.17.2447;

君士坦丁五世索里达

751-775 年君士坦丁堡生产,左侧为君士坦丁五世,右侧为君士坦丁五世与利奥四世,直径 20 毫米,重 4.46 克。
登记号:BZC.1948.17.2466;

利奥四世索里达

776-778 年君士坦丁堡生产,左侧为利奥四世与君士坦丁六世并立胸像,右侧为利奥三世与君士坦丁五世并立胸像,直径 20 毫米,重 4.39 克。
登记号:BZC.1948.17.2497;

君士坦丁六世索里达

792-797 年君士坦丁堡生产,直径 20 毫米,重 4.45 克。
登记号:BZC.1960.125.36;

伊琳妮索里达

797-802 年君士坦丁堡生产,直径 20 毫米,重 4.32 克。
登记号:BZC.1948.17.2543;

尼基弗鲁斯一世索里达

802–803 年君士坦丁堡生产，直径 20 毫米，重 4.43 克。
登记号：BZC.1956.23.44；

斯达乌拉焦斯索里达

811 年君士坦丁堡生产，右侧为斯达乌拉焦斯，直径 23 毫米，重 4.38 克。
钱币档案网站，标号 Lot 408 (https://www.coinarchives.com/b9f52541426033b094a7
351f889b503/img/nomos/022/image00408.jpg)；

米哈伊尔一世索里达

811–813 年君士坦丁堡生产，直径 20 毫米，重 4.44 克。
登记号：BZC.1948.17.2558；

利奥五世索里达
813-820 年君士坦丁堡生产，直径 20 毫米，重 4.37 克。
登记号：BZC.1957.4.73；

米哈伊尔二世索里达
821-829 年君士坦丁堡生产，直径 22 毫米，重 4.44 克。
登记号：BZC.1948.17.2599；

塞奥菲鲁斯索里达
830-840 年君士坦丁堡生产，直径 18 毫米，重 4.39 克。
钱币档案网站，标号 Lot 2188（https://www.coinarchives.com/6715474e6c6c0b77d384ba75b90ea4fc/img/leu_winterthur/e27/image02188.jpg）；

米哈伊尔三世索里达

856-867 年君士坦丁堡生产，直径 20 毫米，重 4.41 克。
登记号：BZC.1948.17.2692；

瓦西里一世索里达

大约 868 年君士坦丁堡生产，直径 20 毫米，重 4.38 克。
登记号：BZC.1948.17.2708；

利奥六世索里达

886-908 年君士坦丁堡生产，直径 20 毫米，重 4.37 克。
登记号：BZC.1948.17.2760；

亚历山大索里达
912–913 年君士坦丁堡生产，直径 22 毫米，重 4.48 克。
登记号：BZC.1948.17.3002；

君士坦丁七世索里达
945 年君士坦丁堡生产，直径 21 毫米，重 4.36 克。
登记号：BZC.1948.17.3075；

罗曼努斯一世索里达
921–931 年君士坦丁堡生产，直径 22 毫米，重 4.34 克。
登记号：BZC.1948.17.3054；

斯蒂芬·雷卡平画像
画像编号：
Mutinensis gr.122, f. 294r –118;

君士坦丁·雷卡平画像
画像编号：
Mutinensis gr.122, f. 294r –117;

罗曼努斯二世索里达
959-963 年君士坦丁堡生产，直径 21 毫米，重 4.38 克。
登记号：BZC.1948.17.3117;

尼基弗鲁斯二世金泰塔泰隆（tetarteron）
963-969 年君士坦丁堡生产，直径 20 毫米，重 4.39 克。
登记号：BZC.1957.4.82;

约翰一世金西斯塔麦农（histamenon）
969-976 年君士坦丁堡生产，直径 22 毫米，重 4.37 克。
登记号：BZC.1957.4.84；

瓦西里二世金西斯塔麦农
1005-1025 年君士坦丁堡生产，直径 25 毫米，重 4.42 克。
登记号：BZC.1948.17.3173；

君士坦丁八世金西斯塔麦农
1025-1028 年君士坦丁堡生产，直径 25 毫米，重 4.42 克。
登记号：BZC.1948.17.2827；

邹伊金西斯塔麦农

1042 年君士坦丁堡生产，背面左侧人物为佐伊。直径 25 毫米，重 4.41 克。
登记号：BZC.1956.11；

罗曼努斯三世金泰塔泰隆

1028-1034 年君士坦丁堡生产，直径 20 毫米，重 4.09 克。
登记号：BZC.1948.2844；

米哈伊尔四世金西斯塔麦农

1034-1041 年塞萨洛尼基生产，直径 25 毫米，重 4.37 克。
顿巴登登记号：BZC.1959.68；

米哈伊尔五世画像
画像编号：Mutinensis gr.122, f. 294r-134；

君士坦丁九世金西斯塔麦农
1042-1055 年君士坦丁堡生产，直径 26 毫米，重 4.35 克。
登记号：BZC.1948.17.2910；

塞奥多拉金泰塔泰隆
1055-1056 年君士坦丁堡生产，直径 20 毫米，重 4.02 克。
登记号：BZC.1948.17.2945；

米哈伊尔六世金西斯塔麦农
1056-1057 年君士坦丁堡生产，直径 24 毫米，重 4.45 克。
登记号：BZC.1948.17.2882；

第三卷 **1057-1453** 年

君士坦丁十世金西斯塔麦农
1059-1067 年君士坦丁堡生产，直径 26 毫米，重 4.35 克。
登记号：BZC.1948.17.2977；
画像编号：Mutinensis gr.122, f. 294r-134；

罗曼努斯四世金泰塔泰隆
1068-1071 年君士坦丁堡生产，直径 20 毫米，重 4.01 克。
登记号：BZC.1948.17.3232；
画像编号：Mutinensis gr.122, f. 294r-136；

米哈伊尔七世金西斯塔麦农
1071-1078 年君士坦丁堡生产，直径 28 毫米，重 4.33 克。
登记号：BZC.1948.17.3242；
画像编号：Mutinensis gr.122, f. 294r-137；

尼基弗鲁斯三世金银合金西斯塔麦农
1078-1081 年君士坦丁堡生产，直径 29 毫米，重 4.34 克。
登记号：BZC.1956.23.79；
画像编号：Mutinensis gr.122, f. 294r-138；

伊萨克一世金西斯塔麦农
1057-1059 年君士坦丁堡生产，直径 27 毫米，重 4.33 克。
登记号：BZC.1948.17.2961；
画像编号：Mutinensis gr.122, f. 294r-133；

阿莱克修斯一世金银合金特拉齐（trachy）

1092-1093 年君士坦丁堡生产，直径 30 毫米，重 4.34 克。
登记号：BZC.1969.8；
画像编号：Mutinensis gr.122, f. 294r-139；

约翰二世金希帕皮隆（hyperpyron）

1118-1122 年君士坦丁堡生产，直径 32 毫米，重 4.14 克。
登记号：BZC.1948.17.3393；
画像编号：Mutinensis gr.122, f. 294r-140；

曼努埃尔一世金希帕皮隆

1143-1152 年君士坦丁堡生产，直径 31 毫米，重 4.47 克。
登记号：BZC.1960.125.78；
画像编号：Mutinensis gr.122, f. 294r-141；

阿莱克修斯二世铅制印章

直径 25 毫米，顿巴登登记号：BZS.1958.106.640；印章正面为坐在王座上的耶稣像，背面为阿莱克修斯二世的正面立像。

顿巴登橡树园橡树园网站（https://www.doaks.org/resources/seals/byzantine-seals/BZS.1958.106.640/view）；

画像编号：Mutinensis gr.122, f. 294r-142；

安德罗尼库斯一世金希帕皮隆

1183–1185 年君士坦丁堡生产，直径 28 毫米，重 4.38 克。

登记号：BZC.1948.17.3513；

画像编号：Mutinensis gr.122, f. 294r-143；

伊萨克二世金希帕皮隆

1185–1195 年君士坦丁堡生产，直径 29 毫米，重 4.60 克。

登记号：BZC.1948.17.3534；

画像编号：Mutinensis gr.122, f. 294r-144；

阿莱克修斯三世合金特拉齐
1195-1203 年君士坦丁堡生产，直径 30 毫米，重 4.37 克。
登记号：BZC.1956.23.139；
画像编号：Mutinensis gr.122, f. 294r -145；

阿莱克修斯四世铜泰塔泰隆
1203-1204 年君士坦丁堡生产，直径 23 毫米，重 3.69 克。
登记号：BZC.1974.5.47；
画像编号：Mutinensis gr.122, f. 294r -146；

阿莱克修斯五世画像
画像编号：Mutinensis gr.122, f. 294r -147；

塞奥多利一世银特拉齐
1212-1221 年马格尼西亚生产，直径 35 毫米，重 4.26 克。
登记号：BZC.1960.88.4244；
画像编号：Mutinensis gr.122, f. 294r-148；

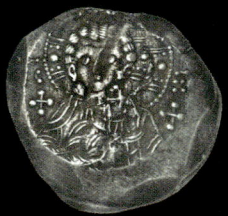  

约翰三世银特拉齐
1221-1254 年马格尼西亚生产，直径 31 毫米，重 2.84 克。
登记号：BZC.2006.9；
画像编号：Mutinensis gr.122, f. 294r-149；

塞奥多利二世银特拉齐
1254-1258 年马格尼西亚生产，直径 25 毫米，重 2.77 克。
登记号：BZC.1977.5；

约翰四世画像
画像编号：Mutinensis gr.122, f. 294r-151；

米哈伊尔八世金希帕皮隆
1261-1272 年君士坦丁堡生产，直径 24 毫米，重 3.98 克。
登记号：BZC.1948.17.3590；
画像编号：Mutinensis gr.122, f. 294r -152；

安德罗尼库斯二世铜斯塔麦农（stamenon）
1282-1328 年塞萨洛尼基生产，直径 27 毫米，重 2.99 克
登记号：BZC.1956.23.2871；
画像编号：Mutinensis gr.122, f. 294r -153；

米哈伊尔九世画像
画像编号：Mutinensis gr.122, f. 294r-154；

安德罗尼库斯三世银巴西里肯（basilikon）
1328-1341 年君士坦丁堡生产，直径 20 毫米，重 2.01 克。
登记号：BZC.1964.19；
画像编号：Mutinensis gr.122, f. 294r-155；

约翰五世银巴西里肯
约 1341 年君士坦丁堡生产，直径 19 毫米，重 1.08 克。
登记号：BZC.1948.17.3652；
画像编号：Mutinensis gr.122, f. 294r-157；

约翰六世银巴西里肯

1353-1354 年塞萨洛尼基生产，直径 19 毫米，重 1.02 克。
登记号：BZC.1964.6；
画像编号：Mutinensis gr.122, f. 294r-156；

安德罗尼库斯四世银斯塔夫拉盾（stavraton）

1376-1379 年君士坦丁堡生产，直径 28 毫米，重 7.32 克。
登记号：BZC.1960.88.4753；
画像编号：Mutinensis gr.122, f. 294r-158；

约翰七世银半斯塔夫拉盾（half-stavraton）

390 年君士坦丁堡生产，直径 20 毫米，重 3.59 克。
登记号：BZC.1948.17.3705；
画像编号：Mutinensis gr.122, f. 294r-159；

曼努埃尔二世银半斯塔夫拉盾
1391-1394 年君士坦丁堡生产，直径 19 毫米，重 3.48 克。
登记号：BZC.1966.23.4743；
画像编号：Mutinensis gr.122, f. 294r-160；

约翰八世银斯塔夫拉盾
1425-1448 年君士坦丁堡生产，直径 24 毫米，重 6.98 克。
登记号：BZC.1960.88.5572；
画像编号：Mutinensis gr.122, f. 294r-161；

君士坦丁十一世银斯塔夫拉盾
1449-1453 年君士坦丁堡生产，直径 24 毫米，重 6.06 克。
登记号：BZC.1990.2.1；
画像编号：Mutinensis gr.122, f. 294r-162；

第四卷 | 1204-1461 年

一、拉丁帝国

鲍德温一世印章背面
拜占庭的武器与徽章（Byzantium Arms and Emblems：
https://hubert-herald.nl/ByzantiumArms.htm#_edn3）；

亨利一世铅制印章
直径 42 毫米，重 62.31 克。该印章为亨利于 1205-1206 年担任摄政期间。正面为亨利正面坐像，背面为亨利着戎装骑马像。
钱币档案网站，标号 Lot 1531（https://www.coinarchives.com/aae2d9a7d73b4e1c948849934d4fd6da/img/nomos/030/image01531.jpg）；

彼得与约朗德
彼得铅制印章背面，直径 72 毫米。该印章为彼得着戎装骑马像。
法国收藏印章数据库（Base Numérique des Sceaux Conservés en France）登记号：1556（http://www.sigilla.org/moulage/scel-art-1556-11408）；

罗伯特铅制印章

直径 45 毫米，正面为罗伯特正面坐像，背面为罗伯特着戎装骑马像。

登记号：BZS.1951.31.5.2938。顿巴登橡树园网站（https://www.doaks.org/resources/seals/byzantine-seals/BZS.1951.31.5.2938/view）；

约翰铅制印章

直径 48 毫米，重 40.05 克。正面为约翰正面坐像，背面为约翰着戎装骑马像。

钱币档案网站，标号 Lot 1532（https://www.coinarchives.com/75ea021bf8254fd413ef24fd3b2a5bb9/img/nomos/030/image01532.jpg）；

鲍德温二世铅制印章

直径 43 毫米，正面为鲍德温二世正面坐像，背面为鲍德温二世着戎装骑马像。

登记号：BZS.1958.106.635。顿巴登橡树园网站（https://www.doaks.org/resources/seals/byzantine-seals/BZS.1958.106.635/view）；

二、伊庇鲁斯专制君主国

（8位君主中4位有图）

第2位君主塞奥多利·科穆宁·杜卡斯合金特拉齐（trachy）
约1227年塞萨洛尼基生产，直径29毫米，重1.95克。
登记号：BZS.1960.88.4206；

第3位君主曼努埃尔·科穆宁·杜卡斯铜特拉齐
1230-1237年塞萨洛尼基生产，直径28毫米，重2.43克。
登记号：BZS.1960.125.1627；

第 4 位君主约翰·科穆宁·杜卡斯铜特拉齐
1237–1242 年塞萨洛尼基生产，直径 27 毫米，重 1.86 克。
登记号：BZS.1960.88.4247；

第 6 位君主米哈伊尔二世·科穆宁·杜卡斯
1246 年塞萨洛尼基生产，直径 23 毫米，重 1.71 克。
登记号：BZS.1990.1；

三、特拉比宗"帝国"

(18位"皇帝"中11位有图)

第2位皇帝安德罗尼库斯一世·吉多斯银特拉齐

1222-1235年特拉比宗生产,直径25毫米,重2.78克,类型Sear-2148。
钱币档案网站,标号Lot 160(https://www.coinarchives.com/fc13b005109ce9c91bc01485e10da7c4/img/naville/081/image00760.jpg);

第4位皇帝曼努埃尔一世·大科穆宁银币

1238-1263年特拉比宗生产,直径20毫米,重2.80克,类型Sear 2601。
钱币档案网站,标号Lot 160(https://www.coinarchives.com/6e5bb0c10d848c32b71a070e6d0f3505/img/tcc/a2/image00160.jpg);

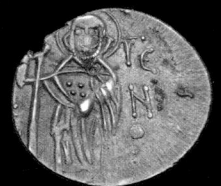

第 7 位皇帝约翰二世·大科穆宁银币
1280-1297 年特拉比宗生产，直径 22 毫米，重 2.91 克，类型 Sear 2609。
钱币档案网站，标号 Lot 1421（https://www.coinarchives.com/95c53f7cef7a7ccd55a74069765b4716/img/roma/e112/image01421.jpg）;

第 8 位皇帝阿莱克修斯二世·大科穆宁银币
1297-1330 年特拉比宗生产，直径 20 毫米，重 2.75 克。
野风网站标号 SB 2619（http://www.wildwinds.com/coins/byz/trebizonds/t.html）;

第 9 位皇帝安德罗尼库斯三世·大科穆宁银币
1330-1332 年特拉比宗生产，直径 21 毫米，重 1.97 克。
野风网站标号 SB 2620（http://www.wildwinds.com/coins/byz/trebizonds/t.html）;

第 10 位皇帝曼努埃尔二世 · 大科穆宁银币
1332 年特拉比宗生产,重 1.84 克。
野风网站标号 SB 2621 （http://www.wildwinds.com/coins/byz/trebizonds/t.html）；

第 11 位皇帝瓦西里 · 大科穆宁银币
1332-1340 年特拉比宗生产,直径 20 毫米,重 1.98 克。
野风网站标号 SB 2622 （http://www.wildwinds.com/coins/byz/trebizonds/t.html）；

第 13 位皇帝米哈伊尔 · 大科穆宁银币
1344-1349 年特拉比宗生产,直径 22 毫米,重 1.91 克。
野风网站标号 SB 2627 （http://www.wildwinds.com/coins/byz/trebizonds/t.html）；

第 14 位皇帝阿莱克修斯三世 · 大科穆宁银币

1349-1390 年特拉比宗生产,直径 22 毫米,重 2.38 克。
野风网站标号 SB 2628(http://www.wildwinds.com/coins/byz/trebizonds/t.html);

第 16 位皇帝阿莱克修斯四世 · 大科穆宁银币

1417-1446 年特拉比宗生产,直径 12.5 毫米,重 0.80 克,
类型 Sear 2641。
钱币档案网站,标号 Lot 743(https://www.coinarchives.com/08432f421f5e2eb2f44f3ca72fe57793/img/cng/e/548/image00743.jpg);

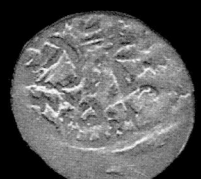 

第 17 位皇帝约翰四世 · 大科穆宁银币

1349-1390 年特拉比宗生产,直径 15 毫米,重 2.38 克。
野风网站标号 SB 2642(http://www.wildwinds.com/coins/byz/trebizonds/t.html);

四、莫利亚君主国
（6位君主中2位有图）

第2位君主马修·坎塔库震努斯银半巴西里肯
1353-1357年生产，直径16毫米，重0.49克。
登记号：BZC.2006.17 (https://www.doaks.org/resources/coins/catalogue/BZC.2006.17/view)；

第5位君主君士坦丁·帕列奥列格画像
画像编号：Mutinensis gr.122, f. 294r-162；

330
⊕
610

610
⊕
1057

1057
⊕
1453

1204
⊕
1461